2024

上海工业年鉴

SHANGHAI
INDUSTRIAL YEARBOOK

上海市经济和信息化委员会 编

上海社会科学院出版社

上海工业年鉴
编纂委员会

编纂说明

　　由上海市经济和信息化委员会主编的《上海工业年鉴》是一部全面系统反映上海产业发展、经济运行、技术进步和各类所有制工业企业情况的资料性工具书。

　　2024 年版《上海工业年鉴》反映的是 2023 年上海工业经济发展的情况，共设置 11 个栏目：（1）特载，刊有市经信委领导关于上海工业改革创新和转型升级、打造更高质量新型产业体系、加快提升品牌经济综合实力、全力推进制造业数字化等内容的文章；（2）综述，总结 2023 年产业经济和信息化发展工作，部署 2024 年工作要点；（3）专题，记述上海落实制造强国战略、实施现代产业体系、建设新型工业化、"3+6"重点产业发展、工业互联网建设、人工智能发展、布局新赛道和未来产业发展、"五个新城"高端制造业布局、产业经济运行、生产性服务业、文化创意产业、在线新经济、都市产业、工业品牌建设、中小企业、产业投资、技术进步、节能降耗、对外经济合作、国资国企改革等方面的发展情况；（4）区属工业，反映 2023 年各区工业的发展情况；（5）企业简介，介绍一批大中型工业企业 2023 年的发展情况；（6）上市股份公司，介绍 2023 年上海工业类上市股份公司的资产运作、股本结构以及全年主要经济指标；（7）行业协会简介，介绍近 80 个工业行业协会 2023 年的工作；（8）大事记；（9）经济法规，刊载 2023 年国家及部委、上海市颁布的有关工业的主要经济法律法规规章文件；（10）统计资料，刊载 2023 年上海工业经济发展的重要统计数据；（11）企业形象，以彩色版面展示近 200 户各类企业形象。

《上海工业年鉴》编纂委员会

2024 年 8 月

2023 年 7 月 6—8 日，2023 世界人工智能大会在上海世博中心举行。

2023 年 9 月 19—23 日，第 23 届中国国际工业博览会在国家会展中心（上海）举行。

2023 年 9 月 26 日—10 月 2 日，2023 世界设计之都大会在上海召开。

2023 年 10 月 20—21 日，2023 年中国 5G 发展大会在上海召开。

2023 年 11 月 5—10 日，第六届中国国际进口博览会在国家会展中心（上海）举行。

2023 年 12 月 1—3 日，2023 CCF 中国软件大会在上海举行。

2023年11月28日—29日，上海科技创新成果展正式对外展出。国产大飞机、长江系列发动机、长征六号运载火箭、北斗地基增强系统、雪龙极地考察船等60余项重大装备成果亮相成果展。

华夏源细胞集团SNC™生命库存储35万份多组织来源的标准细胞，是全球最大的细胞级生命资源库之一。

2023 年 7 月 6 日，中国商飞上海飞机设计研究院三维超临界机翼流体仿真重器"东风·冀风"等 5 个单位的项目获世界人工智能大会颁发的 2023 卓越人工智能引领者奖。

2023 年 5 月 17 日，2023 上海信息消费节系列活动开幕。在为期一个月内共举行元宇宙、数字经济、AIGC 等活动 40 场，带动信息消费增量约 400 亿元。

2023 年，上汽集团销售新能源车 112.3 万辆。

2023 年 5 月 28 日，全球首架国产大飞机 C919 从上海飞抵北京，标志着 C919 圆满完成首个商业航班飞行。

2023 年 11 月 4 日，上海外高桥造船有限公司制造的国产首艘大型邮轮"爱达·魔都号"命名交付。

2023 年 6 月 15 日，上海航天技术研究院担任总研制的长征二号丁运载火箭将吉林一号高分 06A 星等 41 颗卫星送入预定轨道，刷新中国一箭多星最高纪录。

2023 年 12 月 6 日，由上海核电作为高温堆产业化重要参与方的国家重大科技专项标志性成果、全球首座第四代核电站——山东石岛湾高温气冷堆核电站示范工程正式投入商业运行，标志着中国第四代核电技术达到世界领先水平。

2023 年 11 月 8 日，上海发那科智能工厂（三期）举行开业庆典。

2023年，上海电气风电广东有限公司在汕头打造的源网荷储一体化智慧能源项目形成一整套风光储氢整体解决方案，成为行业示范标杆。

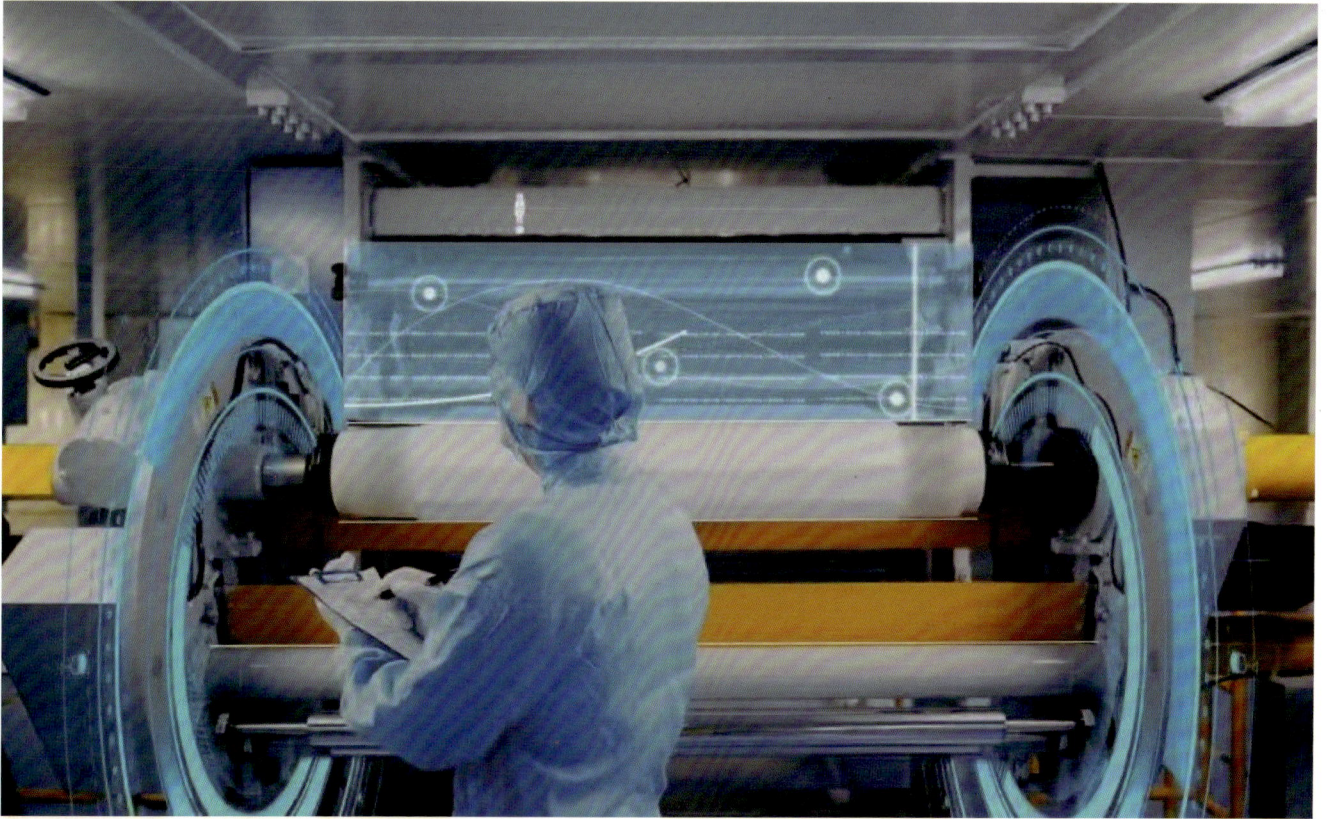

被誉为全球"膜王"的上海思捷新材料科技有限公司研发的高端锂电池隔膜被认定为国家制造业系统单项冠军（产品）。图为隔膜产品生产线。

2023 年 10 月 24 日，中国宝武太钢集团员工家属展示用不锈钢精密箔材（"手撕钢"）制作的剪纸作品。同年，"手撕钢"已有三大类 20 多个系列品种走向市场。

上海凯赛生物技术股份有限公司在生物材料领域取得一系列研究和产业化技术重大突破。图为凯赛生物生产基地一隅。

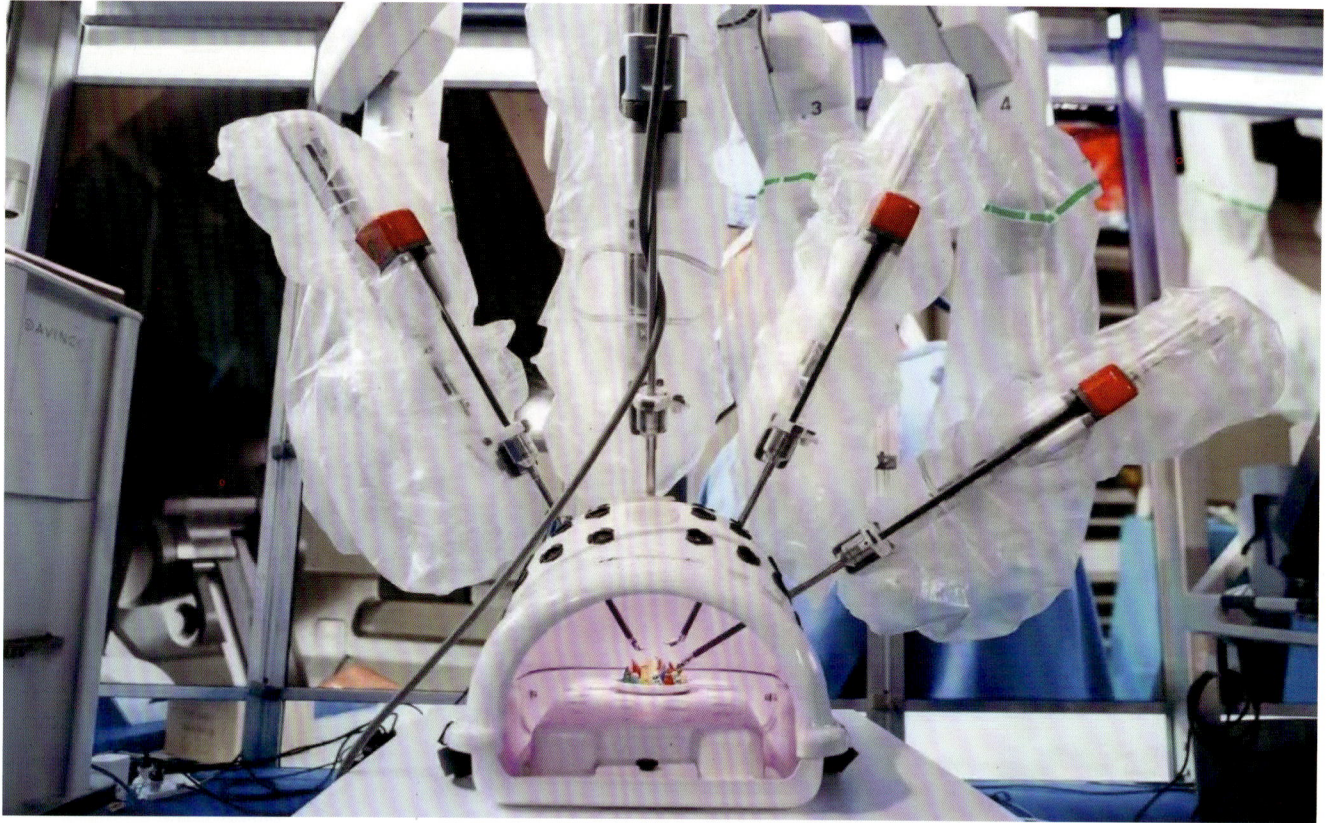

2023 年 10 月 11 日，全球领先的首台国产达芬奇 Xi 手术系统揭幕仪式在直观复星医疗器械技术（上海）有限公司总部及产业化基地举行。

2023 年 6 月 8—11 日，上海制造佳品汇成功举办。

上海西岸数字谷集中布局以人工智能为主的头部企业、独角兽企业、瞪羚企业及生态链企业，带动千亿级人工智能产业集聚区建设。

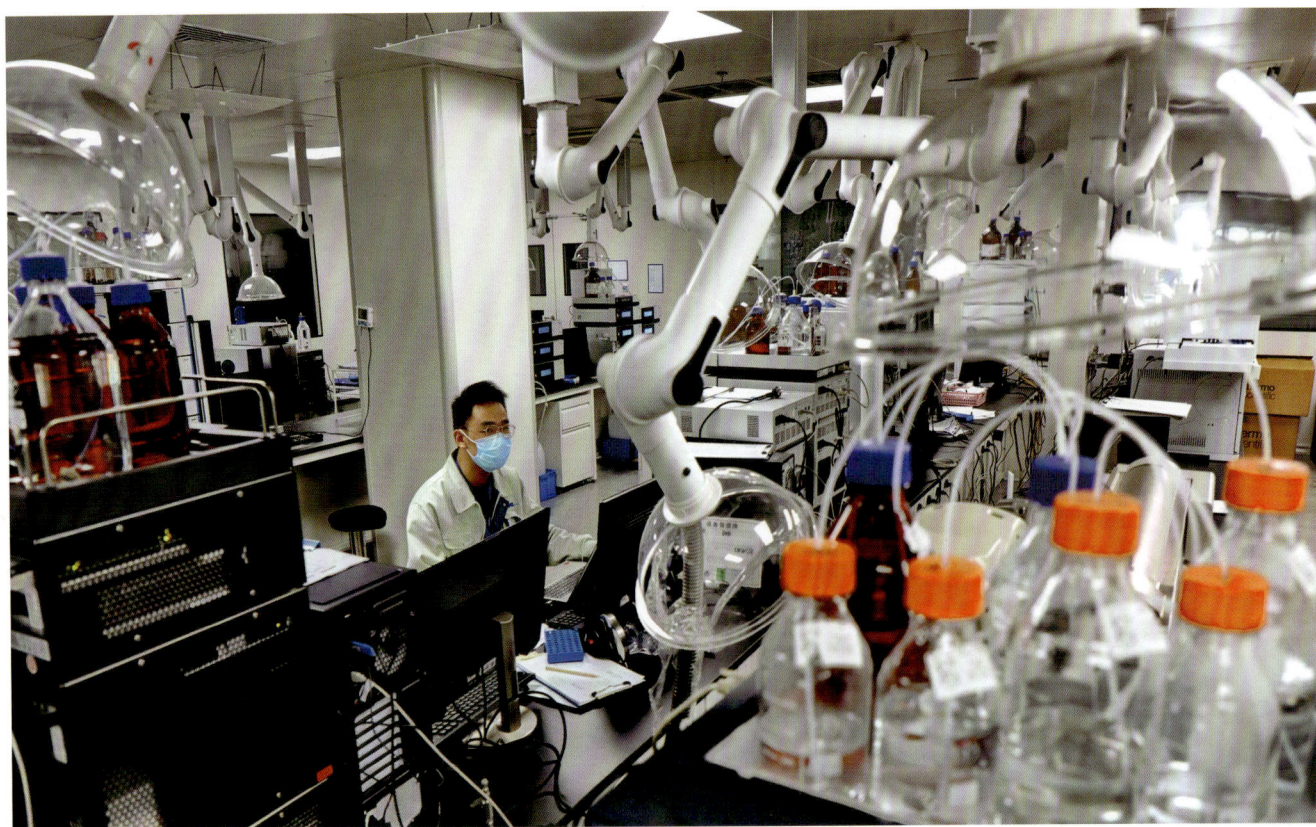

上海安谱实验科技股份有限公司获上海市"专精特新"中小企业、2023年自主创新科研试剂 Top 10 等荣誉称号。

目　录

特　载

坚持在产业高质量发展中增进民生福祉....吴金城　3

激发中小企业创新活力　服务构建新发展格局

.................................吴金城　5

综　述

新型工业化建设迈新步　现代化产业体系显成效

打造产业经济和信息化高质量发展生态

.................上海市经济和信息化委员会　9

专　题

上海现代化产业体系建设情况.................15

上海推进新型工业化情况.......................16

上海落实制造强国战略工作情况.............17

上海"3+6"重点产业发展情况 18

打响"上海制造"品牌行动计划执行情况...20

上海布局四个新赛道和五个未来产业进展情况...21

《上海市推动制造业高质量发展三年行动计划（2023—2025 年）》编制情况.....................23

"五个新城"高端制造业布局发展情况...........24

在线新经济发展情况...........................25

上海市企业管理现代化创新成果评审工作情况.....27

上海城市数字化转型工作情况...................31

工业经济运行情况.............................34

能源运行情况.................................35

工业互联网发展情况...........................36

附件：工业互联网促进制造业数字化转型典型案例..37

产业技术创新发展情况.........................50

大数据产业发展情况...........................51

电子信息产业发展情况.........................52

软件和信息服务业发展情况.....................54

智能制造产业发展情况.........................55

高端装备制造业发展情况.......................56

生物医药产业发展情况.........................57

人工智能产业发展情况.........................58

附件：上海市推动人工智能大模型创新发展若干措施（2023—2025 年）.........................59

机器人产业发展情况...........................60

节能环保产业发展情况.........................61

生产性服务业发展及服务型制造情况...........63

轻纺产业发展情况.............................65

文化创意产业发展情况.........................67

工业利用外资情况.....................69

工业品进出口情况.....................70

第 23 届中国国际工业博览会举办情况..........71

工业投资情况.........................73

建设高质量特色产业园区情况...........74

产业园区和结构调整工作情况.............76

电力运行情况.........................77

工业开发区经济运行情况...............78

国资国企改革发展情况.................80

促进中小企业发展及专精特新企业情况.....81

工业节能和综合利用工作情况...........83

对口支援与合作交流情况...............84

推进长三角产业和信息化一体化发展情况.......86

市区协同招商工作情况.................87

工业品牌建设情况.....................88

企业社会责任报告发布情况.............89

政策法规建设情况.....................91

崇明区工业.........................116

中国（上海）自由贸易试验区临港新片区工业....117

区工业

浦东新区工业.........................95

徐汇区工业.........................96

长宁区工业.........................97

普陀区工业.........................98

虹口区工业.........................99

杨浦区工业.........................100

黄浦区工业.........................102

静安区工业.........................102

宝山区工业.........................103

闵行区工业.........................105

嘉定区工业.........................107

金山区工业.........................109

松江区工业.........................110

奉贤区工业.........................112

青浦区工业.........................114

企业简介

中国宝武钢铁集团有限公司.....................121

上海汽车集团股份有限公司.....................124

中国石化上海石油化工股份有限公司...........126

中国石化上海高桥石油化工有限公司...........128

上海电气控股集团有限公司.....................130

上海华谊集团股份有限公司.....................132

东方国际（集团）有限公司.....................134

上海医药集团股份有限公司.....................137

上海仪电（集团）有限公司.....................138

申能（集团）有限公司.........................140

上海航天局.....................142

中国商用飞机有限责任公司.....................145

上海烟草集团有限责任公司.....................148

中国船舶集团有限公司上海属地工业企业.......150

上海化学工业经济技术开发区.....................151

国网上海市电力公司.........................153

上海漕河泾新兴技术开发区.....................156

上海市工业综合开发区.........................157

上海市机械设备成套（集团）有限公司.....................159

上海振华重工（集团）股份有限公司...........161

上海航空发动机制造有限公司.....................162

沪东中华造船（集团）有限公司.....................164

上海外高桥造船有限公司.........................166

江南造船（集团）有限责任公司.....................168

中船动力（集团）有限公司.....................169

上市股份公司

上海工商类上市公司行业分类...............173
上海工商类上市公司2023年度经营情况之一.....183
上海工商类上市公司2023年度经营情况之二.....193
上海工商类上市公司2023年度资产总额排序....203
上海工商类上市公司2023年度总股本排序......208
上海工商类上市公司2023年度净资产排序......213
上海工商类上市公司2023年度主营业务收入排序.218
上海工商类上市公司2023年度利润总额排序.....223
上海工商类上市公司2023年度每股收益排序.....228
上海工商类上市公司2023年度净利润排序.......233
上海工商类上市公司2023年度每股净资产排序...238
上海工商类上市公司2023年度净资产收益率排序.243
上海工商类上市公司2023年度每股现金流量排序.248

行业协会简介

上海市工业经济联合会 上海市经济团体联合会..255
上海市创业投资行业协会.....................257
上海漕河泾新兴技术开发区企业协会...........259
上海市开发区协会...........................260
上海市股份合作制企业协会...................261
上海生产性服务业促进会.....................262
上海市质量协会.............................263
上海服装行业协会...........................265
上海市节能协会.............................266
上海市包装技术协会.........................267
上海市咨询业行业协会.......................268
上海市环境保护工业行业协会.................270
上海市室内环境净化行业协会.................271
上海市机电设备招标投标协会.................272
上海市设备管理协会.........................273
上海市新材料协会...........................274
上海市信息安全行业协会.....................275
上海安全防范报警协会.......................276
上海电子商会...............................277
上海市信息服务业行业协会...................278
上海市通信制造业行业协会...................280
上海市软件行业协会.........................281
上海照明电器行业协会.......................282
上海市信息家电行业协会.....................284
上海市交通电子行业协会.....................285
上海市无线电协会...........................287
上海市电子商务行业协会.....................288
上海电子元器件行业协会.....................289
上海家用电器行业协会.......................290
上海空调清洗行业协会.......................291
上海锅炉压力容器行业协会...................292
上海市汽车行业协会.........................293
上海船舶工业行业协会.......................294
上海有色金属行业协会.......................296
上海起重运输机械行业协会...................297
上海铝业行业协会...........................298
上海市铸造行业协会.........................299
上海市焊接行业协会.........................300
上海市工具行业协会.........................302
上海市热处理行业协会.......................302
上海市轻工业协会...........................303
上海市摩托车行业协会.......................304
上海市电梯行业协会.........................305
上海市自行车行业协会.......................306
上海电器行业协会...........................307
上海市锻造协会.............................308
上海重型装备制造行业协会...................309
上海市建筑材料行业协会.....................310
上海市模具行业协会.........................311
上海市化工行业协会.........................312
上海市电力行业协会.........................314
上海防静电工业协会.........................315
上海市标准化协会...........................316
上海橡胶工业同业公会.......................317
上海涂料染料行业协会.......................318
上海塑料行业协会...........................319

上海日用化学品行业协会......................320

上海市生物医药行业协会......................322

上海医药行业协会..........................323

上海中药行业协会..........................324

上海保健品行业协会........................326

上海市食品协会............................326

上海针织服装服饰行业协会..................327

上海硅酸盐工业协会........................328

上海纺织协会..............................329

上海长三角非织造材料工业协会..............330

上海市家用纺织品行业协会..................331

上海市室内装饰行业协会....................333

上海工艺美术行业协会......................334

上海宝玉石行业协会........................334

上海市乐器行业协会........................336

上海市钟表行业协会........................336

上海市糖制食品协会........................338

上海市豆制品行业协会......................339

上海市酿酒专业协会........................340

上海市物流协会............................341

上海市会展行业协会........................343

上海人才服务行业协会......................344

上海市物联网行业协会......................347

经济法规

2023 年部分法律法规、政策目录 367

国家部委法律、法规、规章、文件........368—378

上海市法规、规章及文件 ....379—385

统计资料

规模以上工业总产值（2000—2023 年）..........389

2023 年规模以上工业企业主要指标（一）.......390

2023 年规模以上工业企业主要指标（二）.......391

2023 年规模以上工业企业主要指标（三）.......392

2023 年规模以上工业企业主要指标（四）.......393

2023 年国有控股工业企业主要指标 394

2023 年工业企业经济效益指数 395

上海市高技术产业（制造业）主要情况（2022—2023 年）....................................396

2023 年各区工业企业主要指标 397

2023 年都市型工业基本情况 398

主要工业产品生产量（2022—2023 年）.........400

大事记

2023 年上海市经济和信息化大事记 351

2024·上海工业年鉴

SHANGHAI INDUSTRIAL YEARBOOK

特载

综述

专题

区工业

企业简介

上市股份公司

行业协会简介

大事记

经济法规

统计资料

坚持在产业高质量发展中增进民生福祉

上海市经济和信息化委员会主任　吴金城

（2023 年 4 月 12 日）

民心工程、民生实事是中共上海市委、市政府的特色品牌工作，市产业和信息化系统坚持"以发展惠民生、以民生促发展"，在服务产业发展中提升民生福祉，取得扎实成效。

一、结合实事项目牢筑通信网络底座

市经济信息化委将"住宅小区地下车库移动通信网络覆盖工程"列为为民办实事项目，全年确保完成 800 个、力争完成 1000 个住宅小区地下车库的移动通信网络覆盖，解决市民的急难愁盼问题，让更多家庭享受到"双千兆宽带城市"的便捷。具体举措是把握五个环节：一是摸清底数，梳理形成了《住宅小区地下车库信号覆盖现状表》；二是确定目标住宅小区，优先选择三家运营商参与未做过地库覆盖的、居民需求最为迫切的地下车库，结合小区地面信号覆盖情况和业主意愿，明确实施实事项目的小区名单；三是现场查勘并制定施工方案，组织电信运营企业对目标住宅小区进行现场查勘，排查通信配套设施现状，并根据每个小区的特点，量身定制施工方案，做到"一小区一方案"；四是协调进场施工，密切与小区居委会、物业、业主委员会的协调沟通，对居民开展科普宣传，打消居民的顾虑，配合电信运营企业进场施工；五是完工验收，确保地下车库区域内 90% 以上位置手机可以正常通话、充电桩及进出闸机等有移动互联网应用的场点可以正常使用。

二、加速推进智能网联汽车高质量发展

上海是全国汽车重镇和科技前沿，正在加速推动智能网联汽车技术创新和产业发展，智能网联汽车测试企业数、牌照发放量、开放道路里程、道路测试里程、场景丰富度等均位居全国第一。

"无人驾驶"方面，现实中洋山港智能重卡已经进入"真无人"阶段，五辆重卡编组，只有头尾车辆有安全员，中间三辆重卡实现真正的"无人驾驶"，如发生智能重卡无法自动解决的问题，操作员会通过远程操控系统接管车辆，保证行驶安全。

为保障无人驾驶健康发展，2022 年 11 月，上海出台了《上海市浦东新区促进无驾驶人智能网联汽车创新应用规定》，首次聚焦 L4 级及以上自动驾驶系统的地方专项立法，已于 2023 年 2 月 1 日正式实施，相关智能网联汽车企业可以在"车内不配备驾驶人和测试安全员"的情况下，在浦东新区特定区域进行测试、商业化运营等。

下阶段将继续发挥整车"大终端""大平台"的引领作用，推动智能驾驶、智能网联、智能座舱终端突破，做好产业布局、加大创新力度、加快应用试点。一是批量化启动智能网联汽车示范运营，探索商业落地路径，打造闭环应用生态，实现从"示范应用"到"示范运营"的突破；二是有序开展 G2、G1503 等高快速路测试应用，保障高快速路测试交通安全，探索智能网联汽车测试应用新场景；三是探索 5G、无线专网等前沿技术应用，加大车路协同环境建设力度，推动智能网联汽车与智慧交通、智慧城市等领域深度融合发展。

三、全面铺开充电基础设施网络建设

充电设施是新型的城市基础设施，是新能源汽车推广应用的基本保障，上海正在积极布局更便捷、更高效的充电设施网络。2022 年底已累计建成充电桩 69.7 万个、换电站 120 座，车桩比达到 1.4：1，在全国各大城市中

处于领先地位。

后续，将继续加大建设力度，到 2025 年建成标准桩约 60.5 万个、换电站 300 座，满足 125 万辆新能源汽车的充电需求。一方面，加强公共停车场充电设施布局，按照"快充为主、慢充为辅，经营桩为主、其他桩为补"原则，充分调动充电运营商等第三方积极性，落实停车场（库）经营者的主体责任，新建停车场（库）将设置不低于 10% 的充电停车位，鼓励停车场和充电设施运营方采用价格杠杆方式避免充电车位被占用；另一方面，协同完善小区充电设施建设，夯实各区充换电设施属地化管理责任，老小区以"一桩多车"共享为原则，将共享充电设施建设列入小区综合改造，新小区则以"一车一桩"原则配建，对已建成的新小区，通过智能桩推广和统建统营等方式，解决供电容量不足问题。

四、充分发挥智能制造支撑引领作用

上海通过实施智能制造三年行动计划和智能工厂领航计划，整体发展水平取得新成效。上海是国内最大的智能制造系统集成解决方案输出地之一，聚焦汽车、高端装备、生物医药等重点行业骨干企业，开展智能工厂试点建设，累计建成国家级标杆性智能工厂 3 家、示范性智能工厂 8 家、优秀场景 49 个，市级智能工厂 100 家。

下阶段，上海还将统筹各方面资源力量，更大力度推动全市智能制造高质量发展。一是"金字塔型"分级推进，建立标杆性智能工厂、智能工厂、优秀场景三级智能工厂梯度培育体系；二是"一业一策"分类推进，聚焦电子信息、汽车、高端装备等六大重点产业，推动制造业向数字化转型和智能化升级；三是建立"一厂一专员"专班机制，制定"一厂一案"，指导企业向标杆奋进；四是推进机器人化智能制造融合工程，即机器人赋能千行百业工程和工业母机提升工程，让智能工厂成为机器人和工业母机集成创新应用的赛马场。

（本文系作者 2023 年 4 月 12 日在上海人民广播电台《民生访谈》节目中的发言）

激发中小企业创新活力　服务构建新发展格局

上海市经济和信息化委员会主任　吴金城

（2023 年 5 月 17 日）

中小企业是促进发展、稳定就业、保障民生的重要依托，是提升产业链、供应链稳定性和竞争力的关键环节，是构建新发展格局的有力支撑。习近平总书记多次作出重要指示批示，强调中小企业能办大事，要加强对中小企业创新支持。中共上海市委、市政府高度重视中小企业发展，充分发挥市服务企业联席会议办公室作用，支持上海中小微企业健康、高质量发展。

一、上海中小企业发展基本情况

一是成为稳定经济基本盘的重要基础。 稳增长方面，2022 年，全市规模以上中小企业实现工业产值超过 2 万亿元，占全市规模以上工业产值 49.4%。稳外贸方面，实现工业出口交货值 2871.2 亿元，占全市 32.3%。稳市场主体方面，全市共有市场主体 327.3 万户，其中民营企业和个体工商户占比达 93.4%。

二是形成优质中小企业梯度培育体系。 累计培育创新型中小企业 10416 家、市级专精特新中小企业 7572 家（全国占比 10%），国家专精特新"小巨人"企业 500 家（全国占比 5.6%），制造业单项冠军示范企业和产品 38 家，数量均居全国前列。培育金山、青浦、宝山、松江、临港 5 个国家级中小企业特色产业集群，数量居全国第一。

三是中小企业成为推动创新的重要力量。 2022 年，全市 353 家专精特新企业获评设立国家级或市级企业技术中心，574 家企业开展市级专利工作试点；309 家企业建有院士专家工作站，占全市建站数量 48.3%。本市科创板上市企业 79 家，总市值约 1.5 万亿元，融资额约 1956 亿元，科创板首发募集资金总额和总市值排名全国第一。

二、中小企业服务工作推进情况

一是完善企业服务工作体系。 成立由 36 个委办局共同组成的全市服务企业联席会议制度，完善"1+16+X+N"中小企业服务体系。建立企业服务专员队伍，近 6000 名服务专员累计走访联系企业超 17.8 万家次；举办政策宣贯活动 6325 场，举办融资活动服务企业 4194 家次，解决融资需求 22.2 亿元。突出企业诉求服务，累计办理跨部门企业诉求数 1628 件，诉求办结率、企业满意率均超过 90%。打造企业服务线上平台，"上海市企业服务云"提供一站式政策服务、一门式诉求服务、一网式专业服务，累计邀请 799 家服务机构入驻，发布各类服务产品 2.1 万项。

二是强化中小企业资源保障。 开展助企纾困政策宣贯落实专项行动，为各类市场主体减负超过 3000 亿元。加大专项资金支持，2022 年国家中小企业发展专项资金规模约 3 亿元，主要用于支持小微企业技术进步、结构调整、转变发展方式、扩大就业以及改善服务环境等方面。强化融资服务，市中小微企业政策性担保基金规模由 50 亿元扩大至 100 亿元，市中小微企业信贷奖补机制将不良率门槛调至 0.5%，提高补偿比例最高至 55%。推动总规模为 357.5 亿元的国家中小企业发展基金落地上海。

三是优化中小企业发展环境。 2020 年修订实施《上海市促进中小企业发展条例》，营造中小企业发展的良好法治环境。制定《上海市优质中小企业梯度培育管理实施细则》，为优质中小企业提供全周期、全方位、多层次的服务。建立企业首次、轻微违法违规行为容错机制，免罚、免强制措施已经惠及市场主体8400多家，免罚金额超6亿元。防范化解中小企业账款拖欠问题，实现无分歧欠款化解率100%，50万元以下无分歧欠款清偿率100%。

四是加大民营经济服务力度。 为更好地服务本市民营企业，着力建设南虹桥、张江、市北高新三个民企总部集聚区，举办"全国知名民营企业上海分支机构走进集聚区"活动，已吸引集聚天合光能、正大天晴、云南白药、鄂尔多斯等民企项目落沪。建立全国民营500强企业"一企一档"，及时掌握并回应企业关切问题。

三、服务助力中小企业高质量发展

统筹协调稳增长、调结构、强能力、促发展关系，聚焦中小微企业最为关心的创新发展、转型发展、融通发展、金融赋能、纾困支持和精准服务等六个方面。

一是支持中小企业创新发展。 实施科技成果赋智中小企业专项行动，市级以上企业技术中心突破1000家，市级技术改造专项支持门槛从2000万元降低至1000万元；对小升规企业、首次"四上"企业、工业产值首次突破10亿元、50亿元、100亿元的先进制造业企业，给予政策支持；建设绿色智慧生态联合体，推动30家企业建设绿色工厂、5家企业建设零碳工厂；实施"上海产业菁英"高层次人才培养专项。

二是助力中小企业数字化转型。 采用智评券、算力券等方式，支持中小企业购买智能工厂诊断咨询及人工智能算力等服务；实施中小企业"工赋伙伴"计划，打造数字化服务专员队伍和联合体。2023年培育不少于300家中小数商企业，形成不少于30个品牌数据产品，培育不少于20个细分领域专业服务商，推动25万家中小企业上平台上云。

三是营造大中小企业融通发展生态。 围绕大企业、大市场、大产业开展大中小企业融通工作，构建大中小企业相互依存、相互促进的发展生态。重点实施大中小企业融通创新"携手行动"，举办"百场万企"大中小企业融通创新对接活动；落实支持中小企业政府采购政策，支持企业参与本市各类重大应用场景"揭榜挂帅"行动。构建中小企业特色产业集群梯度培育体系。2023年培育10个左右市级中小企业特色产业集群，力争再建设5个左右国家级特色产业集群。

四是强化中小企业金融赋能服务。 整合各项金融助企政策，打出"组合拳"，推进"融资畅通"工程和无缝续贷"十百千亿"工程，到2023年底普惠贷款余额达1.1万亿元、无缝续贷累计投放突破1.2万亿元，为企业节约成本100亿元以上；落实国家融资担保奖补资金，平均担保费率保持1%（含）以下；开展"一链一策一批"融资促进行动，促进产业链融资；支持中小企业改制上市和股权融资。

五是加大中小企业纾困力度。 支持企业稳岗扩岗，落实阶段性降低失业、工伤等社会保险费率政策。开展"春雨润苗"专项行动，落实税费支持政策；开展中小微企业助企纾困专项行动，发挥中小企业服务专员作用，开展政策上门对接。

六是加强中小企业精准服务。 完善企业网络服务体系，开展"一起益企"中小企业服务行动和中小企业服务月活动，强化企业服务云等平台服务能级；支持中小企业质量标准品牌建设，支持新技术、新产品高效获取知识产权保护；建立季度部门会商、调研督导、环境评估工作机制，力争上海中小企业发展环境继续保持全国前列。

（本文系作者2023年5月17日在"营造一流营商环境 服务构建新发展格局"系列市政府新闻发布会上的发言）

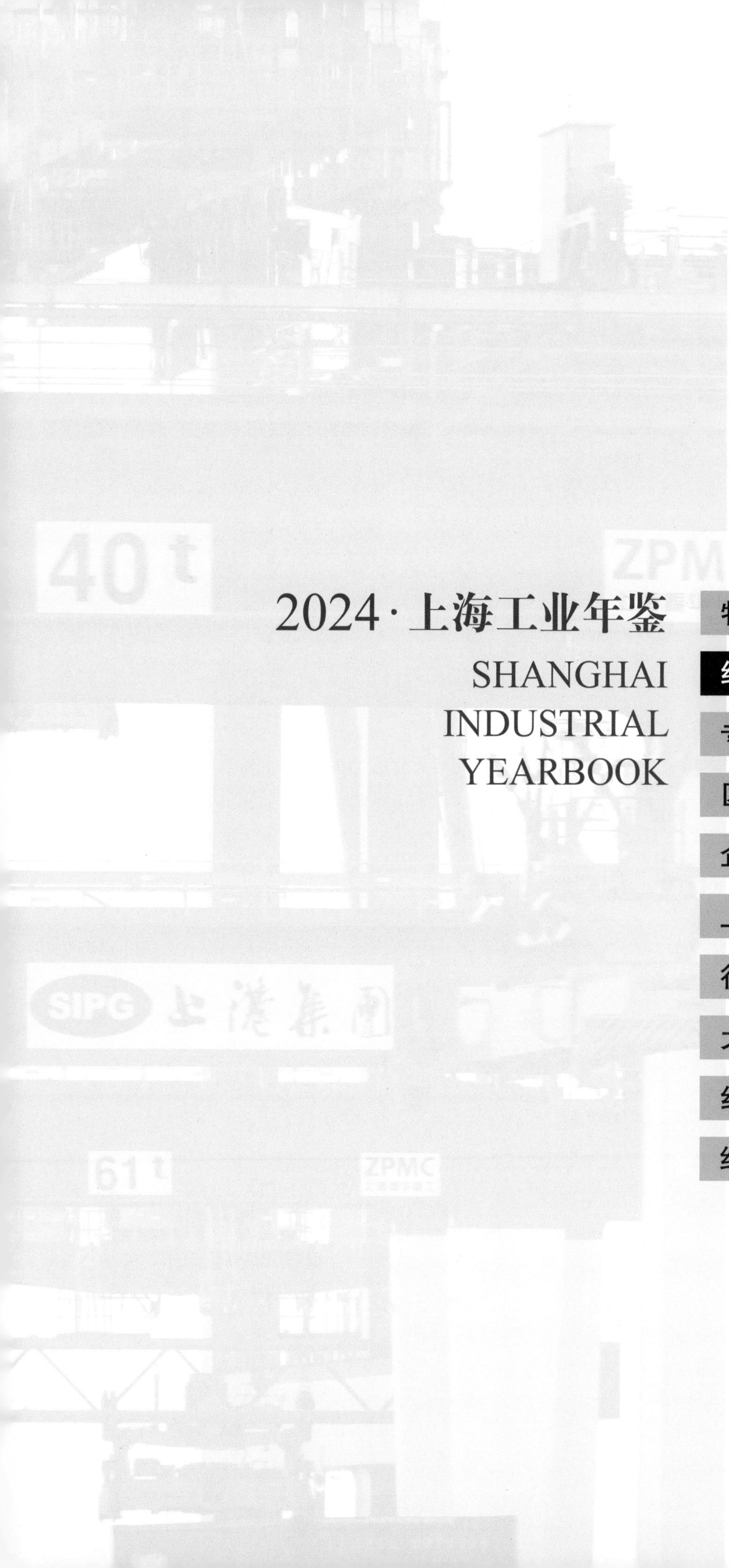

2024·上海工业年鉴

SHANGHAI
INDUSTRIAL
YEARBOOK

特载

综述

专题

区工业

企业简介

上市股份公司

行业协会简介

大事记

经济法规

统计资料

新型工业化建设迈新步　现代化产业体系显成效
打造产业经济和信息化高质量发展生态

上海市经济和信息化委员会

（2023 年 12 月 31 日）

一、2023 年工作总结

2023 年，上海产业和信息化系统全面贯彻落实党的二十大精神，深入学习贯彻习近平总书记重要讲话精神，在市委、市政府坚强领导下，凝心聚力、攻坚克难，产业经济恢复向好，产业创新加速实施，城市数字化转型纵深推进，重大产业活动成功举办，企业服务和产业生态展现新气象，产业经济和信息化加快高质量发展。

（一）加快建设现代化产业体系，高端产业引领功能显著增强

贯彻落实推进新型工业化重要指示和全国新型工业化推进大会部署要求，加快构建"（2+2）＋（3+6）＋（4+5）"为主体的现代化产业体系。

先导产业创新突破。 生物医药产业，新增 4 款国产 1 类创新药，数量全国第三；新增 9 个Ⅲ类创新医疗器械，数量全国第二；君实生物、和记黄埔两款创新药获得 FDA 批准；推动莫德纳中国研发生产总部项目落户，创造从签约到开工用时 3 个多月的"莫德纳速度"；出台全国首个生物医药产业数字化转型实施方案、首个省级合成生物产业政策；首创发布两批次生物医药"新优药械"产品目录，累计支持 72 款本市创新产品加速入院应用；首创开展创新医疗器械应用示范项目，支持 69 款创新医疗器械在医疗机构开展应用示范；举办 2023 上海国际生物医药产业周，打造世界级生物医药产业会客厅。人工智能产业，发布推动大模型创新发展若干措施，上海人工智能实验室"书生"等 17 款大模型通过国家网信办备案，数量全国领先。成立大模型语料数据联盟和大模型测试验证与协同创新中心，人工智能大模型产业生态集聚区揭牌设立，首期 1 万平方米上海"模速空间"创新生态社区建成运营。多款通用人形机器人发布，上海人形机器人制造业创新中心成立。上海算法创新研究院、上海科学智能研究院等创新主体落地。成功举办 2023 世界人工智能大会和全球人工智能开发者先锋大会。

重点产业提质增效。 电子信息产业，几何光波导等显示器件达到国际先进水平，投影曝光机等产品扩大国内外市场应用。和辉光电二期、金桥"5G＋超高清"特色产业园等推进建设。生命健康产业，发布首个医疗机器人细分领域行动方案、智慧健康养老产品和服务推广目录，开展智慧健康养老应用试点示范。奉贤区发布实施促进生命健康产业高质量发展若干政策和细则。汽车产业，全市汽车产量 215 万辆，同比增长 5%。其中新能源汽车产量突破百万辆，达到 128.7 万辆；新增推广新能源汽车 35.4 万辆，累计推广量达 136.7 万辆；推动燃料电池零部件产业化、加氢站建设运营，完成近 1100 辆整车示范应用年度任务。高端装备产业，服务保障 C919 首航和运营、首制国产大型邮轮建成交付、长江 1000 发动机飞行台首飞。高温气冷核岛大锻件、航空涡轮起动机、北斗三号终端、LNG 船液货系统装备等取得首台突破。制定和发布船舶与海洋工程装备、核电产业、"四大工艺"等领域行动方案。先进材料产业，制定实施新材料中试基地和中试项目管理办法，膜材料制造业创新中心等加快筹建，打造具有国际竞争力的纤维产业链。时尚消费品产业，举办世界设计之都大会、上海制造佳品汇、国际化妆品大会、中国品牌经济（上海）论坛等活动，发布上海设计 100+、时尚 100+、品牌 100+，新增 9 家国家级工业设计中心、首批 22 家时尚引领示范企业，国货潮品、文创精品、新锐品牌等不断涌现。

新赛道产业拓展培育。数字经济，制定实施促进在线新经济健康发展政策措施。举办信息消费节活动，拉动信息消费约 400 亿元。软件和信息服务业营收增长 17.2%。长宁区互联网平台业务保持快速发展，百亿以上交易平台达到 5 家。绿色低碳，深入推进绿色制造体系建设，发布 40 个绿色低碳技术产品；新增市级绿色工厂 46 家、绿色园区 2 家、绿色供应链管理企业 7 家、绿色设计产品 5 项；新增 18 家零碳工厂、2 家零碳数据中心、2 家零碳创建工厂、4 家零碳创建园区。开展工业通信业碳管理试点，遴选 6 个领域 65 个项目。评选首批 20 个能源双碳领域数字化转型示范应用场景。元宇宙，推进重大应用场景"揭榜挂帅"，发布第一批 10 个重大应用场景建设成果。组织开发手语大模型数字人平台，举办"元启上海"AI 开发者大赛。智能终端，制定出台浦东新区促进无人驾驶装备创新应用若干规定、无驾驶人智能网联汽车创新应用实施细则等法规文件；搭建车城网平台、建设 227.8 公里道路车路协同环境；7 家企业 30 辆车获颁全国首批无驾驶人道路测试牌照；发布促进智能机器人产业高质量创新发展行动方案，重点产业工业机器人密度全球领先。

未来产业前瞻布局。张江、临港、大零号湾首批未来产业先导区推进建设，未来产业重点领域开展"揭榜挂帅"。脑机接口、先进核能、新型储能、未来产业投资等领域专委会成立，成功举办 2023 全球"未来产业之星"大赛，评选出 80 个优秀项目和 20 位优秀人才。制定推进研发产业化实施意见，培育研发经济新动能。

制造业与服务业加速融合。制定发布促进产业互联网平台高质量发展行动方案；区块链、大模型技术赋能生产性互联网服务平台发展实施方案，重点产业垂直服务、工业品数字服务、专业服务等 6 类平台快速发展。新增国家服务型制造示范单位 14 家，市级服务型制造企业 32 家、示范平台 19 个。举办第四届工业品在线交易节，交易额超 520 亿元。

（二）城市数字化转型纵深推进，数字化活力加快迸发

城市数字化转型顶层设计优化完善。推动 7 个重点行业出台数字化转型方案、工作指引。建设 35 个生活数字化转型重点场景，加快 74 个"揭榜挂帅"示范场景打造，完成便捷就医、交通 MaaS、教育数字底座等升级版场景建设。建成 579 个数字伙伴微站点。推动成立城市灵境场景创新中心，8 个市级数字化转型示范区加快建设，初步完成临港新片区数字孪生基础平台建设。城市数字化转型体验馆开馆运行，"数都上海"创新生态 HUB 启动建设。

制造业数字化转型加快推进。启动全市制造业数字化转型诊断，遴选发布第二批 15 家"工赋链主"培育企业，智能工厂网络、可信数据空间、供应链金融等数字供应链推进建设，工赋智联运营中心建成上线。累计建成国家级标杆性智能工厂 3 家、示范工厂 19 家、优秀场景 111 个，国家级工厂和场景数量"双倍增"，新培育 77 家市级智能工厂。全市超 6700 家规上工业企业完成智能工厂在线评估诊断，覆盖率超过 70%。

新一代信息基础设施推进布局建设。发布实施数据要素产业创新发展行动方案、城市区块链数字基础设施体系工程建设方案、数据交易场所管理实施办法、信息基础设施管理办法。启动建设数据交易国际板，累计挂牌数据产品近 1700 个；启动建设公共数据运营监管平台，上线 21 个公共数据社会化开发利用场景。累计建设超过 7.7 万个 5G 室外基站、35 万个 5G 室内小站、358 个数字电话亭。为民办实事项目"住宅小区地下车库移动通信网络覆盖工程"累计完工 2003 个小区。部市联动举办 2023 年中国 5G 发展大会、第六届 5G 应用征集大赛。

（三）狠抓稳增长促投资保运行，产业经济加快回升向好

推进产业经济回升和平稳运行。实施汽车、机械、轻工、电子、石化、医药、软信 7 个行业稳增长方案。出台工业企业升规提质三年行动方案，全市规上工业产值 3.94 万亿元，规上工业增加值可比增长 1.5%。"海陆空"

等领域规模持续壮大，船舶产业增长 15.5%，新能源汽车增长 34.7%，航空产业增长 28.8%。三大先导产业规模达到 1.6 万亿元，工业战略性新兴产业总产值超过 1.7 万亿元，占比达到 43.9%。

电力能源保障稳定有序。 推进迎峰度夏、迎峰度冬电力保供，年度最高负荷达 3675 万千瓦。推动重点用能企业扩大绿电消费规模，绿电交易达到 21.5 亿千瓦时。全市成品油稳定供应，保障食盐充足供应。

招商引智深入推进。 发布实施投资促进"24 条"政策措施。举办 2023 上海全球投资促进大会，总投资 674 亿元的 26 个项目签约。全力打响"投资上海"品牌，依托进博会、工博会、世界人工智能大会等重大平台开展专题招商。

重大产业项目加快建设。 滚动推进签约、拿地、开工、在建、竣工、投产"六张清单"，全年新开工亿元以上项目 200 个。实施 100 个技术改造示范项目，带动 1500 项企业技术改造。全年工业投资同比增长 5.5%。

（四）推动资源要素优化配置，产业高质量发展生态更加完善

加强产业高水平协同发展。 打造高端制造业增长极方案发布实施，制订发布制造业高质量发展三年行动计划；完成上海产业和信息化"十四五"中期评估。支持重点区域产业集聚发展，推进南北产业转型规划落地，宝山区工业机器人产业集聚发展，金山区纤维材料、无人机等新兴产业培育壮大。长三角产业协同合作深入推进，联合发布长三角生态绿色一体化发展示范区产业发展规划、推动长三角三大产业协同发展实施方案；依托长三角产业链联盟等促进上下游企业协作，组织开展对接活动。

产业空间加快拓展。 制定推动"工业上楼"打造"智造空间"若干措施以及资金管理办法等配套政策。推出智造空间项目 115 个，建筑面积 1019 万平方米，首批超 180 万平方米生物医药标准厂房开工建设。发布实施特色产业园区高质量发展行动方案和建设导则，5 个新城"一城一名园"加快开发建设。统筹保障重点项目土地指标，支持重点区域项目控规调整。制定存量产业用地管理若干意见和专项行动方案，实施产业用地综合绩效评估和分类处置。全年完成产业结构调整项目 498 项。

推动无线电管理赋能产业发展。 做好无线电安全保障，保障民航等行业领域无线电台（站）电磁环境安全、重大工程宽带无线专网频谱需求。支持重点企业获得授权率先开展工业专频专网建设，支撑卫星互联网等新兴业态地面段业务发展。圆满完成杭州亚运会、进博会等重大活动无线电保障。持续优化行政服务，办理无线电行政许可超过 5.4 万起，推进重要区域 4G、5G 基站现场核查和保护。完成无线电台（站）审批事后监督检查超过 2000 个。发布实施无线电领域信用分级分类监督管理办法。

（五）企业服务不断优化升级，各类企业加速成长壮大

建立实施重点企业"服务包"制度。 出台《建立重点企业"服务包"制度的工作方案》，明确"专班、专员、专报、专窗"机制，全市累计发放"服务包"3.2 万余件，市、区、街镇（园区）三级"服务包"发放基本完成。"一企一管家""一企一服务包"等制度落地实施，配置服务管家 4100 余人；专窗平台汇集政策 2100 多项。全市企业服务"一盘棋"格局基本形成。

加快中小微企业梯度培育和扶持。 实施助力中小微企业稳增长调结构强能力若干措施，累计培育创新型中小企业超过 1.5 万家，专精特新企业近 1 万家，专精特新"小巨人"企业 710 家。新增闵行区基因、嘉定区智能传感器、金山区无人机、青浦区数字物流 4 个国家级中小企业特色产业集群，浦东新区获批国家首批中小企业数字化转型试点城市。落实国家小微企业融资担保降费奖补政策，支持 14 家融资担保机构降低担保费率至 1% 以下，扩大融资担保规模；实施首贷户和专精特新企业贷款贴息政策。

深化产业国内外合作交流。 完善外资企业线上线下服务平台。巩固上海横滨友城合作成果，深化沪新、沪台、沪港产业信息化合作。高质量推进与对口合作及帮扶地区产业协作。成功举办第二十三届工业博览会。

二、2024 年工作要点

（一）着力促进产业经济平稳增长

提升工业经济运行质量。全力稳住工业基本盘，深入推进汽车、机械、轻工、电子、石化、软信等行业稳增长。推动招商引资和项目建设，举办 2024 全球投资促进大会，持续开展投资上海全国行、全球行活动，打造投资"上海第一站"服务平台。大力拓展产业发展空间。发挥产业地图引导作用，引导各区优化产业规划布局，打造一批国际一流的产业地标，推进智造空间项目建设和管理。扎实推进能源电力和安全生产保障。

（二）着力提升产业结构能级

加快重点产业发展。电子信息，推动传统产线改造升级，加快全息显示、虚拟现实等新型显示终端发展。汽车，推进新一代动力电池、新型底盘等发展，完成 1100 辆燃料电池汽车示范应用年度任务。高端装备，推进航空发动机、机载系统、飞机内饰研制。先进材料，建设高分子材料、化工新材料等领域新材料中试基地，推动工艺能力建设。时尚消费品，实施消费品工业"三品"战略和"数字三品"行动方案，举办上海制造佳品汇活动，创建全国"三品"战略示范城市。

推动新赛道产业。数字经济，支持平台企业发挥链主作用，完善在线新经济生态园综合配套。绿色低碳，大力发展绿色制造，建设绿色工厂、零碳园区，培育绿氢、绿氨、绿色甲醇产业。元宇宙，举办"元启上海"开发者大赛、供需对接等系列活动。智能终端，打造智能穿戴、虚拟显示、智能家居等终端品牌。布局未来产业，举办全球"未来产业之星"大赛。

（三）着力促进产业智能化绿色化融合化

持续推动制造业数字化转型。打造制造业数智化转型升级版，健全市区协同机制，持续深化制造业数字化诊断并加强成果转化。推动工业互联网赋能制造业高质量发展，强化"工赋链主"示范带动，培育数字供应链、数字化绿色化协同等新模式。加快"智改数转网联"赋能传统产业升级，实施智能工厂领航计划，打造智能制造特色集群。中小企业数字化转型，培育一批"小快轻准"数字化产品和解决方案。

促进工业绿色低碳转型。推动园区和企业探索能源资源综合利用生产模式，大力发展"智慧节能"。持续实施工业和通信业节能降碳"百一"行动，推进重点企业能源审计和节能诊断。

加快生产性服务业重点领域发展。实施产业互联网平台发展行动，打造一批示范平台和标杆应用。推动总集成总承包企业开展标准化试点，建设总集成总承包企业"走出去"服务平台，举办第五届工业品在线交易节。

（四）着力优化产业发展生态

深入实施重点企业"服务包"制度。持续优化完善市区联动工作机制，推动重点企业走访"全覆盖"；拓展企业"服务包"内容，依托服务管家机制和企业服务专员队伍，推进企业诉求高效办理。实施中小微企业助企纾困、"一起益企"中小企业服务等行动，开展中小企业服务月活动。

实施长三角产业发展协同，深入推进生态绿色一体化发展示范区产业协同发展，共同推动"产业＋科创＋金融"良性循环，不断提升长三角产业链供应链分工协作水平和产业竞争力。

举办重大产业展会和活动。更高质量举办中国国际工业博览会、世界人工智能大会、世界设计之都大会等重大活动，不断提升展会活动的国际影响力和溢出带动效应。

2024 · 上海工业年鉴
SHANGHAI INDUSTRIAL YEARBOOK

特载

综述

专题

区工业

企业简介

上市股份公司

行业协会简介

大事记

经济法规

统计资料

上 海 现 代 化 产 业 体 系 建 设 情 况

2023 年，上海市聚焦建设"五个中心"、强化"四大功能"重要使命，以推进新型工业化为引擎培育发展新质生产力，以高质量发展为首要任务加快构建现代化产业体系，努力打造高端制造业增长极。

一、强化高端产业引领功能，加速建设现代化产业体系

"（2+2）+（3+6）+（4+5）"体系初步构建，"2+2"是先进制造业与现代服务业深度融合以及数字化与绿色低碳协同转型；"3+6"是大力发展集成电路、生物医药、人工智能三大先导产业以及电子信息、生命健康、汽车、高端装备、先进材料、时尚消费品六大重点产业；"4+5"是抢先布局数字经济、绿色低碳、元宇宙、智能终端四大新赛道产业，以及未来健康、未来智能、未来能源、未来空间、未来材料五大未来产业方向。

二、数字化和绿色化"两化转型"加速推进

全力推进制造业数字化转型。紧抓工业互联网和智能工厂两个"牛鼻子"，累计建成国家级标杆性智能工厂 3 家、示范工厂 19 家、优秀场景 111 个，是国家级智能工厂和优秀场景"双料冠军"城市；累计培育"工赋链主"25 家、工业互联网平台 34 个，共链接全国 120 多万家企业、861 万台设备，带动 21 万中小企业上平台。

持续提升绿色制造水平。累计创建 145 家国家级绿色工厂、13 家国家级绿色供应链、8 家国家级绿色园区 67 项国家级绿色产品。上线国内首个工业碳管理服务平台，推动行业龙头企业率先开展绿电交易，在产品碳足迹评价与碳标签、供应链碳管理、碳金融产品创新等领域率先开展工业碳管理试点。

三、融合化赋能激发新活力

2023 年，生产性服务业重点领域实现营收总额 30813 亿元，比上年增长 3.75%。制定发布促进产业互联网平台高质量发展行动方案，区块链、大模型技术赋能生产性互联网服务平台发展实施方案，促进重点产业垂直服务、工业品数字服务等六类平台集聚发展。连续举办四届中国（上海）工业品在线交易节，累计近 1500 亿元的交易额，汇聚 20 余家头部产业电商平台。服务型制造示范发展，31 个主体获评工信部服务型制造示范，浦东新区、松江区入选服务型制造示范城市。

四、三大先导产业创新突破

积极落实习近平总书记关于打造集成电路、生物医药、人工智能世界级产业集群的要求。

集成电路：全产业链发力突围，持续推进中芯东方、积塔、长电等重大项目建设。

生物医药：新增 4 款国产 1 类创新药，数量全国第三；新增 9 个Ⅲ类创新医疗器械，数量全国第二；推动莫德纳中国研发生产总部项目落户，创造从签约到开工用时 3 个多月的"莫德纳速度"；出台全国首个生物医药产业数字化转型实施方案、首个省级合成生物产业政策；首创发布两批次生物医药"新优药械"产品目录、开展创新医疗器械应用示范项目，支持创新药械在医疗机构开展应用示范。

人工智能：发布推动大模型创新发展若干措施，上海人工智能实验室"书生"等 17 款大模型通过国家网信办备案，数量全国领先。成立大模型语料数据联盟和大模型测试验证与协同创新中心，人工智能大模型产业生态集聚区揭牌设立，首期 1 万平方米上海"模速空间"创新生态社区建成运营。推动智能算力中心建设和支撑大模型训练。多款通用人形机器人发布，上海人形机器人制造业创新中心成立。上海算法创新研究院、上海科学智能研究院等创新主体落地。成功举办 2023 世界人工智能大会和全球人工智能开发者先锋大会。

五、重点产业集群深耕提升

电子信息：几何光波导等显示器件达到国际先进水平，投影曝光机等产品扩大国内外市场应用。和辉光电二期、金桥"5G＋超高清"特色产业园等推进建设。

生命健康：发布首个医疗机器人细分领域行动方案、智慧健康养老产品和服务推广目录，开展智慧健康养老应用试点示范。奉贤区发布实施促进生命健康产业高质量发展若干政策和细则。

汽车：全市汽车产量 215 万辆，同比增长 5%。其中新能源汽车产量突破百万辆，达到 128.7 万辆，占全国的 14%；新增推广新能源汽车 35.4 万辆，累计推广量达 136.7 万辆；推动燃料电池零部件产业化、加氢站建设运营，完成近 1100 辆整车示范应用年度任务。制定汽车芯片发展若干措施，成立上海市汽车芯片工程中心、汽车芯片检测认证公共实验室，推进电池管理 MCU、加速度传感器等产品攻关。

高端装备：服务保障 C919 首航和运营、首制国产大型邮轮建成交付、长江 1000 发动机飞行台首飞。高温气冷核岛大锻件、航空涡轮起动机、北斗三号终端、LNG 船液货系统装备等取得首台突破。高精度复合磨削、五轴镜像铣削装备等工业母机加工能力达到国际先进水平。推动商飞智能、蓝箭航天国际总部、正泰光储智能制造基地等项目落户。制定发布船舶与海洋工程装备、核电产业、"四大工艺"等领域行动方案。

先进材料：制定实施新材料中试基地和中试项目管理办法，推进华谊合成气等化工区新一轮超千亿投资项目，膜材料制造业创新中心等加快筹建，打造具有国际竞争力的纤维产业链。

时尚消费品：举办世界设计之都大会、上海制造佳品汇、国际化妆品大会、中国品牌经济（上海）论坛等活动，发布上海设计100+、时尚100+、品牌100+，新增9家国家级工业设计中心、首批22家时尚引领示范企业，国货潮品、文创精品、新锐品牌等不断涌现。

六、新赛道产业拓展培育

数字经济：制订年度工业软件推荐目录，推进航空、船舶等领域工业软件攻关。编制网络安全产业创新攻关成果目录，发布信创硬件技术图谱、优秀信创解决方案。制定实施促进在线新经济健康发展政策措施。举办信息消费节活动，拉动信息消费约400亿元。软件和信息服务业营收增长17.2%。长宁区互联网平台业务保持快速发展，百亿以上交易平台达到5家。

绿色低碳：深入推进绿色制造体系建设，发布40个绿色低碳技术产品；新增市级绿色工厂46家、绿色园区2家、绿色供应链管理企业7家、绿色设计产品5项；新增18家零碳工厂、2家零碳数据中心、2家零碳创建工厂、4家零碳创建园区。开展工业通信业碳管理试点，遴选6个领域65个项目。评选首批20个能源双碳领域数字化转型示范应用场景。

元宇宙：推进重大应用场景"揭榜挂帅"，发布第一批10个重大应用场景建设成果。组织开发手语大模型数字人平台，举办"元启上海"AI开发者大赛。

智能终端：制定出台浦东新区促进无人驾驶装备创新应用若干规定、无驾驶人智能网联汽车创新应用实施细则等法规文件；搭建车城网平台、建设227.8公里道路车路协同环境；7家企业30辆车获颁全国首批无驾驶人道路测试牌照；发布促进智能机器人产业高质量创新发展行动方案，重点产业工业机器人密度全球领先。

七、未来产业前瞻布局

张江、临港、大零号湾首批未来产业先导区推进建设，未来产业重点领域开展"揭榜挂帅"。脑机接口、先进核能、新型储能、未来产业投资等领域专委会成立，成功举办2023全球"未来产业之星"大赛，评选出80个优秀项目和20位优秀人才。制定推进研发产业化实施意见，培育研发经济新动能。嘉定区制定实施打造未来产业创新高地行动方案。

（印海文）

上海推进新型工业化情况

2023年9月，习近平总书记就推进新型工业化作出重要指示，全国新型工业化推进大会对加快推进新型工业化作出全面部署。上海市认真贯彻落实，2024年1月，上海召开新型工业化推进大会。中共上海市委、市政府明确提出要在稳住工业大盘中坚定转型升级，加快打造高端制造业增长极，更好助力"五个中心"和现代化建设。上海产业和信息化部门坚决贯彻落实，以强化高端产业引领为导向，坚持智能化、绿色化、融合化发展要求，着力提升产业链供应链韧性和安全水平，加快建设上海现代化产业体系，打造具有国际竞争力的高端制造业增长极，努力探索具有新时代特征的新型工业化道路。

一、把促进制造业平稳增长作为推进新型工业化的基本要求

习近平总书记强调"必须始终高度重视发展壮大实体经济，抓实体经济一定要抓好制造业""推动经济实现质的有效提升和量的合理增长"。市委书记陈吉宁要求"在稳定工业大盘中坚定转型升级，坚持质的有效提升和量的合理增长一起发力"。

上海深入推进制造业稳增长、促投资、拓空间、畅运行。一是全力稳住工业基本盘，深入推进重点行业稳增长方案落实。支持浦东、临港等重点区域发挥挑大梁作用。二是着力扩大制造业有效投资，用好"六个一批"项目滚动推进机制。实施新一轮高水平技术改造，打造技改标杆示范项目。三是大力拓展产业发展空间，鼓励适合业态工业上楼，力争打造"工业上楼"智造空间1000万平方米。梯次推进特色产业园区培育，积极创建国家先进制造业集群。制定重点产业区域城市更新实施意见，推动存量产业用地盘活利用。

二、把建设现代化产业体系作为推进新型工业化的核心任务

上海坚持以先进制造业为骨干，加快建设"（2+2）+（3+6）+（4+5）"现代化产业体系。一是促进先进制造业和现代服务业融合发展，推动传统产业数字化和绿色低碳转型提升。二是推动先导产业攻关突破，全力落实新一轮上海方案，推进人工智能与实体经济深度融合，赋能新型工业化发展。三是加快电子信息、生命健康、汽车、高端装备、先进材料、时尚消费品等重点产业提质升级。四是推动数字经济、绿色低碳、元宇宙和智能终端新赛道产业率先成势。五是抢先布局未来健康、未来智能、未来能源、未来空间、未来材料五大未来产业领域，加快打造未来产业先导区和试验场。

三、把以科技创新驱动产业创新作为推进新型工业化的重要支撑

上海着力提升产业基础高级化、产业链现代化水平。聚力重点产业链建设。深入实施产业基础再造工程，制定实施重点产业链行动计划，推动链主企业参与大飞机、船舶海工、新能源汽车、机器人等产业链建设，加快标志性产品攻关。强化创新主体梯队建设。加快建设一批高水平产业科技创新平台，发挥制造业创新中心作用，鼓励大企业主动开源开放技术底座、科研设施、工业数据和典型场景，打造生态主导型企业。

四、把促进制造业智能化绿色化融合化发展作为推进新型工业化的主攻方向

上海着力推进城市数字化转型和制造业绿色低碳发展，推进先进制造业和现代服务业、数字经济和实体经济深度融合。一是持续推动制造业数字化转型。打造制造业数智化转型升级版，强化"工赋链主"示范带动，实施智能工厂领航计划。二是促进工业绿色低碳转型。推进"工业互联网＋绿色制造"新模式，建设"工业碳管理公共服务平台"，探索建立产品碳足迹数据库和重点行业碳排放因子库，持续实施工业和通信业节能降碳"百一"行动。三是促进产业融合发展。制定生产性服务业赋能产业升级行动方案，打造一批市级产业互联网示范平台和标杆示范应用场景，推动总集成总承包企业开展标准化试点。

五、把加快培育世界一流企业作为推进新型工业化的重要保障

上海积极推动大中小企业融通发展，各种所有制企业共同发展，持续打造国际一流营商环境，不断增强市场主体动力和活力。一是精准落实重点企业"服务包"制度。截至年底，全市已累计发放"服务包"3.2万件。2024年将推动重点企业走访"全覆盖"，高水平建好专窗平台推进企业诉求高效办理。二是聚力培育高增长企业。滚动培育创新型中小企业、专精特新中小企业、专精特新"小巨人"企业、单项冠军企业等，实施中小企业特色产业"一集群一策"。支持重点区域打造民营企业总部集聚区。三是深化央地融合发展。打造央地合作新载体，推动建设区域化央企党建、科创等平台。引导央企总部、二总部和核心业务板块加快布局。四是鼓励外资制造业在沪发展。推进高端制造业领域外资功能性机构集聚，在国家部委支持下建立部市合作深化国家重点外资制造业项目服务机制。

（印海文）

上海落实制造强国战略工作情况

2023年，上海市认真贯彻落实推进新型工业化重要指示和全国新型工业化推进大会部署要求，加快构建"（2+2）＋（3+6）＋（4+5）"为主体的现代化产业体系。坚持落实制造强国分省市指南作用，加强全市经济一盘棋统筹，引导产业创新发展、各区特色发展、园区集聚发展，加快实现产业经济结构优化、提质增效、动能转换。

一、落实制造强国战略重点指示和各省市指南

紧紧围绕指南部署的重点行业、子领域、细分领域，聚焦高端、智能、绿色及融合发展，着力提升上海制造服务国家战略的能力。为进一步统筹优化全市产业定位和空间布局，编制发布《上海市产业地图》第二版，系统梳理全市产业发展现状，明确各区及重点区域的产业定位，谋划重点行业的空间布局。《上海市产业地图》覆盖一、二、三产业，聚焦融合性数字产业、战略性新兴产业、现代服务业和现代农业，立足空间维度、产业维度，包括产业现状图和产业未来图。其中，产业现状图全面反映产业创新资源分布，梳理标识重点企业、龙头企业以及高等院校、科研机构、功能平台、协会联盟等创新资源；产业未来图前瞻规划产业发展布局，聚焦产业总体布局。

二、推动国家科技重大项目立项建设

聚焦航空模拟器、新能源燃料电池、高端数控机床、检验检测设备等方向，支持16个产业基础领域重点项目。聚焦集成电路、生物医药、人工智能、未来产业等领域，支持45个战新重大项目立项。推动光芯片、集成电路检量测设备、EDA等国家科技重大项目立项建设。国家集成电路创新中心由复旦大学、中芯国际和华虹集团三家单位共同发起，瞄准集成电路关键共性技术、行业服务与成果转化能力，着力解决集成电路主流技术方向选择和可靠技术来源问题，为产业升级提供技术支撑和知识产权保护。中心将围绕颠覆性技术开发，解决国家集成电路发展中的棘手问题，诸如芯片技术方面的突破。国家智能传感器创新中心以关键共性技术的研发和中试为目标，专注传感器设计集成技术、先进制造及封

测工艺，布局传感器新材料、新工艺、新器件和物联网应用方案等领域，形成"产、学、研、用"协同创新机制。推动智能传感、大数据、云计算、人工智能的生态体系建设，主要包括关键共性技术研发平台、工程技术服务平台、技术中试平台、知识产权与技术成果转化等功能板块，帮助打通科研到成果转化的"最后一公里"。

三、建立科技成果转化和产业互联网平台

在关键核心技术攻关、创新成果转化、促进产业创新链对接等方面，上海逐步形成国家级、市级、区级的企业技术中心三级网络体系。依托中国海工联盟成立上海海洋工程装备制造业创新中心，上海智能网联汽车创新中心（载体为上海淞泓智能汽车科技有限公司）、上海智能传感器制造业创新中心（载体为上海芯物科技有限公司）、上海集成电路制造业创新中心（载体为上海集成电路制造创新中心有限公司）、上海增材制造制造业创新中心（载体为上海莘临科技发展公司）。

制造业与服务业加速融合。制定发布促进产业互联网平台高质量发展行动方案；区块链、大模型等技术赋能生产性互联网服务平台发展实施方案，重点产业垂直服务、工业品数字服务、专业服务等6类平台快速发展。新增国家服务型制造示范单位14家，市级服务型制造企业32家、示范平台19个。举办第四届工业品在线交易节，交易额超520亿元。

四、制造业高端装备实现重大突破

高端装备方面，服务保障C919首航和运营、首制国产大型邮轮建成交付、长江1000发动机飞行台首飞。高温气冷核岛大锻件、航空涡轮起动机、北斗三号终端、LNG船液货系统装备等取得首台突破。高精度复合磨削、五轴镜像铣削装备等工业母机加工能力达到国际先进水平。推动商飞智能、蓝箭航天国际总部、正泰光储智能制造基地等项目落户。制定发布船舶与海洋工程装备、核电产业、"四大工艺"等领域行动方案。量子计算机、商用航空发动机、超导带材等关键核心技术取得突破，联影医疗PET/CT打破国际垄断，MOCVD等先进半导体设备实现国产化，ARJ-21新支线客机、C919大型客机、长征六号火箭、蛟龙号载人潜水器、墨子号量子卫星、"海洋石油981"号钻井平台、AP1000核电设备等重大成果问世。国家重型燃气轮机等重大项目进展顺利，商用航空发动机等关键核心技术取得突破。率先建立千米级高温超导带材应用示范项目，打破国际垄断。

五、加强产业高水平协同发展

推动打造高端制造业增长极方案发布实施，制订发布制造业高质量发展三年行动计划；完成上海产业和信息化"十四五"规划执行情况中期评估；推进落实重点产业链高质量发展行动计划，支持"链主"企业攻关标志性产品。支持重点区域产业集聚发展，推进南北产业转型规划落地，宝山区工业机器人产业集聚发展，金山区纤维材料、无人机等新兴产业培育壮大。杨浦区制定实施先进制造业高质量发展政策措施及细则，崇明区绿色低碳产业加快布局发展等。长三角产业协同合作深入推进，联合发布长三角生态绿色一体化发展示范区产业发展规划、推动长三角三大产业协同发展实施方案；依托长三角产业链联盟等促进上下游企业协作，组织开展集成电路、汽车电子、智能装备、车用新材料、石化等产业链对接活动。

（赵广君）

上海"3+6"重点产业发展情况

2023年，上海市全面贯彻落实中共二十大精神，深入学习贯彻习近平总书记重要讲话精神，贯彻落实推进新型工业化重要指示和全国新型工业化推进大会部署要求，加快构建现代化产业体系，高端产业引领功能显著增强。

一、三大先导产业创新突破

集成电路、生物医药、人工智能三大先导产业总规模超过16000亿元，比上年增长3.8%。其中，三大先导产业制造业部分合计实现规模以上工业总产值超过4000亿元。

（一）集成电路产业。集成电路产业规模突破4000亿元，近5年平均增速达到20%，重点企业超过1200家，集聚全国40%的人才。加快重大领域布局，在光计算、明暗场检测设备等领域推进重点项目建设。推进建设装备零部件和材料攻关平台。加快提升汽车芯片全产业链供给能力。参与组建国家大基金三期，推动上海集成电路产业基金二期扩募。持续推进中芯东方、积塔、长电等重大项目建设。举办国际半导体高峰论坛。

（二）生物医药产业。生物医药产业规模达到9337.3亿元，同比增长4.9%。创新产品迭出，新增4款国产1类创新药，数量居全国第三；新增9个Ⅲ类创新医疗器械，数量居全国第二；君实生物、和记黄埔两款创新药获得FDA批准。项目建设加速，莫德纳中国研发生产总部项目创造从签约到开工用时3个多月的"莫德纳速度"。生态不断完善，出台全国首个生物医药产业数字化转型实施方案、首个省级合成生物产业政策；首创发布两批次生物医药"新优药械"产品

目录,累计支持 72 款创新产品加速入院应用;首创开展创新医疗器械应用示范项目,支持 69 款创新医疗器械在医疗机构开展应用示范;举办 2023 上海国际生物医药产业周,打造世界级生物医药产业会客厅;推出研发用特殊物品通关联合监管机制。

(三)人工智能产业。人工智能产业规模达 3808.4 亿元,同比增长 0.1%;利润总额增长超过 40%,为人工智能产业长远发展提供重要基础。贯彻落实《上海市促进人工智能产业条例》,成立大模型语料数据联盟和大模型测试验证与协同创新中心,发展智能算力,建成人工智能公共算力服务平台。发布推动人工智能大模型创新发展若干措施,人工智能大模型产业生态集聚区揭牌设立,首期 1 万平方米上海"模速空间"创新生态社区建成运营。上海人工智能实验室"书生"等 17 款大模型通过国家网信办备案,多款通用人形机器人发布,上海人形机器人制造业创新中心成立。上海算法创新研究院、上海科学智能研究院等创新主体落地。成功举办 2023 世界人工智能大会、全球人工智能开发者先锋大会,打造活跃产业生态。

二、六大重点产业提质增效

(一)电子信息产业。电子信息产业规模达到 24514.8 亿元,同比增长 6.2%。电子信息制造业年产值达 9442 亿元。积极克服国内外市场消费电子终端需求疲软影响,加大工厂投资改造力度,推动高端绿色智能化发展。智能终端领域,虚拟现实和增强现实领域实现部分核心零部件生产布局,先进技术和产品加快落地应用。下一代通信领域,打造从关键核心元器件到高端整机品牌的完整产业链。新型显示领域,AMOLED 等面板制造能力加快提升,投影曝光机等设备零部件攻关量产,构建关键材料支撑体系,推动驱动芯片设计布局,推进超高清视频核心技术攻关、应用示范和标准研究。软件和信息服务业年收入达 15072.8 亿元,同比增长 14.5%。工业互联网领域,遴选发布第二批 15 家上海市"工赋链主"培育企业,遴选形成 50 个重点产业领域数字化应用场景,发布首批 20 个制造业数字化绿色化协同应用场景,聚焦重点行业建设数字供应链,"星云智汇"工业互联网平台入选国家级"双跨"平台,规模以上制造企业数字化诊断全面开展。工业软件领域,聚焦关键领域落实工业软件攻关计划,征集形成年度工业软件推荐目录。元宇宙领域,发布第一批元宇宙重大应用场景建设成果,各方协同研发手语大模型数字人公共服务平台,举办"元启上海"AI 开发者大赛。区块链领域,推进建设浦江数链基础设施服务体系,在重点领域打造标杆场景,推进相关标准化工作。在线新经济领域,聚焦企业培育、空间规划、产业创新、生态营造、应用赋能、机制保障等推出一批促进政策。

(二)生命健康产业。生命健康产业规模达 3704.4 亿元,同比下降 1.9%。其中,生命健康制造业产值为 2179.9 亿元,同比下降 4.2%;相关服务业收入同比增长 1.4%。创新药和高端医疗器械研发制造取得重要进展,新增 4 款国产 1 类创新药、9 个 III 类创新医疗器械,发布关于合成生物、医疗机器人、基因治疗等领域创新发展的行动方案。持续发展智能健康产品,遴选发布年度智慧健康养老产品和服务推广目录,组织实施"智能物联创新社区"项目建设试点。探索将智慧技术能力融入健康养老、居家照护、疫情防控等为老服务应用场景。支持 CDMO、孵化器等产业服务项目投资建设。奉贤区发布实施促进生命健康产业高质量发展若干政策和细则。

(三)汽车产业。汽车产业总规模达到 11841.6 亿元,同比增长 6.8%。其中,汽车制造业产值达 10212.1 亿元,同比增长 9.4%。全年本市汽车产量达 215 万辆,同比增长 5%。新能源汽车领域,全年产量达 128.7 万辆,占全国的 14%,新增推广新能源汽车 35.4 万辆,累计推广量达 136.7 万辆;落实燃料电池汽车示范应用国家任务,全年完成近 1100 辆整车示范应用,推动燃料电池零部件产业化、加氢站建设运营等。智能网联汽车领域,出台促进无人驾驶装备创新应用、无驾驶人智能网联汽车创新应用、高快速路测试与示范实施方案、无驾驶(安全)员智能网联汽车测试技术方案等规定;市区协同推进全市数字道路基础设施、网络、频率、数据平台建设;围绕无人化、商业化、高速化方向不断创新应用,无驾驶人道路测试牌照数、规模化开展智能出租和智能公交示范运营车辆数、测试高速路段数持续增长。整车和零部件方面,制定汽车芯片发展若干措施,成立上海市汽车芯片工程中心、汽车芯片检测认证公共实验室,推进电池管理 MCU、加速度传感器等产品攻关。

(四)高端装备产业。高端装备产业规模达到 10979.3 亿元,同比增长 7.0%。其中,高端装备制造业产值达 7455.3 亿元,增长 6.4%;相关服务业收入增长 8.3%。工业母机,着力场景牵引,多方合力打造工业母机中试验证平台;仪器仪表,抓重要主体点面协调,针对性组织链式攻关项目建设;智能机器人,加强顶层设计和应用推广,印发推进智能机器人产业高质量创新发展行动方案;能源装备,把握储能装备发展风口形成发展方案,推动重点企业储能项目落地建设。制定发布船舶与海洋工程装备、核电产业、"四大工艺"等领域行动方案。从成果看,年内 C919 实现首航和运营、首制国产大型邮轮建成交付、长江 1000 发动机飞行台首飞;高温气冷核岛大锻件、航空涡轮起动机、北斗三号终端、LNG 船液货系统装备等取得首台突破;高精度复合磨削、五轴镜像铣削装备等工业母机加工能力达到国际先进水平。

(五)先进材料产业。先进材料产业规模达 5693 亿元。新材料作为战略性新兴产业的重要领域,制造业产值达

2868.5亿元，同比下降0.4%。从政策举措看，制定实施新材料中试基地和中试项目管理办法，首批推出12家中试基地建设试点单位；成立催化新材料产业联盟，重量级展会、论坛、学术研讨会和基金联盟举办的绿色材料专题路演活动成功举办，促进先进材料重点领域产业链协同创新。从重大项目看，无取向硅钢、集成电路材料、汽车材料相关项目建成投产，国内首个公里级高温超导电缆示范工程顺利实现满负荷运行，24K碳纤维产品批量化生产再上台阶。

（六）时尚消费品产业。时尚消费品产业规模达4430.1亿元，同比增长3.6%。其中，制造业产值同比增长2.6%，服务业收入同比增长8.1%。推动时尚消费品产业高质量增长，落实三年行动计划，聚焦"时尚八品、三大专项、十个

行动"，推进时尚消费新生态、时尚产业优化升级、时尚品牌数字化建设，举办第四届"上海制造佳品汇"，国货潮品、文创精品、新锐品牌等不断涌现。"设计之都"建设全面推进，举办第二届世界设计之都大会，构建设计创新型生态体系，新增9家国家级工业设计中心，遴选推广"上海设计100+"优秀设计成果，实施新一批上海青年创意人才"百人计划"。持续开展品牌引领（培育）示范企业创建工作，举办第九届中国品牌经济（上海）论坛；组织开展第三批重点品牌及优势品牌项目遴选；继续实施上海时尚消费品海外推广计划，与巴黎设计周、中法品牌高峰论坛、米兰时装周等加强联动，提升上海时尚消费品品牌影响力。

（张晓莺）

打响"上海制造"品牌行动计划执行情况

2023年，中共上海市委、市政府召开新型工业化大会，全力打响"四大品牌"。上海市全面贯彻"上海制造"品牌行动计划，坚持稳中求进工作总基调，牢固树立新发展理念，按照推动高质量发展、创造高品质生活的要求，以"亩产论英雄、以效益论英雄、以能耗论英雄、以环境论英雄"为导向，着力提高经济密度、提高投入产出效率，加快打造实体经济发展新高地，在10个方面取得积极成效。

一、名品打造方面

加强装备首台套、软件首版次、新材料首批次等创新产品支持，推动高端智能首台装备、软件首版次、新材料首批次实现国内外突破，高世代AMOLED线性蒸发源突破"卡脖子"瓶颈，国产首台一体化PET/MR推向市场。

二、名企培育方面

制造业领域龙头企业上汽集团和宝武集团进入500强。现有复宏汉霖、联影医疗、明码科技、天境生物等制造业独角兽企业。全市已滚动培育"专精特新"企业，专注细分市场领域、市场占有率位居全国第一的企业近40%。

三、名家汇聚方面

做好企业人才服务工作，弘扬企业家精神，围绕重点培育企业群体，形成专精特新领军人才－首席财务官－经营人才为梯队的系统化培训品牌。加强产业技能人才和产业工人队伍建设，探索企业新型学徒制试点，加强人才培育引进力度。

四、名园塑造方面

发布上海市产业地图（第二版），引导产业加快特色化、品牌化发展。推进14条特色产业链，加快汽车、电子信息、生物医药等重点产业集群建设，"上海制造"发展制度环境持续完善。完善产业转移利益分配和制度设计，支持产业转出地与承接地"一对一"协商共建园区，鼓励整合优化、调整撤并现有各类产业园区。发挥东部地区产业链配套齐全优势，促进制造业集聚发展。

五、技术创新方面

一是完善产业创新生态，成立国家制造业创新中心，总规模500亿元集成电路产业基金全面启动。率先在国内开放智能网联汽车道路测试，发放智能网联汽车道路测试牌照，位居国内第一。二是加快实施产业创新工程，深入实施智能网联汽车产业创新工程，提升国家智能网联汽车（上海）试点示范区软硬件测试能力。制定集成电路产业行动计划，矽立科技、精测电子、盛美二期等项目落地；推动集成电路设计产业园布局，紫光集团、阿里等设计龙头企业及项目入驻。实施工业强基工程专项，围绕重点领域"补短板"、强链补链一条龙、产业技术基础立柱架梁3个方向推进重点项目，两个项目入选国家强基工程重点产品。三是推动创新成果示范推广，推动生物医药、电子信息和软件等重点领域创新产品列入推荐目录，涌现联影医疗磁共振成像系统等一批首创和重大创新成果。四是全面开展"技术改造焕新计划"，制订发布《上海市深入推进技术改造巩固提升实体经济能级三年行动计划》，实施智能化等"六化"改造示范项目。

六、品牌创响方面

一是推动上海品牌认证，"上海制造"企业获首批"上海品牌"认证，占总数七成以上。二是大力支持品牌经济平台发展，建立上海城市品牌、产业／区域品牌、产品／企业品牌三个层面的品牌经济发展架构，开展全市品牌培育试点示范，创意设计产业增加值大幅增长。

七、质量创优方面

一是推动战略性新兴产业、军民融合产业、重大工程等方面开展质量标准化提升工作，继续重点围绕商用航空发动机、智能制造、智能网联汽车、北斗导航等领域开展标准化试点。二是积极推动技术创新、标准研制和产业化协调发展，用先进标准引领重点产业质量提升。

八、融合创智方面

一是实施智能上海行动，成功举办世界人工智能大会，发布全球 AI 产业地图、Gartner 曲线等专业研究报告及成果，出台加快人工智能高质量发展实施办法。成立机器人、脑智等人工智能创新平台。一大批创新企业项目签约，加快打造人工智能发展"上海高地"。二是推动服务型制造和生产性服务业发展，组织开展生产性服务业"名人、名家、名企、名园"评选。三是智能制造"十百千"工程加快推进，推动智能车间／工厂试点建设，智能制造系统解决方案供应商进入第一批国家推荐目录。四是加快发展工业互联网，发布工业互联网产业创新工程实施方案，开通工业互联网标识解析国家顶级节点（上海）；松江成为国家新型工业化（工业互联网）产业示范基地，启动长三角百万企业"上云上平台"。

九、集群创建方面

一是建设世界级产业集群，推进集群长三角、智慧长三角建设，汽车、电子等世界级产业集群加快形成，积极培育民用航空、生物医药、高端装备、绿色化工等产业集群。二是加快重点区域转型，出台促进资源高效率配置推动产业高质量发展若干意见，统筹布局新兴产业。推进吴淞地区整体转型升级。

十、绿色创先方面

一是推动绿色制造，绿色工厂、绿色园区、绿色产品、绿色供应链获国家绿色制造示范。二是加快能效提升，发布产业结构调整负面清单。

（赵广君）

上海布局四个新赛道和五个未来产业进展情况

2023 年，上海市在布局四个新赛道和五个未来产业方面采取一系列政策措施，加快一系列主要项目相继落地，取得显著效果。

一、数字经济新赛道

（一）数字经济赋能产业发展。制订年度工业软件推荐目录，推进航空、船舶等领域工业软件攻关。编制网络安全产业创新攻关成果目录，发布信创软硬件技术图谱、优秀信创解决方案。制定实施促进在线新经济健康发展政策措施。举办信息消费节活动，拉动信息消费约 400 亿元。软件和信息服务业营收增长 17.2%。长宁区互联网平台业务保持快速发展，百亿以上交易平台达到 5 家。

（二）城市数字化转型顶层设计优化完善。推动 7 个重点行业出台数字化转型方案、工作指引。建设 35 个生活数字化转型重点场景，加快 74 个"揭榜挂帅"示范场景打造，完成便捷就医、交通 MaaS、教育数字底座等升级版场景建设。建成 579 个数字伙伴微站点。推动成立城市灵境场景创新中心，8 个市级数字化转型示范区加快建设，初步完成临港新片区数字孪生基础平台建设。城市数字化转型体验馆开馆运行，"数都上海"创新生态 HUB 启动建设。

（三）制造业数字化转型加快推进。启动全市制造业数字化转型诊断，遴选发布第二批 15 家"工赋链主"培育企业，智能工厂网络、可信数据空间、供应链金融等数字供应链推进建设，工赋智联运营中心建成上线。虹口区推动召开 2023"工赋上海"创新大会。累计建成国家级标杆性智能工厂 3 家、示范工厂 19 家、优秀场景 111 个，国家级工厂和场景数量"双倍增"，新培育 77 家市级智能工厂。全市超 6700 家规上工业企业完成智能工厂在线评估诊断，覆盖率超过 70%，嘉定区率先完成规上工业企业智能工厂评估诊断全覆盖。

（四）新一代信息基础设施推进布局建设。发布实施数据要素产业创新发展行动方案、城市区块链数字基础设施体系工程建设方案、数据交易场所管理实施办法、信息基础设施管理办法。启动建设数据交易国际板，累计挂牌数据产品近 1700 个；打造国际数据港升级版，制定临港新片区国际数据港数据流动操作指引，推动供应链管理、金融支付、服务外包等一批场景落地；启动建设公共数据运营监管平台，上线 21 个公共数据社会化开发利用场景。持续完善浦江数链基础设施服务体系，静安区推进国家区块链创新应用综合性试点地区建设。累计建设超 7.7 万个 5G 室外基站、35 万个 5G 室内小站、358 个数字电话亭；物联网数据卡用户数超 1.4 亿户。为民办实事项目"住宅小区地下车库移动通信网络覆盖工程"累计完工 2003 个小区。出台推进算力资源统一调度指导意见，布局建设 4 个万卡级别智能算力中心，市人工智能公共算力服务平台正式运行服务。部市联动举办 2023 年中国 5G 发展大会、第六届 5G 应用征集大赛。

二、元宇宙新赛道

（一）相关产业集聚发展。大模型备案数量位居全国第一梯队。在全国前 4 批通过上线备案的大模型中，上海共有 ABAB、书生、商量等 24 个大模型通过审核，数量仅次于北京，位居全国第二；发布推进人工智能大模型创新发展系列举措，率先建成大模型产业创新生态社区"模速空间"，集聚企业近 60 家。扩展现实产业链条完备、优势突出。据 IDC 数据，上海终端（含 AR/VR/MR）品牌企业 13 家（全国约 50 家），2023 年总出货量超过 28 万台，占全国总出货量的 37%；在 Micro-OLED、Micro-LED、光学模组、图像传感器、自主图形渲染处理器等关键元器件方面优势突出。关键软件工具和行业平台快速集聚。推动 Unity 在临港注册发布"团结引擎"品牌，组织本土工程师团队重写底层技术代码，补齐国内图形图像工具短板。粒界科技、迅图、Yahaha 等本土企业打破海外垄断，推出基于端云双引擎构架的新一代渲染工具，已在部分游戏、影视和工业场景应用。视辰、维智自研空间计算平台，在浦东、临港推出"AI+XR"城市空间智能应用。

（二）推进体系初具雏形。形成体系化工作推进机制。设立市级元宇宙产业发展工作推进专班，进一步加强市级层面统筹联动。组建市级元宇宙产业专委会，邀请清华大学沈阳、上科大虞晶怡等专家参与，及时梳理前沿发展动态。发布上海元宇宙关键技术攻关目录，编制元宇宙标准体系建设框架，设立市级元宇宙技术标准创新基地，加快推进技术攻关和标准完善。以点带面推进应用场景建设。在专班下设立由市经信委、市卫健委、市教委、市文旅局等组成的场景建设工作组。滚动推出重大场景建设需求清单，以"揭榜挂帅"促进产业协同，两年来已有 60 个具备显示度的应用场景启动建设，吸引 240 余家技术企业参与，建设总投入达 25 亿元。其中，商飞搭建国内首个"工业元宇宙"平台，实现基于工业机理的产线四维推演，已成为工信部工业元宇宙示范平台；元上豫园、风起洛阳等项目已打响品牌，春节期间吸引线上观看近 10 亿人次，线下游客超过 70 万人。打造软硬协同的产业空间布局。建设"漕河泾元创未来""张江数链"两个市级产业园区，新增 100 万平方米产业载体空间，分别聚焦内容生态与硬核技术，集聚微软、腾讯、英伟达、米哈游、亮风台、维智卓新、瑞欧威尔等产业链上下游企业，推进"一西一东、一软一硬"错位发展；引进阿里元境、星纪魅族、爱奇艺 XR、奇岱松等 300 余家相关企业，新增投资近百亿元。

三、绿色低碳新赛道

（一）深入推进绿色制造体系建设。发布 40 个绿色低碳技术产品；新增市级绿色工厂 46 家、绿色园区 2 家、绿色供应链管理企业 7 家、绿色设计产品 5 项；新增 18 家零碳工厂、2 家零碳数据中心、2 家零碳创建工厂、4 家零碳创建园区。开展工业通信业碳管理试点，遴选 6 个领域 65 个项目。

评选首批 20 个能源双碳领域数字化转型示范应用场景。

（二）持续推动绿色低碳产业。建成上海绿色低碳产业联盟，首次举办绿色低碳产业推进大会，直接促成签约项目 13 个。重点研究绿氢、绿色甲醇、新型储能等产业情况，推动临港、嘉定、金山、闵行、松江等地开展特色产业布局，编制新型储能产业发展行动方案等政策。节能环保产业规模同比增长 16%。

（三）推进绿色低碳新技术应用。评选出 40 项上海市绿色低碳技术产品，形成《上海市绿色低碳技术产品名单》，从中遴选出十大绿色低碳创新技术产品。其中，理想万里晖的异质结电池技术填补了国内空白，异质结/钙钛矿叠层效率达到 33.5%；网宿科技的 DLC 直接浸没式液冷技术，可以大幅度降低数据中心 PUE。组织节能服务公司与重点用能单位开展技术对接活动，推广多项绿色低碳技术。

（四）扩大遴选绿色低碳服务机构。以全面提升绿色低碳服务能力供给为目标，遴选第二批上海市绿色低碳服务机构，本年度新增 85 家，扩项 26 家，形成共 215 家遴选名单，覆盖绿色评价、能源审计、节能诊断、节能量审核、能源体系认证、清洁生产审核和绿色低碳改造服务等 7 个基础领域和碳管理、管理体系认证、科技成果转化 3 个新领域。

（五）开展绿色融资对接服务。会同市银保监局、市金融局等部门共同建立工业领域"产业绿贷"项目统计标识、制定《转型金融目录》和《上海银行业保险业绿色金融专营组织体系建设指引》。开展日常产业绿贷融资服务政策培训和推广对接活动，梳理第四批节能环保和绿色制造领域白名单企业 131 家，在上海市企业服务云平台组织项目申报。组织农业银行上海市分行、中国银行上海市分行等 8 家金融机构宣传"专精特新小巨人贷""担保基金贷款"和"合同能源管理贷"等绿色金融产品，扩大绿色融资宣传影响。

（六）持续深化数字赋绿。推动重点领域绿色化数字化协同转型，形成重点行业转型路线图。评选发布首批 20 个上海市能源双碳领域数字化转型示范应用场景名单，打造能源领域数字化转型—工业互联网标杆应用示范。在首届"上海国际碳博会"上举办绿色低碳产业发展论坛，紧扣"绿色低碳，数字赋能"主题，各行业代表共同探讨数字化绿色化协同转型发展方案。

四、智能终端新赛道

（一）智能网联汽车创新应用成效显著。累计向 33 家企业 794 辆车发放测试及应用牌照；依托浦东立法优势，出台国内首部无驾驶人智能网联汽车创新应用法规；无人化方面，7 家企业 30 辆车在临港获颁全国首批正式无驾驶人道路测试牌照；商业化方面，8 家企业 160 辆车获准开展智能出租、智能公交示范运营；高速化方面，7 家企业 22 辆车获批开展高速公路测试；载人出行累计服务超 200 万人次，洋山港智能重卡累计完成 23 万实箱运输。应用场景加快建设，累计开放测试道路 1003 条、2008 公里，覆盖 912 平方公里；建成智慧道路 331 公里，部署路侧单元 353 个；嘉定区承担国家"双智试点"任务，创新性搭建了车城网平台，以全国总分第一的成绩完成验收。

（二）智能机器人扩大场景开放。注重顶层设计。9 月，经市政府同意，市经信委联合市发改委、市科委、市财政局、市统计局印发《上海市促进智能机器人产业高质量创新发展行动方案（2023—2025 年）》。方案首次尝试定义智能机器人，并明确到 2025 年，将上海打造成为具有全球影响力的机器人制造业创新高地。落实应用推广。落实国家"机器人＋"应用行动实施方案，推动机器人产业高质量发展，结合《行动方案》，强化智能机器人终端带动、赋能百业的应用优势，市经信委会同市科委、市商务委、市公安局、市民政局、市教委、市住房城乡建设管理委、市交通委、市农业农村委、市卫健委、市应急局等联合开展 2023 年度上海市智能机器人标杆企业与应用场景推荐目录征集，共 52 家企业 58 个场景入选。

（三）形成智能终端硬件软件基础支撑体系。落实《上海市促进智能终端产业高质量发展行动方案（2022—2025）》，推动新赛道加速发展。指导举办 2023 中国国际消费电子技术展（TechG），吸引 37 个国家近 3 万名专业观众参会。在智慧健康养老领域，持续加码本市养老产业市场的供需精准对接，支持鼓励各类企业开发智慧养老服务平台，推动线上线下资源整合、信息共享和服务提升。在虚拟现实（VR）和增强现实（AR）领域，落实国家六部委虚拟现实典型先锋应用案例征集工作要求，AR 文物修复、消防救援模拟等 4 个优秀案例入选国家名单。建设舜宇半导体光学研制基地项目，布局 AR 光波导片等核心零部件生产。

五、未来产业

（一）顶层设计持续完善。发布一批未来产业细分领域行动方案，印发《上海市促进基因治疗科技创新与产业发展行动方案（2023—2025 年）》《上海市加快合成生物创新策源打造高端生物制造产业集群行动方案（2023—2025 年）》《上海市促进商业航天发展打造空间信息产业高地行动计划

（2023—2025 年）》《上海市推动人工智能大模型创新发展若干措施（2023—2025 年）》等文件，推动细分领域加快发展。。编制未来产业"一业一方案"，围绕未来产业 16 个细分领域，已印发 3 个领域行动方案，正在推进新型储能、量子科技 2 个行动方案，完成脑机接口、通用 AI、先进核能等 5 个领域专家论证，开展生物安全、深海探采、非硅基芯材料等 6 个领域研究。积极组织参与工信部未来产业"揭榜挂帅"，聚焦元宇宙、人形机器人、脑机接口、通用人工智能等四个方向，共 104 个项目完成线上申报，经专家评审和材料辅导，推荐 89 个项目参与"揭榜挂帅"，推荐数量全国第一。

（二）空间载体启动建设。围绕加快未来产业项目落地，建设张江、临港、大零号湾首批 3 家市级未来产业先导区，承担创新策源、产业引领和制度示范功能。张江未来产业先导区，推动未来健康、未来芯片、未来智能和未来能源材料领域发展，与赵国屏院士团队共创共建共治，建设合成生物学产业公共服务平台，形成合成生物培育与赋能新模式。临港未来产业先导区，推动未来智能、未来能源、未来健康和未来空间等领域发展，发布 XR 产业行动方案，设立科创投资基金，坚持投早、投小、投硬核。依托成电福智科技创新型平台，建设通用 AI 安全检测公共服务平台，联动"模速空间"创新生态社区，赋能大模型发展。大零号湾先导区，聚焦未来智能、未来能源、未来空间等领域发展，编制《大零号湾先导区未来产业专项支持政策》，建设大零号湾科创成果转化中心，推动上海交通大学物理与天文学院与图灵量子成立量子人工智能联合实验室，依托飒智智能建设智能机器人操控系统与运管服务平台，研发面向未来规模化制造企业的智能机器人产品和系统。建设 2 家国家未来产业科技园，上海交通大学、闵行区政府、宁德时代未来能源（上海）研究院有限公司，成功创建"未来能源与智能机器人未来产业科技园"。同济大学、杨浦区政府、嘉定区政府，成功创建"同济大学自主智能未来产业科技园"，构建基于"自主智能"技术底座的"智能建造"和"智能交通"两大未来城市应用场景。

（徐帼芳）

《上海市推动制造业高质量发展三年行动计划（2023—2025 年）》编制情况

为深入贯彻制造强国战略，发挥制造业对全市经济发展和创新转型的基础支撑作用，率先探索具有新时代特征的新型工业化道路，努力实现高质量发展，2023 年 6 月，上海市政府办公厅印发《上海市推动制造业高质量发展三年行动计

划（2023—2025 年）》（以下简称《行动计划》）。

一、总体考虑

《行动计划》制订重点突出三方面考虑：一是落实国家战略要求。全面贯彻落实习近平新时代中国特色社会主义思

想和习近平总书记对发展先进制造业的重要指示精神，按照中共中央、国务院要求，在国家部委指导下，着力推动制造业高端化、智能化和绿色化发展，服务制造强国战略，全力打造高端制造业增长极。二是聚焦稳增长促发展。中共上海市委、市政府高度重视产业发展，制造业既要全力抓好稳增长稳投资，支撑全市经济平稳健康发展，也要抢抓科技引领产业变革新机遇，加快布局新增长引擎，努力实现质的有效提升和量的合理增长，全面增强制造业核心竞争力。三是注重目标任务衔接推进。《行动计划》作为今后三年全市推进制造业高质量发展的施工图和路线图，与"十四五"规划相衔接，既按照现阶段工作部署落实抓推进；又结合新发展趋势、全面审视、优化调整下阶段制造业发展目标、任务举措。

二、主要内容

《行动计划》共三个部分，包括总体要求、重点任务和保障措施。

（一）明确总体要求。包括指导思想、基本原则和主要目标。到 2025 年，"2+（3+6）+（4+5）"现代化产业体系不断夯实，工业增加值超过 1.3 万亿元，占地区生产总值比重达到 25% 以上，工业投资年均增长 5%。围绕高端制造引领功能、自主创新策源水平、数字化和绿色化转型、企业发展活力和竞争力等方面，提出细分目标和指标，如工业战略性新兴产业产值占规模以上工业总产值比重达到 45%、三大先导产业总规模达到 1.8 万亿元、重点制造业企业研发投入强度达到 2.5% 以上、工业机器人使用密度力争达到 360 台／万人等，着力将上海打造成为带动长三角、辐射全国的高端制造业增长极。

（二）提出重点任务。实施六大行动、22 项重点任务。

一是强链升级行动。提升产业链供应链韧性和安全水平，建设现代化产业体系。推动三大先导产业打造世界级产业集群，打造电子信息、生命健康、汽车、高端装备 4 个万亿级产业集群，先进材料、时尚消费品 2 个五千亿级产业集群，培育一批细分领域千亿级产业；加速布局"四个新赛道"和"五大未来产业"，推动先进制造业和现代服务业融合共进。

二是强基筑底行动。加强关键核心技术攻关，夯实制造业发展基础。实施产业基础再造工程和重大技术装备攻关工程，每年实施攻关项目 100 个以上。加快建设制造业创新载体，布局一批国家级和市级创新平台；推动"链主"企业牵头组建开放型创新联合体，强化制造业质量品牌建设。

三是数字蝶变行动。加快传统制造业数字化改造，提高制造业数字竞争力。实施智能工厂领航计划，打造 20 家标杆性智能工厂、200 家示范性智能工厂；实施"工赋上海"行动计划，打造 30 个行业性工业互联网标杆平台，梯度培育 40 家"工赋链主"企业。用好"智评券""算力券"，支持企业数字化诊断、购买算力服务。

四是绿色领跑行动。围绕绿色低碳新方向，推动低碳零碳负碳技术创新，开展产品碳足迹试点示范；实施一批重点行业节能降碳技术改造项目，建设宝武碳中和产业园、化工区绿色低碳示范园；每年淘汰落后产能 500 项左右；健全绿色制造体系，打造一批绿色工厂、绿色供应链、绿色园区等。

五是企业成长行动。梯队培育领航企业、科技型企业、"专精特新"企业等，壮大卓越制造企业群体。新增 15 家产值超过 100 亿元的制造业企业，动态培育 50 家左右链主企业，加快引进制造业总部，滚动培育一批"独角兽""瞪羚"等科技型企业，市级"专精特新"企业达到 1 万家。更大力度推动中小企业"小升规"，每年新增规上工业企业 1000 家左右。

六是空间扩展行动。优化制造业空间布局，提高产业经济密度。发挥产业地图对投资促进的引导作用，建设一批重大产业项目；推动浦东、临港、五个新城、南北转型等地区加快制造业增长；高标准建设特色产业园区，推动向集群化、生态化、融合化发展；推进"工业上楼"，盘活低效工业用地。

（三）强化保障措施。从工作机制、综合要素、内外开放、科技和金融服务、产业人才等 5 个方面做好对制造业发展的保障支撑。市区合力，建立高效协同的推进机制，全力落实《行动计划》提出的各项目标任务，把制造业发展的"施工图"转化为"实景画"。

（印海文）

"五个新城" 高端制造业布局发展情况

2023 年，上海市高度重视五个新城各项工作，围绕新城做强做大主导产业和特色产业持续发力，助力各新城在主导产业建设、招商引资、智能化、绿色化等方面取得持续突破。

一、聚焦新城主导产业，深化市区协同机制建设

市经信委会同各委办局、各新城所在区按照市区重点特色产业（首批）协同联动机制工作方案抓紧落实，取得阶段性成果，形成良好开局。建立完善市区协同工作体系。按照

"一产业一专班"方式建立市区两级专班，委内成立工作专班、明确责任分工，并会同相关市级部门、重点承载区和关键企业，建立起市级工作专班；各新城所在区根据任务书要求，完善工作方案，建立起"一把手"负总责的区级工作专班机制，并配合市级工作专班开展相关工作。如嘉定区智能网联汽车产业，市经信委会同市交通委、市公安局，协同临港、嘉定和奉贤，以及平台公司、专网公司和上海汽检三家支撑单位，加快推进引领区建设。嘉定区深化上海市智能网联汽车公共数据中心能级与商业化应用，包括自动驾驶仿真评测场景库建设、保险智能网联汽车道路测试风险研究合作等项目。

二、加快重点项目招引，加大资源要素支持

市区协同强化细分赛道产业链招商。以产业链招商作为市区协同推进的重要抓手。2023 年全球投资促进大会上，发布 10 条重点产业链细分赛道投资机遇，明确各细分赛道重点布局；大会同期市经信委会同临港新片区、嘉定区等分别围绕宽禁带半导体、智能网联新能源汽车等细分赛道，举办投资机遇分享会。推动佛吉亚汽车（临港）、莱士血液（奉贤）、正泰电源（松江）、华芯航空（青浦）、博德尔（嘉定）等项目落地新城所在区。制订技术改造专项实施细则，重点推进新硅半导体（嘉定）、晶盟硅材料（青浦）、林内（奉贤）、超硅半导体（松江）等新城所在区技术改造项目加快建设。支持上海市工业经济联合会、市经济团体联合会共同

举办"百家行业协会走进新城"系列活动，坚持发挥产业在五个新城建设中的基础性支撑作用，吸引更多企业投资兴业于嘉定新城，不断推动新城产业高质量发展。

三、打造标杆示范，提升智能化水平

新城工业互联网平台在技术研发、稳链固链和中小企业转型等方面发挥重要作用，不断拓广度、挖深度，如云汉芯城基于大量标准产品库及国产电子元器件库，结合多参数等价、替代规则、优选算法，针对客户板卡设计给出元器件国产替代方案建议，降低制造成本的同时大大降低本土生产约束性。新城新增 48 家市级智能工厂（占全市一半以上），五个新城智能工厂建设进入快车道。

四、聚焦关键领域，推动绿色低碳建设

推进五个新城绿色制造体系及零碳工厂（园区）创建前期工作。发布《上海市经济信息化委关于开展 2024 年上海市工业通信业碳管理试点示范工作的通知》，开展零碳创建示范申报工作，鼓励五个新城企业进行申报。正在研究绿色制造体系梯度培育扶持办法，促进绿色制造体系培育创建，引导激励五个新城企业加大绿色低碳创建力度。五个新城共已创建市级绿色工厂 92 家（其中国家级 36 家）、市级绿色园区 8 个（其中国家级 3 个），均约占全市总数的 1/3，且近年来增幅超过全市其他区域。

（殷　勇）

在线新经济发展情况

在线新经济是借助 AI、5G、互联网、大数据、区块链等智能交互技术，与现代生产制造、商务金融、文化消费、教育健康、流通出行等深度融合，具有"在线、智能、交互"特征的新业态新模式。2023 年，在市政府相关文件和政策的推动下，上海市在线新经济产业进一步做大做强，全面激发数字化转型动力，加快构筑现代化经济体系和国际竞争新优势。

一、响应产业发展，打造在线新经济概念

近年来，互联网技术快速发展，人工智能、区块链、元宇宙等新概念陆续出现，"Z 世代"逐渐成为新的消费群体；同时，国际形势走向复杂，海内外技术交流成本增加，为互联网企业发展带来新的挑战。在机遇与挑战并存的大背景下，上海互联网经济厚积薄发、持续发力，诞生一批行业新秀，快速主导细分市场，促进在线服务、在线办公、在线文旅等新业态新模式的诞生。为顺应产业发展需求，引导在线新型经济做大做强，2020 年 4 月，上海推出《上海市促进在线新

经济发展行动方案（2020—2022 年）》（以下简称《行动方案》），推出 23 条政策举措。方案明确：集聚"100+"创新型企业、推出"100+"应用场景、打造"100+"品牌产品、突破"100+"关键技术等行动目标；聚焦无人工厂、工业互联网、在线医疗等十二大发展重点；实施智能交互核心技术攻关行动、新型基础设施支撑行动等 6 项专项行动；落实加大统筹协调、包容审慎监管、强化公共服务等 5 条保障措施。

围绕《行动方案》，上海落实一系列政策举措，引导在线新经济产业蓬勃发展：推出"海聚英才"人才计划体系，面向全国和海外尖峰人才，实施高峰人才引领、基础创新人才培育、卓越制造人才提升、高技能人才振兴等工程；发布《2020 上海在线新经济发展白皮书》《上海在线新经济产业地图》，规范指导产业发展；编制印发《上海市培育"元宇宙"新赛道行动方案》，率先在全国发布元宇宙省级政策；"长阳秀带、张江在线、虹桥之源"等 3 个重点在线新经济生态园建设配套不断完善，新增载体空间约 150 万平方米，引进产

业人才超过 10 万人，聚集美团（上海）、字节跳动和哔哩哔哩等龙头企业。

二、政策成效显著，推动在线新经济发展

三年多来，在《行动方案》的有力推动下，上海在线新经济产业在规范中发展、在发展中规范，成效显著：

一是加速发展，成为经济发展的生力军。2020—2022 年，上海软件和信息技术服务业收入复合增长达到 26.3%，位列全国前列；互联网信息服务业营业收入规模从 2019 年的 2925 亿元增至 2022 年的 5695 亿元，三年营业收入增长接近翻一番。2023 年，上海市软信业营业收入为 13751.5 亿元，同比增长 17.2%，成为拉动数字经济发展的重要力量。其中，互联网和相关服务营业收入 4725 亿元，增速达到 26%，规模全国第二，占全国的比重超过 20%。

二是跨界融合，成为引领创新的开拓者。米哈游、拼多多、阅文集团等代表企业积极拓展全球市场，成为国内细分领域"出海"竞争的杰出代表。米哈游游戏《原神》于 2021—2023 年连续蝉联海外收入最高的中国手游，总销售额已超百亿；拼多多海外电商平台 Temu 已覆盖 47 个国家，独立用户数量已达 4.7 亿个，位列全球电商排行榜第二名，2023 年 GMV 预计达到 180 亿美元；阅文旗下海外门户起点国际推出海外原创作品约 61 万部，访问用户量累计超 2.2 亿人次。

三是围绕新技术，成为数实融合的创新者。围绕产业融合、两网贯穿新趋势，围绕元宇宙、区块链等重点领域，通过开放一批应用场景，加速线上线下融合发展，通过 AR、VR、数字人、数字藏品、AIGC 等新技术，打造虚实交互的新商业、新文旅和新娱乐，建立新的消费场景。如数字一大项通过对四大历史建筑、三大虚拟场景建模、上百件文物艺术作品及道具数字化建模，实现 VR 沉浸式交互式红色文化新体验。首届豫园"元宇宙灯会"，"AR 直播"观看量达 1.4 亿人次，"线下 AR"体验量超 80 万人次。推动供应链金融、航运物流、跨境贸易、数据流通等八大领域 28 项行业应用。供应链金融方面，平台铁矿石交易规模超过 190 亿元。数据流通方面，实现重庆、天津 6 家交易机构约 3000 项数据产品上链。

四是裂变增长，成为龙头培育的加速器。引进和打造拼多多、哔哩哔哩、小红书、携程等 20 余个国内外领军企业总部和上下游生态，总投资超过 1000 亿元，均已成为国内细分市场发展的领导者。从细分领域看，互联网游戏逆市增长，2022 年，上海网络游戏营业收入 1281.4 亿元，增长 10.2%，米哈游、波克等重点企业增速超过 30%，占全国比重从 1/3 提升至近 50%。金融信息服务业蓬勃发展，上海拥有 60% 的金融信息服务，第三方支付占全国 60% 的市场份额。以叮咚买菜、饿了么、拼多多为代表的的本地生活服务

占据国内市场 70%，阅文集团、七猫为代表的的网络文学占据国内市场 90%。

如今，在线新经济已成为上海服务和融入新发展格局的重要载体，是加快新旧动能转换的重要动力。

三、围绕行业痛点，补足在线新经济政策

在线新经济在蓬勃发展的同时，也面临新的形势和新的挑战。一是产业发展取向变实。产业更加注重线下线上融合，企业开始缩减线上商业营销开支，加强产业数字化转型和科技创新领域投入力度。二是整体环境更趋规范。近年针对互联网及在线新经济的合规性文件逐步落地完善，互联网业务边界逐渐清晰，对企业合规治理能力提出更高要求。三是国际市场竞争更趋激烈。上海领军企业积极开拓海外市场，随着国际形势变化，在海外人才引进、技术研发、上市融资等方面均受到不同程度影响。

针对在线新经济企业遇到的痛点、难点、堵点，12 月 29 日，市政府办公厅印发《上海市促进在线新经济健康发展的若干政策措施》，针对经营主体、载体空间、基础设施、应用场景、创新要素、保障措施等六方面提出 20 项具体举措，重点突出三方面内容：一是聚焦领军型主体和标志性载体。坚持龙头带动、标杆示范，梯度培育数字经济市场主体，建设宜居宜业的载体空间，打响上海在线新经济品牌影响力。二是聚焦创新要素和生态要素。坚持科技引领、数据赋能，强化金融和人才要素支撑，提升在线新经济产业的核心竞争力、融合创新力。三是聚焦应用赋能和机制保障。坚持问题导向、价值引导，围绕企业反映的痛点、堵点，着力消除制约健康发展的瓶颈，建设在线新经济发展高地。具体措施有：

一是梯度培育数字经济经营主体。领军企业方面，在现有总部政策基础上，在外籍人才来沪居留、跨境人民币结算、跨境电商物流、总部项目建设等方面给予支持。中小企业方面，引导平台企业合理确定服务费用，扶持带动优质小微商户发展。企业上市方面，对符合条件的企业纳入改制上市培育企业库，鼓励境外上市企业回归内地或香港市场。

二是建设宜居宜业的载体空间。加快"长阳秀带""张江在线""虹桥之源"在线新经济生态园建设，推动园内总部项目形成规模。在配套环境上，加快轨道交通 18 号线二期、21 号线等通勤线路建设和教育商业生活配套，新建 5 万套保障性人才租赁住房，支撑未来产业集聚和职住平衡需求。在业态创新上，依托生态园打造数字人、无人车等创新业态试验场。创新在线新经济人才评价方式。在新职业保障上，在生态园试点打造灵活就业服务新模式。推进 UP 主、网络主播等新职业群体参加住房公积金制度，提供工商、税务、社保等便利服务。

三是打造支撑新质生产力的新型基础设施。包括：算力

基础设施，支持企业参与数据中心建设和国产智能芯片适配，打造市级智能算力统筹调度平台。区块链基础设施，实施浦江数链基础设施工程，形成一批行业标杆示范场景。数据要素，在临港建设国际数据港先导区，支持上海数据交易所培育在线新经济特色板块。AI大模型，通过国企应用场景开放，大模型语料数据联盟组建、技术研发专项奖励等方式，推动AI大模型创新应用。Web3.0，围绕数据资产确权、供应链管理等领域，支持企业打造新一代分布式应用。

四是开发新业态蓬勃发展的开放应用场景。在重点领域开放一批应用场景。赋能制造业数字化转型，推动平台企业与工业链共建重点行业数字供应链平台。推广智能移动出行，推动自动驾驶开放测试道路向快速路覆盖，打造智能出租、无人配送示范应用。优化共享单车总量调控和动态调整机制。优化互联网医疗体验，放宽部分慢性疾病医保支付范围，完善互联网医疗的医保线上支付结算。促进线上教育有序发展，支持企业打造各类在线教育服务与应用，形成"政府统筹、企业建设、学校购买"的供给机制。

五是集聚激发产业活力的创新要素。重点加强科技创新以及金融、人才要素供给，满足行业发展共性需求。科创能力提升方面，支持在线新经济企业申报高新技术企业，参与国家及本市重大产业、科技专项，将符合条件的产品和服务纳入政采目录。金融服务创新方面，支持设立在线新经济产业基金，满足企业股改、红筹回归、兼并购等发展需求。推广数据贷、云量贷、数据信托等以新兴数字资产定价的金融服务产品，拓展数字人民币融合应用。人才引育用留方面，参照本市人才引进重点机构有关政策，对当年度软信业"双百"入选企业给予支持；实施东方英才计划、青年项目，加大对产业领军人才奖励资助力度；另一方面，畅通数字创意设计、数字化运营等新兴职业评价和职称评审渠道，增设一批硕士、博士点，在相关领域开展职业教育贯通培养试点。

六是构筑产业繁荣健康发展的保障措施。加强企业动态监测，成立在线新经济工作专班，协调解决产业发展重大问题。精准落实"企业服务包"举措，完善"浦江星河"在线新经济企业服务联系制度，对重大事项实施直报机制，对重大行业共性问题实现实时监测预警。完善行业发展服务体系，建立第三方专业合规服务队伍，提供法律合规等一系列咨询服务。针对轻微违法违规行为，扩展完善不予行政处罚清单。培育孵化"出海"企业，支持跨境电商平台与物流、贸易企业共建共享"海外仓"，畅通境外业务资金回流渠道。

（陈熠晨）

上海市企业管理现代化创新成果评审工作情况

2023年，上海市深入学习贯彻习近平新时代中国特色社会主义思想，深刻领会中共二十大和市第十二次党代会精神，围绕市委、市政府构建现代化产业体系，推动经济高质量发展的战略部署，引导企业切实加强管理创新，深入推进企业管理体系和管理能力现代化建设，加快培育优质企业，在市国资委、市经信委等部门指导下，上海市企业管理现代化创新成果评审委员会开展2023年上海市企业管理现代化创新成果评审工作，由上海市工业经济联合会、上海市经济团体联合会承办。

按照规定程序，在有关单位自愿申报并由各集团公司、行业协会等组织推荐的基础上，评审办公室共受理申报企业管理创新成果215项。评审办公室邀请政府有关部门、高校和有关研究机构的专家对所受理的成果进行评审，通过初评和本届评审委员会的最终审定，共有174项成果被审定为"2023年上海市企业管理现代化创新成果"。其中，一等奖成果15项、二等奖成果75项、三等奖成果84项。

这174项成果涉及企业管理主要领域，充分体现上海企业积极贯彻习近平总书记考察上海重要讲话精神和对上海工作重要指示要求，在世界一流企业建设与"专精特新"企业培育、推进新型工业化与现代化产业体系建设、深化国际经贸合作与构建新发展格局、数字化转型与智能化升级、强链补链与产业安全、低碳转型与绿色发展等多个领域的实践成果，反映企业管理的新趋势，提供可学习和借鉴的成功经验，具有创新意义和推广价值。

2023年上海市企业管理现代化创新成果获奖名单
（同一等级排名不分先后）

等级	成果名称	申报单位
一等	新能源"+"高新企业数字生态式协同平台的构建与实践	国核自仪系统工程有限公司
一等	保障超大城市能源安全的韧性电网企业建设实践	国网上海市电力公司
一等	国际大都市污水处理"1+6"服务产品化管理体系的构建与实践	上海城投污水处理有限公司
一等	大型造船企业基于战略发展的组织变革管理	江南造船（集团）有限责任公司
一等	基于发展中国家市场的演进式市场开发管理	上海电气电站工程公司
一等	大型集团公司以构建世界一流财务管理体系为目标的数智化转型	上海机场（集团）有限公司
一等	整车研发试验认证领域基于人工智能和数据驱动的管理实践	上海汽车集团股份有限公司创新研究开发院

（续表）

等级	成果名称	申报单位
一等	汽车动力总成废旧刀具数智化和循环利用管理	上汽大众汽车有限公司
一等	世界一流汽车连接器企业智能制造精益管理	安波福中央电气（上海）有限公司
一等	首家"研发+AE"大型核能企业管理体系创建与实践	上海核工程研究设计院股份有限公司
一等	基于智能制造的国产商用飞机配套产品生产运营管理	上海上飞飞机装备制造有限公司
一等	推动公立医院高质量发展的SP-QEC运营管理体系建设	上海市第一人民医院
一等	"一平台多节点富生态"的网络生态治理体系实践	欧冶云商股份有限公司
一等	基于大数据模型的反诈风险设备预警管理	中国电信股份有限公司上海分公司业务管理支撑中心
一等	基于PLM心理胜任力视角的"3A+R"飞行安全动态管理体系创建	中国东方航空股份有限公司安徽分公司
二等	保供稳价背景下的超大城市电网量价平衡管理模式构建与实践	国网上海市电力公司
二等	电网企业价值创造体系构建与实施	国网上海市电力公司
二等	服务于"双碳"目标的多元融合绿色电力交易管理体系建设与实践	国网上海市电力公司
一等	匹配"Y"型岗位体系的胜任能级评价体系构建及应用	国网上海市电力公司
一等	智慧电网企业"双优双创"能源大数据中心建设与运营实践	国网上海市电力公司
一等	电力工程新型项目群"4D"管理模式构建与应用	国网上海市电力公司工程建设咨询分公司
一等	服务"双碳"目标的电网企业碳综合管理	国网上海市电力公司市北供电公司
二等	面向新型电力系统的"四化融合型"工程建设管理模式的构建	国网上海市电力公司市区供电公司
一等	"城投宽庭"租赁住宅品牌力提升管理实践	上海城投控股股份有限公司
一等	固废末端处置集团化企业集约化检修管理体系构建与应用	上海环境工程建设项目管理有限公司
一等	智慧水务助力低碳转型的管理实践	上海浦东威立雅自来水有限公司
一等	基于数据驱动的竹园片区厂站网池一体化智慧调度管理	上海市城市排水有限公司
一等	大型船企舰船装备质量"穿透式"管控体系构建与实施	沪东中华造船（集团）有限公司
一等	基于3D机器视觉的船舶企业钢板表面质量管理	沪东中华造船（集团）有限公司
一等	超大型箱船基于科技进步与管理提升的高效节律化建造	江南造船（集团）有限责任公司
一等	大型造船基地设计与生产紧耦合的组织变革与实施	江南造船（集团）有限责任公司
二等	船舶详细设计管理数字化转型	上海船舶研究设计院
一等	大型船企QHSE视角下"四位一体"风控体系构建与实施	上海外高桥造船海洋工程有限公司
一等	大型造船企业基于流程驱动的大型邮轮意见管理	上海外高桥造船有限公司

（续表）

等级	成果名称	申报单位
二等	以提升治理效能为导向的上市子企业法人治理体系构建与实施	中船澄西船舶修造有限公司
一等	以业务组件价值链为导向的绩效管理体系构建与实施	中船动力（集团）有限公司
一等	集团管控模式下的多要素协同内控管理体系构建与实施	中国船舶集团有限公司第七一一研究所
一等	离散型装备制造企业的数字化运营管理体系应用实践	上海电气电站设备有限公司上海汽轮机厂
一等	大型化趋势下风电物流建设管理	上海电气风电集团股份有限公司
一等	基于全局最优的运营计划体系重构	上海电气风电集团股份有限公司
一等	企业转型过程中业务协同发展管理体系构建	上海锅炉厂有限公司
二等	特大型城市机场打造企业级数据底座赋能数字化转型的管理实践	上海国际机场股份有限公司浦东国际机场
一等	以大型航空枢纽防汛防台态势感知为核心的数字化建设	上海国际机场股份有限公司浦东国际机场
一等	不停航背景下民用机场建设体系化管理与实践	上海机场建设指挥部
一等	以客户为中心的汽车产品全生命周期物料成本管理体系构建	泛亚汽车技术中心有限公司
二等	智慧质量Smart Q管理实践	联合汽车电子有限公司
一等	基于CMMI模型的汽车产业链SAAS化转型管理实践	上海汽车集团股份有限公司乘用车分公司
一等	全过程整车电子电气开发管理体系构建与应用	上海汽车集团股份有限公司商用车技术中心
一等	自主品牌汽车企业促进产销精益管理的数字化转型实践	上汽大通汽车有限公司
一等	以防风险促发展为核心的协同经营体系建设	华东送变电工程有限公司
一等	基于全价值链的新能源碳资产管理与实践	上海电力实业有限公司
一等	"咨监巡"一体化工程服务体系构建与实践	上海杰雍建设咨询有限公司
一等	匹配电力施工企业全业务核心班组建设的人才培养体系构建	上海市南电力（集团）有限公司
二等	基于引领行业检测技术的精细化范式管理	上海煤科检测技术有限公司
一等	大型综合性中医医院后勤精细化管理模式的构建和应用	上海中医药大学附属曙光医院
一等	证券公司基金投顾业务组织体系建设	东方证券股份有限公司
一等	建设基于AAA级火力发电数字化转型的两化融合管理体系	上海外高桥第三发电有限责任公司
一等	基于全生命周期的医疗器械"366"研发管理	上海微创心脉医疗科技（集团）股份有限公司
一等	以"混"促"改"提升企业竞争力的战略管理	宝钢金属有限公司
二等	"一总部多基地"模式下区域法务资源共享机制的构建与实践	宝武水务科技有限公司
一等	中心+属地模式实现进口铁矿石现货统一采购的管理实践	宝武原料供应有限公司
一等	基于反洗钱系统的数字化合规转型	华宝信托有限责任公司

（续表）

等级	成果名称	申报单位
一等	大宗钢铁企业集团产成品物流专业化整合	欧冶云商股份有限公司
一等	"一总部多基地"管理体系构建与实践	上海宝信软件股份有限公司
一等	基于数字化的项目全生命周期管理	上海理想信息产业（集团）有限公司
二等	碳管家一体化服务管理	上海邮电设计咨询研究院有限公司
一等	基于电信用户全周期使用感知的基层服务管理	中国电信股份有限公司上海南区电信局
一等	建立4G/5G网络规优维建与共建共享管理协同体系	中国电信股份有限公司上海移动互联网部
一等	基于预测性维修的空客飞机维修管理提升	东方航空技术有限公司
二等	全机型配备标准体系构建	东方航空食品投资有限公司
二等	财务管理一体化管控平台建设	东航实业集团有限公司
一等	国产民机卓越客舱管理能力提升	一二三航空有限公司
一等	集团客户个性化服务创新营销管理	中国东方航空股份有限公司北京分公司
一等	大型航空公司自主研发的航线网络管理平台建设与应用	中国东方航空股份有限公司商务委员会
一等	航空企业一市两场运行下车辆的精细化管理	中国东方航空股份有限公司北京分公司
二等	数字化能力供给新体系的构建	联通（上海）产业互联网有限公司
二等	一体化推进嵌入式合规管理的实践应用	中国联合网络通信有限公司上海市分公司企业发展部／法律部
一等	通信运营商聚焦转型发展的人才队伍建设实践	中国联合网络通信有限公司上海市分公司人力资源部
一等	数字化场景赋能全业务公众末梢生产组织的管理实践	中国联合网络通信有限公司上海市分公司市场部
一等	基于数智化的运营商中台生产体系的构建	中国联合网络通信有限公司上海市分公司业务交付中心
一等	国有企业股权投资全生命周期管理实践	中国石化上海石油化工股份有限公司资本运营部
一等	基于客户满意营销理论的铁路房地产满意度测评体系管理	上海铁路房地产开发经营有限公司
一等	涉铁施工安全"六位一体"管控体系创建和实施	中国铁路上海局集团有限公司安全监察室
一等	以提质增效为导向的动车组列车服务成本精益管理	中国铁路上海局集团有限公司财务部
一等	客运机车乘务交路间休体系建设	中国铁路上海局集团有限公司机务部
一等	高速动车组电力电子部件自主维修管理体系构建与实施	中国铁路上海局集团有限公司上海动车段
一等	基于数字化管理的合同审计分析模型的构建与运用	中国铁路上海局集团有限公司审计部
一等	国有信息服务企业基层治理与楼宇客户关系融合管理	中国移动通信集团上海有限公司西区分公司
一等	大规模分散型水务工程施工风险流程化管控实践	中铁市政环境建设有限公司

（续表）

等级	成果名称	申报单位
二等	基于物联网的散货料港口智能运维平台建设及管理实践	中冶宝钢技术服务有限公司设备智能运维技术研究院
三等	电力施工装备数智化"四全"管理实践	国网上海市电力公司
三等	以全要素效率提升为核心的超大城市主电网运维集约型管理	国网上海市电力公司超高压分公司
三等	新型电力系统下的高压电缆"一核两驱四升"运维管理体系构建与应用	国网上海市电力公司电缆分公司
三等	配网台区全要素智慧管理体系构建与应用	国网上海市电力公司奉贤供电公司
三等	基于用电信息的数据资产和信用资产增值管理实践	国网上海市电力公司浦东供电公司
三等	基于数字经济的精益用能服务管理实践	国网上海市电力公司市南供电公司
三等	基于"平急结合"的电力柔性供应链管理实践	国网上海市电力公司物资公司
三等	数字化驱动提升国有房地产租赁安全质效的管理实践	上海城投房地产租赁有限公司
三等	上海可回收物数字化管理平台的构建与应用	上海城投环境资源利用有限公司
三等	基于智能水表的用水异常预警新型管理实践	上海城投水务（集团）有限公司供水分公司
三等	基于咸潮风险防控的青草沙水源地优化运行管理实践	上海城投原水有限公司
三等	超低能耗住宅精细化建设管控体系构建	上海城投置地（集团）有限公司
三等	房建类项目智慧工地精益管理体系建设	上海城仰建设发展有限公司
三等	长三角区域渣土水上运输资源整合平台化管理实践	上海环境物流有限公司
三等	湿垃圾绿色处置与韧性管理	上海老港废弃物处置有限公司
三等	船舶企业基于物联网技术的分段物流管理体系构建与实施	沪东中华造船（集团）有限公司
三等	大型造船企业海量非标物资数智化仓储物流管理	上海外高桥造船有限公司
三等	基于循环经济的资源化利用与管理	中船澄西船舶修造有限公司
三等	以"三个转变"为导向的计量服务新模式构建与实施	中船动力（集团）有限公司
三等	基于工业互联网的设备管理平台建设与应用	上海第一机床厂有限公司
三等	易能客能源服务产业平台建设与应用	上海电气电站服务公司
三等	数字风电全生命周期服务型产品开发管理	上海电气风电集团股份有限公司
三等	基于数字孪生技术的核主泵性能试验检测管理	上海电气凯士比核电泵阀有限公司
三等	"国和一号"产业链监督保障机制管理实践	上海核工程研究设计院股份有限公司
三等	数据驱动下的纵横软件质量保证架构迭代管理	泛亚汽车技术中心有限公司
三等	汽车内饰设计标准数字化管理	恺博座椅机械部件有限公司
三等	传统制造企业向服务型制造转型的管理实践	上海大众动力总成有限公司

（续表）

等级	成果名称	申报单位
三等	知识与数据融合驱动的智能化知识管理平台构建与应用	上海汽车集团股份有限公司创新研究开发院
三等	气味溯源技术在车内空气领域的应用管理	上汽大众汽车有限公司
三等	物流全局数字化自动化融合智能仓储管理实践	上汽通用汽车有限公司
三等	系统化精益化项目投资管理体系的建构与实施	上汽通用汽车有限公司
三等	全球供应链开发管理重塑	延锋国际汽车技术有限公司
三等	基于"六精四化"助力管线安全防护智能化提升的管理实践	上海东捷建设（集团）有限公司
三等	数字化赋能路灯智慧运维管理实践	上海市区电力照明工程有限公司
三等	基于台账优化的设备精细化管理提升	上海奉贤燃机发电有限公司
三等	绿色、低碳电力能源转型背景下数字广告与展览深度融合的管理实践	上海恒能泰企业管理有限公司
三等	基于印刷业排放特性的VOCs减排管理	上海烟草包装印刷有限公司
三等	基于自主建设与敏捷迭代的航天精密制造数字化转型	上海航天精密机械研究所
三等	基于云网融合技术的大型集团多元业务数字化高效管理	上海均瑶（集团）有限公司
三等	基于中集集团ONE模式的集装箱精益制造改善实践	上海中集洋山物流装备有限公司
三等	基于信创底座的证券公司数字化运营管理体系建设	东方证券股份有限公司
三等	阶梯式金融科技团队服务提高数字化管理能级的实践	上海东证期货有限公司
三等	"双碳"背景下新能源项目管理云平台系统构建与运用	上海申能新能源投资有限公司
三等	天然气主干网工程项目全过程管理	上海天然气管网有限公司
三等	新商业模式在轧辊行业中的管理实践	宝钢轧辊科技有限责任公司
三等	以绿色低碳为导向的钢铁企业数字化碳管理体系构建	宝山钢铁股份有限公司
三等	基于区块链电子签名技术的企业印章应用管理	欧冶云商股份有限公司
三等	产业园区能源环保管控新模型的构建	上海宝地不动产资产管理有限公司
三等	双导向要素配置的柔性协同管理体系建设	中国电信股份有限公司上海分公司政企客户支撑响应中心
三等	智慧后勤企业数字化运营管理体系构建	中国电信股份有限公司上海分公司数字生活部
三等	满意度引领的移动网数转服务管理体系	中国电信股份有限公司上海分公司移动互联网部
三等	思想文化引领的资本运营管理体系构建	中国电信股份有限公司上海分公司资本运营管理中心
三等	政企业务线上办理能力的构建及实践	中国电信股份有限公司上海号百信息服务分公司
三等	五维打造数字化支局管理体系	中国电信股份有限公司上海浦东电信局

（续表）

等级	成果名称	申报单位
三等	政企客户质差修复流程构建	中国电信股份有限公司上海浦东电信局分公司
三等	以满足高品质网络使用需求为牵引的公众客户市场高价值套餐营销实践	中国电信股份有限公司上海西区电信局
三等	企业转型环境下综合支撑体系创建与实践	中国电信股份有限公司上海运营支撑管理中心
三等	基于用户体验的电信线上能力评测管理	中国电信集团客服运营支撑中心
三等	机上餐食SKU精益管理	东方航空食品投资有限公司
三等	基于BIM技术的智能测量机器人研发与应用管理	上海东航投资有限公司
三等	基于中台建设的全面预算管控体系实践	中国东方航空股份有限公司财务会计部
三等	基于高效便捷的机组公务座位预留流程精细化管理	中国东方航空股份有限公司客舱服务部
三等	大型航空企业保障非常规航班计划运力的流程再造	中国东方航空股份有限公司商务委员会
三等	企业级一体化数创轻应用平台建设管理	中国东方航空股份有限公司信息部
三等	基于航线数据库的航路安全分析开发与应用管理	中国东方航空武汉有限责任公司
三等	助力数字经济高质量发展的数据中心运营管理	中国联合网络通信有限公司上海市分公司基础设施运营中心
三等	全方位协同的大服务运营管理体系构建	中国联合网络通信有限公司上海市分公司客户服务部
三等	运用战略杠杆培育核心能力的管理实践	中国联合网络通信有限公司上海市分公司企业发展部／法律部
三等	以提升网络能力为目标的供给体系构建	中国联合网络通信有限公司上海市分公司网络部
三等	基于供应链管理思路的新型基础设施供给体系构建	中国联合网络通信有限公司上海市分公司物资采购与管理部
三等	基于"六位一体"管理图谱的"数据+AI"数智运营新体系建设	中国联合网络通信有限公司上海市分公司信息安全部
三等	以DICT全流程管理为驱动的能力供给体系构建	中国联通集团政企客户事业部上海市分部
三等	大型化工企业安全文化建设管理	中国石化上海石油化工股份有限公司储运部
三等	应对特殊管控时期的产品销售机制构建	中国石化上海石油化工股份有限公司销售中心
三等	聚焦"专精特新"新赛道打造石化产业投资发展新引擎的管理实践	中国石化上海石油化工股份有限公司资本运营部
三等	构建路港智联的长三角铁水联运经营服务体系	中国铁路上海局集团有限公司货运部
三等	基于"标准化+便捷化"的企业职工医保管理	中国铁路上海局集团有限公司社会保险部
三等	基于供应资源池的铁路物资供应链管理	中国铁路上海局集团有限公司物资部
三等	扩大沪杭高铁3分钟列车运行间隔规模运输组织管理	中国铁路上海局集团有限公司运输部

（续表）

等级	成果名称	申报单位
三等	国有信息服务企业"心级服务"卓著品牌运营管理体系锻造	中国移动通信集团上海有限公司服务品质管理部
三等	国有信息服务企业深化改革的"六力协同"体系构建	中国移动通信集团上海有限公司企业策划部
三等	再生资源综合利用运营实践	上海宝冶工业技术服务有限公司

（续表）

等级	成果名称	申报单位
三等	智慧技术在铜渣场的实施与应用管理	中冶宝钢技术服务有限公司重型机械分公司
三等	国际化冶金运营服务在"一带一路"国家的管理实践	中冶越南运营有限责任公司

（曹　恺　沈桑杰）

上海城市数字化转型工作情况

2023 年，在中共上海市委、市政府的指导和支持下，上海市紧紧围绕"数字中国"整体布局规划要求，落实年初市数字化转型工作领导小组会议精神，结合"十四五"规划中期评估，对照《2023 年上海市城市数字化转型重点工作安排》提出的"4448"施工图，锚定目标任务，狠抓工作落实，各项工作取得积极进展。

一、深化工作推进机制，夯实数字城市基础底座

根据上海市城市数字化转型工作领导小组部署，上海形成"领导小组＋市数字化办＋工作专班"组织架构，构建"2+3+X"政策体系，各部门各区成立工作领导小组，制定本部门本区转型规划或行动方案。2023 年，重点围绕基础制度、基础设施、基础要素三大关键领域，不断夯实数字城市基础底座。

（一）持续完善基础制度体系。围绕法规、政策、图谱和方案 4 个方面，研究制定并发布实施一批推动数字化转型的政策文件。推动相关法规研究制定，在市人大和市司法局指导下，市数字化办联合上海市法学会、上海社科院等相关机构研究形成《上海市促进城市数字化转型条例》初稿；形成《上海市促进浦东新区数据流通交易若干规定（草案）》，经市十六届人大常委会第四次会议审议并公开征求意见。发布实施专项支持政策，发布实施《立足数字经济新赛道推动数据要素产业创新发展行动方案（2023—2025 年）》，启动 2023 年中小企业数字化赋能项目专项资金申报，面向专精特新"小巨人"企业、制造业专精特新中小企业开展数字化诊断评估，形成新一轮促进在线新经济健康发展政策措施。研究编制示范应用清单，面向制造、医疗、核电、机器人等领域广泛开展调研，编制上海人工智能示范应用清单。制定重点领域转型方案，围绕生物医药、制造业、医疗、交通、商务、12345 热线、住建等领域形成行业转型方案。

（二）持续完善数字城市基础设施。统筹推进网络基础设施建设，深化双千兆宽带城市建设。2023 年，上海建成 5G 基站 1.9 万个，累计建成 9.2 万个，5G 基站密度和占比均居全国第一；持续推进 IPv6 规模部署和应用。实施数字底座桩基行动，围绕"1+1+N"城市数字底座框架，推动成立城市灵境场景创新中心；推进"一张图"时空要素、能力平台、业务应用三大体系建设，基本建成"时空底图"底座，支撑 20 个部门 8 个区的 39 个应用系统，数据服务累计调用 5790 万次；编制《"随申码"（物码）编码及应用规范》，完成 1900 万个城市部件赋码；发布推进城市区块链数字基础设施体系工程实施方案（2023—2025 年），"浦江数链"正式上线，成立"浦江数链"公司和产业发展联盟，积极推动政务区块链、公共数据上链等会战，完成专项资金管理、危险废物管理等首批 5 个政务场景约 140 个部门节点建设；建成投用市人工智能公共算力服务平台，上海算力交易平台累积归拢 GPU 资源约 222.52P，发布推进算力资源统一调度指导意见，加快长三角一体化示范区数据中心集群上海侧建设，启动算力网络监测平台建设；完善"感知端"部署，全年新建道路综合杆 4500 根，全市累计布设物联终端超 3 亿个。

（三）加快构建数据要素市场体系。深化公共数据共享开放，推进目录链系统与市大数据资源平台对接，推动公共数据"应编尽编""应归尽归"，累计完成 17198 个目录编制，完成 5406 个公共数据集开放，创新设立"1515"应用场景授权共享机制，上线 22 个公共数据授权运营应用场景，推动开展普大数据普惠金融应用 3.0 版。加快推动上海数据交易所建设，发布《上海市数据交易场所管理实施办法》，完成数据交易链一期建设，启动建设数据交易国际板，起草数据知识产权登记、国企数据和政府非公共数据采购进场等规范性文件，推出促进数据要素流通专项补贴，累计挂牌数据产品近 1700 个，累计实现交易额突破 8 亿元。打造国际数据港升级版，研究制定临港新片区国际数据港数据流动操作指引，围绕数字贸易、金融支付、供应链管理、服务外包等重点领域推动一批场景落地，启动建设国际数据经济产业园，初步建成"国际数据港·驿站"，加快建设功能性数据中心。

二、推动经济数字化转型，着力培育发展新动能

上海以促进数字技术与实体经济深度融合为主线，积极推动数字产业化与产业数字化协同创新，先后出台《上海市数字经济"十四五"发展规划》，元宇宙、智能终端、智能网联汽车等新赛道行动方案，全市数字经济核心产业增加值保持平稳较快增长，全年实现约 6600 亿元，占全市 GDP 比重约为 14%。2023 年，重点围绕推动数字化助力新型工业化、数字化赋能"五个中心"和加快布局数字经济新赛道，持续强化数字经济发展新动能。

（一）推动数字化助力新型工业化。全面开展规模以上制造企业数字化诊断工作，建立统一诊断标准、一站式诊断服务平台（"工赋制诊"平台）、统一诊断服务商目录（首批 29 家），截至 10 月底，市区两级共 1201 家企业完成线上评估诊断。深化实施"工赋上海"计划，遴选发布第二批 15 家上海市"工赋链主"培育企业，聚焦集成电路、汽车、纺织等重点行业，依托链主企业开展智能工厂网络、可信数据空间、供应链金融等数字供应链建设，上海电气数科"星云智汇"入选国家级"双跨"平台，建成上线工赋平台智联中心，打造工业 App 云市场等赋能中小企业数字化转型。遴选形成 50 个重点产业领域数字化应用场景，发布首批 20 个制造业数字化绿色化协同应用场景。

（二）强化数字化赋能"五个中心"。赋能科创大生态，持续推进全球高层次科技人才信息平台、科创在线协同平台和智慧情报平台建设，启动筹建国家流程制造智能调控技术创新中心，发布实施宇宙、区块链关键技术攻关专项三年行动方案。赋能数字大贸易，获批全国首个"丝路电商"合作先行区和全国首批智慧口岸建设试点城市，加快建设数字贸易国际枢纽港临港示范区，推动虹桥国际中央商务区建设上海市贸易数字化赋能中心，发布实施推进跨境电商高质量发展行动方案，建设基于区块链的电子提单应用和电子发票交换系统，完成电子发票发送测试。赋能航运大枢纽，积极推进集运 MaaS 系统建设，基于区块链技术推动一门式查询、一站式服务、一单制协同和一体化监管，洋山港智能重卡实现规模化示范运营，智能重卡车队规模达 39 台，测试总里程近 700 万公里；统一机场数智底座建设，推动"5G+ 数字孪生"国际航空枢纽应用示范，发布上海机场空运通平台 AviPort，构建以货站操作为核心的天运通系统。赋能金融大市场，持续深化资本市场金融科技创新试点，有序推进数字人民币试点，落地应用场景数超 142 万个，支持上海石油天然气交易中心落地全国首单国际原油跨境数字人民币结算业务，上海清算所落地全国首单大宗商品现货数字人民币清算场景等；深化大数据普惠金融应用 2.0，累计服务企业约 68 万户次，为约 4900 亿元中小微企业贷款提供数据支撑。

（三）加快布局数字经济新赛道。积极发展大模型产业，发布实施推动人工智能大模型创新发展若干措施布局，引进 Minimax、阶跃星辰等大模型创新团队，成立大模型语料数据联盟，打造大模型行业应用创新生态空间"模速空间"，成立大模型测试验证与协同创新中心。支持发展智能机器人，发布实施促进智能机器人产业高质量创新发展行动方案，成立上海人形机器人制造业创新中心、通用机器人产业研究院、临港机器人产业基地和临港新片区智能机器人产业生态联合体。深化科学智能产业，上海科学智能研究院、上海算法创新研究院注册落地，推动生命科学、大气科学、物质科学等领域专用模型开发，攻关人工智能赋能科学计算、工业软件算法等问题。大力发展在线新经济，制定促进在线新经济健康发展的若干政策措施，加快"长阳秀带""张江在线""虹桥之源"在线新经济生态园建设。

三、推动生活数字化转型，加快场景迭代升级

上海面向全市各类人群全周期、多层次的生活服务需求，围绕基本民生、质量民生、底线民生三大块面，以 10 个工作专班为依托，汇聚 100 余家单位和企业合力，建成 35 个生活领域重点场景（10 个 3.0 场景 +10 个 2.0 场景 +15 个 1.0 场景）。2023 年，加快推动生活数字化转型应用场景迭代升级，持续提升市民获得感。

（一）智慧医疗领域。探索建立基于区块链的跨域个人电子健康档案共享应用、检查检验结果互认、商保理赔服务等九大场景建设，推动互联网医院多学科会诊、一键式病案服务、云陪诊服务、云胶片服务、数字化传染病临床诊治体系、互联网医院专区服等 3.0 场景在全市 412 家医院落地。元宇宙云上医院试点工作稳步推进，瑞金医院、五官科医院、职业病防治院基本实现医院院区、楼宇、楼层、房间的"现实世界"与"数字虚拟世界"间精准映射。扎实推进医保电子处方中心建设，实现定点公立医疗机构基本全覆盖，1651 家定点零售药店已接入电子处方平台。

（二）数质教育领域。明确学校数字基座总体架构，构建物联中心、组织中心、数据中心、消息中心和应用中心等"五大中心"，已上架 92 个教育应用。深化智慧教育平台资源中心建设，空中课堂累计建设 14500 节优质视频课。推动长宁、徐汇、宝山教育数字化转型实验区建设，面向全市大中小和职校，指导开展 108 所教育信息化应用标杆培育校建设。扎实推进中小学数字教学系统建设，研发备课助手、教学助手及作业辅导助手，全市共有 300 多所学校、2700 多名教师、8 万多个学生使用"三个助手"。

（三）智慧文化领域。制定《上海市关于贯彻落实国家文化数字化战略的实施意见》，发布打造文旅元宇宙新赛道行动方案，培育推出《风起洛阳》VR 全感剧场、《消失的法老》沉浸探索展等一批文旅元宇宙热点场景，XR 戏曲《黛玉葬花》入选文旅部数字化创新示范十佳案例。启用上海数字文旅中心，"文旅通"正式提供数字治理服务，"文旅一码游"公共服务体系上线文旅场所 260 余家。制定《数字酒店建设规范》地方标准，开展数字酒店揭榜挂帅场景示范创建工作。

（四）便捷出行领域。随申行 App 接入公共交通、网约车、出租车、共享单车、智慧停车、实时公交、车主服务、地图导航等各类应用，开通"随申码"交通场景应用服务，提供"一码服务"便捷体验。出行 MaaS 上线"免申即享"功能，为现役军人、残障人士等 6 类特定人群提供便捷免费乘车。"上海停车"平台全面接入 4700 个经营性停车场（库）和收费道路停车场，形成全市"停车一张图"，停车预约功能实现三甲医院全覆盖，错峰共享功能上线签约 500 家。

（五）数字消费领域。推动电子商务创新发展，制定直播电商基地评估办法，认定静安区、黄浦区为国际消费中心城市数字化示范区。实施数字商圈建设导则，大华虎城商圈和巴黎春天宝山店获评第二批全国示范智慧商圈和智慧商店。持续推进智慧早餐和智慧菜场建设，新增 949 个网订柜（店）取点位，累计完成 25 家示范性智慧菜场建设。

（六）重点群体服务领域。持续推进智慧养老院建设，编制上海智慧养老生态图谱，累计建成 36 家智慧养老院，新增 50 家养老机构应用"养老院＋互联网医院"。深入推进"数字伙伴计划"，"为老服务一键通"服务用户超 30 万人，提供各类服务 413.4 万次，建设 201 个"数字伙伴计划·微站点"。建成"Hello 老友亭"378 座。持续推进残联与微站点项目需求对接，在全市范围内选取 10 家左右康复站点，建设挂牌成无障碍有人微站点。

（七）数字家园领域。发布"15 分钟社区生活圈"行动工作导引，划示 1600 个基本单元，并在 4 个街道开展试点。依托"社区云"平台，新增"特殊困难老年人关爱走访""社区救助顾问""儿童关爱保障""楼长上报""物业报修"等十余项功能。编制《关于推动物业行业数字化转型加快建设数字家园的实施方案》，"小区画像"应用场景覆盖全市 1.3 万个小区、70 万余幢门牌幢、1800 个在管物业企业。

四、推动治理数字化转型，提升现代化治理效能

上海从打造完善"数据多跑路，百姓少跑腿"的"一网通办"，到"一网统管"搭建起全国首个超大城市运行数字体征系统，"两张网"已成为上海超大城市科学化、精细化、智能化治理的"牛鼻子"。2023 年，全力实施长三角"一网通办"、"一网协同"一体化办公、政务区块链和数据上链、图网码、基层数字化减负增能、综合监管数字化"六大会战"，各项工作取得积极进展。

（一）深化"一网通办"服务效能。提升"一网通办"平台服务能力，接入事项 3668 项，累计办件超 4.18 亿件，优化"线上帮办"系统功能，累计帮办达 38.59 万次，上线"办不成事"专栏和反映功能。持续深入推进"一件事"改革，在优化已上线的"36 件事"各项功能基础上，形成新

增"4 件事"实施方案，拓展"免申即享"服务事项和覆盖面。迭代升级"随申办"市民云服务，推进上海交警、上海公积金、上海人社等 App 整合。提速丰富"随申办"企业云服务，完成 93 项办事服务事项接入。加快"一网通办"电子材料库联盟链建设，全市电子材料索引信息累计上链 7.97 万余条。

（二）强化"一网统管"共治能力。建设服务发布、阅览、下载、管理等多功能于一体的"应用市场"，形成面向市区两级信息化的政务"工具箱"。推进政务区块链建设，开展"区块链＋特殊食品追溯"、"区块链＋进博会电子证件"应用。上线统一的基层治理数字化平台（即新版"社区云"），整合 15 个部门系统，推出房态图、房屋管理、标签管理等 18 个共性工具，在普陀、黄浦、浦东、虹口、杨浦、松江等 7 个区 2300 余个村居试点基层数据综合采集、综合走访和综合编制。推进全国市场监管数字化试验区（上海）建设，实施智能监管驾驶舱、准入准营数智化、综合监管数智化等九大建设任务。

（三）加强政法领域数字化赋能。上海高院重点打造上海数字法院监督管理平台，聚焦"数助办案""数助监督""数助决策""数助政务"，搭建目前数字法院的整体框架。上海检察院编制数字检察工作三年规划，启动建设融"总门户、工作台、应用集、模型库、数据湖"为一体的上海数字检察全景平台（沪检 e 方），建设全流程全息在线办案体系，着力打造上海检察"一张网"。市司法局"申请法律援助""从事律师工作"和"公证员执业审核"等 17 类审批事项实现"一网通办"，上线城市法规全书应用系统，实现上海现行有效法规规章"一键可查"。

五、发挥标杆示范作用，全方位优化数字化转型生态

上海以重点平台、重点场景和重点区域为抓手，积极推动打造示范标杆，引导各区在数字化转型中彰显特色，探索面向未来的数字城市新范式。2023 年，重点围绕优化转型生态、打造超级场景和深化市级示范区建设，推动数字城市建设塑造新形态、强化新功能。

（一）协同构建多元数字生态。城市数字化转型体验馆开馆以来累计接待参观人数超 2 万人次，打造"数都上海"创新生态 HUB（枢纽中心），融合创业孵化、金融服务、展示路演、公众体验等功能，建设转型赋能的"一站式"枢纽。中国移动、中国国有企业结构调整基金二期、浦东新区共同发起设立上海中移数字化转型产业基金（中移上海基金），计划规模 100 亿元，聚焦数字经济和移动信息现代产业链两大领域，助力打造上海数字化转型的"生态雨林"。

（二）实施超级场景绽放行动。打造"AI 城市"超级场景，依托南汇新城完成 AI 元宇宙创新广场项目需求调研并形成解决方案。打造"车路协同"超级场景，发布《上海市

浦东新区促进无驾驶人智能网联汽车创新应用规定实施细则》，在浦东、嘉定等地启动全市首批智能网联出租示范运营，发放上海市首批智能网联汽车高快速路测试许可。打造"数智水岸"超级场景，推动徐汇"智慧水岸"平台升级，推动滨江西岸美术馆等 20+ 文旅场馆数字化改造。打造"数字孪生城"超级场景，初步完成临港新片区数字孪生基础平台建设，在城市运营和智能交通两个领域开展场景应用建设。

（三）加快推动 8 个市级示范区建设。充分发挥各区和重点区域数字化转型的主动性，市级示范区建设取得积极进展。杨浦大创智数字创新实践区基本完成大创智数字公园绿地景观建设，启动数字城管、滨江公共空间信息无障碍、五角场街道"温暖云"、滨江智慧管理平台等平台建设。临港数字孪生城市基础平台已建成图层 223 项，建成数字孪生天文馆场景、规划建设风貌场景、地下综合管廊场景、国际创新协同区等赋能场景。张江数字生态园加快推动张江在线新经济生态园、人工智能岛、张江数链（元宇宙）特色产业园、金融数据港等重点载体建设。松江新城 G60 数字经济创新产业示范区持续推动工业互联网、卫星互联网等数字经济创新产业项目落地，G60 信创产业园、G60 商密基地、G60 脑智科创基地等重点载体建设平稳推进。徐汇滨江数字化转型示范带实现西岸滨江等重点区域 5G 网络深度覆盖，建成"畅享滨江""智慧出行""智游西美"等五大数字生活示范应用场景。嘉定未来·智慧出行示范区推动实现智能网联汽车开放测试道路总里程 1117 公里，可测试场景约 9100 个，开放首批自动驾驶高速公路。市北数智生态园发布《可信数据经济试验区建设规划（2023—2025）》《关于支持可信数据经济产业发展的十项政策》，启动市北可信数字底座及场景示范项目建设工作。普陀海纳小镇制定新三年建设行动方案，中心城区首个数字广告园区正式开园。

（陈斐斐）

工业经济运行情况

2023 年，在中共上海市委、市政府坚强领导下，上海产业系统全力以赴稳增长，产业经济总体回升向好，工业经济呈现"前低中高后稳"的态势持续恢复，工业和信息传输软件和信息服务业增加值占 GDP 比重为 33%，其中工业占 GDP 比重为 23%。工业增加值比上年可比增长 1.5%，软件和信息服务业营业收入同比增长 18.6%。

一、工业经济加快恢复

全市完成规模以上工业总产值 39400 亿元，年底翘尾明显；全年工业用电 842 亿度，同比增长 3.9%。重点工业大区 6 升 3 降，其中，临港新区完成 4333 亿元，增长 22.5%；金山区完成 1643 亿元，增长 4.7%；奉贤区完成 2598 亿元，增长 4.2%。重点行业 8 升 5 降，其中，汽车行业完成产值 7723 亿元，可比增长 12%。机械行业稳中有升，能源装备增长 14.6%，其中输配电设备增长 11.8%，首破 1000 亿元。轻工行业品牌发力，百事可乐等企业高速发展，食品领域破 1000 亿元；工艺美术品超级龙头老凤祥大幅增长，产值破 500 亿元，增长超 20%；石化、轻工、烟草平稳增长；电子、钢铁、医药、有色、纺织 5 个行业有所下降。

二、工业效益优于全国

全市规模以上工业企业实现利润 2519 亿元，同比基本持平（全国下降 2.3%）；完成营业收入 45859 亿元，同比增长 1.1%，营收利润率 5.5%。从分行业看，机械、汽车、烟草、建材、有色、电力、船舶行业实现利润增长。机械行业实现利润 622 亿元，同比增长 6.5%。汽车行业实现利润 370 亿元，同比增长 21.1%。分所有制看，国有控股、外商控股企业利润有所增长。国有控股企业实现利润 657 亿元，同比增长 2.4%；私人控股企业实现利润 651 亿元，同比下降 2.2%。税收方面，工业税收收入（全口径）为 3085 亿元，同比增长 3.1%，税收规模在金融、房地产等细分领域中排名第一，工业税收占全市税收比重为 19.5%，同比提高 0.2 个百分点；软信业税收收入（全口径）是 910 亿元，同比增长 16.7%。

三、新兴领域取得突破

"空天陆海"等高成长性领域规模持续壮大。航空领域大飞机实现首飞，同比增长 28.8%，飞机全年下线 32 架。航天领域一箭 40 星实现首发，星箭数量持续提升，火箭发射 24 发，卫星交付 66 颗，带动航空航天领域增长 21.3%，规模近 300 亿元。船舶领域邮轮实现首航，产值 760 亿元，同比增长 15.5%。新能源汽车首次突破百万辆，产量 129 万辆，占全国 14%（全国排名第二，仅次于广东省），渗透率达到 60%，是全国的两倍；国产智能驾驶激光雷达增长迅速。

四、重点产品保持优势

全年汽车产量 216 万辆，同比增长 4.8%，占全国比重 7%，其中上汽集团产量 121 万辆，特斯拉产量 95 万辆。集成电路产量 286 亿块，占全国比重 8%。智能手机产量 2367 万台，占全国比重 2%。工业机器人产量 6.6 万套，占全国比重 15%。获批药械数量居全国前列；无取向硅钢产量首破 300 万吨，占全国市场的 25% 左右。半导体存储盘产量增长 1.0 倍。3D 打印设备产量增长 29.4%。

五、三大先导产业平稳发展

三大先导产业实现产值 4020 亿元，占全市规模以上工业比重 10.2%。集成电路产业完成产值 1659 亿元，其中半导体材料（1.4%）实现正增长。生物医药产业 1860 亿元，其中治疗性生物制品（11.6%）增长较快，医学影像设备（4.9%）实现正增长。人工智能产业 612 亿元，智能计算增长 20.6%。

（周宁远）

能 源 运 行 情 况

2023 年，上海市重点监测企业煤炭、电力、成品油、天然气累计消耗量比上年增长，能源供需平稳运行。

一、煤炭

（一）消耗量略微增长。2023 年，全市重点监测企业累计煤炭消耗 4683.5 万吨，比上年增长 1.0%。其中，电煤消耗 3484.2 万吨，同比增长 2.2%。

（二）调入量略微增长。2023 年，全市重点监测企业累计调入煤炭 4666.4 万吨，同比增长 0.8%。其中，电煤调入量 3494.7 万吨，同比增长 2.8%。

（三）期末库存量小幅增长。12 月底，重点企业煤炭期末库存 269.8 万吨，同比增长 7.1%；其中电煤期末库存 228.8 万吨，同比增长 9.6%。根据 12 月平均日耗量，库存煤炭可用 20 天，其中电煤可用 21 天。

二、电力

（一）用电量明显增长。2023 年，全市合计用电量 1848.8 千瓦时，同比增长 5.9%。第一产业用电 6.5 亿千瓦时，占用电量的 0.35%，同比增长 2.5%；第二产业用电 864.2 亿千瓦时，占用电量的 46.7%，同比增长 4.2%；第三产业用电 676.7 亿千瓦时，占用电量的 36.6%，同比增长 14.8%；城乡居民生活用电 301.4 亿千瓦时，占用电量的 16.3%，同比下降 6.1%。在第二产业中，工业用电 841.5 亿千瓦时，同比增长 3.9%；其中，制造业用电 690.7 亿千瓦时，占工业用电的 82.1%，同比增长 4.4%。

（二）发电量明显增长。截至 12 月底，上海市发电装机容量为 2953.7 万千瓦。2023 年，全市累计完成发电量 1015 亿千瓦时，同比增长 5.4%。全市 6000 千瓦及以上发电设备平均利用小时 3658 小时，同比增加 117 小时。

表 1　2023 年上海市发电量情况

类别	发电量／亿千瓦时		利用小时／小时	
	1-12月累计	同比增长/%	1-12月累计	同比增加/%
1.煤电	713.19	1.5	4837	161.9
2.油电	1.10	-42.8	179	-133.9
3.气电	172.95	21.5	1984	228.0
市总计	996.03	4.9	3658	117.4

注：表格内数据为全市 6000 千瓦及以上电厂数据

（三）净受电量明显增长。全市累计净受电量 833.8 亿千瓦时，同比增长 6.6%。

三、成品油

（一）销售量大幅增长。2023 年，中石油、中石化在沪汽、柴油累计销量为 689.2 万吨，同比增长 24.1%。其中，汽油销量为 389.0 万吨，同比增长 27.5%；柴油销量为 300.2 万吨，同比增长 20.0%。

（二）生产量大幅上升。2023 年，金山石化、高桥石化累计生产汽、柴油 1109.6 万吨，同比增长 14.4%。其中，累计汽油产量为 549.3 万吨，同比增长 15.3%；累计柴油产量为 560.3 万吨，同比增长 13.6%。

（三）期末库存量下降。12 月末，中石油和中石化在沪成品油期末库存为 21.7 万吨，环比下降 15.1%。其中，汽油库存量为 10.7 万吨，环比下降 16.4%；柴油库存为 11 万吨，环比下降 13.9%。根据 11 月平均日销量，成品油可用 12 天。

表 2　2023 年 12 月上海市汽油、柴油消费、生产、库存情况

类别	消费量／万吨		生产量／万吨		库存量／万吨	
	12月	同比增长/%	12月	同比增长/%	12月末	环比增长/%
汽油	32.1	26.6	45.0	10.0	10.7	-16.4
柴油	24.8	-0.8	40.0	1.2	11.0	-13.9
合计	56.8	13.0	85.0	5.7	21.7	-15.1

四、天然气

（一）全市用量明显增长。全市累计用气量为 96.8 亿立方米，同比增长 8.5%。

（二）大工业用气明显增长。全市累计大工业用气量 16.9 亿立方米，同比增长 9.8%。

（三）电厂用气大幅增长。全市累计电厂用气量为 33.2 亿立方米，同比增长 18.6%。

（何正鑫）

工业互联网发展情况

工业互联网是新一代信息通信技术与工业经济深度融合的全新工业生态、关键基础设施和新型应用模式,通过对人、机、物、系统等的全面连接,构建起覆盖全产业链、全价值链的全新制造和服务体系,是新型工业化的重要驱动力量。上海市在全国率先布局工业互联网,提出"工赋上海"行动,实施两轮三年行动计划,平台、网络、安全、标识、数据五大功能体系建设快速推进,总体发展水平稳居全国第一梯队。

截至 2023 年底,上海两化融合发展指数 113.9,居全国前列;工业互联网核心产业规模达 1500 亿元;超 5000 家规模以上工业企业开展工业互联网创新应用,30 多万家中小企业上云上平台,平均降本 8.4%、提质 7.14%、增效 10.7%。

一、平台辐射作用与日俱增

平台是工业互联网的中枢,是制造资源全局优化配置的关键载体。上海工业互联网平台总体呈现转型升级向好发展态势,应用普及率达 26.55%,纳入 2023 年度评价的 28 家重点平台年营业收入超 235 亿元,相关研发投入累计超过 34 亿元,核心软硬件技术获得的专利累计 540 项、软件著作权累计 1310 个。参评平台实际服务超过 94 万家企业,链接超过 1083 万台工业设备,连接工业设备运维成本平均下降率为 18.83%,连接工业设备安全生产持续时间平均提升率为 22.17%。平台开发 2.3 万余个工业软件,构建超过 2.7 万个工业机理模型,汇聚 139 万余开发者。如宝武智维云平台目前设备接入超 50 万台,覆盖 1000 多条产线(机组);电气数科星云智汇工业互联网平台接入设备总数超过 46 万台。推动工业互联网平台联合数字化服务商打造"小快轻准"产品和解决方案,建成发布"工赋平台智联中心"等,打造工业 App 云市场,为中小企业提供研发设计、生产运行、检测监测、仓储物流、运营管理等数字化共性服务。

二、工赋链主树立标杆引领

龙头企业带动成效初显,遴选两批共 25 家"工赋链主"培育企业,形成对上下游 1000 家链上重点企业牵引赋能,全面开展场景落地、数据打通、系统链接、模式创新以及人机料法环的全面优化,推进新技术应用和工业软件突破。如上飞制造打造工业元宇宙平台、核工院建设关键设备 CAE 计算机辅助工程云平台等。数字供应链专项工程启动建设,打造汽车、集成电路、纺织行业标杆示范。上汽乘用车基于"领飞"工业互联网平台,建设贯通主机厂和多级零部件供应商的汽车行业工赋智网,创新行业级产销协同共赢新模式,建立长三角供应链数字化联盟,提升汽车行业供应链韧

性。致景科技"飞梭智纺"工业互联网平台打通原材料(棉花)-纺纱-织布-印染-面料流通(成品布分销)-服装制造等纺织全产业链,接入全国 9000 多家企业,链接织机超 70 万台,覆盖 40% 以上产能,服务全国 70% 一级批发商,在纺织行业规模化应用低成本、易维护、快速部署的数字化管理解决方案。

三、产业园区转型提档加速

持续推动"平台+园区"融合创新。聚焦全市 53 家特色产业园区,推动"一园一特色一(多)平台",首批支持化工区、东方美谷、大飞机产业园、湾区高新区、青浦工业园区与工业互联网平台开展深度战略合作,开展"工业互联网+安全生产""两网贯穿""工业元宇宙""数字孪生""数字化+双碳"等新模式探索。市级层面,面向重点产业园区开展"平台+园区"试点示范征集,启动编制"平台+园区"建设指南和白皮书。国家级层面,支持青浦工业园区和上海湾区高新区入选工信部国家新型工业化产业示范基地工业互联网平台赋能数字化转型提升试点项目;持续推进松江区国家新型工业化产业示范基地建设。2023 年底,示范基地内集聚企业约 1.54 万家,销售收入 4867.3 亿元,其中主导产业集聚企业 301 家,覆盖芯片、传感器、机器人、通信设备和工业互联网平台企业等上下游,销售收入突破 1023 亿元,工业互联网生态服务已覆盖沪苏浙皖 12 个省市。

聚焦网络基础设施建设。大力推进 5G 和千兆光网"双千兆宽带城市"建设,累计建成开通 5G 室外基站超 7.6 万个,5G 基站建设密度位居全国第一;上海是全国第一个三大运营商均加入 5G-A 阵营的城市。深化"5G+工业互联网"融合,上海针对飞机及船舶制造等重点行业领域,加快探索"5G+工业互联网"应用场景,建设产线级、车间级、工厂级等不同类型 5G 全连接工厂,打造中国商飞、江南造船、宝钢等 5G+工业互联网优秀项目,实现协同设计、工业高清图像处理、远程运维及操控等典型应用场景。其中江南造船、宝钢获第六届绽放杯全国一等奖,施耐德 5G 工厂项目获得标杆赛金奖。

四、关键环节数字化转型提升

全面启动规模以上制造业数字化诊断。制定《上海市规模以上制造业数字化诊断工作推进方案》,按照"以诊促建""以诊促转"的原则,制定制造业数字化统一诊断标准,搭建"工赋制诊"一站式诊断服务平台,发布首批 29 家诊断服务商目录,制造业数字化水平摸底工作全面铺开,分类

分级实现规模以上工业企业和专精特新企业数字化诊断全覆盖（共用诊断标准、平台、服务商），基于诊断结果打造一批"小灯塔"企业作为数字化转型样板。2023年底，完成诊断企业数量超过2200家。

实施智能工厂领航行动。制定《上海建设100+智能工厂专项行动方案（2020—2022年）》及《推进上海智能工厂建设领航产业高质量发展行动计划（2022—2025年）》。加快智能工厂建设，围绕设备数字化、生产网络化、服务智能化、新技术融合化，开展汽车、高端装备等重点行业示范建设，累计培育3家国家级标杆性智能工厂、19家国家级示范性智能工厂、100家市级智能工厂、60家单位111个国家级智能造优秀场景。加快智能制造系统集成商培育，累计推动1000多家企业智能化技术改造，实现"卡脖子"关键装备、核心部件与工业软件的首台套突破40余项，培育10余家产值超10亿元集成商，带动智能制造系统集成工业总产值突破600亿元。

增强中小企业转型动力。新增"中小企业数字化赋能项目"，支持企业在研发设计、生产加工、经营管理、销售服务等环节实施业务数字化。至2023年，累计支持3560余万元，惠及中小企业6900多家。组织开展专精特新中小企业数字化诊断评估，为467家制造业专精特新中小企业提供数字化诊断服务（其中，专精特新"小巨人"企业97家）。截至目前，培育有效期内市级创新型中小企业14356家，专精特新中小企业突破9268家，专精特新"小巨人"企业685家。

五、标识解析加速布局推广

标识解析是工业互联网的神经系统，工业数据交互流通的重要纽带。上海积极承接国家战略布局，建设运营工业互联网标识解析国家顶级节点（全国5个）。至年底，接入二级节点94个，接入企业超20.3万家，累计标识注册量超2060亿，标识解析量超1720亿，累计标识注册量、解析量、企业节点数均位居全国五个顶级节点之首，在推动工业互联网一体化发展示范区建设等方面发挥了重要作用。通过"创用结合"，培育一批标识创新应用和特色服务商，如上海至数建设基于主动标识的医疗设备智慧管理平台，获全国首届工业互联网标识应用创新大赛二等奖。

六、生态保障体系更加健全

持续开展服务商培育培优工作。聚焦云网、标识解析、工业数据、工业软件、工业信息安全等细分领域，上海每年滚动开展专业服务商推荐目录遴选。2023年，上海企源科技股份有限公司等52家单位列入推荐目录。上海市对评估优秀的专业服务商，优先为其提供供需对接服务，并给予资金支持。同时，积极推动构建数字化服务商组团作战生态，围绕企业转型需求，打造供应商联合体，创新供应商服务模式，推动由产品服务向效益分享等新型合作模式转变。

建成网络、系统、数据安全保障体系，全市200家工业互联网企业纳入网络安全分类分级管理，省级工业互联网安全态势感知平台实现重点产业领域全覆盖。建立完善工业互联网安全风险信息报送与共享机制，面向重点工业互联网企业，开展风险监测、威胁预警和事件处置工作，督促保障重点企业加强工业互联网安全能力建设。

（汪　涵）

附件：工业互联网促进制造业数字化转型典型案例

一、用数据让供应链说话，打破传统制造业数字化转型思维——上海不工软件有限公司

（一）案例主体介绍

不工软件有限公司成立于2015年，主要为制造企业提供基于生产力协同优化的数字化升级解决方案，破解困扰中国制造业数字化进程的痛点，助力产业链整合升级。核心产品包含供应链全网络的一体化计划开发和数字化网络建设，借助先进算法与核心技术为制造企业提供软件和SaaS服务，打造覆盖单厂、集团、供应商的智能化生产管理与供应链完整解决方案。不工软件始终以制造业全产业链效率提升为战略目标，用实打实的过硬技术引领新一代工业互联网体系。

（二）场景透视：复杂国际环境下，制造业传统模式亟待升级

2020年以来，新冠疫情、国际环境变化等诸多"黑天鹅"事件，对制造业影响巨大。在汽车行业，海内外多家汽车制造商、零部件供应商均受到波及，供应链频繁受阻，甚至部分环节一度中断，一旦上下游某个节点出现异常，其影响都会沿供应链传递，直接影响整个产业链。

部分数字化较为领先的龙头企业早早就引入了ERP、MES、WMS等信息化软件体系，看似在数据信息化、管理现代化的道路上较为领先，实际上多个系统呈独立状态，内外部供应链的协同及信息传递仍以人工为主，导致信息化系统的效果被大大限制。即便是国际顶尖企业，对于内外部生产协同、供应链数字化管理、数据实时监控等多个关键的数字化问题并没有很好的解决方案。因此，已经进入信息化不同阶段的制造企业都需要重新建立全面的数字化升级体系，

引入算法与数学模型、云技术等先进理念，实现企业管理的透明性、工厂生产的敏捷性、供应链协同的强韧性，快速反映市场的需求与变化，为制造业整体迈向现代化打下坚实的基础。

（三）经历与思路：解决龙头企业困扰，链主带动全链升级

不工软件的成功案例之一是世界500强汽车行业零部件巨头安波福公司，其本身在上海5个工厂已经上线多个信息化系统，但系统间相互独立，中央部门主要通过SAP中的部分模块实现供应链管理和运营的一部分功能，面对互联互通、绿色制造、快速反映市场需求与变化的新要求，无法提供行业和上下游信息，业务流衔接不通畅，无法为商业决策提供帮助，导致工厂交付出现偏差、库存积压严重、维护成本高昂、内外沟通协同低效等。

不工软件搭建一套供应链与生产管理数字化体系，帮助安波福公司实现从多个工厂到供应链上下游一体化的数字化转型升级。在工厂生产管理层面，通过紧密协同体系与核心算法优势，实现协同优化的自动化排产能力；在供应链层面，快速供应链资源规划能力结合云端实时计划协同，帮助企业快速应对多样化、个性化的市场需求。

不工软件的解决方案帮助安波福公司提高整体生产运行效率并极大降低成本，同时实现准时交付，解决供应链资源协同规划、多厂紧密协同难题，并通过安波福链主企业的行业位置辐射产业链，实现行业生产柔性自动化和全链流程数字化。

（四）技术与策略：算法核心成就数字化，完整体系重铸产业链

1. 什么是不工智慧供应链？它是战略敏捷之道吗？

不工智慧供应链解决方案以有限生产能力为计划核心，结合控制论和博弈论，协同供应、生产、业务、计划等环节，控制生产结构及节奏；以核心算法促进企业供应链协同与数字化升级，主要包含供应链的协同计划模块、高级计划模块、智能排程模块、需求计划模块、数据总线模块、控制塔模块等。利用先进的管理规划技术，在有限资源下，追求供给与需求间的平衡规划。同时，利用资讯的储存与分析能力，以最短的期限，达到最有效的规划。

不工智慧供应链专为像安波福公司这样有多工厂需求和供应商协同需求的企业客户提供服务，除需要应对外部的复杂环境外，内部还存在产品工艺复杂、产品种类激增等问题。不工智慧供应链搭建复杂业务模型，通过算法组合和人工智能驱动来模拟这些内外部复杂因素，帮助企业快速模拟，用数据支撑业务决策，快速运算和评估各节点实际产能，配套大数据量的运算处理，构建从订单需求到主生产计划、执行层计划，再到现场的排产等应用场景的一套整体方案，帮助

企业实现以下两个维度的价值。

（1）在管理层面提供层层穿透的可视化能力，让管理层实时了解企业正在做什么、做了多少，通过多业务场景的策略仿真，可以模拟计算不同的策略方案，实时应对意外事件。

（2）在执行层面落地并解决有限产能计划排产算法、一体化供应链计划优化算法、生产力协同分布式计算等一系列阻滞当代制造业数字化升级的重大根源性难题，提出并实施验证一整套数字化供应链协同解决方案。

2. 保障供应链高效稳定运营，需要哪些数字化工具

不工智慧供应链的特点是算法组合多、运算速度快、运算规模大、支持多种部署，重点解决制造企业普遍存在的"无限资源计划""长鞭效应""数据野生"三大共性现象。系统考虑机器、物料供应、生产工艺、人员的制约，根据客户交货期要求进行最优计划排产，使产、供、销同步，降低中间库存，减少管理矛盾，实现绿色生产，满足不同行业和企业的实际需求。不工智慧供应链主要包含以下核心模块。

（1）供应链协同计划（Integrated Collaborative Planning，ICP）模块。

覆盖供应链端到端的一体化解决方案，形成供应需求，协同获得主生产、物流调拨、库存、采购等关键计划，从供应链维度提升整体资源利用率。

（2）高级计划（Advanced Planning，AP）模块。

高级计划模块支持3层穿透式长、中、短期计划，根据可用产能规划订单，以秒级的运算速度制定合理的任务清单，快速反馈订单交付时间。

（3）智能排程（Advanced Scheduling，AS）模块。

智能排程模块将计划锁定后的工单按照生产节奏下达，任务清单细化至每台机器、每个人、每分钟。

不工智慧供应链为客户提供从集团到工厂的全方位服务。

（五）收效复盘："让数据说话"，帮助企业提升竞争力

不工软件为安波福公司成功上线系统，实现数字化转型，从安波福公司的角度分析，其解决以下问题：

（1）降低人力工时成本。节省已有计划人力时长投入，每年节约人力工时约50%。

（2）提高计划排产效率。在计划方式耗时（含计划调整和确认）方面，单次计划平均时间由大于8小时缩短为小于15分钟，确保订单及时交付。

（3）提高产能利用率。缩短机器空余时间和减小模具切换频率，产能利用率至少提高1%–3%，增强核心生产能力。

（4）库存计划与优化。依据实际产能的计划和生产节奏，有效支撑采购计划，降本增效，盘活呆滞资源，车间零部件滞留时间与数量均降低30%以上。

（5）提高生产管理透明度。领导层可视化管理（App），实时跟踪订单状态、生产进度，及时识别瓶颈资源，有效响应客户需求，降低意外造成的损失，对企业内外资源进行精确管理。

不工软件帮助安波福公司实现价值的提升和优化。

安波福公司数字化转型后，不仅提高整体供应链的数字化和智能化能力，大大强化企业供应链的韧性和弹性，还帮助企业重塑业务流程与商业模式，建立独特的竞争优势。

在新冠病毒感染疫情冲击下，供应链出现各自为战、脆弱、需求多变等问题，供应链智能化转型已"刻不容缓"。对于很多企业而言，过往的信息化和数字化升级，主要是以ERP为核心来实现工厂内部自动化升级的，但在新的挑战下，供应链升级不能局限在局部，要立足整体供应链"全流程"的升级和转型，这需要供应链上的各个节点相互配合、协调之后才能完成，任何一个环节都"缺一不可"。

在具体的供应链管理中，需要深入实际场景，考虑各个节点的产能，做关键性约束和资源规划。对于系统而言，数据模型的搭建、算法的开发、运算的维度和数据量的设置，都必须考虑这些约束，以具备广度和深度，保证工厂端可执行，确保供应链整体协同。

构建现代化制造业体系，需要由制造企业的"点"到供应链的"面"的协同体系，通过数字化和智能化的升级和改造，建立可行计划，实现信息透明，解决无限资源计划，消除长鞭效应，整合"野生"数据，帮助企业与供应链实现"产销平衡"，以供应链数字化升级的新方式和新路径，驱动制造业进一步发展壮大。

二、基于注意力机制组合算法，打造能源生产利用综合模型——上海漕泾热电有限责任公司

（一）案例主体介绍

漕泾热电隶属国家电力投资集团上海电力股份有限公司，是我国西气东输工程配套的第一座燃气-蒸汽联合循环热电厂，是世界级先进化工制造业——亚洲最大的上海化学工业区循环经济"一体化"的重要组成部分，承担着为多家大型跨国化工企业提供优质电能、热能、除盐水的重要任务。

公司秉承"清洁、绿色、智慧、高效"的发展理念，先后实施综合智慧能源服务线上交易平台、智慧热网、化工区"科创中心"能源基地等多个智慧能源项目，发挥智慧能源服务试点示范效应，走出一条创新发展的未来之路。

（二）场景透视：能源服务市场化，传统模式难以满足服务需求

随着能源服务逐步走向市场化，传统的生产驱动型发展模式难以满足客户服务需求，供能企业与客户之间的矛盾日趋突出，既不利于企业的稳定生产和长期发展，也不利于客户的生产经营。对于漕泾热电而言，主要存在问题是：多个信息系统之间数据和业务未有效打通，信息孤岛现象严重，大量数据的价值并未被有效挖掘；发电机组的运行调节只能依赖一线人员的个人经验，人员经验较少会导致部分机组整体效能较低；机组生产计划依靠往年经验，不能根据客户实际需求及时进行调整，存在资源浪费现象；客户普遍有迫切降低用能成本的需求；客户用热负荷尚未完全平衡，存在因负荷波动带来的风险。这些问题让漕泾热电意识到安全生产、不断提升服务质量、提高经营效益、提升管理和运营效率是永恒不变的追求，要通过持续的努力不断地实现更佳效果；应努力从"生产驱动型"企业向"需求拉动型"企业转型，需要不断提升自身的智慧生产、智慧服务能力；通过对当前多信息应用系统的整合，实现多系统间的数据共享、业务协同，实现基于数据智能的业务优化，以及部署新型智慧便捷应用，可以大大提高漕泾热电的运营和服务水平。

（三）经历与思路：顺应"智慧能源""智慧服务""智慧管理"三大趋势

热电联供企业DCS、SIS、MIS等系统中每天产生上千万条热电联供机组运行数据、客户用热数据、计量仪表数据等数据记录，本应用基于这些数据分析变化趋势，提取标签特征，使用基于注意力机制的CNN+LSTM算法、XGBoost算法、CNN算法等专有算法，建立了需求预测模型、优化调节模型、异常识别模型等，帮助企业满足上述需求。

本应用主要面向园区内热电联供企业的"智慧能源""智慧服务""智慧管理"三大趋势，实现企业三大目标：

（1）通过以用户需求为驱动的智能生产运营能力建设，减少资源浪费，不断提升自身盈利能力；

（2）通过以用户体验为核心的智慧服务能力建设，不断提升服务质量，增加客户黏性；

（3）通过基于数据智能的安全生产和运营决策能力建设，不断提升安全生产和运营决策水平。

针对三大目标，漕泾热电创新设计面向园区热电联供企业的基于工业数据智能的综合能源服务系统，主要为园区热电联供企业提供基于数据智能的生产管理决策与服务能力。例如，预测客户对供热需求的变化来辅助指导生产计划的安排；根据机组实时状态，给出机组运行优化建议，提高运行经济性；预测排放超标情况并及时预警，减少发电企业排放超标问题；创建综合智慧能源服务线上交易平台，完成需求侧响应的优化；提供智慧用能分析服务，包含智慧用量报表、智慧用能账单及用户用能画像标签分析等，帮助用户和漕泾热电更加精准地了解用户用能行为特征；构建智慧能源大数据，建立数据采集、数据目录管理、数据开放共享等功能，支撑内部系统互通数据。

其中，能耗预测包括对历史用能水平的分析，发现整体

能耗的异常增长影响因素，同时可对未来能耗的需求进行预测，帮助提前做好生产规划及维护应对。设备运行优化包括设备能耗分析与异常识别，可快速定位高能耗设备或区域，及时采取措施；提供归因分析及效果预测，帮助企业进行运行和调度优化，以及节能改造。

本应用的核心优势在于：

（1）基于机器学习与人工智能通用算法模型及基于注意力机制的 CNN+LSTM 算法、XGBoost 算法、CNN 算法等专有算法，高效精准地从数据中提取特征与决策依据；

（2）深度结合用户业务场景，提供实施策略建议及效果模拟评估，结合可升级扩展的能源行业知识库及算法模型库，帮助企业提升能源决策竞争力。

（四）技术与策略：基于注意力机制的多算法系统

1. 总体构架

本案例的总体架构核心内容为数据层、分析层与业务层。其中，数据层完成多源异构的海量数据的采集、整合、清洗与存储；分析层作为系统的大脑，提供运营决策的后台支撑；业务层分为两部分，一部分是智能门户，面向客户建立企业与客户的纽带与桥梁，另一部分是智慧能源服务运营，用于通过数据分析的手段指导生产运营决策。

以简化用户界面、提升用户体验为核心，设计了基于 Web 的智能门户和基于微信的智能门户，致力于为最终用户提供一致的用户体验。

2. 应用功能

（1）供热需求预测及需求驱动生产

与传统火力发电厂不同，园区内的热电联供电厂以保障园区内企业正常供热为首要生产条件，在满足供热需求的前提下调节机组运行来调整上网电量。因此，预知客户对供热需求的变化对于优化生产模式至关重要。

预测客户未来供热需求量，用于指导生产侧进行生产计划调整：基于客户产品使用历史数据、检维修数据、上下游关系数据及节假日数据等，发掘客户用热需求量的周期性波动规律，量化评估各个因素对需求量的影响程度，使用基于注意力机制的 CNN+LSTM 算法和 XGBoost 算法建立预测模型，模型准确率达 90% 以上。基于构建的预测模型，量化预测每个客户／全部客户在未来一段时间内对用热的需求量水平，进而指导后端的按需生产运营、资源优化配置的精准制定与推送。

通过应用供热需求预测管理功能，确保生产管理者能够准确预测客户的公用产品需求并制定更合理的生产计划，进而优化运行方式，降低生产成本。需求预测的误差率降低 75% 以上，预计每年将降低供热生产成本 368 万元左右。

（2）机组经济性调节优化

热电联供机组的蒸汽若全部经过 2# 在汽机做功后提供给客户供热，则整体机组发电量较大，但是会损失一部分蒸汽，导致供汽量减少；如果蒸汽全部经过 1# 在汽机做功后直接提供给客户供热，则供汽量比较大，但机组整体发电量较小。如何调整机组运行，在满足客户的蒸汽的需求下，让机组整体经济性最优是企业运营者需要思考的一个问题。

根据客户需求量实时情况及机组运行状态，推荐整体经济性最优的运行方式：基于客户需求预测、产品数据、客户数据、历史工况数据、设备状态等信息，使用聚类算法、KNN 算法及专家法建立经济性调节优化仿真模型，对机组运行状态及出力进行模拟仿真，针对不同状态下的机组运行方式，给出经济性最高的运行优化建议，帮助机组运行人员根据当前状态调整生产调度，合理分配高压减温减压和高压抽汽的蒸汽量，提升机组运行的整体效率。预计将增加高压抽汽的供应量 10%，减少热能损失约 1.88 吉焦／小时。

（3）环保排放预测预警

发电企业对排放超标预测预警的需求非常迫切，在有超标可能时，通过调整机组来降低排放超标风险，可以大幅减少发电企业的排放超标事件。

实时预测污染排放情况，识别排放超标风险并及时告警：结合机组运行状态数据、气温数据、原料数据等，实时感知全厂运行状态，基于排放预测预警模型快速预测排放量，识别排污超标风险，及时发出预警信息，减少超标事件。

（4）计量仪表设备异常识别

当前，蒸汽流量计量仪表的准确性校验一般是 1～2 年进行一次，中间过程中若存在计量偏差，则会给客户和企业带来不必要的经济损失。通过对仪表监测数据的分析，可以实时判断仪表状态，及时避免计量不准的情况。

实时监控和分析计量仪表数据，识别仪表异常情况：使用机器学习算法，根据监测的压力、温度、管径、阀门开关大小和流量等数据，使用 CNN 算法训练生成计量仪表准确度诊断模型，智能识别计量仪表准确度，及时发出告警信息，减少因计量错误导致的经济损失和客户投诉。及时发现和解决用户侧的计量问题，将有效降低热网网损，预计网损将降低 0.3%。

（5）客户用能分析

客户用能分析是针对客户对简化用量信息、可视化用量报表的需求而建立的智慧服务。客户用能分析为客户提供计费周期内统计和分析结果，同时智能分析客户用能负荷分布、预测当期产品用能等。每年客户因不良的用能行为（如超过或低于合同量使用蒸汽）增加用能成本约 2000 万元，通过应用客户用能分析功能，预计可将客户的不良用能行为减少 20%，节约客户用能成本约 400 万元。

（6）能源线上交易

针对客户情况构建综合智慧能源服务线上交易平台，为客户提供能源线上交易、合同余额交易等 5 个场景的 Web 端功能，探索能源交易新模式，降低客户用能成本，提升客户满意度的同时增加热网负荷稳定性；开发了交易自动匹配算法模型，保障交易的公平性和时效性；系统构建了安全机制，防范攻击，并完善各环节的权限管理。

通过综合智慧能源服务线上交易平台，在供热量富裕时以优惠价格出售供热余量，在供热量紧张时以优惠方式调整客户需求量，降低客户的用能成本，同时提高漕泾热电的生产效率，降低运营成本；开放客户合同额度交易，允许客户将富裕的合同额度转让给其他合同额度不足的客户，降低购买方的超量费，提升售出方的收益，平衡用户用能负荷，进而提高热网运行稳定性。

（7）智慧能源大数据

完成数据采集、存储、预处理与分析建模等大数据管理功能，提升大数据子系统的数据覆盖范围。同时，建立对内共享数据和对外数据共享的能力，对内部系统提供统一标准化的数据接口，对化工区大数据平台提供数据共享接口，支撑智慧园区的建设。

（五）收效复盘：打通服务商与客户的信息链路

智能门户为客户提供便捷的业务查询、办理功能，创建的综合智慧能源服务线上交易平台提供各方面能源服务的信息，打通服务商与客户的信息链路。通过智能门户有效提高客户管理人员的工作效率，提升客户经理与客户的沟通效率，预计将节约工时 38 小时／月／人。漕泾热电共有 10 位客户管理人员，按照 2017 年电力、热力外商投资企业职工平均工资计算，预计节约人工成本 28 万元／年。

每年客户因不良的用能行为（如超过合同量使用蒸汽）增加用能成本约 2000 万元，通过应用客户用能分析功能，预计可将客户的不良用能行为减少 20%，节约客户用能成本约 400 万元。本案例提出基于注意力机制的 CNN+LSTM 算法、CNN 算法等用于解决需求预测及异常识别等问题；建立客户需求预测及机组经济性调节优化辅助功能，推进企业由计划型生产模式向需求驱动型生产模式的转变；为客户提供用能及费用的数据分析服务，从提供能源资源向提供能源服务逐渐转变。

随着电力体制改革的推进，对发电企业精细化生产运营管理及创新业务模式的要求越来越高。除来自供电的压力外，热电联供电厂也需要满足对供热的需求，如何协调供热和供电之间的关系，使整体经济性最高是企业面临的挑战。

漕泾热电依据自身实际业务场景与需求，整合其客户使用历史数据、机组运行数据、检维修计划数据、节假日数据等关键数据，提取产品使用量、机组运行状态的特征建立客户需求预测、机组经济性调节分析、污染排放预测预警等模块，辅助业务人员进行相应的工作指导；深入了解客户的用

能需求和服务需求，对运营业务流程进行研究和梳理，开发综合智慧能源服务线上交易系统、用户用能行为全景分析及智慧能源大数据子系统。这个过程需要进行大量的业务调研，对企业生产、管理、经营流程进行全面且准确的了解，深度挖掘各部门的痛点和需求，真正进入业务，才能构建真正实用且适用的智能辅助系统。

企业智慧化提升不是通过一个系统就能解决的。在建立该系统的过程中，企业各层人员共同参与探讨，一是提升人员对数字化、智能化概念的理解，加强对智慧化转型理念的理解，二是增加对各层业务的进一步探讨和理解。同时，也要对相关人员进行概念、知识和系统应用的培训指导。最终系统的落地要配合业务流程及制度上的改进，以保障系统有效地进行落地应用。

三、创新药研发的认知换代：统一化自研管理，AI 实现生态布局——上海复星医药（集团）股份有限公司

（一）案例主体介绍

复星医药成立于 1994 年，是中国领先、创新驱动的国际化医药健康产业集团，在业务领域策略性布局医药健康业链，直接运营的业务包括制药、医疗器械与医学诊断、医疗服务，并通过参股国药控股涵盖医药商业领域。

复星医药将在"4-IN"战略的指导下，秉承"创新转型、整合运营、稳健增长"的发展模式及可持续发展理念，通过数字化手段，助力药物研发进程，提升新药研发的效率与成功率。

（二）场景透视：新药上市高风险、高投入，寻求数字化手段，提升研发效率

在"十四五"规划、新冠疫情防控及仿制药"带量采购"的推动下，"创新药"一词成为人们关注的焦点。新药研发不仅关乎国民健康，也推动着生物医药产业的发展。但值得注意的是，药品研发是一个高风险、高投入的过程。有一个针对新药研发常见的说法——"双十定律"：一种新药自药物研发至上市投产，都必须经过体外研究、临床前动物研究，以及临床Ⅰ、Ⅱ、Ⅲ期等一系列研究，无捷径可行。这个过程平均需要 10～15 年，费用至少在 10 亿美元以上。高投入、高风险不足以概括一种原创新药的"九死一生"。在研发阶段，大量药企对研发核心系统的使用处于起步阶段，大量研发相关非结构化数据还未被高效利用，如何将数字化工具与新技术应用于研究与开发的过程，帮助药企降低风险、迅速开发新药、缩短新药的上市时间，是一个高潜力领域，值得未来不断发掘。

（三）经历与思路：完成数据基础搭建，自研管理平台，AI 助力研发创新

复星医药在医药研发数字化转型中做了大量的理论研究和探索实践，数字化建设主要从以下几个方面展开。

第一，在企业内部建立统一的研究与开发基础数据库，使研究与开发中的各种数据电子化、标准化，同时使企业中的基础数据库能够实现数据共享。

第二，独立开发 INNOX 药物研发项目管理系统，搭建药物研发基座平台，制定标准化研发流程，并在研发基座平台的基础上进行研发流程集成，促进研发数据整合、开发与利用，实现对研发进程、研发费用与研发质量的管理与控制，最终提升实验效率并加速药物研发进程。

第三，在新时代充分利用大数据、人工智能等新一代信息技术，助力研发创新。复星医药与以大数据和人工智能为核心的信息技术服务企业进行了广泛的合作，探索人工智能与大数据在药物研发方面的应用及在临床试验期间的使用，减少研发成本，缩短研发周期。

（四）技术与策略：构建统一数据库，研发体系推动创新

1. 构建统一的药物研发基础数据库

复星医药已建立企业内统一的研发基础数据库，包括电子实验记录、仪器原始数据、化合物／生物样品数据和生物活性数据等，使研究和开发中的各种数据电子化和标准化，实现企业内基础数据库数据共享。

创建实验室信息管理系统（LIMS）、电子实验记录本（ELN）、化合物管理系统（CMS）、色谱管理系统（CDS）等提升实验室管理水平。通过提供规范、合理的流程管理，使样品分析的各个环节有机地协调起来，方便实验室中各种信息的存储、管理和应用，也为实现实验室工作自动化创造条件。

数字化临床研究管理模式有助于原本主要依靠人力进行的临床研究工作实现更加有效的管理与分析。临床研究电子数据采集系统（EDC）、药物警戒系统（PV）、电子患者报告结局系统（ePRO）和临床实验主文档系统（ETMF）使不同阶段的系统与临床研究项目管理系统（CTMS）互联互通，实现从数据到人的整体打通。

医院数字化程度的提升带来了海量的临床数据。这些临床数据经整理和结构化后，可为药物研发阶段提供真实数据，可应用于药物上市或已经上市药物适应症拓展等方面，以及研发药品的生物标志物以精准化目标人群。

2. 自主开发 INNOX 药物研发项目管理系统，构建医药研发基座平台

INNOX 是复星医药自主开发的药物研发项目管理系统，基于敏捷化的开发模式，完全自主研发，可不断进行迭代优化，以满足不同阶段的业务需求与变化。它融合具有复星医药特色的药物研发项目的管理理念与方式，目标是打造满足不同条线、业务职能要求的综合性管理平台；配合研发、财务管理条线共同摸索并开发出既满足集团条线管控要求，又尽可能简化用户操作的系统功能。另外，平台将作为药物研发全生命周期项目管理的主干，横向贯穿研发、开发阶段，纵向逐步集成各职能部门的子系统，打通各系统业务数据交换壁垒，降低沟通成本，提升研发的整体效率。

（1）建立项目标准化管理平台

标准化管理平台可提升研发业务的标准化与规范化管理水平，以标准驱动研发业务的开展，降低人为因素对业务的干扰，同时不断优化项目中的经验，通过对标准的积累，包括进度组织标准、成本标准、流程标准、交付成果标准，最终实现项目的过程与标准的无缝对接与融合。

（2）建立项目任务化协作平台

任务化的协作平台可缩短研发项目的时间，通过平台可自动化地按研发的业务过程，给资源分发与其相关的任务内容，并关联其任务开展所需要的所有要素，如流程、交付成果、注意风险等，减少 PI（主要研究者）在项目中的协调与管理成本，加速研发项目开展的效率。

（3）建立动态预算管控平台

实现研发人、机、材、费的动态预算控制，动态反映每个项目成本的消耗与风险，通过系统把成本的发生过程与合同、工时、费用及外部 OA、ERP 系统无缝对接，并在每一笔业务发生的起点动态控制成本的量、项、价，保证在成本可控的状态下项目能够有序开展。

（4）建立研发成果管理平台

由于研发过程中会产生大量不同版本的文件，为了减少重要资料的丢失，同时避免不同版本文件管理不善而造成的研发问题，通过项目计划与交付标准的联动，自动收集与归档研发全过程的文档资料，对不同的资料文件可清晰地进行版本控制。

（5）建立可量化的绩效管理平台

实现数据化、可量化的研发人员的绩效评价，通过系统把人员考核所需的考核要素与研发过程产生的项目数据自动关联，对参与研发项目环节的人员进行过程考核，减少人与人之间的绩效评价冲突，最大限度地反映研发人员的绩效成果。

3. 充分利用大数据、人工智能等技术，助力研发过程性创新

人工智能技术的快速发展正在加速药物研发的各个环节，从疾病机制的发现到结构的预测，以及小分子药物的优化、抗体的优化等多个阶段，帮助药物研发人员进行更好的设计和优化。复星医药与聚焦大数据、人工智能信息技术服务的企业进行广泛协作，共同探索人工智能、大数据等技术在药物研发、临床试验过程中的应用，以降低研发成本、缩短研发周期。

（1）AI+ 靶点药物设计

通俗来讲，若将疾病比喻成锁，则它的靶点就是锁芯，

若发现锁芯并对它的立体结构和理化性质进行研究，人们就可以进一步依据锁芯给它配备一把专属钥匙，而新药就是这把专属钥匙。

通过对靶点的结构及理化性质大数据的学习，对药物片段理化性质的学习，对成功上市及研发失败的药物结构、理化性质与相关靶点结构及其理化性质的规律的学习，不断完善模型，并根据规则设计具有潜在可能的化合物，从而从凭借经验靠猜测、试错的方式做药到根据靶点进行药物设计开发，逐渐实现精准研发。

（2）AI＋化合物筛选

借助深度学习技术实现从药化、生物学海量数据中发现有效信息，甄别化合物，并且对其理化性质、成药性质及毒性风险进行精确的预测。在机器学习算法和算力提升的基础上，AI技术可以发展一种新的虚拟筛选方法，提高筛选效率。此外，AI图像识别技术还可以用于高通量的筛选，助力化合物筛选与优化。

（3）AI＋晶型预测

晶型变化可使固体化合物的化学性质（如溶解度、稳定性和熔点）发生变化，导致临床上用药差异及化合物毒副作用、安全性不同。仅仅依靠人工得到稳定性强、溶解度高的晶型要花很多时间，成功率也非常低。通过深度学习能力与认知计算能力的培养，AI能够实现药物晶型的有效动态配置，更快、更准确地发现良好的晶型。

（4）AI＋临床前辅助研究

临床前期研究要求进行药效学、药动学、毒理学及药剂学的研究，主要对候选药物吸收、分布、代谢、排泄和毒性（ADMET）等方面进行预先预测，并对候选药物在临床试验后进行概率评价，提高后续临床试验成功的可能性。在临床前期研究阶段，使用深度神经网络算法，高效地提取结构特征，可以进一步提高ADMET属性预测精度。

（5）AI＋临床试验辅助研究

临床试验是新药研究过程中最漫长、花费最多的一个环节。目前药物临床试验因病人队列的选择及临床试验过程中病人监控不到位而成功率较低。一般情况下，10种进入临床试验的化合物，仅有一种能够进入市场。在临床试验环节中，机器学习和自然语言处理可用于协助临床试验设计、患者招募及临床试验数据处理。

（五）收效复盘：云计算布局形成，研发制造标准确立

复星医药在数字化转型这条路上做了大胆而卓有成效的探索和实践，围绕药企数字化改革，制定长短期数字化战略规划与愿景。目前，在数字化新基建方面，复星医药企业SD-WAN网络搭建、云计算及数字化平台已经有了全球化的布局；在数字研发方面，复星医药已上线自研INNOX药物研发项目管理平台，为研发赋能打造坚实的数字化底座；

在智能制造方面，复星医药已完成智能制造顶层规划并编制智能制造标准指南，为后续项目落地和推广提供战略保障；在数据治理方面，复星医药已经迈出坚实步伐，初步形成企业数据资产平台。

数字化转型是中国医药制造企业迈向创新型技术型企业、增强企业市场竞争力行之有效的途径。目前，生物科技前沿技术持续取得重大突破，生物科技创新和进一步发展已经离不开大数据和人工智能等新一代信息技术的深度融合。借助自动化、物联网、人工智能和大数据数字技术的推动，世界各国医药制造企业不断创新发展。数字化转型是医药制造企业增强创新研发能力、提升产品质量、降低运营成本、构建竞争优势的必由之路。未来，复星医药将着手建设全球化的统一数字化应用云平台，打造端到端研发数字化解决方案。从研发、制造、供应链、营销全面布局并扎扎实实落地。在此基础上，积极引入AI技术，提前布局AI应用，由数字科技创新部门牵头搭建AI大数据管理平台，可联合华为等科技企业，协同对应部门／事业部商讨潜在行业需求，并依托自身或联合外部能力设计基于大数据的解决方案，逐步形成医药大数据生态体系。

四、软件即服务：汽车行业的供应链生态赋能——上海汽车集团股份有限公司乘用车分公司

（一）案例主体介绍

上汽乘用车集自动驾驶研发与示范、智能网联大数据平台打造新能源、汽车研发、零部件制造、供应链合作、整车生产及试制试验等多业务为一体，致力于全面引领未来出行向智能化、数字化方向发展。在上汽集团"新四化"战略的指导下，上汽乘用车开启全面数字化转型升级，向"以用户为中心、数字驱动的跨国科技企业"加速跃进，成为中国汽车行业从大到强的引领者。

（二）场景透视：汽车行业发展催生高质量管理需求，供应链数字化转型困难

自2018年以来，中国汽车市场告别高速狂飙的飞速增长时代，首次迎来负增长，如何从生产大国发展为创新强国的课题摆在整个行业面前。同时，随着汽车生产模式化的发展趋势，汽车应用的通用零部件逐渐增多，如何加强对零部件供应的监管已成为如今的发展难题之一。从产业角度看，急需实现上下游的高效协同，从而应对市场的快速变化，实现整体效益的最大化。

随着汽车企业对供应链上为中小企业提出的高需求，中小企业面临着整体的数字化升级，但受限于战略认知、数字技能、资金储备、人才储备等多方面因素的影响，中小企业均面临着"转型费用高昂、失败风险大"和"不转型难以跟上时代发展步伐"的两难困境。

上汽乘用车将自身成熟的信息化能力进行泛化上云，以

软件即服务（Softwareasa Service，SaaS）的订阅方式开放给中小供应商，降低其信息化门槛，解决其信息化诉求，帮助中小企业低成本、快速地实现数字化转型，从而实现整体数字化协同能力提升，打造共赢的生态体系，推动汽车供应链改革。

（三）经历与思路：引领产业数字化，上汽乘用车向制造服务型转型

上汽乘用车作为国内规模领先的汽车上市公司，在国内制造领域通过其"价值链处于相对高端、产业链较为完整、创新链协同较强、资源链相对集聚"的优势，搭建行业级工业互联网平台，建立高质量的供应链管理模型和标准化供应链业务协同响应机制，实现供应链数据全局透明、业务高效协同与资源优化管控。此外，还将自身大量工业技术原理、行业知识、基础模型封装成全供应链数字化赋能平台，通过SaaS模式对外提供服务，帮助中小供应商提升生产、物流、质量领域信息化能力，进而提升产业链整体水平，发挥其链主引领作用。

公司在汽车研发、生产、销售等几十年行业经验和集团软硬件系统资源的基础上，开展基于供应链协同的工业大数据平台架构、设备接入和数据采集技术、全流程业务协同的技术规范，构建全供应链数字化赋能平台，包括：

（1）工业大数据平台，基于平台沉淀的机理和模型，实现供应链优化、运营管控和智能服务等创新应用；

（2）汽车行业供应链协同平台，实现研发、采购、生产、物流、质量等供应链环节高效协同，实现供应链协同一体化；

（3）面向汽车行业的SaaS服务平台，涵盖生产管理、设备管理、质量管理、物流管理等功能，面向中小型企业提供云平台服务，形成资源富集、多方参与、合作共赢、协同演进的制造业生态。

（四）技术与策略：全供应链数字化赋能平台的搭建与应用

1．四层架构三大平台，打造智慧供应链

全供应链数字化赋能平台的整体架构主要分为四层，包括智能装备层、智能采集层、智能化生产应用层、网络化协同应用层，以及涵盖整个工业系统的安全管理体系。

（1）工业大数据平台

上汽乘用车的智能化生产、运营与供应链管理是以数据驱动的，建立能够进行数据采集、数据管理的信息系统平台必不可少。其中，平准化智能排程、供应商智能协同、车辆智能调度、入厂物流智能信息管理、智能化仓储和智能化制造执行都建立在统一的平台化信息系统基础上，实时的智能感知和智能捕获来自智能终端的现场数据采集系统，通过互联网或内部专用网络实现周期性的数据上传，接入汽车制造全过程数据，为后续工业大数据创新应用提供数据支撑和服务。

（2）供应链协同平台

根据信息发布、业务流程数字化、基于数据的业务管控和基于算法赋能业务的四层架构的供应链协同价值模型，建立上汽乘用车供应链数字化协同平台，实现业务流程在线化、数字化，并基于数据实时在线，智能优化供应链整体运作效率。平台覆盖研发协同生产物流、海外物流、售后物流、财务结算、质量协同、采购协同等供应链全生命周期的业务场景。

（3）SaaS服务平台

SaaS服务平台基于云平台，采用单点部署公共业务的方式，向区域内相关企业提供多层次的工业信息化应用服务，输出主机厂体系化能力。平台整合整个生产制造过程中的智能化应用，并利用高性能计算技术和虚拟化技术，为中小企业提供购买或租赁信息化云服务。智能制造SaaS云平台的定位是制造体系能力输出，帮助行业内中小供应商提升生产、质量领域信息化能力。

2．构建"销－产－供"三位一体的行业共赢生态体系

全供应链数字化赋能平台分别从需求端、计划端、供应端、产业链协同4个方面构建汽车产业链保障体系，建立生产计划快速模拟、一体化供应链计划、内外物流协同规划、构建供应链闭环管理流程的汽车产业链保障标准，实现全供应链智能排产、主机厂与供应商之间的供需在线协同、系统管理产品质量的质量云检平台及订单全链路监控，有效提升供应链的运作效率，增强汽车产业链的韧性和抵御风险的能力。

（1）需求端

采用兼顾销售计划和客户订单需求的模式，针对需求类型进行需求分源，具体分为市场预测、客户订单、计划备库3种类型；针对每个需求分源，明确需求品牌、需求类型、需求数量和需求时间；针对需求进行时间维度的滚动调整和清理，形成管理闭环。

（2）计划端

制定需求优先级，依次为客户订单、市场预测、计划备库，在优先满足需求优先级时，同步考虑产能限制、供应链限制，达到需求满足率和供应链波动的平衡，实现整车计划与需求一一对应，保证市场需求和制造计划的双向可追溯。实现针对整车计划的实时监控、风险预警和决策优化。

（3）供应端

通过打破供应链信息孤岛，实现零部件OTD全链条可视化，构建闭环的供应风险识别和响应处理机制，提升供应链的实时可见和柔性控制能力，帮助预测交付风险，实时监控交付进度。

（4）产业链协同

基于领飞工业互联网 SaaS 平台，统一建立预测、库存、订单等供应链基础元素机理模型，帮助供应链、产业链上的企业实现上下游之间的预测可见、库存可知、订单交付可测。帮助企业快速建立供应链监控网络，保障企业生产有序、稳定。

（五）收效复盘：低成本、高效率，赋能行业全供应链数字化转型

自汽车行业全供应链数字化赋能平台上线以来，上架 10 余个工业 App，覆盖 700 余家供应商。

（1）搭建多级供应商网络，实现供需数据透明。因供货不透明造成的生产停线减少 82%，紧急调产月均减少 3.6 次，有效减少供应链牛鞭效应。

（2）供应链质量管控延伸，实现核心部件质量可监控与可追溯，现场零部件生产一次合格率由原来的 95% 提升至 98%。

（3）订单全链路监控，提升供货保障能力，零部件订单执行及时率由 72% 提升至 95% 以上，及时响应率达到 100%，异常处理时间由 6 小时缩短至 1 小时。

（4）赋能中小供应商，通过数字工厂、订单中心、供需在线、质量云检等 SaaS 服务，供应商生产任务完工及时率平均提升 20%，订单 OTD 时间平均缩短 1.5 天，库存呆滞时间平均缩短 18%。

综上所述，平台不仅帮助上汽乘用车提升生产制造、运行管理和产品服务等方面的能力，同时通过智能化生产和网络化协同智能制造新模式，实现汽车全供应链和产业链的提质、增效、降本、减存等数字化转型升级目标，是工业互联网的典型应用。

从目前的平台推广实践过程来看，为了解决中小企业面对的数字化转型困境，需要依托工业互联网，打造行业 SaaS 生态。一方面，对行业领先的数字化企业的应用模块化，通过低成本、高效率的 SaaS 租赁模式向中小企业提供服务，实现供应链整合，提高供应链的运转速度；另一方面，实现数据的 SaaS 化，通过对数据的统一化和模型化，打造数据共享生态，真正地实现数据的快速、统一和实时共享。凭借着配置要求低、技术难度低、使用成本低等优势，SaaS 模式已经成为实现中小企业数字化转型的最佳途径。

五、基于 MBD 的协同设计与三维下厂，如何应用于卫星全域研制——上海卫星工程研究所

（一）案例主体介绍

上海卫星工程研究所成立于 1969 年，是中国空间技术研究及卫星研制生产的主力军，是电磁卫星的开拓者、气象卫星的摇篮、微波遥感卫星的诞生地、空间监测卫星的奠基者及深空探测器的首创者。主要开展卫星体系论证、系统设计和应用研究，承担卫星项目管理、总体设计、综合测试及在轨管理任务，负责结构、热控、测试分系统研制工作及测控、数传、综合电子分系统的设计和综电软件研制工作。成立至今发射风云、实践、遥感系列卫星，以及"天问一号"火星环绕器、"羲和"太阳探测卫星 100 余颗，实现从单一遥感到多领域并进的跨越式发展，卫星综合效能和技术能力达到世界先进水平，铸就了"长寿命、高可靠、高性能"的卫星名片，获得以国家科技进步特等奖、一等奖为代表的国家级科技奖项 10 余项、省部级奖项 300 余项。

（二）场景透视：卫星高强密度研制，传统模式难以应对

国家近年来提出"数字中国""智慧城市"等科技战略，急需加快空间基础设施、空间段建设，大力开展防灾减灾、环境治理、气象监测工作，卫星年出厂数量由目前少于 10 颗／年提升至不少于 50 颗／年。

在卫星传统研制模式下，工作协调主要靠技术要求、设计方案、二维图纸、接口协调单等文字类载体，缺少统一的信息沟通与状态管控平台，各专业个性化的表达经常出现理解偏差；设计与仿真、制造、检测等环节存在多轮次的三维与二维转换，信息共享困难，集成化应用不足，型号研制经常反复出现，低层次质量问题频发，原有的总体—设备承研单位—总装制造单位的"数据打包抛过墙"分立方式无法满足当前发展趋势。

MBD 是一个用集成的三维实体模型来完整表达产品定义信息的方法体，详细规定三维实体模型中产品尺寸、公差的标注规则和工艺信息的表达方法。MBD 改变传统的由三维实体模型来描述几何信息，用二维工程图纸来定义尺寸、公差和工艺信息的产品数字化定义方法，使三维数字模型成为生产制造过程的唯一依据。国外各大航空航天企业、研究机构开展诸多研究，从最初的计算机辅助工艺规划 CAPP、专家系统到 100% 数字化产品定义 DPD、数字化预装配 DPA、并行产品定义 CPD 和基于模型定义 MBD 等，已形成较为完善的以模型为核心的全三维设计制造一体化研制体系，波音、洛马、空客等公司开展广泛应用，SpaceX 采用 MBD 技术后生产率提高了 50%。国内航天、航空、汽车等行业也开展深入研究与探索。

面对卫星产品高水平研发和高密度发射的需求，针对卫星型号研制"多品种、小批量、大协作"的特点，卫星总体必须牵头搭建基于 MBD 的"协同并行、知识复用、全面联动"的数字化工作环境，牵头创新"跨域收集、协同设计、三维下厂"的数字化工作模式，才能满足未来国家对卫星信息支撑与服务的需求。

（三）经历与思路：研究 MBD，上海卫星把设计制造一体化作为目标

卫星产业参与单位广、产品种类多、研制过程长，呈现

出"多品种、小批量、大协作"的研制特点。型号研制涉及总体、设备承研、总装制造等3个层面的众多参研单位，并且分布在全国各地，各单位现有的信息化基础参差不齐；接口信息不同源、不唯一，局部接口信息耦合性较强且在系统间相互制约，严重制约多专业的协同并行设计；工艺难以提前介入、设计信息难于提取、产品实测数据与设计数据难以及时比对评估，影响卫星研制质量、效率、效益的提升。

卫星总体设计人员审时度势，详细分析多年来型号在接口协调、状态控制、空间干涉等方面的问题，系统规划并分步建设"以IDS（Interface Date Sheet，接口数据单）系统为纽带、以PDM（Product Date Management，产品数据管理）为平台、以快速设计系统为支撑、以IPT（Integrated Product Team，集成产品开发团队）为基础"的完整的平台、工具集；梳理、分析和优化设备、总体、结构、热控、电缆网、推进6类专业产品三维设计流程，各参研单位统一设计平台、统一工具版本、统一建模标准，建立共用的原材料库和元器件资源库，以及卫星公用平台库，把设计流程、设计参数、设计规则等封装于三维建模知识平台，以设计流程为驱动进行知识推送、在线学习和巡航展示，形成"跨域收集、协同设计、三维下厂"数字化工作模式；将三维模型中定义的材料属性、质量属性等信息通过接口传递到仿真软件中，在结构、热控、电缆网等各类产品的三维模型上规范定义材料、尺寸、公差等结构化要求，将三维设计模型与测量设备采集的数据或逆向建模图形进行最优拟合匹配、快速检验和自动评估，实现设计与仿真、制造、检测的集成。

卫星总体以"数字化、网络化、智能化"为手段，开展设备承研前端—总体设计中端—总装制造后端等全方位、单机—总体—结构—电缆网—热控—推进等全要素、设计—仿真—制造—检测等设计制造一体化全流程的数字化转型。

（四）技术与策略：MBD的数字化设计环境搭建和工作模式创新

1. 数字化设计环境搭建

上海卫星在航天器系统工程理论的指导下，以IDS系统为纽带，实现仪器设备信息统一填报；以PDM为平台，实现基于三维模型的跨域协同设计、技术状态管理；以快速设计系统为支撑，形成有序、高效的三维协同设计和智能优化；以IPT为基础，实现设计师与工艺师集中办公，由此搭建"以IDS为纽带、PDM为平台、快速设计系统为支撑、IPT为基础"的完整的设计制造一体化的平台、工具集和资源库。

上海卫星开展"三统一、两共用、一公用"建设，各参研单位统一设计平台、统一工具版本、统一建模标准，建立共用的原材料库和元器件资源库，建立卫星公用平台库；先

后发布数字化院级标准39篇、所级标准50篇，将标准规范、工程经验、工艺禁忌、帮助文档等进行关联，把7000多条设计流程、设计参数、设计规则等封装于三维建模知识平台，以设计流程为驱动进行知识推送、在线学习和巡航展示，实现既有设计资源和知识的积累、传承、复用。通过几何、属性等多类信息标注，使三维模型成为设计与制造的唯一依据。

通过PDM平台的权限隔离管控，网络联通的参研单位可在本单位上传和下载三维模型，网络不通的参研单位可提交三维模型，确保信息安全可控。设计人员和工艺人员实时交换设计和分析结果，共同完成卫星产品定义，缓解传统模式下设计制造与产品设计分立串行的矛盾。通过数字化平台、工具集和资源库的延伸部署，打通卫星各参研单位之间的"围墙"，实现设计信息的规范表达，以及设备承研单位与总体设计单位之间、总体设计单位内部多专业之间、总体设计单位与总装制造单位之间等3个层次跨单位的协同并行设计。

2. 数字化工作模式创新

上海卫星将三维模型贯穿应用于型号研制的设计—仿真—制造—检验等全过程，创新重构形成"跨域收集、协同设计、三维下厂"的数字化工作模式，形成跨地域覆盖设备承研单位、总体设计单位、总装制造单位的全域协作模式。

跨域收集：设备承研单位与总体设计单位之间的协同。通过PDM平台和IDS软件延伸部署，卫星总体收集仪器设备接口数据和三维模型。

协同设计：总体设计单位内部多专业之间的协同。总体布局设计师建立主控骨架并发布；结构、热控、电缆网等多专业设计师基于主控骨架体系实现多专业并行设计，基于PDM平台实现数据管理及技术状态控制；工艺师提前参与卫星设计。

三维下厂：总体设计单位与总装制造单位之间的协同。卫星产品基于三维模型进行规范化定义和简化标注；向卫星结构件制造单位发送结构三维模型，制造单位基于三维模型开展结构产品工艺设计、制造与检测；向卫星总装单位发送卫星结构、电缆网、卫星总装三维模型，总装单位基于三维模型开展卫星结构装配、电缆网制造与总装、仪器设备总装。

通过MBD技术，上海卫星逐步提高基于统一模型的总体与分系统及多个专业间的协同设计能力、基于统一模型的设计制造并行的协同研发能力，逐步提升基于信息化的型号组织和协调管理能力。卫星研制将产品研发模式从串行模式转变为并行模式，将产品设计制造的管理方式从基于文档转变为基于模型的信息化管理，实现卫星研制由分散断点模式向端到端集成一体化模式的转变。

（五）收效复盘：设计信息规范表达与集成复用，大幅提升研制效率

上海卫星打破各参研单位的组织围墙和技术壁垒，建立一套前端＋总体所＋后端共同使用的"协同并行、知识复用、全面联动"的平台、工具集和资源库，实践"跨域收集、协同设计、三维下厂"的数字化工作模式，形成"统一、开放、共享"的科研生产管理模式，形成以总体所为核心、各单位一体参与的设计制造一体化全域协作，系统实施的相关效益指标具体如下。

（1）接口信息标准化表达占比：通过几何信息和非几何信息在设备三维模型上的共生融合，接口信息同源唯一，标准化表达占比优于90%。

（2）几何设计冲突自动化探测率：通过主控骨架对全域的分系统骨架和接口骨架进行弹性耦合控制，突破全局性关键信息内聚性较弱和局部接口耦合性较强的制约，几何设计冲突自动化探测率优于80%。

（3）模型设计信息复用率：三维设计模型在仿真、制造、检测等环节实现集成应用，设计信息复用率优于80%。

（4）整体研制效率：一般型号在技术状态确定后到完成详细设计由6个月缩短至2个月以内，整体研制效率提升60%以上。

综上所述，上海卫星基于MBD的数字化设计环境搭建和工作模式创新，实践了基于三维模型的协同设计、并行研制和知识融入为特点的数字化设计制造一体化，整体技术水平处于国内领先，其中卫星总体几何设计冲突的自动化探测技术达到国际先进水平，是工业互联网的典型应用。

上海卫星把握"数字化、网络化、智能化"的发展脉络，深入研究MBD理论、方法和工具，强化型号与数字化工作的深度融合，搭建了总体与分系统、设计与制造、产品与检验之间的网络环境，打通了从设备独立设计、总体集成设计到最终产品总装的数据流，实现了基于统一模型的设计与制造的全面并行协同研制。

从上海卫星的应用实践上看，要把握"三个坚持"：坚持问题导向，全方位协同并行、全要素精益设计、全流程贯通集成；坚持目标导向，构建以总体所为核心、各单位一体参与的设计制造一体化的"统一、开放、共享"科研生产体系；坚持结果导向，提高质量、降低成本、提升效率、提升效益，成体系地贯通设计、仿真、制造、检测等全域场景之间的信息孤岛，推动设计制造一体化深入发展。

六、深化链主型工业互联网平台建设，构建半导体电气成套生态子链——中微汇链科技（上海）有限公司

（一）案例主体介绍

中微汇链科技（上海）有限公司成立于2018年，为中微半导体设备（上海）股份有限公司主要控股的创新型数字化科技企业，致力于构建基于区块链技术和Web 3.0理念的生态型工业互联网平台，助力重点行业和区域产业建立高效互信的协同生态。企业核心团队成员在泛半导体行业等高科技制造领域与互联网行业均具有超过10年的项目实战及管理经验。截至目前，中微汇链已在泛半导体、轻工业、汽车制造等多个细分行业积累了超千家企业客户，初步建立起跨行业生态型工业互联网。

（二）场景透视：半导体电气成套行业面临多重挑战

1. 产业链上下游供给与需求领域多且分散，企业面临供需挑战

半导体电气成套行业作为半导体设备制造领域的第一级上游，兼具技术密集型行业与资源聚集型行业的特点。在产业层面上，一方面，电气成套行业的下游细分领域多，各领域之间技术与项目经验的要求差异较大；另一方面，行业上游供应链复杂，涵盖电气、电子元器件、线束、电源、五金、冶炼等多个行业，难以集中采购。同时，由于电气成套厂商分布相对零散，专长各不相同，并且普遍规模较小，因此难以整合资源形成产业合力，面临下游渠道开拓难、上游供应商寻源难、供需往往不对口和不匹配等问题，造成企业采购与销售成本双高、渠道难寻、企业规模难以扩大等。

2. 产业标准不统一，认证要求难满足

由于电气成套行业对应下游产品多，故产品生产需要依照不同标准，并且需要在成套厂及供应商间统一标准。而此前由于本土产业发展不成熟、企业规模普遍较小，故产品生产标准不统一的情况非常普遍。同时，半导体行业对质量的要求逐渐提高，电气成套厂商难以满足客户的产品质量认证要求。

3. 产业供应链上下游连接紧密，成套生产协同要求高

电气成套需要根据下游客户需求，整合统筹多个模块设计，形成装配设计图，并根据设计将各种原料进行成套装配，交付下游客户。在整个制造过程中，涉及订单、设计、质检及制造等多个业务模块的多方协同，协同要求高、覆盖面广、管理难度大，企业依靠自身单体力量很难实现，需要上下游企业充分配合。

4. 产业制造成本高，交付周期长，设计产能浪费严重

由于企业生产经营规模小、下游客户的需求各不相同，故绝大多数电气成套企业无法进行大规模批量生产，需要根据订单需求进行定制化生产。成套企业需要频繁进行小批量图纸设计与原料采购，还需要不断开发和改造生产线以匹配制造需求。如此不仅造成制造成本的高企与生产交付周期的延长，还造成严重的产能浪费，企业难以收回投资成本，最终资本开支意愿降低，阻碍企业与产业的持续发展。

（三）经历与思路：工业互联网链主赋能，协助电气成套行业商业模式革新

1. 电气成套行业子平台建设思路与内容简述

中微公司作为国产半导体设备领域的龙头企业，承担半

导体行业数字化转型链主职责，从 2018 年起便通过子公司中微汇链致力于通过工业互联网平台为本土半导体产业进行智能化升级与强链、补链。2021 年，中微汇链在基于区块链的泛半导体行业工业互联网平台 We-Linkin 的基础上，与电气成套行业业内伙伴密切合作，构建电气成套行业子链／子平台。

平台采用区块链作为平台底层技术，确立安全、高效、互信的数据共享机制，成功解决数字化平台的数据授信问题，为供应链线上协同与产业资源互联互通奠定底层基础。

平台协助电气成套行业在产业层面整合、统筹上下游资源，形成电气成套企业共同体。

首先，企业通过供需资源的优势互补，降低采购与销售成本，拓宽供需渠道，形成产业规模效应。

其次，通过集体贯标、认证，统一输出标准化、高质量的产品与服务，形成产业品牌效应。

再次，作为企业联盟，提升与产业上下游的协同管理能力，从设计到采购、从制造到质检，纵向打通电气成套产品制造流程。同时，在联盟多家成套企业间实现产能共享与预制件规模化生产，横向提升制造产能利用率，从而形成产业一体化制造能力。

最后，企业间依据地域分布，以就近原则为客户提供服务，增强产业服务能力，形成产业地域效应。

平台通过以上 4 个方面，赋能电气成套行业完成商业模式革新，协助电气成套行业成为一个整体，形成专业化、集约化、全方位的制造服务（Manufacturing as a Service，MaaS）能力。

2．平台服务模式介绍

We-Linkin 电气成套生态子平台聚合国内电气成套厂商，形成数字化企业联盟，并构建以电气成套厂商为中心节点，下游链接本土半导体设备制造厂商，上游链接电气成套相关众多电子元器件、五金、材料、设备、专业服务等供应商的分布式协同数字产业链。同时，面向数字产业链提供应用订阅服务，企业可通过云平台订阅产业商城、质量协同、产能共享等应用。

3．平台服务架构介绍

（1）子平台直接应用泛半导体行业工业互联网平台架构，在产业数字联盟链网络中构建细分子网络。

（2）平台汇聚产业资源与数据，并接入半导体产业图谱，形成产业商城、企业认证管理两大产业应用服务和设计协同、制造协同、质量协同在内的供应链协同应用服务。

（3）企业通过平台订阅应用，并通过应用在不同的工业场景中进行企业数字化管理、与合作企业间进行数据交互和业务协同、应用产业资源或共享数据到平台。

（4）连接企业终端设备，通过 DID 分布式身份标识采集、验证数据，进行数据的传输共享。

4．平台技术价值

应用区块链作为底层技术，接入国家级区块链基础设施"星火·链网"，结合物联网技术，在半导体设备的设计、研发、生产等产业链协同业务中：第一，可确保各方数据一经上链便不可篡改，并可通过交叉验证确保数据真实可靠；第二，基于区块链的数据分级机制、多重加密机制结合 DID 身份识别机制，确保企业拥有自身数据权属，并确保隐私数据安全；第三，数据可在全链范围内高效流通。

以半导体设备行业的质量协同管理为例，平台利用区块链技术，建立链接 1 个中心企业、N 个合作伙伴与 N 级合作伙伴的"1+N+N"穿透式供应链质量溯源体系。中心企业可通过联盟链，对每个供应链环节的上下游企业同步设置质量标准，供应商可实时上传质量数据，并与链上所有参与主体共享数据，一旦出现产品质量问题，中心企业可回看全链质量数据，精确定位问题根源，实现全链条穿透式质量追溯。

（1）子平台直接应用泛半导体行业工业互联网平台架构，在产业数字联盟链网络中构建细分子网络。

（2）平台汇聚产业资源与数据，并接入半导体产业图谱，形成产业商城、企业认证管理两大产业应用服务和设计协同、制造协同、质量协同在内的供应链协同应用服务。

（3）企业通过平台订阅应用，并通过应用在不同的工业场景中进行企业数字化管理、与合作企业间进行数据交互和业务协同、应用产业资源或共享数据到平台。

（四）技术与策略：基于工业互联网平台，构建多维度产业创新场景应用

电气成套行业作为制造属性强、技术密集、专用性强的细分行业，通过 We-Linkin 电气成套行业生态子平台，不仅能使企业更好地融入半导体产业链，还通过多维度的场景应用，满足电气成套行业商业模式革新的需求，驱动电气成套企业进行高效资源整合、资源优化与协同管理，典型应用介绍如下。

1．建立产业商城应用，解决产业供需不畅问题

面对电气成套行业下游客户细分领域多、需求多样，上游供应链复杂、采购需求零散的问题，平台建立产业供需商城应用。

平台利用区块链技术建立电气成套企业供需联盟链，联盟链企业不仅可通过集采集销降低采购与销售成本，还可通过联盟链发布自有供应商供给或客户需求资源，也可对其他企业发布的资源进行匹配，使企业获取最契合自身需求的资源，从而优化产业供需资源配置。

例如，企业 A 拥有丰富的长晶设备供货项目经验，接到刻蚀设备厂商的电气成套模块生产需求。企业 A 可通过产业商城应用发布客户需求，并设定转单条件。擅长长晶设备电

气成套制造的企业 B 便可在线上匹配该需求，并与企业 A 形成共识合约，形成转单。交易全流程通过区块链存证，一旦双方发生分歧，可实现交易数据回溯。

同理，产业商城应用在供给侧同样适用，企业可将优质供应商、低成本采购渠道与其他联盟企业共享，不仅企业可获得收益分成，还可实现联盟整体采购降本。

2. 企业认证、贯标与评级，促进产业高质量发展

针对电气成套企业交付产品质量标准不统一、产品认证难获取等问题，平台引入国际权威的制造标准与认证体系，包括但不限于 UL、IEC、NEM、CCC 等（行业认证贯标系统）。一是根据企业认证标准，在半导体产业图谱中遴选优质供应商资源，邀请其入驻平台，促进细分领域国产替代进程。二是根据生产订单要求与设备分类智能匹配产品生产标准，协助企业在制造过程中进行供应链全链贯标，帮助潜在国产替代企业提高产品质量。三是将对应的质量认证体系与产品标准融入质量协同体系，通过首件检验管理（FA）、研发供应商管理、量产供应商管理，为企业提供产品质量认证与供应商评级服务，并对优秀供应商予以激励与重点推介。

3. 助力电气成套供应链协同管理，协助产业形成高质量制造服务体系

针对电气成套行业供应链结构复杂、协同要求高、管理难度大的问题，平台提供涵盖订单、设计、制造、质量全流程的供应链协同应用，通过整合产业供应链制造能力，形成产业整体的高质量制造服务（MaaS）体系。

通过区块链技术，一是建立信任链接，应用区块链节点标识赋予产业链上游企业可信身份，降低协同共享的信任壁垒；二是实现数据管理，对企业订单、质量等数据进行数据存证，以便必要时进行回溯确认；三是对企业设计、制造等关键数据进行加密与确权保护，避免企业数据资产的流失与泄露。

下面以设计协同与制造协同功能为例进行重点介绍。

设计协同：链接电气成套厂商与上下游合作方形成产业链。客户可上传设计需求并实时同步给供应商，供应商与电气成套厂商根据需求形成原料需求方案与设计方案，并上传至链上。各方通过多次审阅与沟通形成设计方案共识，电气成套厂商根据共识制作设计图，可高效完成设计协同，减少设计变更风险。

制造协同：可实现制造过程中外协及外包的业务需求，整合合作伙伴的制造能力和资源，形成强大的虚拟制造工厂。在制造协同中，企业可与供应商同步工艺路线与质量检验标准，并可实时共享生产进度。

通过制造协同，产业可实现企业间的产能共享。产能可以工艺、规格要求、生产地点等方式划分，链上加工企业实时发布加工产能需求与闲置产能，也可直接与已发布需求企业进行产能匹配，并进行订单协同完成产能共享订单。

通过协同制造，产业可实现规模化预制件生产：预制件主要针对通用性强、周转率较高、需求稳定且生产周期相对较长的制造零部件，包括线束预制件、电器通用型模块、钣金件等。通过平台预制件制造管理模块，企业可选择需要制造的预制件种类与可用于制造的产能，平台根据时间维度智能统计需要制造的预制件数量与可用于制造的产能，并根据产能、数量、物流、人力等成本计算最低成本、最高效率的制造方案与各方需承担的制造成本。通过预制件管理，行业可实现产品的更快交期、更高库存周转率与更低成本，并可引导企业应用统一、规范的产品生产制造与质检标准。

4. 设置分区域管理体系，完善企业服务流程

平台为电气成套厂商与贸易企业设立地区管理联盟链体系。通过区块链确立、存证企业合作关系，与地区联盟链管理方达成共识，企业可将异地客户合作伙伴纳入地区管理联盟链体系。以就近服务原则，地方运营方可为当地客户提供更加完善的线上和线下配套运营服务，如售后服务、现场技术支持等。

（五）收效复盘：降低采购成本，提升产能利用

截至目前，电气成套行业已匹配供需订单超 200 个，为企业降低直接采购成本 10% 以上，供应商寻源效率提升 20% 以上。已实现数项认证体系与 10 余项标准的实施与贯标，带动 20 余家电气成套厂商与百余家电器成套厂商供应商入驻平台，完成产品质量评定千余次、供应商评级 70 余次，企业退出 2 次。电气成套厂商及上下游企业 100 余家入驻平台，质量管理 CP/CPK 指数达到 1.25，企业订单管理成本平均降低 25%，订单纠纷数量减少近一半，企业产品库存周转率降低 10% 左右，产能利用率提升 10% 以上。

通过 We-Linkin 电气成套行业生态子平台，不仅使电气成套企业实现数字化转型并初步形成数字化联盟，还协助产业充分发挥集群效应，优化整合多维度产业资源，降低企业经营成本，提高企业制造效率，打造行业高质量制造服务能力，对外输出优质本土高端制造品牌。

接下来，中微汇链一方面计划与电气成套企业深化合作，拓展 We-Linkin 电气成套行业生态子平台下游应用范围，将之向新能源、环保等设备制造领域延伸；另一方面，基于子平台建设经验，在更多半导体行业细分领域建立生态子平台，协助本土半导体产业深化数字化、智能化转型进程。

产业技术创新发展情况

2023 年，上海市加快构筑新阶段上海产业创新发展的战略优势，不断优化产业自主创新作用，积极发展创新型企业，激发创新要素的活力，努力实现重点产业区域核心环节和关键技术的转型，创新性成果不断涌现。

一、核心技术攻关成果涌现

2023 年，规模以上工业战略性新兴产业总产值占规模以上工业总产值比重达到 43.9%，一批攻关成果涌现。集成电路领域，上海兆芯的国产 X86-CPU 性能已达到 Intel i5 水平，累计出货超过 300 万颗，平头哥的开源指令集 IP 已达到国际先进水平。生物医药领域，新增 4 款国产 1 类创新药，居全国第三；新增 9 个Ⅲ类创新医疗器械，居全国第二。人工智能领域，傅利叶发布通用人形机器人 GR-1 步行速度达 5000 米/小时，具备多种运动能力，商汤临港智算中心正式运行，总算力规模达 5000P，为亚洲最大。高端装备领域，ARJ21 飞机载客突破 1000 万次，累计交付 117 架；长江 1000 发动机飞行台首飞；首制国产大型邮轮"爱达·魔都号"实现商业首航；高温气冷核岛大锻件、航空涡轮起动机、北斗三号终端、LNG 船液货系统装备、液流储能装备、热膜耦合海水淡化装备等取得首台突破；五轴高端数控机床装备在航空航天领域实现大空间高精度关键指标国产突破。基础材料领域，国产纳米隔热材料国内市场占有率达到 70%，千层 BOPET 薄膜技术打破国外垄断。基础软件领域，高端三维 CAD 软件产品对标达索的 Solid Works，填补国内高端 CAD 软件的空白。

二、未来产业加快布局

依托临港、张江、大零号湾地区，推进首批未来产业先导区建设，集聚创新要素，推动创新链和产业链深度融合。成立脑机接口、先进核能、新型储能、未来产业投资等领域专委会，加强智库研究和行业交流。面向元宇宙、人形机器人、脑机接口和通用人工智能 4 个重点方向，启动未来产业重点领域"揭榜挂帅"，聚焦核心基础、重点产品、公共支撑、示范应用等创新任务，突破一批标志性技术产品，加速新技术、新产品落地应用。举办未来产业高峰论坛，发布上海未来产业发展白皮书。

三、2023 产业技术创新大会成功举办

开辟发展新领域新赛道，不断塑造发展新动能新优势，3 月 25 日，以"打造创新主引擎 抢占未来新机遇"为主题的上海市产业技术创新大会召开，上海市政府和中国工程院领导出席大会并致辞。会上，举行国家技术创新示范企业、国家企业技术中心、上海市制造业创新中心等授牌仪式，发布《2022 上海产业技术创新发展报告》等。市经信委与银行签署创新型企业专项金融支持方案，聚焦"政产学研用金"深度融合，推动资源整合、智库赋能、上下联动、产融协同，构建合作共赢新生态。截至年底，专项金融支持方案累计服务创新型企业 6440 家，发放信贷资金 6001.64 亿元。

四、全球"未来产业之星"大赛首次举办

举办首届全球"未来产业之星"大赛，立足国际视野、面向全球聚焦前沿科技与应用创新，以"项目＋人才"双轮驱动的模式，推进未来产业领域的技术创新和成果产业化，为上海打造未来产业创新高地提供项目和人才支撑。大赛吸引海内外未来产业项目及优秀人才共 536 个，实现五大未来产业集群、十六大技术领域全面覆盖。参赛项目涵盖美国、英国、德国、荷兰、以色列等 8 个国家以及全国 14 个省（市、自治区）各类创新主体。经过初赛、复赛和决赛，最终赛出包括未来产业核爆奖、未来产业超能奖、未来产业风云奖等奖项。

五、2023 上海硬核科技企业 TOP100 榜单发布

为更好促进上海产业高质量发展，培育壮大硬核科技企业，引领未来产业创新突破，上海市产业技术创新促进会等开展硬核科技企业创新指数研究并发布《2023 上海硬核科技企业 TOP100 榜单》，上榜企业集中在"3+6"重点产业，其中，59 家属于三大先导产业，通过主板、科创板等上市的企业达到 52%。

六、《上海市吸引集聚企业研发机构 推进研发产业化的实施意见》发布

为贯彻落实创新驱动发展战略，吸引集聚具有全球影响力的企业研发机构，提高研发成果产业化水平，壮大研发产业经济规模，培育经济新动能，出台《上海市吸引集聚企业研发机构 推进研发产业化的实施意见》。通过实施五大内容、16 项具体任务，促进研发产业高端化、专业化、集群化发展，推动研发、转化、制造、服务和结算等功能在沪整合，到 2025 年，打造 3～5 个研发产业集聚区，新增 20 家左右国家级和市级共性技术研发平台和检验检测试验验证平台，力争培育 20 家左右国家级和市级制造业创新中心，建设 300 家左右具有研发、结算等功能的实体性经营业务企业研发机构，上海具有全球影响力的研发产业化高地初步建成。

七、高质量创新联合体深化建设

中国工程院副院长钟志华院士、中国工程院宁光院士共

同为中国工程院院士专家成果展示与转化中心医学分中心揭牌，搭建医学成果展示与转化平台，对接企业技术创新需求，推动长三角产医融合。深入实施重点产业领域联合创新计划，推动中国重燃与上海交通大学、上海大学共建智慧动力系统技术联合创新中心、高温合金叶片制备技术创新联合中心，推动中国航发商发知识产权产学研运营联合体建设，共同开展核心关键技术攻关，探索产学研领域专利成果转移转化新机制，加速技术突破和产业化应用。在工业基础软件、未来材料等领域推动产业链上下游企业组建联合创新体，开展产业链协同创新。

八、新增国家级企业技术中心数量全国第一

加快创新企业培育发展，不断完善"国家—市—区"企业技术中心三级创新网络。全年新增国家级企业技术中心8家，数量位居全国第一。至年底，上海共有国家级企业技术中心107家、市级1003家、区级逾2000家。超过80%科创板上市企业、超过80%制造业百强企业都建有企业技术中心。

九、《士说新语·院士谈未来》系列节目播出

由中国工程院指导，上海市经信委主办的《士说新语·院士谈未来》节目在上海市产业技术创新大会上启动发布，并于4月29日起在第一财经等各大媒体全网播出。邀请宁光、张旭、丁文江、陆军、朱美芳等5位院士分别聚焦未来健康、未来智能、未来能源、未来空间、未来材料与科学家、企业家交流，探讨创新发展的方向，畅谈创新成果和研发产业化实施路径，激发上海科创中心建设的内生动力，助力建设世界级产业创新高地。

十、全市"质量标杆"活动持续推进

落实工业和信息化部关于打造质量标杆企业、提升制造业可靠性水平的要求，市经信委组织开展"质量标杆"申报遴选工作。来自浦东、黄浦、静安、徐汇、长宁、普陀、虹口、杨浦、宝山、闵行、嘉定、松江、奉贤等13个区30家企业先进质量管理经验入选上海市"质量标杆"，其中5家经推荐入选全国"质量标杆"，累计获评全国"质量标杆"达46家（次），数量全国领先。

（金智献）

大数据产业发展情况

2023年，上海市认真贯彻习近平总书记关于发展数字经济的重要指示批示精神，落实国家《"十四五"数字经济发展规划》《"十四五"大数据产业发展规划》《关于构建更加完善的要素市场化配置体制机制的意见》《中共中央国务院关于构建数据基础制度更好发挥数据要素作用的意见》等文件要求，立足推动全国统一数据要素市场和上海国际数字之都建设，促进数据产业发展和数字红利释放。

一、夯实四梁八柱，高水平建设数据交易所

（一）创新规则策源。上海数据交易所完成包括数据交易流程、信息披露要求、数商管理措施、专业板块运营等全流程在内的7项规范、6项指引和1项术语库，基本建立数交所交易制度体系。

（二）提升交易活跃度。截至12月，数交所累计挂牌数据产品2200余个，累计交易额12.3亿元，服务全国的态势初具雏形。创新交易板块，聚焦金融、交通、航运、商务、制造等领域持续推动数据产品创造，涌现一批在全国拥有影响力的数据品牌。

（三）牵引数商生态。依托上海数据交易所，在全国首发数商体系，加快引育具有市场影响力的数据资源供给方以及从事数据合规评估、质量评估、资产评估、数据交付、数据分级分类、数据安全、数据治理等业务的交易服务机构，

上海数据交易所签约数商超过1000家。

二、创新数据产品，完善数商生态体系

（一）建设行业数据枢纽。围绕金融、交通、工业、通信、航运、科创、能源、贸易、医疗等12个行业领域，依托数据"链主"企业融合汇聚行业数据，形成赋能行业上下游的应用场景。

（二）打造大数据联合实验室。分批推进11个行业领域大数据联合创新实验室建设，承担探索行业数据多源融合、攻关大数据核心技术、打造行业数据示范应用、制定行业数据应用标准规范等功能。

（三）打造品牌化数据产品。持续丰富上海数据交易所数据产品，涵盖金融、交通、工业、通信、航运、科创、能源、贸易、医疗等多个行业领域，持续推动数据从资源到资产的转变；积极探索完善数据产品及服务权益等标准规范，持续提升数据要素向高质量、知识型、品牌化数据产品的转化力度。

（四）完善数商生态体系。积极开展各类数商活动，2021—2023年，连续3年举办全球数商大会，打造具有影响力的数据要素生态行业盛会。2022年大会首次设立新加坡会场，组织流通标准、数字资产等6个主题矩阵并发布系列最新成果，揭牌成立上海市数商协会，打造1个开幕式及主论坛、1个数据交易节，在上海、新加坡、重庆、深圳、合肥

等地举办 20 场主题论坛，邀请 200 余名发言嘉宾、500 余家数商企业参会，超过 1 万名专业观众线上线下共同参与，国内外官方媒体及社交媒体总曝光量超 5 亿。2023 年大会邀请 20 余位院士及全球知名专家、20 余家国际组织及国家智库机构、1000 余家国际国内数商企业参会，并在香港设置分会场，推动成立香港数商协会，并签订合作协议，大会影响力显著提升。

三、完善公共服务，加强数据要素市场建设保障

（一）加快新基建落地。立足数据要素流通需要，打造"连接、感知、计算"的信息基础设施体系，夯实数据承载基础。建立泛在智敏的网络连接设施，实施"双千兆宽带城市加速度计划"，截至年底，全市累计建设 5G 室外基站超 9 万个，5G 网络流量占比接近 50%。建设物联数通的新型感知基础设施，发布《新型城域物联感知基础设施建设导则（2022）版》，促进全域数据高效采集和传输，全市物联网数据卡用户数超 1.3 亿户。加快构建上海国家数据枢纽节点，建设商汤、腾讯、阿里云等智能算力平台，打造高性能计算集群。

（二）加强数据安全保障。出台《上海市建设网络安全产业创新高地行动计划（2021—2023 年）》，将数据安全产业作为发展重点进行规划，强调进一步完善数据分类分级、泄露监测、传输加密、访问控制、数据脱敏等安全防护能力建设。

（三）持续推动公共数据开放。普惠金融 2.0 实现面向 33 家金融机构开放 956 项公共数据，提供数据量超 14 亿条，向中小企业普惠信贷近 5700 亿元；"沪惠保"兑付资金超 50 亿元；依托脱敏公共数据支撑，联合医保、卫健部门推出"沪儿保"，累计承保 1.6 万人，完成 435 次赔付，最大单笔理赔额达 15 万元。连续举办 10 届 SODA 开放数据创新应用大赛，吸引近 2 万人参赛，品牌推广辐射效应持续扩大。

（四）完善制度标准政策体系。完善数据要素相关制度，发布《公共数据和一网通办管理办法》《公共数据开放暂行办法》《上海市数据条例》等核心制度以及《公共数据分级分类指南》《上海市公共数据开放实施细则》等一批配套文件，初步建成公共数据共享开放的顶层设计体系；发布《上海市数据交易场所实施管理办法》。推动数据要素领域标准

化建设，围绕数据流通交易、数据可信交付、新型城域物联感知数据管理等领域，申请立项地方标准 15 个，确保在数据流通安全的前提下，最大化激发数据要素潜能，赋能各行业数字化转型。

四、布局发展新空间，打造数据产业地标

（一）建设数据要素产业集聚区。围绕"2+7+X"总体布局，支持浦东、静安依托国家级数据交易所和大数据产业示范基地，创建综合型数据要素产业集聚区；支持杨浦、长宁、普陀、宝山、嘉定、松江、青浦等 7 个区域大力发展"数据＋"特色产业，建设专业型数据要素集聚区；推动五大新城和其他有条件区域创建数据富集、场景丰富、治理规范的数据特色园区，建设特色型数据要素产业集聚区。

（二）建设临港新片区国际数据港先导区。按照国家数据出境安全评估相关要求，完善基于特定行业、特定场景、特定期限下的数据流通创新试点方案，在金融、工业等五大领域梳理形成 9 个跨境场景，为相关产业和企业的跨境数据流动提供便利。加快平台设施建设，基本建成"数据传输、备份、存证一体化服务平台"、"跨境数据流通企业自评估服务中心"等平台。推动国际互联网专用通道建设，已有 16 家企业开通 21 线通道业务；国家（上海）新型互联网交换中心启动试点运营，接入带宽近 1T，交换流量超 100G；一批高能级数据中心陆续建成投运。推动国际数据产业布局，发布《临港新片区国际数据产业专项规划（2023—2025 年）》，启动"上海数字贸易国际枢纽港临港示范区"建设，加快推动信息飞鱼国际数据港核心承载区建设，引进一批重点企业入驻。

（三）建设长三角一体化数据合作示范区。建设全国一体化大数据中心长三角国家枢纽节点，推进长三角生态绿色一体化发展示范区数据中心集群上海侧建设。深化长三角区域数据标准化实践，促进数字认证体系、电子证照等跨区域互认互通，支撑政务服务和城市运行管理跨区域协同。强化与区域内其他数据交易机构和平台的对接与合作，提高区域数据要素配置效率。

（薛　威）

电子信息产业发展情况

2023 年，上海市全面落实国家战略部署，努力克服各种困难，保障产业链自主可控，积极推动以集成电路为重点的电子信息产业创新发展。

一、电子信息产品制造业

2023 年，受国内外经济增速放缓、市场消费能力减弱和

部分订单外移等影响，上海电子信息制造业产值规模有所下降。全年实现产值 4554.86 亿元，比上年下降 24.20%；营业收入 4319.21 亿元，下降 25.53%；利润 126.47 亿元，下降 39.08%；固定资产投资 400 亿元，与上年持平。其中，计算机制造、通信设备制造、非专业视听设备制造、电子器件制

造、电子元件及电子专用材料制造产值下降；智能消费设备制造、广播电视设备制造、雷达及配套设备制造实现产值正增长。

（一）产业整体实力不断增强。全年集成电路产业销售规模 3251.85 亿元，同比增长 6.37%，约占全国的 20%。设计、制造、设备、材料等各产业链各环节均位居全国前列。其中，集成电路制造能力稳居国内前列，芯片设计整体能力在国内保持领先。重点企业超过 1200 家，产业规模占全国约 25%，吸引全国约 40% 产业人才。

（二）核心技术能级加快提升。国产处理器加快量产，手机芯片等产品批量供货，开源指令集 IP 达到国际领先水平。系统级封装、晶圆级封装等先进封测技术形成规模化产能，一批汽车芯片 MCU、功率器件等国产芯片联合攻关项目启动建设。前瞻布局非硅半导体材料等未来产业，支持相关领域技术突破和产业生态构建。

（三）一体两翼布局持续深化。围绕"1+X"产业布局，积极打造世界级集成电路创新带，引领带动全局发展。加快建设张江上海集成电路产业核心区，推动集成电路研发设计等资源向张江集聚，提升张江的创新策源能力。发挥临港政策、空间优势，承载集成电路重大产业化项目落地，打造临港上海集成电路产业新增长极。推动嘉定区智能传感、汽车半导体高质量发展，打造上海集成电路北翼"芯"高地。

（四）重大项目落地建设。加快建设重大项目，积塔 12 英寸先导线通线、格科半导体项目完成建设、闻泰临港项目实现投产。新昇三期、天岳二期和长电先进车规级封装等项目启动开工；吸引国际封测设备龙头 ASMPT 在沪设立国内总部；推动法国液化空气在沪建设国内首个先进材料基地。

（五）产业发展环境持续优化。实施集成电路产业高质量发展若干政策，落实国家集成电路企业增值税加计优惠政策，支持集成电路企业申报享受研发费用加计 120% 优惠政策。推动举办 SEMICON 国际半导体高峰论坛、中国国际半导体高管峰会等活动，深化产业合作交流。

全市从加快推进重大项目实施、提升全产业链能力、优化产业生态培育、强化产业人才培育方面着力拓展，集成电路工业投资近 400 亿元。积极吸引行业人才，制定上海市集成电路人才培育方案，落实海外引才包保责任制，加大高峰人才、海外高层次人才等各层次人才引进力度。2023 年，上海电子信息制造业用工总人数约 32.1 万人。其中集成电路制造领域用工约 30.8 万人，大学本科以上人才占 86.8%，其中硕士以上人才占 29.37%，行业队伍保持增长势头。预计 2025 年行业从业人员达到 34 万人。

二、信息产业

优化产业发展环境，推动电子信息产业提质增效。先后出台发放消费券、举办信息消费节和"看上海""品上海"等一系列扩内需、促消费政策举措，电子信息产品的营业收入有所恢复，但营业收入增长低于产值增长。

（一）智能终端。落实智能终端新赛道行动方案，支持舜宇半导体布局 AR 光波导片等核心零部件生产；AR 文物修复、消防救援模拟等 4 个优秀案例入选国家名单。编制发布上海市智慧健康养老产品及服务推广目录，支持适老化智能产品进入家庭、社区和养老机构。指导举办 2023 中国国际消费电子技术展（TechG）。

（二）下一代通信。打造从关键核心元器件到高端整机品牌的完整产业链。推动荣耀在沪设立研发中心，研究华勤、闻泰、商米谋划在沪布局智能产线；支持紫光展锐、移远通信等企业稳定发展；支持关键射频器件企业康希通信成功登陆科创板；推动顺络电子高端电子元器件与精密陶瓷先进制造基地项目建设。

（三）新型显示。提升面板制造能力，和辉光电二期扩产项目通过窗口指导，加快设备安装调试；上海天马车载、工业品等专业显示市场份额全球第一。推动设备和零部件攻关量产，上微曝光机进入京东方、华星、天马等主流产线，中微 MOCVD 占领国内主要市场。构建关键材料支撑体系，奥来德有机发光材料加快应用，飞凯平板显示光刻胶实现国产替代，彤程加快 TFT-LCD 和 AMOLED 光刻胶研发。推动驱动芯片设计布局，格科 LCD 驱动芯片达到 FHD+ 分辨率，布局 AMOLED 驱动芯片。

（四）超高清视频。推进核心技术攻关，交大、咪咕等共同完成的"真实世界视频智能增强技术及国产化应用"项目获市科学技术奖一等奖。落实国家六部委部署，推动"百城千屏"超高清视频落地发展，五大新城一批显示屏接入统一播控平台。4K 有线电视机顶盒规模部署，累计发放达到 50 万台，4K IPTV 机顶盒数达到 350 万台。《8K 超高清电视智能融合终端技术要求》团体标准报批发布。

（五）智能物联。依托智能传感器国家制造业创新中心和特色产业园区，建设完成智能传感器关键共性技术支撑平台、先进传感器测试服务平台和传感器工程服务平台；12 寸先进传感器研发中试特色工艺平台具备不低于 500 片／月的晶圆制造能力，国产装备占比达到 70%。智能物联服务联盟持续推进以加改装智能电梯、停车库导引升级、智能家居、智慧康养和 15 分钟便利生活圈为重点的智能物联创新社区试点建设。

（六）汽车电子。推动车用传感、域控制器、车控系统等领域加快发展，华域汽车、几何伙伴等毫米波、4D 雷达产品实现上车应用，延锋国际、博泰车联网等座舱域控制器获得市场高度认可，华域视觉、科博达车灯控制系统全国市场配套齐头并进。全年实现产值约 1100 亿元。

根据中国电子信息行业联合会发布的《2023 年度电子

信息企业竞争力报告及前百家企业名单》，华勤技术股份有限公司、中芯国际集成电路制造有限公司、上海仪电（集团）有限公司、上海华虹（集团）有限公司、联合汽车电子有限公司、上海龙旗科技股份有限公司、环旭电子股份有限公司、上海移远通信技术股份有限公司、华域视觉科技（上海）有限公司等9家企业进入2023年度电子信息企业竞争力前百家。

（顾伟华）

软件和信息服务业发展情况

2023年，在中共上海市委、市政府的领导下，上海软件和信息服务业按照"创新引领、要素驱动、开放包容、安全可控"的发展原则，持续推动软件和信息服务业高质量发展，软件和信息服务业增速稳步提升，实现两位数增长，成为引领上海产业经济和数字化转型发展的重要引擎。

一、2023年软件和信息服务业发展情况

（一）总体情况

1. 经济贡献度进一步提升。软件和信息服务业是智力密集、技术密集型产业，对国民经济的带动作用日益凸显。2023年，全市信息传输、软件和信息技术服务业增加值为4732.03亿元，比上年增长11.3%，同比提高5.1个百分点，拉动全市GDP增长2.1个百分点，占GDP比重从2020年的7.1%提高到10.0%；占第三产业比重达13.3%。

2. 产业规模稳步扩张。2023年，全市软件和信息服务业共实现营业收入16497.96亿元，增长15.9%，同比提高7.2个百分点，"十四五"以来，年复合增长率为14.7%。从工信部数据看，全年全市软件业务收入达10543亿元，同比增长18.1%，增速分别高于全国、北京4.7个、0.5个百分点；全市完成互联网业务收入4167.8亿元，同比增长17.5%，增速分别高于全国、北京10.7个、13.3个百分点。

3. 投资增势强劲。全年完成固定资产投资310.3亿元，同比增长21.6%，高于全社会固定资产投资总额7.8个百分点。其中，软件服务业完成151亿元，同比增长47.7%；电信传输服务（2.5%）、互联网服务（7.4%）领域小幅增长。全市软件和信息服务业合计利用外资53.59亿美元，同比增长6%，占全市利用外资总额的22.2%，排名各行业首位。

4. 融资表现稳定。全市软件和信息服务业共发生融资事件361起，融资事件数占全国的14.8%，仅次于广东（429起）、北京（408起），居全国第三，披露融资额超450亿元。从融资轮次来看，早期融资占比较大，种子天使轮和A轮融资占比近五成。从融资细分领域来看，资金主要流向信息技术、电子信息产业、企业服务信息技术等行业，主营业务多为IC设计、人工智能、大数据等。其中，华大半导体融资金额创全年新高，达171.69亿元；润泽科技、万达信息、滴滴、威固信息等企业全年累计融资金额均超10亿元。

（二）产业发展特点

1. 企业竞争力不断提升。上海营业收入超过100亿元企业27家，比上年增加2家，营业收入超过9000亿元；超10亿元企业185家，营业收入超过14000亿元，占比达90%。21家企业入选国家支持的重点软件企业清单，同比增加1家。17家企业入选"2023工业软件年度企业排行榜TOP100"，17家企业入选"2023年中国互联网综合实力百强企业"。新增上市企业10家，累计上市企业达到120家。

2. 企业研发能力显著增强。从业人员结构进一步优化，全市软件和信息服务业用工人数达82.4万人。其中，软件产业从业人员60.3万人，软件产业中研发及技术人员占比为54.4%，本科及以上高学历从业人员占比为76.8%。软件产业研发投入强度达到13%。软件企业通过加大研发投入，带动产品质量成效持续提升。如上扬软件在半导体智造软件领域打造国际一流的CIM（Computer Integrated Manufacturing）和MES（Manufacturing Execution System）；东欣软件推出最新一代船舶三维设计软件－HDSPD 6.0旗舰版，融合3万项船舶业务知识，提供1093项软件功能模块，覆盖船舶设计制造全流程。

3. 重点区域贡献度持续提升。从注册地看，全市16个区中绝大部分区的软件和信息技术服务业营收均实现正增长。同时，产业积聚都进一步提高，浦东新区、长宁区、杨浦区和徐汇区的软件和信息技术服务业收入超过1万亿元，占全市比重超过70%，比上年提升1.7个百分点。中心城区产业优势进一步提升。7个中心城区软件和信息服务业全年营收达8405.62亿元，同比增长19.9%，占全市比重为61.1%，同比提高4.8个百分点。

4. 产业布局不断优化。上海现有创建中国软件名园1个、新型工业化示范基地4个、先进制造业集群1个、市级产业基地50家，围绕基础软件、人工智能、云计算、大数据、工业软件、行业应用软件、信息安全、金融科技和在线新经济等重点领域发挥典型示范作用，形成圈层叠进，环状辐射，双环多点的产业布局。上海浦东软件园成功入选《国家数字服务出口基地首批实践案例》，作为首批最佳实践向全国复制推广。同时，"长阳秀带、张江在线、虹桥之源"等3

个重点在线新经济生态园建设配套不断完善,新增载体空间约150万平方米,引进产业人才超过10万人。其中,"长阳秀带"打造近800万平方米的"总部秀园"和"研发创园",通过发布行动方案和专项政策,汇聚一批在线新经济头部企业和领军企业。

二、工作进展

上海软件和信息服务业坚持稳中求进的工作总基调,不断打造新质生产力,提升核心竞争力。

(一)提高软件产业竞争力

软件企业实力稳步提升,国家鼓励的重点软件企业、专精特新"小巨人"企业数量稳步提升。软件出口快速增长,出口达到97.56亿美元,同比增长16%。加快打造开源软件新高地,举办2023开源产业生态大会和全球开源技术峰会,发布《数字公共产品洞察报告》。推动Linux基金会亚太区开源社区服务中心签约落地。开源商业化企业数量59家,开源社区贡献者数量22.3万个,合作单位数2.03万家。

(二)在线新经济引领产业新发展

发布《上海市促进在线新经济健康发展的若干政策措施》,围绕经营主体、载体空间、基础设施等领域推出有关政策,促进在线新经济产业发展。在重点领域开放一批应用场景。推动自动驾驶开放测试道路向快速路覆盖,打造智能出租、无人配送示范应用;优化互联网医疗体验,放宽部分慢性疾病医保支付范围。推动拼多多、米哈游、携程、阅文集团等在线新经济企业积极拓展全球市场,成为国内细分领域"出海"竞争的杰出代表。

(三)元宇宙壮大发展新动能

打造标杆示范场景,发布10个上海市2022年元宇宙重大应用场景建设成果名单。组织开展2023年元宇宙重大应用场景"揭榜挂帅",已征集218个场景建设需求。建设行业公共服务平台,组织SMG、上科大、叠境,共同研发手语大模型数字人平台,打造服务于听障人群的智能手语服务系统。举办"元启上海"AI开发者大赛、走近场景、供需对接、媒体探访等活动10场;组织中共一大、久事东体、豫园等一批有地标性、有显示度的重大应用场景和本市行业龙头企业在2023 WAIC集中展示。

(四)培育网络安全产业生态

举办2023年网络安全产业创新大会,发布创新产品、示范场景等系列成果。开展产业创新攻关,形成16项网络安全创新产品和解决方案,发布《2023年度上海市网络安全产业创新攻关成果目录》。开展网络安全保险服务试点活动。开展工业互联网安全深度行,面向233家单位推进网络安全分类分级管理,推动宝信软件、智能云科入选典型案例。组织开展"上海市经济信息化委2023年网络和数据安全支撑单位"遴选工作,形成34家专业机构。

(五)推动工业互联网创新发展

发布第二批15家"工赋链主"培育企业,带动和赋能500家链上中小企业创新发展。完成规上制造企业数字化诊断2000家,两化融合发展指数达113.9(居全国第三),入选工信部新一代信息技术与制造业融合等各类试点示范项目超30个。工业互联网平台应用普及率26.55%(居全国第二),链接超过1083万台工业设备,汇聚139万余开发者,服务超46万家中小企业,上海电气数科的"星云智汇"工业互联网平台入选国家级"双跨"平台。上海工业互联网标识解析顶级节点已接入来自长三角三省一市92个二级节点,累计标识注册量、解析量、企业节点数均位居全国五个顶级节点之首。

(叶月明)

智能制造产业发展情况

2023年,上海市把智能产业发展作为着力提升产业核心竞争力的关键一招和加快技术型工业化的重要一环,努力打造智能制造一体化推进体系,取得明显效果。

一、打造智能制造一体化推进体系

一是聚焦顶层规划,市经信委会同市发改委、市财政局等9个委办联合发布《上海市推进智能工厂建设领航产业高质量发展行动计划(2022—2025年)》。二是增强全链供给能力,发布《上海市智能工厂评估诊断机构、数字化转型服务商推荐目录》,遴选智能工厂评估诊断机构20家、智能工厂数字化转型服务商40家;其中,培育上海电气自动化集团成为"集成＋装备"双百亿服务商,宝信软件、ABB机器人、

FFT上海等成为国际一流水平百亿集成商。三是完善监督体系,发布《上海市智能工厂评估诊断质量监督第三方机构推荐目录》,加快构建科学合理的智能工厂评估诊断服务体系。

二、金字塔型分级分类打造智能工厂

一是培育标杆示范,累计建成国家级标杆性智能工厂3家、示范工厂19家、优秀场景111个,累计向全市推广1000个智能制造优秀场景。2023年,上海有11家单位获评国家级智能制造试点示范工厂,33家单位62个场景获评国家级智能制造优秀场景,获评工厂数和场景数均位于全国城市首位,成为国家级智能工厂和优秀场景"双料冠军"城市。发布《上海市100家智能工厂》和《上海市10家标杆

性智能工厂》名单。开展 2023 年度市级智能工厂申报，本年度新培育 77 家市级智能工厂，累计培育 177 家市级智能工厂。二是锚定以评促改，发动全市超 6700 家规模以上工业企业完成智能制造成熟度能力在线评估诊断，比上年增长 870%，全市智能工厂评估诊断整体完成率超过 70%。推动超 1200 家规模以上工业企业开展智能工厂线下评估诊断，其中产值 1 亿元以上工业企业超 400 家。

三、一业一策建设智能工厂

一是建立智能工厂推进专班，全市 9 个委办局、市经信委 16 个处室，协同全市 16 个区、3 个管委会、8 个集团和 5 个在沪央企成立由区经（商）委主要领导或集团领导挂帅的智能工厂推进工作专班。二是指导汽车、电子信息、数字基础新设施等行业分领域研究制定智能工厂建设指南，形成"一业一策"、量身定制"一厂一案"，找准智能制造"最后一公里"，挂图作战，有序推进。三是加强体系建设，围绕"(2+2) + (3+6) + (4+5)"现代产业体系，组织编写《上海先进制造业智能制造发展研究》，研究《上海智能工厂评价通则》《汽车零部件行业智能工厂建设技术规范》，争创标准引领新高地。开展《智能工厂建设新机制和新模式研究》，探索智能制造产融合作新模式。

四、推动"一区一特"塑造智能制造新形态

一是加强领航计划政策输出，分别在闵行、松江、嘉定、奉贤等区召开多场智能工厂建设和评估诊断推进会，确保各项政策宣传到位。二是推动各区塑造智能制造新形态、强化新功能，以五大新城和重点产业区智能工厂建设为主阵地，引导各区在数字化转型和智能化升级中彰显特色、争创示范，稳步推进智能制造评估诊断全覆盖，支持相关区建立智能制造三张清单（区级智能工厂、评估诊断机构和服务商储备清单），充分凝聚市、区、镇、园区共识，全面构建具有强大韧性和深度的智能制造新生态。如引导浦东新区通过"区镇联动"、嘉定区通过优势产业链"链式带动"、松江区通过运营商"网格推动"等模式，率先实现智能工厂评估诊断全覆盖，推动部分区出台相关政策、召开相关会议推动智能工厂建设。三是建立区级智能工厂推进考评机制，从智能制造成熟度评估覆盖率、国家／市级智能工厂数量、区级智能制造专项政策三个维度，考评各区经济数字化转型成效和特色产业园区建设水平。

五、举办百场万企系列活动

"一业一策"推动智能工厂建设，围绕汽车、5G 全连接工厂、人工智能、智能制造人才体系建设、智能工厂评估诊断等召开"百场万企共话智能"系列活动，推动成立上海汽车零部件协会智能制造专业委员会，打造重点产业高质量发展"产业大脑"。

（张旭晨）

高端装备制造业发展情况

2023 年，上海市坚持高端化发展，努力推动高端装备重大项目建设，认真落实重大技术装备产业发展部市合作协调机制，积极实施装备数字化融合和生产制程提升工程，装备制造业发展取得一系列成果。

一、航空领域

（一）国产 C919 大型客机正式商飞。5 月 28 日，中国东方航空使用中国商飞交付的全球首架 C919 大型客机执行 MU9191 航班，从上海虹桥机场飞往北京首都机场，开启国产大飞机全球首次商业载客飞行，标志着国产大飞机"研发、制造、取证、投运"全面贯通，国产大飞机的"空中体验"正式走进广大消费者。工业和信息化部党组书记、部长金壮龙，中共上海市委副书记、市长龚正，中国民航局局长宋志勇等领导出席首航仪式。

（二）上海与中国商飞签署深化战略合作协议。10 月 20 日，上海市人民政府与中国商用飞机有限责任公司签署深化战略合作协议。市委书记陈吉宁，市委副书记、市长龚正，市委秘书长李政，副市长陈杰会见中国商飞董事长贺东风、总经理周新民一行。龚正，市经信工作党委书记程鹏，中国商飞董事长贺东风、副总经理魏应彪出席签约仪式。陈杰与周新民代表双方签约，并共同为新成立的商飞时代（上海）航空有限公司、商飞智能技术有限公司揭牌。上海市政府与中国商飞将围绕大飞机"立足上海、深耕上海"、大飞机规模化和系列化发展、大飞机产业布局、创新载体建设、在沪供应商培育、产业金融等方面开展密切合作，共同推动上海民用航空产业高质量发展，努力将上海建设成为世界级民用航空产业高地。

（三）西安三角防务大飞机大部段项目在沪成功签约。9 月 27 日，西安三角防务大飞机大部段项目成功签约入驻上海大飞机产业园，项目预计新增投资 10 亿元。上海市政府副市长陈杰，西安三角防务董事长严建亚，市经信委主任吴金城，市经信委副主任刘平，中国商飞党委常委、副总经理魏应彪，临港集团董事长袁国华等出席仪式。西安三角防务大飞机大部段项目作为民用航空高端总装制造标志性项目，是加快推动大飞机高端产业链落沪的重要举措，也是市经信

委、中国商飞、临港新片区管委会、临港集团建立联合招商工作专班机制取得的重要成果。

二、航天及空间信息领域

（一）上海航天创中国一次发射卫星数量纪录。6月15日，上海航天技术研究院抓总研制的长征二号丁运载火箭成功将吉林一号高分06A星等41颗卫星准确送入预定轨道，刷新中国一次发射卫星数量最多的纪录。长征二号丁运载火箭是常温液体二级运载火箭，具有"可靠性高、经济性好、适应能力强"等特点，可支持单星、多星并联、串联、搭载等多种形式的发射需求，一共成功完成85次航天运输任务。

（二）创新成果获中国专利金奖等荣誉。上海航天技术研究院"中国首次行星探测任务天问一号探测器系统"（项目）获第七届中国工业大奖，获中国专利金奖1项、中国专利外观设计金奖1项、中国专利银奖1项、中国专利优秀奖7项，2人获中国专利奖最佳推荐奖；嫦娥五号团队获得2023年国际宇航科学院"劳伦斯团队奖"。

三、船舶海工领域

（一）首艘国产大型邮轮完成交付及试航。11月4日，首艘国产大型邮轮"爱达·魔都号"在沪顺利命名交付，标志着上海代表中国成功集齐造船工业皇冠上的"三颗明珠"。工业和信息化部党组书记、部长金壮龙，国务院国资委党委书记、主任张玉卓，上海市副市长陈杰，中国船舶集团董事长温刚等出席仪式。12月23～25日，首艘国产大型邮轮"爱达·魔都号"完成第一次运营试航，标志着中国邮轮产业迈出重要一步，将加快推动中国邮轮经济全面复苏。

（二）华夏国际邮轮有限公司在沪成立。12月29日，华夏国际邮轮有限公司成立大会在沪举行，市委书记陈吉宁，市委副书记、市长龚正，市委秘书长李政，副市长陈杰等与参加成立大会的相关中央企业主要负责同志举行座谈。中国旅游集团董事长陈寅、中国船舶集团董事长温刚、中国远洋海运集团董事长万敏、招商局集团董事长缪建民、国务院国资委秘书长庄树新，工业和信息化部、交通运输部相关部门负责同志出席。成立大会上，龚正、陈寅为华夏国际邮轮有限公司揭牌，股东方现场签署合作协议，标志着引领邮轮运营高质量发展的主体公司正式成立，进一步开展专业化、市场化、国际化运营，带动上下游产业链协同，加快促进我国

邮轮经济发展壮大。

（三）《上海船舶与海洋工程装备产业高质量发展行动计划（2023—2025年）》发布。为落实制造强国、交通强国和海洋强国战略，加快推动上海船舶海工产业高质量发展，着力构建安全高效产业链，建设世界级产业集群，10月19日，市经信委、市发改委、市科委、市交通委、市国防科工办、市国资委、市财政局联合印发《上海船舶与海洋工程装备产业高质量发展行动计划（2023—2025年)》，提出开展集群发展、产业链优化、基础再造等"六大行动"，重点实施大型液化天然气船提升、大型邮轮创新、深海采矿海试等"八大工程"，到2025年，上海初步建成原创技术策源、深海极地突破和绿色智能引领的全球船舶海工产业高地，工业产值超过1000亿元。

四、核电领域

（一）上海企业为全球首座高温气冷堆贡献智慧和力量。12月6日，全球首座第四代核电站—山东石岛湾高温气冷堆核电站示范工程顺利完成168小时持续运行考核，正式投入商业运行，标志着中国建成并运行世界上第一座模块式高温气冷堆核电站，在第四代核电技术研发和应用领域达到世界领先水平，实现从跟跑、并跑到领跑的飞跃。上海核电企业作为高温气冷堆产业化的重要参与方，坚持科技自立自强，产业链20余家单位勇闯创新"无人区"，参与示范工程的装备研制、建造调试和运行支持等重大建设任务，攻克多项世界性、行业性关键技术，为高温气冷堆核电站的正式商运贡献上海智慧和上海力量。

（二）第十届国际核电运维大会在沪召开。9月7日，第十届国际核电运维大会在沪成功召开，大会以"运维新动能安全新高度核电新发展"为主题，举办国内外核电运维经验总结与技术创新主论坛，以及核电厂智慧运维技术交流、电气设备维保与改造经验交流等4个专题分论坛，汇聚中核、中广核、国核、华能四大核电央企，秦山核电、大亚湾核电等14家业主单位，法国法马通、世界核电运营者协会等外企和国际机构，以及一批专精特新民营企业，超过600位行业专家和企业代表齐聚一堂，共话核电运维服务创新发展。

（杨　晶）

生 物 医 药 产 业 发 展 情 况

2023年，上海生物医药产业实现新发展。一是产业规模稳步增长，生物医药产业规模达9337.32亿元，比上年增长4.9%，其中制造业产值累计1859.75亿元。治疗性生物

制品产值277亿元，同比增长11.6%；植介入器械产值100亿元，同比增长6.2%；医学影像设备产值170亿元，同比增长4.9%。二是创新药械数量创新高，新增获批1类创新药4

个，数量居全国第三；新增通过国家创新医疗器械特别审批通道获批器械 9 项，数量居全国第二。三是企业国际化水平实现突破，有 2 款创新药在美国获得 FDA 批准上市。

一、强化政策顶层设计

出台相关支持政策，印发首个省级合成生物、医疗机器人、基因治疗产业发展行动方案等政策，率先全国出台生物医药数字化转型实施方案、完善多元支付机制支持创新药械发展若干措施，在支持创新药械研发生产应用新模式、促进产学研医融合等方面提出一系列创新举措。深入落实浦东生物医药产业法规，制定完善多元化投资主体开展人体细胞、基因技术研发和产业化实施方案，获得国务院批准在浦东新区试点开展。

二、提升创新策源能力

前沿领域研究，聚焦生物医药领域重大、核心、关键科技问题，推动新一批市级科技重大专项立项，推进生物医药专项、医学创新研究、细胞与基因治疗等专项等项目。重大平台建设，加快上海国际医学科创中心建设，支持前沿科学研究基地和协同创新中心建设，推动生物医药领域全国重点实验室重组，进一步完善临床医学研究中心体系、新型研发机构和开放式创新平台。

三、推进"张江研发 + 上海制造"

推出生物医药智造空间，出台生物医药智造空间建设行动计划，引导生物医药标准厂房适度超前、有序推进，2023年开工建设的智造空间·生物医药标准厂房重大项目共 14个，总面积约 189 万平方米。加大招商引资力度，产业周期间超过 70 个项目现场签约，总投资 327.9 亿元，进一步提升产业集聚度。推动重大项目落地，推动康方全球研发中心、君实生物创新药产业基地、荣昌生物全球研发总部以及全国生物医药领域影响力最大的标杆性外资项目莫德纳公司中国研发生产总部项目开工；推动和黄医药创新药生产基地等项目竣工。推进跨区研发制造联动发展，定期召开季度联络员会议，加强联系沟通。

四、加强产业支撑保障

深化产医融合发展，成立上海市产医融合战略咨询委员会及肿瘤治疗、骨与关节、心脑血管、临床检验、人工智能医疗器械等 5 个专业委员会；发布《上海市生物医药"新优药械"产品目录》，累计支持 72 款本市创新产品加速入院应用，开展创新医疗器械示范项目，支持 69 个项目在医疗机构开展应用示范。推动产业数字化转型，发布《2023 全球生物医药产业数字化转型生态图》，率先为产业界探索新模式和路径提供借鉴和参考。

五、营造优良发展生态

打造国际影响力产业峰会，第三届上海国际生物医药产业周以 1 场高规格开幕式和近 40 场同期活动进行精彩呈现，辐射网络与媒体近 4000 家，全网曝光量突破 10 亿。支持产业国际化发展，启动上海市创新药械出海国际合作伙伴启航仪式，阿斯利康、罗氏、美敦力、泰格医药等构建本土创新药械出海"生态棋局"合作伙伴网络，举办中欧医疗健康产业国际论坛，并首次前往"一带一路"国家开展海外分会场活动。打造"政享荟"新名片，围绕"创新药出海路径探索""资本市场动态""专精特新及人才认定""高新技术成果转化"等主题举办系列活动，搭建政企研进官方沟通平台。推动高效审评审批服务，印发服务生物医药创新发展工作方案，建立重点药械服务清单，对产品的研发及注册申报分层分级实施全程跟踪和服务指导，优化服务方式和工作程序；加强对生物医药产品注册指导服务工作站的法规及业务培训，开展培训和咨询活动 9 场，覆盖 12 个工作站、16 个区，千余名企业代表参加。

（许　洋）

人 工 智 能 产 业 发 展 情 况

2023 年，上海市紧抓产业变革机遇，在大模型、智能算力、人形机器人、科学智能等领域的前瞻性布局成果不断涌现，产业和人才规模持续扩大，形成从底层芯片到核心算法、从软件模型到智能终端、从基础研究到创新应用的全产业链布局。全市人工智能产业发展态势良好，部分细分领域增长态势强劲，总产业规模达 3808.35 亿元，比上年增长 0.1%；利润总额达 377.62 亿元，同比增长 46.3%。

一、全力培育大模型产业生态

瞄准前沿制定政策，发布《上海市推动人工智能大模型创新发展的若干措施（2023—2025 年）》，围绕"创新能力、创新要素、创新应用、创新环境"四大方向，重点打造"3项计划 +5 大平台"，加快构建开放安全创新生态。大模型已成集聚之势，上海人工智能实验室"书生"、商汤"商量"、MiniMax "ABAB"、阶跃星辰"阶跃大模型"等大模型在全国率先通过网信办备案，已有 24 款大模型先后四批通过备案，居全国第二。打造"模速空间"大模型创新生态社区，位于徐汇区西岸传媒港下 2 栋的一期 1.3 万平方米办公空间建成并运营，首批 19 家企业入驻，累计近 60 家企业明确入驻意向。建设算力调度、语料数据、测试评估、融资服务、综合服务等五大公共平台，提供专业服务，降低企业发展成本。面向金融、医疗等领域举办 50 余场行业活动，50 余家大模型企业、近 200 家行业应用场景单位交流。

二、加快建设自主可控智能算力集群

推动本土智算芯片设计企业与制造企业协同攻关。建设软硬适配体系，推动上海人工智能实验室芯片软硬件适配方案 DeepLink 立项地方标准，已实现多款国产智能芯片适配。布局智算集群，全力支撑大模型训练。

三、加速推进人形机器人产业化

建立人形机器人共创平台，成立上海人形机器人制造业创新中心，积极争取部市共建人形机器人国家制造业创新中心，加强大模型与通用人形机器人的联合技术攻关。推动前沿领域引领性成果集中涌现，傅利叶发布通用人形机器人 GR-1，智元新创发布通用机器人远征 A1。此外，中电科 21 所等多款通用人形机器人原型机发布，集聚了一批创新力量。培育人形机器人产业创新生态，通过举办生态活动和应用场景牵引，吸引产业链上下游创新团队共谋发展，进一步盘活人才、投资、技术等资源，多要素叠加激发产业潜能。

四、持续推动科学智能产业化

上海算法创新研究院等重点机构注册落地。冰洲石通过 AI 助力靶向蛋白降解剂开发的 AC0176 在中国成功完成首例患者给药。英矽智能首款 AI 药物抗纤维化小分子候选药 INS018_055 进入二期临床试验。上海科学智能研究院在联合国气候大会上发布行业首个次季节大模型"伏羲"。深势科技多模态科学文献大模型 Uni-Finder、华师大化学领域科学大模型 ChemGPT 等一批成果发布。

五、成功举办 2023 世界人工智能大会

包括 5 位图灵奖得主、1 位诺奖得主、80 余位国内外院士在内的 1400 余名嘉宾参会，埃隆·马斯克、姚期智等重磅嘉宾发表主旨演讲。30 余款大模型亮相集中展示。《2023 大模型和 AIGC 产业图谱》《人工智能大模型伦理规范操作指引》等一批成果发布。展览面积超过 5 万平方米，共计举办 133 场论坛。线下参观人数突破 17.7 万人，全网流量突破 10.7 亿，比上届增长 68%，全网曝光量 64.1 亿，辐射 2600 余家网络与媒体，创历史新高。

六、持续强化产业发展支撑体系

标准建设更加健全，围绕大模型、软硬件适配等领域成功立项生成式人工智能分类分级应用指南、人工智能软硬件适配接口规范等 8 项地方标准。人才评价和奖励更加完善。持续开展人工智能工程技术人员中、高级职称评定，以及人工智能训练师的职业技能等级认定工作。

（王一雯）

附件：上海市推动人工智能大模型创新发展若干措施（2023—2025 年）

为深入贯彻国家发展新一代人工智能的战略部署，落实《上海市促进人工智能产业发展条例》，推动本市大规模预训练模型（以下简称"大模型"）创新发展，构建开放安全创新生态，加快打造人工智能世界级产业集群，制定以下措施：

一、着力支持大模型创新能力

（一）实施大模型创新扶持计划。支持引进高水平创新企业，支持本市创新主体打造具有国际竞争力的大模型，鼓励形成数据飞轮，加速模型迭代，对取得重大成果的予以专项奖励。支持本市相关主体开展通用人工智能基础理论、科学智能、具身智能、城市大模型等前沿研究，研发下一代模型架构和训练方法。在战略性新兴产业、产业高质量发展、科技重大专项等市级专项中重点支持大模型创新。

（二）建立大模型测试评估中心。聚焦性能、安全、伦理、适配等方面，建设国家级大模型测试验证与协同创新中心，并鼓励大模型创新企业依托中心开展相关测试评估。支持本市相关主体主导或参与国家大模型相关标准制订。

二、提升创新要素供给能级

（一）实施大模型智能算力加速计划。打造市级智能算力统筹调度平台，构建规模化先进算力调度和供给能力。对符合条件的智算中心，在能耗指标等方面予以绿色通道优先支持；加快临港、金山、松江等重点智算产业集聚区建设。加强市区联动，对 2024 年底前在沪完成智能算力部署并纳入统筹、接受调度的算力建设主体，经评估给予适当额度的部署奖励；对租用纳入本市统筹调度的算力进行大模型研发的本市主体，经评估按算力集群规模和成果水平给予最高 10% 的租用补贴。建设市域极速智能算力承载网，实现市域智能算力中心间 100Gb/S 以上高速直连和毫秒级时延。

（二）构建智能芯片软硬协同生态。面向大模型研发和应用，支持本市智能芯片企业开展规模化应用和验证。支持打造智能芯片软硬适配体系，降低企业适配成本。在沪建设智能芯片和软硬件适配测评中心。将符合条件的软硬适配相关产品纳入首批次、首版次的支持范围。

（三）语料数据资源共建共享。组建大模型语料数据联盟，鼓励多元主体共同推动高水平语料数据要素建设。建立语料数据知识产权保护框架，充分利用区块链等技术，深化以贡献为导向的激励机制和评估认证机制。依托上海数据交易所建立语料数据交易板块。

三、推进大模型创新应用

（一）实施大模型示范应用推进计划。重点支持在智能制造、生物医药、集成电路、智能化教育教学、科技金融、设计创意、自动驾驶、机器人、数字政府等领域构建示范应用场景，打造标杆性大模型产品和服务。推动大模型赋能产业互联网平台应用。将符合条件的大模型应用纳入人工智能示范应用清单和创新产品推荐目录。支持本市国有企事业单位开放大模型应用场景，优先采用经测试评估的大模型产品和服务。

（二）推进科学智能大模型应用。支持相关主体建设科学智能创新中心、算法创新基地等平台，协调算力资源和科研数据集，推动科学智能大模型在生命科学、工程计算、气象等领域应用，打造科学研究新范式。

四、营造一流创新环境

（一）打造企业、人才集聚的大模型创新高地。鼓励浦东新区、徐汇区等建立大模型生态集聚区，聚焦大模型研发和产业化加大支持力度；鼓励自贸区临港新片区探索大模型相关国际交流合作。优先推荐大模型创新重点人才纳入国家和本市相关高层次人才计划，重点支持大模型相关紧缺技能人才落户。组织企业、高校、科研机构联合培养跨学科大模型人才。

（二）推进大模型应用生态建设。打造开源大模型行业应用创新生态空间，支持大模型开源社区和协作平台建设，引进培育大模型相关初创团队，加强行业大模型在垂直领域的深度应用，构建开放协同产业生态。

（三）建立常态化服务机制。对由大模型驱动的具有舆论属性或社会动员能力的互联网信息服务，开展常态化联系服务，加强合规指导，推动相关主体按照规定履行安全评估、算法备案等相关程序。在相关集聚区内，探索创新监管机制。

（四）加大投入力度。全方位推动大模型及相关领域发展，进一步做强人工智能产业基金，更好引导社会资本参与，加大对本市人工智能产业的资源投入力度。

机 器 人 产 业 发 展 情 况

机器人被誉为"制造业皇冠顶端的明珠"，机器人的研发、制造、应用是衡量一个国家科技创新和高端制造业水平的重要标志，也是全方位赋能百业，助力生产生活和社会治理等各领域提质增效的驱动力。上海是中国机器人产业的重要集聚区，产业规模和技术实力领先。

一、产业发展基本情况

2023年，上海工业机器人产值为249.02亿元，比上年增长1.4%，产量约6.6万台，工业机器人高端化趋势显著提升；服务机器人的多场景深度应用不断增强；通用机器人的技术发展加速迭代。

（一）产业集群发展情况。上海机器人产业已经形成"3+X"的空间布局，"3"是指浦东新区（机器人谷）、宝山区（上海机器人产业园）、闵行区（大零号湾），"X"是指点状分布于全上海多个产业园的企业。

张江机器人谷依托丰富的"机器人+应用场景"，在工业机器人基础上，聚焦发展以高端医疗机器人为核心的智能服务机器人，集聚ABB、微创医疗机器人、傅利叶智能等行业标杆。拥有国家级孵化器、大企业开放创新中心、产业投资基金等金融、研发方面的平台。

宝山机器人产业园是上海市智能制造特色产业园之一，聚焦"机器人＋智能制造"特色产业，集聚了发那科、快仓等智能制造、机器人领域企业。

闵行大零号湾毗邻上海交通大学，是上海重要的机器人企业孵化器，园区内有节卡、飒智等企业，目前正在打造"大零号湾"科技创新策源功能区。

（二）重点产业链发展情况。上海机器人产业链较为完整。"四大家族"（ABB、发那科、库卡、安川）均在上海设立中国总部或机器人总部，机器人本体、三大核心零部件（减速器、伺服电机、控制器）、传感器、芯片等本体结构和核心组件相关产业链环节在上海均在扩大布局。

上海涌现出工业机器人（新松、新时达）、上下肢辅助机器人（傅利叶智能、司羿智能等）、智能清扫机器人（高仙）、协作机器人（新松、节卡、非夕）、配送机器人（擎朗、钛米、诺亚木木）、农业机器人（点甜）、养老陪护机器人（邦邦、弗莱威）、特种消防机器人（合时、格拉曼）、建筑服务机器人（蔚建、自砌、大界）等企业，在医疗、建筑、农业、商业、家用、应急等领域实现多项落地应用。

（三）重大项目建设情况。一是支持ABB赋能中心建设。ABB机器人赋能中心聚焦生命科学和医疗行业，为中国的医疗和制药企业带来更多自动化助力。赋能中心以ABB

机器人在医疗领域自动化解决方案的专业知识为基础,将通过产、学、研聚集,培养创新人才。二是推动发那科三期项目建成投产,项目占地约431亩,建筑面积30万平方米,前期总投资15.8亿元,建成集研发、展示、销售、系统集成以及售后服务的智能制造基地。

二、支持产业发展的相关举措

(一)谋划顶层设计。9月,经市政府同意,市经信委联合市发改委、市科委、市财政局、市统计局印发《上海市促进智能机器人产业高质量创新发展行动方案(2023—2025年)》。到2025年,明确一个总体目标,即打造具有全球影响力的机器人制造业创新高地;实现两个自主可控,推动工业机器人关键核心零部件全链条自主可控、智能机器人先进技术自主可控;促进三个突破,在品牌、应用场景和产业规模方面实现"十百千"突破——打造10家行业一流的机器人头部品牌、100个标杆示范的机器人应用场景、1000亿元机器人关联产业规模;建设三个公共服务平台,打造国家智能机器人检测与评定创新中心、上海通用机器人产业研究院、机器人制造业创新中心;推动制造业重点产业工业机器人密度达500台/万人,机器人行业应用深度和广度显著提升。

(二)落实应用推广。按照工业和信息化部等十七部委《关于印发"机器人+"应用行动实施方案的通知》要求,结合《上海市促进智能机器人产业高质量创新发展行动方案(2023—2025年)》,实施"智能机器人+"行动,面向社会民生改善和经济发展需求,推动工业机器人进工厂、服务机器人进生活,强化智能机器人终端带动、赋能百业的应用优势。

一是市经信委会同市科委、市商务委、市公安局、市民政局、市教委、市住房城乡建设管理委、市交通委、市农业农村委、市卫生健康委、市应急局等委办联合开展2023年度上海市智能机器人标杆企业与应用场景推荐目录征集,共52家企业58个场景入选。

二是加速"机器人+智能工厂"应用,推动机器人在上下料、加工、焊接、打磨、装配、物流、码垛、分拣、检验检测等各类垂直细分环节中加速应用,全市重点产业规模以上工业企业机器人密度达426台/万人,比上年383台/万人增长43台/万人。

(三)着眼长三角一体化。新时达作为链主企业,推出本体及一、二级零部件均来自长三角地区的"全长三角造"机器人,部分机型性能与国际品牌并跑。2023年新时达工业机器人出货量7160台,其中全长三角造机器人2338台。

(四)打造产业生态。一是支持上海电器科学研究所在张江成立机器人国评中心分中心,打造智能等级标准验证与检测评价实验室,聚焦机器人智能化水平,构建算法测试、实物测试、模拟测试以及现场测试4个层级的测试能力,力争打造国内一流机器人智能等级评价中心。二是支持张江、宝山、临港等产业集聚区召开机器人行业大会,搭建产融交流平台,聚焦前沿技术,打响产业品牌,激发市场潜力,支撑上海建设具有全球影响力的机器人产业创新高地。

(吴 蔚)

节能环保产业发展情况

2023年,在"绿色双碳"战略目标指引下,上海节能环保企业抓契机、促创新、补短板、拓市场,持续推进产业发展。节能环保产业实现总收入2128亿元(不含规模以下制造业产值),比上年增长2.43%。其中,规模以上制造企业212家,总产值872.69亿元;规模以上服务企业427家,总营业收入971.26亿元;规模以下服务业总营业收入284.05亿元。

一、节能环保制造与服务业发展情况

(一)节能环保制造业。2023年,全市节能环保规模以上制造企业总产值872.69亿元,同比下降3.62%。上半年总产值425.34亿元,同比增长17.62%;下半年总产值447.35亿元,同比下降17.75%。

从区域分布看,闵行区节能环保制造业产值325.13亿元,位于全市第一。闵行、嘉定、浦东三区合计总产值621.63亿元,占规模以上制造企业总产值的71.23%。闵行、嘉定两区分别在节能制造业、环保制造业两个板块处于领先地位。

从服务领域看,节能制造业产值633.92亿元,占总产值的72.64%;环保制造业产值156.14亿元,占17.89%;资源综合利用制造业产值82.63亿元,占9.47%。

从细分领域看,资源综合利用行业产值略有增长,节能和环保行业产值皆有所下降,降幅最大的为环保制造业,产值下降31.27亿元。

从细分行业看,降幅最大的是大气治理行业,产值减少32.19亿元。泵和机械行业产值均有所下降。新能源、空调、电机等行业产值较去年相比,略有增长。

从行政区看,金山、奉贤等5个区的产值有所增长,产值共计增长20.35亿元。松江、崇明等5个区产值有所下降,产值共计下降53.26亿元,其中嘉定区降幅最大。

(二)节能环保服务业。2023年,全市节能环保服务企业总营业收入约为1255.31亿元,同比增长7.11%。上半年总营业收入 532.18 亿元，同比增长 14.99%；下半年总营业收入 723.13 亿元，同比增长 1.97%。（以下数据分析仅针对规模以上服务企业）

从区域分布看，浦东新区节能环保规模以上服务企业有 98 家，营业收入 233.87 亿元，居第一位。浦东、闵行、宝山三区合计总营业收入 575.75 亿元，占规模以上服务企业总营业收入的 59.28%。闵行、浦东两区分别在节能服务业、环保服务业两个板块处于领先地位。

从服务领域看，环保服务业营业收入 563.84 亿元，占总营业收入的 58.05%；节能服务业营业收入 231.11 亿元，占 23.80%；资源循环利用服务业营业收入 176.31 亿元，占 18.15%。

从细分领域看，节能、环保和资源循环利用服务业营业收入均有所增长，其中节能服务业增长 32.64 亿元，增幅最大。

从行政区看，闵行、浦东等 9 个区的营业收入有所增长，共计增长 96.04 亿元。黄浦、金山等 7 个区营业收入有所下降，共计下降 31.46 亿元。其中静安区降幅最大。

二、推进产业发展主要举措

围绕推进产业发展工作要求，组织开展企业调研、座谈、对接、培训等活动，及时跟踪、掌握企业发展情况，主动加强提供服务，协调企业需求。主要工作有：

（一）跟踪调研全市重点企业，掌握产业发展动向。组织开展多次产业跟踪调研和重点服务和制造企业座谈会，重点企业涉及泵类、电梯、电机、空调等多个不同行业。

（二）开展绿色融资和产品、技术对接活动。2023 年节能宣传周期间，组织农业银行上海市分行、中国银行上海市分行等 8 家金融机构分别介绍专精特新小巨人贷、担保基金贷款和合同能源管理贷等绿色金融产品，扩大绿色融资宣传影响。

市经信委与嘉定、金山、申通、金山石化等区、集团共同举办多场节能环保技术对接活动，共有近百家节能环保服务公司和 200 余家用能单位参加。

（三）梳理碳管理、绿色低碳服务、再制造等企业名单，建议新增入库。结合绿色制造评审、碳试点管理、绿色低碳服务机构遴选等工作，梳理具有一定规模的企业信息，提出建议新增节能环保制造企业 78 家，服务企业 300 家。

（四）绿色制造示范创建推进工作。完成 2023 年度绿色制造示范单位申报、评审工作，共评出市级绿色工厂 80 家、绿色园区 4 家、绿色供应链管理企业 10 家、绿色设计产品 5 项。加强绿色制造企业信息跟踪管理，完成 200 余家绿色制造名单企业（园区）信息报送。开展第五批工业产品绿色设计示范企业评审推荐工作，推荐 8 家企业申请国家工信部绿色设计示范企业。开展绿色制造宣贯、绿色设计等培训，培训超 150 人次。

（五）"零碳"创建推进工作。完成 2023 年度零碳创建标杆企业和零碳创建企业（园区）申报、评审工作，共创建 18 家零碳工厂、2 家零碳数据中心、2 家零碳创建工厂、4 家零碳创建园区。在 7 月节能宣传周期间，对 20 家零碳标杆单位进行授牌。为鼓励和引导更多产业园区参与零碳园区创建，市经信委与上海电气集团共同发布《零碳产业园区实施路径规划与评估》团体标准，进一步完善"零碳"系列标准体系。开展零碳工厂标准宣贯培训，培训超 100 人次。

三、产业发展主要特征

上海市发布《上海绿色产业发展"十四五"规划》《上海瞄准新赛道促进绿色低碳产业发展行动方案》以来，各节能环保服务企业积极参与"绿色双碳"服务，以创新发展为驱动，和用能单位相互配合，推进产业高质量发展。全市节能环保产业主要呈现以下特征：

（一）产业继续呈现多元化发展态势。受 2022 年疫情影响，大部分节能环保服务企业合同能源管理项目减少。但随着开展工业和通信业"百一"行动，节能技改和工程类项目有所增加，检测类和咨询类项目受"双碳服务"影响，也有增加。用能企业积极应对"节能"和"降碳"的双项控制指标考核，间接促进服务市场发展。服务企业通过满足市场节能需求，实施多元化创新服务，不断涌现典型应用案例和示范项目，推进产业发展。

（二）产业体系整体高效打造"绿色"方式。从"绿色制造"到"制造绿色"，不少企业正在加快形成绿色生产方式和生活方式。如宝钢股份的"绿色无废城市钢厂"，让传统的"钢铁巨兽"逐步达到"固废无害化处理、资源循环利用"等，实现钢铁生产与城市生态的高度融合。一批潜力园区正培育绿色低碳经济动能，如开展氢能在交通、能源、建筑等领域的综合利用试点。

（三）紧抓"双碳"服务机遇，多举措推进节能降碳。不少企业开展产品碳足迹与碳标签试点、开发数字化碳管理平台、探索园区碳管理体系试点、建设和完善碳标准体系、研究供应链低碳管理模式、开展碳金融产品、碳捕捉试点等碳管理碳服务新模式，积极参与"双碳"服务，为产业发展提供新动能。

（唐奕骁）

生产性服务业发展及服务型制造情况

2023年，上海生产性服务业重点领域稳定增长，实现营业收入总额30813亿元，比上年增长3.75%。

一、总体发展情况

2023年，全市生产性服务业顶住国内外多重因素叠加的下行压力，总体延续稳步增长态势，10个重点领域呈现"9增1降"，第四季度总体回升的态势明显，较三季度增速加快了1.27个百分点。根据对重点企业调查，至年末，生产性服务业企业资产总计达5.6万亿元，比上年增长2.9%；用工人数总计69.1万人，同比增长1.8%；服务出口额实现36.14亿元，同比增长25.2%。

重点产业互联网平台企业实现营业收入1.16亿元、同比增长0.64%；实现平台交易额2.06亿元、同比增长0.6%。震坤行通过"数字化采销协同网络"，助力企业平均提升供应商管理效率50%以上，综合降本超过20%，已在美股纳斯达克上市；快备新能源风电MRO智慧无人仓电商运营系统帮助风电行业整体库存储备量降低40%；钢银电商"四流合一"供应链协同平台，帮助方正钢铁将排产计划效率从65%提升至85%，运营管理效率提升20%；泓明供应链打造一体化产业供应链服务平台，探索服务贸易"保税＋监管"模式创新，为"中国芯"跨越式发展提供后勤保障。

二、十大重点领域发展情况

（一）总集成总承包服务领域实现营业收入1468亿元，同比增长7.4%。企业通过尝试新领域项目、加强研发成果转化、带动上下游企业扩充国内外市场等措施实现平稳发展，发挥了压舱石作用。上勘测设计研究院推进内蒙、青海、新疆等地风电光伏重点项目，全年实现营业收入112.2亿元，同比增长47%。

（二）产业电商服务领域实现营业收入5129.0亿元，同比增长27.46%。致景信息发挥"飞梭智纺"电商平台在纺织产业链的整合能力，为上下游企业的生产、运营和交易提供精确的数据服务，全年实现营业收入1.2亿元，同比增速241.27%。

（三）检验检测认证服务领域实现营业收入307.1亿元，同比增长16.09%。其中，电子消费品、生物医药、化工产品等检测发展势头良好，实现较快增长，增速分别达到31.1%、21.2%、19.8%。通标标准技术服务有限公司从单纯的检验检测服务转型向生物医药、化妆品、电子消费等行业企业提供检测技术解决方案，全年实现营业收入23.7亿元，同比增长17.9%。

（四）研发设计服务领域实现营业收入4144亿元，同比增长14.54%。其中，汽车、生物医药、新材料研发等细分行业增长速度较快，同比增幅分别达到21%、19%、17.5%。

（五）供应链管理服务领域实现营业收入5933.6亿元，同比下降18.21%，该领域企业在2022年上半年达到历史业务峰值后，在2023年整体呈现调整行情。

（六）节能环保服务领域实现营业收入259.4亿元，同比增长5.57%。能辉科技在新能源发电及相关延伸领域提供研发设计、系统集成和投资运营等服务，全年实现营业收入3.3亿元，同比增长61%。

（七）生产性金融服务营业收入4691.5亿元，同比增长4.13%，芯片制造、新能源汽车、生物医药等领域金融服务持续快速增长。

（八）职业教育培训和人力资源服务领域实现营业收入1746.2亿，同比增长13.26%。晨达人力开发人力资源服务云管理、云招聘、云共享平台，服务覆盖全国280个县级以上地市，全年实现营业收入6.6亿元，同比增长4.5%。

（九）智能运维服务领域实现营业收入373亿元，同比增长16.08%。

（十）生产性专业服务营业收入6796.6亿元，同比增长3.56%。

三、生产性服务业和服务型制造推进工作

（一）制定产业互联网平台高质量发展政策。市经信委联合市商务委、市发改委制定发布《上海市促进产业互联网平台高质量发展行动方案（2023—2025年）》，全力打造重点产业垂直服务平台、工业品数字服务平台、工业互联网平台、专业服务平台、工业原料数字服务平台和跨境产业数字服务平台，提出平台集群发展、要素市场创新、场景赋能、生态构筑四大专题行动，力争到2025年实现产业互联网平台交易总额3.3万亿元。

（二）加快培育头部产业互联网平台。聚焦引育100家以上产业互联网平台企业目标，按照六大平台特点，市经信委研究形成4类11项产业互联网示范平台评价指标，并于10月发布《关于开展2023年产业互联网示范平台遴选工作的通知》，指导各区和相关单位申报。依托数字化供应链产业联盟，推动中核供应链、中建云筑等成员单位与人工智能实验室合作，推动核电、建筑等垂直行业数字化供应链平台建设。指导各区、各行业协会组织企业对接市国资委推动国企开放的268个创新应用场景。

（三）推动新技术赋能生产性互联网服务平台。市经信委联合市商务委制定发布《推动区块链、大模型技术赋能生产性互联网服务平台发展实施方案》。组织大模型技术赋能生产性互联网服务平台系列对接活动，帮助西域、钢联、震坤行等多家平台企业对接技术需求，推动上海钢联与人工智能实验室成功合作签约，共同研发钢铁大宗垂直领域"宗师大模型"。举办第二届工业品供应链数据智能创新大赛，发布招投标智能理解、合同文本智能分析、用户采购智能助手等多个赛道，通过以赛代训、以赛促创的方式，推动大模型在平台应用。

（四）做深做实产业互联网平台企业服务。市经信委联合上海海关针对平台企业提出的小剂量科研用品通关便利度事宜，开展联合攻关研究，帮助泰坦科技等试剂类平台解决农药成分科研试剂便捷通关新路径，帮助优宁维等平台优化部分两用项通关监管流程；联合市统计局针对工业品数字服务平台行业认定事宜进行专项协调，结合2月、11月国家统计局跨专业行业代码调整的统一部署，帮助包括嘉岩供应链等平台企业解决行业代码认定问题；与市统计局联合建立产业互联网平台运行统计监测与数据共享机制，为掌握产业互联网平台运行发展提供周期性的数据支撑；联合市网信办等单位，协调解决上海钢联提出的数据跨境事宜，为企业提供数据分级分类管理的解决路径。

（五）成功举办第四届工业品在线交易节。交易节期间汇聚千家企业、吸引万人参与，实现交易额528.7亿元，比上年增长11.6%，四届活动累计交易额超1441.7亿元。聚焦产业互联网平台发展重点，举办宝山专场、奉贤专场、走进长三角金华专场等34场子活动，发布百余款数字化解决方案，京东工业、震坤行等平台部分3折优惠包普惠1520家中小制造业企业；携手产业互联网头部平台，扩展电子元器件（电阻电容、光电器件等）、物流设备（高架叉车、自动分拣机、AGV智能设备等）至1600万个产品门类，同比增长33%。线上访问量超过40万，《人民日报》、央广网、《解放日报》、上海电视台等30多家主流媒体进行报道。

（六）持续推动总集成总承包服务提升能级。为发挥总集成总承包链主企业在引领产业链、整合供应链、提升价值链中的作用，赋能本市先进制造业发展，市经信委开展2023年首批总集成总承包链主企业征集工作，评选出首批总集成总承包链主企业14家。聚焦打造产业集群，以总集成总承包链主企业为牵引，梳理链主企业的上下游供应商和配套企业，推动产业链上下游企业集聚发展、协同创新。

（七）引导生产性专业服务助力企业"走出去"。年内成立上海生产性服务业促进会生产性专业服务专委会，以专委会为工作牵引，召开"贡献专业力量，共创高质量发展"研讨会，推动生产性专业服务业与市内制造业企业、长三角和国内企业以及本土企业"走出去"的合作和服务赋能，加强与静安区"全球服务商计划"、浦东新区"全球专业服务商引领计划"等的对接，探索为总集成总承包企业"走出去"搭建一站式服务平台。

（八）加快检验检测认证服务升级。为进一步贯彻落实中共上海市委、市政府《开展质量提升行动的实施方案》和《上海市加强质量认证体系建设促进全面质量管理的实施方案》，市经信委会同市市场监管局、市科委等部门，共同推进产品质量检验检测中心建设，遴选涵盖集成电路、生物医药、人工智能、氢能动力等先导产业和重点产业的5家拟筹建质检中心，并于6月对首批上海市产品质量检验检测中心授牌。

（九）促进研发服务等领域能力提升。调研梳理全市第三方研发服务机构发展情况，鼓励企业开展定制化、嵌入式、一站式研发服务。组建上海市智能运维产业创新联盟，举办长三角设备智能运维发展论坛，推动行业企业与增强现实、人工智能领域企业开展合作；举办第二届洁净产业与泛半导体产业高质量发展论坛，促进洁净行业企业与华宏宏力、积塔、盛美等100多家集成电路企业交流；成立"生物医药洁净技术产业联盟"，通过机制建设推进产业链合作常态化。

（十）深化服务型制造创新研究。市经信委联合同济大学成立服务型制造创新与研究中心，开展服务型制造高质量发展创新课题研究。开展"寻找服务型制造种子计划"，面向全市"3+6"产业挖掘征集服务型制造创新模式，为全市服务型制造持续创新发展积蓄力量。发布服务型制造团体标准，指导示范企业（平台）发展水平评估工作，更好发挥服务型制造示范的引领作用。

（十一）推进服务型制造示范创建。开展上海市第五批服务型制造示范遴选，遴选出市级服务型制造示范主体51个，其中示范企业32家、示范平台19个。推荐14家单位申报工信部第五批服务型制造示范，其中示范企业10家、示范平台4个，14家单位全部入选公示名单。上海服务型制造整体发展水平在全国保持第一梯队。

（十二）成功举办"服务型制造万里行"活动。9月20日，市经信委会同工业和信息化部第五研究所、中国服务型制造联盟、松江区人民政府共同举办"服务型制造万里行——走进绿色新能源行业"活动，促进模式创新和应用推广，营造服务型制造发展良好环境，积极推动制造业优化升级。工信部第四批服务型制造示范企业（平台、项目）、上海市第五批服务型制造示范企业（平台）等获得授牌。中国服务型制造联盟专家以及上海正泰电气股份有限公司等3家企业分别围绕会议主题进行了主题演讲、案例分享。

（十三）推进先进制造业与现代服务业深度融合。市经信委开展2023年"供应链管理服务（快递、物流、数字化供应链平台）与制造业深度融合发展"典型案例征集选树工作，联动相关行业协会、机构，通过广泛发动、征集、重点调研、专家评审，评选出 25 个典型案例，在"2023 第四届中国（上海）工业品在线交易节闭幕式"发布并颁奖。对服

务衍生制造模式进行调研梳理，分析服务衍生制造的具体形式，提出"平台＋制造""研发＋制造""物流快递＋制造"等多种模式。

（陈琦芳）

轻 纺 产 业 发 展 情 况

2023 年，随着经济社会恢复常态化运行，各项宏观政策显效发力，国内经济进入向上修复阶段，在"三驾马车"的共同拉动作用下，上海轻工纺织产业实现工业产值略有增长。

一、上海市轻纺产业经济运行整体情况

（一）经济运行恢复缓慢，行业发展质量略有提升。2023 年，上海轻纺产业规模以上企业 3168 家，实现可比价产值 6475.71 亿元，占全市工业产值的 16.44%。时尚消费品产业集群规模达 4430.05 亿元，比上年增长 3.6%。其中制造业产值 3541.87 亿元，同比增长 2.6%；服务业规模 888.18 亿元，同比增长 8.1%。从运行情况看，食品类（占 19.54%）、电池（占 10.68%）、工艺美术（占 8.51%）、造纸（占 3.44%）产值增长，纺织（占 5.25%）、文教体育（占 1.45%）、皮革制品（1.39%）有所下降。从发展趋势看，电池、专用设备、工艺美术、家电照明等 4 个行业增长潜力较大；食品、塑料、日化、家具等 4 个行业增速相对稳定。

（二）质效持续回暖。全市轻纺产业规模以上企业实现主营业务收入 7998.90 亿元，同比增长 3.15%；利润总额 514.06 亿元，同比下降 3.64%，销售利润率为 6.43%。缴纳税金 197.09 亿元，同比增长 9.93%；三费总计 1044.31 亿元，同比增长 8.55%；三费比率达 13.05%，同比增长 0.65%。

二、分行业发展情况

（一）产值方面。轻纺行业产值排名前三的行业是食品（1265.59 亿元）、塑料制品业（778.19 亿元）和相关专用设备制造业（717.99 亿元），分别占轻纺总产值的 19.54%、12.01%、11.09%。其次是电池制造（691.42 亿元）和工艺品及其他制造业（550.93 亿元），这 5 个行业合计占轻纺工业比重为 61.83%。排名落后的 3 个行业是其他运输设备制造业（7.87 亿元）、仪器仪表制造业（21.73 亿元）、其他工具日用杂品制造（27.53 亿元），合计占比 0.88%。有 5 个行业实现增长，其中，涨幅最大的 3 个行业占轻纺总产值的 19.52%，分别是电池制造（27.6%）、工艺品及其他制造业（5.91%）和仪器仪表制造业（5.39%）。有 14 个行业出现产值同比下降，跌幅最大的 3 个行业占轻纺总产值的 6.82%，分别是其他运输设备制造业（−54.84%）、纺织（−16.0%）

和文教体育用品制造业（−14.03%）。

表 1　2023 年上海轻纺产业产值情况

	分类	现价产值／亿元	同比／%	可比价产值／亿元	同比／%
	轻工	6209.07	2.34	6135.79	1.13
1	食品	1267.47	0.73	1265.59	0.58
2	皮革、毛皮、羽毛及其制品和制鞋业	91.07	−10.79	90.28	−11.56
3	木材加工及木、竹、藤、棕、草制品业	35.23	−9.39	34.94	−10.12
4	家具制造业	284.04	−1.38	280.61	−2.58
5	造纸及纸制品业	222.16	−0.15	222.77	0.13
6	印刷和记录媒介复制业	177.67	0.04	177.17	−0.24
7	文教体育用品制造业	95.58	−12.66	94.07	−14.03
8	日用化学产品制造业	348.35	4.63	331.79	−0.35
9	塑料制品业	744.90	−4.96	778.19	−0.71
10	工艺品及其他制造业	613.99	18.03	550.93	5.91
11	日用金属及设备制造	371.55	−7.74	377.64	−6.23
12	相关专用设备制造业	744.91	0.34	717.99	−3.29
13	其他运输设备制造业	7.92	−54.58	7.87	−54.84
14	电池制造	686.41	26.63	691.42	27.56
15	家电及照明器具	467.06	−2.70	465.26	−3.07
16	仪器仪表制造业	22.67	9.96	21.73	5.39
17	其他工具、日用杂品制造	28.07	0.20	27.53	−1.72
	纺织	353.57	−12.63	339.92	−16.01
	消费品合计	6562.64	1.41	6475.71	0.06

（二）出口方面。轻纺产业实现出口交货值 855.93 亿元，同比下降 7.05%，其中，轻工 777.15 亿元，同比下降 5.8%；纺织 78.77 亿元，同比下降 18%。出口交货值排名前三的行业是相关专用设备（221.36 亿元）、电池家电及照明器具（141.51 亿元）及塑料制品（111.28 亿元），分别占轻纺总出口额的 25.86%、16.53%、13%，合计占比 55.4%。排名落后的 3 个行业是木竹藤棕草制品（0.55 亿元）、其他工

具日用杂品制造（3.72 亿元）、其他运输设备制造业（4.24亿元），合计占比 0.99%。

表2　2023年上海轻纺产业出口交货值情况

	分类	出口交货值/亿元	同比/%
	轻工	777.15	−5.78
1	食品	41.49	12.77
2	皮革、毛皮、羽毛及其制品和制鞋业	19.86	0.14
3	木材加工及木、竹、藤、棕、草制品业	0.55	−41.69
4	家具制造业	27.16	−22.86
5	造纸及纸制品业	18.64	−6.75
6	印刷和记录媒介复制业	14.37	−26.22
7	文教体育用品制造业	37.63	−22.73
8	日用化学产品制造业	29.47	−0.36
9	塑料制品业	111.28	−12.40
10	工艺品及其他制造业	23.14	9.56
11	日用金属及设备制造	47.53	−11.28
12	相关专用设备制造业	221.36	4.84
13	其他运输设备制造业	4.24	−17.59
14	电池制造	27.91	9.80
15	家电及照明器具	141.51	−11.82
16	仪器仪表制造业	7.28	32.74
17	其他工具、日用杂品制造	3.72	−23.79
	纺织	78.77	−18.02
	消费品合计	855.93	−7.05

数据来源：上海市经信委。

（三）利润方面。轻纺产业实现利润总额 514.06 亿元，同比下降 3.64%。利润排名前三的行业是食品（109.44亿元）、相关专用设备制造业（97.81 亿元）、塑料制品（68.49 亿元），分别占轻纺工业总利润的 21.29%、19.03%、13.32%，合计占比 53.64%。排名落后的 3 个行业是电池制造（−0.19 亿元）、其他运输设备制造业（1.09 亿元）和其他工具日用杂品制造（1.42 亿元），合计占比 0.45%。7 个行业实现利润增长，增长最明显的 3 个行业分别是印刷和记录媒介复制业（151.5%）、日用化学品制造业（32.8%）和其他工具日用杂品制造（31.20%）。

三、六大重点领域的经济运行情况

（一）食品行业。食品行业完成产值 1265.59 元，同比增长 0.6%，产值占轻工业产值的 20.6%。完成销售产值 1258.19 亿元，同比增长 0.6%；占轻工业销售产值的 20.3%，同比下降 0.4 个百分点。完成税金总额 46.83 亿元，同比增长 4.9%，占轻工业完成税金总额的 25.0%。完成行业利润总额 109.44 亿元，同比增长 25.6%；食品工业增长幅度高于轻工业行业利润总额下降幅度 29.1 个百分点，占轻工业完成利润总额的 21.9%，同比上升 5.1 个百分点。完成主营业务收入 1592.34 亿元，同比增长 3.0%，占轻工业主营业务收入的 21.1%。完成出口交货值 41.49 亿元，同比增长 12.8%；食品工业出口增幅高于轻工业出口交货值幅度 18.6 个百分点，占轻工业完成出口交货值的 5.3%，同比上升 0.8 个百分点。

（二）日用化学品行业。日化行业制造企业超 240 家。通过推进数字化战略工程、科技投入、开发新品和拓展市场，完成产值 348.35 亿元，同比增长 4.6%。实现出口交货值 29.47 亿元，同比下降 0.4%。实现销售产值 337.58 亿元，同比增长 2.9%。实现营业收入 407.13 亿元，同比下降 0.2%。完成税金总额 16.33 亿元，同比下降 14%。完成利润总额 42.81 亿元，同比增长 32.8%。拥有资产总计 593.03 亿元，同比增长 3.01%。

（三）工艺美术品行业。工艺美术行业在市场需求逐步释放的背景下，行业总体运行平稳、继续保持回升向好的态势，规模以上企业完成产值 523.09 亿元，同比上升 19.7%。完成营业收入 714.49 亿元，同比上升 12.4%。完成销售产值 527.39 亿元，同比增长 20.3%。完成利润总额 36.06 亿元，同比增长 24.9%。规模以上企业出口交货值 3.0 亿元，同比下降 14.5%。工艺美术主力领域——黄金珠宝玉石首饰业，各大品牌在产品创新、营销策略和服务质量等方面持续发力，促进消费者信心提升和购买力的增强。

（四）纺织行业。纺织行业面对错综复杂的国内外发展环境，行业需求改善有限，下游开工率维持低位，成品库存压力仍较大。完成产值 353.57 亿元，同比下降 12.6%。完成销售产值 351.04 亿元，同比下降 13.8%。完成利润总额 15.20 亿元，同比下降 6.9%。完成税金总额 9.59 亿元，同比增长 11.7%。完成出口交货值为 78.77 亿元，同比下降 18.0%。

（五）家具行业。家具行业规模以上企业完成产值 284.04 亿元，按可比价产值 280.61 亿元计算，同比下降 2.6%。完成销售产值 283.82 亿元，同比下降 2.2%。完成营业收入 345.66 亿元，同比增长 2.3%。完成利润总额 33.15 亿元，同比下降 20.5%。完成营业税金及附加 1.28 亿元，同比下降 2.7%。完成出口交货值 27.16 亿元，同比下降 22.9%。

（六）照明行业。照明行业规模以上企业 67 家。完成工业产值 208.9 亿元，同比增长 2.8%。完成销售产值 214.7 亿元，同比增长 3.3%。完成出口交货值 24.7 亿元，同比增长 3.5%。完成主营业务收入 264.6 亿元，同比增长 9.6%。完成利润总额 9.3 亿元，同比增长 3.6%。从照明绩效的分类项目分析，电光源产品制造数量逐年减少，智能照明器具、灯用电器附件及其他照明器具制造增长较快。

上海加快落实工信部的消费品工业"三品"战略和数字"三品"行动，致力于用优质的消费品供给满足人民对美好生活的向往，消费品产业的韧性持续增强。做好顶层设计，在"十四五"规划中首次将"时尚消费品产业"列入支撑上海发展的六大重点产业之一，提出"一体四翼"构架，围绕设计驱动、品牌引领、数智转型、文创融合的蝶形创新链推动上海时尚消费品产业跨越升级。发布《时尚消费品产业高质量发展行动计划》《化妆品产业高质量发展行动计划》《时尚消费品产业数字化转型实施方案》，建设先进纺织品技术创新中心，聚焦"时尚八品"开辟合成生物、AIGC 新赛道。供需联动。聚焦场景构建，打造"上海制造佳品汇"大 IP；聚焦"时尚星云"，推动浦东新区、青浦区、奉贤区获评国家消费品工业"三品"战略示范城市。聚焦国潮出海，在巴黎、布鲁塞尔、米兰、伦敦等地推广上海制造时尚消费佳品，办好国际化妆品大会。推近设计驱动，以国家级、市级设计创新中心为中坚力量，用好"上海设计100+"遴选机制，通过"世界设计之都大会""上海设计周"等深化产业链和平台招商，鼓励消费品企业以"创新设计＋优势制造＋

渠道营销"。强化品牌引领，举办中国品牌经济（上海）论坛并纳入"中国品牌日"体系，发布上海品牌100+（时尚消费）。加强企业品牌管理体系试点建设，分级认定"上海市品牌引领（培育）标杆企业"。推动数智转型，制定时尚消费品产业数字化转型实施方案，征集27个时尚消费品数字化转型应用场景，67%为制造企业，培育4家工赋链主、10家化妆品生产领域数字化转型标杆企业。深化文创融合，建设160家市级文创园区，20家文创楼宇，36个文创空间，打造打造新案例、新业态、新模式、新消费的聚集地。

（由　文）

文化创意产业发展情况

2023 年，在中共上海市委、市政府和市文创领导小组的领导下，在各成员单位和各区的共同努力下，上海文化创意产业坚持改革创新，强化数字化赋能，构筑具有标识度的核心文化创意产业，深化具有核心竞争力、国际影响力的文化创意产业中心建设。文化创意产业支柱地位不断夯实，"两中心、两之都、两高地"建设提质升级。

一、"两中心、两之都、两高地"重点领域建设攻坚发力，引领推动产业发展

（一）全球影视创制中心建设有序推进。上海科技影都已拥有17个影视专业拍摄基地及影棚，影视企业超7700家，基本实现影视全产业链发展。抢抓元宇宙、数字经济发展新机遇，累计吸引爱奇艺、宸铭等329家影视企业入驻环上大国际影视园区。浦东国际影视产业园打造培植产业集聚基础，上海（车墩）高科技影视基地建设有序推进中。

（二）国际重要艺术品交易中心建设持续"升温"。举办第五届上海国际艺术品交易周，交易周期间汇聚300余家中外艺术机构，举办超百场艺术活动，展示交易艺术品货值超100亿元，境外画廊占比超50%，展商数量、境外画廊占比、交易规模均创历史新高。第六届进博会"文物艺术品板块"参展机构数量、展示面积达历史之最，成交59件、总额5.52亿元，交易量相比上届实现大幅度提升。

（三）亚洲演艺之都建设加快复苏。截至2023年10月底，全市举办营业性演出近3.85万场，接待观众2006.7万人次，票房收入19.8亿元。上海首创100家演艺新空间深受年轻群体喜爱，亚洲大厦、大世界等成为演艺新消费示范区。推进《海上生民乐》《永不消逝的电波》等驻场演出，举办"夏季音乐节""京昆群英会"等内容丰富、形式多样的主题演出季，加强如《剧院魅影（中文版）》、法语音乐剧《罗密欧与朱丽叶》等国外经典IP剧目引进改编，持续提升

优质内容供给，演艺码头不断繁荣。

（四）全球电竞之都建设稳步推进。中国电竞产业研究院落沪，举办2023全球电竞大会及各类线上线下电竞赛事、活动2000多场，引进顶级赛事落沪，保持国内举办重要电竞赛事最多、拥有高水平电竞俱乐部最多等优势。制定国内首部《电子竞技主播行为规范》团体标准，进一步促进上海电竞产业的健康发展。

（五）网络文化产业高地建设提速增效。举办第三届中国游戏创新大赛、第二十届中国国际数码互动娱乐展览会（Chinajoy）。举办第七届网络文学现实题材征文大赛，参赛作品超3万件，最终评选出《只手摘星斗》等14部优秀作品。网络视听平台覆盖全国近一半网民。制定并出台《上海市关于贯彻落实国家文化数字化战略的实施意见》，创新设立上海数字文创暨元宇宙产业联盟，成立文创元宇宙研究院，发布元宇宙产业白皮书，开展元宇宙数字文创产业集聚区前期思路研究，联合头部企业，推动上海文创智算中心建设。

（六）创意设计高地建设竞争力不断提升。开展2023年"设计100+"遴选，吸引来自18个国家和地区的2542个优秀项目申报，入围项目已实现经济价值518亿元。聚焦大国重器、智慧出行、时尚消费品等领域，加快培育壮大设计市场主体，制订《上海市设计创新中心管理办法》，上海飞机设计研究院、中船邮轮、蔚来汽车、百雀羚等9家上海单位入选国家级工业设计中心，创上海历年入选（获评）数量新高，并稳居全国各省市前列。发布上海时尚100+榜单，遴选时尚引领示范企业、时尚消费新空间。制定时尚消费品产业数字化转型实施方案，发布第二批5家化妆品生产领域数字化转型标杆企业。

二、文创扶持资金和文创金融服务效能持续提升

（一）发挥文创资金扶持引导作用，优化文创产业创新生

态。2023 年，市级文创资金共扶持 983 个文创项目。文创资金持续加大对中小微文创企业的扶持力度。一是贯彻落实国家文化数字化战略，以"元宇宙""AIGC 虚实互动人工智能"类前沿文创数字化项目等新兴领域为扶持重点，支持迷塔城 1933 元宇宙景区、搜尔沉浸式元宇宙社交等特色项目，以数字化赋能全市新兴领域文创产业发展，打造自信繁荣的数字文创。二是聚焦助力创意设计高地建设的新项目，加强市级设计创新中心培育和创建，支持蔚来汽车、商米科技等企业提升设计理念和设计服务对文创产业的产品开发、服务体验等方面的赋能能力，扶持元宇宙时尚走秀等项目，构建"数智时代"时尚产业消费新格局。三是重点支持一批传播中华文化、塑造上海形象、推进国际交流的文创项目，增强上海文创影响力、吸引力和竞争力，扶持数字港文化出海基地、上海时尚消费品牌全球新站点等项目，服务"中华文化走出去"国家战略，创新国际传播实践，推动上海优秀影视、文学等作品及上海文化 IP 出海，支持上海时尚消费品品牌开拓米兰、伦敦等国际市场，拓展本土品牌的全球影响力，扩大海外市场份额与声量，完善消费品出海的设计生态。四是着力推进一批"文创为民"、凸显人民性的新项目，打造人民与美好生活双向奔赴的社会主义国际文化大都市。扶持第一百货·星空间、世界少年儿童设计大会等项目，让更广大的人民群众更有文化获得感，展现出"人民城市"美的追求、善的向往，让文创成为每个人都能参与、享受、创造的美好生活方式。

（二）优化文创金融服务体系，提升文创金融服务效能。一是召开 2023 年度上海市文创金融工作推进会，部署《2023 年上海市文创金融工作要点》。二是丰富文创金融服务矩阵，编制发布《上海文创金融服务手册（第四版）》，涵盖金融服务机构 50 家、融资产品超 100 款。三是优化中小微文创企业金融服务，实施 2023 年版"文金惠"文创金融服务方案，推出最低 0.1%/ 年担保费率、4%/ 年小贷利率；推动"文创接力贷"服务覆盖 11 个文创产业行业大类。通过"文金惠""文创接力贷"等"银担联动"渠道，全年已为 360 家文创企业放款达 15.2 亿元。四是优化市级文创资金贷款贴息政策，降低企业融资负担，撬动银行面向中小文创企业放贷金额增至 5 亿元。五是推进文创特色支行建设，全市认定市级文创特色支行 13 家，完成各行三年行动计划制定，建立季报统计制度，形成"一区一特色支行"服务网络，截至年末，13 家特色支行文创企业贷款余额超 320 亿元，放款企业超 2150 家。六是支持保险机构创新文创保险产品开发，人保财险上海分公司、国寿财险上海分公司、太保财险等分别推出展会责任保险、艺术品展览财产保险、艺术品类关税保证保险、影视影片制作综合保险等特色保险产品。

三、优化文创产业高质量发展良好环境

（一）引领重点企业发挥示范带头作用。上海世纪出版集团、米哈游、东方明珠新媒体 3 家企业及上影集团、阅文信息 2 家企业分别入选第十五届"全国文化企业 30 强"和提名企业。老凤祥、荣泰科技等 22 家企业获得首批时尚引领示范企业称号。全市共有 33 家企业和 15 个项目入选 2023—2024 年度国家文化出口重点企业和重点项目。持续做好企业服务，成功助力重点文创企业对接中央有关部门，完成上市前置审批。

（二）文创园区可持续发展稳步推进。开展新一轮市级文创园区、示范楼宇和示范空间认定，共认定 160 家市级园区（含 24 家示范园区）、20 个楼宇和 36 个空间被评为 2023—2025 年度上海文创产业园区、示范楼宇、示范空间。

（三）重大文创节展活动品牌提质升级。以精心策划、优质内容为抓手，活跃全市文创市场。第二十届 ChinaJoy 4 天展期内共吸引观众 33.8 万人次，大幅提升展会内外消费体量。第二十五届上海国际电影节吸引约 42.7 万观影人次，票房超 3600 万元，持续激发文创消费活力。第二十二届中国上海国际艺术节场次规模增长超 20%，吸引观众超 600 万人次。2023 世界设计之都大会累计举办 1 场开幕式、3 场设计峰会、10 大设计领域 50+ 高峰论坛及 100+ 发布专场、时尚秀演等设计活动，线下参与人数超 13.8 万，海内外 3000+ 媒体发布报道超 8000 篇、全网阅读量超 20.3 亿次。第四届长三角文博会展会面积首次超过 10 万平方米，参展单位数量超过 1500 家，吸引观众 15 万人次现场观展。第三届上海咖啡文化周联动全市 16 个区和线上消费平台重点打造咖啡文化集市、咖啡特色街区、咖啡公益活动等。首届"文创上海"创新创业大赛设置数字科技及元宇宙、未来生活方式、原创内容生产传播三个赛道，报名参赛企业总数达 403 家，经过 6 个月的激烈竞赛，共有来自国内外的 35 家获奖企业脱颖而出。

（四）文创行业协会服务效能持续提升。优化市文促会产业服务效能，积极构建政企及其他专业领域的沟通桥梁，健全服务体系，促进产业要素流通、合作，营造良好营商环境。全年主承办上海国际 MCN 大会、第四届长三角文博会等活动，成立元宇宙专委会、红色文创专委会、园区专委会及文化医疗专委会（筹）。在会员服务方面，打造产研互通、企业合作产业交流平台，办好私董会等品牌活动；加强国际交流，为会员单位申办 APEC 商务卡；跨地域合作，与浙江、湖南、四川等地文化创意类协会建立战略合作。

四、持续推动文旅商深度融合发展

（一）激活文旅消费市场。上海旅游节期间实现旅游总消费 886.6 亿元，比上年增长 13.5%；春节、五一假日上海旅游消费位列全国城市第一，中秋国庆假日旅游消费同比增长 29.7%；全市博物馆、美术馆举办展览超 1200 个，接待观众超 2500 万人次；全市大型营业性演出达 147 场，超过 2019 年同期 50%，演艺消费市场持续活跃。创新文创消费场景，线上线下举办各类电竞赛事活动超 2000 场，静安国际光影节、淘书乐·樱花谷旧书市集等新文创消费项目深受市民欢迎。加强文化惠民消费促进，推出"上海观影惠民季""上海电影惠民消费活动"等观影优惠系列活动，演艺大世界尾票亭截至 10 月底近 3500 余张门票以五折售价惠及市民，上海电影票房截至 11 月下旬收入 26.42 亿元，观影人次 4842.1 万人，放映场次 335.1 万场，均位列全国第一。

（二）完善空间载体建设。黄浦区新天地石库门、静安区静安嘉里中心－安义路等 2 个街区入选第三批国家级旅游休闲街区，长宁区愚园路风貌街区、普陀区莫干山路艺术街区、闵行区夜虹桥潮流街区、浦东新区世博前滩片区等 4 个集聚区入选第三批国家级夜间文化和旅游消费集聚区。举办 2023 上海夜生活节，发布 100 个包括苏河湾万象天地、大学路限时步行街在内的夜生活好去处，策划"开夜大集"主体夜市，推出夜间消费惠民优惠，打造"夜上海"IP 宣传项目。全面助力提升城市魅力和城市品质。

五、发挥各区文创优势，提升文创产业整体竞争力

（一）优化体制机制，加速重点产业布局推进。各区聚焦重点文创行业，持续优化政策环境，促进产业高质量发展。杨浦区出台《杨浦区促进文化创意产业发展的若干政策》，静安区发布《静安区关于促进设计产业发展的实施方案》，普陀区发布《普陀区推动数字广告产业高质量发展实施方案》，黄浦区发布《黄浦区关于加快推进数字产业发展的政策意见》，闵行区编制《闵行区文化创意产业发展三年行动计划（2024—2026 年）》，金山区编制《金山区文化创意产业发展三年行动计划（2024—2026 年）》，奉贤区编制《奉贤区文旅新消费培育三年行动计划》。

（二）发挥重磅项目优势，构筑产业发展支点。一是推动文商旅体科消费深度融合，浦东新区推出"玩 HIGH 浦东"，一季度拉动综合性消费近 200 亿元；徐汇区通过周杰伦演唱会叠加周边消费效应，酒店总营收超 5000 万元，部分商圈客流同比增长 75%。二是推进区域文创品牌建设，虹口区持续提升国家音乐产业基地和国家数字出版基地创新力、影响力和引领力；普陀区持续打造 MCN 和数字广告产业高地；松江区加快科技影都建设，"长三角国际影视中心"等重点影视产业项目提速增效；嘉定区聚焦直播和短视频产业，推进上海国际短视频中心微短剧数字中心等各类直播场景建设。三是持续推进并建成开放一批新兴文化地标，提升上海城市形象、推动文化传承和创新、带动周边商业发展和创造就业机会，杨浦区建成开放中国近现代新闻出版博物馆、YOUNG 剧场等；闵行区持续推进上海电竞中心、SMG 全媒体创新平台建设。四是举办重大节展活动营造产业生态，静安举办上海静安国际设计节等，金山区举办长三角老字号振兴与品牌创新大会、老品牌直播活动，持续营造具有特色、活力、创新力的产业生态。

（三）做优做强文创招商引资品质。徐汇区建立战区管理机制，多部门配合，市场局协同发力，吸引榕智、联发科等优质企业落地西岸。黄浦区鼓励对符合招商引资政策的重大项目按照规定予以奖励，发布《黄浦区重点产业领域紧缺人才开发目录》，对文创人才给予重点关注和资源倾斜。浦东新区推出《浦东新区文化创意产业发展白皮书（2023）》和产业宣传手册，梳理各委办局扶持政策、各区域产业特色及空间资源，加大浦东文化领域对外开放和招商引资力度。长宁区积极发挥政策导向作用，聚焦拓展产业价值链和产业链，吸引凝结服饰、源通等企业、项目落地。杨浦区构建链式招商，推行重点产业链"链长制"，拓宽招商渠道，打造上下游相互关联、纵向延伸横向耦合发展的优势产业链。宝山区鼓励文创园区大胆革新和差异化发展，聚焦重点、培育特色，提升文创载体的招商品质。

（吴宏杰）

工业利用外资情况

2023 年，上海工业领域外资对全市工业经济支撑明显，外商、港澳台商控股企业累计规模以上工业总产值为 15720 亿元，占全市规模以上工业的 40%，其中外商控股企业产值 10054 亿元，占全市规模以上工业的 26%，港澳台商控股企业产值 5666 亿元，占全市规模以上工业的 14%；外商、港澳台商投资工业企业利润总额 1314 亿元，占全市工业的 52%。

从行业结构看，除烟草外，其他 34 个工业大类中外资企业均有布局。汽车制造、电子信息、高端装备、化工新材料、生物医药等 5 个行业产值占外资总产值比重超过 90%。

从企业产值看，全市达到千亿级的外商、港澳台商控股企业有 1 家（特斯拉）；百亿级外商、港澳台商控股企业 10 家（昌硕科技、振华重工集团、达功电脑、ABB 工程、可口可乐、百事食品、安波福电气系统、科思创聚合物、顺诠科技、环旭电子），占全市百亿级企业总数（29 家）的 34.5%（见附表 1）。

值得关注的是，中美贸易摩擦叠加疫情后全球产业链重塑，外资制造业占上海工业经济比重有所降低，近 5 年外资制造业（外商控股、港澳台商控股企业）占全市规模以上工业产值比重由 2021 年的 45% 下降到 2023 年的 40%（见附表 2）。

2023 年，上海成功引进一大批外资重大产业项目，外资工业投资持续攀升。外资工业投资（含港澳台）比上年增长 11.2%，快于面上工业投资增速 5.7 个百分点。外资工业投资主要集中在新材料、新能源汽车、生物医药等战略性新兴产业领域。主要呈现以下特点：一是加强招商引资。利用进博会、全球投促大会、生物医药周等重大展会平台，举办一系列外资产业项目集中签约活动，持续加大集成电路、生物医药、新能源汽车等重点领域外资招商力度，特斯拉储能、莫德纳等一批重大产业项目签约落地。二是加快项目推进。依托市重大工程协调机制等，推广容缺后补、"拿地即开工"等方式，协调项目建设中存在的问题，保障项目建设进度。推动英威达聚合物三期、工业气体合成气三期等项目快建设。三是深化技术改造。加大对外资技改支持力度，进一步促进新能源汽车、工业机器人、集成电路等相关产业链强链补链。

附表 1　2023 年产值千亿级、百亿级外商、港澳台商控股企业

序号	企业名称	在地	2023 年累计产值／亿元	行业	控股类型
1	昌硕科技（上海）有限公司	浦东	100～1000	02 电子	外商控股
2	上海振华重工（集团）股份有限公司	浦东	100～1000	11 机工	外商控股
3	达功（上海）电脑有限公司	松江	100～1000	02 电子	港澳台商控股

（续表）

序号	企业名称	在地	2023 年累计产值／亿元	行业	控股类型
4	上海 ABB 工程有限公司	浦东	100～1000	11 机工	外商控股
5	可口可乐饮料（上海）有限公司	闵行	100～1000	03 轻工	外商控股
6	百事食品（中国）有限公司	松江	100～1000	03 轻工	港澳台商控股
7	安波福电气系统有限公司	嘉定	100～1000	11 机工	外商控股
8	科思创聚合物（中国）有限公司	化工区	100～1000	07 石化	外商控股
9	上海顺诠科技有限公司	闵行	100～1000	02 电子	外商控股
10	环旭电子股份有限公司	浦东	100～1000	02 电子	港澳台商控股
11	特斯拉（上海）有限公司	浦东	1000 以上	12 汽车	港澳台商控股

附表 2　2019—2023 年外商、港澳台商控股企业产值

	规模以上总产值／亿元	港澳台商控股	外商控股	港澳台商控股＋外商控股
2019 年	34427	3431	10637	14067
2019 年占比／%	100	10	31	41
2020 年	34831	4093	10506	14599
2020 年占比／%	100	12	30	42
2021 年	39499	5486	12133	17619
2021 年占比／%	100	14	31	45
2022 年	40474	6010	10697	16707
2022 年占比／%	100	15	26	41
2023 年	39400	5666	10054	15720
2023 年占比／%	100	14	26	40

（涂志凡）

工 业 品 进 出 口 情 况

2023 年，在国际严峻经济形势、全国货物进出口小幅下降的形势下，上海市进出口总值创历史新高，达到 4.2 万亿元，比上年增长 0.7%，其中，出口 1.7 万亿元，增长 1.6%；进口 2.5 万亿元，增长 0.1%。

一、2023 年上海市进出口总体情况

（一）一般贸易方式进出口比重提升

据海关统计数据显示，一般贸易在全市进出口占比为 59.4%，比重同比提高 0.6 个百分点，显著高于加工贸易占比，贸易方式继续优化。

2023 年上海进出口（按贸易方式）总值

分类	进出口／万亿元		出口／万亿元		进口／万亿元	
	总值	同比／%	总值	同比／%	总值	同比／%
一般贸易	2.50	1.7	0.94	1.5	1.56	1.9
加工贸易	0.58	−16.6	0.39	−16.1	0.19	−17.6

（二）工业出口小幅回落

全市完成工业出口交货值 8014.7 亿元，同比下降 10.3%。由于 2022 年上半年新冠疫情封控、基数低，下半年疫情解封报复性出口增长、基数较高，叠加全球经济不利因素，导致 2023 年工业出口上半年正增长，下半年负增长。

二、主要行业工业出口情况

工业出口规模较大的行业主要是电子、机械、轻工、汽车、石化、船舶行业等 6 个行业，出口量占全市工业出口总量的 93.9%。

（一）电子行业

电子行业工业出口交货值 3099.8 亿元，同比下降 24.8%，电子出口占全市工业出口的 38.7%。电子行业以出口为主，出口外向度达 67.6%。

（二）机械行业

机械行业工业出口交货值 1395 亿元，同比下降 0.6%，机械出口占全市工业出口的 17.4%。机械行业出口外向度为 17.3%，低于全市 3 个百分点。细分行业中，物料搬运设备 222.1 亿元，同比增长 6.7%；输配电设备出口 168.7 亿元，同比增长 12.1%。

（三）轻工行业

轻工行业工业出口交货值 777.2 亿元，同比下降 5.8%，轻工出口占全市工业出口的 9.7%。轻工行业出口外向度为 12.5%，低于全市个 7.8 百分点。细分行业中，家用电器 111.2 亿元，同比下降 12.8%；塑料制品业出口 111.3 亿元，同比下降 12.4%。

（四）汽车行业

汽车行业工业出口交货值 1392 亿元，同比增长 15.9%，汽车出口占全市工业出口的 17.4%。汽车行业以内销为主，出口外向度为 17.8%。汽车出口中，约 76% 为汽车整车出口。

（五）石化行业

石化行业工业出口交货值 439 亿元，同比下降 12.8%，石化出口占全市工业出口的 5.5%。石化行业外销比例较低，出口外向度为 10.1%。细分行业中，合成材料制造出口 116.0 亿元，同比下降 12.4%。

（六）船舶行业

船舶行业工业出口交货值 424.2 亿元，同比增长 13.2%，船舶出口占全市工业出口的 5.3%。船舶行业是全市出口外向度第二高的行业，出口转外贸为 55.1%。

（戚任远）

第 23 届中国国际工业博览会举办情况

2023 年 9 月 19—23 日，第 23 届中国国际工业博览会（以下简称"工博会"）在上海成功举办。本届工博会贯彻落实习近平总书记关于"坚定不移建设制造强国""加快推进新型工业化"的指示要求，聚焦新工业新经济，展示中国制造业高质量发展的创新成果，彰显中国式现代化的风范魅力，唱响全球产业合作主旋律，开启制造业新图景新未来。中共上海市委书记陈吉宁出席并宣布第 23 届中国国际工业博览会开幕。中国工程院院长李晓红，上海市委副书记、市长龚正致辞，并共同颁发中国国际工业博览会大奖（含特别大奖）。联合国前秘书长潘基文视频致辞。

本届工博会由工业和信息化部、国家发展和改革委员会、科学技术部、商务部、中国科学院、中国工程院、中国国际贸易促进委员会、上海市人民政府共同主办。中共上海市委、市政府坚决贯彻党中央、国务院战略部署，在国家部委支持指导下，加快推动传统产业数字化、绿色低碳"两个转型"，大力发展三大先导产业和六大重点产业，抢先布局四大新赛道产业和五大未来产业方向，促进数字经济与实体经济深度融合，着力构建现代化产业体系，加快探索新型工业化发展道路。

本届工博会为期 5 天，共设九大专业展区，参展企业超过 2800 家，来自全球 30 个国家和地区，展览面积 30 万平方米，近千项新技术新展品首展首发。截至 9 月 23 日下午 2 点，到场专业观众 20.5 万人次，比上届增长 6.89%，数字工博在线访问数 711 万次，全网曝光量达 12.3 亿。展商数量、展览面积、观展人次、传播影响力均创历史新高。与历届相比，本届工博会呈现出规模创新高，展品更硬核，展示更前沿，形式更多样，影响更广泛等特点。

本届工博会的成功召开，对于提振全球工业经济信心，维护国际产业链供应链安全稳定，提升中国在全球工业体系中的地位和影响力，彰显中国深化改革开放决心，具有特殊作用和深远意义。

一、聚焦新工业新经济，助力推进新型工业化

面对百年变局加速演进，新一轮科技革命和产业变革深入发展，全球经济结构和创新版图加速重构，产业链供应链正在深度调整。本届工博会适应时代要求和形势变化，以"碳循新工业数聚新经济"为主题，把握工业经济高质量发展脉搏，推动数字技术与实体经济深度融合，为推进新型工业化注入新活力。数控机床与金属加工展、工业自动化展、节能与工业配套展、新一代信息技术应用展、能源技术与设备展、新能源与智能网联汽车展、机器人展、科技创新展、新材料产业展等专业展区，覆盖从制造业基础材料、关键零部件，到先进制造装备、整体解决方案的智能绿色制造全产业链，汇聚上下游大中小企业，展示中国制造业企业的创新模式与发展方向，展现重点领域攻关突破成果及部分重大技术装备、核心部件、基础工艺等国产化进展，诠释中国工业门类齐全、产业配套能力较强，充分融入全球产业链分工体系的特点，凸显产业链供应链开放合作的巨大潜力和广阔空间，以实际行动共同维护全球产业链供应链韧性和安全稳定，以创新成果展现中国式现代化的生动实践。

二、提振工业经济信心，助力世界经济复苏

由于全球通货膨胀持续、金融市场动荡、债务压力上升，国际市场不稳定、不确定、难预料因素增多，各国经济都面临不小挑战。在世界经济复苏乏力的大环境下，中国积极扩大高水平开放，持续优化贸易结构，用好工博会等高标准对外交流平台，不断开拓中外互利合作新空间。1—8月，中国规模以上工业增加值比上年同期增长3.9%，一般贸易进出口同比增长1.7%，占进出口总额的比重为65.4%，为恢复全球经济活力、增强经济发展韧性注入强劲动力。工博会是观察国内外工业经济趋势的窗口，中国工业具有强大发展韧性和潜力，长期向好的基本面和有利支撑条件没有改变。本届工博会的成功召开，有利于进一步凝聚发展共识，传递各方信心，助力我国工业经济稳增长和全球经济复苏。

三、演绎数智融合共生，彰显高端化发展新趋势

本届工博会紧跟制造业与人工智能、大数据、元宇宙、区块链等融合趋势，展示制造业迈向全球价值链中高端新进展，推动制造业数字化转型走深向实。中国电信搭建一体化数字孪生平台，促进传统仓储智慧升级，为促进工业制造提级增效带来更多想象力。震坤行等上海产业互联网平台在长三角布局研发与智能制造基地，为产业转型升级深度赋能。研祥集团携国产化布局亮相展会，全面展出自动驾驶、智慧园区、网络安全、智慧医疗等行业解决方案。三菱电机展示面向新能源、锂电、生活用纸等领域的创新解决方案，助力中国企业实现绿色可持续发展。罗克韦尔自动化独立小车技术，诠释自动化、数字化、智能化技术融入生产、生活的方方面面。欧姆龙立足"超越人的自动化"和"人机的高度协作"两大方向，探索制造业新业态和人类在其中的角色转变，再现"近未来"的自动化。

四、首发首展勇创新高，打造创新策源实践高地

本届工博会成为首发展品最多、首展技术最集中的一届展会，部分产品实现"展品变商品，商品变爆款"的效应。德国西门子和济南邦德激光作为参展"展王"，西门子自2003年起连续参展，这次带来新一代伺服系统等多项首发产品；济南邦德激光作为行业隐形冠军，其激光切割机连续4年位居全球销量前列。此外，机器人展区是全球工业机器人领域规模最大、企业参与数最多的展示平台，首发新品就达320项。中外企业同台竞技，ABB、发那科、库卡和安川电机四大机器人巨头再次集体亮相，并带来一系列重磅新品。ABB推出全球首发的自动路径规划软件OptiFact和教育机器人IRB 1090，并首次展示协作机器人GoFa 10和12。国产机器人企业也频频发力，节卡机器人发布2.5D视觉定位技术，新兴品牌捷勃特发布首款协作机器人。受益于工博会平台的集中展示功能，近年来上海本土机器人产量、占比在全国保持领先。数控机床与金属加工展则体现"国产崛起，

媲美进口"主旋律，既汇聚德国通快、日本天田、意大利萨瓦尼尼、瑞士百超、比利时埃威迪等行业知名品牌，也吸引汇专、奔腾、宏山、迅镭、华工、亚威、锐科、创鑫、柏楚等众多民族品牌携经典产品各展风采。

五、聚集海量行业资源，构建跨行业生态体系

工博会既是展示工业创新成果的平台，也是跨行业交融互鉴的平台。本届工博会特别策划专题展区，合成生物展区汇聚来自生物医药、新材料、消费品、环境、能源等细分领域的国内顶尖优势企业，展现高端生物制造广阔应用前景，加速未来健康产业资源要素集聚。借助工博会开放平台和海量资源优势，上下游企业开展项目合作，友商切磋交流比武，初创企业挖掘应用场景，各类投资洽谈成功对接，推进"展场变市场、展商变投资商"。黑湖科技在展会上对接合作伙伴，大族激光现场签约多家优质客户。工博会链接国内外海量行业资源，精准对接最新需求，构建起开放创新的跨行业生态体系，促进企业跨越式发展。

六、对标国际一流水准，CIIF大奖镌刻"中国制造"

本届工博会全面对标国际一流工业展览会评奖标准，持续推进市场化运营，共有559件展品参评，创历史新高，共评出9项CIIF奖（包括1项CIIF特别大奖和8项CIIF大奖）。既有彰显"中国制造"实力的"国之重器"，又有在关键"卡脖子"环节取得重大突破的新技术新材料。特别大奖由上海卫星工程研究所研制的"'天问一号'火星环绕器"获得，它是中国首个行星际飞行平台，首次实现行星际飞行、首次实现地外行星捕获、首次实现4亿公里距离的测控通信、首次获取第一手的火星探测数据，实现中国航天器由地月系向行星际的跨越式发展，极大地推动中国深空探测技术的发展。

七、秉持国际化视野，助力全球产业创新合作

作为工业领域唯一以中国冠名、举办历史最长的国家级展会，本届工博会致力打造深化国际创新合作的重要窗口，"朋友圈"越来越大，更多新老朋友共赴"中国之约"。国际品牌参展比例增至30%，国际展商踊跃回归，既有来自美国、德国、日本、意大利等传统制造业强国的外资企业，也有来自哈萨克斯坦、阿塞拜疆、古巴等共建"一带一路"国家的首次参展企业。本届工博会首设德国馆，德国隐形冠军企业等带来最新技术和产品，见证中德产业链、供应链协同合作成果。意大利国家馆在本届工博会中进一步扩大规模，展出面积达到1300平方米，参展企业数量提升至65家，同比增长30%。上海也将持续打造市场化、法治化、国际化的营商环境，推动外资企业在沪投资兴业，共享发展新机遇。

八、荟聚顶尖专家菁英，引领产业科技创新风尚

本届工博会举办近300场同期论坛及现场活动，充分发挥高端对话平台作用，部市论坛、发展论坛、科技论坛、行

业与企业论坛等版块精彩纷呈，聚焦制造业绿色化发展、数字化转型、智能网联、新材料等前沿领域，邀请诺贝尔奖得主和德国国家工程院院士等百余位行业顶尖专家，与政府部门、行业企业高级管理者一道，就新兴技术、产业发展趋势和政策方向，开展高端对话与思想交流。如2023国际工业可持续发展论坛暨中德绿色制造大会，倡导中德携手，打造绿色制造伙伴，共同分享数智红利。2023国际工业互联网大会，聚焦数字产业化和产业数字化，探讨工业大模型及落地

应用等热点话题，畅想数字工业新未来。政、产、学、研、媒、资、用等大咖分享洞见，激荡智慧，共商可持续发展之道，共谋未来创新之路，推动制造业发展迈向更高水平。

这是一届提振信心、求新求变的展会，是推动制造业高端化、智能化、绿色化、融合化发展的展会，是助力实体经济发展、推进新型工业化、服务构建新发展格局的展会，更是展示全球科技创新成果和世界工业文明交融的展会。

（殷文琪）

工 业 投 资 情 况

2023 年，在中共上海市委、市政府坚强领导下，上海市坚持把抓投资放在抓发展的突出位置，持续推进工业稳投资工作。全市工业投资保持平稳增长，重大产业项目加快建设，招商引资创新突破，技术改造深入实施，圆满完成年度任务目标。

一、工业投资保持平稳增长

2023 年，上海工业投资比上年增长 5.5%，投资规模再创历史新高，其中制造业投资同比增长 6.7%。新一代信息技术、生物医药、新材料和高端装备等战略性新兴产业增长较快。一是六大重点产业投资稳步增长。六大重点产业投资同比增长 4.4%，其中成套设备制造业增长 16.6%、生物医药制造业增长 9.6%、电子信息产品制造业增长 9.6%、石油化工制造业下降 6.6%、汽车制造业下降 8.2%、精品钢材制造业下降 22.1%。二是新动能产业投资增长较快。七大战略性新兴产业投资同比增长 8.2%，其中新一代信息技术增长 14.9%，集成电路企业持续加大设备采购力度，是该领域投资大幅攀升的主要原因。三是重大产业项目带动效应显著。积塔特色工艺生产线、天岳碳化硅材料、金山巴陵弹性体等重大产业项目持续加快投资释放。全年 10 亿元以上在建重大产业项目数量同比增长 8.3%，完成投资同比增长 8.6%，占工业投资总额的 57.3%，带动全市工业投资平稳增长。

二、重大项目建设持续加速

优化项目全生命周期推进体系，完善重大产业项目协调推进机制，加强部门间协同联动，全力做好项目要素保障，推动项目早落地开工、快建设投产。一是强化市区协同，压实重大产业项目责任。市经信委联合市住建委、市规划资源局，编制发布"四个一批"重点产业项目清单，合计拿地项目 90 个，开工项目 112 个，在建项目 359 个，竣工项目 148 个。跟踪推进的市重大工程项目（产业类）共 63 个，总投资 4520 亿元，超额完成全年目标。二是优化项目审批。会同相关部门，从规划、土地、施工许可等方面进一步简化审

批流程。推广容缺后补、"拿地即开工"等方式，推进舜宇光学、君实生物等具有带动效应的重大产业项目开工。三是加强项目协调。对个性问题，采取一事一议的方式，对面上问题，联合相关部门及时出台专项政策举措，协调解决推进，保障中芯东方、格科、宁德时代等项目用电需求，确保及时按需供电，加快重大产业项目建设。

三、招商引资创新突破

完善招商统筹机制，形成全市招商合力，提升招商能级水平，加快新赛道新动能项目布局。打响"投资上海"品牌，一大批重大招商引资项目签约落地，有效投资进一步扩大。一是完善招商统筹机制。召开市投资促进工作领导小组会议，持续深化首谈报备、市级主谈、信息共享、跨区布局、协调推进制度，在实战中完善"1+20"市区两级推介体系。二是加快重大项目引进。4 月，成功举办 2023 上海全球投资促进大会，总投资 674 亿元的 26 个规模大、能级高的代表性项目签约。推进特斯拉储能、莫德纳、荣耀芯片与人工智能研发总部等一批重大产业项目签约落地。三是打响"投资上海"品牌。全力做好市外、海外招商引资工作，开展全国行、全球行系列活动，全年共开展各类招商活动 6496 场，其中签约活动 778 场。

四、技术改造深入实施

抓住高端化、智能化、绿色化、融合化发展机遇，推动制造业加快技术改造、产线升级，加快推动新型工业化进程，由点带面推动全市规模以上企业实施技改，为工业稳增长稳投资提供有力支持和坚实基础。一是发挥技改对工业投资支撑作用。工业技术改造投资占工业投资比重超过六成，营造企业开展技术改造的浓厚氛围，提振企业投资信心。二是强化项目策划，支持重点技改项目建设。进一步提升专项政策支持集中度，提高重大技改项目显示度，将有限政策资源向新硅聚合半导体、凯迪拉克纯电动车等重大项目、关键项目倾斜。三是聚力强链补链，支持重点领域升级改造。聚

焦 "3+6" 新型产业体系，推动重点领域企业技术改造，加快延链补链强链。如集成电路领域，推进长电科技、豪威半导体助力高端封装技术国产化替代。

附表　2023年重大工业投资项目

单位名称	项目名称
上海积塔半导体有限公司	特色工艺生产线建设项目
沪东中华造船集团长兴造船有限公司	中船长兴造船基地二期工程项目
格科半导体（上海）有限公司	12英吋CIS集成电路特色研发与产业化项目
上海超硅半导体有限公司	AST上海项目
上海化学工业区工业气体有限公司	合成气装置三期扩建项目
上海城投水务（集团）有限公司	竹园污水处理厂四期工程
英威达尼龙化工（中国）有限公司	英威达聚合物三期项目
中国航发商用航空发动机有限责任公司	中航商用航空发动机有限责任公司临港基地

（续表）

单位名称	项目名称
上海和辉光电股份有限公司	第6代AMOLED显示项目
上海上药生物医药有限公司	上药生物医药产业基地建设项目
上海鼎泰匠芯科技有限公司	12英寸功率半导体自动化晶圆制造中心项目
上海新　半导体科技有限公司	300毫米硅片技术研发与产业化二期项目
上海联影医疗科技股份有限公司	联影生产基地二期
上海榕融新材料技术有限公司	氧化铝连续纤维制品工业化生产与制备二期
蓝帆医疗（上海）有限公司	蓝帆医疗科创总部及产业化基地
中国石化上海石油化工股份有限公司	2.4万吨年原丝1.2万吨年48K大丝束碳纤维项目
上海新微半导体有限公司	上海临港化合物半导体4吋及6吋量产线项目
上海金山巴陵新材料有限公司	热塑性弹性体项目

（孙祐成）

建 设 高 质 量 特 色 产 业 园 区 情 况

2023年，上海建设高质量特色产业园区取得新进展。

一、规模以上工业产值水平

2023年，全市特色产业园区规模以上工业产值为7199亿元，比上年可比下降13.1%。共有22家特色产业园区规模以上产值超百亿元，其中G60电子信息国际创新产业园、集成电路设计产业园、闵行开发区智能制造产业基地以及东方美谷－医药，4家园区规模以上工业产值突破500亿元。

表1　2023年上海特色产业园区规模以上工业企业工业总产值情况表

序号	类别	4季度/亿元	可比增长/%	2023年/亿元	可比增长/%
1	全市规模以上工业企业	10675.0	-4.2	39399.6	-0.2
2	特色产业园区	1788.9	-15.6	7199.0	-13.1
3	占比	16.8		18.3	

注：表1—4数据来源于统计局。

从特色产业园区产业类别分析，在特色产业园区10个产业类别中，排名前三位的产业分别为高端装备、电子信息和集成电路，共涉及21个特色产业园区，实现规模以上工业产值4675.02亿元，占全市规模以上工业产值的64.94%。

二、特色产业园区规模以上营业收入、利润总额情况

（一）特色产业园区规模以上工业企业营业收入下降。全市特色产业园区规模以上工业企业实现营业收入8070.23亿元，占全市规模以上工业企业营业收入的17.6%，同比下降9.09%。有4家特色产业园区规模以上工业企业营业收入超500亿元，分别为东方美谷－医药、G60电子信息国际创新产业园、集成电路设计产业园和闵行开发区智能制造产业基地。

表2　2023年上海特色产业园区规模以上工业企业营业收入情况表

序号	类别	本年/亿元	上年/亿元	同比增长/%
1	全市规模以上工业企业	45859.00	45343.22	1.14
2	特色产业园区	8070.23	8877.60	-9.09
3	占比	17.60	19.58	

从特色产业园区产业类别分析，特色产业园区10个产业类别中，排名前三位的产业分别为高端装备、电子信息和生物医药，共涉及26个特色产业园区，实现规模以上工业企业营业收入5316.20亿元，占全市规模以上工业企业营业收入的65.87%。

（二）特色产业园区规模以上利润总额同比下降。全年特色产业园区规模以上工业企业创造利润总额400.85亿元，占全市规模以上工业企业利润总额的15.91%，同比下降24.41%。其中闵行开发区智能制造产业基地、东方美谷－医药和张江机器人谷是排在前三位的特色产业园区。在特色产业园区10个产业类别中，排名居前的是高端装备和生物医药，分别实现规模以上工业企业利润总额为166.89亿元和113.35亿元。

表3　2023年上海特色产业园区规模以上工业企业利润总额情况表

序号	类别	4季度/亿元	同比增长/%	2023年/亿元	同比增长/%
1	全市规模以上工业企业	604.96	−2.94	2519.49	−0.28
2	特色产业园区	72.26	−48.47	400.85	−24.41
3	占比	11.94		15.91	

（三）特色产业园区销售利润率低于全市水平。全年特色产业园区规模以上工业企业销售利润率为5.0%，低于全市0.5个百分点。特色产业园区中居前三的分别是G60生物医药产业基地、张江创新药产业基地、北斗西虹桥基地。特色产业园区10个产业类别中，生物医药11.07%、新兴领域9.55%以及高端装备7.65%是规模以上工业企业销售利润率排名前三的产业。

表4　2023年上海特色产业园区规模以上工业企业销售利润率情况表

序号	类别	1季度/%	1-2季度/%	1-3季度/%	全年/%
1	全市规模以上工业企业	4.6	5.8	5.8	5.5
2	特色产业园区	4.7	5.7	5.5	5.0

三、营业收入情况

全市特色产业园区实现营业收入28270.15亿元，同比下降2.56%，其中新兴领域实现营业收入7144.43亿元，增幅为16.16%；其次为在线新经济营业收入为5712.4亿元，增幅为7.19%；从特色产业园区营业收入总额分析，漕河泾元创未来、虹桥之源和市北数智生态园排名前三位，共有8家特色产业园区突破1000亿元。

表5　2023年上海特色产业园区营业收入情况表

产业分类	营业收入/亿元	增幅/%
新兴领域	7144.43	16.16
在线新经济	5712.40	7.19
高端装备	4629.16	18.31
电子信息	3256.90	−21.48
集成电路	2875.07	−30.33
新材料	2141.58	3.62
生物医药	1590.18	−22.78
人工智能	332.97	−13.61
时尚消费品	298.74	−48.61
汽车	288.74	14.85
合计	28270.15	−2.56

注：表5-8数据来源特色产业园区统计。

四、招商引资情况

全年特色产业园区共引进合同外资37.15亿美元，其中高端装备产业居首位，达到10.91亿美元；外资企业注册资本共计74.5亿美元，其中生物医药产业实现外资企业注册资本26.62亿美元；落户内资企业注册资本共计2082.51亿元，其中新兴领域完成710.75亿元。

表6　2023年上海特色产业园区招商引资情况表

产业分类	合同外资金额/亿美元	外资企业注册资本/亿美元	落户内资企业注册资本/亿元
电子信息	0.89	1.37	107.05
高端装备	10.91	13.04	191.60
集成电路	4.06	9.72	202.77
汽车	0.06	0.53	283.51
人工智能	5.73	9.70	285.29
生物医药	6.10	26.62	92.25
时尚消费品	0.65	3.88	27.92
新材料	2.56	2.93	9.58
新兴领域	2.46	2.84	710.75
在线新经济	3.74	3.87	171.80
总计	37.15	74.50	2082.51

五、全社会固定资产投资金额情况

全市特色产业园区共完成全社会固定资产投资金额871.57亿元，其中特色产业完成全社会固定资产投资金额为515.15亿元。集成电路产业共完成全社会固定资产投资金额357.83亿元，其次为生物医药产业共129.37亿元。集成电路和生物医药产业完成全社会固定资产投资金额占总特色产业园区的55.90%。

表7　2023年全社会固定资产投资金额情况表

产业分类	完成全社会固定资产投资金额/亿元	特色产业完成全社会固定资产投资金额/亿元
集成电路	357.83	280.05
生物医药	129.37	61.77
高端装备	127.69	67.41
新兴领域	83.17	26.70
新材料	65.80	36.93
电子信息	40.57	24.83
在线新经济	27.29	5.14
人工智能	19.87	4.68
汽车	11.34	0.00
时尚消费品	8.64	7.63
总计	871.57	515.15

六、上缴税金情况

全年特色产业园区上缴税金达1229.92亿元，特色产业园区10个产业分类中新兴领域、在线新经济和生物医药产业上缴税金总额排名前三，只有集成电路和时尚消费品同比下降。上缴税金规模超百亿元的产业分类达5个。特色产业园区中漕河泾元创未来、虹桥之源和东方美谷－医药排在前三位。

表8　2023年上海特色产业园区上缴税金情况表

产业类别	上缴税金/亿元	同比增长/%
新兴领域	313.58	27.57
在线新经济	222.59	36.95
生物医药	184.40	4.64
高端装备	150.51	26.85
集成电路	121.92	−5.97
新材料	96.48	5.84
电子信息	76.63	43.94
人工智能	28.06	26.34

（续表）

产业类别	上缴税金／亿元	同比增长／%
时尚消费品	20.59	−27.02
汽车	15.16	53.95

（续表）

产业类别	上缴税金／亿元	同比增长／%
总计	1229.92	18.54

（刘亚斐）

产业园区和结构调整工作情况

2023 年，上海市深入贯彻中央精神和中共上海市委、市政府决策部署，坚持高质量发展主旋律、稳中求进总基调，积极推进产业园区和结构调整工作，取得积极成效。

一、全力保障产业经济发展，建设园区数字化新平台

（一）稳定产业园区经济基本盘。2023 年，上海产业园区规模以上工业企业营业收入为 32735.9 亿元，占全市规模以上工业企业营业收入的 79.8%；规模以上工业总产值为 28530.1 亿元，占全市规模以上工业企业总产值 80.1%；实现规模以上工业企业利润总额 1771.7 亿元，占全市规模以上工业企业利润总额的 75.5%。五大重点行业规模以上工业产值均突破 2000 亿元。临港产业区、上海浦东康桥工业园区、上海金桥经济技术开发区、上海松江经济技术开发区、张江高科技园区、上海嘉定工业园区、陆家嘴金融贸易区等 7 个园区产值规模超千亿，产业集聚度进一步凸显。

（二）开展产业园区发展数字平台建设。加强产业园区管理数字化赋能，组织开展产业园区发展数字平台项目建设工作。项目开发计划跨年度（2024 年和 2025 年）实施，已完成项目可研报告编制，通过专家评审会，正在按照市财政局有关时间节点要求推进。平台通过整合部门数据资源共享、市区数据协作协同，提供对园区空间、企业、土地等数据的分层、分类查询分析和可视化操作，实现园区统计评价、项目全生命周期管理等 8 个业务子系统的整合。

二、着力推进智造空间建设，打造上海工业上楼新范式

（一）完善支持政策体系。发布《关于推动"工业上楼"打造"智造空间"的若干措施》，推动轻生产、低噪音、环保型企业上楼，计划 3 年推出高品质智造空间 3000 万平方米。制定优质项目认定工作流程、资金管理办法，对项目认定、资金使用方向、补贴标准、管理职责等作出约定。制订《智造空间产业指引目录》《智造空间设计指引》，明确鼓励进入智造空间的产业小类 70 余个，禁止进入智造空间高层厂房的产业 7 类，并围绕生物医药、集成电路、人工智能等 8 个产业方向，从标准层面积、层高、荷载、垂直交通、减震隔震等 12 个维度提出了设计建议。

（二）建立专班协同机制。市经信委牵头建立 14 个部门组成的市级推进智造空间工作专班，加强政策指导和协调推动，推动国资、环保、应急等条线制订支持政策。会同市国资委、国家金融监管总局上海局等协调国开行、建行、浦发等，推出智造空间专项金融产品，3 年贷款额度总计约 1740 亿元。

（三）掀起项目建设热潮。组织召开推进"工业上楼"打造"智造空间"工作推进会、工博会投资上海推介会，向各区、园区企业和社会各界宣传解读《若干措施》，扩大政策覆盖面和知晓度。赴各区召开项目推进会，了解项目储备情况，跟进重点项目进展。全年全市共 205 个项目申报智造空间优质项目，经区级初审、市级专班认定，97 个项目被认定为优质项目。首批奖励资金下达至各区，实现政策当年制定、项目当年认定、奖励当年落定。

三、加快打造特色园区产业生态，构筑高质量发展新模式

（一）明确政策导向。围绕特色产业方向、特优园区主体、特强产业生态，制定《上海市特色产业园区高质量发展行动方案（2024—2026 年）》和《上海市特色产业园区建设导则》，到 2026 年，全市特色产业园区达到 60 个左右，集聚高新技术企业和专精特新中小企业 5500 家左右，规模以上工业总产值突破 1 万亿元，国家级和市级创新研发机构达到 360 家以上。完成特色产业园区综合评价和第四批特色产业园区遴选工作。

（二）聚焦关键节点。瞄准产业链关键环节，以重大项目建设推进产业强链补，浦江创芯之城先后引入全球光芯片／光模块领域龙头菲尼萨、岸慧思、芯易恒联、超存极光等芯片设计类企业；东方芯港新昇 12 英寸大硅片实现批量供货，缓解该领域对外供应链严重依赖的局面。产业园区高新技术企业达 11417 家，约占全市高新企业数的 52%。专精特新中小企业数达 3527 家，占全市专精特新中小企业数的 71.37%。

（三）创新招商方式。生命蓝湾以"特色基地＋特色基金"的创新招商模式，一期基金认缴规模 10.1 亿元；湾区生物医药港组建和生物医药产业引导基金，建立"基金＋基地＋产业"的产投融模式生物医药特色产业链。

四、持续保障产业空间载体，探索园区发展新体系

（一）推进五个新城"一城一名园"建设。突出新城主导产业和特色产业，指导各新城优化完善实施工作方案，推动新城品牌、产业品牌、园区品牌的有机融合。以区为主实施产业支持政策，促进产业集群集聚发展，推动各新城加大"名园"建设和项目引进。

（二）打造先进制造业集群和国家新型工业化示范基地。集群方面，上海市集成电路集群、上海市新能源汽车集群、上海市张江生物医药集群跻身"国家队"，成为国家先进制造业集群（共 45 个），积极发挥集群促进机构作用，围绕"3＋6"新型产业体系，明确集群培育和攻关重点方向，提升产业创新能力。基地方面，分级分类开展国家示范基地调研交流，做好国家示范基地发展质量评价，培育和推进市级示范基地创建工作，推动数字化转型赋能示范基地，促进示范基地由集聚向集群转型提升。据工信部评价结果，上海有五星示范基地 6 家，四星示范基地 12 家，四星及以上示范基地数量占比近 95%，五星示范基地数量占全国（28 家）的 1/5。

（三）推动一批重点项目落地建设。统筹市级新增建设用地指标、土地出让 50 年年期等资源，积极推进优质项目入沪落地，实现"好项目不缺土地、好产业不缺空间"。推进盛剑半导体、大陆泰密克汽车系统等项目使用市统筹指标，共计 306 亩。支持捷氢、彼欧等项目按 50 年出让土地。2023 年共出让产业用地 176 幅，用地面积 5.98 平方公里。

五、统筹开展存量用地盘活和产业结构调整，探索产业园区转型升级新路径

（一）坚持产业导向明确更新路径。研究制订《上海市重点产业区域城市更新实施意见》，建立产业用地城市更新

的工作机制，坚持产业导向、效益优先，强化约束举措，确保产业用地用于产业用途的城市更新。建立全市产业园区城市更新项目库，项目库涵盖园区整体规划升级、产业项目原地转型、低效用地盘活后再利用等多个类型的区域和项目，截至年末，库中有城市更新项目 562 个，涉及土地 61000 余亩。

（二）加大力度推进存量产业用地管理。4 月，市经信委与市规划资源局联合印发《关于加强上海市存量产业用地管理的若干意见》，制订《上海市加强存量产业用地管理专项行动方案》，布置低效产业用地整治等 7 项行动。共计排摸约 12.5 平方公里的低效工业用地，其中 2023 年启动处置 7 平方公里。配合市规划资源局做好产业用地综合绩效评估，已完成全市底板梳理，正在进行静安、普陀、吴淞等地区市级研判。

（三）指导园区高质量发展基金投资布局。发起设立徐汇漕河泾园区高质量发展基金，共募资 12.5 亿元（徐汇区 5 亿元，社会募集 7.5 亿元）。同步推进嘉定、宝山、奉贤、青浦四区区域基金募集设立落地工作，已取得阶段性成效，嘉定区域基金各家投资人已基本完成决策流程，首期基金募集规模 5 亿元。

（四）精准实施产业结构调整。锚准工作目标统筹年度任务，全年计划推进实施市级调整项目 500 项，实际完成调整项目 500 项，市级财政补助嘉定 2 个单个项目立项和宝山 1 个重点区域调整项目验收资金补贴。

（金　昕）

电力运行情况

2023 年，上海电力运行总体特点是供需平衡情况正常。

一、2023 年电力供需情况

（一）统调发电情况。2023 年，全市累计统调发电量 994.1 亿千瓦时，比上年增长 4.9%；累计发电设备平均利用小时为 3658 小时，同比上升 252 小时。

（二）全社会用电情况。2023 年，全市全社会累计用电量 1848.8 亿千瓦时，同比增长 5.9%。

（三）电力电量平衡情况。2023 年，全市全社会累计用电量 1848.8 亿千瓦时，同比增长 5.9%；本地机组累计发电量 1015.0 亿千瓦时，同比增长 5.4%；市外净输入累计电量 833.8 亿千瓦时，同比增长 6.6%。

表 1　2023 年上海市电量供需平衡情况

全社会用电量／亿千瓦时	本市机组发电量／亿千瓦时	市外净输入电量／亿千瓦时
1848.8	1015.0	833.8

（续表）

全社会用电量／亿千瓦时	本市机组发电量／亿千瓦时	市外净输入电量／亿千瓦时
同比／%	同比／%	同比／%
5.9	5.4	6.6

二、2023 年分行业用电情况

第一产业用电量 6.49 亿千瓦时，占全社会用电量的 0.4%，同比增长 2.5%；第二产业用电量 864.2 亿千瓦时，占全社会用电量的 46.7%，同比增长 4.2%；第三产业用电量 676.7 亿千瓦时，占全社会用电量的 36.6%，同比增长 14.8%；城乡居民生活用电 301.4 亿千瓦时，占全社会用电量的 16.3%，同比下降 −6.1%。

全年工业用电量 841.5 亿千瓦时，同比增长 3.9%。其中：采矿业用电量 0.3 亿千瓦时，同比下降 9.8%；制造业用电量 690.7 亿千瓦时，同比增长 4.4%；电力、热力、燃气及水生产和供应业用电量 150.5 亿千瓦时，同比增长 1.9%。

高耗电密集的重工业细分行业中，汽车制造业用电量 46.2 亿千瓦时，同比增长 19.6%；计算机、通信和其他电子设备制造业用电量 104.4 亿千瓦时，同比增长 6.5%；黑色金属冶炼和压延加工业用电量 139.2 亿千瓦时，同比增长 8.4%；石油、煤炭及其他燃料加工业用电量 29.4 亿千瓦时，同比下降 20.8%。同时，非金属矿物制品业用电量 8.8 亿千瓦时，同比下降 6.5%；金属制品业用电量 33.8 亿千瓦时，同比增长 2.5%；化学原料和化学制品制造业用电量 80.5 亿千瓦时，同比增长 2.1%；通用设备制造业用电量 23.0 亿千瓦时，同比下降 2.0%；橡胶和塑制品业用电量 31.5 亿千瓦时，同比增长 8.5%。

表 2　2023 年上海分行业用电量及占比情况

全社会用电合计／亿千瓦时	第一产业		第二产业		第三产业		居民	
	用电量／亿千瓦时	占比／%	用电量／亿千瓦时	占比／%	用电量／亿千瓦时	占比／%	用电量／亿千瓦时	占比／%
1848.8	6.5	0.4	864.2	46.7	676.7	36.6	301.4	16.3

（何正鑫）

工 业 开 发 区 经 济 运 行 情 况

2023 年，上海工业开发区克服各种困难，建设稳步发展，经济运行呈现恢复上升态势，为全市工业产业能级提升、高质量发展推进作出重要贡献。

一、开发区整体经济运行情况分析

（一）全口径营业收入小幅增长。全市开发区全口径营业收入为 106203 亿元，比上年增长 1%，其中市级以上开发区全口径营业收入占全市开发区的 85%。四大区块中，国家级开发区全口径营业收入为 61044.3 亿元，市级开发区为 29253.7 亿元，产业基地和区级产业园分别为 10318.8 亿元和 5586.1 亿元。四大区块均呈现同比上升态势，市级开发区和区级产业园分别同比增长 2.5% 和 2.4%，国家级开发区和产业基地增长 0.3%。

表 1　2023 年上海开发区全口径营业收入情况表

序号	名称	2023 年／亿元	同比增幅／%
1	全市开发区	106203.0	1.0
	市级以上开发区	90298.1	1.0
2	其中：国家级开发区	61044.3	0.3
	市级开发区	29253.7	2.5
3	产业基地	10318.8	0.3
4	区级产业园	5586.1	2.4

注：表 1—2 的数据均来源上海市产业园区统计评价系统，数据不包括陆家嘴金融贸易区。

（二）上缴税金总额实现两位数增长。全市开发区上缴税金总额 4887.7 亿元，同比增长 10.2%，其中市级以上开发区上缴税金总额占比为 74.3%。四大区块中，国家级开发区上缴税金总额为 2461 亿元，市级开发区为 1171.9 亿元，产业基地和区级产业园分别为 882.5 亿元和 372.3 亿元。四大区块上缴税金总额均呈现同比增长态势，产业基地和区级产业园增幅较大，同比分别增长 24% 和 21%。

表 2　2023 年上海开发区上缴税金总额情况表

序号	名称	2023 年／亿元	同比增幅／%
1	全市开发区	4887.7	10.2

（续表）

2	市级以上开发区	3632.9	6.4
	其中：国家级开发区	2461.0	6.7
	市级开发区	1171.9	5.7
3	产业基地	882.5	24.0
4	区级产业园	372.3	21.0

注：数据不包括陆家嘴金融贸易区。

（三）12 月规模以上工业企业工业总产值累计降幅收窄。全市开发区规模以上工业总产值实现 31575.6 亿元规模，贡献全市 80.1% 的规模以上工业企业工业总产值。在全国居民消费价格指数（CPI）微增、工业生产者出厂价格指数（PPI）下降 3% 的情况下，全市开发区规模以上工业产值可比下降 1.4%，绝对值相比上年下降 1252.7 亿元。四大区块中，国家级和市级开发区规模以上工业总产值分别为 10905.6 亿元和 9433 亿元，产业基地和区级产业园规模以上工业产值分别为 7498.2 亿元和 3738.9 亿元。四大区块中产业基地可比增长 13.6%，其余三区块可比下降，国家级开发区降幅最大，可比下降 9.4%。12 月，全市开发区规模以上工业产值为 3038.1 亿元，贡献全市 80.5% 的规模以上工业企业工业总产值。

表 3　2023 年上海开发区规模以上工业企业工业总产值情况表

序号	园区名称	2023 年／亿元	可比增幅／%	12 月／亿元
1	全市规模以上工业企业	39399.6	−0.2	3772.5
2	全市开发区	31575.6	−1.4	3038.1
3	占比	80.1		80.5
4	市级以上开发区	20338.6	−5.8	2009.0
	其中：国家级开发区	10905.6	−9.4	1059.5
	市级开发区	9433.0	−1.2	949.5
5	产业基地	7498.2	13.6	698.0
6	区级产业园	3738.9	−3.6	331.1

注：表 3—9 的数据来源上海市统计局。

从区域占比分析，市级以上开发区规模以上工业企业工业总产值占比最高为64%，比上年降低2个百分点。其中，国家级开发区和市级开发区分别占34%和30%；其次是产业基地占比为24%，区级产业园占比12%。

从增长趋势分析，全市开发区规模以上工业产值整体呈现倒V趋势。上半年全市开发区累计可比增幅不断扩张，最高达到16.1%；下半年增幅缓慢收窄，在9—11月呈现小幅可比负增长，降幅最大为1.7%，到12月，规模以上产值累计降幅收窄。

（四）产业基地规模以上工业企业利润总额大幅增长。2023年，全市开发区规模以上工业企业利润总额为1897.7亿元，同比下降7.8%，占全市规模以上工业企业利润总额的75.3%。四大区块中，产业基地利润总额大幅增长，同比增长54.8%，区级产业园同比增长9.1%；市级开发区利润总额小幅下降8.1%，国家级开发区降幅较大，同比下降18.9%。

表4　2023年上海开发区规模以上工业企业利润总额情况表

序号	名称	2023年／亿元	同比增幅／%
1	全市规模以上工业企业	2519.5	−0.3
2	全市开发区	1897.7	−7.8
3	占比	75.3	
4	市级以上开发区	1503.3	−13.7
	其中：国家级开发区	730.2	−18.9
	市级开发区	773.0	−8.1
5	产业基地	166.2	54.8
6	区级产业园	228.2	9.1

2023年，全市开发区销售利润率达到5.2%。市级开发区销售利润率最高，为7.0%，其次是国家级开发区为5.6%，区级产业园销售利润率为5.3%，比去年上升0.4个百分点，产业基地销售利润率为2.1%。

表5　2023年上海开发区规模以上工业企业销售利润率情况表

序号	名称	2023年／%
1	全市规模以上工业企业	5.5
2	全市开发区	5.2
3	市级以上开发区	6.2
	其中：国家级开发区	5.6
	市级开发区	7.0
4	产业基地	2.1
5	区级产业园	5.3

（五）战略性新兴产业产值低于全市水平。开发区战略性新兴产业企业共实现规模以上产值15298.9亿元规模，可比下降2.9%，占全市战略性新兴产业产值的88.4%，开发区是全市战略性新兴产业的主阵地。国家级开发区战略性新兴产业产值最高，为6058.5亿元，其次是产业基地3859.9亿元。四大区块中产业基地大幅增长，可比上升21.8%，其余三区块均可比下降，以国家级开发区降幅最明显，可比下降13.1%。

表6　2023年上海开发区战略性新兴产业（制造业部分）规模以上产值情况表

序号	类别	2023年／亿元	可比增幅／%
1	全市规模以上工业企业	17304.6	−1.8

（续表）

序号	类别	2023年／亿元	可比增幅／%
2	全市开发区	15298.9	−2.9
3	占比	88.4	
4	市级以上开发区	9543.3	−9.5
	其中：国家级开发区	6058.5	−13.1
	市级开发区	3484.8	−2.4
5	产业基地	3859.9	21.8
6	区级产业园	1895.7	−8.1

（六）高技术制造业产值和利润总额降幅较大。开发区高技术制造业共完成规模以上产值6844.3亿元，可比下降17.3%，占全市高技术制造业产值的87.0%。国家级开发区高技术制造业产值最高，为3582.7亿元；产业基地可比增幅最高，为38.8%，也是唯一实现可比增长的区块。全年开发区高技术制造业利润总额为349.7亿元，占全市规模以上工业企业利润的81.4%，可比下降30.7%。国家级和市级开发区高技术制造业利润总额均呈现下降趋势，产业基地和区级产业园实现负利润。

表7　2023年上海开发区高技术制造业情况表

序号	类别	高技术制造业工业总产值/亿元	可比增幅/%	高技术制造业利润总额/亿元	可比增幅/%
1	全市规模以上工业企业	7866.2	−14.1	429.6	−24.4
2	全市开发区	6844.3	−17.3	349.7	−30.7
3	占比	87.0		81.4	
4	市级以上开发区	5040.1	−21.5	370.8	−29.4
	其中：国家级开发区	3582.7	−24.9	249.9	−20.7
	市级开发区	1457.3	−11.8	120.9	−42.4
5	产业基地	612.3	38.8	−20.3	—
6	区级产业园	1192.0	−16.5	−0.8	—

（七）规模以上工业企业出口交货值出现下滑。全市开发区规模以上工业企业出口交货值为7088.0亿元，同比下降12.1%，占全市规模以上工业出口交货值的88.4%。四大区块中仅产业基地出口交货值同比增长9.9%，其余三区块均呈现同比下降趋势，降幅最大的国家级经开区同比下降21.3%。12月，全市开发区规模以上出口交货值为560.5亿元，占全市比重为87.3%。

表8　2023年上海开发区规模以上工业企业出口交货值情况表

序号	名称	2023年／亿元	同比增幅／%	12月／亿元
1	全市规模以上工业企业	8014.7	−10.3	642.2
2	全市开发区	7088.0	−12.1	560.5
3	占比	88.4		87.3
4	市级以上开发区	4624.8	−16.6	399.5
	其中：国家级开发区	3168.4	−21.3	268.6
	市级开发区	1456.4	−4.1	130.9
5	产业基地	1286.5	9.9	88.9
6	区级产业园	1176.7	−13.0	72.1

二、开发区规模以上工业企业分行业经济运行情况分析

2023年，开发区35个行业中共25个行业规模以上企业工业产值超百亿元规模，五大重点行业规模以上工业产值 19407 亿元，占全行业规模以上工业产值比重为 61.5%。汽车制造业规模以上工业产值突破 7000 亿元，为 7112.8 亿元；计算机、通信和其他电子设备制造业规模以上工业产值 4217.5 亿元，排名第二；化学原料和化学制品制造业规模以上工业产值 2822.8 亿元，排名第三。开发区 15 个行业规模以上工业产值保持可比正增长，石油和天然气开采业、金属制品、机械和设备修理业、皮革、毛皮、羽毛及其制品和制鞋业增幅前三，均超 20%。重点行业中计算机、通信和其他电子设备制造业降幅较大，电气机械和器材制造业、汽车制造业、化学原料和化学制品制造业可比正增长，对开发区工业产值增长带动作用显著。

开发区 27 个行业规模以上营业收入超过 100 亿元规模，五大重点行业营业收入为 22637.9 亿元，占全行业营业收入比重为 62%。汽车制造业排名第一，规模以上营业收入为 8675.4 亿元；其次是计算机、通信和其他电子设备制造业规模以上营业收入 4558.5 亿元，化学原料和化学制品制造业为 3327.5 亿元。开发区 20 个行业营业收入同比增长，重点行业中电气机械和器材制造业、汽车制造业和通用设备制造业同比正增长，化学原料和化学制品制造业、计算机、通信和其他电子设备制造业同比下降。

开发区 32 个行业实现盈利，五大重点行业利润总额 1053.4 亿元，占比 55.5%。18 个行业利润总额同比正增长，电力、热力生产和供应业同比增幅大幅领先各行业。重点行业中，汽车制造业、电气机械和器材制造业、通用设备制造业利润总额同比增长，化学原料和化学制品制造业、计算机、通信和其他电子设备制造业同比下降。

开发区五大重点行业税金总额 386.7 亿元，占比 41.1%。石油、煤炭及其他燃料加工业税金总额排名第一，汽车制造业和通用设备制造业位列第二、第三。25 个行业税金总额同比增长，铁路、船舶、航空航天和其他运输设备制造业增幅第一。重点行业中，汽车制造业、电气机械和器材制造业、通用设备制造业利润总额同比增长。

三、各园区经济运行情况分析

2023 年，21 个园区规模以上工业产值突破五百亿元，其中 12 个园区产值规模超千亿元。临港产业区规模以上工业产值实现 4947.2 亿元，可比增长 22.1%，对全市开发区带动作用显著；上海金桥经济技术开发区规模以上工业产值 2067.9 亿元，位列第二；上海浦东康桥工业园区排名第三，规模以上工业产值为 2024.7 亿元。单位土地产出最高的是张江高科技园区，实现 438.6 亿元 / 平方公里，排名第二第三的分别是高桥石化基地 401.8 亿元 / 平方公里和松江综合保税区 302.4 亿元 / 平方公里。

表 9　2023 年上海开发区规模以上工业总产值情况表

园区规模以上工业产值规模	合计数量 / 个	变动 / 个
高于 1000 亿元	12	+1
500 亿元 -1000 亿元	9	0
300 亿元 -500 亿元	5	0
100 亿元 -300 亿元	16	0
50 亿元 -100 亿元	18	+2
20 亿元 -50 亿元	18	-1
20 亿元以下	16	-2
总计	94	94

有 84 个园区全年实现盈利，32 个园区规模以上工业企业利润总额超 10 亿元，其中 6 个园区利润总额超百亿元。临港产业区保持第一，利润总额为 174.9 亿元，同比增长 19.2%；上海松江经济技术开发区利润总额为 160 亿元，同比增长 0.4%；上海嘉定工业园区排名第三，为 148.5 亿元。48 个园区实现利润总额同比正增长，廊下工业区、彭浦工业园区和白鹤工业园区增幅排名前三。

有 23 个园区全口径营业收入超千亿元规模。中国（上海）自由贸易试验区保税区域营业收入实现 24900 亿元，其次是张江高科技园区 9045.3 亿元，上海金桥经济技术开发区排名第三，为 7549.7 亿元。开发区全口径营业收入增长主要依靠大体量园区的增长拉动，如排名第 5 的临港产业区同比上升 23.6%、排名第 6 的洋山特殊综合保税区增幅 32.1%，呈现较好的增长态势。

有 15 个园区上缴税金总额规模突破百亿元。中国（上海）自由贸易试验区保税区域排名第一，上缴税金总额为 858.1 亿元；居二、三位的是临港产业区和上海金桥经济技术开发区，上缴税金总额分别为 616.7 亿元和 410 亿元，同比增长 23.1% 和 109.1%。单位土地税收水平最高的是上海智慧岛数据产业园，为 1357.7 亿元 / 平方公里。

（刘亚斐）

国资国企改革发展情况

2023 年，在中共上海市委、市政府坚强领导下，上海国资国企认真学习贯彻落实习近平总书记关于国有企业改革发展和党的建设工作重要论述以及考察上海重要讲话精神，全力推进国资国企改革发展和党的建设，各项工作取得新的成效。

一、聚焦质量效益优先，国有经济贡献度稳步提升

出台稳增长促发展 12 条措施，推出 288 条"政策服务包"，实施一批基础性、支撑性、引领性重大投资项目，市区国企联动开展"四季促消费"活动。健全常态化风险防控排查机制，稳妥处置一批存量风险。2023年，上海地方国有企业实现营业收入3.65万亿元，利润总额2629.87亿元，归母净利润1685.16亿元。截至年底，资产总额29.07万亿元，比上年增长4.2%。

二、聚焦服务中心大局，国有企业使命担当有力彰显

长三角产权市场深化"五个一体化"，水乡客厅等重点项目加快推进，一批项目落地临港新片区和"五个新城"。进博会国资分团采购意向金额连续6年保持上海各交易分团首位。金融企业服务实体经济质效稳步提升，东方枢纽特管区加快建设。在全国率先出台ESG评价指标体系，东西部协作和对口帮扶取得新成效。

三、聚焦对标世界一流，国有企业改革向纵深推进

印发国企改革深化提升行动"上海方案"，出台加快建设世界一流企业实施意见。4家企业入选国务院国资委创建世界一流"双示范"企业。改组组建上海交易集团、东方菁汇集团。华虹半导体回归A股科创板，上海建科、锦江航运实现主板上市。8家企业完成职业经理人市场化选聘。

四、聚焦提升资源配置效率，国资布局结构持续优化

出台战略性产业实施方案，组建算力科技等若干战新平台，加快推动汽车芯片国产化。持续推进传统产业转型升级，市属规模以上制造业企业关键工序数控化率75%，打造一批全球数字化"灯塔工厂"和国家级智能工厂。开展"四个一批"存量土地盘活三年行动，设立目标规模100亿元的存量资产盘活投资基金。

五、聚焦强化原创技术策源，企业创新转型不断加快

出台打造原创技术策源地实施意见，明确40项重点项目清单。完善创新考核机制，对创新药研发费用试点实施"视同利润加回"。国资收益支持24家企业创新项目，预计能撬动创新投入160亿元，形成知识产权400余项。市国资委监管企业科技经费投入强度同比增长3.35%。系统企业56个项目获上海市科学技术奖，部分成果为国内首创，有的刷新世界纪录。出台鼓励和支持国有企业品牌加快发展的实施意见。

六、聚焦管好国资放活国企，国资监管更加协同高效

发挥投资运营公司功能，加大赋能赋权力度，发起设立长三角二期基金，盘活资金近60亿元。强化规划、产权、评估等基础管理，国有资产监管条例纳入市人大五年立法规划，对488家重点子企业实行穿透监管，开展境外国资5个领域专项整治，对一批违规经营的企业领导人员实施责任追究。加强委托监管和指导监管，宣传、教育等领域国资改革力度持续加大，部分区属国资在创投体系、城市更新、品牌建设等方面取得实质性进展。

七、聚焦夯实政治根基，国有企业党的建设全面加强

深入学习宣传阐释习近平总书记考察上海重要讲话精神，主题教育相关经验做法在全市交流。上一轮18家被巡视企业整改完成率达94%。开展"学贯二十大，争创双一流"党建主题活动。出台加强意识形态工作的若干机制。4位市管企业领导人员获评"2021—2022上海市优秀企业家"，建立"国资骐骥"精英人才和拔尖人才库。"海外员工看中国""对话上海国企""上海国企开放日"等活动产生良好社会反响。统战、老干部、工青妇、安全生产、信访稳定等工作统筹有序推进。

（曾茂生）

促进中小企业发展及专精特新企业情况

2023年，上海市大力促进民营经济和中小企业发展工作，深入开展优质中小企业梯度增高工作，发挥市服务企业联席会议协调机制作用，精准施策，精心服务，推动民营经济和中小企业高质量发展，专精特新中小企业是快速增长。

一、促进中小企业发展情况

（一）打造重点企业"服务包"，建立专项工作机制

落实市委书记陈吉宁要求，推出重点企业"服务包"制度，出台并实施《建立重点企业"服务包"制度的工作方案》。"服务包"制度实施以来，在市委书记陈吉宁、市长龚正指导关心下，副市长陈杰召开专题推进会，全市各方面迅速行动，市、区、街镇（园区）三级"服务包"发放工作基本完成，"一企一管家"、"一企一服务包"等制度机制落地实施，基本形成全市企业服务"一盘棋"格局。落实周例会制度，印发工作提示7篇。全市累计发放"服务包"3.2万余件，配置服务管家4179人；受理企业诉求2468件，办结2269件，办结率91.9%；专窗平台初步建立，汇集政策2199项，形成银行、保险、基金、融资租赁等金融服务包。

（二）加强制度供给，全面优化营商环境

加强惠企政策服务，制定发布《上海市助力中小微企业稳增长调结构强能力若干措施》，聚焦中小微企业最为关心的创新发展、转型发展、融通发展、金融赋能、纾困支持和精准服务等6个方面，提出28条具体措施。开展"益企赋

系列专项行动讲解活动28场，通过线上企业服务专员工作周例会，对新发布的惠企政策进行讲解，推动各区送政策上门，送服务到家。优化中小企业发展环境，工业和信息化部中小企业发展促进中心公布《2022年度中小企业发展环境评估报告》，对全国36个城市中小企业发展环境开展评估，上海获得综合排名第二。推动营商环境6.0改革，完成营商环境6.0中有关企业服务、电力保障、园区建设10项改革任务；完成对各区营商环境测评工作。

（三）促进民营经济发展，聚焦投资促进服务

推动民资民企向新城导入，联合五个新城产业和招商部门建立协同工作机制，聚焦全国民营500强企业、专精特新"小巨人"企业和市级民营企业总部，组织开展重点企业进新城活动10余次，梳理推荐民资民企导入新城项目规模超百亿。加大民营500强企业招商，积极吸引全国民营500强企业来沪发展，加快推进3个民企总部集聚区建设，齐鲁制药、皓元制药、东方基因、中能融合、长鹰芯存、思朗科技、中科微至、晶科电力等一批知名行业龙头企业纷至沓来。联合专业机构开展民营500强产业地图编制，研究分析重点民企来沪发展的现状、特点、趋势，助力各区招商。

（四）培育创新动能，提升企业核心竞争力

健全优质中小企业培育体系，完善企业画像，加强动态管理，全年新认定专精特新中小企业2850家，提前完成"十四五"培育目标；新公告创新型中小企业9616家，总量实现翻番。累计培育创新型中小企业突破2万家、市级专精特新中小企业突破1万家、国家专精特新"小巨人"企业685家，数量质量均位居全国前列。深耕创新创业载体培育，培育闵行区基因产业等18个市级中小企业特色产业集群，新增金山区无人机等4个国家级特色集群，国家级集群达到9个。

（五）缓解融资困难，降低融资成本

落实国家小微企业融资担保降费奖补资金，落实2023年国家奖补资金12382万元，支持14家融资担保机构降低担保费率至1%以下，继续扩大融资担保规模。实施2023年贷款贴息政策，中小微企业"首贷户"贷款贴息项目共支持中小微企业257家，达成《上海市助力中小微企业稳增长调结构强能力若干措施》两个点贴息目标。专精特新企业信用贷款贴息项目共支持专精特新企业1310家，降低企业融资成本8.65个百分点。推动优质中小企业上市，改制上市培育库入库企业917家，全年新增上市企业25家，至年底，上海A股上市企业441家（排名第五），首发募集资金5828亿元（排名第三）；上海科创板上市企业89家（排名第二），首发募集资金和总市值均排名第一。

（六）加强统筹协调，提升服务能级

优化"1+16+X+N"企业服务体系，做强市级中小企业发展服务中心，推动各区健全区级工作机制；全市培育国家级中小企业公共服务示范平台30个，市级中小企业服务机构132家。开展助企纾困政策宣贯专项行动，推动5876名服务专员累计走访联系企业超43.6万家次，其中专精特新企业6.9万家次，举办政策宣贯活动13189场。开展中小企业数字化转型城市试点国家申报推荐，指导和推荐浦东新区成功申报国家首批中小企业数字化转型试点城市，获得1亿元中央财政专项资金支持。防范和化解中小企业账款拖欠问题，编制印发《上海市清理拖欠企业账款专项行动实施方案》，开展本市清理拖欠企业账款专项行动，持续巩固市区两级政府机关、事业单位"清零"成果，实现无分歧欠款"应清尽清"，有分歧欠款加快通过协商或司法等途径解决。

二、专精特新企业发展情况

至年底，有效期内专精特新中小企业10087家，其中国家级专精特新"小巨人"企业685家。

（一）本年度专精特新企业培育成效。常态化开展专精特新企业认定工作，落实《上海市助力中小企业稳增长调结构强能力若干措施》，多措并举，专精特新企业培育工作成效明显。

一是企业数量保持较快增长。全年累计开展4批次认定工作，认定专精特新中小企业2850家，提前完成"十四五"培育目标。

二是行业分布较为集中。主要分布在制造业（46%）、软件信息服务业（27%）和科技服务业（20%），同时向重点产业集聚，"3+6"重点产业领域占比69%，其中电子信息和高端装备企业分别占21%和16%。

三是经营韧性较为突出。平均经营年限12年，平均营业收入1.5亿元，主营业务收入占比超过90%以上，近两年平均增长率13.5%。净利润率4.49%。200多家企业股权融资超过1亿元。思朗科技、能量奇点、舶望制药、米居网络等独角兽、潜力独角兽企业逆势增长。

四是创新能力较强。企业研发人员占比37.32%，平均研发强度9.93%，超过全国平均水平3.9个百分点，户均知识产权43项，区级及以上研发机构2065个，其中市级及以上研发机构926个。

（二）专精特新企业有关情况分析

中小企业生产经营调查问卷显示，专精特新中小企业生产经营状态良好。从经营预期看，50.4%的专精特新企业对下月生产经营预期良好，17.4%的企业反映订单增加。从研发投入看，15%的专精特新企业研发经费支出达到2000万元以上。2023年，有新增固定资产投资的专精特新企业占比80.6%。从融资需求来看，83.2%的专精特新中小企业流动资金处于健康状态，69.6%的专精特新中小企业融资需求满足度超过80%，48.7%专精特新中小企业有新增贷款。从用工需求看，55.9%专精特新企业用工需求基本得到满足，招

到所需人员9成及以上。与此同时，专精特新企业集中反映账款回收难、新订单获取难，企业发展面临一定风险挑战。

（三）主要培育举措

一是加强顶层设计。制定发布《上海市优质中小企业梯度培育管理实施细则》，细化"特色化"指标体系，落实"常年申报、分批发布"机制，加快培育专精特新企业。制定《上海市助力中小微企业稳增长调结构强能力若干措施》，实施6项专属服务行动，支持专精特新企业高质量发展。

二是完善资金扶持体系。落实中央财政资金，重点支持123家专精特新"小巨人"企业。市中小企业发展专项资金累计对6300家次"专精特新"企业信用贷款给予贴息，为首批467家制造业专精特新中小企业提供数字化诊断服务。

各区对市级"专精特新"中小企业给予不低于10万元奖励，对国家级专精特新"小巨人"企业给予不低于30万元奖励。

三是丰富服务举措。培育创新载体，支持351家专精特新企业建立院士（专家）工作站，占建站总数的54.8%。提升融资质效，17家商业银行推出48个专精特新企业专属金融产品，总授信额度8500亿元，专精特新企业银行授信覆盖率超过56%。推动数字化转型，组织黑湖科技、羚数智能等服务商"面对面"服务专精特新企业，累计举办对接会42场，参加企业380余家。促进融通发展，累计组织融通对接场次152场，参与企业3000余家。

（傅　今）

工业节能和综合利用工作情况

2023年，上海市围绕中央提出的碳达峰碳中和目标任务，牢牢把握中共上海市委、市政府在先进制造业发展目标中明确的绿色化转型要求，全力以赴推动工业节能降碳，开拓创新赋能企业绿色转型，拢聚资源催化绿色低碳产业。

一、能效引导体系不断完善，工业节能效益持续提升

（一）切实落实"百一"行动计划。考核全市16个区、23个工业控股集团、4个通信业控股公司、500余家重点用能单位2022年度节能目标完成情况，推动工业节能从局部单体向全流程系统节能转变。已落实节能降碳改造措施1200项，可实现节能量80万吨标煤，同时推动100家企业开展能源审计和200家企业开展节能诊断。

（二）全面开展节能监察。构建节能监察"轴面点网"体系，对绿色标杆单位进行重点监察，对500余家重点用能单位、90余家重点数据中心开展常态化能效监测。其中，按照工信部关于年度国家工业节能监察任务的要求，对列入名单的23家数据中心、86家工业企业开展专项监察，同时上海在国家基础上再拓展13家工业企业和77家非工业企业。

（三）对数据中心节能工作进行常态化管理。开展数据中心《能源利用状况报告》月报统计管理，共有126家数据中心年总耗能约135万吨标准煤，设计机架总数19.6万个，根据用电量加权的PUE平均值为1.46。开展"小、散、老、旧"机房关停并转和退旧上新工作，其中关停5家2427个机架，停运改造3家4741个机架。

二、深化绿色制造体系建设，丰富低碳零碳服务供给

（一）绿色制造体系建设迎新高。全年推动创建上海市级绿色工厂102家、绿色供应链管理企业12家、绿色园区3家，另外2023年有37家绿色工厂、3家绿色供应链管理企业、2家绿色园区列入国家级绿色制造公示名单。

（二）首轮零碳创建工作初见成效。以上年度发布的零碳领域的系列标准为基础，开展首轮三批次零碳创建推动工作。同时，培育17家零碳标杆工厂、2家零碳标杆数据中心、3家零碳创建工厂、6家零碳创建园区、1家零碳基础园区。

（三）开展工业通信业碳管理试点工作。推进工业通信业领域能耗"双控"向碳排放强度和总量"双控"转变，共发布两批次共65个项目工业通信业碳管理试点名单，涵盖产品碳足迹评价与碳标签、数字化碳管理平台、碳管理体系、供应链碳管理、碳标准建设及应用、碳金融产品创新等6个领域。

（四）系统推动清洁生产促进工作。完成修订《节能减排和合同能源管理专项资金管理办法》，针对清洁生产提出了量化的节能环保综合效益计算方法。全年组织完成自愿清洁生产审核评估43家、项目验收91家，通过验收的企业共实施1084项方案，带动企业投资约4.8亿元，实现年节能量约3.6万吨标煤，节水115.5万吨等环境效益。

（五）资源综合利用率持续增长。聚焦大宗工业固废、工业再制造、再生资源利用，通过技术创新、标准引领、示范推广、培育发展龙头企业等方式，进一步提升资源循环化利用水平。全市冶炼废渣、粉煤灰、炉渣、脱硫石膏等大宗工业固废综合利用率99.3%，连续5年保持在99%以上，处于全国领先水平。

三、做大做强绿色低碳产业，营造良好绿色化发展环境

（一）持续推动绿色低碳产业。建成上海绿色低碳产业联盟，首次举办绿色低碳产业推进大会，直接促成签约项目

13个。重点研究绿氢、绿色甲醇、新型储能等产业情况，推动临港、嘉定、金山、闵行、松江等地开展特色产业布局。

（二）推进绿色低碳新技术应用。评选出40项上海市绿色低碳技术产品，形成《上海市绿色低碳技术产品名单》，从中遴选出十大绿色低碳创新技术产品。组织节能服务公司与重点用能单位开展技术对接活动，推广多项绿色低碳技术。

（三）扩大遴选绿色低碳服务机构。以全面提升绿色低碳服务能力供给为目标，遴选第二批上海市绿色低碳服务机构，本年度新增85家，扩项26家，形成共215家遴选名单，覆盖绿色评价、能源审计、节能诊断、节能量审核、能源体系认证、清洁生产审核和绿色低碳改造服务等7个基础领域和碳管理、管理体系认证、科技成果转化3个新领域。

（四）开展绿色融资对接服务。建立工业领域"产业绿贷"项目统计标识，制定《转型金融目录》和《上海银行业保险业绿色金融专营组织体系建设指引》。组织农业银行上海市分行、中国银行上海市分行等8家金融机构宣传"专精特新小巨人贷""担保基金贷款"和"合同能源管理贷"等绿色金融产品，扩大绿色融资宣传影响。

（五）为企业提供交流培训等服务。针对工业和通信业重点用能单位开展节能培训，分别就能源利用状况报告填报、能耗限额标准、绿色制造体系、工业节能政策、能源审计（数据中心、碳达峰、能源管理人员培训等方面开展50多期培训活动，总人数超3500人；联合各区、街镇、集团、园区等针对各类企业联合开展合同能源管理、节能诊断、清洁生产等各类专题培训活动。

（六）持续深化数字赋绿。推动重点领域绿色化数字化协同转型，形成重点行业转型路线图。评选发布首批20个上海市能源双碳领域数字化转型示范应用场景名单，打造能源领域数字化转型—工业互联网标杆应用示范。在首届"上海国际碳博会"上举办绿色低碳产业发展论坛，紧扣"绿色低碳，数字赋能"主题，组织各行业代表共同探讨数字化绿色化协同转型发展方案。

（七）开展节能宣传周系列活动。为推动高质量发展，积极营造节能降碳浓厚氛围，7月10—16日，以"节能降碳，你我同行"为主题，组织开展节能宣传周系列活动。宣传周期间，各委办、区、大型国企、集团公司和绿色低碳合作伙伴紧密围绕产业绿色发展和"衣、食、住、行、用、游"等方面，通过"线上＋线下"模式开展v各类主题活动465个，吸引约200万人次参与。

（唐奕骁）

对口支援与合作交流情况

2023年，上海市深入贯彻落实习近平总书记关于东西部协作和对口支援工作的重要指示精神，以及中共二十大对促进区域协同发展、全面推进乡村振兴的部署要求，深化双向赋能，推动产业合作向更精准、更广阔、更务实方向发展，携手促进更高水平开放协同，共同谱写对口协作新篇章。

一、加强组织领导情况

（一）领导班子高度重视

市经信工作党委、市经信委领导高度重视东西部协作和对口支援工作，深入学习习近平总书记重要讲话精神，全面落实中共上海市委、市政府指示精神，贯彻市对口支援与合作交流工作领导小组全体会议要求，立足产业和信息化主管部门的实际，扎实推进，积极落实东西部协作和对口支援工作任务。

两委领导多次学习中央、市相关会议重要精神，部署推动产业领域东西部协作和对口支援工作。根据市委、市政府工作要求，在委内建立和完善东西部协作和对口支援工作机制，由委主要领导总负责，委分管领导牵头负责，对外经济发展协调处为牵头处室，充实工作力量，配备专人联系对接市政府合作交流办。在日常工作中，注意建立工作台账、加强宣传教育，通过市经信委官网、微信公众号等渠道宣传东西部协作和对口支援工作。

（二）领导同志带头赴对口地区调研

7月，张英主任率团出席第24届青洽会，推动两地在大数据产业方面加大合作。3月，戎之勤副主任带队赴六安市调研加强两地产业合作，9月，赴云南出席中国产业转移发展对接活动（云南）。10月，张宏韬副主任赴新疆参加中国产业转移发展对接活动（新疆），与新疆工信厅签署产业合作协议，实地调研上海援助克拉玛依市产业推进情况，有力推动东西部协作及对口支援地区的产业交流合作。

二、专项工作落实情况

（一）深化拓展沪滇产业协作新内涵新空间

1. 深化沟通协作机制。沪滇两地建立沟通机制，搭建合作平台，双方领导多次互访，高位推动产业协作。在两地产业部门签署框架协议基础上，制订2023年度沪滇产业合作工作要点，围绕上海市"2+（3+6）+（4+5）"现代产业体系和云南省重点发展的先进制造业等12个重点产业，在生物医药、绿色低碳、新能源、产业园区、中小企业等领域加强合作，项目化、清单化推进产业协作走深走实，在服务国家战略中拓展产业协作新空间。

2. 促进产业发展对接。9月，市经信委领导带队赴云南出席2023中国产业转移发展对接活动并作交流发言，会同江苏、浙江、福建、山东5省市行业主管部门与云南省工业和信息化厅共同签署产业合作备忘录，组织企业参加沪滇产业转移洽谈对接暨上海企业云南行等活动，推动更多优质产业项目到当地落地投资，加强产业链对接融合，加快产业集群培育，共同做好枢纽平台建设和产业升级发展大文章，推动东西部形成优势互补、产业融合、产业链供应链安全的产业布局。

3. 共建开放协同平台。沪滇两地产业部门通过一系列工作举措，推动建立一批产业高水平开放协同平台。市经信委整合上海生物医药领域行业机构、科研院所、骨干企业等资源，于12月赴云南昆明、玉溪开展生物医药产业高质量发展系列活动，深入有关企业、科研机构调研云南生物医药产业发展情况。在中老铁路通车两周年主题日活动暨沪滇临港昆明科技城开园仪式上，上海市生物医药产业促进中心、上海市浦东新区中医药协会作为为科技城功能平台挂牌签约，赋能沪滇园区共建。在玉溪举办的沪滇生物医药产业高质量发展座谈会上，双方产业部门及行业企业代表交流两地生物医药产业发展总体情况、企业创新做法及合作方向。上海市生物医药产业促进中心与玉溪市工业和信息化局，及上海中医药大学创新中药研究院、浦东新区中医药协会、诗丹德生物、宝藤生物与云南相关机构企业等12家单位分别签署6项合作框架协议，促进沪滇两地资源融通、协同发展。

4. 聚力重点项目牵引。依托云南面向南亚、东南亚桥头堡优势，鼓励上海企业借助开放通道，因地制宜在滇落子布局。支持临港集团先行先试，参与中国老挝磨憨－磨丁经济合作区对口协作工作，深化沪滇"1+16+N"产业示范园区共建体系，助力云南做大做强口岸经济和园区经济。闻泰科技昆明智能制造产业园一期实现当年（2021年）建设、当年投产，现已规模量产；二期于2023年基本建设完成，开始部分投产，待二期满产后，产业园整体规模将进一步扩大，成为昆明市数字经济链主企业。

5. 探索实践新模式。充分发挥沪滇两地比较优势，在"四个+"协作模式方面，积极进行探索实践。上海企业+云南资源。上海医药受益于云南植物王国资源优势，在大理、文山等地投资布局红豆杉、三七等种植基地及现代化医药流通产业。上药云南（上药控股云南有限公司）积极拓展医院供应链管理、大数据一体化、互联网医院等新型业务，促进云南健康产业发展。东方美谷发挥美丽健康产业集聚平台优势，联合云南等特色植物种植基地，建立中国特色化妆

品原料基地联盟，共同推进中国特色化妆品原料开发，解决化妆品原料"卡脖子"问题。上海电器科学研究所（集团）有限公司与昆明发展投资集团有限公司联合开展新能源车桩平台合作，输出新兴技术与管理经验。上海研发＋云南制造。上海左岸芯慧科技在云南楚雄打造区域数字农业平台，将云计算、大数据技术运用于农业信息化场景应用。上海泽润作为沃森生物集团控股子公司和研发中心之一，借助云南沃森生物行业领先的产业化和市场销售等综合优势，2022年3月上海泽润自主研发、玉溪泽润生产的疫苗（沃泽惠），历时17年研发并成功上市，推动沃森生物国际化进程。上海总部＋云南基地。上海鹏欣集团开展跨境肉牛项目，通过大数据平台赋能肉牛产业，在云南9个地市州推进落地，在瑞丽市弄岛镇建设农畜产品加工园区落地项目，促进云南及缅甸、老挝等东南亚国家养牛业向集约化、现代化、产业化方向发展。上海新跃与墨江县联合打造金山·普洱新经济产业园，截至12月20日，累计引进市场主体注册321户，累计销售金额3.07亿元，实现税收321万元，成为东西部协作助力乡村振兴的墨江实践。进一步推进落实"上海经验＋云南复制"，以产业振兴助力乡村振兴。

6. 服务外迁企业。受地缘政治博弈、产业转移规律、要素成本驱动等因素影响，部分在沪企业出现向东南亚地区加大布局的动向。市经信委面向各区、制造业重点领域企业等开展排摸，重点关注了解外资企业、民营企业向云南等地产业转移意愿，引导有意向的相关企业向云南有序转移。

（二）对口支援工作取得实效

1. 开创产业援疆新局面。全面贯彻落实新时代党的治疆方略，助力喀什地区培育特色优势产业，推进当地产业转型升级，通过产业援疆发展经济促进民族团结和经济社会高质量发展。

一是加大援疆特色优势产业培育力度。围绕农副产品加工产业，协助闽龙实业、上海禾煜、塞翁福、新瑞食品、振疆实业等在喀上海企业扩大销售渠道，积极协调企业发展壮大。如，支持塞翁福参加喀交会达成意向订单5000万元，通过扩大销售，推动企业年内新建果皮、核桃清洗生产线；邀请闽龙实业参加"援建之声"，通过广播等形式扩大企业影响力。推动喀什棉花和纺织服装产业强链补链，对接申久集团拟投资建设年产10亿米家用纺织品面料垂直一体化项目。共完成产业合作项目落地44个，包含植物饮品、食品加工、光伏组件及支架制造、建材、纺织服装、机械制造等领域，项目计划总投资50亿元，项目达产后，预计带动新增就业15000人。

二是建立产业援疆"首席服务官"制度。在上海援疆前指的指导下，形成"5+X"工作体系（"5"是规定动作，包括加强定期走访、担任行业链长、提供政策信息、搭建交流

平台、搞好宣传推介，"X"为"一企一策"针对性服务），为在喀各类企业和意向产业合作企业开展各类政策咨询、金融服务、信息咨询、企业间互助等各类帮扶服务，为企业参与产业援疆当好"店小二"。

三是推动数字援疆工作。建设援疆项目管理信息化平台，做到"一屏观四县，一网管全程"，实时掌控和调度项目进度。对接喀什地区数字化发展的需求，发挥上海数字经济优势，联系上海联通等智能制造相关企业和喀什地区大数据局开展数字经济方面的产业援疆。如滴翠智能科技（上海）有限公司与莎车县达成初步意向，实施数字农业项目合作，推进节水节肥的智能管理，实现降本增效。

四是智力援疆做好顶层规划。发挥经信智库作用，协助巴楚县开展《巴楚县经济发展规划》研究。强化引智支持，推动开展产业援疆赴沪培训和送教入喀项目，为当地培训40名党政干部和60名企业经营管理人员，提升当地政府、园区和企业的组织管理、企业运营管理、生产经营、产品研发、品牌战略等方面的能力。

2. 因地制宜开展援藏援青工作。支持西藏日喀则、青海果洛等地结合自身资源优势，培育发展特色产业，推动资源优势转化为经济优势，不断增强自我发展能力。

援藏方面，围绕天然饮用水、绿色生态、特色手工业等领域，鼓励双方企业开展产业交流。协助西藏自治区、西藏驻沪办在沪举办招商推介会，将西藏日喀则等地区的优质产品列入市经信系统工会的共享计划，鼓励系统单位工会采购相关产品。

援青方面，结合上海在新能源、光伏、风电、食品加工等方面的技术优势、资金优势，助力当地特色产业发展。组织上海电气、申能集团、光明集团等企业赴青海零碳产业园对接交流，助力青海清洁能源产业高质量发展。积极推动数据援青工作，组织上海大数据产业企业参加第24届青洽会；会同上海援青干部联络组、果洛州工信商务局在沪召开数据

援青招商推介会，与商汤、依图、深兰、稀宇等上海企业进行对接交流。

（三）革命老区对口合作谱新篇

上海与三明、六安自建立对口合作关系以来，双向奔赴、双向发力，产业合作成果不断涌现，取得阶段性成效。

1. 对口合作规模持续扩大。据统计，2016—2021年，沪明产业合作项目累计投资25家企业，总投资额5.4亿元（实缴金额）；沪皋产业合作项目累计投资61家企业，总投资额31.08亿元（实缴金额）。2022年，沪明、沪皋对口合作全面启动以来，产业合作步伐明显加快，截至2023年9月，沪明两地已落实26个总投资147.53亿元（签约金额）的产业合作项目；沪皋两地已落实51个总投资289.97亿元（签约金额）的产业合作项目。

2. 对口合作领域不断拓展。产业合作的广度和深度不断拓展，产业配套协作的互补性明显增强。对口合作启动以来，沪明两地产业合作领域从化工、建材、食品等传统产业拓展到新材料（氟新材料、石墨材料）、生物医药、装备制造、新能源、电子信息、数字经济、节能环保等新兴产业。沪皋两地产业合作项目从铁矿石开采、建筑材料加工等拓展到汽车及新能源汽车、钢结构材料精深加工、新材料、食品药品制造等十二大行业门类。

3. 对口合作项目能级不断提升。一批高能级的产业合作项目陆续签约开工，如上海优泰嘉盟制衣、上海至纤至悉投资20亿元在尤溪县设立尤溪六融运动服装制造产业链项目；上海墨砾新材料科技投资15亿元在三元区（三明经开区）建设年产10万吨天然石墨负极材料前驱体项目；上海合实投资合伙企业与安徽金诚储能科技有限公司在金安区共同投资100亿元的国轩控股集团新能源高端制造产业基地项目；上海致盛实业集团有限公司在裕安区投资15亿元的致盛长三角六安智谷产业园项目。

（殷文琪）

推进长三角产业和信息化一体化发展情况

2023年，上海市贯彻落实习近平总书记在上海主持召开的深入推进长三角一体化发展座谈会上的重要讲话精神，坚持"四个放在"，紧扣"一体化"和"高质量"两个关键词，充分发挥龙头带动作用，携手苏浙皖经信部门，加快协同推进长三角世界级产业集群建设，深入推进长三角一体化发展。

一是共同建设世界级产业集群。着力提升集成电路产业规模和水平。2023年，长三角集成电路规模约占全国的60%，3家全球十大晶圆代工企业、2家全球十大封装代工企

业、5家国内初具规模的IDM企业总部均位于长三角。大力建设电子化学品专区，在电子化学品生产制造、研发创新、战略仓储建设等方面取得阶段性成果。加快构建新能源车和智能网联汽车高地，推动上汽集团牵头联合昆山清陶、江苏清源等企业攻关聚合物电解质全固态电池；围绕智能网联汽车试点示范，推动长三角道路测试互认和长三角区域车联网先导区建设，共同申报智能网联、重卡换电等长三角区域地方标准。联合打造工业机器人，由上海新时达机器人牵头

作为首轮"链主"，联合长三角机器人产业链上下游12家企业，共同打造工业机器人，已成功应用于新能源汽车整机产线和锂电、光伏、电动两轮车等行业。

二是共同深耕跨区域产业合作。聚焦重点毗邻区、重点园区等载体，打造一批合作示范载体。打造长三角G60科创走廊3.0升级版，九城市以"产业联盟＋合作示范园区"、共同建设产业协同创新中心等模式，探索推动区域产业高质量协同发展的路径。沪苏大丰产业联动集聚区聚焦新能源、新基建、新农业、战略性新兴产业"3+X"定位，已导入企业25家，包括正泰新能源光伏、泓顺硅基半导体新材料、新时代节能科技等重点企业，2023年园区工业产值约90亿元。上海漕河泾新兴技术开发区海宁分区至年底已有124家企业入驻，日本铁三角、德国贝纶丝线、索璞科技、英国史密斯、奥尔萨等一批全球行业龙头企业项目落地园区。市北高新（南通）科技城聚焦汽车电子、集成电路、生命大健康和消费互联网"3+1"特色产业发力，至年底已集聚企业超过240家，总投资超过400亿元。

三是共同营造产业协同发展生态。围绕创新平台，发挥国家集成电路创新中心、国家智能传感器创新中心、国家地方共建人形机器人创新中心等国家制造业创新中心功能，共建长三角"感存算一体化"超级中试中心，聚焦集成电路、智能传感器领域关键技术协同研发突破。围绕标准互认，三省一市共同发布《药品多仓协同运营管理规范》团体标准，共同申报智能网联、燃料电池、重卡换电等长三角区域地方标准，建立长三角人工智能标准子平台等。围绕数字新基建，工业互联网标识解析国家顶级节点（上海）服务长三角能级持续提升，推进全国一体化算力网络长三角枢纽节点内算力基础设施建设，组织相关电信运营商和数据中心企业推进位于长三角生态绿色一体化示范区内数据中心建设。围绕工业物流服务，支持工业物流企业为长三角制造业提供定制化服务。聚焦集成电路、生物医药、汽车等重点产业领域，支持上海工业物流和供应链管理企业为长三角制造业企业提供物流服务，支持上海泓明、上海卓昕瑞为长三角兄弟省市提供供应链管理和仓储配送服务。

（殷 勇）

市区协同招商工作情况

2023年，上海市投资促进办公室（市经信委）联合市区各单位、各部门，按照中共上海市委、市政府工作部署，以及产业稳增长、稳投资工作的要求，围绕年初确定的"千项万亿"招商目标，争时间、拼速度、抢进度，全市招商工作统筹更强、招商氛围更浓、项目推进更快、投资活力更足，为全市经济高质量发展提供有力支撑。

一、"千项万亿"招商再创佳绩

2023年，全市实现招商项目数量、投资规模"双增长"，全年共签约亿元以上项目1700多项，计划总投资超1.5万亿元，其中10亿元以上项目近300个，计划总投资近万亿元。

（一）高能级产业项目加速落地。2023年落地项目中，制造业关联项目约1000个，占比60%；服务业项目近700个。其中，集成电路、生物医药、人工智能三大先导产业项目500多个。集成电路领域，长电汽车芯片成品制造封测项目落地，助力打造汽车芯片自主可控的产业链。生物医药领域，美慕纳中国研发生产总部项目成为当年全国生物医药领域最大外资项目，助力打造mRNA产业发展高地。人工智能领域，招引荣耀芯片与人工智能研发总部项目，将在全场景感知增强等多个技术领域布局研究。

（二）产业链精准招商聚链成势。提前研判产业发展趋势，把握行业发展风口，通过链主和链条两端发力，打造更加强大的产业发展生态。面向重点产业"招链主"。围绕智能硬件、智能终端等领域，招引培育舜宇光学等一批既能组织上下游产业链水平分工，又能实现垂直整合的链主企业；抢抓新型储能产业发展时间窗口，布局落地特斯拉储能超级工厂项目等标志性项目。面向重点产业"强链条"。围绕华为青浦研发中心，集聚吸引芯片设计、物联网、自动驾驶等领域产业链配套企业落地；推动金山海上风电等项目落地，加快金山区建强绿色产业链。

二、"投资上海"品牌持续打响

精心组织各类招商推介活动，全方位对外展示新时期上海经济发展成果和投资机遇，向海内外发出"投资上海"响亮声音，提振市场投资信心。

（一）全方位做好市内招商。联合市区部门开展各类"投资上海"招商活动7000多场，其中签约活动近1000场。成功举办2023上海全球投资促进大会，总投资674亿元的26个规模大、能级高的代表性项目签约。依托进博会、工博会、世界人工智能大会等重大会展平台，组织开展专题招商、高峰论坛等活动。进博会期间共签约项目近300个，总投资超1100亿元，其中10亿元以上项目30多个，总投资近800亿元。

（二）加大"走出去"招商力度。"全国行"活动高质量开展。联合各区和重点产业园区，赴北京、深圳、广州、成都、武汉、杭州等6个重点地区开展定向招商，签约首钢朗泽、中创为等80余个优质项目，总投资超600亿元。在北京、深圳等重点城市设立招商服务工作点，聘请投促合作伙伴组建招商顾问团。"全球行"活动高标准开展。举办意大利罗马、瑞士苏黎世、美国纽约等推介活动，600余家外资企业参会，海内外媒体广泛报道。全年共组织100多个团组赴海外招商，涉及20余个国家和地区、80余座城市，累计开展50多场海外招商活动。

三、统筹联动机制持续强化

深化信息共享、跨区布局、协调推进机制，持续加大工作统筹力度，市区招商高效协同，招商能力不断提升。

（一）加强部门协同保障。优化营商环境。印发实施2023年上海市优化营商环境6.0版，建立政企沟通常态化机制，涵养内在势能，做好招商要素资源保障。完善外资服务。加强开办企业窗口建设，提升外商投资主体在沪新设企业网上办理功能。制定《上海市加大吸引和利用外资若干措施》，开展RCEP国家（地区）和"一带一路"沿线海外招商。保障产业建设。不断优化对产业项目的规划土地支持政策，积极推进五个新城和南北转型区建设。协调保障重大工程项目建设，加大"四个一批"项目推进力度。

（二）持续提升招商能力。招商菁英集训营。邀请前沿学者、行业专家围绕宏观经济、招商实务等方面进行授课，提升招商干部的综合能力。招商游学。邀请"风投之城"合肥市投促局以及合肥市国资委等单位的专家领导授课，考察基金招商的典型企业和园区，进行平台、人才对接。系列能力提升培训。围绕上海现代化产业体系，兼顾政策解读和招商实务，邀请行业大咖授课，共举办7期培训，服务一线招商人员3000多人次。围绕"以赛促练、以练促学、以学促践"，举办全市招商大比武活动，带动各区广泛开展招商引资"比学赶超"热潮。

（孙祐成）

工业品牌建设情况

2023年，上海市以高质量发展为主题，贯彻落实《上海市先进制造业"十四五"规划》《全力打响"上海制造"品牌加快迈向全球卓越制造基地三年行动计划（2021—2023年）》，凝聚各方合力，擦亮"上海制造"名片，不断提升上海城市品牌的知名度和美誉度。

一、强化品牌引领意识，着力打造竞争力强、美誉度高的"上海牌"

（一）重视品牌培育和建设工作，落实《上海市推动制造业高质量发展三年行动计划（2023—2025年）》，积极开展"上海制造佳品汇""上海信息消费节"等品牌推广活动，保护发展国民经典品牌跨界创新振兴，提升行业优势品牌影响力和新锐网红品牌高端化竞争力，持续强化品牌塑造及品牌价值提升对上海经济发展的贡献和带动作用。

（二）加强品牌建设专题培训，鼓励企业多角度制定实施品牌提升战略，引导企业牢固树立"品牌是企业灵魂"的理念，增强企业品牌意识，促进优质品牌向高端化逐步迈进，增强品牌公信度、知名度、美誉度，构建符合全球产业趋势、占据价值链高端的"上海牌"强梯队。线上线下宣贯结合，聚焦系统性、层次性，分门别类推进品牌培训工作，共举办各类培育辅导活动20余次，其中宣贯培训活动5次、专项活动3次、答疑指导3次，累计参与企业近500家（次）涉及品牌、市场等各类人员超过1000人次。

（三）推动品牌管理国家标准和行业标准宣贯。以品牌建设能力和品牌培育科学化水平为导向，加强全市品牌培育管理体系试点建设工作，不断增强企业品牌培育创建能力，以标准提档、品牌增效为着力点，推动涌现更多更高质量的品牌引领示范企业、品牌培育示范企业、专精特新"小巨人"和制造业单项冠军，让卓越产品、卓著品牌成为"上海制造"的标签。新增认定"上海市品牌引领标杆企业"（15家）"上海市品牌培育标杆企业"（31家）共计46家。共有270家企业注册申请品牌培育试点，216家企业完成正式试点备案、导入品牌培养管理体系，分别比上年增长12.5%、10.8%，试点备案率为80%；品牌培育管理体系有效运行申请113份（经审核符合评审基本条件的109份，其中制造业79份），与上年基本持平。

二、深化"三品"战略落实，凝聚时尚消费品产业高质量发展合力

（一）持续增强消费品产业韧性。推进《时尚消费品产业高质量发展行动计划》落地见效，强化消费产业核心竞争力。2023年，轻工、纺织业实现工业总产值6475.71亿元，同比增长0.06%，其中时尚消费品工业总产值2747.44亿元，同比下降1.5%。持续做好对口重点区经济运行及重点集团经济稳增长，以"周到细致、贴心服务、全程无忧、专业负责"方式做好全市投资亿元以上的时尚消费品领域生产类项目招商、建设、投产。开展消费品产业链招商、"上海时尚出品"平台招商，撰写时尚消费品产业链、创新链招

商专篇，打响"上海制造品牌"，展现上海品牌新实力，将消费品产业作为满足消费新需求、塑造时尚新名片、激发产业新活力的重要发力点，推进消费品产业强链补链固链，促进消费品创新生态紧密集成，激发消费品产业发展新动能。

（二）推动消费品产业多维融合发展。注重设计策源。2023年世界设计之都大会主场海外双线布局，共举办1场开幕式、3场设计峰会、10大设计领域50+高峰论坛、100+各类新品发布、项目签约、时尚秀演、全城联动、海外联动活动；邀请1000+演讲嘉宾，展出面积超2万平方米，线下参与人数超13.8万人次；签约发布22个产业和平台项目，总投资达304.2亿元。制订《上海市设计创新中心管理办法》，加快培育设计市场主体；聚焦大国重器、智慧出行、时尚消费品等领域，2023年推荐获评9家国家级工业设计中心，数量创历史新高，总量达到21家；累计培育五大设计领域市级设计创新中心182家（含21家国中心），设计引领示范企业92家。遴选推广"上海设计100+"优秀设计项目，2023第四届"上海设计100+"入围项目已实现销售518亿元，预计产品生命周期总经济价值达4700亿元。

注重数智转型。制定时尚消费品产业数字化转型实施方案，2023年已征集30个时尚消费品数字化转型应用场景，其中制造业占比67%。培育4家工赋链主企业，发布两批10家化妆品生产领域数字化转型标杆企业。

注重产融联动。聚焦制造、突出消费，围绕"（2+2）+（3+6）+（4+5）"现代产业体系多个领域，遴选支持7个重点品牌、12个优势品牌专业化推进品牌发展，提升产品创意和设计能力，强化品牌创新度、传播度和影响力。

（三）持续打造品牌交流高端平台。聚焦国潮出海，加大海外推广和海外布局力度，集体打造展示"上海制造"品牌的新名片，提升自主品牌影响力，促进国际交流、传播海派文化、塑造上海形象，加快推动"上海制造"成为"中国制造"创新力量。举办首届中国制造品牌发展论坛暨第九届中国品牌经济（上海）论坛，加大上海时尚消费品品牌宣推力度，持续促进品牌创新成果发布。2023年"上海制造佳品汇"促进销售额737.55亿元，发布首批22家时尚引领示范企业及"上海时尚100+"榜单。广泛动员、有序推进"上海品牌100+（时尚消费品）"遴选，83个品牌入选（含生活佳品22个、精致食品14个、服饰尚品12个、智能用品9个、化妆美品8个、运动优品7个、数字潮品6个、工艺精品5个）。

三、优化要素资源集聚，全力推进品牌经济发展

聚焦特色园区，提升发展能级。推动园区向特色化、专业化发展，加快引进重大产业项目，促进产业集群集聚发展，打造产业生态圈。优化消费品产业空间布局，放大产业集聚效应，持续创建体现消费品产业特点、特色的时尚消费品产业园区。推进青浦区、奉贤区、浦东新区全国"三品"战略示范城市发展，培育特色地方食品产区，创建打造一批市级时尚消费品特色产业园区，布局"时尚星云"。推进老凤祥、清美集团等重点企业提容增效，打造智造空间，培育"工业上楼""前店后厂"等制造业和服务业两业融合的新业态、新场景、新模式。推进建设上海先进技术纺织品创新中心。

推动时尚消费品产业与文化创意产业融合协同发展。推进文创园区特色化、智能化迭代升级，促进与文创园区融通发展。开展市级文创园区、文创楼宇和文创空间评审工作，为本市品牌企业做好园区服务工作，跨界赋能推动品牌经济工作，支持品牌企业发展，"一轴、一带、两河、多圈"产业布局进一步优化，不断深化文创园区功能建设和内涵提升，加强文创产业载体功能管理水平提升。优化文创产业创新生态，促进项目落地和产业增长，共认定160家市级园区（含24家示范园区）、20个示范楼宇和36个示范空间。

（郑一飞）

企业社会责任报告发布情况

2023年，上海市继续强化社会责任报告发布制度的功能作用，强化单位对活动的独立组织运化能力，强加顶层设计、创新工作方法、规范工作流程、提升工作成效。

一、基本情况

（一）发布企业数量。2023年，共有470家企业参与年度报告发布活动，其中连续5年及以上发布报告的企业数量211家，占发布总量的51.1%；连续10年及以上发布报告的企业53家；上海核工程研究设计院有限公司、上海强生出租汽车有限公司等18家单位更是连续12年在上海市企业社会责任发布平台上发布报告。

（二）发布企业性质。从单位性质来看，社会责任报告发布单位覆盖事业单位、国有企业（中央和地方）、民营企业、外资独资企业、合资企业、社会组织等多种性质，其中事业单位占比3.8%，中央企业（含分、子公司）占比16.2%，地方国有及国有控股企业占比35.6%，民营企业占比34.1%，外资独资企业占比3.0%，合资企业占比4.9%，社会组织占比2.4%。

（三）发布企业规模。从单位规模来看，300人及以上规

模的单位占比 61.9%，100 ～ 299 人规模的单位占比 23.5%，100 人以下规模的单位占比 14.6%。

（四）发布企业行业。从发布单位的行业属性来看，制造业企业占比 30.3%，覆盖装备制造、能源生产、汽车制造、医药制造、食品生产等领域；服务业企业占比 60.5%，覆盖金融、民生、社会管理、信息技术、设计研究、交通运输、商业商务等领域；建筑业企业占比 9.2%。

（五）发布企业区域。全市企业社会责任报告发布平台的辐射面进一步扩大，既有上海本土企业参与报告发布，也有北京赛西认证有限责任公司、北京中建协认证中心有限公司、辽宁申华控股股份有限公司等近 10 家外省市企业在平台上发布报告。

二、特色亮点

（一）创新主导，培育发展新质生产力。创新是引领发展的第一动力，以创新为主导且具有高科技、高效能、高质量特征的新质生产力则是企业实现高质量发展的重要基础，发展新质生产力也是企业践行社会责任理念的重要体现。随着企业社会责任建设工作深化推进，越来越多的企事业单位把培育发展新质生产力视作履行社会责任的首要议题，在社会责任报告开篇披露组织在报告期内的创新实践与绩效，展现积极推动发展新质生产力的坚定决心。国网英大股份有限公司创新发展，推进金融业务数字化转型和促进数字化赋能赋效，公司依法合规累积数据资产，建成运营碳资产管理平台，实现授信集中度、交易对手监测预警等功能；开展数字人民币试点创新，推动英大证券公司开通数字人民币钱包快付功能，实现数字人民币在购买理财服务场景的应用落地。

（二）双碳引领，共筑绿色美好家园。在全球气候变化的严峻形势下，双碳目标的提出与实施，不仅关乎人类未来的生活环境，也与企业生存发展息息相关。各类组织普遍将绿色发展理念贯穿于生产经营全过程，且对组织碳排放予以重点关注和全面管理，在报告期内采取一系列切实有效的措施，持续降低组织的碳排放量，为实现双碳目标贡献力量。上海振华重工（集团）股份有限公司全面落实"双碳"行动，制定印发《碳达峰碳中和行动方案》，通过能源替代、能效提升、绿色电力等措施减少自身生产制造和运营中的碳排放；打造低碳绿色产品等推动价值链碳减排，通过技术革新不断为全球码头系统性减碳提供有效实现途径。

（三）防范风险，守牢安全底线。高水平安全是保障高质量发展的基石。一个能够坚守安全底线的企业，不仅能够有效防范和化解各类风险，还能够赢得客户的信任和社会的认可，为高质量发展夯实基础、铺平道路。越来越多的组织将"安全管理""风险管控"列为社会责任议题，并在报告中披露组织严抓质量安全、管控生产安全、防范经营风险的特色做法与工作成效，真正做到将安全刻入企业基因。中国太平洋保险（集团）股份有限公司制定《数据安全管理暂行办法》等数据安全相关制度，建立覆盖数据收集、存储、处理、传输、共享、销毁全生命周期的数据安全技术措施，提升数据安全防护能力；公司研究和引入高阶数据安全防护技术，不断强化全周期、全场景下的数据安全防护能力。

（四）互利共赢，深化国际交流合作。在互利共赢基础上开展国际交流合作，不仅是推动全球经济一体化进程的关键举措，更是企业实现自身发展、提升国际竞争力的必由之路。在此背景下，越来越多的报告发布单位主动选择拥抱全球化，在业务拓展、文化交流、科技创新、环境保护等领域积极寻求国际合作机会，服务国家高水平对外开放大局。华东建筑集团股份有限公司积极响应国家"一带一路"倡议，参与商务部对外援助成套项目及实施企业资格招标，近年来中标商务部援外项目 26 项，3 个项目入选《上海工程建设标准国际化海外实践案例研究》。公司积极开拓东南亚市场，海外项目累计覆盖 103 个国家及地区，其中越南河内美亭国家体育场、科威特亚奥理事会大楼等项目已成为"一带一路"沿线国家地标性建筑。

（五）倾情奉献，巩固拓展脱贫攻坚成果。脱贫攻坚是全面建成小康社会的重要任务，也是实现中华民族伟大复兴中国梦的关键一步。选择将"扶贫工作"纳入社会责任重要议题的企业日益增多。众多企事业单位立足自身优势，通过技术支撑、产业扶持、教育扶贫等多种方式，帮助贫困地区实现经济持续发展，提高贫困群众的生活水平，展现负责任、有爱心的企业公民形象。光明食品（集团）有限公司充分发挥光明批发市场、销售渠道、物流流通、帮扶平台等功能优势，持续开展产业发展、产销对接、消费帮扶、技术培训等工作，帮助对口帮扶地区农产品进入上海市场。报告期内，公司对云南省剑川县四村开展精准帮扶活动，全年投入帮扶资金 200 万元，以产业扶贫、教育扶贫、农技扶贫、消费扶贫为重点，帮扶四村攻坚脱贫，巩固脱贫成绩。

（曹　恺　沈桑杰）

政策法规建设情况

2023 年，上海市经信委政策法规工作努力服务上海产业和信息化高质量发展，适应产业经济信息化新发展、新趋势，推动良法善治。在创新立法、法律法务保障、普法、"放管服"改革等方面取得新进展。

一、经信领域创新立法工作

（一）推动重点领域法律法规落地赋能。推进实施《上海市促进人工智能产业发展条例》，落实人工智能专利纳入快速审查与确权服务范围、无人机低空空域测试试点等事项特别规定，为人工智能技术和产业创新发展提供宽松环境。推动《上海市信息基础设施管理办法》正式施行，通过规范统筹智能数据中心建设和改造升级，促进形成布局合理、技术先进、绿色低碳的新型智能算力发展格局。

（二）发挥立法对产业发展的促进和引领作用。推动落实《上海市浦东新区促进无驾驶人智能网联汽车创新应用规定》，支持浦东新区制定《促进无人驾驶装备创新应用若干规定》，通过立法明确允许无驾驶人的智能网联汽车开展创新应用、允许市场化收费、允许无人驾驶装备上路等。

（三）开展"服务实体经济律企携手同行"专项行动。对接工信部开展"服务实体经济律企携手同行"专项行动，积极组织区经信部门和相关律师事务所，精准对接产业发展法律需求，为 1300 余家企业提供免费法律服务。

二、法律事务保障工作

（一）开展公平竞争审查工作。实施市经信委公平竞争审查工作要点指引，防止出台排除、限制竞争的政策措施，以公平的制度环境保障市场机制充分发挥作用。

（二）日常法律事务审查。积极发挥法律顾问在重要文件审核、行政决策咨询、疑难案件审理、文件合规性审核等方面的作用。

三、普法工作

（一）把习近平法治思想相关内容纳入党委中心组专题学习，加强对习近平法治思想、党内法规和国家法律法规学习宣传贯彻，并邀请专家学者对系统领导干部开展专题辅导报告。

（二）落实"谁执法谁普法"责任，结合日常执法检查、高考保障任务，积极开展普法宣传进市场、进企业、进工地系列活动，向管理相对人和社会大众解读法律法规及产业政策，提升行业企业、社会公众的知法守法意识。

（三）举办第七届"上海市企业法务技能大赛"普法品牌活动。以"优化法治化营商环境，赋能企业高质量发展"主题，采用"企业出题，政府答题"形式，取得较好的社会效果。四是举办"法律赋能产业经济高质量发展"沙龙。

四、"放管服"改革相关工作

（一）推进业务流程再造。全面清理规范行政备案事项，建立事项合法、程序规范、服务优质的行政备案管理制度。

（二）按照"行政许可"事项中凡是市政府部门核发的材料，原则上一律免交；凡是能够提供电子证照的，原则上一律免交实体证照的要求，通过电子证照、数据核验、告知承诺、行政协助 4 种免交方式，实现免于提交。

（刘晶明）

2024·上海工业年鉴
SHANGHAI
INDUSTRIAL
YEARBOOK

特载

综述

专题

区工业

企业简介

上市股份公司

行业协会简介

大事记

经济法规

统计资料

区工业

浦 东 新 区 工 业

【概况】

2023 年，中共上海市委、市政府高度重视工业稳增长工作，在浦东新区区委、区政府坚强领导下，新区产业部门上下齐心，克服困难全力稳增长，四季度单月产值连创年内新高，全年基本实现 1.37 万亿元目标任务。

【2023 年发展情况】

一、承压前行、贡献显著

上、下半年，浦东新区工业经历同期波谷至波峰的攀升压力，工业增加值占新区总产值比重稳步提升，从一季度的 22.9% 提升至四季度的 23.5%。新区工业对全市工业经济贡献也同步提升，新区工业增加值占全市工业增加值比重 36.1%，2022 年末为 35.7%。

二、规模提升、领先全市

浦东新区规模以上工业保持全市领先，占全市比重进一步提升至 34.7%，高于上年末 1.6 个百分点。增速始终高于全市 2 个百分点以上。

三、动能转换、质量提升

战略性新兴产业占比进一步上升，1—12 月占新区总产值比重 53.9%，比上年扩大 2.7 个百分点；占全市战略性新兴产业比重 42.5%，比上年扩大 3.1 个百分点。三大先导产业引领作用愈发明显，完成产值 16441.68 亿元，增长 3.8%；占全市比重 44.4%，比上年末提高 1.5 个百分点。新能源汽车带动传统汽车制造业逆势回升，汽车制造业实现产值 4628.02 亿元，增长 17.4%，其中新能源汽车产值占比 61.1%，增长 36.4%。

【2024 年发展趋势】

2024 年，浦东新区工业经济预计复归常态，整体保持向好发展趋势。五大重点产业中，汽车、生物医药、成套设备和航空航天预计实现增长，电子信息制造业形势不明朗。汽车制造，新能源汽车将继续成为增长点，零配件企业积极扩充新能源业务实现增长，特斯拉和上汽乘用车在 2023 年高速增长后增速趋向放缓。生物医药，新增 MAH 制度纳统企业将继续贡献增量，但是部分药企集中采购减量影响客观存

在。成套设备，船舶制造企业订单均已排产到 2025 年，但受限于产能饱和，无法实现大幅增长。航空航天，2024 年预计交付数量高于 2023 年，保持一定增长。电子信息，因龙头企业下降预计形成巨大缺口。集成电路设计业回暖信号不明显，下游制造封测业复苏情况尚未可知。

2024 年，浦东新区将继续围绕强创新、促投资、优服务，重点实施六大行动，系统推进产业经济稳增长目标。

一、产业经济稳增长行动

持续巩固提升工业稳定器、压舱石作用，一方面，以相关委办局横向网络和各区域纵向网络实现产业经济深度、精细化全覆盖管理；另一方面，盯紧看牢重点关键产业链和重点企业，做好分析研判、跟踪服务，稳住存量、挖掘增量，全力以赴确保完成产业经济稳增长和工业投资全年目标。

二、创新策源能力提升行动

服务保障好大科学设施、国家实验室等国家战略科技力量，持续提升基础研究和应用基础研究能力。深化实施大企业开放创新中心、国自然区域联合基金、新型研发机构揭榜挂帅、创新载体高峰高原计划等创新举措，进一步构建完善创新生态体系，大力支持企业创新，加速推动科技成果转化。

三、产业竞争力提升行动

聚焦三大先导、六大硬核、四大新赛道和五大未来产业布局，聚焦产业链关键核心环节，推动产学研协同攻关，形成全产业链优势。加大生产性服务业引荐，撬动龙头链主企业的带动作用，丰富产业生态，提升工业经济附加值。

四、新赛道地标打造行动

选准即将形成规模效应的关键赛道，集中力量加大布局，以做精做优做强市级特色产业园区为抓手，打造形成一批新赛道产业地标，引领行业发展。

五、大企业培育行动

集聚"专精特新""小巨人""隐形冠军"、高新技术企业，落实好重点企业服务包制度，有机集成优化政策体系，清单式集中资源培育种子企业，加快推动"工业上楼"、存

量用地提质增效最大限度释放产业空间，争取培育一批具有全球竞争力、行业引领力、产业带动力的龙头企业。

六、数字经济培育行动

加快实施产业数字化跃升计划，推进中小企业数字化转型城市试点工作，全面推进智能工厂建设。推动数据要素产业集聚区建设，依托数据交易所加大优质数据供给。

（葛 青）

徐汇区工业

【概况】

2023 年，面对复杂严峻的国际环境和艰巨繁重的改革发展任务，徐汇区着力落实稳增长促发展举措，工业经济运行持续回升向好。全年实现规模以上工业总产值 918 亿元，比上年增长 16.9%。规模以上工业产销率 100.2%，与上年基本持平。完成工业税收 54.5 亿元，比上年增长 51.2%。

【2023 年发展情况】

一、工业生产稳步增长，重点企业贡献突出

以老凤祥为代表的金饰品制造业不断优化产品结构，提速网点布局，持续推进渠道下沉，产值比上年增长 20.8%；复宏汉霖不断推进技术创新和产品研发，持续拓展国内外市场，带动生物医药制造业产值增长 102.9%。

二、漕河泾开发区聚焦创新，持续升级

2023 年，漕河泾开发区工业企业完成产值 259.92 亿元，占全区工业总产值比重的 28.3%。开发区贯彻上海构建"3+6"新型产业体系要求，以产业为本、科创为先，积极布局元宇宙、人工智能等产业新赛道，产业生态进一步丰富，新引入项目 74 家。代表性项目包括长鑫存储、Minimax、途虎养车、粒界科技、源石云、新迪数字、术木医疗、瑞龙诺赋、欧诗漫、福乐医药、术锐科技、朗迈医疗、迪赢生物、光辉医疗等。漕河泾开发区在 2023 年商务部国家级经开区综合发展水平考核评价中列第 16 位。

三、加强企业技术中心建设，增强企业创新动力和活力

持续完善区内企业技术创新体系，持续加强企业技术中心队伍建设，上海米哈游网络科技股份有限公司、上海硕恩网络科技股份有限公司、中电金信软件（上海）有限公司、上海润欣科技股份有限公司、上海电力建设有限责任公司、上海卓繁信息技术股份有限公司等 6 家企业通过市级企业技术中心认定。上海联影智能医疗科技有限公司、上海安必生制药技术有限公司、东方明珠新媒体股份有限公司、上海艾莎医学科技有限公司、上海卓越睿新数码科技股份有限公司、三优生物医药（上海）有限公司、上海弘玑信息技术有限公司、诺优信息技术（上海）有限公司、亚数信息技术（上海）有限公司、普众发现医药科技（上海）有限公司、上海优咔网络科技有限公司、量投科技（上海）股份有限公司、上海太美星云数字科技有限公司、上海太屋网络科技有限公司、上海得帆信息技术有限公司、海纳致远数字科技（上海）有限公司等 16 家企业通过区级企业技术中心认定。

四、推进工业节能，加快绿色发展

落实 14 家工业、通信业重点用能单位双控目标责任书签约，完成 2022 年度重点用能单位双控目标考核评价工作。推动光伏项目落地，完成装机容量 310.75 千瓦，其中瑞侃电子 205.15 千瓦、兴亚电子 105.6 千瓦。持续推进清洁生产（自愿性）项目，捷普科技申报 2023 年度上海市清洁生产审核（自愿性）名单。

【2024 年发展趋势】

2024 年，徐汇区工业经济将坚持稳中求进、以进促稳，持续提升产业体系现代化水平，促进工业经济实现质的有效提升和量的合理增长，力争全年实现规模以上工业总产值 998 亿元。

一、持续推进智造空间项目落地

加快老凤祥、梅特勒托利多等一批工业上楼项目的规划设计工作，尽快推进项目施工建设。委托德勤中国开展项目排摸，了解工业企业，尤其是外资工业企业扩大生产的需求，结合实际情况提供工业上楼建议，赋能制造业发展迈入"快车道"。

二、加快智能网联汽车产业建链延链

紧抓"软件定义汽车"新机遇，构建研发设计、集成服务、高端制造一体发展的产业生态。加快吉利、比亚迪、上汽等产业链企业落户和关联企业落户。加强与德勤中国合作，努力引进外资"专精特新"企业，提升智能终端产业能级。

三、继续大力支持工业企业保持稳定增长

做大区域产值规模，2024 年工业总产值增长 3%—5%，工业增加值占地区生产总值的比重稳步提升，对稳增长贡献较大的规模以上工业企业给予稳增长政策奖励。

四、支持企业创新发展转型发展

鼓励制造业转型发展，开展规模以上制造业企业的数字化诊断工作，加大对企业实施数字化智能化改造、生产线转型升级等给予奖励支持。鼓励优质企业加大研发投入，强化企业创新主体地位，支持企业申报"专精特新"荣誉、创建

企业技术中心，并给予相应政策奖励。

五、推动低效产业用地转型升级

研究制订《徐汇区关于产业用地履约达产协同管理的若干意见》，强化对产业用地履约达产的监管要求，支持园区平台等企业盘活存量用地，进行开发转型，保障产业用地资源利用效率和质量。

（苏　哲）

长宁区工业

【概况】

2023 年，长宁区属地规模以上企业完成工业总产值 135.35 亿元，比上年增长 17.6%，完成年度目标的 104%。两家重点航空企业东航技术和东航食品，航班配套业务恢复均好于预期，产值出现大幅度增长。两家航空服务业企业完成工业总产值占全区规模以上工业企业工业总产值的 76%。

【2023 年发展情况】

一、推动航空服务业集聚发展

扎实推进重点航空企业系服务工作。区商务委会同区投促办、区临空办、程家桥街道以及其他相关职能部门，按照"全覆盖、分级走访"的原则，分头落实、全力做好企业的各项服务工作，共同推进航空系各相关企业落户长宁。积极协调区各职能部门和航空企业密切沟通，稳步推进双方诉求解决工作。重点推进东航深化战略合作协议签订和项目落地。在中国东航和长宁区高水平合作的基础上，长宁区政府与东航集团签订深化合作战略协议，加快推动"2+4+N"战略布局落地，东航金控、东航物网、东航供应链等项目陆续落地长宁。进一步提升政策撬动力。开展航空产业政策宣传，组织开展培训会，辅导企业申报航空产业专项资金项目；组织开展航空产业政策修订，进一步提升政策撬动力。

二、推动生命健康产业加速发展

5 月 25 日，在"潮涌浦江·投资虹桥"2023 虹桥国际中央商务区投资促进大会上，长宁正式发布大虹桥生命科学创新中心，作为长宁区生命健康产业发展的重要平台载体。区商务委对接虹桥国际开放枢纽建设机遇，以大虹桥生命科学创新中心建设为抓手，建立专班工作机制、形成任务分工表，推进生命元山、联影智慧医疗产业园、扬子江生命科学研发中心等一批重点载体项目建设，打造赛傲生物研究中心等一批研发与转化中心，集聚国药医疗器械、丹纳赫、贝泰妮、海之誓、爱思唯尔等一批重点企业，落地上海食品药品安全研究会、上海美丽健康产业协会等一批功能性平台，区市场局政策创新助力联合利华实现食品研发、生产"一址两用"。7 月，市经信委将支持长宁加快打造长三角生命健康创新发展示范区纳入三季度工作要点，作为上海市生物医药创新突破重点支持区域。依托上海美丽健康产业协会、丹纳赫等功能性平台和龙头企业，在上海市国际生物医药产业周中共同举办"多元创联，赫彩中国"生命科学创新发展峰会、2023 上海未来健康论坛等多场高能级活动。

三、为中小企业发展做好服务

深化优质企业培育，形成系统化培育体系。建立动态化的中小企业培育库，根据企业生命周期不同阶段的不同特点，动态化、分层分类地组织开展培育工作。经过全面发动、实地考察、材料推荐，全区共有 4 个批次共计 42 家企业获评市级"专精特新"企业、126 家企业获评创新型中小企业。积极动员区内企业申报国家级"专精特新"小巨人，提升企业能级，并为符合条件的企业提供全流程的精准辅导，全年共推荐 9 家企业参与申报。在工信部全面收紧名额的情况下，最终有 3 家企业成功获得公示。

充分发挥政策效应。在 2023 年度中小企业扶持政策申报中共有 103 家企业申报其中的 3 个政策条款。经过材料审核、专家评审等环节，共有 92 家企业、94 个项目获得立项扶持，为历年最高，扶持资金逾 900 万元。

高质量推进企业服务专员工作。精准整合队伍依托市区服务企业议事协调机制，加强部门协同、上下联动，形成服务专员工作合力，全面扩大长宁区服务专员队伍，共有 320 名服务专员。除相关部门、各街镇、临空园区外，组织所有市级服务机构以及区企联会、区商联会等行业协会，全面加入服务专员队伍中，扩大专员覆盖面和影响力。迅速提升中小微企业服务专员能力。为促进各项助企纾困政策应知尽知、应享尽享，充分发挥政策效应。结合各部门开展的政策宣贯活动。每一场活动除了面向企业外，组织各街镇、园区派遣服务专员代表参与，并在会后对本部门的其他专员进行扩大培训。全面推行体系化服务企业模式，拓展延伸服务队伍，对全区的商务楼宇和园区进行服务专员匹配。会同区投促办、各街镇、临空园区进行深入研讨，对商务楼宇、园区情况进行排摸梳理，并同步结合营商通系统中的相关信息对长宁区园区／商务楼宇进行服务专员全覆盖匹配服务，目前全区楼宇、园区覆盖率已达 100%。

充分发挥公共服务机构资源优势。加强统筹，发布服务产品。为贯彻落实《助力中小微企业稳增长调结构强能力若干措施》的要求，组织全区所有服务机构，围绕政策服务和专业服务，为中小微企业提供公益性服务，并征集一批中小企业公益服务产品。经过全面发动汇总，向市中小办推荐上海凭安征信等5家公共服务机构的共计16个惠企服务产品，均针对"专精特新"企业有相关优惠。相关产品已在上海市企业服务云上进行发布，同步也在全区"专精特新"企业中进行了广泛宣传。

【2024年发展趋势】

一、持续推进服务专员工作

加强专员队伍建设。根据各部门、各街镇实际情况，对服务专员队伍进行阶段性整合。加强部门协同，横向协作，扩大服务专员覆盖面。强化服务专员培育机制，鼓励各专员加快熟悉全区最新惠企政策，在服务企业时精准选取企业适用的政策进行宣传、引导，扩大纾困政策宣传范围，支持中小微企业用好、用足、用活政策。加强重点企业服务力度。2024年首批重点联络服务对象为新认定的国家级"专精特新"小巨人企业和市级"专精特新"企业。由各街镇、临空园区为每家企业配备主力服务专员。全年实现实地走访100%全覆盖，切实为每家企业排忧解难。

二、加大优质企业培育力度

跨前一步，积极开展市级"专精特新"、创新型企业相关工作。继续加强全流程服务企业模式。"专精特新"和创新型企业均要求企业向街镇提交申请，由街镇汇总、审核后推荐至区商务委。从源头对企业经营情况、发展计划进行把控，保障后续服务工作稳步开展。精准发力，推动优质企业做大做强。根据重点企业日常走访、服务情况，推动体系完整、领域新颖、潜力巨大的优质企业积极申报国家级"专精特新"小巨人、市级企业技术中心等经信条线的高等级称号认定。通过国家、市、区三级扶持政策的资金补贴和资源倾斜机制，为企业提供全方位发展支持，争取培育一批产业链龙头企业，并做好产业链增链、强链、补链工作。

三、靶向发力，扩大政策覆盖面

新出台的政策集成中关于中小企业的专项条款有较大变化。后续将利用好服务企业大讲堂和商务会客厅两个品牌项目，持续开展政策宣贯活动。通过专项补贴，吸引产业链上下游关联企业和创新业务向长宁归集，做大做强长宁的重点产业生态。

四、加强排查，开展账款清欠

根据上海市人民政府办公厅下发的《上海市清理拖欠企业账款专项行动实施方案》要求，出台区级清理拖欠企业账款专项行动实施方案，组织力量开展清欠月度排查，每月末更新明细台账，每季度末经区政府主要领导签字并加盖公章后反馈市级清理拖欠企业账款专班。

（王韵华）

普陀区工业

【概况】

2023年，普陀区在地工业产值154.7亿元，比上年可比增长3.6%；属地工业产值99.8亿元，可比增长7.4%，完成市经信委全年属地工业产值94亿元的指标。总体看，上半年工业产值增长明显，下半年起单月产值增速逐月回落。

【2023年发展情况】

2023年，全区产值头部企业大众燃气、施耐德工控、上海印钞、中邮科技产值占全区规模以上工业产值50.12%。其中大众燃气占比24.37%、施耐德工控占比6.09%、上海印钞占比11.29%、中邮科技占比8.37%。但是，施耐德工控从下半年起受到整体经济形势影响订单大幅度减少，企业促销提效虽短期有一定效果，但年底仍不见好转。上海印钞、上海造币为指令性生产企业，2023年因弥补2022年生产缺口，计划量较往常年份增加，使得年产值基数较高。

【2024年发展趋势】

预测2024年一季度工业总体运行情况仍可保持平稳，但后续发展不容乐观，造币和印钞计划排产尚不明确，产量可能略有下降；施耐德至今没有在手大额订单；中邮科技订单量骤降，企业信心不足不愿扩产，也无大项目开工。

一、发展举措

（一）紧盯跌幅明显重点企业，全力做好服务工作。经走访施耐德工控，了解企业三大业务板块中除新能源外，出口、地产都面临很大压力，鼓励企业开拓销售渠道，并积极搭建新能源企业沟通桥梁。

（二）明确统计口径，保持区工业占比。有3家工业企业因营收中工业部分占比不足50%，被要求转型服务业。为保证区工业体量，就索雷博因生产经营发生变化导致可能退出工业纳统的相关问题召开协调推进会，各单位结合最新经普要求，对企业经营方式、纳统形式给出相应指导意见，使企业在本行业中获得更多政策支持，保留工业纳统。经与市统计局沟通，保留索雷博光电的工业统计口径。

（三）做好工业企业电力扩容工作。完成励成食品电力扩容多部门联合评估，加快梳理目标企业，并协助更多企业实施电力扩容，有效助力企业扩产增产。

（四）深入园区开展工业稳增长宣传。在园区内企业零距离宣传《普陀区助行业强主体稳增长的若干政策措施细则》，介绍产业发展培育、转型升级重点工作，鼓励工业企业升级发展。

二、下阶段工作打算

（一）确保重点企业产值稳定。重点关注中邮科技项目验收产值落地，确保造币厂产值基本稳定。

（二）逐一走访重点企业促增量。了解产值靠前的重点企业所处行业有无最新政策，产业空间有无拓展方向，以及年末产值冲刺情况。

（三）推动规模以下企业转规模以上。进一步排摸、挖掘有增长潜力的规模以下工业企业，建立完善的"小升规"重点企业培育库，对培育企业进行动态跟踪服务，促进小微企业提档升级和扩量提质发展。进一步提升存量资源：加强循环走访产值下拉严重的企业，鼓励企业坚定信心，并结合市经信委企业"数智化"工作的相关优惠政策优化市场开拓

渠道；排摸可享受政策待遇的工业企业做好相关政策支持；拟协调指导金叶包装申报"专精特新"、企业技术中心等扶持项目，做好工业上楼政策对接；做好中邮科技国家级"专精特新"申报服务工作；会同相关单位做好人才引进政策更新推送，优化营商环境；做好区内工业企业统计填报指导工作，合理规避价格指数影响，做到应统尽统。向街镇统计负责人做好宣传工作，指导统计人员在做好企业产值收集工作的同时，关注有潜力的企业及时转型或纳统。

（四）继续挖掘符合"三转二"条件企业，做好企业转型纳统工作。区商务委将联合其他相关单位通过各自条线分别了解外区已成功转型的案例，进一步明确相关操作标准，同时与企业保持联系，做好企业转型服务工作。

（五）进一步协调企业因生产经营变化导致可能退出工业纳统的相关事宜，指导企业按照工业纳统要求处理好开票、销售等环节。

（高　远）

虹口区工业

【概况】

2023年，虹口区立足现有产业基础把握推动高质量发展首要任务，以加快建设"上海北外滩、都市新标杆"为目标，全面贯彻新发展理念，推动区域产业经济不断发展。共11家规模以上工业企业完成总产值50.2亿元，现价增长10.2%，比上年可比增长15.2%，产品销售率98.92%，出口交货值3.61亿元，出口交货值下降24.4%。

【2023年发展情况】

一、稳增长调度推动工业平稳发展

积极发挥区级稳增长调度工作专班作用，执行规模以上工业企业例会制度，设立经济运行分析专员，充分运用市级监测体系平台对接联系规模以上工业企业，明确稳增长工作目标努力释放工业稳增长潜力争取最好结果。向企业宣贯增值税加计抵减政策和增值税期末留抵退税政策，引导有制造环节或者委托加工的高新技术服务企业创造条件转成工业。以第五次经济普查工作为契机做好符合条件的企业新纳统入库排摸。

二、科技创新促进产业融合发展

对接上海市促进高质量发展专项，推荐企业参评上海市"质量标杆"、产业互联网示范平台、生产性服务业两业融合等各类项目，支持企业科技创新水平能级提升。实施"北外滩现代服务业集聚区"和"北中环科创产业集聚带"联动发展战略，加快形成新的产业体系。实施《虹口区关于加快科创中心建设的实施意见》《虹口区企业技术中心管理办法》

《虹口区四新示范企业认定实施细则》，通过政策引导推动制造业企业创新能力建设，助力传统产业现代化升级改造，全年新增1家市级企业技术中心、4家区级企业技术中心、8家虹口区"四新示范企业"。

三、强化精准高效服务

以落实"服务包"制度为契机，以企业需求为导向，结合"大兴调查研究"做好企业跟踪服务，主动跨前了解企业感受，帮助企业从各类政策中筛选适用自身的条款，提升为企服务的精准性和实效性。支持规模以上企业申报海关AEO认证、对接中信保、申请"虹企贷"，降低企业运营成本。实施优化营商环境6.0方案，落实138项举措，推出总部型企业"六亮两快"直通车等创新举措。出台"促发展21条""民营经济12条"等政策措施，全面实施"租税联动""回家计划"。

四、加强安全生产督导

督导规模以上工业企业落实安全生产主体责任，做好用电管理、防寒防潮、防火防爆等消防安全防护措施，配合相关单位开展安全生产风险隐患排查治理，加强元旦、春节、两会、五一、国庆等节假日期间安全生产管理。在重大节日、重点时段、不定期对企业做好各类安全生产、防台防汛提示，为稳定生产营造良好基础。

【2024年发展趋势】

2024年，虹口区将以上海加快建设强化"四大功能"的

核心承载区和"五个中心"建设的总部集聚区为目标,围绕推动高质量发展、构建新发展格局,以科技创新为引领,推进区域产业经济运行稳定向好发展。

一、以深化服务为导向,促进经济平稳增长

以"周周有联系、月月有走访、季季有例会"的形式,增强与区规模以上工业企业的联系。加强跨部门联动,充分发挥金融服务实体作用,用好"虹企贷"等融资帮扶金融工具,为符合发展导向的重点企业提供资金支撑助力企业稳定发展,全力以赴保障经济发展目标的完成。

二、以政策扶持为抓手,推动新型工业化发展

围绕产业升级"工赋上海""智造上海"等行动,推动更多平台企业、"链主"企业聚焦上海3+6产业体系建圈强链,赋能更多产业链企业发展。通过政策引导,培育新一批"四新示范企业""企业技术中心",鼓励制造业企业创新驱动推动发展新型工业化。

三、以安全生产为底线,强化企业日常管理

做好规模以上工业企业安全生产管理指导监督工作,深化企业安全生产主体责任意识落实组织保障机制强化应急值班值守。加强与属地街道等的协同联动和信息沟通,保障安全生产各项措施有序有效落实。

(郑骅雯)

杨浦区工业

【概况】

2023年,面对复杂严峻的国内外发展环境,杨浦区坚持稳中求进、以进促稳、先立后破,通过新旧动能转化、内外需求互促,工业生产增势良好,产业综合竞争力不断提升,经济运行总体呈现回升向好态势。在地规模以上工业累计完成总产值824.86亿元,比上年增长5.2%;属地规模以上工业产值124.77亿,同比增长15.1%。

【2023年发展情况】

一、在地工业表现好于全市,烟草、非金属支撑有力

2023年,杨浦区全口径规模以上工业累计完成总产值824.86亿元,排中心城区第二;现价同比增长4.7%,增幅排中心城区第六,好于全市水平。工业生产形势进一步恢复向好:烟草集团、上汽大通、新动力汽车、复旦微电子、城建物资5家企业为杨浦区工业总产值Top5的企业,分别占全区规模以上工业总产值的60.7%、13.4%、6.8%、5.1%和3.4%,合计占比达89.4%,均保持正增长,同比分别增长0.1%、27.2%、1.7&、26.7%和36.5%,支撑有力,但仍有约六成企业全年工业总产值有所下降。

二、属地工业规模突破百亿,计算机制造业快速发展

2023年,杨浦区区属工业企业实现总产值124.77亿元,产值规模首次突破120亿元,排中心城区第三;现价同比增长15.1%,增幅排中心城区第三。其中计算机/通信和其他电子设备制造业、非金属矿物制品业、电气机械和器材制造业产值保持较快增长态势,约占属地工业总产值的70%,全年工业总产值增速分别达到21.4%、40.3%和19.1%。

三、战新产业产值较快增长,新能源汽车效益待提升

2023年,杨浦区战略性新兴产业完成工业总产值221.99亿元,同比增长15.9%,增速高出在地工业11.2百分点;占规模以上工业总产值(不含烟草)的68.5%。新能源汽车生产增速较快,但亏损较上年进一步扩大,其中上汽大通巨额亏损21.72亿元,拉低新能源汽车乃至战略性新兴产业整体利润。

四、工业综合能耗持续下降,低碳发展基础不断夯实

杨浦区积极把握"双碳"目标带来的发展机遇,着力构建绿色低碳的经济体系,推动纬景储能的锌铁液流电池入选国家能源局《第三批能源领域首台(套)重大技术装备项目》,支持依科绿色工程申报上海市第五批工业产品绿色设计示范企业,推动纬景储能、纳琳威纳米、复洁环保3家企业入选上海市2023年度绿色低碳技术产品名单。杨浦区在技术源头、创投资本、新赛道布局等不同维度均已集聚不少优质企业,如技交所、弗碳能源等技术创新服务机构;聚焦氢能、脱碳等新领域的遨问创投等专业投资机构;专注长时储能业务的独角兽企业纬景储能;循环经济的代表企业万物新生等创新企业,杨浦区工业综合能耗持续下降,2023年综合能源消费总量11.09万吨标准煤,同比减少1.6%;单位工业产值综合能耗为0.013吨标准煤/万元,同比减少6%。

五、多重并举,全力开展工业稳增长

制订《关于杨浦区提高工业占GDP比重工作方案》。坚定不移推动传统产业转型升级;建立上海市重点工业企业监测月报制度。每月定期预测工业稳增长调度重点企业产值和企业动向;开展全方位排摸潜力企业。排摸产值1000万元~2000万元的潜力企业71家,排摸营业收入在2000万元~3000万元的企业30家,营业收入超3000万元的企业57家,为企业库建立夯实基础;强化重点产业链运行监测。梳理在地规模以上企业中苹果、特斯拉、上汽配套企业清单,建立固定联系机制;围绕三大产业、四大新赛道,梳理现有优势

产业领域、高速成长细分行业、重点转型发展方向、头部龙头企业现状规模和近年增长幅度;落实稳增长工作措施。根据《上海市工业企业升规提质三年行动方案(2023—2025)》的工作要求,鼓励升规提质纳统,强化运行监测,加大保障力度;做好企业应统尽统辅导。重点做好六抓确保颗粒归仓;加强企业精准服务。实施一企一策,协调解决企业诉求和生产困难等问题;制订《杨浦区促进先进制造业高质量发展的若干政策措施》及实施细则、《杨浦区关于促进智能制造稳增长、扩规模相关措施的操作细则》等一系列政策。支持"升规"企业培育、"稳规"企业成长、"强规"企业发展;贯彻落实先进制造业企业税收优惠政策。对先进制造业企业分别给予当期抵扣进项税额加计5%~15%递减应纳增值税税额。

六、企业技术中心培育体系建设成效显著

启动新一轮企业技术中心培育工程。新增国家级企业技术中心1家,市级企业技术中心3家,区级企业技术中心9家。现有国家级企业技术中心6家、市级企业技术中心31家、区级企业技术中心63家,共计100家;上市企业比重上升。企业技术中心中的上市企业占杨浦区上市企业的43%。各级企业技术中心中上市公司17家,上市率18%。国家级企业技术中心上市率40%,市级企业技术中心上市率19%,区级企业技术中心上市率14%;对区域经济贡献日益明显。各级企业技术中心占税收百强企业的22%。其中国家级技术中心企业有60%进入税收百强,市级企业技术中心企业有35.4%进入税收百强,区级企业技术中心企业有12.3%进入税收百强。

七、以数字化、智能化转型为主线提升智能制造能级

加强智能制造体系建设,推进数字化升级。持续推进智能制造成熟度能力自评估,完成一期目标20家。推进企业智能工厂数字化转型服务商和智能工厂评估诊断机构申报;支持打造上海市"质量标杆"。按照《关于在全市范围开展"质量标杆"(2022—2023)活动的通知》要求,成功推荐上海微谱检测科技集团股份有限公司等3家企业入选上海市"质量标杆"。积极推进服务型制造示范遴选。根据《上海市经信委关于开展上海市第五批服务型制造示范遴选工作的通知》要求,指导7家企业申报,上海复志信息科技股份有限公司等4家企业入选上海市第五批服务型制造示范企业。上海瑞桥土木工程咨询有限公司"预制件智能设计一体化服务平台"、上海明诺环境科技有限公司"上海明诺环境工业废水处理及资源化服务平台"入选上海市第五批服务型制造示范平台,总数在中心城区中位于首位;打造"重点品牌"和"优势品牌"。聚焦"3+6"新型产业体系等制造业重点领域,千寻位置网络有限公司打造代表北斗参与全球竞争第一品牌,总投资5029万元。上海复志信息科技股份有限公司Raise3D品牌综合提升项目,总投资3703万元。上海表业有限公司上海表老字号品牌焕新项目,总投资6000万元。上汽大通汽车有限公司"上汽大通"制造品牌综合提升项目,总投资3亿元;推动企业补短板强基础。实施强基筑底行动,推进高端装备、新能源、新材料等重大科技前沿和共性关键技术攻关及应用,鼓励企业推进成套装备首台套突破和新材料首批次应用;跟踪重大项目进度,夯实产业发展基础。推进北京三快在线科技有限公司"美团点评上海新总部"等重大项目6个,持续跟进各项目进展,为经济持续增长夯实基础。

【2024年发展趋势】

2024年,杨浦区在地规模以上工业目标是增长6%,完成产值874亿元;属地规模以上工业目标是增长13%,完成产值141亿元。

一、探索产业用地供给途径

借助市经信委"工业上楼"政策的契机,优先发展高端制造、先进制造项目,争取重点企业重点项目落地。加大对落地项目的支持和指导,实现早达产、早出税收。

二、发挥新政策引导和激励作用

推进《杨浦区促进先进制造业高质量发展的若干政策措施》及实施细则、《杨浦区关于促进智能制造稳增长、扩规模相关措施的操作细则》政策的贯彻实施,加大制造业企业培育和转型升级力度,引导和鼓励企业拓展业务,扩大产能。

三、探索产业链"链长制"招商模式和机制

聚焦重点细分产业,统筹资源,实现建链、补链、强链、延链。联合区投促,招引制造业企业,实现增量。

四、以企业技术中心建设为核心,提高产业创新能力

构建"基础研究+技术攻关+成果产业化"的创新生态链。发挥制造业创新中心、产业创新中心、技术创新中心等各类平台聚合效应,提升制造业企业核心竞争力。

五、促进制造业企业智能化、融合化、绿色化改造

通过数字化诊断、智能化诊断、深度能源审计和节能诊断,打造智能工厂和绿色工厂。

六、持续推进产业人才工作

继续推广产业菁英计划,按照"人才+项目"的方式,以产业领军人才、产业青年英才为重点,继续推广产业领域人才奖励计划,使区内更多的企业受益。

(刘 伟)

黄浦区工业

【概况】

2023 年，黄浦区有规模以上工业企业 13 家，工业经济总体各项指标均实现较高增长。全年完成工业总产值 38.9 亿元，比上年现价增长 19.9%，可比增长 14.4%；其中属地企业完成工业总产值 30.6 亿元，现价增长 32.8%，可比增长 24.6%。从行业分布来看，黄金饰品制造类企业产值最高，装备制造业企业数量较多，发展态势较好，传统食品加工、服饰制造等企业总体表现平稳。

【2023 年发展情况】

一、装备制造业综合贡献显著

受益于国家持续在关键领域加大投入以及节能环保产业投资力度加大等因素，中船系两家企业产值持续保持较好增长态势。新纳统企业深耕风领发电机塔筒研发生产，产品竞争力强，深受市场认可，实现较高增幅。

二、龙头企业持续稳健运行

作为区规模最大的工业企业，老凤祥珠宝首饰有限公司把握市场机遇，努力拓展市场提振销售，企业年产值再创新高，在高基数的基础上继续实现两位数增长，为全区工业产值稳健增长做出贡献。

三、企业数量持续缩减

2023 年，黄浦区规模以上工业企业数量减少 2 家。

【2024 年发展趋势】

2024 年，黄浦区工业经济运行困难与挑战并存。不利因素方面，随着城市更新、企业整合等方面因素影响，部分企业或将转至区外纳统，进而减少黄浦工业企业总量。积极因素方面，风电设备等新兴装备制造企业的良好发展将会为我区工业经济发展注入新动能。黄浦区将结合区域特点，采取针对性措施，确保完成各项工业生产目标。

一、发挥政策效力

努力挖掘本区内存在转工业可行性的优质企业，用好用足《促进工业高质量发展专项转移支付管理办法》等政策，为黄浦区工业经济运行注入新的发展动能。

二、紧盯工作目标

继续加强与企业的联系沟通，及时掌握企业动态，定期召开工作会议，帮助解决企业运行实际困难，增进政企之间合作力度，确保完成全年预期目标。

三、聚焦重点企业

紧抓生产规模较大、产值占比较高、发展前景较好的重点企业，建立企业生产运营动态监测机制。同时认真指导符合条件的企业申报市级、区级政策支持，为企业提供良好的营商环境，助力企业在黄浦发展壮大。

（陈修文）

静安区工业

【概况】

2023 年，静安区有规模以上工业企业 25 家，其中属地规模以上企业 22 家、在地企业 3 家。全年累计完成规模以上工业产值 59.35 亿元，比上年下降 15.1%，其中区属工业产值 37.69 亿元，同比下降 24.3%。区重点企业工业产值完成情况：上海自动化仪表有限公司隶属上海电气集团，是中国仪器仪表和自动化产业发展的典型代表，拥有控制系统、检测仪表和执行器（包括调节阀和执行机构）等产品，是系统成套综合制造能力较强的大型工业企业，运用于石油化工、装备制造、新能源、电力等行业领域。2023 年实现工业产值 10.97 亿元，同比增长 18.92%。上海铁路通信有限公司是中国最早研制、生产铁路通信信号产品的专业厂家，已发展成为集通信、信号于一体的自动化、智能化、绿色化高端装备制造企业，2023 年上线自动化为卡斯柯做配套，实现产值 5.99 亿元，同比增长 66.85%。通号通信信息集团上海有限公司主要从事铁路、城轨交通、公路隧道等无线通信技术和专网的方案解决和设备制造。受市场大环境影响，2023 年实现产值 1.7 亿元，同比下降 20%。上海阿莱德实业股份有限公司是一家高分子材料通信设备零部件供应商，主要产品包括射频与透玻防护器件、EMI 与 IP 防护器件和电子导热散热器件等用于移动通信基站设备内、外部的零部件产品，逐步向新能源和汽车电子相关零部件行业布局。2023 年产值达到 2 亿元，同比增长 107%。上海思朗万维计算技术有限责任公司成立于 2022 年，是思朗科技的关联公司，负责集团超算计算机整机供应，每台价格 1.5 亿元 −2 亿元。该公司于 2023 年四季度作为新设企业纳统，2023 年实现产值 2.65

亿元。

【2023 年发展情况】

为落实市政府相关工作要求，静安区围绕全年目标，有序推进工业稳增长，有潜力的加快生产，有困难的缩小降幅，在运行调度、清单管理、企业服务、科学统计等方面下更大功夫。

一、组织召开专题工作会议

由区稳增长专班牵头召开工业稳增长专题工作会议。区商务委、区统计局及相关街道（镇）、功能区参加。会上，区商务委结合企业 2022 年全年及 2023 年以来产值、预测等情况，将指标任务进行分解，由涉及现有工业企业所在的 7 个街镇，以及市北和大宁 2 个功能区加强与辖区内企业的走访联系，鼓励支持企业多做贡献。

二、加强经济运行调度

坚持问题导向和目标导向，聚焦产值亿元以上重点企业加强调研走访和跟踪预测，摸清发展情况、未来潜力和难点堵点，帮助企业协调解决资金、用工等方面问题，切实稳住全区工业经济发展基本盘。

三、加强工业领域惠企政策宣传

工信部出台高新技术企业中的制造业企业加计扣除 5%增值税税额政策，引导有制造环节或者委托加工的高新技术服务企业创造条件转成工业。上海市出台《上海市工业企业升规提质三年行动方案》，鼓励工业企业升规提质纳统。通过公众号等渠道加强工业上楼政策、工业降成本政策、稳增长转移支付等政策宣传，并将相关政策转发区内各街镇和功能区，协同开展企业排摸工作。

四、推动落实纳统工作

为增强工业经济增长后劲，稳步提高工业经济总量，全面反映静安区工业经济发展情况，开展"小升规""三转二"工作。将思朗万维、艾艾精工通过新设入库和"小升规"纳入工业库。

【2024 年发展趋势】

2024 年，静安区工业将重点抓好两个强化工作：一是强化重点跟踪服务。紧盯产值亿元以上企业、上拉下拉影响企业，协调保障好企业用能、用工。鼓励支持重点企业参加全市组织的产销对接活动，帮助企业找市场、签订单。用好用足市工业企业升规提质、先进制造业企业增值税加计抵减、"专精特新"等相关政策，鼓励企业做大做强。鼓励区域内存量产业用地通过城市更新打造"智造空间"，对经认定的智造空间优质项目，按照市级"工业上楼"相关政策给予扶持。二是强化增量挖掘拓展。近年由于产业转型、环保趋紧、运营成本昂贵等因素工业企业不断外迁。继续做好增量挖潜工作，如名流汽车维修业务等。根据统计规则，上海企业开展委外加工的产值可以计入上海，后续在招商引资和企业服务过程中，将注意挖掘企业是否有或者可以开展委外加工（拥有原材料和产成品的所有权，有制造成本核算）业务。

（夏　敏）

宝山区工业

【概况】

2023 年，宝山区围绕宝山"主阵地、主城区、样板区"的定位，认真履职尽责、砥砺前行。区规模以上工业产值 2540.2 亿元，比上年可比下降 3.4%。区属规模以上工业产值 1062.6 亿元，可比增长 0.2%。工业投资 114.7 亿元，同比下降 19.8%。战略性新兴产业（制造业）工业总产值 739.6 亿元，占规模以上工业比重为 29.1%，同比提高 1.6 个百分点。软件与信息服务业营业收入 149.51 亿元，同比增长 11.33%。盘活低效产业用地 2018 亩。新增国家级企业技术中心 1 家、市级企业技术中心 12 家、区级企业技术中心 103 家、国家级"专精特新"小巨人企业 18 家，总数达 33 家、市级"专精特新"企业 416 家，同比增长 168%，总数达 663 家，新增市创新型企业 996 家。

【2023 年发展情况】

一、推动主导产业发展

生物医药产业：完成北上海生物医药产业园"十四五"规划中期评估，宝山区合成生物技术制药产业集群入围首批上海市中小企业特色产业集群名单，持续打响"美兰湖畔，全球药谷"品牌。本区纳入全市合成生物发展"一核两翼"空间格局，制定区级合成生物产业发展三年行动及专项扶持政策。推进临港生命湾、国盛药谷二期、澄穆等 3 个生物医药标准厂房项目建设。加快推进上海国际合成生物学创新中心－高价值分子转化平台等合成生物项目。举办 2023 年生物医药产业创新大会、创新医保体系支撑生物医药产业高质量发展、首届上海合成生物产业高峰论坛。

先进材料产业：宝山区国家新型工业化（新材料）产业示范基地获工信部 3 次 5 星评价，全国 445 个示范基地中仅 20 个示范基地获评 2 次以上五星评价。宝钢发展、宝钢金属、超碳石墨烯平台 3 家企业获批上海新材料中试基地建设试点企业，占全市首批新材料中试基地数量的 1/4；云路复合材料有限公司等单位"碳纤维冬奥火炬首创应用及集成技术",获第23届工博会CIIF大奖;国际超导科技有限公司等单位研制的高温超导电缆,宝武碳业科技股份有限公司等单位研制的BCCF高导热炭材料荣获第23届工博会CIIF新材料奖。推进翔丰华上海碳峰科创产业园项目开工建设,易卜半导体、硼矩新材料等项目投产,年产10万吨极薄快速自粘结(多层)电工钢技术研发建设项目、年产20万吨新材料冲压件和结构件精密数控加工生产线建设项目、上海功能材料低碳工艺工程技术中心项目、固态电池制造项目、年产5500件航空发动机用陶瓷基复合材料结构件项目等先进材料领域产业项目招引落地。成功举办2023中国国际石墨烯创新大会。

机器人及智能制造产业:发那科三期"超级智能工厂"建成投产,达产后产值约100亿元。视比特、快仓智能等5家企业入选全国工业机器人百强排行榜,大界机器人等5家企业入选第一批上海市智能机器人标杆企业与应用场景推荐目录(全市44家)。推进市新一轮智能工厂领航计划,盘点食品科技等7家企业获评上海市首批智能工厂,206家工业企业完成智能制造线上自评估。

二、推动重大产业项目建设

紧盯项目投资节点和投资纳统,全力推进重大产业项目建设,宝武罗泾碳中和产业园、金地威新宝山智能产业基地等项目落地开工,华能石洞口第一电厂等容量煤电替代项目、宝济重组蛋白等项目加快建设,福然德研发总部等项目竣工启用。

三、推进低效产业用地盘活

发挥"双专班机制",实地调研重点片区、重点地块,压茬推进盘活工作。完成宝武罗泾厂区地块、太平洋机电地块等低效产业用地盘活55个,共计2018亩。举办两场宝山区存量地块转型项目推介会,普安柴油机、宝铖精准医疗产业园、顺能、佳悦钢琴、武钢浦达等5个地块已与投资方形成合作意向,启动地块转型。加快工业上楼,建立区级工作专班,梳理形成27个上楼项目,总建筑面积289万平方米,争取市级资金1.56亿元(全市第二,仅次于浦东),重点推进东久新宜、蒂螺等9个"智造空间"项目开工。

四、推动科创企业培育

建立重点企业技术中心培育库,支持企业加大研发投入。新增国家级企业技术中心1家、市级企业技术中心12家、区级企业技术中心104家。形成以5家国家级企业技术中心为引领、66家市级企业技术中心为骨干、340家区级企业技术中心为支撑的企业技术中心三级创新体系。西门子交通、钢之杰等8家企业获评市级绿色工厂(全市47家)。7家企业入选2023上海硬核科技企业Top100榜单。优卡迪、惠永、北昂医药3家企业入选2023中国生物医药领跑者100榜单。

五、推动产业政策供给

科创30条拨付资金8.58亿元,惠及企业及个人共5080家次。开展科创30条政策实施情况评估,启动新一轮政策研究。加大政策宣传力度,通过"一网通办"网站等信息平台,同步对政策申报事项开展宣传。开展产业政策解读会等会议活动,宣讲解读政策46次,做到街镇(园区)、招商平台公司、业务骨干全覆盖,做到产业政策发布、解读、宣传三同步。

六、推动企业服务包机制落地

制订并推动落实《宝山区落实重点企业"服务包"制度的工作方案》,形成"1个总联络人+14个街镇(园区)服务管家+11个服务事项""1+14+11"多层次、全覆盖、跨职能、重协同的工作架构,明确"一企一服务管家"。区领导、街镇(园区)开展企业联系走访,听取企业发展中的诉求问题。各级领导发放"服务包"企业数量1629家,收集企业诉求问题223件,已办结203件。同时,宝山区整合区级职能部门资源,创新推出"一件事服务团",涵盖项目建设、应用场景对接、融资服务等重点企业高频需求的11个事项,由相关职能部门业务骨干担任团长,提供专业化服务,形成常态化企业服务响应机制。

七、推进经济数字化转型

举办2023工赋创始人峰会、2023年第四届中国(上海)工业品在线交易节系列活动宝山专场、第十届中国产业互联网高峰论坛。举办制造业企业数字化转型推进会5场,覆盖淞南、顾村、吴淞、宝新园在地企业156家。建立宝山区数字化转型服务商资源池,收集17家服务商企业入库。加快推进企业DCMM贯标认证,微盟等5家企业已开展定级评估。上海钢联获评上海市工业互联网"工赋链主"。开展2023年度宝山区数字化转型支持专项资金申报项目的评审,挖掘14个优质数字化转型项目。梳理100家待诊断企业清单,持续推进制造业企业数字化转型诊断评估。

【2024年发展趋势】

2024年,宝山区坚持以习近平新时代中国特色社会主义思想为指导,全面贯彻落实中共二十大和中央经济工作会议精神,深入学习贯彻习近平总书记重要讲话精神,按照区委、区政府部署要求,加快建设现代化产业体系,打造新质生产力,推进产业转型发展,推动产业经济实现质的有效提升和量的合理增长。

一、主要目标

持续推进产业转型,加快主导产业集聚发展。区规模以上工业总产值同比增长6%。加大产业投资力度,工业投资完成120亿元。软件与信息服务业营业收入同比增长20%。战略性新兴产业产值比重提高1个百分点。盘活低效产业用地1500亩。新增国家(市级)企业技术中心10家、区级企业技术中心 100 家。新申报国家级"专精特新"小巨人企业 30 家、市级"专精特新"企业 100 家。工业节能完成市对区考核目标。

二、着力促进工业经济平稳增长

提升工业经济运行质量。全力稳住工业基本盘，巩固增强经济回升向好态势，提升工业规模比重。深入推进稳增长方案落实，跟踪协调重点上拉下拉企业生产经营情况，开展"走进企业强服务，精准施策促发展"系列活动，督促指导重点企业扩产增能、多增少降，做细稳增长工作颗粒度，不断壮大制造业总部经济规模。

推进产业项目投资建设。加强各级协同联动，重点推动国泰生命、东方生命港等一批项目开工，天洲电器、机器人创新港等一批项目竣工投产，翔丰华、易卜半导体、申和温度传感器等一批项目加快建设。

三、着力提升主导产业能级

培育生物医药及合成生物产业。制订宝山区生物医药产业高质量发展三年行动方案。积极推动各类产业及科技创新资源向北上海生物医药产业园集中，着力推进创新药物等七大细分赛道，打造"研发＋转化＋生产"全链条生态体系。打响"美兰湖畔创新药谷"品牌，重点布局发展创新药物、细胞和基因治疗、合成生物、疫苗和体外诊断等领域，同步发展 AI＋生物医学及医药外包服务（CXO）领域。

做强机器人及智能制造产业。制订宝山区机器人及智能制造产业高质量发展三年行动方案。组建机器人及智能制造产业联盟，搭建产学研深度融合、资源高效对接的互动交流平台。加快推动防爆机器人等"工业上楼"项目建设，支持建立国家机器人检测与评定中心（分部）。依托龙头企业延

伸产业链上下游，形成集群发展优势。

做大数字经济产业。制订宝山区数字经济产业高质量发展三年行动方案。进一步加强与高能级科研院所的合作，加快实现上大一临港数字经济研究院落地运营。鼓励"AI+"等创新模式推动生物医药、机器人及智能制造等产业发展。加快推动南大数字孪生城市（一期）建设，推动临港新业坊源创、智力产业园、宝山科技园、长江软件园等市级特色信息服务产业基地进一步提标升级。支持顾村镇智算中心建设和宝之云数据中心升级。

四、着力拓展产业空间

推动低效用地转型升级。用好低效产业用地盘活双专班工作机制，重点推动顺能模具、丰明工贸等地块盘活。举办存量产业用地推介活动，加大盘活项目招引转型力度。

加快推进"工业上楼"。鼓励企业和园区平台建设标准厂房、垂直工厂，推动高精尖、轻生产、低噪音等相关业态上楼。充实"智造空间"项目库，打造工业上楼智造空间 100 万平方米。开工建设 50 万平方米生物医药专业化载体。

五、着力促进产业智能化绿色化融合化

推动制造业数字化转型。深入贯彻落实上海市智能工厂领航计划，推动规模以上制造业企业开展智能制造线上自评估，推动产值亿元以上制造业企业开展智能制造线下诊断，实施中小企业数字化转型行动。

促进工业绿色低碳转型。开展绿色工厂、绿色产品、绿色园区、绿色供应链"四绿"创建，实现"四绿"创建总量在"十三五"末基础上翻两番。持续实施工业节能降碳"百一"行动，推进重点企业能源审计和节能诊断。

（陆　韵）

闵行区工业

【概况】

2023 年，闵行区坚持以习近平新时代中国特色社会主义思想为指导，深入贯彻习近平总书记考察上海重要讲话精神，坚决落实中共上海市委、市政府各项工作部署要求，持续做强产业链供应链，加快建设现代化产业体系。

【2023 年发展情况】

一、坚持目标导向，确保产业经济运行回稳向好

（一）工业产值承压前行。全年完成规模以上工业总产值 3365.8 亿元，总量排名全市第四，比上年可比下降 4.1%。其中，战略性新兴产业占规模以上工业总产值比重为 51.6%，高于全市平均 7.7 个百分点，新能源和高端装备分别实现 23% 和 16% 的两位数增长。

（二）工业投资增幅持续扩大。完成工业固定资产投资 95.3 亿元，同比增长 1.4%；其中制造业固定资产投资完成 84.8 亿元，同比增长 8.6%。

二、厚植发展沃土，加快现代化产业体系建设

（一）推动重点战略任务建设落地。高端装备助力打造"国之重器"。中船 711 所齐耀重工浦江科研产业基地建成投入使用，中航工业 615 所新航电产业基地开工建设。推动上海商用航空发动机产业创新研究院挂牌筹建，中航机载"三中心一总部"一期工程全面开工，为大飞机战略落地提供强力支撑。航天八院研制交付商业航天配套产品 300 台套，商业火箭公司成立，加快打造上海市空间信息核心主体，助力完成国家战略任务。新能源产业动能持续激发。推动协鑫集团数字能

源全球总部落户，加速构建数字能源绿色产业链；太阳能电池片制造商润阳股份上海总部落地建设，与晶科能源等一批优质企业集聚形成光伏行业高地。生物医药产业集聚态势增强。上海及长三角生育调节产业孵化基地落地，引进8家国内生育健康领域公司入驻。正大天晴等一批重大项目开工。美德纳中国研发生产总部项目进入桩基施工阶段。新增药品注册批件5件，三类医疗器械25件，二类医疗器械26件。

（二）推动新兴技术赋能产业发展。阑途信息等7家企业入围2023年上海软件和信息技术服务业"经营收入前100家"名单，卡方信息等12家企业入围"高成长前100家"名单。打造工业智造软件产业集群，推动新迪数字等一批工业智造软件龙头企业落户。三菱电梯等7家企业获评国家级智能制造示范工厂获评数量全市第一；施耐德等12家企业的32个智能制造场景获评国家级智能制造优秀场景获评数量全市第一；中航光电子等27家企业获评市级智能工厂获评数量全市第三；电气电站设备等7家企业获评上海市绿色工厂；西门子开关、电气集团上海电机厂获评上海市绿色供应链。上海大零号湾未来产业先导区入选上海首批3家未来产业先导区之一。

三、激发内生动力，强化提升载体空间效能

（一）促进重点园区跨越式发展。发挥管委会体制机制优势，四大重点园区工业总产值占全区比重达60%。推动组建"大虹桥光伏联盟"等产业联盟，促进产业链资源共享与合作创新。培育工业智造软件等4个市级中小企业特色产业集群。

（二）促进重大项目落地建设。加快推进70个重大产业项目。全年推动东方智媒城二期等13个项目完成土地出让，实现莫德纳等32个项目开工，康码蛋白质工厂改造等5个项目竣工，海姆希科半导体等存量改造项目成功投产。

（三）促进资源集约高效利用。积极推进东富龙等6家企业获得市级首批"智造空间"优质项目认定。完成"大金空调VOCs废气治理项目"等21个区级技术改造项目验收。推动澳辉照明等11个项目区域控规调整。指导22家企业完成产业结构调整。

【2024年发展趋势】

2024年，闵行区工业坚持以"加快建设现代化产业体系"为主题，以"三力"为主线，加快推进产业高端化、智能化、绿色化、融合化发展。

一、坚持稳中求进，提升运行调度保障力

（一）提升经济运行质量。建立完善产业经济运行监测工作专班，加强对重点企业运行的动态监测，做好数据分析、预测预警、走访调度等工作。制订年度考核指标、任务目标及考核细则，并按季度、月度科学分解，压实属地责任。动态梳理全区上、下拉重点企业名单，用好稳增长工作指引和走访"十问"，及时协调解决企业痛点堵点问题。

（二）着力扩大有效投资。全年计划推进70个重大产业项目。加快博雷顿科技等5个项目完成土地出让，骄成技术等20个项目开工，马桥工业智能中心等一批项目年内竣工。制订形成《闵行区服务保障重点产业项目引进和建设工作方案》；建立"辅导＋预审＋审批"征询机制，开展多评合一、并联审批，最大限度提升审批效率。

（三）加强土地资源集约利用。加快强生等企业生产工艺和生产线技术焕新升级，建立米其林二期等重点技改项目专班。用好产业用地绩效评估结果，全年计划盘活1000亩存量产业用地。鼓励引导企业以"工业上楼"为契机"增高提容"，加速东富龙等6个优质标杆项目建设，支持艾为电子等26个储备项目认定"智造空间"优质项目。

二、坚持固本兴新，锻造产业核心竞争力

（一）深化高端制造产业支柱作用。围绕民用航空、商业航天、新能源及储能装备等重点特色产业领域，支持前沿技术研究和关键技术攻关。加快中航615所新航电产业基地项目、中航机载"三中心一总部"项目、中船708所JMRH项目建设。聚焦商业航天打造空间信息产业高地，推动商业火箭公司落地运营；推动上海商用航空发动机产业创新研究院实质化运作。

（二）促进重点优势产业攻关突破。支持天数等企业通用图形处理器芯片自主研发攻关；巩固提升至纯洁净等企业在半导体装备行业细分领域的龙头地位。聚焦创新药、高端医疗器械等上下游产业链重点领域，支持奕柯莱等在合成生物、兆维科技等在核酸药物上下游，术锐科技等在医疗机器人等细分赛道突破发展。依托云骥智行等打造智能网联汽车、自动驾驶领域生态环境。依托考拉悠然等大模型与算法服务提供商加快通用大模型应用落地。

（三）推动未来新兴产业率先聚势。聚焦通用AI、量子科技、新型能源、新型储能以及空天资源利用等细分领域企业，加快构建未来产业创新生态。依托天合光能等打造光伏产业国际会客厅，服务光伏企业拓展国际市场；依托燃料电池系统企业，组建氢能源相示范应用联合体。依托之江生物等龙头企业，将浦江基因未来谷打造为基因产业重要承载区。

（四）实施产业协同联动发展机制。制订出台《闵行区关于大力推进新型工业化高质量发展的若干政策意见》以及生物医药、智能机器人等重点领域相关专项政策。聚焦生物医药、民用航空等4个重点特色产业，深耕创新药、航空发动机等5个细分赛道，统筹推进首批市区协同联动重点特色产业发展。建立优化生物医药产业"研发＋临床＋制造＋应用"全产业链服务体系。

三、坚持创新融通，激发市场主体带动力

（一）打造融合发展新引擎。打造一批智能工厂、优秀场景及智能制造系统解决方案"揭榜挂帅"项目，新增国家级智能工厂3家、市级智能工厂5家。完成560家中小企业数字化诊断和转型升级。新增 2 家绿色工厂、1 个绿色供应链。创建 1 家零碳工厂，加快打造零碳创建示范园区。

（二）促进大中小企业协同发展。支持电站集团等重点企业打造为领航企业、链主企业，带动上下游企业融入产业链供应链。加快引进培育一批企业技术中心、创新型企业总部等各类创新研发机构，力争新增 50 家企业技术创新中心。加强创新型中小企业线下高新技术企业转化率，力争新增 2 家制造业单项冠军、10 家国家级"专精特新"小巨人，200 家市级"专精特新"企业、5 家上市企业。

（三）发挥多元载体集聚效应。发挥好光伏等领域行业组织、联盟作用。聚焦高端装备和检验检测产业领域，力争创建 2 个市级中小企业特色产业集群。加快绿色航空动力产业联盟"五平台一智库"建设，推动绿色航空动力产业协同创新可持续发展。依托重器"莘"方阵发展共同体，发挥"大国重器"央企国企领衔作用。依托世界人工智能大会等具有国际影响力的创新论坛和重大活动，打造产业资源对接平台窗口。

（张　健）

嘉定区工业

【概况】

2023 年，嘉定区围绕稳增长、提战新、促投资、优服务、强金融，加速提升产业竞争力，有力应对各项困难挑战，不断激活工业经济发展新动能，有效推动全年工业经济运行成功实现"先升后稳"。规模以上工业实现产值 4515.6 亿元，与上年持平，规模续居"市郊八区"首位，总量优势继续保持，增速水平位居"市郊八区"中游，排名第五。其中，区属工业实现产值 2967.7 亿元，同比小幅下降 1.6%，"市郊八区"产值排名第二，增速排名第六。规模以上工业企业完成利润 245.1 亿元，同比增长 99.7%，其中，区属企业完成利润 227.5 亿元，同比增长 7.4%。另外产值百强企业实现产值 2565.4 亿元，同比增长 4%。全区实现出口交货值 502.7 亿元，同比增长 3.2%。实现营业收入 5398.2 亿元，同比增长 3.2%。

【2023 年发展情况】

一、汽车产业凸显领跑优势

汽车产业持续完善顶层设计，制订出台《嘉定区建设世界智能网联汽车创新高地行动方案（2023—2025 年）》，完成《国家先进制造业集群（上海市新能源汽车集群）培育提升三年行动方案（2023—2025 年）》方案及指标体系编制，更新完善世界级汽车产业中心发展指标体系统计数据及发展目标表（2023 年、2025 年、2030 年），并通过"惠嘉购车，悦享生活"活动的延期，成功带动产业提速发展。汽车产业实现总产值 2890.9 亿元，同比增长 2.7%，占全区规模以上工业产值的 64%，拉动全区增长 1.7 个百分点。其中，整车产值 578.5 亿元，同比增长 2.7%；汽车零部件产值 2312.4 亿元，同比增长 2.7%。新能源汽车累计产值 466.8 亿元，规模位居全市第三，同比增长 11.8%，连续 8 年实现 2 位数增长。

二、战新产业支撑力增强

战略性新兴产业规模稳居"市郊八区"第三，全年实现产值 1552.3 亿元，可比增长 4.1%，领先全市平均 5.9 个百分点，占全区规模以上工业总产值的 34.4%，同比提升 7.3 个百分点。其中，新能源汽车、新一代信息技术、新材料、节能环保、高端装备、生物医药等 6 个领域已形成百亿级产业集聚；新能源、高端装备、新一代信息技术、新材料、数字创意等 5 个领域发展迅速，均高于全市平均水平。"3 个千亿级"产业累计实现总产出 3046.9 亿元，同比增长 1.5%，规模首次突破三千亿量级，创历史新高。其中，汽车"新四化"产出 2318.4 亿元，同比增长 2.1%；智能传感器及物联网产出 729.3 亿元，同比增长 4.1%；高性能医疗设备及精准医疗产出 285.4 亿元，同比下降 2.2%。

三、工业投资推进平稳扎实

"四个一批"产业项目中，图定、利杨创、嘉宝智慧湾等 28 个项目完成出让；合盛、联投、安实等 32 个项目开工；申百、申舜、上汽圣德曼等 35 个项目竣工；雅运、康德莱、桓远等 22 个项目投产，为全年工业投资打下良好基础。全年 370 个工业项目实现投资 102.9 亿元，同比下降 19.8%，其中，技术改造项目 224 个，占全部工业投资项目总数的 60.5%，实现工业投资 52.5 亿元，占工业投资总额的 51%。项目投资结构不断优化，总投资过亿元项目达 117 个，占全年项目总量的 31.6%，实现投资 82.4 亿元，占投资总额的 80.1%，其中 10 亿元以上项目 15 个，实现投资 29.4 亿元，占投资总额的 28.6%。

四、特色载体建设日益完善

年内出台嘉定区特色产业园区管理办法、绩效评价办法。推动氢燃料电池产业、汽车电子电气产业认定为市级中小企业特色产业集群，智能传感器产业成功获评国家级中小企业特色产业集群。19 家特色产业园区全年共完成营业收入 5106.9 亿元，税收 121.1 亿元，其中特色产业企业完成营业收入 4610.4 亿元，税收 99.6 亿元。"小巨人"工作推进力度持续深化，在创新引领、科技赋能、企业技术创新能力等方面不断提升，全年新增国家级企业技术中心2家，市级企业技术中心19家，区级企业技术中心16家。

【2024年发展趋势】

2024年，嘉定区计划规模以上工业总产值增长6.5%，其中区属工业产值增长6.5%。战略性新兴产业产值增长10%，3个千亿级产业中，汽车"新四化"增长12%，智能传感器及物联网增长15%，高性能医疗设备及精准医疗增长28%，工业投资135亿元。

一、牢牢稳住经济大盘

围绕稳定存量发展、做大增量贡献的总体目标，打好稳增长工作攻坚战。做好变量监测分析，依托产业经济运行月度调度平台，靠前部署月度、季度和年度重点企业预测工作，通过重点企业调查跟踪，综合宏观经济总体形势，完成各月及季度运行情况分析与预判预警，夯实基础数据信息。抓好稳增长超常规调度，综合运用《嘉定区工业经济稳增长工作指引30条》，从企业和街镇两个层面抓好稳增长调度，强化重点企业包保服务，坚持做到企业"五清"，对上拉下拉企业强化点对点贴身服务指导，做好"一企一策"工作方案，着力稳工业基本盘。围绕2个产值千亿级和5个百亿级街镇夯实稳增长工作路径，做到"三明确"，着力做大工业底数。加快落实工业稳增长政策，加强宣传引导，充分利用季度增长奖励政策和改扩建新增产值奖励两项政策，提升企业发展信心，增加政策获得感。做好优秀企业评选活动，展示好、宣传好嘉定产业发展形象，营造良好的发展氛围，提振更多企业扎根嘉定发展的信心。

二、持续壮大产业新动能

聚焦特色优势产业，推动实现"3个千亿级"产业总产出加速增长，为嘉定经济更高质量发展提供强大动力源。积极布局汽车产业新赛道，全力推动上汽大众转型升级构建汽车产业新生态，带动区内上下游零部件企业整体转型升级，提高汽车产业整体质效率。加强"三港两园"载体建设，为技术落地提供空间保障。扩大燃料电池电堆技术的引领能力，完善燃料电池八大关键零部件的产业布局。创新智能网联汽车示范应用，加快实现无人化示范应用突破。加快推进智能传感器和物联网产业向全产业链延伸。加快完成集成电路产业政策升级，做好政策落实。重点建设汽车芯谷，推动高端芯片、车规级芯片国产化替代；加快汽车芯片设计产业园项目落地，完善设计、研发、制造等全产业链条。推进建设上海汽车芯片工程中心，打造汽车芯片特色工艺研发平台，推动上海汽检汽车芯片第三方检测中心项目落地。做强高性能医疗设备及精准医疗产业品牌。聚焦工业区联影小镇、马陆械谷、南翔生命元谷等特色园区建设，打造"一轴一镇、两谷两区"的产业布局。强化政策赋能，研究出台专项政策2.0。围绕链长＋链主"双链"驱动和基金＋基地"双基"联动，发挥优势、做强特色，举办上海国际生物医药产业周嘉定同期活动等系列特色活动，提升产业影响力。加快推进未来产业建设。主攻储能产业电池技术、熔盐储能领域，加快小型模块化钍基熔盐堆项目、"碳索嘉"未来能源谷等项目建设，打造"1+X"的"泛氢能港"，推动未来产业加快集聚。

三、提高土地利用效率

释放重大项目建设带动作用。疏通拿地、开工环节的项目梗阻，优化项目推进流程，落实土地实地踏勘，加快拿地开工节奏，强化"地等项目、地选项目"，实现"3+3"供地周期。制定2024年"四个一批"项目计划，强调"绩效转化"，推动前两年集中开工项目"竣工一批、投产一批"，争取早出形象、快出成绩。强化存量项目提升，开展产业用地综合绩效评估，摸清用地底数，明确盘活对象。制订出台区级工业上楼配套政策，实施"产业中心化"计划，推动一批存量项目出成效。提升特色产业园区承载能级。坚持"以实绩论英雄"，聚焦园区能级提升，加强精准指导，形成"一园一策"。强化日常管理，优化园区年度考评细则，形成特色园区申报、管理、评估、退出的良性循环机制，加快把园区载体的功能做实、品质做优、贡献做大，打造一批专业化、高能级、特色化的产业园区。

四、做大做强企业赋能

坚持重点企业重点服务，通过开展全方位、定制化的贴身服务，畅通政企沟通渠道，优化资源配置，实施精准高效服务，支持龙头企业进一步做大做强，切实放大龙头企业在区域经济中的优势，助力区域经济高质量发展。优化企业服务机制，持续加强服务专员队伍建设，优化服务专员考核管理，开展素质提升专题培训。持续开展重点企业服务包制度，加强重点企业跟踪保障，落实企业走访联系机制，推动实现政策精准直达、服务便利获取和诉求高效办理。加强企业梯度培育，落实企业梯度培育相关政策，鼓励更多中小企业走"专精特新"高质量发展道路，培育200家"专精特新"企业、新认定26家企业技术中心。加快打造"1+3+2"智改数转特色园区，力争完成100家重点制造业企业智能化转型，培育至少1个标杆性智能工厂、10个示范工厂、33个优秀场景，争创国家智能制造先行区。强化金融赋能实体经济作用，充分运用"我嘉金融"服务品牌，整合政府机关、金融机构等多方资源，指导街镇积极组织各类产融对接活动，持续发挥区上市公司协会、区金融企业协会平台桥梁作用，促进两个协会融合互动，推动产融互促。依托上市挂牌企业储备库，对重点企业进行帮扶指导，鼓励企业进入资本市场，借力资本做大做强。

（孙　秀）

金 山 区 工 业

【概况】

2023 年，金山区按照"稳中求进"工作总基调全力以赴稳增长抓发展，落实高质量发展各项政策举措，着力提振发展信心、优化产业结构、推动转型升级，全区工业经济运行呈现恢复增长态势，在地规模以上工业产值完成 2537 亿元，比上年增长 7.5%，增速排名郊区第二；属地规模以上工业产值完成 1642.8 亿元，同比增长 2.3%，增速排名郊区第三；属地工业实现利润 70.7 亿元，同比下降 9.9%；工业投资 115.5 亿元，同比增长 16.5%，增速排名郊区第二。

【2023 年发展情况】

一、工业经济回升有力，发展质量持续提升

全年工业呈现"前平、中高、后稳"趋势，一季度开局平稳，二季度在低基数作用下增速冲高，同比增长 30.7%，三季度稳中趋缓，四季度奋力冲刺，环比三季度增长 8.6%，全年产值规模突破 2500 亿元。重点集群"三增一降"。智能装备、新材料、生命健康、信息技术四个产业集群完成产值 1307.2 亿元，同比增长 2.3%，占属地规模以上总产值的 79.6%。智能装备集群规模突破 500 亿元，达到 510.2 亿元，同比增长 9.3%，高于全区属地平均增速 7 个百分点，拉动属地规模以上产值 2.7 个百分点。新材料集群完成产值 435.8 亿元，同比增长 4.5%，高于全区属地平均增速 2.2 个百分点。生命健康集群完成产值 283.7 亿元，同比增长 0.5%。信息技术集群受全球消费电子不景气、苹果产业链转移等因素影响，完成产值 77.6 亿元，同比下降 31.1%。

二、产业转型深入推进，新兴动能加速集聚

制订发布关于推进产业园区转型升级实施意见，引导提升园区经济密度，第五轮工业企业绩效评价参评企业亩均产值 447.21 万元，同比上轮评价增长 4.1%。发展空间加速转换，完成产业调整关停项目 70 项，实现低效用地提升 1075 亩，腾退 740 亩。工业战略性新兴产值完成 732.4 亿元，占在地规模以上产值比重 28.9%。以现有"4+8"市、区两级特色产业园区为载体，制定发布纤维材料、无人机、生物制造等新兴产业发展实施意见，推动纤维材料、无人机产业集群获评国家级中小企业特色产业集群，合成生物学、无人机产业集群获评市级中小企业特色产业集群，持续培育壮大产业发展顶端优势。绿色低碳转型加快，新增 4 家零碳工厂、1 家零碳园区，新增绿色工厂 17 家、绿色供应链管理企业 1 家、绿色设计产品 5 个，"四绿"创建总数 116 个，位列全市第一。

三、注重梯度培育，撬动企业发展动能

突出品牌引领升级，围绕"创新型—'专精特新'—小巨人—单项冠军"梯度培育链目标，培育壮大"专精特新"企业成长梯队。2023 年新增"专精特新"企业 222 家，同比增长 66%；新增创新型中小企业 195 家。结合区级总部企业培育库建设，积极引导制造衍生服务、服务驱动制造的双向融合，新增民营企业总部 2 家、市级服务型制造示范企业 1 家。鼓励企业加快技术改造升级，支持企业积极建设智能工厂，着力提升产业发展韧性。1 个项目获得市级技改支持，3 家企业获评市级智能工厂，10 个产品被纳入市级创新产品推荐目录。加快促进企业技术中心建设，引导企业不断加大创新投入，大力开展关键技术研发，持续强化企业创新主体地位。新增市级企业技术中心 10 家。

四、聚焦精准高效，持续提升服务效能

全力加码惠企服务，聚集企业的痛点、难点和堵点问题，靠前服务、主动作为，根据市级重点企业"服务包"工作要求，结合现有五层服务体系，依托金山企业服务云，聚焦产业龙头企业、独角兽、单项冠军等重点企业，建立区、镇（园区）两级重点企业"服务包"制度。完善金山企业服务云三个超市建设，推出"专精特新之窗"，开发上线重点企业服务包——"你点吧"服务专窗，政策超市增设"政策快递"精准推送，产品超市"共享集市"上线"购物节"等节庆主题专页，服务超市新增 15 家智能化改造、检验检测等第三方服务平台，目前平台企业数达 5406 家，总访问量 101 万余次。做实做细专业服务，开展 33 场企业家下午茶活动，组织 993 家企业参与，主题涵盖金融服务、援企稳岗、政策宣讲、产业对接等方面，得到企业广泛好评。

【2024 年发展趋势】

2024 年，金山区经济发展面临不少困难和挑战，产业结构性矛盾较为突出，新旧动能转换仍然较慢，尤其是化工产业仍未走出周期性下滑的低谷期。但同时也有很多有利条件和积极因素，随着国家、上海市重大战略深入实施，一批重大功能性项目相继落地建设，区域综合发展环境不断优化，转型发展良好势头正在形成。综合各方面因素，2024 年预测目标：属地规模以上工业产值增长 5% 左右；工业投资完成 115 亿元。

一、加强运行调度，科学谋划促发展

深化稳增长工作机制，结合宏观经济形势和区域发展实际，细化落实主要经济发展指标，确定保底数、确保数、贡献数三档目标，分解下达各镇、园区共同抓推进。调整工业300家样本库企业清单，按月度开展运行监测，聚焦上拉下拉前50企业，夯实产业经济基本盘。加大升规纳统、发展规模奖励政策宣贯，结合"四早"清单梳理新一轮小升规企业培育库，比对营业收入、税收等数据信息挖掘商销社零新增长点，加快早日纳统做贡献。

二、加快园区转型，增强产业密度

加快产业园区转型升级实施意见落实，推动各镇、园区结合产业发展实际制定务实的转型行动方案。对纳入全生命周期管理的企业开展土地履约评估、用地项目达产评估，对低效用地依法实施退出处置。结合全市"工业上楼"政策，加快产业结构调整和低效用地腾退收储，鼓励支持符合条件企业实施"零增地"新增智造空间，提高资源利用效率，持续提升产业发展能级。

三、强化科技创新引领，动能转换抢赛道

扎实推进新型工业化，着力发展碳纤维、无人机、生物医药、新型显示等特色产业，细化落实特色产业支持政策，

以碳纤维、芳纶纤维等为主导做大高端纤维产业，以民用无人驾驶航空试验区建设为抓手加快无人机产业化进程，以生物医药材料为重点做强生物制造，同时做优新型显示，为高质量发展抢占新赛道。持续深化在全市首推的"专精特新"梯度成长计划和数字化诊断服务，强化从"创新型"到"制造业单项冠军"、从"智能工厂"到"灯塔工厂"的梯队建设。持续推进节能减排和绿色化改造，布局推动零碳标杆，积极创建"四绿"单位，打造零碳园区和零碳工厂。

四、优化企业服务，降本减负添动力

充分发挥五层服务体系作用，健全完善常态化重点企业"服务包"机制。进一步强化"线下"精准纾困，发挥服务管家面对面服务、服务直通卡监督联系作用，确保企业诉求闭环解决。同步优化云上便捷对接，推动更多惠企政策云上申报、企业产品云上交易、服务资源云上共享，构建企业服务新生态，以扎实的服务"软功夫"助力产业转型升级的"硬实力"。

（季帅贤）

松江区工业

【概况】

2023年，松江区秉持新发展理念不动摇，牢牢把握高质量发展新时代硬道理的战略主动，不断强化国家重大战略牵引，持续打造国际一流科创生态，勇当科技和产业创新开路先锋，在逆环境下不断开创全区经济社会高质量发展新局面。产业经济规模位居全市前列，规模以上工业企业数连续两年位居全市第一，规模以上工业产值、工业固定资产投资总量保持全市第二。经济高质量发展持续提升，"专精特新"企业培育、智能工厂建设、服务型制造发展、推进"工业上楼"打造"智造空间"，粮食安全责任制考核、军民融合等工作走在全市前列。

2023年，全区实现规模以上工业产值3717.75亿元。新增规模以上工业企业98家，规模以上工业企业总数达1633家。工业固定资产投资保持平稳增长，完成工业固定资产投资181.09亿元，比上年增长4%。利用外资平稳向好，完成合同外资36.26亿美元，同比上升60.3%。完成到位资金8.5亿美元，同比增长2.1%，合同外资与到位资金均创历史新高。市场消费逐步企稳，实现社会消费品零售总额698.96亿元，同比增长14%。实现商品销售总额2516.61亿元。民营经济发展持续健康发展，全区新发展民营企业39385户，同比增长18.1%，民营经济税收340.8亿元，占全区总税收的62.7%。

【2023年发展情况】

一、提升产业链供应链韧性，加快建设现代化产业体系

（一）积极扩大工业有效投资。引进亿元以上固定资产投资类项目63个，其中新赛道、新动能和重大优质项目25个。上海陕煤研究院、移远通信全球总部等70个重点项目开工，云赛智联、格思航天卫星工厂等81个重点项目竣工、投产。依托三级联动协调机制加快项目推进。

（二）加快创新主体培育。新增市级以上"专精特新"企业566家，总数达到1219家。新增国家级技术中心1家，市级企业技术中心6家，区级企业技术中心32家。新认定昌强等3个"卡脖子"工程和颠覆性技术项目，并对"卡脖子"技术目录进行更新。

（三）加大智能化和绿色化改造力度。完成智能制造成熟度评估企业1438家，其中规模以上企业1290家，规模以上企业覆盖率80%。新增市级以上智能工厂27家，2家企业获评国家级智能制造示范工厂。6家企业共15个优秀场景入选国家级智能制造优秀场景。新增国家级绿色工厂3家，市级绿色工厂13家，国家级绿色供应链1个。

（四）深化服务型制造转型升级。以入选国家服务型制造示范城市为契机，大力引导和培育服务型制造新业态、新模式，新增国家级服务型制造示范企业2家、市级服务型制造示范企业6家、区级服务型制造示范企业（平台）16家，

国家级、市级服务型制造示范企业总数居全市第一。认定服务型制造"种子企业"100家。积极招引上海市供应链发展促进会落户松江，云汉芯城等3家生产性互联网服务平台企业获市商务委首批专项资金支持。

（五）加快打造中小企业特色产业集群。在新能源电力装备产业集群入选全国中小企业特色产业集群后，松江区消费级智能硬件产业集群认定为市级2023年上海市中小企业特色产业集群。

二、提升土地利用绩效，推动产业空间加速释放

（一）全力推动"工业上楼"。推荐上报第一批35个优质"智造空间"项目，涉及总建筑面积约280万平方米，计划总投资约196亿元。其中有15个优质项目获得市级资金支持。首个容积率达3.0的一类工业制造业用地项目——乐纯生物医药项目开工。

（二）加快盘活存量工业用地。综合运用拆迁收储、改造提升、引进项目等多种方式，全年盘活存量地块36幅、面积1510.45亩，推动佘山高新科技园、小昆山工业区等整体转型。完成产业结构调整项目81项，涉及土地431.49亩，厂房建筑面积约19.6万平方米，减少能源消耗折合6037.1吨标准煤。

（三）做好产业区块外改扩建项目认定工作。已认定中交浚浦、日东电工、陶氏有机硅等10个产业区块外优质项目，涉及固定资产投资12.16亿元，支持企业提容扩产。

（四）持续推进特色产业园区培育。完成2023年度产业园区综合评价，并公布星级园区名单。已认定五星级园区2家、四星级园区5家、三星级园区6家，培育型园区21家，园区梯度发展体系进一步完善。

三、持续优化营商环境，着力打造优质产业生态圈

（一）织密政策"保障网"。修订《松江区关于加快长三角G60科创走廊策源地产业高质量发展的若干政策规定》，出台推动制造业高质量发展、深化服务型制造赋能等三年行动计划。出台稳外贸稳外资政策，制订元宇宙新赛道等行动方案，进一步优化全区产业体系，为提升产业发展能级和核心竞争力提供科学指引和路径支撑。

（二）下好招商"先手棋"。参加首届香港国际创科展，向海内外充分展示长三角G60科创走廊及松江科创发展生态。高质量举办"服务型制造万里行——走进绿色新能源行业"会议、2023 DEMO WORLD企业开放式创新大会、2023第十六届中国智能机器人大会等系列投促活动。全年区级层面累计举办各类投资促进活动300余场，参会超过2万人次，实现精准有效招商、以商引商。

（三）打好服务企业"组合拳"。落实重点企业"服务包"制度。围绕电子信息、生物医药、人工智能、绿色低碳、重大装备、时尚消费品等产业开展10余场重点产值企业座谈会，当场对接政策、科研、人才、订单等要素。依托中小企业发展服务联盟等平台为中小微企业量身定制推出服务产品71个。持续打造"益企·暖云间"品牌，推出益企大讲堂、益企微直播等专题，组织开展惠企金融服务和政策宣贯。

【2024年发展趋势】

2024年，松江区将坚持稳中求进总基调，完整、准确、全面贯彻新发展理念，牢牢把握高质量发展首要任务，大力推进新型工业化，加快发展新质生产力，在转方式、调结构、增动能上下更大功夫，巩固和增强经济回升向好态势，全力以赴稳增长，不断激发高质量发展内生动力。重点做好以下几方面工作：

一、全力以赴稳增长，推动经济持续回升向好

（一）持续落实三级稳增长调度机制。充分认识并积极应对宏观经济环境对全区产业发展的影响，主动做好经济运行综合协调。通过定期召开稳增长调度会，围绕重点指标深度分析研究举措。进一步完善规模以上企业联络员制度，坚持部门协同，上下联动，确保完成稳增长相关指标任务。

（二）持续开展重点企业运行跟踪。对重点企业做好监测服务。针对产值大户、商销社零头部企业实施点对点服务，帮助企业打通产业链拓宽销售渠道，进一步稳订单、稳产值。推动对重点行业加强分析研判，强化预测预警和协调调度。

（三）持续推动产业项目投达产。全面梳理近年来新拿地及改扩建项目，进一步加强进度协调，推动项目尽早投产和产能爬坡，为稳增长贡献产值新增量。

二、坚持以科技创新引领现代化产业体系建设，加快发展新质生产力

（一）围绕"6+X"产业强链补链延链。结合《松江区推动制造业高质量发展三年行动计划（2023—2025年）》明确的重点任务，开展新一轮"6+X"战新产业梳理，实施强链升级、强基筑底、数字蝶变、绿色领跑、企业成长、空间拓展行动，加快建设新一代信息技术等千亿级产业集群，持续提升集成电路、人工智能、高端装备等若干个特色产业集群规模能级。

（二）加快布局产业发展新赛道。加大松江区未来产业研究。瞄准卫星互联网、绿色低碳等前沿科技领域，推动相关产业园区建设，积极催生新产业新模式新动能。聚焦"3+6"及"6+X"产业，瞄准"专精特新"、上市公司等行业头部以及腰部企业招商，针对区内"链主"和龙头企业上下游产业开展配套招商，推动优势产业固链强链补链。

（三）推进产业智能化提升。继续推进全区规模以上企业智能制造成熟度自评估100%全覆盖，推动传统产业改造提升，加快建设一批具有示范性、引领性的智能工厂和优秀场景。充分发挥服务型制造示范城市的引领作用，加大培育

示范企业和平台。依托上海市供应链发展促进会及云汉芯城等生产性互联网平台,加强上下游资源对接。

(四)加快创新主体培育。用足用好市、区两级升规提质政策,鼓励企业"小升规、规转强",持续巩固我区规模以上工业企业数量和产值规模优势。更大力度支持企业向"专精特新"发展,力争新增150家市级以上"专精特新"企业。新认定各级企业技术中心40家,深入挖掘"卡脖子"工程和颠覆性技术项目储备。

三、着力扩内需稳外需,激发新型工业化发展新动能

(一)持续扩大有效投资。加快长三角G60科创之眼二期、上海超硅半导体二期、正泰智电港三期等重点项目开工竣工投产。依托三级联动协调和双周报机制,确保全年完成开工项目70个,竣工项目80个。紧扣"6+X"产业发展导向,引进一批战略性新兴产业高能级项目,推动更多产业实现串珠成链、延链成群。

(二)推动产业空间加速释放。加快推进"工业上楼",继续推进北玻、华勃等"智造空间"重点项目开工,并科学把握项目准入关,选准选好符合要求的优质项目,持续为先进制造业项目提供更多优质智造空间。集约高效利用土地,

力争盘活存量低效工业用地1500亩,完成产业结构调整80项。重点推动小昆山工业区、佘山高新科技园区域整体转型升级。

四、持续优化营商环境,着力打造优质产业生态圈

(一)充分释放政策效应。加强G60产业政策持续落地,以增强政策确定性提振企业发展信心,支持企业在松江做大做强。

(二)持续提升服务企业质效。推动"服务包"工作常态化长效化,积极搭建产业链供应链对接平台,全力帮助企业稳订单、拓市场。促进民营经济发展壮大,落实支持民营经济发展各项政策举措。持续打响"益企·暖云间"服务品牌。

(三)持续扩大投资环境宣传。紧扣"6+X"产业发展导向,加大引进新赛道、新动能和重大优质项目。举办各类高质量投资促进活动,充分利用进博会、全球投资促进大会和城推大会等溢出效应,深度对接国际国内商会,扩大"投资松江"品牌效应。继续开展"全国行"和"全球行"组团式跨区域、跨国招商。

(王亦清)

奉贤区工业

【概况】

2023年,奉贤区认真贯彻中共奉贤区委、区政府的工作要求,锚定目标、攻坚克难,经济运行稳步恢复。属地规模以上工业产值增速排名郊区第二,市场消费稳定恢复,工业投资快速增长,外贸出口保持增势,整体经济呈现高质量发展态势。全年实现工业增加值878.5亿元,比上年可比增长2.6%,占全区增加值总量62.1%。完成工业固定资产投资148.3亿元,同比增长8.3%。全区规模以上工业企业1256家,同比增加78家,完成规模以上工业总产值2807.98亿元,同比增长3.6%;规模以上工业企业实现利润总额177.4亿元,同比下降4.9%。产值前100名工业企业实现规模以上总产值1759.5亿元,同比增长14.3%,占全区规模以上工业总产值的62.7%。"东方美谷"工业企业完成规模以上工业总产值487.1亿元,同比增长9.2%,占全区规模以上工业总产值的17.3%。

【2023年发展情况】

一、工业发展效益稳步提升

全区完成规模以上工业总产值2808.0亿元。其中临港奉贤园区规模以上工业产值增速位列全区各镇(街道、开发区)之首,完成规模以上工业产值701.8亿元,同比增长

18.6%。实现工业产值超亿元的企业有448家,完成工业产值2469.7亿元,占全区规模以上工业产值的88%,其中10亿元以上企业43家,同比增加3家,完成工业产值1383亿元,占全区规模以上工业产值的49.3%。按工业企业注册类型分,私营经济完成规模以上工业产值1017.7亿元,占全区规模以上工业产值的36.2%。规模以上工业实现销售值2815.1亿元,产销率100.3%;完成营业收入2764.3亿元,同比增长6.3%;实现利润总额177.4亿元,同比下降4.9%。年内,工业亏损企业336家,同比增加7家;亏损面26.8%,同比下降1.1个百分点;亏损额34.1亿元,同比增长21.7%。新动能成重要支撑,临港新片区产城融合区(奉贤)拉动增长,全年完成规模以上工业总产值898亿元,同比增长14.5%,高于全区规模以上工业产值3.6%的增长率,占全部规模以上工业产值比重为32.0%,同比提升3.4个百分点。

二、战略性新兴产业快速领跑

全区汽车制造业规模持续壮大,累计产值459.8亿元,同比增加91.7亿元,增长24.9%。新能源汽车产业可比增长41.1,高出全市9个百分点。战略性新兴产业培育加快,234家战略性新兴产业企业完成工业总产值1211.8亿元,可

比增长 5.0%，高出全市 6.8 个百分点，郊区排名第四，占全区规模以上产值比重的 43.2%。其中生物医药产业正在投资建设 91 个项目，涉及总投资 449.3 亿元，全年累计完成固定资产投资 68.6 亿元，同比增长 18.5%。出台《奉贤区促进生命健康产业高质量发展若干政策》，全面发动区内重点企业申报 2023 年度生命健康高质量发展专项，涉及 19 家企业 24 个项目。

三、产业结构持续优化调整

加快推进"工业上楼"、打造"智造空间"，促进产业园区开发建设转型升级，提升园区产业能级，推动产业结构调整，调整涉及土地 78 公顷，消化利用土地 172 公顷。年内共有 12 个项目通过市经信委组织的专家评审，认定为智造空间优质项目，获得市级奖励资金 1.24 亿元。

四、大力推进高标准工业厂房建设

持续推进高标准厂房开工建设，累计建造高标准工业厂房点位 25 个，涉及建筑面积 192 万平方米，完成年度目标（150 万平方米）的 128%，进一步推进了全区产业高质量发展。

五、企业竞争力不断提升

新增市级企业技术中心 6 家、市级创新产品目录企业 5 家、区级企业技术中心 14 家、区级"四新"经济示范企业 35 家，立项区级"工业强基"项目 28 个、区级引进技术的吸收与创新项目 20 个、区级创新产品项目 36 个、国家级"专精特新"小巨人企业 13 家。至年末，全区共有企业技术中心 236 家，其中国家级 4 家、市级 50 家、区级 182 家；有效期内的国家级"专精特新"小巨人企业 38 家，市级"专精特新"企业 772 家，"创新型"中小企业 1294 家，区级"专精特新"小巨人培育企业 54 家，区级"单项冠军"培育企业 41 家。

【2024 年发展趋势】

2024 年，奉贤区工业发展目标是规模以上工业产值 3056 亿元；工业固定资产投资 156 亿元；外资到位资金 3.86 亿美元；产业结构调整腾出低效企业 150 家。

一、着力保障全年稳增长

加强经济运行分析研判科学安排全年经济指标，做好全年目标、季度目标分解，扎实推进。密切跟踪经济走势，因时因势采取措施，夯实经济持续增长基础。抓实领导牵头稳增长稳投资制度，跟踪推进泰坦、凯莱英、兆维生物、千健国科、信念药业等一批重点产业重大项目，落实亿元以上在建项目跟踪协调，督促项目早日开竣工、投达产。策划举办重大项目集中开工仪式，积极引导预期、提振信心。巩固提升制造业对全区经济发展和创新转型的基础支撑作用，抓实升规纳统，推动全年工业企业新增纳统 80 家，努力保持制造业占全区生产总值比重基本稳定。

二、着力提升新型工业化水平

主动顺应新一轮科技革命和产业变革趋势，努力探索具有新时代特征奉贤新型工业化道路，在"创新"牵引、"结构"优化、"数字"赋能、"绿色"转型、"融合"发展上下大功夫。加快培育国家级、市级、区级企业技术中心创新体系，聚焦新材料、新能源等先进制造业，加大关键核心技术攻关。加快产业结构调整，探索可持续的产业园区"二转二"城市更新模式，实现腾笼换鸟。加快推动各行业领军企业创建智能工厂、绿色工厂，逐步推动规模以上制造业企业完成数字化诊断全覆盖，形成社会示范带动。加快推进先进制造业与现代服务业深度融合，加大生产性服务业园区、服务型制造示范企业培育力度，构建产业链竞争新优势。

三、着力深化特色产业集群

巩固提升生物医药优势，推动生物医药区级政策精准落地，启动区级政策 2.0 版的研究，贯穿生物医药产业全生命周期。加快壮大新能源汽车，积极对接特斯拉二期，放大新能源产业链带动效应，推动四团及周边陕汽德创、达亚汽配等一批重点项目落地。加大发挥申能、神力、氢晨等一批龙头企业示范引领作用，加快培育氢燃料电池汽车产业集群。推进奉贤自动全出行链测试示范区二期建设，为智慧交通、智慧城市的升级转型全面提速。研究制订《奉贤区新材料产业发展专项实施细则》，推动新材料突破一批关键核心应用技术，加快技术创新和产业化。

四、着力培育一流产业发展生态和营商环境

加大服务联系企业力度，充分激发各类创新主体活力。加快优质中小企业梯度培育，不断提升"专精特新"小巨人企业、创新型中小企业规模。深化落实重点企业"服务包"制度，面向龙头企业，精准定制政策包，通过常态走访联系、专人服务对接、政策量身定制，助力企业精准掌握政策、便利获取服务、高效办理需求。排摸重点海外人才、高层次人才、知名高校应届毕业生人才岗位需求，依托区人才办面向全球招引。持续壮大区级重点产业人才库，推出需求调研点对点、政策上门面对面的跨前服务，增强产业人才认同感、归属感。强化产业人才政策激励，推动人才企业与市、区两级人才政策资源进行对接，跟踪培育上海市产业菁英、重点产业人才、重点机构，加强多层次产业人才培育力度。

（冯祥浩）

制造新模式，推动智能化、数字化、绿色化升级，力争到十四五末，规模以上工业总产值突破5000亿元。

二、以制度创新提升制造业开放水平

依托临港先行先试、开放创新的制度优势，探索新业态、新模式、新机制。发挥特综区、深水港、跨境金融等高水平对外开放组合优势，让临港成为企业走出去发展壮大的重要跳板。同时积极探索数据跨境流动试点，拓展国际互联网数据专用通道，制订跨境数据分级分类管理规则，在智能汽车等领域先行先试。此外，以场景牵引驱动产业发展，智能汽车方面，打造自动驾驶超级场景，推进车路协同云控平台建设；绿氢产业方面，率先推动建设制氢加氢一体站，探索滩涂小规模风电制氢；新型储能产业方面，推动绿色数据中心、虚拟电厂、高能耗芯片制造厂等场景建设。

（申心泉）

中国石化上海高桥石油化工有限公司

　　高桥石化成立于1981年11月，是中国经济体制改革、国有企业联合重组的第一个重大成果。当年，为了"综合利用资源、能源，提高企业经济效益"，国务院直接批准对当时高桥地区分属于石油部、化工部等多个系统的上海炼油厂、高桥化工厂等"七厂一所"进行联合重组，成立中国第一个跨部门、跨行业的特大型石油化工联合企业—上海高桥石油化工公司。公司下属生产单位历史更为悠久，上海炼油厂成立于1945年，是中国最早炼油企业之一；高桥化工厂成立于1957年，是国内第一个石油化工厂，被誉为中国化学工业的"摇篮"。1998年2月，公司海牌2364（SJ/GF-2 10W30）和2365（SJ 15W40）获美国石油学会颁发的认可执照，这在新中国炼油工业史上尚属首次。2007年1月，国内最先进、全球单线产能最大的20万吨/年ABS装置在公司建成开车。2005年11月，公司8万吨/年聚醚扩建装置一期工程建成开车，生产能力达20万吨/年，为亚洲最大聚醚生产基地。

　　公司占地面积3.12平方公里（其中：高桥老区2.82平方公里、漕泾新区0.3平方公里），为上海自贸区内最大实体企业。炼油区域具备原油综合加工能力1300万吨/年，分别为800万吨/年的燃料油系统和500万吨/年的润滑油系统。上海化工区现有苯酚丙酮、丁苯橡胶、ABS三套装置，具备50万吨/年生产能力。公司汽煤柴油份额占中国石化在沪供应主导地位，具有航煤专用管道直供上海两大机场；公司是集团公司四大润滑油基础油生产基地之一。公司是国内重要的军用油品供应点，每年向部队供应油品约50万吨。43年来，公司累计加工原油32281万吨、上缴利税1475亿元。公司先后获得国家级科技奖项18项、上海市级科技奖项102项，先后获得上海市"高新技术企业"、上海市"文明单位"、集团公司"安全生产先进单位"和"绿色企业"等荣誉。七年获评集团公司党建考核A档，连续七年蝉联浦东经济突出贡献奖（2021、2022、2023、2024年获评新区经济特别贡献企业第一名）。2023年，公司以浦东新区0.25%的土地面积，贡献浦东新区4.39%的工业总产值。

上海化学工业经济技术开发区

　　上海化学工业经济技术开发区是国家级经济技术开发区，位于杭州湾北岸，规划面积29.4平方公里，是以石油化工为主导产业的专业开发区，建成以乙烯为龙头的循环经济产业链、以化工新材料为特色的高端产业集群，成为全国集聚知名跨国化工企业最多、主导产业产品链关联度高、安全环保管理严格、资源循环利用水平领先的化工园区，是国务院规划的国家七大石化产业基地之一，被评为国家新型工业化产业示范基地、国家生态工业示范园区、国家低碳工业园区试点单位、中国智慧化工园区试点示范单位，连续多年排名全国化工园区榜首，蝉联全国唯一"高质量发展卓越化工园区"称号。

　　2023年，上海化工区全口径实现销售收入1542.04亿元，完成工业总产值1342.78亿元；固定资产投资67.59亿元；区内注册企业利润72.33亿元，上缴税金80.37亿元；万元产值能耗0.624吨标准煤。招商引资创十年来新高，全年完成90个项目备案及核准，其中2个项目在上海全球投资促进大会上完成签约。安全形势总体平稳可控，全年未发生一般及以上的安全生产事故。环境质量保持优良，区域环境空气中挥发性有机物(VOCs)、二氧化硫(SO_2)、硫化氢(H_2S)、氨气(NH_3)浓度分别为54.5、6、2.5、10.4微克/立方米，处于近年来最好水平区间。数字化转型全力推进，华谊新材料入选中国化工行业首家"灯塔工厂"，氯碱化工入选工信部2023年度智能制造示范工厂揭榜单位名单。

中国石化上海石油化工股份有限公司
SINOPEC SHANGHAI PETROCHEMICAL CO.,LTD.

中国石化上海石油化工股份有限公司（简称上海石化）是中国石油化工股份有限公司的控股子公司，位于上海市金山区，占地面积9.4平方公里，是中国主要的炼油化工一体化企业之一，也是中国第一家在上海、香港和纽约三地上市的公司，2022年9月，从纽交所退市。上海石化的前身是创建于1972年的上海石油化工总厂。1993年6月，改制为上海石油化工股份有限公司。至2023年底，公司总资产达396.58亿元，主业在岗员工总数7216人。上海石化的发展经历了六个阶段的大规模集中建设。

至2023年底，上海石化具有综合加工原油能力1600万吨/年和乙烯70万吨/年、有机化工原料407万吨/年、合成树脂90.8万吨/年、合纤原料52.5万吨/年、合成纤维3.55万吨/年的生产能力，并拥有独立的公用工程、环境保护系统，及海运、内河航运、铁路运输、公路运输、管道运输配套设施。公司是国内重要的成品油、中间石化产品、合成树脂和合成纤维生产基地，其汽煤柴油份额占中国石化在沪供应的主导地位。公司致力于碳纤维产业及其复合材料产学研用攻关，为中国第一家、全球第四家掌握48K大丝束碳纤维产业化技术的企

业，建成投产中国首套48K大丝束碳纤维国产线，牵头研发生产的碳纤维复合材料应用于冬奥会火炬、大型风电叶片、航空航天、轨道交通、建筑桥梁、储氢气瓶等。截至2023年底，上海石化累计加工原油3.45亿吨，上缴利税2715.57亿元。

上海石化一向重视树立良好的公司形象，积极履行社会责任，为振兴中国石化工业不懈努力；一贯坚持规范化运作，致力于用良好的经营业绩回报股东；一直以为顾客提供优质的石化产品和良好服务为己任，多次获得社会各界嘉奖。连续六届获全国文明单位，先后获全国绿化先进单位，全国思想政治工作优秀企业，全国"重合同、守信用"单位，全国用户满意企业，全国厂务公开先进单位，全国爱国拥军模范单位，中华环境友好企业，全国模范劳动关系和谐企业，智能制造试点示范企业，全国花园工厂，北京冬奥会、冬残奥会突出贡献集体，中国石化绿色企业等一系列荣誉称号。

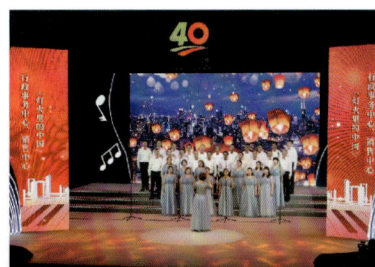

我的中华
我的中支
20mm
舒适满足
中華
本公司提示
吸烟有害健康
请勿在禁烟场所吸烟
中華
本公司提示
吸烟有害健康
请勿在禁烟场所吸烟

焕新幻紫
自在随芯
嗨FUN
新玩法
本公司提示
吸烟有害健康
请勿在禁烟场所吸烟
牡丹(紫凤凰)

到凌云

2018
本公司提示
吸烟有害健康
请勿在禁烟场所吸烟
中華
CHUNGHWA
本公司提示
吸烟有害健康
请勿在禁烟场所吸烟
中華
中华
(金短支)

我的·中华细支

烟香纸 Tobacco Paper

本公司提示
吸烟有害健康
请勿在禁烟场所吸烟

尽早戒烟有益健康
戒烟可减少对健康的危害

上海烟草集团有限责任公司出品　吸烟有害健康

总关心

熊猫（硬经典）

品味恒大
悦享中支

本公司提示
吸烟有害健康
请勿在禁烟场所吸烟

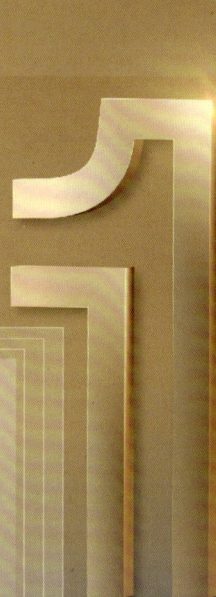

不止 初心如1
Exploring As Always

（双中支1mg）

上海化学工业区中法水务发展有限公司

上海化学工业区中法水务发展有限公司成立于2002年3月，是上海化学工业区内负责供水和污水处理的企业，业务范围囊括从供水到污水处理完整的水循环管理，包括工业水和生活水供应、脱盐水供给、管网运行以及世界领先的污水收集和处理服务。公司注册资本6828万美元，由苏伊士集团、上海化学工业区发展有限公司和上海化学工业区投资实业有限公司三方共同投资建设。

目前，公司生活水供应能力为9000立方米/天，工业水供水能力为30万立方米/天，脱盐水供水能力为8304立方米/天。为节约水资源，生产脱盐水的原水大部分来自污水厂工艺中的设备冷却水排水，占总原水比例达70%以上。公司污水厂目前处理能力为4.45万立方米/天，拥有5条污水生化处理线和2条活性炭吸附处理线，能够处理水质复杂的高浓度污染污水。公司污水处理在分类收集、分质处理、水质全过程实时监控、专管专送、分线处理和应急处理方面独特先进，保障了出水长期稳定达标排放，被评为全国首批"工业园区环境污染第三方治理典型案例"。

公司坚持研发创新，迄今为止已取得66项授权专利，参与4项团体标准的制定。此外，公司自2017年起逐步实施智慧水务项目、光伏发电项目、减污降碳数字化平台项目等，持续推进绿色、低碳、高质量可持续发展。

公司以卓越、可靠的服务赢得客户信赖和主管部门的认可，先后获得"高新技术企业""十二五全国石油和化学工业环境保护先进单位""2016中国化工园区优秀服务商""中国石油和化工行业责任关怀最佳实践单位""奉贤区企业技术中心"，国际水协"气候智慧型水务公司""上海市外资研发中心"上海市"专精特新"中小企业等荣誉称号。

上海金桥（集团）有限公司

　　金桥集团作为首批参加浦东建设的开发公司，时至今日，开发版图从东海之滨到黄浦江畔，从南到北串起一条"黄金轴线"，形成了金滩、金环、金鼎、金湾、金谷、金城、金港"七朵金花"和上海智城共 8 个开发区域，共计约 85 平方公里的开发格局。

　　在三十多年的发展历程中，金桥集团始终将自己定位为产业集聚的号召者和服务者，城市进步的引领者。依托传统金桥传统制造业的基础，金桥集团一直在开拓新产业赛道，瞄准"未来车""智能造""元宇宙""大健康"四大核心产业，打造中国产业未来"智造"高地。

JIA DING

企业简介
ENTERPRISE INTRODUCTION

上海嘉定工业区开发(集团)有限公司(简称工业区集团)成立于1992年8月，是嘉定区国资委旗下的国有独资企业，负责市级工业园区——上海嘉定工业区范围内综合开发，主要从事产业招商服务、园区综合开发建设运营、资产运营管理和战略性新兴产业投资孵化等业务。

园区吸引来自全球40多个国家和地区的2700家实体型企业落户，其中包括50余家世界500强企业和一批国际、国内著名企业，形成以"先进制造业为支撑、现代服务业为重点、战略性新兴产业为引领"的现代化产业发展体系，近年来，孵化培育了沪硅产业、联影医疗、三友医疗、盛剑环境等9家上市公司。目前，园区规模以上工业总产值已突破1300亿元，商品销售总额和社会消费品零售总额分别突破3600亿元和1100亿元，各项主要经济指标位列全市各大工业区前列，历年获评上海市品牌园区、国家新型工业化产业示范基地、国家电子商务示范基地。

工业区集团聚焦高质量发展，深入推进创新驱动发展战略，重点围绕汽车"新四化"、集成电路与智能传感器、生物医药、在线新经济等领域，集中力量做实做优标杆性特色园区，构建特色鲜明、业态高端、功能集成、富有竞争力的产业生态圈和创新生态链，全力打造转型发展新引擎、新高地。

上海智能传感器产业园

上海高端医疗装备产业园

中广国际广告创意产业基地

地址：上海市嘉定区汇源路200号
网址：http://www.jiading.gov.cn/gongyequ
电话：021-39966500

青浦工业园区

　　上海青浦工业园区于1995年11月经上海市人民政府批准设立，属九大市级工业开发区之一，规划面积56.2平方公里，主要从事招商引资、土地开发、市政建设、物业管理、企业服务等经营业务。拥有青浦综合保税区、张江高新青浦园两个国家级开发区，已发展成为产值超千亿、税收超百亿的大型战略性新兴产业园区。历年来，获批（获评）国家生态工业示范园区、国家循环化工业示范试点园区、国家新型工业化产业示范基地（新材料）、上海市特色产业园区（生物医药）等。

　　园区周边交通便利、配套完善、产业集聚，有沪渝高速、沪常高速等6条高速公路穿越和邻近园区；沪苏嘉城际线、嘉青松金线、上海地铁17号线在园区内形成青浦新城三线换乘、互联互通的综合交通枢纽；崧泽高架贯穿园区中心，驱车前往虹桥机场、虹桥火车站15分钟就能到达；逐步构建"对内大循环、对外大联通"的立体交通网络。

　　经过多年开发建设，园区产业能级不断提升："高端装备产业群"代表企业有杜尔涂装、斯伦贝谢、邦飞利、天田等；"新材料产业群"代表企业有亚士创能、希悦尔、赫格纳斯、英威达等；"电子信息产业群"代表企业有汉得信息、紫光宏茂、华测、腾讯等；这三个已发展成为百亿级的产业集群。另外，"汽车零部件产业群"代表企业有索菲玛、库博、博戈、日立安斯泰莫等；"生物医药产业群"代表企业有绿谷生命园、上药杏灵、辰光医疗、西氏药业等；

东方生命港·青浦新城园

"印刷传媒产业群"代表企业有海德堡、当纳利、中华商务、中华印务等；"时尚消费品产业群"代表企业有福维克、尤妮佳、上海家化、妮维雅等；"人工智能产业群"代表企业有发那科、爱仕达、福赛特、熠通等。产城融合步伐提速：以加快制造业高质量发展为主线，以新旧动能转换和产城深度融合为两大关键抓手，以生物医药高端产业为引领，携手临港集团推进东方生命港·青浦新城园区标准厂房建设，大力发展绿色创新药物、智慧医疗器械、高端医用材料等优势产业，率先打造长三角AI医药创新先导区。

　　"十四五"以来，青浦工业园区始终着眼于全市发展大格局和长三角一体化发展大格局，紧紧围绕区委提出的"战略赋能区、数创新高地、幸福温暖家"三大建设目标和着力点，以进博会、长三角一体化示范区、虹桥开放枢纽、"五大新城"建设等重大战略为牵引，重点聚焦上海"3+6"产业体系、四个新赛道产业、五大未来产业细分领域，努力将青浦工业园区打造成为一体化示范区乃至长三角重要的产业新高地、科创新高地、宜居新高地。

临港集团智创TOP产城综合体

园区简介

　　智创TOP产城综合体(简称智创TOP)是普陀区和临港集团区企合作的典范，是由上海市工业区开发总公司(有限)全周期开发运营的多功能商办中心和地标建筑群。作为桃浦这一全市重点转型区的首发先行和核心展示窗口，智创TOP不仅是国家级科创项目中以(上海)创新园的主要承载平台，更是区域"脱胎换骨"式更新升级的重要引擎。

　　智创TOP项目环抱中心城区最大绿地——桃浦中央公园，总建筑面积超113万平方米。在项目开发过程中，始终秉持"浦江两岸"开发标准，积极探索智慧园区的创新发展和先行先试，打造集高端办公、商业、人才公寓、科创服务、文娱休闲于一体的"7×24"全天候商务与生活衔接的活力产城。

　　2022年，智创TOP A区首发地块全面竣工。2024年，智创TOP B区也将完成竣工，一系列优质载体相继亮相。在临港集团AI Park集成式智慧园区的先行先试中，智创TOP已先后获得软件著作权和多项专利，获评国家、市级和区级数字化转型多个专项扶持及荣誉奖项，为智慧化应用和数字化基建场景与平台建设积累了丰富经验。

　　如今，作为桃浦转型发展的标志性项目，智创TOP A区已经投入运营，医疗、教育、住宅、商业、文化休闲等配套项目逐步落地。以优质建筑、优质服务带动优质产业，乐凯新材料、东方雨虹华东总部、德爱威(中国)、上海电力高压、李园实业等总部型办公业态和行业龙头企业纷至沓来，为区域发展注入强劲动力。嫁接临港集团优质科创资源，智创TOP在中以(上海)创新园设立"创营·TOP"众创空间，打造创新培育孵化和产学研合作平台，赋能科创"金字招牌"。

　　集"智"聚力兴桃浦，共"创"产城谱新篇，智创TOP不断铸强园区核心竞争力，以匠心打造"区域转型新典范、产业发展新高地、产城融合新亮点"，助力桃浦早日建成"中心城区转型升级示范区、上海科创中心重要承载区"。

南汇工业园区

　　未来能源谷所在的南汇工业园区成立于 1994 年，总规划面积 28 平方公里，以大治河为界，分为北区和南区。其中北区面积 13 平方公里，涉及惠南、宣桥、大团三个镇。2005 年，认定为市级工业开发区。2009 年，认定为上海市生产性服务业功能区。2011年，国家科技部发文，批准浦东新区为"国家新能源高新技术产业化基地"，其中，南汇工业园区是核心区域。2015年，并入金桥集团，并于当年获批上海市生物医药跨界"四新"经济创新基地。2018年，社会管理职能移交相关四镇。2023 年 1 月 1 日，南汇工业园区全面实行属地化管理。2023 年 3 月 20 日，惠南园区命名为"未来能源谷"。未来能源谷区域面积约 5.2 平方公里，企业总数约 1181 家，就业人数约 15000 人，上市企业（母公司上市）2家：上海恩捷新材料科技有限公司（恩捷股份 002812）、美迪西普晖医药科技（上海）有限公司（美迪西 688202），以独立上市企业2家（上海辛帕智能科技股份有限公司、上海索迪龙自动化股份有限公司），外资企业约　20　家。2023 年，园区规模以上工业产值 19.2 亿元（规模以上企业 44 家），税收 6.68 亿元（其中税收过千万的企业10家，税收过百万企业 65 家）。涉及新能源相关产业的企业20余家，产值占比约45%，税收占比约 40%。园区存量工业用地111幅，面积约231.1 公顷（折合 3465 亩），其中国有工业用地合计 100 幅，总用地面积 222.4 公顷（3336亩），222.4 公顷内25.6 公顷（384 亩）由金桥集团持有（6幅），惠南镇集体工业用地合计 11 幅，总面积 8.6 公顷（129亩），主要涉及徐庙村和陶桥村，徐庙村3幅；陶桥村8 幅。

宝武绿碳私募投资基金(上海)
合伙企业(有限合伙)

上海宝恒经济发展有限公司
Shanghai Baoheng Economic Development Co., Ltd.

关于我们 About Us

上海宝恒经济发展有限公司（简称宝恒公司）成立于2002年5月，注册资本3.05亿元，由区国资委全额出资一级国有招商平台公司，由航运发展区委托监管。

2021年9月，宝恒公司整建制划转到国资委，增加投融资的功能，成为第十家区一级国资企业。2022年9月，宝恒公司列入宝山区第一批国资综合改革，纳入宝山国投集团。

宝恒公司下设6个内设职能部门和3个招商分公司，围绕宝山科创中心主阵地建设和"北转型"宝山整体发展战略，发挥产业招商、产业培育、对外股权投资功能，已投资参股宝武绿碳基金、宝武碳业、欧冶工业品项目，实现投资与招商双驱动。

宝恒公司现有注册企业5500余户，服务央企、部市属企业53户。2023年，完成总税收19.56亿元，区级地方收入6.94亿元，新引进1亿元以上企业6户，对外投资累计7.86亿元，参股企业7家。

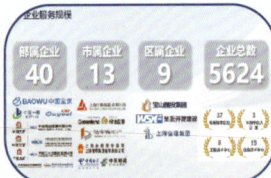

上海浦东路桥(集团)有限公司

上海浦东路桥(集团)有限公司成立于 2015 年，注册资本 6.01 亿元，总资产 111.39 亿元。拥有6个施工总承包及 11个专业承包资质，下设3家子公司和1家一体化管理公司，现有员工 450 人，本科及以上学历 328 人，职称人员 203 人，职业资格人员 165 人,是一家以城市建设为主业的创新型企业。

作为浦东新区建设系统的主力企业，公司跟随浦东开发开放一路成长，秉承"筑世纪路，架百年桥"的质量理念，凭借参建的外环线、中环线、内环线、世博配套、度假区配套、济阳路、S3 公路、沿江通道等一大批标志性工程,为浦东举世瞩目的发展贡献力量。公司先后获全国优秀施工企业、上海市重点工程实事立功竞赛金杯公司、上海市五一劳动奖状等多项荣誉称号；获国家优质工程、中国市政金杯示范工程、中国钢结构金奖、中国安装之星、上海市白玉兰奖、上海市市政工程金奖等数百项各类工程奖项。

公司累计开展 85 项科研课题的研究，获科技进步奖 27 项,授权专利 113 项，编制国家级工法 5 项、上海市级工法6项、制订国家标准3项、行业标准7项。近年来，连续获批高新技术企业、上海市创新型企业、上海市企业技术中心和上海道路功能性铺装工程技术研究中心。

站在新征程上,公司将继续深耕浦东、面向上海、辐射全国、紧抓机遇、直面挑战,用"匠心"铸造城市更加宏伟的蓝图。

中国航天科技集团有限公司
第八研究院第八〇八研究所

中国航天科技集团有限公司第八研究院第八〇八研究所（简称八〇八所）地处上海闵行航天城，是上海航天承担技术基础保障的综合性专业研究所。

八〇八所主要从事电子元器件可靠性、计量测试、信息技术开发、智能交互研制开发、数字多媒体、科技信息、标准化、知识产权、档案和编辑出版业务。

八〇八所是国家、国防、装备发展部三方认可的校准检测实验室，承担国防科技工业3111二级计量站、国防专利代理机构、上海市国防科技工业计量考核办公室、上海市国防科技工业知识产权代理机构的技术服务和监督管理职能；履行中国航天科技集团有限公司电子元器件可靠性中心八院分中心、中国航天科技集团有限公司航天元器件应用验证中心职能；是上海航天局专利中心、八院档案馆、八院知识产权和成果转化中心、八院产品成熟度评价中心、八院静电防护技术中心和八院信息中心挂靠单位，承担技术服务和监督评价职能。

六大业务板块

● **元器件质量保证：** 元器件质量保证服务　元器件检测与分析服务　元器件应用验证

● **计量测试：** 计量测试服务　计量保障类服务与产品

● **信息咨询：** 标准化/科技信息/知识产权支撑服务　战略支撑与管理咨询服务
信息资源开发加工类产品

● **信息工程：** 信息系统集成与网络技术服务

● **智能交互：** 数字化工业类产品

● **数字媒体：** 数字内容制作服务　展览展示服务　航天主题文创产品

中国船舶集团有限公司第七〇八研究所

第七〇八研究所始建于1950年11月，隶属于中国船舶集团有限公司（CSSC），是中国船舶行业内成立最早、成果多、技术力量雄厚、专业门类齐全、试验设施先进的船舶及海洋工程设计研发机构，被誉为中国舰船设计的"摇篮"。

建所七十余年来，第七〇八研究所始终坚定不移履行强军首责，成功研发人民海军85%以上的舰船型号，其中以"海南舰"为代表的某新型两栖战舰成功研制交付，有效提升中国两栖体系作战能力，团队成员受到习近平总书记亲切接见，系列舰"广西舰""安徽舰"陆续交接入列，有效支撑国防和军队现代化。深入践行海洋强国战略，研发设计以自航绞吸式挖泥船"天鲲号"、首艘专业极地科学考察破冰船"雪龙2号"为代表的国之重器，在超大型集装箱船领域打破日韩垄断地位，多次在国家领导人见证下斩获海外订单，成为服务大国外交、落实"一带一路"倡议的生动实践。

第七〇八研究所是船舶设计技术国家工程研究中心的依托单位，是国际拖曳水池会议（ITTC）、国际船舶结构会议（ISSC）的成员单位，中国造船工程学会船舶设计委员会主任委员单位，全国海洋船舶标准化技术委员会主任委员单位，是流体力学和船舶与海洋结构物设计制造的硕士、博士研究生培养单位。完成各类舰船、船舶及海洋工程研究开发和设计项目共1300余项，荣获各类科技成果奖励近500项，其中国家级奖励50余项（国家科技进步奖特等奖4项、国家科技进步奖一等奖10项）、省（部）级奖励300余项。

第七〇八研究所在中国船舶集团战略重组后连续三年获得A级。近年来，先后获"全国文明单位""全国五一劳动奖状""中国青年五四奖章""全国安全文化建设示范企业""国防工业军工文化建设示范单位""中央企业思想政治工作先进单位""中央企业先进基层党组织"等荣誉称号。

CSSC

中国船舶集团第七二六研究所

中国船舶七二六所隶属于中国船舶集团有限公司（世界 500 强企业），是以水声电子技术为主导专业的事业单位，总部坐落在上海，地处闵行区莘庄工业园区，占地面积 153 亩。

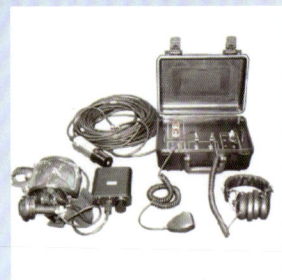

七二六所主要从事水声电子、水声探测、水下防御、水声导航、舰艇消防等专业技术研究和装备研制生产任务，是国内领先水声电子技术总体单位；是国内一流的水下攻防、水下预警体系装备重要供应商；是水声电子、港口防御装备、水下攻防、水下预警体系等装备发展的引领者。

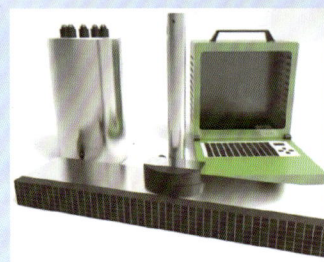

【产品 1 便携式水下通讯机】便携式水下通讯机用于水下无线通讯。救援人员通过腰间佩戴水下无线通讯机，实时接收水面指挥员的指令和信息引导，也可实时向救援队友和水面指挥员通报水下搜救状况。便携式水下通讯机包括水下单元及水面设备，其中水下单元最大配置数量为 8 套。水下单元之间的通讯距离：≥800 米；水下单元与水面设备之间的通讯距离：≥1500 米；水下通讯设备工作深度最大 60 米。

【产品 2 图像声纳】图像声纳安装在船舶或 ROV 等平台上，实时对水下目标进行搜索，进行成像显示和目标信息输出，快速引导搜救员或无人搜救设备前往指定地点进行水下搜救。对直径为 1 厘米的目标发现距离为 20 米，识别距离为 8 米。水平观察扇面不小于 90°，垂直开角不小于 20°，成像速度不小于 10 帧 / 秒。

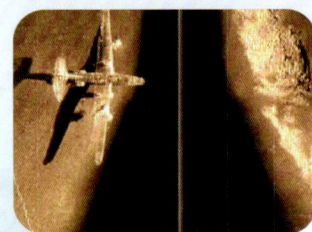

CSSC | NDRI　中船第九设计研究院工程有限公司
CHINA SHIPBUILDING NDRI ENGINEERING CO.,LTD.

中船第九设计研究院工程有限公司成立于1953年，是一家多专业、综合技术强的大型工程公司，是从事工程咨询、工程设计、工程项目总承包的骨干单位，能承担多类大型项目工程总承包业务。在中国创建世界第一造船大国中承担着践行环渤海湾地区、长三角地区、珠三角地区　船舶工业规划设计"国家队"的角色。

公司已取得国家有关部委批准的船舶、军工、机械、水运、建筑市政、环保等领域的工程设计综合资质甲级，工程咨询、工程监理甲级以及房屋建筑工程施工总承包一级等资质，具备 对外工程总承包、境外设计顾问及施工图审查的资质。公司是"全国文明单位 、国家级企业技术中心 、中国勘察设计百强单位 、上海市文明单位 、上海市企业技术中心 、上海市高新技术企业单位 。

公司现有从业人员1700多人，其中各类专业技术人员1300多人，拥有各类国家注册工程师500余人。公司先后有32名专家享受国家特殊贡献和特殊津贴，相继有4位工程技术人员获中国工程设计大师称号，2位获中国勘察大师称号，1位获中国工程监理大师称号。

公司秉承"创新、拓展、诚信、敬业"的企业精神，坚持为海洋强国建设提供工程服务，以高质量发展为中心，坚持创新是发展的第一动力，持续做强设计咨询、做优总承包、做稳投融资，拓展科技产业化和智能工厂数字化平台创新业务，全面实施"3+2"战略布局，为全面建成具有特色的国内知名、世界一流工程公司不懈奋斗。

扬州三湾生态中心

上海交大海洋深水试验池

上海月星环球港

中船工业大厦

江苏科技大学十里长山新校区

中国科学院
上海技术物理研究所

研究所概况

中国科学院上海技术物理研究所（简称上海技物所）创建于1958年10月，是集基础研究、工程技术研发和高新技术产业化为一体的综合型研究机构。上海技物所以红外物理与光电技术研究为定位，重点发展空天红外与光电有效载荷、红外凝视成像及信号处理、红外探测器、空间主动光电技术及遥感信息处理等技术。上海技物所着眼于国家重大战略需求，针对相关技术领域的特点，已形成具有自身特色的、覆盖"基础前沿—核心组部件—系统集成"完整研发体系。

上海技物所设有研究室13个，建有红外科学与技术重点实验室、红外探测全国重点实验室、传感技术联合国家重点实验室（光传感器专业点）、中国科学院红外成像材料与器件重点实验室、中国科学院红外探测与成像技术重点实验室、中国科学院空间主动光电技术重点实验室、中国科学院智能红外感知重点实验室以及省部共建现场物证光学探测技术联合实验室。

截至2023年底，上海技物所共有在岗职工1468人。其中专业技术人员835人，包括中国科学院院士6人、中国工程院院士2人、国际欧亚科学院院士1人（兼）、各类国家级专家百余人次。

上海技物所是国务院学位委员会批准的首批博士、硕士学位授予单位之一。目前设有电子科学与技术（下设物理电子学、微电子学与固体电子学、电路与系统）、光学工程、物理学（下设光学、凝聚态物理）、动力工程及工程热物理（下设制冷及低温工程）4个一级学科学术型博、硕士研究生培养点；信号与信息处理二级学科学术型硕士研究生培养点；以及电子信息（下设新一代电子信息技术（含量子技术）、集成电路工程、光电信息工程）一级学科的专业型博、硕士研究生培养点。另设电子科学与技术以及物理学2个博士后科研流动站。截至2023年底，共有在学研究生641人（其中硕士生169人、博士生267人、留学生6人、联合培养研究生199人）、在站博士后90人。

国家重大任务方面，全面完成17次发射任务，研制先进光电载荷和单机质量可靠、表现优异。累计申请专利88项，其中国内发明专利74项，实用新型11项，国际专利3项；授权专利172项，其中发明专利155项。发表各类科技论文513篇。红外探测器局域场联合调控机理研究获2022年度上海市自然科学奖一等奖，静止轨道红外干涉大气三维探测载荷技术获2022年度上海市技术发明奖一等奖，精密光电仪器主被动光学关键技术及应用获2022年度上海市科技进步奖一等奖。2023年，海洋激光遥感的关键技术与应用获海洋科学技术奖特等奖，中国自主海洋水色业务卫星(HY–1C/D)组网运行与业务化应用获海洋工程科学技术奖二等奖，可持续发展目标地球大数据评估关键技术与应用获中国测绘学会测绘科学技术奖特等奖。

上海技物所是中国空间科学学会空间遥感专业委员会、中国光学工程学会红外与光电器件专业委员会、中国遥感应用协会高光谱遥感技术与应用委员会、上海市传感技术学会的挂靠单位，是上海市红外与遥感学会理事单位之一。研究所编辑出版《红外与毫米波学报》《红外》等学术期刊。

【高光谱观测卫星可见短波红外高光谱相机在轨应用情况良好】

4月4日，由中国科学院上海技术物理研究所研制的高光谱观测卫星可见短波红外高光谱相机正式投入业务应用。该相机是中国首台可在轨动态配置的宽幅宽谱高光谱相机，可实现2.5到10纳米光谱分辨率、30米空间分辨率、60公里幅宽观测，能够同时获取地物从0.4到2.5微米波段范围内的高光谱影像信息。该相机与同为中国科学院上海技术物理研究所研制的资源02D、资源02E、高光谱综合观测卫星同类载荷组网协同观测，使中国拥有当前国际上时–空–谱综合观测性能最强的高光谱对地遥感能力，有效服务于环境质量监管和自然资源调查等重大需求。

【国家重大科研仪器研制项目"面向红外芯片的光谱与界面功能关系研究的多尺度表征系统"启动】

4月14日，国家重大科研仪器研制项目"面向红外芯片的光谱与界面功能关系研究的多尺度表征系统"启动会在上海召开。该项目由中国科学院上海技术物理研究所牵头，联合中国科技大学和上海科技大学承担，旨在通过发展对界面态敏感的红外光谱与应用技术，为研究和理清复杂界面中具有光电作用功效的电子态如何决定高端红外芯片极限性能的核心问题提供先进方法和表征手段，具有显著科学价值和应用前景。

【风云三号G星多台先进光学载荷入轨工作】

4月16日，由中国科学院上海技术物理研究所研制的中分辨率光谱成像仪（降水型）、高精度定标器、短波红外偏振多角度成像仪随风云三号G星发射入轨。中分辨率光谱成像仪（降水型）单条轨道观测刈幅达1200公里，可获取可见光/红外云图以及云顶温度、云顶高度、有效粒子半径和云形态学方面的参数，辅助判断降水云的存在。高精度定标器将首次开展在轨太阳交叉定标技术验证试验，为未来卫星监测资料融合应用、建立气候数据集奠定研究基础。短波红外偏振多角度成像仪使中国首次具备短波红外波段的偏振多角度卫星观测能力，将探索为实现云、气溶胶和地表等相关参数的高精度定量化反演提供观测信息，提高在天气预报、气候变化和地球环境监测领域等方面的能力。

中国科学院上海应用物理研究所

中国科学院上海应用物理研究所（简称上海应物所）是国立综合性核科学技术研究机构，创建于1959年，原名上海原子核研究所。2003年6月，改为现名，拥有上海嘉定园区（约400亩）和甘肃武威园区（约1000亩）。

上海应物所是国立综合性核科学技术研究机构，以钍基熔盐堆核能系统、高效能源存储与转换等先进能源科学技术为主要研究方向，同时兼顾核技术在环境、健康、材料领域的若干前沿应用研究，致力于熔盐堆、钍铀燃料循环、核能综合利用等领域关键技术研发。上海应物所战略定位是引领国际钍基熔盐堆研发，成为国际领先的钍基熔盐堆核能系统研究中心、原始创新策源地和科技人才高地，为中国能源长期稳定供应（能源独立）和实现"双碳"目标提供重要的解决方案。

截至2023年底，上海应物所共有在职职工755人，在站博士后34人。上海应物所是1981年国务院学位委员会批准的博士、硕士学位授予权单位之一，现设有粒子物理与原子核物理、核技术及应用、无机化学、核能科学与工程、光学等5个学术型博士学位培养点，材料与化工工程博士学位培养点，粒子物理与原子核物理、光学、无机化学、高分子化学与物理、生物物理学、核技术及应用、核能科学与工程、电磁场与微波技术、信号与信息处理、光学工程等10个学术型硕士学位培养点和能源动力、电子信息，生物与医药、材料与化工等4个类别工程硕士培养点，同时设有物理学、核科学与技术2个博士后流动站。截至2023年底，共有在学研究生759人，其中博士生322人。

建所以来，上海应物所始终以国家战略需求为已任，先后承担多项国家任务，取得600余项科研成果，获各类科技奖项200余项。上海光源国家重大科学工程及其团队先后获"2011年度中国科学院杰出科技成就奖""2012年度上海市科技进步特等奖"和"2013年度国家科技进步一等奖"；"重离子核反应的集体效应、奇异核产生及其性质研究""重质量丰中子新核素的合成鉴别和研究"获国家自然科学二等奖；"相对论重离子碰撞中的反物质探测和夸克物质的强子谱学与集体性质研究""多元、协同生物传感界面的设计、组装及生物分析应用研究"获上海市自然科学一等奖；"全相干自由电子激光的前沿实验研究与新原理探索"获2018年度上海市自然科学奖一等奖。与上海艾普强粒子设备有限公司联合研发的国产首台质子治疗系统于2022年9月获批医疗器械注册证。

其中，上海光源国家重大科学工程"突破钍基核能系统核心技术，建成原型系统"入选中科院"十二五"重大科技成果及标志性进展；"合成新核素铂-202""发现反氦核""建成上海光源"和"钍基熔盐堆核能系统研发"等四项成果入选"中国科学院改革开放40年40项标志性科技成果"。

上海应物所是上海市核学会、中国核学会辐射研究与辐射工艺学分会、中国辐射防护学会粒子加速器辐射防护分会挂靠单位。目前上海应物所作为团体会员加入的学会协会共62家，其中理事长单位3家，副理事长单位7家。主办《核技术》《核科学技术（英文版）》《辐射研究和辐射工艺学报》等学术刊物。

上海卫星工程研究所

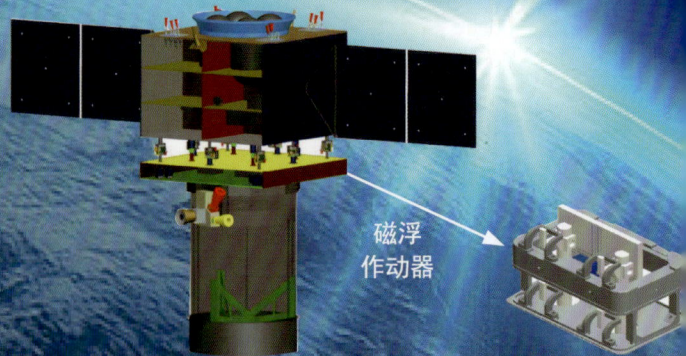

双超磁浮控制平台

磁浮
作动器

上海卫星工程研究所是中国空间技术研究及卫星研制的主力军。经过多年发展，机械和热控等专业技术能力已达到国内先进水平。先后研制出具有高效振动隔离和高精度指向调整功能的双超磁浮控制平台、为不同精密载荷提供超静动力学环境的多自由度超低频主动减振装置、满足多种敏感载荷压紧释放需求的各类低冲击压紧解锁装置、不断为卫星提供能源供给的新型轻质柔性太阳翼、具备高效热管理能力与高可靠性的流体回路热控系统以及为大功率卫星精准控温的多流程大热量相变储热换热器等行业重点产品。各类产品已应用于各项国家重大航天型号任务，并取得圆满成功，正不断提升卫星的研制水平，拓展卫星的应用领域。

多自由度超低频主动减振装置

压紧解锁装置

新型柔性太阳翼

高效流体回路热控系统

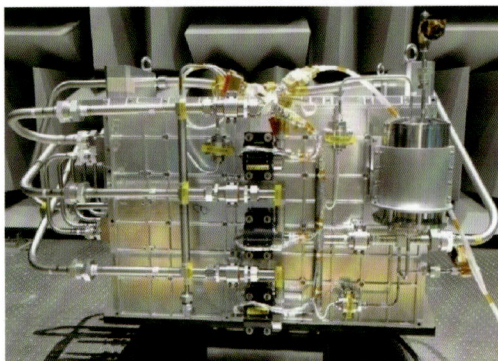

多流程相变储热换热器

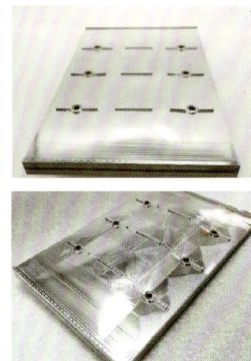

上海卫星装备研究所

上海卫星装备研究所隶属于中国航天科技集团有限公司第八研究院，是华东地区最大的航天器总装总测及试验（AIT）基地，建有5.3万平方米国内一流的AIT厂房，拥有国内最先进的大型试验和测试设备，下设一个全资子公司和一个控股公司。

全资子公司上海裕达实业有限公司致力于发展航天技术应用产业，获工信部"专精特新"小巨人企业称号，打造的真空装备、质谱仪、分子泵等核心产品赢得广阔市场，目前建有多条产品生产线，正努力成为真空应用装备研制行业领先者。

控股公司利正公司致力于商业卫星产业发展，主要从事商业卫星基础产品研制、总装测试与试验、地面设备研制等。建有国内一流的卫星AIT 总装总测厂房，拥有CNAS、 DILAC 认证的第三方检测实验室，具备力、热、磁、EMC、温湿度等检测能力，满足各类商业卫星一站式配套研制。

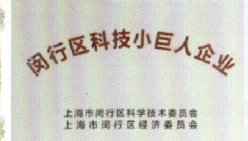

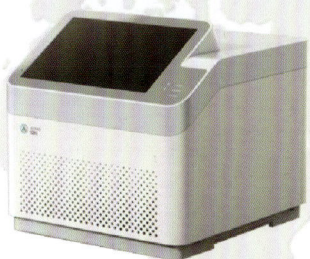

质谱仪　　**分子泵**　　**热控薄膜**　　**真空应用装备**

商业卫星研制

遥测遥控通信设备

综合电子测试系统

测发控设备

总线通信设备

供配电监控设备　　转动机构模拟器　　机电控制设备

地面设备

电话：021-54759800-6601

地址：上海市闵行区华宁路251号　　邮编：200240　　传真：021-64620812

江南造船（集团）有限责任公司

15K集装箱船

79.8k MK III LNGC

联系方式
Contact us
电话 phone:+86-21-66995389
传真Fax:+86-21-66994658
地址Address:中国上海长兴岛长兴江南大道988号
No.988, Changxing Jiangnan Avenue, Changxing Island, Shanghai, China

93k VLGC

99k VLEC

公务/科考船项目 Special Vessel: sv.marketing@jnshipyard.cn
液化气船项目Liquefied Gas Carrier:Lg.marketing@jnshipyard.cn
集装箱船项目Container Ship: container@jnshipyard.com.cn
散货船项目 Bulk Carrier: bc.marketing@jnshipyard.cn
化学品/油轮项目Tanker: tk.marketing@jnshipyard.cn
海工类项目 Offshore Project: proects @jnshipyard.cn

上海万泽精密铸造有限公司

上海万泽精密铸造有限公司(简称上海万泽)坐落于上海市工业综合开发区。总占地面积96亩,建筑面积11.6万平方米。共包括3栋生产厂房,1栋办公楼,及3栋研发楼。总投资7.5亿元人民币。

上海万泽成立于2015年1月,于2017年5月破土动工,2018年8月一期项目完成基础建设及设备安装调试,具备生产条件,创下国内同类似项目建设速度之最。上海万泽聚焦高端制造业,定位国内领先、国际一流的航空发动机及燃机轮机高温合金、钛合金热部件供应商,并通过合理的柔性生产设计,将产品应用领域延伸到车用涡轮增压器及高品质不锈钢部件。为客户提供全品类优质精密铸件。

上海万泽具有国际领先的硬件条件,所有核心设备均为全球顶尖品牌,包括MPI压蜡机.VA智能制壳系统、CONSARC真空感应浇铸炉、ALD单晶定向浇铸炉、UBRC 脱蜡釜及脱芯釜等。另外,公司也重视软实力建设,目前申请专利71项,已获授权44项,其中发明专利13项。在创建伊始,便引进基于金蝶K3平台的ERP模块和西门子Teancenter系统。并逐步推进MES系统,实现工程师、现场操作员、生产设备和生产环境的智能互联。

上海万泽秉承以市场及客户为导向,差异化竞争的理念。在解决一般典型产品工艺问题的基础上,精确定位市场痛点,攻坚克难,掌握了一系列客户需要、市场紧缺的专有技术,如小面厚比铸件整体细晶技术、复杂薄壁结构件热控凝固技术、高Al+Ti合金补焊技术等。形成上海万泽核心竞争力,并得到客户广泛认可。上海万泽通过IATF16949,ISO9001等体系认证,并获得上海市高新技术企业称号。作为一家年轻的企业,已经开始为美国Wabtec运输、英国RR、中航工业、中航商发、博马科技等知名OEM提供批量及研制产品。

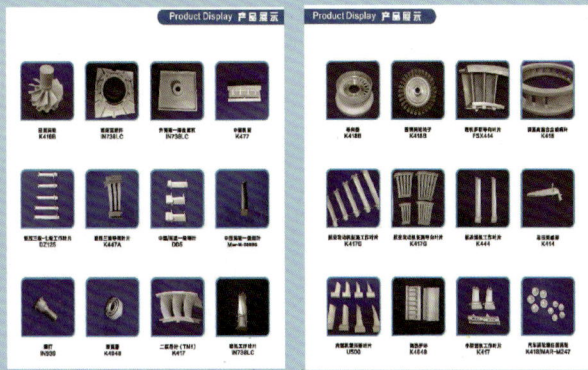

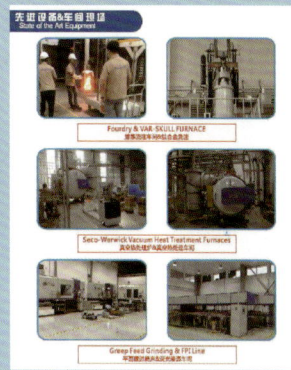

上海无线电设备研究所

上海无线电设备研究所隶属于中国航天科技集团有限公司，成立于1965年，是长期从事精确制导、光电探测、智能交通、智能制造、低空管控等领域技术研究、产品研制、装备生产的专业研究所，人员总数1078人，2023年营业收入达34亿元。主要产品包括航天精确制导系统、光电近场探测系统，卫星有效载荷等航天重大装备，以及智能检测装备、智慧交通雷达等民用装备，属于典型的重大装备（离散类）。

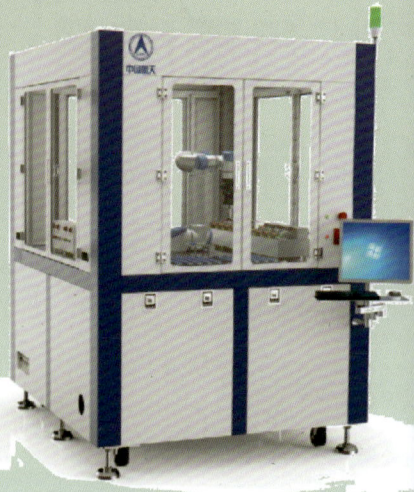

近年来，研究所面向数字化设计、制造、管理全链路，大力推进数字化转型。探索军用技术转民用产业化道路，拥有一家全资产业化平台公司，在智慧交通领域成立八院首家员工持股的双创公司。在强大的技术支撑下，为集团公司、八院、商飞、上海地铁等单位提供数字化解决方案，有力推进航天、航空、交通行业数字化转型。

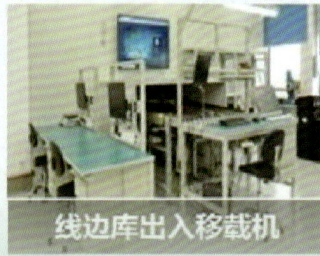
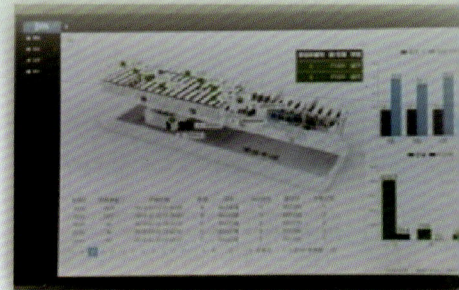
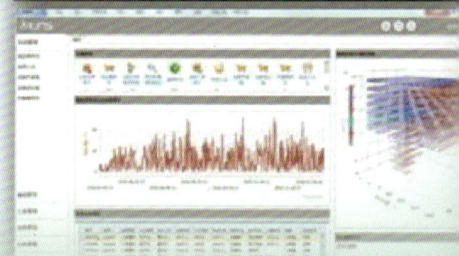

智能穿梭车　立体物流提升机　3D立体货架　自动出入移载机　线边库出入移载机

数字化制造能力

面向航天重大装备规模化生产需求，自主研发大量柔性自动测试设备、模块化制造单元及装配检测生产线，具备数控中心、电装数字化生产线、柔性调测生产线、环境试验中心、智能仓储等数字化生产条件，建立了设备设施集控平台，实现90%以上生产、测试、试验设备联网、采集及管控，其中智能在线检测系统入选工信部2023年度智能制造优秀场景、获得2023年工信部智能制造系统解决方案揭榜挂帅项目立项，并在全国首届制造业智能化解决方案创新大赛上获奖。

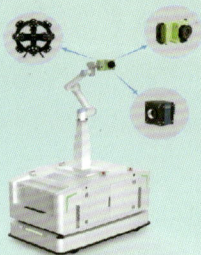
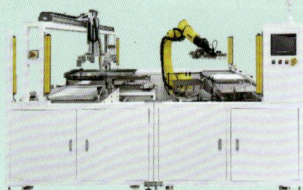

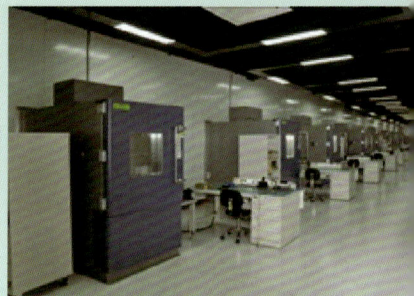

大型异构部件智能检测系统　复合材料预制板子自动铺贴设备　雷达天线数字化装配检测生产线　柔性化测试生产线

上海核工程研究设计院股份有限公司

上海核工程研究设计院股份有限公司(简称上海核工院)始建于1970年2月8日,前身是"七二八工程研究设计院",与中国核电同时起步,由国家电投控股。公司聚焦核能领域,主要从事核能研发设计、工程总承包及技术服务,具备核工业行业工程设计、建筑行业工程设计、工程咨询等一系列甲级资质,是第三代先进核电技术AP1000引进消化吸收再创新的技术主体,是大型先进压水堆核电重大专项的牵头实施单位,是"国和一号"产业链联盟建设依托单位,是具有全核岛(全结构、全系统、全主设备)研发、设计、采购、建造、调试等完整产业链的创新研发单位。

公司坚持以"国之光荣"为核心精神,以核安全文化为核心原则,曾多次获得国家科技进步奖、国家技术发明奖、国防科学技术奖、上海市科技进步奖等众多国家级、省部级以及行业协会重要科技奖项,全力建设世界一流核能技术创新与工程建设公众公司。

核电技术研发	核电工程设计	项目总承包	技术服务
核电型号研发	核电工程总体设计	核电厂EPC总承包	安全评价和执照维护
软件与平台开发	堆芯与燃料设计	国际国内设备供应链	状态检测与分析
关键设备及材料研发	主设备及非标设备设计	关键施工和主设备安装	系统和设备综合改造
工程应用集成技术研发	工艺系统设计	电力工程调试	老化管理与寿命评估
燃料管理及循环技术研究	电气仪控设计	项目一体化信息管理	乏燃料暂存和三废处理
试验验证	建筑结构设计		燃料管理与换料服务
第四代先进核能系统研发	核电项目前期及咨询		设备工具技术开发
	安全分析及执照申请		配套设施综合集成
			数字化电厂技术
			技术培训

上海能源建设

工程设计研究 有限公司

上海能源建设工程设计研究有限公司(原上海燃气工程设计研究有限公司,简称上能院),是上海隧道工程股份有限公司下属的国有企业。上能院自20世纪80年代开始投身能源基础设施建设事业,为推动国家能源绿色低碳转型做出积极贡献。

上能院是经上海市科委认定的"高新技术企业",并入围国务院国资委的"科改示范企业"名单。上能院持有市政行业(城镇燃气工程)专业甲级设计资质、化工石化医药行业(石油及化工产品储运)专业甲级设计资质、工程设计电力行业乙级资质、市政行业(热力工程)专业乙级设计资质;市政公用工程、石油天然气甲级资信资质;GA1、GA2、GB1、GB2、GC1、GC2压力管道设计资质等;通过ISO 9001: 2015质量管理体系、ISO 14001: 2015环境管理体系和ISO 45001:2018职业健康安全管理体系认证。

近年来,上能院坚持以"改革"+"创新"双轮驱动推进企业高质量发展,通过数智化赋能"碳"究未来能源发展趋势、应用场景和关键技术,不断夯实"长输油气(含LNG)、城镇燃气、氢能新能源、电力新能源、综合能源"五位一体的多元化业务布局,形成涵盖能源基础设施"规划—投资—设计咨询—建设—运营"全生命周期的数智化服务能力,为不同类型客户企业提供"一站式、全方位、定制化"的多能互补综合能源系统、源网荷储一体化解决方案的增值型服务能力。

上能院曾获国家建设部优秀城市规划奖、全国优秀工程咨询成果奖、中国土木工程詹天佑大奖、华夏建设科学技术奖、上海市科技进步二等奖、上海市重大工程立功竞赛金杯公司、上海市优秀工程勘察设计优秀市政公用工程一等奖、上海市优秀工程咨询项目一等奖、上海市工程建设优秀标准等60余项省部级以上科技奖励。上能院还被授予全国青年突击队标兵、上海市五一劳动奖状、上海市文明单位、上海市专利工作试点企业、上海市职工最满意企业、上海市平安单位等荣誉称号。

面向未来,上能院将凭借在能源领域深耕四十余年的技术和经验底蕴,融合互联网思维和国际化视野,致力于为国内能源体系的变革持续不断地输出创新思维及标杆力量、将自身打造成为"城市能源领域卓越的科技型工程咨询公司",持续为顾客提供能源领域智库咨询服务,前瞻性、引领性专项研究,以及高端化、数智化、低碳化、服务化的城市能源设施建设运维整体解决方案。

上海能源建设工程设计研究有限公司

储罐扩建工程冷能发电装置

上海LNG项目储罐扩建工程冷能发电装置项目,弥补了国内LNG冷能利用在发电方面的空白,也是世界规模最大的冷能利用发电装置,发电量达到2400万千瓦·时,减少碳排放约1.87万吨/年

综合能源供应站天然气制氢

广东省佛山市明城综合能源供应站天然气制氢设计规模为1500KG/日,可满足125班公交车或者250班物流车的加氢需要。首次设计应用了我国第一台拥有自主知识产权的撬装天然气制氢设备。该加氢站年二氧化碳减排量近5200吨。

LNG应急调峰储配站

建设2座5万立方米双金属全容储罐、50万立方米液化系统、350万立方米气化系统以及相关的配套附属设施,最大储气能力6000万立方米,可满足长春市及周边地区全口径用气20天,保障民用气60天。

电力绿电绿氢示范EPC

本项目作为全国首座内河码头制加氢一体站,在全国范围内首次实现"制加一体、水陆两用"功能。本项目采用先进的PEM电解水制氢装置,并设置多级储氢系统、车辆及船舶加注系统,构建制-储-加一体化的运作模式。

现代农业园区生物质气提纯

项目采用粪肥厌氧发酵处理循环模式,年处理粪污6.3万吨,将畜禽粪便经厌氧发酵转化成的沼气提纯成生物天然气销售给目标客户。分离后的二氧化碳计划供给松林食品周边蔬菜大棚提升农作物产量,沼液和沼渣可作为液态和固态有机肥原料用于蔬菜、稻米种植,同时在厂区内利用副产品CO2建设微藻养殖示范项目,提升项目的新兴边缘产业。

上海电气集团中央研究院成立于 2004 年 9 月，是上海电气开放式科技创新体系和集团内外协同创新双循环的重要组成部分。中央研究院以"科技赋能，专业第一"为主责主业，以"提升科研能力和水平"为安身立命之根本，以"就近服务、就近赋能"，服务电气集团整体发展为第一要务，深耕"低碳技术、数字化技术、机器人技术"三棵技术树，打造"工业大望楼、壹号埠、知识产权服务"三大平台，以核心技术撬动相关产业同向发力，以专业能力赋能产业集团协同发展，持续推动更专业、更开放、更透明、更敏捷的科研创新组织体系的构建和创新文化氛围的营造。

中央研究院坚持面向工业、面向主业、面向集团发展战略，以打造上海电气体系化作战能力的技术平台为目标，持续培育和提升协同引领能力和聚集资源能力，力争在创新内循环中成为集团技术支撑和共性技术发展的协同平台、在创新外循环中成为各种创新要素聚集的桥头堡和支撑点，努力为推动集团实现高质量发展作出更大贡献。

上海电气集团中央研究院

上海民防建筑研究设计院有限公司(简称上海民防院)创建于1979年,隶属于北京建工路桥集团,是一家以人防工程、建筑工程设计为主的现代科技型企业。

公司具有建设部颁发的建筑行业(建筑工程、人防工程)设计甲级资质、风景园林专项乙级资质、市政行业乙级资质、人防工程和其他人防防护设施设计甲级资质、岩土工程专业(设计)乙级资质,同时兼有城市规划编制等资质,拥有质量、职业健康安全、环境管理三体系认证。公司各类专业技术人员配套齐全,现有人员近300人,专业技术人员占比90%,其中注册建筑师、注册结构工程师、注册城市规划师、注册咨询师、注册公用设备工程师、注册电气工程师、注册造价工程师近40名,高级工程师近30名,人防防护工程师20余名。

公司注重科研创新,引入行业内知名专家学者,开展产学研合作,已于2018年获得国家高新技术企业认定。公司于2015年成立技术研究中心,组建一支由资深专家领衔,防护工程师、机械工程师、结构工程师为中坚力量的科研团队,致力于人防系统中新技术、新设备、新材料、新工艺等前沿技术的探索与研究。经过多年的潜心研发,共计申请专利60余项,已获9项授权发明专

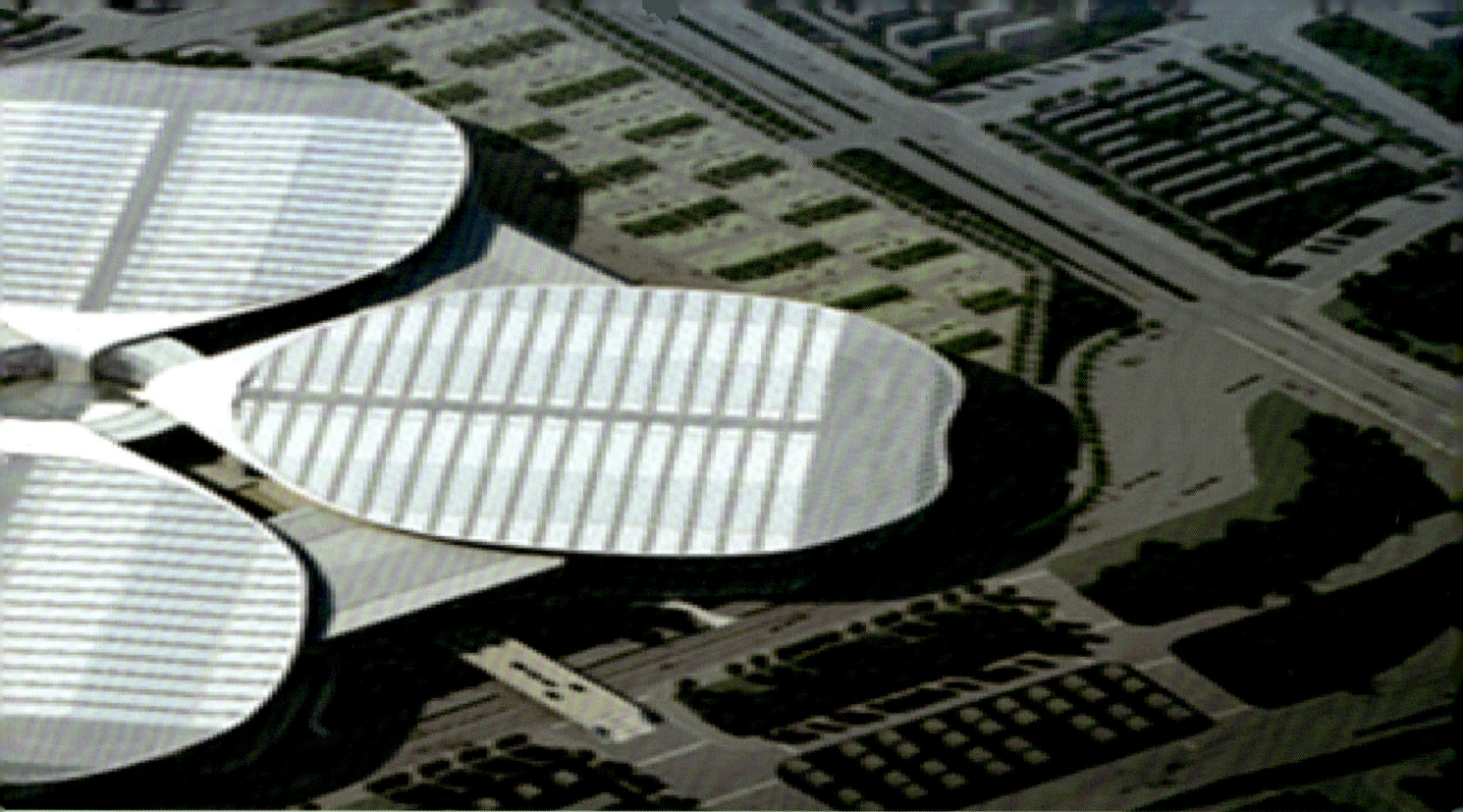

利,实用新型专利40余项,其中2项专利技术获企协"工程建设行业高推广价值专利大赛优胜奖"。多项课题通过国家防办、上海市防办、上海市科委的技术成果鉴定及评估,目前已完成 "结建人防""地铁人防"以及"兼顾特殊功能需要人防" 3大系列13种防护设备的研发及试验验证,具有显著的市场竞争力和广阔的市场应用前景。

　　公司始终以高效、合作、领先、敬业、创新的企业精神立足上海,辐射全国,已成立北京、江苏、山东、新疆、辽宁、河南、江西、广东、云南、贵州、四川、海南、西安、宁波、银川、武汉、台州等分公司及办事处。作为行业相关规范及标准参与编制单位。公司在人防行业拥有领先的技术优势,总体业务覆盖建筑工程、地下空间、人防工程、EPC工程、人防规划、轨道交通人防、城市改造更新以及人防全产业链等多个领域。曾参与2010年上海世博会中国馆、世博中心、中央电视台新址、上海中国博览会会展综合体、天津津门、津塔、云南昆明南亚之门、汾阳博物馆、衢州碧桂园、常州国锐雲熙等具有影响力项目的设计,并承担多条城市轨道交通人防防护专业设计,多项工程设计获国家和上海市优秀工程设计奖。

　　未来,公司将充分发挥专业技术优势,以全价值链、产业链覆盖和多元化产业发展为导向,打造"一专多能"的现代化、服务型、全过程咨询企业。

上海波城建筑设计
事务所有限公司

发展人工智能产业，是习近平总书记交给上海的重大战略任务，上海也正努力建设成国际科技创新大都市。

2023年9月，上海市与徐汇区联手推出的全国首个、上海唯一的大模型创新生态社区"模速空间"。选址在徐汇区龙台路180号，周边配有地铁11号线龙耀路站，交通便捷。一二期分别位于西岸传媒港的两栋楼内。改造的裙楼原为商业功能，层高较高且空间大，室外设有大露台，景观视野好。但碍于室内空间柱子很多，入口不明确，使用效率比较低。

公司通过对空间的精细化设计，营造归属感和社区感，紧扣开放、国际、多元等主题，以吸引各类企业入驻。目前徐汇已有15家企业和机构通过大模型上线备案，数量占全国的五分之一、上海的三分之二。

2023年10月，"模速空间"一期开放。2024年2月，二期开放。2023年挂牌至今，已有60余家上下游企业入驻，其中包括无问芯穹、达卯智能、衔远科技等众多创新型科技企业。

打开"模盒"

黑盒模型和白盒模型是软件测试中常用的两种测试模型，公司将"模盒"作为设计概念之一在这里插入了两个盒子空间。

黑盒模型，也称为功能测试，主要关注软件的外部行为和功能。设计黑色展厅，用来展示园区、大模型、大数据相关介绍。

白盒模型，也称为功能测试，主要关注软件的外部行为和功能。设计开放式白色展厅，用来展示相关产业、入驻企业、科技转化成果。

中国特色的创新园区

"杏坛讲学"的典故是一种重要的教学空间原型。讲解各种学术问题，互相交流思想，这种场景充满学术氛围和知识的气息，让人感受到了古代学者的智慧和学识。

国际化的创新园区

自然生长的科创园区、绿色健康的天然氧吧，体验和谐发展，生态共生。

SMC的科创精神

采用对称的入口设计，简洁开放具备大气的中国特色，追求卓越，敢于开拓的科创精神在SMC点亮。

国际化和多元化

灰调与米色系材质搭配彰显国际化，不同空间因地制宜，精巧布局科创讲堂，交流探讨自由多元。不仅如此，讲堂空间更成为了很多科创人员主要活动的空间，天天有活动、周周有爆点，热度持续攀升。

名校学院化的研讨氛围

在世界级名校中，如麻省理工学院（MIT）、帝国理工学院、清华大学的校园里，老师和学生有很多交流的机会。在模速空间里，公司设计一系列学院化的开放空间，便于员工随时进行研探，激发科创的火花。模速空间也积极鼓励校企合作，促进研发技术的转化。

开放的入口

门厅简约对称规整，充分体现中国特色。运用素混凝土材料体现科研气质，多处使用波纹造型、隐喻黄浦江的浪潮，体现了徐汇滨江的滨水特色。用各国语言呈现的"欢迎"墙。

社区感和归属感

将工作场所转变为更广阔的空间，不同公司的人在这里工作，能产生邻里氛围。多样性和灵活性的空间让创业者们在同一个空间内就能高频互动，产生更多的碰撞和火花。上班不是去一个工作的场所，而是进入了一个丰富的社区。

色彩设计

空间色彩设计明亮简约，以米色系为主。在大空间有节奏感地点缀明快生动地色彩，橘色、绿色、蓝色等，使得整个空间氛围充满生命力及活力。

办公空间的功能延伸

提供完善的配套服务设施，包括休憩空间、健身设施、户外空间，大露台最为用户称道。丰富完备地办公配套能帮助员工劳逸结合，激发园区的活力与创造力。

健康可持续性

可持续的健康发展是公司设计非常关注的要点，强化办公环境的健康性和舒适性，创造一个绿色的办公空间是提升员工效率的重要一环。

便于施工

一期主要材质以木材，金属板，仿大理石砖为主，施工简便，周期快，仅历时2个月完成。

二期位于一期的南面，由一座天桥相连，建筑形式为独栋，采光优越，办公层室内净高大于3米，空间体量感不压抑。同样原为商业定位，里面局部有"盒子"，泳池，扶梯等特殊空间。

"科技蓝"色彩设计

一期整体色彩以米色和灰色为主，二期在一期的基础上增加了"科技蓝"色调，前卫并有科技感。

报告厅"模盒"

延续模速空间一期"模盒"设计理念，利用现状的"盒子"，将室内空间改为多功能厅，可容纳200-250人。自动伸缩，满足不同功能需要，举行各类活动。

"绿岛"天然氧吧

将原为游泳池的下沉空间改为上方有顶的天然氧吧，寓意"家栽三树，家富三世"。

"模速空间"一、二期共两万平方米已全部投入使用，吸引了60余家企业入驻。目前正和复旦院、上海科学智能研究院、交大院、浦芯院等联合设置一系列的"模速空间"。

未来，"模速空间"在徐汇区将进一步扩展到10万平方米的规模，入驻科创人员拟超3000人，将成为中国最具影响力的大模型创新生态社区之一。

上海中交水运设计研究有限公司 ◀

上海中交水运设计研究有限公司（简称上海中交）由中交水运规划设计院有限公司和中建港航局集团有限公司联合出资，按照现代企业的经营管理模式对原上海港口设计研究院实施重组而成，于2003年正式挂牌转制。公司集股东单位的人才、技术优势，品牌市场优势于一体，实现市场经济下强强联合和投资主体多元化的成功尝试，成为水运建设与建筑领域一支充满活力的生力军。

上海中交主要经营范围包括水运工程、水利工程、建筑工程、市政工程、景观工程咨询、设计、总承包、项目管理及上海中交其相关业务。

上海中交拥有注册土木工程师（港口与航道）、国家一级注册建筑师、一级注册结构师、注册咨询工程师（投资）、注册造价工程师及水运、水利、建筑、市政、景观等专业的中、高、教高级技术人员60余名；同时拥有一批适应市场经济运作、具备现代企业管理知识的经营管理人员。作为一支求实进取、作风严谨的技术团队，上海中交完成一大批国家及上海市大型水运建设工程和重点项目的咨询、设计工作，涉及特殊码头结构、高含沙海域的海床稳定性分析、海水抗腐蚀桩结构研究、港区油改电技术开发等多领域，并有数十项工程获得市级、省部级优秀咨询、设计奖，拥有数十项专利。

上海中交具有水运行业乙级资质，水运行业（港口工程）专项甲级资质；港口河海工程甲级咨询资质；建筑行业（建筑工程）乙级资质；上海水运工程审图资质；通航安全评估资质；取得由上海质量体系审核中心颁发的质量、环境和职业健康安全管理体系认证证书。

上海中交连续多年被评为上海市高新技术企业，近年来获得"工人先锋号""上海市和谐劳动关系达标企业"称号，获评上海市"专精特新"中小企业、杨浦区创新型中小企业，并获得中交集团暨中国交建市场开发优秀奖荣誉，为上海海事大学产教融合基地。

上海中交以高质量发展为导向，以为社会和顾客创造价值、为股东创造效益、为员工创造机会为宗旨，崇尚创新、精心设计、努力创新、优质服务、务实高效。

上海电力建设启动调整试验所有限公司

　　成立于1953年的上海电力建设启动调整试验所有限公司是专业从事电站机组启动调试及性能试验的特级资质企业。同时也是上海市高新技术企业。调试业绩遍及全国十几个省市及国外，调试的机组已达200余台，累计总容量68000兆瓦。同时还具有蒸发量10吨/时-3015吨/时数十台锅炉的化学清洗业绩，被原电力工业部和上海市劳动局认定为化学清洗A级资质单位。

　　上海电力建设启动调整试验所有限公司设有轮机、锅炉、电气、化学、热控、环保6个专业室和6个试验室及6个职能部门，以及性能试验部、科技研发部、技术支持中心等职能部门。现有员工150余人，本科及以上学历工程技术人员90％以上，中、高级技术职称人员占53％，员工平均年龄35岁左右。具备技术商谈、设计联络、设计审定、设备选型、系统连接、运行培训、调试管理、调试监理以及国内外各类机组调试的独特工作能力；配备可靠的测量仪器，可以完成基建机组启动调试中或生产机组运行中的各项试验以及协调控制系统扰动试验、甩负荷试验（或FCB试验）、RUNBACK试验、燃烧系统试验、轴系振动诊断试验、机组性能试验等；积累了各种工艺的机组化学清洗和国内外各种先进的分散型计算机控制系统(DCS)及程序控制系统(PLC)调试经验。

　　至今,公司调试投产机组的总容量约80000兆瓦，其中1000兆瓦等级超超临界机组30余台，包括目前国内最大容量1350兆瓦机组，占国内已投产运行百万机组的五分之一；另有9H、9F燃气蒸汽联合机组30余台。在垃圾焚烧发电领域，先后完成34个各种类型、各种容量垃圾焚烧发电工程114台焚烧炉、56台汽轮发电机调试工作，包括国内垃圾处理能力最大（9000t/d）、单台焚烧炉垃圾处理能力最大（850t/d）的工程。调试工程有9个获得"国家优质工程金奖"，10多个工程获得"鲁班奖"、优质工程奖等称号，是行业内获得金奖最多的调试企业。

　　公司奉行"立足全国，面向亚洲，走向世界，开拓经营，提高能级，争创效益"的宗旨，恪守"从严管理，精心调试，追求卓越，服务满意"的质量方针，崇尚"调试互勉，追求卓越"的企业精神，树立"调试精品，满意美誉"的企业品牌。自1999年以来，连续十届被评为"上海市文明单位"，首届评选开始已连续十二届获"全国电力建设优秀调试企业"，另获"全国电力行业质量效益型先进企业""上海市职工最满意企业""上海电力建设有限责任公司文明单位""华东电力集团双文明单位""上海市五一劳动奖状""上海市经信委系统最美家园"等荣誉称号。在此基础上，公司竭诚为业主提供更好的服务。多年来，获部市级以上优质工程奖项十余项：广东台山首两台600兆瓦机组获"中国建筑工程鲁班奖"，河北定州电厂一期 (2*600兆瓦) 机组获 "国家优质工程银质奖"，陕西锦界煤电一期工程获 "国家优质工程银质奖"；浙江国华宁海电厂新建工程、上海外高桥电厂三期扩建工程、上海上电漕泾发电有限公司工程、上海临港燃气电厂一期工程、国华徐州电厂、安徽淮南田集电厂二期扩建工程、重庆神华万州电厂、陕西榆能横山煤电一体化工程、申能奉贤热电工程均获"国家优质工程金质奖"。一批高质量的精品工程，取得良好的社会效益，树立起上海电建调试的品牌形象。公司持以人为本，创新为源，为企业可持续发展不断增加技术储备，努力成为全国同行业中最好的调试企业。

中铁二十四局集团有限公司

九江体育中心

中铁二十四局集团有限公司是世界500强企业中国铁建股份有限公司的全资子公司，总部设在上海，下辖 15 家子（分）公司，并设有 7 大区域指挥部及海外事业部。

集团及下属单位拥有"五特五甲"资质（其中市政资质2项），拥有国家企业技术中心、博士后科研工作站，是国家高新技术企业。

在 70 余年的发展历程中，为海内外 400 多座城市提供4500余项基础设施建设服务。参与国内 31 个省、自治区、直辖市和多个海外国家的铁路、市政公用、公路、房屋建筑、城市轨道交通、生态环保、水利水电、通信等工程建设，并承接大量钢结构加工、梁片和轨枕预制订单。

引江济淮文昌路大桥

于都集结大桥

中铁二十四局集团有限公司高度重视新技术、新工艺的开发和应用，在邻近营业线施工、高速铁路建设、软土地基处理等施工领域形成自己的特色，具有强大而雄厚的施工能力。

服务时代发展需求，拓展城市幸福空间。中铁二十四局集团有限公司将深入贯彻"创新、协调、绿色、开放、共享"的新发展理念，与社会各界精诚合作，共创美好明天。

德简高速公路

北京大礼路道路及综合管廊工程（创造国内结构最高、跨度最宽、顶进难度最大、三座桥同时顶进四项穿铁立交桥纪录）

上海长江路越江通道工程(国优)

INOVANCE

BNK 上海贝恩科

上海贝恩科电缆有限公司

上海贝恩科电缆有限公司创建于2003年，是一家专业从事电梯电缆、工业电缆、线束研发、生产、销售、服务于一体的高新技术企业。公司位于上海浦东新区航头镇大麦湾工业园区，除上海工厂外，在苏皖、杭州、南浔、华南、华北、西南地区设有多个办事处，在天津、广东、嘉善拥有制造和物流基地，业务遍布全球83个国家和地区。2019年，贝恩科成为深圳市汇川技术股份有限公司的全资子公司。

公司一直注重产品研发与技术创新，拥有发明专利6个，实用新型专利49个，外观专利10个，相继开发无铅环保型聚氯乙烯护套电梯电缆、低烟无卤阻燃环保型电梯电缆、井道分线盒创新接线设计、井道线束标准模块化，颠覆电梯线束行业20余年常规设计工艺，行业领先。雄厚的技术实力、先进的专业设备、严格的生产管理与质量控制，使贝恩科成为国内外各大知名电梯品牌首选供应商。

公司始终践行"成就客户、以人为本、知行合一、追求卓越"的核心价值观，为客户提供专业的线缆线束产品及全方位配套供应解决方案，产品覆盖电梯（随动、井道、机房、轿厢）、伺服、机器人、汽车、轨道交通等领域。

公司始终坚持聚焦精益化、自动化、数字化，打造线缆智造能力中心，以强平台、高协同、中质量、极致成本提升线缆业务综合竞争力，支撑集团多业务场景价值实现的经营方针，用优质的产品和服务树立行业标杆品牌，推动行业发展。

杭州西湖大学

宁波中心

爱达·魔都号 首艘国产大型邮轮

上海市安装工程集团有限公司

　　上海市安装工程集团有限公司创立于1958年，原为"上海市工业设备安装公司"。2000年8月，改制更名为"上海市安装工程有限公司"；2013年5月，改制更名为现名称，是具有建筑工程施工总承包、冶金、石油化工、市政公用、机电工程施工总承包一级，及电力工程施工总承包二级，建筑机电安装工程专业承包一级，消防设施工程专业承包一级，电子与智能化工程专业承包一级，建筑装修装饰工程专业承包一级，城市及道路照明工程专业承包二级，承装、承试、承修电力设施三级，并具有化工石化医药行业（化工工程、石油及化工产品储运）专业工程设计甲级资质和建筑智能化系统设计专项甲级资质的大型施工企业。

　　安装集团至今已完成海内外数千个安装项目，涉及石油、化工、冶炼、电子、仪表、机电、医药、建材以及高级宾馆、办公楼宇、大型公用设施和市政交通工程等，具备工业工程EPC总承包、高级民用工程机电总承包、智能化系统工程总承包能力。能够为客户提供建筑机电安装方案策划、技术服务、设计咨询、采购招标、工程实施、调试检测、设备设施运维、更新改造等全过程专业解决方案和增值服务的综合业务链。

　　60余年来，安装集团承建的工程获鲁班奖、国优奖、中国安装之星、全国市政金杯示范工程、詹天佑奖和上海市白玉兰奖等1000余项。安装集团两次获得全国"五一"劳动奖状；先后获得全国先进企业、全国思想政治工作优秀企业、全国先进施工企业、全国建设系统企业文化建设先进单位、上海市文明单位、上海市重大工程建设金杯奖等殊荣。

　　安装集团坚持创新驱动，转型发展，紧紧围绕上海建工集团"全国化、全产业链、全生命周期"发展战略，着力提升总承包、总集成能力和技术创新能力，始终秉承"和谐为本、追求卓越、回报社会、惠及员工"的核心价值观，努力把安装集团建设成为国内领先的机电安装综合服务商。

顶尖科学家论坛

世界会客厅

杭州之门

上海市安装工程集团有限公司
SHANGHAI INSTALLATION ENGINEERING GROUP CO.,LTD.

地　　址：上海市塘沽路390号
邮政编码：200080
总机电话：0086-21-63248173
传真号码：0086-21-63248173
网　　址：https://siec.scg.com.cn/

硬 X 射线自由电子激光装置

上海电气上重铸锻有限公司

上海电气上重铸锻有限公司（简称上重铸锻）是国内大型铸锻件研发生产能力第一梯队的企业。上重铸锻的历史最早可追溯到1934建厂的上海大鑫机器厂。新中国成立后，上海市在闵行区建设重工业新区，上海重型机器厂迁至目前厂址，并从1958年开始筹建中国首套国产12000吨水压机。12000吨水压机于1962年6月22日正式竣工，是中国重工业自主发展的一座丰碑。改革开放后，上重得到数次热加工能力大幅度提升的发展机遇。200吨电渣重熔炉在1980年正式投产。2005年，上重投入20亿元，实施热加工大型产能扩大投资项目，建设包括1台100吨电弧炉，2台120精炼炉，1台450吨电渣重熔炉以及1台165MN自由锻压机等重大设备，是上重数次能力提升的里程碑事件，使得上重热加工达到年产钢水20万吨、锻钢件9万吨、铸钢件4万吨的能力。

2015年10月，上重整体热加工业务剥离重组，其相关的设备、人员、厂房、合同、专利技术等平移给上重铸锻，上重铸锻继承了上重公司大型铸锻件方面的辉煌历史、品牌认可度、装备能力和技术水平。

上重铸锻公司拥有中国首台国产12000吨水压机、16500吨油压机和配套630吨·米操作机，拥有世界上最大的具有自主技术的450吨电渣重熔炉，拥有一整套具有国际先进水平的冶炼、锻造、热处理、机加工大型铸锻件研发生产设备，是中国首批进入商用核电主设备关键材料制造领域的企业，产品覆盖核电三代压水堆、四代高温气冷堆、快中子堆等堆型，同时也在为聚变堆提供关键材料，长期为水面舰艇、某低温工程等重点国防装备提供关键材料。

上重铸锻拥有国家级技术中心、上海核电装备工程技术研究中心、院士工作站，与上海交通大学、钢铁研究总院等国内顶尖高校、科研院所建立多个产学研合作中心，具有从产品科研开发到生产的专业工程技术人员和高、中级技师骨干队伍。在解决关键材料"卡脖子"领域，上重铸锻依托自身不锈钢领域领先的技术基础，完成超低温S03、9%Ni材料的国产化突破，实现示范快堆主设备超洁净不锈钢原材料批量化研制交付，长期为中国大型水面舰艇提供关键大型铸钢件。

LAZZEN

智慧电气
解决方案专家
SMART ELECTRICAL
SOLUTION EXPERT

上海良信电器股份有限公司
上海市浦东新区申江南路2000号
E/liangxin@sh-liangxin.com
T/021-68586699   F/021-23025796

自主研发的首台8ML320F船用柴油机

中船动力（集团）有限公司

一、企业基本情况

中船动力（集团）有限公司（简称中船动力集团，英文缩写：CPGC），是中国船舶集团有限公司旗下核心船舶动力配套企业，本部设在中国上海。公司始于1952年，成立于2020年11月27日，注册资本52亿元，拥有完整的船用动力研发、制造和服务体系，是国内综合实力强劲、产品型谱丰富、极具市场竞争力、影响力的一流动力企业。

二、2023年生产、经营情况及特点

2023年，公司新接合同、营业收入、工业总产值比上年大幅度增长，延续整体上升趋势。新接合同超170亿元、营业收入超100亿元、工业总产值超100亿元，成功跻身百亿级企业行列。

公司绿色低碳机型订单比重持续提升。全年新接订单中双燃料低速机台份数占比达30%，功率数占比达49%。继获扬州中远海运重工4条16000TEU项目10X92DF-M甲醇主机首船套突破性订单后，再添12台12G95-LGIM甲醇双燃料主机、6台21/31DF-M甲醇发电机组订单以及9台6G60-GIE乙烷主机等批量订单。

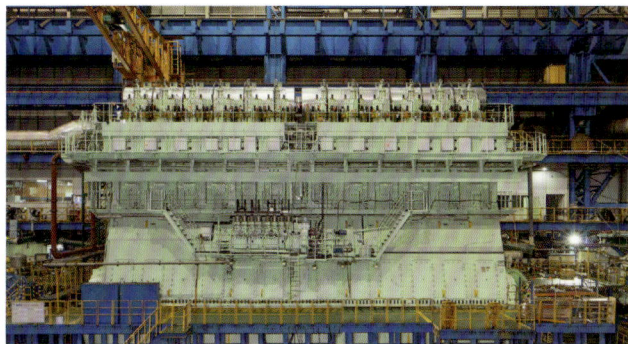

三、绿色环保产品研发制造情况

公司致力于推动船舶动力的绿色低碳发展，一批绿色低碳产品完成研制交付。全球首制CMD-WinGD 9X92DF-2.0 iCER双燃料主机顺利交付，该主机采用最新的智能控制废气循环技术（iCER），实现iCER技术在世界最大缸径的双燃料主机上的成功验证，主机燃气消耗率降低5%，燃气消耗率降低3%。

四、数字化生产建设情况

公司以智能制造示范试点工作为目标，实现全价值链流程数字化贯通。国产三维建模工业软件示范应用、自主新一代PLM系统为代表的软件开发、"5G专网架构"试点建设、动力配套智能加工生产线为代表的智能制造等标志性工作进展顺利。

五、科技开发情况

公司不断完善科技研发体系建设，科技创新能力显著增强。《12X92DF全球最大功率低压双燃料发动机》获中国工业大奖、机械工业科技进步二等奖，《船用低速机自主研发及应用》《全球首台6G60ME-LGIP-HPSCR船用低速双燃料发动机研制》等获中国船舶集团科技进步奖4项。公司开展船用中速机甲醇喷射策略、高效燃烧、控制系统、甲醇燃料安全性等的技术攻关，自主研制甲醇双燃料发动机M320DM-PFI完成原理认可试验，在甲醇模式可达到与柴油模式相同的转速和功率时，燃料切换平稳快捷，实现最大甲醇替代率不低于55%平稳运行的目标，为自主品牌甲醇中速机实船应用打下坚实技术基础。

上海外高桥造船海洋工程有限公司

上海外高桥造船海洋工程有限公司(简称外高桥海工)成立于2007年,是中国船舶集团有限公司旗下上海外高桥造船有限公司(简称外高桥造船)的全资子公司,是外高桥造船"邮轮引领、一体两翼"高质量发展战略中船舶配套及海洋工程板块的主承载体。

公司聚焦全球最为先进的海洋油气开发装备、大型生活模块、民用船舶配套及非船应用产业。海工产品覆盖15万/17万/30万吨级海上浮式生产储油装置(FPSO),JU2000E型、CJ46型和CJ50型高规格自升式钻井平台、海工辅助船PSV/OSV等高端海洋开发装备。船舶上层建筑是公司的拳头产品、引领品牌。产品覆盖好望角型散货船、超大型油轮、超大型集装箱船、海上浮式生产储卸油装置、自升式钻井平台等多种主流船型,拥有相对完整的技术研发、供应链配套及标准化生产制造体系,具备上层建筑完整性"交钥匙"工程的业绩和实力。聚焦当前"双碳"绿色环保要求,依托国家"一带一路"新发展目标,船舶配套、非船及应用产业未来发展前景广阔,公司成功承接建造矿藏陆地模块、大型桥梁及市政公路钢结构项目、LNG双燃料船液化气罐等项目业务。

公司是上海市高新技术企业,获28项"企业管理现代化创新成果",2项"科学技术进步奖",是临港新片区首批智能制造试点企业、"智能工厂""企业研发创新机构""专精特新"企业,拥有大型船舶上层建筑生活模块等高新技术成果转化项目以及知识产权专利120余项。

公司始终坚持以习近平新时代中国特色社会主义思想为指引,全面贯彻落实党的二十大精神,秉承"伴随着更高的标准前行"的企业理念,坚持党建引领、战略驱动,紧紧围绕高质量发展要求,聚焦主业实业,致力成为"中国领先、世界一流"的船舶与海洋工程建造企业。

上海优拜机械
股份有限公司

上海优拜机械股份有限公司成立于2002年，是一家致力于扭矩工具系列产品的研发设计、生产制造和全球化销售的专业工厂，"NovaTork诺特"的品牌缔造者。

公司坐落于上海奉贤钱桥工业园区，占地40000平方米。经过20多年的奋斗与积淀，公司已掌握美国扭矩工具的核心技术并不断发展创新。

现有50+个系列，近千种规格，产品远销全球40多个国家和地区，是全球为数不多的能够提供系列扭矩产品的公司之一。

1.汽车行业

汽车的起步是以引进国外技术为主，对每个螺栓的拧紧都有技术要求，装配线上有各类不同的扭矩工具来保证每个螺栓的拧紧都达到一定的扭矩，而这在改革开放前是中国一个最薄弱的环节。

2.铁路行业

特别是高铁的产生，由原来老式火车的每小时60公里时速，加快到每小时250-300公里，对螺栓的强度、精度及拧紧力矩均有严格要求。

3.石油化工行业

所有的气管、液体管道的法兰结合处均有螺栓连接，泄漏率的大小与螺栓的拧紧有直接的关系，大扭矩需借助于扭矩气动枪。

4.风电行业

船舶行业、风电行业、核电行业都需要严格控制螺栓的拧紧强度，都需要用高精度扭矩工具。

5.风电行业

中国飞机制造业的竞争不断加剧飞机产品对零件的尺寸、精度要求比较高，因而对紧固件的装配精度要求更甚。

公司证书

据中国五金制品协会提供的数据：
2019年，公司在高精度扭矩产品兴奋领域国内市场占有率为20%，位居全国第二；
2020年-2022年，优拜在高精度扭矩产品细分领域中行业排名连续两年国内第一。

![MicroPowers 齐耀动力]

上海齐耀动力技术有限公司成立于2002年，由中国船舶集团有限公司第七一一研究所和上海齐耀重工有限公司联合控股，是国家高技术装备研发制造企业、上海市高新技术企业。公司致力于热气机及特种动力系统装备的研发及生产，服务于海军装备现代化建设、新能源开发利用及其他新兴领域。公司拥有一支高素质的专业研究队伍，有博士/硕士研究生导师6名，享受国务院特殊津贴专家2人，持有效专利77项，获国家科技进步特等奖、一等奖以及省部级科技进步一等奖等多个奖项，通过中国船级社质量管理体系认证和中国军工产品质量体系认证。

分布式能源领域

齐耀动力® 品牌燃气发电机组

发电效率超40%，大修期6万小时，采用电控空燃比、超稀薄燃烧、预燃室火花点火等先进技术，应用于天然气、沼气、垃圾填埋气等可再生能源发电领域。

生物质气化炉

将农业秸秆等天然的"零碳"燃料转换为清洁的生物燃气，热效率可达93%、气化效率可达85%，应用于供热、化工、氧化铝、燃煤电厂等领域，实现降本、节能、降碳的综合效益。

上海中心大厦冷热电三联供项目
（2×1165kW）

深圳下坪垃圾填埋气项目
（3×1948kW）

大名牧场粪污资源化利用项目
（2×1167kW）

百事薯片武汉工厂沼气热电联产项目（1×500kW）

低温产业领域

拥有LNG加注系统、MR型BOG再液化装置、真空罐型供气系统、LNG低温泵、低温换热器以及船用真空与通风双壁管等系列核心产品，提供LNG、液氧、液氢、液氨等清洁能源的液化、储供和加注等解决方案。

传动产业领域

拥有液力变矩器、动力变速箱、工程驱动桥等传动产品，为非公路、物料搬运等特种工程车辆提供传动系统解决方案。

LNG供气系统(FGSS)

LNG输送与过驳系统

MR型再液化装置

动力变速箱

电话：分布式能源领域：021-61693611
低温产业领域：021-61693614
传动产业领域：021-61693450

网址：www.micropowers.com
地址：上海市张江高科技园区牛顿路400号

上海莘沺驱动技术有限公司

SHANGHAI XINRUI DRIVE TECHNOLOGY CO., LTD

上海莘沺驱动技术有限公司成立于2016年3月23日，注册资本1343.3106万元，地址位于上海市奉贤区环城北路999号4幢。公司主营业务是从事微特电机及驱动器的技术研发及制造，核心技术研究人员主要由在中国电子科技集团公司和中国航空工业集团公司等研究机构的行业专家和技术骨干人员组成。公司拥有与国际同步的先进设计手段，掌握成熟的生产工艺，拥有性能优异的生产设备，能够为客户提供快捷、专业的设计服务和产品交付。公司打造以"军工为主，民品为辅，军民融合"的产品理念，是以创新为驱动的高新技术企业，已获得36项专利。2019年，被评为高新技术企业。公司通过国标GB/T19001-2016及国军标GJB9001C-2017。2021年9月，通过国家二级保密单位审核。2023年1月，获得装备承制单位资格等。公司目前有二百多家客户，其中包括上海航天八院和北京航天三院等国内知名研究所。

公司主要产品是有特种电机和驱动器及电动伺服系统，主要运用于导弹和转台，坦克和大炮及火箭上面的伺服驱动系统。核心产品有：无刷直流力矩电动机、永磁交流伺服电动机、空心杯直流伺服电动机、旋变发送机、双通道旋变发送机、旋变解码器、伺服电机驱动器、电动缸、舵机、操纵负荷等二十多类产品。

中国船舶电站设备有限公司
CHINA SHIP POWER STATION CO.,LTD.

　　中国船舶电站设备有限公司由中国船舶电站设备公司（创建于 1980 年）和上海沪东造船电器有限公司（创建于 1958 年）于 2011 年合并重组，是中国船舶集团有限公司旗下大型骨干企业沪东中华造船（集团）有限公司的全资子公司，也是中船集团下属机电制造领域的配套公司。公司注册资金 2600 万元，现有职工 265 人，其中公司所属研发设计所技术研发人员 70 余人，工程师及高级工程师达 50 余人。电站公司是国内第一批获得生产全系列船用配电箱"全国工业产品生产许可证"的公司，同时拥有中国新时代认证中心质量体系证书、上海市"专精特新"企业、浦东新区企业研发机构、上海市浦东新区创新型中小企业和高新技术企业资质，产品拥有 CCS、LR、BV、ABS、DNV – GL 等船级社的认证证书和 3C 认证证书。

电气系统设备	柴油发电机组成套及陆上联调	柴油机电气控制	LNG 绝缘箱制造	船舶风管与舾装件配套

地址： 上海市崇明区长兴镇兴奔路 58 号
电话： 021-58920281
传真： 021-58461968

上海电气风电集团股份有限公司

上海电气风电集团股份有限公司，以"创造有未来的能源"为使命，为用户创造更大的价值。

电气风电践行"精于风，不止于风"的发展理念，以新能源为核心主业，以风电为战略支点，通过纵横向产业布局提供风电全生命周期解决方案，打造新能源共生生态。公司以风力发电设备设计、研发、制造和销售为主营业务，同时开展运维服务业务和风资源开发及风电场投资建设业务。

电气风电诞生自上海电气，公司控股股东上海电气是世界级的综合性高端装备制造企业，作为中国工业领导品牌，在 120 余年发展历程中，创造多项中国及世界第一。

延续上海电气集团的优秀基因，电气风电在发展历程中也创下多项中国及世界第一：

2015-2022 年，海上风电新增装机量连续 8 年全国第一；2016 年、2021 年，海上风电新增装机量全球第一；公司交付了多个"首个""首台套""首批"行业示范引领项目。

电气风电，始终坚持"以客户为中心"、提供风电全生命周期最优解决方案，通过"创造有未来的能源"推动能源新生态的繁荣和发展。

上海纳杰电气成套有限公司

上海纳杰电气成套有限公司成立于 2002 年 6 月，现隶属于上海电气输配电集团有限公司，是一家专业生产高低压成套电气、智能化新能源管理系统、轨道交通直流牵引设备和智能化配电系统的高新技术企业。

公司专业设计、生产、销售从 35 千伏、10 千伏到 0.4 千伏高低压电气成套设备。主导产品先后获上海名牌产品、国家重点新产品和中国国际工业博览会银奖及铜奖的殊荣。通过质量管理体系、环境管理体系、职业健康安全管理体系以及测量管理体系的认证，并拥有为数众多的低压产品"3C"证书和高压产品"PCCC"证书。

企业坚持走高新化、智能化、小型化、节能化、成套化的创新之路。通过不断的科研投入和人才集聚，每年都有多项新产品为用户所选用，并先后申报 353 项国家专利，已授权 222 项，其中发明专利授权 19 项。公司被授予上海市知识产权示范企业、上海市科技小巨人企业和上海市创新型企业荣誉称号。公司研发中心也被认定为上海市市级企业技术中心、"纳杰电气"分别获中国驰名商标、上海市著名商标和上海市品牌引领示范型企业称号。

纳杰电气从创立之初就确立"学习、创新、超越"的发展理念。坚持"诚信在纳杰，满意给用户"的宗旨，秉承"精心制造、诚信服务、团队协作、创新奉献"的精神，通过不断"纳精英之才，创品牌之杰"，来凝聚人心，创新品牌，为用户提供更优质的产品和满意的服务、创造超凡的价值。

公司简介

上海升东机械设备制造股份有限公司成立于 2010 年 9 月 30 日，位于上海市松江区九亭镇盛龙路 699 号 1 幢 1 层 103 室。

公司自成立以来，始终坚持以人为本，诚信立业的经营原则，荟萃业界精英，拥有雄厚的技术力量、科学的管理体系、先进的管理概念，以及多年积累丰富的经验相结合，使企业在激烈的市场竞争中始终保持竞争力，实现企业快速、稳定地发展。

公司人才结构合理，拥有多名专业技术人员及先进设备，具备自行研发设计非标自动化设备、非标工装、夹具，精密件加工、机械零部件加工等，满足客户订单加工工艺要求，通过独立的数据库，完整地实现制造工艺、质量优化、价格合理的信息系统化管理，不断优化，令用户得到最优质的服务。

最好的产品，最好的服务，最好的信誉，上海升东机械设备制造股份有限公司主营专用设备制造（不含许可类专业设备制造）；通用设备制造（不含特种设备制造）；机械电气设备制造；电子元器件制造；金属工具制造；五金产品制造；五金产品零售；五金产品批发；金属工具销售；机械设备销售；电子产品销售；货物进出口；技术进出口等，承接客户直接订货或来图、来样生产，最大限度地满足用户需求，也愿意成为您最可信赖的长期合作伙伴。

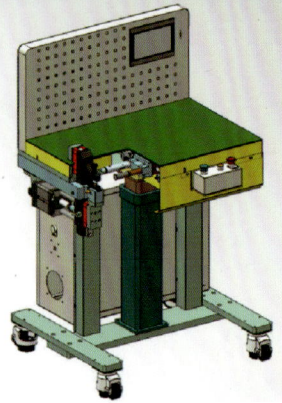

氢电池MEA密封筋自动点胶生产线

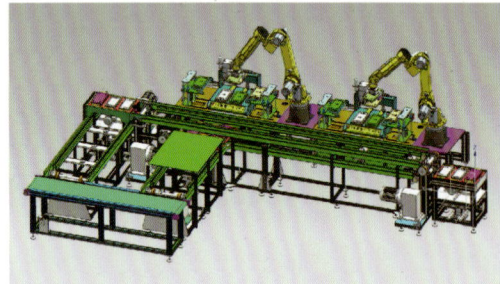

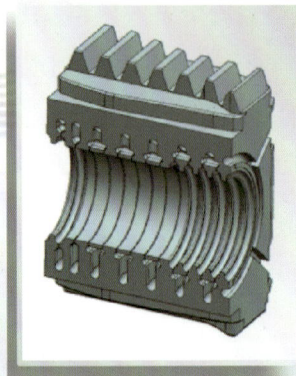

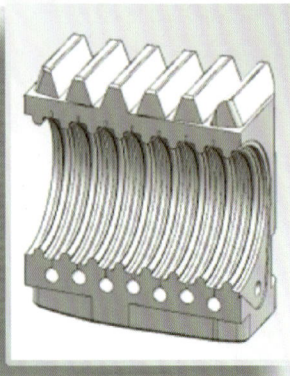

上海盛普流体设备股份有限公司

上海盛普流体设备股份有限公司专注于精密流体控制设备及其核心零部件的研发、生产和销售，致力于为客户提供安全、智能、高效的流体控制解决方案。产品主要应用于新能源、汽车电子等产品的生产制造，实现流体的精密输送、精确计量和精准涂覆。具体包括光伏组件边框涂胶机、接线盒点胶机、灌胶机以及动力电池电芯、模组、电池包的涂胶设备等。是下游客户打造智能工厂的关键核心设备之一，能有效助力国家实现"碳达峰、碳中和"战略。公司产品为中高压粘性流体控制设备，可将粘度最高达到100万CPS的胶粘剂，通过加压至最大40MPA来进行持续高速输送，可以实现最小0.1ML的精准涂覆。

公司在基础材料、核心部件、模型算法、系统集成方面均具备较强技术储备，方可为客户提供安全、智能、高效的流体控制解决方案。

上海盛普是一家集研发、生产、销售、售后为一体的自动化设备及生产线的高科技企业，总部位于上海市闵行经济开发区。致力于为客户提供智能化的单、双组份密封类流体控制、润滑及粘接、组装解决方案。产品领域覆盖光伏、一般工业、新能源汽车行业、电子行业及通信行业，在国内点胶涂胶领域投入研发及生产的企业中位居前列。盛普集团总部位于上海闵行，并设重庆分公司。现有工作人员近300人，技术研发人员55人左右、售后人员60人左右、生产90人左右。2023年，迁入总面积33000平米新总部大楼

一：公司发展进程

2007– 上海盛普机械制造有限公司成立
2008– 通过ISO9001质量管理体系认证
2009– 进军光伏市场，开发第一代光伏组件边框涂胶机
2015– 研发出盛普SP系列涂胶产品并通过CE质量认证
2015– 获得首个软件著作权及专利
2015– 首台SP光伏涂胶产品走出国门走向国际市场
2016– 成立新能源动力电池涂胶设备研发中心

2019– 获得上海市高新技术企业称号
2019– 新能源动力电源项目立项获得上海市闵行区重点项目
2019– 在闵行区建立智能研发基地
2020– 获得上海市服务型制造示范企业称号
2021– 股份制改后更名为上海盛普流体设备股份有限公司
2022– 获得上海市"专精特新"企业称号
2022– 获得国家级"专精特新"小巨人称号
2023年至今申报科创板上市过会。

二、学术带头人个人经历

公司创始人付建义带领研发团队，通过自主研发已获得发明专利11件，实用新型专利21件，外观专利3件，软件著作权15件，有9件发明专利申请正在申请。这些知识产权为在涂胶设备、焊接设备的研发，集成控制软件的开发，精密流量控制关键参数的研究等方面都提升了技术壁垒。

上海凯研机械设备有限公司致力于工业安全领域产品创新服务，发挥"专精特新"企业创新亮点，通过技术性突破，在国内率先推出"阀门柔性传动"及"安全机械联锁"两大全新产品概念，广泛应用于核能、海工船舶、石油化工等众多领域。公司以国际先进标准严格要求，持续提升品质，赢得市场信誉。

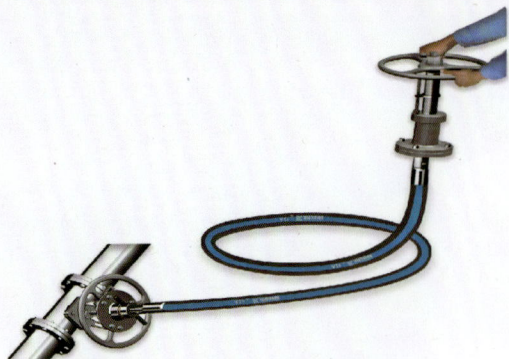

阀门柔性远传机构

采用柔性轴传动技术，任意弯曲、操作便捷、免维护，实现手动阀门远距离操作。

便携式开阀器

解决手动阀门启闭机构操作的难题。高效、安全的启闭大扭矩、多圈数类型的手动阀门，减少人员的疲劳和受伤的风险。

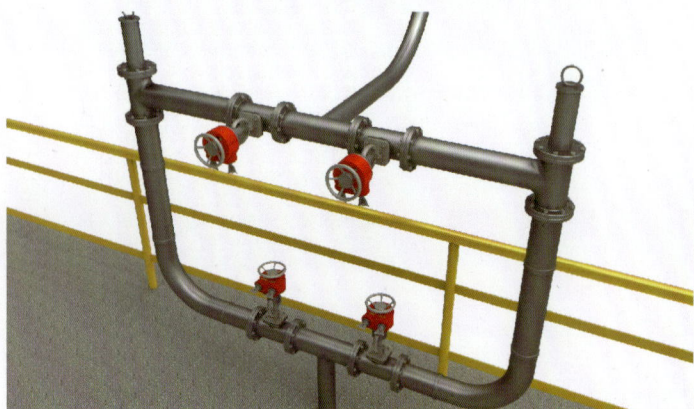

阀门安全机械联锁系统

通过定制化设计，不改变原来阀门状态，简单加装机械联锁装置，实现阀门操作按照事先设定的逻辑顺序要求，将事故消灭在萌芽之中。

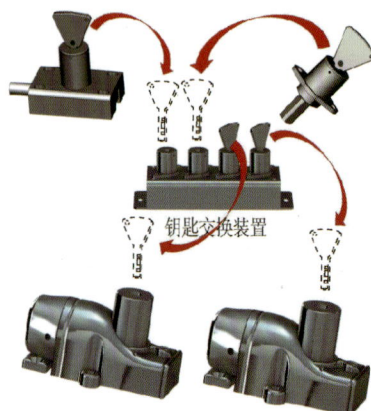

钥匙交换装置

机械程序钥匙联锁

通过钥匙的交换传递，确保电气设备只能在预先设定好的程序下工作，彻底防止人为误操作。

典型客户

SINOPEC　中国石油　CNOOC　中广核 CGN　中核集团　国家电投 SPIC

中国华能 CHINA HUANENG　CSSC　SBM OFFSHORE ENERGY COMMITTED　Air Liquide　BASF We create chemistry　Shell

官网　公众号

上海迪伐新能源设备制造有限公司

　　上海迪伐新能源设备制造有限公司(上海申科技术有限公司)成立于1993年5月,注册资本5000万元,是一家以计算机技术为基础,生产太阳能设备为核心,集研发、设计和生产工业自动化控制设备于一体的科技型企业,是国内规模最大、大型研制设备投入最多的太阳能电池组件层压设备制造领军企业,公司拥有2个生产基地和1个研发基地,其中腾新路生产基地占地面积45158.53平方米,研发基地占地面积2000平方米,新胜路生产基地占地面积21233.1平方米。

　　公司装备有国际先进水平的生产设备,通过几年大力度的投资建设,主要生产设备共计50余台套,其中大型设备有:俄罗斯进口大型龙门刨铣床2台、英国进口大型龙门刨床1台、美国进口大型龙门镗铣床5台、国产龙门加工中心3台;主要高端研发检测设备有:高频频谱仪、双通道双扫描高频示波器、彩色5通道数字示波器、6踪记忆示波器、7位半计量校验系统、12位微波数字频率计、双泳冲信号发生器、8位半数字万用表、低频频谱分析仪等。

　　现公司有员工458名,其中研发人员66名,已获授权自主知识产权30余项。公司先后通过ISO9001质量体系认证、CE认证、高新技术企业、"专精特新"中小企业认定等。2021年,《年产100台套高端智能光伏组件层压机技改项目》获上海市经信委立项批准,并于2022年底建设动工,该项目固定资产总投资1.2亿元,其中:新建3513平方米厂房,改建厂房5515.75平方米,计4000万元,新增龙门铣、钻床、加工中心等设备,计8000万元,形成年产100台套高端智能光伏组件层压机产能。2022年,首台突破项目《点阵式双面电加热光伏组件层压机》获市经信委立项批准,经中科院上海技术物理所褚君浩院士、华东理工大学袁晓研究员等行业专家对"点阵式双面电加热全组件光伏层压机首台突破"装备的关键技术和主要技术指标进行审核,结合对国内外光伏层压机领域最新技术的跟踪与研究,认为可以认定"点阵式双面电加热全组件光伏层压机首台突破"项目为国内首台产品,该项目于2023年验收完成。

伏能士智能设备有限公司的母公司伏能士国际有限公司，由Günter Fronius先生于1945年创立，拥有焊接、太阳能和电池充电三大事业部。自1945年成立以来，一直以创新的产品和领先的科技领导着世界焊接、太阳能和电池充电技术的发展，是一家领先的设备制造商和解决方案提供商，在众多工业领域中有着很深的造诣。作为一家奥地利企业，伏能士在全球设有37家分公司，60个国家与地区拥有销售伙伴与代表处，共8000多名员工，截至2022年12月拥有1446项有效专利。

公司成立76年以来，焊接技术创新方面，领跑欧洲乃至全球焊接行业。1998年，公司研发出世界首台数字化焊接设备TPS，从此掀起世界焊接领域的一次数字化革命。2004年，伏能士独创的冷金属过渡技术，即CMT技术问世，该技术因其精准的电弧控制和极低的热输入而誉满全球。2015年，智能化焊接平台TPS/i Robotics的到来，再一次掀起了焊接行业的智能化革命。如今，TPS/i已经得到全球客户的广泛认可，通过不断的工艺和功能升级，正在为智能化生产的全面实现做出贡献。

由于中国市场的战略重要性，伏能士国际有限公司于2011年在上海设立全资子公司，即"伏能士（上海）商贸有限公司"。2017年，公司更名为"伏能士智能设备（上海）有限公司"，并于2018年迁入上海机器人产业园，目前中国地区拥有员工160名，在上海、天津、武汉、广州、重庆设有分公司，并在23个重要城市建立销售和售后服务网点。

在碳排放和碳中和的大背景下，新能源汽车市场成长迅速，确保了公司稳步提升的市场份额和利润，经过10年经营，公司进入快速发展周期。公司已全面实现在汽车制造市场的占有率目标，并逐步开始新行业的开拓，寻找新的增量市场将成为公司未来几年的重要任务。

伏能士亦将维续践行"创新、价值、可持续发展"的经营理念，以高端焊接技术解决方案为主线，以新市场为主要增长点，稳住汽车行业占有率，开辟新行业，在新的目标市场产业链上寻找切入点及产品线布局。在继续聚焦高端制造业的同时，专注卓越的产品性能和产品的更新换代，响应国家智能化号召，通过工艺和功能升级，为设备创造更多的经济价值，保持伏能士品牌在中国市场上焊接技术领导地位。为智能化生产的全面实现做出应有贡献。

和通汽车投资有限公司

和通汽车投资有限公司是中国领先的全国性汽车经销商集团之一，成立于2010年7月，注册资本为12,804.5万美元，总部设立于中国上海，深耕于中国汽车市场，率先紧扣大陆市场14亿人口的中枢核心，再以放射状网络紧密连结至各个主要城市。

目前经销商汽车品牌包括：和凌雷克萨斯、和裕一汽丰田、和展广汽丰田，全国性4S店共有26家，覆盖经济发达地区及城市，包括上海、天津、北京、重庆、唐山、枣庄、临沂、晋中泰州与南昌等。

集团不断深化汽车服务产业链，开展高端商务车专营，致力发展一站式经营模式，包含高端商务车专营、精品二手车专营、售后产品与服务、汽车用品、维修保养服务、汽车美容服务、汽车金融、汽车保险、共享出行、汽车类培训业务等汽车相关业务。

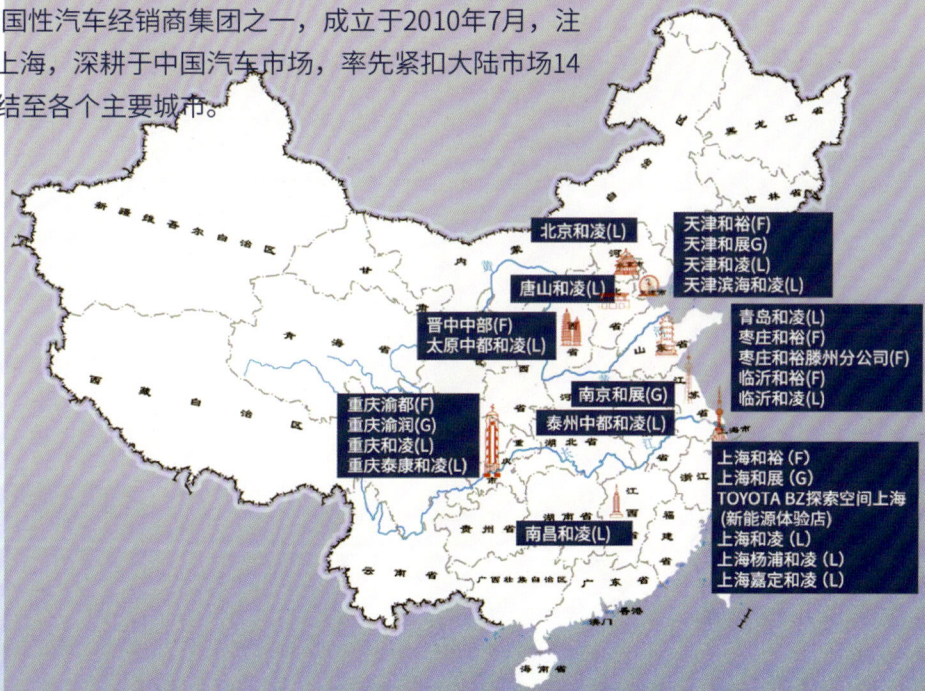

北京和凌(L)
天津和裕(F)
天津和展(G)
天津滨海和凌(L)
唐山和凌(L)
晋中中部(F)
太原中都和凌(L)
青岛和凌(L)
枣庄和裕(L)
枣庄和裕滕州分公司(F)
临沂和裕(F)
临沂和凌(L)
重庆渝都(F)
重庆渝润(G)
重庆和凌(L)
重庆泰康和凌(L)
南京和展(G)
泰州中都和凌(L)
南昌和凌(L)
上海和裕(F)
上海和展(G)
TOYOTA BZ探索空间上海(新能源体验店)
上海和凌(L)
上海杨浦和凌(L)
上海嘉定和凌(L)

和通文化

诚信纪律	顾客满意	超越

  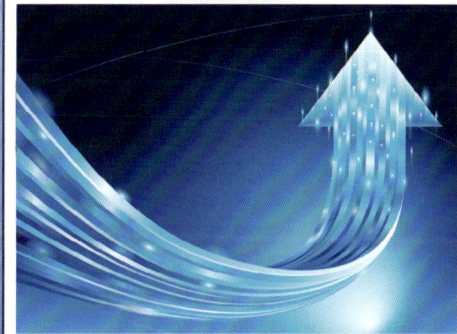

上海区门店名称及联系方式

	电话	地址
1、上海和凌（雷克萨斯）	电话：22259999	地址：普陀区祁连山南路 456 号
2、上海杨浦和凌（雷克萨斯）	电话：65779888	地址：杨浦区市光路 401 号
3、上海嘉定和凌（雷克萨斯）	电话：67090688	地址：嘉定区永盛路 2018 号
4、上海和裕（一汽丰田）	电话：64202769	地址：闵行区沪青平公路 999 号
5、上海和展（广汽丰田）	电话：34305128	地址：闵行区莲花南路 2058 号
6、TOYOTA bZ探索空间上海(新能源体验店)	电话：18916726150	地址：长宁区长宁路 1018 号
7、上海和泰丰田叉车有限公司	电话：57686660	地址：松江区新桥镇曹农路 515 号
8、天津和亿上海闵行分公司（高端商务车）	电话：64202769	地址：闵行区沪青平公路 999 号 5 幢
9、天津和亿上海嘉定分公司（二手车）	电话：67090688	地址：嘉定区永盛路 2018 号 2 幢

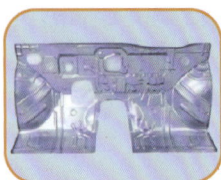

上海爱仕达汽车零部件有限公司

上海爱仕达汽车零部件有限公司是爱仕达集团隶属公司，创建于 2006 年，位于上海青浦工业园区，地处沪常高速、上海绕城高速交汇处，毗邻地铁 17 号线青浦新城站。占地 200 亩，注册资金为 1500 万美元，一期投资 2980 万美元；二期工程投资 4000 万美元正在建造中，三期工程蓄势待发。公司拥有生产汽车关键铝部件研发的核心技术经验及百余项自主知识产权，获"国家级重点高新技术企业"和 IATF16949 体系认证。公司主要产品有铝合金缸盖、机器人本体铸件、新能源汽车电机壳等汽车轻量化产品。主要生产工艺为金属型重力铸造和低压铸造等。

上海科世达-华阳汽车电器有限公司

上海科世达-华阳汽车电器有限公司是于1995年创建的中德合资企业，坐落于上海市嘉定区安亭镇园高路77号，投资三方为德国科世达投资有限公司、贵航集团华阳电工有限公司及上海安亭工业经济发展有限公司。

公司致力于汽车电子电器和电子产品的研发与生产。

获奖情况：

2006年被评为上海市技术中心

2008年被认定为上海市高新技术企业

2015年起多年获嘉定区先进制造业综合实力奖"金奖"

2003年-2023年连续二十一年被评为"安亭十强"企业

2022年获嘉定区区级智能工厂

2023年获上海市市级智能工厂称号

2019年成功申报上海市重点技术改造项目"汽车电子电器产品及制造过程升级项目"

智能工厂：

随着近几年自动化和智能化的推进，公司智能化工厂目前已实现多点离散型智能控制自动化制造单元生产方式，打造了科世达亚洲协同管理的智能化工厂。此外公司明确智能制造为战略方向，目前已确定战略愿景、提升目标，建设内容包括数据底座，核心业务赋能及其他赋能模块，全方位多维度开展智能制造各项活动。并重点通过对SMT，涂漆，波峰焊等产线上自动化设备升级、工艺路径优化等方法，将原有需要拆分成多道工序才能完成的生产模式优化升级成为"一件流"生产，实现"降库存、少搬运、短周期、高质量"目标。

公司重点业务赋能领域为工厂运营及智能设备、工艺。集中资源和力量，在这两大业务领域实现智能化突破。为此，公司组织本地核心技术团队并协同全球资源，在关键技术上展开试点，已实现初步进展，如数据分析，机器视觉，工艺仿真及AI机器学习。

上海亚大汽车塑料制品有限公司

上海亚大汽车塑料制品有限公司成立于2006年1月，是凌云工业股份有限公司与瑞士乔治费歇尔公司共同出资兴建的中外合资企业，注册资本550万美元，先后在芜湖、宁波、常熟建立分公司，并在海外设立北美及欧洲办事处，海外墨西哥第一家工厂已投入使用。公司的主要业务是开发和生产汽车用工程塑料零部件及总成，以工程塑料为原料，制造和销售汽车用单、多层尼龙管及总成，为客户提供汽车流体管路设计支持以及系统解决方案，拥有完善的管理、开发、实验体系。公司产品广泛应用于汽车、新能源等流体输送系统，包括燃油系统、热管理系统、动力总成系统、空气悬架系统等。同时、大力开发储能业务，扩展业务线。公司产品主要以替代金属管路及进口零配件为主，实现安全、轻质化、国产化及环保的汽车零部件。

公司注重技术创新和新产品开发，获上海市技术中心、科技小巨人、高新技术企业、高新技术成果转化百强企业、青浦区百强优秀企业、青浦区优秀人才团队等多项殊荣。

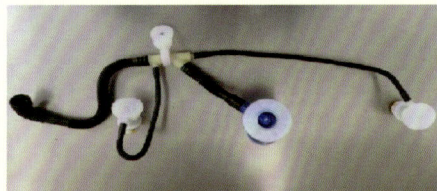
油箱内置燃油蒸汽管

冷却水管

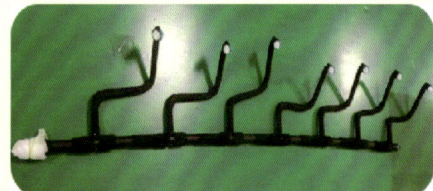
储能冷却管

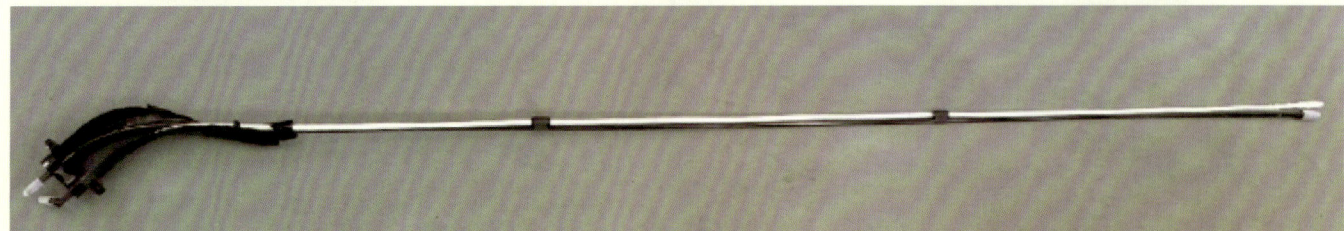
储能冷却管

Applus+ Laboratories 中国 & Applus+ Reliable Analysis 中国

Applus+ Laboratories, 艾普拉斯(上海)质量检测有限公司, 于 2007 年在上海成立。公司为客户产品满足质量标准(ISO 17025、CMA、NADCAP 等)并遵守当地和国际法规提供支持, 确保产品达到全球市场的认可要求。

Applus+ Reliable Analysis, 乐来汽车分析测试有限公司, 于 2005 年在上海成立, 总部位于美国密歇根州特洛伊, 主要专注于汽车行业测试和认证服务。2020 年 9 月, Applus+ 集团收购乐来, 自此, 乐来成为 Applus+ 集团旗下品牌之一。

2021 年起, 两家公司合作办公, 为国内的客户提供一站式测试、检验和认证服务。

Applus+ 集团和 Applus+ Laboratories

Applus+ 是测试、检验和认证(TIC)领域的全球专家。Applus+ Laboratories 是 Applus+ 集团旗下一个分部, 为客户提供测试、认证和开发工程服务, 以提高客户产品的竞争力, 同时也鼓励创新。公司在欧洲、亚洲和北美拥有多领域专业实验室据点。

上海乐来汽车分析测试有限公司

我们的测试能力涵盖:

+ 电子电气
+ 零部件
+ 材料
+ 网络安全
+ 碳足迹
+ 远程解决方案

我们的主要认证能力包括:

+ 产品认证
+ 全球市场准入
+ COC 项目
+ 可持续性和碳足迹认证
+ 进出口检验
+ 供应商审核

2024·上海工业年鉴

SHANGHAI
INDUSTRIAL
YEARBOOK

特载

综述

专题

区工业

企业简介

上市股份公司

行业协会简介

大事记

经济法规

统计资料

中国宝武钢铁集团有限公司

【概况】

中国宝武钢铁集团有限公司（简称中国宝武）的前身为始建于1978年12月的上海宝山钢铁总厂，后经历宝山钢铁（集团）公司、上海宝钢集团公司、宝钢集团有限公司等不同发展阶段，于2016年12月与武汉钢铁（集团）公司实施联合重组后揭牌成立，是中央直接管理的国有重要骨干企业，经营国务院授权范围内的国有资产，开展有关国有资本投资、运营业务。2019年后，相继重组马钢（集团）控股有限公司、重庆钢铁股份有限公司、太原钢铁（集团）有限公司、新余钢铁集团有限公司、中国中钢集团有限公司，托管重庆钢铁（集团）有限责任公司、昆明钢铁控股有限公司；2023年12月，战略投资山东钢铁集团有限公司。中国宝武注册资本527.91亿元，资产规模1.36万亿元，2020年被国务院国资委纳入中央企业创建世界一流示范企业；2022年获批成为国有资本投资公司，启动新型低碳冶金现代产业链"链长"建设工作。2023年在《财富》杂志发布的世界500强企业排行榜中名列第44位。总部设在中国（上海）自由贸易试验区世博大道1859号。2023年底，在册员工257912人，在岗员工221494人（不含托管企业）。

中国宝武定位于提供钢铁及先进材料综合解决方案和产业生态圈服务的高科技企业，致力于构建以钢铁制造产业为基础，先进材料产业、绿色资源产业、智慧服务产业、产业不动产业务、产业金融业务等相关产业（业务）协同发展的"一基五元"格局，并以此为基础强化产业生态圈建设，构建新型低碳冶金现代产业链。其中，钢铁制造产业突出绿色内涵并持续推进高端化，形成"东西南北中"全国性布局，拥有宝山钢铁股份有限公司（简称宝钢股份）、宝武集团中南钢铁有限公司、马钢（集团）控股有限公司、太原钢铁（集团）有限公司、宝钢集团新疆八一钢铁有限公司、新余钢铁集团有限公司等企业，有10多个大中型全流程钢铁基地和多条短流程钢铁生产线，装备整体水平位于全球前列，产品覆盖碳钢、不锈钢、特钢全系列、全品类，为航空航天、能源电力、交通运输、国家重大工程等众多领域解决一大批"卡脖子"材料难题，多个产品实现全球首发，汽车用钢、电工钢、车轮、H型钢、手撕钢、双相不锈钢等高精尖产品享誉国内外，氢冶金、富氢碳循环等低碳冶金创新工艺技术助力实现"双碳"目标；2023年钢产量1.31亿吨，经营规模和经营业绩继续位居钢铁行业全球第一。新材料产业与钢铁制造业协同耦合，覆盖镁、铝、钛、碳纤维、特种冶金等领域，为用户提供综合材料解决方案。绿色资源产业、智慧服务产业依托科技赋能，通过构建产业生态圈模式加强与制造业及相互间的协同支撑，以数字产业化加快推进产业数字化转型，实现智慧服务创造价值。产业不动产业务聚焦存量资产盘活，构建产业空间载体，提供产业支撑服务，承担转型保障使命。产业金融业务聚焦供应链金融、生态圈金融，为实体产业提供金融服务，发挥杠杆作用，为主业发展提供协同支撑。

【2023年经济工作情况】

2023年，中国宝武经受住复杂的外部环境和严峻行业形势的重大考验，整体经营业绩保持行业最优。完成工业总产值（现行价格）8494.46亿元，工业销售产值8406.66亿元，资产总值13625.22亿元，营业收入11129.72亿元，实现利润总额316.20亿元，上缴税费397.55亿元，净资产收益率4.16%；铁产量11747.37万吨，钢产量13076.95万吨，商品坯材产量13444.49万吨，商品坯材销量13375.7万吨，出口钢材813.13万吨。全年，中国宝武研发经费投入强度3.7%，专利申请6419件，其中发明专利4772件。二氧化硫、氮氧化物、化学需氧量排放总量分别为20948吨、51056吨、1440吨，比上年分别下降13%、10%和15%；吨钢综合能耗554千克标准煤，同比下降6千克标准煤；万元产值（营业收入）能耗实绩0.92吨标准煤，同比下降6%；万元产值（营业收入）二氧化碳排放较上年下降6%。被民政部授予第12届"中华慈善奖"捐赠企业称号，连续第九次获此荣誉。在2022年度中央企业负责人经营业绩考核中连续第七年获评A级。品牌影响力和美誉度进一步提升，在美国《财富》杂志发布的世界500强企业排行榜中继续位列第44位，全球钢铁业排名第一，连续两年跻身前50强。获选十大"中国ESG（环境、社会责任、公司治理）榜样"企业。入选"2022年度中央企业品牌建设能力TOP（顶部）30"。国际三大评级机构标准普尔、穆迪、惠誉继续给予中国宝武全球综合性钢铁企业最高信用评级。

一、国企改革

2023年，中国宝武开展新一轮国企改革深化提升行动，构建新型经营责任制，着重强化净资产收益率指标，引导子公司高度关注高质量发展内涵。推进混合所有制改革，宝武碳业科技股份有限公司通过深圳证券交易所上市审核委员会审议，欧冶工业品股份有限公司、宝武集团马钢轨交材料科技有限公司分别引入外部投资者资金8亿元、7.86亿元。压减、退出全资控股子企业 87 户，清理一批低战略价值、低经济价值的子企业；压减、退出长期不分红等参股企业 36 户，回笼资金 29.6 亿元。

二、新型低碳冶金现代产业链链长建设

2023 年，中国宝武勇担保供稳链责任，资源安全保障水平稳步提升。其中，铁精矿产能规模进一步提升，国内铁精矿产量 3738.80 万吨，同比增产 9.24%；境内外铁矿石总产量 6748 万吨，国内排名第一；境外资源布局实现突破，几内亚西芒杜铁矿项目北部区块矿山开工建设，利比里亚邦矿 150 万吨／年干式磨选项目等在建；建成再生钢铁原料循环加工网络，年经营废钢规模超 5000 万吨。中国宝武还通过营造开放型产业生态，推动产业链上下游企业融通发展。依托富氢碳循环氧气高炉、百万吨级氢基竖炉和零碳综合示范工厂建设，带动国内装备制造、零部件生产、工程建设和自动化服务等领域 168 家中小企业参与，推动中国低碳冶金工艺技术和装备水平迈上新台阶；通过发布需求对接清单、行业产业种类规则和环境产品声明等，推动超 1 万家企业参与和享用产业互联网平台服务。

三、战略性新兴产业布局

2023 年，中国宝武围绕工业软件、新材料、人工智能、新能源等布局战略性新兴产业，培育发展新动能，承担国务院国资委央企产业焕新行动任务中五大类 24 项具体任务。在两个未来产业三个领域方向，承担相关重点技术、典型场景、重大工程攻关任务。同时，建设战略性新兴产业专业化平台。金属再生资源平台公司欧冶链金再生资源有限公司的国内市场占有率超 26%；第三方钢铁产业互联网平台公司欧冶云商股份有限公司，通过构建"平台＋生态、技术＋场景、线上＋线下"的钢铁共享服务生态圈，有效促进钢铁产业链提质增效和数字化转型；轻量化解决方案供应商宝武镁业科技股份有限公司，重点布局镁基材料，推进全镁产业链建设，镁合金全球市场占有率超过 30%，位居世界第一。

四、科技创新

2023 年，中国宝武一批关键配套材料和核心技术攻克"卡脖子"难题，保障国家重点领域用材安全。其中，完成核电安注箱关键设备用全球最宽最重 18MND5 钢板交付，确保中国核电更安全更先进；实现燃气轮机燃烧室用隔热材料国产化制备和供应，支撑中国重型燃气轮机产业链的完整性和安全性；国产高速车轮在"复兴号"实现整列装用。一批首台（套）产品技术彰显领先优势。其中，新型钴基变形高温合金实现首轮试制，签订全球首个 60 万千瓦高温气冷堆项目换热组件合同，首台商业化核电高温气冷堆用高温合金材料实现首批次交付，核级镍基合金焊材首次实现国产化应用。一批传统钢铁材料实现升级。其中，高性能取向硅钢研发制造与应用项目获工业领域最高奖"中国工业大奖"；高

强度高弯曲高耐蚀钢 DP1310GA 实现全球首发，填补汽车用超高强钢同类产品空白；2100 兆帕级汽车悬架弹簧用钢替代进口。一批新产品新技术实现成果转化。其中，完成数字孪生集成平台研发；高性能碳化硅功能产品突破国外专利技术壁垒；大型竖罐蓄热脉冲冶炼技术成功用于安徽宝镁轻合金有限公司年产 30 万吨高性能镁基轻合金及深加工配套项目，产出全球单罐最大结晶镁锭；自主研发宽幅铝合金工具钢轧辊，破解中国铝业轧制企业在该类产品领域长期依赖进口的"卡脖子"难题。

五、数字化转型

2023 年，中国宝武着力构建工业大脑，在高炉闭环控制、热轧"1+N"核心技术、高效柔性化生产排程、数字化产品研发等方面形成一批核心技术突破和应用，实现超大规模、超级复杂场景下的智能运营和智慧决策。工业互联网平台"宝联登"连续 4 年入选工业和信息化部"双跨平台"；全球首套智慧高炉运行平台建成投运，实现宝钢股份 14 座高炉炉况指数化诊断、运行智能化控制，开启数字高炉新时代。同时，加快跨产业互通融合、跨空间互通融合、跨人机界面互通融合，提升数字化协同效率，在采购、交易、物流、设备运维、轧辊服务等方面形成数据驱动生态化服务能力示范。

六、绿色低碳发展

2023 年，中国宝武在绿色制造方面，实现绿色低碳重大工艺技术重大突破，2500 立方米富氢碳循环氧气高炉商业化示范项目投运，并实现全氧冶炼、煤气自循环工艺全线贯通；宝钢湛江钢铁有限公司零碳示范工厂百万吨级氢基竖炉点火投运。在绿色产品方面，开发国内首个低碳排放汽车板产品，并实现量产供货；与美的集团联合发布低碳空调品牌；发布长材低碳产品品牌 BeLEAF、宝钢硅钢 BeCOREs® 产品，助力新能源汽车技术进步和输配电行业绿色发展；聚焦清洁能源行业发展，开发 BWind420MD 等系列产品，促进轻量化风电塔筒设计与规模应用。在绿色产业方面，探索能源使用向氢基清洁能源转型路径，建成并网分布式能源 300 兆瓦，在建 600 兆瓦；建设绿色原料保障体系，以项目为载体，研究直接还原铁、冷压块等技术方向。

七、项目建设

3 月 24 日，宝钢股份无取向硅钢产品结构优化项目全线投产。4 月 28 日，宁波宝新年产 6 万吨高品质不锈钢光亮板项目轧机机组热负荷试车，并轧制出第一卷不锈钢光亮板；5 月 30 日，光亮机组热负荷试车，项目产线全线贯通。5 月 13 日，宝武资源有限公司（简称宝武资源）马迹山港矿石加工中心投产，这是全球首家采用强力混匀技术的矿石精混加工基地。5 月 18 日，宝钢股份黄石涂镀板项目全面投产，标志着宝钢股份黄石涂镀板有限公司全面完成"退城入园"任

务，进入绿色低碳高质量发展新阶段。5月19日，宝钢股份条钢产品结构优化改造工程开工建设。该项目拟新建一条年产量 60 万吨"线材＋大盘卷"复合生产线，主要生产冷镦钢、轴承钢和弹簧钢等高附加值产品。5月20日，宝武资源马钢矿业张庄矿"超级铁精矿"生产线进入试生产阶段。6月6日，宝钢集团新疆八一钢铁有限公司 2500 立方米富氢碳循环氧气高炉商业化示范项目启动主体工程改造，9月28日点火投运。6月6日，马钢（集团）控股有限公司新特钢工程一期项目投产。该项目分两期建设，总投资 92 亿元，设计年产钢 320 万吨、钢坯 315 万吨。6月29日，宝钢股份武汉钢铁有限公司（简称武钢有限）新能源无取向硅钢结构优化工程开工建设。项目投产后，每年可为 440 万辆新能源汽车提供高等级用材。8月9日，宝钢股份冷轧厂 C411-宝特赛®宝钢新能源车低碳外板机组开工建设。8月18日，宝钢股份精密小口径焊管生产线投产。11月1日，宝武特冶（马鞍山）高金科技有限公司举行投产仪式，达产后可形成年产 14.63 万吨钢锭的生产规模。12月1日，武钢有限高端取向硅钢绿色制造结构优化工程开工建设，这标志着中华人民共和国成立后建设的第一座冷轧硅钢厂（武钢一米七轧机）迎来全面升级。建成后，武钢有限取向硅钢年产能将达 90 万吨。12月20日，宝武资源马钢矿业罗河矿罗河铁矿一期 500 万吨／年扩能工程建设项目竣工。该工程 2020 年 12 月开工建设，总投资 9.74 亿元，在原有采选设计 300 万吨／年规模基础上将产能规模提升至 500 万吨／年。12月23日，宝钢湛江钢铁有限公司百万吨级氢基竖炉项目点火投产；安徽宝镁轻合金有限公司年产 30 万吨高性能镁基轻合金及深加工配套项目镁生产线热负荷试车。

八、国际化经营

2023 年，中国宝武海外钢铁基地项目取得历史性突破，宝钢股份与沙特阿拉伯国家石油公司、沙特公共投资基金签约，共同在沙特阿拉伯建设全球首家绿色低碳全流程厚板工厂。钢铁产品有效拓展海外市场，全年出口钢材 813.13 万吨，比上年提高 47.76%。境外资源布局实现突破，矿产资源掌控能力提升。其中，几内亚西芒杜铁矿项目取得实质性进展，北部区块项目开工建设。6月16日，与澳大利亚矿产资源有限公司（MRL）、韩国浦项制铁控股公司（POSCO）、美国金属煤炭公司（AMCI）共同开发的澳大利亚阿什伯顿铁矿项目进入矿山全面建设阶段，设计年产能 3000 万吨铁矿石。6月22日，与力拓集团合资建设的澳大利亚西坡项目开工建设，设计年产能 2500 万吨铁矿石。12月24日，利比里亚宝米（Bomi）铁矿项目建成投产。

九、履行社会责任

2023 年，中国宝武对外捐赠 2.18 亿元。其中，7月13日，举办 2022 年"宝武杯"全国杰出中小学中青年教师表彰会，向云南省普洱市捐赠 2023 年帮扶资金 4670 万元。9月，在第二届"央企消费帮扶兴农周"活动中，消费帮扶采购总金额突破 3900 万元。11月18日，举行 2023 年度宝钢教育奖颁奖仪式，498 名学生、271 名教师分获 2023 年度宝钢教育奖。12月18日，甘肃省临夏州积石山县发生 6.2 级地震后，向灾区捐款 2000 万元。全年向定点帮扶的云南省宁洱县等 7 个县直接投入帮扶资金 1.48 亿元。年内，中国宝武被民政部授予第 12 届"中华慈善奖"捐赠企业称号，连续第九次获此荣誉；中央农村工作领导小组通报 2022 年度中央单位定点帮扶工作成效考核结果，中国宝武连续第五年获最高等次"好"的评价；在中央广播电视总台首届"中国 ESG（环境、社会责任、公司治理）榜样"年度盛典上，中国宝武获选十大"中国 ESG 榜样"企业；武钢集团武汉武钢绿色城市技术发展有限公司海绵公司获评全国第 11 届"母亲河奖"绿色贡献奖，全国仅 20 家单位获此荣誉。

【2024 年发展趋势】

2024 年，中国宝武经营管理指导思想是：以习近平新时代中国特色社会主义思想为指导，全面贯彻落实中共中央决策部署和国务院国资委工作要求，坚定不移做强做优做大，围绕推动高质量发展首要任务和服务构建新发展格局战略任务，将科技创新作为核心驱动力，不断巩固绿色低碳发展新优势，抢占未来竞争制高点，以服务国家重大战略为牵引，切实增强核心功能、提高核心竞争力，充分发挥科技创新、产业控制、安全支撑作用，加快建设世界一流企业，为中国经济发展再上新台阶、推进中国式现代化作出更大贡献。经营管理总体目标是：坚持"整合协同，提升价值创造能力；变革创新，创建世界一流企业"的经营总方针，坚持稳中求进工作总基调，以进促稳、先立后破，坚持"四化"发展方向、"四有"经营原则，努力实现"一利稳定增长，五率持续优化"，力争央企负责人经营业绩考核再获 A 级。

（张文良）

上海汽车集团股份有限公司

【概况】

上海汽车集团股份有限公司（简称上汽集团）是目前国内产销规模最大的汽车集团。2023 年，集团整车销量 502.1 万辆，其中，自主品牌整车销售 277.5 万辆，占公司销量比重超过 55%，比上年提升 2.5 个百分点；新能源汽车销售 112.3 万辆，同比增长 4.6%，继续位居全球行业新能源车销量头部阵营；海外市场销售 120.8 万辆，同比增长 18.7%，整车出口连续 8 年保持国内行业第一。集团新能源车和海外销量继 2022 年率先站上"双百万辆"台阶后，再创历史新高，分别达到 112.3 万辆和 120.8 万辆。2023 年 8 月，上汽集团以 2022 年度合并报表 1106 亿美元的营业收入，位列《财富》杂志世界 500 强第 84 位，连续 10 年进入百强榜单。

上汽集团于 2011 年实现整体上市（股票代码 600104），截至 2023 年底，总股本 116.83 亿股，业务主要涵盖整车、零部件、移动出行和服务、金融、国际经营、创新科技等领域，形成以整车业务为龙头，六大板块紧密协同、相互赋能、融合发展的业务格局。整车品牌共计 17 个，包括荣威、名爵、智己、飞凡、大通、五菱等 10 个自主品牌，以及奥迪、凯迪拉克、大众、别克等 7 个合资品牌。现有所属二、三层次企业 279 家；在职员工 20.7 万人，其中海外员工 2.6 万人。上汽集团已在国内东北、华东、华南、西南、中南与西北等地区建设 15 个整车基地，以及相配套的零部件与物流基地；同时在海外构建了包括创新研发中心、生产基地、营销中心、供应链中心及金融公司在内的汽车产业全价值链，产品和服务进入全球 100 多个国家和地区，在全球拥有各类销售服务网点近 1 万家。

2023 年 3 月，上汽集团入选国务院国资委创建世界一流示范企业名单。围绕贯彻落实"国企改革深化提升行动"，瞄准"场景创造价值、数据决定体验、软件定义汽车"行业变革趋势，以实施"上汽新能源汽车发展三年行动计划"为抓手，着力推进改革创新，持续增强新赛道上的核心竞争能力，全力冲刺"电动智能网联"新赛道：依托上汽研发总院"七大技术底座"，构建包括智己、荣威和飞凡等全新架构新能源新品，落地量产双碳化硅"准 900V"、高性能"超混 DMH"等在行业领先的技术产品；积极推进燃料电池、自动驾驶、云平台等技术的自主研发升级和产业化落地，搭建国产芯片整车验证平台，并在热管理、碳化硅、芯片国产化、前瞻技术、降本等领域，推进"产、投、研"联动落地，不断深化产融结合，助力产业转型升级。

【2023 年经济工作情况】

一、深化改革

持续深化国企改革。在市国资委指导下，结合"创建世界一流企业"，制定"国企改革深化提升行动"工作方案和任务清单。稳步推进智己汽车等市场化融资项目，以及部分创新业务企业核心团队的股权、期权激励约束计划；继续实施净利润增量激励，探索军令状专项考核、营销人员专项激励等，激发队伍动力活力；落实"所属企业财务负责人委派制度"，进一步规范财务管理。落实"年轻干部发现培养选拔实施方案"，过去两年已提任 27 名 45 岁以下厂级干部；继续对业绩考核未达标的厂部级干部实施降职免职，过去三年累计已达 34 人。

二、经营发展

2023 年是疫情防控转段后经济恢复发展的一年，面对国内车市开局遇冷、价格竞争空前激烈、行业变革加速演进等多重挑战，集团坚定把牢创新转型战略方向，积极把握市场恢复节奏和结构性增长机遇，增长动能转换持续加快步伐。强化产品核心竞争力。上汽智己 LS6、荣威 D7 等新品上市后销量快速提升，成为细分市场"爆款"单品；上汽大众 ID.3 调整营销策略，连续 4 个月销量破万，成为"合资纯电销冠"；上汽通用推出别克微蓝 6 系列 430km 续航版和 E5 先锋版，加快提升在新能源车市场的品牌声量；上汽通用五菱缤果月销量突破 3 万辆，第三代"马卡龙"助力宏光 MINI 系列进一步巩固在全球小微电动车市场的领导地位，五菱星光上市首月销量就跻身 15 万元以内插混轿车前二，宝骏新能源持续推进品牌焕新，销量同比增长超过 60%。2023 年，集团 15 万元以上新能源乘用车销量占比达 43.6%，较 2022 年提升 19.2 个百分点，通过积极优化产销结构，集团不仅整车销量逐季环比连涨，而且营业收入实现同比稳中有增。强化新媒体营销效能。集团积极把握营销变革趋势，着力推进内容中心建设和营销组织变革，加大与头部互联网平台的合作力度，加快推动营销模式焕新转型。上汽通用五菱通过数据驱动，进一步"强大区、精中台"，形成了可复制、可推广的实战经验；上汽大众通过与知名 IP 联名等手段强化品牌露出，探索营销全链路数字化客户运营的新实践，朗逸家族月销持续超过 3 万辆，帕萨特、途观月销重回 2 万辆，销量回升势头不断巩固增强。智己汽车聚焦智能化定位，打造"智能新品类"品牌感知和"驾控"品牌认知，全年品牌知名度提升超 30 个百分点。

三、重大项目

加强资源协同，加快新品落地。集团成立新能源汽车发展三年行动计划指挥部，对自主品牌新能源业务发展中的重大事项进行快速决策，并成立智己汽车、乘用车分公司两大攻坚团队，采用"强项目"管理机制，与相关企业加强协同，推动重点车型落地。智己LS6上市3个月，累计销售超2万辆，跃居国内中大型纯电SUV月度销量榜首。荣威D7在2023中国混合动力汽车极限挑战赛中，综合续航达1700公里，荣获"纯电续航、亏电油耗"的双料冠军。开展项目攻关，提升核心能级。集团推出双碳化硅"准900V"、高性能"超混DMH"等在行业领先的技术，并实现量产应用；全栈3.0电子架构、能量闭环技术、中央协调运动控制器（VMC）等完成阶段性开发工作；智己汽车获得首批L3级自动驾驶道路测试牌照，并申报工信部智能网联汽车准入试点项目。同时，集团围绕"大单品"战略、软件定义汽车和整车架构"少系统、少模块、少规格"开发目标，持续推进技术降本，缩短开发周期，并积极推进燃料电池、自动驾驶、云平台等技术的自主研发升级和产业化落地。

四、科技创新

赋能整车发展。顶层设计上，对研发系统进行重塑，通过构建稳定可靠的下车体和快速迭代更新的上车体模式，重构产品技术规范，重点项目整车开发周期已由26个月缩短至20个月。去冗降本上按照"模块化、平台化、少规格化"原则，实现架构降本阶段性目标；帆一尚行牵头初步完成部分企业信息系统整合工作，推动共性业务协同。打造核心技术。电动化方面，捷氢科技完成P4升级项目的系统设计开发，实现燃料电池国产催化剂的应用。产业链方面，集团已形成了7艘滚装船3.28万车位的外贸海运自有运能，多式联运项目被纳入"国家级示范工程"。各零部件企业积极加快数字化转型，创新定义数字员工，每年节省工时达13万小时，赋能高端智能化制造。构建产业生态。集团与奥迪签署合作谅解备忘录，共同开发面向中国市场的多款全新智能电动车型；与通用汽车整合优势资源，在上汽通用新设软件及数字化中心，共同开发别克品牌全新系列产品；与清陶能源成立合资公司，加快推进半固态及全固态电池的技术研发和产业化落地；与OPPO、地平线等企业在"生态域"、大算力芯片等领域，继续深化战略合作，并与湖南大学、上海大学等共建"重点实验室"，在整车先进制造技术、智能网联汽车网络安全等领域深入开展校企合作。

五、公司治理

2023年，集团完成对《公司章程》及三会议事规则、《关联交易管理制度》等基本管理制度的修订，完成外部董事增补等班子调整工作，并增设总法律顾问担任公司高级管理人员，为进一步提升上市公司治理水平，提供制度基础和组织保证。集团坚持依法经营、合规管理，连续第十年获得上海证券交易所"上市公司信息披露A类"评价，公司董事会还被中国上市公司协会评为"董事会优秀实践案例"。此外，集团坚持两个"一以贯之"，动态推进新设企业的"党建入章"工作，并组织开展"前置程序"回头看。聚焦重点领域，加强合规建设，制发《关于进一步规范领导干部本人、配偶、子女及其配偶经商办企业行为的规定》；组织开展采购岗位人员轮岗情况专项检查，"清理空壳采购供应商"专项整治，新建和修订完善相关采购制度120余项。

六、境外发展

上汽集团积极参与"一带一路"建设，在海外设立4个海外整车制造基地/KD工厂，102个零部件制造基地，建立起超过2800个海外营销服务网点，开通东南亚、墨西哥、南美西、欧洲等7条自营国际航线，产品和服务进入全球100余个国家及地区，整车出口连续8年保持国内行业第一。集团牢牢把握出口及海外市场的战略机遇，不断深化国际经营体系建设，海外销量继续保持国内行业领先。其中，自主品牌占海外销量的比重达92%，MG品牌全球年销量超80万辆，拳头产品ZS/AP/HS系列继续保持较快增长，特别是在欧洲市场，MG品牌单月交付量稳定在2万辆以上，欧洲成为集团首个"20万辆级"海外区域市场，MG品牌不仅在英国、西班牙纯电市场跻身前二，而且已在全球各大主要市场跻身前十，主力产品MG4 EV成功揽获"英法德澳年度车型大满贯"等30多个海外权威奖项。此外，集团旗下MAXUS等商用车产品全年出口销量也已站上10万辆新台阶。

七、数字化建设

上汽集团不断拓展数字化的产业生态，围绕汽车产品为数字化核心终端，积极拓展产品边界，强化产品生态和应用生态的互融互通，丰富用户真实体验。目前，集团已在新能源、软件、人工智能、大数据、物联网等新领域，培育出包括零束软件、捷氢科技、联创电子、帆一尚行等多家"科创小巨人"企业。集团的全栈3.0电子架构、能量闭环技术、中央协调运动控制器（VMC）等完成阶段性开发工作；智己汽车获得首批L3级自动驾驶道路测试牌照，并申报工信部智能网联汽车准入试点项目；研发总院和联创完成线控底盘关键功能控制架构的搭建；智能汽车创新发展平台协同帆一尚行、随申行等伙伴，推出车联网2.0技术框架，打造全新"车路云协同平台"。

八、文化建设

上汽集团通过细化工作机制，进一步完善文化体系建设和宣传阵地建设；通过编发工作简报、开设报纸专栏、发布自媒体推文等及时传达上级要求，介绍企业特色做法，扩大传播声量。同时，发挥各党组织、工会等团结凝聚和文化引领作用，举办"新赛道"杯拔河比赛等各类活动，激励广大干部职工在新征程中，奋发有为、团结拼搏。集团聚焦重点领域和关键项目，开展了市场营销、项目开发、技术研发、基础建设、经营降本、安全管理、金融服务、数字化建设等14项具针对性和挑战性的立功竞赛。制订《关于支持签订军令状企业工会助推新能源汽车发展三年行动计划的方案》，提供2500万元工会经费大力支持两大军团及核心企业开展联动专项立功竞赛。同时，大力树选先进典型，全年有2名职工获"全国五一劳动奖章"、1个集体获"全国工人先锋号"称号、2个集体获省级（直辖市）"五一劳动奖状"；11名职工获省级（直辖市）"五一劳动奖章"；12个集体获省级（直辖市）"工人先锋号"称号。

九、社会责任

作为中国产销规模最大的汽车集团，上汽集团坚持贯彻创新、协调、绿色、开放、共享的新发展理念，以用户为中心，推进体系变革、技术创新、产业合作。集团已累计为全球近400万用户提供新能源汽车产品，整车产品已进入世界100多个国家和地区，正成为越来越多消费者安全、绿色、智慧的"出行伙伴"。在加快市场开拓和转型发展的同时，集团始终不忘自身所肩负的社会责任，在向全世界展现"中国智造"的创新实力的同时，更要向全球用户展现"上汽品牌"的责任担当。

为守护员工安全健康，2023年集团在安全生产方面投入超过6.5亿元，并实现员工体检100%全覆盖。为维护股东利益严格按照《公司章程》的规定实施现金分红，启动了第三轮股份回购，并对首轮回购的约1.08亿股股份进行注销。同时，积极投身公益慈善事业，持续推进"雪佛兰·红粉笔"、上汽大众"繁星计划"、上汽通用五菱"博爱行动"，并联合"韩红爱心慈善基金会"等机构，投身乡村振兴、帮困扶贫、助学兴教等各类社会公益行动。2023年集团投入款项及物资折合人民币超过5000万元，惠及人数超24万人。

在拓展海外市场过程中，还积极助力当地教育发展、鼓励平等就业、支持赈灾重建等公益行动，与相关各方一起携手共建，共享发展成果。

【2024年发展趋势】

2024年，上汽集团将坚持"稳中求进、关键在进"的工作总基调，把握好"质与量、稳与进、立与破"之间的关系，围绕"上汽新能源汽车发展三年行动计划"以更大力度抓好市场开拓、营销变革、提质增效，实现质的有效提升和量的合理增长；同时，围绕"创建世界一流示范企业"和"国企改革深化提升行动"以更大力度推进改革创新，抓好组织变革、流程优化、项目攻关等重点工作，持续增强新赛道上的核心竞争能力，更好激发队伍的动力活力。整车业务板块聚焦新能源汽车发展三年行动计划，从用户真实体验出发，提升产品综合竞争力，积极推进营销体系变革，抢抓市场结构性机会，努力实现业绩新的突破；零部件业务板块围绕电动智能网联发展趋势，加速业务和产品的转型升级，并通过整合资源，提升模块化、系统化的能力，抢占产业链供应链的制高点；移动出行和服务板块继续发挥资源协同优势，全力保障物流运输，并围绕用户出行、汽车服务等使用场景，持续拓展新业务，进一步提升服务体验和经营质量；金融板块进一步整合资源、创新服务，全力支持国内整车销售和海外市场开拓，并结合市场和政策变化，优化业务布局，强化金融赋能，促进价值实现；国际经营板块以MG品牌诞生100周年为契机，抓好新品上市，进一步完善"产销运"协同的体系建设，精耕细作重点区域市场，加快开拓海外新市场，积极防范和应对海外经营风险，持续提升贡献水平；创新科技板块统筹聚拢创新技术资源，围绕"大单品、软件定义汽车"等产品和技术发展趋势，加快关键核心技术攻关，抓好技术源头降本，深化前瞻技术布局，推动产业化落地应用。

（包一恺）

中国石化上海石油化工股份有限公司

【概况】

中国石化上海石油化工股份有限公司（简称上海石化）位于上海市金山区，占地面积9.40平方千米，是中国主要的炼油化工一体化综合性石油化工企业之一，也是中国首家在上海、香港、纽约三地同时挂牌上市的公司，2022年9月从纽交所退市。公司前身为创建于1972年的上海石油化工总厂，1993年6月改制为上海石油化工股份有限公司，2000年10月更名为现名。具有原油综合加工能力1600万吨／

年和乙烯70万吨／年、有机化工原料407万吨／年、合成树脂90.8万吨／年、合纤原料52.5万吨／年、合成纤维3.55万吨／年的生产能力。主要生产石油制品、中间化工原料、合成树脂、合纤原料及合成纤维四大类产品。上海石化设有16个职能管理部室、10个生产单位、8个专业服务单位和2个全资子公司，1个控股公司，3个参股公司，并由下属上海石化投资发展有限公司对外投资18家企业（其中全资3家、控股1家、参股14家），金贸公司对外投资1家全资子公司。公司还代管中国石化资产公司所属海堤管理所和上海会议中心。截至2023年底，上海石化总资产396.58亿元，主业在岗员工7216人。

【2023年经济工作情况】

2023年，上海石化狠抓全面从严管理，全方位、全链条优化降本创效，全力推进重点项目建设，持续提升党建工作质效，扭转安全生产被动局面，各方面工作取得新进展新成效，较好完成全年各项工作任务。全年加工原油1411.93万吨（含来料加工108.02万吨），生产成品油866.66万吨，乙烯64.11万吨，丙烯48.05万吨，对二甲苯70.72万吨，塑料树脂及共聚物（不包括聚酯和聚乙烯醇）94.82万吨，合纤原料7.19万吨，合纤聚合物3.77万吨，合成纤维2.31万吨，发电24.18亿千瓦时。实现工业总产值（现价）861.20亿元，营业收入930.14亿元，利润总额－17.15亿元。

一、落实产业转型施工图

全力推动上海石化全面技术改造和提质升级项目前期工作，获中共上海市委市政府同意；第三回220千伏电源进线工程建成投运；弹性体项目完成进度65%；热电机组清洁提效改造工程桩基开工；金虹航油管道建成投运。48K大丝束碳纤维项目（一阶段）实现稳定运行，百吨级高性能碳纤维项目建成并产出合格产品；完成航空复材产业化中试装置建设，热塑性板材中试线首次制备大尺寸板材。主持起草发布国内首个大丝束碳纤维产品标准，创新研究院实验室得到CNAS认可。投运4座光伏发电项目，车用汽油均按国六B标准出厂，车用氢气出厂35.31吨。

二、推动改革管理夯基础

聚焦改革发展，加强"三基"管理、合规管理，提升公司现代化治理体系和治理能力。完善提高上市公司质量工作台账，实施对标一流企业价值创造行动和改革深化提升行动。加强人才队伍建设，引进高校毕业生349名，98%以上为主体专业。完成技能操作人员上岗证复审和第一轮"三大员"持证上岗考核。参加2项国家级、4项集团公司级业务竞赛，获个人4金、3银、1铜，团体3银；开展第一届"最强操作"业务竞赛。优化激励约束机制，设置生产经营创效、安全环保、节能等专项奖励，向基层生产一线、向有贡献的员工倾斜。完善公开民主的选人用人机制，首次开展中层干部"全体起立、竞争上岗"，通过竞争性选拔的中基层干部约占选拔总人数的45%。

三、打赢安全生产翻身仗

深刻吸取事故教训，以开展安全管理强化年行动为主线，有力防范化解重大风险隐患，安全生产总体稳定。公司级安全风险总值下降44.5%，老旧装置整治完成率98.3%，带"病"运行排查问题整改完成率100%，建成投用风险分级管控和隐患排查治理双重预防数智化管控平台。深化绿色企业建设，主要污染物排放量与2021年相比，化学需氧量下降5.77%，氨氮下降85.63%，二氧化硫下降9.68%，边界VOCs浓度下降30.5%。

四、打好攻坚创效组合拳

坚持安稳生产练内功，经营优化争效益，降本减费挖潜力，全年二级以上非计划停车次数为零，火炬气排放大幅减少。统筹推进20个攻关项目，重点解决设备"瓶颈"，完成腐蚀泄漏整治等22项重点任务，开展高危泵整改、带压密封等专项治理。完成2号乙烯新区等17套生产装置检修改造，启动炼油片区检修。推进16个生产运行脱瓶颈项目，狠抓物资采购、修理费、三剂、财务费用等重点成本费用管控，燃动费用大幅降低。

五、提升党建质效促发展

深入开展学习贯彻习近平新时代中国特色社会主义思想主题教育，持续推进中央巡视反馈问题整改，集团公司党组巡视反馈问题均整改完成。试点"支委＋团队"工作法，完成公司级和二级单位级培育项目共166个；开展违反中央八项规定精神问题专项整治，深化拓展整治形式主义为基层减负等。围绕办实事、解难题，学习运用"千万工程""四下基层"经验做法，主题教育期间投入2509.5万元为职工办实事190项。助力乡村振兴，推进西藏班戈县中学教育帮扶。

【2024年发展趋势】

上海石化将认真落实中共上海市委、市政府和中国石化党组的工作要求，统筹发展和安全，坚持平稳运行与转型发展相结合，深化"五个坚持"，坚决打赢安全生产、扭亏为盈、高质量发展"三大战役"。

一、坚持从严管理，巩固安稳运行新局面

强化示范引领压实全员HSE责任。强化依法合规抓实风险管控。持续推进污染防治攻坚，实现"零污染"目标，创建"无废企业"；大力推进节能降碳，提升绿色低碳水平。强化专业管理稳定生产运行。

二、坚持一体优化，争创生产经营新业绩

优化生产经营创效，力争降本8.5亿元。优化节能管理降耗。优化成本管控降费。

三、坚持提质升级，开启转型升级新征程

加快高质量发展项目建设及产业链布局。加快碳纤维及其复合材料产业发展。加快数智化建设打造智能工厂。

四、坚持深化改革，实现公司治理新提升

持续优化管理体制机制。持续深化人事制度改革，严格落实制度主办部门主体责任，大力营造敬畏制度、执行制度浓厚氛围。深化体系运行，以查促改，确保HSE体系要求融入公司生产经营业务。开展能力管理提升年行动。

五、坚持务实创新，树立再站排头新形象

聚焦责任质量实效，深入推进党建融入中心。聚焦全面从严治党，巩固风清气正政治生态。聚焦纪律作风建设，打造素质能力过硬队伍。

（吴文华）

中国石化上海高桥石油化工有限公司

【概况】

中国石化上海高桥石油化工有限公司（简称高桥石化）始建于1981年11月，是中国第一个跨行业、跨部门的特大型经济联合体，隶属于中国石油化工集团公司。成立以来历经多次体制变更，2016年2月，在中国（上海）自由贸易区注册，由中国石油化工集团公司旗下的分公司变更为子公司。高桥石化占地面积3.12平方公里，共有56套生产装置，可生产200余种产品，主要产品有汽油、航空煤油、柴油、润滑油基础油、石蜡、合成橡胶、有机化工原料、合成塑料以及精细化工产品等，公司拥有年原油加工能力1250万吨，年化工产品生产能力50万吨，自备电厂具有装机容量17.5万千瓦。公司加强对外经济合作与交流，先后与世界著名大公司如德国巴斯夫公司、美国雪佛龙公司、日本三井石化株式会社等分别成立了合资企业。

【2023年经济工作情况】

高桥石化全年累计加工原油1030.39万吨，生产成品油622.31万吨，化工产品42.89万吨，发电量5.34亿千瓦时，供热量588.94万吉焦；实现利润总额1.14亿元；营业收入601.85亿元。公司连续四年获评集团公司安全生产先进单位，连续3年荣膺浦东新区经济特别贡献企业第一名。

一、坚持固本强基，安全环保呈现新态势

（一）抓实体系管理压实全员责任。以安全管理强化年行动为抓手，推动"三管三必须"融入各层级安全职责；实施基层安全管理网格化等107项措施，促进全员岗位责任和工作任务清单执行到位。抓实安全环保依法合规管理，许可证变更完成、复证有序推进。开展制度识别承接和流程图编制，推进制度无缝衔接、业务有效流转。固化联检、岗检、体系内审工作机制，提高制度执行有效性和体系运行质量。全面推行会前安全教育5分钟，提升班组副班学习质量，全员安全意识显著增强。

（二）抓实隐患治理筑牢安全防线。开展风险隐患排查整治行动，完成70项安环隐患治理项目，2项总部重点监管项目按期完成，公司级安全风险总值同比下降34.95%。强化现场监管和监护人履职管理，直接作业环节和承包商管理持续加强。汲取2021年大检修经验教训，严格装置停工交付和开工条件检查确认，严格施工方案审查、项目交底管理和安全作业，推动安全环保质量"三合一"管控，顺利完成

3套化工装置大修和14套炼油装置检修消缺，安全生产基础持续巩固夯实。

（三）抓实环保管理推进绿企建设。实施绿色企业行动计划，41套装置通过绿色基层复核。生产区域VOCs实现"全覆盖、全天候、全过程"监控，无异味装置建设长效机制初步形成。发布无废企业创建工作方案，危险废物外委处置量同比下降8.7%。开展绿色低碳"补短板、强弱项"专项行动，主要污染物化学需氧量同比基本持平，氨氮、二氧化硫、氮氧化物同比下降32.10%、17.08%、1.13%，外排废水、废气达标率100%，绿色企业建设持续推进。

二、聚焦价值创造，生产经营取得新突破

（一）提质增效基础有效夯实。固化生产异常管理机制，保障装置安稳运行。设备完整性体系通过总部验收，5S管理提升稳步实施。报警管理系统正式上线，工艺指标管理不断强化。电仪计量团队消除电力运行隐患，更新仪表老旧系统，专业管理水平稳步提升。承包商管理共享平台、智能巡检等信息化系统建设持续推进。发挥专家团队作用合力推进专项攻关，建立技术交流研讨工作机制，提质增效基础更加坚实。

（二）高附加值产品量价齐增。实施百日创效专项行动，炼油转型指标完成36.51%，"油转化""油转特"节奏持续加快。积极做大高标号汽油总量，航煤、沥青等高附加值产品增产增销；100号工业白油、U-10变压器油（通用）等特种油新产品成功生产；多品种涤纶低弹丝油剂顺利出厂，低硫船燃供应"爱达·魔都号"完成试航，价值创造底气更加充足。

三、推进效能提升，改革管理迸发新活力

（一）改革管理效能得到有效提高。全面完成深化改革三年行动"回头看"191项改革任务，编制一流企业建设和价值创造行动"一台账两清单"。优化人力资源配置，调整完善内设机构，优化管理职责，提高管理效率；推进炼油基层单位管理层级整体升格，干部队伍结构持续优化。修订完成《一体化管理体系指引手册》《职责划分手册》，一体化管理体系进一步健全完善。

（二）"三基"工作根基得到有效巩固。建立基层单位"三基"制度清单，将"三基"融入制度体系。把现场管理作为"三基"重要着力点，做到问题发生在现场解决在现场。补强一线力量，强化双装置长配置，推进专业力量下

沉，夯实装置安稳运行基础。巩固完善基层体制机制改革成果，建立基层单位纵向管理跟踪机制，基层单位责任体系持续完善。固化台账压减双向评估机制，形成现场文件记录清单，推广云文档和低代码审批平台，助力基层减负。

（三）依法合规管理得到有效加强。修订内控实施细则，开展合规管理体系有效性评价，促进合规管理体系高效运行。严格证照复印件管理，防范合规风险；稳妥处理法律纠纷，维护企业合法权益。固化招标过程监督机制，招标管理进一步规范；开展合同专项治理，合同"老大难"问题得到有效治理。深化管理审计转型，打造培养复合型人才，推动公司治理能力持续提升。

四、加快转型发展，提质升级开创新局面

（一）炼油提质升级节奏不断加快。投资 8.6 亿元实施 120 余项安全环保项目。2025 年炼油大检修项目准备工作有序推进，大修技改项目基本确定。炼油区域节能降碳项目获总部批复，1500kW 分布式光伏发电项目建成投用，承担的总部十条龙项目《燃料电池车用氢气纯化及供应技术研发和应用》通过鉴定；与外高桥电厂供应蒸汽项目路由选线和可研取得进展。掌握重润侧线生产 HVIIII4 基础油技术，推进高端变压器油、新型防水卷材沥青等新产品研究，以新产品开发、新技术应用赋能炼油提质升级。

（二）化工转型发展力度不断加大。建立健全周发展例会、旬新材料例会、月转型发展推进会工作机制，滚动编制三年行动规划。ABS 升级改造项目列入总部重点工程项目清单，基础设计获得总部批复。以后发优势积极抢占电子化学品新赛道，开展高端新材料发展机会方案研究并谋划在上海化工区规划布局；开展低顺橡胶升级改造方案研究，持续推进化工产业链延链扩链强链。

（三）投资决策管理水平不断提升。与总部及地方政府沟通交流的力度持续加大、频次持续增多、成果逐渐显现，项目前期研究推进和审核把关水平得到进一步提高。严格投资立项审批，优化完善投资管理、项目合规性征询流程，规范项目立项及项目决策论证审批程序，严格项目前期工作设计文件审查要求，项目立项、可研质量得到大幅提升，项目管理水平持续提高。

五、突显政治优势，高效转化实现新成效

（一）党的政治建设优势充分彰显。高站位谋划、高标准统筹、高质量完成两批主题教育，把主题教育成效转化成抓生产、提效益、促发展的实际行动，得到集团公司巡回督导组好评。强化政治监督，持续推进"大监督"体系有效运行，持续巩固风清气正干事创业良好政治生态。制定实施品牌建设行动方案，加强对外宣传，持续开展公众开放日活动，企地关系更加和谐紧密。

（二）队伍素质能力水平稳步提升。构建系统化培训体系，推进全员制岗位练兵，举办第三届"最强操作"竞赛、青年创新创效竞赛，开展"三大员"竞聘，员工生产全流程掌控力不断提升。发挥劳模、工匠典型示范作用，员工在全国职业技能竞赛中获得两金一银一铜的优异成绩，练技能、强本领、提素质的氛围更加浓厚。

（三）员工生活工作环境有效改善。持续深入开展"我为群众办实事"，完善员工健康管理，改善员工办公条件、生活场所，丰富员工业余文化生活，提升员工的幸福感、归属感。用心用情做好在职员工和离退休老同志关心帮扶工作，以企业发展带动员工发展、以员工发展支撑企业发展的良性循环逐渐形成。

【2024 年发展趋势】

2024 年工作总体思路：坚持以习近平新时代中国特色社会主义思想为指导，深化落实习近平总书记视察胜利油田、九江石化重要指示精神，贯彻落实集团公司年度工作会议安排部署，开展"牢记嘱托、感恩奋进、创新发展、打造一流"主题行动，纵深推动"1233"发展战略，以工作的确定性应对形势变化的不确定性，统筹高质量发展和高水平安全，统筹产品结构优化与市场形势研判，统筹中心工作与党的建设，在抓安环、促发展、调结构、盯市场、提效益、强党建上下功夫，全面完成各项目标任务，推动公司"二次创业"高质量发展实现新突破、安全绿色领先城市型工厂建设迈上新台阶，为中国石化建设世界一流企业贡献高桥石化力量。将重点抓好以下工作：

一、以坚实的安全环保基础，在保障高质量发展上建新功

推进体系运行责任落实；推进风险隐患排查整治；推进现场直接作业管理；推进绿色企业创建。

二、以可靠的专业运行管理，在服务高质量发展上建新功

夯实专业管理工作；强化设备完整性管理；细化炼油大修准备。

三、以优异的生产经营业绩，在赋能高质量发展上建新功

全力完成年度生产经营任务；全力扩市拓销努力增效创效；全力开源节流降本减费增效。

四、以高效的改革管理水平，在助推高质量发展上建新功

持续深化改革管理；持续强化依法合规管理；持续提升"三基"工作。

五、以稳健的转型升级步伐，在深化高质量发展上建新功

持续加快城市型工厂建设步伐；不断加大对外沟通和交流力度。

六、以强大的党建凝聚合力，在引领高质量发展上建新功

持续发挥党的创新理论指引作用；继续发挥干部人才队伍支撑作用；继续发挥教育培训增技赋能作用；继续发挥群团桥梁纽带作用。

（魏之臣）

上海电气控股集团有限公司

【概况】

上海电气控股集团有限公司（简称上海电气）是全球领先的工业级绿色智能系统解决方案提供商，专注于智慧能源、智能制造、数智集成三大业务领域，业务遍及全球。公司聚焦高端、智能、绿色的发展方向，以科技赋能推动中国及全球工业高质量发展，为人类美好生活创造绿色可持续价值。

作为中国动力工业的摇篮，上海电气有着 120 多年的历史，创造了众多中国和世界第一，获中国工业大奖，品牌价值达 1725.81 亿元，位列中国机械行业榜首。在智慧能源领域，集团打造风光储氢多能互补和网荷储一体化解决方案，构建遍布全球的"全方位"新型电力系统和"立体式"零碳产业园区。在智能制造领域，集团提供锂电产线、数字医疗、轨道交通及通用装备系统解决方案。在数智集成领域，集团以扎实的极限制造能力成为新能源汽车产业链、大飞机产业链、现代船舶产业链及数字化解决方案提供商。上海电气秉承"开放协同、合作共赢"理念，携手 70 多家世界一流企业，协同全球客户、合作伙伴、员工等创造者，赋能全球创新与绿色可持续发展。未来，上海电气将聚焦绿色低碳和数字化转型方向，布局新赛道，壮大新动能，争做实现"双碳"目标排头兵、新能源装备引领者、高端装备自主化主力军。

截至 2023 年底，上海电气注册资本 108.49 亿元，总资产 3823.43 亿元。

【2023 年经济工作情况】

上海电气全年营业收入 1426.34 亿元，为全市经济增长和推动高质量发展作出积极贡献。

一、高质量发展迈出新步伐

核电领域，继续保持综合市场占有率行业第一。实现第四代核电示范快堆项目超洁净高性能关键材料的产业化应用。煤电领域，持续保持技术领先优势，发力煤电"三改联动"市场，不断刷新百万千瓦二次再热煤电机组全球最低煤耗纪录。智能装备领域，保持涂布、卷绕、切叠机等锂电池自动化装备产品竞争优势，国内首条年产百台的碱水制氢装备智能产线落成投产。中标首条国产宽体客机生产线项目。完成具有完全自主知识产权的精密复合数控磨床的样机试制及首批 7 台销售。智慧交通领域，发布面向下一代自主列车控制信号系统 TSTCBTC® 3.0，进一步提升列车控制效率、列车智能自主水平。电梯领域，上海三菱电梯首台 10 米／秒"菱云"系列 LEHY-H 超高速电梯出厂，其曳引机、控制柜及主要安全部件均实现自主制造。工业基础件领域，持续推进曲轴、叶片、轴承、紧固件、工具等各种高端装备核心零部件发展，已形成高质量"专精特新"业务集群。完成我国首台自主化 300 兆瓦级 F 级重型燃气轮机多级压气机叶片的交付。成功交付我国首套 920 缸径船用曲轴锻件，标志着在特大型船用曲轴锻件方面实现国产替代。

二、新赛道布局取得实质性进展

重点聚焦"风光储氢"新能源领域。风电领域，成功签订共计 436.5MW 海外风机销售合同，实现海外订单重大突破。光伏领域，推进高效异质结电池及组件工厂建设，实现首款 Topcon 组件产品下线，基本实现全产业链能力布局。储能领域，中标世界首台（套）300MW 级压缩空气储能示范工程（湖北应城 300MW 压缩空气储能电站示范工程空气压缩机组配套电机项目）。承接的日本工商业用户侧光储微网示范项目全钒液流储能设备完成发运。氢能领域，集团目前碱性电解槽产能已达 1GW 以上、PEM 电解槽产能已达 200MW 以上。建成国内首个应用于工业园区的"绿氢制－储－用"一体化示范项目，项目也是国内规模最大的 PEM 电解水制氢系统多功能测试验证平台。

三、重大项目实施富有成效

参建华能石岛湾高温气冷堆核电站，为其提供压力容器、堆内构件、控制棒驱动机构、主氦风机、压缩机和汽轮机等主设备。目前该核电站已投入商业运行。这是我国具有完全自主知识产权的国家重大科技专项标志性成果，也是全球首座第四代商用核电站，标志着我国第四代核电技术达到世界领先水平。发运全球首台全高温超导托卡马克装置 HH-70 主机系统，整体交付全球首台 EXL-50U 紧凑型聚变装置真空室。实现"华龙一号"RSR 轴封型核主泵 100% 国产化，RUV 湿绕组核主泵突破 65% 国产化率目标。助力东方枢纽项目建设，发挥集团能源装备产业优势，协同集团内 12 家企业，联合多家外部生态链伙伴，形成高效绿色低碳能源解决方案。积极响应共建"一带一路"倡议。全球装机容量最大、技术标准最高的迪拜光伏光热电站工程项目完成两大里程碑节点，槽式一号机组临时移交、槽式二号机组首出蒸汽等。

四、科技创新迈上新台阶

积极承担国家和地方重大研发任务。获批科学技术部国家重点研发计划、市国资委企业创新发展和能级提升专项、市经信委促进产业高质量发展专项、市科委科研计划项目、市发改委战略性新兴产业发展专项等20余项。《典型流程工业过程运行优化关键技术及其应用》《航天高性能关键件形性协同控制的加工技术与装备》获上海市科学技术奖科技进步奖一等奖。核心技术领域实现突破。参研的"大型核电站CAP1400（国和一号）主管道研制及应用"技术成果通过中国核学会鉴定，该主管道是目前世界压水堆核电中规格最大的不锈钢锻制主管道。成功实现大F重型在运燃机掺氢技术自主升级及示范验证，为国内首次大F重型燃机实施的掺氢燃烧改造和科研攻关项目。围绕国家"双碳"目标和构建新型电力系统战略，积极推进新能源领域技术产品开发。储能技术领域，已在锂电池、钒液流、压缩空气、光热熔盐、飞轮储能等新型储能领域形成系列化产品开发制造能力。氢能技术领域，全面切入全产业链主要装备领域。发布2000Nm3/h碱水制氢设备、100Nm3/hPEM电解水制氢设备，并已在加氢、化工等领域获得订单。风电技术领域，16MW全海域平台机组下线，刷新当时全球已中标最大单机容量、最大风轮直径机组纪录。4MW海上漂浮式风电机组投运，参建的全球首个深远海漂浮式风光渔融合项目完工。光伏技术领域，开展高效异质结电池及组件产能布局和技术研发，打造"光伏+"与新能源应用场景一体化解决方案。深化内外合作，促进技术协同。推动下属中央研究院和增材制造国家研究院成立联合实验室；与江森自控携手成立"碳&数"联合实验室。与多所高校及科研院所积极探讨合作创新，致力构建长期稳定合作创新平台。

五、数字化建设加速推进

数字技术与制造技深度融合。开展多层次、多场景的智能制造实践，通过数字化技术赋能，开展了一系列数字化工厂、智能制造示范项目，以数据驱动提升企业综合竞争力，赋能装备制造业发展。上海电气电站设备有限公司上海汽轮机厂的汽轮机核心装备智能工厂、上海电气电站设备有限公司上海发电机厂的大型汽轮发电机智能工厂、上海三菱电梯的电梯智能工厂、上海电气凯士比核电泵阀有限公司的核电泵阀智能工厂等制造工厂入选上海市100家智能工厂，上海电气核电集团有限公司入选市经信委第二批"工赋链主"培育企业名单。"星云智汇"工业互联网平台入选工信部年度跨行业跨领域工业互联网平台，成为51个国家级工业互联网平台之一。助力城市数字化转型，中标上海市杨浦滨江智慧管理平台等项目。

六、公司治理水平不断提升

治理模式持续优化。集团总部和功能性平台按照"放管结合、权责统一、动态优化、分级分类"原则实施管控优化，基本形成功能性公司优化调整总体方案，开展产业集团分类授权试点，推行法人化实体化工作。管理提升有力推进。制定和实施年度管理提升任务清单、目标清单和责任清单，聚焦管理短板，带动整体管理工作提升。推进改革退出。推进"十四五"企业改革规划落地，加大壳体项目、调整收缩及历史遗留问题项目的退出力度，完成改革项目109个，减少企业法人66户。强化风险管控。实施股权、技改、项目和房地产等的差异化投资授权管理，基本达到"风险可控下提高决策效率"的授权效果。完善制度体系，围绕新产业布局、科技创新突破、资产效能提升、经营质量改善、战略调整退出等重大专项工作建立个性化指标库，"一司一策"分类考核。推出"军令状""加减分项"等考核办法加大正向激励。分类监测各企业人均效能变化情况，结果应用于工资总额分配调整。

【2024年发展趋势】

2024年，集团将认真贯彻落实中共二十大精神和中共上海市委、市政府决策部署，坚持党的全面领导，坚持服务国家战略，紧贴国家需求，重点抓好强党建、谋发展、优管控、重科技、建队伍、化风险等方面工作，全力推动高质量发展，加快建设世界一流装备企业。

一、着力提升产业发展能力

紧贴需求服务国家战略。持续推动产业转型升级。持续提升市场拓展能力。

二、着力提升改革创新能力

实施改革深化提升行动。深化管理变革。优化考核评价和激励约束机制。

三、着力提升科技创新能力

加大科技创新投入力度。聚焦传统优势产业实现技术升级。聚焦新产业领域加强技术攻关。聚焦"X"硬核科技领域实现技术突破。打造开放式科技创新体系。加强高水平科技领军人才队伍建设。加快推进数字化、智能化转型。

四、着力提升经营管控能力

抓好一季度实现开门红。提升经济运行质量。提升财务管理水平。

五、着力提升资源优化配置能力

提升资源配置效率效益。加大房地资源盘活力度。稳妥推进企业改革调整。优化调整投资结构。优化海外资源配置。

六、着力提升可持续发展能力

抓好重大专项工作。建立健全风险预警体系。加强重点业务领域专项审计。压实安全生产责任。夯实信访工作基础。

（卢建亮）

上海华谊集团股份有限公司

【概况】

上海华谊集团股份有限公司（简称华谊集团）前身为1957年4月成立的上海市化学工业局，1995年12月改制为上海化工控股（集团）公司，1996年11月重组改制为上海华谊（集团）公司，2016年5月核心资产上市，资产注入原双钱集团股份有限公司，双钱集团股份有限公司更名上海华谊集团股份有限公司（股票代码：600623.SH）。华谊集团是通过资产重组建立的大型化工企业集团，也是上海化学工业区的主要开拓者和建设者、上海化学工业发展有限公司主要股东之一；其核心业务包括"能源化工""绿色轮胎""先进材料""精细化工""化工服务"五大类。集团始终坚持以技术为第一生产力，拥有1个国家级重点实验室、1个国家工程技术研究中心，2个省部级重点实验室，4家国家级企业技术中心，9家省部级企业技术中心，12个省部级工程技术研究中心，27家高新技术企业，并设有3个院士工作站和3个博士后工作站，以及2个国际合作实验室，8个校企联合实验室。

围绕建成具有国际竞争力和影响力的世界一流企业的愿景，华谊集团近年来积极参与"一带一路"倡议，通过战略拓展、产业调整、创新转型，推进优势集聚和产业链一体化发展，先后在市外16个省市自治区布局46家工厂及生产基地，"一个华谊、全国业务、海外发展"格局基本形成，市外业务比重已超过60%。先后与中国石化、国家能源、宝武集团、中远海运、中集集团、上港集团、上海建工、巴斯夫、霍尼韦尔、林德、科思创、亨斯迈、阿克苏诺贝尔等企业建立战略合作关系。建立中外合资企业30家，不断加强与国内外优秀企业之间的技术管理交流学习，并推动产业链上下游合作发展。

【2023年经济工作情况】

2023年，华谊集团克服行业周期下行影响，安全环保整体受控，重大工程项目加快建设，一体化基地初具规模，数字赋能、绿色低碳持续推进，科技创新、安全环保加大投入，持续降本增效、提升管理，加快建设世界一流企业的步伐。2023年，集团完成全年主要预算考核指标，资产总计1057.7亿元；营业收入588亿元；结构比例不断优化，其中制造业收入542亿元；利润总额27亿元，为全市经济稳增长作出积极贡献。

一、党的建设

（一）学理论悟思想聚能量。以习近平新时代中国特色社会主义思想为引领，把学习贯彻中共二十大精神和习近平总书记考察上海重要讲话精神作为首要政治任务和头等大事，以及贯穿始终的突出主线，集团第一时间召开党委扩大会和集团干部大会，及时传达学习，抓好贯彻落实，集聚高质量发展新动能。充分发挥党委理论中心组示范带动作用，全年开展党委中心组学习27次。指导各级党组织结合实际，通过第一议题传达学、理论中心组研讨学、专家讲座解读学、与相关单位联组学、开辟专栏线上学等多种方式，持续深入学习贯彻习近平新时代中国特色社会主义思想，推动中共二十大精神走深走实。

（二）认真开展主题教育。牢牢把握"学思想、强党性、重实践、建新功"的总要求，坚持学思用贯通、知信行统一。举办专题读书班，与化工区管委会、兄弟企业开展联组学习，各基层党组织依托"三会一课"、主题党日开展学习1381次。集团和二级单位领导班子成员确定调研课题127个，解决重点问题28项。

（三）充分发挥党建引领作用。在全集团开展"学思想、重实践，加快建设世界一流企业"党建主题活动，各子公司、直管单位坚持党建工作深度融入中心工作，明确232项重点工作内容，完成224项。开展人才盘点，举办中欧专题研修班，完成33个二级中层岗位市场化选聘工作。围绕中共二十大精神开展全体党员线上学习，持续加强"青年大学习"工作推进，夯实干部职工理论根基。推动产业工人队伍建设，评选10位首届"华谊工匠"，发挥示范引领作用。

（四）强化基层组织建设。对照《2019—2023年全国党员教育培训工作规划》要求，强化组织保障，创新方式方法，分层次、多渠道开展党员教育培训。落实《华谊集团加强基层党务工作者培训培养方案》，举办提升组工业务能力专题培训班，组织集团首期青年党务干部培训班，推动党务干部成为抓党建工作的行家里手、业务标兵。鼓励基层党组织积极探索党建工作与生产经营工作深度融合的方法措施，开展基层党建特色发布活动，15家二级党委甄选报送共59个党建特色工作成果，充分展现了华谊基层党建特色、亮点与活力。年内，1个党支部获评上海市"党支部建设示范点"。3个党委获评市国资委党委"红旗党组织"，8个党支部获评市国资委党委"党支部建设示范点"。

（五）抓好巡视整改工作。认真配合市委第六巡视组巡视工作，做好同题共答，落实巡视反馈的"即知即改表"相关问题整改工作。坚持全面从严治党，强化政治监督，结合主题教育开展"铸就政治忠诚"系列教育、"学先进、作表率，争当'四个模范'"专题教育，制订《"阳光华谊"廉洁文化建设实施方案》，完成2家单位的常规巡察和2家单位的专项巡察。

二、重大项目

（一）钦州一体化基地初具规模。基地一、二、三期建设无缝衔接，加快建成双千亿的世界一流化工新材料一体化基地，一体化成效显现。一期项目根据市场行情合理安排年底大修，原料科学配煤降本显著，气化装置产能利用率超过100%；二期项目全面投产，实现当年投产、当年达产、当年盈利目标；总结一期、二期项目建设经验，进度、安全、质量、费用等"四大控制"均达到预期目标；三期一阶段MTO、HPPO项目分别于3月底和11月底开工建设，32万吨／年丁辛醇及丙烯酸酯项目完成可研批复。钦州基地二期广西新材料、广西氯碱项目分获2023年化学工程5A优质精品工程奖。

（二）深耕上海化工区主战场。上海化工区合成气供应及配套项目全厂桩基基本完成，主装置开工建设；上海电子化学品智慧仓库项目完成中交。落实市委、市政府战略部署，加快开展电子化学品专项、绿色甲醇项目方案研究。

（三）重大项目建设全面推进。邵武基地一期项目建成开展试生产，二期项目主体装置结构封顶，三期项目拟定产品方案；内蒙万豪三期PVDF项目建成开展试生产，四期F152a项目开工建设；常熟三爱富VDF装置试生产；泰国全钢子午胎二期扩建项目首胎下线完成中交；安徽回力PCR二期项目启动；安徽胜德项目建成投产。

三、科技创新

（一）完善科研管理体系。2023年，集团研发投入近20亿元，科技创新工作取得新进展。在研政府支持项目共106项，新申报成功项目55项，获得政府资助经费超4.7亿元。截至2023年底，集团共有高新技术企业31家。编制集团《技术创新三年行动计划（2024—2026年）》，做好技术创新顶层设计。与二级企业签订年度科研目标责任书，将研发投入和创新指标纳入业绩考核。持续推进课题组长制，试点推进科研军团制，持续推进技术攻关。获得中国化工学会科技进步一等奖1项；上海市科技进步二等奖4项、上海市技术发明三等奖1项；1人获评上海科技英才、2人入选东方英才计划领军项目、9人入选上海市青年科技启明星计划；新材料公司获得本市首批"工赋链主企业"，取得智能制造能力成熟度四级认证；氯碱公司获评工信部智能制造示范工厂。

（二）推进1+3+X创新载体建设。深入推进中央研究院与集团产业链深度融合，加强对外产学研技术合作，签订合作项目72项，为集团产业链延链补链强链提供技术支撑。推进聚烯烃国家重点实验室重组，与上海交大等开展多场学术及技术交流，不断优化重组方案。完善吴泾科技园建设方案，组建广西绿色化工新材料产业技术创新中心。

（三）加强知识产权和专利保护。全年完成专利申请211件，获得专利授权238件。加强集团品牌保护和商标维权力度。筑牢技术秘密保护屏障，组织研发条线进行专题培训，并选取中央研究院试点开展技术秘密管理的合规评估。

四、公司治理

（一）深入推进国企改革。根据市国资委工作要求，确定集团建设世界一流企业工作方案和19项任务清单，获评市国资委A级企业。中央研究院入选国务院国资委"科改示范企业"，制皂公司制定新一轮"双百企业"改革方案。实施新一轮职业经理人改革，完成集团法定代表人2022—2024年任期目标责任书签约。深化央地合作，完成"中化学华谊工程科技公司"重组。连续第六年参加第六届进博会上海交易团国资分团集中签约，广西能化与瑞士布克哈德公司签署压缩机设备采购合约。

（二）完善考核激励约束机制。推进职业经理人改革第一批次A股限制性股票解锁，推进14个集团激励机制项目考核兑现，制订制皂、回力公司2023—2025年任期目标责任书，签订一批新建项目风险抵押目标责任书。优化形成"规定＋自选"相结合共42条指标组成的子公司考核指标库。

（三）提升老字号品牌影响力。深化品牌经理人制度，明确责权利，细化对各品牌经营考核目标体系。开展3年一次的品牌价值评估，华谊母品牌外部认知待进一步提升。参与上海工业博物馆筹建，落实化工行业展馆的展陈及策划。新增上海交通大学"华谊集团奖助学金"，续签华南理工、复旦大学"华谊集团奖助学金"，扩大集团品牌在高校中的影响力。双钱品牌入选世界品牌实验室发布的中国最具价值品牌500强，位列第223位；蜂花产品入选2023年上海金榜伴手礼、2023年上海礼物，檀香皂调香技艺入选上海非遗代表性项目，扇牌入选"人民国货工程"；回力发布子品牌"回力1927"，成立上体·回力运动健康联合研究中心。

五、数字化建设

（一）推进数字华谊战略落地。2023年，集团数字化项目共149个，预算2.8亿元，实际投资超1.3亿元，已完成65个项目。完成ERP系统评估和升级方案并正式启动。在全集团范围内推广时效利润模型、设备管理系统、智能巡检系统等数字化典型案例。召开"数字华谊"建设成果分享研讨会并组织表彰，评选产生2023年度集团优秀数字化项目。持续推进ELN在集团技术系统的应用，加强数字化研发培训。合同财务系统完成升级，人力资源数字化系统正式上线，BPC系统升级启动，项目管理HYPM平台实现数字化提升。

（二）完善网络安全体系。做好数据安全、信创工作、工控安全等，工业互联网＋安全项目评审通过，完成两化融合管理体系认证，在全市"磐石"护网行动中取得优异成绩。

六、文化建设

（一）坚持"阳光华谊"家文化建设。紧紧围绕中心工作，进一步增强全体干部职工的凝聚力向心力，为集团高质量发展汇聚磅礴力量。集团再次被命名"中国石油和化学工业文化建设示范单位"，8人荣获"石油和化工行业第五届文化建设创新工作者"称号。持续推进集团"三创"品格特质宣讲工作，录制能化公司视频课程，讲好华谊故事。抓好新一轮文明单位创建，巩固现有文明单位创建成果，形成精神文明建设常态化管理，26家单位完成上海市文明单位复审，新增1家完成上海市文明单位创建工作。推动一线职工技能晋升和岗位发明，举办"奋进新征程　建功北部湾"华谊钦州化工新材料一体化基地员工技能比武决赛，形成以赛促学、以赛促训、比学赶超、争创一流的氛围。

（二）举办职工演讲赛。举办"学思践悟新思想　砥砺奋进建新功"第七季"阳光华谊"演讲比赛，讲述华谊人在各条战线上学用新思想、立足岗位建新功，为集团高质量发展团结奋斗的感人事迹和榜样力量，营造积极向上的文化氛围。编印出版《集萃》阳光华谊企业文化故事演讲文集和《奋进新征程建功新时代》基层党建特色工作案例汇编，形成文化建设新成果。以扶贫帮困送温暖为着力点，修订职工救急济难基金会《章程》和《管理及使用办法》，加大对集团市内外企业困难职工帮扶力度。

七、社会责任

（一）安全生产平稳有序。学习贯彻落实习近平总书记关于安全生产重要论述，全覆盖签订HSE责任书和承诺书，夯实全员安全生产责任制，集团主要装置运行平稳，全年安全生产情况总体受控。

（二）推进绿色低碳转型。落实双碳战略，制订集团双碳工作三年行动计划和《碳排放管理办法》，持续开展碳排放数据月度核查，推进节能减碳项目56项，全年降碳超37万吨。完成集团危险废物规范化管理评估标准1.0版，重点企业危废显著减量。2023年华谊泰国公司获评泰国"绿色工厂"，广西能化公司获评工信部"绿色工厂"，双钱新昆、内蒙万豪、昆山宝盐、浙江天原等4家企业获评中国石化联合会"绿色工厂"。

【2024年发展趋势】

2024年，是新中国成立75周年，也是实现"十四五"规划目标任务的关键一年。集团要以实际行动贯彻落实中共二十大和习近平总书记考察上海重要讲话精神，认真落实"一以贯之，围绕提升集团核心竞争力深化改革"的要求，坚持一张蓝图绘到底，全面推进集团高质量发展，加快建设具有国际竞争力和影响力的世界一流企业。

一、推进安全生产和绿色低碳

深刻领会习近平总书记提出的"积极推动经济社会发展全面绿色转型，全面推进韧性安全城市建设"要求，牢牢守住安全环保底线，继续加快绿色低碳发展。

二、推进盈利能力提升

深刻领会习近平总书记指出的"上海要完整、准确、全面贯彻新发展理念，在推进中国式现代化中充分发挥龙头带动和示范引领作用"要求，克服行业周期波动，强化成本控制，坚持"降三降五"，确保安稳长满优，抓住市场机会，提高企业盈利能力，确保年度经营目标落地，为上海经济社会发展贡献华谊力量。

三、推进科技创新和数字赋能

深刻领会习近平总书记提出的"要以科技创新为引领，加强关键核心技术攻关，促进传统产业转型升级，加快培育世界级高端产业集群"要求，聚焦集团主业和产业发展方向，向产业链下游、高附加值领域发展，不断延链补链强链。

四、推进重大工程和战略规划

深刻领会习近平总书记提出的"紧扣一体化和高质量这两个关键词"的要求，高质量推进重大项目建设，加快钦州一体化基地建设，进一步发挥基地一体化竞争优势。

五、推进机制创新和管理提升

深刻领会习近平总书记提出的"要坚持'两个毫不动摇'，深化国资国企改革"要求，全面落实市委巡视整改任务，认真落实《上海市贯彻〈国有企业改革深化提升行动方案（2023—2025年）〉的实施方案》，研究制定并推进落实集团行动方案，深化机制创新和管理提升，加快建设世界一流企业。

（圣　蕾）

东方国际（集团）有限公司

【概况】

东方国际（集团）有限公司（以下简称集团）由具有160多年历史的上海纺织集团和具有70多年外贸历史的原东方国际集团联合重组而成，是一家拥有先进制造业与现代服务业，以时尚产业、健康产业和供应链服务为核心主业，以科技实业、产业地产、金融投资为支撑的大型综合性企业集团，是中国最大的纺织服装集团和最大的纺织品服装出口企业。名列中国企业 500 强第 275 位，中国服务业企业 500 强第 95 位，中国对外贸易 500 强第 31 位，中国纺织服装企业竞争力百强企业第 3 位。集团拥有总资产 627 亿元、员工 5.8 万人（海外员工占 70%），所属企业 389 家，上市公司 4 家（东方创业、申达股份、龙头股份、香港联泰控股）。在海外拥有 96 家业务机构，拥有全球第二的汽车内饰、全球第二的时尚箱包、全球第四的毛衫制造能力。2023 年实现营业收入 769.9 亿元，进出口 56.64 亿美元（出口 41.34 亿美元、进口 15.3 亿美元）。

【2023 年经济工作情况】

集团坚持以习近平新时代中国特色社会主义思想为指导，全面贯彻落实中共二十大、中央经济工作会议以及中共上海市委十二届三次全会、市委经济工作会议精神，紧紧围绕集团"十四五"规划、三年行动计划、年度"十大战役"重点工作任务，深入推进战略转型综合改革。

一、围绕全面推进综合改革，高质量发展迈出坚实步伐

强化提升核心竞争力，战略转型综合改革取得初步成果。对标世界一流企业，以"十四五"规划、"三年行动计划"和"五个亚洲第一"为抓手，深入推进"1+7+4"战略转型综合改革，进一步提高核心竞争力。集团上下同心、发挥优势、协同作战意识不断增强，数字化、系统化和集约化管理有效推进。外贸无效低效业务压缩、海外工厂产能优化、品牌转型等均取得一定成效，资源优化配置和风险控制能力继续增强。主业相关企业如德福伦、东方物流、纺织品公司、东方外贸、纺研院等核心能力不断提升。常态化推进管理层级压缩工作，管理四级企业从市国资委专项行动开始前的 122 户压减至 43 户，提前完成市国资委"十四五"末管理层级压缩目标，得到市国资委的肯定。进一步优化管控模式，制定了托管企业股权调整方案。

强化风险管控，解决老大难问题实现新突破。全力落实市委巡视及市审计反馈意见，集中整改任务完成率达 100%。强化法治内控管理，开展子公司法人治理结构和"三重一大"决策制度执行落实情况专项检查。按照"新设企业、正常经营企业与调整企业"对亏损企业实施分类管控，坚决压缩亏损企业及贸易与供应链板块 C 类企业授信，挽回及避免风险案件损失 3.16 亿元。探索可在市属国有企业系统复制推广的"国企存量资产批量整合与处置"路径，有序推进不良不实资产清理，与上海国盛集团、上海国际集团签署非上市公司债权转让合同。

强化数字基础建设，数智化助力业务转型升级取得新进展。持续优化改造集团统建信息化系统，外贸 ERP 3.0 升级版已覆盖板块所有 43 家成员单位，协同管理平台顺利完成埃塞俄比亚毛衫工厂等 5 个境内外推广项目。持续推进实施

荣恒公司 DLS 出口供应链等 8 个数字化转型项目。加快信息化集中建设，启动集团中心机房建设。加强信息安全基础管理，实现了重保期间"零事故、零报告"。

二、稳住外贸业务基本盘，加快转型升级

全方位全系列全过程服务对接第六届进博会，承接放大进博会溢出效应实力进一步增强。集团获得进博会招商、招展、特装施工服务商和主场运输服务商等全系列办展资质，继续承担进博会上海交易团秘书处的具体工作。第六届进博会完成招展国别及地区 43 个、展商 70 余家，组展签约面积接近 6100 平方米，双超上年。场内意向采购总金额 4.5 亿美元，位列国资分团前三。上届意向采购金额落地成交率达 94.8%。东方物流全权负责 6.1 馆、6.2 馆和集团联合展位，服务展商 510 家，服务展台面积近 6 万平方米。虹桥品汇新增注册企业 50 家，全年平台交易额达 170 亿元，比上年提高 38.2%；B 栋如期竣工、完成"机车世界"品类首发。新联纺、东方创业（不含东松）、东方商业、申达股份、龙头股份、原料公司、纺织品公司等 7 家企业进口总额实现增长。

集团积极探索离岸贸易、服务贸易、数字贸易、转口贸易、中间品贸易和供应链贸易，跨境自营出口数字化运维业务、自主品牌跨境电商业务和跨境供应链服务等项目扎实推进，单仓跨境业务规模保持全上海之首。集团自营出口业务呈现较强韧性，占比提升 2.2%。其中，新联纺自营出口近 1.7 亿美元，同比增长 40.8%；出口澳洲、新西兰的自营业务额达 7500 万美元，同比增长 269%；在越南开辟海外加工基地，出口越南业务额从零起步达到 1800 万美元，出口美国自营业务额超千万美元，同比增长 126%。东方创业自营棉针织业务出口 8500 万美元，同比提高 13.3%。汽车内饰板块贸易额超过 2000 万美元，同比增长 23.9%。东方外贸箱包、文教用品自营出口额均达千万美元以上，同比分别增长 42.4%、10.9%。纺织品公司自营业务占比达到 64.9%，继续保持高水平发展。原料公司形成进口棉直采→定码加工→全产业链溯源出口欧美的集成服务能力。东方物流海运货代业务量逆势增长 4.9%，新海航业航运船代业务同比增长；国际物流中欧班列开行完成百列，已联通欧亚 11 个国家、境外 80 多个城市与站点。

三、围绕市场化集成创新，逐步推进科技时尚能级再跃升

"先进制造业＋先进服务业"创新能力逐步提升。召开了集团科技大会，制定了未来五年的科创体系规划。申达股份汽车内饰成立全球管理委员会，建立全球协同开发机制，国内汽车内饰累计新增订单（年销售额）9.2 亿元，其中新能源业务占比达到 91%。纺研院环保双碳业务同比增长 33%，制订 5 项双碳国标，航天和航空特种材料等多项新技术实现了产业化，为多家兄弟企业积极提供技术服务。德福伦提高

产业用、家纺用纤维产品比例，采用联合创新、"揭榜挂帅"平台创新等模式，实现复合功能纤维技术新突破，获评工信部"专精特新"小巨人企业和"中纺联纺织行业创新示范科技型企业"。

深化结构调整，逐步夯实品牌可持续发展基底。龙头股份以市场为导向扎实推进层级改革，新供应链体系初见成效。继续加大面料创新能力建设，"冰泉棉"、零碳木代尔、可降解涤纶等新型功能性绿色面料国内领先。线上线下销售"双轮驱动"，国内新增 112 家加盟店，3 至 6 线城市加盟店达到 197 家、销售收入同比增长 11.5%，单店盈利能力普遍提升；品牌出海稳步增长，同比提高 8.5%。衣架品牌新中式产品成为市场新增长点。

持续创新构建时尚产业生态圈，行业核心地位逐步增强。时尚公司完成组织结构扁平化改革，管理费用下降明显，运营提质增效，其中时尚园区租赁和物业费单价分别较上年末提升约 5.2%、10.0%。上海国际时尚中心城市奥莱定位凸显，年盈利近 4000 万元，成为稳增长促消费亮点。上海时装周全年完成 207 场品牌发布秀，订货展会扩大到 13 家、近千品牌参与，16 个海外品牌进行全球首秀首发，楚雄彝绣亮相上海时装周和米兰时装周；首创了宠物时装周、元宇宙秀场，首次举办"国色东方"新中装系列发布会。时装周活动期间，秀场周边消费增长 20% 以上、客单价提升 33%，微博平台"上海时装周"内容阅读量达 59 亿次，线上直播间观看达 9439.2 万人次，《人民日报》、新华社和 CGTN 等 200 多家中外媒体进行报道。时尚教育深化运作模式和专业建设改革，积极履行集团"抗大"职能，全面完成市国资委及集团各项培训项目。

四、继续发挥压舱石作用，产业物产板块再做新贡献

加强集中管理，管理制度和标准化体系进一步完善优化。修订集团房地资产管理办法，制订房产出租、处置、改造等管理细则，规范租赁及重大投资项目建设全过程管理，构建园区运营、招商、物业管理、资产管理、人员管理等专业管理平台体系，对到期大面积低价历史遗留合同等 5 类重点租赁合同实施分类管理。

优化租赁客户结构，存量资产租赁经营稳中有进。完成存量资产管理现状和园区客户结构调研，对小微客户调仓约 4 万平方米，完成 27 个地块主题园区的再定位和 10 个主题园区的微更新改造。星海物业挖潜不可出租和自用面积 7 万平方米左右，拓展集团外 11 个物业项目、面积 44.15 万平方米，物业管理规模同比提高 8.2%、年租赁收入同比提高 6.1%。解决了欧尚超市、星光摄影城、好美家等历史合同问题，合同年收入增加 3391 万元。打造租赁公寓新业务板块，东方·星苑（江场西路 200 号）开业 3 个月，出租率已超过 50%。完成"四个一批"地块的初步定位。

在建工程建设去化有序推进。星海地产绍兴星尚项目接近售罄，袍江项目完成交付、去化率达到 73%；南通星尚项目竣工，临港项目住宅部分完成 19 层施工、商办 80 米塔楼完成 10 层施工，嘉定项目基本完成结构封顶，认购均接近百套。唐镇保障房项目、长宁会馆项目、虹桥品汇二期 B 栋项目竣工。智园 1.8 万方改扩建项目、东方金发洋山物流基地二期项目基本完成竣工。万航渡后路 33 号元中天地项目基础底板完成 90%。

五、深耕生命科学产业园区，大健康产业开创新局面

生命科学产业园区超额完成年初营收和利润指标。东方投资全面完成生命科学产业园区一期智慧化建设，招商工作卓有成效，园区立体停车库营收增长 66%。上海香杏中医院完成纳保、住院业务稳步发展，月手术量最高可达 45 台。东济费森血透中心取得执业许可，完成团队组建，已正式开始运营。集成社会资源，协力共建康养板块。东方九如城公司签约大港社区日间照料中心项目和新华路街道养老服务站项目。推进东方翌睿二期基金募资，成为"泰兴基金"管理人。

六、提升平台服务能级，打造优质服务核心竞争力

资金集中管效率效益进一步体现。财务公司年末归集资金 101.3 亿元，归集率创历史新高；年日均资金归集达到 75.82 亿元，同比增长 12.4%，日均归集偏离度大幅降低。通过资金融通助力集团整体降本 1.26 亿元，全年贷款利率同比下降 18bp，即期结售汇规模 15.12 亿美元。千方百计发挥金融服务功能。集团总部和财务公司双轮驱动统筹融资，获口行低成本信贷，完成新一轮中票、超短融各 50 亿元额度的注册；为申达股份、香港公司、星海地产、国资母基金、申创基金投资等提供资金 22.82 亿元。推动元中天地、半岛 1919 项目获 18.5 亿元银团融资，预计 15 年总计节约资金成本 2.12 亿元。帮助境外企业降低融资成本，财务公司首次为香港慧联境内慧怡工厂发放融资 2400 万元；运用欧元融资较美元融资利率低的窗口期，协同申达股份承接 Auria 年内到期美元融资，落实香港公司总部借款 3 亿港币汇率风险对冲方案。推出进博会直采优惠利率及购汇专项方案，助推集团进博会重点产品采购业务做大做强。

棉交中心超额完成任务，行业影响力日益提升。棉交中心交易量继续稳居全国同类现货棉花交易平台第二位，累计线上交易商户达到 471 家，平台交易额 485 亿元。棉花、乙二醇、聚酯短纤自营业务及 PTA 销量，预计分别达到 30 万吨、250 万吨、10 万吨和 95 万吨，均完成年度目标。"上棉指数"、清算通、保值贷、"供应链金融－订单融资"平台管控模式取得较大突破。

【2024 年发展趋势】

总体思路：以习近平新时代中国特色社会主义思想为指

导，全面贯彻落实中共二十大和二十届二中全会精神，深入学习贯彻习近平总书记考察上海重要讲话精神和对上海工作的重要指示要求，按照中央经济工作会议、市委十二届四次全会精神，坚持稳中求进、以进促稳、先立后破，以科技创新为引领、以深化改革为动力，坚持奋发有为、主动担当、协同作战，进一步提高核心竞争力，守牢不发生系统性风险的底线，推动"十四五"规划和战略转型综合改革落地落实，扎实推进集团高质量发展。主要做好6个方面工作：

一、围绕核心竞争力和高质量发展，以提升能级有力推进一流企业建设。

二、围绕"七联动"，以升级增效夯实外贸业务核心竞争力。

三、深化全方位创新，以降本增效推动科技时尚产业引领力。

四、提高精益管理能级，以挖潜增效提升产业物产板块的支撑力。

五、生命科学产业园全面开园运营，以服务增效做强做优大健康业务。

六、强化核心能力建设，以去风险增效提高平台服务能力。

（詹理敏）

上 海 医 药 集 团 股 份 有 限 公 司

【概况】

2023年，上海医药集团股份有限公司（简称上海医药）坚持稳中求进的工作总基调，直面困难挑战，顺利完成董监高班子换届，并围绕"稳增长、提效率、控风险、优体系"，扎实推进创新发展、集约化发展、融产结合、国际化发展及数字化建设"4+1"战略，不断夯实高质量发展的基础。公司实现营业收入2602.95亿元，比上年增长12.21%。其中：医药工业实现销售收入262.57亿元，同比下降1.87%；医药商业实现销售收入2340.38亿元，同比增长14.04%。归属于上市公司股东的净利润为49.19亿元，同比增长2.99%。研发投入26.02亿元，其中研发费用22.04亿元，同比增长4.35%。荣登《财富》世界500强榜单，并获得全球制药企业50强、全球最有价值制药品牌25强、中国医药工业百强企业、中国医药研发产品线最佳工业企业等荣誉。

【2023年经济工作情况】

科技创新驱动。打造开源的创新生态链，上海医药不断加大研发投入，积极构建"自主研发＋并购引进＋孵化培育"开放多元的创新体系，在加速推进研发管线进程的同时，不断深化与高校、科研院所、医疗机构和创新企业的合作。研发总投入26.02亿元，占工业销售收入的9.91%。2023年，新药管线获突破性进展，已有安柯瑞（重组人5型腺病毒）、凯力康（尤瑞克林）、培菲康（双歧杆菌三联活菌）3款创新药，兰索拉唑碳酸氢钠1款改良型新药上市。进入临床批件申请阶段、进入后续临床研究阶段以及进入研究者发起的临床研究（IIT）阶段的新药管线已有68项，其中创新药55项（含美国临床Ⅱ期3项），改良型新药13项。在创新药管线中，已有3项提交preNDA或上市申请，4项处于关键性研究或临床Ⅲ期阶段。重点在研新药项目I001项目、

X842、I037（"注射用LT3001"）、B013、SPH4336、NJ-2021-002（Z）（痔疮）和NJ-2021-002（F）（放射性直肠炎），共计13个品种（16个品规）通过仿制药质量和疗效一致性评价，过评产品累计增加到60个品种（87个品规），位居行业前列。

上海市重大项目上药生物医药产业基地（张江路88弄）全面落实施工进度，一期已基本建成，预计将在2024年上半年投入试运行。产业基地定位于集"研发中心、创新孵化平台、中试及产业化平台"三大功能为一体，被浦东新区大企业开放创新中心（GOI）授牌"上海医药开放创新中心"。上海生物医药前沿产业创新中心与拜耳签署合作共建实验室协议，将在产业基地引入中国首个联合实验室（CO.LAB）。上海医药携手上海生物医药前沿产业创新中心、香港科技园共同打造沪港联合创新孵化器"01LABS@HongKong"，于2024年1月正式开业，目前已有2家公司确认入驻。上海医药与中国药科大学签署战略合作框架协议，共建"创新药物研究院"。

2023年，实现工业销售收入过亿产品数量48个，与去年持平。覆盖心血管、消化系统、免疫代谢、全身抗感染、精神神经和抗肿瘤等领域。60个点品种销售收入149.4亿元，同比略有下降。公司紧抓中医药产业发展机遇，持续推进中药大品种培育战略。中药板块全年实现工业收入98.17亿元，同比增长10.30%。旗下雷允上、国风、青春宝、好护士、胡庆余堂、厦门中药厂以及和黄药业7家企业荣获"2023年中成药工业百强企业"；上海医药旗下"鼎炉""神象"凭借悠久的品牌历史、深厚的文化底蕴以及良好的市场认可度成功入选最新一批中华老字号名录，加之早前被认定的"雷氏""龙虎""宏仁堂""余天成"，上海医药

当前共拥有 6 个中华老字号品牌。通过提升终端覆盖、优化商业布局、开发海外市场、拓展销售渠道、开展健康讲座等方式，大幅提升生脉饮、胃复春、六神丸等过亿品种销售收入，平均增速超 40%。另外，从临床价值、市场价值等角度评估，筛选出数个休眠恢复产品，持续跟踪产品上市计划和进度，苏合香丸等产品已恢复销售。上药金山绿色制药精品基地项目基本完成，加速产业转型，促进智能化发展。上药信谊微生态智能工厂入选 2023 年度上海市级"智能工厂"。公司首次申报"2023 年度亚太质量组织创新奖"便斩获了最优级（Star），这是该奖项自设立以来唯一获奖的中国医药企业，充分体现上海医药在质量管理和创新能力上的卓越表现得到国际质量组织和专业人士的高度认可。上药第一生化超限制造项目已完成所有项目指标，并提交市发改委、科委项目验收。通过专项实施，上药第一生化建立超限制造颠覆性技术在原料药产业化的应用模型，并完成 2 个心血管药物的连续合成工艺研发，验证连续制造技术在原料药磺化、酰化等危险工艺中的应用可行性与技术优越性。相关实验数据表明：与传统釜式反应相比，经过超限制造技术研发的连续工艺，在安全、环保、质量和节能等方面均有重大改善。

2023 年，国际业务收入稳中有升，多个产品的注册取得实质性进展。上药泰国完成自有产品上市，完成相关产品线引进，实现销售收入；上药新加坡公司 Zynexis 完成 2 款产品引进，实现稳定运营；菲律宾市场准入取得突破，瑞舒伐他汀钙片完成菲律宾注册并拟近期上市，另有 2 个产品获得菲律宾药监局预审通过；上药阿联酋公司取得营业执照；上药常药获得泰国 GMP clearance 证书，3 个产品完成 BE 试验。

【2024 年发展趋势】

持续"以科技创新为驱动，成为具有国际竞争力的中国领先药企"的发展战略，深入推进"创新发展、国际化发展、产融结合发展、集约化发展"的四大转型发展举措，全面建设数字化上药。以"创新发展"为核心。持续加强研发投入，大力推动现有研发平台建设，构建高质量研发团队，持续丰富产品管线与提升技术能级。以"国际化发展"为抓手，以通过欧美认证达到国际先进水平的制剂出口为突破口，"拓展仿制药，积极布局创新药"是国际化发展的战略举措，加强公司制剂产品在国际注册与销售的体系化能力。以"融产结合发展"为助力，公深化融产结合运作，拓展多种融资渠道和投资手段，并提高投融资效率。以"集约化发展"为根本。在医药工业板块，逐步向以科技创新为驱动的研发型药企转型升级。提升聚焦领域内产品组合市场竞争力。在医药商业板块，提升业务与资源协同能力，加快终端服务网络，做好创新业务和风险管控，推动从传统供应链服务向以"科技＋金融＋服务"为发展内核的科技型健康服务升级，逐步转型为服务驱动和科技驱动的现代健康服务商。以"数字化上药建设"为赋能，公司将以大数据为手段提升管理精细化水平，提升体系能力，打造高效组织。

（沈思思）

上海仪电（集团）有限公司

【概况】

上海仪电（集团）有限公司（简称上海仪电）是上海市国有资产监督管理委员会所属国有全资产业集团，以"引领信息产业发展，助力城市数字化转型"为使命，聚焦发展以物联网、云计算、大数据、人工智能为特征的新一代信息技术产业，致力于成为智慧城市整体解决方案提供商和运营商。上海仪电已形成以新一代信息技术产业、不动产和证券等资产管理为核心主业，人工智能为培育主业的产业架构，突出"集成应用＋核心技术＋运营服务"的产业特色，强化"双底座（基础设施、工业数字）、双中台（数据、AI）"核心能力提升，以数据为核心、以人工智能技术为驱动，创新运营模式，打造支撑"物联、上云、用数、赋智"数字化转型全链能力的智慧城市整体解决方案，赋能经济数字化、生活数字化、治理数字化，助力新型智慧城市建设，成为上海城市数字化转型建设主力军。

公司注册资本 35 亿元。下属控股企业 104 家（含 3 家上市公司）。从业人员约 1.2 万人。

【2023 年经济工作情况】

2023 年，集团合并实现营业收入 212.3 亿元，比上年增长 6.79%；主营业务收入 209.44 亿元，同比增长 5.94%；利润总额 15.76 亿元，同比增长 80.92%；主业利润 9.5 亿元，同比增长 80.87%；归属于母公司净利润 2.4 亿元，同比减少 8.48%；净资产收益率 1.47%，同比下降 0.26 个百分点。

一、注重"挖存量"与"拓增量"并举

持续夯实新一代信息技术产业。完成重大活动期间相关重保任务；完成本市化工区"一网统管"、国资国企监管服务平台、长江禁捕智能管控等重大项目验收；完成上海超算中心公共算力服务平台项目终验交付；"为老服务一键通"平台试点应用增至 6 个区。中标市域铁路云平台一期、市大数据中心数据运营服务、浦东新区路灯节能改造工程、23 家市级医院重症医学 ICU 数字孪生等 200 余个项目，标的金额合计 23.45 亿元，其中千万元级别以上重大项目 34 个。

积极布局培育新的增长点。承接上海智能算力基础设施布局重大任务，牵头完成智能算力科技公司设立，推进松江智算中心（一期）建设，阶段性完成规模算力采购、集群搭建和服务交付，成为智能算力主要第三方供应商，支持重大关注大模型研发团队的训练需求，加快推进智能算力产业和应用生态建设。参与投资设立上海浦江数链科技有限公司。科技网数据中心（二期）获批新一轮 IDC 建设用能指标，作为 2023 年重大功能性事项导入松江新城。加强人工智能产业培育，中标上海天然气管网有限公司部分管网智能防爆机器人巡检系统和工控安全加固产品采购项目；完成继续教育基地 AI 培训项目交付，为重点客户开展 AI 人才培训服务。电子新材料研发平台和光刻胶产线项目正式开工建设。

稳步开展资产管理业务。商务不动产板块推动华鑫天地·松江项目参与工业上楼"智造空间"认定；完成鑫耀中城一期住宅和办公楼 T1 幢交付，推进二期、三期建设；完成武夷路 155 号、宜山路 801 号项目建设并开展招商工作；优化智慧园区数字化管理平台，打造无人化管理、多园区数据串联应用等数字化场景。金融业务板块积极调整经纪业务，提升自营固收业务的利润贡献率；深化金融科技赋能；成功发行全国首单实体制造业高成长产业债券（广东羚光）。

不断深化产业合作生态圈。在积极维护存量客户的基础上不断扩大"朋友圈"；全面梳理近 5 年来战略合作项目落地情况，与市农委、松江区政府等签署战略合作协议；加入长三角生态绿色一体化发展示范区开发者联盟；加强对外合资合作，支持合资企业发展，与松下电器、华录松下签署战略合作协议。

二、坚持"强管理"与"提质效"并重

突出规划引领，把握产业发展方向。完成集团"十四五"规划实施情况中期评估，明确"十四五"后期重点工作举措。推动创新发展三年行动规划、信息化建设三年行动方案、数字化转型三年行动方案实施。

加强科技创新，打造高质量发展动能。"仪电云"通过 ITSS 云服务能力认证（一级）。集团上线大数据平台，形成全方位数据管理制度体系；完成"人工智能中台研发（二期）""国产工业智能传感器研发"等 10 个重点科研项目立项；制定集团工业互联网平台建设初步规划。云赛智联牵头发布首份国际标准；形成数据中台产品矩阵并应用于市、区两级多个项目。创新院发布 AI 中台 1.5 版本，完成 2.0 版本内部测试。中央研究院自主研发的智能终端产品和物联网平台，配合相关企业在医疗、养老等行业中做好信创布局。自仪院研发并建成世界首套超大力值力标准测力机。"上分"和"南洋万邦"获"上海品牌"认证，系统内累计 9 项品牌获此认证。

完善经营管控，提高协同发展质效。针对重大项目、重点客户，实施集团牵头的"专班制"；制定实施大客户拓展工作计划。整合融资渠道，争取最优贷款利率，融资成本进一步降低；上线集团运营分析管理系统。持续推动实施不动产集约化管理，完成系统内不动产纳管工作；在二级重点子公司层面筹建财务共享中心；完善照明检测、智能制造、智慧水务等业务整合和资源协同方案。

优化人才结构，支撑高质量发展需求。完成"仪星荟"科技创新青年骨干人才库建库并吸纳首期人才 96 名。完善关于加强科技人才队伍建设、进一步加强市场化选人用人的指导意见。制订《关于推进新时期上海仪电产业工人队伍技能提升的实施方案》。开展领军人才和海外高层次人才引进工作并签约 4 人。

三、推动"促改革"与"防风险"并进

纵深推进改革工作。制订实施《关于改革深化提升创建世界一流企业工作方案》和任务清单。按照管理层级压缩要求，筹划并实施相关企业股权结构优化；推进有关业务板块专业化整合。实施集团审计体制机制改革。深化"三能机制"改革和经理层任期制契约化管理。云赛智联启动新一轮（2023—2025 年）"双百行动"。

有效推进防范化解重大风险工作。定期做好重点领域重大风险常态化排查，持续推进存量风险处置化解。建立健全审计制度体系，全面完成年度审计项目。完成《资金管理规定》《担保管理规定》等制度修订。实施《主要负责人履行推进企业法治建设第一责任人职责实施办法》。坚持"大安全"理念，全面扎实开展重大事故隐患专项排查整治 2023 行动，全系统生产安全、网络安全、信访稳定、舆情管控等形势整体可控。

【2024 年发展趋势】

2024 年，上海仪电将坚持以习近平新时代中国特色社会主义思想为指导，深入学习贯彻中共二十大和习近平总书记考察上海重要讲话精神，认真贯彻中央经济工作会议、十二届市委三次、四次全会精神，坚持"稳中求进、进中提质"工作总基调，坚持智慧城市整体解决方案提供商和运营商的战略定位不动摇，巩固深化主题教育成果，坚持"四个放在"、对接"五个中心"建设，把贯彻上海重大使命、重大任务、重大部署作为增强核心能力、提升核心竞争力的切入口和着力点，围绕高质量发展要求，努力锻长板、补短板、强弱项，一手抓眼前，稳固并扩大基本盘；一手抓长远，培育壮大新动能，全力完成经营目标，为实现"十四五"规划目标打下更牢固基础、创造更有利条件，推动集团抢占发展新高地、开创发展新格局。

全年工作突出五方面重点：

一、加大拓展力度，推动主业能级规模更跃升。

二、立足潜能角度，推动增长后劲更坚实。

三、强化改革深度，推动发展动能更有力。

四、细化管理颗粒度，推动业务协同更有效。

五、把好风控尺度，推动发展基础更稳固。

（陈　栋）

申能（集团）有限公司

【概况】

申能创建于 1987 年，1996 年成立申能（集团）有限公司（简称申能集团），是上海市国资委出资监管的国有独资有限责任公司。创立以来，申能集团秉持"锐意开拓、稳健运作"的经营理念，聚焦"能源、金融"双主业，产融并举、多元创新、协同共赢，逐步发展为一家业务涉足电力、燃气、证券、保险、线缆、氢能、环保等领域，构建形成电力、燃气、金融、战略性新兴产业四大业务板块的综合性能源企业集团，连续 22 年位列中国企业 500 强。截至 2023 年末，申能集团系统拥有全资和控股企业 300 余家，员工近 2 万人，直属企业包括申能股份（600642）、上海燃气、东方证券（600958.SH、03958.HK）、上海电缆研究所等。

【2023 年经济工作情况】

一、党建引领，强根铸魂铸合力

申能集团坚持以习近平新时代中国特色社会主义思想为指导，坚持学思用贯通、知信行统一，以"学思想、强党性、重实践、建新功"的实际行动确保中央、市委重大决策部署在申能落地见效，以高质量党建引领保障高质量发展。扎实开展主题教育。集团党委牢牢把握"学思想、强党性、重实践、建新功"的总要求，系统谋划、融合推进理论学习、调查研究、推动发展、检视整改各项措施，集团党委中心组学习会 17 次，班子成员开展调研 121 次，坚持不懈用党的创新理论凝心铸魂。着力建设高素质专业化干部人才队伍。选优配强党委管理干部，调整集团党委管理干部 40 人次，加快选育优秀年轻干部，"优才计划"办法落地，健全完善激励约束机制，以"人才强企"战略推动跨越发展。纵深推进全面从严治党。集团从严抓好巡视巡察工作，层层压实责任链条，精准开展政治监督，着力强化纪律建设，聚焦关键少数、重点领域，一体推进"三不腐"，为集团高质量发展提供坚强政治保证。加快提升企业文化软实力。一个申能"同心圆"企业文化理念体系发布，持续激发干事创业强劲动力。在首届上海国际碳博会上，申能品牌向世界展示综合性能源供应商的绿色实践与"零碳"愿景。

二、电力产业：奉献清洁电力，打造绿色先锋电力版图

申能集团坚守能源保供初心，为上海供应了 1/3 的电力，以绿色低碳、清洁高效为发展方向，着力打造绿色先锋电力版图，服务国家"双碳"战略和新型电力系统建设。2023 年，申能全年控股发电量达到 551.1 亿千瓦时，比上年增长 2.6%。新能源发展按下"加速键"。申能的新能源业务全方位覆盖陆上风电、陆上光伏、近海风电等，积极探索远海风电和海上光伏多种新类型，并加快形成以用户侧需求为导向的申能特色"1+N 一体化综合能源低碳服务"。截至 2023 年底，新能源装机累计达 512.2 万千瓦，占总装机比例超过 30%，新增新能源装机容量 83.3 万千瓦。其中，申能海南 CZ2 海上风电项目作为海南省"十四五"首个通过核准的海上风电项目现已开工建设，将努力打造成服务国家"双碳"目标、助力海南清洁能源岛建设的精品示范工程。清洁高效煤电竖起"新标杆"。申能致力于将火电做到极致，节能水平始终处于行业领先地位。2023 年，申能完成上海市内煤机 30% 深度调峰改造并积极探索 20% 深度调峰技术；申能高效清洁煤电技术 3.0 版本——国家示范项目申能安徽平二工程示范内容顺利验收，用额定工况机组供电煤耗 249.31 克／千瓦时刷新世界纪录，在全球清洁高效煤电领域树起了一道中国标杆。

三、燃气产业：夯实产业基础，燃气发展潜能持续释放

申能集团深入践行人民城市理念，牢记为民宗旨，利用公司"X+1+X"完整燃气产业链（上游"6+1"多气源保障体系、中游"坚强一张网"和下游多元化销售），全力保障超大城市燃气供应。全年供应天然气首次突破 100 亿立方米，占上海市场份额 95% 以上。落实国家重大战略。年内，上海 LNG 站线扩建项目三大主体工程全面开工、沪苏联络线上海段机械完工，不断夯实长三角区域能源互济互保基础；作为上海市重大工程、民生工程，上海市天然气主干管网崇明岛－长兴岛－浦东新区五号沟 LNG 站管道工程投运让长兴岛迎来管道天然气时代，也为崇明岛建设世界级生态岛注入绿色能源新动能。智慧赋能韧性发展。申能以数字赋能智慧燃气建设，2.7 万公里天然气管网将天然气送进上海千家万户，利用天然气主干管网仿真系统实现大型复杂天然气管网动态精确仿真，确保燃气管网安全平稳运行；5G 无人机巡检、高精度智能燃气检漏车等创新技术引进投用，护航燃气安全，筑牢城市安全底线；在洋山"能源岛"，国内首套、世界最大规模的 LNG 冷能发电装置建成投产，每年可减碳

1万吨，技术赋能向绿色低碳迈进。"燃"情为民贴心服务。申能集团拥有燃气用户逾700万户。集团燃气企业圆满完成两项市府实事工程，累积完成62.4万余户居民灶前胶管更换和9.1万余户独居老人报警器加装；"上燃e家·服务到家"开启直播首秀、AI智能客服加盟"962777"燃气热线平台……燃气企业着力提升精细化服务水平给城市居民带来燃气服务新体验。集团旗下上海燃气获评"全国用户满意四星级企业"称号。

四、金融产业：坚持服务实体，产融协同发展持续发力

申能集团基于能源金融双主业，打造"科技－产业－金融"高水平循环申能样板，以申能特色绿色金融体系助力绿色产业链创新发展，集团金融产业涉及证券、保险、创投等领域，控股管理东方证券、申能财务、申能租赁、申能诚毅等企业，也是中国太保单一第一大股东。围绕"大投行"建设，打造"能源投行、绿色券商"。作为行业内第五家实现A+H股上市券商，集团旗下东方证券资管业务收入排名保持第二，期货经纪业务成交量市占率保持行业第一、客户权益规模行业排名第三；同时，东方证券持续深耕绿色金融领域，2023年，公司获批碳排放权交易资格，实现同批首家碳配额交易；首次进入证券公司"白名单"，监管分类评价保持AA级，明晟ESG评级提升至AA级。持续深化能源金融服务平台优势。申能能金部发布以"绿色＋"协同服务体系为标志性产品组合的绿色金融产品服务体系，截至目前，申能财务绿色信贷占比约60%，申能租赁绿色租赁业务占比超过90%，申能碳科技与合作方共同推出上海市首个绿色普惠担保贷款，申能能金部持续探索绿色金融协同创新，以高质量金融产品和金融服务助力集团能源产业和长三角生态绿色一体化发展。强化协同加快创投布局。申能诚毅成功入选国家中小企业发展基金子基金管理人，申能诚毅主动管理基金规模超过50亿元，初步形成绿色产业投资生态圈。

五、战略性新兴产业：布局绿色新赛道，加速企业创新转型

申能集团推动科技创新与产业创新融通衔接，加快培育新质生产力，积极布局战略性新兴产业，拓展线缆制造服务、氢能、环保、分布式供能等产业，着力打造企业新增长极。申能投资的多家氢能、环保领域企业成为国家级"专精特新"小巨人企业，技术创新填补产业链空白。线缆制造服务能力双提升。集团旗下上海电缆研究所积极推动线缆创新研发，海洋及先进核电装备用特种电缆关键技术攻关等多个项目实现重大突破，特种增敏传感光纤及电力系统安全监测应用项目荣获上海市科技进步奖一等奖。2023年，运用上海电缆所自主研发核心技术的世界首条35千伏公里级超导输电示范工程实现满负荷运行，达到国际领先水平。氢能"三纵三横"布局纵深推进。作为国内氢能领域先行者，申能积极推动氢气制备、储运设备和燃料电池"三纵"产品在上海、全国具有氢能先发优势区域和多场景示范应用的"三横"场景中落地生花。申能旗下浙江蓝能的储氢产品打开国际市场，与法国彼欧合资建设超级工厂布局IV型高压储氢瓶，推进氢能领域产品线多元化发展。临港四团光伏氢能一体化项目、氢能保障基地项目有序建设，加速推动氢能规模化、商业化运用。环境治理业务高质量发展取得突破。2023年，集团旗下能服申欣山西古城煤矿中央风井超低浓度瓦斯综合利用项目正式投产，桃园项目完工并实现供热，具有很好的社会经济效益；集团旗下申能环境与上海燃气联手打造的上海首个规模化养殖场沼气提纯生物天然气项目正式并网通气，实现"产业＋环保"协同发展新突破。区域供能业务稳步提升。积极服务"大虹桥、大浦东"发展格局，集团旗下能服申欣稳步发展分布式能源业务，虹桥商务区3#能源站竣工验收，全年区域供能规模达218万吉焦。

【2024年发展趋势】

2024年，是新中国成立75周年，也是实现"十四五"规划目标任务的关键一年。申能集团将以习近平新时代中国特色社会主义思想为指导，全面贯彻中共二十大和二十届二中全会精神，完整、准确、全面贯彻新发展理念，围绕推动高质量发展首要任务和构建新发展格局战略任务，聚焦上海建设"五个中心"重要使命，坚持稳中求进、以进促稳、先立后破，统筹高质量发展和高水平安全，以更高标准保障能源供应，以更好服务赋能美好生活，在为建设立足上海、面向全国、具有国际竞争力的一流综合性能源企业集团的新征程上不懈奋斗。

（吴子涵）

上海航天局

【概况】

上海航天局，又称上海航天技术研究院，是中国航天科技集团有限公司（以下简称集团公司）三大总体院之一，创建于1961年8月。经过60多年的发展，已成为中国航天系统唯一的弹箭星船器多领域并举、军民协同发展的国防科技工业骨干单位。上海航天局主要承担防空导弹、运载火箭、应用卫星、空间科学探索与应用等领域产品研制生产任务。此外，通过坚持军民协同发展，形成以航天技术应用产业和航天服务业为主的民用产业发展格局。上海航天局拥有主要从事军工产品研制生产的12家单位和主要发展航天技术应用及服务业的8家企业，其中包括中国第一家以航天命名的上市公司——上海航天汽车机电股份有限公司（股票代码：600151），并形成汽车热系统全球化发展布局。截至2023年末，上海航天局有从业人员2万余人。上海航天坚持科学发展和创新发展，坚持强军首责，坚持融入上海，以"发展航天事业、建设航天强国"和"上海建设具有全球影响力的科技创新中心"为己任，勇担航天强国新使命，勇攀航天科技新高峰，勇拓产业发展新局面，深入推动全面深化改革，加快推动军民协同发展，为国防现代化建设和地方经济发展做出了重要贡献。

【2023年经济工作情况】

2023年，上海航天局全年实现营业收入527.4亿元。在夯实资产质量的基础上，实现利润总额14.1亿元，全员劳动生产率63万元／人年。经济韧性进一步增强，为更高质量的发展打下了坚实基础。

一、圆满完成宇航发射任务

上海航天局圆满完成24次发射任务。长征二号丁一箭41星创造国内一箭多星发射新纪录。远征三号上面级创造箭器联合飞行新模式。长征四号系列运载火箭发射数量突破100发，上海航天局抓总长征系列运载火箭发射数量突破200发。

1月13日，长征二号丁遥七十三运载火箭成功将遥感三十七号卫星送入预定轨道，星箭均由上海航天局抓总研制，取得上海航天局2023年宇航发射开门红。卫星主要用于空间环境监测等新技术在轨验证试验。本次发射是上海航天局抓总研制的长征系列运载火箭第181次发射，也是长征系列运载火箭第461次发射。

1月15日，长征二号丁遥七十一运载火箭成功将齐鲁二号、齐鲁三号等14颗卫星送入预定轨道。本次任务是长征二号丁型号尝试商业"拼车"发射模式，14颗卫星来自7家研制单位。本次发射是上海航天局抓总研制的长征系列运载火箭第182次发射，也是长征系列运载火箭第462次发射。

3月10日，长征四号丙遥五十一运载火箭成功将天绘六号A/B星送入预定轨道。本次发射是上海航天局抓总研制的长征系列运载火箭第183次发射，也是长征系列运载火箭第465次发射。

3月30日，长征二号丁遥九十运载火箭成功将宏图一号01组共4颗卫星送入预定轨道。本次发射是上海航天局抓总研制的长征系列运载火箭第184次发射，也是长征系列运载火箭第469次发射。

3月31日，长征四号丙遥四十九运载火箭成功将遥感三十四号04星送入预定轨道，星箭均由上海航天局抓总研制，卫星主要用于国土普查、城市规划、土地确权、路网设计、农作物估产和防灾减灾等领域。本次发射是上海航天局抓总研制的长征系列运载火箭第185次发射，也是长征系列运载火箭第470次发射。

4月16日，长征四号乙遥五十一运载火箭成功将风云三号07星送入预定轨道，星箭均由上海航天局抓总研制，卫星主要用于灾害性天气系统强降水监测，可提供全球中低纬度地区降水三维结构信息。本次发射是上海航天局抓总研制的长征系列运载火箭第186次发射，也是长征系列运载火箭第471次发射。

6月15日，长征二号丁遥八十八运载火箭成功将吉林一号高分06A星等41颗卫星送入预定轨道，刷新了我国一次发射卫星数量最多的纪录。本次发射是上海航天局抓总研制的长征系列运载火箭第187次发射，也是长征系列运载火箭第476次发射。

6月20日，长征六号遥十二运载火箭成功将试验二十五号卫星送入预定轨道。本次发射是上海航天局抓总研制的长征系列运载火箭第188次发射，也是长征系列运载火箭第477次发射。

7月23日，长征二号丁遥九十一运载火箭成功将四象01星等4颗卫星送入预定轨道。本次发射是上海航天局抓总研制的长征系列运载火箭第189次发射，也是长征系列运载火箭第479次发射。

7月27日，长征二号丁遥八十一运载火箭成功将遥感三十六号卫星送入预定轨道。星箭均由上海航天局抓总研制，本次发射是上海航天局抓总研制的长征系列运载火箭第190

次发射，也是长征系列运载火箭第 480 次发射。

8 月 3 日，长征四号丙遥四十四运载火箭成功将风云三号 06 星送入预定轨道，星箭均由上海航天局抓总研制。卫星将大幅提高对大气温湿度垂直廓线、大气痕量气体及地球辐射收支能量的观测精度。本次发射是上海航天局抓总研制的长征系列运载火箭第 191 次发射，也是长征系列运载火箭第 481 次发射。

8 月 21 日，长征四号丙遥五十六运载火箭成功将高分十二号 04 星送入预定轨道，星箭均由上海航天局抓总研制。卫星主要用于国土普查、城市规划、土地确权、路网设计、农作物估产和防灾减灾等领域。本次发射是上海航天局抓总研制的长征系列运载火箭第 192 次发射，也是长征系列运载火箭第 484 次发射。

8 月 31 日，长征二号丁遥八十二运载火箭成功将遥感三十九号卫星送入预定轨道。本次发射是上海航天局抓总研制的长征系列运载火箭第 193 次发射，也是长征系列运载火箭第 485 次发射。

9 月 7 日，长征四号丙遥五十三运载火箭成功将遥感三十三号 03 星送入预定轨道，星箭均由上海航天局抓总研制。本次发射是上海航天局抓总研制的长征系列运载火箭第 194 次发射，也是长征系列运载火箭第 486 次发射。

9 月 10 日，长征六号甲遥五运载火箭成功将遥感四十号卫星送入预定轨道。本次发射是上海航天局抓总研制的长征系列运载火箭第 195 次发射，也是长征系列运载火箭第 487 次发射。

9 月 17 日，长征二号丁遥八十三运载火箭成功将遥感三十九号卫星送入预定轨道。本次发射是上海航天局抓总研制的长征系列运载火箭第 196 次发射，也是长征系列运载火箭第 488 次发射。

9 月 27 日，长征四号丙遥五十四运载火箭成功将遥感三十三号 04 星送入预定轨道，星箭均由上海航天局抓总研制。本次发射是上海航天局抓总研制的长征系列运载火箭第 197 次发射，也是长征系列运载火箭第 489 次发射。

10 月 5 日，长征二号丁遥八十四运载火箭成功将遥感三十九号卫星送入预定轨道。本次发射是上海航天局抓总研制的长征系列运载火箭第 198 次发射，也是长征系列运载火箭第 490 次发射。

10 月 15 日，长征二号丁遥七十七运载火箭成功将云海一号 04 星送入预定轨道，星箭均由上海航天局抓总研制。本次发射是上海航天局抓总研制的长征系列运载火箭第 199 次发射，也是长征系列运载火箭第 491 次发射。

10 月 24 日，长征二号丁遥八十五运载火箭成功将遥感三十九号卫星送入预定轨道。本次发射是上海航天局抓总研制的长征系列运载火箭第 200 次发射，也是长征系列运载火

箭第 492 次发射。

11 月 1 日，长征六号甲遥四运载火箭成功将天绘五号卫星送入预定轨道，星箭均由上海航天局抓总研制。卫星主要用于开展地理信息测绘、国土资源普查和科学试验研究等任务。本次发射是上海航天局抓总研制的长征系列运载火箭第 201 次发射，也是长征系列运载火箭第 494 次发射。

11 月 23 日，长征二号丁遥五十九运载火箭／远征三号遥二上面级组成的运载系统成功将卫星互联网技术试验卫星送入预定轨道。本次发射是上海航天局抓总研制的长征系列运载火箭第 202 次发射，也是长征系列运载火箭第 498 次发射。

12 月 10 日，长征二号丁遥八十六运载火箭成功将遥感三十九号卫星送入预定轨道。本次发射是上海航天局抓总研制的长征系列运载火箭第 203 次发射，也是长征系列运载火箭第 500 次发射。

12 月 15 日，长征五号遥六运载火箭成功将遥感四十一号卫星送入预定轨道。上海航天局承担了火箭助推器的研制。本次发射是长征系列运载火箭第 502 次发射。

二、中国空间站进入应用与发展阶段

中国空间站进入应用与发展阶段，将常态化实施乘组轮换和货运补给任务。2023 年圆满完成天舟六号货运飞船、神舟十六号、神舟十七号载人飞船发射与对接任务，神舟十五号、神舟十六号载人飞船安全返回，飞行任务有序实施、步调稳健，开启空间站应用与发展新篇章。梦天实验舱顺利完成 13 次载荷进出舱任务，空间站组合体在轨稳定运行，彰显大国科技发展带来的硬核魅力。上海航天局承担梦天实验舱总体，以及载人飞船、货运飞船、空间站系统的电源分系统、对接与转位机构分系统、非密封舱结构和总装、测控通信设备、非密封舱总体电路设备、电缆网等研制，在任务中表现出色、性能稳定，为工程任务的顺利实施提供了有效保障。

5 月 10 日，天舟六号货运飞船在海南文昌发射场成功发射，顺利进入预定轨道，标志着中国空间站转入应用与发展阶段后的首次飞行任务取得圆满成功。

5 月 30 日，神舟十六号载人飞船在酒泉卫星发射中心成功发射，飞船顺利进入预定轨道，航天员乘组状态良好。我国空间站应用与发展阶段的首次载人飞船发射任务取得圆满成功。当日，神舟十六号载人飞船与空间站组合体成功实现自主快速交会对接，神舟十六号航天员进入空间站组合体，与神舟十五号乘组顺利会师。在完成工作交接后，神舟十五号乘组于 6 月 4 日安全返回。

10 月 26 日，神舟十七号载人飞船在酒泉卫星发射中心成功发射并顺利对接空间站组合体，与神舟十六号乘组会师。神舟十六号乘组在与神舟十七号乘组完成工作交接后，

于 10 月 31 日安全返回。

2023 年 1 月，上海航天在轨航天器支持中心开始正式运行，是北京地区以外唯一的载人航天器支持中心，初步形成了开展分布式飞控任务执行、地面伴飞舱远程测试和数字梦天舱伴飞的"三个梦天舱"的三位一体能力，为后续执行空间站货物进出舱任务，建造国家级太空实验室奠定了坚实基础。

三、风云三号降水星、上午星

4 月 16 日，风云三号降水星成功发射。风云三号降水星国际首次采用双频主动降水测量雷达与被动微波、光学遥感相结合的综合探测，搭载了降水测量雷达、微波成像仪、中分辨率光谱成像仪等业务载荷，主要用于灾害性天气系统强降水监测，可提供全球中低纬度地区降水三维结构信息，提升降水要素探测性能，为提高降水气象预报准确率提供支持。卫星发射后将填补国内降水三维立体层探测数据空白，整体功能性能达到国际先进水平。

8 月 3 日，风云三号上午星成功发射。风云三号上午星搭载了功能强大、性能先进的遥感仪器，通过全谱段、定量化观测，将获取全球臭氧分布，监测全球辐射收支、冰雪覆盖、海面温度，提供短期气候预测、气候变化预估所需的遥感信息，大幅提高对大气温湿度垂直廓线、大气痕量气体及地球辐射收支能量的观测精度，进一步提升我国在全球数值预报、全球气候变化应对、生态环境监测和综合防灾减灾等方面的能力和水平，提升我国在应对气候变化方面的国际主导权和话语权。

四、深入推动军民协同发展

高端装备领域，核工业特种装备合作项目通过验收，打造标杆示范工程；成功研制固相增材复合装备，推动搅拌摩擦焊装备产品战略升级。低空安防签约 9100 万元某监狱和武警安防集成项目，中标某反恐一级达标改造项目，司法反恐领域取得重大突破。新能源领域，轨交锂电交付 3200 套地铁后备电源，细分领域保持第一；深化哈铁战略合作，批量示范应用北上广深等地铁以及上铁、哈铁等铁路站点。燃气输配首次入围国家管网年度采购，实现长输管线市场重大突破；TCU 燃气管网物联网仪表成功走向市场，产品销售破千万。上海飞奥燃气设备有限公司、航天工程装备（苏州）有限公司、上海复合材料科技有限公司、上海航天电源技术有限责任公司获得国家级"专精特新"小巨人企业认定，航天工程装备（苏州）有限公司、上海复合材料科技有限公司、新江科技（江苏）有限公司列入集团公司"专精特新"企业培育第二批名单。

五、创新驱动能力持续提升

持续开展核心技术攻关，关键产品开发取得丰硕成果。以复合型硫化物固态电解质体系为代表的多项技术能力达到国际先进水平，加速推动先进能源等专业引领式发展。布局搅拌增材复合制造、机场低小目标探测等新兴产业技术，研制形成 170KW 车载氢燃料电池、双焦距雷视一体交通雷达、新一代矿井综采系统、高韧高强镁合金材料、大功率能源方舱等一批民用新产品。积极融入新型举国体制战略布局，空间电源等 5 个全国重点实验室获批立项。设立重点实验室开放基金项目，基础创新资源集聚效应逐步释放。推进上海智慧计算创新中心、轻合金技术研究联合实验室等新型研发机构和协同创新平台建设。全年专利申请 1740 件，有效发明专利 6050 件，获中国专利金奖 1 项，获科学技术奖 100 余项。获第十一届中国创新创业大赛、集团公司第三届创新创意大赛等金奖 3 项、银奖 2 项。

六、落实人才兴企战略

围绕航天强国建设目标，上海航天局立足上海人才高地，落实人才兴企战略，持续加大年轻干部选拔力度，干部队伍结构不断优化。发挥各年龄层作用，注重梯次配备，全年新提拔院部部门领导和各单位班子成员 80 后占比达到 77.8%。配齐配强型号两总，上海航天局型号负责人配置率达 95%，位居集团前列。筑巢引凤，集聚天下英才。推动清华、哈工大、上海交大、同济等知名高校，在上海航天局建立"就业实习实践基地"。全年招聘应届毕业生 770 名，具有高级职称的社会成熟人才和海外人才 36 名。应届高校毕业生 98% 来自 985 和 211 高校，核心专业的人员配置匹配度为 98%。博士年度到岗首次突破 100 人，人才引进质量在集团连续保持领先。

持续推动高层次科技人才和后备专家培养。成立专项工作小组，形成院所两级、各部门、各工作组同向发力的院士推荐工作新局面。全年共有 5 名专家主动申报两院院士增选，3 名成为工程院有效候选人；94 人次入选各级专家，获得资金总额近 3500 万元，其中 1 人入选国家级专家，11 人享受国务院政府特贴，1 人获评首届上海杰出人才，2 个团队入选上海市东方英才团队项目，51 人入选省部级专家。入选人数和资助金额均创历史新高。坚持向一线倾斜，向奋斗者倾斜，构建差异化的分配机制。研究制订型号项目竞标人员激励政策，优化研发人员激励政策，研究制订骨干人才激励政策。持续优化人工成本和工资总额科学管控。编制工资总额核定细则，实施与单位效益、考核结果联动。精准核定预控数，确保向骨干、奋斗者和贡献者倾斜，切实提升职工获得感。持续推动企业年金和中长期激励政策实施。

【2024 年发展趋势】

2024 年是实现"十四五"规划目标任务的关键之年。面对全年发展目标和重点任务，上海航天局将树立更加强烈的使命感、责任感、紧迫感，为圆满完成全年各项任务，实现高质量发展而努力奋斗，为推动航天强国建设和地方经济发展作出新的更大贡献。

一、主要经济目标

全年实现营业收入 460 亿元、利润总额 16 亿元、全员劳动生产率 64 万元／人年。

二、十一项重点工作措施

（一）落实全面从严治党要求，压紧压实管党治党责任。

（二）聚焦主责强化科研生产，确保型号任务圆满成功。

（三）补齐短板抓实质量管理，提升型号风险管控能力。

（四）持续推动全面深化改革，加快商业航天布局落地。

（五）持续提升产业经营质量，推动重点产业转型发展。

（六）发挥科技创新引领作用，加快突破关键核心技术。

（七）深入落实人才强企战略，凝聚企业发展核心力量。

（八）加强核心能力体系建设，有力支撑战略目标实现。

（九）加大国际市场开拓力度，不断丰富对外合作渠道。

（十）不断提升精细经营水平，确保企业安全有序运行。

（十一）发挥政治建设统领作用，推动建设新的伟大工程。

（傅晓海）

中 国 商 用 飞 机 有 限 责 任 公 司

【概况】

中国商用飞机有限责任公司（简称中国商飞公司）是实施国家大型飞机重大专项中大型客机项目的主体，也是统筹干线飞机和支线飞机发展、实现我国民用飞机产业化的主要载体，主要从事民用飞机级相关产品的科研、生产、试验试飞，从事民用飞机销售及服务、租赁和运营等相关业务。

中国商飞公司于 2008 年 5 月 11 日成立，总部设在上海。中国商飞公司由国务院国有资产监督管理委员会、上海国盛（集团）有限公司、中国航空工业集团有限公司、中国铝业集团有限公司、中国宝武钢铁集团有限公司和中国中化股份有限公司出资组建。2018 年底，新增股东单位中国建材集团有限公司、中国电子科技集团有限公司、中国国新控股有限责任公司。中国商飞公司的企业使命是："让中国的大飞机翱翔蓝天"，企业愿景是："为客户提供更加安全、经济、舒适、环保的民用飞机"。截至 2023 年底，中国商飞公司所属单位有上海飞机设计研究院、上海飞机制造有限公司、上海飞机客户服务有限公司、北京民用飞机技术研究中心、中国商飞民用飞机试飞中心、上海航空工业（集团）有限公司、中国商飞营销中心、上海《大飞机》杂志社有限公司、中国商飞美国公司、中国商飞四川分公司、商飞资本有限公司、商飞集团财务有限责任公司、商飞大学（商飞党校）。与俄罗斯联合航空制造集团公司（UAC）合资成立中俄国际商用飞机有限责任公司。设立美国办事处、欧洲办事处，参股中国航空发动机集团有限公司、成都航空公司、浦银金融租赁公司、商飞时代（上海）航空有限公司等。截至 2023 年底，中国商飞公司从业人员 15774 人。

【2023 年经济工作情况】

2023 年，是中国商飞公司全面贯彻落实中共二十大精神，"加油再出发、斗硬再拼搏"的一年。中国商飞公司各级党组织坚定拥护"两个确立"，坚决做到"两个维护"，扎实开展学习贯彻习近平新时代中国特色社会主义思想主题教育，认真贯彻党中央决策部署，牢记"国之大者"，全力支持配合中央巡视，更加自觉地扛起大飞机事业责任和全面从严治党责任，取得来之极为不易的新成绩。

2023 年，是国产大飞机从研制阶段全面转向产业化发展新阶段的一年。中国商飞公司全体干部职工深入学习贯彻习近平总书记关于大飞机事业重要指示批示精神，牢记"大飞机事业一定要办好"的殷切嘱托，团结拼搏、砥砺奋进，收获了"两个历史性首航"等重大成果。C919 在全球首家客户中国东航实现商业首航，首批 3 架航线运营平稳开局，新增订单 100 架。ARJ21 在海外首家客户印尼翎亚航空实现海外首航，累计交付国内外客户 122 架，通航 140 余座城市，载客突破 1000 万人次；首批 2 架货机交付客户，医疗机完成取证，系列化发展取得重要突破。C929 立项研制，稳步推进初步设计。2023 年，ARJ21 和 C919 先后赴云南、新疆和香港演示飞行，大飞机的足迹更为坚实和宽广。

中国商飞公司始终坚持"生命至上、安全第一、安全永远第一"，牢牢守住质量安全底线；奋发图强，自主攻克一批关键技术，开发上线一系列平台系统，全面优化经营管理体系，深化需求目标计划管理体系，健全风险问题管理体系，数字化转型步伐加快，标准规范突破 2.9 万项，多个预研成果向型号转化。

2023 年中国商飞公司重要事件：

ARJ21 飞机客改货设计更改项目正式获得局方批准。1 月 1 日，ARJ21 飞机客改货设计更改项目正式获得局方批准。ARJ21 飞机客改货是 ARJ21 项目继公务机后中国商飞公司推出的又一个重要的衍生型号，项目于 2020 年 5 月立项，经过初步设计、详细设计、改装实施等一系列攻关过程，于 2022 年 12 月底完成全部符合性验证试验试飞以及适航符合性报告批准。

C919 大型客机控制律团队获 2022 年度"央企楷模"。2 月 16 日，国资委党委隆重发布 2022 年度"央企楷模"，召开中央企业"时代楷模""央企楷模"代表座谈会，中国商飞公司 C919 大型客机控制律团队获 2022 年度"央企楷模"。

"国产商用飞机校园巡展"走进广州民航职业技术学院。4 月 7-8 日，由中国商飞公司主办的"携手共融，逐梦前行——国产商用飞机校园巡展"活动走进广州民航职业技术学院。活动期间开展了 ARJ21 飞机静态展示、C919 大型客机研制历程纪实影像展、广东省职业院校学生技能大赛、大飞机奋斗者分享会、校友见面会、微课大赛、校园招聘会和校园路演等活动，使广大师生进一步了解国产商用飞机，促进形成理解、支持、欢迎国产商用飞机的良好态势，助力国产商用飞机健康稳步发展。

国产 ARJ21 飞机首次投入海外运营。4 月 18 日，国产 ARJ21 飞机满载乘客，从印度尼西亚首都雅加达飞抵巴厘岛首府登巴萨，完成海外商业首航。这是中国喷气客机第一次走向海外、第一次由国外航空公司运营、第一次执飞国外商业航班，是中国航空发展史上的重要里程碑，是建设制造强国的重要标志，也是中印尼全面战略伙伴关系的重要成果。

第二届中国支线航空发展峰会在昆明召开。4 月 19-21 日，以"创新'干支通，全网联'服务模式，助力构建新发展格局"为主题，由中国民用航空局、云南省人民政府指导，中国航空运输协会、云南航空产业投资集团有限责任公司、中国商用飞机有限责任公司共同主办的 2023 第二届中国支线航空发展峰会在云南昆明召开，旨在为"支线运输、支线机场、支线飞机"发展拓展新思路，共建新发展格局，推动民航高质量发展。

中国商飞公司举办第二届大飞机绿色发展论坛。4 月 26 日，以"创新低碳新技术，制造绿色大飞机"为主题的第二届大飞机绿色发展论坛在中国商飞上飞公司浦东基地开幕。来自政府、高校、企业、科研院所、供应商、客户、行业协会等相关合作单位的专家学者，中国商飞公司及所属各单位相关人员共计 450 余人，通过专题报告、会议研讨、成果展示、场景参观等形式，共话民机绿色发展，推动高端制造业绿色化转型。

海航航空集团与中国商飞签署百架飞机采购协议。4 月 27 日，海航航空集团与中国商飞公司在上海签署百架飞机采购协议，其中包括 60 架 C919 飞机确认订单和 40 架 ARJ21 飞机意向订单。

中国商飞亮相 2023 年中国品牌博览会。5 月 10 日，中国品牌博览会在上海开幕，中国商飞精彩亮相本届博览会，展示中国商飞品牌建设发展成果及品牌风貌。中国商飞展台按照"公司型号""企业文化""企业社会责任"三大板块分区，以多种形式介绍 ARJ21 飞机最新航线运营和系列化研制

进展、C919 大型客机产品性能和宽体客机研制进展；通过展示客户观、质量观、安全观等公司核心企业文化，凝聚品牌发展共识，汇聚品牌发展合力。

中国商飞公司获 3 项 2022 年度上海市科学技术奖。5 月 26 日，根据《上海市科学技术奖励规定》，通过市科学技术奖评审委员会评审，市科学技术奖励委员会审定，经上海市人民政府批准，2022 年度上海市科学技术奖授奖 316 项（人）。中国商飞公司获 3 项 2022 年度上海市科学技术奖。

C919 大型客机圆满完成首次商业飞行。5 月 28 日，中国东方航空使用中国商飞全球首架交付的 C919 大型客机，执行 MU9191 航班，从上海虹桥机场飞往北京首都机场，C919 大型客机首次商业载客飞行圆满完成，标志着该机型完成首个商业航班飞行，正式进入民航市场，开启市场化运营、产业化发展新征程。

中国商飞参加首届上海国际碳中和博览会。6 月 11-14 日，中国商飞公司参加首届上海国际碳中和博览会，在上海国际低碳智慧出行展览会上进行主题为"制造绿色民机让飞行更低碳"的专业展示。

第七届"大飞机"杯国际龙舟大赛在沪举行。6 月 30 日，由中国商飞公司和上海市浦东新区祝桥镇人民政府联合举办的中国·祝桥第七届"大飞机杯"国际龙舟大赛在上海浦东祝桥镇龙舟基地举行。本届龙舟赛来自中国商飞公司、祝桥镇、上海交通大学、上海中医药大学等单位的 19 支队伍分为 5 组进行预赛，决出前 8 支队伍进入决赛。经过激烈的角逐，祝桥祝航代表队获得冠军，SHDR 联合工会代表队获得亚军，上海交通大学代表队获得季军。

第二架 C919 大型客机交付中国东方航空。7 月 14 日下午，中国东方航空 B-919C 飞机"三证"颁发暨交付仪式在中国商飞祝桥基地试飞综合楼举行，标志着第二架 C919 大型客机正式交付中国东方航空。

东航第二架 C919 大型客机搭档首架机同飞沪蓉航线。8 月 4 日，中国东方航空公司第二架 C919 大型客机与首架机搭档，开启双机同飞"上海虹桥－成都天府"空中快线模式。这也意味着 C919 大型客机航线运营又向前迈出新的一步。

中国商飞亮相第六届新博会。8 月 29-31 日，中国商飞携 48 家单位共计 135 件展品亮相第六届新博会。本届新博会上，中国商飞公司展台面积为 1188 平方米，主要展示在大飞机需求牵引下，国内材料领域所取得的创新成果，携 48 家单位共计 135 件展品参展，包括 1：10 比例的 ARJ21、CBJ、C919 飞机模型，以及金属、非金属、增材制造、标准件、复合材料、工艺材料等各类展品。

国产商用飞机新疆演示飞行圆满完成。8 月 24-9 月 26 日，国产商用飞机在新疆开展演示飞行。在此期间，中国商

飞公司先后投入 1 架 ARJ21 飞机和 2 架 C919 大型客机，分基地、分阶段陆续开展演示飞行，充分验证了国产商用飞机对新疆地区地形复杂、气候多样、天气多变、机场点多面广等特点的适应性，为后续国产商用飞机在疆运营奠定了基础。

中国东方航空与中国商飞签署 100 架 C919 购机协议。9 月 28 日，作为 C919 大型客机的全球首发用户，中国东航再次与中国商飞在沪签署购机协议。东航在 2021 年签订首批 5 架的基础上，再增订 100 架 C919 大型客机。这标志着 C919 大型客机收获迄今为止最大单笔订单，中国东航同时成为当前 C919 大型客机的全球最大用户，国产大飞机 C919 大型客机大规模、大机队的商业采购、交付和运营全面开启，向着"飞出安全、飞出志气、飞出品牌、飞出效益"的目标稳步迈进。

C929 飞机系统综合试验室奠基。9 月 28 日，C929 飞机系统综合试验室正式奠基。C929 宽体客机系统综合试验室将承担 C929 项目全机机械、电气、电子、飞行品质等虚拟、物理综合集成试验任务，承担航电、飞控、液压、起落架、电气等系统集成试验任务，满足 C929 飞机技术攻关、研发设计、适航取证和运营等全生命周期研制需求，是实现 C929 项目成功的关键支撑和重要保障。

第十一届上海院士专家峰会暨大飞机创新谷生态大会举行。10 月 11-12 日，第十一届上海院士专家峰会暨大飞机创新谷生态大会在中国商飞上海飞机设计研究院举行。本次峰会由中国科学院学部工作局、中国科学院上海分院、上海市科学技术协会、中国商用飞机有限责任公司、上海市浦东新区人民政府指导，上海市浦东新区科学技术协会与中国商飞上海飞机设计研究院联合主办，上海浦东院士活动中心、大飞机创新谷共同承办。

上海市人民政府与中国商飞公司签署深化战略合作协议。10 月 20 日，上海市人民政府与中国商飞公司签署深化战略合作协议。根据协议，上海市政府与中国商飞将围绕大飞机"立足上海、深耕上海"、大飞机规模化和系列化发展、大飞机产业布局、创新载体建设、在沪供应商培育、产业金融等方面开展密切合作，共同推动上海民用航空产业高质量发展，努力将上海建设成为世界级民用航空产业高地。

商飞智能技术有限公司在上海揭牌成立。10 月 20 日，商飞智能技术有限公司正式揭牌成立。商飞智能技术有限公司是中国商用飞机有限责任公司为贯彻落实习近平总书记关于加快推进产业数字化转型升级的战略部署，抢抓信息技术革命重大契机而采取的战略举措。

中国商飞参加 2023 中国航空产业大会暨南昌飞行大会。10 月 27 日，2023 中国航空产业大会暨南昌飞行大会在江西南昌开幕。中国商飞公司携 C919 大型客机和 ARJ21 医疗机两款机型亮相，在室内展台展出 C919 大型客机和 C929 远程宽体客机的 1∶20 模型，并联合客户展出江西航空涂装的 ARJ21 飞机模型，共同展示国产商用飞机产品与服务。

首批 2 架 ARJ21 客改货飞机交付。10 月 30 日，杭州圆通货运航空有限公司和中原龙浩航空有限公司在广州分别接收了 1 架 ARJ21 客改货飞机。首批 2 架 ARJ21 客改货飞机交付，标志着 ARJ21 客改货飞机即将投入航空货运市场，国产商用飞机系列化发展迈出坚实一步。

ARJ21 飞机载客突破 1000 万人次。11 月 24 日，在从广州飞往揭阳的中国南方航空 CZ3892 航班上，ARJ21 飞机迎来了第 1000 万名乘客。至此，ARJ21 飞机载客突破 1000 万人次。

C919 大型客机飞越香港维多利亚港。12 月 16 日，C919 大型客机在香港维多利亚港上空进行演示飞行。10 时 30 分许，C919 大型客机从香港国际机场起飞，自西向东飞越维港上空，并环绕香港岛两圈。众多香港市民及航空爱好者在维港两岸、太平山顶及宝马山顶等高地目睹 C919 大型客机风采。

"国产商用飞机进校园巡展活动"走进中国民用航空飞行学院。12 月 21 日，为期 3 天的"2023 年国产商用飞机进校园巡展活动"在中国民用航空飞行学院拉开帷幕。本次大飞机周活动以 ARJ21 飞机展示及体验活动为载体，通过 ARJ21 飞机静态展示、企业文化展、交流研讨、校园招聘宣讲暨校友见面会等形式，使广大师生近距离感受国产商用飞机魅力，了解、支持国产商用飞机产业发展。

【2024 年发展趋势】

2024 年是中华人民共和国成立 75 周年，是实现"十四五"规划目标任务的关键一年，是习近平总书记视察公司 10 周年，也是推动大飞机产业政策落地的重要一年。中国商飞公司坚定"大飞机事业一定要办好"的信心和决心，紧紧围绕习近平总书记交办的"三大任务"，抓好任务分解和落实。中国商飞公司将克服难、确保稳、实现进，扎实推进 2024 年各项工作。坚持安全第一，安全永远第一，坚持抢抓窗口机遇，坚持依法合规，坚持专业、专注、创新。

中国商飞公司将以习近平新时代中国特色社会主义思想为指导，以习近平总书记关于大飞机事业重要指示精神为遵循，奋力谱写大飞机产业化发展新篇章，不断为中国式现代化贡献大飞机力量。中国商飞公司将坚持"知难而进、迎难而上、稳中求进、以进促稳"的工作基调，按照"一个确保、两个着力、三个狠抓"的工作思路，努力实现安全可靠、规模化系列化、经济运营、深化改革、持续改进和公司经营等方面的目标。

（黄　健）

上海烟草集团有限责任公司

【概况】

上海烟草集团有限责任公司是一家以卷烟工业为主的多元化、集约化、现代化的大型国有企业。2023年，公司实现税利1260.2亿元，比上年增长4.05%；实现利润314.56亿元，同比增长4.05%；实现工业总产值1247.98亿元，同比增长0.94%。公司被上海市企业联合会、企业家协会、经济团体联合会评为2023年度"上海企业100强"第19位。公司拥有一流水准的卷烟工业企业以及烟草储运、印刷、机械、材料等配套工业企业，并涉足商业、物流产业以及宾馆酒店、金融保险等行业。2003年和2004年，公司先后与北京卷烟厂和天津卷烟厂实现战略性联合重组。公司出品的主要卷烟品牌有"熊猫""中华""红双喜""中南海""牡丹""凤凰""大前门""江山""恒大"等。多年来，以"中华"卷烟为代表的集团名优品牌以其高知名度和高品质赢得全国卷烟消费市场的推崇，并始终保持畅销不衰。

【2023年经济工作情况】

公司坚持以习近平新时代中国特色社会主义思想为指导，以高质量党建为引领，加快科技创新前瞻性战略性布局，加快品牌培育体系建设，加强人才选育激励机制建设，持续深化生产运行、原料保障、现代商业、专卖监管四大体系建设，着力推动数字化转型和管理效能提升，高质量完成年度各项目标任务。

一、党建引领持续深化，全面从严治党向纵深发展

（一）开展主题教育取得新实效。牢牢把握"学思想、强党性、重实践、建新功"总要求，通过两批主题教育的无缝对接、扎实推进，在以学铸魂、以学增智、以学正风、以学促干方面取得实实在在的成效。强化理论武装，用习近平新时代中国特色社会主义思想凝心铸魂，不断提高科学谋划工作、解决实际问题、抓好工作落实的能力。践行党的宗旨，常态化开展"我为群众办实事"实践活动，为零售客户、为基层职工办实事352件。大兴调查研究，把专题调研和典型案例解剖式调研有机结合，确立9个党组调研课题、179个单位部门调研课题，协调解决相关难点问题646个。抓好上下联动，注重贯通整改，建立问题清单148项，制定并落实整改措施472条；抓好问题共答，加强典型推广，推进整改落实常态化长效化。

（二）政治理论学习实现新提升。坚持把理论学习摆在突出位置，深入学习贯彻落实中共二十大精神和习近平总书记系列重要讲话和重要指示批示精神，不断提高政治判断

力、政治领悟力、政治执行力。严格落实"第一议题"制度，通过集中研读、专家辅导、举办读书班等多种形式，系统加强党员干部政治理论学习，努力从党的创新理论中汲取奋发进取的力量，增强履职尽责的本领。

（三）基层党建工作体现新进步。深入推进党支部标准化规范化建设，运用支部达标创优、"双特"评选等特色载体，进一步推动党建与业务工作深度融合，更好发挥党支部战斗堡垒作用和党员先锋模范作用。2023年，共有70个党支部通过"优秀支部"验收，形成特色案例、工作标杆18个。

（四）全面从严治党取得新进展。全力支持配合国家局党组第五巡视组驻点巡视工作，认真部署推进"靠烟吃烟"问题专项整治和中央第八巡视组移交立行立改问题整改工作。编制《上海烟草2023—2027年巡察规划》，完成8家单位（部门）物资采购专项巡察。一体推进"三不腐"，制、修订集团《监督执纪和处理检举控告工作规范》《"八小时以外"监督管理办法》《员工违纪违规处理规定》《廉洁文化建设实施方案》等制度、机制，持续构建协同高效的"大监督"格局，夯实全面从严治党责任体系。

（五）企业文化建设呈现新气象。全面落实行业软实力建设总要求，深入开展企业文化大讨论，丰富"和搏一流"企业精神内涵。开展"集团组建30周年"系列活动，运用"网报刊微"等各类宣传阵地讲好烟草故事，有力提升内部凝聚力和社会影响力。举办"中国共产党支部建设百年历程展"等主题展览活动，用好红色资源，弘扬烟草文化。开展学术成果交流、学术热点研讨活动，推动科普知识进企业、进车间、进终端。

二、品牌发展持续加力，经济运行保持稳中有进

（一）高端品牌发展稳健。全年"中华"品牌实现商业销量155.18万箱，比上年增长2.2%，创历史新高；商业销售收入1726.29亿元，同比增长2.2%，继续保持行业年批发销售额第一地位。"中华"新五包实现商业销量41.9万箱，同比增长18.5%；其中"中华"（金中支）完成商业销量5.3万箱，实现规模化发展，销量增幅位居行业高价烟第一；"中华"（双中支）持续扩大销售优势，实现地市级市场全覆盖，销量稳居高端中支品类第一；"中华"（细支）形成1个超15000箱市场。"熊猫"（硬经典）覆盖26个省级市场和106个地级市场。

（二）中端品牌状态良好。集团中端产品全年实现商业销量126.51万箱，同比增长1.6%。其中，"红双喜""牡

丹""中南海"品牌分别实现商业销量51.74万箱、45.12万箱、25.08万箱，有力支撑集团品牌整体发展。"牡丹"中支系列实现商业销量8.3万箱，同比增长69.1%，品规资源集中度进一步提高；"中南海"（冰耀中支）商业销量2.21万箱，引领高端中式混合型卷烟发展；"恒大"（蓝金中支）、"恒大"（硬中支）实现商业销量1.1万箱。

（三）经济效益稳中有升。坚持稳中求进工作总基调，有效实施生产经营、市场监测等专班机制，密切关注关键指标，统筹安排产销进度，灵活运用各种调控手段，及时响应市场变化，确保经济运行在合理区间。全年完成内销卷烟产量257.40万箱；内销卷烟工业销量287.63万箱，同比增长1.8%；商业销量292.74万箱，同比增长1.8%；工业和商业单箱销售收入分别达到4.78万元和7.23万元。

三、创新策源持续强化，发展动能优势更为强劲

（一）创新能力加快提升。加强科技创新体系升级，制订《关于加强集团技术创新工作的实施意见》及配套创新管理制度，加快科技创新前瞻性战略性布局。加大产品研发维护力度，开发"熊猫"（典藏中支）、"牡丹"（紫凤凰）、"中南海"（双中支1mg）、"恒大"（蓝金中支）等4款新品，形成"中华"（千元＋）等多个新品储备，完成"熊猫"（硬经典）、"中华"（全开式）、"中华"（金短支）等3款产品的升级改造。深化"四新"技术应用，形成全等级利用的烟叶生产技术体系，完成上海4款产品和天津全部在产卷烟产品的料香替代工作，实现5款数字化调香技术落地应用，开发多款新型滤棒、烟香纸和烟盒包装膜，推进中细支卷烟特色工艺等技术研究。加紧配套产业链现代化提升，实施"十四五"末"两烟"物流仓储布局优化方案，有序推进奉贤卷烟物流仓储中心及配套企业技术改造项目建设；实施中支滤棒、框架纸原纸等国产化替代。

（二）市场营销精准发力。在全国市场，以卷烟消费需求为导向，不断升级精准营销、优化市场布局；推动品牌培育体系落地运行，进一步加强品牌诊断，深化消费人群尤其是年轻群体消费研究。在上海市场，着力提高销售策略的适配性和协调性，全年实现商业销量81.51万箱，同比增长4.2%；实现单箱销售收入4.91万元，同比增长2.3%。在海外市场，不断完善国际免税市场布局，加强重点市场货源保障，深度拓展伊朗、菲律宾、印尼等重点有税市场，市场状态逐步恢复。全年实现海外销量2.83万箱，其中"中华"1.63万箱。

（三）队伍建设扎实推进。按照国家局党组部署，研究形成集团《贯彻落实行业干部人才工作会议精神及国家局六项制度的指导意见》等制度性成果，不断完善干部选育管用制度体系。深入开展干部人才队伍建设专题调研，聚焦干部梯次选育，健全发现识别机制，综合运用配置性、培养性、

监督性交流等方式，激发干部队伍整体活力。2023年，厂处级干部提拔12人；跨单位（部门）调动18人次；机关与工商单位交流38人次。遵循不同类型技术技能人才成长规律，实施分类分级评价、精准施策。完善青年科技人才托举、专业技术技能"津贴制"、岗位聘任制等人才选拔培养机制，推动机制贯通、梯次衔接；选派各领域技术技能人才参加行业相关培训，实施商业"星级资质评定"专项评审、青年专业人才研学班等，促进工业、商业专业化人才培养。大力弘扬劳模精神、劳动精神、工匠精神，持续开展工匠选树和劳模创新工作室创建活动。集团有2人在行业国家级二类职业技能竞赛中获得表彰；3人获评行业首批高技能带头人；5人获得"上海烟草青年技术能手"称号。

四、管理治理持续推进，高质量发展基础不断夯实

（一）加大专卖监管力度。始终保持打假打私高压态势，全年查获各类违法卷烟10323.109万支，查处5万元以上重大案件583起，其中破获国标案件19起，部督案件3起。全面推进市区两级合理布局新模式，有力推动全市烟草制品零售点总量稳定、分布合理。2023年全市烟草制品零售许可持证户48193户，较历史峰值下降14.30%。落实"放管服"和"一网通办"改革任务，推进"互联网＋政务服务"提速增效，提升行政许可服务效能。加强电子烟等新型烟草制品常态化监管，持续打击涉电子烟违法犯罪活动，查获各类涉电子烟案件174起、涉案金额6320.24万元。

（二）提升生产运行效能。积极推进"盒条件"关联管理项目，全面完成二维码烟标改版生产任务。抓好沪皖卷烟生产力梯度结构性转移工作，与黑龙江工业新建合作生产关系，实现"红双喜"（硬）在哈尔滨卷烟厂落地生产。全面加强产品质量管控，"中华""熊猫"5个产品在行业质量抽检中均获得各自类别总分第一名，创历年最佳。集团各产业链企业高效配置生产资源，不断提升生产制造柔性化智能化水平。

（三）增强原料保障能力。优化原料采购区域和基地单元布局，形成19个特色烟基地、20个标准基地和7个集团级单元。深化"一地一策"，加强优质原料采购，"中华"原料采购量达107.92万担，创近5年最高水平。与山东、云南等复烤公司共建"中华""中南海"原料区域加工中心，推动重点品牌原料加工的区域化、规模化。优化烟叶库存结构，加大不适用烟叶处置力度，确保适用烟叶原料供需平衡。

（四）完善现代商业体系。深化市场化取向改革，以商业营销一体化平台为抓手，完善商业大数据中心，优化管理驾驶舱、市场供需状态评价等模块，持续提升省级营销子系统运行质量。完善三级品牌共育机制，上海市场共育品规格数增至88个，行业级共育品规销售比重达44.6%。健全

消费者会员平台功能，建立平台运营质量评价机制，持续提升面向消费者的营销能力。发布《关于深化推进农网建设的指导意见》，组织召开农网建设成果展示会，持续提升城乡营销网络融合发展水平。

（五）加速数字化转型。加快新型数字基础设施建设，有序落地云平台、数字中台、工业互联网等新技术，支持行业一体化平台应用。加快重点领域业务转型与应用实践，有序推广实施省级烟叶平台、专卖监管平台、人力资源管理系统等项目。加快探索上海烟草数字化转型应用实践，打造30项卷烟工业"智造+"场景实例，不断增强数字化转型对生产经营管理创新的驱动力。

（六）提高规范管理水平。开展标准与制度的协调性审视，完成标准制修订90项。深化预算管理体系建设，优化税利跟踪模型，加快"财务数智化"转型应用落地。增强风险防范能力，组织专项培训研讨，明确防范采购风险有关要求，进一步强化各级责任意识。聚集重点领域和关键环节开展审计监督，促进管理更加严格规范。全面落实安全生产责任制，开展"重大事故隐患专项排查整治2023行动"，发现隐患412项，完成整改392项。有效防范过激控烟风险和负面舆情发生，加大保密管理和信访维稳力度，确保集团大局稳定。

【2024年发展趋势】

深入学习宣传贯彻中共二十大精神，巩固拓展学习贯彻习近平新时代中国特色社会主义思想主题教育成果，加强党的政治建设，坚持党的全面领导。深化巡视整改，一体推进"三不腐"，推动全面从严治党向纵深发展。坚持稳中求进工作总基调，坚持"做精做强、创新驱动"战略思想，坚持系统观念和问题导向，不断增强忧患意识，提升技术创新能级，深化品牌培育体系，打造高素质人才队伍，以严格规范筑牢集团可持续发展根基，以数字技术赋能新型工业化全过程，持续激发内生动力，增强发展合力，不断培育高质量发展新动能新优势，为国家财政增收和经济社会发展作出积极贡献。

公司2024年方针目标"1146"，即"1"：以深入学习宣传贯彻中共二十大精神为首要政治任务。"1"：保持战略定力，确保经济运行稳中求进。"4"：提升技术创新能级；深化品牌培育体系；打造高素质人才队伍；加快推进数字化转型。"6"：巩固原料保障基础；加快卷烟制造升级；提升产业链竞争力；推动商业提质增效；加大专卖监管力度；增强企业治理效能。

一、以深入学习宣传贯彻中共二十大精神为首要政治任务，持续深化党的建设

切实抓好政治建设；切实抓好理论学习；切实抓好基层党建；切实抓好文化建设。

二、持之以恒推进全面从严治党，充分发挥政治保障作用

大力抓好整改整治；持续强化正风肃纪；建立健全巡察制度体系；巩固纪检监察干部教育整顿成果。

三、保持战略定力，推动经济运行稳中求进

加强经济运行调控；加大高端品牌培育力度；推进中端品牌健康发展。

四、激发内生动力，培育发展新动能新优势

提升技术创新能级；完善品牌培育体系；打造高素质干部人才队伍；加快推进数字化转型。

五、增强发展合力，实现重点领域新突破新提升

巩固原料保障基础；加快卷烟制造升级；提升产业链竞争力；推动商业提质增效；加大专卖监管力度；增强企业治理效能。

（胡瀚凌）

中国船舶集团有限公司上海属地工业企业

【概况】

中国船舶集团有限公司上海属地工业企业是集团船舶海洋工程装备制造的主力军，拥有较完整的船舶、海工、船用柴油机设计、制造体系。船舶产品涵盖散货船、油轮、集装箱三大船型各系列，并覆盖各类液货船、气体船、科考船、工程船、特种船、大型邮轮等船型，以及自升、半潜式钻井平台、FPSO等海洋工程产品。并开发生产多型绿色节能环保型超大型万箱级集装箱船、LNG船、汽车运输船等主力船型。首艘国产大型邮轮业已完工交付并投入运营，船用柴油机产品主导地位也日益提升。

【2023年经济工作情况】

2023年，中船上海属地船舶制造企业稳中求进继续保持增长势头，船舶海工生产稳步增长，产品高端化取得显著成果。全年完工船舶54艘，造船产量660万载重吨，比上年增长7%；实现工业总产值749亿元，同比增长18%；完成销售产值749亿元，同比增长18%；实现出口交货值400亿元，同比增长15%；柴油机功率470万千瓦，比上年增长38%；签约新船订单700万载重吨，同比增长12%。

一、经营承接稳步前行

紧跟国际船舶市场行情,聚焦主建船型,批量承接大型LNG船、大型VLEC船、汽车运输船、大型集装箱船,全年承接液化气运输船船196万载重吨、集装箱船282万载重吨、成品油轮196万载重吨,其中中国船舶集团有限公司旗下江南造船集团承接主建船型B型舱超大型乙烷运输船11艘,新签合同市场占有率达100%;沪东中华造船(集团)承接大型LNG船11艘;上海外高桥造船有限公司承接9000车位汽车运输船7艘、9200TEU集装箱船8艘。新船订单稳增,手持订单稳定。

二、造船节奏持续加快

对标世界一流管理提升行动,通过精益生产、数字化转型、智能制造提升效率,缩短船舶建造周期,多型船舶实现提前交付,批量交付大型集装箱船、各类液化气运输船等船舶,交付集装箱船359万载重吨、液化气运输船100万载重吨,其中江南造船集团交付93000立方米超大型液化气船9艘、24000箱集装箱船4艘;沪东中华造船(集团)交付17.4万立方米大型液化天然气(LNG)4艘、24000箱集装箱船4艘;上海外高桥造船有限公司交付7000箱集装箱船12艘。

三、结构调整不断推进

全年承接新船订单中大型LNG船、大型VLEC船、汽车运输船、大型集装箱船等高端船舶按吨位算占70%以上,国际竞争力不断提高。船舶绿色化转型突破国外技术壁垒,江南造船集团顺利承接4艘自主研发设计的超大型液氨运输船、6艘甲醇双燃料动力集装箱船;上海外高桥造船有限公司承接8艘9200TEU甲醇双燃料中型集装箱船。全年交付超大型集装箱船、LNG船等绿色化、高端化占比80%,产品绿色化、高端化转型显著。

四、重点产品成效显著

国产首艘大型邮轮"爱达·魔都号"命名交付,中国大型邮轮实现从0到1的突破,标志中国成为继德国、法国、意大利后全球第四个有能力建造大型邮轮的国家,也是全球唯一可同时建造航母、大型液化天然气船、大型邮轮的国家,再次彰显中国造船工业的实力,推动中国从造船大国向造船强国迈进。

【2024年发展趋势】

2024年,中国船舶集团有限公司将坚持以习近平新时代中国特色社会主义思想为指导,全面贯彻落实中共二十大和中央经济工作会议精神,持续深入贯彻落实习近平总书记重要讲话和重要指示批示精神,按照上级机关部署要求,坚持稳中求进工作总基调,完整、准确、全面贯彻新发展理念,服务构建新发展格局,把履行兴装强军首责摆在更加突出位置,精准发力创新驱动和竞争力塑造,着力强化集团管控和资源整合,突出抓好稳增长、推改革、降成本、调结构、强基础、防风险,发挥党建引领保障作用,全力开创建设世界一流船舶集团新局面。

中船上海属地工业企业将积极响应政府稳增长号召,细化生产管理、保障计划实施;提高质量管理、保障产品交付。抓好全年目标任务落实,努力为稳增长作贡献。

(陆连东)

上海化学工业经济技术开发区

【概况】

上海化学工业经济技术开发区是国家级经济技术开发区,位于杭州湾北岸,规划面积29.4平方公里,是以石油化工为主导产业的专业开发区,建成以乙烯为龙头的循环经济产业链、以化工新材料为特色的高端产业集群,成为全国集聚知名跨国化工企业最多、主导产业产品链关联度高、安全环保管理严格、资源循环利用水平领先的化工园区,是国务院规划的国家七大石化产业基地之一,被评为国家新型工业化产业示范基地、国家生态工业示范园区、国家低碳工业园区试点单位、中国智慧化工园区试点示范单位,连续多年排名全国化工园区榜首。

2023年,化工区(包括金山、奉贤分区)共完成工业总产值1206亿元,销售收入1334亿元,蝉联全国唯一"高质量发展卓越化工园区"称号。招商引资创十年来新高,全年完成90个项目备案及核准,吸引项目总投资182亿元,其中2个项目在上海全球投资促进大会上完成签约。安全形势总体平稳可控,全年未发生一般事故及以上的安全生产事故。环境质量保持优良,区域环境空气中挥发性有机物(VOCs)、二氧化硫(SO_2)、硫化氢(H_2S)、氨气(NH_3)浓度分别为54.5微克/立方米、6微克/立方米、2.5微克/立方米、10.4微克/立方米,处于近年来最好水平区间。数字化转型全力推进,华谊新材料成为中国化工行业首座"灯塔工厂",氯碱化工入选工信部2023年度智能制造示范工厂揭榜单位名单,获评上海市智能工厂。

【2023年经济工作情况】

一、项目招引筑根基,高质量发展积蓄新动能

(一)招商引资再登历史高位。集聚发展主体,化工区招商平台共计注册企业25家;积极对外交流,推动漕泾绿色

能源二期等重大项目落地，盘活低效用地；深化产业研究，制订《化工区绿色发展行动方案》，合作探索合成生物特色产业路径。

（二）产业项目推进富有成效。印发《2023年重点产业项目计划》，含26个年度投资项目，总投资256亿元。制订新一轮发展中的28个重点拟开工项目的"施工图""时间表"。全年新开工项目50个，包括英威达己二胺扩产、液空申能氢源保障基地一期等项目；包括新竣工项目49个，预计新增产值33亿元，包括漕泾热电绿色高效升级改造一期、西萨产能提升等项目。

（三）电子化学品专区建设加速推进。《上海电子化学品专区三年行动方案》获市政府常务会批准。全年专区投产项目4个，开工项目4个；电子化学品智能化储运中心纳入国家发改委应急储备库，仓储项目及交易中心建设列入新一轮集成电路"上海方案"2023年重点任务，对接协调上海海关在区内设立保税仓库；彤程电子在ArF光刻胶研发生产上取得突破；集材院应用研发平台合成实验室建成投用。

（四）科创中心建设水平持续提升。融入进博会，举办上海化工区国际专家咨询会；完善政策引导体系，全年通过准入共引进4个科创项目；加强对初创项目支持，与长三角国创中心签署战略合作协议和首个中试项目投资意向协议；科创项目建设稳步推进，新增专利19项，发展公司、华昌公司获评首批市级新材料中试基地试点单位；科创生态建设稳步，举办绿色化学化工创新创业大赛，正式揭牌成立"创新绿洲赋能中心（INNOGREEN Hub）"。

二、多措并举除隐患，安全生产管理形成新格局

（一）安全责任压紧压实。制订2023年安全生产监督检查计划，突出危险化学品重点企业、危化品灌装站和涉氯气、光气等剧毒、重点危化品，检维修、有限空间作业以及涉爆粉尘企业为重点检查范围。全力以赴做好全国两会、第六届进博会等重大活动及重要时段园区安全生产。

（二）隐患排查扎实开展。落实国家、上海重大事故隐患专项排查整治要求，成立专项整治工作小组，开展两轮交叉专项检查督导。以专家指导服务和日常巡检的方式，开展危险化学品企业装置设备带"病"运行安全等10个专项整治，发现问题隐患1209项，均已完成整改。强化公共区域燃气安全管理，推动管道运营单位建立燃气监控平台（SCADA），提升管理能效。

（三）检修现场加强监管。针对大检修高危作业多、交叉作业多、风险管控点多、事故多发等特点，把园区大检修安全管控作为重中之重。园区领导多次带队检查、约谈相关企业负责人，确保检维修工作安全有序。召开安全生产暨大检修安全工作会议，成立专项工作组，对特殊作业进行巡查，发现并完成整改150余项隐患。制定承包商安全教育培训导则，完成线上检修承包商培训2万人次。

（四）应急根基持续夯实。起草发布《化工园区安全生产管理规范》（T/SCIP001-2023），成为全国化工园区首个综合性、系统性的安全生产管理团体标准。组织实施新一轮园区整体性安全风险评估、有害因素辨识与分析；研究危化车辆专用停车场建设方案；举办"沪化应-2023"危化品储罐区PM物料泄漏应急处置综合演练；组织完成多项预案修订；加强值班值守和应急电台点名管理；开展第22个全国"安全生产月"活动。

三、步步为营防污染，生态环境治理迈上新台阶

（一）"无废园区"建设稳步推进。强化工业固废全过程风险管控，落实一般工业固体废物联单制度与一般工业固废排污申报登记制度，建立危险废物闭环利用处置体系。弘扬"无废"文化，初步构建形成具有化工行业特色的工业园区无废现代环境治理体系及无废城市产业支撑体系。加强产品副产品全生命周期的环境管理，鼓励和扶持企业开展固体废物和副产品的资源化利用。开展废水"一体化"环境管理创新模式研究，提出进一步优化园区"一体化"废水处理模式及推广、应用的建议。推动人工生态湿地建设，探索湿地固碳功能。

（二）环境质量保持稳定。落实《上海市重点行业企业挥发性有机物治理工作推进细化方案》要求，完成20家重点企业和18家一般企业"一厂一方案2.0"减排量核算。设立走航监测专班制度，排查火炬燃烧不充分、储罐安全阀泄漏等导致的环境影响问题，狠抓工作落实和问题闭环，确保杭州亚运会期间环境空气质量。

（三）环保管理服务提质增效。点对点对接建设项目环评，开展企业现场帮扶指导，提升环境管理水平。通过生态环境执法实战实训基地，推进队伍专业化建设，开展专题培训。以问题为导向，督促企业规范台账，规范持证单位排污，提供管理帮扶。

（四）"双碳"工作稳妥推进。制订并印发《上海化工区碳达峰实施方案》；在首届上海碳博会上成立上海化工区绿电采购联盟，完成联盟首笔绿电交易；编制《上海化工区新能源开发方案》，组织区内企业采购绿电，推动园区分布式光伏项目，已完成19个光伏项目，实现总装机41.48兆瓦；推进企业落实初期雨水污染治理精细化管理要求，牵头编制《化工园区雨水管控技术规范》）；推进环境监管平台升级，提升污染溯源、预警及应急辅助决策能力。

【2024年发展趋势】

2024年，园区各项工作将坚持以习近平新时代中国特色社会主义思想为指导，全面贯彻落实中共二十大和二十届二中全会以及中央经济工作会议精神，深刻领会习近平总书记考察上海重要讲话精神，按照市委十二届三次、四次全会的部署要求，胸怀"国之大者"，继续立足"五个放在"，坚持

稳中求进工作总基调，以"奋力一跳"的姿态、"真抓实干"的作风，统筹推进发展、安全、生态、文化等各方面工作，推动园区"高端化、智能化、绿色化、融合化"发展，持续为上海加快建成具有世界影响力的社会主义现代化国际大都市做出贡献，为全国化工园区高质量发展做出表率。

2024年目标为：批准项目投资60亿元、固定资产投资100亿元、工业总产值1250亿元。

重点任务和主要措施：

一、以稳中求进为基调，促进产业稳步发展

提升招商引资实效；拓展产业新赛道；全力推进项目建设。

二、以科技创新为引领，加快形成新质生产力

进一步完善科创生态；持续提速专区建设；推进产学研深度融合。

三、以安全环保为牵引，持续提升高效能治理

提升园区本质安全水平；完善生态环境治理体系；加快推进全面数字化转型。

（陈烨雯）

国 网 上 海 市 电 力 公 司

【概况】

国网上海市电力公司是国家电网有限公司的全资子公司，是集输电、配电、售电于一体的特大型企业，具体负责上海电网的建设和运营，负责上海市行政区域内的供电服务和电力保障工作，参与制定、实施上海电力、电网发展规划和农村电气化等工作。至2023年底，公司管辖各类电网、发电、施工、科研等单位35家，职工14962人，资产总额1791.57亿元，客户1184.88万户。

【2023年经济工作情况】

至2023年底，上海电网35千伏及以上变电站1335座，输电线路3.05万公里，发电装机容量2953.73万千瓦。城市供电可靠率99.993%，负荷密度0.60万千瓦／平方公里，电缆化率74%，均居全国城市前列。公司上下认真贯彻习近平总书记重要讲话和重要指示批示精神，坚决落实上级各项决策部署，坚持稳中求进工作总基调，从主题教育中感悟思想伟力、汲取奋进力量，在践行"55686"总体要求上发挥窗口作用、砥砺奋勇前行，在服务保障上海经济社会高质量发展和人民高品质生活需要中展现央企担当、作出应有贡献，办成一件件看似不可能的大事难事好事，打赢一场场攻坚战遭遇战，取得一项项关键突破和率先示范，得到了国网公司党组和市委、市政府的充分肯定和高度赞誉。公司在过去连续8年保持企业负责人业绩考核A级的基础上，实现A+新突破，连续23年保持市政风行风和12345市民热线绩效考核第一。

一、推动主题教育走深走实，理论武装能力本领提质登高

把"突出一个'实'字"贯穿始终，切实把主题教育激发的动力转换为推动公司高质量发展的实绩。坚持严实标准，强化组织领导。组建5个巡回督导组，4个专项工作组，一体推进理论学习、调查研究、推动发展、检视整改等各

项任务落实，持续深化"察实情、出实招""破难题、促发展""办实事、解民忧"专项行动。坚持以上率下，抓实理论武装。两级党委中心组开展学习研讨426次，党委"第一议题"学习843次，举办专题读书班34期。用好"一大会址""第一盏灯"等红色资源和"纵横联建联学联创"机制，基层党支部开展集中学习7341次。广大党员干部更加深刻认识到"两个确立"的决定性意义，"两个维护"更加自觉坚定。坚持问题导向，突出调研整改。践行"四下基层"优良传统，围绕世界一流城市配电网建设、业扩提速等重点项目，公司党委带头领题，222项课题有序推进，推动成果转化应用416项。坚持实干担当，解决实事民忧。紧扣调研发现问题和群众所需所盼，制订94项实事清单，切实解决群众急难愁盼问题161项。公司特色经验做法获上级督导组充分肯定，在中央主题教育简报刊登，国网公司简报刊登数名列前茅。

二、扛牢电力保供首要责任，本质安全韧性防线持续筑牢

牢固树立安全发展理念，强化"挺规矩、压责任、强执行、严考核"，安全事件数同比下降9.8%，守住了电网运行安全和城市运行安全"生命线"。保供保电有力有效。坚持"3334"关键之要，从整体上推动落实保供稳价长效机制，形成分时电价、需求侧响应、中长期购电、碳普惠、节能宣传等协同发力、联合作用的良好格局，有效缓解高峰期抢购高价电的矛盾和压力，夏峰负荷削减2.24%，冬峰创出3499.4万千瓦的历史新高。降低电力峰谷差等系列关键制度率先取得突破，虚拟电厂实测验证能力达32万千瓦。第六届进博会等106项重大活动保电万无一失。安全管理抓紧抓实。安全管理体系健全完善，领导班子成员"两个清单"和全员安全生产责任清单滚动修订，生产管控中心、应急指挥中心焕新升级，安全正向激励力度持续加大，风险有效管控

率达 100%。两级领导班子开展"四不两直"督察近 8000 次，各级安全稽查组检查现场近 8 万处，"远程＋现场"查处违章 6618 起。贯通基建、安监等专业现场安全管控系统，实现"一个现场一个摄像头一次采集"。开展安全生产月、专题安全日等活动，推动"十个核心安全理念"等安全文化入脑入心。安全关口严把严控。重大事故隐患专项排查整治圆满收官，梳理整治各类隐患 1043 项，实现重大隐患"见底清零"。深刻吸取巴西"8·15"大停电事故教训，开展防范大电网安全事故专项行动，500 千伏及以上变电设备、输电线路零停运。高质量完成国家能源局跨省区大面积停电事件应急演练、网络安全实战演习等各类演练 120 次，成功开展国内首次光柴联合黑启动实操试验。研究提升灾害设防标准和防御能力，制订 32 项提升措施。

三、落实"电等发展"重要精神，电网升级能源转型力度空前

把握城乡发展规划新需求和生态文明建设新要求，统筹推进各级电网协调发展和能源清洁低碳转型，确保"送得进、落得下、用得好、结构优"。规划前期紧密对接。与浦东、徐汇、嘉定等区政府，以及长三角示范区执委会签订发展合作协议，与上海东站指挥部对接建立联席会议，政企协同广度深度进一步拓展。库布齐－上海特高压直流工程成功纳入国家"十四五"电力规划中期调整。500 千伏重燃送出等 144 项 35 千伏及以上项目获得核准。220 千伏新汇输变电等 103 项 35 千伏及以上项目完成可研批复。重大工程建设协同突破。配合政府完成《电网建设若干规定》修订，110 千伏及以上电网项目全部纳入市、区级重大工程范围。500 千伏静安扩建等 77 项 35 千伏及以上工程竣工投产。500 千伏远东－亭卫线路串抗等 76 项 35 千伏及以上工程开工建设。500 千伏崇明等 6 项受阻工程取得突破。获市重大工程实事立功竞赛金杯公司、国网输变电优质工程金银奖等荣誉。配网升级持续发力。配合政府出台《配电网升级改造三年行动计划（2023—2025 年）实施方案》，完成升级改造工程 1851 项，储备项目 1495 项。发布国网公司首个智能分布式馈线自动化互操作技术规范。不停电作业化率同比上升 3.53%，停电时户数同比降低 6.52%。完成架空线入地 71 公里。绿色低碳转型积极助推。落实服务新能源高质量发展方案，新接入光伏 90 万千瓦，保持 100% 消纳，推进杭州湾海上风电送出工程前期工作和消纳研究。全力满足企业绿色用能需要，配合政府完善《绿色电力交易试点城市实施方案》，绿电成交突破 21 亿千瓦时，绿证成交 46 万张，进博会首次实现全绿电办展，公司办公用电实现 100% 绿电消费。打造国网首个碳中和地市级供电公司。完成首届碳博会国网公司参展任务，绿色金融等 140 亿元项目集中签约。

四、树牢"人民至上"重要理念，营商环境服务效能持续改善

把握人民城市本质属性，坚持用心用情宜商宜居，以构建卓越供电服务体系为主线，持续提升服务速度、温度、满意度。世行迎评精准施策。对标世行新评价体系，制订迎评"两方案三清单"，攻坚完成 107 项任务。首次发布可持续发展报告，上线"一网通办"城市公用基础设施数据库，走访调研企业 1561 户。办电服务精准高效。固化"水电气网联合报装"模式，推广"开关站三进"，探索"双工程并行"，255 幅地块实现"带站出让"。配合政府出台投资界面、土储资金拨付等相关政策，完成政府拨付资金专户清算评估自查。深化"项目长"负责制，华为、中芯东方等 28 项重点用户工程如期送电。研究制订地下电力管线管理办法，明确规建运等方面 24 项具体任务。客户服务精准发力。统一服务流程、服务标准，推动线上线下渠道有效衔接，全年投诉量同比下降 11.14%。营销 2.0 系统在国网首批上线，并实现无缝切换。"网上国网"新增 77 万户，"刷脸办""一证办"用户突破 2.5 万户。民生保障精准贴心。完成旧房改造、加装电梯等民心工程电力配套 3000 余项。服务乡村振兴、乡村旅游和电动汽车下乡，建成 1 个乡村振兴国网示范村、10 个"村网共建"电力便民服务示范点，充电桩乡镇全覆盖。成功承办"电靓和美乡村之灯塔计划"研学活动，签订"教育帮扶"结对协议。

五、夯实"价值创造"物质基础，经营业绩精益管理持续向好

聚焦"一利五率"经营指标，以优化经营策略为主线，以防范化解风险为约束，持续推动效益效率双提升。经营策略优化落地见效。围绕提质增效，全面实施新一轮三年行动，攻坚完成 40 项年度任务，第三监管周期输配电价稳步落地实施，实现 100% 执行，投资转资率大幅提升至 97.17%，清理长期挂账工程形成资产 26.63 亿元，接收用户与政府出资资产 15.82 亿元。单位资产运维费率从 4.05% 提升至 4.86%，一般非生产性支出比例由 18.46% 压降至 15.53%。高损线路和台区占比分别大幅压降至 0.08%、0.49%，入选国网同期线损"百强所"86 家次，"4G＋HPLC"全覆盖，创历史最好水平。全额征收自备电厂交叉补贴 10.4 亿元，历史欠费实现清零。盘活房产、知识产权等存量资产实现收益 1.12 亿元，废旧物资处置回收 4.82 亿元。追补电费及违约使用电费 1.1 亿元。3 家单位获评上海市"专精特新"企业。1 个项目获评"鲁班奖"。新兴业务加速发力。实现综合能源业务收入 4.12 亿元。完成电能替代 6.39 亿千瓦时，自营公共年度充电量首超 1 亿千瓦时，低效桩实现清零。港口岸电服务覆盖 14 个码头，打造黄浦江沿岸首个电动船充电示范项目。"电 e 金服""融 e 绿贷"帮助链上企业获得金融服务 29.99 亿元。成功上线国网智慧共享财务平台。首家实现数

字人民币招标保证金收款和融资租赁款付款。省管产业稳健发展。实现营业收入 166.96 亿元，利润总额 8.6 亿元，"两金"压降 19.7%。资产保值增值率 102.59%。同质化管理积极推进。各类风险有效防范。圆满完成"合规管理提升年"行动，构建新型规章制度体系，"以案促管"工作避免和挽回经济损失 2046.36 万元。启动审计工作高质量发展行动，建立监督体系联席会议机制，试点研究型审计，实现外部审计问题整改"见底清零"，完成 4 项内部审计遗留问题整改。

六、坚持"攀高峰""接地气"并重，科技创新数字赋能先行示范

落实高水平科技自立自强 18 项举措，聚焦关键核心技术和科技赋能水平，持续攻坚突破。科技攻关卓有成效。制订新型电力系统三年攻关计划，实施国重项目 9 项。发布国际标准 2 项、立项 5 项，发布国内首个 IEC 电力储能技术规范，首次实现电力元宇宙 ITU 标准立项与发布。世界首套完全可控换相技术换流阀（CLCC）在南桥换流站升级改造中成功应用，换上"中国心"。世界首条 35 千伏公里级超导电缆实现满负荷运行。获批联建国家能源局第一批"赛马争先"创新平台，获国网实验室命名 1 个。获中国电力科技奖一等奖、上海市科技进步一等奖等省部级以上奖项 26 项。29 项科技成果成功挂牌交易，实现转化收益 897 万元。1 人获"IEC1906 奖"。数字化转型步伐加快。基本建成"电网一张图"，"营配调、规建运"全面贯通。PMS3.0 "一省一策"通过总部验收，数字化班组建成 102 个。在全国能源电力行业和上海全市范围内，首家通过国家数字化转型成熟度贯标最高等级认证。支撑国网公司获第二届全国工业和信息化大赛一等奖，公司获国资委国企数字场景创新专业赛二等奖等省部级以上奖项 18 项。管理创新亮点纷呈。获国际质量管理小组大会最高等级金奖 1 项、全国质量标杆 1 项、全国企业管理现代化创新成果二等奖 1 项、全国 QC 成果示范级 2 项、国网公司管理创新特等奖 1 项、上海市卓越质量管理创新实践（标杆级）1 项。

七、锚定"世界一流"建设任务，重点领域改革变革取得突破

用足用好改革"关键一招"，积极探索破解经营发展难题。新一轮国企改革开篇布局。高效完成国企改革三年行动"回头看"各项任务，制订国企改革深化提升行动实施方案（2023—2025 年），明确 37 方面 126 项任务清单，在首次国网公司子企业董事会评价中获评"优秀"，"三重一大"等决策制度修订完善。上海电气输配电集团有限公司股权划转事项已由国资委正式受理。加快推进世界一流企业建设，按照"四维三层三类"体系持续对标国际国内先进企业，"1+4+N"重点任务有序落地。电力体制改革全面推进。初步构建"中长期分时段融合＋现货全电量平衡结算＋绿电／

零售灵活贯通"的完整市场体系。省间中长期交易突破 140 亿千瓦时，开辟华北、东北等送端电源点，推动与新疆、广东、山西等签订购电协议。市内电力直接交易电量 349.8 亿千瓦时，代理购电 331 亿千瓦时。完成现货市场五次模拟试运行，结算试运行具备启动条件。企业内部变革攻坚突破。创新开展低压营配业务组织模式优化，6 家试点供服中心实现实体运转并全面推广，数字供服平台成功上线，工单标准成本体系填补全网空白。印发业务外包管理指导意见和各专业管理指引。宽带岗级工资制度改革全面落地，"Y"型新岗位体系由供电公司进一步试点覆盖专业公司。省管产业改革踮疾步稳。完成恒能集团工商变更和产权登记，全部省管产业单位均完成财务并表工作并纳入国资监管体系。制订 20 家省管产业企业清理退出方案，11 家企业已于当年完成。

八、立足"党的诞生地""电力发祥地"独特地位，党的建设队伍建设全面增强

持续弘扬伟大建党精神，推动党的领导全面融入公司治理，广大员工干事创业活力动力进一步集聚迸发。党建引领固本强基。持续深化"旗帜领航"党建工程，辛保安董事长基层联系点获市百强党支部建设示范点称号，闸北电厂入选中央企业工业文化遗产名录。首获中组部组织工作选题统计分析报告一等奖和第八届全国学雷锋示范点。健全"五导五共"工作机制，163 个"党建＋"工程见行见效，1 个项目入选长三角一体化党建引领科技创新项目。全面从严治党纵深推进。编制《政治监督工作手册－"双碳"专篇》。以联合办案、挂职锻炼等方式，深化"室组地"两级协作配合。圆满完成中央巡视下沉调研配合任务，扎实推进中央巡视整改。制订巡察工作五年规划，完成 8 家基层单位常规巡察。开展违规吃喝、业扩报装领域、乡村振兴领域不正之风等专项整治。组织领导力和人才驱动力持续增强。深化"四优五过硬"领导班子和领导人员队伍建设，选派到国网总（分）部、政府锻炼 17 人，基层本部双向挂职 68 人。"一人、一表、一评、一策"推进"千优工程"。承办国网公司首期"90后"优秀青年干部示范班，获国网公司优秀成果 1 项。人才培养"三大工程"深入实施，卓越新星培养 2.0 工作高质开展，首届青年技能大赛成功举办，沪皖联合培养成效凸显，首届国网公司国际化风采大赛、第二届全国职业技能大赛斩获佳绩，1 人获评国网首席专家。多名员工获全国和市五一劳动奖章，以及全国五一巾帼标兵、全国技术能手、中央企业青年岗位能手、上海工匠、国网楷模、国网工匠称号。企业氛围昂扬向上。完成公司工会换届选举。全面落实 6 项为职工办实事举措，试点开设亲子工作室，举办青年职工交友等活动，338 名员工完成人才引进落户，50 套人才公寓惠及 17 家单位 83 名青年员工，智慧食堂餐饮服务通过"上海品牌"认证，"追光岁月"老同志信息服务平台正式上线。大

力改善生产办公条件，扎实推进源深产业发展中心项目布局落地，浦东临港、崇明、奉贤、特高压等基地项目按计划推进。多个集体获全国青年文明号、市五一劳动奖状、市工人先锋号、市劳模创新工作室、国网公司先进集体。信访、保密、舆情、值班等工作平稳有序。

【2024 年发展趋势】

2024 年，公司将以习近平新时代中国特色社会主义思想为指导，全面贯彻中共二十大和二十届二中全会精神，全面深刻领会习近平总书记重要讲话和重要指示批示精神，牢牢把握做好经济工作"五个必须"的规律性认识和"三个统筹"重要原则，落实中共上海市委、市政府和国网公司党组决策部署，坚持稳中求进、以进促稳、先立后破，坚持"世界观察中国电力的窗口"高标定位，以加快创建世界一流企业、建设超大城市新型电力系统为目标，以强化"六个核心功能"、提升"六个核心竞争力"为抓手，以提升"五个价值"为重点，高站位、立潮头、勇争先，全力推进"一体四翼"在沪高质量发展，更好服务保障上海深化建设"五个中心"、持续增强"四大功能"。

一、扛牢首要责任，持续提升供电保障能级。

二、聚焦本质安全，持续提升安全生产能级。

三、服务"双碳"目标，持续提升电网发展能级。

四、锚定国际领先，提升优质服务能级。践行企业宗旨，持续提升优质服务能级。

五、围绕提质增效，提升经营管理能级。

六、关注重点领域，持续提升改革发展能级。

七、瞄准自立自强，持续提升科技创新能级。

八、坚持旗帜领航，提升党建工作能级。

（陈予欣）

上海漕河泾新兴技术开发区

【概况】

上海漕河泾新兴技术开发区（简称漕河泾开发区）成立于 1984 年，是中国首批国家级经济技术开发区、高新技术产业开发区、综合保税区，也是国家级出口加工、中国服务外包示范基地，规划面积 14.28 平方公里。2012 年，漕河泾开发区被环保部、科技部、商务部联合命名为"国家生态工业示范园区"，近年来多次获评国家五星新型工业化产业示范基地（电子信息）。通过持续建设，园区在产业转型升级、资源集约利用、环境管理模式等方面取得显著成效，尤其是园区在支撑建设上海科创中心承载区、创新"一区多园"规划建设和生态文化品牌输出、老工业基地转型升级、园区智慧管理平台建设等方面具有鲜明特色。

【2023 年经济工作情况】

2023 年，是全面贯彻落实中共二十大精神的开局之年，也是漕河泾开发区以崭新姿态"再出发、再创业"的关键之年。面对外部宏观经济形势的复杂性、严峻性和不确定性，开发区高举科创大旗，主动融入国家战略和全市大局，强改革、抓经营、控风险，大力推动市场主体积极性稳步回升。

一、园区经济稳中有进

2023 年，漕河泾开发区稳中求进，以进促稳，用自身工作的确定性消解外部环境的不确定性，全年实现营业收入 6595.5 亿元（含浦江），比上年上升 9.9%，三产收入 5835.6 亿元，同比上升 12.6%；利润总额 788.6 亿元，同比上升 44.43%；税收总额 247.9 亿元，同比上升 13%；从业人员数 29.7 万人。漕河泾开发区在国家级经济开发区综合发展水平考核评价中列第 16 位，漕河泾科技绿洲上榜市级中小企业特色产业集群。

二、产业能级加速提升

漕河泾开发区贯彻上海构建"2+（3+6）+（4+5）"现代化产业体系要求，积极布局元宇宙、大模型等产业新赛道，发挥平台整体资源优势，下好科创先手棋，稳存量拓增量，全年共引进企业 170 余家，代表性项目包括长鑫存储（存储芯片）、新迪数字（软件研发）、粒界科技（计算机视觉）、稀宇科技（通用大模型）、途虎养车（汽车后市场）、仁酶生物（合成生物）、瑞龙诺赋（手术机器人）、朗迈医疗（高值耗材）等。年内开发区共有 2 家企业上市或挂牌，新入驻上市公司 5 家，开发区累积已有各类上市（挂牌）企业 154 家。

三、工程建设如期推进

年内总开发建设体量 145 万平方米，其中开工 19 万平方米，竣工 9.5 万平方米，拿地 1,079 万平方米。北杨人工智能创新中心全标段基本实现开工，B 标获评上海市文明工地；颛桥项目一期竣备，二期主体结构封顶，推进幕墙及装修施工，三期完成主体 75%；凤凰园二期完成 I 区塔楼封顶和 II 区 ±0 板施工；元创未来中心及国际社区项目开启地下室结构施工；长三角国际协同创新中心项目办公楼与酒店均已结构封顶；北中环国际创新中心主体结构封顶，整体形象进度完成 65%。区域配套方面，漕河泾 AI 公园落成启用。

四、科创生态长效激活

在重大项目方面，引入奇绩创坛上海校友中心项目，已落地 15 家企业，成功申报上海市首批高质量孵化器。此外，上海颠覆性技术创新中心、"上海交大 APEX 实验室、ACM 班、ACM 竞赛队校友中心"、人形机器人创新孵化中心、中科技物联创中心、"漕河泾·罗克韦尔自动化净零智造联创中心"等创新中心也陆续投入使用。

在科创服务方面，获批国家知识产权服务业高质量集聚发展示范区、承建的"上海市徐汇区知识产权金融公共服务平台"入选全国知识产权服务业发展典型案例；承办"创客中国"上海市中小企业创新创业大赛启动仪式。2023 年，新认定高新技术企业 310 家，总数 966 家；新认定国家"专精特新"小巨人企业 5 家，总数 28 家；新认定上海市"专精特新"中小企业 98 家，总数 315 家；新认定上海市科技小巨人企业（含培育）9 家，总数 142 家；新增高新技术成果转化项目 28 个。漕河泾开发区企业累计专利申请达 67450 件，累计发明授权 16798 件，每万人拥有有效发明专利 491 件。

在科技金融方面，成立上海普惠金融顾问漕河泾科创金融服务枢纽。举办 9 场科技金融活动，帮助企业对接融资需求。开发区 21 个项目总计获得风险投资金额近 70.45 亿元；61 家企业获漕河泾融资平台贷款授信超 4 亿元。

在绿色低碳方面，"漕河泾绿色低碳智慧平台"上线，助力园区跟踪绿色低碳转型过程，为更丰富的绿色低碳场景预留数字化接口。以冰蓄冷区域集中供冷技术为核心的园区"绿色大脑"完成自控改造升级，实现自动化运行。

在人才服务方面，承办"汇聚未来"创新创业大赛及"职引未来"徐汇区高校毕业生就业联盟签约仪式暨沪岗行动专场招聘面试会，参与徐汇区"AI 大模型人才联盟"建设。举办各类招聘会 61 场，参会企业 3167 家次；各类培训 315 场，参训人才 2 万人；为 2.3 万人提供人事人才服务；开展"人才绿洲"社群活动 88 场。

【2024 年发展趋势】

一、产业经营，牢牢把握"高质量"发展导向

（一）做强元创未来特色产业园。聚焦 AI 大模型、集成电路、元宇宙等特色领域，引入各具有较大影响力的龙头企业，培育从事"卡脖子"技术研发的本土企业，涌现具有颠覆性的科创成果，构建大中小企业融通创新格局，显著增强特色产业核心竞争力。

（二）提升新型工业化水平。用好国家大力发展新型工业化的政策窗口期，充分发挥园区"两化融合"既有优势，提升数实融合和绿色智造水平，推动大中小企业融通创新，强化生产性服务业赋能作用，引领产业结构高端化、融合化、数字化、绿色化转型。

二、锚定创新，牢牢把握"大科创"工作主线

（一）引入国家战略科技力量。做实以"管、育、转"为核心功能的上海颠覆性创新中心，定期向科技部推荐项目；力争香港大学国际交叉创新研究院、力争临港国家实验室转化中心落地。

（二）做优市级高质量孵化器。完善奇绩创坛上海校友中心运营管理，申报人形机器人创新孵化器为上海市高质量孵化器。

（三）建设专业服务平台。导入"上海昇思创新中心""净零智造实验室平台"等功能性平台，上海国际人类表型组研究院成果转化基地等新型研发机构。推进与上海申康医院发展中心合作，为园区生物医药企业提供临床资源。

（四）科创赋能经营。以风险投资、项目产业化为抓手，形成科创赋能经营机制，打造园区第二曲线；牢牢抓住园区培育企业的扩租需求。

（五）加快基金设立。推进元宇宙、闵行科创基金，以及奇绩创坛和人形机器人参投基金落地，围绕"投早投小"，绑定优质企业。

三、优化产品，牢牢把握"差异化"管理原则

（一）稳步推进重大项目。坚持开发逻辑服从经营逻辑，以销定产、以退定投、以资定债。2024 年漕河泾平台在建面积达到 223.8 万平方米，当年新开工 54.3 万平方米，竣工 56.57 万平方米。

（二）推进园区有机更新。继续做好嘉会－科华地块国际生命健康社区的前期规划，调整华美达地块更新方案，建设国际科创社区。元创未来中心项目推进地上主体结构施工，年内结构封顶；凤凰园二期重点推进专业分包施工，年内完成实体工作量，力争竣工备案；做好租赁住宅前期产品设计，在园区建设小贩中心、小哥驿站。

（王皓凌）

上 海 市 工 业 综 合 开 发 区

【概况】

上海市工业综合开发区是一个集工业园区、科技孵化、综合保税区于一体的综合性园区。现已形成美丽健康、新能源新材料、汽车零配件、装备制造、电子信息等支柱产业。2023 年，复审通过"生态文明建设示范区"，荣获"上海优秀科创产业园区""商业秘密保护示范区"等称号。开发区

位于奉贤新城规划板块中的中西部，具有良好的区位优势与交通网络，距上海市市中心仅 20 公里，距上海虹桥机场 29 公里，距上海浦东国际机场、上海洋山深水港均在 50 公里以内。区域规划面积 21.03 平方公里，产业区域约 11.26 平方公里，内含 1.88 平方公里的奉贤综合保税区。

【2023 年经济工作情况】

2023 年，上海市工业综合开发区全年完成财政总收入 101.06 亿元，地方财政收入 31.33 亿元；完成工业产值 501.93 亿元，比上年增长 5.2%；完成"四个一批"固定资产投资 32.58 亿元，其中工业投资 16.5 亿元。奉贤综合保税区实现进出口额 218 亿元。

一、招商引资方面

聚焦"美丽大健康、新能源汽配、数智新经济、化学新材料"四大新兴产业，不断优化开发区产业结构，由分散向集聚转变，科学谋划园区未来产业体系，打造若干细分领域的具有竞争力的特色产业集群。联合主办"上海中医药和天然药物国际大会"和"全国工商联医疗器械专委会年会"等生命健康产业领域重要活动，进一步扩大开发区在健康产业领域的知名度和影响力。

二、园区综合服务方面

深化"保姆、管家、顾问、政府"四位一体的角色定位，将"专业化、规范化、个性化、有效性、连续性、针对性""三化三性"理念作为深化、优化、强化企业服务强有力的支撑，内化于心、外化于行，深入骨髓。以"四个一批"为抓手，坚定不移实施项目带动战略，扎实有效推进项目建设。提高项目落地服务效能，推动项目建设提速增效，确保重点项目按照计划节点拿地开工，全力帮助企业解决项目规划、土地、环评、施工等过程中遇到的困难和问题。全年新建开工 41 个项目，计划总投资 185.5 亿元，同时积极响应"工业上楼"政策，对核子华曦、誉鸣、麦吉丽等 6 块存量工业用地提升容积率，涉及用地面积 344 亩，拟建设 59 万平方米的建筑体量。深化企业服务，优化营商环境，以企业评价为第一评价，以市场主体感受为第一感受，不断提高开发区服务显示度，推动开发区由相对成本优势向综合服务优势转变。关注企业发展情况，关心企业困难问题，深化银企合作、科创服务、政策扶持，将服务企业落到实处，真正成为企业的"创业伙伴"。

三、城市更新方面

优化产城融合发展，坚持"软件＋硬件"双翼齐飞，以"建筑＋风景"推动产业园区向城区转变，积极推进产业、城市、文化、绿色融合发展，为打造与时俱进的现代化经济体系提供最佳适配环境，将区位优势、产业优势、功能优势转化为推动园区高质量发展的增量和动能。以数字化转型为抓手，通过园区数字化综合管理平台建设，推动智慧园区、生态园区、安全园区建设，凸显园区治理精细化、专业化。深入推进产业城市更新，优化产业结构调整，加强低效用地盘活利用，加快重点地块转型升级。2023 年，产调工作取得实质性成效，龙洋园区核心区域已完成 29 栋厂房约 188 亩土地转型升级；"双菱"地块已完成动迁协议签约，释放近 840 亩土地资源。围绕以上两处重点产调地块转型升级，结合现有合成生物及氢能产业链条，规划打造合成生物园与氢能源产业园，加速实现主导行业的产业联动与产能升级。

四、自身经营方面

持续推动园区多元化经营，推进资产收购和股权投资。全年完成归母净利润 0.62 亿元，实现经营收入 11.52 亿元。继续深化"基金＋基地"模式，积极探索更多投资形式和渠道，以市场化的方式获取外部资源，形成相对完善的"基地"运营能力和"基金"投资能力。先后合作设立了上海工融科创私募基金合伙企业（有限合伙）和上海兴合生私募基金合伙企业（有限合伙），已设立采埃孚工融子基金落地开发区凤创谷，并推荐宽岳医疗生物等多家企业进入尽调阶段。依托开发区项目资源优势，挖掘培养合成生物产业项目，坚持"投早、投小、投科技"，以凤创谷为"基地"，辐射开发区，实行招投联动。开发区通过"一致行动人"模式，以开发区项目决策作为启动投决会前置程序，获得对基金实际控制权。

【2024 年发展趋势】

2024 年，是开发区全面实施"十四五"规划的攻坚之年，是开发区成立 30 周年，也是开发区实现高质量发展的重要之年。正值"三十而励"之际，开发区将以"奋进 30·百亿再出发"系列活动为抓手，持续深化"四个优化、四个转变"战略，聚焦"五巩固五突破"目标任务。巩固"百亿园区"成果，在经济总量上求突破；巩固转型发展机制，在产业能级上求突破；巩固园区服务理念，在服务水平上求突破；巩固要素资源集聚，在经营方式上求突破；巩固环境改造成效，在功能品质上求突破。务实高效抓好各项重点工作，全面提升产业能级和核心竞争力，扎实推进经济实现高质量发展，打造汇聚要素和协同发展的新空间，持续推动开发区建设成为长三角最具活力的新型城市产业社区和国内领先的产业投资运营商。

（冯乔婷）

上海市机械设备成套（集团）有限公司

【概况】

2023年是全面贯彻落实中共二十大精神的开局之年，也是实施"十四五"规划承上启下的关键之年。这一年，世界进入新的动荡变革期，国际地缘政治冲突加剧，国际经济循环格局深度调整，全球经济增长正走在"漫长而曲折的道路上"。而随着国内疫情防控平稳转段，国内经济呈波浪式发展、曲折式前进态势，总体修复向好，但依然面临部分行业周期性下行压力。作为一家以招标监理咨询、国内外贸易、设备集成及工程承包、投资运维为主营业务的多元化国有服务型企业，上海市机械设备成套（集团）有限公司面对宏观环境的严峻挑战，在上级党政及董事会领导的大力支持下，全体干部职工团结一心，真抓实干，以高质量发展应对风险挑战，以结构性改革释放活力动能，立足"十四五"战略规划，在业务经营上聚焦主业精准发力，在谋篇布局上创新模式联动共赢，实现质的有效提升和量的合理增长。

【2023年经济工作情况】

一、业务经营稳中有新，开疆拓土精准发力

（一）招标监理咨询板块。招标代理业务紧跟政策把握机遇，优势领域再创新高。机电招标公司保持对政策的敏锐性，芯片业务全年中标规模超预期；汽车业务作为核心传统业务，全年中标规模巨大。持续发力新老基建，加快培育新增长点。机电招标公司轨交业务发力市域线机场联络线车辆段工艺设备采购、市域铁路南枫线勘察设计及施工招标等新基建领域；能源业务承接了天然气管网、燃气集团等公用事业单位的多个重要基建项目。深化央地合作机制，全力服务"国之重器"。机电招标公司新承接中国商飞C919国产大飞机生产线，以及C929国产大型客机的研发、测试项目；船舶业务保持与沪东重机等合作，并承接中船科学研究等一批新客户；军工业务承接航天八院、中科院等多个客户，并首次承接客户公司商用星生产配套招标项目。传统领域承压前行，业务发展稳中有进。受宏观环境影响，机电招标公司在医疗、金融、化工等传统业务领域承受较大压力，业务保持稳中有进的发展态势。工程监理业务：监理公司继续深耕轨道交通综合联调等优势领域，拓展工民建等传统领域，利用数字赋能管理，走出一条差异化竞争道路。挖掘深度拓展宽度，多地市场实现突破。在轨交业务的深度和宽度上下功夫，天津、山西太原等地市场开拓实现从0到1的突破。传统业务平稳发展，"两腿走路"稳固根基。工民建业务先后承接银鼎精密元件、普洛斯桃浦智慧冷链产业园一期等项

目。数字赋能提升能效，前瞻布局激发动力。监理公司持续优化"智慧联调管理软件"，获得《智慧联调V1.0》软件著作权证书。咨询服务业务：机电招标公司下属造价、咨询业务发展向好，其中咨询业务在近两年中标海军455医院全过程咨询项目、中航商发人才公寓全过程咨询项目后，继续做好全过程咨询服务业务探索。集团综合管理部连续7年稳定开展市经信委核价项目，并首次组织开展上海市JMRH发展专项示范引导中央转移支付资金14个项目的评审工作，受到市财政、长兴岛管委会一致好评。

（二）贸易板块。进口代理业务：聚焦重大项目装备，抓住转型关键时期。进出口公司重点聚焦国家大型项目设备引进代理服务市场，连续中标多个重大项目。后续对于重大项目的系统性跟踪与开发是进出口公司转型发展关键期的重要方向，公司着力孵化培育形成开发、签约、执行到货的2+2+2滚动模式。生产性供应链业务：坚决执行风控政策，提质保量转型升级。进出口公司光伏供应链业务全年实现销售同比下降33%。自营业务：突破固有代理思维，布局多元自营方向。该类业务是进出口公司着力培育的业务方向。2023年，进出口公司已在设备总集成、成为优质生产企业特定商品原料供货商等方向布局，并着重研究、开发具有类自营性质的国内贸易。设备租赁业务：用好资源扎根主业，开拓新兴业务方向。设备租赁公司以汽车租赁服务为主，辅以办公设备、净化设备租赁服务。产品代理业务：专注主业提升服务，关停并转降本减亏。南通申成聚焦特斯拉钣喷业务，浦惠传祺已正式关停，浦宸日产进入歇业程序。

（三）工程板块。水利水务业务：在污水处理、污泥处理、固废处置等优势领域持续发力，服务涵盖水利、市政给水、市政排水、市政污水处理、污泥处理及工业用水处理等行业。城市更新业务：在立足本地轨道交通设备集成业务的同时，大力拓展"两外市场"。电力电站业务：工程公司响应产业联动战略，与新能源（投资）事业部联动，建设常熟洪洞水质净化厂分布式光伏电站等项目。

（四）投资运维业务板块。光伏电站业务：集团已打通光伏电站开发、投资、建设及运维一体化产业链。城市水务业务：BOT建设项目江阴亚同环保污水处理厂，通过争取各类税费减免、联合政府创收、创新降本增效等方式扭转困局，并被评为"环保绿色企业"。水利工程业务：净化公司与市堤防处再次签订3年合同，为防汛防洪工作保驾护航。汽车维修业务：南通申成作为南通地区特斯拉钣喷中心全年特斯拉

维修收入同比增长 65%。

二、谋篇布局不乏亮点，创新实践驱动转型

（一）模式创新引领发展，蓄势聚力加速转型。全过程咨询再发力，"集团军"作战创新绩。集团探索全过程工程咨询服务模式，推动工程咨询服务转型升级，抢占咨询领域先机。全产业链上下联动，内部合作协同推进。机电招标公司引荐进出口公司顺利中标广西华谊能源化工进口设备外贸代理，为进出口公司开拓化工领域业务奠定基础。集团市场部多渠道拓展新业务，建立信息共享平台，促进集团全产业链联动。全国化战略显成效，市场开拓多地开花。近年来，集团全国化市场开拓成效显著，分布城市近 40 个。

（二）业务创新抓紧布局，绿色发展先试先行。集团积极融入国家新能源产业发展规划，力争把握住"双碳"政策风口。2023 年由集团市场部牵头与扬州经济技术开发区开发（集团）有限公司签订战略合作协议。

（三）管理创新多措并举，双轮驱动释放活力。建章立制完善体系，科研成果逐步落地。集团以技术研究所和两个中心为抓手，制订、修订七项制度，通过科研课题进一步引导各单位做好技术创新培育工作。依托科研赋能管理，提质增效助力经营。净化公司产学研合作初见成效，与同济大学环境科学与工程学院参与的项目获年度上海产学研合作优秀项目三等奖。监理公司《智慧联调 V1.0》获软件著作权证书；"智慧联调软件平台"第一批入选建工集团新技术应用推广目录。信息化建设再升级，数字化转型稳步推进。机电招标公司电子招投标平台正式上线。进出口公司重点推进企业风控信息管理平台建设，创新信息化管理模式和手段。

三、企业管理全面提升，提质增效赋能经营

（一）检查整改闭环管理，制度执行宣贯到底。2023 年，迎接建工政治巡察等 5 次检查。集团制度一体化工作将于年内完成。

（二）中期评估科学调整，资质申请助力发展。组织开展"十四五"中期调研评估工作，明确集团"十四五"后半程经营目标及实现路径。

（三）财务审计强化管理，源头防范阻断风险。完成 2000—2016 年的历史财务数据整体迁移；完成 2022 年度集团各子分公司《经济效益审计确认报告》。

（四）人力资源建章立制，优化结构服务中心。修订并实施七项管理制度，推进考勤打卡管理实际落地。

（五）数字创新激发活力，信息改革全面推进。已完成科创项目管理全信息化和数字化 95% 的后台运维搭建工作。

（六）ISO 管理体系评审完成，安全事故未有发生。完成集团三体系年度内部审核和外部评审工作；全年生产安全责任事故为零。

（七）诉讼案件追踪执行，债务追讨实质推进。浦东公司方圆集团破产重整计划执行总体稳步推进。

（八）营造和谐文化氛围，提升品牌内生动力。本部办公环境升级改造工作顺利完工；借助内外宣传平台，有效提升成套品牌传播力和影响力。

（九）多项工作获得认可，各级荣誉鼓舞士气。2023 年，集团及各子分公司全年获得国家级、市级荣誉 15 项。

【2024 年发展趋势】

2024 年，上海市机械设备成套（集团）有限公司行政工作重点：

一、厚积动能向新而行，联动共赢续写新篇

（一）招标监理咨询板块：强化专业突破瓶颈，数字引领提升效率。招标咨询业务，市场开拓方面，巩固传统业务，积极开拓新客户新市场；扎根重点区域、重点市场；项目全过程咨询业务继续发力。业务管理方面，严格落实执行 2023 年度各项检查整改要求，严守合规发展底线和纪律红线；抓好招标业务质量管理；全面提升信息化建设、管理水平。监理业务，市场开拓方面，坚持"两条腿走路"的企业市场战略不动摇，均衡拓展轨道交通和工民建市场；科创赋能方面，做好 CNAS 等新技术、新项目与市场的应用结合工作；项目管理方面，加强成本管理和安全风险管控，逐步提高项目盈利能力。

（二）贸易板块：格局调整协同推进，紧跟市场推陈出新。进出口业务，进口代理业务、有限自营化业务、小块状生产性供应链业务三大业务格局的部门建设与业务发展协调推进。汽车产品代理业务，做好降本减亏工作，提升南通申成特斯拉钣喷中心售后服务能力。

（三）工程板块：立足优势打造品牌，依托科创升级转型。市场开拓方面，立足传统优势业务，面向全国努力打造品牌项目；开拓工业废水市场，推动环保产品代理合作发展。业务经营方面，稳固设备集成服务和工程总承包业务，实现向"创新型综合环境服务商"的升级转型。科技创新方面，依体系开展新能源研究中心的日常工作；以环保水务领域为着力点，积极争取省部级科研课题项目申请工作；探索校企、企企联合开展技术创新及技术合作，以提升培养人才队伍加强科研成果转化能力。

（四）投资运维板块：新兴领域加速进军，产业联动共同发力。投资业务，加快在新基建光伏电站领域的投资合作；拓宽新能源业务范围，为"双碳"战略下的新能源发展做好准备。运维业务，继续做好工程项目向运营维保服务延伸的拓展。

二、精细管理筑牢根基，聚焦质量助推效益

提升集团管理能效；做好市场开发培育；夯实人才队伍建设；探索财务数字转型；提高信息建设能级；打造科创支撑平台；落实安全生产责任；执行诉讼后续程序。

三、认真做好职工关怀，营造和谐企业氛围

落实关心职工措施；畅通民主建言渠道；注重企业文化建设；丰富职工业余生活。

（李雯菁）

上海振华重工（集团）股份有限公司

【概况】

上海振华重工（集团）股份有限公司（简称振华重工）是重型装备制造行业的知名企业，公司数次获评为全国技术创新示范企业、全国十大创新型企业和地方高新技术企业，曾获国务院国资委"双百行动"专项评估全国标杆第九、创建世界一流专业领军示范企业实施方案评估排名第四，国有控股 A、B 股上市公司，控股公司为世界 500 强之一的中国交通建设集团有限公司。振华重工成立于 1992 年，是世界上最大的港口机械装备制造商之一。公司总部位于上海，在上海和江苏拥有 6 个生产基地，在全球设有多家海外分支机构，拥有约 20 艘 2.5 万吨 −6 万吨级整机运输船，可将大型产品整机运往全世界。目前公司产品已进入全球 107 个国家和地区。

【2023 年经济工作情况】

2023 年，公司紧扣高质量发展主线，锚定利润总额、资产负债率、营业现金比率等具象化数据，实现"一增两稳三提升"的目标，坚持稳中求进工作总基调，主要经营指标稳步增长，高质量发展扎实推进。

一、各项业务发展稳中有进，市场开拓风头正劲

港机业务发展蹄疾步稳。公司首次与危地马拉签定 4 台跨运车合同，标志着产品进入第 107 个国家和地区，岸桥产品全球市场占有率 70%，连续 26 年保持世界第一。签订全年单体合同额最大的沙特 NEOM 新城码头港机项目，斩获中资企业在拉美地区投运的最大港口中远海运秘鲁钱凯港项目；公司纯电跨运车首次打入马士基市场，混动跨运车成功打入迪拜世界欧洲市场。海工业务开拓稳扎稳打。发展海工装备设计制造、核心配套及升级服务市场，成功签订国内首艘旋转式打桩船项目，以及多艘高规格起重船；成功进入核电领域龙门吊市场，承建国内核电系统首个 1600 吨龙门吊项目。钢结构业务发展实现突破。推进钢构业务资质升级，中交钢构成立获批。继港珠澳大桥之后，公司承建的国内第二座、福建省首座全桥预制装配化跨海大桥厦门翔安大桥全线通车，获"中国钢结构金奖"；澳大利亚西门隧道主桥钢结构完工发运；"一带一路"共建成果西非科特迪瓦桥顺利通车。公司在钢桥梁行业的影响力不断增强，市场地位得到进一步巩固。多元业务发展成果丰硕。成功吊装全球最大粤电青州海上升压站上部组块，巩固国内海上风场和船厂吊装市

场龙头地位；围绕主责主业，积极研究布局港口自动化立体堆存市场，交付国内首个商品汽车自动化立体仓库；成功研发行业领先的集卡立体车库，稳步开拓城市停车业务，中交重庆两江停车设备通过验收。

二、创新智造稳步推进，创新成果显著

作为国资央企，公司勇担国家战略任务，全力推进"工信部重载 AGV 链主"等 10 余项国家攻关项目，布局 38 项核心技术、装备、软件研发。强化协同创新能力，成立行业联合创新实验室，与上海交大等 9 所高校建立产学研合作平台。自主研制的集装箱码头生产操作系统（TOS）顺利投产；建造国内首批专用海上风电运维母船，配备自主研制的可升降式波浪运动补偿栈桥，打破国外技术垄断；成功交付全球首台 3500 千焦液压打桩锤替打系统。全年获得上海市科技进步奖、中交科技进步奖 6 项；新申请专利 374 件；牵头、参与 5 项国际标准制订，完成 1 项水平运输设备方向国际标准预研项目立项。推进数智转型，发布公司智能制造规划及中长期发展纲要（2023—2035），进行统筹规划发展；加快自动化、智能化产线改造；实现数据互联，打破"数据孤岛"。

三、深化改革激发活力，优化治理体系

企业治理体系进一步完善，明晰各治理主体权责边界，成立制度审查委员会。动态优化 57 项制度，因时因势调整各治理主体议事决策清单，优化组织机构，优化公司售后服务管理体系，提升企业治理效能。Terminexus 公司开展引战增资，成为中交集团首个实行混改以及员工持股的三级企业，为提升港机后市场和一体化服务水平提供有力支撑。上海港机重工与民营企业成立合资公司，发挥各自优势，进一步扩大流机品类。

【2024 年发展趋势】

2024 年，公司坚持以习近平新时代中国特色社会主义思想为指导，深入落实习近平总书记"2·26"重要批示精神，认真贯彻中央经济工作会议和国资委央企负责人会议要求，全面落实中交集团 2024 年工作会议精神，紧扣"高质量发展提升年"总体要求，坚持稳中求进、以进促稳、先立后破，凝心聚力推动公司高质量发展取得新成效。

一、聚焦市场开拓，全面稳定增长态势

健全经营机制，切实发挥经营龙头作用。加强市场开拓，聚焦主责主业，编制港机、海工、钢结构、内河 4 个领

域行动方案。

二、强抓生产履约，全面推动产能提升

完善项目管控体系，强化过程管控，落实刚性考核。优化生产资源布局，挖潜内部资源，有效配置社会资源。提升分包商管控成效，完善分包、外协管理制度，逐步推进用工结构优化。

三、稳步提质增效，全面强化价值创造

强化预算考核管理，强化多维度预算全过程控制。强化供应链管理，完善数字化建设，推进集采管理，提升供应链韧性。推动降本治亏，着力做实资产。

四、推进创新智造，全面增强竞争优势

加强核心技术攻关，突出市场导向，强化标准赋能。加快数字化建设，推动智能制造转型。

五、深化改革提升，全面激发内生活力

强化改革示范引领作用，提高整体改革成效。加强海外区域中心建设，加快从"业务国际化"向"公司国际化"转型升级。建立售后服务体系，全面推进精益管理。

六、突出风险防控，全面确保安全稳定

防范化解经营风险，抓实安全管理责任.完善合规工作体系。

七、强化党建领航，全面发挥根魂优势

着力提升政治站位，建强基层组织堡垒。建强干部人才队伍，升级企业文化体系。

（刘昕霖）

上海航空发动机制造有限公司

【概况】

上海航空发动机制造有限公司成立于 1978 年，是中国航空工业集团公司在沪企业，于 2004 年 12 月注册成立股份有限公司；2018 年 4 月改制为有限责任公司，2019 年 3 月增资扩股后注册资本 17486.174 万元。公司注册地上海市宝山区富联路 1058 号，下设上海宝山、烟台福山、沈阳沈北、沈阳大东、武汉江夏、滁州来安五地六厂。公司主要业务是中高档汽车零部件金属成型和连接，产品主要涉及车身结构件、开闭件、总装电泳件，包含纵梁、车底 & 顶盖横梁、轮罩、天窗、门窗框、后端板、水箱框架上横梁及 A、B、C、D 柱，滑移门支架、前后纵梁、地板总成、前后缓冲梁等，产品涉及整车车身及总装的大部分区域。公司主要客户为上汽通用汽车有限公司、上汽乘用车集团股份有限公司乘用车公司、上汽大众汽车有限公司、大众安徽、蔚来、智己、奇瑞商用车、华晨宝马汽车有限公司。

2023 年，是航空工业深化落实"十四五"规划目标，推动公司高质量发展的攻坚之年。公司根据"稳中快进、行稳致远"的总体要求，坚持高质量发展，以守住"不发生系统性风险"为底线，坚持和加强党的全面领导，全力推进科技自立自强，大力提升企业治理水平，聚焦核心主业，着力防范化解重大风险，花大气力提升管理水平，推进新时代人才工程建设，扎实推进党风廉政建设。克服困难、统筹协调、落实各项改革经营工作，全面完成上级下达的年度主要经营指标。

【2023 年经济工作情况】

一、稳增长技术创新加快

（一）专利情况。全年申请发明专利 4 项和实用新型专利 4 项；累计拥有实用新型专利 48 项，发明专利 2 项。

（二）重点产线智能场景建设。冲压自动化能级提升，制造中心 5200 吨冲压自动线目前已经完成大压机出厂预验收，该项目将于 2024 年上半年建成投产；A2LL&358-2 地板生产线 AGV 物料配送项目外部招标合同已签订，该项目将于 2024 年 4 月底试运行。

（三）解决现场"难点、痛点"提升工艺过程稳定性，降低批产质量成本；部分螺柱焊工艺优化，拉弧焊改点焊、提升螺柱焊过程可靠性；完成 SGM358L、智己 P12L 项目螺柱焊点焊的工艺验证，并顺利出件、工艺符合要求。

（四）同步工程项目。承接上汽通用 ATEV 电池盒软模项目，涉及多种前沿工艺及新材料的应用，实现电池盒技术储备"零"的突破。完成 ATEV 电池盒托盘总成软模项目和上盖总成软模项目的首次交样。

（五）"产、学、研"合作。围绕焊接飞溅控制——"无飞溅焊接研究"、螺柱焊在线检测等内容与上海交大开展"产、学、研"合作，已在新项目上汽奥迪 A5L 上应用，以期提升过程能力、降低质量成本。

（六）连接集成能力提升。提升连接产线自主集成能力，已累计完成 27 项自主集成；建成上汽智己 P12L 项目快换标站柔性线，夹具采用上下 A/B 双台面，做到 2 套工装切换"零时间"，提升了换线效率。

二、稳预期市场拓展加快

（一）累计承接新订单 17.56 亿元，其中新能源订单 5.22 亿元，占比 29.7%。

（二）承接上汽奥迪 A5L 焊接总成项目，上汽大众小分拼总成项目首次大单承接的突破，有助于改善公司客户单一局面降低经营风险。

（三）年内新拓展大众安徽、蔚来汽车、智己汽车、奇瑞商用车四个客户。首次承接大众安徽一级产品，承接蔚来汽车产品，承接智己汽车 P12 前缓总成。智己总装产品的承接拓展公司成型和连接技术的业务范围，再次进入乘用车大型总装件的细分领域。

三、企业治理水平有提升

（一）狠抓业务预算落地。将全面预算管理作为公司年度经营活动的依据，阶段性发布与预算指标相对应的考核指标的完成情况，使考核数据有支撑；强化 BP 预算的业财融合，提升预算精细化程度，提高预算管理颗粒度和符合率。

（二）完善 SAP 运行基础。持续做好 SAP 数据维护，"业务谁负责、数据谁维护"，每月核对原材料实际采购与 SAP 系统采购端间的差异，及时修正差异部分，做到日清月结。

四、管理能力提升加快

（一）体系化推进 CBA 工作，强化精益运营。深化 CBA 管理工具运用，从市场新产品项目订单承接到新产品项目立项进行过程管控。已累计完成 45 个项目的 CBA 运用，其中：市场端项目 26 个，投资过程项目 19 个。做好新量产项目 E2LB-2、B233、KQ53EV 等 7 个车型的 CBA 回头看，对分析原材料降本，查找数据传递存在的问题加以改进，优化和完善现有 CBA 流程。

（二）提升精益制造和精细化管理能力。深入推进"三精"（精细化管理、精益改进、精益生产），做实做好精益咨询项目落地；成立以总经理为组长的精益管理和降成本工程的专项工作组；制订《2023 年精益改进和精细化管理目录》，对精益改进进行细化分类。完成《2023 年精益和降本管理手册》草案，包括公司精益和降本的文化、实施策略及征集 2023 年经典精益降本改进案例；精细化管理、精益改进、精益生产可量化的年效益效果 1808 万元（未税）。

（三）开展存货专项治理。有效改善结构性存货，压降超 180 天库存的原材料；专题研究标准件库存成因，严控寄售制标准件用量，降低标准件库存。截至 12 月底，存货 1.496 亿元，同比下降 6.26%。

（四）成本费用稳步下行。通过密封比价和议价的方式完成 2023 年度标准件供应商的定点，整体降本 6.57%。

（五）加强资金管控、优化带息负债结构。2023 年底，资产负债率 68.11%，带息负债规模 2.1 亿元。

五、人力资源结构优化

2023 年，公司全员劳动生产率 40.63 万元／人，同比增长 31.23%；加强实用性培训，各地累计开展培训 557 项，累计培训 9811 人次，共计 22374 课时。

六、做好"双碳"工作，大安全管理态势稳定

（一）全年万元产值综合能耗 0.026 万吨标煤，同比下降 3.6%；对标、对正集团公司、中航汽车关于"双碳"工作的要求，做实已策划布置的工作，制定新的降碳措施；制订《碳达峰行动方案三年行动计划》。

（二）各基地光伏项目。上海本部光伏停车场项目、屋顶光伏扩建项目，以及沈阳、武汉屋顶光伏项目均已实现并网发电，截至 2023 年底，公司光伏装机容量 7.77MW。

（三）上海本部开展能源节能诊断，通过能源管理体系认证。

（四）大安全管理态势稳定、全年未发生重大安全生产事故、环境责任事故和泄密事件。

七、持续加强党的政治建设和党的全面领导

（一）旗帜鲜明加强党的政治建设，坚持和加强党的全面领导。深刻领悟"两个确立"的决定性意义，持续推动贯彻落实习近平总书记重要指示批示、党中央重大决策和航空工业党组、汽车党委工作部署落地。

（二）坚持用党的创新理论武装头脑，为奋进新征程凝心聚力。充分发挥党委中心组理论学习示范作用。制订《党委理论学习中心组学习计划》，年度开展集中学习 12 次，学习"第一议题"44 个，专题研讨 7 次。

（三）开展主题教育、习近平总书记对航空工业重要指示批示精神、"双碳"、信息化建设领域专项整治、"大安全"等 5 项政治监督，开展廉政约谈 218 人次，签订廉洁从业承诺书 185 份等纪检工作 58 项。

（四）坚持管干部原则，锻造干事创业的坚强队伍；压紧压实全面从严治党政治责任，涵养风清气正的政治生态。

八、发挥工会组织的桥梁纽带作用，和谐稳定职工队伍

（一）发挥职代会作用让职工参政议政，参与企业的民主管理。组织召开第四届二次职代会和第六次会员代表大会，听取职工代表议案 5 项。

（二）发挥工会组织优势，团结广大职工为实现公司发展建功立业。积极组织主题立功劳动竞赛活动。围绕"安康杯"主题积极组织各项安全生产提升工作，申报"全国安康杯竞赛优胜单位（上海区）"称号。

（三）关心职工生活，努力为职工办实事、办好事。持续开展送温暖、金秋助学活动，全年发放慰问金 4.43 万元，受益面达 56 人次。持续开展献爱心募捐活动。年初举行"爱心一日捐"活动，为困难群众送上温暖、献出爱心。

【2024 年发展趋势】

2024 年，公司将以习近平新时代中国特色社会主义思想为指引，全面贯彻落实中共二十大精神，牢固树立群众观点，以职工为中心，坚决贯彻落实集团和中航汽车年度工作会精神，以"三新一高"转型升级、提高核心竞争力为目标，聚焦科技创新和价值创造，着力在"智能化、数字化、绿色化"上下功夫，狠抓落实，干实事、谋实招、求实效，坚决完成中航汽车党委下达的责任令任务。预算营业收入 94571

万元；"一利五率"指标：利润总额目标 0.31 亿元；净资产收益率确保实现 4.5%，挑战目标 6.17%；研发经费投入强度实现 4.2%；全员劳动生产率实现增幅 8%；营业现金比率实现 4.09%；资产负债率控制在 69.12%。

一、科技创新引领现代化产业体系建设

（一）以智能化、数字化、绿色化为抓手，以科技、人才、管理创新赋于企业发展新动能，通过科创中心建设促进创新链、产业链、资金链、人才链的高度融合。

（二）要完善科技创新体系，推动科技创新与市场开拓，科技创新与"管理创新"的深度融合，着力解决制约高质量发展的重大难题。

（三）年度创新目标：为市场导入订单创造技术优势，由技术优势导入新产品订单收入的占新承接订单的比重 ≥ 10%；预期销售利润占利润总额的比重 10%。

二、以重点产线智能场景建设推动科技创新落地

（一）提升冲压自动化能级，完成 5200T 冲压自动线建设，上半年建成投产，并策划为后期上 AGV 搬运成品离线预留接口和通道。

（二）完成 A2LL&358-2 地板生产线 AGV 物料配送项目，2024 年投入正常使用。

（三）A2LL 地板螺柱焊在线检测系统于 2024 年投入正常使用，并推广应用到新的产线项目中。

三、坚持高质量发展实现量的合理增长

（一）要在市场开拓方面拿出新举措，要以破釜沉舟的

勇气，解决市场的困境。

（二）新签订单和已有订单，要可以覆盖 2025 年和 2026 "十四五"规划中期调整目标。

四、深化精益理念推动经济质的有效提升

（一）坚持不懈运用好 CBA 工具，强化精益运营。

（二）"三精"管理效益效果目标。

（三）提升信息化能力、促进精细化管理。

五、提高人才队伍素质促进经济高质量发展

根据公司"十四五"中调规划和人力资源子规划做好选人、用人工作，储备优秀年轻人才。

六、合规管理和风控

（一）内控风控：组织制定公司经营风险防范措施并定期跟踪落实情况；组织重点业务领域风险点内控措施嵌入制度。

（二）保证大安全管理运行态势稳定。

七、深入推进生态文明和绿色低碳发展

积极稳妥推进"碳达峰、碳中和"，加快打造绿色低碳供应链。对照集团要求落实"碳达峰"三年行动计划，到 2025 年万元产值综合能耗同比 2022 年下降 15%。

八、加强党的政治建设和党的全面领导

深刻领悟"两个确立"的决定性意义，持续推动贯彻落实中共二十大精神、习近平总书记重要指示批示、党中央重大决策，将航空工业党组、中航汽车党委、上发党委的工作部署落实落地。

（黄安全）

沪东中华造船（集团）有限公司

【概况】

沪东中华造船（集团）有限公司是中国船舶集团有限公司旗下核心造船企业，公司围绕全球视野下海运装备需求，依托两大总装造船基地和强大的自主研发和先进制造能力，形成完善的品控体系和服务网络，致力向全球客户提供一流产品与优质服务。公司是中国综合实力最强的民用船舶制造企业之一，秉承"为客户创造最大价值"的理念，矢志服务国家战略，成功摘取世界造船"皇冠上的明珠"，成为中国唯一的大型 LNG 运输船建造企业，已经交付和在建的大型 LNG 船超过 70 艘，实现国家重大能源运输装备的自主生产。8000 箱位以上超大型集装箱船建造超过 70 艘，其中，交付的 23000 箱双燃料集装箱船是技术性能最先进，全球首个应用 LNG 为主要动力燃料的"超级工程"；交付的 24000 箱集装箱船是目前全球最大级别的集装箱船，可承载 24 万多吨货物，是当之无愧的海上"巨无霸"和"带货王"。

公司拥有国家级企业技术中心，国家能源 LNG 海上储运装备重点实验室，在国内船厂中唯一设有 LNG 技术研究所，建立了企业博士后科研工作站和船体、轮机、信息化博士工作室。先后承担国家一系列装备研制、技术创新、能力建设等重大科研项目，拥有 70 多项国家级奖励和 700 多项发明专利。立足新时代，公司深入贯彻习近平新时代强军思想和坚持海陆统筹，建设海洋强国的重大战略部署，坚持科技创新引领市场需求；坚持高端制造支撑发展战略；坚持中国创造实现产业报国，努力建设卓越的全球化海洋科技装备产业集团。

【2023 年经济工作情况】

2023 年完成工业总产值 205.6 亿元；出口产值 125.33 亿元；出口创汇 197877 万美元；营业收入 218.8 亿元；造船完工量 17 艘 /188.92 万载重吨；利润总额 -9.1 亿元；手持合同金额 946.43 亿元。

一、聚焦主建船型，夯实高质量发展基础

面对复杂多变的外部环境，公司内部深度挖潜，紧跟国际行情，掌握市场信息，围绕主建船型，积极跟踪 LNG 船和大箱船信息，在经营承接方面取得突破，承接超大型集装箱船 4 艘、大型 LNG 船 11 艘，其中 17.4 万立方米 LNG 船10 艘，27 万立方米 LNG 船 1 艘，船海产业承接 248.62 亿元，完成年度计划 106.2%。2023 年，公司累计承接合同金额 314.09 亿元，完成年度计划的 107.4%，为后续高质量发展提供了坚实保障。

二、精心组织生产，全面完成交船任务

面对艰巨的生产任务，公司持续深化经营、生产、设计"三位一体"的运行模式，提前做好生产策划，统筹协调各方资源，克服多型船在坞内并建、双坞联动生产带来的一系列困难，依托"建模 2.0""对标世界一流管理提升"等专项工作，开展工序前移、快速脱钩、高效焊接等新工艺、新技术的研究和应用，积极推进"三化"造船，加大生产技术准备的考核，强化生产现场管理，全年实现交船 17 艘 /188.92万吨，为年初目标 16 艘 /179.58 万吨的 106.3%/105.2%。

三、关注效率效益，造船周期再创佳绩

围绕"成本、效率、效益"等关键指标，公司全面推行"精益管理提效率、优化流程强质量"策略，精益造船生产方式，大力推动新工艺新工法的应用，持续提升主建船型的造船效率。2023 年，交付的 4 艘 17.4 万方 LNG 运输船平均关键周期仅为 392 天，与上年相比关键周期缩短 22.1%，该型船的总建造周期基本达到国际同类产品最好水平。4 艘17.4 万方 LNG 船均早于合同期交付，其中 H1833A（中石油 #3）船较合同期提前近 1 个月，H1829A（中船租赁#3）船较合同期提前近 4 个月，H1830A（中船租赁 #4）船较合同期提前约 5 个月，H1834A（中石油 LNG#4）船较合同期提前近 9 个半月。以对标工作为契机，吸收江南造船8/4/4 造船周期的成功经验，全力推动 15500TEU 系列船的建造，年内交付的 2 艘 15500TEU 集装船均实现提前交付，且关键周期仅为 272 天。

四、强化科技赋能，增强发展后劲

公司坚持贯彻科技强企战略，持续做强博士研究室等创新育才平台，保持高端科技平台人才孵化和技术引领作用。围绕 LNG 船核心技术、液氢技术先行研究、高端船型建造及型号产品建造工艺提升所急需突破的关键技术，论证提出各领域指南共计 20 条，组织申报《海上液氢运输船关键技术预先研究》等科研项目共计 26 项。公司联合 47 家行业内外优势企业申报的工信部《海上 LNG 装备产业链创新工程》于年内批复立项，在集团公司领导和指导下，依据项目责任书及年度目标，全力推动该项目实施。牵头推进发改委"海上液化天然气运输船关键系统攻关"项目实施，与连云港杰瑞、洛阳双瑞、江苏雅克等攻关主体沟通与协作，加快推进 LNG 运输装备核心系统、关键设备材料自主化研制提供研发保障。科技部国家重点研发计划揭榜挂帅项目"船舶国产三维 CAD"项目稳步推进，2023 年，顺利通过国家科技部揭榜挂帅项目首个"里程碑"现场考核，根据专家意见强化关键技术攻关，加快工程应用验证，并进行迭代研发。

五、优化产品性能，增强产品竞争能力

持续开展第五代 17.4 万方 LNG 船的设计优化，以当前设计为依托，以综合成本节约为导向，开展结构轻量化和结构零件数优化设计研究。对主船体结构开展全面精细化分析，进一步降低构件尺寸，同时通过降低机舱棚重量等方式，减少结构零件数，累计降低结构重量约 103 吨，减少结构零件数约 2543 个，减少钢板种类约 550 种，提升了大型 LNG船的市场竞争力。围绕达飞 23000TEU 双燃料复造项目，设计团队开展了专项结构设计优化研究，通过减少 TCS 房间和 FGHR 房间结构风道、优化支撑该加强、降低顶推区域板厚以及余量优化等措施，实现结构减重 175 吨；通过屈曲筋优化、补板优化、型材过渡段优化以及板缝合并等优化措施，实现结构零件数减少约 3710 个；通过板规优化和套料优化，钢板种类数已减少约 540 种，进一步提升大型集装箱船的性能指标。

针对工信部重大专项需求，开展陆上 LNG 低温工程试验中心工艺系统设计及测试台架研制，配合基础建设工作，完成 267 份基建设计图纸的提资、审核及意见反馈，74 份主工艺系统及公用原理及施工图设计，22 份技术规格书编制，17 份材料清单编制，65 份设备认可图校核及意见反馈，2 份施工技术协议编制。完成 45 台设备验收，37 台 / 套测试系统用固定设备安装及 80% 的工艺及公用管道系统安装施工配合，为低温试验中心全面具备试验测试能力奠定基础。

六、加快二期建设，夯实发展根基

2023 年，是长兴造船基地二期工程建设全面攻坚之年，工程建设全线奋力拼搏，截至年底，二号船坞、700 吨龙门吊及总组平台，船体联合车间、分段装焊车间，涂装工场，舾装模块中心及配套能源中心，生产配套楼、辅助楼等主体工程竣工投用；港池完工岸线 480 米，一号船坞、行政办公中心开工建设，宿舍楼竣工 8 栋，3000 余名员工率先入住，2000 余名本部员工上岛工作。围绕整体搬迁数字化船厂转型方案正与新厂建设同步推进，数据治理、一体化协同管理平台、分段制造执行管理系统（MOM）等基础应用加快实施，为整体搬迁后实现信息化管控和智能化制造奠定扎实基础。

【2024 年发展趋势】

一、坚持以习近平总书记重要指示批示为根本遵循，深刻领悟集团公司工作会议关于"由大向强的决胜期""深化改革的攻坚期""创新开拓的关键期"的分析研判和集团公司"1234"高质量发展方略，聚焦提质增效，加强党建引领，推动党建工作实现从"有型"向"有效"的根本突破，扎实保障主业盈利。

二、坚持"高端精品"战略，加强市场开拓，优化产业布局。

三、围绕缩短关键生产周期，狠抓计划管控，推进高效造船。

四、深入贯彻"三赢"理念，强化成本工程，实现主业盈利。

五、坚持科技兴企发展战略，研发创引船型，提升自主可控。

六、贯彻"两个一以贯之"要求，深化三项制度改革，激发创新活力。

七、加快长兴二期工程建设，推进整体搬迁，加快数智转型。

八、切实围绕提升发展水平，防范化解风险，加快高质量发展。

（顾　坚）

上海外高桥造船有限公司

【概况】

2023 年，上海外高桥造船有限公司（简称外高桥造船）在"邮轮引领，一体两翼"发展战略指导下，公司制定"夯实大型邮轮主体地位、提升民船海工盈利能力"的经营方针，确定"融合发展、创新突破"的管理主题，不断深化"三地"资源深度融合，激发跨区域、跨部门、多项目协同作用，创新管控模式，推进民海邮管理模式和管理体系深度融合，坚定科创引领，加大技术突破，大力推动数字化转型，持续深化成本刚性管控，激发劳务工活力，强化企业核心竞争力，全年重点管理工作均按既定时间节点完成，全面超额完成年初制定的生产经营目标，创造一系列新纪录。

2023 年，公司实现工业总产值 138.65 亿元（合并）；营业收入 210.49 亿元，其中外高桥造船 199.28 亿元；外高桥海工 31.27 亿元；外高桥设计 0.53 亿元。全年累计交船 23 艘/290.4 万载重吨，分别为年计划的 121% 和 113%。其中最具影响力和代表性的当属国产首艘大型邮轮"爱达·魔都号"的命名交付。完工交付的还有 12 艘 7000TEU 中型集装箱船、7 艘 19 万吨 LNG 双燃料动力好望角型散货船、2 艘 11.4 万吨阿芙拉型成品油船和 1 艘世界独创 Fast4Ward 通用型 30 万吨级海上浮式生产储油船（FPSO），造船总量继续保持全球前列。全年累计实现承接 31 艘/301.95 万载重吨/127.15 万修正总吨，为未来 2～3 年高质量发展打下坚实基础。营业收入和经营承接均创历史新高。

【2023 年经济工作情况】

一、市场经营

2023 年，外高桥造船经营工作亮点纷呈、硕果累累。公司统筹兼顾中长期发展规划与短期市场需求，持续跟踪邮轮市场订单情况，抓住市场热点和机遇积极开拓市场，优化产品布局成效显著。成功承接全球最大 10800 车位超大型汽车运输船（PCTC）6 艘、9000 车位大型 PCTC 7 艘，累计手持 PCTC 订单达 16 艘，持续提升在 PCTC 新造船市场的份额及国际影响力。与全球头部航运公司签订 8 艘 9200TEU LNG 双燃料动力中型集装箱船，创下全球该型船批量订单新纪录，进一步巩固在中型箱船市场领先地位。一举拿下多艘 11.4 万吨阿芙拉型成品油轮和 15.8 万吨苏伊士油轮订单，创下公司成立以来油轮年度最多订单纪录。荷兰 SBM 公司对 Fast4Ward "通用型" FPSO 系列船表示高度认可，并锁定 6 号船船位，进一步巩固外高桥造船在国内高端海工装备领域龙头企业地位。同时外高桥造船积极研发重吊船、风电运维船、钻井平台等，尝试进一步开拓高端海工装备市场。

二、生产经营

2023 年，在中国船舶集团正确指导下，外高桥造船锚定"中国领先、世界一流"的奋斗目标，始终坚持"稳字当头、稳中求进"的工作总基调，紧紧围绕"夯实大型邮轮主体地位、提升民船海工盈利能力"的经营方针和"融合发展、创新突破"的管理主题，踔厉奋发，笃行不怠，提前 2 个月超额完成 2023 年度交船接单生产经营任务。11 月 4 日，备受世人瞩目的中国船舶集团一号工程——国产首艘大型邮轮"爱达·魔都号"在外高桥造船命名交付，成功摘取世界造船业"皇冠上的明珠"，载入全球造船业史册。"魔都"启航，"爱达"世界，标志着中国成为全球唯一一个目前同时建造航空母舰、大型液化天然气（LNG）运输船、大型邮轮的国家，外高桥造船也成为全球唯一一家实现大型邮轮、海工装备产品以及民用船舶三大主力船型自主设计建造的船舶总装厂。全年共完工交付 7 艘 19 万吨 LNG 双燃料动力好望角型散货船，12 艘 7000TEU 中型集装箱船。

外高桥造船通过世界独创 Fast4Ward 通用型 FPSO 系列项目，形成公司独有成熟的海洋工程建造技术体系，构建海洋工程标准化、批量化建造新模式。2023 年，FPSO 系列项目相继取得开工、下坞、交付的重要进展。4月4日，FPSO四号船签字交付，五号船同日开工建造，并于12月6日下坞。该型FPSO的连续建造和工程应用，填补中国深水通用型FPSO设计建造领域的空白，成为外高桥造船引领高端海工装备的优势品牌和亮丽名片。

三、科技创新

经过多年努力，外高桥造船传统优势产品全部完成双燃料升级换代，建造船谱和技术储备进一步丰富。10月26日，外高桥造船入选工信部"2023年度智能制造示范工厂"；11月20日，通过国家企业技术中心复评；12月6日，荣获"国家知识产权示范企业"称号。公司将科技创新作为引领高质量发展的第一动力，不断坚持攻关增强技术竞争力。研发设计方面，12月5日，公司创新研发的智能装载PCTC船型方案获DNV船级社原则性认可（AIP）证书；12月6日，荣获"国家知识产权示范企业"称号；12月13日，五大船级社共同为公司自主研发、设计与建造的LNGB型模拟舱颁发认可证书；联合法国GTT公司、BV船级社研发的30万吨双燃料超大型原油船（VLCC）获得BV船级社原则性认可（AIP）证书。在新技术方面，开展碳捕捉系统（CCS）工程化设计应用，搭载CCS阿芙拉船型设计获得AIP证书；完成氨燃料系统应用、氢燃料/氢燃料电池研究。

数字化转型方面，外高桥造船紧跟数字化变革浪潮，从企业管理、设计、建造等多个领域协同攻关推进，加速数字化转型升级步伐。持续完善新一代智能造船云平台SWS TIME，系统集成功能全面升级。目前，公司所有在建船舶管理统一纳入SWS TIME管理。智能仓储立库成功运行，作为大型邮轮零部件仓库的"智慧大脑"，实现了仓储信息化到智能化、数字化的转变。AR远程检验工作室揭牌运行，累计开展AR远程检验数百次，助力大型邮轮、FPSO、7000TEU集装箱船等多型产品过程项目的顺利验收。电缆信息管理系统、"民/海/邮托盘计划"信息管理系统上线应用，显著提升生产准备计划管理效率。"SWS数字化设备保障中心"正式上线，实时监控设备运行状态，同时建立关键设备运行看板，保障设备稳定运行。基于国产首艘大型邮轮项目数字化设计与管理需求，研发应用邮轮数据服务平台（CDSP），发布"设计数据驾驶舱"，开启"平台化设计模式"探索与实践，上线三维数字模型平台。

科研方面，积极向国家部委、上海市争取经费支持，助力企业转型发展，牵头申报国家发改委"智能制造核心能力提升工程"、工信部"船舶总装建造数字化提升工程"、国资委"1025"专项等，得到积极回应；获批国家知识产权示范企业，入选工信部"2023年度智能制造示范工厂""2023年新一代信息技术与制造业融合发展示范名单"，通过国家企业技术中心和高新技术企业复评。面对多型民船产品同坞建造的复杂局面，外高桥造船不断强化精益生产，持续创新和优化工艺工法，取得事半功倍的成效。目前，箱船半船移位建造法和双机舱建造法、油轮水上拼接建造法等新工艺新工法已经广泛实施与应用。总段镗孔、半船塞轴装桨、半船主机吊装，以及"三取消""四清零"创新成果得到进一步巩固，外高桥造船的民船建造呈现出多产品同节拍、批量交付提速增效的良好态势。

发布国际、国家、企业标准160项。首次主导编制的国际标准ISO3796：2023《船舶与海上技术外部单扇门通孔》由国际标准化组织（ISO）正式发布，实现主导编制国际标准"零"的突破。首次编制的中国国家标准外文版GB/T37747-2019《Requirements of construction for self-elevating drilling units》，在第六届中国国际进口博览会上成功发布。主编团体标准《TCANSI37-2020数字化船坞建设与应用要求》成功入选工信部团体标准应用示范项目。

【2024年发展趋势】

2024年是"十四五"深化之年，公司将坚决贯彻集团公司年度工作会议有关部署，全面落实"三赢"理念和"价值创造"，紧紧围绕"夯实大型邮轮主体地位、提升民船海工盈利能力"的经营方针和"提质效、防风险"的管理主题，扎实做好生产经营各项工作，持续建立健全企业社会责任与ESG管理体系，积极承担社会责任，全力实现企业、员工、社会共同发展。践行国家使命，推进第二艘大型邮轮设计建造；坚持创新引领，增强公司发展后劲；深入推进精益生产，持续提高建造效率；坚持综合施策，部门联动降低成本；坚持底线思维，强化内控防范风险；坚持防范为先，推进安全自主管理；履行社会责任，彰显企业时代担当。

（严　超）

江 南 造 船 （ 集 团 ） 有 限 责 任 公 司

【概况】

江南造船（集团）有限责任公司（简称江南造船）隶属于中国船舶集团有限公司，前身是1865年清朝创办的江南机器制造总局。2008年，公司整体搬迁至长兴造船基地，造船规模和能力实现了历史性跨越。

江南造船是国家首批40家企业技术中心之一，拥有2个国家级创新中心，设有院士科研工作站和博士后科研工作站。近年来公司持续开发、设计、建造多型国防高新产品、液化气船、集装箱船、散货船、汽车滚装船、化学品船、火车渡轮、成品油船、自卸船等高技术船型。公司已经掌握20多型具有独立自主知识产权高附加值船型的核心建造技术。2016年，公司成立江南研究院，开启高质量发展的新征程。

【2023年经济工作情况】

2023年，公司围绕年初确定的重点工作，坚持稳中求进，在有效化解运行风险的同时，营业收入首次突破300亿元大关，全年实现交船7型24艘，营业收入304亿元，圆满完成"稳上300亿、提升竞争力"这一里程碑目标。

一、兴装强军再获突破

公司坚持瞄准实现建军100年奋斗目标，高质量完成各项高新产品研制任务。

二、智慧营销节节攀升

民品市场累计承接产品6型26艘，总金额261.69亿元，再创历史新高。其中承接11艘主建船型B型舱超大型乙烷运输船，新签合同市场占有率达100%；围绕船舶绿色化转型，突破国外技术壁垒，承接4艘自主研发设计的超大型液氨运输船，6艘甲醇双燃料动力集装箱船；持续拓展大LNG船市场，签订2艘175000立方大型LNG船订单，江南造船主流船型国际竞争力迈上新台阶。

三、节律生产齐头并进

公司聚焦年度生产任务，攻坚克难，全面推进等时段、节拍化建造，各线产品效率显著提升。常规燃料集装箱船以提高舾装完整性为抓手，首次突破并稳固"843"建造节律；双燃料集装箱船推进燃料舱和燃气系统一体化建造，顺利实现"844"建造节律。大型液化气船首次突破"三合一"试航模式，稳步实现"744"建造节律；大型LNG船创新货舱环段建造法，实现船体结构低应力建造，舱内平整度100%达标，受到船东高度认可。航天测量船首次实现上建浮态吊装，4个月完成国内首次30MW级综合电力系统陆上联调试验，专业建造本领大幅提高。

四、研发创新推动转型

公司坚持贯彻"创新是第一动力"指示，持续推进"一型一化"转型，研发投入比上年增加14%；新增发明专利384项，比上年增加26.8%。蒸汽动力系统突破参数化调试技术，首创虚实结合沉浸式"新环境"，高耦合大型复杂系统调试能力取得提升；完成甲醇燃料、氨燃料清洁能源系统设计和优化，形成"双碳"战略下的竞争优势。数字化企业建设向纵深推进，聚焦数据管理、业务信息化和数字化厂区进行功能开发，支撑公司多项变革布局和落地。

五、管理效能有力激发

围绕生产效率提升，着力推进多项管理变革。基于品类采购供应链变革持续深化并落地，采购成本得到有效管控、库存周转率同比提高28%；劳务用工变革全面推进，劳务员工人均劳动效率提升约14%。精益生产试点推进，以准时化和自动化为支柱的江南精益生产体系雏形逐步形成，先行平均产能提升约25%，人均效率提升约40%，钢板流转周期压缩43%；Mark III 围护系统单舱平均施工周期从8个月缩短至6个月，有效保障大LNG船双高建造。

贯彻落实"三赢"理念，全面推进降本增效。推广利用金融衍生品工具套期保值，有效防范大宗物资采购风险；建立重点高新产品成本管控"两厂一所协同"机制，主动应对阶梯降价带来的毛利下降风险；开展管理专项课题研究，动能源单位工时能耗比上年同期下降约21%、船只电缆设计物量比前船优化减少9.4%、在建船只油漆使用量比前船节约10%、无损检测费用比指标节约20%。

严抓实抓基础管理，稳步提高发展水平。持续抓好安全生产"双项制"，全面落实红线考核机制，着力开展重大事故隐患专项排查整治，高分通过军工系统安全生产标准化"一级单位"评审；稳步推进清洁生产计划和环保专项行动，不断深化 VOCs 综合治理。积极推进新时代装备质量管理体系建设，顺利通过新时代能力等级评审；全面落实舰船精细化质量管理要求30条，高分通过集团公司舰船精细化质量管理成熟度评价。围绕专项工程全面梳理风险隐患，建立"全过程、全区域、全流程"保密管理体系；全力打造反奸防谍人民防线，全年未发生重大泄密案件、间谍案件。

六、员工为本，共享企业发展红利

关注员工职业发展。贯彻落实"员工为本"发展理念，全面推进用工管理模式重塑，以效率提升、收入增长为目标，围绕管理、分配、结算3个模式进行转变。同时为提高劳务员工凝聚力和幸福感，在带薪年休假、住宿保障、休息点规划、节日慰问、劳防用品、重病互助基金等方面开展优化与延伸；对专业岗位人员职级晋升、双轨制转换工作进行优化升级、加密晋升层级，提高职级晋升覆盖率；优化双轨准入条件与工作流程，增大激励规模，明确退出机制，持续保持人才活力，实现员工晋升小步快跑，解决职级晋升覆盖率不够合理、专业岗位职业发展受限、双轨人才池缺乏持续活力等问题。全年共有 1231 人完成职级晋升，3641 人完成薪级晋升，235 人转入双轨制，比上年增长 147.4%，专业骨干人才发展通道更加畅通，进一步激发员工干事创业的动力和活力。

公司以发展战略、年度任务及管理指标为指引，分别设定生产、管理、科创等专项奖励。通过目标导向，激发广大干部及员工的工作积极性、主动性和创造性，营造"不停奔跑"的氛围，挑战不可能。

关注员工身心健康。持续开展义诊服务，让职工享受到送医到身边的便利；推进打浦桥卫生服务中心"家庭医生"签约工作；组织工会干部及江南研究院职工代表开展职业健康技能培训，深入基层开展心肺复苏相关急救技能培训，有效保护和维护职工健康；引进专业心理咨询公司，开展职工心理关爱 EAP 项目，营造良好的团队氛围，及时缓解和应对压力。

人文关怀。持续落实关爱职工各项举措。开展春节／端午／中秋传统节日慰问，并聚焦劳模先进、骨干员工、困难／生病、长期异地工作等群体开展特别慰问；结合高温天气，下拨专项高温经费，开展生产现场高温送清凉，为在岗职工发放高温防暑降温套装；开展职工互助保障参保工作，参保 8074 人，重病理赔 8 人；修订公司《职工重病互助帮困基金会章程》，已逐步覆盖至所有直控劳务员工，目前共有 11990 名员工加入基金会，其中劳务员工 4388 人，全年职工重病互助帮困基金帮扶重病致困职工 2 人；为便于解决员工工作与生活上的困难，成立老娘舅工作站，直接面对面员工，至今已受理咨询、争议 75 起，解决 72 起，3 起仍在调解中。

此外，关爱职工婚恋，举行"江南船说"之"舰证爱情"集体婚礼，"缘聚长兴、情定江南"交友联谊活动；关心职工子女儿童，组织开展"与你童乐"庆六一儿童节等主题活动，拉近职工与子女的距离；开办两期爱心暑托班，帮员工带娃；开展校企合作，帮助部分员工解决子女入学难问题。持续开展"江南看舰杯""江南工人杯"等特色品牌活动，不断探索新思路、拓展新领域，推广全民健身理念，丰富职工业余文化生活。

【2024 年发展趋势】

2024 年，是江南造船筑基蓄力，踏上夺冠之旅的关键一年，行政班子将紧紧围绕公司战略布局，主动作为、强化担当，加快变革转型，进一步增强企业内生动力。围绕实现"营收 380 亿元、交船 27 艘"的年度目标任务。

一、加速发展，提升核心竞争力。

二、深化变革，推动效率提升。

三、夯实基础，筑牢企业根基。

四、聚焦民生，坚持员工为本。

（周婷婷）

中船动力（集团）有限公司

【概况】

中船动力（集团）有限公司（简称中船动力集团或公司）于 2020 年 11 月 27 日在上海市浦东新区注册成立。中船动力集团隶属于中国船舶集团有限公司管理二级单位。中船动力集团整合沪、苏、皖地区及海外各动力企业相关业务、资源的基础上，对研发创新、全球服务、低速机、中／高速机、关重零部件、电气及应用等动力相关业务实施一体化运营管理，拥有完整的船用动力研发、制造和服务体系，是国内综合实力强、产品型谱丰富、市场占有率高的船用动力企业。公司控股或参与投资的企业共 19 家（其中并表 11 家），员工 4000 余人，其中技术人才比例 20.4%。公司研发体系主要由中船动力研究院、两个国家级企业技术中心和一个海外设计公司组成。公司被认定为国家高新技术企业，且拥有国家级中／低速机企业技术中心、国家级博士后科研工作站、国家知识产权优势企业、质量信誉 AAA 等级企业等。

公司主营适用于远洋近海船舶、内江内河运输船舶全系列低、中、高速发动机，核电、电站等特种用途动力系统集成装备、供气系统、减排装置、综合电力系统，以及高端制造（铸件和加工）、设备维修、码头营运等相关业务。同时，建有集铸、锻、焊、机加工及精密制造为一体的船用动力关重零部件专业配套基地；拥有全球售后服务网络，专注于打造动力产品全球服务能力，发挥研发、制造、服务整体合力，为客户提供解决方案和增值服务。发动机产品主要包括二冲程发动机、四冲程推进主机及四冲程发电机组，其中二冲程发动机（含双燃料发动机）包括 EX340 系列自主品牌机型、WinGD 全系列机型、MANB&W 全系列机型；四冲程推进主机主要包括自主品牌 M390 系列、M320 系列等机型，L21/31 及 L23/30A 等 MAN 系列专利机，DKM-20e、DKM-26e 等大发系列机型等专利机；四冲程发电机组主要有 M390 系列、M320 系列自主品牌机型，L16/24 等 MAN 系列专利机及 DE 系列、DK 系列、DC 系列的大发系列专利机。

减排环保设备主要产品包括选择性催化还原装置（SCR）、脱硫系统（EGCS）、工业废气脱硫脱硝除尘系统等。电站系统主要产品包括固定式和移动式陆用电站、M390MF-N 等系列核电应急发电机组、应急发电机组及船用发电机等产品。动力能源系统主要产品包括燃料供给系统和动力系统集成，其中燃料供给系统包括 LNG 燃料供给系统、氨燃料供给系统及甲醇燃料供给系统等。动力系统集成包括混合动力推进系统（并联式、串联式）、纯电动力推进系统及燃料电池动力推进系统等。

【2023 年经济工作情况】

2023 年，是全面贯彻落实中共二十大精神开局之年，是实施"十四五"规划承上启下重要一年。中船动力集团坚持做强做优做大国有企业，在新接合同、营业收入、工业总产值、利润总额比上年大幅度增长，延续整体上升趋势。公司新接合同超 170 亿元、营业收入超 100 亿元、工业总产值超 100 亿元。全员劳动生产率达到 55 万／人，净资产收益率超 3%，六大主要效益指标提前两年全面完成"十四五"规划目标。研发经费投入强度超 9%，营业现金比率、资产负债率表现优异，公司价值创造能力显著提升。公司以年均超过 15% 的增长率成功跻身百亿级企业行列。

中船动力集团积极推动科研成果快速实现产业化，开启了以产业化需求为引领的科研模式。开展"核柴一号"12MV390MF-NB 核电应急柴油发电机组自主化研制并完成研制鉴定，实现项目批量接单；自主研制的 EX340 低速机和 CX40DF 双燃料低速机年内先后完成试航任务；签订 10X92DF-M 甲醇双燃料低速机首台订单；M320 中速机不断进行技术优化迭代，取得 M320DF 新订单。公司继续开展自

主电控、燃油系统等关重件的研制，实现基于国产芯片的新一代船用低速机电控系统开发。EX340 低速机完成电控系统自主配套；开展中速机燃油系统的研制，完成 M390 和 M450 燃油系统试验台性能测试试验；完成 RTX8 甲醇喷射器以及 M320 甲醇喷射器设计和系统布置；开展 WinGD 关重件国产化工作，曲拐、喷油器完成样件研制，并顺利获得 WinGD 认可证书。

公司围绕低碳零碳及数字化等方向，加强燃烧系统、摩擦润滑、振动噪声等应用基础技术的研究，为新品研发打下技术基础。试验能力建设方面初步形成大缸径低速机和高功率密度中高速机技术集成验证能力和喷油器专项试验能力。

公司科技成果收获不断，《船用低速机自主研发及应用》获中国造船工程学会科学进步特等奖；《12X92DF 船用低速双燃料发动机研制及应用》获机械工业科技进步二等奖；《船用低速机自主研发及应用》等获中国船舶集团科技进步奖 4 项。全年公司共申请专利 622 项，同比增长 0.81%，其中发明专利申请 372 项，PCT 国际专利 7 件。获 2023 年"国家知识产权优势企业"荣誉称号。

【2024 年发展趋势】

2024 年，中船动力集团践行"国际化""科技创新""集团化管控""依法合规经营"工作纲领，对标领域内一流企业，提升高质量发展水平；深耕主责主业，增强国内国际两个市场，夯实高质量发展基础；突出价值创造、落实"三赢"理念，不断提升价值创造能力，提高发展质量和效益；加快海外业务整合融合发展，不断提升国际化水平；运用科技创新力量，突出抓好稳增长、调结构；统筹推进整合协同、布局优化和结构调整，提升集团化管控水平和品牌竞争力；依法合规经营，防范化解重大风险。

2024 年，公司计划实现营业收入 115 亿元；利润总额超 5 亿元；新接合同金额超 125 亿元；全员劳动生产率超 60 万／人；研发经费投入超 8%。

（陈　旺）

2024 · 上海工业年鉴

SHANGHAI
INDUSTRIAL
YEARBOOK

特载

综述

专题

区工业

企业简介

上市股份公司

行业协会简介

大事记

经济法规

统计资料

上海工商类上市公司行业分类

序号	代码	公司简称	行业
1	000863.SZ	三湘印象	房地产业—房地产业
2	001266.SZ	宏英智能	制造业—仪器仪表制造业
3	002022.SZ	科华生物	制造业—医药制造业
4	002028.SZ	思源电气	制造业—电气机械和器材制造业
5	002058.SZ	威尔泰	制造业—仪器仪表制造业
6	002116.SZ	中国海诚	科学研究和技术服务业—专业技术服务业
7	002158.SZ	汉钟精机	制造业—通用设备制造业
8	002162.SZ	悦心健康	制造业—非金属矿物制品业
9	002178.SZ	延华智能	科学研究和技术服务业—专业技术服务业
10	002184.SZ	海得控制	制造业—电气机械和器材制造业
11	002195.SZ	岩山科技	信息传输、软件和信息技术服务业—互联网和相关服务
12	002211.SZ	宏达新材	制造业—化学原料和化学制品制造业
13	002252.SZ	上海莱士	制造业—医药制造业
14	002269.SZ	美邦服饰	制造业—纺织服装、服饰业
15	002278.SZ	神开股份	制造业—专用设备制造业
16	002324.SZ	普利特	制造业—橡胶和塑料制品业
17	002328.SZ	新朋股份	制造业—汽车制造业
18	002346.SZ	柘中股份	制造业—电气机械和器材制造业
19	002401.SZ	中远海科	信息传输、软件和信息技术服务业—软件和信息技术服务业
20	002451.SZ	摩恩电气	制造业—电气机械和器材制造业
21	002454.SZ	松芝股份	制造业—汽车制造业
22	002486.SZ	嘉麟杰	制造业—纺织服装、服饰业
23	002506.SZ	协鑫集成	制造业—计算机、通信和其他电子设备制造业
24	002527.SZ	新时达	制造业—电气机械和器材制造业
25	002561.SZ	徐家汇	批发和零售业—零售业
26	002565.SZ	顺灏股份	制造业—造纸和纸制品业
27	002568.SZ	百润股份	制造业—酒、饮料和精制茶制造业
28	002605.SZ	姚记科技	信息传输、软件和信息技术服务业—互联网和相关服务
29	002636.SZ	金安国纪	制造业—计算机、通信和其他电子设备制造业
30	002669.SZ	康达新材	制造业—化学原料和化学制品制造业
31	002706.SZ	良信股份	制造业—电气机械和器材制造业
32	002825.SZ	纳尔股份	制造业—橡胶和塑料制品业
33	002858.SZ	力盛体育	文化、体育和娱乐业—体育
34	300008.SZ	天海防务	科学研究和技术服务业—专业技术服务业
35	300017.SZ	网宿科技	信息传输、软件和信息技术服务业—互联网和相关服务
36	300039.SZ	上海凯宝	制造业—医药制造业
37	300059.SZ	东方财富	金融业—资本市场服务
38	300061.SZ	旗天科技	租赁和商务服务业—商务服务业
39	300067.SZ	安诺其	制造业—化学原料和化学制品制造业
40	300074.SZ	华平股份	信息传输、软件和信息技术服务业—软件和信息技术服务业
41	300126.SZ	锐奇股份	制造业—通用设备制造业
42	300129.SZ	泰胜风能	制造业—电气机械和器材制造业
43	300153.SZ	科泰电源	制造业—电气机械和器材制造业
44	300168.SZ	万达信息	信息传输、软件和信息技术服务业—软件和信息技术服务业
45	300170.SZ	汉得信息	信息传输、软件和信息技术服务业—软件和信息技术服务业
46	300171.SZ	东富龙	制造业—专用设备制造业
47	300180.SZ	华峰超纤	制造业—橡胶和塑料制品业
48	300222.SZ	科大智能	制造业—电气机械和器材制造业

(续表)

序号	代码	公司简称	行业
49	300225.SZ	金力泰	制造业—化学原料和化学制品制造业
50	300226.SZ	上海钢联	信息传输、软件和信息技术服务业—互联网和相关服务
51	300230.SZ	永利股份	制造业—橡胶和塑料制品业
52	300236.SZ	上海新阳	制造业—化学原料和化学制品制造业
53	300245.SZ	天玑科技	信息传输、软件和信息技术服务业—软件和信息技术服务业
54	300253.SZ	卫宁健康	信息传输、软件和信息技术服务业—软件和信息技术服务业
55	300257.SZ	开山股份	制造业—通用设备制造业
56	300262.SZ	*ST巴安	水利、环境和公共设施管理业—生态保护和环境治理业
57	300272.SZ	开能健康	制造业—电气机械和器材制造业
58	300286.SZ	安科瑞	制造业—仪器仪表制造业
59	300326.SZ	凯利泰	制造业—专用设备制造业
60	300327.SZ	中颖电子	制造业—计算机、通信和其他电子设备制造业
61	300378.SZ	鼎捷软件	信息传输、软件和信息技术服务业—软件和信息技术服务业
62	300380.SZ	安硕信息	信息传输、软件和信息技术服务业—软件和信息技术服务业
63	300398.SZ	飞凯材料	制造业—化学原料和化学制品制造业
64	300442.SZ	润泽科技	制造业—通用设备制造业
65	300462.SZ	华铭智能	制造业—专用设备制造业
66	300483.SZ	首华燃气	采矿业—石油和天然气开采业
67	300493.SZ	润欣科技	信息传输、软件和信息技术服务业—软件和信息技术服务业
68	300501.SZ	海顺新材	制造业—医药制造业
69	300508.SZ	维宏股份	信息传输、软件和信息技术服务业—软件和信息技术服务业
70	300511.SZ	雪榕生物	农、林、牧、渔业—农业
71	300551.SZ	古鳌科技	制造业—通用设备制造业
72	300578.SZ	会畅通讯	信息传输、软件和信息技术服务业—软件和信息技术服务业
73	300590.SZ	移为通信	制造业—计算机、通信和其他电子设备制造业
74	300609.SZ	汇纳科技	信息传输、软件和信息技术服务业—软件和信息技术服务业
75	300613.SZ	富瀚微	信息传输、软件和信息技术服务业—软件和信息技术服务业
76	300627.SZ	华测导航	制造业—计算机、通信和其他电子设备制造业
77	300642.SZ	透景生命	制造业—医药制造业
78	300762.SZ	上海瀚讯	制造业—计算机、通信和其他电子设备制造业
79	300802.SZ	矩子科技	制造业—计算机、通信和其他电子设备制造业
80	300890.SZ	翔丰华	制造业—非金属矿物制品业
81	300892.SZ	品渥食品	批发和零售业—零售业
82	300899.SZ	上海凯鑫	水利、环境和公共设施管理业—生态保护和环境治理业
83	300915.SZ	海融科技	制造业—食品制造业
84	300947.SZ	德必集团	租赁和商务服务业—商务服务业
85	300963.SZ	中洲特材	制造业—有色金属冶炼和压延加工业
86	300983.SZ	尤安设计	科学研究和技术服务业—专业技术服务业
87	300999.SZ	金龙鱼	制造业—农副食品加工业
88	301000.SZ	肇民科技	制造业—橡胶和塑料制品业
89	301001.SZ	凯淳股份	信息传输、软件和信息技术服务业—互联网和相关服务
90	301005.SZ	超捷股份	制造业—汽车制造业
91	301024.SZ	霍普股份	科学研究和技术服务业—专业技术服务业
92	301025.SZ	读客文化	文化、体育和娱乐业—新闻和出版业
93	301037.SZ	保立佳	制造业—化学原料和化学制品制造业
94	301046.SZ	能辉科技	科学研究和技术服务业—专业技术服务业
95	301060.SZ	兰卫医学	批发和零售业—批发业
96	301062.SZ	上海艾录	制造业—造纸和纸制品业

（续表）

序号	代码	公司简称	行业
97	301070.SZ	开勒股份	制造业—通用设备制造业
98	301099.SZ	雅创电子	批发和零售业—批发业
99	301151.SZ	冠龙节能	制造业—通用设备制造业
100	301156.SZ	美农生物	制造业—食品制造业
101	301161.SZ	唯万密封	制造业—橡胶和塑料制品业
102	301166.SZ	优宁维	批发和零售业—批发业
103	301228.SZ	实朴检测	科学研究和技术服务业—专业技术服务业
104	301230.SZ	泓博医药	科学研究和技术服务业—研究和试验发展
105	301257.SZ	普蕊斯	科学研究和技术服务业—研究和试验发展
106	301273.SZ	瑞晨环保	制造业—通用设备制造业
107	301289.SZ	国缆检测	科学研究和技术服务业—专业技术服务业
108	301303.SZ	真兰仪表	制造业—仪器仪表制造业
109	301315.SZ	威士顿	信息传输、软件和信息技术服务业—软件和信息技术服务业
110	301419.SZ	阿莱德	制造业—计算机、通信和其他电子设备制造业
111	301499.SZ	维科精密	制造业—汽车制造业
112	301525.SZ	儒竞科技	制造业—电气机械和器材制造业
113	301555.SZ	惠柏新材	制造业—化学原料和化学制品制造业
114	430139.BJ	华岭股份	制造业—计算机、通信和其他电子设备制造业
115	430300.BJ	辰光医疗	制造业—专用设备制造业
116	600000.SH	浦发银行	金融业—货币金融服务
117	600009.SH	上海机场	交通运输、仓储和邮政业—航空运输业
118	600018.SH	上港集团	交通运输、仓储和邮政业—水上运输业
119	600019.SH	宝钢股份	制造业—黑色金属冶炼和压延加工业
120	600021.SH	上海电力	电力、热力、燃气及水生产和供应业—电力、热力生产和供应业
121	600026.SH	中远海能	交通运输、仓储和邮政业—水上运输业
122	600061.SH	国投资本	金融业—资本市场服务
123	600072.SH	中船科技	建筑业—土木工程建筑业
124	600073.SH	上海梅林	制造业—农副食品加工业
125	600081.SH	东风科技	制造业—汽车制造业
126	600088.SH	中视传媒	文化、体育和娱乐业—广播、电视、电影和录音制作业
127	600094.SH	大名城	房地产业—房地产业
128	600097.SH	开创国际	农、林、牧、渔业—渔业
129	600104.SH	上汽集团	制造业—汽车制造业
130	600115.SH	中国东航	交通运输、仓储和邮政业—航空运输业
131	600119.SH	长江投资	交通运输、仓储和邮政业—道路运输业
132	600150.SH	中国船舶	制造业—铁路、船舶、航空航天和其他运输设备制造业
133	600151.SH	航天机电	制造业—电气机械和器材制造业
134	600170.SH	上海建工	建筑业—土木工程建筑业
135	600171.SH	上海贝岭	制造业—计算机、通信和其他电子设备制造业
136	600193.SH	创兴资源	建筑业—建筑装饰、装修和其他建筑业
137	600196.SH	复星医药	制造业—医药制造业
138	600210.SH	紫江企业	制造业—橡胶和塑料制品业
139	600272.SH	开开实业	批发和零售业—零售业
140	600278.SH	东方创业	批发和零售业—批发业
141	600284.SH	浦东建设	建筑业—土木工程建筑业
142	600315.SH	上海家化	制造业—化学原料和化学制品制造业
143	600320.SH	振华重工	制造业—通用设备制造业
144	600420.SH	国药现代	制造业—医药制造业

（续表）

序号	代码	公司简称	行业
145	600490.SH	鹏欣资源	制造业—有色金属冶炼和压延加工业
146	600500.SH	中化国际	制造业—化学原料和化学制品制造业
147	600503.SH	华丽家族	房地产业—房地产业
148	600508.SH	上海能源	采矿业—煤炭开采和洗选业
149	600517.SH	国网英大	制造业—电气机械和器材制造业
150	600530.SH	ST交昂	制造业—食品制造业
151	600597.SH	光明乳业	制造业—食品制造业
152	600601.SH	方正科技	制造业—计算机、通信和其他电子设备制造业
153	600602.SH	云赛智联	信息传输、软件和信息技术服务业—软件和信息技术服务业
154	600604.SH	市北高新	租赁和商务服务业—商务服务业
155	600605.SH	汇通能源	房地产业—房地产业
156	600606.SH	绿地控股	建筑业—土木工程建筑业
157	600608.SH	ST沪科	制造业—黑色金属冶炼和压延加工业
158	600611.SH	大众交通	交通运输、仓储和邮政业—道路运输业
159	600612.SH	老凤祥	制造业—文教、工美、体育和娱乐用品制造业
160	600613.SH	神奇制药	制造业—医药制造业
161	600616.SH	金枫酒业	制造业—酒、饮料和精制茶制造业
162	600618.SH	氯碱化工	制造业—化学原料和化学制品制造业
163	600619.SH	海立股份	制造业—通用设备制造业
164	600620.SH	天宸股份	交通运输、仓储和邮政业—道路运输业
165	600621.SH	华鑫股份	金融业—资本市场服务
166	600622.SH	光大嘉宝	房地产业—房地产业
167	600623.SH	华谊集团	制造业—化学原料和化学制品制造业
168	600624.SH	复旦复华	制造业—医药制造业
169	600626.SH	申达股份	批发和零售业—批发业
170	600628.SH	新世界	批发和零售业—零售业
171	600629.SH	华建集团	科学研究和技术服务业—专业技术服务业
172	600630.SH	龙头股份	制造业—纺织业
173	600635.SH	大众公用	电力、热力、燃气及水生产和供应业—燃气生产和供应业
174	600636.SH	国新文化	信息传输、软件和信息技术服务业—软件和信息技术服务业
175	600637.SH	东方明珠	文化、体育和娱乐业—广播、电视、电影和录音制作业
176	600638.SH	新黄浦	房地产业—房地产业
177	600639.SH	浦东金桥	房地产业—房地产业
178	600640.SH	国脉文化	租赁和商务服务业—商务服务业
179	600641.SH	万业企业	房地产业—房地产业
180	600642.SH	申能股份	电力、热力、燃气及水生产和供应业—燃气生产和供应业
181	600643.SH	爱建集团	金融业—货币金融服务
182	600647.SH	*ST同达	房地产业—房地产业
183	600648.SH	外高桥	批发和零售业—批发业
184	600649.SH	城投控股	房地产业—房地产业
185	600650.SH	锦江在线	交通运输、仓储和邮政业—道路运输业
186	600651.SH	飞乐音响	制造业—电气机械和器材制造业
187	600655.SH	豫园股份	批发和零售业—零售业
188	600661.SH	昂立教育	教育—教育
189	600662.SH	外服控股	租赁和商务服务业—商务服务业
190	600663.SH	陆家嘴	房地产业—房地产业
191	600675.SH	中华企业	房地产业—房地产业
192	600676.SH	交运股份	制造业—汽车制造业

(续表)

序号	代码	公司简称	行业
193	600679.SH	上海凤凰	制造业—铁路、船舶、航空航天和其他运输设备制造业
194	600688.SH	上海石化	制造业—石油、煤炭及其他燃料加工业
195	600689.SH	上海三毛	制造业—纺织业
196	600692.SH	亚通股份	房地产业—房地产业
197	600696.SH	岩石股份	批发和零售业—批发业
198	600708.SH	光明地产	房地产业—房地产业
199	600732.SH	爱旭股份	制造业—电气机械和器材制造业
200	600741.SH	华域汽车	制造业—汽车制造业
201	600748.SH	上实发展	房地产业—房地产业
202	600754.SH	锦江酒店	住宿和餐饮业—住宿业
203	600816.SH	建元信托	金融业—其他金融业
204	600818.SH	中路股份	制造业—铁路、船舶、航空航天和其他运输设备制造业
205	600819.SH	耀皮玻璃	制造业—非金属矿物制品业
206	600820.SH	隧道股份	建筑业—土木工程建筑业
207	600822.SH	上海物贸	批发和零售业—批发业
208	600823.SH	*ST世茂	房地产业—房地产业
209	600824.SH	益民集团	批发和零售业—零售业
210	600825.SH	新华传媒	文化、体育和娱乐业—新闻和出版业
211	600826.SH	兰生股份	批发和零售业—批发业
212	600827.SH	百联股份	批发和零售业—零售业
213	600833.SH	第一医药	批发和零售业—零售业
214	600834.SH	申通地铁	交通运输、仓储和邮政业—道路运输业
215	600835.SH	上海机电	制造业—通用设备制造业
216	600836.SH	*ST易连	制造业—印刷和记录媒介复制业
217	600837.SH	海通证券	金融业—资本市场服务
218	600838.SH	上海九百	批发和零售业—零售业
219	600841.SH	动力新科	制造业—通用设备制造业
220	600843.SH	上工申贝	制造业—专用设备制造业
221	600845.SH	宝信软件	信息传输、软件和信息技术服务业—软件和信息技术服务业
222	600846.SH	同济科技	建筑业—土木工程建筑业
223	600848.SH	上海临港	房地产业—房地产业
224	600850.SH	电科数字	信息传输、软件和信息技术服务业—软件和信息技术服务业
225	600851.SH	海欣股份	制造业—医药制造业
226	600882.SH	妙可蓝多	制造业—食品制造业
227	600895.SH	张江高科	房地产业—房地产业
228	600958.SH	东方证券	金融业—资本市场服务
229	601021.SH	春秋航空	交通运输、仓储和邮政业—航空运输业
230	601083.SH	锦江航运	交通运输、仓储和邮政业—水上运输业
231	601156.SH	东航物流	租赁和商务服务业—商务服务业
232	601200.SH	上海环境	水利、环境和公共设施管理业—生态保护和环境治理业
233	601211.SH	国泰君安	金融业—资本市场服务
234	601229.SH	上海银行	金融业—货币金融服务
235	601231.SH	环旭电子	制造业—计算机、通信和其他电子设备制造业
236	601328.SH	交通银行	金融业—货币金融服务
237	601519.SH	大智慧	金融业—其他金融业
238	601595.SH	上海电影	文化、体育和娱乐业—广播、电视、电影和录音制作业
239	601601.SH	中国太保	金融业—保险业
240	601607.SH	上海医药	批发和零售业—零售业

（续表）

序号	代码	公司简称	行业
241	601611.SH	中国核建	建筑业—土木工程建筑业
242	601616.SH	广电电气	制造业—电气机械和器材制造业
243	601696.SH	中银证券	金融业—资本市场服务
244	601702.SH	华峰铝业	制造业—有色金属冶炼和压延加工业
245	601727.SH	上海电气	制造业—电气机械和器材制造业
246	601788.SH	光大证券	金融业—资本市场服务
247	601825.SH	沪农商行	金融业—货币金融服务
248	601828.SH	美凯龙	租赁和商务服务业—商务服务业
249	601866.SH	中远海发	交通运输、仓储和邮政业—水上运输业
250	601872.SH	招商轮船	交通运输、仓储和邮政业—水上运输业
251	601968.SH	宝钢包装	制造业—金属制品业
252	603003.SH	*ST龙宇	批发和零售业—批发业
253	603006.SH	联明股份	制造业—汽车制造业
254	603009.SH	北特科技	制造业—汽车制造业
255	603012.SH	创力集团	制造业—专用设备制造业
256	603020.SH	爱普股份	制造业—化学原料和化学制品制造业
257	603022.SH	新通联	制造业—造纸和纸制品业
258	603030.SH	*ST全筑	建筑业—建筑装饰、装修和其他建筑业
259	603037.SH	凯众股份	制造业—汽车制造业
260	603039.SH	泛微网络	信息传输、软件和信息技术服务业—软件和信息技术服务业
261	603056.SH	德邦股份	交通运输、仓储和邮政业—道路运输业
262	603057.SH	紫燕食品	制造业—农副食品加工业
263	603062.SH	麦加芯彩	制造业—化学原料和化学制品制造业
264	603068.SH	博通集成	制造业—计算机、通信和其他电子设备制造业
265	603083.SH	剑桥科技	制造业—计算机、通信和其他电子设备制造业
266	603107.SH	上海汽配	制造业—汽车制造业
267	603108.SH	润达医疗	批发和零售业—批发业
268	603121.SH	华培动力	制造业—汽车制造业
269	603122.SH	合富中国	批发和零售业—批发业
270	603128.SH	华贸物流	交通运输、仓储和邮政业—多式联运和运输代理业
271	603131.SH	上海沪工	制造业—通用设备制造业
272	603153.SH	上海建科	科学研究和技术服务业—专业技术服务业
273	603159.SH	上海亚虹	制造业—专用设备制造业
274	603170.SH	宝立食品	制造业—食品制造业
275	603189.SH	网达软件	信息传输、软件和信息技术服务业—软件和信息技术服务业
276	603192.SH	汇得科技	制造业—化学原料和化学制品制造业
277	603196.SH	日播时尚	制造业—纺织服装、服饰业
278	603197.SH	保隆科技	制造业—汽车制造业
279	603200.SH	上海洗霸	水利、环境和公共设施管理业—生态保护和环境治理业
280	603211.SH	晋拓股份	制造业—汽车制造业
281	603214.SH	爱婴室	批发和零售业—零售业
282	603226.SH	菲林格尔	制造业—木材加工和木、竹、藤、棕、草制品业
283	603232.SH	格尔软件	信息传输、软件和信息技术服务业—软件和信息技术服务业
284	603236.SH	移远通信	制造业—计算机、通信和其他电子设备制造业
285	603256.SH	宏和科技	制造业—非金属矿物制品业
286	603275.SH	众辰科技	制造业—仪器仪表制造业
287	603296.SH	华勤技术	制造业—计算机、通信和其他电子设备制造业
288	603324.SH	盛剑环境	制造业—专用设备制造业

(续表)

序号	代码	公司简称	行业
289	603325.SH	博隆技术	制造业—通用设备制造业
290	603329.SH	上海雅仕	交通运输、仓储和邮政业—多式联运和运输代理业
291	603330.SH	天洋新材	制造业—化学原料和化学制品制造业
292	603341.SH	龙旗科技	制造业—计算机、通信和其他电子设备制造业
293	603365.SH	水星家纺	制造业—纺织业
294	603378.SH	亚士创能	制造业—化学原料和化学制品制造业
295	603466.SH	风语筑	文化、体育和娱乐业—文化艺术业
296	603496.SH	恒为科技	制造业—计算机、通信和其他电子设备制造业
297	603499.SH	翔港科技	制造业—印刷和记录媒介复制业
298	603501.SH	韦尔股份	制造业—计算机、通信和其他电子设备制造业
299	603515.SH	欧普照明	制造业—电气机械和器材制造业
300	603565.SH	中谷物流	交通运输、仓储和邮政业—水上运输业
301	603579.SH	荣泰健康	制造业—专用设备制造业
302	603580.SH	艾艾精工	制造业—橡胶和塑料制品业
303	603587.SH	地素时尚	制造业—纺织服装、服饰业
304	603619.SH	中曼石油	采矿业—开采专业及辅助性活动
305	603633.SH	徕木股份	制造业—计算机、通信和其他电子设备制造业
306	603648.SH	畅联股份	租赁和商务服务业—商务服务业
307	603650.SH	彤程新材	制造业—化学原料和化学制品制造业
308	603659.SH	璞泰来	制造业—电气机械和器材制造业
309	603681.SH	永冠新材	制造业—化学原料和化学制品制造业
310	603682.SH	锦和商管	租赁和商务服务业—商务服务业
311	603683.SH	晶华新材	制造业—化学原料和化学制品制造业
312	603690.SH	至纯科技	制造业—专用设备制造业
313	603713.SH	密尔克卫	交通运输、仓储和邮政业—多式联运和运输代理业
314	603718.SH	海利生物	制造业—医药制造业
315	603728.SH	鸣志电器	制造业—电气机械和器材制造业
316	603729.SH	龙韵股份	租赁和商务服务业—商务服务业
317	603730.SH	岱美股份	制造业—汽车制造业
318	603777.SH	来伊份	批发和零售业—零售业
319	603786.SH	科博达	制造业—汽车制造业
320	603790.SH	雅运股份	制造业—化学原料和化学制品制造业
321	603855.SH	华荣股份	制造业—专用设备制造业
322	603868.SH	飞科电器	制造业—电气机械和器材制造业
323	603881.SH	数据港	信息传输、软件和信息技术服务业—互联网和相关服务
324	603885.SH	吉祥航空	交通运输、仓储和邮政业—航空运输业
325	603886.SH	元祖股份	制造业—食品制造业
326	603887.SH	城地香江	信息传输、软件和信息技术服务业—软件和信息技术服务业
327	603895.SH	天永智能	制造业—专用设备制造业
328	603899.SH	晨光股份	制造业—文教、工美、体育和娱乐用品制造业
329	603918.SH	金桥信息	信息传输、软件和信息技术服务业—软件和信息技术服务业
330	603956.SH	威派格	制造业—专用设备制造业
331	603960.SH	克来机电	制造业—专用设备制造业
332	603987.SH	康德莱	制造业—专用设备制造业
333	605050.SH	福然德	交通运输、仓储和邮政业—多式联运和运输代理业
334	605081.SH	太和水	水利、环境和公共设施管理业—生态保护和环境治理业
335	605098.SH	行动教育	教育—教育
336	605128.SH	上海沿浦	制造业—汽车制造业

（续表）

序号	代码	公司简称	行业
337	605136.SH	丽人丽妆	批发和零售业—零售业
338	605151.SH	西上海	制造业—汽车制造业
339	605186.SH	健麾信息	制造业—专用设备制造业
340	605208.SH	永茂泰	制造业—有色金属冶炼和压延加工业
341	605222.SH	起帆电缆	制造业—电气机械和器材制造业
342	605289.SH	罗曼股份	建筑业—建筑装饰、装修和其他建筑业
343	605338.SH	巴比食品	制造业—食品制造业
344	605339.SH	南侨食品	制造业—食品制造业
345	605398.SH	新炬网络	信息传输、软件和信息技术服务业—软件和信息技术服务业
346	605598.SH	上海港湾	建筑业—土木工程建筑业
347	688008.SH	澜起科技	制造业—计算机、通信和其他电子设备制造业
348	688012.SH	中微公司	制造业—专用设备制造业
349	688016.SH	心脉医疗	制造业—专用设备制造业
350	688018.SH	乐鑫科技	信息传输、软件和信息技术服务业—软件和信息技术服务业
351	688019.SH	安集科技	制造业—计算机、通信和其他电子设备制造业
352	688031.SH	星环科技-U	信息传输、软件和信息技术服务业—软件和信息技术服务业
353	688061.SH	灿瑞科技	制造业—计算机、通信和其他电子设备制造业
354	688062.SH	迈威生物-U	制造业—医药制造业
355	688063.SH	派能科技	制造业—电气机械和器材制造业
356	688065.SH	凯赛生物	制造业—化学纤维制造业
357	688071.SH	华依科技	制造业—专用设备制造业
358	688073.SH	毕得医药	科学研究和技术服务业—研究和试验发展
359	688082.SH	盛美上海	制造业—专用设备制造业
360	688085.SH	三友医疗	制造业—专用设备制造业
361	688091.SH	上海谊众	制造业—医药制造业
362	688098.SH	申联生物	制造业—医药制造业
363	688099.SH	晶晨股份	制造业—计算机、通信和其他电子设备制造业
364	688107.SH	安路科技	制造业—计算机、通信和其他电子设备制造业
365	688110.SH	东芯股份	制造业—计算机、通信和其他电子设备制造业
366	688118.SH	普元信息	信息传输、软件和信息技术服务业—软件和信息技术服务业
367	688121.SH	卓然股份	制造业—专用设备制造业
368	688123.SH	聚辰股份	制造业—计算机、通信和其他电子设备制造业
369	688126.SH	沪硅产业	制造业—计算机、通信和其他电子设备制造业
370	688129.SH	东来技术	制造业—化学原料和化学制品制造业
371	688131.SH	皓元医药	科学研究和技术服务业—研究和试验发展
372	688133.SH	泰坦科技	科学研究和技术服务业—研究和试验发展
373	688155.SH	先惠技术	制造业—专用设备制造业
374	688158.SH	优刻得-W	信息传输、软件和信息技术服务业—互联网和相关服务
375	688160.SH	步科股份	制造业—仪器仪表制造业
376	688163.SH	赛伦生物	制造业—医药制造业
377	688179.SH	阿拉丁	科学研究和技术服务业—研究和试验发展
378	688180.SH	君实生物-U	制造业—医药制造业
379	688188.SH	柏楚电子	信息传输、软件和信息技术服务业—软件和信息技术服务业
380	688193.SH	仁度生物	制造业—专用设备制造业
381	688202.SH	美迪西	科学研究和技术服务业—研究和试验发展
382	688206.SH	概伦电子	信息传输、软件和信息技术服务业—软件和信息技术服务业
383	688212.SH	澳华内镜	制造业—专用设备制造业
384	688213.SH	思特威-W	制造业—计算机、通信和其他电子设备制造业

（续表）

序号	代码	公司简称	行业
385	688217.SH	睿昂基因	制造业—医药制造业
386	688220.SH	翱捷科技-U	制造业—计算机、通信和其他电子设备制造业
387	688230.SH	芯导科技	制造业—计算机、通信和其他电子设备制造业
388	688238.SH	和元生物	科学研究和技术服务业—研究和试验发展
389	688247.SH	宣泰医药	制造业—医药制造业
390	688265.SH	南模生物	科学研究和技术服务业—研究和试验发展
391	688271.SH	联影医疗	制造业—专用设备制造业
392	688293.SH	奥浦迈	科学研究和技术服务业—研究和试验发展
393	688301.SH	奕瑞科技	制造业—专用设备制造业
394	688317.SH	之江生物	制造业—医药制造业
395	688330.SH	宏力达	制造业—电气机械和器材制造业
396	688335.SH	复洁环保	制造业—专用设备制造业
397	688336.SH	三生国健	制造业—医药制造业
398	688347.SH	华虹公司	制造业—计算机、通信和其他电子设备制造业
399	688351.SH	微电生理-U	制造业—专用设备制造业
400	688366.SH	昊海生科	制造业—医药制造业
401	688368.SH	晶丰明源	信息传输、软件和信息技术服务业—软件和信息技术服务业
402	688370.SH	丛麟科技	水利、环境和公共设施管理业—生态保护和环境治理业
403	688372.SH	伟测科技	制造业—计算机、通信和其他电子设备制造业
404	688373.SH	盟科药业-U	制造业—医药制造业
405	688382.SH	益方生物-U	制造业—医药制造业
406	688385.SH	复旦微电	制造业—计算机、通信和其他电子设备制造业
407	688391.SH	钜泉科技	信息传输、软件和信息技术服务业—软件和信息技术服务业
408	688392.SH	骄成超声	制造业—专用设备制造业
409	688435.SH	英方软件	信息传输、软件和信息技术服务业—软件和信息技术服务业
410	688479.SH	友车科技	信息传输、软件和信息技术服务业—软件和信息技术服务业
411	688484.SH	南芯科技	制造业—计算机、通信和其他电子设备制造业
412	688505.SH	复旦张江	制造业—医药制造业
413	688507.SH	索辰科技	信息传输、软件和信息技术服务业—软件和信息技术服务业
414	688519.SH	南亚新材	制造业—计算机、通信和其他电子设备制造业
415	688521.SH	芯原股份	信息传输、软件和信息技术服务业—软件和信息技术服务业
416	688538.SH	和辉光电-U	制造业—计算机、通信和其他电子设备制造业
417	688578.SH	艾力斯	制造业—医药制造业
418	688584.SH	上海合晶	制造业—计算机、通信和其他电子设备制造业
419	688585.SH	上纬新材	制造业—化学原料和化学制品制造业
420	688590.SH	新致软件	信息传输、软件和信息技术服务业—软件和信息技术服务业
421	688591.SH	泰凌微	制造业—计算机、通信和其他电子设备制造业
422	688592.SH	司南导航	制造业—计算机、通信和其他电子设备制造业
423	688593.SH	新相微	制造业—计算机、通信和其他电子设备制造业
424	688596.SH	正帆科技	制造业—专用设备制造业
425	688602.SH	康鹏科技	制造业—化学原料和化学制品制造业
426	688608.SH	恒玄科技	制造业—计算机、通信和其他电子设备制造业
427	688648.SH	中邮科技	制造业—通用设备制造业
428	688653.SH	康希通信	制造业—计算机、通信和其他电子设备制造业
429	688660.SH	电气风电	制造业—通用设备制造业
430	688680.SH	海优新材	制造业—橡胶和塑料制品业
431	688682.SH	霍莱沃	信息传输、软件和信息技术服务业—软件和信息技术服务业
432	688691.SH	灿芯股份	信息传输、软件和信息技术服务业—软件和信息技术服务业

（续表）

序号	代码	公司简称	行业
433	688718.SH	唯赛勃	制造业—专用设备制造业
434	688728.SH	格科微	制造业—计算机、通信和其他电子设备制造业
435	688766.SH	普冉股份	制造业—计算机、通信和其他电子设备制造业
436	688798.SH	艾为电子	制造业—计算机、通信和其他电子设备制造业
437	688981.SH	中芯国际	制造业—计算机、通信和其他电子设备制造业
438	830799.BJ	艾融软件	信息传输、软件和信息技术服务业—软件和信息技术服务业
439	831305.BJ	海希通讯	制造业—仪器仪表制造业
440	831961.BJ	创远信科	制造业—仪器仪表制造业
441	833346.BJ	威贸电子	制造业—计算机、通信和其他电子设备制造业
442	836414.BJ	欧普泰	制造业—专用设备制造业
443	836504.BJ	博迅生物	制造业—专用设备制造业
444	872541.BJ	铁大科技	制造业—铁路、船舶、航空航天和其他运输设备制造业
445	873693.BJ	阿为特	制造业—金属制品业

上海工商类上市公司 2023 年度经营情况之一

（单位：万元）

序号	代码	公司简称	资产总计	股东权益	主营业务收入	利润总额	净利润
1	000863.SZ	三湘印象	701872.1817	407634.0256	110495.8416	−2489.7655	−4225.5237
2	001266.SZ	宏英智能	117175.1448	100234.8146	40030.2594	−2218.2508	−1121.7041
3	002022.SZ	科华生物	680773.9866	498422.3926	242807.5214	−18560.8835	−17698.5109
4	002028.SZ	思源电气	1873333.9007	1066590.9085	1246002.8392	177141.0435	160851.4160
5	002058.SZ	威尔泰	30878.6691	18606.3153	15659.6258	−1309.0183	−1193.0697
6	002116.SZ	中国海诚	571960.7329	230147.7002	665218.9061	35914.2536	31033.9571
7	002158.SZ	汉钟精机	658523.9111	372657.3229	385233.9560	100936.3869	86708.7800
8	002162.SZ	悦心健康	235883.8217	101356.2900	127814.4047	3942.1676	4803.3218
9	002178.SZ	延华智能	160642.6197	63397.1765	67551.2460	2908.8697	2573.1942
10	002184.SZ	海得控制	449790.2901	178726.9655	355171.4737	18051.8722	15221.9605
11	002195.SZ	岩山科技	1006963.9572	973597.8244	56516.5893	41084.5848	33168.2907
12	002211.SZ	宏达新材	30955.9441	6326.4252	23483.4588	−2799.7598	−2936.2242
13	002252.SZ	上海莱士	3192845.3993	2964981.1373	796395.8567	220408.4478	177743.3220
14	002269.SZ	美邦服饰	271725.2026	45104.6568	135572.8301	3281.1443	3174.5831
15	002278.SZ	神开股份	180634.2917	118992.4973	74367.1017	3979.1840	3662.7887
16	002324.SZ	普利特	1190720.9778	464145.1757	870937.4461	49621.7781	47287.8400
17	002328.SZ	新朋股份	600986.6198	378240.0979	581776.0114	37710.3609	29369.5876
18	002346.SZ	柘中股份	438624.9575	292013.4890	112293.7948	35058.7021	29723.6259
19	002401.SZ	中远海科	308835.0103	159958.0094	177569.0415	19962.8022	18879.0234
20	002451.SZ	摩恩电气	165200.2689	85599.1857	108858.8306	1948.0051	1805.6825
21	002454.SZ	松芝股份	737227.7476	434527.8498	475821.7909	13186.1555	12191.1816
22	002486.SZ	嘉麟杰	122889.2147	103619.3013	98824.0110	5956.6522	5215.3493
23	002506.SZ	协鑫集成	1910936.8023	242325.4835	1596761.0311	10537.8796	15668.3615
24	002527.SZ	新时达	427916.4028	153182.4473	338745.3115	−37794.1613	−37889.9351
25	002561.SZ	徐家汇	277665.2068	230176.0584	54155.7548	11949.6135	8617.2708
26	002565.SZ	顺灏股份	284762.9783	206998.0654	142537.2879	5427.1653	3969.2418
27	002568.SZ	百润股份	711121.5764	404351.6816	326389.0562	102764.5503	80669.9106
28	002605.SZ	姚记科技	472339.2949	325386.6826	430687.2332	71196.1711	59413.4473
29	002636.SZ	金安国纪	615258.0187	355304.4151	357121.9217	−7250.0218	−7639.8180
30	002669.SZ	康达新材	712293.6764	330920.1992	279252.5025	4164.6830	3414.3807
31	002706.SZ	良信股份	581953.0563	413494.2565	458505.7446	57355.9043	51097.1393
32	002825.SZ	纳尔股份	239067.7007	145009.0824	148745.4505	10252.6358	9789.7173
33	002858.SZ	力盛体育	102738.0767	69241.6065	40516.6242	−16444.6391	−16812.4353
34	300008.SZ	天海防务	433660.4234	194523.9245	360645.4147	14075.3971	10308.7487
35	300017.SZ	网宿科技	1096868.2487	978876.2415	470549.5949	65143.2125	60643.8927
36	300039.SZ	上海凯宝	457967.2915	403285.6397	159405.1471	38353.3486	32689.8525
37	300059.SZ	东方财富	23957832.0552	7196286.0560	388773.4788	932700.7047	819346.9278
38	300061.SZ	旗天科技	163327.4482	78338.4671	97489.3803	−49619.6505	−49659.6594
39	300067.SZ	安诺其	316761.9056	237180.2700	80904.2319	603.2422	1228.6082
40	300074.SZ	华平股份	163395.2970	111418.3737	53147.1032	3040.7544	2732.3658
41	300126.SZ	锐奇股份	134760.0610	109224.6700	50118.1138	407.8663	405.3532
42	300129.SZ	泰胜风能	786911.5610	433843.9981	481305.2851	33491.0571	29409.6219
43	300153.SZ	科泰电源	168183.0816	84247.9950	109280.0635	3569.8572	3103.9772
44	300168.SZ	万达信息	696512.5165	228991.3167	245857.3579	−90404.4420	−89882.1347
45	300170.SZ	汉得信息	596320.2415	485338.6203	297969.8876	−6342.9685	−2423.1511
46	300171.SZ	东富龙	1289833.1017	810945.3579	564169.6443	70878.5312	64646.6760
47	300180.SZ	华峰超纤	757722.6723	455658.7186	458724.5383	−25767.8504	−23068.5155
48	300222.SZ	科大智能	544255.0611	166639.4129	310193.3966	−14042.0789	−17071.6765

（续表）

序号	代码	公司简称	资产总计	股东权益	主营业务收入	利润总额	净利润
49	300225.SZ	金力泰	128206.1434	83634.7603	73474.3234	1835.2624	1480.9039
50	300226.SZ	上海钢联	1772022.7654	428635.9876	8631404.9518	51996.3168	42012.5491
51	300230.SZ	永利股份	422305.9352	313817.8519	202196.1529	42042.9988	38413.8768
52	300236.SZ	上海新阳	558858.9806	422762.5928	121242.0427	18648.3795	16763.8854
53	300245.SZ	天玑科技	164831.6727	139003.6590	41152.0339	−8717.8740	−7297.8503
54	300253.SZ	卫宁健康	854894.5571	568127.7071	316342.4803	34074.7203	31761.5491
55	300257.SZ	开山股份	1423946.6702	621123.7222	416658.3909	47730.7134	43474.6712
56	300262.SZ	*ST巴安	315936.5881	−1246.1236	26790.3140	−11058.1047	−11102.7438
57	300272.SZ	开能健康	299821.5755	137113.4743	167169.9377	15880.5320	15347.7733
58	300286.SZ	安科瑞	173502.2437	130834.2230	112215.3497	22338.6241	20120.9245
59	300326.SZ	凯利泰	335400.4114	294864.9759	95625.9537	13357.3702	12659.5031
60	300327.SZ	中颖电子	218302.7380	177559.9480	130023.1731	13243.8105	13296.7485
61	300378.SZ	鼎捷软件	326845.8398	219814.6515	222773.9994	22844.3205	15513.6411
62	300380.SZ	安硕信息	82712.4856	37048.1445	88802.4296	−5502.6743	−5343.3464
63	300398.SZ	飞凯材料	648552.2220	394967.7013	272868.3450	15124.1552	13581.0846
64	300442.SZ	润泽科技	2331084.9209	854566.1390	435078.8339	177730.5679	175771.4045
65	300462.SZ	华铭智能	218853.3011	148638.1122	60079.1628	−1365.7031	−420.0390
66	300483.SZ	首华燃气	790064.6081	423646.5248	135385.9873	−25748.6655	−25321.3762
67	300493.SZ	润欣科技	162838.1010	106560.6119	216027.6635	3970.6452	3358.6784
68	300501.SZ	海顺新材	298659.3237	192288.4459	102087.2007	10897.0927	9432.9299
69	300508.SZ	维宏股份	89207.3666	70355.9992	44126.4246	3975.4518	3923.1485
70	300511.SZ	雪榕生物	460216.6751	143238.4015	256514.4195	−19209.9129	−19233.4210
71	300551.SZ	古鳌科技	152735.7554	99063.5968	56833.9077	−6931.9779	−7123.8657
72	300578.SZ	会畅通讯	135493.9091	114760.2075	45470.6438	−51479.4071	−50400.7930
73	300590.SZ	移为通信	202735.1048	176550.0984	101576.0387	15443.8649	14674.8172
74	300609.SZ	汇纳科技	139060.0619	114971.9642	37624.9838	−2727.2574	−2472.9677
75	300613.SZ	富瀚微	367733.9070	278420.4573	182238.2478	24707.3674	25236.6878
76	300627.SZ	华测导航	441205.0016	304360.1936	267834.1128	45707.6667	44369.8788
77	300642.SZ	透景生命	167975.0534	153570.3916	54280.9311	8748.4681	8469.7258
78	300762.SZ	上海瀚讯	348046.2751	249629.9960	31274.9976	−25434.0229	−18975.8983
79	300802.SZ	矩子科技	186808.2535	170608.8524	56093.7843	9102.4328	8134.1353
80	300890.SZ	翔丰华	469311.7759	195245.3538	168625.0881	9939.1937	8116.0498
81	300892.SZ	品渥食品	134680.2365	106022.5369	112333.4693	−9998.8794	−7337.0805
82	300899.SZ	上海凯鑫	72396.0803	66071.4602	12462.7816	1554.9269	1559.6698
83	300915.SZ	海融科技	177116.8832	150711.4962	95456.7881	9990.1361	8951.1717
84	300947.SZ	德必集团	632093.7521	138945.7944	116923.9832	5789.4418	4452.2597
85	300963.SZ	中洲特材	160114.8994	98947.3300	108544.8240	8979.9660	8252.7588
86	300983.SZ	尤安设计	323537.0254	308173.2352	37944.6520	439.9210	435.7515
87	300999.SZ	金龙鱼	23849999.0000	9596484.7000	25152373.6000	341562.7000	278502.8000
88	301000.SZ	肇民科技	135578.6555	114603.5751	59120.9247	11473.6503	10331.4656
89	301001.SZ	凯淳股份	95135.9983	81684.9687	63839.5061	877.8937	703.0477
90	301005.SZ	超捷股份	114144.8258	83208.2608	49299.0806	2081.1032	1483.8652
91	301024.SZ	霍普股份	77107.5482	56061.9456	14469.8657	−10953.2091	−10509.8212
92	301025.SZ	读客文化	73361.4005	60966.9677	43419.2344	−779.5193	−328.2470
93	301037.SZ	保立佳	241868.5813	80483.9471	226947.3891	−4197.9895	−3150.3988
94	301046.SZ	能辉科技	174199.5192	84011.6235	59078.3845	6329.7271	5736.3568
95	301060.SZ	兰卫医学	298686.0554	198016.4664	167436.8547	−15324.3305	−16170.9405
96	301062.SZ	上海艾录	275995.4977	120630.6784	106655.2510	7984.6704	6900.7952

（续表）

序号	代码	公司简称	资产总计	股东权益	主营业务收入	利润总额	净利润
97	301070.SZ	开勒股份	105242.1374	82146.5066	36858.1263	3004.6109	2523.4266
98	301099.SZ	雅创电子	268064.1309	126336.5533	247022.3309	7631.6415	6042.8211
99	301151.SZ	冠龙节能	264683.5777	207874.1446	105702.9247	12583.1955	9850.0659
100	301156.SZ	美农生物	83882.3833	79910.5246	50441.9868	7021.9810	6304.5313
101	301161.SZ	唯万密封	103214.5931	93256.2197	36319.6925	4186.3482	3709.0983
102	301166.SZ	优宁维	239137.2589	211714.3482	122582.6220	3548.3520	4031.8832
103	301228.SZ	实朴检测	123491.8681	91278.1166	37383.1958	−10467.9289	−8795.8734
104	301230.SZ	泓博医药	148716.3923	111754.4667	48971.7075	3676.2780	3761.9249
105	301257.SZ	普蕊斯	136681.9029	108059.5266	76004.2605	16103.3166	13472.9838
106	301273.SZ	瑞晨环保	125732.2201	101848.3563	34124.8991	3130.2514	2833.9344
107	301289.SZ	国缆检测	122380.4424	100983.9462	26108.8936	9113.5425	8012.3074
108	301303.SZ	真兰仪表	375027.9514	309397.9565	134482.8874	36194.3444	32019.4109
109	301315.SZ	威士顿	112309.1853	101007.5814	31347.4794	5922.8937	5826.8943
110	301419.SZ	阿莱德	105126.5224	95227.3918	38724.1023	6091.4144	5548.5816
111	301499.SZ	维科精密	151548.1141	123999.6677	75874.2555	7359.2670	6420.1326
112	301525.SZ	儒竞科技	395146.9491	305734.5868	154455.1386	25387.6672	22484.1089
113	301555.SZ	惠柏新材	207592.4033	107547.0809	137819.5711	6487.3670	5739.8475
114	430139.BJ	华岭股份	131963.1809	111568.1653	31548.9627	7736.3052	7486.2559
115	430300.BJ	辰光医疗	48375.2549	28898.0489	16564.4428	−1673.6802	−1250.4376
116	600000.SH	浦发银行	900724700.0000	73288400.0000	17343400.0000	4069200.0000	3742900.0000
117	600009.SH	上海机场	6948053.0980	4202657.1794	1104701.6051	138801.0952	118910.2041
118	600018.SH	上港集团	20357551.5173	13618641.2307	3755157.0006	1624685.5825	1400778.7452
119	600019.SH	宝钢股份	37605148.3588	22013781.2311	34450042.8315	1508583.5698	1374091.6450
120	600021.SH	上海电力	16857233.5292	5056005.5329	4240175.6976	440364.3439	356804.9668
121	600026.SH	中远海能	7208361.2000	3710332.3532	2209052.2304	474206.3242	365970.8356
122	600061.SH	国投资本	28011402.6650	5880855.1826	251270.4443	353879.0316	294747.9813
123	600072.SH	中船科技	4808079.3430	1136421.3994	1448624.0647	15957.1951	14197.0691
124	600073.SH	上海梅林	1532034.9904	675453.2428	2236718.1017	−7927.4550	−13531.1845
125	600081.SH	东风科技	1051694.1735	545079.2468	681507.1292	33711.1954	28920.3667
126	600088.SH	中视传媒	169862.6008	129369.3709	111490.4026	24908.4901	23973.2902
127	600094.SH	大名城	2532610.1115	1293158.3962	1169548.4377	75804.6487	22651.9474
128	600097.SH	开创国际	340294.1792	229439.1148	201455.3819	16735.9424	16298.5012
129	600104.SH	上汽集团	100665027.8662	34290723.2461	72619911.0370	2597328.2532	2006043.9043
130	600115.SH	中国东航	28473300.0000	4122100.0000	11374100.0000	−827800.0000	−861400.0000
131	600119.SH	长江投资	74628.6468	36330.1225	86258.5846	1627.0648	997.8598
132	600150.SH	中国船舶	17783216.8643	5247252.9042	7483850.4401	302224.1581	295466.3623
133	600151.SH	航天机电	1090936.9400	536251.9899	922561.7229	−30881.1582	−49275.2519
134	600170.SH	上海建工	38207765.8916	5120944.3513	30462764.5886	295414.7376	165801.6972
135	600171.SH	上海贝岭	486883.1641	405912.0945	213711.0753	−10228.4548	−6021.9842
136	600193.SH	创兴资源	72126.7115	29679.6236	13030.9402	−1900.0630	−2113.5187
137	600196.SH	复星医药	11343122.7000	5661626.0436	4139953.9588	326456.7879	289506.3427
138	600210.SH	紫江企业	1369431.6076	625536.4752	911550.9048	73992.1548	61458.8176
139	600272.SH	开开实业	132671.2628	60719.7487	92507.0377	5493.4727	4100.1108
140	600278.SH	东方创业	1714332.4458	769029.5717	3364650.7155	49462.4881	37554.0918
141	600284.SH	浦东建设	2969884.3668	761437.6266	1772569.5791	61298.5348	58777.7333
142	600315.SH	上海家化	1172979.5966	769011.7575	659759.9901	56346.0441	50004.9003
143	600320.SH	振华重工	8486457.6091	1886693.5795	3293326.3802	78515.7669	64654.4629
144	600420.SH	国药现代	1935228.2461	1433821.3684	1206993.0213	109655.9564	96461.0734

(续表)

序号	代码	公司简称	资产总计	股东权益	主营业务收入	利润总额	净利润
145	600490.SH	鹏欣资源	824972.4515	582866.5688	537347.5920	−19568.2164	−20170.5440
146	600500.SH	中化国际	5391725.2446	2159745.7193	5427229.1766	−213547.3492	−185265.3594
147	600503.SH	华丽家族	422303.7447	363026.7287	16147.7430	9575.9250	5553.2667
148	600508.SH	上海能源	1993762.7040	1261172.0180	1097765.6537	135227.0687	97770.4918
149	600517.SH	国网英大	4432788.5577	2346647.1113	707118.7065	230405.8982	179634.3703
150	600530.SH	ST交昂	81509.5059	33917.9272	29632.7065	−3036.4249	−3193.6636
151	600597.SH	光明乳业	2422731.9907	1142257.9921	2648520.0199	81638.2653	83056.5057
152	600601.SH	方正科技	568526.5900	384951.9379	314893.2997	14685.0262	13507.7224
153	600602.SH	云赛智联	774999.4670	472294.8447	526380.3582	25055.2805	22827.5125
154	600604.SH	市北高新	2209187.8454	830052.3628	102175.8017	−12735.0405	−16079.9976
155	600605.SH	汇通能源	150135.1657	129432.9223	12998.5576	5263.5249	5415.1859
156	600606.SH	绿地控股	119392208.4949	14515439.3243	36024501.5715	−616277.9225	−1112404.9514
157	600608.SH	ST沪科	15654.1086	4763.2320	17103.2692	−2295.2593	−2318.5796
158	600611.SH	大众交通	1848090.2090	1007651.9427	433147.6644	58272.7408	37833.6148
159	600612.SH	老凤祥	2433384.7843	1373509.0485	7143564.1416	397901.4808	297539.3872
160	600613.SH	神奇制药	327933.5679	239056.6043	234094.5518	8340.7967	5825.9216
161	600616.SH	金枫酒业	232314.1208	197902.0081	57281.3073	14340.8241	10422.0042
162	600618.SH	氯碱化工	1226070.0805	873529.0656	721387.0585	88591.7452	81008.2129
163	600619.SH	海立股份	2127452.5085	781913.8811	1703074.1716	−9110.4300	−7397.9183
164	600620.SH	天宸股份	311420.8644	156448.5995	29737.4335	2855.9194	2853.2481
165	600621.SH	华鑫股份	3719518.3863	787118.3448	1446.0578	50549.7445	40026.6126
166	600622.SH	光大嘉宝	2472480.6917	668058.3141	439011.4924	−188690.4213	−217740.3850
167	600623.SH	华谊集团	6258525.6078	2678417.7572	4088136.7233	156543.1857	134674.2194
168	600624.SH	复旦复华	179728.9169	84550.0668	67967.8938	2348.2525	679.6880
169	600626.SH	申达股份	1080972.8529	350865.1804	1166772.3015	−36144.4631	−39347.5063
170	600628.SH	新世界	568594.3592	418124.6246	113379.7723	6504.1128	3147.5659
171	600629.SH	华建集团	1584436.9453	533402.5618	905918.5782	54615.2966	46326.0166
172	600630.SH	龙头股份	174768.6645	73350.1269	177766.4193	2565.6391	1621.8215
173	600635.SH	大众公用	2252168.7000	973667.5425	630253.9984	40287.9434	30363.4912
174	600636.SH	国新文化	256947.7367	247139.9065	38381.4687	−16933.0014	−16884.7628
175	600637.SH	东方明珠	4413998.4573	3453205.0865	797335.0186	94149.7164	62387.3917
176	600638.SH	新黄浦	2033973.2258	464432.9785	305639.8991	17593.2972	11088.3408
177	600639.SH	浦东金桥	3978097.8141	1697808.4204	658531.0852	240786.6776	179828.6193
178	600640.SH	国脉文化	543033.9477	444504.9685	238486.2864	6207.8706	1282.4029
179	600641.SH	万业企业	1058622.5576	880698.7573	96460.9316	16918.7815	8389.3787
180	600642.SH	申能股份	9420934.8651	4130261.9102	2914161.2184	475405.5721	416908.7835
181	600643.SH	爱建集团	2463316.5652	1241222.7323	147761.6785	21186.4828	9943.1238
182	600647.SH	*ST同达	115566.6199	57486.8143	10999.1125	2716.6120	2341.1609
183	600648.SH	外高桥	4464340.4997	1284672.4079	756881.0082	125223.8518	94081.7065
184	600649.SH	城投控股	7794755.9197	2159246.2378	255896.3970	56083.8770	34777.4893
185	600650.SH	锦江在线	509502.8268	414520.6761	192833.6472	17802.6709	16665.9296
186	600651.SH	飞乐音响	431795.7077	249622.9161	197319.3628	3706.9067	3206.0141
187	600655.SH	豫园股份	12404475.4999	3966001.2554	5814692.0890	231434.2056	181827.0921
188	600661.SH	昂立教育	145416.4887	20788.9016	96573.2916	−18920.7814	−19041.4888
189	600662.SH	外服控股	1590224.3917	466071.4686	1915613.6525	91230.8397	69871.7441
190	600663.SH	陆家嘴	16236806.3897	4685617.2625	1066700.9242	255838.0142	164470.0634
191	600675.SH	中华企业	6023499.3691	1718479.9590	1318744.8289	103965.0411	45493.9841
192	600676.SH	交运股份	787910.4565	558312.5087	521030.4777	6689.4975	3192.6585

（续表）

序号	代码	公司简称	资产总计	股东权益	主营业务收入	利润总额	净利润
193	600679.SH	上海凤凰	325785.8556	217181.4050	173932.2692	4553.8152	4422.4817
194	600688.SH	上海石化	3956423.1000	2494290.7000	9301359.5000	−171513.6000	−140904.3000
195	600689.SH	上海三毛	79972.8638	44291.8817	109382.0091	2309.4500	1759.9935
196	600692.SH	亚通股份	296968.5228	142341.1200	130527.5359	758.6221	−314.4608
197	600696.SH	岩石股份	228378.9398	86482.5311	162944.4899	17633.8975	8464.6248
198	600708.SH	光明地产	6369788.3663	1151645.6745	860497.7266	27809.2144	11527.6358
199	600732.SH	爱旭股份	3399618.1880	867993.1956	2717011.0262	69940.3716	75675.9610
200	600741.SH	华域汽车	17609652.7062	6158052.0683	16859405.1304	903861.4642	809476.5030
201	600748.SH	上实发展	3072028.4283	1130183.7190	985531.9180	120621.1675	50441.6252
202	600754.SH	锦江酒店	5058703.6855	1736057.3450	1464937.9017	179332.9773	127718.4390
203	600816.SH	建元信托	2228886.0575	1379663.4443	−	1778.4861	4217.8218
204	600818.SH	中路股份	88591.8851	56554.8988	97331.6949	2986.4544	1980.4962
205	600819.SH	耀皮玻璃	801390.2416	451762.2182	558774.2284	−14508.3274	−16127.1030
206	600820.SH	隧道股份	16191565.0211	3565370.5429	7419325.4650	393129.1507	317452.6127
207	600822.SH	上海物贸	313237.2433	119354.5663	786690.1093	20266.9381	13028.7556
208	600823.SH	*ST世茂	12257847.1837	1773024.3199	554660.6471	−1480839.5842	−1444179.8876
209	600824.SH	益民集团	288902.2752	238909.7327	102565.5805	8664.4358	5842.0073
210	600825.SH	新华传媒	405959.2481	246514.6297	130504.8204	4234.8279	3620.2136
211	600826.SH	兰生股份	552686.3666	397065.6503	142195.7784	37708.9218	31524.2539
212	600827.SH	百联股份	5626607.4231	1961976.8287	3051894.7177	46983.8354	−5671.6010
213	600833.SH	第一医药	186316.8849	100845.3431	181951.6166	11751.0691	8927.5234
214	600834.SH	申通地铁	250072.6620	170618.2783	40160.2402	9951.1929	7414.7358
215	600835.SH	上海机电	3721677.9587	1620864.5974	2232116.1350	171323.6470	156268.8670
216	600836.SH	*ST易连	189387.8813	114541.7820	51607.7326	−1974.6654	−2667.0777
217	600837.SH	海通证券	75458679.2000	17479955.9716	2295274.9636	156587.5246	−31104.3124
218	600838.SH	上海九百	159106.7310	147080.2341	8654.8296	6219.6588	6219.6588
219	600841.SH	动力新科	1812741.6719	552853.4632	868057.4122	−244126.2076	−246255.0949
220	600843.SH	上工申贝	589563.9372	358085.4142	379008.1765	17130.9996	10914.9416
221	600845.SH	宝信软件	2188268.4638	1208900.1679	1291564.1411	282026.0725	261118.1362
222	600846.SH	同济科技	921823.7237	387964.8156	567281.4947	44414.1601	40162.1024
223	600848.SH	上海临港	8102315.5932	3198063.8713	705213.4567	224623.2416	160236.1042
224	600850.SH	电科数字	1142465.9144	474070.7099	1000088.5261	57062.5364	52264.4603
225	600851.SH	海欣股份	491062.5159	413533.8280	118257.0231	20718.1178	19210.7137
226	600882.SH	妙可蓝多	683250.7413	430254.3727	404903.3691	8378.2125	7976.3173
227	600895.SH	张江高科	5100463.2298	1601473.1937	202573.7631	131185.6074	94064.5678
228	600958.SH	东方证券	38369046.2000	7876019.6753	1709005.8491	291914.0434	275660.3711
229	601021.SH	春秋航空	4423790.2712	1574990.9879	1793785.7423	264200.6355	225742.9466
230	601083.SH	锦江航运	990779.1441	813983.8737	526612.8809	92668.8886	75155.5401
231	601156.SH	东航物流	2874811.6011	1697953.8067	2062109.2060	375446.0743	285278.6795
232	601200.SH	上海环境	2983079.0664	1266216.3252	638072.4728	79566.3737	65646.2157
233	601211.SH	国泰君安	92540248.4000	17337801.0445	3614129.2021	1214789.8479	988541.7208
234	601229.SH	上海银行	308551647.3000	23904916.2000	5056447.4000	2589709.0000	2257224.4000
235	601231.SH	环旭电子	3930638.2899	1708982.9187	6079190.9538	218968.7856	194970.9107
236	601328.SH	交通银行	1406047200.0000	109945000.0000	25759500.0000	9969800.0000	9325200.0000
237	601519.SH	大智慧	230088.3452	168644.8418	77739.0976	9218.3844	8583.4412
238	601595.SH	上海电影	297114.8080	178864.5329	79522.6524	15191.8808	14444.9847
239	601601.SH	中国太保	234396200.0000	26770400.0000	32394500.0000	3200100.0000	2791100.0000
240	601607.SH	上海医药	21197253.3767	8032609.2965	26029508.8944	705429.6738	516657.0284

（续表）

序号	代码	公司简称	资产总计	股东权益	主营业务收入	利润总额	净利润
241	601611.SH	中国核建	21533556.1054	3847851.8376	10938501.9331	309363.1246	278259.3646
242	601616.SH	广电电气	301108.3419	262367.5824	75682.7044	4307.1057	3771.7200
243	601696.SH	中银证券	6944604.5038	1722341.6340	294046.6639	102569.7676	90161.1046
244	601702.SH	华峰铝业	718313.0857	452450.5656	929094.4494	101359.6742	89922.7524
245	601727.SH	上海电气	28326656.7000	7692664.0000	11421820.9000	329480.9000	215492.6000
246	601788.SH	光大证券	25960402.7000	6789538.8656	1003145.5479	475729.7012	430060.5063
247	601825.SH	沪农商行	139221370.0000	11635849.5000	2641379.8000	1488646.7000	1248737.5000
248	601828.SH	美凯龙	12418660.9000	5282166.6000	1151498.2939	−227295.9952	−237043.5197
249	601866.SH	中远海发	12593099.0000	2928367.8247	1563549.8900	138250.6700	140912.7071
250	601872.SH	招商轮船	6239466.1514	3733908.1186	2588101.3078	541459.4622	492163.9348
251	601968.SH	宝钢包装	825727.8907	402083.1298	776046.1130	31862.7100	24279.4110
252	603003.SH	*ST龙宇	513141.4898	370133.2825	312352.9965	8280.5960	6185.8315
253	603006.SH	联明股份	225628.8950	171635.5922	113748.9641	13344.5822	9931.5437
254	603009.SH	北特科技	339156.9306	172763.1247	188110.9644	5542.8344	4936.4934
255	603012.SH	创力集团	663676.7697	373769.2813	265595.9447	45115.3076	37682.4301
256	603020.SH	爱普股份	382046.1508	338889.1240	278317.0095	14187.7735	11139.2486
257	603022.SH	新通联	103719.8140	77138.6726	86382.9672	6546.0408	5152.7334
258	603030.SH	*ST全筑	283824.7643	109875.3389	103951.6897	4589.3194	6110.4124
259	603037.SH	凯众股份	116256.1573	92030.8651	73944.3602	9828.9272	8693.5258
260	603039.SH	泛微网络	390359.7354	207948.7084	239319.2535	17281.0769	17868.2565
261	603056.SH	德邦股份	1757726.4674	770017.5982	3627892.5073	92290.8648	74852.5579
262	603057.SH	紫燕食品	290339.2740	208404.9032	355014.5486	43248.7051	34119.0132
263	603062.SH	麦加芯彩	273466.9526	211989.8659	114065.1272	19489.7681	16695.6402
264	603068.SH	博通集成	192061.0716	169938.8584	70458.9752	−9620.4641	−9838.1699
265	603083.SH	剑桥科技	473591.8514	228796.0658	308684.6523	9391.3763	9496.4739
266	603107.SH	上海汽配	282976.5020	200376.4599	190854.0816	18014.7658	16094.5885
267	603108.SH	润达医疗	1430999.3280	544725.2773	914737.2720	65555.5112	44263.5611
268	603121.SH	华培动力	209497.1319	126521.3872	126050.8720	11222.2619	9171.6703
269	603122.SH	合富中国	146140.6216	116891.1667	109260.2027	6569.7197	4716.1663
270	603128.SH	华贸物流	965347.5515	597023.6126	1460808.8592	82569.4088	65635.8678
271	603131.SH	上海沪工	216923.6908	121247.9787	105296.9984	−4937.2653	−5373.3333
272	603153.SH	上海建科	501319.4729	368657.9975	400949.9945	38885.1641	34691.8905
273	603159.SH	上海亚虹	66811.3240	50094.5794	55641.8731	3802.2289	3527.1490
274	603170.SH	宝立食品	190021.3941	149870.8849	236900.0731	40951.0585	31123.6638
275	603189.SH	网达软件	171255.2999	156544.8367	29549.0294	−9471.0401	−8334.2961
276	603192.SH	汇得科技	234027.4295	144296.4403	271189.8877	5806.6182	6387.5838
277	603196.SH	日播时尚	116095.8361	79937.2831	102695.4659	2357.4300	1707.6668
278	603197.SH	保隆科技	847514.0842	325085.1127	589746.4870	48221.2898	38148.9544
279	603200.SH	上海洗霸	147057.1387	99829.2085	54143.9250	4407.1610	3984.2888
280	603211.SH	晋拓股份	173671.6751	116720.8756	100317.2732	5217.3796	5071.2543
281	603214.SH	爱婴室	255105.1886	118189.5998	333153.5860	14340.9119	11591.4458
282	603226.SH	菲林格尔	141048.1782	105669.9277	39490.3123	−2250.4597	−2834.7529
283	603232.SH	格尔软件	166053.3684	140104.4794	56134.5658	4293.5940	3658.1723
284	603236.SH	移远通信	1123300.6184	362420.4047	1386117.5066	7662.1700	8422.7088
285	603256.SH	宏和科技	253217.1730	142695.6868	66115.4818	−6796.9332	−6309.4466
286	603275.SH	众辰科技	296199.9013	264870.3641	61634.8264	22176.1386	19219.7367
287	603296.SH	华勤技术	5150963.7668	2084304.7983	8533848.4214	283364.1028	265543.4103
288	603324.SH	盛剑环境	345942.9570	159951.0219	182599.8075	17960.1890	16542.1264

(续表)

序号	代码	公司简称	资产总计	股东权益	主营业务收入	利润总额	净利润
289	603325.SH	博隆技术	347693.2026	115048.5853	122313.2589	33136.4148	28747.9445
290	603329.SH	上海雅仕	229332.9833	127538.6862	251966.8999	868.4738	694.2324
291	603330.SH	天洋新材	288049.3567	180737.5609	132536.1964	−7622.9620	−9420.6654
292	603341.SH	龙旗科技	1983889.9556	382539.6745	2718506.4078	65108.0706	60271.1388
293	603365.SH	水星家纺	364715.5297	294481.4611	421091.2054	45057.4743	37907.5332
294	603378.SH	亚士创能	640515.7470	173934.0130	311039.1899	4852.1304	6017.5638
295	603466.SH	风语筑	491312.4921	246258.4616	235049.6947	31700.0454	28235.6777
296	603496.SH	恒为科技	244041.0085	135477.4311	77141.6211	7727.2435	7752.1634
297	603499.SH	翔港科技	117489.2847	64015.0116	69408.5570	1490.0729	1964.0638
298	603501.SH	韦尔股份	3774316.4482	2149468.7630	2102064.1623	69144.6265	54382.2830
299	603515.SH	欧普照明	987744.1745	666264.9166	779498.8063	108209.7322	93022.1862
300	603565.SH	中谷物流	2339917.4445	1075296.9687	1243879.1418	228191.2393	172157.9222
301	603579.SH	荣泰健康	338489.8670	197300.1769	185502.9391	23019.1663	20333.1908
302	603580.SH	艾艾精工	52837.2737	45572.2532	15461.8920	122.3885	131.2798
303	603587.SH	地素时尚	462972.6249	374534.8721	264881.9535	66598.0602	49361.7260
304	603619.SH	中曼石油	913237.4885	286223.4249	373194.7652	102123.9218	82117.3502
305	603633.SH	徕木股份	336957.2204	191447.7387	108999.9900	7581.8309	7199.4788
306	603648.SH	畅联股份	251353.7912	185967.7726	163202.9212	17946.0124	15759.5686
307	603650.SH	彤程新材	733390.6805	350489.4651	294351.8542	42698.4749	40411.8053
308	603659.SH	璞泰来	4367494.7627	1873002.2642	1534004.1057	235129.1030	213692.2620
309	603681.SH	永冠新材	648630.0111	251420.7143	545656.3529	6800.7317	8239.4130
310	603682.SH	锦和商管	563652.9028	119322.3898	103197.4367	11827.8956	8317.9047
311	603683.SH	晶华新材	212704.1019	128873.7966	155856.6408	6677.0593	6749.6201
312	603690.SH	至纯科技	1191948.5611	506642.7383	315102.6067	41104.3535	32797.3572
313	603713.SH	密尔克卫	1112353.3821	436611.0677	975254.8133	60759.9842	48140.2740
314	603718.SH	海利生物	165774.9783	117479.2212	24072.2982	5602.2480	5001.3768
315	603728.SH	鸣志电器	384155.9588	285518.2847	254279.1118	14853.0145	14193.8068
316	603729.SH	龙韵股份	63725.0761	36128.1066	32991.9776	−6094.1626	−5898.0239
317	603730.SH	岱美股份	692518.6609	451815.1380	586130.3566	80029.0481	65397.8430
318	603777.SH	来伊份	337508.7057	184245.2926	397718.2869	6821.5649	6199.2266
319	603786.SH	科博达	635565.8487	479824.4249	462511.5816	69457.3591	65046.8790
320	603790.SH	雅运股份	173860.4698	129363.8160	77395.3742	4624.1670	4156.0065
321	603855.SH	华荣股份	458993.1348	198134.1323	319694.4264	52232.3160	46759.0391
322	603868.SH	飞科电器	445920.0718	357634.5741	505968.3184	125307.8341	101963.6618
323	603881.SH	数据港	702008.9148	313399.6370	154213.3517	16630.5573	12296.1995
324	603885.SH	吉祥航空	4486137.5868	839071.7026	2009567.2181	96849.3807	75882.4621
325	603886.SH	元祖股份	315204.8449	166058.5714	265910.2039	35363.3238	27632.2918
326	603887.SH	城地香江	738143.0348	279557.9211	237042.5471	−65522.6979	−62097.0758
327	603895.SH	天永智能	148966.6349	29283.6459	59492.1931	−15426.2839	−14623.9446
328	603899.SH	晨光股份	1531396.2312	835116.4796	2335130.4328	197947.2773	164393.9002
329	603918.SH	金桥信息	165665.8125	111822.9985	93202.1548	2791.1402	2487.1188
330	603956.SH	威派格	333932.4119	208030.1244	141720.0520	1136.8132	2023.8724
331	603960.SH	克来机电	125740.9651	108582.7428	68821.9310	10269.0014	9246.6345
332	603987.SH	康德莱	421866.6941	277912.3575	245259.7519	30048.1920	27642.0646
333	605050.SH	福然德	694684.8279	435049.4409	976192.4420	56641.7318	42549.9083
334	605081.SH	太和水	168063.5157	131018.9863	18302.9511	−23450.6016	−28766.1287
335	605098.SH	行动教育	209647.9279	96248.0641	67224.1096	25733.7464	22026.5290
336	605128.SH	上海沿浦	245530.9753	120571.8706	151859.7076	10178.6766	8773.2958

（续表）

序号	代码	公司简称	资产总计	股东权益	主营业务收入	利润总额	净利润
337	605136.SH	丽人丽妆	304794.9889	253035.2384	276239.2312	4352.2946	2723.7473
338	605151.SH	西上海	210409.5965	146473.5315	127567.2394	16246.8289	13655.8222
339	605186.SH	健麾信息	131677.1114	113771.3420	30755.9138	6784.7598	6197.4914
340	605208.SH	永茂泰	337614.6545	210042.4365	353637.3003	2379.4394	3091.0991
341	605222.SH	起帆电缆	1354759.1404	457692.9796	2334840.8948	57235.9631	42401.0054
342	605289.SH	罗曼股份	202135.2538	131717.7274	61019.6582	9357.1655	7719.4383
343	605338.SH	巴比食品	278119.1449	221081.3712	163023.3258	28207.6491	21534.2678
344	605339.SH	南侨食品	409520.3345	334806.5137	308250.0696	27185.5439	23250.2189
345	605398.SH	新炬网络	127466.7597	106566.7324	63650.5934	6147.8907	5965.7068
346	605598.SH	上海港湾	217361.6430	175462.6520	127744.8164	21597.7752	17374.5436
347	688008.SH	澜起科技	1069754.0981	1020661.9453	228573.8498	47221.8811	45114.7481
348	688012.SH	中微公司	2152554.6562	1782310.5186	626351.3581	201038.1609	178397.7209
349	688016.SH	心脉医疗	424620.9387	386357.4917	118720.4460	57226.6988	48721.6978
350	688018.SH	乐鑫科技	220380.0366	191300.0228	143306.4911	10539.5747	13620.4637
351	688019.SH	安集科技	260340.1096	212404.5086	123787.1129	44042.2481	40273.3766
352	688031.SH	星环科技-U	179286.4108	143983.3765	49080.5231	−28916.8098	−28916.8098
353	688061.SH	灿瑞科技	277206.2466	255201.5909	45457.4180	−162.8094	959.3340
354	688062.SH	迈威生物-U	445504.8441	257324.8063	12783.5534	−105528.7604	−105881.1366
355	688063.SH	派能科技	1213084.8098	953028.5735	329944.1165	60098.8397	51563.1610
356	688065.SH	凯赛生物	1883337.2760	1477311.0203	211417.4869	44892.4542	40853.5593
357	688071.SH	华依科技	211046.2551	104283.6778	35181.9778	−2355.3021	−1591.0607
358	688073.SH	毕得医药	241502.7981	208954.2152	109185.8562	12599.6771	10844.6299
359	688082.SH	盛美上海	975379.7717	645826.5703	388834.2742	96381.4781	91052.1979
360	688085.SH	三友医疗	226149.6123	204270.0136	46039.2061	13486.9020	11363.9439
361	688091.SH	上海谊众	157335.9475	146483.6603	36025.3871	18690.0152	16155.3919
362	688098.SH	申联生物	159399.4286	150706.7975	30148.7060	3626.5098	2985.0434
363	688099.SH	晶晨股份	635606.0784	548905.7373	537094.3247	50302.8055	49869.2677
364	688107.SH	安路科技	162992.3684	144526.6110	70078.5891	−19718.7674	−19718.7674
365	688110.SH	东芯股份	384716.5529	369317.6934	53058.8243	−35167.4325	−30054.2852
366	688118.SH	普元信息	98815.5339	85789.7040	48053.3586	−2523.1467	−1566.4393
367	688121.SH	卓然股份	764903.3460	265931.1680	295857.7195	15121.6209	13233.3772
368	688123.SH	聚辰股份	205021.2269	194261.0794	70347.6519	8466.4622	8269.5292
369	688126.SH	沪硅产业	2903175.5836	2050532.1471	319030.1295	17765.2077	16071.4452
370	688129.SH	东来技术	157107.2273	86771.1721	51894.8207	5882.0356	5167.3627
371	688131.SH	皓元医药	419220.7930	252627.8054	188004.6769	12819.2544	12630.7604
372	688133.SH	泰坦科技	438832.4961	285019.0202	276964.9017	8519.2984	7531.4332
373	688155.SH	先惠技术	458552.5043	149768.8912	244837.8105	15409.8288	12648.4501
374	688158.SH	优刻得-W	380211.4749	263815.6645	151527.8875	−34573.7840	−34658.0906
375	688160.SH	步科股份	95143.3675	75206.2572	50648.0268	6417.5207	6090.5424
376	688163.SH	赛伦生物	112847.2546	108584.0605	19014.4197	4541.5269	3877.4332
377	688179.SH	阿拉丁	150555.3616	103640.2989	40287.6481	9490.5627	8582.9075
378	688180.SH	君实生物-U	1136246.4000	732061.0472	150254.9916	−249169.4601	−253568.9298
379	688188.SH	柏楚电子	533479.1173	501865.1019	140711.3184	82681.4466	75352.4301
380	688193.SH	仁度生物	105471.5696	96274.1641	16441.2273	476.2531	825.9297
381	688202.SH	美迪西	326584.7481	251077.9364	136563.0884	−5910.4956	−3321.0603
382	688206.SH	概伦电子	251881.8230	211222.4756	32889.6154	−5575.7177	−5875.1052
383	688212.SH	澳华内镜	159504.3770	139515.8777	67808.0728	5391.0227	6077.4115
384	688213.SH	思特威-W	614574.7448	374095.1896	285734.3251	−2214.7863	1421.5461

(续表)

序号	代码	公司简称	资产总计	股东权益	主营业务收入	利润总额	净利润
385	688217.SH	睿昂基因	104415.9929	96767.5475	25821.1314	−940.0746	−480.4832
386	688220.SH	翱捷科技-U	729855.1612	635555.3915	259991.6150	−48665.5699	−50582.1344
387	688230.SH	芯导科技	228154.4663	222254.9376	32042.6745	10336.8785	9648.7677
388	688238.SH	和元生物	260349.2226	205836.8061	20480.5008	−15560.3609	−12781.3694
389	688247.SH	宣泰医药	136162.0253	121025.8935	29987.1288	6599.0781	6107.4068
390	688265.SH	南模生物	199776.8441	173678.3386	36654.8781	−2990.3579	−2058.2607
391	688271.SH	联影医疗	2533614.0322	1888141.5966	1141076.5602	214225.4674	197775.4806
392	688293.SH	奥浦迈	230204.4541	215783.9029	24312.4040	6166.8638	5325.9920
393	688301.SH	奕瑞科技	751134.8212	435302.4236	186378.8560	68498.6065	60477.2339
394	688317.SH	之江生物	407419.1055	382493.7115	27433.3303	−15663.2858	−13685.7073
395	688330.SH	宏力达	426097.0079	362085.6768	98545.5190	22409.7436	19460.1186
396	688335.SH	复洁环保	153338.1971	125846.4957	57608.2325	10721.2360	9656.8865
397	688336.SH	三生国健	530502.9500	487855.6187	101403.4318	31063.4133	28335.9962
398	688347.SH	华虹公司	7750896.0834	5549080.5519	1623187.4038	117754.4111	84736.1878
399	688351.SH	微电生理-U	182326.8386	168505.8043	32919.4871	561.0357	568.8513
400	688366.SH	昊海生科	710549.7000	601729.2973	265403.9069	50826.0726	41226.9260
401	688368.SH	晶丰明源	237307.7955	147146.3247	130323.5062	−7358.4750	−7917.2101
402	688370.SH	丛麟科技	329286.4474	266642.7633	63479.7614	8113.9320	5207.1516
403	688372.SH	伟测科技	360810.4999	245866.7719	73652.4835	9572.7970	11799.6286
404	688373.SH	盟科药业-U	116856.4954	83400.3193	9077.6385	−41515.3158	−42112.4453
405	688382.SH	益方生物-U	216227.2043	199760.2520	18552.6867	−28397.5275	−28397.5275
406	688385.SH	复旦微电	841135.0886	596170.1809	353625.9424	75185.0855	74885.8747
407	688391.SH	钜泉科技	216174.0843	204031.2903	60304.5633	11965.2622	13143.4862
408	688392.SH	骄成超声	217225.3982	175133.6202	52518.8816	7196.5843	6449.7984
409	688435.SH	英方软件	125495.9182	117258.0744	24310.9669	4296.8036	4446.4619
410	688479.SH	友车科技	219513.5758	191126.9983	73581.3065	12079.1789	11480.5374
411	688484.SH	南芯科技	446185.9875	369903.6850	178040.2271	26627.7834	26135.7465
412	688505.SH	复旦张江	287668.7507	235856.3368	85073.3212	9752.8063	10844.9858
413	688507.SH	索辰科技	308741.5768	292016.1371	32038.1398	5591.2390	5805.1675
414	688519.SH	南亚新材	449474.9085	244725.5538	298283.0514	−16181.4325	−12949.0006
415	688521.SH	芯原股份	440638.0975	270029.3621	233799.6409	−26922.3602	−29646.6724
416	688538.SH	和辉光电-U	2844062.5571	1256077.8464	303844.9898	−324439.1225	−324439.1225
417	688578.SH	艾力斯	437649.5352	398227.7872	201818.2563	65622.1233	64417.4819
418	688584.SH	上海合晶	367344.1770	278881.7839	134817.3673	27493.5393	24686.0955
419	688585.SH	上纬新材	178424.6913	121710.3904	139959.0537	9454.6150	7092.0292
420	688590.SH	新致软件	269968.9832	159468.2630	168269.2867	7305.5586	7936.6776
421	688591.SH	泰凌微	242990.1790	234138.2866	63609.1867	5020.6547	4977.1753
422	688592.SH	司南导航	123367.6946	102232.6320	41169.2337	4050.3218	3971.0560
423	688593.SH	新相微	179832.2220	160207.8464	48044.7345	2261.8006	2694.6758
424	688596.SH	正帆科技	806522.8289	305453.0366	383473.5535	44053.2094	42338.8028
425	688602.SH	康鹏科技	329598.0299	278369.6881	97959.1613	12580.8924	11512.6968
426	688608.SH	恒玄科技	655137.6442	609717.2083	217627.7306	12437.6823	12362.5457
427	688648.SH	中邮科技	281640.2367	172570.7160	195193.9761	6951.5689	7159.3756
428	688653.SH	康希通信	170698.5461	161486.2803	41496.0534	364.2982	992.1407
429	688660.SH	电气风电	2585741.5570	587438.3980	1011421.2909	−139323.6071	−127152.8420
430	688680.SH	海优新材	538340.6260	219847.7839	487189.2571	−30930.5695	−22857.2656
431	688682.SH	霍莱沃	91620.4815	69853.6629	39423.6812	3628.7054	4126.2318
432	688691.SH	灿芯股份	135381.1250	81937.9193	134149.2618	18268.2030	17047.1483

（续表）

序号	代码	公司简称	资产总计	股东权益	主营业务收入	利润总额	净利润
433	688718.SH	唯赛勃	87320.1565	76568.4722	38421.1761	4660.3942	4493.6746
434	688728.SH	格科微	2020322.8116	787986.7967	469717.7723	1231.8164	4824.4998
435	688766.SH	普冉股份	211465.0788	192876.8407	112705.0035	−6987.1693	−4827.4290
436	688798.SH	艾为电子	493579.7733	362205.3914	253092.1518	1537.7352	5100.8934
437	688981.SH	中芯国际	33846319.4702	21847024.6000	4525042.5000	684041.8000	639615.2000
438	830799.BJ	艾融软件	92832.1534	39523.8446	60643.0208	8051.4726	7681.8841
439	831305.BJ	海希通讯	90750.0812	80701.7994	23426.0477	5242.3967	4898.1760
440	831961.BJ	创远信科	117901.1053	76235.8184	27035.0587	2639.6848	3193.7471
441	833346.BJ	威贸电子	51923.3536	43300.3267	22882.2733	4376.3683	3915.8324
442	836414.BJ	欧普泰	37830.8464	31167.3427	18004.5880	3888.3331	3438.5456
443	836504.BJ	博迅生物	26717.5312	19301.4392	14227.2378	2974.2526	2667.1397
444	872541.BJ	铁大科技	55734.3281	39082.2025	24906.2998	4248.2616	3890.0929
445	873693.BJ	阿为特	40724.0317	33384.6394	20738.4721	2404.1642	2308.9502

上海工商类上市公司 2023 年度经营情况之二

（单位：元、%）

序号	代码	公司简称	每股收益	每股净资产	净资产收益率	每股经营现金净流量
1	000863.SZ	三湘印象	0.00	3.79	0.03	0.00
2	001266.SZ	宏英智能	−0.09	9.71	−0.96	−0.04
3	002022.SZ	科华生物	−0.46	7.84	−5.61	−0.92
4	002028.SZ	思源电气	2.02	13.42	15.01	2.94
5	002058.SZ	威尔泰	−0.12	1.00	−11.91	−0.05
6	002116.SZ	中国海诚	0.72	4.93	13.48	−0.51
7	002158.SZ	汉钟精机	1.62	6.93	23.34	1.44
8	002162.SZ	悦心健康	0.05	1.07	5.04	0.13
9	002178.SZ	延华智能	0.03	0.63	5.00	0.04
10	002184.SZ	海得控制	0.33	3.95	8.44	1.04
11	002195.SZ	岩山科技	0.06	1.70	3.41	0.09
12	002211.SZ	宏达新材	−0.07	0.15	−46.41	−0.03
13	002252.SZ	上海莱士	0.27	4.46	6.00	0.34
14	002269.SZ	美邦服饰	0.01	0.18	7.04	−0.08
15	002278.SZ	神开股份	0.07	3.02	2.24	−0.16
16	002324.SZ	普利特	0.45	3.87	10.85	0.75
17	002328.SZ	新朋股份	0.25	4.20	5.82	0.70
18	002346.SZ	柘中股份	0.68	6.61	10.18	−0.02
19	002401.SZ	中远海科	0.51	4.30	11.80	0.49
20	002451.SZ	摩恩电气	0.04	1.72	2.14	0.28
21	002454.SZ	松芝股份	0.16	6.10	2.60	0.59
22	002486.SZ	嘉麟杰	0.06	1.24	4.98	0.12
23	002506.SZ	协鑫集成	0.03	0.41	6.51	0.05
24	002527.SZ	新时达	−0.57	2.32	−24.74	0.24
25	002561.SZ	徐家汇	0.18	5.42	3.34	0.40
26	002565.SZ	顺灏股份	0.03	1.79	1.50	0.12
27	002568.SZ	百润股份	0.78	3.69	20.02	0.54
28	002605.SZ	姚记科技	1.38	7.82	17.46	1.09
29	002636.SZ	金安国纪	−0.11	4.64	−2.33	0.37
30	002669.SZ	康达新材	0.10	9.75	1.02	0.03
31	002706.SZ	良信股份	0.47	3.68	12.36	0.56
32	002825.SZ	纳尔股份	0.30	4.22	6.94	0.46
33	002858.SZ	力盛体育	−1.20	3.58	−32.90	0.05
34	300008.SZ	天海防务	0.06	1.12	5.26	0.08
35	300017.SZ	网宿科技	0.25	3.95	6.37	0.32
36	300039.SZ	上海凯宝	0.31	3.85	8.13	0.37
37	300059.SZ	东方财富	0.52	4.54	11.39	−0.20
38	300061.SZ	旗天科技	−0.75	1.16	−64.55	−0.15
39	300067.SZ	安诺其	0.01	2.23	0.35	0.11
40	300074.SZ	华平股份	0.02	2.00	1.03	0.35
41	300126.SZ	锐奇股份	0.01	3.60	0.37	0.12
42	300129.SZ	泰胜风能	0.31	4.60	6.80	−0.22
43	300153.SZ	科泰电源	0.10	2.61	3.86	0.40
44	300168.SZ	万达信息	−0.63	1.61	−38.60	−0.10
45	300170.SZ	汉得信息	−0.03	4.92	−0.52	0.22
46	300171.SZ	东富龙	0.79	10.36	7.62	−0.43
47	300180.SZ	华峰超纤	−0.13	2.59	−5.08	0.18
48	300222.SZ	科大智能	−0.16	2.11	−7.75	0.03

（续表）

序号	代码	公司简称	每股收益	每股净资产	净资产收益率	每股经营现金净流量
49	300225.SZ	金力泰	0.03	1.73	1.74	−0.02
50	300226.SZ	上海钢联	0.75	6.17	12.10	0.35
51	300230.SZ	永利股份	0.46	3.72	12.39	0.33
52	300236.SZ	上海新阳	0.54	13.37	3.98	0.48
53	300245.SZ	天玑科技	−0.23	4.41	−5.13	−0.02
54	300253.SZ	卫宁健康	0.17	2.59	6.29	0.09
55	300257.SZ	开山股份	0.44	6.23	7.00	0.64
56	300262.SZ	*ST巴安	−0.16	0.11	−146.51	0.40
57	300272.SZ	开能健康	0.24	2.11	10.20	0.65
58	300286.SZ	安科瑞	0.95	6.09	15.40	1.47
59	300326.SZ	凯利泰	0.16	3.99	3.94	0.38
60	300327.SZ	中颖电子	0.55	4.88	11.16	−0.09
61	300378.SZ	鼎捷软件	0.56	7.68	7.27	0.40
62	300380.SZ	安硕信息	−0.33	2.62	−12.59	0.12
63	300398.SZ	飞凯材料	0.21	6.97	2.93	0.55
64	300442.SZ	润泽科技	1.03	4.95	20.67	0.72
65	300462.SZ	华铭智能	−0.03	7.90	−0.40	0.62
66	300483.SZ	首华燃气	−0.92	9.43	−9.16	1.48
67	300493.SZ	润欣科技	0.07	2.10	3.36	0.27
68	300501.SZ	海顺新材	0.44	8.64	4.67	0.52
69	300508.SZ	维宏股份	0.36	6.45	5.62	1.11
70	300511.SZ	雪榕生物	−0.38	2.97	−12.10	0.72
71	300551.SZ	古鳌科技	−0.22	2.72	−8.00	−0.24
72	300578.SZ	会畅通讯	−2.51	5.77	−43.58	0.25
73	300590.SZ	移为通信	0.32	3.85	8.31	0.68
74	300609.SZ	汇纳科技	−0.28	8.93	−3.13	0.47
75	300613.SZ	富瀚微	1.10	10.64	9.92	1.97
76	300627.SZ	华测导航	0.84	5.52	14.95	0.82
77	300642.SZ	透景生命	0.55	9.31	5.85	0.77
78	300762.SZ	上海瀚讯	−0.30	3.98	−7.60	−0.48
79	300802.SZ	矩子科技	0.30	5.90	4.83	0.46
80	300890.SZ	翔丰华	0.77	15.70	4.34	2.64
81	300892.SZ	品渥食品	−0.73	10.60	−6.92	0.06
82	300899.SZ	上海凯鑫	0.24	10.36	2.36	−0.06
83	300915.SZ	海融科技	0.99	16.75	5.94	1.34
84	300947.SZ	德必集团	0.22	8.37	2.58	5.07
85	300963.SZ	中洲特材	0.35	4.23	8.34	−0.10
86	300983.SZ	尤安设计	0.06	24.07	0.26	0.90
87	300999.SZ	金龙鱼	0.53	16.88	3.11	2.75
88	301000.SZ	肇民科技	0.60	6.63	9.02	0.37
89	301001.SZ	凯淳股份	0.09	10.21	0.86	1.29
90	301005.SZ	超捷股份	0.23	7.62	2.96	0.45
91	301024.SZ	霍普股份	−1.65	8.28	−19.91	−0.96
92	301025.SZ	读客文化	−0.01	1.52	−0.54	0.00
93	301037.SZ	保立佳	−0.31	8.00	−3.91	2.49
94	301046.SZ	能辉科技	0.39	5.42	6.92	−1.07
95	301060.SZ	兰卫医学	−0.35	4.45	−7.95	1.37
96	301062.SZ	上海艾录	0.19	2.90	6.34	0.57

（续表）

序号	代码	公司简称	每股收益	每股净资产	净资产收益率	每股经营现金净流量
97	301070.SZ	开勒股份	0.42	12.64	3.29	0.56
98	301099.SZ	雅创电子	0.67	12.44	4.90	−1.55
99	301151.SZ	冠龙节能	0.59	12.20	4.74	1.15
100	301156.SZ	美农生物	0.56	7.13	7.89	0.54
101	301161.SZ	唯万密封	0.31	7.77	3.98	0.27
102	301166.SZ	优宁维	0.47	24.43	1.90	−0.26
103	301228.SZ	实朴检测	−0.78	6.72	−11.60	−0.11
104	301230.SZ	泓博医药	0.35	10.38	3.37	0.19
105	301257.SZ	普蕊斯	2.24	17.67	12.47	1.88
106	301273.SZ	瑞晨环保	0.43	14.10	3.02	−0.40
107	301289.SZ	国缆检测	0.96	12.08	7.92	1.71
108	301303.SZ	真兰仪表	1.12	10.55	10.19	0.18
109	301315.SZ	威士顿	0.76	11.48	5.77	0.40
110	301419.SZ	阿莱德	0.59	9.52	5.96	1.55
111	301499.SZ	维科精密	0.54	8.97	5.18	0.67
112	301525.SZ	儒竞科技	2.75	32.42	7.08	0.86
113	301555.SZ	惠柏新材	0.79	11.66	5.34	−3.24
114	430139.BJ	华岭股份	0.28	4.18	6.71	0.65
115	430300.BJ	辰光医疗	−0.14	3.37	−4.08	−0.18
116	600000.SH	浦发银行	1.07	20.85	5.06	13.23
117	600009.SH	上海机场	0.38	16.29	2.30	1.62
118	600018.SH	上港集团	0.57	5.29	10.72	0.58
119	600019.SH	宝钢股份	0.54	9.06	5.96	1.14
120	600021.SH	上海电力	0.50	6.42	5.73	2.63
121	600026.SH	中远海能	0.70	7.21	9.74	1.85
122	600061.SH	国投资本	0.36	7.76	4.44	0.56
123	600072.SH	中船科技	0.11	7.23	1.49	−1.29
124	600073.SH	上海梅林	0.24	5.28	4.56	0.40
125	600081.SH	东风科技	0.27	7.89	2.96	0.62
126	600088.SH	中视传媒	0.60	3.13	19.04	0.08
127	600094.SH	大名城	0.09	5.06	1.78	0.67
128	600097.SH	开创国际	0.62	9.31	6.62	0.45
129	600104.SH	上汽集团	1.23	24.51	4.93	3.62
130	600115.SH	中国东航	−0.37	0.92	−20.11	1.19
131	600119.SH	长江投资	0.02	0.56	4.32	−0.05
132	600150.SH	中国船舶	0.66	10.81	6.12	4.07
133	600151.SH	航天机电	−0.30	3.45	−8.62	0.33
134	600170.SH	上海建工	0.12	3.43	3.80	2.36
135	600171.SH	上海贝岭	−0.09	5.70	−1.48	0.16
136	600193.SH	创兴资源	−0.05	0.70	−7.12	−0.08
137	600196.SH	复星医药	0.89	17.10	5.22	1.28
138	600210.SH	紫江企业	0.37	3.80	9.70	1.78
139	600272.SH	开开实业	0.16	2.45	6.60	0.00
140	600278.SH	东方创业	0.31	8.26	3.73	0.35
141	600284.SH	浦东建设	0.59	7.75	7.67	−0.61
142	600315.SH	上海家化	0.75	11.37	6.50	0.15
143	600320.SH	振华重工	0.10	2.90	3.30	0.98
144	600420.SH	国药现代	0.54	9.24	5.58	1.28

（续表）

序号	代码	公司简称	每股收益	每股净资产	净资产收益率	每股经营现金净流量
145	600490.SH	鹏欣资源	−0.05	2.76	−1.76	−0.03
146	600500.SH	中化国际	−0.52	4.32	−11.91	0.48
147	600503.SH	华丽家族	0.04	2.28	1.59	−0.22
148	600508.SH	上海能源	1.34	17.45	7.68	1.91
149	600517.SH	国网英大	0.24	3.49	6.83	0.14
150	600530.SH	ST交昂	−0.05	0.38	−11.90	0.07
151	600597.SH	光明乳业	0.70	6.47	10.84	1.06
152	600601.SH	方正科技	0.03	0.92	3.51	0.12
153	600602.SH	云赛智联	0.14	3.37	4.19	0.34
154	600604.SH	市北高新	−0.09	3.41	−2.78	−0.19
155	600605.SH	汇通能源	0.27	6.27	4.36	1.41
156	600606.SH	绿地控股	−0.68	5.72	−11.89	−0.15
157	600608.SH	ST沪科	−0.07	0.13	−50.60	−0.07
158	600611.SH	大众交通	0.14	4.03	3.40	0.07
159	600612.SH	老凤祥	4.23	22.13	19.13	13.79
160	600613.SH	神奇制药	0.11	4.37	2.44	0.40
161	600616.SH	金枫酒业	0.16	2.98	5.24	0.00
162	600618.SH	氯碱化工	0.66	7.03	9.36	0.55
163	600619.SH	海立股份	0.03	5.66	0.50	0.99
164	600620.SH	天宸股份	0.03	2.28	1.39	0.01
165	600621.SH	华鑫股份	0.37	7.30	5.13	−1.90
166	600622.SH	光大嘉宝	−1.33	3.35	−39.76	0.33
167	600623.SH	华谊集团	0.42	10.44	4.07	0.17
168	600624.SH	复旦复华	0.01	1.18	0.74	0.01
169	600626.SH	申达股份	−0.29	2.41	−10.90	−0.11
170	600628.SH	新世界	0.05	6.46	0.76	0.47
171	600629.SH	华建集团	0.45	5.12	8.55	0.47
172	600630.SH	龙头股份	0.04	1.68	2.24	0.48
173	600635.SH	大众公用	0.07	2.82	2.55	0.23
174	600636.SH	国新文化	−0.38	5.63	−6.83	0.12
175	600637.SH	东方明珠	0.18	8.68	2.03	0.48
176	600638.SH	新黄浦	0.09	6.58	1.40	−0.42
177	600639.SH	浦东金桥	1.62	12.57	12.89	−5.97
178	600640.SH	国脉文化	0.01	4.97	0.13	0.56
179	600641.SH	万业企业	0.16	8.99	1.81	−0.26
180	600642.SH	申能股份	0.71	6.85	10.31	1.50
181	600643.SH	爱建集团	0.06	7.65	0.80	0.60
182	600647.SH	*ST同达	0.05	3.00	1.69	0.66
183	600648.SH	外高桥	0.82	11.05	7.40	0.41
184	600649.SH	城投控股	0.17	8.22	2.00	0.83
185	600650.SH	锦江在线	0.27	7.08	3.87	0.01
186	600651.SH	飞乐音响	0.02	0.96	1.57	0.00
187	600655.SH	豫园股份	0.52	9.32	5.57	1.22
188	600661.SH	昂立教育	−0.69	0.45	−146.11	0.85
189	600662.SH	外服控股	0.26	1.86	13.82	0.24
190	600663.SH	陆家嘴	0.23	4.73	4.81	2.36
191	600675.SH	中华企业	0.09	2.43	3.74	−0.02
192	600676.SH	交运股份	0.01	5.39	0.17	0.43

（续表）

序号	代码	公司简称	每股收益	每股净资产	净资产收益率	每股经营现金净流量
193	600679.SH	上海凤凰	0.09	4.19	2.10	−0.03
194	600688.SH	上海石化	−0.13	2.30	−5.66	0.08
195	600689.SH	上海三毛	0.09	2.21	3.97	0.27
196	600692.SH	亚通股份	0.01	2.63	0.26	−0.60
197	600696.SH	岩石股份	0.26	1.80	14.43	1.19
198	600708.SH	光明地产	0.02	4.85	0.31	−0.34
199	600732.SH	爱旭股份	0.42	4.75	8.72	0.87
200	600741.SH	华域汽车	2.29	18.32	12.49	3.59
201	600748.SH	上实发展	0.07	5.45	1.28	−1.51
202	600754.SH	锦江酒店	0.94	15.59	6.01	4.82
203	600816.SH	建元信托	0.01	1.33	0.32	−0.21
204	600818.SH	中路股份	0.07	1.89	3.96	0.00
205	600819.SH	耀皮玻璃	−0.13	3.60	−3.72	0.59
206	600820.SH	隧道股份	0.93	9.20	10.16	1.01
207	600822.SH	上海物贸	0.28	2.33	12.13	0.60
208	600823.SH	*ST世茂	−2.40	2.80	−85.54	−0.10
209	600824.SH	益民集团	0.05	2.27	2.38	0.18
210	600825.SH	新华传媒	0.03	2.36	1.47	0.18
211	600826.SH	兰生股份	0.52	7.33	7.11	−0.26
212	600827.SH	百联股份	0.22	9.97	2.24	2.03
213	600833.SH	第一医药	0.40	4.49	8.91	0.26
214	600834.SH	申通地铁	0.14	3.52	4.11	−0.43
215	600835.SH	上海机电	0.98	13.17	7.42	1.24
216	600836.SH	*ST易连	−0.04	1.67	−2.58	−1.46
217	600837.SH	海通证券	0.08	12.50	0.62	0.23
218	600838.SH	上海九百	0.16	3.67	4.23	0.02
219	600841.SH	动力新科	−1.61	3.98	−44.54	0.20
220	600843.SH	上工申贝	0.13	4.71	2.70	0.06
221	600845.SH	宝信软件	1.08	4.70	22.58	1.09
222	600846.SH	同济科技	0.61	6.13	9.96	−3.64
223	600848.SH	上海临港	0.42	7.36	5.71	−2.20
224	600850.SH	电科数字	0.73	6.56	11.01	0.21
225	600851.SH	海欣股份	0.14	3.28	4.19	−0.03
226	600882.SH	妙可蓝多	0.13	8.37	1.47	0.54
227	600895.SH	张江高科	0.61	8.03	7.62	−1.80
228	600958.SH	东方证券	0.30	8.68	3.50	2.53
229	601021.SH	春秋航空	2.31	16.10	14.33	6.84
230	601083.SH	锦江航运	0.67	6.26	9.16	1.23
231	601156.SH	东航物流	1.57	9.73	16.10	3.30
232	601200.SH	上海环境	0.49	9.54	5.11	1.09
233	601211.SH	国泰君安	0.98	16.51	5.61	0.81
234	601229.SH	上海银行	1.53	15.36	9.45	0.28
235	601231.SH	环旭电子	0.89	7.50	11.46	3.09
236	601328.SH	交通银行	1.15	12.30	8.52	1.85
237	601519.SH	大智慧	0.05	0.84	6.04	0.10
238	601595.SH	上海电影	0.28	3.68	7.70	0.55
239	601601.SH	中国太保	2.83	25.94	10.92	14.33
240	601607.SH	上海医药	1.02	18.50	5.50	1.41

（续表）

序号	代码	公司简称	每股收益	每股净资产	净资产收益率	每股经营现金净流量
241	601611.SH	中国核建	0.59	6.23	7.19	−0.10
242	601616.SH	广电电气	0.02	2.63	0.59	0.15
243	601696.SH	中银证券	0.32	6.20	5.23	−2.53
244	601702.SH	华峰铝业	0.90	4.53	19.87	0.37
245	601727.SH	上海电气	0.02	3.39	0.54	0.50
246	601788.SH	光大证券	0.84	12.49	6.37	3.38
247	601825.SH	沪农商行	1.26	11.66	10.80	4.06
248	601828.SH	美凯龙	−0.51	11.39	−4.47	0.54
249	601866.SH	中远海发	0.10	2.16	4.81	0.39
250	601872.SH	招商轮船	0.60	4.53	13.11	1.10
251	601968.SH	宝钢包装	0.19	3.39	5.69	0.66
252	603003.SH	*ST龙宇	0.17	9.18	1.79	0.57
253	603006.SH	联明股份	0.41	5.69	7.29	1.00
254	603009.SH	北特科技	0.14	4.83	3.17	0.66
255	603012.SH	创力集团	0.62	5.55	11.12	0.49
256	603020.SH	爱普股份	0.24	8.19	2.89	0.59
257	603022.SH	新通联	0.26	3.84	6.74	0.56
258	603030.SH	*ST全筑	0.16	0.78	9.20	0.01
259	603037.SH	凯众股份	0.69	6.69	10.07	0.81
260	603039.SH	泛微网络	0.69	7.98	8.59	0.92
261	603056.SH	德邦股份	0.74	7.48	9.70	3.18
262	603057.SH	紫燕食品	0.80	5.04	15.97	1.35
263	603062.SH	麦加芯彩	1.96	19.63	7.88	−0.38
264	603068.SH	博通集成	−0.63	11.34	−5.51	0.27
265	603083.SH	剑桥科技	0.36	7.97	4.44	0.53
266	603107.SH	上海汽配	0.60	5.94	8.06	0.29
267	603108.SH	润达医疗	0.47	7.06	6.39	1.22
268	603121.SH	华培动力	0.35	3.63	9.42	0.03
269	603122.SH	合富中国	0.12	2.93	4.04	0.03
270	603128.SH	华贸物流	0.47	4.44	10.53	0.23
271	603131.SH	上海沪工	−0.17	3.75	−4.48	0.34
272	603153.SH	上海建科	0.80	8.44	9.13	0.84
273	603159.SH	上海亚虹	0.25	3.58	7.04	0.25
274	603170.SH	宝立食品	0.75	3.38	22.26	0.42
275	603189.SH	网达软件	−0.31	5.81	−5.32	0.15
276	603192.SH	汇得科技	0.46	10.41	4.43	1.72
277	603196.SH	日播时尚	0.07	3.35	2.14	0.59
278	603197.SH	保隆科技	1.82	13.93	12.83	2.07
279	603200.SH	上海洗霸	0.22	5.27	4.23	0.29
280	603211.SH	晋拓股份	0.19	4.24	4.47	0.17
281	603214.SH	爱婴室	0.75	8.10	9.20	2.83
282	603226.SH	菲林格尔	−0.07	2.77	−2.46	−0.11
283	603232.SH	格尔软件	0.16	6.01	2.64	−0.26
284	603236.SH	移远通信	0.34	13.73	2.50	3.92
285	603256.SH	宏和科技	−0.07	1.62	−4.42	−0.11
286	603275.SH	众辰科技	1.55	17.80	7.26	0.96
287	603296.SH	华勤技术	3.97	28.81	12.97	5.32
288	603324.SH	盛剑环境	1.35	12.77	10.39	0.00

（续表）

序号	代码	公司简称	每股收益	每股净资产	净资产收益率	每股经营现金净流量
289	603325.SH	博隆技术	5.75	23.01	24.99	13.19
290	603329.SH	上海雅仕	0.06	6.91	0.89	0.94
291	603330.SH	天洋新材	−0.22	4.15	−5.25	0.17
292	603341.SH	龙旗科技	1.49	9.44	15.82	3.62
293	603365.SH	水星家纺	1.44	11.21	12.87	1.88
294	603378.SH	亚士创能	0.14	4.04	3.46	1.02
295	603466.SH	风语筑	0.47	4.08	11.47	0.00
296	603496.SH	恒为科技	0.25	4.23	5.82	0.22
297	603499.SH	翔港科技	0.04	2.84	1.28	0.38
298	603501.SH	韦尔股份	0.47	17.45	2.59	6.20
299	603515.SH	欧普照明	1.25	8.91	13.90	2.23
300	603565.SH	中谷物流	0.82	5.10	16.02	1.18
301	603579.SH	荣泰健康	1.51	13.86	10.30	2.48
302	603580.SH	艾艾精工	0.02	3.36	0.53	0.23
303	603587.SH	地素时尚	1.04	7.85	13.18	1.47
304	603619.SH	中曼石油	2.05	6.57	30.80	3.96
305	603633.SH	徕木股份	0.17	4.49	3.76	0.29
306	603648.SH	畅联股份	0.42	5.09	8.31	0.91
307	603650.SH	彤程新材	0.68	5.59	11.93	0.31
308	603659.SH	璞泰来	0.95	8.31	10.75	0.52
309	603681.SH	永冠新材	0.43	12.90	3.29	1.86
310	603682.SH	锦和商管	0.21	2.37	8.83	1.36
311	603683.SH	晶华新材	0.24	4.96	4.41	0.57
312	603690.SH	至纯科技	1.06	12.65	7.71	−2.10
313	603713.SH	密尔克卫	2.62	24.26	10.73	4.29
314	603718.SH	海利生物	0.10	1.85	5.17	−0.01
315	603728.SH	鸣志电器	0.34	6.78	4.93	0.48
316	603729.SH	龙韵股份	−0.57	3.89	−14.45	0.18
317	603730.SH	岱美股份	0.51	3.52	14.47	0.49
318	603777.SH	来伊份	0.17	5.47	3.10	1.05
319	603786.SH	科博达	1.52	11.53	13.07	1.07
320	603790.SH	雅运股份	0.23	6.36	3.60	0.50
321	603855.SH	华荣股份	1.39	5.75	23.77	1.86
322	603868.SH	飞科电器	2.34	8.21	28.51	3.01
323	603881.SH	数据港	0.27	6.80	3.93	2.59
324	603885.SH	吉祥航空	0.34	3.80	8.94	2.89
325	603886.SH	元祖股份	1.15	6.92	16.65	2.21
326	603887.SH	城地香江	−1.38	5.48	−22.21	1.46
327	603895.SH	天永智能	−1.00	3.36	−29.85	−1.02
328	603899.SH	晨光股份	1.66	8.45	19.49	2.82
329	603918.SH	金桥信息	0.07	3.05	2.29	0.17
330	603956.SH	威派格	0.05	3.81	1.15	0.05
331	603960.SH	克来机电	0.35	4.13	8.52	0.67
332	603987.SH	康德莱	0.53	5.45	9.60	1.00
333	605050.SH	福然德	0.85	8.54	9.91	−1.06
334	605081.SH	太和水	−2.54	11.56	−21.96	−0.55
335	605098.SH	行动教育	1.86	8.12	22.88	3.85
336	605128.SH	上海沿浦	1.14	14.28	7.57	0.67

（续表）

序号	代码	公司简称	每股收益	每股净资产	净资产收益率	每股经营现金净流量
337	605136.SH	丽人丽妆	0.07	6.32	1.17	0.54
338	605151.SH	西上海	0.90	10.23	8.73	0.42
339	605186.SH	健麾信息	0.44	7.74	5.70	−0.26
340	605208.SH	永茂泰	0.09	6.37	1.47	0.28
341	605222.SH	起帆电缆	1.01	10.49	9.26	1.09
342	605289.SH	罗曼股份	0.74	12.06	6.08	0.98
343	605338.SH	巴比食品	0.86	8.81	9.70	0.98
344	605339.SH	南侨食品	0.55	7.85	6.95	0.99
345	605398.SH	新炬网络	0.51	9.13	5.59	0.45
346	605598.SH	上海港湾	0.73	7.14	9.93	0.55
347	688008.SH	澜起科技	0.40	8.95	4.42	0.64
348	688012.SH	中微公司	2.89	28.79	10.02	−1.58
349	688016.SH	心脉医疗	6.81	46.46	12.81	6.75
350	688018.SH	乐鑫科技	1.70	23.68	7.12	3.75
351	688019.SH	安集科技	4.09	21.44	18.96	3.39
352	688031.SH	星环科技-U	−2.39	11.94	−19.97	−3.02
353	688061.SH	灿瑞科技	0.08	22.21	0.38	−0.75
354	688062.SH	迈威生物-U	−2.64	6.47	−40.77	−1.96
355	688063.SH	派能科技	2.97	54.23	5.41	6.10
356	688065.SH	凯赛生物	0.63	19.14	3.28	0.98
357	688071.SH	华依科技	−0.20	12.25	−1.54	−0.30
358	688073.SH	毕得医药	1.21	22.99	5.24	−0.63
359	688082.SH	盛美上海	2.09	14.82	14.10	−0.98
360	688085.SH	三友医疗	0.38	7.71	4.99	1.08
361	688091.SH	上海谊众	1.02	9.25	11.03	0.55
362	688098.SH	申联生物	0.08	3.63	2.12	0.01
363	688099.SH	晶晨股份	1.20	13.09	9.14	2.28
364	688107.SH	安路科技	−0.49	3.61	−13.64	−0.48
365	688110.SH	东芯股份	−0.69	7.93	−8.74	−0.68
366	688118.SH	普元信息	−0.17	8.99	−1.83	−0.72
367	688121.SH	卓然股份	0.76	10.88	6.06	−2.56
368	688123.SH	聚辰股份	0.64	12.46	5.09	0.65
369	688126.SH	沪硅产业	0.07	5.50	1.23	−0.10
370	688129.SH	东来技术	0.44	7.20	5.96	0.26
371	688131.SH	皓元医药	0.85	16.68	5.08	−0.42
372	688133.SH	泰坦科技	0.62	23.66	2.60	−1.06
373	688155.SH	先惠技术	0.52	15.37	3.39	−0.76
374	688158.SH	优刻得-W	−0.76	5.81	−13.03	0.30
375	688160.SH	步科股份	0.72	8.91	8.11	1.18
376	688163.SH	赛伦生物	0.36	10.03	3.57	0.30
377	688179.SH	阿拉丁	0.49	4.97	8.28	0.28
378	688180.SH	君实生物-U	−2.32	7.26	−31.93	−2.03
379	688188.SH	柏楚电子	4.99	33.97	14.66	5.88
380	688193.SH	仁度生物	0.21	24.07	0.86	0.43
381	688202.SH	美迪西	−0.26	18.64	−1.32	0.25
382	688206.SH	概伦电子	−0.13	4.83	−2.69	0.12
383	688212.SH	澳华内镜	0.43	10.30	4.19	0.28
384	688213.SH	思特威-W	0.04	9.35	0.38	1.92

（续表）

序号	代码	公司简称	每股收益	每股净资产	净资产收益率	每股经营现金净流量
385	688217.SH	睿昂基因	0.14	16.93	0.84	0.81
386	688220.SH	翱捷科技-U	−1.22	15.19	−7.96	−1.62
387	688230.SH	芯导科技	0.82	18.90	4.34	0.59
388	688238.SH	和元生物	−0.20	3.18	−6.22	−0.14
389	688247.SH	宣泰医药	0.13	2.67	5.05	0.03
390	688265.SH	南模生物	−0.26	22.28	−1.19	0.26
391	688271.SH	联影医疗	2.40	22.89	10.46	0.16
392	688293.SH	奥浦迈	0.47	18.81	2.50	0.50
393	688301.SH	奕瑞科技	5.97	39.98	14.03	3.34
394	688317.SH	之江生物	−0.71	19.64	−3.58	−0.42
395	688330.SH	宏力达	1.39	25.86	5.37	1.42
396	688335.SH	复洁环保	0.68	8.49	7.98	−0.08
397	688336.SH	三生国健	0.48	7.94	6.02	0.68
398	688347.SH	华虹公司	1.31	25.26	4.47	2.97
399	688351.SH	微电生理-U	0.01	3.58	0.34	−0.08
400	688366.SH	昊海生科	2.44	32.95	7.36	3.70
401	688368.SH	晶丰明源	−1.45	21.94	−6.61	4.24
402	688370.SH	丛麟科技	0.64	19.24	3.32	1.58
403	688372.SH	伟测科技	1.04	21.69	4.80	4.08
404	688373.SH	盟科药业-U	−0.64	1.27	−50.49	−0.50
405	688382.SH	益方生物-U	−0.49	3.47	−14.22	−0.54
406	688385.SH	复旦微电	0.88	6.47	13.57	−0.86
407	688391.SH	钜泉科技	1.57	24.43	6.44	0.55
408	688392.SH	骄成超声	0.58	15.26	3.80	0.09
409	688435.SH	英方软件	0.54	14.04	3.79	0.04
410	688479.SH	友车科技	0.90	13.24	6.01	0.61
411	688484.SH	南芯科技	0.64	8.73	7.07	0.49
412	688505.SH	复旦张江	0.11	2.27	4.61	0.07
413	688507.SH	索辰科技	1.02	47.31	1.99	−0.93
414	688519.SH	南亚新材	−0.57	10.42	−5.29	0.11
415	688521.SH	芯原股份	−0.59	5.40	−10.98	−0.02
416	688538.SH	和辉光电-U	−0.23	0.91	−25.83	−0.02
417	688578.SH	艾力斯	1.43	8.85	16.18	1.50
418	688584.SH	上海合晶	0.41	4.68	8.85	0.97
419	688585.SH	上纬新材	0.18	3.01	5.85	0.80
420	688590.SH	新致软件	0.29	5.18	4.75	0.33
421	688591.SH	泰凌微	0.25	9.76	2.13	0.63
422	688592.SH	司南导航	0.81	16.48	4.08	−0.54
423	688593.SH	新相微	0.07	3.47	1.73	0.21
424	688596.SH	正帆科技	1.47	10.70	13.37	0.41
425	688602.SH	康鹏科技	0.25	5.33	4.07	0.41
426	688608.SH	恒玄科技	1.03	50.80	2.03	3.91
427	688648.SH	中邮科技	0.68	12.69	4.15	0.25
428	688653.SH	康希通信	0.03	3.80	0.61	0.00
429	688660.SH	电气风电	−0.95	4.40	−21.67	−2.96
430	688680.SH	海优新材	−2.73	24.07	−10.40	−12.71
431	688682.SH	霍莱沃	0.37	9.00	4.14	0.30
432	688691.SH	灿芯股份	1.89	9.10	20.81	0.41

(续表)

序号	代码	公司简称	每股收益	每股净资产	净资产收益率	每股经营现金净流量
433	688718.SH	唯赛勃	0.26	4.39	6.02	0.13
434	688728.SH	格科微	0.02	3.03	0.61	0.16
435	688766.SH	普冉股份	−0.64	25.54	−2.50	0.29
436	688798.SH	艾为电子	0.22	15.61	1.41	1.85
437	688981.SH	中芯国际	0.61	17.93	3.39	2.90
438	830799.BJ	艾融软件	0.34	1.85	18.08	0.38
439	831305.BJ	海希通讯	0.34	5.45	6.04	0.13
440	831961.BJ	创远信科	0.24	5.23	4.50	0.93
441	833346.BJ	威贸电子	0.49	5.35	9.04	0.67
442	836414.BJ	欧普泰	0.52	4.67	11.03	−0.42
443	836504.BJ	博迅生物	0.72	4.45	13.82	0.61
444	872541.BJ	铁大科技	0.30	2.86	9.95	0.09
445	873693.BJ	阿为特	0.36	4.58	6.89	0.75

上海工商类上市公司 2023 年度资产总额排序

（单位：万元）

序号	代码	公司简称	资产总额 2023 年	资产总额 2022 年	序号	代码	公司简称	资产总额 2023 年	资产总额 2022 年
1	601328.SH	交通银行	1406047200.0000	1299241900.0000	48	600895.SH	张江高科	5100463.2298	4272723.4245
2	600000.SH	浦发银行	900724700.0000	870465100.0000	49	600754.SH	锦江酒店	5058703.6855	4743106.8108
3	601229.SH	上海银行	308551647.3000	287852475.9000	50	600072.SH	中船科技	4808079.3430	752889.5305
4	601601.SH	中国太保	234396200.0000	217629900.0000	51	603885.SH	吉祥航空	4486137.5868	4514725.1217
5	601825.SH	沪农商行	139221370.0000	128139912.1000	52	600648.SH	外高桥	4464340.4997	4169025.8672
6	600606.SH	绿地控股	119392208.4949	136532105.9373	53	600517.SH	国网英大	4432788.5577	4450154.4725
7	600104.SH	上汽集团	100665027.8662	99010738.1170	54	601021.SH	春秋航空	4423790.2712	4341968.1529
8	601211.SH	国泰君安	92540248.4366	86068854.6079	55	600637.SH	东方明珠	4413998.4573	4327856.5241
9	600837.SH	海通证券	75458679.2235	75360757.7130	56	603659.SH	璞泰来	4367494.7627	3569730.9158
10	600958.SH	东方证券	38369046.1669	36806695.8507	57	600639.SH	浦东金桥	3978097.8141	3454767.8961
11	600170.SH	上海建工	38207765.8916	36680361.9093	58	600688.SH	上海石化	3965824.4000	4124274.0000
12	600019.SH	宝钢股份	37605148.3588	39824885.5120	59	601231.SH	环旭电子	3930638.2899	3857446.4731
13	688981.SH	中芯国际	33846319.7000	30510369.1000	60	603501.SH	韦尔股份	3774316.4482	3519016.2216
14	601727.SH	上海电气	28326656.7000	28802085.2000	61	600835.SH	上海机电	3721677.9587	3750664.6837
15	600115.SH	中国东航	28249100.0000	28574200.0000	62	600621.SH	华鑫股份	3719518.3863	3503547.8697
16	600061.SH	国投资本	28011402.6650	26659342.2669	63	600732.SH	爱旭股份	3399618.1880	2468973.1513
17	601788.SH	光大证券	25960402.7406	25835448.2199	64	002252.SZ	上海莱士	3192845.3993	3045795.9495
18	300059.SZ	东方财富	23957832.0552	21188073.0165	65	600748.SH	上实发展	3072028.4283	4534519.7108
19	300999.SZ	金龙鱼	23849999.0000	22794320.9000	66	601200.SH	上海环境	2983079.0664	2900072.6629
20	601611.SH	中国核建	21533556.1054	19737386.1113	67	600284.SH	浦东建设	2969884.3668	2709727.6315
21	601607.SH	上海医药	21197253.3767	19813490.1499	68	688126.SH	沪硅产业	2903175.5836	2546260.6414
22	600018.SH	上港集团	20357551.5173	18180170.5599	69	601156.SH	东航物流	2874811.6011	2606781.0853
23	600150.SH	中国船舶	17783216.8643	16243750.0938	70	688538.SH	和辉光电-U	2844062.5571	3089323.2346
24	600741.SH	华域汽车	17609652.7062	16279693.9435	71	688660.SH	电气风电	2585741.5570	3020798.5794
25	600021.SH	上海电力	16857233.5292	16098506.9067	72	688271.SH	联影医疗	2533614.0322	2420451.8370
26	600663.SH	陆家嘴	16236806.3897	12569670.7419	73	600094.SH	大名城	2532610.1115	3462864.5886
27	600820.SH	隧道股份	16191565.0211	14643503.6757	74	600622.SH	光大嘉宝	2472480.6917	3030147.2032
28	601866.SH	中远海发	12593099.0151	12814673.0098	75	600643.SH	爱建集团	2463316.5652	2653466.8367
29	600655.SH	豫园股份	12404475.4999	12837341.8160	76	600612.SH	老凤祥	2433384.7843	2600484.0308
30	600823.SH	*ST世茂	12257847.1837	13044589.2675	77	600597.SH	光明乳业	2422731.9907	2445233.6700
31	601828.SH	美凯龙	12106063.8399	12609187.6699	78	603565.SH	中谷物流	2339917.4445	2013042.2079
32	600196.SH	复星医药	11346960.4813	10716390.7232	79	300442.SZ	润泽科技	2331084.9209	1600844.9352
33	600642.SH	申能股份	9420934.8651	8989966.7652	80	600635.SH	大众公用	2283471.4333	2358297.5809
34	600320.SH	振华重工	8486457.6091	7821316.8723	81	600816.SH	建元信托	2228886.0575	1644733.5305
35	600848.SH	上海临港	8102315.5932	6631377.6081	82	600604.SH	市北高新	2209187.8454	2206178.4671
36	600649.SH	城投控股	7794755.9197	7132915.4314	83	600845.SH	宝信软件	2188268.4638	1958103.1615
37	688347.SH	华虹公司	7622635.1074	4787661.4341	84	688012.SH	中微公司	2152554.6562	2003478.1469
38	600026.SH	中远海能	7208361.2272	6825008.2338	85	600619.SH	海立股份	2127452.5085	2021154.7612
39	600009.SH	上海机场	6948053.0980	6777509.8796	86	600638.SH	新黄浦	2033973.2258	2452414.5611
40	601696.SH	中银证券	6944604.5038	6433134.8266	87	688728.SH	格科微	2020322.8116	1815217.9905
41	600708.SH	光明地产	6369788.3663	6749765.7094	88	600508.SH	上海能源	1993762.7040	1934025.2715
42	600623.SH	华谊集团	6258525.6078	5920089.1383	89	603341.SH	龙旗科技	1983889.9556	1450933.6562
43	601872.SH	招商轮船	6239466.1514	6546995.4370	90	600420.SH	国药现代	1935228.2461	1963034.6096
44	600675.SH	中华企业	6023499.3691	5871059.1300	91	002506.SZ	协鑫集成	1910936.8023	1018127.5946
45	600827.SH	百联股份	5626607.4231	5767574.5572	92	688065.SH	凯赛生物	1883337.2760	1782728.0595
46	600500.SH	中化国际	5391725.2446	7025720.5941	93	002028.SZ	思源电气	1873333.9007	1571054.5591
47	603296.SH	华勤技术	5150963.7668	4382103.9774	94	600611.SH	大众交通	1848090.2090	2002091.1505

（续表）

序号	代码	公司简称	资产总额 2023 年	资产总额 2022 年	序号	代码	公司简称	资产总额 2023 年	资产总额 2022 年
95	600841.SH	动力新科	1812741.6719	2209689.0383	142	300180.SZ	华峰超纤	757722.6723	799032.5636
96	300226.SZ	上海钢联	1772022.7654	1384817.6290	143	688301.SH	奕瑞科技	751134.8212	581873.2476
97	603056.SH	德邦股份	1757726.4674	1502531.8581	144	603887.SH	城地香江	738143.0348	846496.4777
98	600278.SH	东方创业	1714332.4458	1898905.0691	145	002454.SZ	松芝股份	737227.7476	704647.1182
99	600662.SH	外服控股	1590224.3917	1469637.1828	146	603650.SH	彤程新材	733390.6805	686112.1096
100	600629.SH	华建集团	1584436.9453	1552352.6322	147	688220.SH	翱捷科技-U	729855.1612	832301.5547
101	600073.SH	上海梅林	1532034.9904	1579286.6741	148	601702.SH	华峰铝业	718313.0857	628500.2387
102	603899.SH	晨光股份	1531396.2312	1302259.3379	149	002669.SZ	康达新材	712293.6764	533256.2035
103	603108.SH	润达医疗	1430999.3280	1451886.2341	150	002568.SZ	百润股份	711121.5764	645820.5580
104	300257.SZ	开山股份	1423946.6702	1311231.9825	151	688366.SH	昊海生科	710549.6951	689239.8254
105	600210.SH	紫江企业	1369431.6076	1207674.8846	152	603881.SH	数据港	702008.9148	744673.0918
106	605222.SH	起帆电缆	1354759.1404	1221747.5573	153	000863.SZ	三湘印象	701872.1817	691938.6670
107	300171.SZ	东富龙	1289833.1017	1337696.4069	154	300168.SZ	万达信息	696512.5165	686157.7201
108	600618.SH	氯碱化工	1226070.0805	1117075.8347	155	605050.SH	福然德	694684.8279	689532.3164
109	688063.SH	派能科技	1213084.8098	808953.8825	156	603730.SH	岱美股份	692518.6609	581830.2122
110	603690.SH	至纯科技	1191948.5611	983794.4985	157	600882.SH	妙可蓝多	683250.7413	743678.7755
111	002324.SZ	普利特	1190720.9778	860827.4287	158	002022.SZ	科华生物	680773.9866	881315.7013
112	600315.SH	上海家化	1172979.5966	1226948.5813	159	603012.SH	创力集团	663676.7697	624646.1324
113	600850.SH	电科数字	1142465.9144	1112148.6446	160	002158.SZ	汉钟精机	658523.9111	554383.6774
114	688180.SH	君实生物-U	1134286.6871	1255849.6175	161	688608.SH	恒玄科技	655137.6442	641326.4617
115	603236.SH	移远通信	1123300.6184	1027317.3227	162	603681.SH	永冠新材	648630.0111	645718.1339
116	603713.SH	密尔克卫	1112353.3821	951068.5084	163	300398.SZ	飞凯材料	648552.2220	631401.3135
117	300017.SZ	网宿科技	1096868.2487	1050275.8191	164	603378.SH	亚士创能	640515.7470	658326.2247
118	600151.SH	航天机电	1090936.9400	1117375.4061	165	688099.SH	晶晨股份	635606.0784	586507.6189
119	600626.SH	申达股份	1080972.8529	1037202.8704	166	603786.SH	科博达	635565.8487	529505.3048
120	688008.SH	澜起科技	1069754.0981	1068604.5952	167	300947.SZ	德必集团	632093.7521	616805.8235
121	600641.SH	万业企业	1058622.5576	976217.3592	168	002636.SZ	金安国纪	615258.0187	624356.1879
122	600081.SH	东风科技	1051694.1735	891571.2280	169	688213.SH	思特威-W	614574.7448	605401.0518
123	002195.SZ	岩山科技	1006963.9572	988963.2244	170	002328.SZ	新朋股份	600986.6198	580195.2680
124	601083.SH	锦江航运	990779.1441	862760.6118	171	300170.SZ	汉得信息	596320.2415	581635.2365
125	603515.SH	欧普照明	987744.1745	869539.8041	172	600843.SH	上工申贝	589563.9372	583753.5754
126	688082.SH	盛美上海	975379.7717	817556.4026	173	002706.SZ	良信股份	581953.0563	570454.9372
127	603128.SH	华贸物流	965347.5515	977232.6602	174	002116.SZ	中国海诚	571960.7329	606091.9346
128	600846.SH	同济科技	921823.7237	1083777.0030	175	600628.SH	新世界	568594.3592	571553.9279
129	603619.SH	中曼石油	913237.4885	715451.2928	176	600601.SH	方正科技	568526.5900	576472.7451
130	300253.SZ	卫宁健康	854894.5571	782182.8011	177	603682.SH	锦和商管	563652.9028	526306.8354
131	603197.SH	保隆科技	847514.0842	661505.9904	178	300236.SZ	上海新阳	558858.9806	562035.2674
132	688385.SH	复旦微电	841135.0886	611088.8054	179	600826.SH	兰生股份	552686.3666	576063.7206
133	601968.SH	宝钢包装	825727.8907	829935.9358	180	300222.SZ	科大智能	544255.0611	578586.3578
134	600490.SH	鹏欣资源	824972.4515	878797.2931	181	600640.SH	国脉文化	543033.9477	548173.9726
135	688596.SH	正帆科技	806522.8289	595400.1019	182	688680.SH	海优新材	538340.6260	647782.7753
136	600819.SH	耀皮玻璃	801390.2416	784768.6674	183	688188.SH	柏楚电子	533479.1173	450480.4701
137	300483.SZ	首华燃气	790064.6081	768558.5281	184	688336.SH	三生国健	530502.9551	509840.3735
138	600676.SH	交运股份	787910.4565	784277.0374	185	603003.SH	*ST龙宇	513141.4898	444664.2479
139	300129.SZ	泰胜风能	786911.5610	717154.4725	186	600650.SH	锦江在线	509502.8268	532418.1944
140	600602.SH	云赛智联	774999.4670	721777.6680	187	603153.SH	上海建科	501319.4729	410512.6831
141	688121.SH	卓然股份	764903.3460	769173.4455	188	688798.SH	艾为电子	493579.7733	472857.7582

(续表)

序号	代码	公司简称	资产总额		序号	代码	公司简称	资产总额	
			2023 年	2022 年				2023 年	2022 年
189	603466.SH	风语筑	491312.4921	511643.9905	236	600097.SH	开创国际	340294.1792	343444.9649
190	600851.SH	海欣股份	491062.5159	493006.4090	237	603009.SH	北特科技	339156.9306	319386.2590
191	600171.SH	上海贝岭	486883.1641	497601.5883	238	603579.SH	荣泰健康	338489.8670	342382.5162
192	603083.SH	剑桥科技	473591.8514	523184.3412	239	605208.SH	永茂泰	337614.6545	335442.0578
193	002605.SZ	姚记科技	472339.2949	440536.9517	240	603777.SH	来伊份	337508.7057	368866.9214
194	300890.SZ	翔丰华	469311.7759	440018.4311	241	603633.SH	徕木股份	336957.2204	288113.8111
195	603587.SH	地素时尚	462972.6249	436022.9143	242	300326.SZ	凯利泰	335400.4114	341214.8611
196	300511.SZ	雪榕生物	460216.6751	407203.2071	243	603956.SH	威派格	333932.4119	346583.4193
197	603855.SH	华荣股份	458993.1348	425077.1223	244	688602.SH	康鹏科技	329598.0299	253809.4391
198	688155.SH	先惠技术	458552.5043	455724.2498	245	688370.SH	丛麟科技	329286.4474	375057.7607
199	300039.SZ	上海凯宝	457967.2915	425927.1287	246	600613.SH	神奇制药	327933.5679	338108.5509
200	002184.SZ	海得控制	449790.2901	312957.9193	247	300378.SZ	鼎捷软件	326845.8398	284184.6373
201	688519.SH	南亚新材	449474.9085	488896.6292	248	688202.SH	美迪西	326584.7481	232958.0943
202	688484.SH	南芯科技	446185.9875	230432.0038	249	600679.SH	上海凤凰	325785.8556	301714.6038
203	603868.SH	飞科电器	445920.0718	434653.6456	250	300983.SZ	尤安设计	323537.0254	330048.2250
204	688062.SH	迈威生物-U	445504.8441	461947.5226	251	300067.SZ	安诺其	316761.9056	294556.5702
205	300627.SZ	华测导航	441205.0016	401755.9716	252	300262.SZ	*ST巴安	315936.5881	357759.5945
206	688521.SH	芯原股份	440638.0975	442616.0136	253	603886.SH	元祖股份	315204.8449	314325.4453
207	688133.SH	泰坦科技	438832.4961	397160.4919	254	600822.SH	上海物贸	313237.2433	347035.6786
208	002346.SZ	柘中股份	438624.9575	408448.3314	255	600620.SH	天宸股份	311420.8644	335894.6479
209	688578.SH	艾力斯	437649.5352	344217.2228	256	002401.SZ	中远海科	308835.0103	313312.4182
210	300008.SZ	天海防务	433660.4234	382104.2830	257	688507.SH	索辰科技	308741.5768	72497.9624
211	600651.SH	飞乐音响	431795.7077	474614.7973	258	605136.SH	丽人丽妆	304794.9889	318142.7089
212	002527.SZ	新时达	427916.4028	597977.2500	259	601616.SH	广电电气	301108.3419	306020.4543
213	688330.SH	宏力达	426097.0079	415056.1145	260	300272.SZ	开能健康	299821.5755	231401.4391
214	688016.SH	心脉医疗	424620.9387	199511.8702	261	301060.SZ	兰卫医学	298686.0554	374687.4321
215	300230.SZ	永利股份	422305.9352	374907.3838	262	300501.SZ	海顺新材	298659.3237	230535.2111
216	600503.SH	华丽家族	422303.7447	487656.8561	263	601595.SH	上海电影	297114.8080	290596.3225
217	603987.SH	康德莱	421866.6941	413729.7220	264	600692.SH	亚通股份	296968.5228	295570.7422
218	688131.SH	皓元医药	419220.7930	359774.4540	265	603275.SH	众辰科技	296199.9013	96330.7317
219	605339.SH	南侨食品	409520.3345	416143.7459	266	603057.SH	紫燕食品	290339.2740	274425.5770
220	688317.SH	之江生物	407419.1055	474385.1305	267	600824.SH	益民集团	288902.2752	321356.0107
221	600825.SH	新华传媒	405959.2481	396637.3387	268	603330.SH	天洋新材	288049.3567	229783.6285
222	301525.SZ	儒竞科技	395146.9491	183353.7096	269	688505.SH	复旦张江	287668.7507	297600.7272
223	603039.SH	泛微网络	390359.7354	354130.6357	270	002565.SZ	顺灏股份	284762.9783	290712.8793
224	688110.SH	东芯股份	384716.5529	432358.7119	271	603030.SH	*ST全筑	283824.7643	603179.1990
225	603728.SH	鸣志电器	384155.9588	386554.4386	272	603107.SH	上海汽配	282976.5020	159305.4945
226	603020.SH	爱普股份	382046.1508	387046.0662	273	688648.SH	中邮科技	281640.2367	281209.8743
227	688158.SH	优刻得-W	380211.4749	407689.6042	274	605338.SH	巴比食品	278119.1449	267600.4528
228	301303.SZ	真兰仪表	375027.9514	178824.8575	275	002561.SZ	徐家汇	277665.2068	275113.1387
229	300613.SZ	富瀚微	367733.9070	344759.9307	276	688061.SH	灿瑞科技	277206.2466	271803.0451
230	688584.SH	上海合晶	367344.1770	375206.0471	277	301062.SZ	上海艾录	275995.4977	189513.6708
231	603365.SH	水星家纺	364715.5297	353561.5936	278	603062.SH	麦加芯彩	273466.9526	122639.8945
232	688372.SH	伟测科技	360810.4999	338530.5406	279	002269.SZ	美邦服饰	271725.2026	378587.5924
233	300762.SZ	上海瀚讯	348046.2751	336652.0172	280	688590.SH	新致软件	269968.9832	238020.3667
234	603325.SH	博隆技术	347693.2026	263833.5767	281	301099.SZ	雅创电子	268064.1309	213324.9717
235	603324.SH	盛剑环境	345942.9570	259937.7980	282	301151.SZ	冠龙节能	264683.5777	263214.6410

（续表）

序号	代码	公司简称	资产总额		序号	代码	公司简称	资产总额	
			2023 年	2022 年				2023 年	2022 年
283	688238.SH	和元生物	260349.2226	249007.7914	330	603170.SH	宝立食品	190021.3941	153148.8329
284	688019.SH	安集科技	260340.1096	204760.1294	331	600836.SH	*ST易连	189387.8813	206075.8386
285	600636.SH	国新文化	256947.7367	284307.9840	332	300802.SZ	矩子科技	186808.2535	139603.2730
286	603214.SH	爱婴室	255105.1886	273570.5227	333	600833.SH	第一医药	186316.8849	203910.2174
287	603256.SH	宏和科技	253217.1730	260486.1679	334	688351.SH	微电生理-U	182326.8386	178833.1481
288	688206.SH	概伦电子	251881.8230	250097.6632	335	002278.SZ	神开股份	180634.2917	181310.7857
289	603648.SH	畅联股份	251353.7912	229222.9802	336	688593.SH	新相微	179832.2220	74045.9162
290	600834.SH	申通地铁	250072.6620	260935.0282	337	600624.SH	复旦复华	179728.9169	186040.9006
291	605128.SH	上海沿浦	245530.9753	216571.2909	338	688031.SH	星环科技-U	179286.4108	194732.1954
292	603496.SH	恒为科技	244041.0085	170774.6438	339	688585.SH	上纬新材	178424.6913	182374.6439
293	688591.SH	泰凌微	242990.1790	99356.0967	340	300915.SZ	海融科技	177116.8832	172219.7316
294	301037.SZ	保立佳	241868.5813	251813.2545	341	600630.SH	龙头股份	174768.6645	170288.0678
295	688073.SH	毕得医药	241502.7981	235920.6248	342	301046.SZ	能辉科技	174199.5192	116430.6687
296	301166.SZ	优宁维	239137.2589	247872.2777	343	603790.SH	雅运股份	173860.4698	162169.5748
297	002825.SZ	纳尔股份	239067.7007	196889.6054	344	603211.SH	晋拓股份	173671.6751	168052.3407
298	688368.SH	晶丰明源	237307.7955	251632.0054	345	300286.SZ	安科瑞	173502.2437	157665.5153
299	002162.SZ	悦心健康	235883.8217	249034.6685	346	603189.SH	网达软件	171255.2999	187105.6140
300	603192.SH	汇得科技	234027.4295	229113.8853	347	688653.SH	康希通信	170698.5461	111702.2454
301	600616.SH	金枫酒业	232314.1208	226019.3684	348	600088.SH	中视传媒	169862.6008	155996.6024
302	688293.SH	奥浦迈	230204.4541	234774.9143	349	300153.SZ	科泰电源	168183.0816	151496.6781
303	601519.SH	大智慧	230088.3452	233653.0122	350	605081.SH	太和水	168063.5157	191185.3585
304	603329.SH	上海雅仕	229332.9833	214190.8538	351	300642.SZ	透景生命	167975.0534	166472.2687
305	600696.SH	岩石股份	228378.9398	152190.8406	352	603232.SH	格尔软件	166053.3684	174619.2217
306	688230.SH	芯导科技	228154.4663	221276.3332	353	603718.SH	海利生物	165774.9783	151425.2528
307	688085.SH	三友医疗	226149.6123	219136.5967	354	603918.SH	金桥信息	165665.8125	166801.8243
308	603006.SH	联明股份	225628.8950	229044.3670	355	002451.SZ	摩恩电气	165200.2689	164437.8288
309	688018.SH	乐鑫科技	220380.0366	208279.6825	356	300245.SZ	天玑科技	164831.6727	173253.8240
310	688479.SH	友车科技	219513.5758	104747.3155	357	300074.SZ	华平股份	163395.2970	160323.4068
311	300462.SZ	华铭智能	218853.3011	232553.3003	358	300061.SZ	旗天科技	163327.4482	197676.9114
312	300327.SZ	中颖电子	218302.7380	197767.0056	359	688107.SH	安路科技	162992.3684	187576.8221
313	605598.SH	上海港湾	217361.6430	185751.1708	360	300493.SZ	润欣科技	162838.1010	159321.4682
314	688392.SH	骄成超声	217225.3982	214309.8440	361	002178.SZ	延华智能	160642.6197	163081.0821
315	603131.SH	上海沪工	216923.6908	232047.9239	362	300963.SZ	中洲特材	160114.8994	135857.8256
316	688382.SH	益方生物-U	216227.2043	234160.9014	363	688212.SH	澳华内镜	159504.3770	146030.6935
317	688391.SH	钜泉科技	216174.0843	218787.4963	364	688098.SH	申联生物	159399.4286	160508.3701
318	603683.SH	晶华新材	212704.1019	184017.8305	365	600838.SH	上海九百	159106.7310	155695.4693
319	688766.SH	普冉股份	211465.0788	240654.4943	366	688091.SH	上海谊众	157335.9475	135459.3641
320	688071.SH	华依科技	211046.2551	130001.6126	367	688129.SH	东来技术	157107.2273	124110.8918
321	605151.SH	西上海	210409.5965	198773.8802	368	688335.SH	复洁环保	153338.1971	154443.4680
322	605098.SH	行动教育	209647.9279	195065.6545	369	300551.SZ	古鳌科技	152735.7554	158799.6629
323	603121.SH	华培动力	209497.1319	219295.3971	370	301499.SZ	维科精密	151548.1141	100106.6000
324	301555.SZ	惠柏新材	207592.4033	193364.8995	371	688179.SH	阿拉丁	150555.3616	147647.6729
325	688123.SH	聚辰股份	205021.2269	205737.3856	372	600605.SH	汇通能源	150135.1657	228820.6146
326	300590.SZ	移为通信	202735.1048	195966.8301	373	603895.SH	天永智能	148966.6349	169337.4958
327	605289.SH	罗曼股份	202135.2538	188068.7802	374	301230.SZ	泓博医药	148716.3923	130126.0787
328	688265.SH	南模生物	199776.8441	205367.7966	375	603200.SH	上海洗霸	147057.1387	137310.5250
329	603068.SH	博通集成	192061.0716	201965.6840	376	603122.SH	合富中国	146140.6216	155906.5110

（续表）

序号	代码	公司简称	资产总额		序号	代码	公司简称	资产总额	
			2023 年	2022 年				2023 年	2022 年
377	600661.SH	昂立教育	145416.4887	123001.3491	412	688217.SH	睿昂基因	104415.9929	108292.2947
378	603226.SH	菲林格尔	141048.1782	141345.6947	413	603022.SH	新通联	103719.8140	100006.8559
379	300609.SZ	汇纳科技	139060.0619	125717.2132	414	301161.SZ	唯万密封	103214.5931	101985.4500
380	301257.SZ	普蕊斯	136681.9029	116071.9181	415	002858.SZ	力盛体育	102738.0767	103002.7243
381	688247.SH	宣泰医药	136162.0253	133233.3946	416	688118.SH	普元信息	98815.5339	102081.6885
382	301000.SZ	肇民科技	135578.6555	127724.5997	417	688160.SH	步科股份	95143.3675	89401.9247
383	300578.SZ	会畅通讯	135493.9091	198634.8991	418	301001.SZ	凯淳股份	95135.9983	102694.6313
384	688691.SH	灿芯股份	135395.4681	135239.8663	419	830799.BJ	艾融软件	92832.1534	71506.6649
385	300126.SZ	锐奇股份	134760.0610	132487.4266	420	688682.SH	霍莱沃	91620.4815	90427.7458
386	300892.SZ	品渥食品	134680.2365	144410.7123	421	831305.BJ	海希通讯	90750.0812	81678.0026
387	600272.SH	开开实业	132671.2628	120725.5505	422	300508.SZ	维宏股份	89207.3666	85698.9101
388	430139.BJ	华岭股份	131963.1809	114546.6710	423	600818.SH	中路股份	88591.8851	92011.5298
389	605186.SH	健麾信息	131677.1114	119884.4121	424	688718.SH	唯赛勃	87320.1565	84875.5077
390	300225.SZ	金力泰	128206.1434	111986.8455	425	301156.SZ	美农生物	83882.3833	88704.6605
391	605398.SH	新炬网络	127466.7597	123366.4153	426	300380.SZ	安硕信息	82712.4856	84505.6837
392	603960.SH	克来机电	125740.9651	128922.8025	427	600530.SH	ST交昂	81509.5059	88482.5877
393	301273.SZ	瑞晨环保	125732.2201	127204.5564	428	600689.SH	上海三毛	79972.8638	80022.1562
394	688435.SH	英方软件	125495.9182	45779.7254	429	301024.SZ	霍普股份	77107.5482	79595.8610
395	301228.SZ	实朴检测	123491.8681	123538.3013	430	600119.SH	长江投资	74628.6468	77364.9728
396	688592.SH	司南导航	123367.6946	49386.5386	431	301025.SZ	读客文化	73361.4005	80878.2012
397	002486.SZ	嘉麟杰	122889.2147	126270.0974	432	300899.SZ	上海凯鑫	72396.0803	70900.2794
398	301289.SZ	国缆检测	122380.4424	116871.0143	433	600193.SH	创兴资源	72126.7115	72676.1033
399	831961.BJ	创远信科	117901.1053	104532.0055	434	603159.SH	上海亚虹	66811.3240	63772.2242
400	603499.SH	翔港科技	117489.2847	119199.8459	435	603729.SH	龙韵股份	63725.0761	67993.2515
401	001266.SZ	宏英智能	117175.1448	116691.6198	436	872541.BJ	铁大科技	55734.3281	44647.6443
402	688373.SH	盟科药业-U	116856.4954	149737.0061	437	603580.SH	艾艾精工	52837.2737	52993.3023
403	603037.SH	凯众股份	116256.1573	110036.4299	438	833346.BJ	威贸电子	51923.3536	47806.3232
404	603196.SH	日播时尚	116095.8361	126162.1048	439	430300.BJ	辰光医疗	48375.2549	44132.9793
405	600647.SH	*ST同达	115566.6199	35144.5101	440	873693.BJ	阿为特	40724.0317	38769.6260
406	301005.SZ	超捷股份	114144.8258	113509.1521	441	836414.BJ	欧普泰	37830.8464	36524.7642
407	688163.SH	赛伦生物	112847.2546	116306.6775	442	002211.SZ	宏达新材	30955.9441	34505.0232
408	301315.SZ	威士顿	112309.1853	45344.7788	443	002058.SZ	威尔泰	30878.6691	37315.7531
409	688193.SH	仁度生物	105471.5696	108872.1710	444	836504.BJ	博迅生物	26717.5312	19463.0642
410	301070.SZ	开勒股份	105242.1374	95902.2925	445	600608.SH	ST沪科	15654.1086	19756.3644
411	301419.SZ	阿莱德	105126.5224	70144.2242					

上海工商类上市公司 2023 年度总股本排序

（单位：万股）

序号	代码	公司简称	总股本 2023 年	总股本 2021 年	序号	代码	公司简称	总股本 2023 年	总股本 2021 年
1	601328.SH	交通银行	7426272.6645	7426272.6645	48	601696.SH	中银证券	277800.0000	277800.0000
2	600000.SH	浦发银行	2935217.6848	2935217.4170	49	688126.SH	沪硅产业	274717.7186	273165.8657
3	600018.SH	上港集团	2328414.4750	2328414.4750	50	600196.SH	复星医药	267239.8711	267215.6611
4	600115.SH	中国东航	2229129.6570	1887444.0078	51	688728.SH	格科微	260058.6667	249888.7173
5	600019.SH	宝钢股份	2211985.7984	2226818.9984	52	600649.SH	城投控股	252957.5634	252957.5634
6	300059.SZ	东方财富	1585699.5052	1321416.2544	53	600848.SH	上海临港	252248.7004	252248.7004
7	601727.SH	上海电气	1557980.9092	1557980.9092	54	002269.SZ	美邦服饰	251250.0000	251250.0000
8	601229.SH	上海银行	1420666.9726	1420666.2988	55	600651.SH	飞乐音响	250702.8015	250702.8015
9	600606.SH	绿地控股	1405421.8314	1405421.8314	56	600009.SH	上海机场	248848.1340	248848.1340
10	688538.SH	和辉光电-U	1385690.8761	1388963.3185	57	600094.SH	大名城	247532.5057	247532.5057
11	601866.SH	中远海发	1357593.8612	1358647.7301	58	300017.SZ	网宿科技	243718.7095	243723.0675
12	600837.SH	海通证券	1306420.0000	1306420.0000	59	600845.SH	宝信软件	240338.2537	197618.0107
13	600104.SH	上汽集团	1168346.1365	1168346.1365	60	600611.SH	大众交通	236412.2864	236412.2864
14	600688.SH	上海石化	1079928.5500	1082381.3500	61	600662.SH	外服控股	228371.1650	228329.6750
15	600816.SH	建元信托	984444.8254	546913.7919	62	600708.SH	光明地产	222863.6743	222863.6743
16	601825.SH	沪农商行	964444.4445	964444.4445	63	603885.SH	吉祥航空	221400.5268	221400.5268
17	601601.SH	中国太保	962034.1455	962034.1455	64	600490.SH	鹏欣资源	221288.7079	221288.7079
18	601211.SH	国泰君安	890461.0816	890667.2636	65	601231.SH	环旭电子	220999.1580	220686.4239
19	600170.SH	上海建工	888593.9744	890439.7728	66	300253.SZ	卫宁健康	215230.8473	214772.9602
20	600958.SH	东方证券	849664.5292	849664.5292	67	603659.SH	璞泰来	213799.5646	139082.9959
21	601872.SH	招商轮船	814380.6353	812625.0017	68	600623.SH	华谊集团	213144.9598	213144.9598
22	688981.SH	中芯国际	794655.5760	791266.4696	69	603565.SH	中谷物流	210006.3103	141896.1556
23	002252.SZ	上海莱士	664548.0758	674078.7907	70	601519.SH	大智慧	201942.2800	203587.0200
24	600061.SH	国投资本	642530.7597	642530.6159	71	600604.SH	市北高新	187330.4804	187330.4804
25	600675.SH	中华企业	609613.5252	609613.5252	72	600748.SH	上实发展	184456.2892	184456.2892
26	002506.SZ	协鑫集成	585031.6427	585031.6427	73	600732.SH	爱旭股份	182821.1235	113987.4146
27	002195.SZ	岩山科技	572484.7663	572484.7663	74	600827.SH	百联股份	178416.8117	178416.8117
28	600517.SH	国网英大	571843.5744	571843.5744	75	300180.SZ	华峰超纤	176106.0155	176106.0155
29	300999.SZ	金龙鱼	542159.1536	542159.1536	76	300008.SZ	天海防务	172802.9133	172802.9133
30	600320.SH	振华重工	526835.3501	526835.3501	77	300442.SZ	润泽科技	172057.7649	82042.0678
31	600642.SH	申能股份	489433.2526	490942.8286	78	688347.SH	华虹公司	171658.8694	—
32	600663.SH	陆家嘴	481293.1457	403419.7440	79	600643.SH	爱建集团	162192.2452	162192.2452
33	600026.SH	中远海能	477077.6395	477077.6395	80	600503.SH	华丽家族	160229.0000	160229.0000
34	601788.SH	光大证券	461078.7639	461078.7639	81	601156.SH	东航物流	158755.5556	158755.5556
35	600150.SH	中国船舶	447242.8758	447242.8758	82	600895.SH	张江高科	154868.9550	154868.9550
36	601828.SH	美凯龙	435473.2673	435473.2673	83	600210.SH	紫江企业	151673.6158	151673.6158
37	600601.SH	方正科技	417029.3287	417029.3287	84	600072.SH	中船科技	150652.1728	73624.9883
38	600655.SH	豫园股份	389609.5653	389993.0914	85	600622.SH	光大嘉宝	149968.5402	149968.5402
39	600823.SH	*ST世茂	375116.8261	375116.8261	86	300168.SZ	万达信息	144319.1991	118758.4762
40	601607.SH	上海医药	370330.1054	369754.6172	87	600151.SH	航天机电	143425.2287	143425.2287
41	600500.SH	中化国际	358935.1913	359329.0573	88	600841.SH	动力新科	138782.1784	163153.5732
42	600637.SH	东方明珠	341450.0201	341450.0201	89	600597.SH	光明乳业	137847.3763	137864.0863
43	600741.SH	华域汽车	315272.3984	315272.3984	90	600602.SH	云赛智联	136767.3455	136767.3455
44	600820.SH	隧道股份	314409.6094	314409.6094	91	600420.SH	国药现代	134117.2692	102698.3252
45	601611.SH	中国核建	301887.1244	264807.4962	92	688660.SH	电气风电	133333.3400	133333.3400
46	600635.SH	大众公用	295243.4675	295243.4675	93	603030.SH	*ST全筑	132749.3320	58007.0382
47	600021.SH	上海电力	281674.3645	281674.3645	94	600626.SH	申达股份	132074.4667	110797.8710

（续表）

序号	代码	公司简称	总股本 2023 年	总股本 2021 年	序号	代码	公司简称	总股本 2023 年	总股本 2021 年
95	603128.SH	华贸物流	131903.6691	130946.2971	142	600640.SH	国脉文化	79569.5940	79569.5940
96	601083.SH	锦江航运	129412.0000	—	143	300222.SZ	科大智能	78024.2234	78024.2234
97	603730.SH	岱美股份	127134.9212	94174.0157	144	600530.SH	ST交昂	77492.0000	78000.0000
98	603501.SH	韦尔股份	121577.5357	118538.2449	145	002028.SZ	思源电气	77390.5932	76992.6532
99	600851.SH	海欣股份	120705.6692	120705.6692	146	002328.SZ	新朋股份	77177.0000	77177.0000
100	000863.SZ	三湘印象	118069.9560	120437.0460	147	300171.SZ	东富龙	76077.4540	63541.5040
101	600618.SH	氯碱化工	115639.9976	115639.9976	148	603515.SH	欧普照明	74642.6035	75421.0692
102	688008.SH	澜起科技	113874.0286	113406.8231	149	002636.SZ	金安国纪	72800.0000	72800.0000
103	600648.SH	外高桥	113534.9124	113534.9124	150	603296.SH	华勤技术	72425.2410	—
104	601968.SH	宝钢包装	113303.9174	113303.9174	151	600508.SH	上海能源	72271.8000	72271.8000
105	002706.SZ	良信股份	112312.5020	112312.5020	152	300326.SZ	凯利泰	71702.6333	71702.6333
106	600639.SH	浦东金桥	112241.2893	112241.2893	153	600843.SH	上工申贝	71316.6480	71316.6480
107	601200.SH	上海环境	112185.8543	112185.8543	154	002178.SZ	延华智能	71215.3001	71215.3001
108	002324.SZ	普利特	111414.6844	101406.2317	155	600171.SH	上海贝岭	71181.0799	71217.8433
109	600619.SH	海立股份	107776.9006	108441.9906	156	600850.SH	电科数字	68914.2343	68507.4346
110	600754.SH	锦江酒店	107004.4063	107004.4063	157	600620.SH	天宸股份	68667.7113	68667.7113
111	600621.SH	华鑫股份	106089.9292	106089.9292	158	600624.SH	复旦复华	68471.2010	68471.2010
112	002565.SZ	顺灏股份	105998.8922	105998.8922	159	600315.SH	上海家化	67622.3860	67887.3194
113	600824.SH	益民集团	105402.7073	105402.7073	160	600638.SH	新黄浦	67339.6786	67339.6786
114	300067.SZ	安诺其	105027.6214	105027.6214	161	300262.SZ	*ST巴安	66976.6999	66976.6999
115	002568.SZ	百润股份	104969.0955	105015.9955	162	600616.SH	金枫酒业	66900.4950	66900.4950
116	300039.SZ	上海凯宝	104600.0000	104600.0000	163	600836.SH	*ST易连	66895.3072	67275.3072
117	600825.SH	新华传媒	104488.7850	104488.7850	164	002527.SZ	新时达	66128.1291	66298.5291
118	688505.SH	复旦张江	103657.2100	102900.0000	165	300061.SZ	旗天科技	65899.3677	65899.3677
119	600676.SH	交运股份	102849.2944	102849.2944	166	603718.SH	海利生物	65790.0000	64400.0000
120	603056.SH	德邦股份	102695.5265	102695.7470	167	688373.SH	盟科药业-U	65521.0084	65521.0084
121	600835.SH	上海机电	102273.9308	102273.9308	168	603012.SH	创力集团	65076.0000	65156.0000
122	601702.SH	华峰铝业	99853.0600	99853.0600	169	688238.SH	和元生物	64743.3100	49318.9000
123	300257.SZ	开山股份	99363.5018	99363.5018	170	600628.SH	新世界	64687.5384	64687.5384
124	688180.SH	君实生物-U	98568.9871	98287.1640	171	002454.SZ	松芝股份	62858.1600	62858.1600
125	300170.SZ	汉得信息	98434.2200	86792.7220	172	300762.SZ	上海瀚讯	62796.5772	62801.4412
126	601021.SH	春秋航空	97854.8805	97854.8805	173	600846.SH	同济科技	62476.1516	62476.1516
127	600629.SH	华建集团	97055.6038	97094.2828	174	688012.SH	中微公司	61927.9423	61624.4480
128	600284.SH	浦东建设	97025.6000	97025.6000	175	688336.SH	三生国健	61678.5793	61678.5793
129	600073.SH	上海梅林	93772.9472	93772.9472	176	603650.SH	彤程新材	59983.0991	59612.1643
130	601616.SH	广电电气	93557.5000	93557.5000	177	603108.SH	润达医疗	59720.3812	57954.3067
131	600819.SH	耀皮玻璃	93491.6069	93491.6069	178	603466.SH	风语筑	59477.7862	59847.8111
132	300129.SZ	泰胜风能	93489.9232	93489.9232	179	688065.SH	凯赛生物	58337.8039	58327.8195
133	600641.SH	万业企业	93062.9920	95793.0404	180	600081.SH	东风科技	57834.3529	47041.8905
134	603899.SH	晨光股份	92659.6570	92693.3050	181	300272.SZ	开能健康	57717.1949	57717.1949
135	002162.SZ	悦心健康	92650.0000	92650.0000	182	688382.SH	益方生物-U	57500.0000	57500.0000
136	600278.SH	东方创业	88293.2201	88226.0201	183	600650.SH	锦江在线	55161.0107	55161.0107
137	603256.SH	宏和科技	88251.2500	88437.0000	184	300627.SZ	华测导航	54371.6773	53515.7500
138	002486.SZ	嘉麟杰	83200.0000	83200.0000	185	002158.SZ	汉钟精机	53472.4139	53472.4139
139	688271.SH	联影医疗	82415.7988	82415.7988	186	600613.SH	神奇制药	53407.1628	53407.1628
140	688385.SH	复旦微电	81906.0400	81665.6500	187	300074.SZ	华平股份	53102.0900	53102.0900
141	300230.SZ	永利股份	81620.6041	81620.6041	188	300398.SZ	飞凯材料	52865.6629	52865.2031

（续表）

序号	代码	公司简称	总股本		序号	代码	公司简称	总股本	
			2023 年	2021 年				2023 年	2021 年
189	600826.SH	兰生股份	52862.3958	53276.1055	236	002561.SZ	徐家汇	41576.3000	41576.3000
190	600612.SH	老凤祥	52311.7764	52311.7764	237	002605.SZ	姚记科技	41210.0790	40646.1490
191	688602.SH	康鹏科技	51937.5000	—	238	603057.SH	紫燕食品	41200.0000	41200.0000
192	600679.SH	上海凤凰	51529.4257	51529.4257	239	688098.SH	申联生物	41064.4000	41064.4000
193	002022.SZ	科华生物	51430.2062	51429.6809	240	603153.SH	上海建科	40986.1106	—
194	600882.SH	妙可蓝多	51379.1647	51607.5147	241	603786.SH	科博达	40397.4300	40409.8000
195	603956.SH	威派格	50843.5475	50843.5363	242	688585.SH	上纬新材	40327.0007	40320.0000
196	300493.SZ	润欣科技	50460.3447	50475.1147	243	603003.SH	*ST龙宇	40244.3494	40244.3494
197	688521.SH	芯原股份	49991.1232	49775.0682	244	600838.SH	上海九百	40088.1981	40088.1981
198	300511.SZ	雪榕生物	49878.0598	50304.4448	245	688107.SH	安路科技	40084.9367	40010.0000
199	600822.SH	上海物贸	49597.2914	49597.2914	246	301060.SZ	兰卫医学	40051.7000	40051.7000
200	605050.SH	福然德	49282.9181	43500.0000	247	605136.SH	丽人丽妆	40045.8500	40045.8500
201	603587.SH	地素时尚	47738.6282	48107.7600	248	301062.SZ	上海艾录	40039.1800	40039.1800
202	600834.SH	申通地铁	47738.1905	47738.1905	249	301025.SZ	读客文化	40030.9400	40030.9400
203	300225.SZ	金力泰	47542.9590	48920.5300	250	603170.SH	宝立食品	40001.0000	40001.0000
204	603682.SH	锦和商管	47250.0000	47250.0000	251	688213.SH	思特威-W	40001.0000	40001.0000
205	688351.SH	微电生理-U	47060.0000	47060.0000	252	603619.SH	中曼石油	40000.0100	40000.0100
206	002116.SZ	中国海诚	46636.4611	42822.0696	253	688062.SH	迈威生物-U	39960.0000	39960.0000
207	603881.SH	数据港	46049.8076	32892.7197	254	603122.SH	合富中国	39805.2633	39805.2633
208	688593.SH	新相微	45952.9412	—	255	600088.SH	中视传媒	39770.6400	39770.6400
209	300590.SZ	移为通信	45881.1110	45780.8473	256	603690.SH	至纯科技	38671.7770	32107.9574
210	688247.SH	宣泰医药	45334.0000	45334.0000	257	603020.SH	爱普股份	38323.7774	38323.7774
211	688158.SH	优刻得-W	45309.5081	45309.5081	258	002401.SZ	中远海科	37190.4560	37190.4560
212	603887.SH	城地香江	45075.8107	45075.4403	259	603918.SH	金桥信息	36684.4226	36775.9038
213	688578.SH	艾力斯	45000.0000	45000.0000	260	600119.SH	长江投资	36527.0370	36527.0370
214	601595.SH	上海电影	44820.0000	44820.0000	261	002278.SZ	神开股份	36390.9648	36390.9648
215	688110.SH	东芯股份	44224.9758	44224.9758	262	603648.SH	畅联股份	36241.2800	36241.2800
216	002346.SZ	柘中股份	44157.5416	44157.5416	263	603009.SH	北特科技	35873.0089	35873.0089
217	603987.SH	康德莱	44100.1780	44156.9000	264	603226.SH	菲林格尔	35549.1770	35549.1770
218	002451.SZ	摩恩电气	43920.0000	43920.0000	265	002184.SZ	海得控制	35190.8370	35190.8370
219	600636.SH	国新文化	43863.6802	44044.9035	266	600692.SH	亚通股份	35176.4064	35176.4064
220	688082.SH	盛美上海	43570.7409	43355.7100	267	300551.SZ	古鳌科技	34575.2939	34575.2939
221	603868.SH	飞科电器	43560.0000	43560.0000	268	002825.SZ	纳尔股份	34220.8675	24466.0327
222	688206.SH	概伦电子	43380.4445	43380.4445	269	300327.SZ	中颖电子	34202.8361	34203.9282
223	603330.SH	天洋新材	43267.3649	33282.5884	270	603121.SH	华培动力	33853.3715	34258.7115
224	002211.SZ	宏达新材	43247.5779	43247.5779	271	603855.SH	华荣股份	33755.9000	33755.9000
225	603378.SH	亚士创能	43002.7650	43173.6425	272	603107.SH	上海汽配	33733.5000	—
226	603633.SH	徕木股份	42681.0818	32831.6014	273	603777.SH	来伊份	33655.9908	33655.9908
227	605339.SH	南侨食品	42610.1116	42812.4412	274	600696.SH	岩石股份	33446.9431	33446.9431
228	600193.SH	创兴资源	42537.3000	42537.3000	275	605208.SH	永茂泰	32994.0000	25380.0000
229	600630.SH	龙头股份	42486.1597	42486.1597	276	600608.SH	ST沪科	32886.1441	32886.1441
230	688653.SH	康希通信	42448.0000	—	277	300226.SZ	上海钢联	32182.1516	26730.2868
231	688484.SH	南芯科技	42353.0000	—	278	600818.SH	中路股份	32144.7910	32144.7910
232	603728.SH	鸣志电器	42006.6000	42006.3000	279	603496.SH	恒为科技	32020.9243	22779.9938
233	688220.SH	翱捷科技-U	41830.0889	41830.0889	280	300153.SZ	科泰电源	32000.0000	32000.0000
234	605222.SH	起帆电缆	41813.6663	41813.4401	281	603131.SH	上海沪工	31798.9450	31798.4668
235	688099.SH	晶晨股份	41639.3968	41349.9880	282	300245.SZ	天玑科技	31345.7493	31345.7493

(续表)

序号	代码	公司简称	总股本		序号	代码	公司简称	总股本	
			2023 年	2021 年				2023 年	2021 年
283	300236.SZ	上海新阳	31338.1402	31338.1402	330	603681.SH	永冠新材	19113.0697	19112.9871
284	002669.SZ	康达新材	30540.2973	30540.2973	331	300462.SZ	华铭智能	18122.1938	18826.5025
285	300126.SZ	锐奇股份	30395.7600	30395.7600	332	688063.SH	派能科技	17562.6333	15484.4533
286	301303.SZ	真兰仪表	29200.0000	—	333	603200.SH	上海洗霸	17487.4398	17361.5827
287	300802.SZ	矩子科技	28929.5555	25992.3971	334	688718.SH	唯赛勃	17375.4389	17375.4389
288	600661.SH	昂立教育	28654.8830	28654.8830	335	301000.SZ	肇民科技	17280.0540	9600.0300
289	688596.SH	正帆科技	28061.5621	27371.0606	336	688366.SH	昊海生科	17147.7258	17413.0000
290	603211.SH	晋拓股份	27180.8000	27180.8000	337	301151.SZ	冠龙节能	17037.4020	16767.4290
291	603189.SH	网达软件	26954.8349	26954.8349	338	603713.SH	密尔克卫	16429.3615	16438.4686
292	300378.SZ	鼎捷软件	26930.8430	26703.4230	339	300642.SZ	透景生命	16412.6241	16383.4581
293	300483.SZ	首华燃气	26855.2672	26853.5293	340	002858.SZ	力盛体育	16391.9838	15993.5838
294	603083.SH	剑桥科技	26810.4941	25558.1566	341	603329.SH	上海雅仕	15875.6195	15875.6195
295	430139.BJ	华岭股份	26680.0000	26680.0000	342	688091.SH	上海谊众	15827.6800	14388.8000
296	603236.SH	移远通信	26457.4906	18898.2076	343	688123.SH	聚辰股份	15817.3037	12090.5867
297	603960.SH	克来机电	26305.8500	26349.8500	344	300947.SZ	德必集团	15360.3596	15360.3596
298	603365.SH	水星家纺	26273.3500	26667.0000	345	603068.SH	博通集成	15042.4966	15127.9966
299	603039.SH	泛微网络	26060.3073	26060.3073	346	688131.SH	皓元医药	15038.7339	10651.8106
300	603683.SH	晶华新材	25879.1289	21715.4880	347	301046.SZ	能辉科技	14969.0486	14979.0000
301	688590.SH	新致软件	25683.8214	23872.3764	348	603275.SH	众辰科技	14877.1851	—
302	603006.SH	联明股份	25425.4250	25425.4250	349	688335.SH	复洁环保	14769.7741	10153.0111
303	605338.SH	巴比食品	25011.3750	24800.0000	350	688188.SH	柏楚电子	14633.4064	14597.4775
304	688085.SH	三友医疗	24845.3535	22586.6850	351	688479.SH	友车科技	14431.7400	10823.8000
305	605598.SH	上海港湾	24576.0841	17274.3467	352	002058.SZ	威尔泰	14344.8332	14344.8332
306	600272.SH	开开实业	24300.0000	24300.0000	353	831961.BJ	创远信科	14284.0508	14284.0508
307	600097.SH	开创国际	24093.6559	24093.6559	354	603214.SH	爱婴室	14051.6936	14051.6936
308	603886.SH	元祖股份	24000.0000	24000.0000	355	831305.BJ	海希通讯	14026.0000	14026.0000
309	688591.SH	泰凌微	24000.0000	—	356	603159.SH	上海亚虹	14000.0000	14000.0000
310	603196.SH	日播时尚	23868.0652	23964.2512	357	688330.SH	宏力达	14000.0000	10000.0000
311	688519.SH	南亚新材	23475.1600	23475.1600	358	300380.SZ	安硕信息	13976.1050	14079.5775
312	300963.SZ	中洲特材	23400.0000	15600.0000	359	600647.SH	*ST同达	13914.3550	13914.3550
313	688121.SH	卓然股份	23361.4003	20266.6667	360	603579.SH	荣泰健康	13897.4371	13997.3433
314	603232.SH	格尔软件	23331.4695	23279.0328	361	603192.SH	汇得科技	13866.6667	13866.6667
315	688798.SH	艾为电子	23200.8945	16600.0000	362	688370.SH	丛麟科技	13832.0000	10640.0000
316	300613.SZ	富瀚微	23058.6837	22962.2136	363	301499.SZ	维科精密	13825.4866	—
317	600833.SH	第一医药	22308.6347	22308.6347	364	872541.BJ	铁大科技	13670.0000	10670.0000
318	300286.SZ	安科瑞	21471.6125	21471.6125	365	603037.SH	凯众股份	13624.2749	10490.1350
319	603197.SH	保隆科技	21195.5720	20884.1708	366	605186.SH	健麾信息	13600.0000	13600.0000
320	830799.BJ	艾融软件	21036.9300	21068.8500	367	688648.SH	中邮科技	13600.0000	—
321	600605.SH	汇通能源	20628.2429	20628.2429	368	605151.SH	西上海	13531.9111	13494.0000
322	603499.SH	翔港科技	20116.7221	20115.3443	369	688202.SH	美迪西	13467.3082	8701.6704
323	600689.SH	上海三毛	20099.1343	20099.1343	370	688212.SH	澳华内镜	13395.5000	13334.0000
324	603022.SH	新通联	20000.0000	20000.0000	371	603580.SH	艾艾精工	13067.3200	13067.3200
325	300578.SZ	会畅通讯	19922.9740	20034.9740	372	300983.SZ	尤安设计	12800.0000	12800.0000
326	688179.SH	阿拉丁	19813.0878	14130.8970	373	603324.SH	盛剑环境	12470.3500	12507.0700
327	688317.SH	之江生物	19470.4350	19470.4350	374	300609.SZ	汇纳科技	12186.9987	12243.9490
328	300501.SZ	海顺新材	19353.1785	19353.1505	375	688031.SH	星环科技-U	12084.2068	12084.2068
329	603790.SH	雅运股份	19136.0000	19136.0000	376	688129.SH	东来技术	12047.8800	12000.0000

(续表)

序号	代码	公司简称	总股本		序号	代码	公司简称	总股本	
			2023 年	2021 年				2023 年	2021 年
377	688608.SH	恒玄科技	12003.4708	12000.0000	412	430300.BJ	辰光医疗	8584.7126	8359.7126
378	301161.SZ	唯万密封	12000.0000	12000.0000	413	688071.SH	华依科技	8478.3172	7284.4774
379	301228.SZ	实朴检测	12000.0000	12000.0000	414	688680.SH	海优新材	8402.0211	8402.0072
380	605098.SH	行动教育	11807.8600	11807.8600	415	688160.SH	步科股份	8400.0000	8400.0000
381	688133.SH	泰坦科技	11796.9399	8407.1656	416	688391.SH	钜泉科技	8352.0000	5760.0000
382	688230.SH	芯导科技	11760.0000	8400.0000	417	688435.SH	英方软件	8350.0000	6255.3263
383	605398.SH	新炬网络	11661.6489	8329.7492	418	688016.SH	心脉医疗	8272.6253	7197.8147
384	688061.SH	灿瑞科技	11488.9391	7710.6974	419	688018.SH	乐鑫科技	8078.9724	8046.9285
385	688392.SH	骄成超声	11480.0000	8200.0000	420	833346.BJ	威贸电子	8068.2603	8068.2603
386	688293.SH	奥浦迈	11477.2460	8198.0328	421	605128.SH	上海沿浦	8000.2123	8000.0000
387	688372.SH	伟测科技	11337.3910	8721.0700	422	301001.SZ	凯淳股份	8000.0000	8000.0000
388	605081.SH	太和水	11324.7072	11324.7072	423	301099.SZ	雅创电子	8000.0000	8000.0000
389	301156.SZ	美农生物	11200.0000	8000.0000	424	301289.SZ	国缆检测	7800.0000	6000.0000
390	605289.SH	罗曼股份	10977.7500	10833.7500	425	688265.SH	南模生物	7796.3513	7796.3513
391	300890.SZ	翔丰华	10933.6341	10783.9341	426	688155.SH	先惠技术	7667.6136	7667.6136
392	300508.SZ	维宏股份	10909.4400	10909.4400	427	688766.SH	普冉股份	7551.5285	5072.0207
393	688163.SH	赛伦生物	10822.0000	10822.0000	428	688682.SH	霍莱沃	7274.2068	5194.7770
394	603895.SH	天永智能	10808.0000	10808.0000	429	873693.BJ	阿为特	7270.0000	6120.0000
395	603062.SH	麦加芯彩	10800.0000	—	430	301273.SZ	瑞晨环保	7164.1792	7164.1792
396	301230.SZ	泓博医药	10762.2666	7687.3333	431	836414.BJ	欧普泰	6667.3554	3357.5900
397	301005.SZ	超捷股份	10449.7025	10416.3325	432	603325.SH	博隆技术	6667.0000	—
398	001266.SZ	宏英智能	10341.6000	10281.6000	433	301070.SZ	开勒股份	6455.5200	6455.5200
399	688301.SH	奕瑞科技	10199.3447	7269.1466	434	300899.SZ	上海凯鑫	6378.3466	6378.3466
400	301037.SZ	保立佳	10010.7819	10037.9360	435	301024.SZ	霍普股份	6358.5000	6358.5000
401	300892.SZ	品渥食品	10000.0000	10000.0000	436	688368.SH	晶丰明源	6293.9380	6290.3780
402	301419.SZ	阿莱德	10000.0000	—	437	688592.SH	司南导航	6216.0000	4662.0000
403	688019.SH	安集科技	9907.0448	7470.1640	438	688507.SH	索辰科技	6117.3432	—
404	688118.SH	普元信息	9540.0000	9540.0000	439	301257.SZ	普蕊斯	6116.0000	6097.5000
405	301525.SZ	儒竞科技	9431.1768	—	440	688217.SH	睿昂基因	5585.5896	5557.7060
406	603729.SH	龙韵股份	9333.8000	9333.8000	441	836504.BJ	博迅生物	4333.3100	3500.0000
407	301555.SZ	惠柏新材	9226.6700	6920.0000	442	688193.SH	仁度生物	4000.0000	4000.0000
408	688073.SH	毕得医药	9088.2948	6491.6392	443	603341.SH	龙旗科技	—	—
409	300915.SZ	海融科技	9000.0000	9000.0000	444	688584.SH	上海合晶	—	—
410	301315.SZ	威士顿	8800.0000	—	445	688691.SH	灿芯股份	—	—
411	301166.SZ	优宁维	8666.6668	8666.6668					

上海工商类上市公司 2023 年度净资产排序

（单位：万元）

序号	代码	公司简称	净资产 2023 年	净资产 2022 年	序号	代码	公司简称	净资产 2023 年	净资产 2022 年
1	601328.SH	交通银行	109945000.0000	103574000.0000	48	600827.SH	百联股份	1961976.8287	2005466.8246
2	600000.SH	浦发银行	73288400.0000	70677500.0000	49	688271.SH	联影医疗	1888141.5966	1747350.8901
3	600104.SH	上汽集团	34290723.2461	33630023.6945	50	600320.SH	振华重工	1886693.5795	1812234.4819
4	601601.SH	中国太保	26770400.0000	23412800.0000	51	603659.SH	璞泰来	1873002.2642	1396921.9025
5	601229.SH	上海银行	23904916.2000	22164852.4000	52	688012.SH	中微公司	1782310.5186	1548250.1252
6	600019.SH	宝钢股份	22013781.2311	21587635.4379	53	600823.SH	*ST世茂	1773024.3199	4080834.6877
7	688981.SH	中芯国际	21847024.6000	20170471.3000	54	600754.SH	锦江酒店	1736057.3450	1715028.8084
8	600837.SH	海通证券	17479955.9716	17762205.7617	55	601696.SH	中银证券	1722341.6340	1641185.0847
9	601211.SH	国泰君安	17337801.0445	16382608.8944	56	600675.SH	中华企业	1718479.9590	1644961.5216
10	600606.SH	绿地控股	14515439.3243	16426988.2376	57	601231.SH	环旭电子	1708982.9187	1574983.9146
11	600018.SH	上港集团	13618641.2307	12116704.8432	58	601156.SH	东航物流	1697953.8067	1468500.6861
12	601825.SH	沪农商行	11635849.5000	10571564.7000	59	600639.SH	浦东金桥	1697808.4204	1525714.3607
13	300999.SZ	金龙鱼	9596484.7000	9328340.6000	60	600835.SH	上海机电	1620864.5974	1558436.9754
14	601607.SH	上海医药	8032609.2965	7800245.1057	61	600895.SH	张江高科	1601473.1937	1529051.5024
15	600958.SH	东方证券	7876019.6753	7739828.8593	62	601021.SH	春秋航空	1574990.9879	1369289.0709
16	601727.SH	上海电气	7692664.0000	9419416.7000	63	688065.SH	凯赛生物	1477311.0203	1503821.2555
17	300059.SZ	东方财富	7196286.0560	6516466.3223	64	600420.SH	国药现代	1433821.3684	1215272.1658
18	601788.SH	光大证券	6789538.8656	6478443.8534	65	600816.SH	建元信托	1379663.4443	85897.9580
19	600741.SH	华域汽车	6158052.0683	5705471.8700	66	600612.SH	老凤祥	1373509.0485	1198147.1016
20	600061.SH	国投资本	5880855.1826	5661211.6234	67	600094.SH	大名城	1293158.3962	1271046.7238
21	600196.SH	复星医药	5661626.0436	5410890.9613	68	600648.SH	外高桥	1284672.4079	1229577.8054
22	688347.SH	华虹公司	5549080.5519	2754063.4589	69	601200.SH	上海环境	1266216.3252	1203392.1326
23	601828.SH	美凯龙	5282166.6000	5548126.2776	70	600508.SH	上海能源	1261172.0180	1213749.1585
24	600150.SH	中国船舶	5247252.9042	5047929.9026	71	688538.SH	和辉光电-U	1256077.8464	1580505.2429
25	600170.SH	上海建工	5120944.3513	5108005.2701	72	600643.SH	爱建集团	1241222.7323	1246658.8720
26	600021.SH	上海电力	5056005.5329	4405940.1630	73	600845.SH	宝信软件	1208900.1679	1066000.3140
27	600663.SH	陆家嘴	4685617.2625	3765898.5294	74	600708.SH	光明地产	1151645.6745	1175201.1484
28	600009.SH	上海机场	4202657.1794	4070348.7828	75	600597.SH	光明乳业	1142257.9921	1054825.2431
29	600642.SH	申能股份	4130261.9102	3816088.9064	76	600072.SH	中船科技	1136421.3994	434833.3630
30	600115.SH	中国东航	4122100.0000	3010100.0000	77	600748.SH	上实发展	1130183.7190	1101024.9128
31	600655.SH	豫园股份	3966001.2554	3960955.8958	78	603565.SH	中谷物流	1075296.9687	933608.2529
32	601611.SH	中国核建	3847851.8376	3508658.9140	79	002028.SZ	思源电气	1066590.9085	943598.2885
33	601872.SH	招商轮船	3733908.1186	3350002.0065	80	688008.SH	澜起科技	1020661.9453	992725.5023
34	600026.SH	中远海能	3710332.3532	3357039.0259	81	600611.SH	大众交通	1007651.9427	1016319.0005
35	601820.SH	隧道股份	3565370.5429	3385580.8170	82	300017.SZ	网宿科技	978876.2415	907340.2256
36	600637.SH	东方明珠	3453205.0865	3443509.5857	83	600635.SH	大众公用	973667.5425	957656.6806
37	600848.SH	上海临港	3198063.8713	2741725.3490	84	002195.SZ	岩山科技	973597.8244	940822.2128
38	002252.SZ	上海莱士	2964981.1373	2881334.1382	85	688063.SH	派能科技	953028.5735	430996.4383
39	601866.SH	中远海发	2928367.8247	2889430.7278	86	600641.SH	万业企业	880698.7573	838473.0144
40	600623.SH	华谊集团	2678417.7572	2605008.0160	87	600618.SH	氯碱化工	873529.0656	828225.0443
41	600688.SH	上海石化	2494290.7000	2637138.6000	88	600732.SH	爱旭股份	867993.1956	905894.6506
42	600517.SH	国网英大	2346647.1113	2205415.4095	89	300442.SZ	润泽科技	854566.1390	296357.0411
43	600500.SH	中化国际	2159745.7193	2654294.2454	90	603885.SH	吉祥航空	839071.7026	956976.5478
44	600649.SH	城投控股	2159246.2378	2158145.6787	91	603899.SH	晨光股份	835116.4796	725217.8062
45	603501.SH	韦尔股份	2149468.7630	1810023.0622	92	600604.SH	市北高新	830052.3628	850884.9628
46	603296.SH	华勤技术	2084304.7983	1241131.4282	93	601083.SH	锦江航运	813983.8737	606338.8177
47	688126.SH	沪硅产业	2050532.1471	1954632.7410	94	300171.SZ	东富龙	810945.3579	764401.9672

（续表）

序号	代码	公司简称	净资产		序号	代码	公司简称	净资产	
			2023年	2022年				2023年	2022年
95	688728.SH	格科微	787986.7967	789541.1622	142	688301.SH	奕瑞科技	435302.4236	390369.7092
96	600621.SH	华鑫股份	787118.3448	753481.9563	143	605050.SH	福然德	435049.4409	404960.1847
97	600619.SH	海立股份	781913.8811	738567.7955	144	002454.SZ	松芝股份	434527.8498	418902.2664
98	603056.SH	德邦股份	770017.5982	692440.2954	145	300129.SZ	泰胜风能	433843.9981	405827.3320
99	600278.SH	东方创业	769029.5717	743957.0528	146	600882.SH	妙可蓝多	430254.3727	487651.8651
100	600315.SH	上海家化	769011.7575	724948.4579	147	300226.SZ	上海钢联	428635.9876	396467.9574
101	600284.SH	浦东建设	761437.6266	726818.9862	148	300483.SZ	首华燃气	423646.5248	450728.5946
102	688180.SH	君实生物-U	732061.0472	977646.0263	149	300236.SZ	上海新阳	422762.5928	415479.1008
103	600073.SH	上海梅林	675453.2428	713475.5428	150	600628.SH	新世界	418124.6246	421152.0411
104	600622.SH	光大嘉宝	668058.3141	910796.0158	151	600650.SH	锦江在线	414520.6761	409560.1808
105	603515.SH	欧普照明	666264.9166	610563.0969	152	600851.SH	海欣股份	413533.8280	401884.8321
106	688082.SH	盛美上海	645826.5703	552403.3261	153	002706.SZ	良信股份	413494.2565	374343.8761
107	688220.SH	翱捷科技-U	635555.3915	747218.8140	154	000863.SZ	三湘印象	407634.0256	411882.4516
108	600210.SH	紫江企业	625536.4752	592354.6422	155	600171.SH	上海贝岭	405912.0945	422719.5540
109	300257.SZ	开山股份	621123.7222	581416.8520	156	002568.SZ	百润股份	404351.6816	376635.8424
110	688608.SH	恒玄科技	609717.2083	596276.4279	157	300039.SZ	上海凯宝	403285.6397	376103.0776
111	688366.SH	昊海生科	601729.2973	590238.4516	158	601968.SH	宝钢包装	402083.1298	395495.3431
112	603128.SH	华贸物流	597023.6126	601525.5381	159	688578.SH	艾力斯	398227.7872	318705.5658
113	688385.SH	复旦微电	596170.1809	515316.9378	160	600826.SH	兰生股份	397065.6503	358662.0570
114	688660.SH	电气风电	587438.3980	715001.8327	161	300398.SZ	飞凯材料	394967.7013	381884.9586
115	600490.SH	鹏欣资源	582866.5688	584025.1571	162	600846.SH	同济科技	387964.8156	359942.9163
116	300253.SZ	卫宁健康	568127.7071	512667.6940	163	688016.SH	心脉医疗	386357.4917	174262.4533
117	600676.SH	交运股份	558312.5087	552785.3959	164	600601.SH	方正科技	384951.9379	345189.7295
118	600841.SH	动力新科	552853.4632	795234.4819	165	603341.SH	龙旗科技	382539.6745	315536.3298
119	688099.SH	晶晨股份	548905.7373	493159.3795	166	688317.SH	之江生物	382493.7115	420041.1657
120	600081.SH	东风科技	545079.2468	410576.6213	167	002328.SZ	新朋股份	378240.0979	363748.2355
121	603108.SH	润达医疗	544725.2773	500985.0315	168	603587.SH	地素时尚	374534.8721	361122.9386
122	600151.SH	航天机电	536251.9899	576774.8648	169	688213.SH	思特威-W	374095.1896	373145.5337
123	600629.SH	华建集团	533402.5618	488488.7427	170	603012.SH	创力集团	373769.2813	337510.5615
124	603690.SH	至纯科技	506642.7383	470925.6302	171	002158.SZ	汉钟精机	372657.3229	307425.4170
125	688188.SH	柏楚电子	501865.1019	430475.0931	172	603003.SH	*ST龙宇	370133.2825	361954.4262
126	002022.SZ	科华生物	498422.3926	585200.5174	173	688484.SH	南芯科技	369903.6850	107424.5024
127	688336.SH	三生国健	487855.6187	459952.1776	174	688110.SH	东芯股份	369317.6934	411671.1550
128	300170.SZ	汉得信息	485338.6203	395874.6269	175	603153.SH	上海建科	368657.9975	284681.2938
129	603786.SH	科博达	479824.4249	430350.7314	176	600503.SH	华丽家族	363026.7287	368397.4273
130	600850.SH	电科数字	474070.7099	432653.8879	177	603236.SH	移远通信	362420.4047	371971.6814
131	600602.SH	云赛智联	472294.8447	473001.4652	178	688798.SH	艾为电子	362205.3914	353529.6702
132	600662.SH	外服控股	466071.4686	423432.8486	179	688330.SH	宏力达	362085.6768	353248.3501
133	600638.SH	新黄浦	464432.9785	458642.8671	180	600843.SH	上工申贝	358085.4142	344853.6122
134	002324.SZ	普利特	464145.1757	310814.2956	181	603868.SH	飞科电器	357634.5741	342813.8938
135	605222.SH	起帆电缆	457692.9796	419150.3225	182	002636.SZ	金安国纪	355304.4151	369588.5111
136	300180.SZ	华峰超纤	455658.7186	476083.0653	183	600626.SH	申达股份	350865.1804	330916.7032
137	601702.SH	华峰铝业	452450.5656	373256.0102	184	603650.SH	彤程新材	350489.4651	314213.0102
138	603730.SH	岱美股份	451815.1380	426129.6347	185	603020.SH	爱普股份	338889.1240	331647.6011
139	600819.SH	耀皮玻璃	451762.2182	443842.5859	186	605339.SH	南侨食品	334806.5137	325257.1000
140	600640.SH	国脉文化	444504.9685	443457.7620	187	002669.SZ	康达新材	330920.1992	314286.6442
141	603713.SH	密尔克卫	436611.0677	389392.4006	188	002605.SZ	姚记科技	325386.6826	272892.1169

（续表）

序号	代码	公司简称	净资产		序号	代码	公司简称	净资产	
			2023 年	2022 年				2023 年	2022 年
189	603197.SH	保隆科技	325085.1127	278655.5633	236	600097.SH	开创国际	229439.1148	212709.0561
190	300230.SZ	永利股份	313817.8519	273974.3048	237	300168.SZ	万达信息	228991.3167	122865.8405
191	603881.SH	数据港	313399.6370	302117.7789	238	603083.SH	剑桥科技	228796.0658	192568.8184
192	301303.SZ	真兰仪表	309397.9565	98172.0045	239	688230.SH	芯导科技	222254.9376	217110.0980
193	300983.SZ	尤安设计	308173.2352	309586.2479	240	605338.SH	巴比食品	221081.3712	206968.3919
194	301525.SZ	儒竞科技	305734.5868	73433.5324	241	688680.SH	海优新材	219847.7839	248178.2204
195	688596.SH	正帆科技	305453.0366	241305.2015	242	300378.SZ	鼎捷软件	219814.6515	193011.5378
196	300627.SZ	华测导航	304360.1936	257948.8392	243	600679.SH	上海凤凰	217181.4050	212610.5004
197	603365.SH	水星家纺	294864.9759	281470.1494	244	688293.SH	奥浦迈	215783.9029	218467.8004
198	603365.SH	水星家纺	294481.4611	276723.2457	245	688019.SH	安集科技	212404.5086	152154.9944
199	688507.SH	索辰科技	292016.1371	52658.8067	246	603062.SH	麦加芯彩	211989.8659	64230.8272
200	002346.SZ	柘中股份	292013.4890	271006.3703	247	301166.SZ	优宁维	211714.3482	215751.5929
201	603619.SH	中曼石油	286223.4249	229781.5280	248	688206.SH	概伦电子	211222.4756	217018.1199
202	603728.SH	鸣志电器	285518.2847	271675.1124	249	605208.SH	永茂泰	210042.4365	207314.6383
203	688133.SH	泰坦科技	285019.0202	276667.1943	250	688073.SH	毕得医药	208954.2152	207615.4170
204	603887.SH	城地香江	279557.9211	341701.5360	251	603057.SH	紫燕食品	208404.9032	201655.4506
205	688584.SH	上海合晶	278881.7839	258250.7460	252	603956.SH	威派格	208030.1244	211425.1313
206	300613.SZ	富瀚微	278420.4573	250881.6445	253	603039.SH	泛微网络	207948.7084	191105.2067
207	688602.SH	康鹏科技	278369.6881	184613.0875	254	301151.SZ	冠龙节能	207874.1446	200869.6006
208	603987.SH	康德莱	277912.3575	254916.0734	255	002565.SZ	顺灏股份	206998.0654	203947.8405
209	688521.SH	芯原股份	270029.3621	290722.0372	256	688238.SH	和元生物	205836.8061	217119.7925
210	688370.SH	丛麟科技	266642.7633	289827.9210	257	688085.SH	三友医疗	204270.0136	191301.6197
211	688121.SH	卓然股份	265931.1680	217677.8147	258	688391.SH	钜泉科技	204031.2903	199815.8041
212	603275.SH	众辰科技	264870.3641	72675.3455	259	603107.SH	上海汽配	200376.4599	81820.5888
213	688158.SH	优刻得-W	263815.6645	297967.9576	260	688382.SH	益方生物-U	199760.2520	221492.2112
214	601616.SH	广电电气	262367.5824	259973.7106	261	603855.SH	华荣股份	198134.1323	183390.2508
215	688062.SH	迈威生物-U	257324.8063	351061.0774	262	301060.SZ	兰卫医学	198016.4664	227275.4518
216	688061.SH	灿瑞科技	255201.5909	257209.1962	263	600616.SH	金枫酒业	197902.0081	189432.0409
217	605136.SH	丽人丽妆	253035.2384	249962.6553	264	603579.SH	荣泰健康	197300.1769	187009.0507
218	688131.SH	皓元医药	252627.8054	233196.5571	265	300890.SZ	翔丰华	195245.3538	166196.6493
219	603681.SH	永冠新材	251420.7143	248511.0905	266	300008.SZ	天海防务	194523.9245	178076.9229
220	688202.SH	美迪西	251077.9364	160278.4731	267	688123.SH	聚辰股份	194261.0794	190358.1611
221	300762.SZ	上海瀚讯	249629.9960	269024.0559	268	688766.SH	普冉股份	192876.8407	198412.4634
222	600651.SH	飞乐音响	249622.9161	247844.2114	269	300501.SZ	海顺新材	192288.4459	167955.2993
223	600636.SH	国新文化	247139.9065	268521.0663	270	603633.SH	徕木股份	191447.7387	185944.8833
224	600825.SH	新华传媒	246514.6297	249927.1551	271	688018.SH	乐鑫科技	191300.0228	182667.7535
225	603466.SH	风语筑	246258.4616	219790.8847	272	688479.SH	友车科技	191126.9983	69360.5177
226	688372.SH	伟测科技	245866.7719	237946.2892	273	603648.SH	畅联股份	185967.7726	183366.0714
227	688519.SH	南亚新材	244725.5538	267683.8542	274	603777.SH	来伊份	184245.2926	181140.9737
228	002506.SZ	协鑫集成	242325.4835	225566.6263	275	603330.SH	天洋新材	180737.5609	102456.0646
229	600613.SH	神奇制药	239056.6043	237317.6503	276	601595.SH	上海电影	178864.5329	167519.4449
230	600824.SH	益民集团	238909.7327	237226.7058	277	002184.SZ	海得控制	178726.9655	154985.9192
231	300067.SZ	安诺其	237180.2700	235758.8899	278	300327.SZ	中颖电子	177559.9480	148441.4044
232	688505.SH	复旦张江	235856.3368	225302.1355	279	300590.SZ	移为通信	176550.0984	168755.1483
233	688591.SH	泰凌微	234138.2866	92815.2698	280	605598.SH	上海港湾	175462.6520	156445.8938
234	002561.SZ	徐家汇	230176.0584	227008.0959	281	688392.SH	骄成超声	175133.6202	175430.5424
235	002116.SZ	中国海诚	230147.7002	164839.7844	282	603378.SH	亚士创能	173934.0130	172556.1842

（续表）

序号	代码	公司简称	净资产		序号	代码	公司简称	净资产	
			2023 年	2022 年				2023 年	2022 年
283	688265.SH	南模生物	173678.3386	176592.6831	330	603790.SH	雅运股份	129363.8160	125758.8675
284	603009.SH	北特科技	172763.1247	163168.9304	331	603683.SH	晶华新材	128873.7966	101437.5602
285	688648.SH	中邮科技	172570.7160	121820.7598	332	603329.SH	上海雅仕	127538.6862	129422.7182
286	603006.SH	联明股份	171635.5922	172149.7099	333	603121.SH	华培动力	126521.3872	117761.6143
287	600834.SH	申通地铁	170618.2783	165701.3329	334	301099.SZ	雅创电子	126336.5533	115422.1986
288	300802.SZ	矩子科技	170608.8524	121082.8573	335	688335.SH	复洁环保	125846.4957	122926.6385
289	603068.SH	博通集成	169938.8584	179751.5142	336	301499.SZ	维科精密	123999.6677	57389.3561
290	601519.SH	大智慧	168644.8418	161918.2521	337	688585.SH	上纬新材	121710.3904	114648.1250
291	688351.SH	微电生理-U	168505.8043	167549.3864	338	603131.SH	上海沪工	121247.9787	126537.8174
292	300222.SZ	科大智能	166639.4129	192520.0996	339	688247.SH	宣泰医药	121025.8935	117728.3870
293	603886.SH	元祖股份	166058.5714	162240.4998	340	301062.SZ	上海艾录	120630.6784	110522.1145
294	688653.SH	康希通信	161486.2803	100573.4956	341	605128.SH	上海沿浦	120571.8706	113236.2487
295	688593.SH	新相微	160207.8464	65531.2970	342	600822.SH	上海物贸	119354.5663	106998.2766
296	002401.SZ	中远海科	159958.0094	143773.7231	343	603682.SH	锦和商管	119322.3898	123002.7531
297	603324.SH	盛剑环境	159951.0219	142468.7886	344	002278.SZ	神开股份	118992.4973	114872.1965
298	688590.SH	新致软件	159468.2630	141913.4100	345	603214.SH	爱婴室	118189.5998	111664.6201
299	603189.SH	网达软件	156544.8367	171964.1298	346	603718.SH	海利生物	117479.2212	111100.3248
300	600620.SH	天宸股份	156448.5995	211988.7336	347	688435.SH	英方软件	117258.0744	39438.1085
301	300642.SZ	透景生命	153570.3916	148064.9556	348	603122.SH	合富中国	116891.1667	117857.4088
302	002527.SZ	新时达	153182.4473	189733.1302	349	603211.SH	晋拓股份	116720.8756	113479.3900
303	300915.SZ	海融科技	150711.4962	145318.9265	350	603325.SH	博隆技术	115048.5853	86054.5186
304	688098.SH	申联生物	150706.7975	149687.4469	351	300609.SZ	汇纳科技	114971.9642	108391.6701
305	603170.SH	宝立食品	149870.8849	114447.4711	352	300578.SZ	会畅通讯	114760.2075	166456.4696
306	688155.SH	先惠技术	149768.8912	136875.2889	353	301000.SZ	肇民科技	114603.5751	111764.3311
307	300462.SZ	华铭智能	148638.1122	159026.3439	354	600836.SH	*ST易连	114541.7820	117627.0069
308	688368.SH	晶丰明源	147146.3247	152660.6294	355	605186.SH	健麾信息	113771.3420	108326.0273
309	600838.SH	上海九百	147080.2341	143133.7478	356	603918.SH	金桥信息	111822.9985	108027.2796
310	688091.SH	上海谊众	146483.6603	131917.8266	357	301230.SZ	泓博医药	111754.4667	111288.4384
311	605151.SH	西上海	146473.5315	137472.9126	358	430139.BJ	华岭股份	111568.1653	102785.4494
312	002825.SZ	纳尔股份	145009.0824	139746.5828	359	300074.SZ	华平股份	111418.3737	109099.9021
313	688107.SH	安路科技	144526.6110	160511.5307	360	603030.SH	*ST全筑	109875.3389	−8971.8920
314	603192.SH	汇得科技	144296.4403	139573.0564	361	300126.SZ	锐奇股份	109224.6700	109179.6895
315	688031.SH	星环科技-U	143983.3765	170868.2366	362	688163.SH	赛伦生物	108584.0605	112129.0452
316	300511.SZ	雪榕生物	143238.4015	162583.3359	363	603960.SH	克来机电	108582.7428	100098.9629
317	603256.SH	宏和科技	142695.6868	150720.3197	364	301257.SZ	普蕊斯	108059.5266	95196.7793
318	600692.SH	亚通股份	142341.1200	98871.0467	365	301555.SZ	惠柏新材	107547.0809	55487.4049
319	603232.SH	格尔软件	140104.4794	137431.7384	366	605398.SH	新炬网络	106566.7324	101858.9258
320	688212.SH	澳华内镜	139515.8777	128184.2378	367	300493.SZ	润欣科技	106560.6119	102437.3850
321	300245.SZ	天玑科技	139003.6590	146047.9939	368	300892.SZ	品渥食品	106022.5369	114573.9884
322	300947.SZ	德必集团	138945.7944	134261.1598	369	603226.SH	菲林格尔	105669.9277	107961.7223
323	300272.SZ	开能健康	137113.4743	111748.3481	370	688071.SH	华依科技	104283.6778	50644.0475
324	603496.SH	恒为科技	135477.4311	126514.7465	371	688179.SH	阿拉丁	103640.2989	97472.1716
325	605289.SH	罗曼股份	131717.7274	123691.2135	372	002486.SZ	嘉麟杰	103619.3013	100759.9738
326	605081.SH	太和水	131018.9863	159734.1499	373	688592.SH	司南导航	102232.6320	29862.7202
327	300286.SZ	安科瑞	130834.2230	114705.3207	374	301273.SZ	瑞晨环保	101848.3563	98907.6482
328	600605.SH	汇通能源	129432.9223	113137.7395	375	002162.SZ	悦心健康	101356.2900	101702.8706
329	600088.SH	中视传媒	129369.3709	104581.8951	376	301315.SZ	威士顿	101007.5814	33649.4527

（续表）

序号	代码	公司简称	净资产		序号	代码	公司简称	净资产	
			2023 年	2022 年				2023 年	2022 年
377	301289.SZ	国缆检测	100983.9462	95904.8107	412	600630.SH	龙头股份	73350.1269	71783.2944
378	600833.SH	第一医药	100845.3431	95867.8079	413	300508.SZ	维宏股份	70355.9992	65274.2508
379	001266.SZ	宏英智能	100234.8146	103182.2899	414	688682.SH	霍莱沃	69853.6629	67627.0272
380	603200.SH	上海洗霸	99829.2085	95082.1569	415	002858.SZ	力盛体育	69241.6065	76719.0096
381	300551.SZ	古鳌科技	99063.5968	108902.8344	416	300899.SZ	上海凯鑫	66071.4602	66014.2622
382	300963.SZ	中洲特材	98947.3300	92566.5712	417	603499.SH	翔港科技	64015.0116	62839.2818
383	688217.SH	睿昂基因	96767.5475	97142.1964	418	002178.SZ	延华智能	63397.1765	58005.1073
384	688193.SH	仁度生物	96274.1641	96138.4706	419	301025.SZ	读客文化	60966.9677	65618.5563
385	605098.SH	行动教育	96248.0641	106982.0966	420	600272.SH	开开实业	60719.7487	57825.1418
386	301419.SZ	阿莱德	95227.3918	40321.7168	421	600647.SH	*ST同达	57486.8143	33336.1321
387	301161.SZ	唯万密封	93256.2197	91573.8067	422	600818.SH	中路股份	56554.8988	58085.6849
388	603037.SH	凯众股份	92030.8651	88396.4964	423	301024.SZ	霍普股份	56061.9456	66439.7668
389	301228.SZ	实朴检测	91278.1166	96723.8768	424	603159.SH	上海亚虹	50094.5794	47967.4304
390	688129.SH	东来技术	86771.1721	84413.4024	425	603580.SH	艾艾精工	45572.2532	45495.1353
391	600696.SH	岩石股份	86482.5311	63246.7566	426	002269.SZ	美邦服饰	45104.6568	24705.9334
392	688118.SH	普元信息	85789.7040	87061.2419	427	600689.SH	上海三毛	44291.8817	42531.8883
393	002451.SZ	摩恩电气	85599.1857	85069.6803	428	833346.BJ	威贸电子	43300.3267	41838.1593
394	600624.SH	复旦复华	84550.0668	91465.7172	429	830799.BJ	艾融软件	39523.8446	35830.4553
395	300153.SZ	科泰电源	84247.9950	80768.0954	430	872541.BJ	铁大科技	39082.2025	28095.0941
396	301046.SZ	能辉科技	84011.6235	76347.3372	431	300380.SZ	安硕信息	37048.1445	41592.3369
397	300225.SZ	金力泰	83634.7603	77005.8602	432	600119.SH	长江投资	36330.1225	35754.5534
398	688373.SH	盟科药业-U	83400.3193	121427.4089	433	603729.SH	龙韵股份	36128.1066	52396.2979
399	301005.SZ	超捷股份	83208.2608	86790.8781	434	600530.SH	ST交昂	33917.9272	37029.0235
400	301070.SZ	开勒股份	82146.5066	79086.9304	435	873693.BJ	阿为特	33384.6394	28761.7912
401	688691.SH	灿芯股份	81937.9193	63510.0513	436	836414.BJ	欧普泰	31167.3427	29457.7922
402	301001.SZ	凯淳股份	81684.9687	81894.6443	437	600193.SH	创兴资源	29679.6236	31845.7775
403	831305.BJ	海希通讯	80701.7994	77515.1212	438	603895.SH	天永智能	29283.6459	43881.0277
404	301037.SZ	保立佳	80483.9471	83126.1673	439	430300.BJ	辰光医疗	28898.0489	29206.0491
405	603196.SH	日播时尚	79937.2831	80147.5857	440	600661.SH	昂立教育	20788.9016	42441.6236
406	301156.SZ	美农生物	79910.5246	78165.9719	441	836504.BJ	博迅生物	19301.4392	12491.9716
407	300061.SZ	旗天科技	78338.4671	120560.1418	442	002058.SZ	威尔泰	18606.3153	20179.4017
408	603022.SH	新通联	77138.6726	73167.0206	443	002211.SZ	宏达新材	6326.4252	9262.6494
409	688718.SH	唯赛勃	76568.4722	71720.3411	444	600608.SH	ST沪科	4763.2320	7092.2014
410	831961.BJ	创远信科	76235.8184	71386.6337	445	300262.SZ	*ST巴安	−1246.1236	9418.8983
411	688160.SH	步科股份	75206.2572	72687.3180					

上海工商类上市公司 2023 年度主营业务收入排序

（单位：万元）

序号	代码	公司简称	主营业务收入 2023 年	2022 年	序号	代码	公司简称	主营业务收入 2023 年	2022 年
1	600104.SH	上汽集团	72619911.0370	72098752.8302	48	603885.SH	吉祥航空	2009567.2181	821034.8380
2	600606.SH	绿地控股	36024501.5715	43551965.2369	49	600662.SH	外服控股	1915613.6525	1466370.3309
3	600019.SH	宝钢股份	34450042.8315	36777824.2420	50	601021.SH	春秋航空	1793785.7423	836896.6339
4	601601.SH	中国太保	32394500.0000	45537200.0000	51	600284.SH	浦东建设	1772569.5791	1408428.6771
5	600170.SH	上海建工	30462764.5886	28603661.4660	52	600958.SH	东方证券	1709005.8491	1872862.8980
6	601607.SH	上海医药	26029508.8944	23198129.9765	53	600619.SH	海立股份	1703074.1716	1650283.1497
7	601328.SH	交通银行	25759500.0000	27297800.0000	54	688347.SH	华虹公司	1623187.4038	1678571.8005
8	300999.SZ	金龙鱼	25152373.6000	25748544.4000	55	002506.SZ	协鑫集成	1596761.0311	835360.9212
9	600000.SH	浦发银行	17343400.0000	18862200.0000	56	601866.SH	中远海发	1563549.8900	2557679.6949
10	600741.SH	华域汽车	16859405.1304	15826790.6803	57	603659.SH	璞泰来	1534004.1057	1546390.5959
11	601727.SH	上海电气	11421820.9000	11698580.7000	58	600754.SH	锦江酒店	1464937.9017	1100762.2988
12	600115.SH	中国东航	11374100.0000	4611100.0000	59	603128.SH	华贸物流	1460808.8592	2207018.9648
13	601611.SH	中国核建	10938501.9331	9913779.8309	60	600072.SH	中船科技	1448624.0647	334945.1670
14	600688.SH	上海石化	9301359.5000	8251831.5000	61	603236.SH	移远通信	1386117.5066	1423024.6484
15	300226.SZ	上海钢联	8631404.9518	7656664.0580	62	600675.SH	中华企业	1318744.8289	260134.9489
16	603296.SH	华勤技术	8533848.4214	9264570.1601	63	600845.SH	宝信软件	1291564.1411	1314988.6848
17	600150.SH	中国船舶	7483850.4401	5955773.9101	64	002028.SZ	思源电气	1246002.8392	1053709.7608
18	600820.SH	隧道股份	7419325.4650	6527449.8330	65	603565.SH	中谷物流	1243879.1418	1420891.6476
19	600612.SH	老凤祥	7143564.1416	6301014.4203	66	600420.SH	国药现代	1206993.0213	1295932.0534
20	601231.SH	环旭电子	6079190.9538	6851607.5963	67	600094.SH	大名城	1169548.4377	736139.9640
21	600655.SH	豫园股份	5814692.0890	5011796.9822	68	600626.SH	申达股份	1166772.3015	1124403.1949
22	600500.SH	中化国际	5427229.1766	8744902.5731	69	601828.SH	美凯龙	1151498.2939	1413831.9840
23	601229.SH	上海银行	5056447.4000	5311247.8000	70	688271.SH	联影医疗	1141076.5602	923812.2701
24	688981.SH	中芯国际	4525042.5000	4951608.4000	71	600009.SH	上海机场	1104701.6051	548044.7621
25	600021.SH	上海电力	4240175.6976	3916111.1394	72	600508.SH	上海能源	1097765.6537	1263385.4428
26	600196.SH	复星医药	4139953.9588	4395154.6895	73	600663.SH	陆家嘴	1066700.9242	1176230.2453
27	600623.SH	华谊集团	4088136.7233	3851110.7497	74	688660.SH	电气风电	1011421.2909	1207513.9760
28	600018.SH	上港集团	3755157.0006	3727980.6724	75	601788.SH	光大证券	1003145.5479	1077968.4709
29	603056.SH	德邦股份	3627892.5073	3139154.3663	76	600850.SH	电科数字	1000088.5261	987152.2684
30	601211.SH	国泰君安	3614129.2021	3547128.4791	77	600748.SH	上实发展	985531.9180	524794.3729
31	600278.SH	东方创业	3364650.7155	4147711.9885	78	605050.SH	福然德	976192.4420	1034243.5555
32	600320.SH	振华重工	3293326.3802	3019179.2987	79	603713.SH	密尔克卫	975254.8133	1157561.5441
33	600827.SH	百联股份	3051894.7177	3226903.0986	80	601702.SH	华峰铝业	929094.4494	854476.6680
34	600642.SH	申能股份	2914161.2184	2819311.8547	81	600151.SH	航天机电	922561.7229	880446.3803
35	603341.SH	龙旗科技	2718506.4078	2934315.1526	82	603108.SH	润达医疗	914737.2720	1049441.8695
36	600732.SH	爱旭股份	2717011.0262	3507495.7100	83	600210.SH	紫江企业	911550.9048	960794.2224
37	600597.SH	光明乳业	2648520.0199	2821490.8036	84	600629.SH	华建集团	905918.5782	803966.5866
38	601825.SH	沪农商行	2641379.8000	2562727.0000	85	002324.SZ	普利特	870937.4461	675848.1609
39	601872.SH	招商轮船	2588101.3078	2970840.5329	86	600841.SH	动力新科	868057.4122	992903.3998
40	603899.SH	晨光股份	2335130.4328	1999631.5623	87	600708.SH	光明地产	860497.7269	1654106.1050
41	605222.SH	起帆电缆	2334840.8948	2064419.7072	88	600637.SH	东方明珠	797335.0186	670453.0270
42	600837.SH	海通证券	2295274.9636	2594818.7501	89	002252.SZ	上海莱士	796395.8567	656719.8581
43	600073.SH	上海梅林	2236718.1017	2498730.3986	90	600822.SH	上海物贸	786690.1093	502208.3679
44	600835.SH	上海机电	2232116.1350	2356952.8884	91	603515.SH	欧普照明	779498.8063	726997.6498
45	600026.SH	中远海能	2209052.2304	1865784.3201	92	601968.SH	宝钢包装	776046.1130	854337.7738
46	603501.SH	韦尔股份	2102064.1623	2007817.9456	93	600648.SH	外高桥	756881.0082	905828.4597
47	601156.SH	东航物流	2062109.2060	2347037.8481	94	600618.SH	氯碱化工	721387.0585	636422.3853

（续表）

序号	代码	公司简称	主营业务收入		序号	代码	公司简称	主营业务收入	
			2023 年	2022 年				2023 年	2022 年
95	600517.SH	国网英大	707118.7065	708091.4507	142	002636.SZ	金安国纪	357121.9217	376039.8833
96	600848.SH	上海临港	705213.4567	599940.9399	143	002184.SZ	海得控制	355171.4737	270564.4254
97	600081.SH	东风科技	681507.1292	685032.4463	144	603057.SH	紫燕食品	355014.5486	360259.2055
98	002116.SZ	中国海诚	665218.9061	571962.9031	145	605208.SH	永茂泰	353637.3003	353396.0816
99	600315.SH	上海家化	659759.9901	710631.2872	146	688385.SH	复旦微电	353625.9424	353890.8885
100	600639.SH	浦东金桥	658531.0852	505349.3603	147	002527.SZ	新时达	338745.3115	309729.6044
101	601200.SH	上海环境	638072.4728	628551.5349	148	603214.SH	爱婴室	333153.5860	361946.1421
102	600635.SH	大众公用	630253.9984	576849.4327	149	688063.SH	派能科技	329944.1165	601317.4798
103	688012.SH	中微公司	626351.3581	473983.0998	150	002568.SZ	百润股份	326389.0562	259340.7723
104	603197.SH	保隆科技	589746.4870	477771.4296	151	603855.SH	华荣股份	319694.4264	304292.6182
105	603730.SH	岱美股份	586130.3566	514579.7059	152	688126.SH	沪硅产业	319030.1295	360036.0963
106	002328.SZ	新朋股份	581776.0114	604697.9030	153	300253.SZ	卫宁健康	316342.4803	309286.4688
107	600846.SH	同济科技	567281.4947	394275.1497	154	603690.SH	至纯科技	315102.6067	304952.5266
108	300171.SZ	东富龙	564169.6443	546942.6362	155	600601.SH	方正科技	314893.2997	488869.2766
109	600819.SH	耀皮玻璃	558774.2284	475604.6535	156	603003.SH	*ST龙宇	312352.9965	998415.5853
110	600823.SH	*ST世茂	554660.6471	574658.8416	157	603378.SH	亚士创能	311039.1899	310769.8521
111	603681.SH	永冠新材	545656.3529	502695.2246	158	300222.SZ	科大智能	310193.3966	333232.3508
112	600490.SH	鹏欣资源	537347.5920	835228.4602	159	603083.SH	剑桥科技	308684.6523	378561.0476
113	688099.SH	晶晨股份	537094.3247	554491.4424	160	605339.SH	南侨食品	308250.0696	286139.5176
114	601083.SH	锦江航运	526612.8809	684016.9073	161	600638.SH	新黄浦	305639.8991	431728.0153
115	600602.SH	云赛智联	526380.3582	453425.1028	162	688538.SH	和辉光电-U	303844.9898	419088.1466
116	600676.SH	交运股份	521030.4777	594295.3020	163	688519.SH	南亚新材	298283.0514	377821.1331
117	603868.SH	飞科电器	505968.3184	462713.3752	164	300170.SZ	汉得信息	297969.8876	300688.1053
118	688680.SH	海优新材	487189.2571	530684.9727	165	688121.SH	卓然股份	295857.7195	293572.0318
119	300129.SZ	泰胜风能	481305.2851	312668.9952	166	603650.SH	彤程新材	294351.8542	250005.1846
120	002454.SZ	松芝股份	475821.7909	422501.2997	167	601696.SH	中银证券	294046.6639	295927.2537
121	300017.SZ	网宿科技	470549.5949	508422.7335	168	688213.SH	思特威-W	285734.3251	248298.7309
122	688728.SH	格科微	469717.7723	594379.6651	169	002669.SZ	康达新材	279252.5025	246636.1756
123	603786.SH	科博达	462511.5816	338391.7636	170	603020.SH	爱普股份	278317.0095	320224.1478
124	300180.SZ	华峰超纤	458724.5383	423265.0078	171	688133.SH	泰坦科技	276964.9017	260789.4277
125	002706.SZ	良信股份	458505.7446	415706.8010	172	605136.SH	丽人丽妆	276239.2312	324153.1127
126	600622.SH	光大嘉宝	439011.4924	556984.3148	173	300398.SZ	飞凯材料	272868.3450	290680.5535
127	300442.SZ	润泽科技	435078.8339	271474.0689	174	603192.SH	汇得科技	271189.8877	301725.8443
128	600611.SH	大众交通	433147.6644	216313.4747	175	300627.SZ	华测导航	267834.1128	223624.6840
129	002605.SZ	姚记科技	430687.2332	391484.6703	176	603886.SH	元祖股份	265910.2039	258714.4580
130	603365.SH	水星家纺	421091.2054	366375.1065	177	603012.SH	创力集团	265595.9447	260791.1133
131	300257.SZ	开山股份	416658.3909	375425.2370	178	688366.SH	昊海生科	265403.9069	213027.5956
132	600882.SH	妙可蓝多	404903.3691	482953.7952	179	603587.SH	地素时尚	264881.9535	240037.1623
133	603153.SH	上海建科	400949.9945	355770.7493	180	688220.SH	翱捷科技-U	259991.6150	214019.9745
134	603777.SH	来伊份	397718.2869	438239.3132	181	300511.SZ	雪榕生物	256514.4195	232043.2034
135	688082.SH	盛美上海	388834.2742	287304.5516	182	600649.SH	城投控股	255896.3970	846814.2356
136	300059.SZ	东方财富	388773.4788	462858.4902	183	603728.SH	鸣志电器	254279.1118	295996.2384
137	002158.SZ	汉钟精机	385233.9560	326573.3947	184	688798.SH	艾为电子	253092.1518	208952.1588
138	688596.SH	正帆科技	383473.5535	270474.2574	185	603329.SH	上海雅仕	251966.8999	308838.8252
139	600843.SH	上工申贝	379008.1765	332900.3912	186	600061.SH	国投资本	251270.4443	193660.3025
140	603619.SH	中曼石油	373194.7652	306515.5628	187	301099.SZ	雅创电子	247022.3309	220277.8387
141	300008.SZ	天海防务	360645.4147	272951.4253	188	300168.SZ	万达信息	245857.3579	322353.7008

（续表）

序号	代码	公司简称	主营业务收入		序号	代码	公司简称	主营业务收入	
			2023 年	2022 年				2023 年	2022 年
189	603987.SH	康德莱	245259.7519	311883.1796	236	605128.SH	上海沿浦	151859.7076	112173.2780
190	688155.SH	先惠技术	244837.8105	180515.5630	237	688158.SH	优刻得-W	151527.8875	197221.8730
191	002022.SZ	科华生物	242807.5214	696986.2628	238	688180.SH	君实生物-U	150254.9916	145349.2710
192	603039.SH	泛微网络	239319.2535	233148.3695	239	002825.SZ	纳尔股份	148745.4505	161831.4816
193	600640.SH	国脉文化	238486.2864	351098.1065	240	600643.SH	爱建集团	147761.6785	157838.8551
194	603887.SH	城地香江	237042.5471	268357.3083	241	688018.SH	乐鑫科技	143306.4911	127112.7201
195	603170.SH	宝立食品	236900.0731	203678.3646	242	002565.SZ	顺灏股份	142537.2879	141109.8403
196	603466.SH	风语筑	235049.6947	168190.4486	243	600826.SH	兰生股份	142195.7784	77308.8109
197	600613.SH	神奇制药	234094.5518	238861.7678	244	603956.SH	威派格	141720.0520	105687.4615
198	688521.SH	芯原股份	233799.6409	267899.0094	245	688188.SH	柏楚电子	140711.3184	89849.1949
199	688008.SH	澜起科技	228573.8498	367225.8477	246	688585.SH	上纬新材	139959.0537	185976.4725
200	301037.SZ	保立佳	226947.3891	316288.0650	247	301555.SZ	惠柏新材	137819.5711	177540.4335
201	300378.SZ	鼎捷软件	222773.9994	199520.4338	248	688202.SH	美迪西	136563.0884	165893.0295
202	688608.SH	恒玄科技	217627.7306	148479.8366	249	002269.SZ	美邦服饰	135572.8301	143935.9495
203	300493.SZ	润欣科技	216027.6635	210153.4485	250	300483.SZ	首华燃气	135385.9873	204508.9632
204	600171.SH	上海贝岭	213711.0753	204426.6389	251	688584.SH	上海合晶	134817.3673	155641.3635
205	688065.SH	凯赛生物	211417.4869	244110.3972	252	301303.SZ	真兰仪表	134482.8874	119107.8202
206	600895.SH	张江高科	202573.7631	190671.9420	253	688691.SH	灿芯股份	134149.2618	130255.9748
207	300230.SZ	永利股份	202196.1529	210071.5083	254	603330.SH	天洋新材	132536.1964	142599.9815
208	688578.SH	艾力斯	201818.2563	79100.2454	255	600692.SH	亚通股份	130527.5359	122532.8518
209	600097.SH	开创国际	201455.3819	194091.8188	256	600825.SH	新华传媒	130504.8204	125946.6477
210	600651.SH	飞乐音响	197319.3628	333394.3724	257	688368.SH	晶丰明源	130323.5062	107939.9834
211	688648.SH	中邮科技	195193.9761	221943.3280	258	300327.SZ	中颖电子	130023.1731	160189.4105
212	600650.SH	锦江在线	192833.6472	208800.3718	259	002162.SZ	悦心健康	127814.4047	116262.7691
213	603107.SH	上海汽配	190854.0816	163623.0495	260	605598.SH	上海港湾	127744.8164	88510.5171
214	603009.SH	北特科技	188110.9644	170550.2666	261	605151.SH	西上海	127567.2394	124205.7534
215	688131.SH	皓元医药	188004.6769	135805.3975	262	603121.SH	华培动力	126050.8720	90450.3822
216	688301.SH	奕瑞科技	186378.8560	154911.6658	263	688019.SH	安集科技	123787.1129	107678.7316
217	603579.SH	荣泰健康	185502.9391	200482.0680	264	301166.SZ	优宁维	122582.6220	119512.4205
218	603324.SH	盛剑环境	182599.8075	132847.6823	265	603325.SH	博隆技术	122313.2589	104093.7685
219	300613.SZ	富瀚微	182238.2478	211057.3639	266	300236.SZ	上海新阳	121242.0427	119568.6064
220	600833.SH	第一医药	181951.6166	265590.8525	267	688016.SH	心脉医疗	118720.4460	89650.0382
221	688484.SH	南芯科技	178040.2271	130078.0807	268	600851.SH	海欣股份	118257.0231	144009.0740
222	600630.SH	龙头股份	177766.4193	219436.2213	269	300947.SZ	德必集团	116923.9832	77884.9828
223	002401.SZ	中远海科	177569.0415	175158.4243	270	603062.SH	麦加芯彩	114065.1272	138679.8494
224	600679.SH	上海凤凰	173932.2692	160989.5459	271	603006.SH	联明股份	113748.9641	123116.5230
225	300890.SZ	翔丰华	168625.0881	235686.5373	272	600628.SH	新世界	113379.7723	85001.6033
226	688590.SH	新致软件	168269.2867	131541.7097	273	688766.SH	普冉股份	112705.0035	92482.8277
227	301060.SZ	兰卫医学	167436.8547	419930.5066	274	300892.SZ	品渥食品	112333.4693	153874.7962
228	300272.SZ	开能健康	167169.9377	166064.2447	275	002346.SZ	柘中股份	112293.7948	72561.3039
229	603648.SH	畅联股份	163202.9212	163757.2788	276	300286.SZ	安科瑞	112215.3497	101858.4922
230	605338.SH	巴比食品	163023.3258	152514.1412	277	600088.SH	中视传媒	111490.4026	114949.2197
231	600696.SH	岩石股份	162944.4899	109138.0324	278	000863.SZ	三湘印象	110495.8416	134852.5625
232	300039.SZ	上海凯宝	159405.1471	111885.0525	279	600689.SH	上海三毛	109382.0091	103366.4835
233	603683.SH	晶华新材	155856.6408	141388.4445	280	300153.SZ	科泰电源	109280.0635	87520.3678
234	301525.SZ	儒竞科技	154455.1386	161369.3903	281	603122.SH	合富中国	109260.2027	127966.6219
235	603881.SH	数据港	154213.3517	145539.5832	282	688073.SH	毕得医药	109185.8562	83383.1623

（续表）

序号	代码	公司简称	主营业务收入		序号	代码	公司简称	主营业务收入	
			2023 年	2022 年				2023 年	2022 年
283	603633.SH	徕木股份	108999.9900	93062.2146	330	603960.SH	克来机电	68821.9310	67727.5698
284	002451.SZ	摩恩电气	108858.8306	107848.7200	331	600624.SH	复旦复华	67967.8938	78900.5422
285	300963.SZ	中洲特材	108544.8240	87239.1960	332	688212.SH	澳华内镜	67808.0728	44525.8965
286	301062.SZ	上海艾录	106655.2510	112211.1283	333	002178.SZ	延华智能	67551.2460	62597.5713
287	301151.SZ	冠龙节能	105702.9247	93334.1912	334	605098.SH	行动教育	67224.1096	45091.9462
288	603131.SH	上海沪工	105296.9984	99151.5159	335	603256.SH	宏和科技	66115.4818	61209.6847
289	603030.SH	*ST全筑	103951.6897	200891.5587	336	301001.SZ	凯淳股份	63839.5061	76447.0022
290	603682.SH	锦和商管	103197.4367	88174.8841	337	605398.SH	新炬网络	63650.5934	61318.6424
291	603196.SH	日播时尚	102695.4659	95245.8912	338	688591.SH	泰凌微	63609.1867	60929.9456
292	600824.SH	益民集团	102565.5805	79941.6031	339	688370.SH	丛麟科技	63479.7614	73315.0033
293	600604.SH	市北高新	102175.8017	126296.2536	340	603275.SH	众辰科技	61634.8264	53591.3652
294	300501.SZ	海顺新材	102087.2007	101260.1236	341	605289.SH	罗曼股份	61019.6582	31229.7797
295	300590.SZ	移为通信	101576.0387	100222.3029	342	830799.BJ	艾融软件	60643.0208	60603.4197
296	688336.SH	三生国健	101403.4318	82549.1804	343	688391.SH	钜泉科技	60304.5633	70990.4739
297	603211.SH	晋拓股份	100317.2732	97829.9375	344	300462.SZ	华铭智能	60079.1628	62382.1520
298	002486.SZ	嘉麟杰	98824.0110	136516.6417	345	603895.SH	天永智能	59492.1931	57824.3920
299	688330.SH	宏力达	98545.5190	107150.2454	346	301000.SZ	肇民科技	59120.9247	53459.0544
300	688602.SH	康鹏科技	97959.1613	123819.8144	347	301046.SZ	能辉科技	59078.3845	38167.2608
301	300061.SZ	旗天科技	97489.3803	125568.0704	348	688335.SH	复洁环保	57608.2325	78947.2652
302	600818.SH	中路股份	97331.6949	92748.6208	349	600616.SH	金枫酒业	57281.3073	66160.5733
303	600661.SH	昂立教育	96573.2916	76042.3010	350	300551.SZ	古鳌科技	56833.9077	52533.5882
304	600641.SH	万业企业	96460.9316	115757.6096	351	002195.SZ	岩山科技	56516.5893	66734.5638
305	300326.SZ	凯利泰	95625.9537	116604.2082	352	603232.SH	格尔软件	56134.5658	65952.0728
306	300915.SZ	海融科技	95456.7881	86816.3477	353	300802.SZ	矩子科技	56093.7843	68354.6993
307	603918.SH	金桥信息	93202.1548	86374.8335	354	603159.SH	上海亚虹	55641.8731	59769.2700
308	600272.SH	开开实业	92507.0377	89417.1857	355	300642.SZ	透景生命	54280.9311	71597.0892
309	300380.SZ	安硕信息	88802.4296	77902.5524	356	002561.SZ	徐家汇	54155.7548	48086.7727
310	603022.SH	新通联	86382.9672	79303.5948	357	603200.SH	上海洗霸	54143.9250	60497.9843
311	600119.SH	长江投资	86258.5846	127157.5887	358	300074.SZ	华平股份	53147.1032	41279.2863
312	688505.SH	复旦张江	85073.3212	103115.9838	359	688110.SH	东芯股份	53058.8243	114600.0877
313	300067.SZ	安诺其	80904.2319	75142.1131	360	688392.SH	骄成超声	52518.8816	52248.9446
314	601595.SH	上海电影	79522.6524	36834.5326	361	688129.SH	东来技术	51894.8207	39364.6158
315	601519.SH	大智慧	77739.0976	78025.3394	362	600836.SH	*ST易连	51607.7326	51434.6754
316	603790.SH	雅运股份	77395.3742	76822.1002	363	688160.SH	步科股份	50648.0268	53930.6529
317	603496.SH	恒为科技	77141.6211	77052.8340	364	301156.SZ	美农生物	50441.9868	48331.6844
318	301257.SZ	普蕊斯	76004.2605	58623.1829	365	300126.SZ	锐奇股份	50118.1138	43470.4626
319	301499.SZ	维科精密	75874.2555	70690.3133	366	301005.SZ	超捷股份	49299.0806	46968.5065
320	601616.SH	广电电气	75682.7044	98380.7819	367	688031.SH	星环科技-U	49080.5231	37262.4676
321	002278.SZ	神开股份	74367.1017	60395.9923	368	301230.SZ	泓博医药	48971.7075	47888.3784
322	603037.SH	凯众股份	73944.3602	64201.9308	369	688118.SH	普元信息	48053.3586	42535.6486
323	688372.SH	伟测科技	73652.4835	73302.3302	370	688593.SH	新相微	48044.7345	42700.4386
324	688479.SH	友车科技	73581.3065	66155.4289	371	688085.SH	三友医疗	46039.2061	64915.2315
325	300225.SZ	金力泰	73474.3234	63291.3639	372	300578.SZ	会畅通讯	45470.6438	66974.6293
326	603068.SH	博通集成	70458.9752	71322.1412	373	688061.SH	灿瑞科技	45457.4180	59320.1183
327	688123.SH	聚辰股份	70347.6519	98043.2752	374	300508.SZ	维宏股份	44126.4246	38751.9550
328	688107.SH	安路科技	70078.5891	104200.9218	375	301025.SZ	读客文化	43419.2344	51379.2659
329	603499.SH	翔港科技	69408.5570	66308.3667	376	688653.SH	康希通信	41496.0534	41975.5928

（续表）

序号	代码	公司简称	主营业务收入 2023 年	主营业务收入 2022 年	序号	代码	公司简称	主营业务收入 2023 年	主营业务收入 2022 年
377	688592.SH	司南导航	41169.2337	33565.0197	412	831961.BJ	创远信科	27035.0587	31799.1496
378	300245.SZ	天玑科技	41152.0339	59828.6181	413	300262.SZ	*ST巴安	26790.3140	26363.9939
379	002858.SZ	力盛体育	40516.6242	25830.2290	414	301289.SZ	国缆检测	26108.8936	20867.9733
380	688179.SH	阿拉丁	40287.6481	37810.4009	415	688217.SH	睿昂基因	25821.1314	42429.8139
381	600834.SH	申通地铁	40160.2402	34313.3079	416	872541.BJ	铁大科技	24906.2998	23275.2463
382	001266.SZ	宏英智能	40030.2594	40725.4353	417	688293.SH	奥浦迈	24312.4040	29436.5734
383	603226.SH	菲林格尔	39490.3123	52657.5627	418	688435.SH	英方软件	24310.9669	19686.8134
384	688682.SH	霍莱沃	39423.6812	33619.9771	419	603718.SH	海利生物	24072.2982	29999.1675
385	301419.SZ	阿莱德	38724.1023	39848.9402	420	002211.SZ	宏达新材	23483.4588	36460.7624
386	688718.SH	唯赛勃	38421.1761	30804.8370	421	831305.BJ	海希通讯	23426.0477	21963.1928
387	600636.SH	国新文化	38381.4687	46868.1846	422	833346.BJ	威贸电子	22882.2733	20206.7262
388	300983.SZ	尤安设计	37944.6520	50816.0846	423	873693.BJ	阿为特	20738.4721	23344.8484
389	300609.SZ	汇纳科技	37624.9838	36112.0928	424	688238.SH	和元生物	20480.5008	29130.4277
390	301228.SZ	实朴检测	37383.1958	35146.9621	425	688163.SH	赛伦生物	19014.4197	17422.1006
391	301070.SZ	开勒股份	36858.1263	30393.5858	426	688382.SH	益方生物-U	18552.6867	
392	688265.SH	南模生物	36654.8781	30296.5240	427	605081.SH	太和水	18302.9511	20540.7096
393	301161.SZ	唯万密封	36319.6925	34043.3255	428	836414.BJ	欧普泰	18004.5880	13295.4300
394	688091.SH	上海谊众	36025.3871	23595.7004	429	600608.SH	ST沪科	17103.2692	36677.4990
395	688071.SH	华依科技	35181.9778	33679.9572	430	430300.BJ	辰光医疗	16564.4428	18780.8941
396	301273.SZ	瑞晨环保	34124.8991	43863.6237	431	688193.SH	仁度生物	16441.2273	30384.8686
397	603729.SH	龙韵股份	32991.9776	40087.6137	432	600503.SH	华丽家族	16147.7430	21145.9286
398	688351.SH	微电生理-U	32919.4871	26032.4959	433	002058.SZ	威尔泰	15659.6258	14765.0052
399	688206.SH	概伦电子	32889.6154	27854.9701	434	603580.SH	艾艾精工	15461.8920	17651.7930
400	688230.SH	芯导科技	32042.6745	33614.7850	435	301024.SZ	霍普股份	14469.8657	13393.9759
401	688507.SH	索辰科技	32038.1398	26805.2326	436	836504.BJ	博迅生物	14227.2378	14267.9394
402	430139.BJ	华岭股份	31548.9627	27549.3855	437	600193.SH	创兴资源	13030.9402	26365.4574
403	301315.SZ	威士顿	31347.4794	30713.6626	438	600605.SH	汇通能源	12998.5576	10848.3750
404	300762.SZ	上海瀚讯	31274.9976	40061.1149	439	688062.SH	迈威生物-U	12783.5534	2772.8179
405	605186.SH	健麾信息	30755.9138	32235.9786	440	300899.SZ	上海凯鑫	12462.7816	15407.0701
406	688098.SH	申联生物	30148.7060	32859.4513	441	600647.SH	*ST同达	10999.1125	1868.8379
407	688247.SH	宣泰医药	29987.1288	24756.2433	442	688373.SH	盟科药业-U	9077.6385	4820.6747
408	600620.SH	天宸股份	29737.4335	24373.4575	443	600838.SH	上海九百	8654.8296	6854.3256
409	600530.SH	ST交昂	29632.7065	37715.0265	444	600621.SH	华鑫股份	1446.0578	10566.9681
410	603189.SH	网达软件	29549.0294	31659.7277	445	600816.SH	建元信托	—	—
411	688317.SH	之江生物	27433.3303	232625.5117					

上海工商类上市公司 2023 年度利润总额排序

(单位：万元)

序号	代码	公司简称	利润总额 2023 年	利润总额 2021 年	序号	代码	公司简称	利润总额 2023 年	利润总额 2021 年
1	601328.SH	交通银行	9969800.0000	9821500.0000	48	600835.SH	上海机电	171323.6470	166704.3004
2	600000.SH	浦发银行	4069200.0000	5614900.0000	49	600837.SH	海通证券	156587.5246	799903.5635
3	601601.SH	中国太保	3200100.0000	2517600.0000	50	600623.SH	华谊集团	156543.1857	210845.9353
4	600104.SH	上汽集团	2597328.2532	2807108.0464	51	600009.SH	上海机场	138801.0952	−382502.3513
5	601229.SH	上海银行	2589709.0000	2404429.3000	52	601866.SH	中远海发	138250.6700	482646.5802
6	600018.SH	上港集团	1624685.5825	2012428.9106	53	600508.SH	上海能源	135227.0687	235472.4067
7	600019.SH	宝钢股份	1508583.5698	1504404.7743	54	600895.SH	张江高科	131185.6074	93326.2562
8	601825.SH	沪农商行	1488646.7000	1366897.5000	55	603868.SH	飞科电器	125307.8341	108683.8909
9	601211.SH	国泰君安	1214789.8479	1413997.1605	56	600648.SH	外高桥	125223.8518	166385.3319
10	300059.SZ	东方财富	932700.7047	978266.7962	57	600748.SH	上实发展	120621.1675	27573.6265
11	600741.SH	华域汽车	903861.4642	913899.4195	58	688347.SH	华虹公司	117754.4111	334055.2063
12	601607.SH	上海医药	705429.6738	880835.3281	59	600420.SH	国药现代	109655.9564	98411.9879
13	688981.SH	中芯国际	684041.8000	1475956.4000	60	603515.SH	欧普照明	108209.7322	88630.7662
14	601872.SH	招商轮船	541459.4622	593397.9401	61	600675.SH	中华企业	103965.0411	31889.8000
15	601788.SH	光大证券	475729.7012	385390.5359	62	002568.SZ	百润股份	102764.5503	65103.5449
16	600642.SH	申能股份	475405.5721	142925.1052	63	601696.SH	中银证券	102569.7676	90246.2659
17	600026.SH	中远海能	474206.3242	274905.8985	64	603619.SH	中曼石油	102123.9218	68683.9968
18	600021.SH	上海电力	440364.3439	254641.2073	65	601702.SH	华峰铝业	101359.6742	72196.6113
19	600612.SH	老凤祥	397901.4808	302797.9889	66	002158.SZ	汉钟精机	100936.3869	76803.1746
20	600820.SH	隧道股份	393129.1507	382636.5177	67	603885.SH	吉祥航空	96849.3807	−548512.9772
21	601156.SH	东航物流	375446.0743	572227.5613	68	688082.SH	盛美上海	96381.4781	71669.6266
22	600061.SH	国投资本	353879.0316	406091.7013	69	600637.SH	东方明珠	94149.7164	24896.4801
23	300999.SZ	金龙鱼	341562.7000	386575.1000	70	601083.SH	锦江航运	92668.8886	232061.8071
24	601727.SH	上海电气	329480.9000	−197529.8000	71	603056.SH	德邦股份	92290.8648	78464.7281
25	600196.SH	复星医药	326456.7879	457438.1585	72	600662.SH	外服控股	91230.8397	81329.4989
26	601611.SH	中国核建	309363.1246	297716.4764	73	600618.SH	氯碱化工	88591.7452	150421.9492
27	600150.SH	中国船舶	302224.1581	217328.4105	74	688188.SH	柏楚电子	82681.4466	55101.4701
28	600170.SH	上海建工	295414.7376	227107.0921	75	603128.SH	华贸物流	82569.4088	117592.7615
29	600958.SH	东方证券	291914.0434	337801.9682	76	600597.SH	光明乳业	81638.2653	49790.4676
30	603296.SH	华勤技术	283364.1028	280001.3036	77	603730.SH	岱美股份	80029.0481	59036.4834
31	600845.SH	宝信软件	282026.0725	239896.2890	78	601200.SH	上海环境	79566.3737	73050.7531
32	601021.SH	春秋航空	264200.6355	−339877.0207	79	600320.SH	振华重工	78515.7669	65523.4788
33	600663.SH	陆家嘴	255838.0142	201124.6741	80	600094.SH	大名城	75804.6487	33315.6021
34	600639.SH	浦东金桥	240786.6776	208757.7929	81	688385.SH	复旦微电	75185.0855	112151.0687
35	603659.SH	璞泰来	235129.1030	367142.5270	82	600210.SH	紫江企业	73992.1548	78762.5777
36	600655.SH	豫园股份	231434.2056	594409.9827	83	002605.SZ	姚记科技	71196.1711	43381.2153
37	600517.SH	国网英大	230405.8982	187330.6539	84	300171.SZ	东富龙	70878.5312	100241.3371
38	603565.SH	中谷物流	228191.2393	366866.0197	85	600732.SH	爱旭股份	69940.3716	247271.8899
39	600848.SH	上海临港	224623.2416	181666.6621	86	603786.SH	科博达	69457.3591	56632.7035
40	002252.SZ	上海莱士	220408.4478	227360.7686	87	603501.SH	韦尔股份	69144.6265	130132.2593
41	601231.SH	环旭电子	218968.7856	347719.5221	88	688301.SH	奕瑞科技	68498.6065	70869.3547
42	688271.SH	联影医疗	214225.4674	191979.5363	89	603587.SH	地素时尚	66598.0602	49841.1947
43	688012.SH	中微公司	201038.1609	125854.7880	90	688578.SH	艾力斯	65622.1233	12599.8903
44	603899.SH	晨光股份	197947.2773	166489.6454	91	603108.SH	润达医疗	65555.5112	81965.1292
45	600754.SH	锦江酒店	179332.9773	49477.9801	92	300017.SZ	网宿科技	65143.2125	19407.3262
46	300442.SZ	润泽科技	177730.5679	122611.6886	93	603341.SH	龙旗科技	65108.0706	58831.6922
47	002028.SZ	思源电气	177141.0435	133109.8201	94	600284.SH	浦东建设	61298.5348	59546.5628

（续表）

序号	代码	公司简称	利润总额		序号	代码	公司简称	利润总额	
			2023 年	2021 年				2023 年	2021 年
95	603713.SH	密尔克卫	60759.9842	72930.6360	142	603325.SH	博隆技术	33136.4148	27266.7964
96	688063.SH	派能科技	60098.8397	148223.0422	143	601968.SH	宝钢包装	31862.7100	33977.0287
97	600611.SH	大众交通	58272.7408	−29343.9107	144	603466.SH	风语筑	31700.0454	7594.3799
98	002706.SZ	良信股份	57355.9043	46133.2548	145	688336.SH	三生国健	31063.4133	2895.5733
99	605222.SH	起帆电缆	57235.9631	49492.3989	146	603987.SH	康德莱	30048.1920	39937.8625
100	688016.SH	心脉医疗	57226.6988	41389.5417	147	605338.SH	巴比食品	28207.6491	29001.9875
101	600850.SH	电科数字	57062.5364	56933.3915	148	600708.SH	光明地产	27809.2144	57241.1143
102	605050.SH	福然德	56641.7318	41197.2245	149	688584.SH	上海合晶	27493.5393	40923.7775
103	600315.SH	上海家化	56346.0441	54888.3200	150	605339.SH	南侨食品	27185.5439	19590.1724
104	600649.SH	城投控股	56083.8770	151726.8628	151	688484.SH	南芯科技	26627.7834	24131.6783
105	600629.SH	华建集团	54615.2966	50571.5772	152	605098.SH	行动教育	25733.7464	12842.1985
106	603855.SH	华荣股份	52232.3160	40024.6573	153	301525.SZ	儒竞科技	25387.6672	24554.9266
107	300226.SZ	上海钢联	51996.3168	43488.4696	154	600602.SH	云赛智联	25055.2805	20332.8080
108	688366.SH	昊海生科	50826.0726	23572.6503	155	600088.SH	中视传媒	24908.4901	−8371.6733
109	600621.SH	华鑫股份	50549.7445	41328.5501	156	300613.SZ	富瀚微	24707.3674	40471.8723
110	688099.SH	晶晨股份	50302.8055	72094.7142	157	603579.SH	荣泰健康	23019.1663	17937.2709
111	002324.SZ	普利特	49621.7781	20921.7179	158	300378.SZ	鼎捷软件	22844.3205	19759.0471
112	600278.SH	东方创业	49462.4881	61775.4185	159	688330.SH	宏力达	22409.7436	36555.8828
113	603197.SH	保隆科技	48221.2898	30328.9439	160	300286.SZ	安科瑞	22338.6241	18431.7031
114	300257.SZ	开山股份	47730.7134	45378.7255	161	603275.SH	众辰科技	22176.1386	17350.4894
115	688008.SH	澜起科技	47221.8811	141386.5609	162	605598.SH	上海港湾	21597.7752	19013.0897
116	600827.SH	百联股份	46983.8354	103316.7626	163	600643.SH	爱建集团	21186.4828	72860.0093
117	300627.SZ	华测导航	45707.6667	35324.8167	164	600851.SH	海欣股份	20718.1178	23032.9732
118	603012.SH	创力集团	45115.3076	49921.5419	165	600822.SH	上海物贸	20266.9381	6328.0108
119	603365.SH	水星家纺	45057.4743	33142.1527	166	002401.SZ	中远海科	19962.8022	20418.1606
120	688065.SH	凯赛生物	44892.4542	69599.1911	167	603062.SH	麦加芯彩	19489.7681	30481.0306
121	600846.SH	同济科技	44414.1601	43005.5850	168	688091.SH	上海谊众	18690.0152	14956.1583
122	688596.SH	正帆科技	44053.2094	26800.3155	169	300236.SZ	上海新阳	18648.3795	5203.6197
123	688019.SH	安集科技	44042.2481	33919.8799	170	688691.SH	灿芯股份	18268.2030	10140.4196
124	603057.SH	紫燕食品	43248.7051	28316.3569	171	002184.SZ	海得控制	18051.8722	18621.7017
125	603650.SH	彤程新材	42698.4749	30568.7096	172	603107.SH	上海汽配	18014.7658	14097.6449
126	300230.SZ	永利股份	42042.9988	28813.9301	173	603324.SH	盛剑环境	17960.1890	14149.9412
127	603690.SH	至纯科技	41104.3535	29300.2678	174	603648.SH	畅联股份	17946.0124	19160.2258
128	002195.SZ	岩山科技	41084.5848	26147.2216	175	600650.SH	锦江在线	17802.6709	71161.2439
129	603170.SH	宝立食品	40951.0585	29527.9562	176	688126.SH	沪硅产业	17765.2077	40327.2422
130	600635.SH	大众公用	40287.9434	−29948.6134	177	600696.SH	岩石股份	17633.8975	9899.3573
131	603153.SH	上海建科	38885.1641	34819.4233	178	600638.SH	新黄浦	17593.2972	13611.8897
132	300039.SZ	上海凯宝	38353.3486	22619.0923	179	603039.SH	泛微网络	17281.0769	23368.9958
133	002328.SZ	新朋股份	37710.3609	50021.0739	180	600843.SH	上工申贝	17130.9996	14338.9704
134	600826.SH	兰生股份	37708.9218	12445.8405	181	600641.SH	万业企业	16918.7815	51380.2510
135	301303.SZ	真兰仪表	36194.3444	24242.9142	182	600097.SH	开创国际	16735.9424	11926.8699
136	002116.SZ	中国海诚	35914.2536	22668.8514	183	603881.SH	数据港	16630.5573	14514.5457
137	603886.SH	元祖股份	35363.3238	34401.8173	184	605151.SH	西上海	16246.8289	16260.8515
138	002346.SZ	柘中股份	35058.7021	57047.1667	185	301257.SZ	普蕊斯	16103.3166	8083.7506
139	300253.SZ	卫宁健康	34074.7203	3854.0795	186	600072.SH	中船科技	15957.1951	11817.1561
140	600081.SH	东风科技	33711.1954	33253.6472	187	300272.SZ	开能健康	15880.5320	11427.2853
141	300129.SZ	泰胜风能	33491.0571	29754.1992	188	300590.SZ	移为通信	15443.8649	17725.1126

（续表）

序号	代码	公司简称	利润总额 2023 年	2021 年	序号	代码	公司简称	利润总额 2023 年	2021 年
189	688155.SH	先惠技术	15409.8288	-9343.2495	236	301289.SZ	国缆检测	9113.5425	8488.5227
190	601595.SH	上海电影	15191.8808	-33500.9627	237	300802.SZ	矩子科技	9102.4328	14947.6331
191	300398.SZ	飞凯材料	15124.1552	49311.0529	238	300963.SZ	中洲特材	8979.9660	8865.8137
192	688121.SH	卓然股份	15121.6209	20404.4643	239	300642.SZ	透景生命	8748.4681	13066.4034
193	603728.SH	鸣志电器	14853.0145	28501.6788	240	600824.SH	益民集团	8664.4358	-36610.0829
194	600601.SH	方正科技	14685.0262	-42693.8485	241	688133.SH	泰坦科技	8519.2984	15109.4523
195	603214.SH	爱婴室	14340.9119	12840.9677	242	688123.SH	聚辰股份	8466.4622	38326.6141
196	600616.SH	金枫酒业	14340.8241	460.7359	243	600882.SH	妙可蓝多	8378.2125	23575.6186
197	603020.SH	爱普股份	14187.7735	16530.9459	244	600613.SH	神奇制药	8340.7967	6322.8346
198	300008.SZ	天海防务	14075.3971	14981.8724	245	603003.SH	*ST龙宇	8280.5960	4571.4825
199	688085.SH	三友医疗	13486.9020	23954.1213	246	688370.SH	丛麟科技	8113.9320	20015.9367
200	300326.SZ	凯利泰	13357.3702	-226.3533	247	830799.BJ	艾融软件	8051.4726	4980.3811
201	603006.SH	联明股份	13344.5822	19405.7680	248	301062.SZ	上海艾录	7984.6704	11764.6263
202	300327.SZ	中颖电子	13243.8105	31066.2480	249	430139.BJ	华岭股份	7736.3052	7447.1328
203	002454.SZ	松芝股份	13186.1555	12351.4076	250	603496.SH	恒为科技	7727.2435	7490.2693
204	688131.SH	皓元医药	12819.2544	19854.3114	251	603236.SH	移远通信	7662.1700	61332.8078
205	688073.SH	毕得医药	12599.6771	17177.1998	252	301099.SZ	雅创电子	7631.6415	19872.3024
206	301151.SZ	冠龙节能	12583.1955	12691.4731	253	603633.SH	徕木股份	7581.8309	7210.3924
207	688602.SH	康鹏科技	12580.8924	20047.5393	254	301499.SZ	维科精密	7359.2670	6883.9665
208	688608.SH	恒玄科技	12437.6823	12409.3501	255	688590.SH	新致软件	7305.5586	-5874.1567
209	688479.SH	友车科技	12079.1789	11784.7063	256	688392.SH	骄成超声	7196.5843	11864.4734
210	688391.SH	钜泉科技	11965.2622	19734.3876	257	301156.SZ	美农生物	7021.9810	5828.4523
211	002561.SZ	徐家汇	11949.6135	5150.2441	258	688648.SH	中邮科技	6951.5689	8364.0255
212	603682.SH	锦和商管	11827.8956	11537.1897	259	603777.SH	来伊份	6821.5649	11398.6572
213	600833.SH	第一医药	11751.0691	19051.8657	260	603681.SH	永冠新材	6800.7317	25106.1008
214	301000.SZ	肇民科技	11473.6503	10429.9102	261	605186.SH	健麾信息	6784.7598	13203.4532
215	603121.SH	华培动力	11222.2619	-300.2316	262	600676.SH	交运股份	6689.4975	938.4097
216	300501.SZ	海顺新材	10897.0927	12292.3082	263	603683.SH	晶华新材	6677.0593	2253.2959
217	688335.SH	复洁环保	10721.2360	13181.8317	264	688247.SH	宣泰医药	6599.0781	9747.5421
218	688018.SH	乐鑫科技	10539.5747	8608.7694	265	603122.SH	合富中国	6569.7197	11384.4234
219	002506.SZ	协鑫集成	10537.8796	8173.4904	266	603022.SH	新通联	6546.0408	4166.2506
220	688230.SH	芯导科技	10336.8785	12975.2598	267	600628.SH	新世界	6504.1128	-5957.2377
221	603960.SH	克来机电	10269.0014	7182.9588	268	301555.SZ	惠柏新材	6487.3670	7773.5560
222	002825.SZ	纳尔股份	10252.6358	42451.7411	269	688160.SH	步科股份	6417.5207	10264.3301
223	605128.SH	上海沿浦	10178.6766	4218.9922	270	301046.SZ	能辉科技	6329.7271	2717.5673
224	300915.SZ	海融科技	9990.1361	10730.3289	271	600838.SH	上海九百	6219.6588	5229.9718
225	600834.SH	申通地铁	9951.1929	10071.2592	272	600640.SH	国脉文化	6207.8706	-20586.0890
226	300890.SZ	翔丰华	9939.1937	18225.9693	273	688293.SH	奥浦迈	6166.8638	11943.4078
227	603037.SH	凯众股份	9828.9272	8260.5653	274	605398.SH	新炬网络	6147.8907	6377.8061
228	688505.SH	复旦张江	9752.8063	13229.3548	275	301419.SZ	阿莱德	6091.4144	8105.4157
229	600503.SH	华丽家族	9575.9250	7349.8752	276	002486.SZ	嘉麟杰	5956.6522	10506.1060
230	688372.SH	伟测科技	9572.7970	24476.3965	277	301315.SZ	威士顿	5922.8937	6905.8945
231	688179.SH	阿拉丁	9490.5627	10567.3482	278	688129.SH	东来技术	5882.0356	2466.5437
232	688585.SH	上纬新材	9454.6150	10751.2238	279	603192.SH	汇得科技	5806.6182	5551.4582
233	603083.SH	剑桥科技	9391.3763	17851.1917	280	300947.SZ	德必集团	5789.4418	4150.0182
234	605289.SH	罗曼股份	9357.1655	-2278.6661	281	603718.SH	海利生物	5602.2480	13121.7275
235	601519.SH	大智慧	9218.3844	-8362.4187	282	688507.SH	索辰科技	5591.2390	5788.6765

（续表）

序号	代码	公司简称	利润总额		序号	代码	公司简称	利润总额	
			2023 年	2021 年				2023 年	2021 年
283	603009.SH	北特科技	5542.8344	4331.2778	330	831961.BJ	创远信科	2639.6848	1058.2847
284	600272.SH	开开实业	5493.4727	6074.2619	331	600630.SH	龙头股份	2565.6391	−51310.4524
285	002565.SZ	顺灏股份	5427.1653	−5164.1165	332	873693.BJ	阿为特	2404.1642	2907.8776
286	688212.SH	澳华内镜	5391.0227	1698.4679	333	605208.SH	永茂泰	2379.4394	10106.2193
287	600605.SH	汇通能源	5263.5249	1763.1659	334	603196.SH	日播时尚	2357.4300	2327.2738
288	831305.BJ	海希通讯	5242.3967	7564.7398	335	600624.SH	复旦复华	2348.2525	106.8855
289	603211.SH	晋拓股份	5217.3796	6501.9024	336	600689.SH	上海三毛	2309.4500	−1054.5049
290	688591.SH	泰凌微	5020.6547	4932.1678	337	688593.SH	新相微	2261.8006	12195.6270
291	603378.SH	亚士创能	4852.1304	10327.3719	338	301005.SZ	超捷股份	2081.1032	7060.6922
292	688718.SH	唯赛勃	4660.3942	3186.1381	339	002451.SZ	摩恩电气	1948.0051	2331.0351
293	603790.SH	雅运股份	4624.1670	4473.3744	340	300225.SZ	金力泰	1835.2624	−12587.5294
294	603030.SH	*ST全筑	4589.3194	−109042.5905	341	600816.SH	建元信托	1778.4861	−158611.3522
295	600679.SH	上海凤凰	4553.8152	−30630.8116	342	600119.SH	长江投资	1627.0648	−467.5213
296	688163.SH	赛伦生物	4541.5269	7403.8155	343	300899.SZ	上海凯鑫	1554.9269	2997.9391
297	603200.SH	上海洗霸	4407.1610	4303.7105	344	688798.SH	艾为电子	1537.7352	−8220.8298
298	833346.BJ	威贸电子	4376.3683	3795.3671	345	603499.SH	翔港科技	1490.0729	363.1506
299	605136.SH	丽人丽妆	4352.2946	−17170.6857	346	688728.SH	格科微	1231.8164	52913.6470
300	601616.SH	广电电气	4307.1057	9357.9411	347	603956.SH	威派格	1136.8132	−14774.8997
301	688435.SH	英方软件	4296.8036	3546.1392	348	301001.SZ	凯淳股份	877.8937	−682.7260
302	603232.SH	格尔软件	4293.5940	−1443.6371	349	603329.SH	上海雅仕	868.4738	19961.0655
303	872541.BJ	铁大科技	4248.2616	3561.1647	350	600692.SH	亚通股份	758.6221	1586.0320
304	600825.SH	新华传媒	4234.8279	1012.6181	351	300067.SZ	安诺其	603.2422	3903.4243
305	301161.SZ	唯万密封	4186.3482	4594.9216	352	688351.SH	微电生理-U	561.0357	297.1824
306	002669.SZ	康达新材	4164.6830	5287.5181	353	688193.SH	仁度生物	476.2531	2668.1515
307	688592.SH	司南导航	4050.3218	3583.3495	354	300983.SZ	尤安设计	439.9210	3112.3311
308	002278.SZ	神开股份	3979.1840	−1837.4212	355	300126.SZ	锐奇股份	407.8663	336.6780
309	300508.SZ	维宏股份	3975.4518	5083.5648	356	688653.SH	康希通信	364.2982	2096.6593
310	300493.SZ	润欣科技	3970.6452	6396.8906	357	603580.SH	艾艾精工	122.3885	−349.6324
311	002162.SZ	悦心健康	3942.1676	−30083.6858	358	688061.SH	灿瑞科技	−162.8094	14888.0514
312	836414.BJ	欧普泰	3888.3331	3183.7163	359	301025.SZ	读客文化	−779.5193	7966.2347
313	603159.SH	上海亚虹	3802.2289	3139.0516	360	688217.SH	睿昂基因	−940.0746	7148.2090
314	600651.SH	飞乐音响	3706.9067	34241.7238	361	002058.SZ	威尔泰	−1309.0183	−2014.4700
315	301230.SZ	泓博医药	3676.2780	7292.1523	362	300462.SZ	华铭智能	−1365.7031	6353.2860
316	688682.SH	霍莱沃	3628.7054	5859.7631	363	430300.BJ	辰光医疗	−1673.6802	2217.4378
317	688098.SH	申联生物	3626.5098	7455.0983	364	600193.SH	创兴资源	−1900.0630	680.6380
318	300153.SZ	科泰电源	3569.8572	3227.3780	365	600836.SH	*ST易连	−1974.6654	−6246.2738
319	301166.SZ	优宁维	3548.3520	12851.7689	366	688213.SH	思特威-W	−2214.7863	−14468.1638
320	002269.SZ	美邦服饰	3281.1443	−83103.6565	367	001266.SZ	宏英智能	−2218.2508	7720.8292
321	301273.SZ	瑞晨环保	3130.2514	5760.0379	368	603226.SH	菲林格尔	−2250.4597	705.8203
322	300074.SZ	华平股份	3040.7544	−11706.9594	369	600608.SH	ST沪科	−2295.2593	544.8899
323	301070.SZ	开勒股份	3004.6109	3822.9100	370	688071.SH	华依科技	−2355.3021	3811.3022
324	600818.SH	中路股份	2986.4544	−10944.3017	371	000863.SZ	三湘印象	−2489.7655	10083.2056
325	836504.BJ	博迅生物	2974.2526	3032.1362	372	688118.SH	普元信息	−2523.1467	−939.8118
326	002178.SZ	延华智能	2908.8697	−16252.1345	373	300609.SZ	汇纳科技	−2727.2574	−4658.8287
327	600620.SH	天宸股份	2855.9194	4552.4046	374	002211.SZ	宏达新材	−2799.7598	3961.5045
328	603918.SH	金桥信息	2791.1402	1641.9885	375	688265.SH	南模生物	−2990.3579	−1471.4693
329	600647.SH	*ST同达	2716.6120	602.6906	376	600530.SH	ST交昂	−3036.4249	−48150.8057

（续表）

序号	代码	公司简称	利润总额		序号	代码	公司简称	利润总额	
			2023 年	2021 年				2023 年	2021 年
377	301037.SZ	保立佳	−4197.9895	274.7503	412	300511.SZ	雪榕生物	−19209.9129	−38054.9177
378	603131.SH	上海沪工	−4937.2653	−11920.1107	413	600490.SH	鹏欣资源	−19568.2164	−81755.7325
379	300380.SZ	安硕信息	−5502.6743	−9637.3539	414	688107.SH	安路科技	−19718.7674	5982.7953
380	688206.SH	概伦电子	−5575.7177	4584.4936	415	605081.SH	太和水	−23450.6016	−18595.0976
381	688202.SH	美迪西	−5910.4956	36810.6285	416	300762.SZ	上海瀚讯	−25434.0229	6811.7019
382	603729.SH	龙韵股份	−6094.1626	−20740.3628	417	300483.SZ	首华燃气	−25748.6655	12602.3354
383	300170.SZ	汉得信息	−6342.9685	47806.4706	418	300180.SZ	华峰超纤	−25767.8504	−37442.5667
384	603256.SH	宏和科技	−6796.9332	5783.6484	419	688521.SH	芯原股份	−26922.3602	9368.4272
385	300551.SZ	古鳌科技	−6931.9779	−4749.4367	420	688382.SH	益方生物-U	−28397.5275	−48348.5015
386	688766.SH	普冉股份	−6987.1693	8078.0322	421	688031.SH	星环科技-U	−28916.8098	−27225.2105
387	002636.SZ	金安国纪	−7250.0218	10754.7775	422	600151.SH	航天机电	−30881.1582	−12111.2521
388	688368.SH	晶丰明源	−7358.4750	−17783.1812	423	688680.SH	海优新材	−30930.5695	3261.1114
389	603330.SH	天洋新材	−7622.9620	−7325.5511	424	688158.SH	优刻得-W	−34573.7840	−41825.0237
390	600073.SH	上海梅林	−7927.4550	110856.8705	425	688110.SH	东芯股份	−35167.4325	23692.9767
391	300245.SZ	天玑科技	−8717.8740	−487.3696	426	600626.SH	申达股份	−36144.4631	−19586.1600
392	600619.SH	海立股份	−9110.4300	−8107.3405	427	002527.SZ	新时达	−37794.1613	−102866.1334
393	603189.SH	网达软件	−9471.0401	3547.6402	428	688373.SH	盟科药业-U	−41515.3158	−22029.3358
394	603068.SH	博通集成	−9620.4641	−24495.5630	429	688220.SH	翱捷科技-U	−48665.5699	−24831.0188
395	300892.SZ	品渥食品	−9998.8794	1700.2023	430	300061.SZ	旗天科技	−49619.6505	6656.1044
396	600171.SH	上海贝岭	−10228.4548	42826.9983	431	300578.SZ	会畅通讯	−51479.4071	1767.1712
397	301228.SZ	实朴检测	−10467.9289	−2472.1914	432	603887.SH	城地香江	−65522.6979	−934.5805
398	301024.SZ	霍普股份	−10953.2091	−18260.9389	433	300168.SZ	万达信息	−90404.4420	−29462.6545
399	300262.SZ	*ST巴安	−11058.1047	−39507.6086	434	688062.SH	迈威生物-U	−105528.7604	−95812.5799
400	600604.SH	市北高新	−12735.0405	15303.3329	435	688660.SH	电气风电	−139323.6071	−44843.4839
401	300222.SZ	科大智能	−14042.0789	−28087.9752	436	600688.SH	上海石化	−171513.6000	−359957.0000
402	600819.SH	耀皮玻璃	−14508.3274	3381.8701	437	600622.SH	光大嘉宝	−188690.4213	30956.0994
403	301060.SZ	兰卫医学	−15324.3305	90444.3402	438	600500.SH	中化国际	−213547.3492	260978.8916
404	603895.SH	天永智能	−15426.2839	−16293.5792	439	601828.SH	美凯龙	−227295.9952	139872.7445
405	688238.SH	和元生物	−15560.3609	4162.4187	440	600841.SH	动力新科	−244126.2076	−152073.1237
406	688317.SH	之江生物	−15663.2858	90148.3626	441	688180.SH	君实生物-U	−249169.4601	−267718.4262
407	688519.SH	南亚新材	−16181.4325	1264.7431	442	688538.SH	和辉光电-U	−324439.1225	−160179.2093
408	002858.SZ	力盛体育	−16444.6391	−6593.8616	443	600606.SH	绿地控股	−616277.9225	880062.6129
409	600636.SH	国新文化	−16933.0014	14287.0857	444	600115.SH	中国东航	−827800.0000	−4015400.0000
410	002022.SZ	科华生物	−18560.8835	206518.1886	445	600823.SH	*ST世茂	−1480839.5842	−824853.7785
411	600661.SH	昂立教育	−18920.7814	22336.5447					

上海工商类上市公司 2023 年度每股收益排序

（单位：元）

序号	代码	公司简称	每股收益		序号	代码	公司简称	每股收益	
			2023 年	2022 年				2023 年	2022 年
1	688016.SH	心脉医疗	6.8100	4.9600	48	600104.SH	上汽集团	1.2260	1.4000
2	688301.SH	奕瑞科技	5.9700	8.8400	49	688073.SH	毕得医药	1.2100	2.7700
3	603325.SH	博隆技术	5.7496	4.7324	50	688099.SH	晶晨股份	1.2000	1.7700
4	688188.SH	柏楚电子	4.9900	3.3100	51	601328.SH	交通银行	1.1500	1.1400
5	600612.SH	老凤祥	4.2331	3.2504	52	603886.SH	元祖股份	1.1500	1.1100
6	688019.SH	安集科技	4.0900	4.5900	53	605128.SH	上海沿浦	1.1400	0.5700
7	603296.SH	华勤技术	3.9690	3.9331	54	301303.SZ	真兰仪表	1.1200	0.9700
8	688063.SH	派能科技	2.9700	8.2200	55	300613.SZ	富瀚微	1.1000	1.7400
9	688012.SH	中微公司	2.8900	1.9000	56	600845.SH	宝信软件	1.0830	1.1200
10	601601.SH	中国太保	2.8300	2.5600	57	600000.SH	浦发银行	1.0700	1.5600
11	301525.SZ	儒竞科技	2.7500	2.9900	58	603690.SH	至纯科技	1.0590	0.8890
12	603713.SH	密尔克卫	2.6241	3.6810	59	603587.SH	地素时尚	1.0400	0.8000
13	688366.SH	昊海生科	2.4400	1.0400	60	688372.SH	伟测科技	1.0400	3.5200
14	688271.SH	联影医疗	2.4000	2.1900	61	688608.SH	恒玄科技	1.0339	1.0211
15	603868.SH	飞科电器	2.3400	1.8900	62	300442.SZ	润泽科技	1.0300	1.5700
16	601021.SH	春秋航空	2.3100	−3.3000	63	601607.SH	上海医药	1.0200	1.6100
17	600741.SH	华域汽车	2.2880	2.2850	64	688091.SH	上海谊众	1.0200	0.9900
18	301257.SZ	普蕊斯	2.2400	1.3500	65	688507.SH	索辰科技	1.0200	1.7300
19	688082.SH	盛美上海	2.0900	1.5400	66	605222.SH	起帆电缆	1.0100	0.8800
20	603619.SH	中曼石油	2.0500	1.2600	67	300915.SZ	海融科技	0.9946	1.0368
21	002028.SZ	思源电气	2.0200	1.5900	68	600835.SH	上海机电	0.9800	0.9600
22	603062.SH	麦加芯彩	1.9600	3.2100	69	601211.SH	国泰君安	0.9800	1.2400
23	688691.SH	灿芯股份	1.8941	1.0541	70	301289.SZ	国缆检测	0.9600	1.6100
24	605098.SH	行动教育	1.8600	0.9400	71	300286.SZ	安科瑞	0.9500	0.8200
25	603197.SH	保隆科技	1.8200	1.0400	72	603659.SH	璞泰来	0.9500	2.2400
26	688018.SH	乐鑫科技	1.7012	1.2129	73	600754.SH	锦江酒店	0.9362	0.1061
27	603899.SH	晨光股份	1.6577	1.3874	74	600820.SH	隧道股份	0.9300	0.8900
28	600639.SH	浦东金桥	1.6204	1.4109	75	601702.SH	华峰铝业	0.9000	0.6700
29	002158.SZ	汉钟精机	1.6177	1.2051	76	605151.SH	西上海	0.9000	0.8700
30	688391.SH	钜泉科技	1.5737	4.2746	77	688479.SH	友车科技	0.9000	1.0500
31	601156.SH	东航物流	1.5700	2.2900	78	600196.SH	复星医药	0.8900	1.4300
32	603275.SH	众辰科技	1.5500	1.3500	79	601231.SH	环旭电子	0.8900	1.4000
33	601229.SH	上海银行	1.5300	1.5000	80	688385.SH	复旦微电	0.8800	1.3200
34	603786.SH	科博达	1.5180	1.1203	81	605338.SH	巴比食品	0.8600	0.9000
35	603579.SH	荣泰健康	1.5100	1.2300	82	605050.SH	福然德	0.8500	0.7000
36	603341.SH	龙旗科技	1.4900	1.3800	83	688131.SH	皓元医药	0.8500	1.8600
37	688596.SH	正帆科技	1.4700	1.0100	84	601788.SH	光大证券	0.8400	0.6100
38	603365.SH	水星家纺	1.4400	1.0500	85	300627.SZ	华测导航	0.8350	0.6810
39	688578.SH	艾力斯	1.4300	0.2900	86	600648.SH	外高桥	0.8200	1.0900
40	688330.SH	宏力达	1.3908	3.1800	87	603565.SH	中谷物流	0.8200	1.9300
41	603855.SH	华荣股份	1.3900	1.0600	88	688230.SH	芯导科技	0.8200	1.4200
42	002605.SZ	姚记科技	1.3805	0.8611	89	688592.SH	司南导航	0.8100	0.7800
43	603324.SH	盛剑环境	1.3500	1.0500	90	603057.SH	紫燕食品	0.8048	0.5830
44	600508.SH	上海能源	1.3400	2.4100	91	603153.SH	上海建科	0.8000	0.7800
45	688347.SH	华虹公司	1.3100	2.3100	92	300171.SZ	东富龙	0.7900	1.3400
46	601825.SH	沪农商行	1.2600	1.1400	93	301555.SZ	惠柏新材	0.7900	0.9300
47	603515.SH	欧普照明	1.2500	1.0400	94	002568.SZ	百润股份	0.7800	0.5000

（续表）

序号	代码	公司简称	每股收益		序号	代码	公司简称	每股收益	
			2023 年	2022 年				2023 年	2022 年
95	300890.SZ	翔丰华	0.7720	1.4804	142	301156.SZ	美农生物	0.5629	0.7500
96	301315.SZ	威士顿	0.7600	0.9300	143	300378.SZ	鼎捷软件	0.5600	0.5100
97	688121.SH	卓然股份	0.7600	0.8900	144	605339.SH	南侨食品	0.5500	0.3800
98	300226.SZ	上海钢联	0.7500	0.7600	145	300642.SZ	透景生命	0.5480	0.7670
99	600315.SH	上海家化	0.7500	0.7000	146	300327.SZ	中颖电子	0.5471	0.9495
100	603170.SH	宝立食品	0.7500	0.5700	147	600420.SH	国药现代	0.5433	0.6113
101	603214.SH	爱婴室	0.7453	0.6117	148	301499.SZ	维科精密	0.5400	0.6500
102	603056.SH	德邦股份	0.7400	0.6400	149	600019.SH	宝钢股份	0.5400	0.5500
103	605289.SH	罗曼股份	0.7400	−0.1400	150	688435.SH	英方软件	0.5400	0.5900
104	605598.SH	上海港湾	0.7300	0.9100	151	300236.SZ	上海新阳	0.5389	0.1707
105	600850.SH	电科数字	0.7252	0.8093	152	300999.SZ	金龙鱼	0.5300	0.5600
106	002116.SZ	中国海诚	0.7200	0.5000	153	603987.SH	康德莱	0.5300	0.7100
107	688160.SH	步科股份	0.7200	1.0800	154	600655.SH	豫园股份	0.5210	0.9900
108	836504.BJ	博迅生物	0.7200	0.7500	155	300059.SZ	东方财富	0.5200	0.6500
109	600642.SH	申能股份	0.7100	0.2210	156	600826.SH	兰生股份	0.5200	0.2100
110	600026.SH	中远海能	0.7023	0.3057	157	688155.SH	先惠技术	0.5200	−1.2400
111	600597.SH	光明乳业	0.7000	0.2600	158	836414.BJ	欧普泰	0.5157	1.0574
112	603037.SH	凯众股份	0.6900	0.7500	159	002401.SZ	中远海科	0.5112	0.4952
113	603039.SH	泛微网络	0.6900	0.8600	160	603730.SH	岱美股份	0.5100	0.6100
114	002346.SZ	柘中股份	0.6800	1.0300	161	605398.SH	新炬网络	0.5100	0.6800
115	603650.SH	彤程新材	0.6800	0.5000	162	600021.SH	上海电力	0.4954	0.0683
116	688335.SH	复洁环保	0.6800	1.1400	163	688179.SH	阿拉丁	0.4900	0.6500
117	688648.SH	中邮科技	0.6800	0.7800	164	833346.BJ	威贸电子	0.4900	0.4600
118	301099.SZ	雅创电子	0.6700	1.9300	165	601200.SH	上海环境	0.4872	0.4631
119	601083.SH	锦江航运	0.6700	1.6600	166	688336.SH	三生国健	0.4800	0.0800
120	600150.SH	中国船舶	0.6600	0.0400	167	002706.SZ	良信股份	0.4700	0.4000
121	600618.SH	氯碱化工	0.6577	1.1851	168	301166.SZ	优宁维	0.4700	1.2300
122	688123.SH	聚辰股份	0.6400	2.9300	169	603108.SH	润达医疗	0.4700	0.7200
123	688370.SH	丛麟科技	0.6400	1.9700	170	603128.SH	华贸物流	0.4700	0.6900
124	688484.SH	南芯科技	0.6400	0.6800	171	603466.SH	风语筑	0.4700	0.1100
125	688065.SH	凯赛生物	0.6300	0.9500	172	603501.SH	韦尔股份	0.4700	0.8400
126	600097.SH	开创国际	0.6200	0.4400	173	688293.SH	奥浦迈	0.4700	1.5400
127	603012.SH	创力集团	0.6200	0.6300	174	300230.SZ	永利股份	0.4610	0.2994
128	688133.SH	泰坦科技	0.6200	1.5800	175	603192.SH	汇得科技	0.4600	0.5000
129	600846.SH	同济科技	0.6100	0.5600	176	600629.SH	华建集团	0.4500	0.4400
130	600895.SH	张江高科	0.6100	0.5300	177	002324.SZ	普利特	0.4458	0.2005
131	688981.SH	中芯国际	0.6100	1.5300	178	300257.SZ	开山股份	0.4400	0.4100
132	301000.SZ	肇民科技	0.6000	0.9800	179	300501.SZ	海顺新材	0.4400	0.5300
133	601872.SH	招商轮船	0.6000	0.6100	180	605186.SH	健麾信息	0.4400	0.8500
134	603107.SH	上海汽配	0.6000	0.5100	181	688129.SH	东来技术	0.4400	0.1800
135	600088.SH	中视传媒	0.5970	−0.1640	182	301273.SZ	瑞晨环保	0.4300	0.8900
136	600284.SH	浦东建设	0.5948	0.5849	183	603681.SH	永冠新材	0.4300	1.1900
137	301419.SZ	阿莱德	0.5918	0.9903	184	688212.SH	澳华内镜	0.4300	0.1600
138	601611.SH	中国核建	0.5904	0.5601	185	603648.SH	畅联股份	0.4225	0.4458
139	301151.SZ	冠龙节能	0.5875	0.6625	186	301070.SZ	开勒股份	0.4200	0.4700
140	688392.SH	骄成超声	0.5800	1.6600	187	600623.SH	华谊集团	0.4200	0.6000
141	600018.SH	上港集团	0.5691	0.7423	188	600732.SH	爱旭股份	0.4200	1.3400

（续表）

序号	代码	公司简称	每股收益 2023 年	每股收益 2022 年	序号	代码	公司简称	每股收益 2023 年	每股收益 2022 年
189	600848.SH	上海临港	0.4200	0.4000	236	603022.SH	新通联	0.2600	0.1800
190	603006.SH	联明股份	0.4100	0.5800	237	600662.SH	外服控股	0.2578	0.2397
191	688584.SH	上海合晶	0.4100	0.6124	238	603496.SH	恒为科技	0.2525	0.3835
192	600833.SH	第一医药	0.4000	0.6400	239	002328.SZ	新朋股份	0.2500	0.4100
193	688008.SH	澜起科技	0.4000	1.1500	240	300017.SZ	网宿科技	0.2500	0.0800
194	301046.SZ	能辉科技	0.3900	0.1700	241	603159.SH	上海亚虹	0.2500	0.2200
195	600009.SH	上海机场	0.3800	−1.2600	242	688591.SH	泰凌微	0.2500	0.2800
196	688085.SH	三友医疗	0.3800	0.8400	243	688602.SH	康鹏科技	0.2500	0.4300
197	600621.SH	华鑫股份	0.3700	0.3300	244	300899.SZ	上海凯鑫	0.2443	0.4291
198	688682.SH	霍莱沃	0.3700	0.9723	245	603020.SH	爱普股份	0.2416	0.2893
199	600210.SH	紫江企业	0.3690	0.3980	246	300272.SZ	开能健康	0.2400	0.1600
200	300508.SZ	维宏股份	0.3624	0.4638	247	600073.SH	上海梅林	0.2400	0.5400
201	600061.SH	国投资本	0.3600	0.4400	248	603683.SH	晶华新材	0.2400	0.0300
202	603083.SH	剑桥科技	0.3600	0.6700	249	831961.BJ	创远信科	0.2400	0.1600
203	688163.SH	赛伦生物	0.3600	0.6300	250	600517.SH	国网英大	0.2390	0.1870
204	873693.BJ	阿为特	0.3600	0.4700	251	301005.SZ	超捷股份	0.2300	0.6000
205	300963.SZ	中洲特材	0.3500	0.5129	252	603790.SH	雅运股份	0.2300	0.2200
206	301230.SZ	泓博医药	0.3500	1.1000	253	600663.SH	陆家嘴	0.2272	0.2689
207	603121.SH	华培动力	0.3500	−0.0200	254	300947.SZ	德必集团	0.2200	0.2100
208	603960.SH	克来机电	0.3500	0.2500	255	600827.SH	百联股份	0.2200	0.3800
209	603236.SH	移远通信	0.3400	3.3000	256	603200.SH	上海洗霸	0.2200	0.2400
210	603885.SH	吉祥航空	0.3400	−2.0300	257	688798.SH	艾为电子	0.2200	−0.3200
211	830799.BJ	艾融软件	0.3400	0.2500	258	300398.SZ	飞凯材料	0.2100	0.8400
212	831305.BJ	海希通讯	0.3400	0.4300	259	603682.SH	锦和商管	0.2100	0.2100
213	603728.SH	鸣志电器	0.3371	0.5932	260	688193.SH	仁度生物	0.2100	0.6200
214	002184.SZ	海得控制	0.3333	0.4026	261	301062.SZ	上海艾录	0.1900	0.2700
215	300590.SZ	移为通信	0.3200	0.3600	262	601968.SH	宝钢包装	0.1900	0.2400
216	601696.SH	中银证券	0.3200	0.2900	263	603211.SH	晋拓股份	0.1900	0.2800
217	300039.SZ	上海凯宝	0.3135	0.1824	264	002561.SZ	徐家汇	0.1810	0.0590
218	300129.SZ	泰胜风能	0.3128	0.3253	265	688585.SH	上纬新材	0.1800	0.2100
219	301161.SZ	唯万密封	0.3100	0.4700	266	600637.SH	东方明珠	0.1790	0.0521
220	600278.SH	东方创业	0.3100	0.4200	267	600649.SH	城投控股	0.1700	0.3100
221	002825.SZ	纳尔股份	0.3000	1.4700	268	603633.SH	徕木股份	0.1700	0.2400
222	300802.SZ	矩子科技	0.3000	0.6100	269	603777.SH	来伊份	0.1700	0.3000
223	600958.SH	东方证券	0.3000	0.3500	270	603003.SH	*ST龙宇	0.1699	0.0835
224	872541.BJ	铁大科技	0.3000	0.3100	271	300253.SZ	卫宁健康	0.1667	0.0507
225	688590.SH	新致软件	0.2900	−0.2200	272	600641.SH	万业企业	0.1624	0.4552
226	430139.BJ	华岭股份	0.2800	0.3000	273	002454.SZ	松芝股份	0.1600	0.1500
227	600822.SH	上海物贸	0.2800	0.1200	274	600272.SH	开开实业	0.1600	0.1600
228	601595.SH	上海电影	0.2800	−0.7500	275	600616.SH	金枫酒业	0.1600	0.0100
229	600605.SH	汇通能源	0.2740	0.0449	276	603030.SH	*ST全筑	0.1600	−2.0644
230	600650.SH	锦江在线	0.2740	0.9470	277	603232.SH	格尔软件	0.1600	−0.0400
231	002252.SZ	上海莱士	0.2700	0.2800	278	300326.SZ	凯利泰	0.1570	−0.0296
232	603881.SH	数据港	0.2700	0.3500	279	600838.SH	上海九百	0.1551	0.1305
233	600081.SH	东风科技	0.2660	0.2311	280	600834.SH	申通地铁	0.1446	0.1525
234	688718.SH	唯赛勃	0.2644	0.1806	281	600602.SH	云赛智联	0.1410	0.1320
235	600696.SH	岩石股份	0.2600	0.1100	282	600611.SH	大众交通	0.1400	−0.1200

（续表）

序号	代码	公司简称	每股收益		序号	代码	公司简称	每股收益	
			2023 年	2022 年				2023 年	2022 年
283	603009.SH	北特科技	0.1400	0.1300	330	600628.SH	新世界	0.0500	−0.0800
284	603378.SH	亚士创能	0.1400	0.2500	331	603956.SH	威派格	0.0500	−0.3000
285	688217.SH	睿昂基因	0.1400	0.7300	332	002451.SZ	摩恩电气	0.0400	0.0300
286	600851.SH	海欣股份	0.1376	0.1359	333	600630.SH	龙头股份	0.0400	−1.2300
287	688247.SH	宣泰医药	0.1300	0.2200	334	603499.SH	翔港科技	0.0400	0.0700
288	600843.SH	上工申贝	0.1274	0.1034	335	600503.SH	华丽家族	0.0362	0.0477
289	600882.SH	妙可蓝多	0.1260	0.2670	336	688213.SH	思特威-W	0.0355	−0.2159
290	600170.SH	上海建工	0.1200	0.1000	337	002178.SZ	延华智能	0.0300	−0.2100
291	603122.SH	合富中国	0.1200	0.2200	338	002565.SZ	顺灏股份	0.0300	−0.0600
292	600613.SH	神奇制药	0.1100	0.0900	339	300225.SZ	金力泰	0.0300	−0.2200
293	688505.SH	复旦张江	0.1100	0.1300	340	600601.SH	方正科技	0.0300	−0.1000
294	600072.SH	中船科技	0.1074	0.1493	341	600619.SH	海立股份	0.0300	0.0300
295	601866.SH	中远海发	0.1041	0.2900	342	600620.SH	天宸股份	0.0300	0.0500
296	300153.SZ	科泰电源	0.1009	0.0878	343	600825.SH	新华传媒	0.0300	0.0100
297	002669.SZ	康达新材	0.1000	0.1790	344	688653.SH	康希通信	0.0271	0.0567
298	600320.SH	振华重工	0.1000	0.0700	345	002506.SZ	协鑫集成	0.0270	0.0100
299	603718.SH	海利生物	0.1000	0.1900	346	300074.SZ	华平股份	0.0205	−0.1993
300	600638.SH	新黄浦	0.0922	0.0839	347	600119.SH	长江投资	0.0200	−0.0400
301	301001.SZ	凯淳股份	0.0900	−0.0700	348	688728.SH	格科微	0.0200	0.1800
302	600675.SH	中华企业	0.0900	0.0040	349	601727.SH	上海电气	0.0180	−0.2300
303	600689.SH	上海三毛	0.0900	−0.0600	350	603580.SH	艾艾精工	0.0179	−0.0214
304	605208.SH	永茂泰	0.0900	0.3700	351	601616.SH	广电电气	0.0167	0.0679
305	600094.SH	大名城	0.0899	0.0715	352	600708.SH	光明地产	0.0152	0.0012
306	600679.SH	上海凤凰	0.0879	−0.5978	353	600651.SH	飞乐音响	0.0150	0.1240
307	600837.SH	海通证券	0.0800	0.5000	354	688351.SH	微电生理-U	0.0121	0.0070
308	688061.SH	灿瑞科技	0.0800	2.2100	355	002269.SZ	美邦服饰	0.0100	−0.3300
309	688098.SH	申联生物	0.0800	0.1500	356	300126.SZ	锐奇股份	0.0100	0.0100
310	600635.SH	大众公用	0.0720	−0.1127	357	600676.SH	交运股份	0.0100	0.0300
311	603196.SH	日播时尚	0.0715	0.0680	358	600624.SH	复旦复华	0.0090	−0.0090
312	300493.SZ	润欣科技	0.0700	0.1100	359	300067.SZ	安诺其	0.0078	0.0298
313	600748.SH	上实发展	0.0700	0.0700	360	600692.SH	亚通股份	0.0069	0.0130
314	600818.SH	中路股份	0.0700	−0.2400	361	600640.SH	国脉文化	0.0065	−0.2509
315	603918.SH	金桥信息	0.0700	0.0500	362	600816.SH	建元信托	0.0051	−0.1907
316	605136.SH	丽人丽妆	0.0700	−0.3480	363	000863.SZ	三湘印象	0.0010	0.0300
317	002278.SZ	神开股份	0.0692	−0.0790	364	301025.SZ	读客文化	−0.0082	0.1557
318	688126.SH	沪硅产业	0.0680	0.1210	365	300170.SZ	汉得信息	−0.0300	0.4900
319	688593.SH	新相微	0.0650	0.2950	366	300462.SZ	华铭智能	−0.0300	0.3200
320	600643.SH	爱建集团	0.0620	0.2990	367	600836.SH	*ST易连	−0.0429	−0.1206
321	002486.SZ	嘉麟杰	0.0619	0.1120	368	600490.SH	鹏欣资源	−0.0487	−0.2815
322	300983.SZ	尤安设计	0.0615	0.1600	369	600193.SH	创兴资源	−0.0500	0.0150
323	002195.SZ	岩山科技	0.0600	0.0400	370	600530.SH	ST交昂	−0.0500	−0.6400
324	603329.SH	上海雅仕	0.0600	0.9400	371	600608.SH	ST沪科	−0.0669	0.0122
325	300008.SZ	天海防务	0.0588	0.0801	372	002211.SZ	宏达新材	−0.0679	0.0900
326	002162.SZ	悦心健康	0.0540	−0.3005	373	603226.SH	菲林格尔	−0.0700	0.0300
327	600824.SH	益民集团	0.0540	−0.2850	374	603256.SH	宏和科技	−0.0700	0.0600
328	601519.SH	大智慧	0.0510	−0.0440	375	001266.SZ	宏英智能	−0.0900	0.7200
329	600647.SH	*ST同达	0.0508	−0.0727	376	600171.SH	上海贝岭	−0.0900	0.5665

(续表)

序号	代码	公司简称	每股收益 2023 年	每股收益 2022 年	序号	代码	公司简称	每股收益 2023 年	每股收益 2022 年
377	600604.SH	市北高新	−0.0900	0.0400	412	600500.SH	中化国际	−0.5200	0.4600
378	002636.SZ	金安国纪	−0.1080	0.1200	413	002527.SZ	新时达	−0.5700	−1.6100
379	002058.SZ	威尔泰	−0.1190	−0.1500	414	603729.SH	龙韵股份	−0.5700	−2.0500
380	300180.SZ	华峰超纤	−0.1300	−0.2000	415	688519.SH	南亚新材	−0.5700	0.2000
381	600688.SH	上海石化	−0.1300	−0.2650	416	688521.SH	芯原股份	−0.5900	0.1500
382	600819.SH	耀皮玻璃	−0.1300	0.0200	417	300168.SZ	万达信息	−0.6300	−0.2400
383	688206.SH	概伦电子	−0.1300	0.1000	418	603068.SH	博通集成	−0.6300	−1.5800
384	430300.BJ	辰光医疗	−0.1400	0.3400	419	688373.SH	盟科药业-U	−0.6400	−0.3800
385	300222.SZ	科大智能	−0.1600	−0.3700	420	688766.SH	普冉股份	−0.6400	1.6400
386	300262.SZ	*ST巴安	−0.1610	−0.5765	421	600606.SH	绿地控股	−0.6800	0.0700
387	603131.SH	上海沪工	−0.1700	−0.4000	422	600661.SH	昂立教育	−0.6900	0.6400
388	688118.SH	普元信息	−0.1710	0.0130	423	688110.SH	东芯股份	−0.6900	0.4200
389	688238.SH	和元生物	−0.1990	0.0830	424	688317.SH	之江生物	−0.7100	3.9300
390	688071.SH	华依科技	−0.2000	0.5000	425	300892.SZ	品渥食品	−0.7300	0.1100
391	300551.SZ	古鳌科技	−0.2200	−0.1800	426	300061.SZ	旗天科技	−0.7500	0.0800
392	603330.SH	天洋新材	−0.2200	−0.1700	427	688158.SH	优刻得-W	−0.7600	−0.9200
393	300245.SZ	天玑科技	−0.2300	−0.0100	428	301228.SZ	实朴检测	−0.7800	−0.1500
394	688538.SH	和辉光电-U	−0.2300	−0.1200	429	300483.SZ	首华燃气	−0.9160	0.1530
395	688202.SH	美迪西	−0.2600	3.8900	430	688660.SH	电气风电	−0.9500	−0.2500
396	688265.SH	南模生物	−0.2600	−0.0700	431	603895.SH	天永智能	−1.0000	−1.1700
397	300609.SZ	汇纳科技	−0.2783	−0.3089	432	002858.SZ	力盛体育	−1.1982	−0.4912
398	600626.SH	申达股份	−0.2901	−0.1721	433	688220.SH	翔捷科技-U	−1.2200	−0.6100
399	600151.SH	航天机电	−0.2970	−0.0724	434	600622.SH	光大嘉宝	−1.3300	0.0400
400	300762.SZ	上海瀚讯	−0.3000	0.1400	435	603887.SH	城地香江	−1.3776	0.0058
401	603189.SH	网达软件	−0.3100	0.1400	436	688368.SH	晶丰明源	−1.4500	−3.2900
402	301037.SZ	保立佳	−0.3114	0.0573	437	600841.SH	动力新科	−1.6100	−0.9880
403	300380.SZ	安硕信息	−0.3289	−0.5150	438	301024.SZ	霍普股份	−1.6500	−2.8000
404	301060.SZ	兰卫医学	−0.3535	1.5413	439	688180.SH	君实生物-U	−2.3200	−2.6000
405	600115.SH	中国东航	−0.3700	−1.9806	440	688031.SH	星环科技-U	−2.3900	−2.8400
406	300511.SZ	雪榕生物	−0.3800	−0.5900	441	600823.SH	*ST世茂	−2.4000	−1.2100
407	600636.SH	国新文化	−0.3835	0.2998	442	300578.SZ	会畅通讯	−2.5140	0.0850
408	002022.SZ	科华生物	−0.4550	1.8878	443	605081.SH	太和水	−2.5400	−1.4200
409	688107.SH	安路科技	−0.4924	0.1495	444	688062.SH	迈威生物-U	−2.6400	−2.4400
410	688382.SH	益方生物-U	−0.4939	−0.9500	445	688680.SH	海优新材	−2.7300	0.6000
411	601828.SH	美凯龙	−0.5100	0.1300					

上海工商类上市公司 2023 年度净利润排序

（单位：万元）

序号	代码	公司简称	净利润		序号	代码	公司简称	净利润	
			2023 年	2022 年				2023 年	2022 年
1	601328.SH	交通银行	9325200.0000	9203000.0000	48	601866.SH	中远海发	140912.7071	392155.7381
2	600000.SH	浦发银行	3742900.0000	5199700.0000	49	600623.SH	华谊集团	134674.2194	169257.8233
3	601601.SH	中国太保	2791100.0000	2524000.0000	50	600754.SH	锦江酒店	127718.4390	24512.8210
4	601229.SH	上海银行	2257224.4000	2231792.8000	51	600009.SH	上海机场	118910.2041	−278998.4708
5	600104.SH	上汽集团	2006043.9043	2284265.2824	52	603868.SH	飞科电器	101963.6618	82253.2214
6	600018.SH	上港集团	1400778.7452	1791011.2649	53	600508.SH	上海能源	97770.4918	172217.3273
7	600019.SH	宝钢股份	1374091.6450	1402891.5937	54	600420.SH	国药现代	96461.0734	86748.4979
8	601825.SH	沪农商行	1248737.5000	1139317.7000	55	600648.SH	外高桥	94081.7065	125454.4237
9	601211.SH	国泰君安	988541.7208	1162116.9188	56	600895.SH	张江高科	94064.5678	78764.4850
10	300059.SZ	东方财富	819346.9278	850946.1233	57	603515.SH	欧普照明	93022.1862	78569.0780
11	600741.SH	华域汽车	809476.5030	806120.5061	58	688082.SH	盛美上海	91052.1979	66848.6950
12	688981.SH	中芯国际	639615.2000	1465353.0000	59	601696.SH	中银证券	90161.1046	81086.7522
13	601607.SH	上海医药	516657.0284	699201.4769	60	601702.SH	华峰铝业	89922.7524	66578.5813
14	601872.SH	招商轮船	492163.9348	506696.8490	61	002158.SZ	汉钟精机	86708.7800	64618.3290
15	601788.SH	光大证券	430060.5063	324062.4622	62	688347.SH	华虹公司	84736.1878	272545.6150
16	600642.SH	申能股份	416908.7835	104925.4009	63	600597.SH	光明乳业	83056.5057	39115.6934
17	600026.SH	中远海能	365970.8356	178480.4405	64	603619.SH	中曼石油	82117.3502	50274.3872
18	600021.SH	上海电力	356804.9668	158662.2156	65	600618.SH	氯碱化工	81008.2129	133737.3659
19	600820.SH	隧道股份	317452.6127	299336.0017	66	002568.SZ	百润股份	80669.9106	52084.1149
20	600612.SH	老凤祥	297539.3872	226785.1013	67	603885.SH	吉祥航空	75882.4621	−416949.8188
21	600150.SH	中国船舶	295466.3623	87245.2235	68	600732.SH	爱旭股份	75675.9610	232857.3681
22	600061.SH	国投资本	294747.9813	346886.4800	69	688188.SH	柏楚电子	75352.4301	49209.8512
23	600196.SH	复星医药	289506.3427	394746.4120	70	601083.SH	锦江航运	75155.5401	183518.0043
24	601156.SH	东航物流	285278.6795	429109.5120	71	688385.SH	复旦微电	74885.8747	111726.4764
25	300999.SZ	金龙鱼	278502.8000	312508.1000	72	603056.SH	德邦股份	74852.5579	64922.9061
26	601611.SH	中国核建	278259.3646	245460.5919	73	600662.SH	外服控股	69871.7441	61096.0856
27	600958.SH	东方证券	275660.3711	301033.1868	74	601200.SH	上海环境	65646.2157	62375.7832
28	603296.SH	华勤技术	265543.4103	249251.2658	75	603128.SH	华贸物流	65635.8678	92465.9226
29	600845.SH	宝信软件	261118.1362	225130.1169	76	603730.SH	岱美股份	65397.8430	56981.1537
30	601021.SH	春秋航空	225742.9466	−303582.3226	77	603786.SH	科博达	65046.8790	50160.5552
31	601727.SH	上海电气	215492.6000	−231300.6000	78	600320.SH	振华重工	64654.4629	59756.2348
32	603659.SH	璞泰来	213692.2620	332434.0510	79	300171.SZ	东富龙	64646.6760	90303.9035
33	688271.SH	联影医疗	197775.4806	165008.5625	80	688578.SH	艾力斯	64417.4819	13052.0677
34	601231.SH	环旭电子	194970.9107	305998.9772	81	600637.SH	东方明珠	62387.3917	14001.7398
35	600655.SH	豫园股份	181827.0921	393692.2904	82	600210.SH	紫江企业	61458.8176	67383.0860
36	600639.SH	浦东金桥	179828.6193	155227.7268	83	300017.SZ	网宿科技	60643.8927	18413.4384
37	600517.SH	国网英大	179634.3703	145033.6659	84	688301.SH	奕瑞科技	60477.2339	63870.9107
38	688012.SH	中微公司	178397.7209	116789.7318	85	603341.SH	龙旗科技	60271.1388	56070.9920
39	002252.SZ	上海莱士	177743.3220	187299.7851	86	002605.SZ	姚记科技	59413.4473	35813.6925
40	300442.SZ	润泽科技	175771.4045	119702.1588	87	600284.SH	浦东建设	58777.7333	57366.4168
41	603565.SH	中谷物流	172157.9222	274313.7674	88	603501.SH	韦尔股份	54382.2830	95833.3555
42	600170.SH	上海建工	165801.6972	168003.5572	89	600850.SH	电科数字	52264.4603	53169.8906
43	600663.SH	陆家嘴	164470.0634	146092.2031	90	688063.SH	派能科技	51563.1610	127272.8971
44	603899.SH	晨光股份	164393.9002	135537.8832	91	002706.SZ	良信股份	51097.1393	42176.7411
45	002028.SZ	思源电气	160851.4160	128748.6147	92	600748.SH	上实发展	50441.6252	6244.7070
46	600848.SH	上海临港	160236.1042	134657.8053	93	600315.SH	上海家化	50004.9003	47203.9278
47	600835.SH	上海机电	156268.8670	153391.8688	94	688099.SH	晶晨股份	49869.2677	73177.5678

（续表）

序号	代码	公司简称	净利润		序号	代码	公司简称	净利润	
			2023 年	2022 年				2023 年	2022 年
95	603587.SH	地素时尚	49361.7260	38454.6710	142	603886.SH	元祖股份	27632.2918	26640.0268
96	688016.SH	心脉医疗	48721.6978	35205.0553	143	688484.SH	南芯科技	26135.7465	24620.0407
97	603713.SH	密尔克卫	48140.2740	62385.9860	144	300613.SZ	富瀚微	25236.6878	37838.9394
98	002324.SZ	普利特	47287.8400	21657.7828	145	688584.SH	上海合晶	24686.0955	36488.9174
99	603855.SH	华荣股份	46759.0391	35934.8220	146	601968.SH	宝钢包装	24279.4110	28041.1104
100	600629.SH	华建集团	46326.0166	44397.1305	147	600088.SH	中视传媒	23973.2902	−6686.4660
101	600675.SH	中华企业	45493.9841	14713.7539	148	605339.SH	南侨食品	23250.2189	16059.6127
102	688008.SH	澜起科技	45114.7481	129937.1688	149	600602.SH	云赛智联	22827.5125	18816.4566
103	300627.SZ	华测导航	44369.8788	36039.8787	150	600094.SH	大名城	22651.9474	19196.6649
104	603108.SH	润达医疗	44263.5611	65511.0070	151	301525.SZ	儒竞科技	22484.1089	21852.2707
105	300257.SZ	开山股份	43474.6712	41561.8117	152	605098.SH	行动教育	22026.5290	11206.8890
106	605050.SH	福然德	42549.9083	30948.4965	153	605338.SH	巴比食品	21534.2678	21989.0834
107	605222.SH	起帆电缆	42401.0054	37018.1549	154	603579.SH	荣泰健康	20333.1908	16471.9835
108	688596.SH	正帆科技	42338.8028	26118.7960	155	300286.SZ	安科瑞	20120.9245	17058.5627
109	300226.SZ	上海钢联	42012.5491	34487.4242	156	688330.SH	宏力达	19460.1186	31844.4663
110	688366.SH	昊海生科	41226.9260	19033.1728	157	603275.SH	众辰科技	19219.7367	15040.5875
111	688065.SH	凯赛生物	40853.5593	61265.4860	158	600851.SH	海欣股份	19210.7137	19838.2454
112	603650.SH	彤程新材	40411.8053	28083.1328	159	002401.SZ	中远海科	18879.0234	18192.2883
113	688019.SH	安集科技	40273.3766	30143.6959	160	603039.SH	泛微网络	17868.2565	22322.6812
114	600846.SH	同济科技	40162.1024	37113.4537	161	605598.SH	上海港湾	17374.5436	15679.1304
115	600621.SH	华鑫股份	40026.6126	35332.4384	162	688691.SH	灿芯股份	17047.1483	9486.6192
116	300230.SZ	永利股份	38413.8768	24585.1217	163	300236.SZ	上海新阳	16763.8854	5690.8587
117	603197.SH	保隆科技	38148.9544	22725.5422	164	603062.SH	麦加芯彩	16695.6402	26000.0994
118	603365.SH	水星家纺	37907.5332	27825.6474	165	600650.SH	锦江在线	16665.9296	51165.2377
119	600611.SH	大众交通	37833.6148	−23701.3481	166	603324.SH	盛剑环境	16542.1264	13031.1060
120	603012.SH	创力集团	37682.4301	41945.6411	167	600097.SH	开创国际	16298.5012	10971.0945
121	600278.SH	东方创业	37554.0918	47765.7157	168	688091.SH	上海谊众	16155.3919	14285.4906
122	600649.SH	城投控股	34777.4893	78337.7055	169	603107.SH	上海汽配	16094.5885	12848.8992
123	603153.SH	上海建科	34691.8905	30710.2249	170	688126.SH	沪硅产业	16071.4452	34455.0465
124	603057.SH	紫燕食品	34119.0132	21559.7070	171	603648.SH	畅联股份	15759.5686	16497.1072
125	002195.SZ	岩山科技	33168.2907	21207.4990	172	002506.SZ	协鑫集成	15668.3615	5712.8878
126	603690.SH	至纯科技	32797.3572	28030.1063	173	300378.SZ	鼎捷软件	15513.6411	13817.9105
127	300039.SZ	上海凯宝	32689.8525	19008.4770	174	300272.SZ	开能健康	15347.7733	9942.5933
128	301303.SZ	真兰仪表	32019.4109	21693.8835	175	002184.SZ	海得控制	15221.9605	16575.3577
129	300253.SZ	卫宁健康	31761.5491	1455.4185	176	300590.SZ	移为通信	14674.8172	16543.3185
130	600826.SH	兰生股份	31524.2539	10957.5286	177	601595.SH	上海电影	14444.9847	−34687.1212
131	603170.SH	宝立食品	31123.6638	23049.5910	178	600072.SH	中船科技	14197.0691	10879.9075
132	002116.SZ	中国海诚	31033.9571	20709.1453	179	603728.SH	鸣志电器	14193.8068	24907.0060
133	600635.SH	大众公用	30363.4912	−25406.8806	180	605151.SH	西上海	13655.8222	13678.8365
134	002346.SZ	柘中股份	29723.6259	43222.1776	181	688018.SH	乐鑫科技	13620.4637	9732.3103
135	300129.SZ	泰胜风能	29409.6219	27014.6881	182	300398.SZ	飞凯材料	13581.0846	44353.7571
136	002328.SZ	新朋股份	29369.5876	37890.9833	183	600601.SH	方正科技	13507.7224	−42547.2801
137	600081.SH	东风科技	28920.3667	28866.9471	184	301257.SZ	普蕊斯	13472.9838	7241.1407
138	603325.SH	博隆技术	28747.9445	23661.9170	185	300327.SZ	中颖电子	13296.7485	31238.1833
139	688336.SH	三生国健	28335.9962	4543.4551	186	688121.SH	卓然股份	13233.3772	17651.5033
140	603466.SH	风语筑	28235.6777	6604.4180	187	688391.SH	钜泉科技	13143.4862	20005.3541
141	603987.SH	康德莱	27642.0646	37412.1442	188	600822.SH	上海物贸	13028.7556	4916.4932

（续表）

序号	代码	公司简称	净利润		序号	代码	公司简称	净利润	
			2023 年	2022 年				2023 年	2022 年
189	300326.SZ	凯利泰	12659.5031	−2395.2790	236	301289.SZ	国缆检测	8012.3074	7360.8473
190	688155.SH	先惠技术	12648.4501	−5796.2224	237	600882.SH	妙可蓝多	7976.3173	17101.9740
191	688131.SH	皓元医药	12630.7604	19155.7591	238	688590.SH	新致软件	7936.6776	−4541.0832
192	688608.SH	恒玄科技	12362.5457	12241.9407	239	603496.SH	恒为科技	7752.1634	7519.5012
193	603881.SH	数据港	12296.1995	10707.4540	240	605289.SH	罗曼股份	7719.4383	−1744.2202
194	002454.SZ	松芝股份	12191.1816	12215.4772	241	830799.BJ	艾融软件	7681.8841	5277.4764
195	688372.SH	伟测科技	11799.6286	24332.7293	242	688133.SH	泰坦科技	7531.4332	13171.8379
196	603214.SH	爱婴室	11591.4458	9824.9123	243	430139.BJ	华岭股份	7486.2559	6986.7261
197	600708.SH	光明地产	11527.6358	17271.1578	244	600834.SH	申通地铁	7414.7358	7717.1984
198	688602.SH	康鹏科技	11512.6968	18268.1990	245	603633.SH	徕木股份	7199.4788	6835.0874
199	688479.SH	友车科技	11480.5374	10778.0100	246	688648.SH	中邮科技	7159.3756	7910.5698
200	688085.SH	三友医疗	11363.9439	20355.5691	247	688585.SH	上纬新材	7092.0292	8414.5875
201	603020.SH	爱普股份	11139.2486	12464.6804	248	301062.SZ	上海艾录	6900.7952	10492.7959
202	600638.SH	新黄浦	11088.3408	6498.4312	249	603683.SH	晶华新材	6749.6201	2767.0223
203	600843.SH	上工申贝	10914.9416	8080.1152	250	688392.SH	骄成超声	6449.7984	10961.8131
204	688505.SH	复旦张江	10844.9858	13727.2198	251	301499.SZ	维科精密	6420.1326	6758.4723
205	688073.SH	毕得医药	10844.6299	14597.0727	252	603192.SH	汇得科技	6387.5838	6176.7131
206	600616.SH	金枫酒业	10422.0042	218.4430	253	301156.SZ	美农生物	6304.5313	5249.1990
207	301000.SZ	肇民科技	10331.4656	9391.8837	254	600838.SH	上海九百	6219.6588	5229.9718
208	300008.SZ	天海防务	10308.7487	14076.2523	255	603777.SH	来伊份	6199.2266	10203.6032
209	600643.SH	爱建集团	9943.1238	48158.4632	256	605186.SH	健麾信息	6197.4914	11996.1901
210	603006.SH	联明股份	9931.5437	15354.9006	257	603003.SH	*ST龙宇	6185.8315	3004.3935
211	301151.SZ	冠龙节能	9850.0659	10180.6978	258	603030.SH	*ST全筑	6110.4124	−119422.4564
212	002825.SZ	纳尔股份	9789.7173	36349.5881	259	688247.SH	宣泰医药	6107.4068	9294.1483
213	688335.SH	复洁环保	9656.8865	11423.7057	260	688160.SH	步科股份	6090.5424	9078.3002
214	688230.SH	芯导科技	9648.7677	11944.6314	261	688212.SH	澳华内镜	6077.4115	2509.6423
215	603083.SH	剑桥科技	9496.4739	17146.8502	262	301099.SZ	雅创电子	6042.8211	16367.7131
216	300501.SZ	海顺新材	9432.9299	10985.2132	263	603378.SH	亚士创能	6017.5638	10573.0621
217	603960.SH	克来机电	9246.6345	6751.4035	264	605398.SH	新炬网络	5965.7068	5706.2378
218	603121.SH	华培动力	9171.6703	−846.3556	265	600824.SH	益民集团	5842.0073	−29917.3068
219	300915.SZ	海融科技	8951.1717	9331.1524	266	301315.SZ	威士顿	5826.8943	6151.4088
220	600833.SH	第一医药	8927.5234	14355.6293	267	600613.SH	神奇制药	5825.9216	4800.9460
221	605128.SH	上海沿浦	8773.2958	4577.1547	268	688507.SH	索辰科技	5805.1675	5377.1158
222	603037.SH	凯众股份	8693.5258	7086.1916	269	301555.SZ	惠柏新材	5739.8475	6428.0468
223	002561.SZ	徐家汇	8617.2708	3138.2771	270	301046.SZ	能辉科技	5736.3568	2523.9507
224	601519.SH	大智慧	8583.4412	−9252.8145	271	600503.SH	华丽家族	5553.2667	6989.0605
225	688179.SH	阿拉丁	8582.9075	9233.1492	272	301419.SZ	阿莱德	5548.5816	7406.4007
226	300642.SZ	透景生命	8469.7258	12374.8299	273	600605.SH	汇通能源	5415.1859	383.6710
227	600696.SH	岩石股份	8464.6248	4865.5354	274	688293.SH	奥浦迈	5325.9920	10536.9366
228	603236.SH	移远通信	8422.7088	62052.4874	275	002486.SZ	嘉麟杰	5215.3493	9322.9364
229	600641.SH	万业企业	8389.3787	38671.3830	276	688370.SH	丛麟科技	5207.1516	16711.3976
230	603682.SH	锦和商管	8317.9047	8216.7668	277	688129.SH	东来技术	5167.3627	2150.9218
231	688123.SH	聚辰股份	8269.5292	34631.6337	278	603022.SH	新通联	5152.7334	3470.7475
232	300963.SZ	中洲特材	8252.7588	8000.6023	279	688798.SH	艾为电子	5100.8934	−5338.2799
233	603681.SH	永冠新材	8239.4130	22712.6373	280	603211.SH	晋拓股份	5071.2543	6107.0574
234	300802.SZ	矩子科技	8134.1353	12880.3641	281	603718.SH	海利生物	5001.3768	11069.0932
235	300890.SZ	翔丰华	8116.0498	15263.1822	282	688591.SH	泰凌微	4977.1753	4978.5556

（续表）

序号	代码	公司简称	净利润 2023 年	净利润 2022 年	序号	代码	公司简称	净利润 2023 年	净利润 2022 年
283	603009.SH	北特科技	4936.4934	4061.1226	330	603918.SH	金桥信息	2487.1188	1155.0768
284	831305.BJ	海希通讯	4898.1760	6565.0174	331	600647.SH	*ST同达	2341.1609	60.3904
285	688728.SH	格科微	4824.4998	43882.1904	332	873693.BJ	阿为特	2308.9502	2826.1786
286	002162.SZ	悦心健康	4803.3218	−28088.3349	333	603956.SH	威派格	2023.8724	−12674.7464
287	603122.SH	合富中国	4716.1663	8271.7088	334	600818.SH	中路股份	1980.4962	−8684.0502
288	688718.SH	唯赛勃	4493.6746	3137.8366	335	603499.SH	翔港科技	1964.0638	1805.6443
289	300947.SZ	德必集团	4452.2597	3194.6495	336	002451.SZ	摩恩电气	1805.6825	1747.8124
290	688435.SH	英方软件	4446.4619	3700.2885	337	600689.SH	上海三毛	1759.9935	−1291.5494
291	600679.SH	上海凤凰	4422.4817	−31061.9037	338	603196.SH	日播时尚	1707.6668	1657.2536
292	600816.SH	建元信托	4217.8218	−104343.4002	339	600630.SH	龙头股份	1621.8215	−52206.2382
293	603790.SH	雅运股份	4156.0065	3929.9380	340	300899.SZ	上海凯鑫	1559.6698	2730.7557
294	688682.SH	霍莱沃	4126.2318	6181.8159	341	301005.SZ	超捷股份	1483.8652	6378.5078
295	600272.SH	开开实业	4100.1108	4009.5291	342	300225.SZ	金力泰	1480.9039	−10598.4669
296	301166.SZ	优宁维	4031.8832	10648.5090	343	688213.SH	思特威-W	1421.5461	−8274.8036
297	603200.SH	上海洗霸	3984.2888	3913.6286	344	600640.SH	国脉文化	1282.4029	−20628.2694
298	688592.SH	司南导航	3971.0560	3617.8956	345	300067.SZ	安诺其	1228.6082	3598.3454
299	002565.SZ	顺灏股份	3969.2418	−5771.4620	346	600119.SH	长江投资	997.8598	−1044.9402
300	300508.SZ	维宏股份	3923.1485	4900.7626	347	688653.SH	康希通信	992.1407	2045.5620
301	833346.BJ	威贸电子	3915.8324	3472.3450	348	688061.SH	灿瑞科技	959.3340	13504.2425
302	872541.BJ	铁大科技	3890.0929	3336.0859	349	688193.SH	仁度生物	825.9297	2333.1395
303	688163.SH	赛伦生物	3877.4332	6413.5804	350	301001.SZ	凯淳股份	703.0477	−592.4285
304	601616.SH	广电气	3771.7200	8559.7013	351	603329.SH	上海雅仕	694.2324	15127.1536
305	301230.SZ	泓博医药	3761.9249	6717.5882	352	600624.SH	复旦复华	679.6880	−219.4542
306	301161.SZ	唯万密封	3709.0983	4620.4897	353	688351.SH	微电生理-U	568.8513	297.1824
307	002278.SZ	神开股份	3662.7887	−1944.6439	354	300983.SZ	尤安设计	435.7515	2002.5854
308	603232.SH	格尔软件	3658.1723	−915.4048	355	300126.SZ	锐奇股份	405.3532	393.3728
309	600825.SH	新华传媒	3620.2136	886.5873	356	603580.SH	艾艾精工	131.2798	−351.2003
310	603159.SH	上海亚虹	3527.1490	3014.1190	357	600692.SH	亚通股份	−314.4608	772.2541
311	836414.BJ	欧普泰	3438.5456	2915.9040	358	301025.SZ	读客文化	−328.2470	6232.0788
312	002669.SZ	康达新材	3414.3807	5068.2135	359	300462.SZ	华铭智能	−420.0390	6035.3539
313	300493.SZ	润欣科技	3358.6784	5387.0169	360	688217.SH	睿昂基因	−480.4832	6591.9203
314	600651.SH	飞乐音响	3206.0141	30592.4498	361	001266.SZ	宏英智能	−1121.7041	7150.7239
315	831961.BJ	创远信科	3193.7471	2051.8216	362	002058.SZ	威尔泰	−1193.0697	−1520.2870
316	600676.SH	交运股份	3192.6585	−12.6832	363	430300.BJ	辰光医疗	−1250.4376	2270.2858
317	002269.SZ	美邦服饰	3174.5831	−82281.5822	364	688118.SH	普元信息	−1566.4393	121.7858
318	600628.SH	新世界	3147.5659	−5145.1153	365	688071.SH	华依科技	−1591.0607	3766.6794
319	300153.SZ	科泰电源	3103.9772	2728.4159	366	688265.SH	南模生物	−2058.2607	−539.9643
320	605208.SH	永茂泰	3091.0991	9419.4193	367	600193.SH	创兴资源	−2113.5187	459.4966
321	688098.SH	申联生物	2985.0434	6097.1143	368	600608.SH	ST沪科	−2318.5796	414.1645
322	600620.SH	天宸股份	2853.2481	4790.4353	369	300170.SZ	汉得信息	−2423.1511	43287.3242
323	301273.SZ	瑞晨环保	2833.9344	5034.9547	370	300609.SZ	汇纳科技	−2472.9677	−3044.9450
324	300074.SZ	华平股份	2732.3658	−9974.1929	371	600836.SH	*ST易连	−2667.0777	−8154.4888
325	605136.SH	丽人丽妆	2723.7473	−14338.7606	372	603226.SH	菲林格尔	−2834.7529	829.9005
326	688593.SH	新相微	2694.6758	10827.5465	373	002211.SZ	宏达新材	−2936.2242	3959.9269
327	836504.BJ	博迅生物	2667.1397	2640.9999	374	301037.SZ	保立佳	−3150.3988	573.7154
328	002178.SZ	延华智能	2573.1942	−15465.9887	375	600530.SH	ST交昂	−3193.6636	−49489.8857
329	301070.SZ	开勒股份	2523.4266	3181.5978	376	688202.SH	美迪西	−3321.0603	33823.6271

（续表）

序号	代码	公司简称	净利润		序号	代码	公司简称	净利润	
			2023 年	2022 年				2023 年	2022 年
377	000863.SZ	三湘印象	−4225.5237	613.1483	412	300511.SZ	雪榕生物	−19233.4210	−39411.5479
378	688766.SH	普冉股份	−4827.4290	8314.6349	413	688107.SH	安路科技	−19718.7674	5982.7953
379	300380.SZ	安硕信息	−5343.3464	−7969.7796	414	600490.SH	鹏欣资源	−20170.5440	−79268.4866
380	603131.SH	上海沪工	−5373.3333	−13252.9222	415	688680.SH	海优新材	−22857.2656	5009.3419
381	600827.SH	百联股份	−5671.6010	61443.4451	416	300180.SZ	华峰超纤	−23068.5155	−35578.1555
382	688206.SH	概伦电子	−5875.1052	4344.9990	417	300483.SZ	首华燃气	−25321.3762	7817.5098
383	603729.SH	龙韵股份	−5898.0239	−19409.9225	418	688382.SH	益方生物-U	−28397.5275	−48348.5015
384	600171.SH	上海贝岭	−6021.9842	39958.9577	419	605081.SH	太和水	−28766.1287	−16034.3214
385	603256.SH	宏和科技	−6309.4466	5237.1810	420	688031.SH	星环科技-U	−28916.8098	−27225.2105
386	300551.SZ	古鳌科技	−7123.8657	−5285.2547	421	688521.SH	芯原股份	−29646.6724	7381.4259
387	300245.SZ	天玑科技	−7297.8503	−447.6459	422	688110.SH	东芯股份	−30054.2852	21735.8548
388	300892.SZ	品渥食品	−7337.0805	1120.3841	423	600837.SH	海通证券	−31104.3124	519615.0011
389	600619.SH	海立股份	−7397.9183	−7556.0813	424	688158.SH	优刻得-W	−34658.0906	−41942.6903
390	002636.SZ	金安国纪	−7639.8180	9681.2729	425	002527.SZ	新时达	−37889.9351	−105970.7832
391	688368.SH	晶丰明源	−7917.2101	−20586.6849	426	600626.SH	申达股份	−39347.5063	−25432.6787
392	603189.SH	网达软件	−8334.2961	3663.4834	427	688373.SH	盟科药业-U	−42112.4453	−22029.8739
393	301228.SZ	实朴检测	−8795.8734	−1582.9641	428	600151.SH	航天机电	−49275.2519	−13462.7503
394	603330.SH	天洋新材	−9420.6654	−5611.3761	429	300061.SZ	旗天科技	−49659.6594	4848.1282
395	603068.SH	博通集成	−9838.1699	−24138.0764	430	300578.SZ	会畅通讯	−50400.7930	1436.6166
396	301024.SZ	霍普股份	−10509.8212	−17861.1659	431	688220.SH	翱捷科技-U	−50582.1344	−25150.6086
397	300262.SZ	*ST巴安	−11102.7438	−40865.6909	432	603887.SH	城地香江	−62097.0758	259.4217
398	688238.SH	和元生物	−12781.3694	3902.5209	433	300168.SZ	万达信息	−89882.1347	−31501.1472
399	688519.SH	南亚新材	−12949.0006	4488.5172	434	688062.SH	迈威生物-U	−105881.1366	−95812.5799
400	600073.SH	上海梅林	−13531.1845	66545.0510	435	688660.SH	电气风电	−127152.8420	−33809.6412
401	688317.SH	之江生物	−13685.7073	76027.3480	436	600688.SH	上海石化	−140904.3000	−286821.6000
402	603895.SH	天永智能	−14623.9446	−15591.0369	437	600500.SH	中化国际	−185265.3594	218046.6745
403	600604.SH	市北高新	−16079.9976	9862.1834	438	600622.SH	光大嘉宝	−217740.3850	7030.6213
404	600819.SH	耀皮玻璃	−16127.1030	2332.4721	439	601828.SH	美凯龙	−237043.5197	66769.0076
405	301060.SZ	兰卫医学	−16170.9405	73905.5163	440	600841.SH	动力新科	−246255.0949	−161146.7857
406	002858.SZ	力盛体育	−16812.4353	−6409.1921	441	688180.SH	君实生物-U	−253568.9298	−258407.7473
407	600636.SH	国新文化	−16884.7628	13366.7146	442	688538.SH	和辉光电-U	−324439.1225	−160179.2093
408	300222.SZ	科大智能	−17071.6765	−29730.6842	443	600115.SH	中国东航	−861400.0000	−3990000.0000
409	002022.SZ	科华生物	−17698.5109	173137.0056	444	600606.SH	绿地控股	−1112404.9514	459680.2115
410	300762.SZ	上海瀚讯	−18975.8983	8557.9126	445	600823.SH	*ST世茂	−1444179.8876	−730424.8265
411	600661.SH	昂立教育	−19041.4888	19873.1488					

上海工商类上市公司 2023 年度每股净资产排序

（单位：元）

序号	代码	公司简称	每股净资产 2023 年	每股净资产 2022 年	序号	代码	公司简称	每股净资产 2023 年	每股净资产 2022 年
1	688063.SH	派能科技	54.2256	27.8341	48	600196.SH	复星医药	17.0950	16.6841
2	688608.SH	恒玄科技	50.7951	49.6897	49	688217.SH	睿昂基因	16.9324	16.8576
3	688507.SH	索辰科技	47.3072	16.9867	50	300999.SZ	金龙鱼	16.8762	16.3618
4	688016.SH	心脉医疗	46.4643	23.8776	51	300915.SZ	海融科技	16.7457	16.1465
5	688301.SH	奕瑞科技	39.9805	49.8259	52	688131.SH	皓元医药	16.6841	21.7796
6	688188.SH	柏楚电子	33.9746	29.3018	53	601211.SH	国泰君安	16.5140	15.9040
7	688366.SH	昊海生科	32.9494	31.6695	54	688592.SH	司南导航	16.4758	6.4056
8	301525.SZ	儒竞科技	32.4174	10.2118	55	600009.SH	上海机场	16.2917	15.9164
9	603296.SH	华勤技术	28.8109	18.9974	56	601021.SH	春秋航空	16.0952	13.9931
10	688012.SH	中微公司	28.7853	25.1263	57	300890.SZ	翔丰华	15.6996	15.1945
11	601601.SH	中国太保	25.9436	23.7461	58	688798.SH	艾为电子	15.6117	21.2970
12	688330.SH	宏力达	25.8633	35.3248	59	600754.SH	锦江酒店	15.5854	15.4882
13	688766.SH	普冉股份	25.5414	39.1190	60	688155.SH	先惠技术	15.3696	14.8172
14	688347.SH	华虹公司	25.2561	15.1702	61	601229.SH	上海银行	15.3629	14.1293
15	600104.SH	上汽集团	24.5063	23.8999	62	688392.SH	骄成超声	15.2559	21.3696
16	688391.SH	钜泉科技	24.4290	34.6902	63	688220.SH	翱捷科技-U	15.1937	17.8632
17	301166.SZ	优宁维	24.4286	24.8944	64	688082.SH	盛美上海	14.8225	12.7412
18	603713.SH	密尔克卫	24.2574	22.8336	65	605128.SH	上海沿浦	14.2810	13.3211
19	300983.SZ	尤安设计	24.0722	24.1631	66	301273.SZ	瑞晨环保	14.0977	13.8059
20	688680.SH	海优新材	24.0709	27.4427	67	688435.SH	英方软件	14.0429	6.3047
21	688193.SH	仁度生物	24.0685	24.0346	68	603197.SH	保隆科技	13.9343	11.9633
22	688018.SH	乐鑫科技	23.6788	22.7003	69	603579.SH	荣泰健康	13.8587	13.0261
23	688133.SH	泰坦科技	23.6554	32.3499	70	603236.SH	移远通信	13.7298	19.6857
24	603325.SH	博隆技术	23.0097	17.2109	71	002028.SZ	思源电气	13.4180	11.9115
25	688073.SH	毕得医药	22.9916	31.9820	72	300236.SZ	上海新阳	13.3656	13.1264
26	688271.SH	联影医疗	22.8917	21.2135	73	688479.SH	友车科技	13.2435	6.4081
27	688265.SH	南模生物	22.2769	22.6507	74	600835.SH	上海机电	13.1677	12.6655
28	688061.SH	灿瑞科技	22.2128	33.3574	75	688099.SH	晶晨股份	13.0896	11.8346
29	600612.SH	老凤祥	22.1250	19.3610	76	603681.SH	永冠新材	12.9006	12.6725
30	688368.SH	晶丰明源	21.9368	24.2689	77	603324.SH	盛剑环境	12.7675	11.3911
31	688372.SH	伟测科技	21.6864	27.2841	78	688648.SH	中邮科技	12.6890	11.9432
32	688019.SH	安集科技	21.4397	20.3684	79	603690.SH	至纯科技	12.6458	13.8910
33	600000.SH	浦发银行	20.8522	19.9365	80	301070.SZ	开勒股份	12.6413	12.1319
34	688317.SH	之江生物	19.6448	21.5733	81	600639.SH	浦东金桥	12.5740	11.4145
35	603062.SH	麦加芯彩	19.6287	7.9297	82	600837.SH	海通证券	12.4955	12.5987
36	688370.SH	丛麟科技	19.2374	26.8477	83	601788.SH	光大证券	12.4902	11.8214
37	688065.SH	凯赛生物	19.1371	18.7714	84	688123.SH	聚辰股份	12.4630	15.8448
38	688230.SH	芯导科技	18.8992	25.8464	85	301099.SZ	雅创电子	12.4383	12.2690
39	688293.SH	奥浦迈	18.8078	26.6488	86	601328.SH	交通银行	12.2974	11.4273
40	688202.SH	美迪西	18.6435	18.4193	87	688071.SH	华依科技	12.2541	6.9003
41	601607.SH	上海医药	18.5035	18.1372	88	301151.SZ	冠龙节能	12.2010	11.9797
42	600741.SH	华域汽车	18.3231	16.8008	89	301289.SZ	国缆检测	12.0775	14.9467
43	688981.SH	中芯国际	17.9293	16.8555	90	605289.SH	罗曼股份	12.0577	11.4462
44	603275.SH	众辰科技	17.8038	6.5134	91	688031.SH	星环科技-U	11.9437	14.1608
45	301257.SZ	普蕊斯	17.6683	15.6124	92	601825.SH	沪农商行	11.6572	10.5588
46	603501.SH	韦尔股份	17.4521	15.0039	93	301555.SZ	惠柏新材	11.6561	8.0209
47	600508.SH	上海能源	17.4504	16.8207	94	605081.SH	太和水	11.5593	14.0979

（续表）

序号	代码	公司简称	每股净资产		序号	代码	公司简称	每股净资产	
			2023 年	2022 年				2023 年	2022 年
95	603786.SH	科博达	11.5326	10.2884	142	301499.SZ	维科精密	8.9689	5.5346
96	301315.SZ	威士顿	11.4781	5.0984	143	688008.SH	澜起科技	8.9497	8.7404
97	601828.SH	美凯龙	11.3934	11.9487	144	300609.SZ	汇纳科技	8.9320	8.5512
98	600315.SH	上海家化	11.3721	10.6787	145	688160.SH	步科股份	8.9105	8.5607
99	603068.SH	博通集成	11.3418	11.9651	146	603515.SH	欧普照明	8.9076	8.0363
100	603365.SH	水星家纺	11.2084	10.3770	147	688578.SH	艾力斯	8.8495	7.0823
101	600648.SH	外高桥	11.0482	10.5640	148	605338.SH	巴比食品	8.8059	8.3309
102	688121.SH	卓然股份	10.8810	10.0548	149	688484.SH	南芯科技	8.7338	2.9840
103	600150.SH	中国船舶	10.8104	10.2766	150	600637.SH	东方明珠	8.6805	8.5560
104	688596.SH	正帆科技	10.6975	8.7969	151	600958.SH	东方证券	8.6794	8.5194
105	300613.SZ	富瀚微	10.6393	9.4841	152	300501.SZ	海顺新材	8.6419	8.2499
106	300892.SZ	品渥食品	10.6023	11.4574	153	605050.SH	福然德	8.5435	9.0491
107	301303.SZ	真兰仪表	10.5480	4.4404	154	688335.SH	复洁环保	8.4923	12.0324
108	605222.SH	起帆电缆	10.4933	9.4914	155	603899.SH	晨光股份	8.4537	7.3892
109	600623.SH	华谊集团	10.4412	10.2121	156	603153.SH	上海建科	8.4388	7.4061
110	688519.SH	南亚新材	10.4249	11.4029	157	600882.SH	妙可蓝多	8.3741	8.6154
111	603192.SH	汇得科技	10.4060	10.0654	158	300947.SZ	德必集团	8.3737	8.4043
112	301230.SZ	泓博医药	10.3839	14.4769	159	603659.SH	璞泰来	8.3136	9.6755
113	300899.SZ	上海凯鑫	10.3591	10.3498	160	301024.SZ	霍普股份	8.2824	9.9313
114	300171.SZ	东富龙	10.3568	11.7129	161	600278.SH	东方创业	8.2562	8.0012
115	688212.SH	澳华内镜	10.3019	9.5095	162	600649.SH	城投控股	8.2239	8.1816
116	605151.SH	西上海	10.2276	9.5149	163	603868.SH	飞科电器	8.2102	7.8699
117	301001.SZ	凯淳股份	10.2106	10.2368	164	603020.SH	爱普股份	8.1927	8.0082
118	688163.SH	赛伦生物	10.0336	10.3612	165	605098.SH	行动教育	8.1223	9.0296
119	600827.SH	百联股份	9.9744	9.8648	166	603214.SH	爱婴室	8.1001	7.6640
120	688591.SH	泰凌微	9.7558	5.1564	167	600895.SH	张江高科	8.0341	7.5618
121	002669.SZ	康达新材	9.7474	9.8284	168	301037.SZ	保立佳	8.0041	8.2812
122	601156.SH	东航物流	9.7339	8.5183	169	603039.SH	泛微网络	7.9795	7.3332
123	001266.SZ	宏英智能	9.7090	10.0370	170	603083.SH	剑桥科技	7.9745	7.3620
124	601200.SH	上海环境	9.5422	9.1551	171	688336.SH	三生国健	7.9381	7.4675
125	301419.SZ	阿莱德	9.5186	5.3669	172	688110.SH	东芯股份	7.9252	8.8881
126	603341.SH	龙旗科技	9.4428	7.7892	173	300462.SZ	华铭智能	7.8959	8.1369
127	300483.SZ	首华燃气	9.4338	10.4167	174	600081.SH	东风科技	7.8873	6.7984
128	688213.SH	思特威-W	9.3521	9.3284	175	605339.SH	南侨食品	7.8512	7.5913
129	600655.SH	豫园股份	9.3239	9.1476	176	603587.SH	地素时尚	7.8455	7.5034
130	300642.SZ	透景生命	9.3130	8.9871	177	002022.SZ	科华生物	7.8351	9.0851
131	600097.SH	开创国际	9.3064	8.6762	178	002605.SZ	姚记科技	7.8173	6.6535
132	688091.SH	上海谊众	9.2549	9.1681	179	301161.SZ	唯万密封	7.7714	7.6312
133	600420.SH	国药现代	9.2370	9.7810	180	600061.SH	国投资本	7.7623	7.4796
134	600820.SH	隧道股份	9.2037	8.6775	181	600284.SH	浦东建设	7.7521	7.4056
135	603003.SH	*ST龙宇	9.1772	8.9666	182	605186.SH	健麾信息	7.7406	7.3895
136	605398.SH	新炬网络	9.1343	12.2240	183	688085.SH	三友医疗	7.7125	8.1453
137	688691.SH	灿芯股份	9.1042	7.0567	184	300378.SZ	鼎捷软件	7.6762	6.8973
138	600019.SH	宝钢股份	9.0564	8.7400	185	600643.SH	爱建集团	7.6533	7.6830
139	688682.SH	霍莱沃	8.9965	12.4414	186	301005.SZ	超捷股份	7.6155	7.7871
140	688118.SH	普元信息	8.9926	9.1259	187	601231.SH	环旭电子	7.5025	6.9508
141	600641.SH	万业企业	8.9890	8.6781	188	603056.SH	德邦股份	7.4822	6.7438

(续表)

序号	代码	公司简称	每股净资产		序号	代码	公司简称	每股净资产	
			2023 年	2022 年				2023 年	2022 年
189	600848.SH	上海临港	7.3601	6.7457	236	603189.SH	网达软件	5.8077	6.3797
190	600826.SH	兰生股份	7.3261	6.6068	237	688158.SH	优刻得-W	5.8072	6.5519
191	600621.SH	华鑫股份	7.3035	6.9892	238	300578.SZ	会畅通讯	5.7726	8.2417
192	688180.SH	君实生物-U	7.2550	9.6489	239	603855.SH	华荣股份	5.7461	5.3222
193	600072.SH	中船科技	7.2314	5.4609	240	600606.SH	绿地控股	5.7164	6.4501
194	600026.SH	中远海能	7.2088	6.6175	241	600171.SH	上海贝岭	5.7025	5.9356
195	688129.SH	东来技术	7.2022	7.0345	242	603006.SH	联明股份	5.6909	5.6560
196	605598.SH	上海港湾	7.1352	9.0565	243	600619.SH	海立股份	5.6571	5.6223
197	301156.SZ	美农生物	7.1349	9.7707	244	600636.SH	国新文化	5.6343	6.0965
198	600650.SH	锦江在线	7.0785	6.9868	245	603650.SH	彤程新材	5.5893	5.0093
199	603108.SH	润达医疗	7.0600	6.5193	246	603012.SH	创力集团	5.5509	4.9571
200	600618.SH	氯碱化工	7.0294	6.7355	247	300627.SZ	华测导航	5.5248	4.7323
201	300398.SZ	飞凯材料	6.9671	6.7153	248	688126.SH	沪硅产业	5.5018	5.2316
202	002158.SZ	汉钟精机	6.9310	5.7149	249	603887.SH	城地香江	5.4835	6.8621
203	603886.SH	元祖股份	6.9166	6.7575	250	603777.SH	来伊份	5.4670	5.3800
204	603329.SH	上海雅仕	6.9133	7.1364	251	603987.SH	康德莱	5.4549	5.0523
205	600642.SH	申能股份	6.8524	6.2857	252	831305.BJ	海希通讯	5.4522	5.2063
206	603881.SH	数据港	6.7969	9.1709	253	600748.SH	上实发展	5.4463	5.4139
207	603728.SH	鸣志电器	6.7801	6.4542	254	002561.SZ	徐家汇	5.4221	5.3611
208	301228.SZ	实朴检测	6.7215	7.5787	255	301046.SZ	能辉科技	5.4198	5.1051
209	603037.SH	凯众股份	6.6924	8.2281	256	688521.SH	芯原股份	5.4015	5.8407
210	301000.SZ	肇民科技	6.6321	11.6421	257	600676.SH	交运股份	5.3877	5.3741
211	002346.SZ	柘中股份	6.6130	6.1373	258	833346.BJ	威贸电子	5.3472	5.1678
212	600638.SH	新黄浦	6.5797	6.5053	259	688602.SH	康鹏科技	5.3340	4.4125
213	603619.SH	中曼石油	6.5729	5.7497	260	600018.SH	上港集团	5.2901	4.8242
214	600850.SH	电科数字	6.5607	6.0201	261	600073.SH	上海梅林	5.2782	5.1676
215	688385.SH	复旦微电	6.4745	5.5485	262	603200.SH	上海洗霸	5.2749	5.0741
216	600597.SH	光明乳业	6.4727	5.8025	263	831961.BJ	创远信科	5.2267	4.9596
217	688062.SH	迈威生物-U	6.4657	8.7980	264	688590.SH	新致软件	5.1785	4.5297
218	600628.SH	新世界	6.4589	6.5053	265	600629.SH	华建集团	5.1234	4.6558
219	300508.SZ	维宏股份	6.4452	5.9805	266	603565.SH	中谷物流	5.1041	6.5566
220	600021.SH	上海电力	6.4206	5.7197	267	603648.SH	畅联股份	5.0872	5.0185
221	605208.SH	永茂泰	6.3661	8.1684	268	600094.SH	大名城	5.0616	4.9733
222	603790.SH	雅运股份	6.3599	6.1573	269	603057.SH	紫燕食品	5.0402	4.9143
223	605136.SH	丽人丽妆	6.3185	6.2423	270	600640.SH	国脉文化	4.9718	4.9682
224	600605.SH	汇通能源	6.2746	5.4552	271	688179.SH	阿拉丁	4.9707	6.5328
225	601083.SH	锦江航运	6.2639	5.4734	272	603683.SH	晶华新材	4.9556	4.4581
226	300257.SZ	开山股份	6.2318	5.8257	273	300442.SZ	润泽科技	4.9529	3.5782
227	601611.SH	中国核建	6.2317	5.6380	274	002116.SZ	中国海诚	4.9349	3.8494
228	601696.SH	中银证券	6.1974	5.9043	275	300170.SZ	汉得信息	4.9249	4.3664
229	300226.SZ	上海钢联	6.1739	6.5409	276	300327.SZ	中颖电子	4.8814	4.3274
230	600846.SH	同济科技	6.1279	5.6872	277	600708.SH	光明地产	4.8524	4.8459
231	002454.SZ	松芝股份	6.1005	5.9679	278	688206.SH	概伦电子	4.8287	4.9567
232	300286.SZ	安科瑞	6.0920	5.3423	279	603009.SH	北特科技	4.8259	4.7223
233	603232.SH	格尔软件	6.0052	5.9023	280	600732.SH	爱旭股份	4.7478	6.9571
234	603107.SH	上海汽配	5.9374	3.2167	281	600663.SH	陆家嘴	4.7255	5.3362
235	300802.SZ	矩子科技	5.8960	4.6568	282	600843.SH	上工申贝	4.7054	4.4833

（续表）

序号	代码	公司简称	每股净资产		序号	代码	公司简称	每股净资产	
			2023 年	2022 年				2023 年	2022 年
283	600845.SH	宝信软件	4.7048	5.0312	330	000863.SZ	三湘印象	3.7862	3.7110
284	688584.SH	上海合晶	4.6804	4.3341	331	603131.SH	上海沪工	3.7454	3.9185
285	836414.BJ	欧普泰	4.6746	8.7735	332	300230.SZ	永利股份	3.7219	3.2375
286	002636.SZ	金安国纪	4.6420	4.8350	333	002568.SZ	百润股份	3.6851	3.4169
287	300129.SZ	泰胜风能	4.5991	4.3208	334	002706.SZ	良信股份	3.6816	3.3331
288	873693.BJ	阿为特	4.5803	4.6878	335	601595.SH	上海电影	3.6774	3.5132
289	300059.SZ	东方财富	4.5382	4.9314	336	600838.SH	上海九百	3.6689	3.5705
290	601702.SH	华峰铝业	4.5311	3.7380	337	603121.SH	华培动力	3.6326	3.2636
291	601872.SH	招商轮船	4.5300	4.0667	338	688098.SH	申联生物	3.6254	3.6452
292	600833.SH	第一医药	4.4891	4.2659	339	688107.SH	安路科技	3.6055	4.0118
293	603633.SH	徕木股份	4.4855	5.6636	340	600819.SH	耀皮玻璃	3.6038	3.7169
294	002252.SZ	上海莱士	4.4593	4.2753	341	300126.SZ	锐奇股份	3.5996	3.5981
295	836504.BJ	博迅生物	4.4542	3.5691	342	688351.SH	微电生理-U	3.5807	3.5603
296	301060.SZ	兰卫医学	4.4450	5.1515	343	603159.SH	上海亚虹	3.5782	3.4262
297	603128.SH	华贸物流	4.4374	4.4373	344	002858.SZ	力盛体育	3.5772	4.2148
298	300245.SZ	天玑科技	4.4145	4.6331	345	600834.SH	申通地铁	3.5218	3.4231
299	688660.SH	电气风电	4.3989	5.3554	346	603730.SH	岱美股份	3.5150	4.5249
300	688718.SH	唯赛勃	4.3941	4.1277	347	600517.SH	国网英大	3.4941	3.2947
301	600613.SH	神奇制药	4.3728	4.3579	348	688593.SH	新相微	3.4741	1.7656
302	600500.SH	中化国际	4.3232	4.8548	349	688382.SH	益方生物-U	3.4741	3.8520
303	002401.SZ	中远海科	4.3010	3.8659	350	600151.SH	航天机电	3.4470	3.7255
304	603211.SH	晋拓股份	4.2443	4.1220	351	600170.SH	上海建工	3.4300	3.3641
305	300963.SZ	中洲特材	4.2285	5.9338	352	600604.SH	市北高新	3.4126	3.5228
306	603496.SH	恒为科技	4.2280	5.5571	353	601968.SH	宝钢包装	3.3929	3.3251
307	002825.SZ	纳尔股份	4.2179	5.6308	354	601727.SH	上海电气	3.3889	3.5214
308	002328.SZ	新朋股份	4.2003	4.0690	355	603170.SH	宝立食品	3.3810	2.8199
309	600679.SH	上海凤凰	4.1892	4.0984	356	600602.SH	云赛智联	3.3703	3.3246
310	430139.BJ	华岭股份	4.1817	3.8525	357	430300.BJ	辰光医疗	3.3662	3.5423
311	603330.SH	天洋新材	4.1505	2.8954	358	603895.SH	天永智能	3.3615	4.3637
312	603960.SH	克来机电	4.1277	3.7988	359	603580.SH	艾艾精工	3.3589	3.3452
313	603466.SH	风语筑	4.0806	3.6182	360	603196.SH	日播时尚	3.3491	3.3445
314	603378.SH	亚士创能	4.0447	3.9968	361	600622.SH	光大嘉宝	3.3487	4.6974
315	600611.SH	大众交通	4.0279	3.9643	362	600851.SH	海欣股份	3.2849	3.1843
316	300326.SZ	凯利泰	3.9885	3.8207	363	688238.SH	和元生物	3.1791	4.4024
317	600841.SH	动力新科	3.9836	4.8741	364	600088.SH	中视传媒	3.1340	2.5171
318	300762.SZ	上海瀚讯	3.9752	4.2837	365	603918.SH	金桥信息	3.0544	2.9416
319	300017.SZ	网宿科技	3.9496	3.7006	366	688728.SH	格科微	3.0300	3.1596
320	002184.SZ	海得控制	3.9486	3.6609	367	002278.SZ	神开股份	3.0200	2.9399
321	603729.SH	龙韵股份	3.8868	5.5910	368	688585.SH	上纬新材	3.0092	2.8435
322	002324.SZ	普利特	3.8740	2.7998	369	600647.SH	*ST同达	2.9973	2.1215
323	300039.SZ	上海凯宝	3.8539	3.5963	370	600616.SH	金枫酒业	2.9799	2.8528
324	300590.SZ	移为通信	3.8480	3.6862	371	300511.SZ	雪榕生物	2.9740	3.3240
325	603022.SH	新通联	3.8365	3.6371	372	603122.SH	合富中国	2.9313	2.9588
326	603956.SH	威派格	3.8089	3.8670	373	301062.SZ	上海艾录	2.8994	2.7514
327	688653.SH	康希通信	3.8043	2.7875	374	600320.SH	振华重工	2.8959	2.7843
328	600210.SH	紫江企业	3.8038	3.6331	375	872541.BJ	铁大科技	2.8590	2.6331
329	603885.SH	吉祥航空	3.7953	4.3097	376	603499.SH	翔港科技	2.8423	2.8433

(续表)

序号	代码	公司简称	每股净资产		序号	代码	公司简称	每股净资产	
			2023 年	2022 年				2023 年	2022 年
377	600635.SH	大众公用	2.8177	2.7898	412	600696.SH	岩石股份	1.8039	1.5324
378	600823.SH	*ST世茂	2.8037	5.5270	413	002565.SZ	顺灏股份	1.7877	1.7605
379	603226.SH	菲林格尔	2.7683	2.8211	414	300225.SZ	金力泰	1.7336	1.5768
380	600490.SH	鹏欣资源	2.7630	2.7284	415	002451.SZ	摩恩电气	1.7201	1.7015
381	300551.SZ	古鳌科技	2.7155	3.0993	416	002195.SZ	岩山科技	1.7006	1.6434
382	688247.SH	宣泰医药	2.6696	2.5969	417	600630.SH	龙头股份	1.6784	1.6404
383	601616.SH	广电电气	2.6348	2.6204	418	600836.SH	*ST易连	1.6690	1.7043
384	600692.SH	亚通股份	2.6344	2.6336	419	603256.SH	宏和科技	1.6169	1.7043
385	300380.SZ	安硕信息	2.6164	2.8709	420	300168.SZ	万达信息	1.6130	1.0691
386	300153.SZ	科泰电源	2.6096	2.4965	421	301025.SZ	读客文化	1.5230	1.6392
387	300253.SZ	卫宁健康	2.5945	2.3313	422	600816.SH	建元信托	1.3297	0.0279
388	300180.SZ	华峰超纤	2.5854	2.7017	423	688373.SH	盟科药业-U	1.2729	1.8533
389	600272.SH	开开实业	2.4520	2.3398	424	002486.SZ	嘉麟杰	1.2411	1.2068
390	600675.SH	中华企业	2.4328	2.4993	425	600624.SH	复旦复华	1.1754	1.1732
391	600626.SH	申达股份	2.4104	2.8078	426	300061.SZ	旗天科技	1.1647	1.8603
392	603682.SH	锦和商管	2.3700	2.3784	427	300008.SZ	天海防务	1.1175	1.0265
393	600825.SH	新华传媒	2.3591	2.3917	428	002162.SZ	悦心健康	1.0712	1.0861
394	600822.SH	上海物贸	2.3270	2.0491	429	002058.SZ	威尔泰	0.9983	1.1167
395	002527.SZ	新时达	2.3169	2.8625	430	600651.SH	飞乐音响	0.9644	0.9498
396	600688.SH	上海石化	2.2988	2.4246	431	600601.SH	方正科技	0.9231	0.8277
397	600620.SH	天宸股份	2.2788	2.8746	432	600115.SH	中国东航	0.9220	1.3045
398	600503.SH	华丽家族	2.2752	2.3184	433	688538.SH	和辉光电-U	0.9065	1.1379
399	688505.SH	复旦张江	2.2744	2.1935	434	601519.SH	大智慧	0.8391	0.7918
400	600824.SH	益民集团	2.2716	2.2168	435	603030.SH	*ST全筑	0.7768	−0.4416
401	300067.SZ	安诺其	2.2273	2.2173	436	600193.SH	创兴资源	0.6977	0.7487
402	600689.SH	上海三毛	2.2050	2.1174	437	002178.SZ	延华智能	0.6321	0.5924
403	601866.SH	中远海发	2.1570	2.1267	438	600119.SH	长江投资	0.5646	0.5398
404	300222.SZ	科大智能	2.1144	2.3018	439	600661.SH	昂立教育	0.4487	1.1752
405	300272.SZ	开能健康	2.1097	1.8890	440	002506.SZ	协鑫集成	0.4144	0.3856
406	300493.SZ	润欣科技	2.1006	2.0208	441	600530.SH	ST交昂	0.3804	0.4219
407	300074.SZ	华平股份	2.0005	1.9587	442	002269.SZ	美邦服饰	0.1795	0.0983
408	600818.SH	中路股份	1.8949	1.8200	443	002211.SZ	宏达新材	0.1463	0.2142
409	600662.SH	外服控股	1.8570	1.7114	444	600608.SH	ST沪科	0.1323	0.1992
410	830799.BJ	艾融软件	1.8526	1.6857	445	300262.SZ	*ST巴安	0.1099	0.2644
411	603718.SH	海利生物	1.8498	1.7707					

上海工商类上市公司 2023 年度净资产收益率排序

（单位：%）

序号	代码	公司简称	净资产收益率 2023 年	2022 年	序号	代码	公司简称	净资产收益率 2023 年	2022 年
1	603619.SH	中曼石油	32.8613	23.5652	48	603587.SH	地素时尚	13.4229	10.4406
2	300442.SZ	润泽科技	30.7543	70.1778	49	603365.SH	水星家纺	13.2728	10.2978
3	603868.SH	飞科电器	29.1138	25.4383	50	301257.SZ	普蕊斯	13.2571	12.2647
4	603325.SH	博隆技术	28.5903	30.8797	51	300230.SZ	永利股份	13.2471	9.8035
5	002158.SZ	汉钟精机	25.5847	22.7306	52	002324.SZ	普利特	13.0914	7.4259
6	603855.SH	华荣股份	24.6819	20.1609	53	600741.SH	华域汽车	13.0295	14.0533
7	603170.SH	宝立食品	24.2732	24.1920	54	002706.SZ	良信股份	12.9715	14.1780
8	600845.SH	宝信软件	24.0342	23.0578	55	600822.SH	上海物贸	12.9017	6.0657
9	688691.SH	灿芯股份	23.4409	16.7643	56	300226.SZ	上海钢联	12.8688	12.3003
10	603030.SH	*ST全筑	22.8261	−258.0775	57	603650.SH	彤程新材	12.6087	10.2376
11	688019.SH	安集科技	22.0943	22.1424	58	002401.SZ	中远海科	12.4314	13.3972
12	601702.SH	华峰铝业	21.7804	19.3724	59	603659.SH	璞泰来	12.2415	25.9312
13	605098.SH	行动教育	21.6708	10.3412	60	603466.SH	风语筑	12.1171	2.9403
14	600088.SH	中视传媒	21.1144	−6.3160	61	603062.SH	麦加芯彩	12.0886	45.2169
15	603899.SH	晨光股份	20.7976	19.6632	62	300059.SZ	东方财富	11.9501	15.5844
16	002568.SZ	百润股份	20.7329	13.7998	63	601231.SH	环旭电子	11.8990	21.2267
17	600612.SH	老凤祥	20.4072	17.6026	64	300327.SZ	中颖电子	11.8300	23.1272
18	002605.SZ	姚记科技	18.9831	13.5302	65	603012.SH	创力集团	11.7392	13.2491
19	830799.BJ	艾融软件	18.9185	14.8230	66	688091.SH	上海谊众	11.6058	11.4526
20	688578.SH	艾力斯	17.9703	4.2375	67	872541.BJ	铁大科技	11.5816	12.6238
21	688016.SH	心脉医疗	17.7055	22.2150	68	600850.SH	电科数字	11.5097	14.7237
22	603341.SH	龙旗科技	17.3428	18.3796	69	603107.SH	上海汽配	11.4662	16.5902
23	601156.SH	东航物流	17.1748	29.6849	70	301525.SZ	儒竞科技	11.4500	34.2902
24	603565.SH	中谷物流	17.1535	28.8458	71	600597.SH	光明乳业	11.4328	4.5483
25	603886.SH	元祖股份	16.8404	16.5527	72	601601.SH	中国太保	11.4038	10.8127
26	836504.BJ	博迅生物	16.7779	22.4118	73	603275.SH	众辰科技	11.3879	23.1435
27	300286.SZ	安科瑞	16.4066	16.0463	74	836414.BJ	欧普泰	11.3436	13.6305
28	603296.SH	华勤技术	16.2823	23.3647	75	601825.SH	沪农商行	11.3338	11.2211
29	300627.SZ	华测导航	16.2249	15.2953	76	600018.SH	上港集团	11.2127	16.2399
30	603057.SH	紫燕食品	16.1689	13.7098	77	300272.SZ	开能健康	11.0878	8.0893
31	002028.SZ	思源电气	15.9463	13.9146	78	603713.SH	密尔克卫	11.0455	17.4418
32	688188.SH	柏楚电子	15.7621	13.1979	79	603324.SH	盛剑环境	10.9679	9.2786
33	002116.SZ	中国海诚	15.7139	13.1477	80	688484.SH	南芯科技	10.9508	24.7680
34	600696.SH	岩石股份	15.6057	7.4867	81	688271.SH	联影医疗	10.8628	14.7073
35	301303.SZ	真兰仪表	15.4914	23.7055	82	600642.SH	申能股份	10.7416	3.5087
36	601021.SH	春秋航空	15.3343	−22.1270	83	688012.SH	中微公司	10.7229	7.9513
37	688082.SH	盛美上海	15.1978	12.9314	84	603128.SH	华贸物流	10.5716	16.2395
38	603730.SH	岱美股份	14.8979	13.8215	85	603579.SH	荣泰健康	10.5712	9.0172
39	688596.SH	正帆科技	14.8379	12.1097	86	002346.SZ	柘中股份	10.5586	17.6245
40	688301.SH	奕瑞科技	14.8041	18.5109	87	601083.SH	锦江航运	10.5124	36.2868
41	688385.SH	复旦微电	14.6325	28.0740	88	605598.SH	上海港湾	10.4940	10.5617
42	603515.SH	欧普照明	14.5409	13.2363	89	300613.SZ	富瀚微	10.4861	19.3946
43	600662.SH	外服控股	14.3827	14.1790	90	600820.SH	隧道股份	10.4547	10.7643
44	603197.SH	保隆科技	13.8974	9.1181	91	603153.SH	上海建科	10.3752	11.0595
45	601872.SH	招商轮船	13.8321	17.1097	92	603037.SH	凯众股份	10.3471	8.9026
46	603786.SH	科博达	13.8152	10.9316	93	600846.SH	同济科技	10.3298	10.1529
47	600639.SH	浦东金桥	13.5101	12.5925	94	605050.SH	福然德	10.2454	8.6152

(续表)

序号	代码	公司简称	净资产收益率		序号	代码	公司简称	净资产收益率	
			2023 年	2022 年				2023 年	2022 年
95	603056.SH	德邦股份	10.2086	9.6704	142	600648.SH	外高桥	7.5649	10.4785
96	600026.SH	中远海能	10.1591	4.8447	143	688063.SH	派能科技	7.4550	34.9653
97	605338.SH	巴比食品	10.0135	11.1862	144	688366.SH	昊海生科	7.4542	3.2146
98	603987.SH	康德莱	9.9602	14.4702	145	600826.SH	兰生股份	7.4493	3.1650
99	600210.SH	紫江企业	9.9212	10.9127	146	873693.BJ	阿为特	7.4060	10.5642
100	603121.SH	华培动力	9.8701	−0.7408	147	603006.SH	联明股份	7.3130	10.4791
101	601229.SH	上海银行	9.8099	10.4539	148	688018.SH	乐鑫科技	7.2843	5.3332
102	605222.SH	起帆电缆	9.7041	9.3425	149	301046.SZ	能辉科技	7.2460	3.3690
103	688099.SH	晶晨股份	9.6294	16.5748	150	300257.SZ	开山股份	7.2328	7.6317
104	600618.SH	氯碱化工	9.5555	18.7052	151	603159.SH	上海亚虹	7.1937	6.4122
105	603214.SH	爱婴室	9.4551	8.1953	152	002825.SZ	纳尔股份	7.1032	28.9392
106	833346.BJ	威贸电子	9.1962	11.1496	153	301499.SZ	维科精密	7.0789	12.5204
107	688584.SH	上海合晶	9.1918	15.0692	154	605339.SH	南侨食品	7.0472	4.9802
108	600833.SH	第一医药	9.1418	16.6675	155	301555.SZ	惠柏新材	7.0405	12.1315
109	301000.SZ	肇民科技	9.1280	8.4817	156	600517.SH	国网英大	7.0287	5.7556
110	002269.SZ	美邦服饰	9.0948	−127.8587	157	300129.SZ	泰胜风能	7.0128	8.0876
111	605151.SH	西上海	9.0410	9.2745	158	430139.BJ	华岭股份	6.9850	9.4098
112	600629.SH	华建集团	8.9568	9.9109	159	603022.SH	新通联	6.9154	4.9971
113	603039.SH	泛微网络	8.9553	11.7779	160	600097.SH	开创国际	6.8486	5.2200
114	603960.SH	克来机电	8.8621	6.5444	161	600272.SH	开开实业	6.7502	7.2371
115	688479.SH	友车科技	8.8147	17.3328	162	002506.SZ	协鑫集成	6.7403	2.6266
116	603682.SH	锦和商管	8.8104	8.6130	163	688121.SH	卓然股份	6.7246	9.2399
117	601328.SH	交通银行	8.7834	9.2703	164	600315.SH	上海家化	6.6943	6.6425
118	002184.SZ	海得控制	8.7612	11.4579	165	603108.SH	润达医疗	6.6915	11.3655
119	301315.SZ	威士顿	8.6544	19.4817	166	300253.SZ	卫宁健康	6.6308	2.1242
120	300963.SZ	中洲特材	8.6184	8.9426	167	301062.SZ	上海艾录	6.5773	10.0256
121	688179.SH	阿拉丁	8.5354	10.0741	168	300017.SZ	网宿科技	6.5765	2.1345
122	600732.SH	爱旭股份	8.5322	32.9292	169	601788.SH	光大证券	6.5162	5.2335
123	300590.SZ	移为通信	8.4996	10.2319	170	688391.SH	钜泉科技	6.5091	17.3666
124	300039.SZ	上海凯宝	8.4145	5.6064	171	600021.SH	上海电力	6.4922	1.6485
125	301419.SZ	阿莱德	8.3749	20.3354	172	688592.SH	司南导航	6.3233	12.7616
126	603885.SH	吉祥航空	8.3736	−42.3313	173	605289.SH	罗曼股份	6.2830	−1.1873
127	603648.SH	畅联股份	8.3617	8.9331	174	600150.SH	中国船舶	6.2717	0.3736
128	688160.SH	步科股份	8.2698	13.2757	175	688718.SH	唯赛勃	6.2052	4.4777
129	301289.SZ	国缆检测	8.1110	11.4027	176	688336.SH	三生国健	6.2011	1.0778
130	688335.SH	复洁环保	8.0810	9.8286	177	601519.SH	大智慧	6.1952	−5.5373
131	603690.SH	至纯科技	8.0697	6.6252	178	831305.BJ	海希通讯	6.1742	8.2011
132	301156.SZ	美农生物	7.9766	9.4939	179	688347.SH	华虹公司	6.1274	16.2953
133	601595.SH	上海电影	7.8798	−19.1014	180	600420.SH	国药现代	6.0975	6.6440
134	600895.SH	张江高科	7.8490	7.2749	181	002252.SZ	上海莱士	6.0886	6.8715
135	600284.SH	浦东建设	7.8480	8.1092	182	600019.SH	宝钢股份	6.0484	6.3217
136	300171.SZ	东富龙	7.8351	14.3918	183	300915.SZ	海融科技	6.0475	6.5491
137	600508.SH	上海能源	7.8255	15.3682	184	688129.SH	东来技术	6.0372	2.5187
138	605128.SH	上海沿浦	7.8212	4.2452	185	600754.SH	锦江酒店	6.0255	0.6840
139	300378.SZ	鼎捷软件	7.6875	7.6131	186	603496.SH	恒为科技	6.0146	6.2474
140	601611.SH	中国核建	7.6711	7.7136	187	688585.SH	上纬新材	6.0120	7.6520
141	600835.SH	上海机电	7.5692	7.7684	188	600848.SH	上海临港	5.9617	6.2301

（续表）

序号	代码	公司简称	净资产收益率		序号	代码	公司简称	净资产收益率	
			2023 年	2022 年				2023 年	2022 年
189	300642.SZ	透景生命	5.9584	8.7055	236	600061.SH	国投资本	4.5220	5.8459
190	002328.SZ	新朋股份	5.9159	10.2911	237	603192.SH	汇得科技	4.5004	4.4713
191	300508.SZ	维宏股份	5.8327	7.9826	238	688008.SH	澜起科技	4.4859	14.1986
192	605186.SH	健麾信息	5.8318	12.1355	239	600119.SH	长江投资	4.4132	−6.9566
193	601211.SH	国泰君安	5.7746	7.5501	240	688230.SH	芯导科技	4.3921	5.6094
194	601968.SH	宝钢包装	5.7430	7.3022	241	688212.SH	澳华内镜	4.3697	1.7258
195	605398.SH	新炬网络	5.7177	5.7140	242	603200.SH	上海洗霸	4.3223	4.9280
196	688435.SH	英方软件	5.6753	9.8443	243	600838.SH	上海九百	4.2863	3.5464
197	300802.SZ	矩子科技	5.6536	11.3713	244	600851.SH	海欣股份	4.2525	4.1159
198	600655.SH	豫园股份	5.6223	10.9406	245	600602.SH	云赛智联	4.2137	4.0178
199	601607.SH	上海医药	5.5580	9.6496	246	688682.SH	霍莱沃	4.1688	8.0699
200	300008.SZ	天海防务	5.4833	8.0215	247	600834.SH	申通地铁	4.1646	4.5255
201	688330.SH	宏力达	5.4408	9.2699	248	600623.SH	华谊集团	4.1131	5.9268
202	601696.SH	中银证券	5.3583	5.0319	249	600689.SH	上海三毛	4.0514	−2.9895
203	600616.SH	金枫酒业	5.3580	0.2699	250	600818.SH	中路股份	4.0365	−12.0430
204	603718.SH	海利生物	5.3341	11.3338	251	603122.SH	合富中国	4.0252	8.3827
205	600196.SH	复星医药	5.2871	8.9068	252	300326.SZ	凯利泰	4.0196	−0.7777
206	688131.SH	皓元医药	5.2785	9.3497	253	300236.SZ	上海新阳	4.0192	1.1721
207	688073.SH	毕得医药	5.2607	10.7926	254	301161.SZ	唯万密封	4.0135	7.1408
208	600621.SH	华鑫股份	5.2404	4.8059	255	603881.SH	数据港	4.0014	3.8270
209	601200.SH	上海环境	5.2109	5.1661	256	300153.SZ	科泰电源	3.9502	3.6054
210	688123.SH	聚辰股份	5.1637	20.5669	257	600650.SH	锦江在线	3.8911	14.0975
211	002178.SZ	延华智能	5.1619	−29.4607	258	600170.SH	上海建工	3.8228	3.3302
212	600000.SH	浦发银行	5.1598	7.4818	259	603633.SH	徕木股份	3.8154	4.6103
213	301099.SZ	雅创电子	5.1472	16.9186	260	688392.SH	骄成超声	3.7985	10.5821
214	688247.SH	宣泰医药	5.1161	9.8744	261	600278.SH	东方创业	3.7930	5.2971
215	688085.SH	三友医疗	5.0897	10.8247	262	600601.SH	方正科技	3.7000	−30.7923
216	002486.SZ	嘉麟杰	5.0534	9.6471	263	600675.SH	中华企业	3.6929	0.1499
217	603728.SH	鸣志电器	5.0526	9.5969	264	603790.SH	雅运股份	3.6599	3.5341
218	688590.SH	新致软件	5.0510	−4.2771	265	600958.SH	东方证券	3.5275	4.2548
219	603683.SH	晶华新材	5.0271	0.6020	266	688163.SH	赛伦生物	3.5136	8.6035
220	002162.SZ	悦心健康	5.0096	−24.3724	267	688981.SH	中芯国际	3.4967	10.0037
221	600104.SH	上汽集团	4.9885	5.8291	268	600081.SH	东风科技	3.4798	3.4449
222	300501.SZ	海顺新材	4.9854	6.5964	269	603378.SH	亚士创能	3.4734	6.3206
223	600663.SH	陆家嘴	4.9398	4.9194	270	002195.SZ	岩山科技	3.4660	2.2688
224	688602.SH	康鹏科技	4.8960	10.4583	271	688155.SH	先惠技术	3.4524	−8.1198
225	688372.SH	伟测科技	4.8778	14.8442	272	600611.SH	大众交通	3.4312	−2.8810
226	688648.SH	中邮科技	4.8638	6.6854	273	300493.SZ	润欣科技	3.4262	5.9698
227	601866.SH	中远海发	4.8442	12.7358	274	301230.SZ	泓博医药	3.3733	9.1938
228	301151.SZ	冠龙节能	4.8197	7.3183	275	600320.SH	振华重工	3.3628	2.4665
229	688505.SH	复旦张江	4.7079	6.2020	276	688507.SH	索辰科技	3.3607	10.7536
230	603083.SH	剑桥科技	4.6764	9.3488	277	301070.SZ	开勒股份	3.3580	3.8339
231	300890.SZ	翔丰华	4.6736	11.5340	278	002561.SZ	徐家汇	3.3559	1.0877
232	600605.SH	汇通能源	4.6663	0.8251	279	603681.SH	永冠新材	3.3190	9.7024
233	831961.BJ	创远信科	4.6151	3.1434	280	688065.SH	凯赛生物	3.3150	5.1195
234	600073.SH	上海梅林	4.6057	10.8781	281	603009.SH	北特科技	3.2065	2.9510
235	603211.SH	晋拓股份	4.5322	7.3165	282	688370.SH	丛麟科技	3.2030	8.5623

（续表）

序号	代码	公司简称	净资产收益率		序号	代码	公司简称	净资产收益率	
			2023 年	2022 年				2023 年	2022 年
283	300999.SZ	金龙鱼	3.1606	3.4333	330	600748.SH	上实发展	1.2882	1.2260
284	603777.SH	来伊份	3.1252	5.8197	331	603499.SH	翔港科技	1.2801	2.3023
285	301273.SZ	瑞晨环保	3.0531	7.6167	332	688126.SH	沪硅产业	1.2688	2.6305
286	688591.SH	泰凌微	3.0446	5.5173	333	600620.SH	天宸股份	1.2328	1.7217
287	300398.SZ	飞凯材料	2.9812	12.6588	334	605136.SH	丽人丽妆	1.1740	−5.3680
288	301005.SZ	超捷股份	2.9347	7.8348	335	603956.SH	威派格	1.1418	−8.5195
289	603020.SH	爱普股份	2.9239	3.5854	336	300074.SZ	华平股份	1.0370	−9.6727
290	603501.SH	韦尔股份	2.8155	5.7870	337	002669.SZ	康达新材	1.0141	1.8203
291	600843.SH	上工申贝	2.7694	2.3197	338	603329.SH	上海雅仕	0.8768	13.7452
292	603232.SH	格尔软件	2.6641	−0.6293	339	301001.SZ	凯淳股份	0.8596	−0.7172
293	688133.SH	泰坦科技	2.6340	5.8108	340	688193.SH	仁度生物	0.8585	3.7356
294	002454.SZ	松芝股份	2.6321	2.5214	341	688217.SH	睿昂基因	0.8425	4.4337
295	300947.SZ	德必集团	2.5795	2.5501	342	600643.SH	爱建集团	0.8000	3.8800
296	600635.SH	大众公用	2.5676	−3.9238	343	688653.SH	康希通信	0.7572	2.0561
297	688293.SH	奥浦迈	2.4884	7.6712	344	600628.SH	新世界	0.7550	−1.2152
298	603236.SH	移远通信	2.4672	17.9779	345	600624.SH	复旦复华	0.7416	−0.7865
299	688593.SH	新相微	2.4528	18.1039	346	600816.SH	建元信托	0.6415	−518.7014
300	600613.SH	神奇制药	2.4449	2.0753	347	600837.SH	海通证券	0.6152	3.9944
301	600824.SH	益民集团	2.4047	−11.9942	348	688728.SH	格科微	0.6117	5.6823
302	300899.SZ	上海凯鑫	2.3595	4.1738	349	601616.SH	广电电气	0.5945	2.4568
303	600009.SH	上海机场	2.3308	−8.9252	350	603580.SH	艾艾精工	0.5334	−0.6236
304	603918.SH	金桥信息	2.3267	1.6247	351	601727.SH	上海电气	0.5297	−6.3125
305	002278.SZ	神开股份	2.2654	−2.5645	352	600619.SH	海立股份	0.5005	0.5755
306	600630.SH	龙头股份	2.2621	−54.5090	353	688213.SH	思特威-W	0.3805	−2.6022
307	600827.SH	百联股份	2.2551	3.8550	354	688061.SH	灿瑞科技	0.3744	8.9775
308	600072.SH	中船科技	2.1699	2.7569	355	300126.SZ	锐奇股份	0.3706	0.3571
309	002451.SZ	摩恩电气	2.1511	1.9662	356	300067.SZ	安诺其	0.3490	1.3557
310	603196.SH	日播时尚	2.1335	2.0013	357	688351.SH	微电生理-U	0.3385	0.2624
311	600679.SH	上海凤凰	2.1212	−13.4708	358	600708.SH	光明地产	0.3131	0.4391
312	688098.SH	申联生物	2.1114	4.1064	359	600692.SH	亚通股份	0.2638	0.4946
313	688608.SH	恒玄科技	2.0502	2.0633	360	300983.SZ	尤安设计	0.2549	0.6634
314	600637.SH	东方明珠	2.0453	0.5911	361	600676.SH	交运股份	0.1659	0.4928
315	600649.SH	城投控股	2.0023	3.8108	362	600640.SH	国脉文化	0.1315	−4.9284
316	600647.SH	*ST同达	1.9841	−3.3696	363	000863.SZ	三湘印象	0.0276	0.6637
317	301166.SZ	优宁维	1.8864	5.0161	364	300462.SZ	华铭智能	−0.3859	3.9758
318	600641.SH	万业企业	1.8125	5.3186	365	301025.SZ	读客文化	−0.5186	9.7361
319	603003.SH	*ST龙宇	1.8065	0.9046	366	300170.SZ	汉得信息	−0.5763	11.8662
320	300225.SZ	金力泰	1.7966	−12.6093	367	001266.SZ	宏英智能	−0.9473	10.0183
321	600094.SH	大名城	1.7919	1.3729	368	688265.SH	南模生物	−1.1752	−0.3042
322	600651.SH	飞乐音响	1.5775	13.6799	369	600171.SH	上海贝岭	−1.4535	9.7749
323	600503.SH	华丽家族	1.5753	2.0601	370	688202.SH	美迪西	−1.6147	23.0855
324	002565.SZ	顺灏股份	1.5103	−3.1548	371	600490.SH	鹏欣资源	−1.7752	−10.0987
325	605208.SH	永茂泰	1.4813	4.6164	372	688118.SH	普元信息	−1.8125	0.1356
326	600825.SH	新华传媒	1.4578	0.3437	373	688071.SH	华依科技	−2.0770	7.5238
327	600882.SH	妙可蓝多	1.4503	3.0231	374	002636.SZ	金安国纪	−2.2847	2.4838
328	688798.SH	艾为电子	1.4254	−1.4700	375	603226.SH	菲林格尔	−2.4343	0.9707
329	600638.SH	新黄浦	1.4093	1.2918	376	688766.SH	普冉股份	−2.4674	4.2464

(续表)

序号	代码	公司简称	净资产收益率		序号	代码	公司简称	净资产收益率	
			2023 年	2022 年				2023 年	2022 年
377	600836.SH	*ST易连	−2.5423	−6.8657	412	600500.SH	中化国际	−10.9782	8.6235
378	688206.SH	概伦电子	−2.6533	2.1067	413	600626.SH	申达股份	−11.0301	−5.9652
379	600604.SH	市北高新	−2.7362	1.1926	414	600606.SH	绿地控股	−11.1772	1.1184
380	300609.SZ	汇纳科技	−3.1868	−3.4984	415	002058.SZ	威尔泰	−11.2457	−12.3078
381	688317.SH	之江生物	−3.4106	18.9410	416	600530.SH	ST交昂	−11.2479	−86.2570
382	600819.SH	耀皮玻璃	−3.6595	0.4357	417	300511.SZ	雪榕生物	−11.4054	−16.8199
383	301037.SZ	保立佳	−3.8341	0.6923	418	603729.SH	龙韵股份	−11.8512	−30.7347
384	430300.BJ	辰光医疗	−4.0275	9.4657	419	300380.SZ	安硕信息	−11.9576	−16.4261
385	603256.SH	宏和科技	−4.3007	3.4451	420	688158.SH	优刻得-W	−12.2403	−14.5907
386	601828.SH	美凯龙	−4.3608	1.0538	421	688107.SH	安路科技	−12.9287	3.8425
387	603131.SH	上海沪工	−4.3822	−9.5084	422	688382.SH	益方生物-U	−13.4824	−33.3443
388	300180.SZ	华峰超纤	−4.9702	−7.1573	423	301024.SZ	霍普股份	−18.1061	−24.3476
389	300245.SZ	天玑科技	−5.0106	−0.2077	424	688031.SH	星环科技-U	−18.2749	−23.2978
390	688519.SH	南亚新材	−5.0542	1.6115	425	688660.SH	电气风电	−19.5493	−4.5799
391	603189.SH	网达软件	−5.0740	2.1469	426	605081.SH	太和水	−19.7850	−9.3449
392	002022.SZ	科华生物	−5.2078	22.3509	427	603887.SH	城地香江	−19.9907	0.0760
393	603068.SH	博通集成	−5.3639	−12.4434	428	002527.SZ	新时达	−22.1015	−42.5609
394	600688.SH	上海石化	−5.5058	−10.1659	429	688538.SH	和辉光电-U	−22.8753	−9.6484
395	688238.SH	和元生物	−6.0499	2.5268	430	600115.SH	中国东航	−23.4410	−92.9387
396	688368.SH	晶丰明源	−6.2780	−11.9914	431	603895.SH	天永智能	−25.9786	−23.6064
397	600636.SH	国新文化	−6.5488	5.0879	432	688180.SH	君实生物-U	−27.4536	−27.4036
398	300892.SZ	品渥食品	−6.6520	0.9748	433	002858.SZ	力盛体育	−30.6102	−10.8742
399	603330.SH	天洋新材	−6.8280	−5.5538	434	600622.SH	光大嘉宝	−33.0957	0.8199
400	600193.SH	创兴资源	−6.8704	1.9712	435	688062.SH	迈威生物-U	−34.5422	−42.2064
401	688220.SH	翱捷科技-U	−7.3160	−5.8466	436	300578.SZ	会畅通讯	−35.7828	1.0282
402	300762.SZ	上海瀚讯	−7.3174	3.2270	437	600841.SH	动力新科	−36.5340	−18.1864
403	301060.SZ	兰卫医学	−7.3677	34.0291	438	002211.SZ	宏达新材	−37.6703	54.3745
404	300222.SZ	科大智能	−7.4196	−15.0529	439	600608.SH	ST沪科	−40.3884	6.3290
405	300551.SZ	古鳌科技	−7.4676	−7.2357	440	688373.SH	盟科药业-U	−41.1199	−26.6601
406	688110.SH	东芯股份	−8.2373	4.7847	441	300061.SZ	旗天科技	−49.7069	4.2929
407	600151.SH	航天机电	−8.2815	−1.9322	442	300168.SZ	万达信息	−49.9546	−20.5306
408	300483.SZ	首华燃气	−8.7335	1.3915	443	600823.SH	*ST世茂	−57.5736	−19.4700
409	688680.SH	海优新材	−9.7675	2.0924	444	600661.SH	昂立教育	−80.7448	65.9404
410	688521.SH	芯原股份	−10.5739	2.6230	445	300262.SZ	*ST巴安	−86.0265	−105.7966
411	301228.SZ	实朴检测	−10.9018	−2.7088					

上海工商类上市公司 2023 年度每股现金流量排序

（单位：元）

序号	代码	公司简称	每股经营现金净流		序号	代码	公司简称	每股经营现金净流	
			2023 年	2022 年				2023 年	2022 年
1	601601.SH	中国太保	14.3300	15.3800	48	600170.SH	上海建工	2.3612	1.0060
2	600612.SH	老凤祥	13.7858	1.8430	49	688099.SH	晶晨股份	2.2775	1.2850
3	600000.SH	浦发银行	13.2300	12.4400	50	603515.SH	欧普照明	2.2333	0.5755
4	603325.SH	博隆技术	13.1940	3.7400	51	603886.SH	元祖股份	2.2070	2.3171
5	601021.SH	春秋航空	6.8409	0.4482	52	603197.SH	保隆科技	2.0654	0.8383
6	688016.SH	心脉医疗	6.7488	4.6370	53	600827.SH	百联股份	2.0305	1.9093
7	603501.SH	韦尔股份	6.1991	−1.6816	54	300613.SZ	富瀚微	1.9654	2.7057
8	688063.SH	派能科技	6.1032	6.1577	55	688213.SH	思特威-W	1.9175	−3.8099
9	688188.SH	柏楚电子	5.8834	4.2424	56	600508.SH	上海能源	1.9141	5.2821
10	603296.SH	华勤技术	5.3155	3.9400	57	301257.SZ	普蕊斯	1.8778	0.6632
11	300947.SZ	德必集团	5.0656	2.8311	58	603365.SH	水星家纺	1.8764	0.3897
12	600754.SH	锦江酒店	4.8238	2.0912	59	603681.SH	永冠新材	1.8595	2.6229
13	603713.SH	密尔克卫	4.2855	3.7269	60	603855.SH	华荣股份	1.8574	0.5373
14	688368.SH	晶丰明源	4.2405	−6.4472	61	601328.SH	交通银行	1.8492	4.9584
15	688372.SH	伟测科技	4.0799	5.7302	62	600026.SH	中远海能	1.8492	0.8827
16	600150.SH	中国船舶	4.0723	−0.0091	63	688798.SH	艾为电子	1.8482	−2.3312
17	601825.SH	沪农商行	4.0610	12.9640	64	600210.SH	紫江企业	1.7774	0.5030
18	603619.SH	中曼石油	3.9583	1.4989	65	603192.SH	汇得科技	1.7244	0.4134
19	603236.SH	移远通信	3.9189	2.6548	66	301289.SZ	国缆检测	1.7076	1.6426
20	688608.SH	恒玄科技	3.9133	−3.0002	67	600009.SH	上海机场	1.6155	−0.0470
21	605098.SH	行动教育	3.8451	0.6066	68	688370.SH	丛麟科技	1.5787	2.0856
22	688018.SH	乐鑫科技	3.7455	0.8863	69	301419.SZ	阿莱德	1.5463	0.8618
23	688366.SH	昊海生科	3.6999	1.3283	70	600642.SH	申能股份	1.5007	0.9761
24	600104.SH	上汽集团	3.6234	0.8135	71	688578.SH	艾力斯	1.4992	0.2036
25	603341.SH	龙旗科技	3.6195	3.6300	72	300483.SZ	首华燃气	1.4800	2.4360
26	600741.SH	华域汽车	3.5892	3.1684	73	603587.SH	地素时尚	1.4726	1.0318
27	688019.SH	安集科技	3.3939	3.2010	74	300286.SZ	安科瑞	1.4694	0.7593
28	601788.SH	光大证券	3.3793	3.9754	75	603887.SH	城地香江	1.4645	0.8144
29	688301.SH	奕瑞科技	3.3367	4.3557	76	002158.SZ	汉钟精机	1.4446	0.9326
30	601156.SH	东航物流	3.2992	3.4151	77	688330.SH	宏力达	1.4192	−0.3444
31	603056.SH	德邦股份	3.1820	3.5055	78	601607.SH	上海医药	1.4127	1.2828
32	601231.SH	环旭电子	3.0875	1.5566	79	600605.SH	汇通能源	1.4073	1.7313
33	603868.SH	飞科电器	3.0095	1.8733	80	301060.SZ	兰卫医学	1.3657	0.2101
34	688347.SH	华虹公司	2.9739	4.2400	81	603682.SH	锦和商管	1.3628	1.2325
35	002028.SZ	思源电气	2.9359	1.3701	82	603057.SH	紫燕食品	1.3454	0.8516
36	688981.SH	中芯国际	2.9003	4.6244	83	300915.SZ	海融科技	1.3430	0.6164
37	603885.SH	吉祥航空	2.8941	0.0939	84	301001.SZ	凯淳股份	1.2856	0.4000
38	603214.SH	爱婴室	2.8345	3.0535	85	600420.SH	国药现代	1.2827	2.7806
39	603899.SH	晨光股份	2.8239	1.4583	86	600196.SH	复星医药	1.2776	1.5783
40	300999.SZ	金龙鱼	2.7521	0.1338	87	600835.SH	上海机电	1.2370	0.6784
41	300890.SZ	翔丰华	2.6353	−2.0833	88	601083.SH	锦江航运	1.2289	1.9900
42	600021.SH	上海电力	2.6292	4.3105	89	603108.SH	润达医疗	1.2219	−0.7400
43	603881.SH	数据港	2.5920	3.5989	90	600655.SH	豫园股份	1.2185	−0.0230
44	600958.SH	东方证券	2.5256	2.5441	91	600115.SH	中国东航	1.1921	−0.2904
45	301037.SZ	保立佳	2.4929	1.1570	92	600696.SH	岩石股份	1.1906	0.1946
46	603579.SH	荣泰健康	2.4774	1.6917	93	688160.SH	步科股份	1.1837	1.1501
47	600663.SH	陆家嘴	2.3646	−0.1336	94	603565.SH	中谷物流	1.1803	2.7926

(续表)

序号	代码	公司简称	每股经营现金净流		序号	代码	公司简称	每股经营现金净流	
			2023 年	2022 年				2023 年	2022 年
95	301151.SZ	冠龙节能	1.1543	0.0004	142	688336.SH	三生国健	0.6750	0.3786
96	600019.SH	宝钢股份	1.1439	2.0082	143	603960.SH	克来机电	0.6720	0.0613
97	300508.SZ	维宏股份	1.1050	0.3460	144	833346.BJ	威贸电子	0.6695	0.5109
98	601872.SH	招商轮船	1.0950	0.8608	145	605128.SH	上海沿浦	0.6674	0.6300
99	002605.SZ	姚记科技	1.0926	1.4326	146	600094.SH	大名城	0.6660	0.3491
100	605222.SH	起帆电缆	1.0892	−4.4120	147	301499.SZ	维科精密	0.6659	0.8300
101	601200.SH	上海环境	1.0877	1.5914	148	603009.SH	北特科技	0.6632	0.5345
102	600845.SH	宝信软件	1.0853	1.2760	149	601968.SH	宝钢包装	0.6602	0.7010
103	688085.SH	三友医疗	1.0764	0.6906	150	600647.SH	*ST同达	0.6591	−1.2432
104	603786.SH	科博达	1.0702	−0.0267	151	300272.SZ	开能健康	0.6494	0.2693
105	600597.SH	光明乳业	1.0623	0.4839	152	688123.SH	聚辰股份	0.6493	2.3840
106	603777.SH	来伊份	1.0505	1.9718	153	430139.BJ	华岭股份	0.6461	0.5556
107	002184.SZ	海得控制	1.0368	0.4751	154	688008.SH	澜起科技	0.6422	0.6074
108	603378.SH	亚士创能	1.0177	0.7511	155	300257.SZ	开山股份	0.6384	0.3527
109	600820.SH	隧道股份	1.0109	1.1923	156	688591.SH	泰凌微	0.6290	0.1285
110	603006.SH	联明股份	0.9996	0.6443	157	600081.SH	东风科技	0.6248	1.2755
111	603987.SH	康德莱	0.9968	1.0457	158	300462.SZ	华铭智能	0.6165	0.1908
112	600619.SH	海立股份	0.9947	0.4706	159	688479.SH	友车科技	0.6120	0.4800
113	605339.SH	南侨食品	0.9869	0.4685	160	836504.BJ	博迅生物	0.6056	0.8000
114	600320.SH	振华重工	0.9840	0.4875	161	600643.SH	爱建集团	0.6028	1.6471
115	605338.SH	巴比食品	0.9773	0.7738	162	600822.SH	上海物贸	0.5958	−0.4932
116	688065.SH	凯赛生物	0.9761	1.3779	163	603020.SH	爱普股份	0.5882	0.2151
117	605289.SH	罗曼股份	0.9761	1.4322	164	600819.SH	耀皮玻璃	0.5880	0.4990
118	688584.SH	上海合晶	0.9707	1.2700	165	688230.SH	芯导科技	0.5874	0.7644
119	603275.SH	众辰科技	0.9567	1.0900	166	603196.SH	日播时尚	0.5873	−0.0259
120	603329.SH	上海雅仕	0.9425	1.1949	167	002454.SZ	松芝股份	0.5860	0.2414
121	831961.BJ	创远信科	0.9265	1.0772	168	600018.SH	上港集团	0.5761	0.5924
122	603039.SH	泛微网络	0.9232	0.8948	169	603683.SH	晶华新材	0.5712	0.8825
123	603648.SH	畅联股份	0.9072	0.7970	170	603003.SH	*ST龙宇	0.5661	0.1045
124	300983.SZ	尤安设计	0.8993	0.4398	171	301062.SZ	上海艾录	0.5656	0.5696
125	600732.SH	爱旭股份	0.8676	4.0159	172	301070.SZ	开勒股份	0.5642	0.5960
126	301525.SZ	儒竞科技	0.8567	3.4600	173	600061.SH	国投资本	0.5605	1.7013
127	600661.SH	昂立教育	0.8495	−0.7833	174	600640.SH	国脉文化	0.5598	−0.0415
128	603153.SH	上海建科	0.8427	0.6000	175	002706.SZ	良信股份	0.5590	0.4106
129	600649.SH	城投控股	0.8285	−3.2337	176	603022.SH	新通联	0.5573	0.2958
130	300627.SZ	华测导航	0.8191	0.6609	177	600618.SH	氯碱化工	0.5522	1.2345
131	603037.SH	凯众股份	0.8138	0.6470	178	300398.SZ	飞凯材料	0.5491	0.7583
132	601211.SH	国泰君安	0.8090	5.6960	179	688391.SH	钜泉科技	0.5489	1.7910
133	688217.SH	睿昂基因	0.8074	1.3147	180	688091.SH	上海谊众	0.5469	0.7699
134	688585.SH	上纬新材	0.7975	−0.0932	181	605598.SH	上海港湾	0.5457	0.7745
135	300642.SZ	透景生命	0.7702	1.0054	182	601595.SH	上海电影	0.5456	0.2111
136	873693.BJ	阿为特	0.7527	0.3900	183	605136.SH	丽人丽妆	0.5439	0.3326
137	002324.SZ	普利特	0.7501	−0.1106	184	600882.SH	妙可蓝多	0.5433	−0.3969
138	300442.SZ	润泽科技	0.7230	2.1795	185	601828.SH	美凯龙	0.5428	0.8908
139	300511.SZ	雪榕生物	0.7174	0.7298	186	301156.SZ	美农生物	0.5360	0.5257
140	002328.SZ	新朋股份	0.7023	0.1876	187	002568.SZ	百润股份	0.5356	0.8603
141	300590.SZ	移为通信	0.6752	−0.2492	188	603083.SH	剑桥科技	0.5332	0.2151

（续表）

序号	代码	公司简称	每股经营现金净流		序号	代码	公司简称	每股经营现金净流	
			2023 年	2022 年				2023 年	2022 年
189	603659.SH	璞泰来	0.5228	0.8796	236	300226.SZ	上海钢联	0.3493	4.3190
190	300501.SZ	海顺新材	0.5198	0.7077	237	603131.SH	上海沪工	0.3431	0.3211
191	688293.SH	奥浦迈	0.5049	1.3616	238	002252.SZ	上海莱士	0.3428	0.2560
192	603790.SH	雅运股份	0.5029	0.7514	239	600602.SH	云赛智联	0.3375	0.1561
193	601727.SH	上海电气	0.5004	0.5445	240	600622.SH	光大嘉宝	0.3348	0.0385
194	002401.SZ	中远海科	0.4941	0.2566	241	688590.SH	新致软件	0.3346	−0.5364
195	603012.SH	创力集团	0.4936	0.7624	242	300230.SZ	永利股份	0.3280	0.5595
196	688484.SH	南芯科技	0.4915	0.9700	243	600151.SH	航天机电	0.3274	0.5327
197	603730.SH	岱美股份	0.4911	0.2596	244	300017.SZ	网宿科技	0.3248	0.3823
198	603728.SH	鸣志电器	0.4836	0.0202	245	603650.SH	彤程新材	0.3070	0.1724
199	300236.SZ	上海新阳	0.4831	−0.1232	246	688158.SH	优刻得-W	0.3046	0.1214
200	600637.SH	东方明珠	0.4797	0.4437	247	688163.SH	赛伦生物	0.3033	0.6276
201	600630.SH	龙头股份	0.4795	0.2440	248	688682.SH	霍莱沃	0.2952	0.3805
202	600500.SH	中化国际	0.4750	0.9479	249	603633.SH	徕木股份	0.2943	0.2592
203	600629.SH	华建集团	0.4711	0.4757	250	603200.SH	上海洗霸	0.2893	0.5675
204	600628.SH	新世界	0.4666	0.0352	251	688766.SH	普冉股份	0.2891	−2.5718
205	300609.SZ	汇纳科技	0.4658	−0.0103	252	603107.SH	上海汽配	0.2858	0.5400
206	300802.SZ	矩子科技	0.4647	0.0614	253	605208.SH	永茂泰	0.2825	0.2012
207	002825.SZ	纳尔股份	0.4577	0.5218	254	688179.SH	阿拉丁	0.2816	−0.3061
208	301005.SZ	超捷股份	0.4487	0.0511	255	601229.SH	上海银行	0.2800	1.7700
209	605398.SH	新炬网络	0.4472	0.7402	256	688212.SH	澳华内镜	0.2792	−0.3142
210	600097.SH	开创国际	0.4458	0.5034	257	002451.SZ	摩恩电气	0.2755	−0.1123
211	600676.SH	交运股份	0.4304	0.1734	258	300493.SZ	润欣科技	0.2737	−0.2940
212	688193.SH	仁度生物	0.4298	−0.1023	259	603068.SH	博通集成	0.2729	−1.3413
213	605151.SH	西上海	0.4187	1.7045	260	301161.SZ	唯万密封	0.2709	0.1486
214	603170.SH	宝立食品	0.4162	0.6307	261	600689.SH	上海三毛	0.2697	0.1417
215	688596.SH	正帆科技	0.4117	−0.5931	262	688129.SH	东来技术	0.2625	0.1626
216	688691.SH	灿芯股份	0.4100	1.8100	263	600833.SH	第一医药	0.2622	0.5931
217	688602.SH	康鹏科技	0.4098	0.3800	264	688265.SH	南模生物	0.2576	0.2423
218	600648.SH	外高桥	0.4064	−1.5060	265	688648.SH	中邮科技	0.2529	1.9400
219	600073.SH	上海梅林	0.4048	2.1099	266	300578.SZ	会畅通讯	0.2519	0.2988
220	600613.SH	神奇制药	0.4037	0.5977	267	603159.SH	上海亚虹	0.2493	0.4437
221	002561.SZ	徐家汇	0.4037	0.0919	268	688202.SH	美迪西	0.2474	−0.2451
222	301315.SZ	威士顿	0.4031	0.7900	269	002527.SZ	新时达	0.2421	−0.4359
223	300378.SZ	鼎捷软件	0.4017	0.7412	270	600662.SH	外服控股	0.2380	0.3743
224	300262.SZ	*ST巴安	0.4017	0.0164	271	603128.SH	华贸物流	0.2342	1.1101
225	300153.SZ	科泰电源	0.3984	0.1798	272	600837.SH	海通证券	0.2337	0.6751
226	601866.SH	中远海发	0.3915	0.8253	273	600635.SH	大众公用	0.2336	0.1414
227	300326.SZ	凯利泰	0.3825	0.3302	274	603580.SH	艾艾精工	0.2315	0.2506
228	830799.BJ	艾融软件	0.3803	0.1707	275	300170.SZ	汉得信息	0.2221	0.0625
229	603499.SH	翔港科技	0.3754	0.5663	276	603496.SH	恒为科技	0.2184	0.1085
230	601702.SH	华峰铝业	0.3741	0.3270	277	600850.SH	电科数字	0.2089	0.1160
231	301000.SZ	肇民科技	0.3741	0.9685	278	688593.SH	新相微	0.2082	−0.1900
232	002636.SZ	金安国纪	0.3719	0.6260	279	600841.SH	动力新科	0.2041	−1.2572
233	300039.SZ	上海凯宝	0.3658	0.3599	280	301230.SZ	泓博医药	0.1938	1.2917
234	300074.SZ	华平股份	0.3549	0.0966	281	300180.SZ	华峰超纤	0.1833	0.0833
235	600278.SH	东方创业	0.3529	1.0785	282	603729.SH	龙韵股份	0.1815	0.5300

（续表）

序号	代码	公司简称	每股经营现金净流		序号	代码	公司简称	每股经营现金净流	
			2023 年	2022 年				2023 年	2022 年
283	301303.SZ	真兰仪表	0.1814	0.5496	330	603122.SH	合富中国	0.0283	−0.0763
284	600825.SH	新华传媒	0.1791	0.2334	331	603121.SH	华培动力	0.0253	0.2991
285	600824.SH	益民集团	0.1781	0.0599	332	600838.SH	上海九百	0.0205	0.0051
286	603211.SH	晋拓股份	0.1727	−0.1777	333	600620.SH	天宸股份	0.0128	−0.2122
287	603918.SH	金桥信息	0.1711	0.2869	334	603030.SH	*ST全筑	0.0104	0.0865
288	603330.SH	天洋新材	0.1684	−0.7654	335	600624.SH	复旦复华	0.0103	0.0411
289	600623.SH	华谊集团	0.1654	3.4995	336	688098.SH	申联生物	0.0086	0.0221
290	600171.SH	上海贝岭	0.1629	−0.2863	337	600650.SH	锦江在线	0.0082	0.0350
291	688271.SH	联影医疗	0.1608	0.8285	338	603466.SH	风语筑	0.0041	0.4038
292	688728.SH	格科微	0.1558	0.1772	339	000863.SZ	三湘印象	0.0038	0.0994
293	600315.SH	上海家化	0.1525	0.9794	340	600272.SH	开开实业	0.0024	0.3265
294	601616.SH	广电电气	0.1505	0.1528	341	603324.SH	盛剑环境	0.0018	−1.3663
295	603189.SH	网达软件	0.1470	0.1094	342	600651.SH	飞乐音响	−0.0015	−0.0162
296	600517.SH	国网英大	0.1405	0.2250	343	688653.SH	康希通信	−0.0023	0.3000
297	002162.SZ	悦心健康	0.1334	0.0279	344	301025.SZ	读客文化	−0.0035	−0.0305
298	688718.SH	唯赛勃	0.1303	0.2134	345	600818.SH	中路股份	−0.0045	0.1522
299	831305.BJ	海希通讯	0.1283	0.7229	346	600616.SH	金枫酒业	−0.0048	0.1525
300	600636.SH	国新文化	0.1207	0.2249	347	603718.SH	海利生物	−0.0127	0.4548
301	300126.SZ	锐奇股份	0.1206	−0.2199	348	688521.SH	芯原股份	−0.0171	−0.6619
302	002486.SZ	嘉麟杰	0.1195	0.1624	349	002346.SZ	柘中股份	−0.0171	0.1265
303	002565.SZ	顺灏股份	0.1188	0.1821	350	600675.SH	中华企业	−0.0175	−0.2389
304	300380.SZ	安硕信息	0.1184	−1.1104	351	300245.SZ	天玑科技	−0.0195	−0.2492
305	688206.SH	概伦电子	0.1176	0.1621	352	688538.SH	和辉光电-U	−0.0201	−0.0021
306	600601.SH	方正科技	0.1151	0.1147	353	300225.SZ	金力泰	−0.0211	−0.3813
307	300067.SZ	安诺其	0.1142	−0.1024	354	600490.SH	鹏欣资源	−0.0273	0.0071
308	688519.SH	南亚新材	0.1105	1.2156	355	600679.SH	上海凤凰	−0.0282	0.4359
309	601519.SH	大智慧	0.0979	−0.0111	356	600851.SH	海欣股份	−0.0297	0.0609
310	872541.BJ	铁大科技	0.0944	0.0664	357	002211.SZ	宏达新材	−0.0301	0.1566
311	300253.SZ	卫宁健康	0.0859	0.0468	358	001266.SZ	宏英智能	−0.0403	1.0518
312	002195.SZ	岩山科技	0.0857	0.1251	359	600119.SH	长江投资	−0.0474	0.2428
313	688392.SH	骄成超声	0.0850	0.0493	360	002058.SZ	威尔泰	−0.0476	0.1119
314	600088.SH	中视传媒	0.0783	−0.2243	361	300899.SZ	上海凯鑫	−0.0626	0.8241
315	300008.SZ	天海防务	0.0753	0.1985	362	600608.SH	ST沪科	−0.0653	−0.0183
316	600688.SH	上海石化	0.0750	−0.6780	363	002269.SZ	美邦服饰	−0.0756	−0.2129
317	600611.SH	大众交通	0.0725	−0.3341	364	600193.SH	创兴资源	−0.0803	−0.1556
318	600530.SH	ST交昂	0.0717	0.1260	365	688351.SH	微电生理-U	−0.0807	−0.0199
319	688505.SH	复旦张江	0.0685	0.1606	366	688335.SH	复洁环保	−0.0827	1.6135
320	300892.SZ	品渥食品	0.0624	−1.8008	367	300327.SZ	中颖电子	−0.0868	0.0102
321	600843.SH	上工申贝	0.0583	0.0832	368	300963.SZ	中洲特材	−0.0952	−0.3195
322	002506.SZ	协鑫集成	0.0515	0.0762	369	688126.SH	沪硅产业	−0.1000	0.1680
323	002858.SZ	力盛体育	0.0506	0.1657	370	600823.SH	*ST世茂	−0.1028	0.1610
324	603956.SH	威派格	0.0491	−0.2850	371	300168.SZ	万达信息	−0.1032	0.0432
325	002178.SZ	延华智能	0.0397	0.0517	372	601611.SH	中国核建	−0.1044	−1.4580
326	688435.SH	英方软件	0.0390	−0.1273	373	603226.SH	菲林格尔	−0.1079	0.1525
327	002669.SZ	康达新材	0.0322	−0.0774	374	600626.SH	申达股份	−0.1086	0.3102
328	300222.SZ	科大智能	0.0313	−0.1252	375	603256.SH	宏和科技	−0.1108	0.3328
329	688247.SH	宣泰医药	0.0286	0.1614	376	301228.SZ	实朴检测	−0.1137	0.0652

（续表）

序号	代码	公司简称	每股经营现金净流		序号	代码	公司简称	每股经营现金净流	
			2023 年	2022 年				2023 年	2022 年
377	688238.SH	和元生物	−0.1392	0.0434	412	688073.SH	毕得医药	−0.6314	0.4601
378	600606.SH	绿地控股	−0.1480	1.9511	413	688110.SH	东芯股份	−0.6823	−0.5902
379	300061.SZ	旗天科技	−0.1500	0.1651	414	688118.SH	普元信息	−0.7163	0.0107
380	002278.SZ	神开股份	−0.1616	−0.1750	415	688061.SH	灿瑞科技	−0.7451	0.2933
381	430300.BJ	辰光医疗	−0.1823	−0.2657	416	688155.SH	先惠技术	−0.7637	−6.9799
382	600604.SH	市北高新	−0.1947	0.9550	417	688385.SH	复旦微电	−0.8646	0.3934
383	300059.SZ	东方财富	−0.1979	0.0967	418	002022.SZ	科华生物	−0.9234	4.1875
384	600816.SH	建元信托	−0.2063	0.0196	419	688507.SH	索辰科技	−0.9343	0.0300
385	600503.SH	华丽家族	−0.2168	−0.1032	420	301024.SZ	霍普股份	−0.9595	−0.3522
386	300129.SZ	泰胜风能	−0.2236	−0.3165	421	688082.SH	盛美上海	−0.9799	−0.6198
387	300551.SZ	古鳌科技	−0.2354	0.1061	422	603895.SH	天永智能	−1.0167	−1.5328
388	600826.SH	兰生股份	−0.2564	0.8456	423	605050.SH	福然德	−1.0554	0.2469
389	600641.SH	万业企业	−0.2585	−0.7000	424	688133.SH	泰坦科技	−1.0556	−1.8008
390	605186.SH	健麾信息	−0.2602	−0.2740	425	301046.SZ	能辉科技	−1.0712	−0.7632
391	301166.SZ	优宁维	−0.2618	−1.6535	426	600072.SH	中船科技	−1.2898	−0.3602
392	603232.SH	格尔软件	−0.2620	−0.1444	427	600836.SH	*ST易连	−1.4645	0.0900
393	688071.SH	华依科技	−0.2980	0.8971	428	600748.SH	上实发展	−1.5142	1.1402
394	600708.SH	光明地产	−0.3445	1.6861	429	301099.SZ	雅创电子	−1.5512	−3.4476
395	603062.SH	麦加芯彩	−0.3835	3.4900	430	688012.SH	中微公司	−1.5775	1.0021
396	301273.SZ	瑞晨环保	−0.4029	0.1326	431	688220.SH	翱捷科技-U	−1.6198	−0.8461
397	688317.SH	之江生物	−0.4206	3.0044	432	600895.SH	张江高科	−1.7986	−0.2943
398	688131.SH	皓元医药	−0.4229	−2.2553	433	600621.SH	华鑫股份	−1.9046	1.5087
399	836414.BJ	欧普泰	−0.4237	−0.1853	434	688062.SH	迈威生物-U	−1.9588	−1.7997
400	600638.SH	新黄浦	−0.4243	4.7952	435	688180.SH	君实生物-U	−2.0341	−1.8072
401	300171.SZ	东富龙	−0.4258	0.3890	436	603690.SH	至纯科技	−2.0978	−2.5161
402	600834.SH	申通地铁	−0.4263	0.1616	437	600848.SH	上海临港	−2.2028	0.2498
403	688107.SH	安路科技	−0.4823	−0.7055	438	601696.SH	中银证券	−2.5280	2.5036
404	300762.SZ	上海瀚讯	−0.4840	−0.0154	439	688121.SH	卓然股份	−2.5575	1.9290
405	688373.SH	盟科药业-U	−0.5023	−0.3663	440	688660.SH	电气风电	−2.9616	−0.5382
406	002116.SZ	中国海诚	−0.5078	2.1117	441	688031.SH	星环科技-U	−3.0240	−2.4823
407	688382.SH	益方生物-U	−0.5352	−0.8294	442	301555.SZ	惠柏新材	−3.2363	−2.1000
408	688592.SH	司南导航	−0.5428	−1.3000	443	600846.SH	同济科技	−3.6443	3.1950
409	605081.SH	太和水	−0.5525	−0.8515	444	600639.SH	浦东金桥	−5.9719	−2.2555
410	600692.SH	亚通股份	−0.5987	−0.4376	445	688680.SH	海优新材	−12.7134	−34.6941
411	600284.SH	浦东建设	−0.6122	2.5274					

2024·上海工业年鉴

SHANGHAI INDUSTRIAL YEARBOOK

特载

综述

专题

区工业

企业简介

上市股份公司

行业协会简介

大事记

经济法规

统计资料

上海市工业经济联合会
上海市经济团体联合会

上海市工业经济联合会成立于1991年3月。2008年9月经市有关部门批准增挂上海市经济团体联合会牌子。是上海经济类行业协会、专业性行业协会、中央在沪企业、大中型企业（集团）、工业经济研究单位、全国知名的民营企业，以及经济界知名人士自愿联合组成的非营利性的社会团体法人。现有会员单位400余家。

2023年主要工作：

一、深化枢纽平台功能，提升各项特色服务

进一步发挥枢纽平台作用，深挖内涵、拓展外延，促进协会提升能级，助推企业高质量发展。

（一）加强会员单位合作联动。为推动高质量发展和行业协会能级提升，发挥市工经联／市经团联联系广泛优势，围绕制造业高质量发展和投融资合作，举办10余场对接和论坛活动；围绕专精特新企业和单项冠军企业培育服务举办8场专题交流会；围绕企业会员和秘书长互动交流，举办7场沙龙活动。全年共走访会员单位150余家，参加协会和企业活动100余场。

（二）推动长三角工经联合作。召开2023长三角三省一市工经联联席会议和2023长三角工经联秘书长会议，商讨通过相应平台、机制将各项合作交流事宜常态化、固定化。联合会会同华夏研究院及苏、浙、皖三省工经联等单位，共同圆满完成第六届进博会溢出效应论坛有关工作。

（三）强化"上海品牌""上海标准"工作。以"品牌荟""走进上海品牌"栏目、"2023年TBB品牌价值榜"发布等载体引领更多优秀企业打造"上海品牌""上海标准"。《走进上海品牌》全年播出16集；完成"2023年TBB品牌价值榜"发布工作。成功举办"品牌战略实务高级研修班"1期3场。配合市市场监督管理局推进"上海标准""上海品牌"工作，重点聚焦团体标准的制订，全年举办"团体标准线上培训"2场、品牌引领示范企业培训3场。成功主办"2023世界设计之都大会高峰论坛——设计铸造城市品牌"活动。

（四）拓宽对内对外合作交流渠道。圆满完成"上海之帆"泰国、新加坡巡展活动，超1万人次参观，签署多项合作协议和商贸合同，助力上海企业"走出去"。与外省市合作交流进一步提升，联合会领导带团前往山西、广西等省区调研考察，对接产业合作项目、新路径。先后参与江西、河北、山东、甘肃等地经贸交流活动。

（五）完善多层次会员交流服务平台。10月，市工经联生命与健康专委会揭牌成立，专委会举办心脏健康与冬季中医养生等专题活动，并与对外友协、日本驻沪总领馆共同举办"中日康养产业论坛"，关注、推动相关行业发展。12月，上海市经团联文创产业创意中心揭牌成立，定期举办各类文化创意活动。市工经联法治服务专委会全年举办32场法律专题讲座，逾1100人次参加，为企业等开展法律咨询调解共计62件次，调处满意度达90%以上。

二、深化助推发展功能，推进产业创新合作

进一步倡导创新发展、条块结合、跨界融合，持续促进金融科技服务实体经济，助力产业稳增长。

（一）成功举办第23届中国国际工业博览会长三角高端产业和金融服务展区、论坛系列活动，持续推动产融合作、产业链合作。共举办13场系列活动。长三角工经联联合发布了《绿色低碳宣言》。市工经联、市经团联与多家银行金融机构达成1000多亿元授信额度，支持会员企业、专精特新企业发展的协议。

（二）继续办好"百家行业协会走进五个新城和南北两区，促进产业对接"系列活动。成功举办走进奉贤新城的系列活动。按计划推动走进嘉定、走进青浦工作的实施。组织有关行业协会走进松江G60科创走廊等活动，持续赋能"走进松江新城，促进产业对接"系列活动。

（三）全力参与上海工业博物馆筹建工作。多次参加现场调研和市级工博馆筹建会议。10月，召开工博馆展品史料征集工作会议，并向行业协会发布《上海工博馆重点展项征集通知》，邀请行业协会和企业推荐重点展品、人物、事件、场景等展品线索。

（四）建立新平台，助力绿色发展、跨界融合。3月，推动成立上海制造业低碳发展中心和上海市制造业投资咨询中心。以业内成熟先进的技术为保障，关注"双碳"和新能源需求，以数字能源科技为抓手，辅以绿色金融支撑，构建全业态能力，为上海市制造业的高质量发展及其所面临的双碳挑战提供创新性解决方案。

（五）举办高质量专题报告会，持续推进人才培养。邀请周汉民、余晓晖、张宏韬、刘明兴等专家、学者，围绕经济热点、数字化转型、上海产业规划、绿色低碳发展等会员单位关注的问题，举行多场专题报告会，收到良好反响。同时，产业行业人才培养持续推进。联合会下属市工业经济管理进修学院完成2023年度620人次新型学徒制项目。开办"制剂工三级培训"、安全生产岗位培训、"卓越销售实战训练营"等，累计近400人次。

三、深化建言献策和诉求表达功能，汇聚行业专业优势

立足"政府所想、企业所需、协会所能"，发挥好专家委建言献策的作用，多渠道反映企业诉求，助力解决行业产业过程中的重点、难点、堵点、痛点问题，提升服务能级。

（一）专委会撰写多篇专报得到市领导高度重视。专家委员会主任蒋以任亲自撰写的《高质量发展上海先进制造业》得到市委书记陈吉宁批示，意见建议得到市政府及相关部门高度重视。专家委围绕制造业数字化转型的发展战略，积极走访普适导航、华谊新材料等重点企业，在深入调研基础上撰写《关于着力推进上海制造业数字化转型升级的建议》，陈杰副市长专门批示，充分彰显市工经联专委会智库功能。

（二）进一步配合政府部门构建现代化产业体系。完成第八批制造业单项冠军项目。开展单项冠军企业辅导培育工作，组织单冠企业培育活动8场，共计评审出企业20家，复审8家企业推荐国家工信部；起草《上海市制造业单项冠军企业认定管理办法》和《认定标准》；完成市级单项冠军企业遴选实施方案和预算计划，以及单项冠军企业人才启明星计划、白玉兰计划上报；完成"智造与合作"沙龙项目，全年共举办活动21场，邀请专家超过40人次，累计参加企业达2080家。参与完成"上海市产学研合作优秀项目奖"推荐和评审工作，会员单位中，共有11家企业获奖，其中上海电气核电集团和微创医疗获特等奖。

（三）深入推进基层立法联系点建设，配合政府相关部门完成调研报告。作为市人大常委会基层立法联系点，积极探索促进参与立法工作的创新举措，试行"信息采集点"制度。年内先后完成《上海市发展方式绿色转型促进条例（草案）》《上海市促进浦东新区标准化创新发展若干规定（草案）》等4项法律法规的意见征询，向市人大提交52条修改建议。在政府有关部门的指导下，通过深入调研完成《上海市安全应急产业发展报告（2023）》调研报告。

四、深化典型示范功能，打响社团建设品牌

完善各专项工作的项目化管理、全过程管理，突出典型示范作用，打造辐射广、影响大、功能强的服务载体。

（一）不断提升上海企业管理创新成果推广价值。开展2023年企业管理现代创新成果评审工作，共有174项成果被审定为"2023年上海市企业管理现代化创新成果"。借助媒体加大宣传，促进广大企业以系统化思维推进企业管理体系的整体提升、树立新的成本管理理念、升级知识管理模式、实现管理创新常态化。

（二）以ESG理念引领上海企业社会责任建设。举办年度上海市企业社会责任报告发布会，共有550家企业参与年度报告发布活动，发布社会责任报告的企业数量再创历史新高。完成《企业ESG环境、社会、治理报告编制指南》等5个团体标准的制订和认证公示工作，并陆续进行发布。组织30余家企业、机构共同参与编制。

（三）完成新一轮中国工业大奖推选。多次参与中国工业大奖办公室组织的调研。组织第七届中国工业大奖获奖企业参加中国工经联举办的工业大奖表彰大会。做好第八届中国工业大奖的组织发动和推荐，共推荐3家企业、5个项目参加评选。

（四）持续聚焦减排降碳促进绿色发展。进一步延伸群众性节能减排（JJ）小组活动内涵，共收到项目总结320个，参与人数2150人，实现经济效益32.38亿元。评选优秀项目40个。

五、深化党建引领功能、凝心聚力共促发展

进一步强化党建引领，发挥党委政治核心作用、党支部战斗堡垒作用和党员先锋模范作用，为服务企业、规范行业、发展产业提供思想和组织保障。

（一）扎实开展习近平新时代中国特色社会主义思想主题教育。结合主题教育和大调研，深入走访各会员单位、接待会员单位来访170余次。党委领导为系统150多名党员上党课，党委成员到联系的行业协会上党课，对检视出的8个问题，进行积极整改，取得初步成效。

（二）重视干部管理与教育培训工作。坚持每年2次的党支部书记培训，首次组织党支部书记赴甘肃玉门铁人干部学院学习，全年对24家换届的行业协会负责人进行审核，坚持由符合条件的会长、秘书长担任党支部书记，协会党支部书记由会长或秘书长兼任的达96.5%。

（三）发挥先进典型的示范引领作用。形成25个典型案例和9篇调研成果，对107名"两优一先"人物进行表彰。

（四）落实全面从严治党的主体责任，不断加强党的组织建设。党委与行业协会党支部签订党建责任书，查处案件4件。召开一届三次党代会，指导9个协会党支部换届，1个协会成立党支部，3个协会党支部整建制划转，4个行业协会设立党建联络员，发展党员10人。

（杨 磊）

上海市创业投资行业协会

上海市创业投资行业协会成立于 2000 年 11 月，是由从事创业投资、投资管理、投资咨询公司，律师、会计师事务所等中介服务机构，银行、证券公司等金融机构，以及创业企业及孵化机构等自愿组成的具有社会团体法人资格的社会组织。协会遵循"服务第一"的宗旨，致力于创投资本与创新技术的有机结合，致力于政府与创投行业的沟通和交流。根据行业特点和会员需求开展各项服务活动。现有团体会员 250 余家。

2023 年主要工作：

一、协会建设

2 月 24 日，顺利召开六届三次会员大会并举办主题为"新形势下投资项目退出途径的探讨"圆桌论坛。副会长单位、理事和会员单位 170 余人出席会议，会议总结 2022 年协会主要工作，报告 2022 年协会财务审计情况和 2023 年工作计划；增补德和衡（上海）律师事务所、上海广慧并购研究院、国浩律师（上海）事务所、上海旌卓投资管理有限公司为第六届理事单位。

在随后召开的协会六届三次理事会上，选举增补上海国有资本投资有限公司、上海探针创业投资管理有限公司、上海邦明投资管理股份有限公司为协会副会长单位。

圆桌论坛由王品高会长主持，围绕新形势下如何实现项目更好、更快退出话题，针对大家关心的企业并购、S 基金交易及上海股交中心近期 S 基金交易进展、全面实施注册制政策及对投资机构的"挑战"、证监会发布同意上海临理投资合伙企业的实物分配股票试点等议题交流分享。

8 月 15 日，协会第六届理事会第四次会议举行。协会理事单位代表共 60 多人出席。王品高会长向理事们报告 2023 年上半年协会工作。会议通过张赛美由于工作原因辞去协会法定代表人职务，同意由上海双创投资中心合伙人颜国彬任协会法定代表人。会议邀请中国投资协会副会长、创投委会长沈志群作主题为《落实创投差异化监管、促进行业高质量发展》的报告。会员单位代表共 120 多人出席报告会。

7 月，证监会启动私募股权创投基金向投资者实物分配股票试点工作。10 月，协会会员单位临芯资本收到证监会发布同意上海临理创业投资的实物分配股票试点申请批复。这是国内首单备受瞩目。之后，协会走访调研副会长单位上海邦明投资管理股份有限公司、上海探针创业投资管理有限公司，听取情况介绍及对行业发展的意见与建议，还走访广慧并购研究院，分享院长俞铁成撰写出版的《并购陷阱》一书

的实战经验。

协会党支部作为上海市第一批学习贯彻习近平新时代中国特色社会主义思想主题教育单位。从 4 月起党支部紧扣"学思想、强党性、重实践、建新功"总体要求，把理论学习、调查研究、推动发展、检视整改、建章立制等贯穿起来，有机融合，一体推进，注重解决实际问题，使党员进一步认识到实干是成就事业的必由之路，凝心创业的强大动力。

二、会员活动

3 月 28 日，协会举办"新形势下投资项目并购退出策略"主题讲座。特邀上海广慧并购研究院院长、《并购陷阱》作者俞铁成总经理和晨哨集团首席执行官王云帆总经理为大家做主题分享，上海联合产权交易所非公产权交易部副总经理王飞推荐两个项目在会上路演。会员单位代表等近 50 人出席活动。

4 月 16 日，协会举办《私募投资基金登记备案办法》讲座。邀请上海市协力律师事务所高级合伙人王梦静律师就 2023 年 5 月 1 日起施行《私募投资基金登记备案办法》（简称"新规"）其中重点内容为与会者作解读。相关投资机构近 90 人出席活动。

4 月 26 日，协会组织《全面注册制与企业上市规划》主题沙龙。特邀上海证券交易所市场发展部王佳博士作"全面注册制下主板、科创板上市规则解析"，国浩律师（上海）合伙人张泽传律师作"A 股全面注册制对 PE/VC 的影响"，国浩律师（上海）合伙人叶彦菁作"境外上市备案新规解读"，国浩律师（香港）事务所合伙人温国良作"香港上市制度最新政策趋势"解读。会员单位代表 70 余人出席活动。

5 月 24 日，协会邀请国家发改委财政金融司原处长、湖南大学金融学院教授刘健钧作《股权和创投所得税问题的症结与根本之策》主题报告。会员单位 110 余人参加报告会。

6 月 29 日，协会与上海星瀚律师事务所、德同资本联合主办"法律视角下的机构投资者保护"为主题的分享活动。由上海星瀚律师事务所高级合伙人冒小建律师作主题演讲。近 50 人出席活动。

7 月 13 日，协会与国浩律师事务所、虹桥基金小镇共同主办"新挑战下的创业投资基金募集策略研讨会"研讨活动。相关机构 70 多人出席，同时采用视频号和腾讯会议方式直播观看人数 1200 多人，观看次数为 3300 多人次。

9 月 1 日，协会与达泰资本共同主办《硬科技的早期投资》分享会。邀请达泰资本创始和管理合伙人李泉生分享多

年来从事科技投资的认知和积累，相关机构代表共50多人出席活动。

9月26日，协会与虹桥基金小镇、海通证券、上海银行、上海市中小微融资担保基金管理中心、中共上海虹桥外商投资实业公司支部委员会共同举办"金融助力创投，携手共创未来"沙龙活动。海通证券成长企业融资部高级总监从资本市场审核风向、人工智能企业IPO的特点、人工智能企业的上市路径等方面作介绍。投资机构代表共50多人出席。

11月23日，协会与上海股权托管交易中心共同主办、上海股权托管登记中心承办认股权综合服务试点交流会，相关单位代表80多人出席活动。

协会与会员单位金享云共同主办新能源项目投融资对接会，普维资本、紫竹创业孵化器参与协办。活动精选5个新能源项目参与路演对接交流，30多人出席对接会。

协会与上海朴税教育科技有限公司合作举办"私募基金涉税事项全程解读"培训，180余家备案机构的相关人员参加培训，取得较好效果；协助会员北京盈科（上海）律师事务所举办"氢能高端论坛"。邀请学者、专家作中国氢能源与燃料电池现状分析、国家双碳战略由来与新能源产业前景、绿氢产业链与资本市场等主题演讲；与宁波银行上海分行卢湾支行共同主办"医疗创新、'宁'引未来"宁波银行赋能平台分享暨医疗项目路演交流会。协助浙江桐乡市科创人才集团在沪举办"携手桐乡·创响未来——第三届'乌镇杯'高层次人才创新创业大赛启动仪式"，受邀参加崇明区政府举办的"潮涌浦江·投资上海"崇明系列活动——"植梦崇明耕瀛未来"2023上海崇明农业高质量发展招商大会。参与第三届"海聚英才"全球创新创业峰会由市经信委主办的"创投之道——The Next Unicorn"主题活动。与市经信委、上海市中小企业发展服务中心连续8年举办"创客中国"暨最具投资潜力50佳创业企业评选及诸神之战上海赛区活动，累计报名项目超过4500个，52家企业（创客）晋级工信部"创客中国"全国榜单。

三、长三角合作

12月20日，由上海市发改委指导，沪苏浙皖三省一市创投协会主办，协会承办，长三角一体化示范区（上海）金融产业园协办的"2023长三角地区创业投资行业峰会"召开。本次峰会主题是"筑梦长三角，智汇创投人"。重点是落实习近平总书记11月30日在上海主持召开深入推进长三角一体化座谈会上重要讲话精神，探讨如何在深入推进长三角一体化发展中更好发挥创业投资对推进科技创新、产业创新的独特重要作用。

12月19日，峰会前召开2023长三角区域创业投资行业发展交流座谈会。王品高会长主持会议。与会代表就各地创投机构面对的现状、存在的问题及困难以及对行业的高质量发展踊跃发言，建言献策。

12月8日，中国证监会发布《私募投资基金监督管理办法（征求意见稿）》，在业内引发广泛关注。协会及时听取会员单位的呼声，将会员单位的意见与建议归纳整理反馈给有关部门。

四、政府合作

协会完成对各区及有关部门设立的32支政府出资投资基金的绩效工作。助力提升政府出资投资基金服务实体经济的质效，构建行业守信激励和失信惩戒机制，促进行业高质量持续健康发展。

做好创投机构备案年检工作，4月启动，历时6个月，215家创投企业，150家管理公司通过2022年备案年检；做好政府引导基金的评审工作，根据市发改委的要求，协会对《引导基金专家评审管理办法》《引导基金评审会工作实施细则及流程》《引导基金专家库管理办法》等进行修订。先后召开市经信委、青浦区、天使等引导基金专家评审会，共涉及23家申请机构；完成市发改委委托的《中小微企业融资监测工作》相关工作；完成市科委委托的《上海市创业投资行业调查报告》）。

五、其他工作

协会响应深圳市创业投资同业公会、《证券时报》的倡议，加入全国创投协会联盟。在2023浦江创新论坛全球技术转移大会期间，市工商联、市科委共同举办民营孵化器联盟创新融通发展论坛，50家民营孵化载体携手成立上海民营技术创新孵化联盟，协会与孵化联盟签约。协会应邀参加2023年中韩生物医药合作论坛并与上海科学技术交流中心、上海市科技企业联合会、韩中科学技术合作中心共同设立中韩民间科技创新合作联盟。全年出版《上海创业投资》4期。在栏目安排上更贴近会员，经改进会刊的可阅读性均有显著提升。

（李忠湖）

上 海 漕 河 泾 新 兴 技 术 开 发 区 企 业 协 会

上海漕河泾新兴技术开发区企业协会成立于1998年9月，是经上海市社会团体管理局批准设立的市级社会团体。协会是由上海市漕河泾新兴技术开发区发展总公司等单位发起，漕河泾开发区内各企事业单位自愿参加并组织。协会下设集成电路、通信、金融、软件、现代服务业、人力资源、汽车研发与配套、法律、生物医药等9个专业委员会。

2023年主要工作：

一、规范运作，实现发展可持续化

（一）加强组织建设。经过近半年走访征询和酝酿准备，6月28日，召开六届一次会员代表大会暨六届一次理事会及二届一次监事会，选举产生新一届协会理事会、监事会。新一届理事会和专委会聚焦园区新技术、新赛道、新产业，充分体现园区企业的广泛性和代表性，为协会发展奠定良好基础。11月中旬，召开六届二次理事会及二届二次监事会，进行全年工作总结与新一年发展规划。

（二）发展联络会员。协会注重会员发展，为会员队伍不断输入新鲜血液，新会员分布于人工智能、数字文娱、集成电路、汽车和现代服务业等多个行业版块。协会深入园区走访企业了解企业需求，听取各方对协会发展的意见建议，同时以专班服务的形式逐一解决企业诉求，如园区党建联建、主题教育"大走访大调研"、工会建会、产业合作及技术交流、餐饮及商业配套、厂房改造工业上楼、各类资质及荣誉申报等，保持全力为会员企业服务。

（三）规范日常运营。协会以市社团局最新文件精神为指导，修订完善章程及日常管理制度，圆满完成年度社会组织年检工作、市民政局社团抽检工作。

二、立足企业，满足多维发展需求

（一）助力打造园区产业生态圈。协会积极组织企业参访、参展及参加各类政策培训，如首届低碳博览会、第23届工博会长三角产业合作论坛、沪同工业融通恳谈会、沪滇政企交流等对接活动。协会以九大专委会为工作抓手，开展"管理赋能科技""未来已定，AI时代的危与机"人工智能产业论坛、未来数据技术峰会、创意设计知识产权论坛及最新人才政策培训等十余场论坛、研讨会及主题沙龙，为企业搭建学习、交流、合作的平台。

（二）统筹共享政企服务资源。协会积极挖掘系统内、会员单位和其他社会机构资源，丰富协会服务的广度和深度，促进资源共享互通。如企业科技扶持政策宣导、高新人才政策培训、企业环保环评、医疗资源对接、人才支持以及产业发展促进等方面及时协调匹配资源，提供专班服务与政务对接。2023年，协会成功推送园区企业申报获得"上海市白玉兰纪念奖"、区侨代会代表和区侨联青年委员等多项荣誉。

（三）致力营造园区人文氛围。协会通过内容丰富的文体活动，致力营造园区良好的人文氛围，丰富企业和员工的业余生活。全年举办两场"相约漕河泾"青年男女联谊活动，反响热烈。举办职场健康系列讲座，宣传脊柱保健知识和流感预防知识；邀请业内专家分享金融知识；组织会员企业参加园区红色城市定向赛和足球赛等园区公共体育赛事；与梅特勒－托利多公司联合举办"开发区第三届科技女性嘉年华－美好实验室"圆桌论坛等。

三、搭建平台，促进区域高质量发展

（一）园区服务体系建设。协会与开发区各版块保持密切关系，将园区企业的需求和意见及时反馈，实现服务信息双向沟通无障碍。如及时响应企业的扩租或搬迁需求；协助发布开发区内商业活动信息；推广发布各类培训和招聘信息；协助对接个性化物业服务等。

（二）做好政府发展智囊。协会深化政府和会员企业的桥梁纽带作用，通过与人大、政协、街道等政府主体的密切互动，加大区域内的互联互通互动。通过积极建言献策，不断加强沟通交流，不断推动政策落实和政务服务对接落地，推动园区产业、行业健康发展。

（三）积极承担社会责任。协会除继续与嘉会医院联合推广粉红丝带公益活动外，积极参与徐汇区教育局"种子计划"社会公益活动，将青少年德育教育与社会实践相结合，帮助青少年树立职业理想与职涯规划。这项公益活动已经带领国泰君安、蔚来汽车、营邑规划等会员企业走入多所区内高中，使协会承担的社会责任得到延伸。

（郑百慧）

上海市开发区协会

上海市工业开发区协会成立于 2002 年 9 月，2004 年 3 月更名为上海市开发区协会。协会是由全市开发区以及从事开发区规划设计、土地厂房开发、信息沟通、环境建设、招商引资、对外交流、投资融资和中介服务会员单位组成的专业性社会团体。

2023 年主要工作：

一、聚焦年度目标任务，突出重点抓落实

（一）完成换届改选工作。按照市社团局《换届工作指引》及协会章程，协会适时成立换届筹备小组和工作小组，积极听取广大会员和第四届理事会的意见，酝酿、建议并提出第五届理事、监事人员相关候选人名单，同时对第四届理事会进行换届财务审计，完成提交理事会及会员大会的相关文件起草工作，并将换届改选的相关文件资料、理事会及监事会候选人员名单等上报行业主管部门和业务主管部门，征求意见并进行修改完善，还将新一届候选人名单进行公示。4 月 7 日，顺利召开第五届第一次会员大会暨理事会和监事会，形成新一届理事会及监事会，保证协会工作稳妥有序开展。

（二）推进团标应用落地工作。协会积极推广先进园区优质服务理念，一是开展园区第三次服务论坛，邀请市北高新园区、华鑫资产管理有限公司、机器人产业园、明源云不动产研究院等单位，围绕数智赋能园区全生命周期运营主题，分享各自在园区数字化转型、资产管理数字化升级、存量资产数智化运营、园区痛点问题数字化解决方案设计等方面的经验和特色做法。二是开展《产业园区专业服务体系建设规范》团体标准的应用落地，通过团标宣传、评选出园区服务团体标准的应用示范单位，为上海市产业园区能级提升提供落地案例。三是加强各类产业基金与产业园区相关的金融新产品和新工具推广，促进金融机构与园区的合作，推动园区和区内产业、企业的各项金融服务做实做强。

（三）促进长三角开发区一体化工作。一是长三角开发区协同发展联盟办公室在上海主办联盟第四次高峰论坛——"创新服务协同发展"长三角开发区高峰论坛，共有近 200 名来宾参加论坛活动，得到业内外的关注。论坛期间，联盟发布《长三角开发区专业服务体系实践巡礼》，集中新一批 68 家园区专业服务商名单。同时，联盟还接待江苏省开发区代表团、浙江省开发区代表团等两个批次的兄弟省市园区代表团集中来访。二是课题研究。联盟接受长三办有关委托，调研沪苏大丰产业集聚区、漕河泾海宁分区、中新苏滁高新

技术产业开发区等长三角跨省合作开发区，完成《深化跨区域园区合作促进长三角产业链协同研究》报告，获得上海市发展改革决策咨询研究成果奖三等奖。三是合作交流。联盟组织多场与区域外园区的交流合作与考察活动。9 月，组织沪苏浙等 10 余家园区前往云南参加 2023 中国产业转移发展对接活动，并深入昆明、玉溪、普洱等市和西双版纳傣族自治州重点园区调研。12 月，联盟主席单位临港集团与昆明经开区共同建设的沪滇临港昆明科技城正式开园，联盟主席袁国华参加开园仪式。

（四）协助做好特色产业园区培育工作。一是协会密切配合市经信委高质量完成《上海市特色产业园区高质量发展行动方案（2023—2025 年）》《上海市特色产业园区建设导则》等文件并成功发布。二是配合第四批特色产业园区调研和评审工作，包括准入过程中涉及的相关材料收集、通知发布、评审会务等。三是拟定和修改报市政府办公厅关于特色园区合法性审查全套材料，包括编制依据、风险评估报告、公众参与报告、起草说明、专家论证报告等。四是收集整理特色产业园区总结计划及招商手册修改意见，并形成初稿。

二、整合优化传统业务，全力为会员服务

（一）投资促进方面。一是组织开发区及相关企业参加以"拥抱汽车行业新时代"为主题的第 20 届上海国际汽车工业展览会，为开发区汽车产业提供技术新趋势，共享汽车制造新成果；组织 50 余家开发区参观 2023 年首届"上海国际碳中和技术、产品与成果博览会"；联合市工经联，共同举办"第 23 届中国国际工业博览会"－"绿色城市与智慧能源场景示范及应用"论坛。二是联合浦东现代物流行业协会，与三亚市投资促进局签订三方合作协议，促进特色园区对接、人才培养、园区功能定位、资源平台对接和项目对接，成功推进海南自由贸易港和上海园区的合作。

（二）研究咨询方面。一是编制《2023 年度产业园区政策汇编》，收集和整理 2023 年国家和上海市出台的相关促进园区产业、科创、绿色发展等政策，汇编成册，为园区发展提供工具书；编制《绿色低碳专题政策汇编》，聚焦顶层设计、重点领域、保障支撑等，为上海园区低碳发展提供支撑；编制《上海开发区发展报告》（2023 版），于 2024 年出版。二是受市经信委委托，开展《上海市国家级新型工业化示范基地分类指导项目》编制工作，开展关于推进区级国资平台公司高质量发展若干政策研究，提出 14 条举措建议，形成《提升区级国资园区平台能级和服务质量，促进园区高质量

发展若干政策意见》。10月，根据上海市产业园区制造业发展趋势，研究上海市制造业空心化的趋势和风险，形成《上海产业园区制造业空心化趋势分析》报告，为上海市产业园区空心化趋势防范提出相应的解决建议等。

（三）协会集中开展园区服务大调研，重点调研对象是特色园区和园区内新兴领域产业，先后调研松江经开区、青浦工业区、张江细胞和基因园区、临港海洋高新区、浦东软件园、临港生命蓝湾、漕河泾高新区等园区及相关企业。通过园区走访进一步加强协会和园区的联系，共同谋划园区的产业生态化发展，利用协会的平台优势，在园区发展特色产业的管理方法、数据统计、评价体系、招商引资等方面提供帮助，为下一步做好政府参谋助手夯实基础。

（四）协会联合上海新沪商联合会主办"新沪商遇见特色产业园区"系列活动，携手金桥集团、浦东新区投促中心、自贸区金桥管理局共同举办从"一根烟囱"到"七朵金花"的进化之路活动，构建良好的产业链共生发展生态。联合市北高新园区开展"数据科学，解码智能未来"活动，企业家们深入了解市北高新聚焦数智产业，打造上海数据经济示范区"云－数－智－链"产业演化路径。组织上海产业园区赴深圳和东莞产业园区的珠三角产业园区实地考察，通过与深圳和东莞园区之间就工业上楼规划建设、产业招商、园区运营管理、智慧园区建设等方面进行深入交流。组织园区赴浙江特色小镇考察，结合上海先导产业和战略新兴产业发展定位，聚焦互联网技术、数字经济、新时尚产业、健康产业等。举办"中国产业园区高级管理人才研修班""漕河泾合作园区大同经开区招商干部培训班"等全国开发区的培训工作，活动培训 200 余人次。开展"上海产业园区生物医药产业招商与运营管理研修班""招商引资助力园区高质量发展专题培训班"等 5 场主题培训活动，为 120 余家园区，近千人次提供培训。

（五）修改开发区统计制度，编制《上海开发区统计手册（2022 年、2023 年）》，完成 53 家市级特色产业园区的统计工作，并撰写特色园区发展报告，制作 11 期《开发区简报》月度快报、4 期《特色产业园区季报》，发放超过 800 份。

全年编辑出版《上海开发区》6 期杂志，发行量 1500 册，受到开发区、广大读者的一致好评。协会公众号关注人数平稳上升，现关注人员超 9300 人，新增 2000 人。

（严　佳）

上海市股份合作制企业协会

上海市股份合作制企业协会成立于 2008 年 1 月 18 日，是由 12 家市股份合作制企业的企业家牵头、以市股份合作制企业为主体和相关的中小微企业自愿组成的专业性、跨行业、非营利性的社会团体法人；主要为上海市股份合作制企业及相关的中小微企业服务。现有会员单位 180 家（包括义务服务会员单位）。

2023 年主要工作：

一、在法律框架下，依法合规做好服务工作

按照市发改委的要求，协会先后完成《上海市股份合作制企业暂行办法》（2010 年修订），本次进一步修订的意见和建议有"关于继续实施《关于进一步深化本市股份合作制企业改革的指导意见》""《上海市股份合作制企业暂行办法》"两份文件的评估情况报告"。几年来，协会还相继参与市发改委、市国资委、市经信委中小企业服务中心、市工商监管局、市高院民二庭、黄浦区工商监管局、浦东新区工商监管局、闵行区工商监管局、黄浦区国资委、静安区国资委、市中级一、二法院和徐汇区法院、国浩律师事务所和多家财务审计评估公司的学习沟通和交流，扩大了协会工作的影响力。协会还参与数家集团的研讨、沟通和交流，协助上海针织漂染二厂张剑平厂长与中恒集团沟通工作；受黄浦区工商监管局邀请，参加新世界、康泰集团的研讨；因长江公司深化改革工作，与老凤祥集团多次沟通和交换意见；因开通商社、新镇江的深化改革工作，与开开集团领导面对面进行沟通；因同缘和新康达公司的问题，与新世界和德祥集团进行沟通；因申一百货公司的改革工作，与九百集团领导进行了沟通等。使协会服务工作都能在法律的框架下，合理合法合规的进行。协会的协调沟通桥梁纽带作用，也得到较好的发挥并取得了较好的效果。

二、创新服务模式，做好日常工作

协会及秘书处认真做好来电来访工作的接待、协调和沟通，益中食品股东关于股权的来访、上海倍丽制衣厂上海绣丽服饰厂咨询、千斤顶厂退市的协调等等；帮助格林工贸公司进行维权、改革、应诉工作；帮助上海千斤顶厂进行改革退市工作，让广大职工股东合理合法合规的得到改革红利；协助上海中艺美术合作公司顺利完成公司的改革改制退市工作；全面启动上海同缘合作公司的改革协调工作，是协会一种创新模式的探索；参与协助北方新、立新五金厂、格林、上海针织漂染二厂等改革改制整体转让工作，并作为一种新的服务模式。

三、参加市民政局社团处、市工经联党委组织的各项活动

协会参与市民政局组织的自查自纠申报工作、每年年检申报工作以及各类培训活动。

协会党支部参加市工经团联党委开展的各项党组织活动（组织生活、缴纳党费和学习等）。

（朱桂芬）

上 海 生 产 性 服 务 业 促 进 会

上海生产性服务业促进会成立于 2012 年 12 月，是全国第一，也是唯一聚焦于生产性服务业高质量发展的省级创新型社团组织。在市经信委等政府部门的指导下，秉承"学习交流、促进合作、服务企业、发展产业"的宗旨，积极发挥生产性服务业对产业升级的赋能作用"，着力推进生产性服务业重点领域、生产性服务业功能区、服务型制造、"专精特新"中小企业高质量发展。现有会员单位 500 家。

2023 年主要工作：

一、以三届二次会员大会为契机，携手共建开创未来

11 月 2 日，促进会第三届第二次会员大会在市政协大礼堂成功举行。市经信委、市民政局、市工经联／市经团联、各区经委（商务委、科经委）等有关方面领导及促进会会长、监事长、副会长、理事、监事、会员及智库专家代表共计 500 多人参加会议。市经信委生产性服务业处处长吕芳、市工经联／市经团联执行副会长裴崎先后致辞，会上，为 2023 年上海生产性服务业领军企业领军人物颁奖，为专委会（平台）揭牌，为新增理事、副会长授牌，并首次发布团体标准。同时，审议通过促进会工作报告、监事会报告及财务报告；供应链物流创新、绿色低碳、专业服务三家专委会（平台）代表进行分享交流。邀请郭爱军教授作《数字经济时代高质量发展内涵与实现路径》的主题演讲。本次大会以"携手共建，开创未来"为主题，宣传贯彻中共二十大及市委十二届三次全会精神，号召全体会员、行业同仁牢牢把握服务赋能产业高质量发展主线，共同为建设上海现代化产业体系作出更大贡献。

二、标准化工作取得重大突破，首次发布团体标准

促进会携手上海爱企生产性服务业功能区、上海产业互联网生产性服务业功能区、上海市北生产性服务业功能区、上海临港浦江国际科技城生产性服务业功能区等功能区，编制并发布《生产性服务业功能区数字化转型指南》，携手宝武装备智能科技有限公司、纳琳威纳米科技（上海）有限公司、上海微谱检测科技集团股份有限公司、柯马（上海）工程有限公司等服务型制造示范企业，编制并发布《服务型制造示范企业（平台）发展水平评估指南》，为示范企业（平台）判定发展水平、谋划改进方向提供参考。两份标准均已

在全国团体标准信息平台上发布。另与宝钢工程技术集团有限公司（宝武设计院）等单位共同制定《生产性服务业工程数字化设计通用要求》《生产性服务业工程数字化设计项目人才能力要求》两份团体标准，已通过专家审查。

三、弘扬头雁引领作用，开展企业领军人物选树活动

为努力弘扬本行业龙头企业引领作用、先进人物示范作用，促进会持续开展上海生产性服务业领军企业／领军人物选树表彰活动。本次活动得到会员企业的热烈响应，经广泛听取各方意见后，产生"一通世界数字科技（上海）有限公司"等 20 家领军企业、王小进等 30 位领军人物。促进会还依据选树活动结果，编写《2023 年上海生产性服务业领军企业领军人物风采录》。11 月，在会员大会上，为领军企业、领军人物颁奖，号召行业同仁见贤思齐、共同进步，携手赋能上海现代化产业体系建设。

四、积极传播服务型制造理念，培育服务型制造金种子

在市经信委指导下，促进会联动各方，挖掘培育一批服务型制造"金种子企业"。携手同济大学服务型制造创新与研究中心等高校院所，推进服务型制造创新研究，通过组织交流活动、专题培训以及规划发展路径、开展模式研究等，多措并举加快服务型制造新模式推进。现已初步建立"发掘培育金种子－市级遴选－推荐参与工信部遴选－优秀案例宣传推广－发展水平评估"的递进式工作推进体系。深入各区举办服务型制造示范遴选专题政策宣讲会。支持举办服务型制造万里行松江站等活动。编写《服务型制造在上海》（第三辑），书中收录 40 篇案例，请市经信委葛东波总工程师为本书作序。该书获得工信部领导的肯定。

五、积极参与顶层设计，开展"十四五"规划实施中期评估

促进会积极参与顶层设计，做好政府决策参谋。在市经信委指导下对照"十四五"规划，开展上海市生产性服务业发展中期评估工作。梳理本市生产性服务业主要指标完成、重点领域发展、重点任务推进及保障措施落实等情况。评估报告认为，"十四五"以来，本市生产性服务业紧密围绕服务赋能"3+6"重点产业，加速与先进制造业深度融合发展，重点领域营收实现稳步增长，生产性服务业企业呈现较强发

展韧性和活力，取得阶段性成果。对存在问题与原因，提出改进举措与调整方案。

六、加强组织机构建设，升级成立三个专委会

为进一步加强组织机构建设，充分发挥专委会的专业职能，促进会新成立三个专委会（平台）：成立供应链物流创新专委会，重点保障供应链的稳定安全、创新发展，围绕"促进交流、强化融合、完善规范、引导创新"4方面开展工作；成立绿色低碳公共服务平台，举办国内双碳现状和政策解读培训会、碳排放交易员培训班、绿电绿证和CCER项目开发交易培训班、EATNS碳管理体系培训班，助力绿色低碳转型高质量发展专题研讨会等活动；成立专业服务专委会，于11月在建纬律师事务所举行首次工作研讨会。

七、开展功能区复审，推进产业载体建设管理

开展2023年功能区复审工作。此次复审重点掌握本市功能区赋能先进制造业、支撑服务"2+（3+6）+（4+5）"现代化产业体系的典型案例、特色亮点；了解功能区经济规模稳步提升，重点领域创新突破，着力打造产业集聚新高地；加强市区联动，辅导金融数据港、氢能港、浦江智谷、静安新业坊获得生产性服务业功能区称号；推进松江、青浦、奉贤、宝山、闵行、浦东等地功能区申报。

八、持续勾画高质量发展轨迹，发布生产性服务业白皮书

编写并发布《2022年上海生产性服务业发展报告（白皮书）》，全书总计约40万字，全面回顾2022年上海市生产性服务业发展概况，分别介绍十大重点领域、九大集团公司、十六个区及数十个市级生产性服务业功能区总体情况，以及服务型制造、生产性服务业智能运维、供应链物流等细分领域具体情况，编入国家及上海相关政策规划，附录2022年本行业十件大事、十佳优秀生产性服务业功能区（卓越奖）、十佳良好生产性服务业功能区（创新奖）名单及上海生产性服务业品牌榜等。

九、致力提升品牌影响力，连续发布上海生产性服务业品牌榜

为帮助会员提升品牌影响力，改变上海生产性服务业领域缺少"名牌""大牌"的现状，促进会与市工经联／市经团联、上海企业文化与品牌研究所等连续两年发布上海生产性服务业品牌价值榜、上海生产性服务业品牌成长榜。2023年上海生产性服务业品牌价值榜入榜门槛上亿元，入榜企业总数87家，品牌价值总和1144.31亿元，前3位中通、钢联、泛亚航运品牌价值均超百亿元。

十、积极增进交流合作，搭建合作共赢舞台

促进会积极搭建平台，举办各类活动。先后举办或支持举办第四届工业品在线交易节、第23届中国国际工业博览会智能工厂产业对接会、工博会标准化赋能数字化转型国际论坛、第十届中国产业互联网高峰论坛、"一带一路"数智绿能产业布局合规管理研讨会、航运数字化发展研讨会、中国品牌日系列活动等；接待深圳市决策咨询委、蚌埠市副市长考察团、秭归县县长考察团、淮安电子商务局及淮安电子商务现代物流园、甘肃酒泉肃州考察团、启东市投资服务中心、盐城市亭湖区发改委等外省市来沪学习交流；带领会员企业赴南京、蚌埠、泰兴等地考察学习、对接资源。

促进会各项工作获得上级组织的高度肯定。年初，促进会再次获评5A等级；撰写的《大党建引领产业链服务赋能高质量发展》，入选市工经联党建工作典型案例并获得表彰；还获市工经联先进协会标杆、助力复工复产特别奖；七度蝉联市经信委颁发的中小企业优秀服务机构称号。

（郑修铭）

上海市质量协会

上海市质量协会成立于1981年6月13日。现为上海市各行业致力于质量管理与质量创新事业的企事业单位会员自愿组成的专业性非营利社会团体法人。2023年协会第三次获评为5A级社会组织。市质协以习近平新时代中国特色社会主义思想和中共二十大精神为指导，全面贯彻新发展理念，以服务高质量发展首要任务为主线，聚焦质量强国、长三角一体化等国家重大战略和新时代上海发展定位与质量强市建设。按照市质协"传承创新、转型发展、提升能力"的工作总思路，服务质量强国等国家重大战略，服务上海经济社会高质量发展和具有国际竞争力的质量高地建设，服务企业质量竞争力提升与品牌建设，服务质量人才队伍建设和市民质量素质提升。

2023年主要工作：

一、党建引领，规范治理与能力提升再上新台阶

协会党总支按照深入开展学习贯彻习近平新时代中国特色社会主义思想主题教育要求，制订主题教育实施方案，动员全体党员充分认识主题教育重大意义，开展学习、调研、党建主题活动31次，形成主题教育成果案例3项。同时，参加市级机关行业协会党委"凝聚"党建服务品牌和服务点建设，协会被授予南区"凝聚"服务点，推进共建共赢和融

合发展。

修改和完善协会章程，增加个人会员，优化调整业务范围。协会会长班子定期举行会议，共商共建指导推进协会重点工作。同时，发挥协会战略研究会和专家委员会的指导和技术支撑作用，推进卓越质量创新成果审定、质量技术奖审定、群众性质量提升成果评审等重点工作。协会围绕创新转型，结合数字化与质量创新平台、质量人才评级体系建设等重点工作，加强专业化、职业化人才队伍建设。

二、围绕中心，服务国家战略和上海市经济社会高质量发展

协会承办2023年中国国际工业博览会·质量创新论坛暨数字化质量管理技术研讨会，帮助企业通过质量提升提高竞争力和效益，推动经济社会高质量发展。线下、线上结合方式举办2023年进博会国际质量创新论坛暨企业家论坛，邀请国际专业组织专家从绿色低碳发展等多方面作演讲。向近20家国际质量和专业组织宣传推广中国质量（成都）大会，邀请4位国际演讲嘉宾作演讲，协助组织8家上海质量标杆企业参加大会举办的"质量之光——中国质量管理与质量创新成果展"。

协会全年承接并完成各级政府部门和重点企业委托的各类重点服务项目43项。按照2023年国家和上海市第46个"质量月"活动通知精神与要求，举办、支持各类"质量月"活动17场。开展重点城市全民质量素养、社区老年助餐服务现状等公益质量调查，相关调查结果在新民晚报、上海质量公众号等媒体上发布，为了解全民质量素养实际情况、规范和优化社区助餐服务提供依据和参考。

三、创新驱动，助力会员单位和上海企业提升质量竞争力

协会组织形式多样的开放日主题活动、质量经理人沙龙、质量标杆企业学习实践活动、公益活动和研讨会等会员活动，多维度地为会员单位搭建交流学习平台。全年出版月刊《上海质量》12期，刊登350篇报道与论文，"上海质量"官网发布461篇，"上海质量"微信公众号发布659篇，在中国质量报、文汇报等各大新闻媒体与平台发布30余篇。举办2期主题分别为"以质量安全建设提升质量基础设施保证能力""质量可感知文化可体验"的质量大讲堂活动。承办中小企业先进质量管理方法公益培训、上海市继续精确人才培养项目——标准化应用能力提升研修班、企业首席质量

官研修班等。

协会与相关区域、行业、集团等联合开展"上海质量工匠"培养选树活动，选树命名2023年度"上海质量工匠"16人，并推荐5名"上海质量工匠"申报2023年度"上海工匠"。组织举办质量沙龙活动、质量技术成果辅导培训、质量技术奖申报说明会等活动。开展市质协质量技术奖评审，111项成果获得2023年上海市质量协会质量技术奖。首次开展卓越质量管理创新成果评价活动，发布58项卓越质量管理创新成果评价结果。

协会受市市场监督管理局委托，承办第二届上海市市场监管系统大数据分析应用大赛，有力推进市场监管系统大数据的分析应用水平。牵头研制上海市地方标准《首席质量官评价规范》，已于2023年全国"质量月"苏浙皖赣沪共同行动启动仪式上正式发布。牵头和参与《高端装备智能制造生产现场管理实施指南》等9项协会团体标准研制工作，其中5项标准已完成发布。参与中国认证认可协会服务认证委员会、研制的《火力发电高效清洁利用亚临界机组高温综合升级改造规范》团体标准，成功获评2023年度上海市团体标准"十佳案例"。在第七个中国品牌日，经市质协培育、遴选、推荐的16家会员单位17项成果获"2023年中国企业品牌创新成果"。已连续成功举办11届年度报告发布活动。

四、协同合作，努力构建开放共赢新格局

加强与国际、区域、枢纽型社团及相关行业协会交流与协作。积极参加中国质量协会和华东地区质量协作网组织召开的会议，开展质量推进活动。发挥优势互补，推进质量提升。先后与上海国创科技产业创新发展中心等签署战略合作意向书，建立交流合作新机制，服务专精特新企业高质量发展和世界一流企业建设。

协会应邀出席2023年欧洲质量组织年会，与国际质量组织、专家和企业高管进行交流，并应邀参加圆桌交流研讨，围绕"质量领导和数字化转型"，与参会代表分享实践经验和面临的问题、挑战与对策。其间，还参加国际质量科学研究院年度会议。市质协作为亚太质量组织的核心理事会成员，受邀出席第28届亚太质量组织年度大会。推荐会员单位上海城投公路投资（集团）有限公司、上海核工程研究设计院、上海医药集团和上海城建城市运营（集团）有限公司参加亚太质量组织全球卓越绩效奖等奖项评选并获奖。

（奚勤峰）

上海服装行业协会

上海服装行业协会成立于1986年3月，是上海服装行业企事业单位自愿组成的跨部门、跨所有制的非营利性的行业社会团体法人，始终坚持以服务为宗旨，在政府与企业、企业与企业、企业与国际之间发挥桥梁和纽带作用，为服装行业的人才培育、品牌发展、标准宣贯等不断努力。现有会员单位260家。

2023年主要工作：

一、积极为会员服务

协会走访会员单位，为会员单位牵线搭桥，提供切实有效的帮助。帮助DADASHOW落户世贸商城。为后疫情时代困难重重的中小企业和独立设计师品牌发展争取资源。不定期在微信群为企业分享行业信息，让会员与会员间、协会与会员间及时交流沟通。发挥"会员之家"功能，使每周到访会员或行业人士，加强互动和沟通；配合做好中服协"百强评选"工作，积极推荐行业内的优秀会员单位参与评选，副会长单位上服集团、嘉麟杰、安莉芳、东隆等成功入选；配合中服协组织的"国棉国潮引领品牌"申报工作，上报和入围的4家上海品牌纳薇、Eillie Woo、世贸商城、上服集团，均入选CHIC"国棉国潮"展区，取得很好的展示效果和宣传效果，获得中服协颁发的荣誉证书。为宝鸟、华律智能等会员企业申报政府项目和招标时提供支持性情况说明，为海螺申请入驻唯品会时提供推荐函等。组织会员企业参加行业性发展政策宣讲会，如"美国知识产权保护规则和应对"讲座等。动员会员企业参加上海市设计100+评选活动，参加市级品牌培育活动，提升品牌形象。利用微信、微博、抖音、小红书、B站等各种社交平台，聚焦宣传行业品牌。

二、深入行业调研

通过调研，收集整理汇总有关行业经济数据，每季度撰写上海服装行业经济运行分析报告，参加市经信委都市产业处每季度召开的经济运行分析会，为政府相关职能部门的行业决策提供依据和参考。参与2022年度的《上海纺织产业发展报告》《上海经济年鉴》《上海现代服务业发展报告》《上海工业年鉴》等的编纂工作。收集十大商场服装大类商品销售情况，每月编写《上海服装行业协会网络商场销售情况分析》，发布品牌排行榜，及时通过协会网站对外发布。参与市经信委制定《2023—2025年上海市轻工稳增长工作实施方案》及相关行业调研工作、参与市民政局组织的上海市行业协会商会服务高质量发展专项行动的调研活动。聘请行业专家提供产品的专业鉴定意见，为政府职能部门处理纠纷提供参考。

三、重视人才培育

协会重视做好2023年度上海市工艺美术系列服装设计专业，中（高）级职称任职资格申报和评审组织工作，及新一届中级职称专家库的组建工作，确保中（高）级职称评审工作的公开、公正与公平。协会下属服装学校成功续签天山路基地服装成衣实训室的委托管理合同，配合市就业促进中心完成在实训室举行的实训、竞赛、参观访问、职业体验活动、技能推广等各项工作。协会参与2023年"中华杯"上海市纺织服装设计职工技能大赛的组织工作，以赛代练，提升行业优秀技能人才的素质。协会被市人社局批准成为第三批职业技能等级认定社会培训评价组织，并顺利完成首次服装制版师（三级／高级）的认定，为上海服装行业专业人才技能等级提升，提供评价通道。

四、加强合作交流

3月，作为长三角纺织服装联盟的轮值会长，由协会主办、溢达集团承办的"2023长三角纺织服装联盟发展工作会议"顺利召开。与会单位长三角纺织服装协会会长们围绕纺织服装产业高质量发展，展开热烈的讨论。6月，协会受邀参加在上海虹桥国家会展中心举办的2023中国服装产业集群工作交流会，同参会的全国各地产业集群主管部门、产业地区服装协（商）会领导，讨论产业与区域发展的战略联动和构建优势互补、高质量发展的区域布局。7月，协会组织会员企业赴国际贸易数据中心参观考察，共同搭建服务平台，推动服装企业健康有序发展。8月，协会与虹桥国际中央商务区管理委员会、上海市国际贸易促进委员会等共同成立"西虹桥商务区产业经济发展联盟"，增强产业发展活力，加快建设现代化产业体系，持续提升城市能级和核心竞争力。还与市质监局合作，共同推进纺织产品绿色供应链管理和导则地方标准的实施，促进行业的可持续发展。

五、规范内部管理

年内，协会参加并通过市民政局社会组织评估3A级复评，通过规范化评估建设，有效促进并规范协会的日常管理，为协会更好地履行职能奠定坚实的基础。加强与会员单位的联系，了解生产经营情况，及时更新会员资料，并对会员资料做好纸质和电子存档。根据市民政局等下发的相关规定和指导意见，对协会内部管理制度不断加以完善。加强协会党建工作，发挥党员在工作中的引领示范作用。组织协会工作人员参加市经信委《2023年职称工作布置会议》《2023

年中级管理流程培训会议》《2023年度职称工作所遇问题的研讨会》，市人社局《2023年职称培训会议》等，专业培训学习，增强专业能力，促进管理规范和健康发展。

（杨红穗）

上海市节能协会

上海市节能协会成立于1985年3月21日，由上海市生产和转换能源、使用能源、生产节能产品和节能减排服务等企业单位，能源管理、科研、设计、教育、信息等事业单位自愿组成的节能专业性、非营利性的5A级社会团体法人组织。协会积极开展节能减排技术和技改项目咨询；进行节能减排、低碳环保、能源（电力、燃气、石油等）、能源互联网等课题研究；制定能源、节能减排、分布式供能、绿色制造等相关标准；提供能源相关项目第三方评审，编制节能专项规划等；承担能源方面前瞻、宏观、智库性质研究；出版《上海节能》杂志（含广告）。现有会员单位238家。

2023年主要工作：

一、围绕中心，"三为"服务取得新进展

（一）协会紧紧围绕国家战略目标，积极向政府有关部门建言献策：一是围绕"新赛道"，开展氢能、储能产业发展研究，编制相关产业发展报告。二是完成工业和电信业重点用能单位双控考核和分解等工作任务。三是组织有关单位和专家对《上海市发展方式绿色转型促进条例（草案）》提出相关修改意见和建议，并参与对市人大代表周瑜《关于综合利用城市垃圾环保处理和利用储运新技术解决上海绿氢保供问题的建议》的答复工作。

（二）牢牢把握好政府节能减排、绿色低碳大政方针和新思路、新举措，找准工作着力点和切入点，当好政府部门参谋和助手，为会员单位排忧解难，有效发挥桥梁纽带作用。例如：配合市经信委节能处，调研上海观理碳科技有限公司和上海祺鲲信息科技有限公司试点做法，该2家公司分别在碳管理（交易）、国际绿证审核方面开展先行先试工作，技术创新和市场模式处于行业领先水平。

协助市发改委、市住建委等部门，组织召开关于促进新建居住建筑光伏高质量发展系列座谈会。配合市经信委、市能效中心开展2023年度上海市绿色低碳技术产品征集活动，9家会员单位入选（40家总名单），并利用协会媒体进行宣传和推广。不断推进"百千万"家重点用能企业开展节能工作，联合静安、黄浦区发改委，对区域内重点用能单位开展专题培训，承办方上海凯泉被授予协会首个"节能低碳活动基地"称号。

（三）协会与市能效中心组织召开余热技术应用及产业发展推进会，旨在推动余热利用领域关键技术研发、示范和规模化应用。上海城投、申能青浦热电等7家单位3个合作项目签约，并表彰2023年度上海市余热利用十大优秀案例。全年，成功举办论坛和节能专场活动17场（次），约4500人参与；举办专业培训8次，累计培训1200多人次；协会获得第23届工博会组委会颁发的"优秀组织奖"；举办各类业务对接活动11次，成功签约17项，解决会员和企业实际问题。

二、提升站位，专业水平迈上新台阶

（一）协会与LNG公司持续开展LNG冷能利用研究和实践探索。4月，上海LNG接收站"基于IFV的冷能发电装置"项目并网测试成功，实现上海LNG冷能利用"零"的突破，填补国内LNG冷能发电的空白。预计每年节约7000吨标煤，减少碳排放1.87万吨。协会配合市经信委节能处有序推动重点用能单位数字化诊断工作。扎实推进全市氢能产业发展，已建成加氢站12座，燃料电池车辆推广数量及累计运营里程均处于国内领先位置（上海城市群2315辆、1700万公里）；首个2MW氢燃料电池分布式电站项目有望2024年在化工区落地。

（二）协会作为《上海市降低电力峰谷差实施方案》子课题单位，就储能补贴政策提出建议性意见。并积极推动储能项目示范应用，已落地10多个储能示范项目，如申能外三火储联合运行示范项目总规模达到10MW/10MWh，是华东地区首个火电机组运用电储能案例。

（三）协会标准建设工作稳中有进，启动《燃气分布式供能系统工程调试规程》等2个地标的修编工作；《绿色低碳锅炉房评价标准》等9个团标立项，《快速双碳诊断服务指南》等3个团标完成编制；《镁基氢化物固态储氢系统技术要求》获评上海市十佳团标。

（四）协会与市质科院共同筹建"双碳诊断与服务促进中心"（已有36家单位参加共建，90名诊断师通过审核），重点聚焦临港集团下属园区开展双碳服务工作。在市有关部门指导下，成立协会绿色金融服务专业委员会和绿色技术服务专业委员会，促进绿色金融赋能绿色产业，打造节能降碳全产业链专业服务团队。组织完成国网电力、申能临港等10多家企业的能源审计或节能诊断工作。

三、节能降碳，绿色宣传提升新高度

（一）协会与市国展集团共同承办首届碳中和博览会

（国内首个获得碳中和国际认证的大型展会），展示发布各类低碳技术和产品 1081 个，吸引参观者超 8 万人次。市委副书记、市长龚正出席开幕式，并参观展会。

（二）坚持传承创新，节能宣传周活动不断取得丰硕成果。2023 年宣传周，各委办、区、大型国企、集团公司和绿色低碳合作伙伴开展各类主题活动 465 个，全域曝光量超过 18.5 亿。《上海节能》杂志品质进一步提升，全年复合影响因子 0.691，综合影响因子 0.377，较往年有明显提高。

（三）"上海节能宣传"微信公众号运行工作取得新进展。共发布推文 1670 篇，总阅读量达到 372 万余次，推文转发数 49 万多次，订阅用户数从 2 位数增长到 6 位数，年龄涵盖 16～70 岁，关注群体实现国内全覆盖。

四、建立生态圈，合作交流开启新篇章

（一）协会与浙江、江苏、海南、深圳、湖北、内蒙、山东等节能协会新建立工作联系和沟通机制；与甘肃省酒泉市、山西省太原市有关部门建立互动、互访机制。

（二）10 月 15 日，协会与市政府新闻办、市国际贸易促进委员会率团访问芬兰、丹麦和挪威，举办第二届上海国际碳中和博览会首场招商路演活动。联合芬兰驻上海总领事馆召开中芬企业代表双碳专题交流会，探讨可再生能源、电力

电网、生物能等领域的合作空间。

（三）协会与市机管局、黄浦区发改委、徐汇区发改委、静安区发改委、闵行区经委、浦东新区科经信委等本市各区 16 个政府部门建立良好的工作关系。

五、夯实基础，进一步加强协会自身建设

（一）坚持协会党建工作和协会管理工作两手抓、两手硬，主动研究党建工作新问题、新动向，推动党建工作取得新成效。并按组织程序做好党支部换届工作，徐君同志连任党支部书记。

（二）进一步明确秘书处各部门工作要求（会员服务部：协调、协作；技术咨询服务部：品牌、品质；综合事务服务部：效率、效果；《上海节能》杂志社：创新、创收），优化人力资源，形成老、中、青梯队，专职人员增加到 5 名，与上海有关大学、相关企业建立学生实习、干培生见习通道，与外省市年轻干部来协会挂职锻炼形成长效机制。

（三）加强会员组织管理和活动管理，提高会员归属感和认同感。会员微信群增加"新会员介绍""会员动态"等栏目，会员沙龙、专业培训、诉求解答等工作逐步常态化。

（钟　磊）

上海市包装技术协会

上海市包装技术协会成立于 1978 年 10 月 28 日，为行业企事业单位与科技工作者自愿组成的非营利性的社会团体法人。协会下设 10 个专业委员会。

2023 年主要工作：

一、坚持创新理念，全心全意做好服务工作

12 月 5 日，上海市包装技术协会第十一届会员代表大会暨第十一届一次理事会顺利召开。大会选举产生新一届理事会会长、监事长、副会长、秘书长、常务理事。

4 月 25 日，协会召开"包装创新推动行业高质量发展"座谈会。市经信委由文副处长出席会议并介绍上海轻纺行业发展情况及企业发展的一些扶持政策、专项资金项目申报时间节点。与会包装企业交流分享各自创新的心得体会。

9 月 26 日，协会举办"提高出版质量赋能《上海包装》高质量发展"主题论坛。论坛旨在推动《上海包装》高质量发展，更好地发挥期刊传承、创新、引领、服务的作用。邀请上海市委宣传部印刷发行处副处长郑义、传媒监管处副处长宋唯，上海市科学技术学会学术部副部长葛朝晖参会指导。

继续开展制定团体标准工作，协会在推进绿色包装和数字自动化应用领域深度挖掘相应团标制定项目。年内陆续组织 15 个团体标准立项，完成网上正式发布 13 项。

协会继续与上海出版印刷高等专科学校合作，共同策划出版 2022 年度《长三角绿色包装产业发展报告》（蓝皮书），为行业的绿色发展提供可借鉴的思路和经验。10 月 15 日，上海版 70 周年校庆暨蓝皮书发布仪式隆重举行。

年初，协会将《上海包装》期刊杂志季刊改为单月刊，并将每期 73 页扩版为每期 224 页；《上海包装信息报》从 2023 年起进行改版，重新发行，每两个月出版一期，侧重宣传协会（专业委员会）工作、活动的信息，以及行业动态，全年共出版 6 期。

协会和杜塞尔多夫展览（上海）有限公司合作主办的"数字化转型赋能包装高质量发展"高端论坛于 11 月 24 日召开。论坛分为专家分享包装行业发展趋势信息、圆桌讨论两部分。在圆桌讨论中，专家们围绕"数字化转型赋能包装高质量发展"主题，进行讨论和互动。

11 月 22-24 日，2023 年 SWOP 展会在上海新国际博览中心成功举办。协会包装机械专业委员会组织参展企业达 21 家，参展面积近 900 平方米。为包装企业提供一个将新产品

新技术推向中国和全球市场的有效平台。

6月20日，协会组织召开"2023江苏大丰港（上海）印刷包装产业投资环境说明会"。大丰区领导、大丰港经济开发区管理委员会领导及上海包装、印刷企业领导近60人参加，就加强沪苏两地的行业作合作交流。港区管委会与上海市包装技术协会签订战略合作协议。

二、协会各专业委员会开展丰富多彩的活动

4月30日，协会包装机械专业委员会组织长三角包装行业企业家考察团赴欧洲考察。考察团一行18人考察法国巴黎世界500强企业施耐德集团总部，参观德国科隆interpack展会，与国际包装企业进行交流。

3月8日，由美狮传媒集团、上海华克展览服务有限公司、上海市包装技术协会物流包装专业委员会联合主办的第8届中国电子商务包装发展论坛暨2023电商包装"奥塑"课在南京国际博览中心（建邺）4号馆现场论坛区顺利开讲。百余位上海－南京两地包协会代表参加论坛。

2月24日，协会纸制品包装专业委员会召开2023年迎春联谊会。在市场形势严峻的情况下，会员企业共商、共建、共享发展大计。

4月10日，协会包装机械专业委员会与上海统一企业饮料食品有限公司举行"食品包装企业产业链技术交流"活动，开展包装产业链的对接。配合协会组团参观第九届中国国际全印展，组织会员企业共45人观展交流。开展2023年科技创新企业评审工作，7家企业被评选为包装行业"科技创新优秀企业"，5家企业被评选为包装行业"科技创新企业"。

3月29日，协会塑料包装专业委员会主办，CTI华测检测中心材料实验室协办的"塑料包装材料及制品检测与相关标准"高级研修班顺利举办。

3月16日，协会包装印刷专业委员会组织会员企业参观考察上海燎申国际食品产业园，并与与上海市（福建）食品商会作交流。

协会包装设计专业委员会组织会员单位50件包装设计作品参加首届中国包装创新设计展；多次举办线上学术分享交流；举办餐饮大包装研讨会。

（舒仁厚）

上海市咨询业行业协会

上海市咨询业行业协会的前身为上海市科技咨询学会，成立于1987年3月，1994年更名为上海市咨询协会，2004年4月更名为上海市咨询业行业协会。协会是是由多种所有制从事咨询业的企事业单位自愿组成，是非营利性的行业性社会团体法人。协会现有团体会员中，有国有或国有控股企事业单位、民营企业、外商独资、合资企业、大专院校、社团组织等。按照主要业务范围分类，属于工程咨询、经济与管理咨询、科技咨询等。现有会员单位100多家。其中国有企业占比20%，股份制企业占比4%，中外合资企业占比1%，外商独资企业占比1%，其他占19%

2023年主要工作：

一、加强自身建设，工作有序开展

协会完成换届工作。6月25日，协会召开九届一次会员大会、九届一次理事会和九届一次监事会。会员大会选举产生38位理事，组成第九届理事会并选举产生理事会会长、副会长。之后，按规定将协会换届改选材料报送上海市民政局进行审批，顺利完成变更登记。

11月22日，协会召开九届一次会长扩大会议暨《关于加快上海市咨询服务业发展的建议》研讨会会上传达10月23日市民政局发布的关于《上海市社会组织重大事项报告办法》的通知，明确协会重大事项的报告、管理等工作。对拟设立新专委会等事项展开讨论，并形成意见。

12月20日，协会召开本届第二次理事会。介绍协会《信誉咨询企业评审标准》制定和发布的情况；经理事会表决通过专家组评审产生的第十五届上海市信誉咨询企业名单41家；通过经专家组评审的第十三届上海市青年咨询精英11名和上海市青年咨询精英提名奖13名。

二、配合政府部门的调查研究，并撰写调查报告

协会完成《2022年上海市咨询业发展报告》，并入编《上海现代服务业发展报告》（2022），这是协会连续9年编写《上海市咨询业发展报告》；针对市委领导提出的"专业服务业走向国际，服务'一带一路'"的要求，通过调研，协会就咨询业的现状、问题提出对策措施，撰写《关于加快上海市咨询服务业发展的建议》，供政府部门决策参考。

协会积极配合政府部门调研。6月6日，接待市民政局副局长带队社团处社会组织服务处等一行5人就"关于加强我市咨询企业合规管理，支持行业协会健康发展"到协会调研。8月31日，接待市商务委员会罗志松总经济师带队就进一步落实市委市政府"专业服务业走向国际，服务'一带一路'"专题到协会调研。了解上海本土咨询公司在海外设点布局的情况，在"走出去"方面的经验与教训，提升专业服务机构国际化能力。同时，市区两级安全部门就凯盛融英咨询公司的案件到协会调研，落实习近平总书记提出的新国家安全观，在国际形势复杂多变的格局下加强咨询企业合规管理进行探讨。

三、执行团体标准，规范评价体系

协会认真总结 30 多年来在信誉咨询企业（机构）评审工作的传统优势，2022 年制定的《信誉咨询企业（机构）评价规范》团体标准，于 2023 年 2 月 2 日经过协会标准化技术委员会审核全票通过，一致同意《信誉咨询企业（机构）评价规范》批准发布，3 月 6 日在国家标准信息公共服务平台上公布实施"上海市咨询业行业协会团体标准《信誉咨询企业（机构）评价规范》（T/SHZXY001-2023）"。

8-11 月，第十五届上海市信誉咨询企业评审按《信誉咨询企业（机构）评价规范》及评价指标体系，对参评单位的资产实力、经济效益、履约能力、商业信誉、咨询业绩 5 个方面进行评分，经专家评审通过上海市信誉咨询企业 41 家，其中有 4 家咨询企业第一次参加评审。

四、推荐优秀人才，弘扬工匠精神

协会推荐的华东建筑集团股份有限公司科创中心结构分析与设计研究所所长崔家春成为 2023 年市科协第十一次代表大会委员。

开展第十三届上海青年咨询精英及提名奖评审工作。申报参评青年咨询精英 43 人，报名踊跃、竞争激烈。经评审专家组合议后确定青年咨询精英 11 名，青年咨询精英提名奖 13 名。

五、举办专题讲座，提升专业能力

4 月 18 日，协会与毕埃慕（上海）建筑数据技术股份有限公司等共同举办"数实相融，引领未来"，BIM 的建设项目数智化全过程管理最佳实践研讨会，会长夏冰致开幕词，10 多家工程咨询会员单位参加研讨会。

6 月，国家安全机关会同有关部门对国内咨询企业凯盛融英公司进行公开执法，引起咨询业界的关注，越来越多的咨询企业开始重视信息安全，合规管理。8 月 4 日，协会邀请上海图书馆（上海科学技术情报研究所）战略研究部主任曹磊作"智能化时代的情报与反情报"讲座，提高会员单位合规管理的安全意识。

协会与普陀区建筑工程学会共同举办 2023 年度建筑工程咨询专题学术交流活动，进行"生态环境与生态修复""碳信用开发""发电玻璃赋能绿色建筑""双碳背景下的海尔水机设备节能方案"专题讲座。

六、提供资源对接，服务会员单位

协会组织一系列参观交流活动。让会员单位相互学习、相互借鉴，增强咨询行业的凝聚力与合作意识。

3 月 15 日，协会组织荣正团集团、上海迈迪企业管理咨询有限公司、上海嘉博管理咨询（上海）有限公司、上海经邑投资咨询有限公司等与泰和经济发展区开展合作交流座谈会。

3 月 31 日，协会组织部分会员单位联络员赴奉贤一日参观交流活动。先后参观奉贤区科普教育基地、东方美谷、"奉贤一号工程"数字建海展厅等。上海图书馆（上海科技情报研究所）、建银工程咨询有限责任公司上海分公司、上海市市政规划设计研究院有限公司等 18 家会员单位出席本次参观交流活动。

11 月 20 日，协会陪同上海大华项目管理咨询有限公司领导一行 3 人到上海名略企业管理咨询有限公司，一起交流企业数字化转型落地，探讨工程咨询领域实现数字化转型的难点和痛点。

七、走进会员单位，了解企业需求

为深度了解企业现状，发挥协会桥梁纽带作用，协会走访上海名略企业管理咨询有限公司，从"市场选择、业务布局、组织管理、服务模式"等方面，与其共探寻快速变革破局的路径与方法。走访上海经邑城市经济研究院、上海立其企业管理有限公司等单位。在中国海诚科技股份有限公司成立 70 周年之际，协会应邀到海诚公司走访调研。

八、协会组织跨省市协会，共推行业发展

协会组织部分会员单位赴深圳考察，学习交流深圳市管理咨询协会在促进深圳市咨询发展中的经验与做法，考察深圳市管理咨询企业的成功案例，考察深圳市科技大学科技创新成果与促进产业发展的案例。协会及会员单位 10 人参加考察交流活动。

九、及时更新信息，提供交流平台

协会通过宣传册、内部期刊《上海咨询信息》、网站和公众号，增进对外交流。全年协会共编印《上海咨询信息》12 期，及时传递行业最新资讯、政策信息，包括协会活动、咨询专论等为会员提供沟通学习、交流信息的平台。

不断加强协会网站建设，设立专人负责制。为方便大家查阅和下载协会相关的资料，按时更新和维护协会网站及公众号内容，建立与会员单位等联系的微信工作群。

（周　琪　郭德利）

上海市环境保护工业行业协会

上海市环境保护工业行业协会成立于 1992 年 11 月。由上海环保行业企事业单位、高等院校、科研院所、检验机构和标准化组织等行业企业以及相关组织自愿组成，实行行业服务和自律管理的非营利性的社会团体法人。现有会员单位197 家。

2023 年主要工作：

一、建设"环保技术评估共享实验室"促进产业优化升级

协会承担市市场监督管理局下发的、建设"环保技术评估共享实验室"任务。旨在推动《上海市高端装备产业发展"十四五"规划》落实，聚焦环保装备制造业发展存在的问题。面向行业工业污水处理设备、工业废气污染治理设备等提供环保技术评价、环保装备性能测试、生态环境检验检测等多种服务，通过检验检测技术手段促进环保装备产业优化升级，促进行业技术水平规范化和标准化建设，提升行业整体产品质量水平、增强行业产品供给能力，全面助力节能减排工作。

通过"共享实验室"平台搭建，有效调动和优化环境检验检测行业的资源，一方面，为检验检测行业的发展提供新的思路，另一方面，切实有效助力中小企业自主科技创新，促进产业优化升级。现共享平台已有 8 家机构（企业）加入，分别是：上海晋欣检测技术有限公司—上海理工大学环保技术研发与评估联合实验室、上海电气中央研究院研发实验室、上海华闵环境股份有限公司环境创新实验室、环一科技（上海）有限公司可持续发展实验室、上海华严检测技术有限公司活性炭检测实验室、无锡市惠山区一般固废与园林绿化废弃物处置中心中试实验基地、上海华强环境科技工程有限公司智慧环保创新实验室等。

二、持续开展"环保产品质量"提升工作

协会获得上海市高级人民法院认可的"人民法院对外委托专业机构"，秉持公平、公正、公开的原则，先后参与 30 多项法院质量仲裁（环保产品）的工作。同时为全国范围内的司法机构及行业企业提供专业的质量鉴定服务。协会鉴定部门拥有正式备案的、具有环保工业专业知识、熟悉产品质量鉴定有关法律法规、诚实守信的专家库成员 26 名，涵盖大气、水、固废、噪声、新能源、新材料、工程设计、法律法规等领域。积极组织开展各领域的环保产品质量工作。

三、以标准化工作为抓手，推动行业规范化发展

年内，协会组织起草并发布 4 项团体标准：T/

SAEPI012-2023《无废工厂（园区）评价规范》、T/SAEPI013-2023《环境保护设施运维服务规范》、T/SAEPI014-2023《活性焦吸附法污水深度处理工程技术规范》、T/SAEPI015-2023《除过敏原空气净化器评审方法》。同时，组织 3 次标准宣贯活动。9 月，在上海质量体系审核中心召开的 T/SAEPI012-2023《无废工厂（园区）服务评价规范》团体标准宣贯会暨服务机构培训会，得到业内广泛关注。

正在起草五项团体标准，包括：由上海大学、同济大学、华东理工大学、华东师范大学联合牵头起草的《高新园区化工行业废水零排放标准》《高新园区微电子行业废水近零排放标准》；由北京智米电子科技有限公司牵头起草的《低浓度气态污染物环境下空气净化器性能测试方法》；由宁波天瑞智能科技股份有限公司牵头起草的《多功能型空气净化器》；协会与市环境保护产业协会共同组织由上海市环境科学研究院等单位起草的《简易 VOCs 治理设施精细化管理技术指南》。

四、开展行业合作、实现资源共享

协会与上海交通大学环境科学与工程学院正式签署合作协议，为企事业单位的中高级管理人员、技术人员提供高端定制培训。首期生态环境领域定制化高级研修班于 1 月 5 日开班，培训对象主要包括生态环境领域企业及相关企业的董事长、副董事长、总经理、副总经理、分公司经理等高层决策管理人员，及各重点行业钢铁冶金、石油化工、电力、煤炭（矿山）、水泥、纺织印染、建筑、造纸、制革、医院、有色金属等企业安环（环保）处、环保事业部高层管理人员，或各级环保组织及国家机关的领导干部，各地政府环保管理部门及环保科研院所相关负责人。

10 月，协会接待广东碳中和研究院（韶关）双碳战略中心来访，就双碳领域开展的项目进行深入交流。同月，协会陈健会长一行参访无锡市惠山区一般工业固废处置中心、园林废弃物收集处置中心，无锡市惠瑞环境管理有限公司。上海理工大学、上海晋欣检测技术有限公司、首控环境科技（上海）有限公司参与本次参访活动。

五、凝聚行业力量，扩充协会专家库

为助力打好污染防治攻坚战，推动减污降碳协同发展，加快先进适用生态环境保护技术推广应用，协会在 2 月进一步扩充专家库，根据协会章程及工作深入开展的需要，向环保工程、环保装备、环境健康、安全生产等行业从业者中招募专家，至今专家库已有 42 位专家。

六、组织行业技术论坛交流专题会

协会先后组织 20 场线上、10 余场线下技术交流会，围绕环保装备、环保技术、环保工程项目等方面，为会员企业提供技术交流、贸易合作的契机。4 月 20 日，由市经信委指导，协会与中贸慕尼黑展览（上海）有限公司联合主办"无废城市"建设论坛。论坛以创新、协调、绿色、开放、共享的新发展理念为引领，通过推动形成绿色发展方式和生活方式，持续推进固体废物源头减量和资源化利用，最大限度减少填埋量，将固体废物环境影响降至最低的城市发展模式。

七、组织会员企业参与社会活动

协会与虹口区总工会、区慈善基金会对接，组织会员企业参加献爱心慈善捐赠的活动，向虹口区劳模先进、妈咪小屋、职工健康驿站、职工书屋等共捐赠 50 台空气净化器。

第 24 届中国环博会开幕当天，协会牵头举办"以体育为媒，与环博相约"的长跑活动，旨在推动环保企业之间交流发展，助力环保圈各企业的互通与合作。来自全国各地近百名环保业跑友在世纪公园参与起跑。

（王　康）

上海市室内环境净化行业协会

上海市室内环境净化行业协会筹备于 2002 年 5 月，成立于 2006 年 8 月 22 日。属市级行业协会，是从事洁净室、洁净生产环境和公共场所空气净化的研发、生产、销售、检测、咨询、洁净工程、污染治理、消毒服务及其他相关的产业链企业自愿组成的非营利性社会团体法人。协会会员单位 493 家，涵盖国有企业、民营企业、合资企业、外资企业、股份制企业、事业单位等。协会现设 1 个院士专家服务中心、1 个标准化技术委员会、1 个行业分析咨询委员会、13 个专业委员会。

2023 年主要工作：

一、注重党建引领，绩效引导，促进协会工作取得显著成效

协会秉承"规范行业，发展产业，服务企业"的宗旨，履行"专业成就竞争力"的使命，践行"为会员企业服务"的理念，注重党建引领为前提，坚持以"人才建设、科技引领、质量提升、信用建设"为抓手，紧紧围绕会员单位需求，积极作为。获 5A 中国社会组织等级证书以及全国"四好商会"、上海市"四好商会"、上海市"政会银企"四方合作机制"金融服务工作优秀商（协）会、全国"质量月"活动优秀组织、上海市工业经济联合会先进协会标杆称号。获先进基层党组织奖，并被评选为上海市工业经济联合会行业协会党建案例。协会秘书长王芳被选为上海市第十六届人大代表。协会注重通过党建引领，绩效引导，培训强基，不断提高全体员工的团队意识、工作能力和业务水平。各项工作成效显著。

二、规范行业，积极促进行业产业发展

全年协会报送产品质量风险信息 12 条，获评全国"质量月"优秀组织单位；协会制修订团体标准总计 4 项，有 50 余家单位参与。带领会员企业参与 2 项团体标准立项编制；为法规制修订提供建议；编制《上海市洁净产业高质量发展行动计划（2023—2025）》；推荐双总项目 6 家；服务型制造示范 5 家；领军人才 2 人；纳入政府行业重点机构 7 家。构建特色培训项目，开展培训 62 次，培训人数 484 人；开展技术科普、专家技术服务等，参与政策法规修订，为政府的产业政策制定和企业发展规划提供坚实有效的帮助。

三、服务企业，扎实推进各项工作，积极筹备换届工作

协会积极探索行业宣传新路径，在人民网发布四集《洁净技术，中国实现制造强国的加速器》；组织企业交流、政策宣贯 60 余场；对接产业链，召开全国有影响力的实验室大会、泛半导体与洁净高质量发展大会；举办沪港台三地净化行业线上论坛，300 名行业同仁参会；隆重举办协会成立 20 周年纪念大会暨第 20 届室内环境净化行业高质量发展大会，组织技术论坛、新品发布、产品推介；接待、走访、调研企业 200 多家；参加 2023 上海之帆经贸（人文）巡展—泰国、新加坡展，助推"上海制造"进一步打开东南亚市场。

2023 年是上海市室内环境净化行业协会办会 20 周年。12 月 20 日，协会召开五届一次换届大会，圆满完成换届工作。同期举办 2023 第 20 届室内环境净化行业高质量发展大会、2023 室内环境净化行业产品发布盛典以及 2023 室内环境净化行业产品推介盛典。坚持以技术为引领，以创新为突破，为行业高质量发展注入新的活力。

（沈　晶）

上海市机电设备招标投标协会

上海市机电设备招标投标协会成立于 2004 年 8 月，是由从事机电设备招标代理业务的机构和与招标投标活动相关的机电设备制造企业及供应商、咨询单位、设计研究机构、高等院校等自愿组成的非营利的社团法人组织。协会以"服务、协调、自律、监督"为宗旨，坚持执行《招标投标法》和有关法律、法规，以规范招标投标行为，依法维护招标投标当事人的合法权益，协助行业管理部门实施对机电设备招标投标活动的组织协调，培育和完善招标投标市场，促进本市机电设备招标投标事业的健康深入发展。现有会员单位 64 家。

2023 年主要工作：

一、围绕"机电设备国内招标专项行动"重点任务有序推进本市机电设备国内招投标交易电子化

协会积极配合市经信委对招投标重点代理机构和企业开展"一网交易"情况专项调研，协助行业管理部门深耕交易平台建设，推动多个机电设备国内依法必招项目进入平台。

下半年，在市经信委等有关部门的支持下，开展第三批本市机电设备国内招标评标专家库专家征集，及专家网络培训工作。经过严格细致的资格审核、线上培训及考试筛选，共有 200 余名专家被纳入专家库。现全市机电设备国内招标评标评审专家库专家共有 1320 名，涵盖 725 个专业，专家规模和专业覆盖率稳步提升。

二、强化制度保障，优化监管平台功能，助推公共资源交易规范化

协会配合市经信委制定下发《国内机电设备招标代理机构评价表（试行）》及《代理机构工作情况评价报告（试行）》，对在市公共资源交易中心机电设备分平台上交易的，国内依法必招项目进行同步监管。同时，为持续提升监管平台的功能和效率，协会积极响应并全力配合市经济信息化委，对上海市机电设备国内招标投标行政监管平台，进行全方位的升级改造。通过引入先进的技术手段和优化数据交互流程，强化招投标交易数据分析能力，从而提升整个监管系统的智能化程度和决策支持功能。

三、助力政企深度沟通，持续发挥专业优势

协会以服务工作站的角色，深度参与调研上海机电设备国内招标交易有关制度的落地实施情况，并积极建议。还梳理优化了机电设备分平台交易流程，参与多个文件研究，为政策内容的深化和完善提供有力的支持。

协会始终秉持服务政府、建言献策的工作职责，紧密围绕政策导向与行业需求，发挥专业优势和桥梁纽带作用。与市工经联合作，为制造业单项冠军企业在招投标方面的问题进行纾困解答。协会根据市领导关于跟踪评估本行业降低制度性交易成本相关政策效果的指示要求，围绕交易收费、公平竞争、招投标等营商环境，针对性地提出建议，供政府部门决策参考。

四、加强协会自身建设、坚持做好服务工作

一是协会秘书处响应市民政局、市工经联的号召，深入参与各类专题培训。认真研究行业发展趋势，把握招投标市场脉搏，为政府出台更具前瞻性和实操性的法规政策，提供详实的数据支撑和科学的理论依据。还通过走访、调研等活动，与高校采招部门共同探讨行业热点难点问题，为高校招标采购工作信息化发展方向提供参考依据。

二是协会开展上海市重点工程实事立功竞赛先进推荐工作。根据分赛区参赛单位在重点工程实事项目中的实际表现以及立功竞赛活动的组织情况，分别推荐上海宝华国际招标有限公司陈敏捷、上海百通项目管理咨询有限公司毕松梅、上海上投招标有限公司赵慷等为 2023 年上海市重点工程实事立功竞赛优秀建设者。同时，还推荐上海电信工程有限公司为 2023 年度上海市重点工程实事立功竞赛优秀团队。

三是协会秘书处坚持每月出刊简报，累计发行 234 期，会刊采编关注经济热点，结合行业发展前瞻趋势，就优化招投标领域营商环境、推动市场公平竞争等方面。在做好纸媒的同时，及时维护更新协会网站的内容，分享招投标方面的最新动态以及典型实务案例，发布相关文章百余篇。每月还向上海市公共资源交易中心推送机电设备招投标领域相关新闻资讯，全年共计近百条。

四是协会高度重视会员企业的呼声，根据前期的培训需求，结合行业发展实际，选取备受关注的热点议题，作为协会培训课程的核心内容。10 月，协会携手上海大学成功联合举办政府采购和建设工程政策法规及专业知识专题培训，此次培训不仅为会员单位搭建一个富含实践价值与理论指导的学习交流平台，同时也吸引上海高校招采管理部门的积极参与。

（钱承晔）

上海市设备管理协会

上海市设备管理协会成立于1986年5月，具有独立的社团法人地位。下辖电气、船舶、宝钢、轻工、维修等5个行业工作委员会，现有会员单位600余家。

2023年主要工作：

一、推进设备智能运维发展，赋能传统产业转型升级

为提升智能运维创新能力，促进长三角地区设备智能运维技术的应用与推广，6月16日，由协会牵头组织苏浙皖设备管理协会联合上海产业互联网有限公司，共同发起主办的"第三届长三角设备智能运维发展论坛"，在上海虹桥万科中心会议厅举行，市经信委生产性服务业处副处长张莉、市工经联／市经团联执行会长兼秘书长裴崎出席论坛并讲话。中国设备管理协会以及北京市、天津市、辽宁省、山东省、河南省、陕西省等设备管理协会负责人应邀参加论坛。会上，协会发布《上海市设备维修安装行业发展报告（2022）》，翁红兵会长为6家设备智能运维（行业）头部企业授牌。

二、组建智能运维产业创新联盟，培育智能运维发展生态

受市经信委的委托，由协会牵头上海电气、宝武集团、上汽集团、华谊集团及上海交通大学、同济大学等25家企业和高校携手筹建"上海市智能运维产业创新联盟"。12月12日，《创新联盟》成立大会在中船第九设计研究院举行，市经信委生产性服务业处处长吕芳和市工经联／市经团联执行副会长兼秘书长裴崎共同为联盟揭牌并讲话。会上，联盟秘书处分别与中国大学生机械工程创新创意大赛智能制造赛执委会、中国机械工程学会签署"产教融合"和"智能运维工程师培训考核"战略合作框架协议。市经信委将此列为"2023年度上海生产性服务业十件大事"之一。

三、持续做好《上海市设备维修安装行业年度发展报告》的编写和发布工作

自2015年以来，协会已连续8年编纂发布《上海市设备维修安装行业年度发展报告》，并逐年得到深化与拓展，对每家企业的数据采集量从最初的14个增加到40个，本年度的发展报告在以往的基础上，增加"行业技术进步与转型升级"的篇章，反映行业企业在研究开发、技术改造、科技创新等方面的投入、设备智能化管理平台建设上取得的成效，以及"专精特新"企业培育发展的概况。在行业区域涵盖面的扩展方面，从上年的北京市和无锡市延伸到江苏省和安徽省，进一步扩大在全国设备维修与管理系统的影响力。

四、推进行业团体标准的制定工作

协会推进团体标准体系建设，建立协会团体标准工作机制和管理制度。8月，协会成立团体标准工作委员会，负责协会团体标准制修订各阶段的管理和协调工作，组织制订《上海市设备管理协会团体标准管理办法》，并审核入驻全国团体标准信息平台，获得发布团体标准的资质。11月，启动《起重机械智能运维系统通用要求》团体标准的编制工作，由中船第九设计研究院等作为主要起草单位，目前已完成标准立项和框架草案。

五、发挥协会职能，做好服务于企业的各项工作

8月29日，协会在上海电气培训基地，举办两场维修行业重点企业调研座谈会，听取企业对设备智能运维、行业年度发展报告、技能人才培养以及对协会工作等方面的意见和建议，通过了解需求，更好地为企业提供精准服务。

协助会员单位申报"专精特新"企业，先后为多家会员企业提供申报相关的证明材料。已有34家"专精特新"企业脱颖而出，分布于冶金设备、电机、自动化设备、智能检测、仪器仪表、阀泵维修等专业领域。此外，按照市经信委的要求，协会组织会员企业开展服务型制造示范企业和示范平台的申报、服务衍生制造发展调研等工作，助力企业转型升级和高质量发展。

六、加强协会间交流合作，推进长三角设备维修与管理一体化发展

2月16-17日，由协会主办的"第五届长三角地区设备管理协会联席会议暨部分省市设备管理协会工作研讨会"在上海长兴岛召开，江苏省、浙江省、安徽省以及北京、天津、辽宁、河南、陕西、沧州、大连等省市设备管理协会领导出席会议。会议就筹划举办第三届"长三角设备智能运维发展论坛"、合作开设"设备智能运维技术与管理"高级研修班、拟设立"长三角地区设备维修安装行业营业收入排行榜"，以及推进设备智能运维服务标准的制定等议题进行深入探讨，并达成共识。

七、组织开展全国设备管理优秀单位表彰活动

3月，根据中国设备管理协会关于《关于开展第十三届全国设备管理优秀单位表彰评选活动的通知》的要求，协会在本市各行业系统开展全国设备管理优秀单位、设备管理先进班组和设备工程大工匠工作室评选表彰活动。各相关集团公司、行业工作委员会按照评选条件和分配的名额择优产生推荐名单，经协会审核后共推荐31家企业为第十三届全国设备管理优秀单位，3个设备管理先进班组和3个设备工程大工匠工作室，涵盖电气、汽车、船舶、航天、商飞、医药、化工、轻工、设备维修和建设机械等行业系统。

八、坚持党建引领增强发展动力

协会党支部在开展和推进各项工作中，坚持围绕中心、服务大局，不断强化政治功能，将党建工作与业务工作紧密结合，做到同步规划、同步部署、同步落实。在开展各项重要活动之前，党支部均提前部署统一思想，要求各部门党员干部发挥积极作用，从而提升党支部在各项工作中的组织力、凝聚力和战斗力。

（夏仁海）

上海市新材料协会

上海市新材料协会成立于 2000 年，是中国第一家以新材料命名，跨行业、跨地域，整合长三角乃至全国涉及新材料研发、制造、检验、应用、配套服务等相关领域各类企业和科研院所成立的社团法人组织。现有会员单位 500 多家。

2023 年主要工作：

一、抓实"三服务、三建设、三提高"工作，积极当好政府产业发展决策的"参谋"、行业发展的"推手"和企业发展的"助手"

（一）协会配合上海市经信委深入企业和高校研究院所走访调研，组织冶金、化工、生物、无机、复合等材料领域 18 家企业，历时 4 个月，编制完成《上海市新材料中试基地和中试项目管理办法（试行）》，作为市政府 7 个委办联合制定的政策进行发布，引起社会和行业的较大反响。协会按照市政府要求，组织走访产业园区、市创新服务平台、高校、研究所和新材料等 15 家重点企业，听取意见建议，牵头制定团体标准并发布实施。参与市经信委《2023 上海新材料产业发展重点方向编制》项目，通过走访调研，了解企业发展需求，将征集到的 60 多家企业 100 多个项目进行分类、分析评估，纳入市经信委新材料发展项目数据库。召开新材料产业人才白皮书编制工作启动大会，配合宣贯新材料领域海外人才政策，组织专题调研和问题征集，编纂完成《上海市新材料产业人才白皮书》。配合市经信委组织的对工信部生物医药材料揭榜挂帅专项项目的专家评估和推荐工作。承担市经信委新材料处的新材料首批次保险目录的征集和修订，并组织认定和核查工作。

（二）协会重视加强行业技术创新指导，组织开展产学研合作、企业科技项目咨询服务、银企合作对接，为银行项目贷款提供风险评估等，还完成 6 项团体标准的制定和发布。协会与市教委合作，举办年度上海市大学生新材料创新创意最具商业化潜力大赛活动，进一步促进大学新材料研发工作更贴近产业需求、实现商业化的目标。承担上海市市场监督局行业质量与标准情况发展研究的调研与分析，对可降解材料产业发展及质量提升路径提出建议。聚焦新材料行业企业转型发展，形成 7 篇行业专题发展研究报告，为政府决策提供服务和支持。

二、积极发挥协会专委会和联盟的专业化平台作用，着力推动上海新材料产业发展和服务会员工作，找准行业发展新的融入点

（一）协会围绕"需求导向、问题导向和效果导向"，积极组织行业和会员开展产学研、与跨国公司产业链对接、新材料发展研讨会、发展论坛、新材料项目产融合作路演、数字技术赋能等各种形式的专业活动共计 35 场，努力把政府的发展产业规划与行业企业的发展计划相融合，促进协会专业化服务功能平台的建设。

协会支持会员企业在产品开发中的咨询和对接 15 次，成果产业化服务 8 项，编制规划项目服务 4 项，组织政策解读服务 5 次，支持企业专利申请和知识产权服务合计 9 项，人才基地师资培训 6 项、基地累计各类培训 1420 人次，在提高协会专业化服务能力和服务质量的同时，提升协会的凝聚力和影响力，为客户、会员单位及行业创造价值。

（二）坚持深入企业调研，发挥协会桥梁纽带作用，增强协会专委会、联盟的凝聚力。一是坚持走访 42 家会员企业，对接产业链开展深度交流，为企业增资扩产、产业链延伸牵线搭桥开拓渠道。二是对接上海新材料"3+6"产业发展战略，厘清产业园区发展现状，积极为园区发展建设建言献策。推荐 3 个项目，走访南通、徐州、苏州、昆山、湖州等产业园区，开展联合招商活动。三是推动专委会（联盟）积极为会员企业的技术创新、产品应用提供服务，促进会员企业在复合材料领域的对接、合作与交流。

三、强化服务意识，探索精准服务，坚持共性化服务与个性化专业化服务并举，促进各项服务职能落到实处

在开展会员服务的过程中，不断提高协会的专业化服务能力和服务质量，提升协会的凝聚力和影响力。一是积极辅导新材料企业申报军民融合专项项目和首批次等专项项目。二是重视知识产权保护工作，主动对接、申请建立上海市新材料协会维权援助工作站，为会员企业提供专业性指导和服务。三是组织开展系列培训活动，涵盖培训基地的建设等各类服务。四是组织部分在专业细分领域有优势的企业开展标

准培训。五是重视会员企业研发和成果转化，先后组织召开绿色低碳技术交流会，促进会员企业绿色发展。六是发挥《新材料》期刊的宣传和传播功能，积极主动帮助会员企业宣传产品研发、市场开拓、技术创新等方面工作。七是积极围绕协会 2023 年服务清单，调动各种资源为会员服务，取得积极的成效。八是积极为会员企业产品拓展市场搭建桥梁，举办多场跨界的交流活动。九是全力以赴办好第 23 届工博会新材料展和高峰论坛，组织好参展产品评奖及新技术、新产品发布等工作，凸显专业引领作用，提升行业影响力。

四、突出党建引领作用，推动党建与业务工作深度融合，为协会各项工作争先创优提供坚强保障

协会党支部以被市经信工作党委授予"党支部建设示范

点"荣誉称号为契机，组织开展主题党日活动，加快推进协会的服务能力建设。一是积极思考运用协会跨行业、跨专业优势来提高协会整合新材料发展资源的能力，为会员企业提供发展动力、信息、商机和有价值的服务。二是把党建活动与解决企业需求相结合，积极开展走访调研，及时反映会员诉求，努力争取政策支持。三是在加强协会业务能力建设的同时，进一步发挥专家队伍在专业领域的作用，促进协会的能力建设。四是通过吸引服务型企业入会，在强化业务发展与服务精准化、专业化结合的基础上，开辟协会服务会员、会员服务会员的工作新机制。

（陈友新）

上 海 市 信 息 安 全 行 业 协 会

上海市信息安全行业协会成立于 2003 年 3 月。协会下设职业能力教育专业委员会、金融科技安全专业委员会、数据安全和隐私计算专业委员会、供应链数字安全专业委员会，以及上海市网络和信息安全服务能力评估办公室、ISG 网络安全技能竞赛组委会办公室秘书处、上海市信息安全高技能人才培养基地、上海信息安全职业技能鉴定所。现有会员单位 250 余家，包括信息安全企业及用户单位。

2023 年主要工作：

一、坚持产业趋势研究、发挥社会团体智囊作用

协会在国家网络信息安全相关重大政策、法律、标准的框架和原则下，以促进上海网络安全产业发展和治理的良性互动为研究导向，会同市经信委、普陀区科委，对本行业所属企业进行调研，深入了解企业诉求，有针对性地开展供需对接服务。同时，参与《2023 上海信息化年鉴》《上海现代服务业发展报告》等编制工作，为政府职能部门决策提供参考，为企业发展提供政策支持。

协会主动响应产业发展对标准的需求，积极推广应用团体标准建设。先后组织制定《精神科隐私保护和数据脱敏管理标准规范》《基于芯片物理不可克隆函数的安全可信技术规范》两项团体标准，已完成草案、对外征求意见及评审工作，评定后将正式发布。

承担市经信委 2023 年重点行业网络安全解决方案揭榜工作。全国网络安全企业、专业机构形成 41 项揭榜方案，最终 11 项优秀解决方案成功中榜。协会作为本次揭榜工作的支撑单位，支持解决方案需求征集、解决方案揭榜供需双方对接、方案评审、推广宣传等工作。

推动网络安全保险发展。协会组织召开"网络安全保险

服务试点工作"交流对接会，协助市经信委推进上海地区的试点申报工作。协会还协助市经信委开展网络安全技术应用试点示范申报工作，并组织召开申报项目初审会后，将推荐项目报送工信部。

协会组织开展 2022 年度上海市网络与信息安全服务单位能力评估工作。经相关程序审定，形成《2023—2024 年度上海市网络与信息安全服务推荐单位》名录，其中，信息安全实施服务推荐单位 40 家，信息安全咨询和培训服务推荐单位 11 家。

二、构建网络安全人才培养体系，扎实做好人才培养工作

协会认真做好网络和信息安全国家级认证培训工作。采取"线上培训＋线上考试"模式，开展安全运维、安全集成、风险管理、应急管理与服务和安全软件 5 个方向的培训和考试组织工作。开班质量、数量和组织工作，均受到中国网络安全审查技术与认证中心肯定。

协会与培训机构联合开展《网络安全工程师（三级）》职业技能等级评价培训和考试工作，为来自本市高校、企业的近百名学员提供培训和考试服务。协会还为上海海关、中建八局等单位策划并提供网络和信息安全专项培训服务，均反馈良好。

三、开展网络安全宣传及竞赛活动

协会承办以"产业赋能生态打造"为主题的"2023 上海网络安全产业创新大会"。会上，上海市网络安全产业示范园进行政策推介，发布《2023 年度上海市网络安全产业创新攻关目录成果》，还与重点行业城市数字化转型安全优秀解决方案合作签约等。

协会联合上海市信息安全测评认证中心，成功举办以"金融安全保障"及"医疗卫生行业网络安全合规保障"为主题的沙龙活动。两场活动共计 60 余人参加，参会代表来自国有银行、外资银行、证券、金融科技公司，以及区卫健委信息中心、医院、互联网医疗服务企业等相关机构代表。

承办 2023 年中国技协城市主产业职业技能（上海）联赛暨全国网络与信息安全管理员职工职业技能竞赛。竞赛聚焦"数据安全"这一特色专项，积极接轨世界技能大赛模式，将理论知识与实战操作相结合，得到社会各界关注与支持，成为广大职工切磋网络安全技艺、交流经验、提高技能、展现风采的重要平台。

承办 2023 年浦东新区数字化安全风险智慧管控技能比武。本次比武以"助力智慧浦东建设，构建城市数字化转型升级的安全底座"为目标，覆盖近 2 万人。

协会联合中国信息通信研究院泰尔系统实验室、上海市互联网业联合会、上海金融信息行业协会共同主办"2023年度数据安全优秀案例评选"活动。最终评选出 30 家单位的 30 份案例入选 2023 数据安全优秀案例。

四、竭诚服务会员，协作助力发展

协会积极搭建平台，丰富会员活动内容。与兄弟协会联合举办"翼盾杯"羽毛球团体赛。通过比赛，各单位之间增进了解，加深友谊，形成更紧密的合作关系。

及时将政府职能部门发布的法律法规、行业动态、产业政策等文件发送到会员微信群。还通过协会公众号，传递行业讯息、展示企业风采，为会员单位了解协会工作和行业动态提供便利。

协助协会会员单位做好专精特新项目推荐、市场占有率证明、优秀人员评优推荐等工作，有力促进会员企业成长。

协会秘书处为会员单位提供技术、法律相关咨询，为外地拟落户本市企业提供本市网络安全企业落户政策咨询及区级相关部门对接。

五、加强基层党建，落实各项工作

协会党支部始终把学习贯彻习近平新时代中国特色社会主义思想，作为全部工作的鲜明主题和贯穿始终的突出主线，认真贯彻落实中共二十大精神，充分发挥党支部的战斗堡垒作用和共产党员的先锋模范作用，推动支部各项工作顺利开展。积极组织支部党员开展《榜样 7》专题节目、十二届市委四次全会重要讲话精神等各项理论学习。党建工作站组织全体党员开展庄行祭扫等党建活动，教育引导党员干部学习榜样、争当先进，担当作为，党支部按规定报请上级党委同意后顺利换届。

（朱方园）

上海安全防范报警协会

上海安全防范报警协会成立于 1992 年。现有会员单位 989 家，个人会员 286 人。会员单位包括从事安全技术防范产品科研、开发、生产、经营、推广应用、技术培训、信息服务、安全技术工程设计、施工、维修等技术服务和安全防范行业宣传教育、出版、印刷等企事业单位。

2023 年主要工作：

一、积极推动安防产业数智化进程，成功举办第二十届上海安博会

经过协会 3 年的精心策划和筹备，第二十届上海国际公共安全产品博览会在世博展览馆成功举办。展会以"数智时代重启安防新征程"为主题，紧扣构建数智城市社会防控体系的需求，汇聚一众前沿的数智化安防产品。从智能停车到数字孪生应用平台，再到满足民众日常需求的智慧家居及智慧养老产品，每一项展品都展现科技与生活的完美融合。展会期间，举办 10 余场新品发布会，展示安防行业最新的技术、产品百余项，为观众带来一场前所未有的技术盛宴。除了精彩的展览，展会还同期举办"安防数字化转型、赋能城市新生态"和"构建城市数字化防线，安防网络信息安全发展"系列主题论坛，业界精英齐聚一堂，分享真知灼见，吸引大批专业人士的关注。为更贴合时代潮流、深入群众，展会还创新性地采用短视频宣传模式。这些创意十足的宣传视频在平台累计播放量突破 6 万余次，极大地提升展会的知名度和影响力。据统计，展会共吸引超过 25000 人次的专业观众参观，其中新观众比例高达 87.3%，足以证明展会的吸引力和影响力。通过这次展会，参展商们获得一次全方位的宣传机会，进一步推动安防行业的持续发展。

二、用心共筑安全新篇章，打造长三角安防发展一体化格局

协会积极倡导、牵头推进长三角安防一体化发展战略，会同浙江、安徽、南京、苏州、南通等地兄弟协会，联手推动长三角地区安防产业的协同发展。谋划建立完善的合作机制，组织多次专题会议，签署合作协定和倡议书等，明确长三角安防一体化合作宗旨、方向和内容等细节。这些努力不仅加强各方的互信与伙伴关系，更为长三角地区的安防合作奠定坚实的基础。同时，注重交流互动与互学互鉴。精心筹备"数智长三角，安全新格局"系列主题活动，邀请行业内的知名专家学者共同探讨行业发展趋势和技术前沿。还组织长三角地区安防百强企业评选活动，汇聚各地的协会领导、企业家、专家学者等精英人士。这些活动不仅促进创新思维与技术的交流互鉴，更赢得社会各界的广泛关注与好评，为长三角地区的安防产业技术创新与升级注入强大动力。

三、凝聚安防人才力量，拓展储备人才，助力平安建设

协会致力于加强行业人才的培养，严格把关安防工程的评审验收工作，为治安防控体系建设和企事业单位内部安全保卫工作提供坚实支撑。协会为安防行业人才储备注入新的活力，建立健全初、中、高层次人才队伍的梯次结构，以更好地服务于安防行业的发展。在职称评审工作方面，协会与市轻工委等部门紧密合作，开展安防专业初、中、高三级职称的评审工作。2023年，共有3人申报高级职称，31人申报中级职称。经过对申报材料的严格审核以及高评会议和中评会议的审议，共有3人获得高级工程师职称，12人获得中级工程师职称。此外，协会还对助理工程师进行年度考评，完成年度审核及发证工作。

四、深耕专业领域，六大专委会引领未来发展

协会六大专委会成立，标志着协会专业能力的进一步提升。在专委会选聘过程中，协会共收到200余位安防从业人员的申请材料，最终通过审核公示的专委会委员共160人。其中，标准化工作委员会25人、教育培训工作委员会15人、课题调研工作委员会15人、技术专家工作委员会35人、重点行业工作委员会35人及锁业工作委员会35人。协会充分发挥各专委会在长三角安防产业一体化合作机制中的领头羊作用，努力取各地之长、创上海之新。同时，发挥各专委会各自的专业特长和优势，会同其他行业协会、研究机构、高校等建立合作关系，共同开展研究项目等活动。通过资源共享和互利合作，进一步提高专业委员会的凝聚力和影响力，为广大会员提供更多更好的发展机会和合作平台。

五、规范专家评验工作，积极营造风清气正的行业发展环境

协会针对技防专家管理中存在的问题，通过查处一批违规行为、出台一批专家管理举措、选树一批优秀专家人才，着力锻造一支纪律严明、行为端正的技防专家队伍。一是畅通投诉举报途径。制发《协会关于开通技防专家违规行为投诉热线的通知》，开通全天候投诉电话和邮箱，明确投诉举报事项受理范围、受理时限，切实做到"投诉有门、有诉必应、有诉必回"。二是严惩违纪违规行为。坚持投诉线索核查与加强行业巡查相结合，对发现的专家违规行为，坚决做到细致调查、严肃查处。先后在行业内通报违规技防公司2家、暂停技防专家资格1人、开除技防专家1人，在技防专家队伍中形成有力震慑。三是优化专家选聘办法。出台《协会技防专家、项目评验员和行业咨询员选聘办法》，建立积分评定规则，围绕实践年限、资质证书、技术职称等维度开展积分评定，确定技防专家、行业专家和项目评验员资格。最终择优选聘166人作为新一届技防专家、行业专家以及项目评验员。

六、开展多元化会员活动，服务会员企业多样化需求

协会加强与会员单位的紧密联系，深入调研走访，精准把握会员单位在运营中遇到的难题与实际需求，开展系列服务。一是针对会员单位在合同事务、债务纠纷、劳务问题及诈骗防范等方面的困扰，举办专题讲座和沙龙活动，特邀行业内的资深律师和公安民警，增强安防企业的法律意识，助力企业避免因疏忽而导致经济损失。二是缓解疫情对行业中小企业的冲击，减轻其资金压力，协会主动与上海市中小微企业政策性融资担保基金管理中心合作，举办融资担保政策讲座。为会员单位提供融资信誉担保，助力中小企业渡过难关。三是搭建交流桥梁，促进多方合作共赢。协会致力于促进会员单位间的互动与合作。例如，组织会员单位赴知名安防企业总部参观交流、召开金融行业技防产品供需沙龙交流会等。这些活动不仅加强各方对最新安防技术的了解，更为合作共赢创造机会。四是紧跟时代步伐，加大宣传力度。继续做好会刊工作，充分利用公众号平台，为会员单位提供产品发布、技术分享和企业新闻宣传服务。

（施赛琴）

上海电子商会

上海电子商会（上海电子制造行业协会）成立于2002年4月，是上海市从事电子业制造、服务、采购经销企业，相关大学、科研院所、信息中心以及协会、学会等单位自愿组成的地区性跨部门、跨所有制具有社团法人资格的行业社团组织。商协会下设流通分会、绿色照明应用专业委员会、智能安防专业委员会、智慧园区产业服务专委会、大健康专委会专家委员会等机构，具有较强的行业代表面和广泛的行业基础。现有会员单位185家。2022年，商会获得"优秀服务机构""优秀工作站"等多项荣誉称号。

2023年主要工作：

一、党建工作上新的台阶，出现新的特色

协会党支部内坚持不懈用习近平新时代中国特色社会主

义思想凝心铸魂，内化于心、外化于行，加强自身党性修养，坚持学习和实践，不断提升政治能力、思维能力与实践能力，在工作中充分体现党员模范带头作用。始终坚持把思想建设放在首位，联系实际开展学习教育。根据市工经联党委开展学习贯彻习近平新时代中国特色社会主义思想主题教育的要求，进一步更深入的加强政治理论学习，提高自身综合素质。每月组织支部党员召开主题教育专题学习。党员结合自己实际情况逐一作个人对照检查，认真开展批评与自我批评。

二、服务政府，承接课题研究等政府购买服务

协会积极发挥行业优势，当好政府助手，促进政企交流。承接上海市中小企业发展服务中心"企业诉求协调工作"项目。通过走访调研，完成《2023年度中小企业诉求报告》。承接政府课题，完成"2023年上海市电子信息行业质量状况分析报告"项目验收。该项目通过对175家企业质量管理状况调查，分析行业发展总体现状、技术创新成果等内容，指出企业质量管理的问题和短板，提出企业质量提升的对策建议。完成"上海电子信息制造业产业链质量状况调研报告"项目验收。加强行业顶层设计规划，加大"十四五"时期电子信息制造业政策宣贯力度。完成上海电子信息职业技术学院"2023年上海电子信息类技能人才需求调研服务"项目，摸清电子信息类技能人才需求，完成《2023年电子信息类技能人才需求调研分析报告》。组织发起制订的团体标准《养老机构视频监控评估》已批准立项，现处于修改完善阶段。

三、服务企业，搭建合作交流平台

为顺应会员需求和市场需要，协会组织开展各项活动，走访会员，加强沟通。促进交流、深化合作，充分发挥协会的桥梁纽带作用，更好地服务会员单位。全年走访会员单位近100家，通过走访，进一步了解企业所需，提高协会的凝聚力和向心力。精准服务会员，开展各类培训，协会持续举办上海市工程系列仪表电子专业高、中级职称申报公益培训，参加人数逾250多位。举办2023年度上海市工程系列仪表电子职称申报专题公益培训，培训采用线上与线下模式进行授课，近200人参加本次的培训。

2023年度，申报仪表电子专业中、高级职称有近1000人。其中：高级工程师申报人数280名，评审通过240名，通过率85.71%；工程师申报人数707人，评审通过577名，通过率81.61%。组织承办2023年仪电集团所属单位安全管理人员安全生产培训。参训的仪电系统逾1000位各级企业负责人和安全管理人员通过线下集中培训和考核。考核通过率100%，顺利完成全年度安全培训工作目标。

四、开展节能减排，弘扬工匠精神

协会组织会员单位积极参与市工经联节能减排JJ小组项目申报，共申报29个节能减排项目。与上海市职工技协合作，积极参与"上海工匠""上海工匠工作室"申报。由协会发起，与市职工技协成立人工智能专委会，加强行业间交流合作、促进成果转化等工作。以专业委员会为平台，以技术交流为舞台，提升企业自主创新能力。"上海工匠"积极走进企业，为企业排忧解难，为上海经济发展建功立业。经过协会推荐并申报，会员单位上海京波传输科技有限公司"杨崔波深海光电传输技术工匠创新工作室"获"上海工匠工作室"称号。

五、搭建洽谈交流平台，推进企业合作共赢

协会遵循"互惠互利，共同发展"的原则，不断创新策划活动形式，开展各类业务对接活动，为企业牵线搭桥，促进会员单位资源共享，合作共赢。先后组织"引入金融服务，助力企业发展"主题沙龙活动；举办主宾企业业务对接系列活动；协办"国际消费电子产业发展高峰论坛"等。发挥专委会作用，协会智能安防专委会、绿色照明专委会、智慧园区专委会、大健康专委会积极组织专题交流会、主题沙龙等，搭建行业内学习交流平台。协会还通过举办各类文体活动，丰富会员单位的业余生活，增强企业家们的身心健康，提高身体素质，有效增进协会与会员单位之间的凝聚力。

（李　瑾）

上海市信息服务业行业协会

上海市信息服务业行业协会成立于2001年1月，现有会员单位近300家，其中既有电信、移动、联通等一批传统互联网领军企业，又有美团、优刻得、小红书等一批在线新经济头部企业和新一代互联网企业。协会下设8个专业委员会、5个联盟，协会以忠于人民、服务企业、规范行业、发展产业为宗旨，维护信息服务行业的市场秩序和会员单位的合法权益，增强本市信息服务行业的诚信自律管理水平，促进信息服务行业健康发展。

2023年主要工作：

一、开展品牌项目建设，持续增强协会影响力

2022年11月—2023年4月，协会通过建言会、研讨会、展览展示、企业路演、圆桌论坛等形式举办"长阳秀带"在线新经济系列活动，为畅通政企沟通渠道，搭建交流合作平台，帮助企业进一步了解"长阳秀带"规划与产业政策，从数据、技术、企业、空间载体等多维度展现杨浦数字经济发展布局，同时通过分享前瞻思考和典型案例，为企业深入了解"长阳秀带"数字经济发展与规划搭建良好的交流平台。

全国两会期间，协会与中新社刊发8版《中国新闻报－两会专刊》，进行"上海数字经济"相关主题信息推广，全面报道上海在城市数字化转型中的做法与亮点。会前，协会为上海的领军企业提供媒体宣传推广和资源对接等服务，包括项目对接、材料收集、信息梳理等工作。

4月，为全面推进城市数字化转型，系统展示上海城市数字化转型的规划布局、重大项目、标杆场景、特色实践，树立"数都上海"国际品牌，2022上海城市数字化转型体验周在杨浦区举行上海城市数字化转型体验馆揭牌暨"数都上海"创新生态HUB启动建设仪式及配套活动，围绕"探馆活动""企业首发首秀"路演宣讲和"高企对话"等进一步广聚产学研从各界力量展示数字化转型成果。

5月，2023上海信息消费节以"元数之邀"为主题，打造"1+3+N"活动矩阵，即一场开幕式，新趋势、新市场、新产品三大活动版块，从科技、产业、金融等多方面推进数字信息消费，以元宇宙、数字经济、AIGC等内容为亮点，开展数字人直播、新产品首发首秀、产业研讨会、信息消费大促销、元宇宙互动体验等40场活动，带动信息消费增量突破400亿元。

9月，协会与上海市欧美同学会金融分会联合市北高新园区等机构，开展以融汇信息，聚力服务为主题的金融服务新一代信息技术主题论坛活动。邀请上海市及长三角地区相关信息技术企业、对口金融机构、相关企业负责人参加，围绕热点及重点工作推出主题分享及圆桌共话等活动。

12月，协会协助上海市城市数字化转型工作领导小组办公室、市经信委开展2023上海城市数字化转型体验周，全面总结回顾2023年上海城市数字化转型的成效与经验。体验周有14项丰富多元的配套活动，通过举办1场城市数字化转型开幕式、1场数智上海2023峰会、1场数智City Walk活动及主题论坛、市民体验等，充分提升数都上海的社会影响力和城市服务软实力。

二、开展日常会员服务，持续加强协会自身建设

协会推荐5家企业参与2023年新型信息消费示范项目申报；推荐14位企业负责人参加优秀网络代表人士评选；推荐5家企业参与2023全国网上年货节；推荐9家企业进入"Next City"数都上海应用创新大赛直通赛道。

协会分别邀请炫石文化、任意门、盛付通等企业参加上海市委统战部第三期网络代表人士理论研修班。通过培训，让企业负责人深刻感悟中共二十大精神和全媒体传播体系建设，进一步增强家国情怀，对中国特色社会主义制度自信。

协会组织企业走进上海交通大学、同济大学、华东理工大学、上海大学、东华大学、上海理工大学、上海应用技术大学等10余所高校开展线下漕河泾专场类校园招聘活动。不仅为本土大学生提供就业便利，也对接企业多元化的招聘需求，助力企业招工用工。

三、开展专业交流活动，持续促进企业发展机遇

1月30日，由市政府办公厅政务公开办召集，协会组织召开政务公开暨政策服务征求意见座谈会在人民大道200号210会议室举行。协会作为政府与企业之间沟通的桥梁，组织企业代表，以政务公开和政策优化为核心，展开深度讨论和交流。

2月22日，协会与上海市人工智能与社会发展研究会协办的2023杨浦"数字经济与数据安全创新沙龙"首期活动暨启动仪式在长阳创谷小剧院举行。该活动由杨浦区科学技术委员会主办，上海赛博网络安全产业创新研究院承办，复旦大学、同济大学、上海理工大学等高校专家与20家数字经济头部企业的代表共聚一堂，以"人工智能新技术与新应用"为主题，关注AIGC、ChatGPT等近期热点话题，重点探讨人工智能技术的未来发展趋势，以及产业化应用和创新生态构建等。

3月7日，协会与上海市互联网协会协办的"浦江护航"上海市电信和互联网行业数据安全专项行动启动会暨专题培训在长阳创谷小剧院举办。本次活动由上海市通信管理局主办，上海赛博网络安全产业创新研究院承办。活动旨在为"浦江护航"行动按下"启动键"，在安全合规中护航上海市数字化转型和数字经济繁荣发展。

4月24日，4月27日，协会组织2场上海城市数字化转型体验馆探馆活动。让会员企业深入体验上海近年来在经济数字化转型领域所取得的成就与最新数字科技成果。

9月22日，协会承办的"智见大模型·驱动新未来"2023大模型创业大会在上海五角场凯悦酒店7楼宴会厅举办，会议旨在推动互联网大平台、高校科研院所、细分领域行业领军企业和垂直领域创业公司共同参与到大模型生态中，掀起新一轮人工智能大模型的创业热潮。

（贺　静）

上海市通信制造业行业协会

上海市通信制造业行业协会成立于 2002 年 3 月 26 日，是上海市通信制造业行业企事业单位自愿组成的跨部门、跨所有制的非营利性行业性社会团体法人。下设上海 5G 创新发展联盟、移动终端、移动互联网应用等专委会，并建立各专业领域的专家库。协会坚持新发展理念，努力促进行业高质量发展，围绕协会 2.0 版本创建，以"三认清、三务实、三提高"为工作准则，进一步加强对行业、会员服务工作深度和广度提升，重点针对行业及会员发展需求，创新工作形式，丰富活动内容。现有会员单位 100 余家。

2023 年主要工作：

一、服务政府，提质增效

协会配合市经信委、市商委、市中小企业中心、浦东科经委、浦东产促中心等政府部门及科研院所参与各类规划及组织专家开展行业预判与论证工作。全年完成 2 项课题编制，分别是《2023 年浦东新区下一代通信产业发展报告》《通信产业中小企业发展年度诉求报告》。通过相关专题研究，全面反映行业最新态势、观察行业发展动态、梳理行业发展瓶颈及反馈企业发展需求。

年内，协会多次出席市经信委电子信息产业处、基础设施处组织的秘书长会议、统计工作会议、6G 产业技术研讨会等，沟通汇报半年度行业经济运行情况、重点企业发展及行业态势。结合国家及上海下一代移动通信发展战略部署要求及 2024 年政策规划指南编撰，协会陪同市经信委基础设施处深入企业调研，了解行业发展现状及趋势、企业发展规划及诉求，夯实通信产业链企业家底。配合浦东新区开展 2023 年 5G 项目征集工作，形成《2023 年浦东新区 5G 应用案例集》。

二、服务行业，激发活力

协会共组织开展 48 次研讨、培训、座谈、沙龙等专题活动，其中按原有计划执行开展工作为 29 项，结合行业热点、会员需求新增工作为 19 项。协会与金桥股份达成战略合作协议，陪同浦东科经委、金桥管委会、金桥股份于 5 月、11 月分别赴广州开展专题考察和招商活动，并形成《金桥 5G 产业生态园发展规划（2023—2030 年）》。

6 月 29 日，为期 3 天的 MWC 上海在上海新国际博览中心（SNIEC）展会开幕。来自全球电信生态系统的领导者齐聚一堂。协会积极组织邀请行业代表共同参与展会，参与组展"数字上海展"专题展区，见证中国通信产业、数字上海的快速发展。9 月 19-23 日，第 23 届工博会期间，协会与上海市工业经济联合会分别和格力电器、农商银行、渤海银行等单位共同举办"零碳技术革命助力绿色产业链高质量发展"供应链合作对接会和"创新引领，携手生态，探索数据中心可持续发展"产融合作对接会，来自行业专家、行业协会、金融机构、行业企业等超 200 余人出席。10 月 12-14 日，协会与城智联盟共同组展"智能物联创新社区展"，市经信委副主任汤文侃与嘉宾代表莅临展区。

同年，上海之帆"一带一路"经贸巡展组委会重启国际巡展计划，协会作为组委会副主任单位之一，参与主办经贸巡展系列活动，借助"上海之帆"平台，为企业"出海"搭台、助力外贸新业态加速跑。9 月，组织通信行业企业至泰国、新加坡参展，并于同期主办"2023 上海之帆经贸（人文）巡展——中泰企业对接会"，为上海通信企业"走出去"，提供全方位展示交流平台。

三、服务会员，稳中求进

年内协会通过实地走访、书面征询等方式先后开展 275 次调研工作。协会重点根据企业个性化需求做好对接服务，如协助副会长单位中兴通讯召开三期项目竣工时间延期合理性专家论证会；协助理事单位华勤技术、会员单位康希通信成功上市、理事单位龙旗科技 IPO 成功过会。根据监事长单位电信一所关于军民融合相关需求，协助其考察临港长兴科技园，了解园区军民融合地域特色产业，并协助其与德明通讯公司对接，探讨 5G 军民融合相关项目。为推动数字技术与产业发展深度融合，助力会员企业实现数字化转型升级，协会组织会员单位调研华为上研所，零距离感受和学习华为文化及科技创新实践经验。为峰甲科技与康西通科技就 5G+ 智能物联网汽车项目、盛本智能与帝图信息的 NFC 芯片和应用解决方案领域开展技术市场合作等牵线搭桥，提供合作渠道等。

协会通过日常基础工作的服务获得企业的信任，每周协会发放信息汇编至理事单位及会员单位，让大家获得更多的行业资讯信息；每月通过简报和协会网站发布信息使会员单位更好了解协会动态。协会还汇总整理市发改委、市经信委、市商委、市科委、大张江管委会及企业荣誉资质专项资金申报政策，印发《政策汇编》供会员单位参考申报；依据行业及企业特征，为 17 家会员单位申请国家、市委专精特新小巨人、国家级绿色工厂、张江科学城专项资金、市科学进步奖项等专项出具相关行业推荐意见。

四、自身建设，规范管理

协会加强自身建设，至年底，新发展会员 11 家。根据《章程》规定，7 月 20 日，协会召开第六届第五次理事会及第六届第三次会员大会。

为纪念上海行业协会改革发展 20 周年，肯定协会工作成效，协会事迹入选《上海行业协会优秀案例》以及市民政局《上海社会组织》刊物宣传。4 月，协会获市工经联、市经团联颁发的"'先进协会'2021—2022 年度"荣誉证书。6 月，获普陀区科委颁发的"科创成果转化战略合作伙伴"奖牌。11 月，获市工经联、市经团联颁发的"第 23 届工博会高端产业和金融服务系列活动'最佳合作伙伴'"荣誉奖牌。12 月，获市工经联、市现代服务联合会、上海公共外交协会颁发的"2023 上海之帆'最佳组织奖'"荣誉。

五、党建引领，实干担当

协会党支部积极履行党建工作职责，充分发挥党支部的战斗堡垒作用和党员先锋模范作用，将党的建设渗透、融合到协会发展的方方面面。一是狠抓理论学习，落实各项制度。

通过组织各类主题党课、集体学习和交流活动，增强党员的理论修养，提高政治敏锐度和思想认识水平。二是赓续红色血脉，增强奋斗精神。7 月 28—31 日，开展"寻访红色足迹，传承红色基因"主题教育活动。10 月 10—16 日，参加由市工经联党委组织的党支部书记培训班，增强践行初心使命、担当作为的信心和决心。三是认真做好协会入党积极分子的教育、培养与考察，以确保党员好中选优。3 月 10 日，协会党支部组织牵头，与爱心企业联合举办《学雷锋，点亮童梦》——"特儿童趣八音盒制作公益活动"，为社会各界帮助特儿及其家庭提供帮扶契机，也让特儿及其家庭感知城市的温度。年内，协会党支部获市工经联党委授予"先进基层党组织"称号、潘国妹获市工经联党委授予"优秀党务工作者"称号、徐晨斌获市工经联党委授予"优秀共产党员"称号。

（孙逸瑾）

上海市软件行业协会

上海市软件行业协会成立于 1986 年 6 月，是国内最早成立的软件行业协会之一，由上海市从事软件业的软件企业、软件机构及相关单位自愿组成的跨部门、跨所有制的非营利的行业性社团法人。现有会员 1500 余家。协会遵循"行业代表、行业服务、行业自律、行业协调"的宗旨，积极开展政策建言、标准研发、评估评价、政企沟通、技术交流、行业促进等活动。协会积极发挥行业组织优势，形成企业服务、行业自律和软件工程规范的工作特色，为推动软件产业发展竭诚服务，获得政府、企业的广泛认可和赞誉，被国家民政部评为"全国先进社会组织"，被上海市民政局选树为首批"品牌社会组织"，被上海市委统战部、市民政局、市工商联评为"金融服务工作优秀商（协）会"。

2023 年主要工作：

一、强化党建、加强领导

协会深入学习、贯彻中共二十大精神，坚持以习近平新时代中国特色社会主义思想为指引，忠诚拥护"两个确立"，坚决做到"两个维护"，不断增强"四个意识"、始终坚定"四个自信"。持续加强党的领导，优化治理结构，使党组织发挥作用组织化、制度化、具体化。注重将党建工作与业务工作相结合，开展党建共建活动，引导会员单位积极学习践行党的重要思想、重要观点、重大战略、重大举措。以党建引领发展，不断提高党建质量和水平，为协会高质量发展提供坚强政治保证。

二、规范运作、收获荣誉

协会持续加强内部治理，开展民主选举、民主决策和民主监督，进行年度审计，运作规范、有序、合规、守纪，自律管理水平持续提升。协会坚持高质量发展原则，吐故纳新，全年新增会员 344 家，有效会员总数保持在 1500 余家。协会获中国软件行业协会"2023 年度全国软件行业协会先进集体"、全国信标委"大数据标准化生态合作伙伴"、市工经联／市经团联"2023 先进协会标杆""规范化建设特别奖"、市现代服务业联合会"2023 特殊贡献奖"等荣誉。协会党支部宣传委员刘赟被中国软件行业协会评为全国先进工作者、秘书长姚宝敬被市工经联／市经团联评为"先进工作者"等。此外，还收获市经信委、市人社局及会员单位的感谢信、慰问信等。

三、广泛调研、研究行业

协会广泛开展各类行业和企业调研，反映企业诉求；加强行业和企业发展态势的信息收集和跟踪研究，开展产业研究，取得丰硕成果。一是广泛调研反映诉求，组织开展"研发费加计扣除指引 2.0"等 10 多项专题调研，并形成调研报告上报市科委、市税务局等主管部门。二是产业研究加强跟踪，完成《上海代表性人工智能企业创新集群发展研究报告》等 8 项课题研究。

四、政策支撑、惠企强企

协会深入贯彻国发〔2020〕8 号文和沪府规〔2021〕18 号文精神，以"软协大讲堂"品牌服务，编发《"十四五"软件产业政策汇编》，广泛宣贯各类产业优惠政策，认真做好多项产业政策落实支撑服务工作，惠企强企，全年共计服务会员单位、行业企业超 1000 家次。协会依据采购合同，保质保量完成系列政策支撑服务，帮助全市软件企业落实税收优惠和财政补贴总计超 10 亿元。

五、诚信建设、行业自律

协会积极推进行业信用建设，全年共推荐 69 家会员完成"软件服务业企业信用评价"，推荐的 17 家会员单位成功入选中软协"中国软件诚信示范企业（2023—2026 年）"。协会积极参与全国信标委工作，参与编制 5 项国家标准。协会制定的 6 项团体标准已发布；并加快标准实施应用。强化行业自律和品牌建设，开展软件企业核心竞争力评价等活动，完成软件企业评估服务 2431 家次、软件产品评估服务 4214 件次、信创产品评估服务 537 件次。自筹经费以《文汇报》、"解放号"等线上线下媒体开展宣传、推介。

六、建设基地、培养人才

协会以"国家级高技能人才培训基地""市级职业教育和职业培训教师企业实训基地"和"市级软件技能等级认定机构"建设为引领，促进软件人才技能提升，保障行业人才供给。全年完成"计算机程序设计员"等职业技能认定近 2000 人，完成 42 名中高职教师企业实训活动。成功申报"双师型基地""产教联合体"项目。连续第五年承办"上海市经济和信息化系统职业技能竞赛"。

七、知识产权、保护创新

协会持续优化行业知识产权服务体系建设，提供服务超 25 人／天，案件调解共计 5 件，案件总标的达 450 万元；以优质代理服务促进行业知识产权创新创造，提升自主知识产权数量和质量。

全年代理软件著作权超 2000 件，服务会员企业超 350 家。且以高质量服务吸引中国东方航空、青翼工业软件、霍尼韦尔（中国）、爱信诺航天、中金所、亿通国际等一大批大型高质量体系化企业用户。

八、品牌服务、助力会员

协会积极发挥资源链接优势，服务平台，帮助会员企业协调解决实际困难。一是联合银行为会员定制信贷产品，与市中小微政策性融资担保基金管理中心合作，提供政策性融资担保与贴息需求对接服务，为 50 家大中小型会员企业提供授信及贷款近亿元。二是推进产学研合作，与长三角国创中心合作，遴选、推荐、对接优秀企业与国创中心共建企业联合创新中心，推动重要领域关键核心技术攻关以及科技成果转移转化与产业化。三是推荐 61 家会员单位申报国家级、市级专精特新企业，推荐 15 家会员单位申报"2023 上海智慧城市建设'领军先锋'"等。四是信息服务拓展视野，全年编撰完成行业月报、细分领域动态等超 50 万字。

九、举办活动、促进交流

协会紧密围绕产业发展热点和会员需求，整合内外部资源，主办"2023 上海软件创新论坛""2023 上海信创峰会"等近 20 场大型活动，有力活跃产业氛围，帮助行业企业拓展视野、寻求服务资源。协会联合、支持会员单位和合作伙伴举办"CCF 中国软件大会""全球软件质量 & 效能大会""上海数字城市高质量发展论坛""全栈式中间件产业发展与实践技术交流沙龙"等系列活动，有力促进行业交流和会员单位的业务拓展。

十、社会责任、公益慈善

协会坚定履行社会责任，广泛开展公益活动。一是特别向上海市慈善基金会捐赠 3 万元，定向为京津冀水灾抗洪工作奉献爱心。二是坚持每年向"上海市青少年发展基金会"捐款 3 万元，帮助贫困学生完成学业。三是坚持每年开展"党员一日捐"活动。此外，协会常态化团结号召广大软件企业，广泛深入参与乡村振兴、救灾抢险、助老助残、扶贫助学等公益活动。

（姚宝敬）

上 海 照 明 电 器 行 业 协 会

上海照明电器行业协会成立于 1996 年 10 月 15 日，是跨部门、跨系统、跨所有制，既有电光源、灯具及照明电器附件（材料）的生产企业，又有照明电器研究所和高等院校，还有照明电器大型专业市场和经营商家以及照明工程设计、施工服务，集科工贸于一体的面向全行业的社会团体法人。现有会员单位 100 多家。

2023 年主要工作：

一、服务政府战略，解读、传递、落实到企业

协会践行"服务企业、规范行业、发展产业"的宗旨，传递、解读政府政策，尽职、尽力做好桥梁、平台、助推发展、诉求表达、谏言献策。面对新冠疫情，上海照明行业始终在迈向新时代、新征程的关键节点上与国家战略同频共振，努力致力于科研创新、节能低碳、数字转型、生态发展，积极发挥企业自主能动性，夯实自身经济发展主体，助力产业价值链的建设升级，坚持把企业发展经济的着力点放在实体经济上，凭借强劲韧劲，努力建设现代化照明产业高质量体系。紧紧围绕市经信委、市工经联党委以科技、时尚、绿色为特征和服务"3+6"新型产业体系建设及《上海市时尚消费品产业高质量发展行动计划（2022—2025）》等精神进行。

邀请政府部门领导到企业调研、走访，主动对接行业协会上级部门市经信委、市工经联等部门负责人到企业实地调研、督导。6月7日，工信部消费品工业司二级巡视员到上海调研制造企业，市经信委安排到具有百年历史的上海亚明照明有限公司调研。市经信委副主任阮力及都市产业处处长带领团队先后对罗曼照明科技、上海亚明照明、上海三思电子工程、欧普照明股份实地调研。市市场监管局产品监督处处长调研照明产品市场销售质量及消费者投诉情况。这些照明头部企业的发展经历给政府部门调研负责人留下深刻影响。

着力推进上海照明企业品牌引领示范建设。积极响应市经信委关于组织开展"2023年上海市品牌引领示范企业培育"工作，已申报品牌引领示范企业有欧普照明、三思电子、亚明照明、芯龙科技科技等。三思电子获得品牌专项资金，企业品牌引领提升了照明行业的社会影响力。

9月26日-10月5日，市经信委成功举办设计之都大会，协会应邀出席。会员企业罗曼科技、三思电子、芯龙科技都申报了项目。协会积极支持和对接政府开展的一系列重要活动，获得市经信委和上海设计100+组委会颁发的"2022—2023年度上海设计100+优秀组织单位"荣誉证书。

协会推荐三思电子、欧普照明申报上海市时尚消费品数字化转型应用场景，已通过预审。协会指导相关会员企业申报加入2023年老年用品产品推广目录。三思研发的插座小夜灯、欧普吸顶灯已入选老年产品推广目录。协会响应上海轻工业协会关于2023年度"上海轻工工匠"培养选树活动，推荐协会理事单位麦索照明公司灯光总设计师王俊参与评选，获得"上海轻工工匠"荣誉称号。同时，协会推荐三思电子获得"上海轻工卓越品牌（产品）"，芯龙光电科技、亚明照明获得"上海轻工知名品牌（产品）"，九高节能、麦索照明设计获得"上海轻工新锐品牌（产品）"荣誉称号。

2023年，上海照明行业规模以上企业（58家），完成工业产值208.9亿元，同比增长2.8%；销售产值214.7亿元，同比增长3.3%；出口交货值24.7亿元，同比增长3.5%；主营业务收入264.6亿元，同比增长9.6%；利润总额9.3亿元，同比增长3.6%。

二、组织会员企业参与行业各类活动

3月，协会会长带队组织会员企业负责人出席《第二届长三角一体化照明产业绿色论坛会议（南京站）》，交流学习。5月，协会会长带队出席由中国照明电器协会主办的首届"中国（深圳）照明产业链科技创新展览会"。展会期间秘书处走访参展的时代之光、宇中高虹、佛山电器照明、三雄极光、雷士照明等会员企业。8月，在上海召开四省一市联盟工作会议，会议明确联盟发展目标、组织功能、活动组织。

协会组织会员企业赴宁波国家会展中心观展《宁波国际照明展》，三次召开关于组织"一带一路"泰国、新加坡巡展和市商务会支持的经贸人文巡展《东盟建材及家用品》（越南）的交流会议。协会会长、秘书处接待中国照明电器协会、江苏省照协、浙江省照协理事长带队来访，加强合作交流、互相学习、分享工作成效和经验。协会秘书处参加上海市照明学会、江西省照协、浙江省照协、江苏省照协、中照协等相关论坛和联席会议，向兄弟协会学习及交流经验，更好开展协会工作。

三、全力完成市相关部门交办的重点工作

4月，协会向市市场监督管理局提交第一批"市级标准化"试点项目验收申请，并认真准备总结报告、自评报告。4月20日，接受由市市场监督管理局和虹口区市场局负责人及特邀评审专家等8人现场答辩验收，项目组长作项目汇报，经专家组评审合议，以93分的高分宣布通过验收。

7月，协会申报《教室照明质量、读写作业台灯分级评价》标准化试点项目，参与2023年《上海市标准化试点项目优秀案例》评选，经现场答辩，专家组审议通过，此试点项目获得首届"2023年上海市标准化试点项目评选的优秀案例"，获市市场监督管理局颁发的荣誉证书。

年内，协会微信公众号及协会网站进行全新改版升级，改版后微信公众号（每周至少一次）和协会网站同步发布信息。关注人数增长900多人次，信息阅读分析，对协会发布的相关政策、申报项目、原创报道阅读量明显提高。

四、提升协会自身能力建设、廉洁自律

依据协会章程，协会分别于2月、11月召开会长办公会议，3月、9月召开理事会议、会员大会，报告协会年度工作总结、监事工作报告、财务报告、会费收缴情况、会员单位调整情况，提请审议并听取意见和建议。

全年吸收新入会会员12家。其中：上海本地企业9家（上海秀白、上海建科院、上海奥托翰明、乐雷光电（中国）、上海企一实业、上海商飞、上海悉骋新材料、上海润上照明、华荣光电），外省市3家（盛世扬熠光电、安徽飞哥、视美乐）。

协会全年走访会员企业24家，了解企业经营发展情况、听取企业诉求等。

协会认真开展党建工作，切实加强自身建设。党员自觉学习和参加培训及组织的活动，提高思想觉悟，严于律己。协会党支部书记被市工经联党委授予"优秀党务工作者"称号，协会被市工经联党委授予"先进行业协会"称号。

（黄振帼）

上海市信息家电行业协会

上海市信息家电行业协会成立于2002年3月，是上海市信息家电行业企事业单位自愿组成的跨部门、跨所有制的非营利性行业性社会团体法人。2019年5月，在市经信委和市文旅局的支持和指导下，由协会牵头成立上海市超高清视频产业联盟。现有会员单位116家。

2023年主要工作：

一、坚持党建引领，促进党建与业务融合发展

协会党支部按照上级党委要求认真完成各项工作部署，召开学习贯彻习近平新时代中国特色社会主义思想主题教育组织生活会、与咪咕视讯联合开展形式多样的党建活动，组织观看爱国电影《望道》、祭扫庄行暴动烈士纪念碑等。有力促进党建与业务融合发展。协会党建工作得到市工经联党委的表彰，协会党支部获市工经联党委授予"先进基层党组织"称号，协会党支部书记朱静莲同志获市工经联党委"优秀党务工作者"称号。

二、贯彻落实产业政策，推进产业高质量发展取得成效

强化核心技术研发，促进产业链协同创新。以东方有线牵头联合产业链相关企业，推进8K超高清视频传输网络、内容制作平台和智能终端产业链上下游协同创新研发和产业化取得成效，成功研发采用国产芯片的8K超高清智能终端，实现面向广电网的8K超高清视频互动点播和IP直播示范应用，为上海实现8K超高清电视入户打下坚实的基础。

"百城千屏"超高清视频落地推广见成效。2月24日，上海"百城千屏"超高清视频落地推广活动——"点亮新城、链接视界"启动仪式在上海广播艺术中心隆重举行，嘉定、青浦、松江、奉贤、南汇五个新城作为上海首批接入"百城千屏"超高清视频播控平台，举行示范大屏的点亮仪式，上海广播电视台作为推广活动的主要参与单位之一，负责统一播控平台的建设和日常管理。本次活动受到CCTV、新闻综合频道、《人民日报》等主流媒体的关注和报道。

超高清显示终端持续加速发展。协会海信、三星、浪潮、蓝硕等会员单位在超高清显示终端持续发力，协会秘书长受邀出席浪潮智能终端新品及方案全国巡展－上海站活动并致辞，受邀为三星Lifestyle艺术系列电视发布活动致辞并揭幕，超高清显示终端在家用和商用领域均展现出强劲的发展势头，8K电视已成为彩电市场的新热点。

超高清与5G、AI等技术深度融合，行业应用场景不断丰富。超高清视频与5G、AI、AR/VR等新一代信息技术深度融合创新发展，在文教娱乐、远程医疗、工业检测、城市精细化管理等领域催生大量新场景、新应用、新模式，成为千行百业数字化转型的重要赋能力量。

三、开展团体标准研制，规范产业发展

协会始终将标准制定作为引领行业发展的关键工作，根据超高清视频产业发展需要，组织编制发布《8K超高清电视智能融合终端技术要求》（T/SIAA000008－2023）、《8K超高清公共显示传播系统技术规范》（T/SIAA000009－2023）、《8K超高清公共显示接收终端技术要求》（T/SIAA000010－2023）3项超高清领域团体标准，均在上海市市场监督管理局和全国团体标准信息平台登记备案。

开展8K超高清户外屏团体标准试点工作，通过对8K公共显示两项团体标准的实施和宣贯推广，规范和提升8K超高清公共显示屏建设水平，打通8K超高清公共显示全链路，实现超高清公共显示大屏内容播放，以及对显示设备及内容安全的统一管控。助推上海构筑具有核心竞争力、资源要素集聚的超高清视频产业生态圈。

四、充分发挥协会平台作用，为政府部门和会员单位提供服务

协会认真做好产业政策建言和落实。主要是：深入调研本市超高清视频和智能家居行业发展现状，向政府主管部门建言献策，共同推动超高清和智能家居产业在技术攻关、内容制作、终端产品和协同合作方面取得新进展；配合市经信委整理超高清视频产业基础元器件情况，提出进一步推进超高清高端核心芯片的技术攻关相关建议；受市经信委委托，协会承担上海数字音视频行业经济运行统计工作，被市经信委授予"统计工作先进单位"称号；协会是市商务委公平贸易工作站，组织会员单位参加市商务委举办的"沪航"贸易高质量发展系列培训、"2023长三角产业安全发展会议"等活动，帮助企业规避贸易摩擦风险，提升企业竞争力。

搭建多元服务平台，提供优质服务内容。主要是：围绕信息家电产业发展热点和重点，多次召开相关专题会议，促进行业信息及时交流，推进产业链上下游合作；积极推进本市超高清视频产业金桥示范基地建设，协会编制《金桥超高清视讯产业基地发展规划（2023—2030年）》；助力金桥打造"大视讯"产业集群；协会参与主办"2023第三十届上海国际高端影音展"。10月，搭建银企对接平台，帮助会员单位有效拓宽融资渠道。

（朱珍妮）

上海市交通电子行业协会

上海市交通电子行业协会成立于2008年7月31日，是由上海汽车集团股份有限公司、中国航空无线电电子研究所、上海外高桥造船有限公司、上海轨道交通设备发展有限公司等单位共同发起成立。协会现有会员单位218家。会员涵盖汽车电子、航空电子、船舶电子、轨交电子等领域企业、高校、科研院所等跨行业、跨领域、跨学科、创新型的社会团体组织。现有会员单位共218家，其中理事单位60家，监事单位3家。

2023年主要工作：

一、枢纽平台，规范建设

协会积极吸纳发展建议，通过调研吸纳包含新势力造车、汽车零部件、汽车芯片、轨交通信等领域传统型、科技型的企业加入，扩大产业链生态圈。全年共吸纳新会员单位24家。

根据各监管机构要求，协会完成市民政局社团管理处2022年度年检填报工作，并通过审核；完成税务管理的全电发票转型升级、社会组织等级评定，并蝉联5A级社会组织。

协会承接浦东新区科经委的《浦东新区汽车电子产业联盟推进及行业交流》项目于11月顺利验收，承接长三角国家技术创新中心的《长三院－交通电子协会交通电子合作平台项目》于10月顺利验收，推进企业与科研院所的产学研合作以及揭榜挂帅的项目对接。

协会成功向市商务委申请"上海市进出口公平贸易工作站"，拓展为会员企业提供行业进出口公平贸易的服务工作，以及为政府围绕产业链，供应链的安全预警工作。与市集成电路行业协会联合发起，向市经信委申请并获批成立"上海汽车芯片产业联盟"，推动汽车芯片的上下游产业链密切合作；与尚顾资本、长城资本、保隆科技、灿瑞科技等12家产业投资方共同成立投融资专业委员会，并于12月19日正式揭牌。

全年通过微信公众号等服务平台累计发布500条资讯，涵盖协会、会员、行业、政策等多维度信息。平台新增用户1500人，共计已超过3500人。

协会安排秘书处专职人员参加工程师职称培训、社团组织的秘书长培训，税务财务培训以及公平贸易工作站培训等。

二、服务深化，精准发力

协会积极整合金融、产业、科技、人才等资源，设立"科创企业赋能行"专题走访系列活动，先后走访调研30余家企业，实地了解发展情况，一对一进行对接指导，助力企业的发展。

为促进会员企业间交流，设立"走进理事、会员单位"专题系列活动。5月9日，在泛亚技术中心金桥园顺利举办"走进泛亚汽车——联盟创新技术展示交流日活动"，邀请联合汽车电子、联创汽车电子等20多家优质企业参与此次交流会，商讨对接企业创新技术和产品。6月9日，在中国联通南方基地举办"走进上海联通暨汽车及交通电子企业交流沙龙"活动，以"5G＋工业互联网赋能，共创美好未来"为主题，邀请中远海科、联合电子、泛亚汽车等20家会员企业相关负责人参加，沟通交流企业数字化发展议题。

协会以第三方专业机构角度，为博泰车联网、京西重工、赛卓电子、怿星电子、艾铭思出具申请"专精特新小巨人"企业推荐函；为泰铂科技、龙感、保隆霍富等企业出具产品市场占有率证明函件。

协会积极发挥会员资源优势，助力企业围绕知识产权、团体标准、财税等开展专题培训。联合朴税学院开展"科技创新企业全生命周期税收要点解读"，邀请10多家会员企业财务相关人员参与；邀请30多家会员企业听取由市工经联组织的"社会团体标准解读"；邀请企业线上参与"公平贸易商务部行业专题培训"。

协会热情接待长三角、珠三角等地区驻沪办和投促局领导来访，深入探讨产业对接的想法与计划。4月，与无锡锡山经开区联合召开"智行锡山路"汽车产业资源对接会。6月，邀请5家会员企业参加"2023年中国·廊坊国际经济贸易洽谈会永清专场活动"。8月，与广州南沙经开区投促局共同组织召开"共享南沙新机遇，定义汽车新未来暨汽车企业对接交流会"。9月，协会组织3家会员企业参加"第三十七届泰山国际登山节暨2023中国泰安投资贸易合作洽谈会"。10月，与庙镇镇政府共同召开"'一行三会'走进庙镇产业融合交流活动"等。

三、服务政府，谋篇布局

协会承接市经信委电子信息产业处服务，组织相关企业开展汽车电子产业的经济运行统计工作。每月向行业规模以上企业布置相关经济运行数据提交工作，并形成季度上海汽车电子情况分析报告，为政府对产业现状和趋势发展的规划与决策提供数据支撑。

陪同市经信委产业处室调研协会会员企业60多家。其中，配合市经信委相关处室开展上汽集团国产化芯片对接调研，对13家芯片设计企业进行针对性排摸，助力国产化芯片的对接推进工作。

参加市区两级委办的相关会议。邀请博泰车联网、中科创达等座舱会员企业参加市经信委组织召开的"发展上海嵌入式系统政策建议"研讨会。参与市经信委组织的"十四五电子信息制造业规划"论证会，并提出相关建议。参与市科委组织的"智能网联与新能源汽车产业发展专题研讨"，邀请6家会员单位参加市经信委组织的"关于海外高层次人才项目"的政策解读，并对企业申报工作进行跟踪。

7月21日，协会配合浦东新区科经委承办"芯聚浦东"集成电路生态大会。协会会同浦东汽车电子联盟的12家成员单位共同签署《浦东汽车创"芯"生态共同体》战略合作协议。12月6日，协会配合市经信委组织召开"车芯联动，创芯未来"2023上海市汽车芯片产业创新发展工作推进会。

四、服务行业，高质发展

2月23日，协会与AspenCore联合主办"2022中国国际汽车电子高峰论坛"。市经信委原一级巡视员傅新华为"上海汽车芯片产业联盟"揭牌。30+产业链上下游企业专家分享报告，近千专业人士参会。

5月9日，由上海浦东汽车电子创新与智能产业联盟主办，协会和泛亚汽车技术中心有限公司承办的"走进泛亚汽车——联盟创新技术展示交流日活动"在泛亚技术中心金桥园区举行。来自联盟和协会的21家企业参与此次交流会。

7月11日，协会暨浦东汽车电子联盟在慕尼黑上海汽车电子展期间组织召开"上海浦东汽车电子创新与智能产业联盟2023年度工作会议"。会上，协会邀请上汽研发总院、瑞萨半导体、联创汽车电子等8家知名企业围绕汽车供应链、汽车半导体、汽车电子电器架构以及汽车新材料等行业热点话题进行分享。本次论坛吸引来自汽车行业、芯片行业在内的300多位专业人员参加。

9月12—20日，协会邀请博泰车联网、本安仪表、上海航盛、亿凯软件4家会员企业参加2023上海之帆泰国、新加坡经贸巡展活动。

10月12日，由协会、上海浦东汽车电子创新与智能产业联盟和上海国展展览中心有限公司共同主办"2023国际消费电子技术展—智能网联汽车产业生态发展论坛"。邀请汽车系统供应商、芯片设计、投资和市场研究等企业和机构，共同围绕智能驾驶，智能座舱，示范应用等话题进行交流探讨，共筑产业生态，为产业领域创造出更多的新机遇。

10月26日，由协会和上海市集成电路行业协会共同主办的第三届（2023年）长三角汽车芯片对接交流会在上海张江成功举办，发布《2023年度长三角汽车电子芯片产品手册》，吸引长三角60余家整车及零部件厂商、150余家芯片企业生态链等单位，400余人参会。

12月19日，协会与AspenCore联合主办"2023中国国际汽车电子高峰论坛"。市经信委电子处副处长姚斯霆与协会会长陆一共同为"上海交通电子行业投融资专业委员会"揭牌。活动规模突破1200人次，40+产业链企业专家分享真知灼见。其间举办首届汽车电子投融资路演活动。

五、创新工作，模式拓展

2022年6月，协会与长三角国家创新中心签署战略合作。通过一年的努力，完成当年的任务目标并顺利通过验收。针对协会下属龙头企业、行业细分领域专精特新企业进行排摸，推荐普华软件、保隆科技、博泰车联网等20多家涉及汽车电子、基础软件、车联网、新材料等领域的会员企业进行对接，已成功促成普华基础软件、万国数据、三旗通信、恩捷科技4家企业与国创中心建立企业联合创新中心。

通过企业联创中心，以协会为数据平台，共提炼汽车电子、汽车半导体等技术需求10余项，在国创中心（浦东科经委）揭榜挂帅平台发布。其中，成功配对三旗通信与上海工程技术大学，形成产学研合作，也为企业联创中心的建设奠定基础。

协会推荐并组织瀚博半导体（上海交大人工智能研究院）、上海机动车检测中心技术有限公司、蓝聪科技（上海）股份有限公司三家企业的项目与国创中心事业部进行重大项目经理人的对接。

六、党建引领，齐心奋进

加强建设，践行初心。协会通过党建引领，不断提高秘书处团队思想建设、组织建设、队伍建设。7月，依托党建工作站，秘书处全体参加"走进宁德"红色活动，并走访上汽乘用车宁德工厂，参观下党乡历史馆。活动期间，叏天盛经支部会议全体通过，向市工经联党委申请中共预备党员，9月批准为中共预备党员。

社会公益，履行责任。协会全体工作人员参与由市工经联党委第三党建工作站牵头组织的《学雷锋，点亮童梦》——"特儿童趣八音盒制作公益活动"，用实际行动将爱心传递给需要帮助的孩子们，共同为营造和谐社会作出努力。

深入学习，明确目标。根据市工经联党委关于召开学习贯彻习近平新时代中国特色社会主义思想主题教育的要求，协会组织秘书处全体人员学习研读《习近平新时代中国特色社会主义思想专题摘编》《习近平关于调查研究论述摘编》等系列丛书，增强对党的创新理论的政治认同、思想认同、理论认同和情感认同，进一步强化秘书处全体人员的积极性和敢担当、善作为的责任心。

（叏天盛）

上海市无线电协会

上海市无线电协会成立于 2003 年 12 月 18 日，是上海无线电管理研究、设计、生产及运用单位自愿组成的无线电业的专业性、非营利性法人资格的社会团体组织。协会发挥政府与企事业间的桥梁和纽带作用，为政府宏观决策和企业生产经营服务，在行业管理、协调、咨询和技术研究等方面开展工作，促进无线电技术进步，持续快速健康发展。现有会员单位 80 余家。理事单位 23 家，副理事单位 7 家。

协会法人代表由理事长单位代表中国电信上海分公司张慷担任。

2023 年主要工作：

一、全面提升协会整体能力

（一）不断强化行业服务意识。贯彻"会员为根、服务为本"的服务理念，把服务会员作为协会工作的第一要务，把会员满意度作为衡量协会工作的第一标准，积极开展工作互动，听取多方意见，提高服务的针对性和有效性。加强公共平台建设，做好协会网站的新闻中心、专家园地、行业展厅、协会成员等几大板块的更新工作。全年共发布信息 41 条。同时努力将微信公众号打造成为会员沟通互动、政府信息发布以及行业前沿动态的多功能服务平台。全年共发布信息 35 条。

（二）持续推进协会规范化、制度化管理。积极完善各项规章制度，全面提高工作人员的业务能力。年内顺利通过 ISO9001 质量管理体系资质认证，进一步提升协会内部规范化管理水平。巩固完善市场诚信体系建设，强化行业管。通过考察、调研和走访等形式，对协会会员单位在无线电设备的生产、销售和使用等环节进行监督。巩固完善市场诚信体系的建设。开展行业评比推优活动和协会相关资质的颁发和审证工作，促进科学组网、规范用频。重点做好 2023 年度"无线电通信网络设计资质"的评选和年审工作，全年共完成 27 家会员单位的资质审证工作。

（三）继续做好协会党建工作。全面加强党的思想建设、组织建设、作风建设、反腐倡廉建设和制度建设。加强协会党员的政治理论学习教育，推动各项党建工作顺利开展。6 月 20—21 日，协会党支部参与市工经联党委系统庆祝建党 102 周年"七一"表彰大会暨党建工作会议，协会党员代表获评"优秀党务工作者"。10 月 10—16 日，参与市工经联党委系统党支部书记培训班；12 月 20 日，参与市工经联一届三次党代会；12 月 27—28 日，参与市工经联党委党建工作会议暨党支部书记培训班。

二、积极为政府部门提供有效支撑

（一）重点做好无线电安全保障服务。受崇明区科委委托，协会为该区 2023 年度春秋季高考、中考、等级考试以及成人高考提供无线电考试保障服务，充实各区县的考试保障力量。做到考试前准备充分，确保人员、车辆、设备到位。考试中反应迅速，对作弊信号发现快、定位准。全年共完成 3 次考试保障任务，有效维护空中电波秩序，确保考试公平公正。同年，圆满完成"2023 年上海市考试无线电保障演练"活动。3 月 7 日，由市经信委主办，协会和国家无线电监测中心检测中心承办，在嘉定区云杉苑举行"2023 年上海市考试无线电保障演练"活动，活动以团队竞赛的形式，模拟在考试现场对疑似作弊信号进行查找、识别、分析和定位。本次演练为实际无线电考试安全保障工作打下良好的基础。

（二）做好本市台站数据梳理工作。协会协助上海市无线电监测站开展本市"无线电台站验收数据采集"工作，梳理相关频率许可证明、无线电台站设置申请表等资料；核对资料内容的准确性和一致性；准确录入无线电台站数据库；打印和制作无线电台站执照，并分类分批整理归档。全年共录入台站数据 2000 条。在开展"2023 年度本市 5G 网络感知度评测"工作中。协会配合无线电监测站引导移动通信运营商不断改善 5G 网络总体服务水、全面提升用户体验，切实做好本市部分区 5G 网络感知度摸底测试工作。协会已经完成的有崇明区、杨浦区和青浦区的重点区域 5G 网络感知度测试工作，并出具测试报告。

（三）完成《上海市无线电干扰白皮书（2019—2023）》编制工作。协会联合监测站研究室立项编制《上海市无线电干扰白皮书（2019—2023）》。白皮书从无线电应用背景、监测站干扰排查工作综述、各重点行业干扰情况分析、总体取得的成效，以及对未来干扰发展趋势的研判和工作建议等方面进行全面分析。12 月 4 日，该项目通过专家评审。目前正在进行白皮书后期的调整、印刷和发布等工作。

三、坚持做好行业专项工作

（一）做好移动通信运营商服务工作。继续开展运营商干扰排查服务。积极发挥协会自身技术能力及协调能力，不断完善干扰排查技术和干扰源清除技巧，充实公用移动通信电磁环境的维护力量。年内，重点完成"联通公司的外部基站干扰排查服务"，全年共为联通公司查处基站干扰源 85 个。

（二）完成《数字无线专用对讲通信系统工程技术标准》

校对和印刷出版工作。为贯彻国家《智能建筑设计标准》、促进无线对讲系统的发展，协会联合华东建筑设计研究总院、上海建筑设计研究院有限公司向《上海市住房和城乡建设管理委员会》立项，编制《数字无线专用对讲通信系统信号覆盖工程设计与验收规程》。该项目于 2018 年开展至 2023

年，历经 5 年，最终于 2022 年底批准为上海市工程建设规范（DG/TJ08-2406-2022），自 2023 年 5 月 1 日起实施。协会于 2023 年还参与了该标准的后期校对和印刷出版工作。

（沈嘉怿）

上海市电子商务行业协会

上海市电子商务行业协会成立于 2002 年 4 月，现有会员单位 280 家。是由从事电子商务的企事业单位按照自愿平等原则组成，具有独立法人资格的非营利性行业组织。涉及消费电商、产业电商、品牌电商、直播电商、跨境电商、数字科技、现代物流等领域，为行业、企业和政府提供行业活动、行业标准化、行业评价、咨询培训认证等服务。通过内部自律机制，维护企业的合法权益，保证行业有序、规范的发展。同时，在政府和企业之间架起一座桥梁，及时把政府的政策、法规、行业导向等传达给会员单位。现有会员单位 280 家。

2023 年度主要工作：

一、积极推动相关行业政策制定，助力行业和企业发展

为配合上海市重点推动产业电商和产业互联网平台建设战略，协会受市经信委委托，对上海市产业互联网领域行业发展情况进行全面调研，并结合多项产业研究报告协助市经信委首家制定并发布《上海市产业互联网高质量发展行动计划（2023—2025）》，在全国产业电商、产业互联网行业发展起到示范引领作用。配合市商务委制定落实《关于促进本市生产性互联网服务平台高质量发展的若干意见》，积极为行业平台企业获得"2023 年度上海市商务高质量发展专项资金支持；受上海市中小企业发展服务中心委托，制定《上海市电子商务行业企业诉求调研报告》。与市第二中级人民法院就电子商务领域的一些新经济业态的典型案例进行研讨，为同类案件的审理提供行业意见。组织行业企业申报"重点产业领域人才专项奖励"，帮助行业企业解决人才引进落户等政策落实；组织行业企业申报"两业融合"（产业互联网方向）高质量专项项目，为行业优秀企业积极争取政府政策和资金支持；组织行业企业申报"2023 年度下半年（第 31 批）市级企业技术中心"，积极推动行业的技术研发升级；积极宣传电子商务领域常见风险点，推动电商企业合规运营，规避风险。

二、积极开展行业评价工作，通过示范创优来带动行业发展

在市经信委指导下，协会组织开展"2023 年上海市产业

互联网示范平台"遴选工作，配合产业互联网高质量发展行动计划，3 年培育遴选 100 个产业互联网示范平台。组织开展"2023 产业电商创新企业榜单"评选工作；在市场监督局指导下，组织开展"2023 年上海市放心消费优秀示范单位（电子商务行业）"创建活动和示范企业评价工作。组织开展"2023 年上海市生鲜电商诚信计量示范单位创建活动"和示范企业评价工作；在市商务委指导下，组织遴选"2023—2024 年度上海市电子商务示范企业"。

三、积极举办高规格行业论坛峰会活动，持续提升行业影响力

4 月，在市经信委指导下，由上海市产业互联网有限公司主办、协会协办，连续第四年成功举办"2023 年第四届中国（上海）工业品在线交易节"，市政府分管副市长李政宣布开幕，副秘书长庄木弟致辞。本届交易节携手各平台企业、行业协会和金融机构，对接上海化工区、临港新经济、市北高新等近百家园区，服务数千家企业，举办 30 余场数字化转型线下专场活动。获得新华社、《人民日报》等十几家媒体的集中报道，《解放日报》头版关注。通过交易节资源聚合赋能，达成交易额 528.7 亿元。

8 月，由上海市国际贸易促进委员会和协会联合主办、上海市国际展览（集团）有限公司承办的"上海直播电商产业大会暨上海国际直播设备及技术应用展"在上海新国际博览中心举行。本届大会以"直播＋拥抱数字经济"为主题，展示电商发展新业态、新模式、新技术、新产品，推动直播电商行业发展。协会还联合欧冶工业品联合主办"2023 第二届欧贝杯工业品供应链数据智能创新大赛"，本次大赛以人工智能大模型为主题，面向全国各大高校院所，得到专业师生的积极响应。

四、组织参与编写行业报告与行业标准，展现行业发展情况

协会组织参与编写《2022 上海市电子商务发展报告》《2022 年上海市国民经济和社会发展报告》《2023 年上海市工业年鉴》《2023 年上海市信息化年鉴》《2022 上海现代服务业发展报告》；联合发布《2023 中国跨境进口生态发展研

究报告》《2023 中国 B2B 市场营销白皮书》；组织编写《建筑产业电商平台服务规范》团体标准；编写发布上海市电子商务行业月度电子简报。

五、开展各类培训及主题沙龙活动，推动行业交流和人才培养

在市人社局和市经信委指导下，协会先后举办"产业电商数字化赋能核心产业链，精准延链、补链、强链"高级研修班；"数字引擎·创新增长——电商协会走进微盟企业交流会"电商协会走进京东物流参访交流会；产业互联网大模型应用研讨沙龙；大模型技术与生产性互联网服务平台供需对接会；协助举办物流智能装备产业青浦区专场活动、婵妈妈"无限增长，巡回峰会"、潮向东方——专精特新产业峰会等行业优质活动。

六、积极开展协会自身建设，拓展会员规模，提升会员服务效率

努力加强协会规范化建设工作，并经过市民政局专家评审，协会 2023 年获得民政部统一标准的 4A 级行业协会认定。对协会的官网平台和官方微信平台进行统一改造，重新打造联动协会官网、微信公众号、微信小程序为一体的协会统一服务平台，将协会的会员管理、信息发布、活动管理等各项会员服务统一在一个平台，并通过 pc 和手机直接触达会员，有效提升会员服务效率；积极开展新会员拓展工作，全年共计发展新会员 13 家（其中理事 6 家、普通会员 7 家）。

（高　平）

上 海 电 子 元 器 件 行 业 协 会

上海电子元器件行业协会成立于 1989 年 5 月。是由上海高等院校、科研单位、各类电子元器件企业自愿组成跨部门、跨所有制非营利性的行业性社团法人，成员企业中电子信息类企业占 80% 以上。协会秘书处常设器件、电容器、接插件元件、电子电位器、继电器、电声（磁性）、智能安防、智能照明、智慧园区、电子信息服务健康产业等 10 个专业委员会。现有会员单位 70 家。

2023 年主要工作：

一、夯实组织基础，党建引领，指导实践，推动工作

在市工经联党委的指导下，7 月，成立上海电子元器件行业协会首届党支部。党支部成立以来，认真学习中共二十大精神，把学习宣传贯彻中共二十大精神与协会工作实际结合起来，夯实党建工作基础，更好地服务会员单位。11 月 3 日，上海电子元器件行业协会党支部组织协会会员，参观青浦练塘镇陈云故居，开展主题教育活动。

6 月 2 日，召开上海电子元器件行业协会第七届第二次会员大会暨第二次理事会、监事会。协会以专委会平台建设促进会员间有效交流和互通，促进企业间各类业务市场资源的互融互促，促进会员成员之间经营资源的优势互补，助力会员企业实现更高质量发展。上半年，协会筹备成立元件专业委员会，已成立的器件专委会共有会员 32 家加入器件专委会 15 家、元件专委会 17 家。11 月，协会筹划成立集聚服务贸易、项目建设管理、认证管理咨询等企业的综合专委会，首批 16 家会员企业加入了该专委会。

二、加强沟通交流，把握市场需求，促进企业发展

协会通过组织座谈、互访交流、产品推介、市场调研等活动，搭建业务交流、工作沟通、经验分享平台，及时把握行业动态和市场需求，实现信息共享、资源互补、发展共赢的工作目标。6 月，上海亚明照明有限公司获评上海市知识产权局"2023 年知识产权优秀维权项目"。8 月，上海司南卫星导航技术股份有限公司（股票简称：司南导航，股票代码：688592）在上海证券交易所科创板上市；同月，上海仪电科学仪器股份有限、上海维安电子股份有限公司公司、上海司南卫星导航技术股份有限公司等"专精特新"重点"小巨人"企业，成为首批上海市实施创新管理知识产权国际标准试点企业。9 月，上海威贸电子股份有限公司荣获"上海市和谐劳动关系达标企业"称号。还有上海纳宇电气有限公司积极助力杭州亚运会建设；上海咏姿时装有限公司获首批上海市中小企业高价值专利产业化示范单位；依柯力信息科技（上海）股份有限公司荣获"2023 行业信息技术应用创新百佳企业"。协会秘书处切实做好联络服务工作，先后走访多家会员单位。了解会员单位的经营管理动态，针对 80% 以上为中小企业的情况，及时向行业主管部门反映行业企业发展面临的主要问题与挑战，提出对电子信息制造业发展的具体措施和政策建议。

协会在做好现有会员服务的基础上，积极发展新会员，充实协会力量，拓展协会覆盖面。2023 年，协会发展上海鸿鼎电子有限公司等 8 家新会员单位。同时，持续做好《电子元器件》内刊的编辑出版工作，将新形势和新需求不断充实内刊内容。

三、做好安全生产培训，务实推进知识产权维权援助工作

根据仪电系统安全管理工作要求和特点，精心策划，制定工作方案，全年共开班 13 期，培训学员 1058 人。协会还受托成为仪电安全生产培训，教材编写工作的统筹及编务承办单位，积极推进编写体现仪电特色的安全生产培训教材。

协会依托仪电集团知识产权维权援助工作站，为会员单位提供更多的知识产权维权援助服务。打造工作站服务管理团队，建立有效完备的工作站运营机制，完善工作站宣传平台、延伸扩展知产保护宣传触角，主动贴近工作站服务受众对象需求，开展各类培训、工作沙龙、主题论坛，发挥区域联动工作优势，为企业发展保驾护航。仪电知产维权援助工作站被上海市知识产权保护中心授予"2023年度优秀维权援助工作站"。

四、开展各类联谊活动，贴近会员服务，增强协会凝聚力

协会积极开展联谊活动，增强协会凝聚力。根据协会会员单位情况和需求，适时组织开展会员主宾日、会员走访和互访、会员庆生等各类主题联谊活动。搭建协会与会员、会员与会员之间增进沟通、互动交流的情感桥梁，有效增强协会的凝聚力。如协会组织会员企业参观"碳循新工业，数聚新经济"工博会，开展节能降耗专项培训拓展活动，举办威贸电子主宾日活动，开展"协会庆生活动"等。

五、加强协会自身建设，完善基础管理，推进健康规范发展

协会不断完善秘书处建设，坚持以"服务好会员单位"为宗旨，提质增效，增强协会的凝聚力和感召力。通过不断梳理和完善内部规章制度，体现工作规范性；制订协会秘书处双月工作计划，加强日常工作管理；积极搭建共创共享发展平台，明确秘书处工作职责，形成整体工作合力，不断提高内部基础管理能力，激发创新动力，提升工作执行力。同时，严肃财经纪律，强化财务管理，按照国家相关法律制度严格控制经费开支，厉行勤俭节约，确保财务收支活动合法合规，推进协会健康规范发展。

（辛蔚青）

上海家用电器行业协会

上海家用电器行业协会成立于1985年8月，是上海家用电器行业企事业单位自愿组成的跨部门、跨所有制的非营利性行业性社会团体法人。协会坚持"服务政府、服务社会、服务会员单位"的理念，全方位、多角度推进年度工作计划，得到广大会员单位认可。现有会员单位515家。

2023年主要工作：

一、在党建中结合实际工作，体现支部作用党员影响力

协会党支部注重探索和创新党建新路，抓党员思想学习，要求每一名党员不仅自觉投入岗位工作之中，还要积极参加上级党组织开展的各项活动。3月18日，协会党支部与安徽家电协会党支部联合组织跨地党员和入党积极分子活动，组织参观中国共产党一大纪念馆。了解建党故事、建党初心和伟大的建党精神，感受革命先驱的信念、意志和情操，认识肩负的责任和使命。协会党支部一直支持慈善公益项目。安排党员骨干现场设摊为居民进行家电服务咨询，发放家电品牌售后热线宣传资料，科普家电维修知识，提醒消费者谨防家电骗局。2023年在市工经联党委组织的献爱心活动中，协会党支部组织党员自愿捐款，还代表协会在"绿色环保，循环利用"活动中捐赠一批电子设备。协会党支部注重发挥党员的作用和影响。每位党员在"党建工作上墙"中公开工作座右铭，主动接受群众监督。

二、响应政府"双碳"战略部署，加快协会四项团标落实

协会主动与政府有关部门和会员单位联系，落实拟订四项团体标准的工作目标，助力国家"碳中和、碳达峰"战略。8月，协会先后与上海鼎易公司分别组织召开《家用电器及消费电子产品和服务碳排放评价办法》T/SHJD001-2023、《家用电器及消费电子企业碳排放评价办法》T/SHJD002-2023团体标准编制工作会、发布该两项标准大纲。待组织专家对这两项标准评审通过后将予以公布。12月，协会召开《家用中央空调监理执行规程》初稿讨论会。这项标准有助于规范家装暖通设备监理人员的队伍建设，规范职业行为。协会为顺应市民对空调杀菌消毒清洗的需求，积极与有关会员单位联系，并联手空调生产、服务企业、疾控中心专家等研究拟订《家电清洗消毒团体标准》。

三、助力政府有关部门工作，彰显协会的"三服务"宗旨

协会作为上海市商务委指定建立的公平贸易工作站点，多年来一直担当这一社会责任，不断帮助会员单位了解进出口公平贸易知识，掌握WTO规则，引导企业规避贸易风险，维护企业进出口贸易安全。由此，协会被市商务委授予"优秀进出口公平贸易工作站"。

作为家电产品质量风险监测站，协会从2022年至今每月将收集的家电产品咨询投诉信息，综合专报市质检中心，并提出建议和意见。年初，协会与上海山田律师事务所联合成立法律咨询合作站，多次为会员单位提供法律咨询服务，让大家感受到协会的帮助，增强企业运用法律维权和利用法律手段来规避风险。

四、各专委会主动发挥作用，努力服务于全体会员单位

协会秘书处统一组织安排专委会采取多渠道多方式与广大会员单位保持密切联系。中央空调专委会、家电维修委员会、水家电专委会以及信息统计部，分别组织召开年会。开展共性课题，不同侧重点研讨。

协会组织会员单位举办"生活饮用水卫生标准、检验方法解读交流会"、开展《上海市家电维修服务企业经营者规范服务培训》、参观《上海国际供热技术展览》、组织参观学习伊美特集团昆山工厂活动等。上海双鹿上菱电器的陈泉苗、飞科电器的李丐腾被评为市工商业第六届领军人物、开能健康科技集团股份有限公司总裁瞿亚明成功入选2022年度"产业领军人才"名单。

五、协办3·15消费者权益保护活动，抓好各类复审培训工作

协会积极推动家电消费升级、弘扬家电诚信服务，打造和谐有序的家电消费环境。

2023年家电行业3·15消费者保护日活动恢复线下举办。协会组织会员单位大金、三菱电机、富士通、日立、老板、美的、格力、林内、能率、樱花、中央商场、夏普、A.O.史密斯、复旦申花、开能、红心等品牌企业参加。企业售后服务人员、家电行业专家现场热心热情接待受理市民咨询等。

5月，协会根据市商务委有关部门要求对《2022年上海市家电维修服务行业推荐企业名单》信息逐一核对，现有《上海市家电维修服务行业推荐企业名单》247家，占"一台三会"总数425家的58.1%。

3—7月，家电维修、中央空调、水家电等会员单位开展员工初训办班15个、合格358人；复训办班38个、合格1243人，获平台发放上门服务证。

六、参与家电行业大型活动，协会新增健康智能服务

6月，夏季家电服务高峰来临之际，协会响应市商务委要求开展"2023年夏季家电服务高峰品牌家电维修服务进社区"活动中，组织会员单位中央商场、三菱电机、大金空调、日立家电、富士通将军、伊莱克斯电器、广州松下空调器、三菱重工、A.O.史密斯等参加。通过走进社区活动，不断提升协会会员单位的品牌形象和社会影响力。

七、坚持做好基础管理工作，适应等级证书要求变化

协会于2023年度获得第二批59家5A级社团组织。为做好复审评估工作。各理事单位会员单位积极协助配合。最终通过社会组织规范化建设复审评估工作，对协会科学规范基础管理，为更好广大理事和会员单位服务起到重要作用。全年走访会员单位40家。

八、抓好信息宣传工具，在凝聚会员单位上发挥作用

协会每月收集及汇总会员生产单位产销库数据，完善数据采集质量，做好数据分析，向市统计局有关部门上报；每季度按要求向市经信委都市产业处、市统计局有关部门递交季度统计运行分析。上海家电经济运行数据，有效发挥企业与政府部门之间的联系。

2023年第六届中国进博会、上海国际时尚消费品博览会、上海国际水处理展览会、上海设计之都活动周以及2023、2024AWE中国家电展，协会组织理事和会员单位积极参加。协会报纸杂志、微信公众号以及网站都大力宣传报道参展单位风采和产品。

协会信息部会同中央空调、水家电专委会和家电维修委员会，主动采访有经营特色的理事单位、会员单位，在《上海家电》《中央空调》等报刊以及微信公众号、网站上宣传报道。

（李富春）

上海空调清洗行业协会

上海空调清洗行业协会成立于2007年4月（原名"上海空调风管清洗协会"，2011年10月更名为"上海空调清洗行业协会"），是从事空调清洗、净化、消毒、检测服务与相关设备、产品生产、经营以及技术研究开发的企业、事业单位自愿组成的跨部门、跨所有制的非营利性行业性社会团体法人。协会设有4个专业委员会。现有会员单位201家，占行业企业总数的80%左右。

2023年主要工作：

一、发挥组织优势，党工团工作全面推进

协会积极发挥组织优势，不断强化主题教育，持续深化党建工作，持之以恒，认真开展学习贯彻习近平新时代中国特色社会主义思想主题教育。开展"三会一课"。发展胡慧中同志成为共产党员。

完善工会构架，保障职工权益，协会工会坚持夏天组织送清凉活动，并组织部分员工参加体检。

凝聚团员青年，彰显共青团活力。协会团支部班子配备齐整，团员管理严格，常态化、日常化，严格落实"三会两制一课"。

二、顺利完成协会换届改选工作

遵循民主办会原则和领导层精干高效原则，按协会章程，5月26日，召开第五届第一次会员大会暨第一次理事会监事会。选举产生新一届理事会、监事会，会长、副会长、监事长、秘书长等新一届领导集体。

三、全面提升行业的标准化体系建设

协会完成《空调消毒技术服务规范及工时体系》的策划、编撰和发布。召开《集中空调通风系统检测技术服务流程》宣贯大会。大力宣贯和推广运用官网、公众号、会员拜访等形式，对各类标准进行宣传和宣讲。

构建适宜的培训模式，全面恢复线下培训。空调水处理技术人员培训开办二期，学员75人；集中空调清洗项目经理培训开办一期，学员65人；分体空调清洗操作工培训开办三期，学员28人；空调清洗操作工培训开办两期，学员124人。

四、全面推行行业的数字化赋能

协会全面推行数字化赋能，有效提升备案数据的完整性和及时性，数据的覆盖面和功能得到明显提高；推广数据平台的工单系统，上线"空调清洗消毒工单系统"和"空调检测管理工单系统"，分别报备88个项目和173个项目；不断完善平台的"会员管理"模块，将会员信息输入平台，会员管理能力显著提升。

五、搭建交流平台，宣传会员风采

协会坚持搭建多层次会员交流平台。3月28日，举办"大金杯"第二届分体空调清洗技能展示。同日，举办"空调清洗消毒服务全面可视化及如何实现碳中和愿景技术论坛"。11月10日，举办"同参——虹益杯，第五届羽毛球大赛"。

宣传会员风采，协会运用官网、公众号对部分会员风采进行宣传。8月9日，组织40余家会员参观上海康跃化工科技有限公司浙江工厂。

积极关注后疫情时代的空调消毒，8月23日，协会联合上海市卫监所就"上海市消毒管理办法"进行相关培训。200余家会员中已有71家完成消毒服务机构备案，并取得相关证书。

六、协会组织各会员单位，协调各方资源，设定工作目标，制定行动纲要

尽早将空调清洗运维纳入碳积分立项，参与碳积分交易。共同编撰《空调清洗运维绿色低碳评价规范》的团体标准。适时启动"集中空调运维和节能"技术服务。

（胡慧中）

上海锅炉压力容器行业协会

上海锅炉压力容器行业协会成立于2003年12月，是锅炉压力容器研究设计、制造安装、咨询服务等企事业单位自愿组成的跨所有制的非营利行业性社会团体法人。现有各所有制会员企业86家，其中有研究院、高等院校、设计院、国企和民企及锅炉、压力容器相关企业组成。产品门类有（电站、工业、生活）锅炉、压力容器、核电、化工设备等，具有广泛的行业基础和较强的行业代表性。

2023年主要工作：

一、履行协会《章程》，发挥协会平台桥梁作用

发挥桥梁作用。随着政府部门加大对行业协会可持续发展的扶持力度，拓宽行业协会承接政府项目的购买，协会充分发挥平台和桥梁作用，分别承接完成2023年度浦东新区、奉贤区、嘉定区的电站锅炉使用单位安全管理评价，以及年度锅炉、压力容器特种设备生产单位许可证监督抽查项目。同时，承接"电站锅炉服务公司多项目技术合同签约"。

发挥导向作用。通过协会平台桥梁，充分发挥《信息简报》的导向作用，基本做到主题与行业阶段性的工作有效呼应，报道市委、市政府等上级部门出台的相关政策，为会员企业提供政策指导与服务。尤其对紧贴行业的中心工作和重点工作，进行"真实、迅速、客观"的报道。同时，传递协会的工作及会员的相关信息，给会员企业提供有价值、可供参考的信息，适时宣传企业在创新驱动高质量发展中取得的成功经验，以激发和提升企业的市场竞争力。此外，为满足会员企业的需求，对协会《信息简报》内容在原有的基础上增设"法律培训、金融贷款、健康管理"3个服务平台，受到会员企业的欢迎。

发挥平台作用。协会先后走访会员企业46家，接待来访相关企业7家，听取了解会员企业生产、经营销售情况和对政府、行业、协会工作的诉求及建议，对所提出的诉求，通过协会平台，成功为3家会员企业实现业务对接并成功签约。另外2家会员企业，由协会牵线，也实现业务对接并成功签约上亿元。在走访中，还主动听取会长、副会长、监事等会员企业的意见和建议，第五届第三次理事会、第二、三次会员大会等会议如期召开。

同时，为推动"政会银企"四方合作机制，会员企业上海宁波银行通过本会平台，举办银企对接活动3场，成功为2家民企完成贷款上百万元，有效助推民企资金的良性循环和可持续发展。协会平台还为会员企业举办首次"自然健康梦想成真"的健康管理专题讲座，48人参加。电厂专委会充分利用协会平台，成功举办电站锅炉"压临界锅炉节能设备

的改造与技师工作室管理"的技术与管理经验交流会和"电站锅炉创新技术'碳中和、碳达峰'交流"研讨。

二、注重协会工作有序推进，提升企业职业技能

在协会的高度重视下，有序推进社团年鉴和行业统计工作，并按细化内容要求提前完成上报工作，得到市经信委、社团管理处和市统计局的认可。协会组织相关会员企业参加各类线上、线下会议讲座和线上培训等各项活动。并组织7家相关企业一起参加"2023年上海制造业高质量发展"的线下报告会，参观"GPOWER 2023动力展、EPOWER 2023全电展"及推荐参加"一年一度的团体标准评选"活动。由于会员企业的积极支持，有效激活协会工作有序推进。

协会积极组织会员企业参加2023年中国机械工业举办的首届全国机械行业无损检测员职业技能竞赛。参赛的6家会员企业中，上海电气核电集团派出的10名选手，以优异成绩分别获一、二等多奖项，一等奖获得者被授予全国机械工业"技术能手和操作技能标兵"称号，公司以总积分第一的成绩获"团体优胜奖"；上锅公司3位选手分别获一、二等多项奖，一等奖获得者以个人总成绩第一的优异成绩被授予全国机械工业"技术能手和操作技能标兵"称号，并申报中华全国总工会推荐参加"全国五一劳动奖章"评选，公司获"团体优胜奖"；上辅机公司3位选手分别获二、三等奖项，公司获"团队优秀奖"；申港公司3位选手分别获一、三等奖项，1位裁判员获"优秀裁判员"称号，一等奖获得者被授予全国机械工业"操作技能标兵"称号，公司获"团体优胜奖"。另外，竞赛的5名选手中，3名晋升为高级工、2名晋升为技师。3家企业获"职业技能竞赛金牌导师"称

号。协会获"最佳组织奖"。

为提升企业高技能人才队伍建设和竞争力，依托市技师协会和李斌技师学院的师资力量，量身定制教学方案。由上海电气李斌技师学院承办、协会和上锅公司协办的上锅公司"二期技师技术教育更新培训"如期举办，分别有48名和46名技师和高级技师参加。推进"专业技术职务资格认证"评审，为会员企业开展"'认定初级职称资格评审（助理工程师及技术员）'和'推荐中高级职称（工程师）、经济类'"职称评审工作。在申报过程中，对来电咨询的专业技术人员，做到及时解答疑难外，还对申报者所需提交材料中的具体内容等重要环节进行指导，甚至通过微信，对申报材料进行初审耐心指导，往返修改至达到申报材料符合要求。协会的服务精神和务实态度得到会员企业的认可。

三、严格民主评论党员，切实加强协会党建工作

年初，根据《中共上海市委组织部和市经信委工作党委》要求，协会秘书处党支部结合支部委员会的实际工作，在认真做好2022年度党支部工作总结的前提下，组织全体党员分三阶段，开展2022年基层党组织组织生活和民主评议党员工作。党支部书记代表支部和本人以党员的身份向到会者汇报支部工作总结和个人工作的述职。总结评选出优秀党员和合格党员，并根据摸排的反馈意见和建议，制定整改措施。对合格党员给予肯定与鼓励。通过三个阶段的计划实施和群众代表的参与，成功完成上级党委部署的工作并取得实效。

（徐莉萍）

上海市汽车行业协会

上海市汽车行业协会成立于1996年8月29日，是由上海地区从事汽车与零部件制造及其相关链的单位和科研院校等法人自愿组成的、跨部门、跨所有制的非营利性的、代表汽车行业经市主管部门批准的社会团体组织，现有会员单位258家。

2023年主要工作：

一、突出工作重点，认真规范做好协会各项工作

围绕市委、市政府提出的"服务企业、规范行业、发展产业"的协会工作要求，认真规范做好协会各项工作。

3月，顺利召开协会七届三次会员大会暨五次理事会、170多家会员单位的代表参加会议。会上审议通过《上海市汽车行业协会第七届第三次会员大会暨第五次理事会工作报告》，并对2023年协会工作重点提出要求。

11月28日，召开年度会长工作会议，邀请协会副会长和监事会参加。协会秘书长梅红卫主持会议，并汇报2023年前三季度工作，听取意见和建议。

完成政府有关主管部门下达的《2023年上海市国民经济和社会发展报告——汽车行业篇》编写，完成市发改委和市经信委下达的有关汽车行业发展的调研任务，及时提供行业发展报告。参与上海汽车工程学会组织的《自动驾驶安全驾驶员职业技能培训要求》《智能网联汽车线控制动系统仿真测试技术要求及试验方法》，以及《智能网联汽车线控转向系统仿真测试技术要求及试验方法》等标准的制定工作。

每月做好全国及上海汽车市场的产销分析、预测，每季度编写上海市汽车行业的统计分析报告，同时利用协会网站、微信公众号及时通报市场信息。

二、主办或联合举办论坛，推广新技术的发展应用

3月，协会与中国汽车工程学会汽车制造分会，共同主办 2023 中国汽车零部件压铸技术创新发展合作峰会"洞察新汽车发展趋势，探索材料工艺装备策略／一体化压铸技术高端论坛"，在武汉成功举办。协会资深专家在会上作"新形势下铝合金压铸件在新能源汽车动力系统的机遇与挑战"的演讲，简述新能源汽车形势下汽车轻量化和压铸一体化的机遇。

4月，为赋能上海汽车行业产业链升级，加速汽车行业供应链数字化转型和高质量发展。在上海嘉定区规划馆主办"2023 工赋链主——汽车论坛"，邀请汽车行业数字化领导者、企业管理者及行业专家，共话产业链供应链生态协同。

9月，与中国电子电路行业协会一起联合举办 CPCA 技术沙龙汽车电子专题交流会，协会资深专家在会上发表"中国新能源汽车市场发展趋势"的演讲，对新能源汽车发展历程、欧洲电池法案、近期走访企业的调研进行分享。同月，联合主办方举办的汽车行业数字化诊断对接会，暨工业互联网一体化进园区的"百城千园行"活动，面向制造企业和园区开展智能制造咨询，协会资深专家结合企业提出的问题，有针对性的对生产现场进行调研与诊断，详细了解和识别企业目前发展的现状与改造需求，与企业进行面对面交流座谈，帮助企业明确目前的主要核心问题和改造目标，分享相关的解决方案建议、案例介绍及效果分析。

三、通过讲座和培训等形式，做好会员的服务工作

协会资深专家受邀在上汽集团培训中心暨上海汽车工程师研修基地，为研修班学员授课，回顾 20 世纪 90 年代的制造理念，从日本的精益生产、美国的敏捷制造模式谈起，预测制造技术的前沿，解读供应链安全、数字化转型和半导体芯片对汽车行业的重要性。

为加强校企合作，上海工程技术大学特邀协会资深专家走进课堂，为机械与汽车工程学院智能制造工程专业的同学讲授《智能生产系统与 CPS 建模》的课程。专家利用自身数十年的丰富工作经验，结合汽车行业的新动向，介绍智能制造的概述、应用、核心驱动力及未来应用，为同学们深入了解智能制造的概念和应用提供基础，引发他们对未来智能制造的发展方向和机遇的思考。

11月底，协会资深专家应邀参加"2023 年（第四届）高工移动机器人年会暨高工金球奖颁奖典礼"，并在会上发表"新能源汽车三电系统和智能制造"的主题演讲。

同月，应"中德智能制造论坛"的邀请，协会资深专家作"智能制造助力汽车行业发展"的主题发言，交流与探讨在数字化与智能化转型的背景下，产教融合培养智能制造人才的实践与思考、高端装备制造企业智能化发展现状与趋势。

四、加强调研行业动态，帮助企业转型发展

加速汽车行业供应链智能化、数字化转型，是企业提升竞争力，实现高质量发展的必由之路。6月，协会会长就智能制造和企业数字化转型等情况，会同上汽华域等企业专题进行调研，听取威诺数控公司在高端数控机床智能制造、无人制造工厂等情况，指导企业在面临成本压力加大的情况下，逐步推进智能制造、实现无人制造，是企业提升管理能级、加快转型发展的重要方面。

3月，协会铸造分会召开"创新——铸造企业高质量发展的源泉交流会"，组织参会代表参观浙江嘉兴天洪铸造科技股份有限公司的生产场地，听取该公司的"制度和科技创新实践"报告，他们的探索给汽车行业，特别是长三角地区中小企业整合发展提供一条资源共享、优势互补、合作共赢的有效途径。

五、加强协会建设、不断完善架构，提升党建工作

抓好协会发展和自身建设，做好行业的自律工作。协会努力按照社团组织要求。加强协会建设，保持协会队伍的稳定发展，遵照"规范化建设"的指导原则，不断完善理事会工作机制，坚持规范化管理标准，提升协会的党建工作水平，进一步发挥会长单位和理事单位对协会工作的决策、领导作用，发挥秘书处的积极作用，落实工作责任和进度要求，确保各项工作规范、有序展开。

（余　斌）

上海船舶工业行业协会

上海船舶工业行业协会成立于 1993 年，是中国社会组织 4A 级行业协会，是上海及周边地区主要从事船舶及其配套设备的研究、设计、制造、修理、经贸、教学的企事业单位自愿组织的跨部门、跨所有制的非营利性的行业性社会团体。现有会员单位 96 家。

2023 年主要工作：

一、坚持党建引领，强化团队建设

协会党支部坚持每月组织一次学习活动。一年来，党支部组织党员专题学习《习近平新时代中国特色社会主义思想专题摘编》《中国共产党党章》（修正案），中共二十大精神及

"两会"精神等相关资料。在"学习贯彻习近平新时代中国特色社会主义思想主题教育活动"中，党支部制定主题教育实施方案，明确学习内容、具体要求和时间节点。通过组织集中学习、个人自学、研讨交流等形式，系统学习习近平总书记系列讲话原文和中共二十大重要精神；结合主题教育民主生活会，就如何进一步提高协会工作质量，查找问题，深入调研，开展讨论，列出党支部在制度建设、学习创新、业务工作上的整改项目3项，个人在工作态度和工作方式方面的整改项目2项，有力促进工作作风转变，强化责任担当。

协会党支部切实把党建工作融入到协会日常工作中，确保第26届国际船艇及其技术设备展览会等展会和论坛的成功举办；主动赴广州、九江等地走访相关船舶制造及配套企业，共同研讨疫情后船艇振兴，推动扩大上海国际船艇展的号召力和影响力；积极参与兄弟协会组织的各项活动，助推长三角地区经济协同发展。

协会党支部按照党建工作和党风廉政建设工作要求，组织党员集中学习《中国共产党廉洁自律准则》《中国共产党纪律处分条例》等，教育引导党员干部增强廉洁从业意识；年初还签订《党建责任书》和《党风廉政建设责任书》，在春节、五一、端午、中秋、国庆等重要节日前通过网络认真做好支部节前廉洁教育，组织支部党员和员工观看《清除国企蛀虫——"靠企吃企"典型案例警示录》；参观党的四大旧址，组织党员干部赴延安开展"延安精神现场教学"活动，进一步增强党员理想信念，提高党员群众遵纪守法的自觉性。

7月，书记任芳德、主任李杏出席市工经联党委庆祝建党102周年"七一"表彰大会，李杏获"优秀共产党员"称号。

二、严抓制度落实，强化规范意识

严格执行《上海船舶工业行业协会内部控制管理手册》和《上海船舶工业行业协会"三重一大"事项实施规则》，规范协会管理，提升风险管理能力。落实市民政局《关于本市持续强化行业协会商会乱收费治理切实帮助市场主体减负纾困的通知》的要求，完成自查自纠情况上报。

根据理事会的要求和工作计划，坚持预算管理制度，协会每年编制预算报告，报经批准后下达年度预算指标，根据实际情况形成年度预算执行情况，报经理事会和监事会审议。按照财务工作要求，严格核算流程，按时编制完成年度财务收支报告，并提交审计报告。完成对协会2022年的审计工作；完成《2022年度财务收支情况报告》《2022年度预算执行情况报告》及《2023年度财务预算报告》的编制工作。3月15日，组织召开七届二次理事会、监事会，审议通过《2022年度的财务收支情况报告》和《2023年度财务预算报告》。

三、践行协会宗旨，做好各项服务

（一）开展行业调研统计，做好政府助手。协会积极承担市经信委等地方政府以及国家有关部门委托的课题，利用好会员单位资源优势，积极开展行业相关情况统计调研。完成"全国船舶工业统计调查"中上海地区重点监测企业的数据催报、审核等工作；参加"全国船舶工业统计调查"会议，王玉洁主任获聘首批"统计专家"。组织召开船舶行业经济运行分析工作组会议；按时序分别完成2023年一、二、三季度的《上海船舶海工行业经济运行统计分析报告》。

受市经信委的委托，协会指导并完成上海振华重工（集团）有限公司"船舶设计单位设计条件基本要求评价"的材料提交、整改和初评工作，组织专家组进行现场综合评审。并报经市经信委审核，9月取得《上海船舶设计单位设计条件评价证书（甲级）》。指导天海防务及其子公司上海佳豪开展"船舶设计单位设计条件基本要求评价"的资料准备和预审工作。完成《上海年鉴》《上海工业年鉴》和《浦东年鉴》相关内容的组稿和编撰工作。

（二）主动服务会员，为企业办实事。持续做好新会员入会工作。完成12家船舶设计、服务和配套企业入会手续的办理工作。

为上海中船船舶设计技术国家工程研究中心有限公司、上海海迅机电工程有限公司、汇舸环保科技集团有限公司三家会员单位申报工信部"专精特新"企业，为争取政府优惠政策提供相关推荐材料。完成上海史密富智能装备股份有限公司、玛卓立（上海）液压技术有限公司申请"2023年度上海市'专精特新'中小企业"推荐工作。完成汉盛（上海）海洋装备技术股份有限公司申请上海市"科技小巨人"的推荐工作。

10月31日，受中国船舶工业股份有限公司委托，协会组织来自江南造船（集团）有限责任公司、沪东中华造船（集团）有限公司、上海外高桥造船有限公司、708所、中国船级社、上海交通大学、上海船舶运输科学研究所、604院等船舶行业知名专家，完成中国船舶工业股份有限公司"2022—2023年度最有影响力船型"评选活动。

（三）搭建共享平台，服务行业发展。根据上海市《关于印发〈上海船舶与海洋工程装备产业高质量发展行动计划（2023—2025年）〉的通知》，以及市民政局《关于印发〈上海市行业协会商会服务高质量发展转型行动实施方案〉的通知》，协会秘书处多次组织党员学习讨论，办公会专题研讨等，助推船舶行业高质量发展。

全年协会共收到会员单位申报项目51个，经协会企业管理现代化创新成果评审委员会评审，最终审定获奖成果51项，其中一等奖7项，二等奖17项，三等奖27项，并优中选优，向上海市现代化创新成果评委会推荐16个项目参与市级评选。

认真做好行业信息共享服务和宣传工作，按期完成协会季度刊物《上海船舶工业》的编辑发行；利用协会微信公众平台，及时汇集发布国家有关政策、行业信息、协会业务动态，1—11月累计发布微信公众号信息124期349篇，积极发挥了新媒体宣传作用。

（四）加强人员培训，提高服务能力。协会组织人员参加市民政局组织的"2023年度市级社会团体能力建设培训"和"高标准迈向高质量"、市商务委举办的"进出口贸易平台工作站专项能力提升"培训班、市工业经济联合会组织的"新形势下产业数字化转型之路的思考"等各类专业能力培训和专题讲座，不断提升协会工作人员的专业素养，进一步提高协会为政府、会员、行业服务的能力。3月，协会获市工经联授予的"先进协会"称号。

（五）整合平台资源，加强交流合作。3月28—31日，第26届国际船艇及其技术设备展览会在上海新国际博览中心成功举办。中国船舶工业行业协会常务副会长吴强在展会开幕式致辞。展会吸引来自全球400多家船艇设计制造、设备配件、服务及水上运动展商踊跃参展，展览面积达到4万多平方米。开幕式当天，协会分别为铃木海洋清扫项目新闻发布会、杰特赛特电动游艇发布会以及卧龙集团绿色新品发布会献上致词。同期举办的"2023中国国际船艇产业发展论坛"上，来自意大利船级社、武汉船用电力推进装置研究所、上海船舶研究设计院、上海交通大学、美国材料保护和性能协会等国内外16位行业专家，围绕中国式游艇动力技术的思考、全球休闲游艇产业市场未来趋势与发展机遇展望等主题发表精彩演讲。还进行由逸动科技与珐伊科技联合打造的中国第一艘纯电动离岸双体帆船的全球首发揭幕仪式。12月6日，举办"造船与海洋工程可持续发展论坛"，为船舶行业相关领域的专家和技术人员提供合作共赢、共同发展的技术交流平台。联合上海决策者经济顾问股份有限公司共同主办全球展览会，推动贸易出口、对外合作以及国内产业链升级。

（吴　超）

上海有色金属行业协会

上海有色金属行业协会成立于2002年1月，下设有色金属信息资讯、会议会展、技术检测、培训鉴定等服务平台。还有全国最大的有色金属交易市场和现货电子交易中心。现有会员单位170家，基本覆盖上海地区主要的有色金属骨干企业，聚集有色金属材料、辅料、制品、装备等制造领域企业和相关的商贸、金融、信息、物流、咨询、会展等单位。

2023年主要工作：

一、聚焦稳中求进，保持增长态势

据上海市统计局数据，2023年上海有色金属主要产品产量合计为104.8万吨，比上年增长9.56%；主营业务收入合计474.21亿元，同比增长2.82%；利润总额合计为15.38亿元，同比下降2.66%。2月，协会正式获授5A级社会组织。

协会指导企业认真贯彻落实工信部《有色金属行业稳增长工作方案》，以高质量发展为主题，牢牢抓住近几年来新能源汽车、动力电池、光伏、大型储能设施等产业的强劲拉动，及时调整产品结构和市场策略，全力组织生产，确保行业恢复发展态势。上海华峰铝业股份有限公司抢抓新能源汽车快速发展机遇，该企业凭借强劲的综合实力2023年再次入围上海民营企业100强（56名）、上海制造业企业100强（37名）、上海百强成长企业50强（29名）、上海新兴业企业100强（35名）等多项榜单。上海浙东铝业股份有限公司做大长三角区域市场，积极调整产品结构，大力研发与新能源汽车配套的深加工产品，取得积极进展，全年产量增长42.83%，利润增长624.7%，产销两旺创历史最好水平。上海帅翼驰新材料集团、上海龙阳精密复合铜管有限公司、上海晶盟等企业想方设法抓发展，抓市场，保持利润增长。

二、坚持技术引领，赋能创新驱动

协会全力帮助企业立足上海，加快全国和海外布局，以项目带投资、以投资促增长，推进产业转型升级和企业可持续发展。上海华峰铝业股份有限公司在不断扩大重庆工厂产能的同时，其母公司——华峰集团拟在印度尼西亚投资20万吨电解铝项目。上海海亮铜业有限公司第五代智能化生产线正在布局调试中，预计2025年底之前全线贯通。上海帅翼驰铝合金新材料有限公司坚持"铝液输送服务"战略基础上，不断研发推出汽车轻量化、5G等领域应用的铝合金新材料。

上海友升铝业股份有限公司2011年起连续11年被评为上海市高新技术企业，获评为上海市科技小巨人企业、上海市"专精特新"企业以及上海市企业技术中心等。还拥有已授权专利100多项等。

三、瞄准"双碳"目标，促进绿色发展

针对有色加工企业高耗能、高污染"双高"短板，协会引领企业围绕绿色发展，落实"双碳"目标，进一步发掘绿色应用场景，提升资源综合利用效率，着力构建绿色低碳循

环发展的产业体系。上海华峰铝业股份有限公司积极践行绿色低碳之路，大力开展再生铝利用，引入清洁能源，投建屋面光伏等项目，获评国家级"绿色工厂"称号，被树为行业标杆。上海帅翼驰铝合金新材料有限公司在铝合金锭事业基础上，创新产品模式，业内率先实现中远距离直供液态铝合金，为下游压铸企业大大节约制造成本和减少环保排放。在2023年获国家级"绿色工厂"称号。上海海亮铜业有限公司投资扩建的年产5万吨高效节能环保精密铜管信息化生产线项目，已进入调试阶段。

8月9日，由协会携手中国质量认证中心上海分中心、上海市有色金属标准化技术委员会制定起草的《汽车用铝合金板带低碳产品技术规范》社团标准通过专家立项评审并予以公告。该标准提出汽车用铝板带全生命周期碳排放量的基准值，为汽车用铝合金板带生产企业以及汽车行业绿色低碳提供技术标准支撑，填补国内汽车用铝合金板带产品低碳类标准领域的空白。

四、拓展产业对接，促进深度融合

协会致力于搭建和拓展有色新材料创新应用对接交流平台，推进有色新材料产业的高质量发展。2月，协会在安徽合肥举办"第二届智能家电新材料应用高峰论坛"。7月，参加长江经济带矿业发展联谊会成立大会并与长江经济带沿线11个省市矿业协会在安徽合肥签订《长江经济带省级矿业协会战略合作协议》。9月，在安徽合肥举办第23届中国工博会新材料展论坛之一的第五届"中国汽车新材料高峰论坛"。11月，在上海举办"2023年第一届上海国际矿产业交流大会"。12月，在江苏太仓举行"长三角有色金属行业发展联盟"工作会议。举办的论坛及会议，围绕长三角一体化建设战略和长江经济带发展战略，聚焦"绿色低碳、产业链共享、数字化赋能、多业深度融合、产业链协同发展"等主题，汇行业精英，集各方智慧，开展深入探讨和面对面交流，对强化行业和区域合作、推动产业转型发展和完善产业链供应链跨区域协调机制等发挥积极作用。

五、开展调查研究，反映企业诉求

5—9月，协会会长和秘书长分别带队，开展"绿色发展企业行"行业企业调查研究活动。系列活动有走访基层企业、赴日对接考察国外优质资源以及赴泰国、新加坡商务考察等多个层面进行。协会一行先后走访12家企业，这些公司不仅是上海有色行业的重点骨干企业，有些在全国乃至世界上有相当知名度。此次调研主要是听介绍、观视频、看现场、问情况、讲政策、答疑问等。通过走访进一步掌握行业企业生产经营基本情况，特别是了解了基层企业当前所面临的困难以及他们的诉求和愿望，在此基础上，协会形成多个调研报告，分析基本状况，传递真实信息，加强问题研判，提供政府有关部门决策参考。

六、举办技能竞赛，构筑人才高地

连续开展"上海市有色金属行业职业技能大赛有色金属现货交易员职业技能竞赛"，竞赛主题为"联动、提升、赋能"，29家单位113位选手积极报名参加个人赛，有11家单位12支团队报名参加团体赛。竞赛结束，上海红鹭国际贸易有限公司李碧晗等6名选手分别获个人金奖（1名）、银奖（2名）和铜奖（3名）；上海五锐金属集团有限公司"锐意前行"等三支团队分别获团体金、银、铜奖；协会把进入决赛的单位优秀案例整理成册，通过协会微信公众号进行宣传，推广优秀的案例。同时，举办个人赛与团体赛中优秀选手与相关企业开展面对面交流活动，营造相互学习和交流氛围，取得"以赛促学、以学促干、以干促进"的效果。

七、创建5A级组织，提升服务水平

协会始终把社团组织的规范化建设作为加强自身建设，提升工作水平孜孜以求的重要目标之一。2月，获得5A级授牌，标志着协会的规范化建设迈上新台阶。协会把5A级社会组织作为工作的新起点，学习先进理念，拓宽服务领域，提升工作质量，承担社会责任，不断深化学习型、研究型、服务型协会建设。

（许寅雯）

上海起重运输机械行业协会

上海起重运输机械行业协会成立于2003年11月，是以从事起重运输机械生产、科研、设计、成套安装、维修等企事业单位自愿组成的跨地区、跨部门的非营利性社会团体法人。主要业务范围：提供适用于港口、电力、冶金、矿山、造船等行业的钻井平台、装卸机械、自动化码头、自动化立体车库、输送设备、风电基础、钢结构件、起重机械专用配件及电气设备等，也能提供单机及系统集成的解决方案。现有会员单位92家。

2023年主要工作：

一、组织标准宣贯推广，对接客户，寻求商机

协会组织完成并发布"散货机械抓斗的大修与报废条件""夹轨器"两项团体标准。由协会秘书处牵头赴宁波舟山港、温州港、唐山港、天津港、华电曹妃甸储运有限公司等会员单位进行宣讲。

团体标准宣贯推广活动，受到各用户单位的热烈欢迎和高度重视，均由设备主管领导参加，并组织技术、维保人员对团标进行交流。宣贯推广会上，团体标准编写单位详细介绍团标编制过程与内容，与参会人员一起讨论听取团标的诸多细节及建议，对团标的修订有积极的意义。11月17日，组织专家组对"夹轨器"团体标准进行复审，经专家组复审意见汇总，形成团体标准复审结论单。经复审后的团体标准已在协会网站发布。

二、召开理事会暨会员大会，筹划港机新技术交流会

3月24日，协会五届五次理事会暨五届三次会员大会在上海振华重工（集团）股份有限公司召开。会议一致通过张健担任会长和黄庆丰担任协会名誉会长的两项提案。协会创始人名誉会长包起帆到会并讲话，张健会长总结讲话。

7月6日，五届六次理事会在上海南华机电有限公司召开，协会各理事单位代表、监事及顾问等23人出席会议。名誉会长包起帆在北京参会微信祝贺，张健会长做总结讲话。

经五届六次理事会审议通过，由协会主办，振华重工承办，组织一次港机新技术交流会，正在积极筹备中，已收集到17项专题，涉及智能、智慧、绿色、环保及关键控制技术的国产化等诸多方面。

三、做好会员发展、刊物定期出版

根据协会章程，由秘书处按规范程序，新发展肯泰特机械（上海）有限公司、苏州汇川技术有限公司为新任协会会员单位；按协会章程规定对6家单位做出退会处理。协会网站遵循服务公开的理念，及时为会员提供信息交流平台。协会刊物《行业通讯》坚持每两月出版一期，全年出刊6期，并发布在协会网站上，还通过微信发给各会员单位领导参

阅。协会继续与"起重运输机械"杂志社合作，定期将行业协会的工作与动态作报道。

四、参与品牌发布活动，开展新产品新技术鉴定

5月10日，协会与振华重工共同参加中国品牌日活动，在上海世博展览馆二楼专题展区共同发布"新一代自动化码头创新技术、新一代风电安装平台及关键核心装备、新一代流动机械创新技术"等多项新产品、新技术。

5月17-19日，协会组织并参加，对振华重工提交的"南沙四期新一代自动化集装箱码头关键技术"进行鉴定，并给出鉴定报告。协会还对有需求的会员单位组织进行技术职称评定工作。

五、加强党组建设，规范协会工作

在协会党支部建设中，认真贯彻执行市工经联党委的要求，在协会刊物《行业通讯》中开辟"党组建设"专栏，宣传中共二十大精神，发布党课材料，介绍相关的新政策，供行业内党员学习参考。协会党支部正常开展活动，执行党内学习制度，提倡自学和集中学相结合的方法，提高思想认识，正常开展组织生活，在自我教育的基础上提高党性修养。

在内部管理中，协会严格制定执行各项规章制度，公开招聘与推荐相结合调整协会人员结构。每年秘书处人员按规定签订聘用协议。

通过行业协会加强党建工作，努力形成组织工作新机制，思想工作新机制，政治工作新机制。充分发挥党员的先锋模范作用，确保圆满完成行业协会"服务企业，规范行业，发展产业"各项任务。

（包继胜）

上海铝业行业协会

上海铝业行业协会成立于1989年3月。协会的前身是中国有色金属加工工业协会轻金属分会上海地区协作组，现为上海及周边地区从事铝加工的生产企业和铝加工产业链中设备、贸易、科研等相关企事业单位自愿组成的行业性社会团体。现有会员单位178家。

2023年主要工作：

一、以党建引领，发挥组织优势，全心全意为会员企业服务

协会通过《上海铝业》会刊、上海铝业网站、上海铝业公众号，以及行业研讨会、业务培训会、政策宣讲会等对全体会员做好共性化服务。通过点对点的个性化服务，每年开展100个左右的大小服务项目，许多会员单位"有问题找协

会"的观念已经深深扎根。协会还通过整合大学资源、政府资源和社会资源，积极推进汽车轻量化、铝制品在轨道交通中的运用等前沿技术的运用，例如，协会组织专家组赴华峰铝业，开展新能源汽车用水冷板项目的现场论证活动。组团赴濉溪参加由中国有色金属加工工业协会主办的全国铝箔高峰论坛；组团赴三亚参加由魏桥集团和创新集团召开的国际铝产业链论坛；协会在贝斯特举行长三角地区部分铝型材企业技术交流会；组团赴常州参加由中国再生资源产业技术创新战略联盟召开的技术交流论坛；协会组团赴南宁参加由易贸咨询举办的国际铝业大会等，此类活动受到会员单位的好评。

协会每年举行各类专业技术论坛，每年编辑2-3本论文集。还与清华大学、上海交大、同济大学、中南大学等全国

10来所著名高校建立产学研合作关系，协会的影响力、会员的凝聚力、秘书处的办会能力不断提升，已成为在全国具有影响力的地方专业行业协会，多次得到中国有色金属加工工业协会的表彰。

协会先后走访10多家企业了解并协助企业申报国家配套资金项目，主要围绕先进设备投资、技术进步、高新技术成果转化等。积极推进团体标准申报工作。3月，协会组织团体标准的学习和宣贯，正式启动团体标准申报工作，并明确由协会常务副秘书长、标准技术委员会副主任刘礼林负责总牵头。至今已经收到立项申请表6份，其中协会技术标准委员会审核通过的有4项，已成功通过全国团体标准信息平台发布的团标有3项。这三项团体标准分别是：由苏州沃泰尔精密模具机械有限公司起草的《高强度铝合金热挤压模具》、浙江捷诺威汽车轻量化有限公司起草的《车用宽幅薄壁铝型材》、苏州中创铝业有限公司起草的《多功能可移动铝合金平台梯》。

积极开展法律咨询服务工作。协会常年法律顾问徐律师长期来热心为10多家会员单位组织法务培训、开展法律咨询、提供法律支持、承办司法案例，处理法律纠纷等。法律咨询服务已成为协会工作的一项长期服务内容，服务的会员越来越多，受到会员单位的普遍好评。同时还为会员单位提供人力资源培训及相关服务，企业投融资、并购等相关服务。

二、加强协会党总支和秘书处队伍建设，确保协会工作行稳致远

上海铝协党总支下属5个党支部，被市工经联党委确定为第一党建工作站站长单位。协会党总支书记袁永达重视发挥党总支一班人作用，坚持党建引领，积极发挥党员的先锋模范作用和各级党组织的战斗堡垒作用。

12月9日，上海铝协党总支联合第一党建工作站举行学习贯彻中共二十大精神主题活动。邀请市工经联党委领导为全体党员上党课，各支部开展学习交流，通过多种形式重温党史，激发不忘初心，党员砥砺前行的工作热情。

协会稳健可持续发展，离不开理事会的坚强领导，同时也需要一个充满活力，有责任担当、热心做好服务工作的秘书处。徐会长十分重视秘书处的建设。提出"要像办企业一样办好协会"。秘书处一班人在会长的带领下，不忘初心，勇于开拓，兢兢业业，竭尽全力服务会员，为协会工作行稳致远不懈努力。

（平佳雯）

上海市铸造行业协会

上海市铸造行业协会成立于1984年6月，是上海及周边地区的锻造企业及相关企事业单位自愿组成的跨地区、跨部门、跨所有制的非营利性社会团体法人。现有会员单位60家。

2023年主要工作：

一、坚持党建引领，强化协会自身规范化建设

协会始终以习近平新时代中国特色社会主义思想为指导，围绕国家发展战略，遵循《中国铸造行业十四五规划》总体思路，依照上级领导的指示和要求，强化自身规范管理。4月28日，召开第十届第一次会员大会，会议以无记名投票方式选举产生第十届理事会和监事会；在十届一次理事会暨监事会上，选举徐清担任第十届理事会会长，马艳霞等14人担任副会长，翁烨担任监事长；以举手表决方式同意聘任谈悦晨担任秘书长。会后将相关资料上报市民政局备案。6月30日，协会通过2022年度社会组织年度检查和年度报告。

协会根据市经信委和市工经联党委关于党建工作的部署，积极发挥党员的先锋模范作用和联合党支部的政治核心作用，结合工作计划，踏实做好服务工作，学习参加主题党课活动和组织生活。6月，上海铸锻热镀焊行业协会联合支部委员会获"市工经联党委系统先进基层党组织"称号；协会秘书处孙宇获"优秀共产党员"称号。

二、发挥桥梁纽带作用，协助政府规范提升行业发展

7月，为完善行业标准化建设。协会按照上海市能源标准化技术委员会通知要求，对《中频感应电炉熔炼铁水能源消耗限额》《铸钢件单位产品能源消耗限额》《有色金属铸件单位产品能源消耗限额》3个上海市地方标准进行复审，复审确定标准继续有效。

继续配合市工经联开展企业节能减排工作，按照要求，组织指导会员单位积极参与节能减排活动。协会适时提交上海华新和上重2022年度JJ小组项目总结，申报上海东岩机械股份有限公司"汽车零部件自动化生产线节能改造项目"、晋拓科技股份有限公司"绿色能源再利用项目"、上海烟草机械新场铸造有限责任公司"降低粉尘排放，创造绿色健康生产环境项目"等3个2023年度节能项目。8月下旬，协会与5家会员单位共21人参加2023年市工经联节能减排培训。

6月，协会参加市工经联召开的"加快推进产业数字化转型"主题报告会。8月，市经信委与市生态环境局联合印发《关于征集〈上海市四大工艺标杆企业与典型应用场景推荐目录〉的通知》。协会秘书处第一时间向会员宣传，会员单位晋拓科技股份有限公司、维美德（中国）有限公司、特斯拉（上海）有限公司、帅翼驰新材料集团有限公司、上海镁镁合金压铸有限公司都积极申报。12月22日，协会参加市经信委智能制造推进处与节能综合利用处组织召开的"上海市四大工艺标杆企业与典型应用场景项目"评审答辩会，对优秀案例进行初评。

为贯彻落实《关于加强新时代高技能人才队伍建设的意见》，协会应上海市职业技能培训机构要求，对2020年立项的铸造工（五级）鉴定题库内原有的2套理论知识试卷、操作技能试卷扩充到10套试卷，推进题库规范化、科学化、专业化，培养考生成为全面多元复合技术性人才。

三、持续提升服务引领功能，助推企业良性发展

开展达标评议工作，走访会员单位。协会秘书处对28家会员单位进行达标评议，针对企业在生产过程、环保安全合法合规等方面提出评议意见与改进措施。同时，秘书处在会长徐清带领下走访部分重点企业，与企业负责人交流探讨行业发展方向、转型升级等议题。

协会敦促企业贯彻应急管理部最新出台的《工贸企业重大事故隐患判定标准》，针对标准中可商榷条文为企业出具相关证明。

年初，协会秘书处在调查表中新增企业面临的痛点难点、应对措施、行业发展趋势分析、投资计划等调研内容。年底共收集汇总《2022年度企业信息调查表》70份，为协会向政府部门建言献策储备更精准有效的数据信息。

4月7日，协会受长三角联盟当值主席单位浙江省铸造行业协会、浙江省铸造学会邀请，联盟执委单位中国铸造协

会、江苏省铸造协会、苏州市铸造协会及部分浙江铸协青铸会代表一同到访轮值主席单位安徽合力股份有限公司合肥铸锻厂参观交流。

4月11—12日，协会组织铸造生产企业、工业互联网软件公司及律师共27位代表赴江苏南通考察交流。参观新江科技（江苏）有限公司欧区爱铸造材料（中国）公司、昌坚华新机器人部件南通有限公司。4月下旬，组织6家会员单位参观2023年第24届中国环博会，了解最新环保设备与技术方案。

8月，与市锻造、电镀、热处理协会共同参加曹路镇制造业工业园区招商交流。该园区计划以智能制造级为导向，集聚电子材料、核心电子元器件、汽车关键零部件等基础产业领域的优质智造企业。协会介绍会员单位的特色与需求，期待未来有进一步合作。

四、加强行业组织间的联系与交流

5月，协会负责人赴天津参加第19届中国铸造年会，参观第21届中国国际铸造博览会，获得《中国铸造发展史（第三卷）》编写工作优秀组织单位表彰。

9月，参加"2023第九届中国铸造行业组织发展论坛暨第34次全国铸造行业组织秘书长工作会议"，探讨在国际政治与经济新形势下如何发挥好行业组织作用，帮助企业把握机遇与挑战，加快铸造行业高质量发展；听取中国铸造协会汇报近阶段重点工作，交流各地区铸造产业发展情况。

12月，参加苏州铸协十届一次会员大会暨华东地区铸造行业"兴业杯"铸造企业高质量发展实践与创造主题论坛，学习优秀企业成功实践和创新经验。

（谈悦晨）

上 海 市 焊 接 行 业 协 会

上海市焊接行业协会（原上海市焊接协会）成立于1985年，是非营利性社会团体法人。现有会员单位127家。

2023年主要工作：

一、贯彻上级精神，发挥桥梁纽带作用

（一）发挥协会桥梁纽带作用。为营造行业发展的良好政策环境，加强与政府部门的联系沟通，协会认真贯彻上海市经信委、市社团局等政府部门的各项方针政策，积极配合政府开展系列规划调研工作，发挥协会桥梁纽带的作用，对焊接行业重点企业的生产情况、市场占有率、增长率等进行调研。同时，积极贯彻焊接行业高质量发展规划，认真贯彻市民政局关于《上海市行业协会商会服务高质量发展专项行动实施

方案》，于11月制定计划和汇报，已上报市民政局。

（二）贯彻上级精神，完成政府项目。根据《社会组织助力乡村振兴专项行动方案》，民政部、国家乡村振兴局形成了"全国性社会组织、东部省（直辖市）社会组织与160个乡村振兴重点帮扶县结对帮扶名单"，协会迅速响应市民政局的通知精神，穿针引线，积极组织参与社会团体助力乡村振兴帮扶项目，协会所属会员单位上海陶派金属焊接科技有限公司参加广西融水苗族自治县的帮扶项目，以焊接技能培训、就业安置的方式，实现技能致富，实施技能帮扶。8月，与帮扶县签订帮扶协议，2024年将加快实施帮扶项目。

全力配合市工经联开展企业节能减排工作，组织会员单

位积极开展节能减排项目。

二、坚持协会宗旨，开展各项工作

（一）按照协会章程，履行协会职能。年初，为做好年度计划，首先发动会员单位，征求对协会工作的意见和建议；组织协会专业工作委员会主任会议，听取和汇总各方意见。3月16日，召开第九届二次、三次会员大会，协会理事和会员单位以及特邀嘉宾130余人参加会议。听取并通过《上海市焊接行业协会2021/2022年工作报告》《2021年、2022年协会财务报告》等10个报告、决定。

（二）坚持服务理念，更好服务会员单位。4月10日，组织相关单位领导来协会讨论职业技能认定工作方案等事宜，对下一步做好职业技能工作做好准备。同时，积极服务会员单位，为企业的生产经营活动服务，努力做好各类考试和工艺评定工作，年内完成各类标准焊工考试2420余项，各类焊接工艺评定项目30余项。并加强协会与会员单位的联系，全年走访会员单位14家。协会秘书处吸纳符合条件的上海赛威德机器人有限公司等10家会员单位。

（三）开展技术竞赛，培养技术人才。9月15日，协会在金山召开培训工作会议，参加会议40余人，回顾总结一年来的培训工作，并对以后工作进行布置。同时对焊工技能评定、工艺评定流程控制等各类标准进行详细阐述，为更好服务会员单位提供技术支持。11月19日，由上海市总工会主办，上海市职工技术协会、上海市焊接行业协会、中冶宝钢技术服务有限公司工会承办，上海通用重工集团有限公司技术支持，受市总工会委托，上海市焊接行业协会承接本次大赛的初赛和决赛的命题、考试的监考以及评分等全部技术工作，为大赛圆满成功作出一份贡献。协会获上海市总工会颁发的"2022年上海职工职业技能系列竞赛优秀组织单位"奖牌。

三、开展行业协会合作交流，拓展工作新思路

（一）加强行业地区间合作交流。3月24-26日，由中国焊接协会主办的第七届焊割行业创新发展论坛在安徽合肥召开，论坛以"集智·共融·向未来"为主题，来自行业资深专家、知名企业代表，优质经销商等共计200余人参加论坛。

4月26日，由中国焊接协会主办的第六届全国焊接行业协会（商会）会长（理事长）、秘书长工作会议在苏州召开。会议主题为"聚力行稳、蓄势新程"。协会秘书长出席会议并在会上发言，提出有益的意见和建议。

6月26日，协会参加由珠海市焊接协会承办的第二十一次三市一省行业（扩大）工作座谈会。协会和相关会员单位与来自四市一省的30余名代表出席会议。协会秘书长彭伟华在会上介绍产教融合培养焊接人才的情况，得到与会代表的认可。

12月18日，协会与成都智能焊接装备行业协会、天津市焊接行业协会、珠海市焊接协会等联合主办"数字赋能融合创新—焊接装备行业高质量发展论坛"，并共同发起行业协会协同发展合作倡议书，为推动焊接行业技术进步作贡献。

（二）开展焊接技术交流，促进行业高质量发展。6月27日，第26届北京埃森焊接与切割展览会在深圳举办，协会在展览现场设置展台，介绍展示上海市焊接行业协会的历史发展进程和现状，扩大协会的品牌影响力，取得一定的效果。9月20日，由协会与上海展业展览有限公司共同主办的"创新促发展、智造铸辉煌"2023钢结构智能加工与焊接技术创新大会在上海新国际博览中心会议室隆重召开，来自会员单位、高等院校、焊接行业领导专家100余人参加会议。为国内焊接领域产学研专家学者及工程技术人员搭建交流与合作的平台。12月2日，第十六届华东六省一市焊接技术交流会在安徽省合肥市顺利召开，会议主题为"高端化、智能化、绿色焊接技术"。150余名代表出席会议。本次会议共征集论文230余篇、收集论文21篇，将汇编成册，交流推广。

四、开展主题教育活动，提高党员思想认识

加强协会党组织建设，铸锻热镀焊联合党支部认真贯彻上海市工经联党委的指示精神，组织党员认真学习中共二十大报告，开展专项主题教育活动。

2月15日，学习贯彻中共二十大精神主题活动党课报告会在机电大厦会议室召开，特邀市工经联执行副会长史文军到会作党课报告。铸锻热镀焊联合党支部全体党员、积极分子参加党课学习。

11月9日，联合党支部和第七党建工作站组织党员群众参观杨浦滨江党群服务站，亲身体验感受上海杨浦滨江百年工业的发展变迁。

经过全体党员的共同努力，联合党支部获上海市工经联党委2022年"先进党支部"称号。

（余新华）

选树表彰"上海轻工工匠"16人，下半年开展第四届全国轻工行业先进劳模评选工作。

三、坚持开展经济运行分析，撰写行业发展研究报告，完成轻工业卷编纂等工作

协会坚持不懈做好全市轻工业规模以上企业的季度、半年度、年度经济运行分析，形成专题材料，参加市经信委都市产业处定期召开的经济运行分析会；还为各专业行业协会和会员单位提供经济运行信息资讯服务，受到普遍欢迎。撰写的《2022年上海轻工行业经济运行报告》《上海轻工品牌高质量发展思路与对策》《上海轻工品牌建设的现状及推进建议》和《上海轻工业经济运行发展态势分析》等研究报告，分别报送市经信委、市人大财经委，光明食品集团课题组报送的《2023年上海工业经济运行分析报告》，在2023中国品牌营销国际高峰论坛上作演讲交流。

协会承接《上海市志·工业分志·轻工业卷（1978—2010）》编纂，编纂室被市地方志办公室授予"上海市第二轮新编地方志书编纂工作优秀编纂集体"称号。在上海工业博物馆筹建过程中，协会参加市工经联、东浩兰生会展集团召开的上海工业博物馆轻纺行业展品史料征集专家会议、上海工业博物馆轻工协会沟通会、上海工业博物馆重要展项征集会议等多次专题会议，向广大会员单位发出重要展项征集通知，按要求推荐一批重要事件条目及史料。

四、多层面服务政府和企业，全方位助推行业高质量发展

协会助推人工智能和数字化转型。以工业机器人应用为专题，前往光明乳业华东中心工厂、东富龙包装技术（上海）有限公司等相关企业调研座谈。承办由市经信委主办、在上海太太乐食品有限公司举行的2023年上海市食品安全宣传周主题日交流活动。组团出展"上海之帆"经贸（人文）巡展。与上海设计之都促进中心等共同主办上海市轻工业设计交流、研讨会，举行上海新海派商业设计与人才培养高端论坛，设立上海轻工时尚消费品中心，上海商学院与6家企业签署校企战略合作协议。把低碳绿色经济作为重要实事，2023年迎峰度夏期间，解决16个内外订单饱满或夏令产品需求旺盛的生产点用电需求。

协会推荐会员单位中老凤祥、太太乐等优势企业进入中国轻工业二百强企业行列，推荐优秀人气产品进入"上格时尚科创先锋榜"。协会推荐申报的"海派紫砂艺术（扩展项目）""手工皮鞋制作技艺"入选第七批上海市非物质文化遗产代表性项目名录推荐项目公示名单。协会充分运用舆论阵地，宣传上海轻工亮点，讲述上海轻工故事。《上海轻工业》杂志全年共刊载论文297篇，数量大幅度增加并创新高。协会还通过门户网站、公众号、微信群，畅通与会员单位和社会各界的信息渠道，不断扩大上海轻工业的知名度和影响力。

五、党建引领，规范运作，不断加强协会自身建设

年内，协会先后召开四届五次会员大会暨四届七次理事会，总结年度工作，邀请重庆市原市长黄奇帆作题为"中国式现代化战略路径——贯彻二十大精神，全面推进经济发展和改革"的主题报告。召开四届八次理事会，审议换届筹备事项；召开五届一次会员大会、理事会和监事会，全面总结协会四届理事会期间各项工作，选举产生第五届理事会、监事会，成功实现换届。

协会党支部和市工经联党委第十二党建工作站深入开展学习贯彻习近平新时代中国特色社会主义思想主题教育活动，开展学习调研"看发展、强党性、建新功"。协会党支部获市工经联党委授予的"先进基层党组织"称号；党建工作典型案例和调研报告入选市工经联党委《行业协会党建工作案例集》，获颁荣誉证书。

（范伟民）

上海市摩托车行业协会

上海市摩托车行业协会成立于1995年，是上海市研制、生产、销售摩托车企业自愿组成的跨地区、跨部门、跨所有制非营利性行业性社会团体法人。协会主要业务为开展行业协调、市场调研分析咨询、情报编辑、信息交流、培训，接受政府委托开展行业统计等（涉及行政许可的，凭许可证开展业务）。现有会员单位52家。

2023年主要工作：

一、发展产业方面

协会参与摩托车国Ⅴ排放标准的起草，对摩托车排放控制技术提出更高要求，发挥自身作用，促使行业达成相对统一意见。开展上海市轻型电动两轮车换电系统领域的标准体系研究和相关技术标准的制订工作，完成《电动轻型两轮车换电安全要求》等7项团体标准审查发布工作，积极推动产业发展。并组织相关单位开展对电动摩托车钠电池的研究。

二、服务企业方面

协会以协会专家组为核心，开展对摩托车生产企业的服务。已开展的项目有标准、认证规则培训、技术服务等。如摩托车燃油消耗量限值、摩托车制动系统、电动摩托车纳电池等技术交流。并针对进口摩托车企业进行政策、技术及信息的传达和交流。办好《摩托车标准化》，为会员单位提供信息服务。开展学术交流活动，帮助企业及会员单位了解摩托车标准，有助于标准的实施和企业产品质量的提升。如开展GB/T5374-2023《摩托车和轻便摩托车可靠性试验方法》等标准培训研讨会议，帮助会员单位加深对标准的理解，对于规范企业及相关单位有着积极的作用。协助上海市生态环境局开展摩托车产品一致性抽查工作。

三、开展科研活动

开展的项目有：三轮摩托车和正三轮轻便摩托车安全带

及固定点可行性研究、摩托车软件升级通用技术要求、摩托车座垫和座椅尺寸及试验方法、电动摩托车和电动轻便摩托车再生制动系统性能试验方法，参与氢燃料电池标准研究等。

四、完成协会换届改选

为确保协会换届改选预期进行，协会认真做好梳理会员、修改协会章程等组织准备工作。8月28日，召开第八届第一次会员大会，选举产生第八届理事会、监事会，由第八届第一次理事会选举产生新一届会长和副会长，由第八届第一次监事会选举产生新一届监事长，还聘任秘书长。

（陆　瑾）

上海市电梯行业协会

上海市电梯行业协会成立于1988年，涵盖上海及江苏、浙江长三角电梯产业集群，遍布世界各主要电梯品牌和国内知名电梯品牌公司的生产整机厂50余家，主要电梯配件厂家100多家，以及上海主要的电梯维保企业100多家。上海市电梯行业协会是政府颁发的最高等级5A级行业协会和上海市先进行业协会称号获得者。现有会员单位300家。

2023年主要工作：

一、坚持党建引领，激发内生动力

坚持党建引领是协会工作不断进步的有力保证。党组织的凝聚力、号召力，共产党员的先锋模范作用对协会日常工作的开展起到至关重要的作用。协会党支部积极传达上级党委的工作要求，组织参加2023年度市建设交通系统社会组织党组织负责人和党务工作者的专项培训班，与80余个协会组织共同交流探讨，并专题学习习近平总书记关于党的建设的重要思想以及增强拒腐防变能力的主题教育课。

党支部通过党员会议、政治学习、座谈交流、党建联建等多种形式开展党建活动，不仅有效提高党员同志的政治觉悟和理论能力，而且加强党组织的向心力和凝聚力。如与上海富士电梯有限公司建立联建支部，发展一名年轻同志成为预备党员，实现协会自成立以来零的突破。上级党委领导来协会调研时，对协会工作给予充分肯定。

二、完善组织建设，持续规范管理

圆满完成协会换届选举工作，12月18日，顺利召开第八届第一次会员大会、理事会及监事会，会上选举产生协会第八届理事会、监事会及协会第八届领导班子。

全力以赴完成协会5A复评工作。协会连续第三次获得5A级社团组织称号。5A级称号对协会不仅是荣誉，更是提高协会工作质量、开展相关工作的必要前提。为促进上海电梯维保业持续高质量发展，协会在前两年创建"信得过"电梯维保企业活动的基础上，积极将其引向深入，全年共有57

家企业荣登信得过电梯维保企业认证企业名单，电梯维保量已经涵盖上海近六成在用电梯。持续开展加装电梯工作。协会本年度继续做好政府、市民、社会和电梯企业都关注的加装电梯项目，按照市市场局要求在会员单位范围内统计各企业加梯台量。同时也在积极探索加装电梯更有效的管理机制、加装电梯全生命周期保险等新观念、新方法和新思路。

三、强化人才培养，提升业务水平

协会推动企业电梯安装维修工培训，并不断改进和完善制度和工作方式方法，提高培训和评价质量，推进技能人才培养工作，工作成效获得相关主管部门和社会各界的高度认可。自2021年协会被市人社局任命为首批社会培训评价机构以来，年内协会顺利完成高级技师认定，协会培训鉴定工作的一个里程碑。协会认真做好高技能人才培养基地工作，主要是：师资培训资助项目、"电梯物业类"教研组活动、实训设备资助项目。组织专家于2022年底完成电梯安装维修工高级教材的编写工作等。为提升行业技能、弘扬工匠精神，11月26日，举行"2023年电梯安装维修工职业技能竞赛（三级、四级）"。协会组织企业员工踊跃报名，经初赛选拔，共有20余家企业76人参加大赛。协会响应市场局号召在行业内宣传和推动竞赛工作，组织4家会员单位8位参赛选手参加2023年长三角环太湖城市电梯维修职业技能竞赛，并取得优异成绩。

四、增强服务意识，当好桥梁纽带

协会开展和参与各项活动，为企业多方搭建平台：举办智慧楼宇技术创新交流会、参加各种展览会、长三角区域电梯行业联席会等，发挥桥梁纽带作用。协会发挥杂志、网站、微信公众号作用，加强行业新闻、行业动态与会员单位的宣传报道，进一步扩大电梯行业的社会影响。

（杨　玥）

上海市自行车行业协会

上海市自行车行业协会成立于 1988 年 11 月，是上海自行车行业企事业单位自愿组成的跨部门、跨所有制非营利性行业性社会团体法人。协会下设电动车专业委员会分支机构。团体会员全市覆盖率已达行业的 90% 以上。协会是中国自行车协会理事单位，并参与 GB17761《电动自行车通用技术条件》的修订工作。现有会员单位 120 余家。

2023 年主要工作：

一、积极开展阳光车行的评选活动

按照市市场监督局监督处的要求，协会负责"阳光车行"评价活动的申请、申报材料初审、评价、评价报告的审核、评价结果的公示、证书和牌匾的制作和发放、证后监督等整个过程的组织实施和管理工作。

3 月，启动首批"阳光车行"现场评价工作，由协会秘书处邀请业内相关专家组成评价组。评价对象由各区市场监管局和标准起草小组成员单位集中筛选推荐的 93 家门店中参加标准培训并已准备就绪的有 47 家门店。被评价门店所在地的市场监管部门派出观察员出席评价活动，观察和监督评价工作有序规范进行，确保评价工作客观公正。4 月，评价组完成评价报告编写，协会秘书处负责复核。并将获得"阳光车行"门店名单在协会网站和微信公众号上公示。5 月，完成证书和牌匾制作，并举行首批"阳光车行"门店授牌仪式。

二、对互联网租赁和清运企业进行监督检查

协会按照《互联网租赁自行车清运服务规范》团体标准要求参与监督检查，对互联网租赁自行车企业实施行规行约，开展行业培训和风险预警等活动，指导和督促这些单位依法诚信经营；按照《互联网租赁自行车清运服务规范》团体标准要求对全市从事清运回收车辆企业的资质、人员、场地、设备等进行检查和评价，并发布评价结果；在检查和评价中对团体标准进一步完善；配合市市场监督局会同市道路运输部门对标准的制定和落实情况进行监督检查。

三、宣传和贯彻新国家标准

12 月 29—30 日，国家标准化委员会公布与自行车行业有关的国家标准 13 项，其中强制性标准有 4 项：7 月 1 日实施的 GB42296《电动自行车用充电器安全技术要求》、GB811《摩托车、电动自行车乘员头盔》，10 月 1 日实施的 GB3565.2《自行车安全要求第 2 部分：城市和旅行用自行车、青少年自行车、山地自行车与竞赛自行车的要求》，2024 年 1 月 1 日实施的 GB42295《电动自行车电气安全要求》及国家推荐的 9 项标准，协会积极向会员单位进行标准的宣贯，并及时将实施中可能遇到的问题向有关部门进行反馈。同时，组织力量对国家标准 GB/T42236.1《电动自行车集中充电设施第 1 部分：技术规范》向集中充电的生产、建设和管理、运营单位及各区有关部门、使用的街道进行宣贯。协会还与中国质量认证中心（CQC）加强合作，围绕国标与已实施的认证文件《电动自行车集中充电控制器技术规范》和《电动自行车充换电柜技术规范》的差异进行比较和修改，为继续开展执行国标的第三方自愿性认证做准备。从而为降低电动自行车火灾事故的发生，建立平安社会贡献协会的力量。

四、参与及配合完成团体标准的制订

协会与邮政协会共同提出的《快递末端投送设施安全技术和管理规范》于 2 月 28 日完成征求意见。起草小组对反馈意见进行汇总，3 月召开审定会，完成所有文本的起草流程。该团体标准通过提高技术要求、限制其使用范围和加强监管，配合专用牌照管理，确保两轮电动车这一快递车辆使用更安全。标准发布后，协会积极协助市邮政管理局和邮政协会，对标准实施采取各种落实措施。配合市经信委制定轮椅车（残疾车）目录管理办法并实施。协会执笔起草将由市经信委、市残联、市市场监督局、市公安局、市生态环境局等五部门联合下发的《关于开展 2023 年上海市残疾人机动（电动）轮椅车产品目录申报和编制工作的通知》（征求意见稿）已完成，并已征求有关部门意见。协会依此制订具体的目录申报办法，接受企业申报，并对送审车辆组织专家进行评审后向五部门汇报后形成轮椅车目录。

五、发挥老字号企业平台作用，推动行业共发展

协会积极发挥永久和凤凰两家老字号企业带头作用，使两家企业继续成为上海自行车行业的中坚力量。除了自行车产销量领先外，电动自行车产销量也不断提升，2022 年电动自行车销量 58 万辆，占比达到创纪录的 32%。永久和凤凰自行车中高档自行车的销售比例维持增长势头，企业经济状况处于历史最好水平，为上海自行车行业的发展转型起到非常好的示范和引领作用。

（罗甲乔）

上海电器行业协会

上海电器行业协会成立于 1987 年，是以上海地区电器行业企事业单位及其他经济组织自愿组成的非营利性社会团体法人。协会按照市场经济要求运作，推动行业科技进步和产业经济高质量发展。现有会员单位 180 多家。

2023 年主要工作：

一、做好企业数字化转型工作

协会在上海西门子开关有限公司数字化转型升级改造后，组织部分副会长企业现场参观交流学习。组织协会专家委员会赴浙江万控集团、宁波金田集团考察。通过考察交流学习，对先进的数字化生产设备和管理系统在企业中应用有新的认识；数字化转型是发展、理念、组织方式、业务模式、经营手段等全方位的转变；既是战略转型，又是系统工程，需要体系化推进。11 月，商飞公司在 C919 交付中国东方航空之际，协会组织部分会员企业参观考察中国商飞有限公司生产现场。

二、积极贯彻落实国家双碳目标实施

6 月，协会邀请中国电器工业协会副会长郭振岩作"电工装备制造业创新发展思考"报告。参会的会员企业表示要抓住机遇、抢占制高点，为电气行业输配电产业高质量发展发挥上海人才、技术优势，缩小与国内外同行的差距，贯彻落实国家双碳目标并努力实施到位。

三、加快品牌建设步伐

协会聚集各方力量，助力电器行业优势制造企业打造优秀品牌形象，通过加强品牌建设挖掘一批优秀企业代表行业参与国内、国际市场竞争。广大会员企业积极投入参与上海品牌的认证、品牌示范引领企业的申报。上海人民电器厂、诺雅克通过上海品牌认证审查，纳杰电气获 2021 年品牌示范引领企业称号。协会与上海家具行业协会联合举办品牌建设讲座，邀请上海市质量协会领导和专家进行主题宣贯，帮助会员企业投入品牌建设工作。

四、开展团体标准制订

协会是全国团体标准信息平台注册单位，是上海最早开展团体标准制订的社会组织。协会相继制订完整的团体标准管理文件，包括上海电器行业协会团体标准管理办法、团体标准立项表和委托合同文本等管理制度。根据国家双碳政策目标实施，对新能源产品研发，协会积极开展一系列调研，对广泛用于海上风电、光伏产品开展团体标准的制订，以此弥补国家、行业标准的缺失。2023 年，完成制订《海上风力发电机组用环保气体绝缘开关设备》《高阻抗电力变压器》团体标准。其中《高阻抗电力变压器》已申报电力行业标准立项，并参与上海市十佳团体标准评比活动。通过开展团标体系建设，及时将企业的技术优势转化为标准优势。

五、做好新产品技术鉴定工作

开展行业新产品鉴定是协会业务范围之一，也是协会为会员服务的一项重要工作。协会配合机械、电力两部、上海机电、电力两家主管单位为多家会员企业开展新产品技术鉴定工作，得到行业内外专家一致好评。协会进一步加强与中国电力科学研究院、国网电科院、南网电科院、国网上海市电力公司、浙江省电力公司等专家的合作与联系，为实现电器行业输配电产业跨部门、跨地区发展和开拓市场创造有利条件。3 月，协会为上海人民电器厂进行 RMW3 新产品鉴定。

六、充分发挥专家委员会作用

协会专家委员会为会员企业在 3C 认证、高新技术企业认定、企业技术中心认定等方面做了大量工作。专家委员会按产品大类分成套开关柜类、中低压电器元件类、变压器类、电力电子类等 4 个专家组，20 多位专家根据会员企业不同产品开展针对性服务。7 月，协会在良信电器召开专家组会议，按照市经信委提出的"3+6"产业布局进行学习讨论，提出适合电器行业输配电产业发展计划，帮助会员企业在产业升级、数字化转型方面布局，引导会员企业在产业发展上发挥好"尖子兵、试验田"的作用。

七、牵线金融机构为实体经济服务

协会积极与各大银行加强联系，为会员企业牵线搭桥，助力企业在高质量发展中获得可靠的资金保障。近年来，宁波银行积极服务于电器行业输配电产业各类所有制企业，取得一定经验和成果。7 月，协会会长马军一行到访江苏银行上海分行，同沈晓驰行长就围绕如何服务实体经济，加强银企合作、共同推动银企高质量发展等进行深入交流。双方就未来在绿色金融领域、供应链建设领域和进一步服务实体经济进行深入探讨，双方还共同签署战略合作协议。

（马学能）

上海市锻造协会

上海市锻造协会成立于1984年6月，是上海及周边地区锻造企业及相关企事业单位自愿组成的跨地区、跨部门、跨所有制非营利性社会团体法人，现有会员60余家。

2023年主要工作：

一、以政策为导向，努力发挥协会引领作用

协会积极宣传政府政策，关注政府产业导向，通过理事群、会员群、网站以及大会报告、信息交流认真解读行业政策，引领行业把握好宏观经济走向，谋求行业高质量健康发展。协会注重收集行业政策并广泛宣传，先后有2019年起国家重新调整的《产业结构调整目录》，把原来限制类中的"普通铸锻件"修改为"使用淘汰类和限制类设备及工艺生产的铸件、锻件"。工信部、国家发改委、生态环境部等联合发文《关于推动铸造和锻造行业高质量发展的指导意见》、上海市人民政府办公厅印发《上海市推动制造业高质量发展三年行动计划（2023—2025）》、上海市经信委、上海市生态环境局联合发文关于《上海市推动四大工艺行业高质量提升发展实施意见（2022—2025）》。

"专精特新"，引导企业注重差异化竞争。国内锻造企业数量众多，规模以上（年产值2000万元）锻造企业有600余家，大部分锻造企业主要从事普通碳钢、合金钢、不锈钢等材料锻件的生产，产品技术含量及附加值相对较低，竞争比较激烈，迫使企业需要对现有产品进行工艺创新，提升材料利用率和生产效率，倒逼降本增效，力求差异化发展，"专精特新"，推动企业自动化、数字化、信息化建设，走出一条具有自身特色的现代化、专业化道路。

二、以企业为中心，服务企业，做好实事

协会以服务企业为宗旨，借助平台，尽协会所能，在企业复工复产政策宣传、协助企业"专精特新"申报，以及在企业产品工艺链衍生、原材料及设备、培训、人才及用工等方面急企业所急，积极提供信息和咨询，尽最大努力为企业提供力所能及的服务。

2月1日，市经信委、市生态环境局联合下发《上海市推动四大工艺行业高质量提升发展实施意见（2022—2025）》，协会根据市经信委统一部署，在广泛宣传的基础上，配合做好四大工艺标杆企业与典型应用场景推荐名录工作，助力标杆企业获取市场份额，扩大业务规模，提升管理水平。

开展职业技能培训，完成锻造工（自由锻四级）和模锻工（五级）的题库和培训资格申报材料工作，为企业职工技能培训和技能鉴定实现"规范流程化"奠定基础。配合企业进行职工上岗培训，并对考核合格者发放上岗证书。

配合政府政策研究及产业调研，协会保持和政府相关部门的密切沟通，在四大工艺行业发展方面积极呼吁和建言献策，多次参加市经信委组织的论证会，对市下发的《四大工艺行业转型突破发展行动计划》提出修改意见，积极反映企业的呼声，努力为锻造行业高质量发展争取更大的空间。配合中国锻压协会进行产业调研工作。

三、聚焦产业发展，促进合作交流

年初，协会与上海工程技术大学材料学院签订战略合作协议，旨在优势互补，产教研融合，促进共同发展。为提升企业职业技能水平，按照上海市职业鉴定中心培训大纲要求，协会邀请上海工程技术大学材料学院的专业老师对自由锻初级工培训班进行系列讲课；邀请上海工程技术大学材料学院董万鹏教授作关于"新能源汽车对传统汽车模锻件市场所带来的变化和影响"报告。部分会员企业还与上海电机学院材料学院在新材料制造等方面进行合作研发。

与中国锻压协会合作，组织参加中国国际金属成形展览会、锻造技术交流会、自动化信息化应用研讨会，以及锻压采购商供需洽谈会等。还先后邀请中国锻压协会、上海汽车集团、上海高校以及人才咨询公司等服务机构就中国锻造行业发展趋势、新能源汽车、锻造人才市场等作交流，得到会员单位的赞同。邀请上海昌强重工机械有限公司向协会会员介绍企业在自动化、数字化、信息化建设方面的经验。

组织与相关银行对接，举办银企对接和网络咨询活动，帮助中小企业解决票据拆分、贴现等问题。此外，与上海市铸造、热处理、电镀、电焊等行业协会以及无锡、山东等锻压协会建立常态合作和交流机制。

（殷达义）

上海重型装备制造行业协会

上海重型装备制造行业协会成立于 2004 年 12 月，是上海及周边地区从事重型装备研发与制造单位组成的非营利性社会团体，包含冶金设备、矿山设备、电站设备、核电成套设备、环保设备、工程机械、大型铸锻件等装备制造和配套企业以及大专院校、科研院所和行业相关的服务性企事业。现有会员单位 80 余家。

2023 年主要工作：

一、加强党建工作、落实党建工作要务，以党建促会建

（一）学做结合，推进党建主题教育活动走深走实。2 月 15 日，协会党支部和市工经联第七党建工作站在协会会议室召开学习贯彻中共二十大精神主题活动党课报告会，特邀市工经联执行副会长史文军讲授党课。还邀请电机协会和健康科技协会秘书长近 25 名党员、入党积极分子和民主党派人士聆听党课。

8 月底，根据市经信委关《于深入开展学习贯彻习近平新时代中国特色社会主义思想主题教育的实施方案》精神和党支部主题教育活动计划，协会党支部组织开展支部书记上党课活动。协会支部书记传达参加市工经联党委"支部书记培训班"学习有关精神，作题为"感悟思想伟力、凝聚奋进力量、全面推动主题教育走实做实"的专题党课。通过开展主题教育活动，结合协会工作实际，全体党员表示要自觉运用习近平新时代中国特色社会主义思想指导工作，在强国建设民族复兴的伟大征程中踔厉奋发，勇毅前行。

11 月 9 日，协会党支部和第七党建工作站组织党员群众参观杨浦滨江党群服务站电站辅机厂站，体验行走上海杨浦滨江百年工业的发展变迁。昔日的上海电气电站辅机厂原厂址现已成为杨浦滨江党群服务站。从昔日的"工业锈带"成了"生活秀带"。党员同志们深切体会到上海的变化今非昔比，为祖国日新月异的变化而自豪。

（二）协会切实加强内部规范管理，严格执行市相关部门关于社会组织管理的各项法律法规要求，严格按照协会章程研究决策和组织开展各项工作。按照市民政局的管理口径自查，均符合政府管理要求，一次性通过社会组织的年检。加强会员单位发展工作，优化会员单位结构，不断扩大协会的辐射面和影响力，提高协会整体实力，2023 年新发展 2 家企业入会。

二、继续加强桥梁纽带作用，多维度服务会员

（一）组织会员单位观展。第 22 届中国国际模具技术和设备展览会在国家会展中心举行。协会组织 10 家会员单位参与集体观展。7 月底，第 19 届上海国际供热技术展览会及 2023 长三角热泵及供热系统采购展览会在上海世博展览馆召开，本次展会规模达 25000 多平米，汇集供热行业上下游 250 余家国内外名优企业，协会受邀组织相关产业的会员单位及专业人员参观本次展会。9 月 19 日，举办"中国国际工业博览会"，协会秘书处组织 6 家会员单位代表参加展会开幕式及 2 个峰会专场。11 月 29 日－12 月 1 日，"2023 金属世界博览会·上海"在上海新国际博览中心举办。协会组织相关企业领导和专家参加展会。本届展会有 1000 家企业参展。展会以"钢铁行业生态化发展"为主题，集中展示全品类钢铁产品、生产过程中的原辅料、冶金装备、环保技术等。

（二）专业技术职称评审工作如期开展。年内，协会专业技术职称评审工作按计划开展，7 月上旬，协会即在会员单位工作群里发出通知，同时还点对点通知相关企业人事部门，积极组织申报。全年共有 3 家单位 6 名申报者，已完成整个评审工作。

（三）关注政策动向，为企业争取利益。由于受疫情影响，企业申报政府资助项目入围门槛大幅提高，资助资金收紧。协会秘书处关注政府政策动向，迅速应对，指导企业及时申报，不漏过窗口期。成功协助一家业外企业申报成功市经信委"技措技改"投资补贴，获得政府资助额度近 700 万元。

三、产业互联，推进企业智能化发展

（一）4 月 26 日，以"产业互联　以数强实"为主题的"2023 第四届中国（上海）工业品在线交易节"开幕。本届交易节继续发挥产业互联网的平台服务优势，加快推进企业智能化发展。协会连续四届协助交易节组委会组织开展"临港新片区制造业 AI 智造专场暨临港服务超市"活动，活动采用专家演讲＋主题沙龙＋现场展示相结合的模式，由智能制造、智能数控等方面的专家和企业分享制造业智能制造转型经验和应用案例，共同探讨制造业 AI 智造发展之路，助力推动临港新片区制造业高质量发展。

（二）加强会员单位上下、横向之间的联动。协会配合宁波银行上海分行积极在会员中寻找服务对象，将新的服务业务推介给企业，拓展服务。如开展商业承兑汇票贴现业务，加快企业资金周转，降低企业管理成本，让更多企业能得到优质和专业的服务。

四、完善协会合作交流平台，进一步提高协会活力生机

（一）高端装备制造业协会合作联盟厦门会议。由高端装备制造业协会合作联盟和联盟轮值主席单位福建省工业文化协会共同主办的"2023 年中国高端装备制造企业家大会暨中国制造隐形冠军企业（厦门）对接会"在福建厦门召开。本次会议的主题是：聚焦高端装备制造，赋能工业高质量发展。联盟主席郑锦荣在大会上作演讲。

（二）8 月 26 日，2023 世界清洁能源装备大会在四川省德阳市召开。全国人大常委会副委员长、民盟中央主席丁仲礼，四川省委书记王晓晖，工信部党组成员、副部长辛国斌出席大会开幕式并致辞。高端装备制造业协会合作联盟郑锦荣主席、专家指导委员魏志强、武鹏等专家 5 人受大会组委会邀请，参加大会开幕式和系列活动。郑锦荣主席等一行还考察联盟成员德阳高端装备制造行业协会下属 3 家企业，并与德阳市经信局及 3 家企业领导进行座谈，共商发展大计、共谋合作新思路。

五、落实"五届四次理事会"会议精神，走访调研企业

10 月 24 日，协会会长携秘书处人员一行走访调研航天智造（上海）科技有限责任公司，听取公司领导情况介绍，询问企业经营状况和难点，同时通报协会近阶段的工作以及正在制定的《高端装备制造行业协会合作联盟持续发展实施方案》初步设想、框架以及分阶段实施的工作内容。希望通过搭建这一平台，为会员单位提供更多、更好的服务，扩大企业的影响力，扩展业务合作空间。

11 月 15 日，协会领导走访调研上海振栋材料设备有限公司。会长表示上海振栋材料设备有限公司是最早加入上海重型装备制造协会的理事单位之一，这几年，快速发展、脱颖而出，在国内名列前茅非常不易，期望企业早日成为"专精特新"小巨人企业。

（宋竞彦）

上海市建筑材料行业协会

上海市建筑材料行业协会成立于 1986 年 12 月。协会现有流通、节能低碳、地板、定制家居、新型墙体和建筑节能材料、暖通和可再生能源、建筑钢材、建筑绿化、创意与工程设计、干混砂浆、新材料等 11 个专业委员会（分会），现有会员单位 900 余家。

协会先后获"全国建材行业先进协会""上海工业先进行业协会""AAAA 级社会组织""上海市三八红旗集体""上海新经济组织、新社会组织五好党组织""五星级社会组织党组织""党支部建设示范点""先进基层党组织""'政会银企'四方合作机制金融服务工作优秀商（协）会"等称号。

2023 年主要工作：

一、形成高质量的调研报告和政策建议

协会在调研走访和数据分析的基础上，完成 2022 年度上海市墙体材料、建筑节能材料、钢筋混凝土结构用钢筋、地板、定制家居、新风、干混砂浆、建筑绿化、流通等建材子行业发展报告。

参加相关部门的工作会议，及时反馈行业发展动态，为政策制定优化调整和引导产业健康发展提出建议。通过行业诚信信息系统采集统计信息，结合企业走访、调查问卷、行业情况摸底等多种方式，汇总分析各类数据，主动作为为政策文件制定提供参考。

二、推动行业发展支持性政策落地见效

协会充分发挥官网和官微的作用，及时传递有关政策法规、技术创新等重要信息，全年微信公众号共计发布 306 篇推文，其中绿色低碳、节能环保相关政策法规 85 篇，推动

国家、本市最新出台的行业发展支持性政策在业内会员中应知尽知。

打造"上海建材行业学习营"，推动建材行业形成协会引学、企业领学、行业共学的浓厚学习氛围。在为期半个月的学习期内，近 400 家企业、12000 人次参与答题，最终满分人数达到 51 人。

三、壮大行业发展必需的人才队伍

协会通过组织参与行业技能大比武，打造行业工匠，带动行业整体素质的全面提高。定制家居行业产品安装理论学习与实操练习相结合，高质量发展探寻工匠之道，"2023 上海定制家居安装工匠技能比武活动"成功举办，进一步展示和提升定制家居安装工匠技能水平，促进定制家居安装技能人才的培养和成长。

协会组织上海良浦、上海爱康、复培新材等 20 余家会员单位走进世界技能博物馆，从探寻技能的历史古今、参与技能的互动体验、学习观摩建筑改造等多维度传承先进技能工艺，帮助建材行业从业者更新提升整体综合知识。

四、建设推动行业产业发展的服务平台

协会涵盖多个建材子行业及其相应的供应链环节，针对会员单位的不同关注、多样需求，开展专业、精准、特制、创新的活动，着力探索新平台，助推企业发展、产业升级。

协会积极参加"政会银企"对接活动，发挥好政府与行业、企业的桥梁纽带作用，为企业解决融资难、融资贵的难题。2023 年，协会获得"'政会银企'四方合作机制金融服务工作优秀商（协）会"称号。

五、推出引领行业产业发展的先进标准

协会和华东建筑设计院共同推进《地面辐射供暖技术规程》地方标准局部修订，组织 20 余家单位，召开 3 次编制组会议，组织参观交流和技术研讨，促进行业技术创新和融合。同时，根据行业发展和市场创新需要，协会加大在绿色低碳节能环保领域标准研制力度，先后组织编制发布《人造板及其制品中甲醛和挥发性有机化合物释放限量》《全屋定制柜中甲醛和挥发性有机化合物释放限量》等 4 项团体标准，并加强标准宣贯学习及应用评估。

六、培育服务行业产业发展的品牌项目

协会作为 2023 国际绿色建筑建材（上海）博览会主办方之一，积极帮助会员开拓市场、服务行业发展品牌项目，通过"绿博 SHOW"为企业宣传。同时，精准邀请设计师、建设、施工单位等专业观众，形成材料企业与产业链的有效互动。

策划打造建材行业高质量发展系列活动品牌项目，促进行业先进标准和高水平团体标准的推广应用，促进行业人才知识技能提升，优化行业人才结构。

七、完善维护行业发展秩序的自律规约

协会发布《上海市建材行业自律公约》《上海市建材企业可持续发展倡议书》《履行企业社会责任，推进建材行业发展倡议书》等一批维护行业发展秩序的行规行约，根据高质量发展要求，将适时修订这些自律规约，成为开展行业自律、促进行业诚信建设的基础文件。并运用信息化手段强化行业自律，升级协会诚信信息系统中统一质保书模块，加大推广电子统一质量保证书在企业中使用力度，进一步提升协会数字化数据化行业自律能力。

八、服务促进经济布局优化的产业集群

协会帮助有需求的地方政府、市场、园区进行双招双引，促进技术、产品、服务交流与合作，推动产业集群发展壮大，促进区域布局优化。通过走访、电话、微信等多种方式，为会员单位提供政策、技术、市场、管理等信息，更好地服务经济布局优化，全年协会开展各类咨询服务 5000 余次。

九、参与服务高水平对外开放的新举措

协会通过微信公众号，在会员单位中宣传推介进博会、工博会，组织书香门地、天力管业、雅克菲等企业参加第 23 届中国国际工业博览会。在工博会设长三角高端产业和金融服务展区，共同举办"双碳战略与城市创新发展"和"赋能新材料高质量发展推动绿色低碳创新应用"对接会，更好服务现代化产业体系建设和区域经济协同发展。

着力培育新动能，增强上海国际贸易中心软实力，开展上海营商软环境、上海市仲裁机构满意度、上海贸易调整援助、稳外贸、稳外资、促消费相关政策解读、中国企业海外专利纠纷案例等多项调研培训。

（张春玲）

上海市模具行业协会

上海市模具行业协会成立于 1994 年 12 月，由上海模具行业生产、经营企业和有关高校、科研机构以及其他相关经济组织自愿组成，实行行业服务和自律管理的行业性、非营利社会团体法人。协会理事会下设经营管理、模具技术、模具标准件、模具材料、信息化、标准化、汽车模具、教育培训、特种加工和专家等 10 个专业委员会，各专业委员会活动基本上覆盖整个模具行业。现有会员单位 252 家。

2023 年主要工作：

一、开展党建活动加强队伍建设

为深入学习贯彻习近平新时代中国特色社会主义思想和中共二十大精神，扎实推进社会组织党建工作，进一步发挥协会党支部示范引领作用，在协会党支部书记侯小鸣的带领下，不断开拓创新、锐意进取、无私奉献。协会党支部组织观看红色主题电影《望道》，深刻领悟"心有所信，方能行远"的精神内涵。由模具、工具、冷冻空调、空调清洗协会四家党支部组成的市工经联第十党建工作站一行前往云南省保山市腾冲国殇墓园——中国远征军抗日烈士陵园，参观滇西抗战纪念馆。上海模协与昆山模协党支部共赴淮安开展党建联建共创活动，参观周恩来纪念馆和中国漕运博物馆。协会党建工作得到市工经联党委的认可，在市工经联党委表彰"两优一先"活动中，侯小鸣书记获"优秀党务工作者"称号。

二、加强协会基础工作建设

抓好载体建设，办好协会窗口。协会与宁波银行合作上线"商协会之家"小程序，打造协会数字化管理平台，包括会员管理、会费管理、活动管理和资源整合四大核心功能，小程序首页将展示协会简介、组织架构、活动列表、政策服务、融资需求、供需对接、党建宣传等窗口。

深入会员单位了解企业需求。协会先后走访或接待 20 多家单位；出席铂力特上海技术中心和上海发那科机器人三期工厂的开业典礼，并参与剪彩仪式。全年发展会员单位 15 家。

4月12日，在上海市工业经济联合会、上海市经济团体联合会召开的第六届第四次会员大会暨理事会，会上上海市模具行业协会评为2021—2022年度先进协会，协会副秘书长吴杰获2021—2022年度协会先进工作者称号。

三、举办DMC国际模具展树立企业品牌形象

"第22届中国国际模具技术和设备展览会（DMC2023）"在上海虹桥国家会展中心举办，协会作为本届展会东道主及协办单位，组织44家企业参展，展示面积1255平方米。通过展会平台提升行业企业知名度，开拓国内外市场，得到社会各界的广泛好评。

展会期间，协会联合上海市模具技术协会举办"数智前沿科技模具生态发展高峰论坛暨模具界招待会"；热情接待四川、重庆、辽宁、吉林、长春和大连等省市模具协会考察团，通过互相交流，促进各地模具企业家们在先进制造技术和自动化解决方案领域的合作与互动。

四、开展丰富多彩活动提高协会凝聚力

协会组织模具及相关单位参观上海发那科机器人有限公司展示厅，举办"模具行业高端技术交流沙龙"，考察大族激光深圳总部和张家港基地。为适应长三角行业一体化发展要求，加强沪苏两地交流与合作，协会组织模具及相关企业赴江苏省南通市，考察南通大地电气股份有限公司、江苏富松模具科技有限公司、凌力智能制造科技南通有限公司和皋加速科创园。

协会组织会员单位了解行业新设备、新材料和新技术，先后参观"2023 CME上海国际机床展"和"DMP大湾区工业博览会"，交流模具加工设备应用现状及未来发展趋势。协会秘书处应邀参观"第22届中国国际润滑油品及应用技术展览会"和"AMTS 2023第18届上海国际汽车制造技术与装备及材料展览会"，与相关行业协会及展会主办方交流业内动态。协会联合昆山市模具工业协会和荣格工业传媒共同主办"2023模具行业发展与先进制造技术论坛"。协会特邀专家举办"专精特新"政策解读培训、联合上海新迪数字技术有限公司共同举办"研发设计软件国产化研讨会"。

五、开展普法教育增强风险意识

为帮助企业家加强法律知识普及，规避企业经营过程中潜在风险，邀请协会法律顾问、上海德禾翰通律师事务所高级合伙人程华平律师讲授"劳动用工风险与合规"，同时设立"模具协会法律工作室"，定时定点在程华平律师办公室为会员单位进行免费法律咨询服务。此外，上海山田律师事务所在协会秘书处办公室设立"法律工作站"，免费为会员单位提供法律培训、法律咨询和行业法律风险总结等服务。

六、加强协会互动共享工作心得

上半年，协会秘书处拜访无锡、余姚、南京和扬州等模具协会，接待徐州模具协会。参加中国模具工业协会组织的地方模具行业协会相关组织负责人工作会议。参加第27届华东地区（扩大）模协联席会议，协会在会上作题为"紧跟新时代，赋予新任务"的报告。分别参加江苏、广东、昆山和晋江安海等模具协会换届改选、周年庆、论坛交流会及成立大会。参加虹口区模具学会2023年学术交流会暨会员大会，协会在会上作题为"工业之母——制造业振兴发展的基石"的报告。

七、对接政府部门架起沟通桥梁

协会在嘉定区经委指导下，联合上海地市商会联合会、宁波银行嘉定支行和上海大众经济城发展中心，在昌辉（上海）汽车零部件有限公司举办"政企银会合作交流座谈会"。联合嘉定综合保税区和宁波银行嘉定支行举办"外汇专题讲堂"培训会。与虹口区人民政府签署合作协议。参观第六届中国国际进口博览会，并参加同期会议"长三角产业安全发展会议"。接待安徽省马鞍山市博望区政协和工商联等相关领导，交流两地产业特色和相关政策。

（邵正彪）

上海市化工行业协会

上海市化工行业协会成立于1997年6月，是上海化工行业同业企业以及其他相关经济组织自愿组成、实行行业服务和自律管理的非营利性社会团体法人。协会以服务企业、服务行业、服务政府和服务社会为宗旨，开展行业管理、咨询、培训、编辑刊物、组织合作交流交往等活动。现有会员单位230家。

2023年主要工作：

一、服务会员，高水平发挥桥梁和纽带作用

（一）加大服务力度，全力推进产业高质量发展。上海市统计局发布的数据显示：2023年上海化学原料和化学制品制造业、化学纤维制造业以及橡胶和塑料制品业合计实现工业总产值3952亿元，在上海规模以上工业总产值中占比10.03%，利润总额293.89亿元，在全市规模以上工业利润总额中占比11.6%。其中，本协会会员单位在全市化工产业的工业总产值中占比达80%以上。

（二）发挥优势，在服务政府中主动作为。协会着力推动本市化工行业外贸发展方式转变和结构调整，全面助力"稳外贸"，助推化工外贸型企业高质量发展。开展专题系列

培训，有156家企业、161人次参加培训。承接市政府公共服务项目《上海及长三角地区化工贸易摩擦案例分析及提升国际贸易竞争力对策研究报告》，研究提升国际贸易竞争力的对策，编制国内外化工进出口贸易动态信息6期。

由协会秘书长季金华带队，组织上海40余家化工企业60多名企业责任人和营销人员赴泰国和新加坡参加上海之帆经贸（人文）展，重启自新冠疫情以来陷于停顿的对外合作交流活动。在新加坡展会期间，由协会和新加坡中华总商会发起，举办中国新加坡企业产品路演活动，为更多的中新企业搭建互通交流合作平台，促进两国贸易进一步发展。协助四川遂宁市政府在上海承办"川渝毗邻地区一体化发展先行区（遂潼）能源化工产业投资合作恳谈会"和招商引资工作，协会组织邀请30多家上海化工企业参会。加强与高校的合作，深入开展行业产学研工作，协会与上海大学环境和化学工程学院签订战略合作协议，更好地服务于企业科技发展。

（三）助力会员单位做好"四技"服务工作。完成工信部委托制作的"禁止化学武器宣传资料片"。在工信部安全司和市经信委新材料处的指导下，在禁化武专家的支持下，历时两年半编写课件、剧本，完成3个动画片、4个课件演讲视频制作，在工信部官网上展示宣传。协会与会员单位签订34份涉及管理咨询、技术和信息服务的合同。会同海关缉私局走访中国氟硅有机材料工业协会，了解中国加强ODS生产经营监管情况。组织氟化工专家赴海关缉私局开展专业培训，提高缉私干警执法水平和辨别ODS能力。印制打击ODS走私相关知识小册子，在海关及社会进行宣传。撰写完成专项调研报告和调研总结，已经上报海关领导审阅。完成上海市应急管理局行政许可第三方技术审查（从受理、组织专家组、文审、现场审查、汇总修改意见，直至完成技术审查报告并上传）；参与该局"2023年度行政许可第三方技术审查"投标，"2023年度上海市应急管理局化工企业低老坏深度评估项目"投标，并成功中标。完成2家企业申请"国内首次化工工艺安全论证"。承担市经信委2023年度"上海市禁化武许可及批后监管专项协助项目"。受上海海关、市应急管理局委托，完成"上海海关进口危险化学品海关执法安全风险评估"复核3家企业；组织、参与上海海关有关"海关查验现场的安全与应急管理"内部培训工作。完成"上海化学工业区产业绿色发展专项扶持指标改造项目技术审核"合同（2023—2025）及申报的技术培训工作。

（四）积极做好节能减排、国标制定工作。依托"平台经济""共享经济"和"在线经济"的新功能，不断推动上海化工进出口贸易做优、做强。组织上海国家外贸转型升级基地企业参加2023年度上海国家外贸发展专项资金申报工作。组织完成节能减排（JJ）小组活动52个项目的总结，推荐列入全市优秀案例集。全年上报节能减排（JJ）小组活动项目40个，涉及6家企业244人次。

协会主动为华谊信息、化工检测、久宙化工3家会员单位做好产品团体标准立项、编写、评审、申报公示相关工作。化工检测公司的《石油化工装置安全阀在线检测技术规程》团体标准已完成专家评审，将在国家和地方团标网上公示；久宙化工的《分子筛活化粉产品》和华谊信息的《面向石化领域的防爆型智能巡检机器人系统》2个团体标准均已完成立项公示，待进入编写评审阶段。

协会组织专家对碳谷绿湾产业园设立"金山纤维新材料创新协同特色产业园"专题报告进行评审，通过专家组评审已上报市区两级政府批审，这是集研发孵化、生产制造、检验检测为一体的专业绿色新材料产业园。重点发展纤维新材料、生物医药、节能环保产业，助力上海打造世界高性能"纤维之都"。

二、品牌培育，全力以赴推动化工行业高质量发展

协会积极推荐上化院、惠生工程、康鹏科技等13家会员单位申报工信部或市经信委"专精特新"小巨人称号，享受相关优惠政策；推荐细分领域标杆企业有行鲨鱼、康达新材、颜钛实业3家会员单位申报"上海品牌"行业称号。其中，有行鲨鱼已进入最终专家评审，另外2家企业正在积极准备自评资料，需持续跟进；推荐凯鑫森（上海）功能性薄膜产业股份有限公司申报工信部"单项冠军"称号，正在组织申报材料；推荐先尼科化工、华向履带、英科再生申请"测量（计量）体系认证"，规范企业测量（计量）管理工作。2023年质量月活动期间，组织标杆企业质量月公开日活动。杭州湾经济技术开发区中小化工企业参观英科再生等企业。

三、多措并举，为城市"安全发展"保驾护航

在市经信委、市禁毒办和市公安局指导下，协会和全市涉及易制毒管理工作的8个部委每年召开2次联席会议，根据实际提出加强管理的要求。2023年，易制毒管理培训人数达1800余人。配合抓好上海海关缉私局ODS管理项目，组织30多位海关缉私局缉私干警，到常熟三爱富生产基地调研。协助市应急管理局在全市组织一次以"人人讲安全，个个会应急"为主题的危险化学品安全知识竞赛活动，全市各区均报名参加。

修订规范培训工作各项制度。制订12项学员、教师、工作人员管理制度、工作规范，并对照标准督促自查。同时抓紧抓好教师队伍建设，加强师资力量整合，坚持从上海安全专家库选拔教师，并组织教师定期参加市里组织的各类师资培训，保证教育培训质量。还根据企业要求，加大培训下基层，开展上门培训服务。由于基础工作扎实，管理制度完善，整改工作及时到位，市、区两级应急管理部门多次进行安全培训工作督导检查，均顺利通过，得到市、区两级培训管理部门的好评。

四、依法依规，圆满完成换届改选工作

9月5日，协会第五届理事会第十次会议在科学会堂国际会议厅举行，通过协会第五届理事会工作报告、第五届理事会财务收支情况报告、理事会换届改选工作情况报告、《上海市化工行业协会章程》修改情况的说明；协会第六届理事会理事、监事会监事候选名单产生说明；协会第六届理事会理事、监事会监事单位选举办法；协会第六届理事会理事、监事会监事候选人名单。并通过召开六届一次会员大会的法定程序，进行网上公示征求意见。11月1日，换届选举大会顺利召开，圆满完成会议各项议程。

（赵　霞）

上海市电力行业协会

上海市电力行业协会成立于2004年9月。协会秉承"人民电业为人民"的初心，以"经济要发展、电力要先行"的奋发姿态，追求卓越，不断超越，先后获上海市"三八"红旗集体、中电联先进集体和先进个人、上海市质量管理奖等荣誉；被上海市市场监督管理局授予"绿色低碳能源装备"副主任单位。现有会员单位226家。

2023年主要工作：

一、坚持党建引领，筑牢战斗堡垒

协会党支部积极贯彻落实上海市工经联党委《关于深入开展学习贯彻习近平新时代中国特色社会主义思想主题教育的实施方案》的要求，全面、系统、深入学习有关内容，并开展"弘扬革命文化，传承红色精神"等一系列活动，确保每位党员深刻领悟"两个确立"的决定性意义，增强忠诚核心、拥戴核心、维护核心、捍卫核心的政治自觉、思想自觉、行动自觉，不断提高政治判断力、政治领悟力、政治执行力。

"七一"之际，协会党支部获"市经信委系统先进基层党组织""市工业经济联合会党委系统先进基层党组织"称号。

二、围绕政府工作，服务发展大局

协会受市发改委委托，开展"上海电力市场改革总体方案研究"。课题于8月顺利结项，形成逾1000页的研究报告，直接推动十数项电力市场改革相关政策文件的出台，有力支撑上海市电力市场的建设。

与此同时，锚定"双碳"战略目标，构建评价指标。上半年，协会综合智慧能源（新能源）专委会年度会议如期召开，"综合能源（新能源）项目评价指标体系研究"课题顺利通过评审。该课题作为协会第一个自建项目，对上海市综合能源（新能源）项目进行调研分析，并有针对性地构建7类综合能源（新能源）项目的评价指标体系，为上海新能源产业的健康发展提供专业指导意见。

三、强调行业规范，推动标准建设

受市经信委委托，协会将设立上海市电力行业地方标准技术委员会（简称地标委）秘书处，负责地标委相关日常事务。7月，协会启动组建地标委筹备工作，初步确定标准体系规划的整体框架和地标委组建申请材料。地标委计划于2024年初正式成立。

与此同时，协会发布4项团体标准，并举办一期团体标准培训活动。2022年发布并实施的《区域配电网碳排放核算规范》于2023年获"上海市团体标准优秀案例"称号。

四、关注会员成长，提升服务体验

协会秘书长、副秘书长每月带队走访会员单位，深入了解会员单位的发展需求，及时提供专业咨询服务和有效解决方案。协会召开三期新会员座谈交流会、一期分会联席会，举办"电力数智新生态论坛""智慧能源互联网发展论坛""新型储能（上海）发展论坛"等技术交流活动，组织"探访崇明世界级生态岛""探访上海卫星工程研究所""探访江南造船厂与上海水源地"等实地参观考察，获得会员单位一致好评。其中"新型储能（上海）发展论坛"邀请20余名技术专家、科研学者、企业代表共同分享、探讨储能技术的最新进展和创新解决方案，吸引200多位嘉宾到场聆听，另有6.37万人同步观看线上直播。

协会充分发挥桥梁纽带作用，与中国电力企业联合会、上海市工业互联网协会等十余家社团组织开展深度合作，为会员单位提供广泛的服务。协会推荐的11个质量管理小组成果获中国水电质协奖项，11个质量管理小组成果获上海质协奖项，6个班组获中国水电质协"质量信得过班组"建设奖项，3个班组课题获上海市"质量信得过班组"建设奖项，1人获"上海质量工匠"称号。协会还多次向上海市工业互联网协会推荐数字化转型优秀单位及个人。在上海城市数字化转型活动中，协会推荐的1家单位入围"智慧工匠"竞赛，1人入围"领军先锋"评选。同时，在第23届中国国际工业博览会期间，协会主办"智慧能源互联网发展论坛"，并推荐5家会员单位参展，展位面积达243平方米。

五、着眼长远规划，巩固自身实力

协会以建设5A社会组织为抓手，不断推进管理能力提升，在完善规章制度的基础上，通过落实规划目标和落地措施，积极打造5A社会组织、全国省级电力行业协会先进单位、上海市优秀社团组织。2023 年，协会秘书处按照社会组织复评要求，起草《上海市电力行业协会第五届发展规划（2024—2027 年）》，明确未来发展目标和方向，推动协会的创新、升级和可持续发展，提高会员单位的满意度，推动行业协同发展。同时，协会开展章程修改、制度优化工作，建设数字化办公平台，努力提升协会管理水平和服务能力，促进协会效率提升和高质量发展。

六、践行人才强国，选树行业典范

协会积极建设高技能人才工作体系，大力弘扬工匠精神、劳动精神，着力培育更多高素质技术技能人才。2023 年，协会完成第二届"上海电力行业工匠"培养选树工作，选出工匠人物 12 名。协会邀请工匠代表赴上海卫星工程研究所学习交流，开展"工匠讲坛"线上授课活动，参与线缆专业新进员工培训。此外，协会面向会员单位，多次开展培训讲座、技能竞赛等活动，覆盖多个专业方向与热点话题。3 月，协会举办"电力系统数字化转型"专题培训，吸引 61 家单位的 137 位学员现场聆听。9 月，协会举办"上海市电力行业变电站运行值班员（调度）职业技能竞赛"，吸引 24 家单位的 87 名选手参与。该竞赛是近年来电力调度专业规模最大、参赛队伍最多、涉及面最广、反响最为热烈的一场竞赛。协会还选送人才参加上海市第一届职业技能大赛（电力系统运营与维护），夺得全市第一。

七、塑造品牌形象，传递行业声音

协会坚持正确政治方向、舆论导向、价值取向，通过官方网站、微信公众号、微信小程序、《上海电力行业信息》期刊四大宣传阵地，汇总行业动态、传递有效信息。全年，协会公众号关注人数较年初增长 63.95%；小程序新增用户人数近 13 万；《上海电力行业信息》出版 6 期。协会高度重视电力主题宣传策划，与东方财经·浦东频道共同打造《创赢未来》电视节目电力主题专场，与工业互联网协会联合主办"工赋 2+1 对话夜"电力主题系列直播节目三场，与上海电力医院策划推出癸卯年"节气养生"短视频节目。4 月，举办"探访崇明世界级生态岛"主题通讯员活动，包含摄影培训、参观超高压变电站、访问"渔光互补"产业园区等内容。10 月，"新型储能（上海）发展论坛"召开，《文汇报》在头版显著位置以《"城市充电宝"有望释放"爆点产业"能量》为题进行报道，人民网、中新网、上观新闻、文汇网、澎湃新闻、企业观察网等媒体均第一时间发表相关报道，全网近百家媒体资讯平台转载。

八、肩负社会责任，倡导诚信经营

协会持续深化社会责任理念，参与编制并发布上海市质量协会团体标准《社会责任报告评审指南》。6 月，协会在 2022 上海市企业社会责任报告发布会上发布社会责任报告，并获得"优秀组织者"称号。协会还推荐 7 家单位参加中电联电力企业社会责任优秀案例征集。

协会始终倡导诚实守信的发展理念，不断优化行业氛围。协会已与中电联电力评价咨询院达成战略合作协议，设立"中电联电力评价咨询院华东办事处"。协会高度重视电力行业信用体系建设，安排员工参与信用管理人员培训班，鼓励会员单位开展信用评价，2023 年选送的 3 家会员单位全部获评中电联电力行业 AAA 最高信用等级。

（咸弘敏）

上海防静电工业协会

上海防静电工业协会成立于 2004 年 9 月，是从事防静电产业的企业、事业单位自愿组成科技类产业性的非营利性社会团体法人，现有会员单位 120 家。

2023 年主要工作：

一、开展信息交流，把技术研讨贯穿协会工作的主线

协会"以标准化促静电防护技术升级，提升电子产品质量可靠性和稳定性"为主题，面向航天及汽车电子产品静电防护技术的标准化和可持续性发展。紧密结合静电防护技术应用和市场，深入研讨航天电子产品及汽车电子的静电防护与标准化的发展、技术水平与重点方向，交流推广电子产品领域静电防护成果、经验及理念，展示静电防护及电子生产最新的产品和技术，提升电子产品质量可靠性和稳定性。"2023 年第三届上海航天电子产品静电防护技术论坛"在上海航天创新创业中心举行。该论坛实践性与理论性、实用性与可操作性相统一，并发表一定水准的交流论文。参加人数超越历届活动。

11 月 15 日，经过数月筹备，由上海防静电工业协会、华为制造质量工艺专家委员会、全国静电标准化技术委员会在华为南方工厂联合举办"2023 华为·电子产品静电防护新趋势交流会"，聚焦汽车电子、集成电路芯片、万物互联、人工智能、卫星通信等行业探讨电子产品静电防护与新技术、新趋势，加强防静电行业与应用端的交流与合作，提高电子产品在生产、使用、储存过程中的静电防护能力。

二、制定相关标准，推进产品质量提升

协会先后发布、实施 12 个团体标准。年内经过专家组评审，通过 4 个"团体标准"。其中，《T/EDS4001 防静电产

品合格供应商评定规范》团体标准是经过多年打磨，听取各方意见，几易其稿，修订而成，为国内首创。对"防静电产品合格供应商"制定的团体标准，对防静电企业产品的生产制造、技术质量、企业管理、拓展市场、规范营销手段及企业形象、塑造企业文化都具有重大意义。专家组评价：该标准编写结构合理、层次清晰、引用标准现行有效、符合GB/T1.1-2020的规定。该标准按照团体标准的定位和要求编制而成，可操作性强。该标准有利于规范静电防护市场，填补了国内空白。

填补行业空白的《T/ESD3005 湿度敏感元器件防静电包装通用规范》业已通过团体标准领导小组审批，同意立项。已公开征集会员积极参与编写。

三、加强从业人员教育培训，提高业务水平，更好为会员服务

协会为适应不断进步的防静电技术，对原来课程与教材不相符合的内容重新整理、编写，使之适应线上、线下兼容的视频教材。一年来，经反复研讨、论证、推敲，利用现有自身能力、条件，摄、录制，该视频教材即将"面世"。如何利用好这部视频教材，发挥其效益，为全体会员所用，协会正在认真研究中。

切合实际为会员服务，组织会员参加会展，利用展会平台，发挥展会效能，提高防静电产品营销能力。与NEPCOM 方面协商，签订长期合作协议。

加强与会员联系和走访，召开会员座谈会，广泛听取会员对协会工作的意见和建议，更好为会员服务。秘书处保持每月线下召开 1~2 次例会。年内召集 15 次工作会议。积极参加上级有关会议和活动，认真完成上级机关交给的工作。发布、传达上级的指示精神和通知。顺利通过每年的审计和年检。认真负责做好来电、来访接待工作，处理好各项事务性工作。

随着协会影响力不断提高，防静电行业覆盖面不断扩大。行业内积极加入协会意愿踊跃。年内新入会会员 15 家。

（刘黎俊）

上 海 市 标 准 化 协 会

上海市标准化协会成立于 1981 年 4 月，是上海市从事标准化工作的社会团体法人。已发展成为具有一定规模和多方位从事学术研讨、标准制修订、标准体系建设、标准宣贯、科普宣传、教育培训、评价认证、交流协作和标准化服务项目等业务的社会团体。下设组织发展、科普学术、宣贯培训、技术发展等工作委员会，以及汽车、化工、纺织、船舶、轻工、机电、仪电、宇航、航空、信息、能源、服务、包装、种植业、水产、粮油、林业、有色金属、建筑建材、康复、城市轨道交通公共安全防范等 21 个标准化专业委员会，现有团体会员单位、个人会员共计 1000 余家（人）。

2023 年主要工作：

一、聚焦工作热点，分层次开展科普学术活动

（一）以"标准化·数字化"为主题，举办第 23 届中国国际工业博览会科技论坛——标准化赋能数字化转型国际论坛，与全国两化融合管理标准化技术委员会（TC573）等 3 家组织，共同成立 TC573 全国首家标准化筑基数字化转型"标准＋"工作站（上海站），邀请来自制造、工程、服务行业的政府相关部门、科研院所、行业协会等近 200 名中外代表，共话标准化赋能数字化转型与创新发展，《人民日报》《经济日报》等主流媒体均予以报道。

（二）协会与长宁区市场监管局共同组织开展第 54 届"世界标准日"系列活动，来自长宁辖区内的近 20 家高新企事业单位代表就各自标准化工作进行交流座谈，共同参观"高质量屋"，全面形象生动地了解标准与质量的发展历程，深入解读数字化与绿色发展赋能标准化发展的新征程；举办第 54 届"世界标准日"主题活动，各专委会成员单位代表和专家齐聚一堂，交流标准化工作经验，共话标准化建设发展，围绕本届"美好世界的共同愿景"主题，特邀中船邮轮科技发展有限公司、市质量监督检验技术研究院相关专家，分别作"邮轮标准助力海上美好生活"和"智能家居标准智造美好生活"主题报告，阐述标准在大型邮轮研制、智能家居设计中发挥的重要作用。

（三）全国节能宣传周期间，由市市场监管局主办，协会与市楼宇科技研究会等 3 家单位共同承办"节能降碳，你我同行"主题宣传活动。活动以"线上＋线下"形式，开展"标准化助推楼宇绿色低碳转型"宣传，普及节能标准化知识，推行绿色低碳社会风尚，近 900 名企业代表及观众参与活动。

（四）组织开展长三角地区优秀标准化论文评选。在长三角地区标准化行政主管部门推动指导下，按照"统一主题、各自发动、规定奖项、分别评选、联署颁奖"原则，以"数字化赋能助力标准化创新"为主题，组织开展 2023 年长三角标准化论文征集评选活动，得到各专业委员会、企事业单位、科研院校等广泛响应。

（五）协会承办 2023 全球数商大会主题论坛——数据品牌发展论坛。来自交通银行、上海浦东发展银行、上海宝信软件，以及浦东软件园、陆家嘴数智天地、上海电气集团数字科技有限公司等单位 100 多名代表出席，共议数据管理能力提升、上海数据品牌打造。

二、优化服务举措，助力本市标准化工作

（一）贯彻落实《上海市标准化条例》，协会首次承担"上海标准"评价委员会办公室工作，根据评价委员会工作部署，组织开展 2023 年"上海标准"评价、培育、宣传推广、跟踪评估、标识使用管理等工作，并对上海标准网上信息进行动态维护。

（二）持续探索和提升团体标准化工作，完善团体标准化工作机制，加强团体标准全过程管理。协会积极开展团体标准立项征集、审查、跟踪评估，年内共征集到 10 余项团体标准立项申请，涉及生物医药、高端装备、生命健康、数字化转型等领域，完成《船用恒电位仪》和《基于数值模拟的船型优化设计要求》2 份团体标准发布。

（三）围绕上海服务业发展需求，积极履行市服务标准化技术委员会秘书处单位职责，推进标委会各项工作，组织 6 项归口地方标准通过前期预审查后申请立项，其中 3 项通过了市市场监督管理局的立项审查；组织完成 6 项归口地方标准送审稿的技术审查、6 项地方标准报批稿的技术审查并予以上报。

三、开展标准技术服务，领航产业发展

（一）协会是由上海市科学技术协会授予技术标准化专业领域唯一第三方有评价资质的机构，积极配合政府开展企业标准、团体标准"双随机、一公开"监督检查，为各区量身定制相应服务方案，提供包括现场监督技术支撑、人员培训等多项服务。全年完成 136 余项企业、团体标准合法性评价并出具评价报告，为各区市场监管局现场检查提供执法依据，服务过程坚持各环节严格把关，得到各方好评。

（二）协会重视顺应市场需求，拓展优化技术服务举措，提供优质标准化技术咨询服务。通过打造企业标准一站式服务新模式，为企业开展标准制修订、专家审查、网上自我申明公开等全方位优质综合服务。全年共完成 40 余项企业标准一站式服务。为相关学会和行业协会提供标准化技术支持，开展 3 项团体标准制修订技术咨询服务。聚焦公共服务、智能化和数字化等领域，协助企业有序开展标准化培训、标准体系建设等各项试点工作，全面提升试点单位标准化水平。

四、注重队伍建设，加强标准化人才培养

（一）协会认真学习国家五部委出台的《标准化人才培养专项行动计划（2023—2025 年）》要求，积极开展各级各类标准化专业培训，加强标准化人才培养。全年共举办各类标准化培训 10 余场，参与人数逾千人。围绕客户需求，服务企业零距离上门培训，协会为两家企业安排"送课上门"个性化定制标准化培训服务，优质的师资、精心的课程设置及周到的服务，受到两家单位领导及学员一致好评。

（二）配合市市场局积极推进实施标准化总监制度，分别承办市、区企业标准化总监高级研修班各一场，参训人员达百余人。其中，市高研班采取企业高管＋高校学子结对的创新模式，共有 40 余名本市"三大先导、六大重点、四大新赛道、五大"未来产业相关行业龙头、创新型企业的高层管理人员和 20 余名复旦大学学生参加研修，研修班的顺利举行，为实施企业标准化总监制度、探索推动产学融合标准化人才培养打下良好基础。

（三）为进一步发挥数字化转型标准应用成效，以标准创新支撑新型工业化发展，协会举办"数字化转型及关键场景标准赋能新型工业化（链主培育）高级研修班"，来自上海核工院等单位 30 余名企业代表参加培训。通过培训，指导企业加快数字化转型步伐，加强"链主"培育计划，助力新型工业化发展。还举办 GB/T24421《服务业组织标准化工作系列》宣贯、新版《企业标准化促进办法》解读等公益讲座，特邀该系列标准主要起草人、中国标准化专家委员会委员授课，有 150 余名企业代表参加，取得良好效果。

（石璐璐）

上 海 橡 胶 工 业 同 业 公 会

上海橡胶工业同业公会成立于 1986 年 12 月，为上海橡胶行业同业企业以及其他相关经济组织自愿组成，实行行业服务和自律管理的行业性、非营利性社会团体法人。涉及轮胎、胶鞋、胶带、胶管、各类胶种和用途的橡胶制品及橡胶机械、模具、橡胶原辅材料的生产和经营。拥有双钱、回力、双箭、骆驼等多个著名品牌。

2023 年主要工作：

一、选举产生公会第十一届理事会

因疫情原因，上海橡胶工业同业公会第十一届换届选举工作在征得上海市社会团体管理局的同意后延期一年。为确保换届选举工作顺利进行，公会专门成立领导小组和工作小组。3 月 23 日，上海橡胶工业同业公会第十一届一次会员大会暨理事会顺利召开。双钱轮胎集团有限公司党委副书记、总经理樊学锋当选为公会理事长，上海华向橡胶履带有限公司总经理姚健为监事长。樊学锋聘任龚勇为公会秘书长。

大会听取第十届理事会换届改选工作情况报告和新一届理事、监事、副理事长、理事长、法定代表人候选人名单及产生情况说明，审议并通过理事会和监事会工作总结、会费收支情况报告、章程修改等事项。会上对技术经济委员成员进行增补并颁发聘书。环科万顺新材料科技有限公司、上海新上橡汽车胶管有限公司在会上作交流发言。

会后，秘书处根据市社团局关于社会组织换届选举一系列材料报备工作的要求，完成理事、副理事长、理事长等社会团体组织负责人信息登记和完善、章程修改、延期换届等材料网上备案，取得社会团体法人登记证书，同时完成换届选举材料的归档工作。

二、坚持"三做"，体现办会宗旨

公会全年走访会员单位70余家。始终以需求为导向，以市场为目标，以创新为动力，以服务为宗旨，坚持"三做"，即做政府所想的事，做企业急需解决的事，做公会能力范围的事，着力帮助会员单位攻短板、破瓶颈、提高创新能力，解决发展中的问题。主要有：寻求产品检测信息、拓展新业务，技术工艺问题、用工问题、经济纠纷、盘活资产、新产品办理许可证、业务产业链打通等，以及为会员单位出具相关证明，用于购买紧俏或国家管控的原材料和申报"专精特新"项目等的确认证明。

运用好技术经济委员会专家平台资源，为单位提供技术攻关和产业升级等方面的服务与支持。对会员单位生产经营、创新转型等方面开展调研，先后走访沪巨联实业、特种隧桥、理高新材料、新上橡胶管、天天橡塑、五同同步带公司等单位。董事长樊学锋还专门走访上海华向实芯轮胎，与总经理杨建初就产品市场、产品结构调整等进行深度交流，探讨如何进一步做强产品，共赢发展。

三、《橡胶同业信息》改版，凸显时效性

《橡胶同业》信息已经创办30多年，随着信息化的不断普及和发展，《橡胶同业》信息由纸质版改为电子版，在要闻、会员中来、新闻速递、专家论坛、品牌宣传的基础上，增加了政策解读栏目，为助力会员单位及时了解和研判国家经济形势走向提供支撑。同时增加"信息快报"，突出新闻的时效性和可读性。

在国家出台《关于促进民营经济发展壮大的意见》后，公会就连续在《橡胶同业信息》上进行宣传，鼓励民营企业紧跟国家战略，抓住机遇，充分用好用足政策红利，进一步实现高质量发展。

四、强化党的领导，提高政治引领力

自5月12日起，党支部组织学习贯彻习近平新时代中国特色社会主义思想主题教育，采用线上线下方式，紧扣主题主线，锚定目标任务，按照市工经联党委的要求认真实施，学思践悟，理论学习入脑入心。在抓好学习的同时，党支部新（修）订《党建工作责任制》《组织生活制度》《密切联系群众制度》等3项党建工作制度，形成以党建强政治、带队伍、促履职、求实效的良好工作局面，以高质量党建促进公会各项工作的开展。支部还认真完成市工经联党委布置的各项任务，参加支部书记培训班，切实提高"班长"的理论素养和指导实践的能力。

五、其他工作

做好吸纳新单位入会工作，新入会3家单位：江苏益海装备科技有限公司、江苏加富新材料有限公司、上海新时达机电科技有限公司。

（薛丽萍）

上海涂料染料行业协会

上海涂料染料行业协会成立于1987年1月，会员单位主要分布在上海市和长三角地区，行业产品从涂料、油漆到涂料原材料，从纺织染料、食用色素到油墨和有机、无机颜料，从涂料、染料助剂到化工专用机械，从大化工到精细化工产品，广泛应用于国民经济各个领域。现有会员单位228家。

2023年主要工作：

一、加强协会建设，提升会员服务水平

协会完成换届改选工作，并按照理事会提出的工作目标和管理要求，健全协会制度，全面推进各项工作。协会走访调研会员单位46家，了解企业减负、行业内卷、产业机遇、科研创新情况，倾听企业呼声和建议，积极反映行业现状和需求，为政府制定政策提供数据支撑。

协会重视发挥专家库作用，先后为宁夏保隆科技有限公司等企业查阅相关技术资料；为南京信彩科技有限公司等企业提供现场和线上技术咨询服务；组织会员单位到上海大学材料学院高分子材料系开展产品技术座谈交流活动；组织紫荆花、中南建材、宜兴华谊一品等12家企业联合参加2023中国国际涂料展，推动行业产业链上中下游企业间的合作交流，先后与上海市新材料协会、上海聚氨酯工业协会、上海

有色金属行业协会、上海家电行业协会、成都涂料行业协会、河南省涂料行业协会开展交流互动，探讨，推进协会向更高层次发展。

二、搭建科技创新平台，加快高素质人才培养

协会本着服务会员、服务社会的宗旨，高度重视会员单位员工职业技能的提升，组织开办"2023 年《有机合成工》中、高级培训班"，吸引来自会员单位 60 位学员参加。经过两个半月培训，学员均通过上海市技能鉴定考试，取得国家职业技能等级证书。

协会组织专家，继续开展业内专业技术人员职称资格评审工作。经过资格审核、材料审阅和现场论文答辩，最终有 3 人通过评审，其中 2 人获得行业内高级工程师资格，1 人获得业内工程师资格。

三、加强标准制定修订和管理，助力行业技术进步

协会结合国家提出的"绿色、低碳、安全、高质量发展"的总体目标，以团标工作为抓手，推进企业团体标准的实施和管理。2022 年，协会完成《低 SVOC 绿色水性内墙涂料》（T/SHCDA000003-2022）团体标准的备案和发布。2023 年，协会相继召开该团体标准的实施细则讨论会和实施推进会，组织参编单位就管理细则的执行进行学习培训和修改完善。2020 年，协会制定的《水性建筑涂料固体废弃物属性鉴别及管理要求》（T/SHCDA000001-2020）团体标准，实施至今已有 3 年，为让企业更好地贯彻落实这项标准，协会通过召开"2023 年固废团体标准执行企业工作推进会"，组织专家赴团标执行企业开展水性建筑涂料固废处置团标管理执行情况"回头看"现场检查，加强企业对水性建筑涂料生产过程中产生的固体废物的管控，促进企业可持续绿色发展。

四、加强行业市场信息分析和政策法规宣传，推进低碳可持续发展

4 月，协会新一届秘书处成立后，为更好服务于会员单位，提升协会的服务功能，协会信息部特设专人负责信息服务工作。利用已建成的网站、微信公众号、《上海染料》专业性期刊及"涂染协会会员微信工作群"等平台资源，及时发布相关政策、协会动态、行业技术开发、产业发展等相关信息。围绕国家高质量发展、产业结构调整、碳达峰碳减排等重点政策，聚焦"数字化转型""专精特新""长三角一体化"等热点，协会创刊《上海涂染信息简报》。发布《染料行业走高端化绿色化智能化之路》《"长三角标准"助力区域一体化高质量发展》《2023 年涂料行业并购潮持续》，以及涂料行业和染料行业经济运行情况等信息。协会还通过《上海市进出口公平贸易行业工作站专刊》信息平台，为会员单位提供产业行业安全预警、国际市场分析、经贸摩擦应对等信息。

五、为政府建言，为企业助力

在实现"碳达峰和碳中和"的"双碳"目标方面，协会积极参与有关法规的制订，为政府部门建言献策，为企业排忧解难，全力做好企业与政府沟通的桥梁，促进行业健康发展。协会在走访调研会员单位中了解到国税总局自 2015 年 2 月 1 日起对涂料征收消费税 8 年来，因新冠疫情，企业几乎没有利润空间。继续按 4% 征收消费税，更显该税赋的沉重。企业希望政府部门能够适度为企业减压，降低税率或暂缓征收。协会高度重视，召开小型座谈会交流，并查阅产品的技术资料，在此基础上形成《关于 2023 年上海地区涂料企业征收消费税执行情况的调研报告》，上报中国涂料工业协会和国家生态环境部、财政部等相关职能部门。

协会结合"十四五"规划实施和企业高质量、可持续的发展，从行业专业的角度向市经信委新材料处提出"战略性新兴产业重点产品调整的建议"，对上海市生态环境局和上海市市场监督管理局发布的地方标准《涂料、油墨及其类似产品制造工业大气污染物排放标准》提出修改建议。

（苏 琴）

上海塑料行业协会

上海塑料行业协会成立于 1990 年 2 月，现有会员企业 188 家，会员组成涵盖整个塑料产业链，包括塑料原料、制品、助剂、模具和加工机械等，现会长单位系中国石化上海石油化工股份有限公司。

2023 年主要工作：

一、调研咨询，推优推强

2023 年，协会先后走访和宣传报道会员企业 60 余家，完成调查咨询报告 12 篇，收集和更新维护《会员或业内企业情况调查表》72 份。积极为会员企业开展名优品牌评审，5 月，根据沪轻协《关于选树第三届（光明国际杯）"上海轻工卓越、知名、新锐品牌（产品）"的通知》，协会推荐上海紫日包装有限公司的塑料防盗瓶盖获上海轻工知名品牌（产品）。

二、建立企业与高校双向选择的平台

企业发展离不开人才和科技创新，为此，协会联袂东华大学材料科学和工程学院于 3 月 10 日联合主办"促就业"

专项行动，参加这次行动的 7 家会员企业共推出 63 个岗位，东华大学 61 位学生与企业 HR 负责人进行面对面咨询和交流互动，帮助企业招聘相关高分子材料、塑料加工成型、复合材料等专业人才，助力学生就业。

三、积极提供信息服务

协会采用电子会刊，在减碳的同时使会刊受众面更广泛。协会官网和公众号已成为对外沟通、信息发布、广告宣传、传达行业资讯的重要窗口。并以求实求新的理念注入于办刊之中，增强可阅读性和可借鉴性。全年报道协会活动信息 49 篇；协会公众号累计发布图文 21 篇，总计 1.4 万字。

四、展会、论坛及专委会工作

协办 CHINAPLAS·2023 国际橡塑展，组织会员企业参展和观展，组织论坛、出席展会的同期活动；组织参加第十九届上海国际胶带与薄膜展（APFE2023），同期还召开上海塑料行业协会塑料功能薄膜片材专委会年会；组织参加 SWOP 2023 包装展览会，举办"开拓绿色包材、践行双碳战略"论坛。

12 月 19 日，协会联袂华东地区的江苏省塑料加工工业协会、浙江省塑料行业协会、安徽省塑料协会、山东省塑料协会、江西省塑料工业协会、福建省塑料行业协会共同主办"2023 华东塑料包装薄膜技贸交流与绿色发展"论坛。19 位嘉宾作了精彩演讲。

五、团体标准制订工作

协会是全国团体标准信息平台的注册单位，协会组织上海建科检验有限公司、中国石化仪征化纤有限公司和江苏聚虹材料科技有限公司等企业编制《生物降解塑料制品快速检测方法红外光谱法》团体标准，计划于 2024 年 3 月 15 日发布。

六、服务政府工作

协会向市经信委《上海工业年鉴》提供塑料行业工作情况；向市民政局提供上海市社会团体年度检查报告书；向中国塑料加工工业协会提供《中国塑料工业年鉴》"上海市篇"的年鉴资料。

协会参与市经信委评选"专精特新"企业做好服务工作，先后为上海普利特复合材料股份有限公司、上海新上化高分子材料有限公司、上海泓阳机械有限公司、上海长伟锦磁工程塑料有限公司、上海大觉包装制品有限公司、中天科盛科技股份有限公司、上海浦景化工技术股份有限公司、中广核俊尔（上海）新材料有限公司、上海塑来信息技术有限公司等 10 余家会员和业内企业提供产品市场占有率和行业排名情况证明。

七、党建工作

协会党支部根据市经信委和市工经联党委关于党建工作的部署，抓好协会党建工作；牢记习近平总书记不忘初心等重要讲话精神，高标准严要求规范党员言行，发挥党员先锋模范和党支部的战斗堡垒作用，结合协会的工作计划，踏实做好服务工作。利用协会会刊和网站中党建专栏，促进协会规范化建设和党风廉政建设。

10 月 23 日，结合行业发展实际开展主题教育，专题组织生活会。12 月 20 日，市工经联党委召开一届三次代表大会，会上发布一批党建工作典型案例。协会党支部《用好学习平台　抓好学员教育》案例入选，受到市工经联党委的表彰并获得荣誉证书。

（徐旭璟）

上海日用化学品行业协会

上海日用化学品行业协会成立于 2006 年 3 月。是由上海化妆品、日化香精香料、洗涤用品、口腔护理用品等产销企业、检测机构、科研院校和其他相关单位组成的市级社会团体组织。现有会长、副会长单位 16 家、理事单位 52 家、会员单位 290 家。

2023 年主要工作：

一、积极推动行业数字化转型工作

协会组织举办智能数字化工厂开放日活动，及相关数字化讲座，推动行业数字化转型工作；组织数字化专家现场调研，推选出强生中国有限公司、上海相宜本草化妆品股份有限公司、上海林清轩生物科技有限公司、上海蜂花日用品有限公司、上海臻臣化妆品有限公司等为第二批化妆品生产领域的数字化标杆转型企业。协会积极贯彻落实《上海市制造业数字化转型实施方案》及《上海市规上制造业数字化诊断工作推进方案》，全面推动行业企业数字化诊断工作，推进 20 多家日化行业企业开展数字化诊断工作。还与会员企业合作在部分企业推广实施 QMS 系统、LIMS 系统和 MES 系统。

二、开展质量安全负责人表彰活动

按照《化妆品监督管理条例》第三十二条规定，上海化妆品行业的注册人、备案人、受托生产企业均已设立质量安全负责人，承担产品质量安全管理和产品放行职责，从中涌现出一批优秀质量安全负责人，他们是上海化妆品产业高质量发展的核心力量，是执行法规的把门人，是化妆品企业自律管理的模范。协会现场调研、听取行业企业意见，组织部分企业质量安全负责人编撰了优秀案例报告，推出并表彰上海嘉亨日用化学品有限公司严珍红等12位质量安全负责人为上海市化妆品行业优秀质量安全负责人。开展对化妆品企业质量安全负责人的培训、交流和表彰工作，提高化妆品企业质量安全负责人的责任感、荣誉感和使命感。

三、制订行业标准提高技术支撑

随着化妆品产业高质量发展，新业态、新产品、新技术、新方法、新理念不断涌现，协会重点开展行业团体标准制订工作，立项完成的团体标准36个，包括产品标准、管理标准和方法标准等，许多标准是国内同行业首创、居于领先地位并具有广泛深远的影响力，引起多方关注包括日本化妆品工业联合会、韩国化妆品协会及众多品牌企业纷纷前来索取并学习，在业界赢得良好赞誉。协会还在组织会员企业参与2项国家标准、3项行业标准的制订工作。

四、完成《化妆品原料管理机制研究》课题研究

围绕监管需要和行业实际，根据国家药监局中国药品监督管理研究会立项通知，协会联合上海疾病预防控制中心开展《化妆品原料管理机制研究》课题研究，协会组织12家化妆品企业共同参与课题研究。经过调查问卷、行业调研、信息查询、专家咨询，完成课题研究并形成报告，主要内容包括化妆品生产企业原料管理关键点探讨、化妆品原料安全信息填报存在的问题分析与建议、化妆品原料报送资料的再利用建议等。

五、开展化妆品生产企业信用分级评估工作

协会在上海市药监局指导下，继续开展上海市化妆品生产企业信用分级评估工作。在2022年度评估工作的基础上组织修订《化妆品生产企业信用分级评估指标体系》，并于7月正式启动申报，8月30日完成申报工作，汇总收集评估企业资料达200家。9月开始查询评估工作，11月完成评估并出具报告。

六、组织相关培训，协助申报中高级专业职称

协会组织开展化妆品定量包装培训，还多次组织开展化妆品企业质量负责人及注册备案专题培训及进口非特殊用途化妆品备案资料申报专题培训。协助行业企业申报日用化学工程中高级专业职称工作，为企业技术人员提供申报信息、教育培训、项目选题、论文发表等相关服务，在协会的协助下全行业累计通过中高级专业职称评审的技术人员已超过300人。

七、共铸城市品牌新亮点

协会按照市经信委的布置开展5个维度的品牌100+和设计100+及首店经济、双十一、双十二、双旦等线上线下融合活动，引导企业积极开拓品牌新纪元，使传统品牌获得新生、新锐品牌获得进展、老字号品牌获得提升。组织上海家化、伽蓝、上美化妆品、林清轩等企业参加线上和线下首店经济活动，取得成效。组织推荐玛丽黛佳彩妆、林清轩的一大会址石库门口红、美加净牙膏100周年纪念牙膏等产品参加上海市消保委每年度的上海伴手礼评选并获选。协会每年推荐并协助一批会员企业申报获批市级设计引领示范企业、"专精特新"企业、品牌培育企业、上海制造品牌、上海好商标等。

八、多形式宣传企业和产品

开展化妆品安全科普宣传周活动，5月21-26日，举办企业开放日活动，让消费者走进企业、走近品牌，感受上海美妆品牌的发展。上海家化、妮维雅、伽蓝、林清轩、相宜本草、美加净等公司积极参与企业开放日活动。协会结合此项活动及相关监督管理条例出台实施，协调录制播出转载"走进儿童化妆品生产企业""儿童化妆品怎么选""如何选用防晒化妆品"等一系列短视频。加强对外宣传，充分发挥网站、微信公众号在技术引领、政策法规普及、新产品介绍、会员动态发布等方面的宣传作用。

九、为化妆品出口提供全过程服务

协会根据企业需求认真学习国家法规政策，帮助企业了解各国对化妆品出口的相关政策法规，适应不同国家对化妆品进口的需求，满足产品出口的各方面条件；帮助企业不断完善出口产品质量体系以及各国贸易政策解读；配合企业出口需要帮助咨询、准备相关出口文件，为支持化妆品出口企业顺利出口提供从公证、外事（外交部）认证、国外驻沪（华）使领馆认证等全过程服务。

十、开展上海化妆品行业绿色低碳可持续发展工作

9月，协会发起成立中国化妆品行业首个双碳工作委员会。上海轻工业研究所、欧莱雅、雅诗兰黛、上海家化、SGS、上美、资生堂、强生、科蒂、林清轩、创元、相宜本草、蜂花、PMPM、微谱、华测、谱尼、英格尔等22家企业成为首届委员会成员。围绕国家"双碳"目标，推动化妆品行业绿色低碳发展；加强行业内企业的碳排放管理，提高企业的能源利用效率，降低碳排放强度；推广绿色生产技术和产品，引导消费者转变消费观念，倡导绿色消费；加强与政府、企业、社会各界的合作与交流，共同推动化妆品行业绿色发展。

（陆纪新）

上海市生物医药行业协会

上海市生物医药行业协会成立于2002年12月19日，是由从事生物医药业的企业、机构及相关单位自愿组成的跨部门、跨所有制的非营利性行业性社团法人。行业涵盖现代生物技术和医药领域从研发、生产到流通整个产业链。现有会员单位218家。

2023年主要工作：

一、创新求变，积极探索治理体系

（一）加强规范建设，提升协会精准服务能级。协会为进一步完善企业家办会、民主办会与法人治理相结合的协会管理机制，积极提升"多元化、前瞻化、个性化、信息化、专业化"服务能力体系，努力加强行业自律和诚信体系建设，在促进协会规范化运作的同时，实现协会可持续发展。上半年，协会以5A级社会组织复评为契机，结合实际优化内部管理，明确管理权限、议事规则和工作流程，"以评促建"完善协会各项工作，做到全面动员、责任到人，促进5A复评工作顺利完成。评估组总体评价是：协会组织机构健全、内部治理完善，党建战斗堡垒作用明显，协会的品牌工作特色鲜明，能积极履行社会责任，在服务会员方面成绩突出、在服务政府方面成效显著。

（二）夯实党建基础，切实发挥党建引领作用。协会党支部结合行业特点，以"形式固化、内容强化、理念提升、党性增强、作用发挥"的方法，通过支部书记上党课、自学和参观学习等形式相结合，进一步提高协会党员和工作人员政治理论水平和思想认识。5月，市经信委工作党委副书记张义以"四不两直"方式，到协会开展主题教育专题调研，对协会党建工作创新、党建引领生物医药产业高质量发展等工作给予充分肯定。

协会党支部获市工经联党委颁发的"2021—2022年度先进基层党组织"称号，协会秘书长、党支部书记陈少雄被市工经联党委授予"2021—2022年度市工经联优秀党务工作者"称号，办公室主任赵婷被上海市工经联党委授予"2021—2022年度市工经联优秀共产党员"称号。

（三）成立分支机构，推动产学研医合作交流。为更好地汇聚研发、制造、临床等上下游各方力量，推动上海在合成生物学、数字医疗、罕见病、细胞基因治疗、生育健康等领域相关生物医药资源聚集和创新示范作用，促进上海在生物医药产业快速高质发展，提升上海在生物经济产业中的地位和作用，年内相继引进以谢明勇院士为主任的南昌大学食品科学与技术国家重点实验室落户上海张江，与上海昌进生

物科技有限公司共同设立合成生物创新食品联合实验室。给上海湾区生物医药医械产业高质量发展注入新动能、新活力。协会还在罕见病工作委员会基础上，发起成立上海申江医学科技发展基金会，落户上海湾区科创中心，助推罕见病等创新药物的研发，加速诊疗技术转化为治疗优势，推动罕见病等临床学术研究的科学发展。

二、多管齐下，助推行业产业发展

（一）发挥智库作用，开展产业研究和技术咨询服务。协会受市经信委委托，完成《布局以合成生物学为本市生物医药产业发展新增长点的研究》，承担完成市科委《上海重点产业领域创新策源能力的现状及对策研究》；编制完成杭州萧山振亚园区规划和绍兴嵊州市多肽产业园规划；完成浦东新区科经委季报、半年报和年报、上海市药监局不良反应中心年报、上海市科创办公室示范区年报、2023年白皮书、生物医药促进中心重点领域市场分析报告等。

（二）协同研究，发挥优势，加强合作。协会《细胞培养用无血清培养基》系列标准，填补行业标准空白，助力解决生物医药产业关键原材料卡脖子问题，被评为2023年度上海市团体标准典型案例"十佳案例"首项。

协会积极主办或承办20余场国内外大型专业会议，包括"上海国际生物技术与医药研讨会""谈家桢生命科学论坛""2023生物医药产业数字化高峰论坛""OTC2023类器官前沿应用与3D培养论坛"等，汇聚精英，群策群力，共融发展。同时，协会帮助和指导相关企业项目申报政府支持等，如上海市战略新兴产业发展专项资金，及出具市场占有率证明、申报"专精特新"小巨人证明。

（三）发挥服务和导向作用，努力成为会员单位的好帮手。协会组织专项政策解读，召开《上海市生物医药研发用物品进口试点方案》政策解读线上会议等。积极参与中国国际进口博览会相关的对接工作。加强人才培训工作。年内共开设14个线上课程，培训6000余人次。还主办上海市2023年细胞免疫治疗高级研修班，为相关人员掌握新政监管要求及政策方向提供交流平台。

完善信息化建设。1—12月，共计出版会刊12期；网站更新信息4260条，发送医药信息简报（电子版）48期。

（四）积极参与国际交流，提升行业整体水平。积极探索建立与国际同行及相关机构的交流机制，加强业内企业参与国际竞争与合作，扩大发展资源与发展空间，增加对外合作力度。协会借助博仕达生命科学创新平台，推进上海千诊

万确科技有限公司面向院外的意外发生以及院内的重症监护下的急救医疗场景的智慧医疗设备出海工作，至今已帮助项目方与马来西亚、乌干达相关企业达成产品进出口贸易方面的框架协议，落实项目产品进入海外市场的准入工作。

三、齐抓并举，全面提高协会综合能力

（一）坚持法人治理结构，加强规范化管理。协会进一步完善协会企业家办会、民主办会与法人治理相结合的协会管理机制。全年发展有效会员 62 家。

（二）聚焦前沿技术，做强谈家桢生命科学奖品牌。谈家桢生命科学奖创设于 2008 年 5 月，是谈家桢先生提议，由联合基因科技有限公司捐资创立，并经国家科技部批准的生命科学技术奖项。之后得到上海复星医药（集团）有限公

司和上海白玉兰谈家桢生命科学发展基金会的资助，由谈家桢生命科学奖奖励委员会组织，上海市生物医药行业协会承办，每年评选并颁奖。第 16 届谈家桢生命科学奖颁奖典礼于 11 月 18 日在江苏无锡江南大学顺利举行。

（三）凸显社会责任，树立行业形象。在"2023 上海市企业社会责任报告发布会"上，作为行业协会代表再次向社会公开发布关于 2022 年度所属生物医药企业社会责任报告。协会已连续 9 年积极参与此项活动。2023 年，获"2022 上海市企业社会责任报告发布十佳企业"，并被评为"优秀组织者"。

（赵　婷）

上 海 医 药 行 业 协 会

上海医药行业协会成立于 1987 年，是上海制药工业、生物医药、药品辅料、药品包装材料、制药机械、科研院所等单位自愿组成的跨部门、跨所有制的行业性社会团体法人。现有会员单位 245 家。

2023 年主要工作：

一、坚持以党建为引领，着力研究和解决产业发展中的热点和难点问题

协会党支部全面落实上级党委部署，结合协会工作实际开展主题教育活动，以党建为引领，以接受第三次 5A 级社会组织规范化评审为契机，坚持把党建与协会办会宗旨和重点工作相结合，以调查研究为抓手，通过企业走访、调研问卷、召开座谈会等形式，围绕医药产业链质量状况、行业品牌和标准化体系建设、产医融合创新发展、行业数字化转型等课题，形成一系列行业标准、专家共识和调研报告，推动解决产业发展中热点和难点问题。高水平党建保证协会各项重点工作顺利开展和工作目标的达成，获得上海市"先进行业协会标杆"称号，协会党支部被上海市工经联党委评为"先进基层党组织"。

二、发挥政企之间桥梁和纽带作用，为医药行业高质量发展建言献策

协会紧紧围绕健康中国战略和上海生物医药产业高质量发展规划确定的目标，先后举办 30 多场线上和线下专题报告会、座谈会、专题培训会和发展论坛等，帮助企业深刻领会政策精神、理解监管要求、配合医药反腐、解决发展问题。协会主动参加国家、上海市有关部门及相关行业组织的产业发展会议，就上海市医药产业布局调整、产业链协同、新药研发、医药产业连续制造、长三角医药产业一体化协同

发展等重大议题提出对策建议。协会迄今已连续 6 年参与全国"两会"医药界代表（委员）提案建议"声音、责任"调研会，搜集整理的 120 多条提案建议素材全部入选提案素材目录。

三、持续深化行业团体标准建设，助推企业技术进步和行业监管能力提升

协会瞄准生物医药产业发展关键和前沿领域的重点课题，深化行业团体标准建设。发布团体标准的数量和质量明显提升。协会与市市场局、市药品审评核查中心等单位及行业企业合作完成《医药企业 ESG 信息披露指南》《嵌合抗原受体 T 细胞（CAR-T）治疗产品长期随访临床研究指南》等 10 个团体标准的上海和全国双平台自我声明公开，累计发布团体标准达到 26 个，其中多个团体标准先后被政府部门采信。继 2021 年《窄治疗指数药物质量评价及标准制订的通用技术要求》、2022 年《药品生产数字化质量保证技术要求》之后，协会发布的《药品多仓协同运营管理规范》于 2023 年 10 月 14 日连续第三年被上海市标准评价委员会授予"上海标准"标识证书。

四、加快国家级医药人才培养基地建设，打造生物医药人才创新高地

由国家财政支持和协会配套的国家级高技能人才实训基地项目已基本建成，基地以药品智能制造、药品质量检测、医药现代物流为三大主要专业的行业高技能人才培养体系。主要通过线上线下培训相结合、集中培训与送教上门等方式。全年完成 2 万多人次的系列培训和 500 多名新型学徒制学员的培训和鉴定。协会主办的"药品全生命周期科学监管专题研修班""生物医药现代物流发展论坛""药物警戒专

员高级研讨班"等高级研修课程吸引近千名学员参加学习培训。协会主办的"海聚英才，智绘未来——2023上海生物医药产业人才发展论坛"得到上海市委统战部、上海市经信党委和上海市生物医药产业领导小组办公室的指导支持。

五、开展"产、学、研、医、用"学术联动，推动临床医学进步和产业高质量发展

协会以《上海医药》杂志为载体，以"特殊感染防治专业委员会""血液病临床与医学转化专业委员会""中西医结合快速康复专业委员会""规范化诊治专业委员会""化妆品专业员会"等为平台，与多家医药企业、医疗机构、高等院校和相关专业机构建立广泛的合作关系，主办"儿童及罕见病药物高质量发展论坛""抗肿瘤药物合理使用与创新交流会""国谈药品落地实施研讨会""创新药物经济学"等30多场学术会议，通过产、学、研、医、用学术联动推进产医融合发展，服务新药前沿创新、临床医学进步和产业高质量发展。协会联合中华医学会器官移植分学会、中国医师协会器官移植医师分会两家权威国家级学会组织，邀请国内移植领域30余位权威专家，共同撰写并发布《中国肝、肾移植受者应用麦考酚酸类药物的专家共识》，为促进麦考酚酸类药物合理使用提供了有价值的参考依据和行业规范。

六、承接政府委托课题项目，为政府决策行业发展和企业经营提供决策参考

协会根据行业发展需要积极承接政府及相关单位的购买服务，通过开展行业战略研究、价格监控及统计分析。协会相继承接市经信委、市市场监管局等政府部门的政府委托项目，完成《上海市化学药产业布局与发展战略》《上海市生物医药产业质量状况分析报告》《上海市生物医药细胞与基因治疗相关产业链质量状况调查分析》《上海化学制药领域易制毒化学品制造设备管理项目》等课题研究和《2022年上海医药行业运行分析报告》编制并接受验收。同时，与上海市药品审评核查中心、上海市药品和医疗器械不良反应中心、上海市生物医药产业促进中心、上海市生物医药科技发展中心等机构合作，在生物技术、细胞治疗、新药创新、智慧监管等诸多领域开展标准建设和产业战略研究，为上海建设有国际影响力的生物医药产业集群提供智力支持。

七、持续提升内部管理和服务职能，接受社会组织规范化评审

协会以接受第三次5A级社会组织规范化建设评审为契机，以评促建，持续提升内部管理和服务职能，强化协会法人治理，完善管理制度，顺利通过上海市社会组织评估院组织的专家评审，继续保持5A级社会组织称号。继2013年协会首批通过5A级社会组织评估，2018年又通过5A级复评。协会还高度重视行业社会责任建设、诚信自律建设和信用体系建设，自2013年起连续11年编制和发布《上海医药行业社会责任报告》，系统推进和完善上海医药行业信用体系建设。

（姬云程）

上 海 中 药 行 业 协 会

上海中药行业协会成立于1989年12月，是以上海市中药工商企业为主体的社会团体，集科、工、贸于一体的综合性协会。协会分支机构有：中药饮片专业委员会、中药制药专业委员会和参茸专业委员会。现有会员单位200余家，会员企业覆盖率达到上海市中药行业企业总数的90%。

协会坚持5A级标准规范内部治理，着力为会员企业提供优质高效服务，圆满完成年度工作计划与目标，顺利通过"社会组织5A级"复评，协会工作得到政府部门、上级党委和会员单位的充分肯定，获得市工经联党委"先进基层党组织"和"先进协会标杆"、上海商业联合会"协会先进集体"和市现代服务业联合会"突出贡献奖"等诸多称号。

2023年主要工作：

一、继创5A达新标，诚信自律促规范

协会依照国家法律、法规，维护会员合法权益，反映会员企业合理要求，发挥企业与企业、企业与政府、企业与社会的桥梁纽带作用，协助政府实施行业管理，开展行业自律，推进中药行业高质量发展。在5A等级复评期间，协会提出以评促建，完善协会制度化、规范化建设，重新梳理、修订完善和新建各项制度达58个，并汇编成册。使协会工作规范有序，管理服务有章可循。

10月，市民政局、市社会组织评估院组织专家现场复评，反馈检查意见，充分肯定协会规范化建设成效明显，为政府、行业、会员、社会工作中卓有成效。由市药监局主办、协会承办的"中药饮片质量与延伸服务"专题会，为提高中药生产经营企业自律守法意识和服务政府部门，提升中药行业监管专业能力取得良好效果，得到市药监局领导的高度评价。

二、溯源饮片保健康，引领行业创新高

协会与市中医药学会联手从顶层设计和整体规划为切入点，起步本市溯源工作。首先，在市卫健委（市中医药局）支持和牵头下，协会向市人大、市政府立法部门呼吁，在《上海市中医药条例》起草过程中将溯源、代煎药等关键性内容纳入地方法规，为上海推进中药溯源有法规支撑。同时，协会搭建数据化管理信息平台，建立日常管理机制。其次，落实溯源饮片质量分级管理及优质优价政策，调动生产企业和使用单位积极性，保障和推动溯源工作可持续发展。至今，溯源饮片试点品种增加至 40 个。试点企业覆盖 16 家饮片生产企业，另有 8 家饮片批发企业加入试点，医疗机构扩展至 35 家。企业在生产、加工、流通全过程中质量管理提升，保障用药安全，取得良好的社会效应。

三、团体标准溯品牌，提振消费显初心

协会积极响应市委、市政府提出打造"上海标准"和上海"四大品牌""五个中心"建设战略，推进行业标准体系化建设。重新修订《协会团体标准管理办法》，完善多项行业团体标准，并在全国团体标准信息平台上发布《上海中药煎药质量管理规范》《定制膏方加工质量管理规范》《野山参质量规格》《藏红花质量标准》《上海中药饮片质量提升标准》等多项团标。

在协会主办的"第九届上海野山参文化节"上，在市商务委、市市场局、市中医药局和市消保委等部门鉴证下新版团标正式落地。团标执行单位在产品包装说明上须印上执行团标编号，使消费者购买野山参产品品质更有保障。

四、建言献策助创新，技能传承育人才

服务与推进中药行业传承、创新，为行业发展建言献策是协会的重点工作之一。协会通过服务中医药文化传承，服务中药企业产品研发，服务员工职业技能提升，推进上海中药行业高质量发展。一是调研完成市经信委生物医药产业处《促进上海中药产业高质量发展调研报告》；完成市药监局《上海中药饮片产业现状及提升措施情况调研报告》，两份调研报告分别为政府相关部门制定产业发展战略规划出谋划策。在浦东新区市场监管局药化处召开的浦东新区提供代煎服务零售药店监管工作通报会上，协会就《上海中药行业中药煎药质量管理规范》进行全面解读，对医疗机构委托煎药业务的管理要点和中药饮片的质量管理作重点介绍，并与区药监、市场所、及相关企业开展互动交流。二是协会及时做好政府委托事项，配合市药事所完成 3134 个编码录入与产品匹配比对，将新旧统编代码对比表分别发送企业，确保上海阳光医药采购平台如期启用；根据行情变化，提交市药事所中药饮片行情信息八批，推送中药饮片行情 299 个品种，

472 个品规。提交 6 次溯源饮片行情信息 43 个品种，84 个品规，保障中药饮片供应和溯源饮片试点工作进一步开展。三是重视中药行业专业人才和职业技能人才培养，2023 年举办 GSP、中药调剂员、购销员、中药煎药、煎膏、备案中药师等各类培训班 33 个，学员人数达 2742 人。中药调剂员考试 65 人（培训证书）；组织《中药材购销》岗位培训班，万仕成、真仁堂等 25 家会员单位学员 49 人参加。经考核合格颁发中药材购销岗位培训证书的同时，18 位学员可享受政府培训补贴，推荐 2 人获第六届上海市工商业领军人物称号。协会获批上海市企业职业技能等级认定机构后，全年认定初级与中级职业技能等级认定达 171 人。

五、信息渠道更通畅，会员服务全方位

协会针对网站和《中成药》杂志官网版本和栏目陈旧老化，历时 4 个月开发，成功实现新旧网站切换，增强网络信息安全。并同步开通两个官网手机版，网站功能更为完善，面貌焕然一新。坚持守正创新，高质量办好《中成药》专业核心期刊，全年共收到稿件 3421 篇，刊出 751 篇。试点创建药事管理暨中药科学监管栏目，完善该栏目的审稿专家，确保稿件质量第一道学术质量关。多年来《中成药》杂志中国学术期刊排名均居前列。协会充分运用《上海中药行业信息》，做好会员的信息互动服务，增加行业先进典型"行业人物"展示宣传专栏。全年总编发 441 期；发送各类信息 919 篇，阅读人次达 101672 次，关注人数为 3782 人。

六、民主办会党建引领，凝心聚力促建设

协会党建坚持以政治建设为统领，以主题教育为抓手，全面落实上级党委统一部署，认真开展党的主题教育工作，通过主题活动凝聚和带动协会全体员工，提升服务意识和服务能力，为上海中药产业高质量发展尽心尽力，添砖加瓦。增强全体党员"四个意识"、坚定"四个自信"，自觉把对"两个确立"决定性意义的深刻认识转化为践行"两个维护"的实际行动，始终坚定正确发展方向，积极培养青年骨干，一名年轻员工被列为入党积极分子。积极参与协会重大事项研究决策，形成党的领导与协会依法办会相统一；日常工作中，政治引领作用得到充分体现，党建工作融入协会日常运行与发展全过程，坚持抓重点，出亮点。在市工经联党委召开的庆祝建党 102 周年"七一"表彰大会上，协会党支部被授予"先进基层党组织"称号。

（朱嗣方）

上海保健品行业协会

上海保健品行业协会成立于1985年7月5日，是由生产、经营保健食品等相关产品企业及有关事业、科研单位与科技工作者自愿组成的专业性非营利性社团法人。现有会员单位100多家。

2023年主要工作：

一、持续开展走访调研，努力为会员提供高效服务

随着新冠疫情过后经济逐步得到恢复，协会把走访会员单位生产经营恢复情况，倾听会员呼声，了解行业需求，开展行业调研放在首位。先后走访30多家会员企业，与企业负责人座谈交流、沟通行业信息，围绕行业发展的热点、难点问题，听取会员企业意见建议，对一些行业共性问题，如关于设立保健食品科普知识宣传示范区和保健食品功能宣传等形成专题，向政府有关部门反馈。对会员提出诉求或需要协会解决的困难，做到有求必应，事事有回复，件件有落实，并不断完善服务体系，提升服务水平。

二、加强自身建设，推动各项工作责任落实到位

协会坚持每年两次召开会办公会议，两次理事会议和一次会员大会，讨论审议协会工作一些重要事项。协会秘书处坚持每月两次工作例会，分析行业现状，汇总会员单位遇到的新情况、新问题，并及时提出解决办法。同时每年两次理事会期间同期召开监事会会议，还建立监事会工作微信群，及时了解并监督协会财务状况和费用收支情况。

三、组织各项活动，推进协会工作健康发展

举办保健食品法规培训会议，12月，协会举办保健食品法规培训，邀请国家保健食品评审专家深入解读相关法律法规，结合实际案例进行分析，为会员企业更好地理解和应用相关法规提供帮助。开展跨区域行业交流活动，5月，协会联合山东省营养保健食品协会开展沪鲁两地营养健康产业企业家交流座谈会，通过交流座谈增进两地企业之间的了解，为寻求沪鲁两地企业之间的合作机会，促进资源共享，携手共同发展创造良好的条件。协会还两次组织部分会员单位与电子商务有限公司开展交流合作活动。8月，协会联合民生银行上海市西支行为部分会员企业进行金融税务知识培训，邀请金融证券银行财务专家顾问为会员企业做了经济形势展望，金融知识分享和税务法规培训等。10月，联合静安区曹家渡市场监管所在理事单位寿仙谷药业静安专营门店设立上海首家保健食品科普宣传示范点，为附近社区居民进行科普宣传。

坚持办好《上海保健品行业信息》月刊，不断扩大月刊传送范围，包括相关政府部门，国家和各省市营养保健行业协会，全年协会利用月刊宣传报道协会会员风采66篇，行业动向53篇，政策法规22篇，科普知识16篇；协会重建了官网，并对网站内容作了更新，利用微信公众号开辟协会动态和会员风采等栏目，为会员单位之间交流合作提供机会。

（朱惠雄）

上海市食品协会

上海市食品协会成立于1982年，是上海最早建立的行业协会之一，设有烘焙、品牌、生鲜等9个专委会，协会下属上海现代职业技能培训中心（学校）、上海高技能人才培训中心和职业技能鉴定中心，以及法律服务工作室等部室和机构，会员企业销售额占上海市食品类销售70%以上。现有会员企业460家。

2023年，上海规模以上食品企业完成产业总产值1267.47亿元，比上年增长0.7%，占上海产业总产值的3.3%，与上年持平。

2023年主要工作：

一、筑牢一个阵地，以党建带会建

（一）强化思想引领，加强党的建设。协会按照市商务委党组、市商联会党委的部署要求，以主题教育为抓手，把学习宣传贯彻习近平总书记考察上海重要讲话精神作为首要政治任务；坚持党建带会建，积极探索党支部建设的新思路、新举措，促进行业建设；突出主题教育主线，推动理论学习常态化长效化，注重内涵提升和机制创新，形成"集体学习＋个人自学＋参观学习"三级学习机制，实现"组织健全、活动丰富、品牌创新、富有成效"的工作目标。

（二）优化工作机制，强化硬核担当。协会在全面从严治党，层层压实管党治党责任同时，优化工作机制，不断健全组织架构，坚持党建与业务工作同谋划、同部署、同推进，做到知责于心、担责于身、履责于行。坚持党管干部原则，着力加强干部人才队伍建设，不断优化激励约束机制，强化考核激励，树立"有为有位、能上能下"的导向，不断强化党员干部攻坚克难、解码破题的硬核担当，引领全员全力以赴积极促进上海经济发展"加速度"。

二、夯实一个平台，聚焦主责主业

（一）明确协会定位，聚焦主责主业。协会明确自身在发展新质生产力和上海新发展格局中的定位，将各项工作的着眼点放在服务上海经济发展大格局上，努力强化为政府、企业和社会服务意识，聚焦主责主业，夯实服务平台。

协会在培育新质生产力的大环境下，以科技创新为引领，以改革开放为动力，以国家重大战略为牵引，努力践行服务企业、规范行业、发展产业的职责，打破常规思维定式，不断增强会员企业高质量供给能力，提升辐射全国乃至全球的功能和能级。

（二）强化服务意识，发挥平台作用。协会努力强化为政府、企业和社会服务意识，全力保障会员企业的知情权、参与权、表达权、选择权、监督权，增强对会员企业的吸引力和凝聚力。积极开展大走访调研活动，围绕世界一流食品企业建设，确定若干调研课题，通过走访、座谈交流、问卷调查等方式，将切实可行的对策建议，及时转化为具体办法，助力企业解决市场、融资、业务对接等问题，取得较好成效；对食品研发和质量安全现状调研的情况形成相关调研材料，及时上报政府职能部门，为其制定食品产业政策和发展规划提供决策依据。

（三）整合多方资源坚持品质提升。协会整合多方资源，聚焦长三角创新、品牌、区域协作和渠道建设，强化科技创新，积极抢占新赛道，塑造新优势，全力打造代表上海食品行业高质量发展水平、具有国际竞争力的产业高地。

三、深耕一个品牌，助力行业发展

（一）坚持活力赋能，发挥示范效应。协会主办的蝴蝶酥大赛2017年至今已经举办8届，参与企业从原来仅上海区域，扩展到江浙两省。经过大赛的不断激励，如今，蝴蝶酥已从单一口味变成系列口味，形状也从固定模式变成迷你型等多种形状。同时，通过蝴蝶酥技能竞赛的示范作用，扩展到食品行业月饼技能比武、第一届"路易·乐斯福杯"中式发酵面点技能大赛等竞赛活动。对鼓励企业增强创新意识，提升产品品质，改进包装，创建品牌，发挥示范效应。

（二）坚持创新发展，探索多元路径。上海食品行业紧跟时代发展步伐，紧扣经济发展热点，紧贴消费者不断升级的口味和需求，探索产品研发多元路径，做好产品内容创新、形式创新，让消费者耳目一新，让美味无处不在。

四、优化一个高地，加强人才培养

（一）以"赛"选才。协会积极开展"以赛引才""以赛选才""以赛聚才"等系列竞赛活动。承办2023年全国行业职业技能竞赛第24届全国焙烤职业技能竞赛"科麦杯"上海赛区选拔赛；参与协办第24届全国焙烤职业技能竞赛全国总决赛；举办长三角地区"南顺杯"2023第七届上海蝴蝶酥技能大赛。还与乐斯福联合主办第一届"路易·乐斯福杯"中式发酵面点技能大赛，主办"南侨杯"第六届上海市食品行业月饼技能比武等。

（二）以"培"育才。协会充分发挥"现代食品职业技能培训中心""高科技人才培养基地""企业职业技能等级认定评价机构"3个平台作用，联合社会力量，积极开展职业技能培训和高技能人才认定工作，先后开设咖啡师、中西式面点师、营养配餐员等技能、等级、技师培训班，为广州维朗食品有限公司、上海玉佛寺食品厂有限公司等单位提供培训服务。

（三）以"会"引才。协会通过各类展会、论坛，积极引进人才，壮大专业人才队伍。主办长三角地区食品产业发展专题论坛，邀请全国各地的专家学者、行业精英，共同探讨绿色健康食品产业发展途径和健康食品产业新动能；举办各省市食品企业、产品专题推荐会，邀请上海、江苏、山东的企业代表共聚一堂，共话行业发展前景。

（四）以"合"共育。协会高度重视校企合作、食品人才培育基地的建设，与安琪酵母股份有限公司合作共建"安琪现代职业技能培训中心"，共同培育食品高技能人才，走出一条"源于产业、起于项目、成于标准、忠于服务、敢于创新、乐于公益"的校企精准对接、产学研高度融合之路。

（沈源琼）

上海针织服装服饰行业协会

上海针织服装服饰行业协会成立于1987年5月。会员主要由针织服装、文胸、袜子、服饰、时尚产业等企业组成。会员单位中汇聚上海乃至全国有影响力的著名品牌，有三枪、古今、安莉芳、恒源祥、北极绒、帕兰朵、民光、海螺、华高、凤凰、钟牌414、菊花、鹅牌、飞马、东珠等品牌，并获"中国驰名商标""中国名牌""上海著名商标"等称号。现有会员单位99家，其中民营企业70家、国企22家、合资和外资企业7家。

2023 年主要工作：

一、完成会长届中选举与理事会近期申报等工作

因协会会长工作变动，按照章程规定，进行会长届中选举。经与会长单位上海龙头（集团）股份有限公司商定，推荐该公司新任总经理谭明同志作为候选人参加新会长的选举。协会在大量准备工作之后，于 4 月 27 日相继召开八届六次理事会和八届四次会员大会，对相关事宜进行审核，顺利选出新会长。

本届理事会的任期将于 2023 年 12 月 4 日到期，考虑到国际国内经济形势的变化，行业中许多企业困难加剧，企业领导倾全力稳生产。新会长刚上任，和会员单位需要有一个相互了解熟悉过程。鉴于此，经协会秘书处征询部分理事单位意见，建议将本届理事会的任期延长一年。按照协会章程第四章规定，协会于 9 月 19 日召开八届七次理事会，将理事会任期延长一年有关事项征求全体理事的意见。经过大会审议，获得一致同意。还完成部分副会长、理事单位更换代表人的审核。

二、认真做好服务会员单位工作

协会致力于运用信息资源和人脉关系，倾注全力，为企业搭建互通合作的操作平台，努力发挥好政府与企业之间的桥梁纽带作用，不遗余力为企业提供有效服务。一年来，协会为会员单位提供相应服务近 20 次，主要有：推荐、证明、咨询服务、互联网经济、新兴市场、促成商贸合作、实现信息互通等；同时还为有需要的会员单位提供个性化服务，包括小微企业专项基金申请、各类奖项评选申请等，为实现"服务企业、规范行业、发展产业"的承诺作出积极贡献。

三、认真做好年鉴材料报送等工作

做好每年市经信委编撰的《上海工业年鉴》、市经团联编撰的《市工经联年鉴》的材料报送和《协会大事记》，配合市纺织协会编辑的《上海纺织白皮书》（针织行业篇）的撰写工作。档案的收集、整理做到及时、规范。按时调整会员企业数据库，做到资料齐全，更新有序、数据正确。另发展新会员 1 家。

（闻天恋）

上海硅酸盐工业协会

上海硅酸盐工业协会成立于 2003 年 12 月 5 日，是由江浙沪等地区从事陶瓷、玻璃、晶体、耐火、建筑材料、无机能源、无机生物和环保、无机涂层及膜材料的生产、设备、检测仪器等制造企业，以及与之相关的大专院校、科研和设计咨询机构组成的社会团体。协会以"促进新型无机材料产业发展，加快传统硅酸盐材料技术改造和进步"为宗旨，积极开展企业技术培训、技术咨询、国内外信息交流、新产品联合设计、联合试制和推广等服务。现有会员单位 80 余家。

2023 年度主要工作：

一、党建引领，凝心聚力促发展

协会与上海市稀土协会、上海市聚氨酯协会于 2019 年建立"上海稀土聚氨酯硅酸盐联合党支部"。2023 年，联合党支部开展一系列学习中共二十大精神专题会议和庆祝建党 102 周年主题活动共计 13 次。联合党支部在市工经联党委召开的庆祝建党 102 周年"七一"表彰大会上获"先进基层党组织"荣誉称号。

二、科技办会，创新活动推发展

协会围绕上海市 3+6 重点产业布局，聚焦先进无机非金属材料产业，发挥专业、渠道、平台优势，搭建一系列高端学术交流平台，合力提升研发创新和产业化能力。11 月 15 日，协会主办的"上硅杯"创新创造学术交流活动在嘉定汽车城召开，共有上海硅酸盐研究所、同济、华理、东华、上大、应技大等 6 所上海地区无机非金属材料知名高校参加。活动创新性表现在以教授＋硕士＋博士＋博士后的模式，为企业提供极具技术含量的创新项目 6 项，会员企业和现场观众共计 200 余人次参与。工程院副院长钟志华院士为活动录制推广音频，新华财经、上海电视台话匣子 App 对活动进行报道。

三、优质服务，搭建平台谋发展

协会服务企业，树立用人导向，激发员工活力，开展职称评审工作。会员企业职称申报人数逐年提高，全年 16 家企业 19 人申报副高、中级和初级职称，通过率 80%。

协会年内组织发布和制订 7 项团体标准，在"2022 年度上海市团体标准十佳典型案例"的基础上继续申报"上海标准"获培育计划。协会推荐的 2 项团体标准申报行业标准，高分通过审查；2 项力学性能测试团体标准，已进入 ISO 第二轮投票。

（陈奕睿）

上海纺织协会

上海纺织协会成立于2008年12月，是上海纺织服装产业的联合会，涵盖生产制造、贸易、商业、科研院校、时尚创意园区和社团机构等多种经营类别，具有广泛的覆盖面和代表性，现有会员单位385家。会长、副会长23名，理事81名，监事3名。纺协持续创建有特色、有担当、有温度的纺织服装联合会，实施"精准服务""深度助推"，彰显出纺协"联合舰队"的能级与特色。

2023年主要工作：

一、提振信心、抓好开局推动行业复苏

（一）承上启下、继往开来完成换届改选。9月18日，纺协四届一次会员代表大会暨四届一次理事会在上海虹桥郁锦香宾馆顺利召开。按照换届改选程序，产生四届理事候选人81名、副会长候选人23名。原中国纺织工业联合会会长王天凯，原国家纺织工业部副部长许坤元，上海市经济和信息化委员会副主任阮力，上海市经济团体联合会党委书记会长管维镛等领导应邀出席。大会经过无记名投票，选举产生新一届协会领导班子，东方国际（集团）有限公司总裁季胜君为纺协第四届理事会会长。同时，发布《上海纺织产业发展报告（白皮书）》（2022—2023版），并为前三届纺协负责人颁发了荣誉证书。

（二）坚持问题导向，着力化解外部压力和环境风险。纺协为帮助企业稳订单拓市场，提振信心，新年伊始第一会主题就是"抓好开局提质增效工作研讨"，上海丝绸集团有限公司、上海新联纺进出口有限公司、上海东隆家纺制品有限公司、上海嘉麟杰纺织科技有限公司、上海中昊针织有限公司等近10家重点外贸企业集聚一堂共同分析国际国内形势、探讨解困途径、交流应对措施和业务对接。9月，为帮助外贸企业提质增效，合规赋能发展，纺协组织举办"规避贸易风险，提升合规水平经验分享与研讨"培训，参与培训近200人次。

（三）注重加强经济运行平台建设，为会员企业掌握行业最新情况提供支持。纺协充分发挥企业服务中心、纺协情报中心和各专业协会、分会作用，运用现代化手段，采用线上线下相结合形式，扩大调研范围，创新调研内容；承接和完成市经信委《上海消费品工业经济运行分析》项目，强化分析与预测，组织召开上海市消费品工业经济运行分析预测会，编纂季度、半年度、年度运行报告；对重点和头部企业进行深入调研和分析，形成《关于近期上海纺织产业经济运行情况汇报》，报送市经信委相关部门，为政府部门部署下一步工作提供参考意见。

（四）强化大虹桥基地（服装服饰）公共服务平台，发挥行业引领作用。协会秘书处每半年调研收集大虹桥基地企业经济运行数据、企业发展状况和困难诉求，进行系统汇总分析，并与本市、全国纺织服装行业进出口情况进行对标分析，形成专题调研报告，提供政府相关部门参考；秘书处还在国家外经贸发展、文化创意、品牌发展等专项资金精准落地方面，组织专题培训，为企业应对国内外严峻经济形势起到助推作用。

（五）以"一带一路"倡议为契机，助推会员企业全球化布局。纺协每年总结分析会员企业"积极布局全球战略，在'一带一路'中谋求发展"的经验，提升会员企业的参与度。据统计，目前纺协大虹桥基地47家企业中有15家分别在柬埔寨、缅甸、越南等国家和地区已建立19个生产基地，11家企业在国（境）外建立35个自主营销网络。

二、聚焦高质量发展，引导行业转型升级

（一）强化调研分析，促进精准服务和深度助推。围绕上海纺织制造业高质量发展，协会秘书处组成调研小组由副会长、秘书长牵头线上线下，对列入市经信委重点发展企业，新吸收并在产业链中有一定代表性的企业，在拓展新技术、新产业、新业态、新模式中有故事的企业，开展深入调研。先后总结《恒源祥企业技术创新情况》《德奕纺织品创业、创新、创未来》《上海信诺以创新为动力瞄准行业难点促进企业发展》《劲霸男装连续五次登陆米兰时装周东方美学与宝藏国货双向奔赴》《上海俊达创新致远，绿色发展，推动品牌价值升级》等企业高质量发展案例，发挥了引领示范作用。

（二）积极培育推广数智纺织，提高行业质量效益。纺协组织龙头企业参观为纺织产业量身定制的互联网企业致景科技，举行"数智纺织研讨会"，总结和探索整个纺织服装行业的数智化转型升级途径。总结和推广行业中已实施智能制造的上海嘉麟杰纺织科技有限公司《智能化全流程生产，数字化管控》等典型案例，报送工业和信息化部，其中嘉麟杰、致景科技、三枪集团案例入选上海市时尚消费品领域数字化应用场景。

（三）聚焦双碳目标，引导产业绿色转型。纺协邀请同济大学、东华大学、中国工业经济联合会等专家，举行"纺织行业绿色低碳循环发展的实施路径"研讨会。联手国内外专家、地方政府、企业界、学术界共同打造"纺织行业绿色低碳转型高端平台"，为"双碳"目标的实现和高质量发展提供有力支撑。2023年，工信部公布的第五批工业产品绿色设计示范企业名单中，上海嘉麟杰纺织科技有限公司成为上海纺织唯一被认定的工业产品绿色设计示范企业，高支纬编细针距羊毛产品获得工信部授予单项冠军产品称号，羊毛面料CW1H049C、涤纶再生面料6182获评国家级绿色设计产品。

（四）实施品牌强企推进工程，提升行业竞争力。市经信委牵头的"上海品牌100+（时尚消费品）"推荐活动，纺协组织推荐蔓楼兰、马克华菲、南方寝饰、东隆等15个品牌；工信部开展的"2023纺织品牌建设调查与典型案例征集"工作中，纺协会同家纺、服装等协会推荐上海丝绸集团股份有限公司-LILY、劲霸男装（上海）有限公司-劲霸等8个企业品牌典型案例，促进提升上海纺织服装品牌的影响力和竞争力。

（五）协办手工技能大赛，推动团标工作。纺协积极协办全国纺织服装设计职工职业技能竞赛暨2023年"中华杯"上海市纺织服装设计职工技能大赛，提升行业职业能力水平。带动服装企业品牌知名度的提升，助推上海时尚产业高质量发展。纺协还以市场为导向，不断完善标准化工作机制。充分发挥"团标战略联盟平台"，不断推动纺协团标工作更加深入发展，按计划发布《山羊绒制品再生处理回收规程》《山羊绒制品再生处理——再生羊绒纤维》两项团体标准。

三、以专业性和创新性为核心，推动能力提升

（一）抓党建促会建发挥政治核心作用。纺协党总支积极探索和实践新时代协会党建工作。运用党员微信群、"学习强国"平台和党员组织生活宣传贯彻中共二十大精神，将学习成果转化为促进协会工作的有力举措；注重开展多种形式主题教育活动。开展"挖掘红色资源""初心不忘、使命永记"等系列活动；深化学习习近平总书记关于东西部协作的重要指示精神，推进沪滇合作和产业帮扶。赴云南考察调研，并为云南省澜沧县班利村的"云南最美乡村时尚图书馆"捐赠了百万时尚图书。

（二）加强能力建设，切实做好服务。努力提高秘书处团队专业素质。注重尝试建设职业化专业化年轻化的员工队伍，纺协45岁以下工作人员已占团队在编工作人员总数的40%以上，不断提升团队整体的学习能力、创新能力、服务能力和执行能力；持续开展规范化建设，进一步完善各项规章制度，并注重职责明确，责任到人；注重强化各分会、专委会和中心的建设和管理，提高自我运行能力，共同推进行业发展。

（三）履行社会责任，积极开展公益活动。为深化贯彻落实中共二十大决策部署，根据民政部关于《社会组织助力乡村振兴专项行动方案》有关要求，在市民政局的精心组织下，上海10家社会团体与7省18个国家乡村振兴重点帮扶县结对帮扶。纺协主动作为，积极履行社会责任，联合相关会员企业，与4省7个国家乡村振兴重点帮扶县结对帮扶，分别是内蒙古库伦旗、四子王旗，贵州锦屏县，云南邵阳区、鲁甸县、巧家县，甘肃麦积区等，得到市民政局和国家民政部的高度评价。纺协与上海艺助行公益促进中心共同创建上海纺织协会艺助行残疾人创业就业实训基地。艺助行公益促进中心在上海普陀、宝山、静安、松江、虹口等区和湖南吉首建立非遗助残示范点。

（章微玲）

上海长三角非织造材料工业协会

上海长三角非织造材料工业协会成立于2004年，于2006年10月更名为上海长三角非织造材料工业协会，现有会员单位130家，包括长三角四省一市的非织造材料企业及相关单位。

2023年主要工作：

一、走访了解企业面临的困难与诉求

及时向政府相关部门反映企业在结构调整中面临的困难，千方百计帮助会员单位共克时艰、化危为机；主动为行业和企业传递以创新驱动、调整产品结构、谋求新发展的信息和服务。特别是在后疫情时期及结构调整、合理释放产能中传递大量相关的信息，还为欧美、东南亚等地相关协会等及时传递相关信息，积极发挥非织造材料协会的重要作用。

二、组织会员参加各类展会和产品推介活动

完成《上海纺织工业发展白皮书（2022年）》有关产业用非织造材料分报告。协助组织非织造材料企业参加在上海新国际博览中心举办亚洲过滤与分离工业展览会，协助组织非织造材料企业参加在上海新国际博览中心举办的2023第九届亚洲过滤与分离工业展览会暨第十二届中国国际过滤与分离工业展览会，在上海世博展览馆举办的2023第二十届上海国际非织造材料展览会（SINCE）及展会同期举办的展商技术演讲及产品推介会。组织业界人士参观在国家会展中心举办的2023中国国际工业博览会新材料展，参加由香港无纺布协会在香港会展中心举办的2023非织造材料研讨会，参观国家会展中心（上海）举办的第六届中国国际进口博览会。

三、举行第十三届非织造材料创新及产业应用发展论坛

8月，协会在绍兴举办第十三届（2023）非织造材料创新及产业应用发展论坛。苏州大学化学电源研究所研究员级高工曹国庆作"我国电池发展与隔膜需求情况"，浙江大学膜与水处理技术教育部工程研究中心教授、副主任朱宝库作"两亲聚季铵盐及其在抗菌无纺布材料中的应用"，宏祥新材料股份有限公司总工程师刘好武作"针刺非织造布在土工材料领域的发展应用"，东华大学纺织学院博士刘高慧作"水驻极熔喷非织造空气过滤材料"，伊斯拉视像设备制造（上海）有限公司经理刘学文作"非织造布检测应用解决方案"的报告，给企业发展带来最新的资讯与更多的启迪，获得好评。论坛已成为非织造领域最具专业性和影响力的技术交流与商务洽谈平台。

四、参加地方标准制修订工作

协会完成上海市地方标准《非织造布单位产品能源消耗限额》标准号DB31/650−2020、《涤纶长丝单位产品能源消耗限额》标准号DB31/717−2020的复审。协助组织非织造企业参加12月5−6日由美国过滤与分离协会组织召开的线上"WFI 2023过滤研讨会"。

五、开展技术职称申报与评审工作

协会积极推进长三角非织造材料工业的技术进步与企业发展，提高非织造材料行业内技术人员的自主创新能力，鼓励技术人员在技术创新、产品开发和节能减排方面积极探索；开展区域内行业专业技术人员的资格认证工作，解决中小规模民营非织造企业急需人才的热点、难点问题；提高企业培养自身发展所需的技术人才积极性，解决企业要不到人才、留不住人才的困难。

六、积极主动为会员企业提供服务

组织行业优秀企业家评选表彰活动申报，上海大胜卫生用品制造有限公司吴胜获优秀企业家称号；协助组织会员单位参加2023第十五届"上海之帆"经贸（人文）展泰国展、2023第十六届"上海之帆"经贸（人文）巡展新加坡展，并获得工经联等组织联合颁发的合作共赢奖；为行业内高新技术企业复审进行指导、培训等工作提供服务；组织企业参加大专院校毕业生招聘会，帮助企业招聘合格人才；为企业申报"小巨人"企业、高新技术企业、品牌以及专利等知识产权方面提供培训服务；为企业提升质量体系提供服务；为会员企业提供国内外行业发展信息、为企业献计献策。全年发展新会员单位4家。出版快讯6期，并及时更新协会网页。

七、加强党建和协会自身建设

6月16日，协会假座上海汽车集团培训中心会议室召开五届三次理事扩大会，一致通过2022年工作报告和2023年工作打算。同时按照社会组织党建工作的总体要求和市工业经济联合会党委工作部署，认真开展开展党史学习教育活动，深入学习习近平总书记在建党100周年大会上的重要讲话、中共二十大会议精神，通过开展主题学习教育，大家的责任感、使命感不断增强，党组织的政治核心和战斗堡垒作用、党员的先锋模范作用得到充分发挥。协会党支部还与兄弟协会党支部加强交流合作，开展丰富多彩的党员组织生活。协会经过多年的努力，党建工作不断加强，办会理念不断深化、内部建设不断规范、业务平台不断完善、工作领域不断拓展、服务能力不断提高，自身建设取得一定成绩。

（黄雪娟）

上海市家用纺织品行业协会

上海市家用纺织品行业协会，其前身为1987年经上海市纺织工业局批准，由毛巾被单、手帕和制线织带等3个行业的工业企业联合发起组建的上海市纺织复制行业协会。1992年12月，经市民政局批准，更名为上海市家用纺织品行业协会。现有会员单位100家，88%为民营企业。

2023年主要工作：

一、深化家纺品牌建设，着力提升行业竞争力

（一）强化学习宣传，为品牌企业充电加油。协会先后5次组织企业参加品牌建设学习活动。主要是组织企业参加"2023年中国品牌发展国际论坛——纺织服装行业论坛"、首届中国制造品牌发展论坛暨第九届中国品牌经济（上海）论坛等，听取宏观经济形势分析与对策、数字化赋能品牌等介绍。还邀请互联网专家为理事单位作纺织行业数字化转型趋势和应用演讲，引导企业"上云、用数、赋智"。组织4家企业参加市经团联与东方网共同主办的"走进上海品牌"活动，进一步宣传家纺品牌。组织理事单位去珍奥公司学习品牌建设经验。

（二）参与品牌活动，提升家纺品牌影响力。协会倾注精力引导和指导企业培育品牌。南方寝饰、三枪、兆妩3家企业获2022年度上海市品牌引领示范企业、龙头家纺获上海市品牌培育示企业称号。在开展的品牌100+、时尚100+、提升品牌价值和竞争力活动中，水星、三枪、南方寝饰、恒

源祥、民光、HTB、东隆、WOO、多样屋等9家品牌光荣上榜，占据上海品牌100+（时尚消费品）的18.8%；南方寝饰、民光获时尚100+称号；水星、罗莱进入TBB上海制造品牌价值榜；龙头股份、小绵羊实业进入SFEO上海企业品牌成长榜；珍奥、兆妩获得全国纺织行业"专精特新"中小企业称号；罗莱、水星还获得2023中国纺织服装品牌竞争力优势企业殊荣。

工信部委托中国纺织工业联合会开展2023年度十大类纺织创新产品培育推广专项工作。协会广泛动员和指导重点企业参与，经评审，上海家纺14只产品被评为2023年度全国十大类纺织创新产品，占全国纺织8.1%，占上海纺织73.9%。

（三）传递申报信息，帮助企业用好政策。协会通过梳理，及时将市科委、市经信委、市知识产权局、市发改委颁发的"专精特新"中小企业、高新技术企业、国家级工业设计中心、制造品牌等项目进行宣传和解读，鼓励企业积极用好政府政策，做大做强家纺品牌企业。

协会在文创项目申报中，对有意向申报的企业逐一走访，提供服务；与政府相关部门沟通，争取指导；请专家为企业咨询帮助。有2家企业获市文创专项资金400万元，1家企业获区文创专项资金65万元。协会还为业内品牌企业之间、品牌企业与社会交易平台之间牵线搭桥，探索通过品牌授权，让有影响的品牌实现增量。

二、开展产业安全预警，着力提质增效拓市场

（一）编制报告信息，开展交流培训。9月，举办"规避贸易风险，提升合规水平交流研讨"活动，纺织原料公司等企业就外贸合规建设、提质增效进行交流研讨。根据市商务委要求，协会通过收集和分析全球纺织业市场需求、产业及贸易发展情况，编制《2023年上海纺织行业公平贸易发展报告》；编写12期外贸信息简报，报送政府部门，发给企业参阅。特别是为应对美国"涉疆法案"带来的影响，在推出《上海纺织服装行业国际贸易合规手册》的基础上，又制定《应对"涉疆法案"实务操作流程》报告，告知外贸企业主动应对防范。

（二）引导企业规避风险拓市场。协会及时总结原料公司、东隆集团等企业在危机下转型升级的典型经验，让相关企业分享；引导企业加强与RCEP成员国的合作，拓展经贸市场。在"一带一路"倡议提出10周年之际，组织佳丽绒绣、华礼丝、豪润、乐眠佳4家企业去泰国、新加坡参加"上海之帆经贸巡展"活动，有企业已拿到订单或达成业务合作意向。11月，协会组织10家企业参加长三角国际产业竞争力论坛，纺织原料公司、东隆集团、三问家居3家企业获得了产业国际竞争力示范企业案例奖，协会获得优秀组织奖。

（三）为企业争取贸易调整援助资金。鉴于所谓"新疆棉问题"等因素使企业生产经营受到较大影响，协会组织企业参加市商务委贸易调整援助问卷调查，积极为企业争取贸易调整援助政策支持，有11家纺织企业获得206.02万元援助资金。通过用好政府的援助政策，促进企业开展新市场推广、新品牌打造；加快产品技术改进和实施绿色低碳转型；推动建设合规体系等贸易风险防范。

三、围绕行业经济发展，着力提高服务能力与水平

（一）强化经济运行的监测分析。协会认真做好30家重点企业主要经济指标月报表，及时上报政府部门；坚持每季度向市经信委上报行业经济运行情况；每半年编报上海家纺行业经济运行情况分析报告，向政府报送、向企业发布；召开统计工作人员年会，努力提升统计工作的质量和水平。协会还认真完成《上海纺织产业发展报告》家纺篇的编写工作。

（二）探索和落实服务生态圈。一是资源对接、经验分享。举办"新品推介资源对接"活动，捻幅、信诺等4家企业介绍自主研发的可视化监测产品、可机洗真丝面料、十二孔三维卷曲纤维、木棉等新技术、新材料，50余位企业负责人参加，不少企业有对接合作。为帮助企业拓展外贸销售渠道，协会与抖音合作举办TikTok跨境电商全托管模式推荐会，已有企业入驻平台。协会与雅式展览公司合作，组织100余人参观包装世界博览会，企业普遍反映很有收获。二是借助外力，提供增值服务。协会组织20余人参加中国家纺大会、20余人参加中国家纺协会床品年会，帮助企业了解大势，开拓思路；协会还与环球互通品牌服务公司进一步合作，完善品牌数据库，开展知识产权等服务；与金融机构和律师事务所合作，为企业经济发展保驾护航。协会积极参与上海工业博物馆展品史料征集工作，组织10家企业上报20余件重点产品、重要人物、重大场景、重要事件。

四、加强协会自身建设，着力增强协会凝聚力

（一）加强协会党支部建设。协会党支部重视思想政治和作风建设，认真开展习近平新时代中国特色社会主义思想主题教育活动，推动党支部在方向性和关键时刻积极发挥政治引领作用。重视引导党员岗位建功立业，积极发挥先锋模范作用。协会党支部被上海市工经联党委评为"优秀基层党组织"，其主题教育调研成果和党建案例入选市工经联党委党建案例集。

（二）加强秘书处和专委会建设。协会秘书处努力拓展服务领域，履行服务职能，整合和互补内外资源，注意重视发挥专家委员会作用，请专委会专家梳理政府政策、开展技术业务咨询服务、帮助承接项目专项资金等，受到企业的欢迎。协会被上海市工业经济联合会评为2021—2022年度先进协会，获上海市商务委授予上海市2022年优秀进出口公平贸易工作站荣誉称号。

（吴淑仪）

上海市室内装饰行业协会

上海市室内装饰行业协会成立于1987年10月15日。会员企业主要包括家装、工装、设计、监理、材料等五大板块。协会秉持"聚心、合力、共赢"的发展理念，深入贯彻"服务企业、规范行业、发展产业"的办会宗旨。现有会员单位509家。

2023年主要工作：

一、坚持党建引领，做强红色引擎

协会党支部邀请市工经联党委第十三工作站的5个支部和党员来秘书处学习交流座谈，共同探讨新形势下行业党建工作如何带动行业企业发展，以党建促会建。4月，协会党支部在市工经联党委开展的"两优一先"评选活动中被评为"先进基层党组织"，协会会员服务部主任朱玉峰被评为"优秀党员"。7月，协会党支部组织15家会员支部25名党员代表和积极分子前往江苏吴江、常熟红色教育基地开展"迎七一"党建学习活动，重温入党宣誓，树立"不忘初心、牢记使命、永远跟党走"为实现中国特色主义现代化强国的信念和决心。

二、履行章程规定，完善组织架构

2月15日，协会在虹桥宾馆组织召开第九届第二次会员大会暨第三次理事会，会议顺利完成多项议案审议，为协会开展工作提供保障。3月21日，协会成立装配式内装专业委员会，推进新型建筑工业化绿色发展进程，推动现代建筑业绿色建筑与低碳节能。7月12日，组织召开设计学术专业委员会第三次主任会议，聘任陈勇为设计委秘书长。8月7日，住宅装饰装修专业委员会完成轮值制的换届，新一届主任上海波涛装饰（集团）有限公司董事长谈治华对专委会一年工作提出设想。10月20日，组织召开第九届第三次副会长工作扩大会议，邀请各专委会主任单位，发挥各自优势，共商发展建言献策。10月30日，组织召开第九届第四次理事会议，会议确定《关于秘书处办公场地迁址》等多项议案。

三、六大专委会竞相绽放，成绩斐然

协会住宅装饰装修专业委员会召开家装行业验收标准宣贯大会和"守底线保安全"承重墙整治活动培训大会，组织家装企业开展"美丽工厂行"活动。协会牵头，装饰专委会积极响应国务院十三个部委联合发文通知精神，由首批承诺执行《住宅验收标准》的企业进入社区，开展家装公益活动，制作宣传画，进入1500个小区进行宣传张贴。

3月15日，协会和《解放日报》在中央广场开展消费保护日咨询活动，家装有8家企业和监理2家企业共同参与，

提升咨询活动的公信力和社会影响力。

工装委和材料委联合互动开展"走进企业共谋发展"主题活动，通过这项活动促成多家材料企业和多家工装企业的良好合作，成果显著。2月15日，在金茂大厦召开主题总结会议。6月，材料委牵头启动题为"凝聚共识创新思路"优秀材料企业走进设计院，全年共走访7家设计院，多家材料企业与设计院达成合作。

设计委与《新民晚报》联合主办《上海室内设计师风云榜》活动，通过一年12场专题活动，推荐的设计作品，经专业评委和媒体专家评选，60-80个优秀作品和设计师为风云榜单，为设计师成长提供平台。

监理委召开第五次和第六次主任会议，制订并落实多项标准。上海团市委福保办开展的"追光小屋"主题公益项目，监理委配合完成100个项目改造的验收工作，项目工地遍布上海16个区，监理委花费4个月的时间圆满完成任务，活动得到团市委的认可，媒体做了专题报道。

装配式内装委开展走进"会员之家"交流活动12场，推进与中国标准院联合汇编《装配式内装新材料图集手册》，联合标准院、会员企业等相关组织创建国家建筑装配式内装产业基地，组织新型建筑与内装工业化博览会。

四、加强行业自律，规范行业行为

1月，协会投诉部开始接受市民热线12345平台的家装投诉处理，初步统计3个季度投诉总量近4000件，80%来自12345平台，20%来自协会投诉电话和公众号及官网，投诉会员约60%，非会员40%。投诉类型：合同纠纷、质量问题、增项问题、售后服务等。在协会指导下，平均调解每月10件，调解成功率90%以上。根据10月20日副会长会议上的建议要求，协会制订投诉标准化流程和规定，使处理更快更有效。

五、强化服务意识，助推高效发展

5月24日，接待葡萄牙商会来访，经过友好交流与互通，将进一步开展相关项目的对接与合作。6月8日，协会以工会牵头，组织"极挑战聚合力"2023室内装饰拔河比赛。五大专委会的16家企业参加，并于10月13日在上海中心举办拔河比赛总结表彰会暨威能产品专场宣介会，效果较好。6月14日，开展校企合作，协会与上海科学技术职业技术学院对2024届毕业生现代学徒制企业进行对接洽谈会，为会员企业发展提供人才信息和人才输入。

（茅锈树）

上海工艺美术行业协会

上海工艺美术行业协会成立于1996年2月，是上海工艺美术生产、经营、科研、教育、设计及服务行业企事业单位自愿组成的跨部门跨所有制的社会团体组织。现有会员单位300余家。

2023年主要工作：

一、服务企业、发展工艺美术时尚消费品产业

3月，上海市经信委启动《上海市时尚消费品产业高质量发展行动计划（2022—20250年）》系列宣贯活动后（以下简称《行动计划》），协会按要求完成《聚焦"五大新城"规划布局工艺美术产业创新发展》《上海工艺美术精品、时尚消费和美学生活用品行动计划（2024—2026年）》的课题研究，指导行业继续抓住工艺美术行业的主力产业——黄金珠宝玉石首饰业，配合市经信委重点服务以老凤祥为代表的国有控股骨干企业，引导企业、工艺美术大师工作室关注《行动计划》中重点内容"工艺精品"中的条款，积极创作工艺美术精品，如上海市工艺美术大师张永千创作的《日以继夜》在中国轻工业联合会中国工艺美术大师工作委员会组织的陶瓷艺术精品推荐活动中，获得"金奖"。又如老凤祥的"迪士尼系列纪念品""十二生肖金属小摆件""175周年系列黄金珠宝首饰"，等等，深受消费者喜爱。不仅满足人民群众日益增长的物质和文化生活需求，服务人们对美好生活的向往，而且为老凤祥企业在产值、营业收入、利润上保持10%的增长，在同行业中名列前茅。

二、开展传统工艺美术保护工作

协会加强与16个区经信委、商务委的联系，发掘传统工艺美术优秀项目申报区、市、国家工艺美术非物质文化遗产，如上海工艺美术研究所的"上海丝绣"、上海供春陶业有限公司的"海派紫砂艺术"、嘉定区"木雕"等。在业内外产生积极影响，有利于鼓励工艺美术从业人员钻研业务，服务产业发展。

三、抓住行业人才工作，服务产业转型升级

协会按照《行动计划》要求，发挥"上海工艺美术设计服务平台""工艺美术产业智库服务平台"的作用，发布信息、收集信息、梳理信息和整合信息，服务工艺美术各层次人才，其中智库平台全年发布近500篇信息，阅读量达5万次。还向16个区推荐专业人才、向市委统战部"新联会"推荐民主党派、无党派工艺美术专业人才。如中国工艺美术大师王金忠；上海市工艺美术大师施君、周瑾、王如东、蒋韵杰等。坚持工艺美术人才工作立足上海、辐射长三角、服务全国，扩大上海超大城市的影响力。

四、提高行业展览展示工作水平、服务产业高质量发展

5月25—29日，协会组团参加由中国轻工业联合会主办的2023第三届中国工艺美术博览会，上海工艺美术行业共有21家企业、工作室参加，老凤祥组团参展。上海展团获2个"金鼎奖"、2个"百鹤奖"、3个百鹤"新锐奖"。

协会认真做好《中国工艺美术全集》（上海卷）编写工作，截至12月10日，《概览篇》已完成，《金工首饰卷》《工艺雕刻篇》《工艺编织篇》《陶瓷雕塑篇》已完成审查，正在排版。

五、抓党建促服务，发挥党支部战斗堡垒作用

协会秘书处党支部组织全体党员认真参加上海第一批主题教育，按照"学思想、强党性、重实践、建新功"的要求，围绕行业协会的重点工作，加强协会秘书处党支部的思想、组织、作风建设，发挥共产党员的先锋模范作用、党支部的战斗堡垒作用、党组织的政治核心作用。协会秘书处党支部始终坚持"三会一课"制度，丰富党组织生活的内容与形式，为行业协会树立良好形象打下扎实基础。

（柴晶鑫）

上海宝玉石行业协会

上海宝玉石行业协会成立于1996年5月。2006年8月，上海市宝玉石协会和上海珠宝玉石加工行业协会合并重组为上海宝玉石行业协会。现有会员单位481家。

2023年主要工作：

一、治理创新，提升精准服务能级

（一）党建业务融合，突出政治引领。协会坚持和加强党的领导，为各项业务开展提供坚实的政治保障。积极发挥党支部的引领作用，以党的创新理论为指导，认真学习中共二十大会议精神、学习习近平新时代中国特色社会主义思想系列重要讲话，坚定文化自信，加强理论学习，拓展社会实践，定期组织党员、会员、大师开展爱国主义教育主题活动，传承红色基因。12月，协会通过上海市社会组织规范化等级评估 4A 级社会组织的评估预审。

（二）完善内部管理，提供运行保障。协会工作以法律为依据、以章程为核心、以行规行约为指导，构建"以会员大会为决策中心，监事会为监管核心，理事会为执行组织，秘书处为办事机构"的组织体系。一年来，协会进一步修订并完善内部管理制度，加强员工队伍建设，为更好服务会员、服务行业、服务社会提供强有力的保障。

（三）成立分支机构，推动资源整合。为更好地汇聚行业上下游各方力量，协会按照章程有关规定设立珠宝首饰、玉石雕刻、有机宝石、教育培训和检测评估五大专业委员会。各专委会紧紧围绕年度工作计划，有效推动相关领域的资源聚集和创新示范。

二、凝心聚力，务实高效服务会员

（一）打造品牌活动，赋能会员单位。协会坚持把服务会员作为办会根本，不断创新平台作用，拓展服务功能，延伸服务领域，提升会员单位实力，提高行业整体竞争力。

举办"第十五届上海玉龙奖珠宝玉器展"，设立"阜新玛瑙""新疆金丝玉""辽宁岫玉""东海水晶"四大主题，深入挖掘玉宝石新材料、新工艺背后的历史文化和工艺特色，推动产业共同发展与繁荣。市经信委对玉龙奖予以高度肯定，表示创办 20 多年来，"玉龙奖"已成为上海文化艺术的品牌活动，并希望协会再接再厉，继续发挥引领行业作用，将展览越办越好，为上海打造文化软实力添砖加瓦。

（二）聚焦人才培养，服务产业发展。协会备案成为上海市社会化职业技能等级评价机构，以行业高技能人才职业技能等级认定为重点，以提升职业素养和职业技能为核心，引领、带动行业高技能人才队伍建设和发展。根据会员单位的培训需求，通过视频网站、线上培训平台直播多场专家讲座、名师访谈等专业培训，线上线下相结合做好职业教育工作。

（三）组织世赛选拔，构筑技能高地。协会组织选手参加 2023 年第二届全国职业技能大赛，上海选手获珠宝加工国赛第四名和世赛第五名；参加第三届全国工业设计职业技能大赛，上海代表队在首饰设计赛项中获一等奖 1 个，二等奖 1 个，三等奖 3 个。市人社局连续多年对协会在推动高技能人才建设，参与技能大赛方面的工作给予充分肯定，并授予"大赛优秀组织奖"。

（四）树典型立标杆，弘扬工匠精神。协会组织会员单位参与首席技师、技能大师工作室、上海市技术能手、上海工匠等项目评审，树立"大国工匠"标杆的领军和骨干示范作用，弘扬"工匠精神"，为宝玉石产业上海"智造"赋能助力。累计推荐新建上海市首席技师资助项目 46 个，新建市级大师工作室 2 个，上海市技术能手 3 名，上海工匠 11 名。

三、联动融合，战略引领产业发展

（一）提供政策建议，发挥桥梁作用。协会坚持每年负责编写上海市人民政府发展研究中心、上海现代服务业联合会编著的《上海现代服务业发展报告》"上海宝玉石行业年度发展报告"部分，报告真实准确地反映本市宝玉石行业发展现状和未来发展趋势。同时，协会按照上海市财政局要求，多次为政府部门提供产业整体发展情况及企业经营情况的有关信息，为进一步规范税制，形成政策提供建议方案。

（二）团标行标建设，强化行业自律。协会参与《黄金珠宝饰品行业消费者权益保护合规指引》团体标准制订。还多次参与全国性标准，相关国家职业标准的制定并提供行业反馈意见。

（三）产业跨界联动，拓展行业覆盖。年内，协会领导带队，先后走访考察河南、安徽、江苏、广东、福建、辽宁等全国玉石雕主要产区，以及消博会、中国国际珠宝展、香港珠宝展等专业展会，访问多位玉石雕刻大师、首饰设计师工作室，通过行业论坛、市场考察、产地走访等形式与兄弟协会分享办会经验，探讨在展览展示、人才培训、产业对接等方面的合作交流。协会分别与中国价格协会、上海典当行业协会、上海工商职业技术学院等商协会、院校、企业等签署合作协议，开展跨行业、跨领域、跨地区合作。

（四）促融媒体建设，加强科普宣传。协会自 2015 年设立微信公众号，坚持每天更新推送行业、技术、政策等方面信息，为企业及时、有效、全面提供信息服务。建立会长、理事、会员等微信群，在微信群中向会员企业发送电子信息简报。通过协会官方视频号，直播讲座、访谈多场活动，邀请业内知名专家为大家解读行业政策，提供新产品、新材料和新技术方面的咨询，提高平台服务效应。定期向《国家艺术》《上海工艺美术》《上海轻工》等业内杂志供稿，宣传会员企业，宣传优秀作品，普及宝玉石知识，着力扩大行业影响力，发挥社会辐射效应。

（五）热心公益事业，承担社会责任。协会持续热心公益事业，关爱儿童、青少年和社区老人等弱势群体，分别向上海市儿童基金会、上海陈佩秋公益基金会和上海市杨浦区公益基金会等捐赠超过 40 万元。协会深入社区基层，主办多场宝玉石科普讲座、宝玉石非遗项目体验等活动，并捐赠玉龙奖作品集等珠宝玉器收藏类图书，促进城市文化建设。

（杨　勇）

上 海 市 乐 器 行 业 协 会

上海市乐器行业协会成立于2004年。现有会员单位60家，理事单位15家，会长单位为上海民族乐器一厂。主要为乐器生产、销售、教学及乐器配套生产等企业。

2023年主要工作：

协会主动吸纳愿意参与到行业发展，热心行业工作，愿意为行业发展做出贡献的企业入会，并发给会员证，组织会员参加乐器展会、国民音乐教育大会等行业重点活动。

协会用好平台资源，加强对理事单位的宣传，"国光"品牌被上海市人民政府8部门联合认定为"上海老字号"，协会公众号发文推宣，凡是会员单位荣誉奖项的获得，协会一定进行宣传报道，以扩大理事单位在行业和社会上知名度和影响力。理事单位多数都是各个乐器品牌的龙头企业，在业内开展多种形式的活动，有利于提升乐器的质量和品质。

协会搭建展示平台，为会员单位服务。新冠疫情期间，乐器展轮空2年，但理事单位的准备工作照常进行。三年磨一剑，中国（上海）国际乐器展顺利举行，业内权威专家、领导、企业家均积极参加。协会充分利用展会窗口向外展示上海乐器行业的风采，为各会员单位搭建展示平台，做好品牌宣传工作，积极创新，引进新的展示方式和表演，让参观者更直观的感受会员单位的产品和理念。展会上，理事单位也提供软性宣传，比如在展台输送演出、文创手办、打卡获得精美礼品等，由于各理事单位的演出团齐聚一堂，有民乐展演，有口琴吹奏，以及手风琴表演，在集体共同努力下，本届国际乐器展取得圆满成功。

钢琴调律师上海鉴定站在全面恢复线下活动的积极推动下，4月下旬顺利开展调律师鉴定工作，72名来自全国各地的调律师齐聚在协会所属的鉴定点上海钢琴有限公司完成各项考试项目。考生们珍惜来之不易的机会不仅仅是考试还利用休息时间相互交流，考评专家也不厌其烦的进行讲解，俨然成为一个技艺传授的平台，起到以评促技的成效。10月，上海鉴定站举行2023年度第二批鉴定工作，67名考生参加鉴定。全年共鉴定技师12名，高级调律师24名，中级调律师79名，初级调律师24名。为保障考评工作规范开展，协会推选来自西安、南京、温州、上海的考评员参加全国考评员评定考核，为上海鉴定站所辖区域内的调律师考试提供专业、公平的考核。

（黄　婷）

上 海 市 钟 表 行 业 协 会

上海市钟表行业协会成立于1996年，是上海钟表、钟表配件及计时仪器行业企事业单位自愿组成的跨部门、跨所有制的非营利行业性的社会团体法人。现有会员单位70多家。涵盖上海地区的钟表制造、营销、科研、教育、培训等方面的精干主体。协会坚持突出钟表精密制造与现代服务为行业发展主线，发展产业、推动行业、服务企业为宗旨，紧紧围绕行业服务、行业自律、行业代表、行业协调的目标和要求发挥桥梁作用，不断提高协会在行业中的地位和作用。

2023年主要工作：

一、围绕"四大品牌"建设，提高钟表品牌影响力

（一）提高品牌影响力，展现钟表品牌风采。协会组织多家企业及品牌积极参加中国（上海）国际进口博览会，上海牌手表携首发新品及诸多重点产品在上海综合形象馆"智造未来"板块亮相登场。斯沃琪集团知名制表品牌TISSOT天梭表携精美时计新品再度惊艳亮相。作为全球著名的奢侈品集团之一，历峰集团多次以集团身份参展，并设立多个品牌展厅，带来一场难得的视觉盛宴。中外钟表品牌在进博会舞台同场积极回应"新时代，共享未来"的博会主题口号，为推动国内市场消费，满足消费新需求推波助澜。2023年由上海表业、上海珐艺参加第6届中国蓝光杯钟表设计大赛，多款时钟腕表获金奖，银奖，优秀奖，大大提高上海钟表设计制造的参与度、知名度。

（二）重塑品牌，"老字号"换发新动能。发挥上海钟表既有优势、文化优势，通过理念创新、技术创新突破发展制约，厚植发展优势，增强发展活力，使创新成为驱动上海钟表发展的强大引擎。坚持品牌发展，塑造品牌优势，优化钟表制造，强化钟表服务，提升质量水平。行业的"老字号"钟表品牌通过实施"品牌焕新"，实现了"老字号"品牌焕发青春与活力。上海牌手表以潮流跨界、IP合作推动品牌创新营销，与聚集新生代消费群体平台深度合作，演绎上海表在新消费趋势和国货崛起浪潮之下，呈现出"蕴含东方美学的国际专业制表"品牌形象，激发"老字号"焕发新动能。

（三）围绕数字化转型，新营销引领钟表销售。协会引导行业企业将危机转化为契机，从过去注重传统实体销售模式加快转型为互联网、电视直销、体验销售、微信、购物App、抖音等新销售、新零售的模式，实现线上线下全面互动。许多企业都建立线上销售网络，提高品牌知名度，促进线上销售业绩不断增长。在积极参与"双十一"等促销活动中，多家企业通过天猫、京东、淘宝、东方网、电视直销等平台，据不完全统计，实现销售近4000万元。2023年，行业企业通过新媒体、新渠道等平台实现15%的销售增长，全行业钟表制造工业产值突破30亿元。

二、培养行业技能人才，提高企业职工技能水平

（一）推动建立行业人才培养机制，开展技能等级认定。4月，协会被上海市人力资源和社会保障局、上海市职业技能鉴定中心批准为上海市第三批职业技能能级认定社会培训评价机构，面对社会开展钟表维修工职业技能等级认定。协会可以开展职业技能等级认定的有：面向社会的钟表维修工5级−1级，面向用人（企业）单位的钟表及计时仪器制造工（机械手表装配）5级−4级。至今，协会认定钟表维修工技能等级初级工23名、中级工25名、高级工27名、技师2名。协会还先后组织行业专家根据新的要求完善了钟表维修工5级～3级的题库，完成建立钟表维修工2级～1级的题库，为高等级职业技能认定填补了空白。

（二）组织培训与技能比赛提升职工技能水平。积极开展行业职业技能大赛。协会于10—11月组织2023上海（徐汇区）钟表行业钟表维修工（高级工）竞赛活动，有5家企业和上海市工业技术学校钟表专业的学生、独立钟表维修的从业人员44名选手参加11月26日的竞赛决赛。参赛选手通过以赛代练，以赛交流，提高钟表制造业、服务业职工知识水平和实际操作技能水平。为弘扬工匠精神，营造技术创新、崇尚技能，创造了良好氛围。

（三）开展技能培训项目。试行开展企业新型的师傅带徒弟项目。学徒制是中国传统的一种技术传承手段，即通常所说的"师傅带徒弟"。新型学徒制，就是按照政府引导、企业为主、院校参与的原则，采取"企校双制、工学一体"的模式，包含四方面内容：一是建立企校双师联合培养制度，二是学徒培养实行弹性学制和学分制，三是健全企业对学徒培训的投入机制，四是完善财政补贴政策。这四方面的内容，构建了新型学徒制完整的架构体系。协会在上海表业有

限公司、上海景时表业有限公司积极推行。9月，完成2家企业共48名的师傅带徒弟的签约培训工作，已进入杨浦区人力资源和社会保障局审核和资金激励环节。

（四）积极推动校企合作新机制。校企合作是将学生的培养过程与企业用人标准进行融通，使学生在掌握职业技能的同时需具备相应的培养阶段应有的职业素养、职业道德；强化培养标准建设，培育行业急需的工匠人才。年内，协会积极与上海市工业技术学校对接，推荐行业专家参与学校钟表维修专业的课程设置，为学校职业教育，学生培养方案提出建议，形成有效的课程体系和人才培养模式，选送部分企业专家兼任一些专业课程。同时，先后推荐专业学生到纳泰沙尔手表服务中心、上海表业有限公司等企业实习，帮助学生了解企业的实际岗位要求和技能要求，为就业打下良好基础，形成职业教育的共建机制。协会还为学校编写《钟表维修中的打磨工艺》等拓展教材。通过校企协同育人，不断深化产教融合。

三、提升行业协会自理水平，规范内部管理能力

（一）规范市场提高行业公信力。协会积极联合静安区消费者权益保护委员会参与由上海市消保委组织的"3·15"大型宣传咨询活动。参加大宁国际商业广场"消费者权益宣传咨询活动"，为广大消费者提供政策咨询服务，以及消费知识宣传服务，提供钟表保养知识的宣传资料。配合市消保委、市区工商名表维修市场的整顿工作，规范名表维修市场，履行诚信承诺。

开展第三方钟表质量检测与钟表鉴定，公开行业钟表质量状况，督促企业树立质量第一思想。协助公、检、法、纪监委进行钟表真伪鉴定及估价，提出鉴定报告500多份。在行业协会网站上公示由上海市钟表质量检测站对行业钟表产品质量检测的情况。

（二）完善内部自理结构，总结经验促进能力提高。加强协会基础管理，不断完善自身建设。服务企业、规范行业、发展产业，以服务促发展，以服务树形象，以服务聚人心，进一步落实以章程为核心的各项制度，强化职责机制、监督机制、激励机制。年内协会按要求申请上海市社会组织等级评审。根据四级1000分指标从"基础条件、内部管理、工作绩效、社会评价"4个方面逐项对照梳理和归纳。本着对照标准找差距，总结经验促提高，完善提高行业协会管理能力和服务能力。12月，协会再次获得上海市3A级社会组织。

（蔡辉明）

上海市糖制食品协会

上海市糖制食品协会成立于1988年6月（原名为上海市糖制食品工业专业协会），是由上海地区从事食糖、糖果、巧克力、糕点、饼干、冷冻饮品、休闲食品、馅料等生产经营企业和科研院所、大专院校等单位自愿参加组成的，跨部门、跨所有制的非营利性行业性社会团体法人。现有会员单位102家。

2023年主要工作：

一、引领消费需求，拓展节令食品市场，助推行业营商环境

（一）规范青团产销，促进市场销售。3月9日，协会组织"2023年上海青团质量交流推介"活动。聘请市有关检测部门专家和行业权威高级技师按蒸煮类糕点国家标准的指标"色、香、味、形、量"5个方面对青团质量进行评议，对青团产品的标识作鉴定。最终选出14家企业32种青团，作为向上海市民推介的2023年上海优质青团，并在协会网站上进行公示。向14家获奖企业颁发证书，以示鼓励。确保上海青团市场抽查合格率达100%，为市民提供从农田到餐桌全过程的"安全健康、美味"的青团，让广大消费者明白选购，放心食用。

（二）传承特色创新，促进健康发展。5月17日，协会举办上海名特优食品质量交流活动，活动以助推上海5·5购物节内容为契机，以名优食品长抓不懈为重点，协会内各会员企业踊跃报名、积极参与，产品涵盖中西式糕点、粽子、面包、饼干、药梨膏、休闲食品等六大类。最终有23家企业的53种产品被推介为2023年上海名特优食品。活动不仅促进各企业产品质量的提升以及企业的自身发展，也进一步提高上海食品的知名度，更好地向社会展示特色美食、"非遗"和"老字号"美食，在传承和弘扬传统美食文化中发挥积极作用。

（三）弘扬中秋文化，传承中秋月饼市场健康、成熟、高质量发展。8月30日，协会组织开展上海名特优月饼质量交流活动。根据国标GB/T19855-2015标准要求，对参与质量交流的月饼按帮式和馅芯分为十三大类，从色泽、形态、组织、口味、净含量等5个方面逐一进行交流，经过专家组认定，共有34家企业的73种月饼获2023年上海名特优月饼称号，并进行公示和推介，发放奖牌和荣誉证书。

（四）组织会员企业参与由上海市消保委主办的"2023年7月上海伴手礼"评测活动。这次由品质专家、行业专家和消费者代表从品牌文化、产品品质、行业影响等方面进行评测，最终确定103件产品进入第二轮甄选环节。协会会员企业西区老大房、乔家栅、沈大成、老香斋等4家单位8件产品入围。

协会积极动员会员企业报名参加2023"上海礼物"品牌评选和认定，第一食品连锁发展、冠生园益民食品、哈尔滨食品厂、三牛圆荣圆、可颂坊、西区老大房、三阳盛、沈大成、牛奶棚、东方先导（上海）公司、澳莉嘉等11家企业18件产品被认定2023"上海礼物"。通过上海礼物优选经营店的线下门店或在线商城进行展示、售卖，成为展示上海城市形象、延伸旅游产业链条、扩大旅游消费的重要载体。

二、增强行业自律，确保食品安全，推动行业高质量发展

（一）规范产销，确保食品安全。6月中旬，面对进入防霉保质梅期和盛夏高温期，协会提出夏令食品产销管理措施，组织食品企业隐患排查，确保生产经营中食品安全。在市场监管局的抽查中，青团合抽查合格率100%；粽子抽查合格率100%，月饼抽查合格率100%，针对食品成本的"费、工、料"都有上升，但各企业仍采取多种措施达到不涨价，少涨价，部分企业还推出多种优惠促销措施，最终让利给消费者，助推市场营商环境。

（二）围绕行业高质量发展激发市场新动能，共同探索地市商会、行业协会融合发展机遇。协会继续与宁波银行长宁支行签订战略合作协议书。共同探寻银行为企业贷款释放多种优惠政策等措施。同时，把提升会员服务质量作为重点工作。先后走访太康食品公司、冠生园、新雅食品厂、功德林、沈大成等企业，加强联系提升"聚力点"，支持企业创新，提质增效。

（三）履行行业责任，强化"小协会，大作为"的责任担当。结合市场需求，协会指导企业研发更多美味的产品，坚持守正创新发展，保持老字号新活力。随着生活水平提高，消费者开始更多关注商品的符号价值、文化精神特性和形象价值，老字号企业的市场知名度逐年提升，产品的年销售量逐年增长，已拥有一大批忠实消费群体，在竞争激烈的市场中激发高质量发展的内生动力。

三、努力服务会员，强化信息交流，开展消费维权活动

（一）全年协会编发《上海糖制食品信息》24期，刊登各类稿件信息约80份，专题资料4份，统计分析3份；做好月饼产销统计，月饼产销排行榜统计，及时为会员提供各类法规政策信息，以及各种企业促销活动线上直播等各类鲜活图片。同时，协会通过调查研究，收集到各种相关数据，了解市场信息，把握食品市场走势，写出春节市场分析预测和中秋月饼市场分析预测报告，及时刊登在协会信息上，为企业提供参考。

（二）做精做强节令食品产销。协会及时做好传统节日商品宣传，跟踪报道销售热点，指导规范生产、解答有关政策法规、为企业业务牵线搭桥，深受企业欢迎，其中新雅食品厂、乔康等企业的多项行业维权取得成功，深受会员好评。

（三）按时完成一年一度社团年鉴工作，协会秘书处有针对性地进行交流学习，同时组织多形式、多层次、多方面的岗位人员业务培训，为行业的持续发展奠定较为坚实的人才基础。协会内部控制制度执行有效，财务管理制度健全，收支管理严格，账面记录和报表清晰，经费支出规范合理。

（邹建国）

上海市豆制品行业协会

上海市豆制品行业协会成立于 1986 年 9 月，是一家 5A 级社会组织，现有会员单位 91 家。

2023 年主要工作：

一、举办 2023 行业发展论坛，顺势而为话创新谋发展

年初，协会举办 2023 行业发展论坛，重点讨论疫情后行业发生的变化、应对措施和预测未来发展趋势。会上，首次利用大数据发布豆制品 2022 年度上海和全国豆制品行业生产经营情况，详细分析渠道变化、产品结构变化情况，为企业掌握未来发展趋势提供翔实的数据。会议的主旨演讲、圆桌讨论会、沈建华会长的总结发言等内容既有宏观经济形势分析，又有微观前沿技术介绍；既提出存在的困难，又提出解决思路；既看到挑战，更看到机遇。会议围绕创新发展，给大家以启迪、启示，受到企业的称赞。

二、组织卫生检查和参观企业，促进食品安全水平提升

5 月起，协会对行业内豆制品生产企业开展食品安全卫生大检查。预先发文，并附新修订的《卫生检查项目表》，要求企业先自查自纠，然后协会秘书处人员逐一检查。历时一个半月，共检查企业 51 家，涵盖全市所有豆制品企业，还包括太仓、昆山、启东、海门、常熟、海安等上海周边的外省市企业。经查企业卫生状况总体积极向好，绝大多数企业按规定配备食品安全员、食品安全总监，明确职责，日管控、周排查、月调度，食品安全责任落实到位。如有一个原本卫生较差的企业兑现向协会的承诺，重新调整生产布局，装修车间，设置更衣室，统一员工着装，规范管理。检查中有 2 家企业较差，落实责任人指导改进，对一家企业进行约谈。对企业一些好的做法，通过《行业动态》进行宣传报道，供大家学习借鉴。

7 月 18 日，协会组织行业内 50 多位专业人员赴嘉兴管老太豆制食品有限公司参观学习。该公司由一个售卖油炸臭豆腐摊位发展成拥有 4500 平方米管理规范、有序的"透明工厂"。听介绍、看现场、品尝产品后，一致认为做得好，表示不虚此行，返厂后把学到的经验用于工作实践中。

三、为可持续发展建言献策，协会意见建议得到采纳

改革开放后，合理的税收极大地助力企业发展。但税务全电发票系统上线时，豆制品开票窗口缺失相对应的农产品税率，企业非常着急，纷纷反映到协会，协会了解税务有关的政策后，积极向市商务委、市税务局等主管部门和中国豆制品专业委员会等单位发函专报，并提出诉求。引起有关部门关心，税务部门及时调整开票系统，增加农产品税率，维护了税收的稳定和行业生产经营的稳定。

豆制品生产企业除了生产豆制品之外，有的还少量生产粉皮、麻腐等淀粉制品或其他产品，由此涉及企业排放中水污染物排放标准的争议。检测单位认为《淀粉工业水污染物排放标准》指标更严，应该从严执行。企业寻求协会帮助。协会一方面研读标准，并向标准起草单位进行咨询沟通，对标准适用范围的描述提出协会意见；另一方面，要求企业对淀粉制品生产后的排放水抽样检测，数据表明水质就是不经处理也能符合淀粉工业水污染物排放标准。随后，协会向环保部门专门发函，以真实的数据、实际工艺状况说明提出意见有理有据，合情合法，得到认可，从而解决了又一个卡脖子的行业标准问题。

四、尽职尽责消费维权，促进消费和谐环境

协会是上海市工商行政管理局授牌的消费维权联络点，年初以来，协会收到食品安全、标识标签等消费者投诉案件明显增多，其中大部分案件属于以牟利为目的的职业索赔。为维护消费者权益、维护企业利益，促进消费和谐环境，协会从专业的角度对每一件投诉案件都尽职尽责地处理。为遏制、减少投诉案件，协会专门召开食品安全工作会议。介绍各种投诉案件发生的原因，处理的法规依据，吸取的教训；对确实是产品质量投诉案件，分析产生的原因，提出预防措施；对一些新产品、使用有特性原辅料需声称宣传的标识标签，提出指导意见。通过相互交流、问题解决方案的讨论，大家对法规有了更深的理解。

五、走访调研掌握实情需求，牵线搭桥助力企业发展

为掌握豆芽质量安全实际情况，7月，协会开展豆芽市场抽检，从6个不同区域抽检黄豆芽、绿豆芽样品全部合格；为了掌握市场上粉皮、麻腐的明矾添加量情况，协会专门开展市场调研抽检，还通过各种方式了解外省市的明矾添加状况，为明矾添加量标准的修订提供依据；组织部分企业负责人，前往江苏省宿迁市大豆种植收储基地进行考察，通过座谈、参观大豆收储加工厂仓库储备、供应情况，为企业大豆采购牵线搭桥，为大豆应急采购提供预案；还通过走访企业了解企业需求，指导企业厂房升级改造。

六、学法规学HACCP管理知识，保障豆芽质量安全

10月16日，协会组织召开11家企业豆芽生产企业负责人会议。认真学习中华人民共和国《农产品质量安全法》，对涉及豆芽生产经营的条款划线标注，逐条逐句学习，并联系实际进行解读、讨论。为加深对法规的理解，还采用前几年发生的某企业在豆芽生产经营过程中违法添加食品添加剂以外的化学物质和其他可能危害人体健康物质被处罚的真实案例，以案释法开展警示教育。为提高豆芽生产企业负责人的管理水平和管理能力，协会秘书长亲自为大家培训HACCP食品安全管理体系基本知识，并以生产黄豆芽为例，按生产工艺流程，从种子豆采购验收开始，对各个工序潜在的危害因素、预防措施、关键控制点识别、关键限值以及监测、纠偏措施等方面进行分析讲解。通过严管严查不懈的努力，本市豆芽的质量安全水平显著提升，合格率达到97.38%。

七、以党建为引领，提升履职能力促进服务升级

加强协会党建。协会党支部积极参加市商联会党委组织的各项活动；邀请专业讲课老师，为广大会员上专题党课，讲政治鼓干劲；通过党员集中学习和党群交流，帮助大家学深、悟透中共二十大精神；通过参观红色教育基地，坚定初心使命。

提升履职技能。秘书处员工先后参加2023中国（上海）食品安全与产业发展论坛、第八届IFS中国主题日＆一起食安行主题培训、社会团体能力建设培训等活动。

做好统计和分析工作。对豆制品统计报表栏目进行调整，对企业上报数据的准确性进行复核、跟踪，并增加大豆单价的统计。协助市商务委做好上海主副食品运行调控系统中豆制品信息的采集和行业未来市场趋势的研判和预测。协会派员参与市早餐工程和智慧菜市场两个民生工程的验收。

（张建秋）

上海市酿酒专业协会

上海市酿酒专业协会创建于1989年2月，是由上海市专门从事酒类生产和经营相关的企业及有关酒类科研、教育等单位自愿组织的跨部门、跨系统的行业组织。涵盖上海市啤酒、黄酒、葡萄酒、白酒、老白酒、配制酒、洋酒等所有酒种的生产企业和部分酒类经销商，其中酒类生产企业占上海合法酒类生产企业的50%，包含国有、三资、私有、股份合作等性质的企业，其会员企业的产量占全市酒品产量的95%以上。现有会员单位89家。

2023年主要工作：

一、消解疫情影响，促进生产满足市场需求

面对疫情造成的影响，协会根据市政府要求，立足本行业，合理调配员工开工生产，满足元旦、春节的酒类消费需求；协会每2周汇总信息，一方面向上反映，另一方面反馈会员企业。企业的需要，协会尽可能帮助解决，有些困难与政府相关部门沟通、协调，争取政府的帮助。会员企业间、上下游之间、相关行业协会间问题帮助协调解决。

二、实施品牌战略，开展酒类品牌建设系列活动

协会继续积极组织开展上海市名优食品评比活动。与上海食品协会合作，推荐20只酒类产品被评为上海市名优食品。为实施品牌战略，引导长三角区域食品产业高质量发展，强化品牌意识，深化品牌内涵。协会组织开展"长三角名优食品"互认活动。在上海名优酒类产品中选择具有上海酒品代表性的4家企业的5个品牌推荐长三角名优食品互认评审，并通过评审。

三、组织举办上海（长三角）金樽酒品市场推广活动

协会在上海名优活动和长三角名优活动的基础上，组织举办第十二届"上海（长三角）金樽酒品"市场推广活动。活动除得到会员企业的响应和参加外，还得到了上海流通领域的连锁行业协会、餐饮行业协会、糖烟酒茶行业协会、酒吧、咖啡行业协会等协会，和线下、线上的流通龙头企业如捷强烟草糖酒、联华超市、京东酒水、拼多多等的大力支持。活动提升酒类品牌在上海乃至长三角的影响力和辐射力，引导和普及酒类商品的消费。

四、组织参加上海特色伴手礼评测活动

为不断坚定文化自信，助力打响上海"四大品牌"，在市商务委、市老字号企业协会和相关行业协会的鼎力支持下，市消保委开展2023上海特色伴手礼评测活动。协会参与酒类产品评测，协会组织参与的黄酒、白酒等会员企业申

报伴手礼评测产品。经过专家评委和消费者现场评测，全市有 60 个产品评上"上海特色伴手礼"。协会推荐的金枫石库门黄酒、神仙酒厂的白酒神仙大曲等位列其中。

协会积极响应参与由上海市商联会组织"上海礼物"的选择、评定活动。动员 10 家企业的 13 个产品参与活动。最终均被评上"上海礼物"，在旅游节期间受到广大游客的欢迎。在会员企业的倡议下，协会主办"世界白酒日"，并支持举办"世界黄酒日"活动。两个活动分别选择我国夏至和冬至日举行，除了协会会员企业参加外，还邀请长三角的酒企，社会公共人士，国酒爱好达人，酒品收藏家以及其他酒品爱好者参加。

五、依法维护会员企业和消费者合法权益

协会应会员企业要求，协调处理市场监管部门对会员企业在涉及广告宣传、市场运作、食品安全生产等方面的问题，尽可能维护会员企业的合法权益；遇到消费者外行投诉会员企业或咨询酒类产品相关安全质量问题时，协会依据概念、标准、行规行约以及酒标的通用标识等答疑解惑，消除消费者的误解和疑虑，既解决消费纠纷，也维护会员企业的权益。

六、组织"酿酒行业锅炉产品和改造案例技术交流会"

借中国国际供热及热动力技术展览会 HEATEC 暨中国（上海）国际锅炉、辅机及工艺设备展览会 BOILER SHANGHAI（简称国际供热暨锅炉展）在上海举办之时，协会召开"酿酒行业锅炉产品和改造案例技术交流会"。将最新型的锅炉产品、使用案例、维护经验和优秀企业推荐给酿酒行业各相关企业，帮助企业着力加强技术创新、促进产业转型升级和产业技术水平显著提升，同时邀请英国、美国、日本等国际知名锅炉制造企业介绍和推广国际节能、环保的锅炉技术，有 15 家会员企业以及其他长三角地区的 20 多家企业参加此次推广介绍会，并与同行进行技术交流与探讨。

七、开展协会的日常工作

依据协会章程，在理事会和会长的领导下，以线上网讯形式召开协会七届三次会员大会和七届三次理事会议。全年编发 24 期《上海酿酒简讯》信息。还在"上海酒业"微信公众号上公示会员企业的产品企业标准，满足企业新产品及时能在市场推出的需求。相关信息的发送时效、数量、质量等均有较大提升。在线下、线上分别为会员、业内、政府、国外和社会等方面提供的服务咨询 60 多人次。

（吴建华）

上海市物流协会

上海市物流协会成立于 2007 年 4 月，是在 1993 年 3 月成立的原上海物资流通行业协会的基础上，经过拓展功能，整合资源，扩大行业覆盖面后重新组建的。协会由上海物流企事业单位自愿组建、跨部门、跨所有制的非营利性社团法人。协会会员包括上海港口、铁路、航空货运、公路干线和水运等交通物流企业；钢铁、汽车、化工、医药、冷链、快递等专业物流龙头企业；金融、保险、设备设施、科技服务、租赁等物流服务企业；职业教育、高等院校等物流研究教育机构；服务中小物流企业的公共服务平台。现有会员单位 500 家，协会分支机构联系会员千余家。

2023 年主要工作：

一、坚持政策导向，把握行业发展方向

（一）认真学习法规，宣贯解读政策。协会带领会员单位认真学习《"十四五"现代物流发展规划》，把握物流行业发展大势，及时了解国家、上海市促进产业发展、优化营商环境等与物流行业发展相关的政策法规。通过开展座谈、培训、宣讲、研讨、论坛等多种方式，指导和帮助会员单位及时知悉政策、用好政策。

（二）组织行业交流，把握前沿理念。协会先后举办"数字经济时代物流发展的新趋势"高级研修班；参访国药集团、上海自贸区，考察洋山综合保税区；开展"联动洋山"交流活动；联手上海产业互联网有限公司主办 2023 第四届中国（上海）工业品在线交易节、绿色供应链发展论坛；举办"提速增效·上海城市物流发展前景及未来政策走势"座谈会；承办德国慕尼黑国际物流展会和汉诺威相关论坛等活动，聚焦物流行业供应链上下游的可持续运行，研讨数字供应链的发展和未来，沟通分享信息等一系列活动，加强会员单位间的学习和交流，开阔眼界，创造合作共赢的机遇。

（三）加强沟通协调，当好桥梁纽带。协会注重加强与政府部门的沟通，加大走访会员单位力度，了解行业发展的热点和难点，搭建服务平台，及时向政府反馈企业实情和诉求。为 30 家商贸和物流企业的城市配送车辆申报咨询，汇总 960 台车辆信息，经市交警总队审核后发放通行证 112 套；协会还会同市发改委组织会员单位召开座谈会，了解物流企业提质增效降本和保通保畅工作情况，使政府部门及时了解后疫情期间企业面临的困难和诉求。

二、加强人才培养，为行业提供人力支撑

（一）注重教师队伍专业培育。协会加强与相关物流院

校合作，先后安排 15 名中职教师到 7 家单位参加企业实践项目；12 位高职教师到 5 家单位参加企业实践项目，与教师实践单位岗位对接，并举行成果展示及终期考评，为教师提升专业素养搭建平台。3 月，协会根据新型物流人才培训实训师资队伍建设项目要求，开设进出口申报归类、冷库出入库操作师资培训班。9 月，组织城市食材供应链及时响应与系统优化培训班，3 期培训共有 122 人参加，协会邀请高校教授、企业培训师、劳动模范、物流工匠等 30 多名导师进行授课和实训。通过考核，其中 90 名学员获得结业证书，提升了企业培训师的业务素养。

（二）聚焦物流人才能力建设。为推进上海市物流服务师职业技能认定工作，协会先后走访 10 多所院校、40 多家会员单位，宣贯职业技能等级工作认定的意义，引导企业鼓励员工参与技能认定，同时开展对高职院校物流专业应届毕业生职业技能认定。协会完成物流服务师（三级）认定约 450 人，其中 292 人为高职院校进行认定；为黄浦区、闵行区组织的物流服务师职业技能竞赛活动的 144 名参赛选手进行认定，为行业人才建设做出努力。

（三）担纲职业技能大赛项目。4 月，受黄浦区人社局委托，协会承担上海市第一届职业技能大赛"供应链管理"精选项目技术支持，确保 12 名参赛选手如期同台竞技，顺利完成比赛项目。6 月，协会承担上海市"星光计划"第十届职业院校技能大赛物流服务赛项，对 11 名中职校学生进行职业技能认定。7 月，受市人社局委托，协会承担第二届全国职业技能大赛供应链管理赛项的上海选手集训，并做好保障工作，上海思博学院选手王赟、上海城建学院选手翁丽贞分别获得赛项第五名和优胜奖。

（四）探索新型学徒制培训。协会遵照人社部、财政部下达的《关于全面推行企业新型学徒制的意见》精神，通过走访会员单位，听取市人社局相关指导意见，完善新型学徒制的工作计划及培训工作实施要点。9 月，完成上海现代物流投资发展有限公司新型学徒制"智慧物流员"培养项目的专家评审，有 50 名学员参与。

三、完善标准建设，助推行业发展和技术进步

（一）制订地方标准和团体标准。协会制订的《物流企业数字化应用规范》和《物流企业数字化能力等级评价》地方标准送审稿，已由市场监管局组织专家评审。协会制订的《物流企业 ESG 评价指南》和《月台用液压装卸平台通用技术要求》两项团体标准已发布；《应急供应链体系建设指南》《应急供应链网络节点技术要求及评价规范》《企业低碳供应链建设指南》《APS 高级计划与排程系统》和《LES 物流执

行系统》等 5 项标准正在征求意见；《冷藏车运行性能验证及安全管理规范》已立项公示。

（二）精准统计数据，为政府决策提供依据。协会按照市发改委和统计局要求，每月按期提供数据给专业院校编制完成《2022 年上海市重点物流企业统计调查报告》《2022 年上海市企业物流统计调查报告》《2022 年上海市物流运行总体情况》等 3 份上海物流业态分析报告，上报市发改委及中国物流采购联合会。同时先后联系 223 家企业，扩充样本企业数量 62 家，并对新增样本企业统计人员进行培训，确保统计数据的准确性，

协会对接社团管理局、市经信委和相关协会，收集汇总行业数据和资料，完成《上海物流年鉴 2023》和《上海现代服务业发展报告（白皮书）》相关内容的撰写，为政府、企业掌握行业发展态势和决策提供依据。

（三）规范企业评审，树立行业标杆。为树立物流行业标杆，协会根据中物联评估工作相关要求，认真做好本市 A 级物流企业的评审、复审工作，并积极参与各委办先进典型报送。全年完成新评 A 级企业 19 家（其中 5A 级 4 家、4A 级 12 家、3A 级 3 家）；完成复评 72 家（其中 5A 级 13 家、4A 级 43 家、3A 级 14 家、2A 级 2 家）；完成新评四星级冷链物流企业 3 家。

协会主动参与市经信委、市邮政局主办的"2023 年供应链管理服务与制造业深度融合发展"典型案例选送工作，选送个案 12 例；参与市工经联开展的"上海制造业和生产性服务业品牌价值榜"活动，推选 5 家企业参加。

四、强化自身建设，更好为会员企业服务

1 月，协会按照章程召开四届一次会员大会，完成换届选举工作。8 月，召开协会四届二次理事会。一是梳理调整专委会和分会的设置，协会按有所为、有所不为的原则，撤销废旧金属专委会；为加快仓储服务数智化、绿色化转型，将建筑设备租赁分会更名为协会绿色仓储服务分会。二是完善制度建设，协会切实加强内部管理，先后修订完善《秘书处部门工作职责》和《薪酬管理的规定》；制订《作息时间和公出请假的规定》《秘书处领导人员履职待遇、业务支出的实施细则》；建立秘书处重点工作和会议清单；进一步完善工作流程，规范秘书处工作。三是把握舆论导向，坚持协会工作的政治方向，充分利用协会网站和公众号的舆论阵地，宣传现代物流新发展理念，宣传物流行业中的新人新事新思想，先后发布信息 97 篇。

（沈惠文）

上海市会展行业协会

上海市会展行业协会成立于2020年4月，是上海市从事会议、展览及相关业务的企事业单位自愿组成的跨部门、跨所有制、非营利性社会团体。现有会员单位555家。

2023年主要工作：

一、服务进博会，协会全力配合

（一）举办"优环境　迎进博——推动上海会展业高质量发展"发布会。协会与众多会员一起凝心聚力，把助力进博会作为协会一项重要工作，全力以赴。10月26日，第六届进博会前夕，由协会主办的"优环境　迎进博——推动上海会展业高质量发展"发布会在西虹桥商务区举行。市商务委员会二级巡视员李泓等有关领导出席活动并致辞。会上，协会与市商务委、虹桥国际中央商务区管委会、国家会展中心（上海）、上海西虹桥商务开发有限公司联合发布《绿色会展运营与管理要求》《上海市会展文明观展须知》《展览物流合同示范文本》，即"一个标准"和"两个文本"。

"一个标准"和"两个文本"的正式发布，为第六届进博会成功举办创造良好条件，进一步优化本市会展经济发展的营商环境，推动上海会展经济健康、可持续发展。

（二）展会主办方、展会服务商的角色转为进博会参展商。第六届进博会上，英富曼会展集团、励展博览集团、慕尼黑博览集团、高美艾博展览集团、法国智奥会展集团、汉诺威米兰展览、米奥兰特国际会展、景桥会展集团等会员企业积极参展进博会。协会领导与参展的会员企业就会展企业如何在这百年未有之大变局中，抓住机遇，创新发展，迎接挑战，以及数字化会展等热点、焦点问题进行交流。同时，东浩兰生会展集团、国展公司、贸促展示、欣越国际货运、中译语通等近70家会员企业继续成为本届进博会的服务供应商。

（三）积极筹备，协会换届圆满成功。1月16日，协会六届一次会员大会暨协会换届大会根据疫情防控要求在线上成功召开，共有486家会员企业，95家理事单位参加会议，上海市张江公证处进行现场公证。大会选举出新一届理事会成员106家，监事会监事3家。大会审议通过陈先进担任协会名誉会长，选举桑敬民为协会会长，选举方辉等34人为协会副会长，选举刘思文为协会监事长，聘任屠建卿为协会秘书长。市级机关行业协会党委书记朱祥莅临大会祝贺并讲话，市商务委副主任张国华、市民政局社团处处长黄井波作视频讲话。

二、引领行业，积极推进国际会展之都建设

（一）推动线下展会尽早恢复举办提振信心专场座谈会。

协会于2月16日、2月21日分别召开主承办、展示工程企业专场座谈会，与会代表信心满满，纷纷表示用2年时间将上海的会展规模超越2019年水平，使上海会展业再创辉煌。还有代表提出"政策助力、展城联动"、发展会展数字化建设、以及绿色环保、可循环展台的打造等合理化建议。

（二）精心策划，国际会展业CEO上海峰会再现国际品牌价值。3月10日，协会召开国际会展业CEO上海峰会新闻媒体通气会。中央和上海16家新闻单位参加通气会并进行报道。新华社、中央政府网站、《上海日报》均是英文版。其中新华社、《解放日报》的新闻分别被国家政府网站和上海市政府网站录用报道。同时，英文报道也被十余家国内外媒体采用。

6月19-21日，以"新格局·新期待·新增长——全球会展业的使命"为主题的2023国际会展业CEO上海峰会，在上海浦东成功举办，近300名会展行业高层管理人士齐聚上海，峰会就"中国会展业的复苏之路""数字赋能"等议题开展研讨对话。上海市副市长华源、商务部服贸司副司长张国胜、上海市浦东新区副区长杨朝、国际展览业协会（UFI）首席执行官贺庭凯等嘉宾出席峰会并致辞。峰会开幕式上，市商务委主任朱民向17位国际展览业组织领导人、知名企业家及行业资深专家颁发"上海会展业发展国际顾问"聘书。

（三）开展"2023年度上海品牌展览会、优秀展览会"评选工作。协会组织开展"2023年度上海品牌展览会、优秀展览会"评选工作，共收到54家主办企业、99个项目申报材料，展览面积总计990万平方米，占上海主要场馆办展面积的60%以上。其中规模超过20万平方米的项目14个、10万-20万平方米的项目27个、5万-10万平方米的项目25个、5万平方米以下的项目33个。协会组织行业专家对参评的99个项目进行评审并公示。评优活动评选出20个展览会授予"2023年度上海品牌展览会"称号，55个展览会授予"2023年度上海优秀展览会"称号。

三、服务全国、服务长三角，为行业交流搭建平台

（一）省级会展行业协会联席会议第六次会议举行。搭载CEO上海峰会的平台，省级会展行业协会联席会议第六次会议在峰会开幕前举行。来自北京、江苏、广东、四川、浙江、安徽、江西、湖北、山东、山西、海南、湖南、宁夏、广西、福建、成都、广州、济南、青岛、香港以及南京、杭州、合肥等长三角城市的会展行业协会、促进会、研究会的会长、秘书长相聚一堂，就会展遭遇重创的3年，协会如何帮助会员纾困，有效服务会员互相交流，共享资源。协会始终不负重托，勇立潮头，以排头兵的姿态，服务好全国会展业。

（二）2023长三角会展联盟、长三角会展研究院代表会议胜利召开。12月19日，由长三角会展联盟、长三角会展研究院共同主办的长三角会展联盟、长三角会展研究院代表会议假座国家会展中心（上海）党群服务中心顺利召开。来自江、浙、皖、沪、赣及10大地级市的，近40位会展行业协会、机构和院校的负责人出席会议。会上，长三角会展联盟、长三角会展研究院分别作三年工作总结，长三角会展研究院发布《长三角会展业发展白皮书（征求意见稿）》，长三角会展联盟发布下一个三年行动计划等事项。

四、规范行业，履行职责，做好会员服务

（一）继续开展展示工程企业资质认定。全年共有44家展示工程企业通过初评，45家展示工程企业通过复评。其中：上海佳势展陈装饰设计工程有限公司等27家企业经过初评获得展示工程企业一级资质；上海外经贸商务展览有限公司等27家企业经过复评，保持展示工程一级资质。截至2023年底，一、二、三级展示工程资质企业分别为128家、63家、65家，合计256家。

（二）继续开展行业会展管理水平认证。8月27日，2023年会展高级认证培训班正式开班，来自本市、北京等地的34位业内同仁，经过5天的培训，12月28日完成所有培训、考试、论文撰写和答辩，33位获得上海市会展行业协会、上海对外经贸大学会展与传播学院颁发的上海市会展专业技术水平认证（会展管理高级）证书。同时，全年举办6期讲解员培训，来自全国各地规划馆的93位讲解员完成培训，获得协会颁发的会展管理初级（讲解员）证书。

（三）完成协会专委会换届工作。根据协会五届三次会员大会通过的内部管理制度以及社会组织5A级评估的相关指标要求，经协会秘书处讨论并征询，协会党委会审议通过，产生主承办机构、展示工程、会议活动、教育培训、文创会展等5个专委会换届的专委会主任、副主任候选名单；

同时根据行业发展特点，新成立数字会展专委会，并产生该专委会的主任、副主任候选名单。8月10日六届二次理事会表决产生6个专委会的主任、副主任。

五、加强党的领导，发挥引领作用

（一）开展主题教育活动，提高政治站位。协会党委坚持把学习贯彻中共二十大精神作为首要政治任务，认识行业党建的重要意义，结合行业发展开展学习贯彻中共二十大精神主题党课活动，协会党委书记专门作"认真学习贯彻党的二十大报告精神，努力探索和构建中国式现代化的会展业"报告。组织基层党支部书记开展集中学习，增强党组织政治功能和组织功能，推动行业持续贯彻新发展理念和高质量发展目标，开创新时代组织工作新局面。

（二）坚持一手抓党建，一手抓复展。协会党委高度重视主题教育活动。坚持做到学思用贯通、知信行统一，一手抓党建，一手抓复展，把学习成果转化为指导实践、推动工作的强大动力。3月，开始线下展览与活动逐步恢复，协会党委提出基层党支部"月月有活动"的学习计划，5月，协会党委组织全体党员赴中共二大会址纪念馆，重温入党誓词、学习参观、聆听专题党课。7月，组织新党员开展"走近百年人文南昌路，阅读城市建筑里的红色文化"行走党课主题党日活动。8月，与国家会展中心（上海）党建服务中心联合共建上海市会展行业协会、长三角会展联盟"会展业创新实践基地"，同时授予国家会展中心（上海）党建服务中心"上海会展业党建创新实践基地"。

（三）严把党员"入口"关，做好党员发展和教育工作。协会党委按照党员发展程序做好发展党员工作。2023年发展党员1名，转正预备党员5名。选送1名同志参加上级党委举办的入党积极分子培训班，选送4名同志参加发展对象培训班。还推荐2名党支部书记参加市级机关社会组织党支部书记培训班；两位党委委员参加市级机关"两新"组织党组织负责人培训班，以及1名纪委委员参加市级机关纪委书记培训班。

（陈　虹）

上海人才服务行业协会

上海人才服务行业协会成立于2002年4月9日，是上海市人力资源和社会保障服务机构行业企事业单位自愿组成的跨部门、跨所有制非营利性的行业性社会团体法人。协会以"配合政府、服务市场、做大产业"为宗旨，以"做强、做大人力资源服务业"为总体目标，以质量保证体系服务经济发展三条主线，制定"四位一体"战略，先后获得"中国

质量奖提名奖""全国先进社会组织""5A级社会组织""上海市先进社会组织"等荣誉称号，并被上海市委组织部评选为"上海市人才理论研究基地"。协会党支部经市委组织部推荐为"上海市党支部建设示范点"并获评"上海市市级机关先进基层党组织"。现有会员单位668家。

一、协助政府出台政策，承接政府职能转移

（一）反映行业诉求，协助政府出台政策。协会积极配合人社部、市人社局、市商务委、市民政局、市市场监督管理局、市网信办、上海社会科学院等部门，深入进行人力资源市场建设情况、网络招聘规范发展情况、标准质量工作、行业机构开工情况、现代服务业景气指数、行业促就业发展案例、行业机构社会责任、人力资源杂志等调研；还就行业重点机构、伯乐奖励计划实行情况、新就业形态规范发展、稳岗补贴规范使用、行业协会创新发展成果、猎头机构信息安全等开展走访座谈活动。协会直接参与《产业结构调整指导目录》《人力资源服务机构管理规定》《上海市人力资源服务业创新发展行动方案（2023—2025）》等文件的意见征集活动。

（二）承接先试先行政策平台。协会作为"张江国家自主创新示范区人才服务平台（闸北园）"，积极探索与市场化机构共建平台解决人才服务问题的模式。协会作为"海智计划（静安）工作基地"，在市科协的指导、静安区委、区政府的关心支持下，携手上海复兴公益基金会参与第三届复旦MBA iLab商业挑战赛，为参赛者带来ESG行业分享沙龙。联合静安区"白领驿家"成立青年成长空间，为海归创业白领提供"共享写字台"，接待海归白领移动办公，减轻其创业成本。带动静安区归国华侨联合会与上海复星公益基金会举办"海智计划汇聚青春力量，驱动科技创新青年科技创新研讨会"。在市人社局、市职业技能鉴定中心的支持和指导下，开展"劳动关系协调员""薪税师"职业技能等级认定项目及竞赛项目，近4000名考生参加各项认定及竞赛项目，为培养专业的"劳动关系协调"和"薪税师"专业技能人才队伍，推进劳动关系和谐发展、薪税服务规范发展发挥积极作用。

二、以统计研究为蓝本，引领行业科学发展

（一）建立健全行业统计体系。协会不断健全行业统计标准，完善行业统计口径，定期开展人力资源管理咨询、派遣、外包、招聘、高级人才寻访、人才测评、培训等业态的统计，全年上海地区会员单位营业额为9164.82亿元，占全市人力资源服务业总营业额的95%以上，体现良好的行业代表性，为企业制定发展战略、政府出台行业政策，提供基础可靠的依据。

（二）创新研发人力资源服务产品。协会组建专家团队，持续推动人力资源服务产品创新及企业发展模式创新。一是全力支持第二届全国人力资源服务业发展大会人力资源服务创新创业大赛及上海市第一届人力资源服务创新发展大赛顺利举办。二是根据政策背景变化及环境变化开展网络招聘、薪税服务以及新就业形态等合法合规模式探讨，并发布行业标准《网络招聘服务规范》、团体标准《国际薪税事务服务规范》、行业标准网络招聘服务规范征求意见稿。三是积极探索新形势下灵活就业、线上培训、数字化人力资源服务等

前沿产品，为行业增效提供产品支持。

（三）配合产业园区规划升级。协会配合市人社局，在不断研究中国上海人力资源服务产业园发展模式的基础上，探索上海"一园多区"的建园模式，服务中国上海人力资源服务产业园主园区建设发展，积极支持虹桥园和嘉定人才港建设，开展中国上海人力资源服务产业园评估工作，科学推进人力资源服务行业集聚，提升人力资源服务园区服务功能。协会将"上海人力资源服务产业园区"模式积极向全国各地复制推广，先后为呼和浩特、宜宾、成都（龙泉驿区）、贵阳、福清、遵义、克拉玛依等地人力资源服务产业和产业园建设，建言献策。

（四）研究业态发展，开展企业战略咨询。协会长期致力于人力资源行业理论研究，积极研究业态发展，发布行业报告，牵头及参与《上海经济年鉴》《上海现代服务业发展报告》、人大院《数字化赋能人才服务行业协会平台助力产业经济发展》、市发改委《上海市专业服务业发展白皮书》、市工经联《上海人力资源服务行业发展报告》等多个研究项目和书籍的编撰；组织业内专家和企业负责人编写《上海人才服务行业发展蓝皮书》，解读行业发展现状，预测行业发展趋势。

协会先后为上海外服、锐仕方达、财才网等多家会员单位提供战略规划咨询、活动项目咨询、资本运作咨询等，在实现本土机构持续发展的同时，也推动北京、福建、广东、四川、内蒙古、湖北等各地人力资源服务机构的合作交流，为业内机构寻求合作、转型发展提供平台，推动企业做强做大。

三、以自律规范为基础，推进市场有序发展

（一）完善行业标准体系。一是牵头国家行业标准制订。协会受人社部委托，牵头编制国家行业标准《网络招聘服务规范》，并于2023年11月20日正式发布。协会积极参与国家人标委工作，就国家行业标准《人力资源服务机构诚信评价》《现场招聘会服务规范》《人才测评服务规范》等提供建设性意见，助力相关标准的编制工作。二是编制行业地方标准。配合市人社局成立上海市人力资源服务标准化技术委员会并作为秘书处开展标委会日常工作。组织开展上海市地方标准《人力资源派遣服务规范》修订以及《网络招聘服务规范》《人力资源服务机构信用等级评价》《薪税服务外包规范》3项地方标准编制工作。三是制定上海人力资源服务行业团体标准。组织各业态具有代表性的会员单位共同开展团体标准《高级人才寻访服务先进性质量要求》《人才测评服务先进性质量要求》《国际薪税事务服务规范》《人力资源管理咨询服务先进性质量要求》的制订和发布工作。

（二）推动标准宣贯与培训。协会作为"人力资源服务业国家标准宣贯及标准化试点平台"，积极向人力资源服务

机构宣贯行业标准，发布贯标机构榜单。已有912家次人力资源服务机构参与贯标工作。在此基础上，支持副会长单位外企德科和蓝海股份就上海市政府质量金奖机构和个人申报并作推荐，树立行业高质量发展标杆。同时，标委会依托秘书处微信公众号，推出《标准的编写》《标准化助推人力资源服务企业高质量发展》等11门线上培训课程，开展人力资源服务标准常态化培训，超过700人观看授训。

（三）推动行业标准化体系建设工作。协会与北京人力资源服务行业协会、国际标准化组织管理咨询技术委员会、广东省人力资源管理协会四方合作，共同启动人力资源标准化国内国际相互促进协作机制。同年，协会开展"上海人才服务行业协会人力资源服务国家级服务业标准化试点"工作，并于12月27日顺利通过验收评估。11月，在市人社局、市市场监督管理局的指导下，由静安区人力资源和社会保障局、静安区市场监督管理局、上海人才服务行业协会共同主办的"标准引领人力资源服务业高质量发展"——国家级人力资源服务标准化示范项目展示和交流活动成功举办。

四、以服务会员为使命，推进产业国际化发展

（一）构建会员服务平台，推进国际交流合作。协会致力于构建会员服务平台，嫁接会员与会员、会员与政府、会员与行业协会、会员与市场、会员与国内、会员与国际的六类商机。成立派遣、猎头、招聘、测评、培训、咨询、薪酬、法务等19个专业小组，并根据会员单位需求，定期与政府部门、国内外同行以及其他行业进行交流合作，开展专业的行业国际研讨会，组织会员单位赴国外考察，推进会员单位的战略国际化、服务国际化、顾问国际化以及技术水平国际化发展。全年，召开8场线上线下行业发展座谈会及6次现场小型沙龙活动，了解会员发展瓶颈和需求，围绕热点话题，推进会员交流与合作。

（二）打造行业品牌体系，树立行业品牌标杆。协会组织开展优秀人力资源服务供应商推荐等活动，配合市人社局创新开展"上海伯乐奖励计划""优质人力资源服务机构"，打造"上海服务"标杆形象，更好实现机构输出、产品输出、模式输出，将行业正能量覆及全国。

五、开展"人才服务进校园"，承担社会责任

（一）开展系列进校园服务活动。全年，协会共配合组织参与51场线下校园招聘会，累计提供71000多个岗位，

超过13000多家企业参与，吸引超155000多名毕业生前来应聘。同时，联合会员单位诺姆四达、兴星人力等专业测评机构提供1020个免费测评账号，帮助大学生深入了解自身特点，更好的进行职业生涯规划。协会组织用人单位参与16所大学线上招聘会，与智联招聘合作完成"第十七季就业有位来"活动，搭建企业与高校毕业生之间的供需桥梁，为高校毕业生提供切实的就业指导与帮助，据统计，线上参与的用人单位达到31260家，提供岗位数1906860个，简历投递数达到3814362个，通过网络传播的力量，扩大人才服务进校园活动在全国范围内的知名度和影响力。

（二）多方面帮助大学生进行就业指导。协会协同各方组织举办沪上大学生就业研讨会、上海社会组织联合招聘线下专场招聘会、"筑梦青春，职引未来"专题活动、"职业生涯领航·求职咨询指导"就业指导活动等特色活动6场，从学校、专家、企业等多个维度帮助大学生，在进入职场过程中做好充分准备。协会积极响应人社部《关于加强高校毕业生市场化就业服务的倡议书》，主动参与市人社局"职等你来""沪岗行动""春风行动"等多个就业促进活动，协助举办座谈、组织出席单位、申报岗位情况、配合联系学校等工作，为新时代经济发展社会和谐稳定提供有力支持。

（三）开展培训，提升服务质量。协会受市、区人社部门委托，针对人力资源服务新业态、合规化、标准化发展等话题展开培训，开展从业人员公益培训2次，培训从业人员达到80人。组织业内专家，定期开展高级人才寻访、人力资源外包、财税薪酬等培训项目，共有650人次参加相关业态培训。根据行业热点，通过线上线下相结合的方式，定期开展公益类培训讲坛，共组织5期人力资源大讲坛，直播参与人次超过2000人次，视频回放点击量累计达上万次。

六、加强秘书处党工团建设，建立科学的管理体系

在市级机关行业协会党委的指导下，协会秘书处坚持"岗位成才、岗位建功"，按照要求完成党委各项"规定动作"，大力培养"新鲜血液"，积极参加党组织活动、履行党员义务；自主创新不断开展"自选动作"，定期开展党支部组织生活、党章学习小组活动、组织支部共建等活动，增强党建工作的活力与凝聚力。

（毛毓郁）

上 海 市 物 联 网 行 业 协 会

上海市物联网行业协会成立于 2012 年，是上海物联网行业同业企业及其他相关经济组织自愿组成、实行行业服务和自律管理的非营利性社会组织。截至 2023 年 12 月 31 日，协会对接服务过的企业超过 16900 家，对接服务过的行业从业人员超过 52300 人，是首批规模以上制造业企业数字化诊断服务商、两化融合贯标推荐服务机构、长三角物联网产教融合联合体的秘书处单位，连续多年获得上海市团体标准"优秀典型案例"，协会是上海市信息标准化技术委员会新一批工作组成员单位；是教育部第一批入围国家级市域产教联合体成员。负责物联中国产教融合推进工作，国家级高技能人才培训基地，行业内影响力覆盖百万余人。现有会员单位 400 余家。

2023 年主要工作：

一、数字化转型服务

物联网的最大价值和使命就是融入千行百业，协会积极推动各行各业实现数字化转型升级。自 2019 年开始协会正式成为两化融合管理体系贯标咨询服务机构，在全国两化融合管理体系贯标咨询服务机构排名前 15%（截至 2023 年 3 月，全国共有 1530 家咨询服务机构）。协会入选上海市第一批规模以上制造业企业数字化诊断服务商目录（全市共 29 家），承担全市制造业企业数字化诊断服务从业人员的培训工作。协会的"数智化转型升级人才数字化平台服务"入选工信部 2023 年新一代信息技术典型产品、应用和服务案例，组建首席数智官（CDIO）专家委，培养数智化管理师（COO）、数智化解决方案设计师（CIO）和数智化工程技术人员（CTO）。

二、教育培训服务

协会经财政部、人社部共同认定为国家级高技能人才培训基地。承担教育部《物联网智能家居系统集成和应用》《车辆自动驾驶系统应用》和《车联网集成应用》三张 1+X 职业等级证书的标准制订、运营工作。为人社部《物联网安装调试员》和《智能硬件装调员》的社会化、行业鉴定组织。协会在工信部注册《物联网系统集成应用》《物联网系统开发应用》和《企业数智化转型应用》等 6 张行业证书（含标准和课程内容）。出版《物联网智能家居系统集成和应用（初级、中级）》《工业互联网——一场顺势而为的制造革命》等 3 本书，与出版社已签约的有 6 本书，计划未来 3 年出版的教材将超过 30 本。协会组织 2023 年上海高校研究生导师产教融合专题培训班，顺利举办 2023 年上海市物联网行业职业技能竞赛活动－智能硬件装调员四级／三级。

三、标准制订能力

协会牵头发布团体标准 66 项，团体标准制订工作在全国 7000 多家团体中排名前 100 位，标准制订数在垂直领域排名前五。市市场监管局、市民政局（市社会组织管理局）、市工商业联合会联合发布上海市团体标准典型案例，协会连续 2 年获选十大"优秀案例"之一。年内，协会共发布《智慧健康养老医疗机构居家护理服务信息管理平台功能规范》等 23 个团体标准。

四、增强服务能力

全国各省市共有 50 余家物联网协会，组成物联中国联席会，上海协会一直是联席会主席团成员。同时，协会因承担教育部 3 张 1+X 职业证书运营工作，在全国有 100 余所合作院校。

协会坚持提供"物联荟"会员《服务清单》服务内容及运营日、周、月、年的活动安排。通过每日"物联荟"早新闻不断扩大物联网产业的影响力，帮助企业了解产业动态，提高会员单位企业知名度，增强每周沙龙、每月"园区行、校园行、社区行"活动的针对性及有效性，提升与 Tech G、慕尼黑电子展等展会合作的质量，顺利完成"元创未来"第十一届数智化峰会。

（鲁青卿）

上海第一机床厂有限公司

百万千瓦级反应堆堆内构件吊篮筒体

华龙一号发运

作为新中国最早的核电装备制造企业之一,上海第一机床厂有限公司主要经营民用核承压设备、机电、机械设备的设计、制造、维修,在民用核承压设备、机电、机械设备专业领域内从事技术服务、技术咨询、技术开发、技术转让,从事货物及技术的进出口业务。20世纪70年代发展至今,公司已成为国内发展历史最久、交付业绩最多、技术路线最广、装备能力最强、全球产能最大核电站核岛主设备——堆内构件、控制棒驱动机构和核燃料装卸料系统制造的行业领军企业。

公司已成功实现二代加、三代AP1000、EPR、华龙一号、国和一号及四代高温气冷堆、钠冷快堆等核岛主设备产品的批量化交付,正在积极开发研制钍基熔盐堆、铅基快堆和最新一代聚变堆、供热堆、核动力平台、小微型核动力堆、超小型先进核能系统"核电宝"、大科学装置硬X射线自由电子激光装置等关键设备。

五十年来,实现众多首台套的核岛关键主设备业绩突破,伴随中国核电实现零的突破、量的积累、质的提升,助推中国核电装备制造跨越式发展,与中核、中广核、国电投、华能等各大核电集团建立多门类产品供货战略合作关系,承制的核电主设备几乎覆盖国内所有在运、在建核电站。已成为国内发展历史最久、交付业绩最多、技术路线最广、装备能力最强、全球产能最大的高新技术、"专精特新"小巨人企业。

2024年,获首届"国家卓越工程师团队"荣誉表彰;2018年,获国家科学技术进步奖特等奖;2017年和2019年获国防科学技术进步奖特等奖及一等奖;并多次获上海市科技进步奖、国家能源局科技进步奖、中国核能行业协会科学技术奖、中国国际工业博览会金奖、银奖等。

企业还获全国五一劳动奖状、上海市五一劳动奖状、国家高新技术企业、上海市质量金奖、上海市质量管理奖和上海市创新型企业等荣誉。

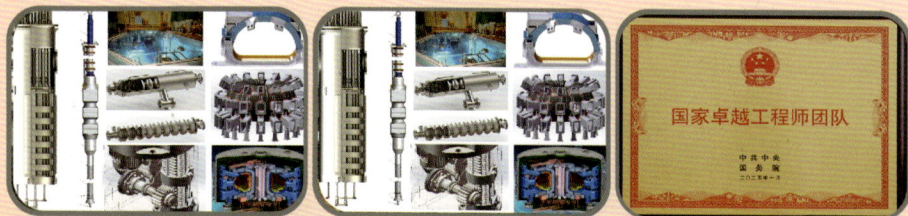

上海烟草机械

企业简介

上海烟草机械有限责任公司创建于1952年，前身为新中国成立的第一家烟草机械厂——上海烟草公司机械厂。上世纪八十年代被列为中国烟草总公司首批烟机生产定点企业。目前，已经成为中国烟草行业具有"窗口"定位、发挥引领示范作用的装备制造基地。

公司产品主要为中速、高速及超高速全系列烟草包装成套设备，用户遍布全国卷烟工业企业，在国内市场居于主导地位，并出口至多个国家和地区。公司围绕高端装备制造和智能制造，快速推进离散型智能制造解决方案和通用包装技术整体解决方案等非烟机械领域的成果应用，持续在数控机床、汽车、模具、机器人、商用飞机等高端制造领域寻求战略合作，不断拓展非烟业务范围。

公司于2023年入选上海市100家智能工厂，连续多年入选中国工业专业设备制造行业排头兵企业，被评为上海市高新技术企业、上海市文明单位，同时获上海5G+智慧工厂、上海市花园单位、上海市质量管理奖、上海市模范集体等称号；产品多次获国家级和省部级科技进步奖、优质产品等荣誉；被国家人力资源和社会保障部列入第一批国家高技能人才培养示范基地，并被授予国家技能人才培育突出贡献奖单位称号。

有限责任公司

上联

上海电器股份有限公司
人民电器厂

上海电器股份有限公司人民电器厂（简称上海人民电器厂）成立于1914年，是新中国首批公私合营企业，被誉为"国内低压电器的摇篮"。公司现隶属于上海电气集团股份有限公司，是集研发、生产、加工、销售、服务为一体的中、低压电器制造商，始终以"自我加压，开拓创新"的精神，专业制造走在国际先进、国内领先水平的断路器、接触器、热继电器、电磁起动器和自动化控制产品。

作为中国中低压电器领域的先驱者，上海人民电器厂多次参与中国低压电器行业标准制定。1994年，成为低压电器行业首家通过ISO9001质量认证体系审核企业。公司"上联"牌智能断路器、高压真空断路器、塑料外壳式断路器、小型断路器、交流接触器等被评为"中国名牌产品""上海名牌产品"；主导产品先后被评为国家重点新产品和国家科技进步奖、中国机械工业科技进步奖；公司多次被评为"专精特新"小巨人企业、上海市高新技术企业。

面对上海人民电器厂的新时代，公司秉持可持续发展理念，于2023年被评为上海市四星级绿色工厂。公司紧跟高质量发展转型升级，重视物联网、新能源等战略新兴产业，以信息化赋能研发、生产、销售、物流、供应链和服务等关键环节，使用PLM(TC、TCM)、MES、WMS、SAP、CRM和自动化产线(包括 AGV、自动立库)等数字化、智能化、自动化先进智能制造设备,全面大力推进发展新质生产力。人民厂不忘打造国内中、低压电器元件制造领先企业，成为高端制造企业和中、低压配电方案提供服务商的初心愿景，坚持"稳中求进、守正创新"的总基调，坚定不移走高质量发展之路。

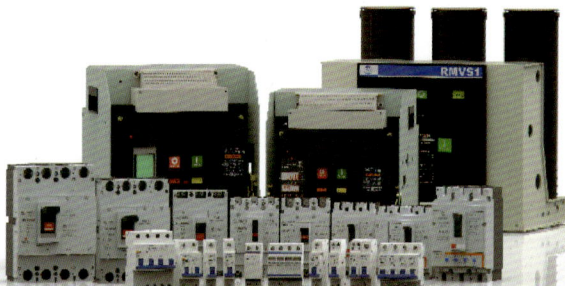

地址:上海市静安区共和新路 3015 号电话:021-56653680
企业网址: http://www.sreaw.com.cn
上海电器股份有限公司人民电器厂

上海昊海生物科技股份有限公司

昊海生物科技
Haohai Biological Technology
688366.SH
06826.HK

百强证书

上海昊海生物科技股份有限公司

2023上海民营制造业企业100强

（第57名）

上海市企业联合会　上海市企业家协会　研究并撰评

2023年9月

截至2023年底，全球68个控股子公司，其中境内46个，境外22个；参股公司7个；员工2158名。

上海昊海生物科技股份有限公司（与下属子公司统称昊海生科）是一家应用生物医用材料技术和基因工程技术进行医疗器械和药品研发、生产和销售的科技创新型企业，致力于通过技术创新及转化、国内外资源整合及规模化生产，为市场提供创新医疗产品，逐步实现相关医药产品的进口替代，成为有关生物医用材料领域的领军企业。公司于2015年和2019年分别在香港联交所主板、上海证券交易所科创板上市，成为全国首家"港股+科创板"生物医药上市公司。

经过十余年不断自主创新和产业整合，截至2024年，昊海生科完

具有竞争力的产品与品牌组合

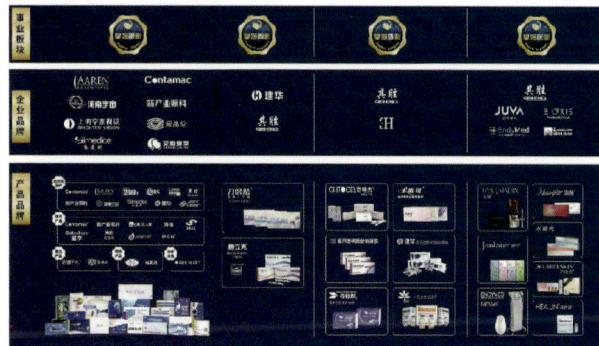

成以人工晶状体、医用透明质酸钠/玻璃酸钠、医用几丁糖等为代表的生物医用材料的行业重组，实现创新基因工程药物（国家一类新药）外用人表皮生长因子的产业化，进而在眼科、整形美容与创面护理、骨科和防粘连及止血等四个主要业务领域取得行业领先优势。2023年，昊海生科实现营业收入26.54亿元，归母净利润4.16亿元。

作为中国医用生物材料领域的领军企业之一，昊海生科在全球拥有300余名研发技术人员，两个国家科学技术进步二等奖产品，建立国家级企业技术中心和国家级博士后科研工作站以及多个省部级技术及研发转化平台和一个上海市院士专家工作站，并已在中国、美国、英国、法国、以色列建立全球联动研发体系。截至2022年底，昊海生科承担科技部等国家级重大项目12项、上海市重大科技研发项目40余项，累计申请专利500余件、其中已授权发明专利100余件，起草或参加制修订生物材料和医疗器械行业标准10项。

依托强大的研发能力与投资并购战略，公司着重扩充眼科和医美创新产品线，除创新疏水模注非球面人工晶状体产品已于2023年6月在国内获批注册上市外，疏水模注散光矫正非球面人工晶状体产品完成临床试验并于2024年2月进入注册申报阶段；亲水非球面多焦点人工晶状体、疏水模注非球面三焦点人工晶状体、房水通透型有晶体眼后房人工晶状体等多个重点研发项目临床试验均已顺利开展；创新眼内填充用生物凝胶产品于2024年1月顺利完成临床试验，进入注册申报阶段；第四代有机交联玻尿酸产品现已处于注册申报后期阶段。2023年，昊海生科获得"上海制造业100强""上海民营制造业100强""上海新兴产业100强""上海百强成长企业100强"四项殊荣。

"昊天鹰击，海阔鱼跃"，昊海生科将不断进取，推进国际化发展战略，持续拓展核心技术在新领域、新适应症上的运用，不断提升公司综合实力，加快实现相关生物医用材料产品在中国市场的进口替代。

上海中科润达医学检验实验室有限公司

上海中科润达医学检验实验室有限公司是由中科院上海高研院与润达医疗携手共建的以精准检验为主导、创新模式为特色，学术交流为平台的综合性医学检验实验室。通过"临床与学术相结合＋远程医疗"的发展思路，打造以"互联网＋精准医疗"为基础，"以5G＋大数据共享与分析"为平台，以"大健康、云诊断"为核心的精准医疗产业。

中科润达与高端医学检验同行深度合作，建立不同人群的功能检测和健康检测，在精准医学检测平台上积累大量样本和数据，力争在医学临床和科研上提供更为卓越的体外诊断健康管理服务。

中科润达提供差异化的精准医学检测服务，覆盖从产前到新生儿再到成人整个生命周期各个环节的个性化检测及体检服务。中科润达在 2022 年度获得虹口区科技小巨人工程，并且成功立项，2020 年第三方医学检验智慧实验室云平台获得市发改委服务业引导资金支持，2018 年中科润达"云病理平台"成功立项上海市科委的创新基金项目。此外还获得 ISO15189 认定、上海市高新技术企业、上海市经信委"专精特新"企业、虹口区商委"四新示范企业"、虹口区就业促进中心"优秀企业"等殊荣。

公司文化

（一）公司价值观：以人为本、诚实守信、开拓创新、追求卓越

（二）企业使命：推进检测技术，服务人类健康

（三）企业愿景：成为检验医学领域的引领者

电话：400-821-9611
地址：上海市虹口区中山北一路 1111 号 5 号楼
邮箱：zkrdlab@rundamedical.com

业务类型及优势

医学检验智慧实验室
云平台

流式细胞多重因子
检测平台

NGS测序平台

智能化
冷链物流平台

中科润达
RECISION MEDICAL

质谱平台

科创中心

实验室介绍

上海中科润达医学检验实验室配备国际先进的罗氏自动化检测仪器，引进国际高端质量标准体系和先进的实验室质量管理系统 (Westgard Sigma)，采用领先的 LIMS 系统。目前实验室囊括质谱、二代测序、分子生物、流式、病理、微生物、生化免疫、微量元素、血液体液等专业实验室，为各级医疗机构提供临床检验、病理诊断、科研服务及整体个性化解决方案，致力于发展精准医学检验技术和解决方案，积极开发和引进基因测序、液体活检、分子病理等高端精准检测项目，在精准医学检测上积累大量样本和临床数据。

知识产权

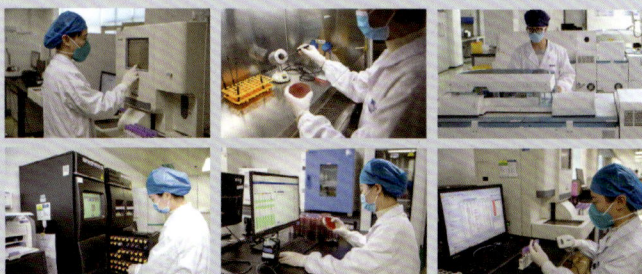

初心不变，行

　　如新集团创立于1984年，全球总部位于美国犹他州普罗沃市，多年来深耕个人保养品和营养补充品领域。作为一家跨国企业，如新在全球快速发展，业务遍及亚洲、美洲、欧洲、非洲及太平洋地区等近50个市场。肩负着与众不同的使命和愿景，如新恪守初心，驱动向善之光，以"善"为企业立足、发展的根基，一路步履铿锵，沐光前行。在2024年，如新集团正式迎来成立40周年。

　　2003年，如新开疆拓土，正式进入中国大陆市场。在如新全球战略中，中国市场举足轻重，是如新研发、制造和创新的核心基地。扎根中国市场，紧随时代步伐，在与中国经济同频共振中探寻发展机遇正是如新集团的战略目标。

　　长期以来，如新致力于在世界各地凝聚一股善的力量，凭借酬报优渥的事业机会、不断创新的优质产品，和充实积极的优良文化，赋予人们提高生活品质的力量。这是如新坚定不移的企业使命，亦是如新进入中国市场后至真至诚的有力行动。

　　砥砺深耕，信心不减，多年来如新积极布局持续加大在华投资。2023年，正值如新中国20周年之际，如新大中华创新总部园区二期（简称GCIP二期）正式开业。GCIP二期项目采用最新技术和智能化管理系统，改变传统依靠人力进行计划、调度、决策的生产操作模式，利用物联信息系统将生产中的供应、制造、销售等进行智能化连接，实现快速、个性化的产品供应，将领先的中国制造带向世界。

　　全球化浪潮汹涌，美丽健康产业将在变局中激荡新生，迎来空前机遇。如新高度重视科技创新，整合全球资源、集聚全球智慧，助力健康中国建设。自2003年进入中国以来，如新已建设了四个生产基地和一个研发中心。如新将物联网与AI、AR技术相结合，打造如新智能化生态系统。此外，如新拥有强大的海外专家科研顾问团队，为如新的科技创新奠定了坚实基础。

　　截至目前，如新已经三赴进博之约，不仅向行业伙伴展示了如新的前沿创新成果，更彰显了如新以数字化赋能健康中国建设的决心。2023年，如新作为进博会"老朋友"，携明星产品阵容重磅登场，传递如新加码布局中国市场的讯号，更表现出其与中国市场和消费者的紧密联系。

致远，如新四十再开新局

　　2023年，如新迎来持续深耕中国的20周年。作为中国改革开放的参与者与受益者，中国市场早已成为如新全球重要市场之一。20年来，如新始终坚持以人为本，凝聚善的力量，关注儿童营养与教育、帮扶困难群体，助力更多人开启美好生活；持续进行广泛且深入的消费者洞察，以科技创新为引领助力中国消费需求升级，赋能品质生活，为中国消费者美好生活赋能的同时引领市场增长，助力消费新动能的释放。深耕中国市场20年，如新不仅通过技术、产品等推动中国美丽健康产业和经济发展，更不遗余力地构建数字化生态格局，为就业增长提供坚实支撑，助力更多创新、创业梦想生根发芽。

　　2024年，对如新来说注定是不平凡的一年，作为"2025愿景"的关键一年，如新面对直销行业的变革，为未来的不确定性做好充足的准备。首先，如新融合美丽与健康的品牌优势，利用智能和互联设备为用户创建更个性化的解决方案。公司陆续推出了TRME和WellSpa iO等一系列高品质产品，受到消费者的高度评价和热烈欢迎；其次，如新打造数字化新生态，为伙伴提供了更优化的社群商务模式；此外，为让消费者获得更佳的数字化体验，如新不断强化智慧建设，通过转型升级释放发展动能，领跑美丽健康行业。

　　2024年，是如新全球的40周年，岁月如歌，高光璀璨。如新作为美丽健康共融者、善的力量凝聚者、事业机会创造者、品质生活倡导者、社群营销引领者，缔造了许多成绩斐然的高光时刻。1996年，如新正式在美国纽约证券交易所上市；2009年，如新推出全新ageLOC；2010年，如新投入1亿美元在普罗沃市打造全球总部抗衰老"Nu Skin 全球创新中心"。

　　未来已来，唯变不变。下一个40年，如新仍将以初心守护着不变的使命，在中国这个全球重要战略市场之一，将持续提高人们的生活品质，更好地立足本土、服务本土。如新期待与志同道合的伙伴一道，打造如新新生态、新力量，共同书写"中国故事"的新篇章。

上海柯渡医学科技股份有限公司

　　上海柯渡医学科技股份有限公司（简称柯渡）是国内领先的医院医学装备资产管理服务商，为医院医学装备从引进论证、验收、安装、调试、使用、日常巡检、定期保养、故障维修、计量、校准、报废全生命周期智慧管理提供创新技术、产品和人员培训与服务。

　　柯渡被认定为国家高新技术企业、上海市"专精特新"中小企业、上海名牌、企业技术中心，并获得科技小巨人企业称号。先后获"第十二届全国设备管理优秀单位""第四届上海市普陀区质量创新奖"称号，当选中国干细胞产业联盟副理事长单位。

　　行业创立者和最大规模企业：首创被誉为"柯渡模式"的"互联网+设备托管"全资产管理模式，业务覆盖全国31个省市自治区及香港的2500多家医院，自有专业工程师1300多人，管理医学装备总资产约90多万台价值900多亿元。

　　行业先进技术引领者：在多地设有研发机构，研发并拥有自主知识产权的医学装备资产管理软件系统，建立行业内数据量最大、内容最全、信息量最丰富的医疗设备维修知识库，创新研制行业唯一的医疗设备故障预警及诊断系统，拥有授权专利20余件和软件著作权50多项。

　　行业人才培训基地：自购5000多万元各类医疗设备，聘请20多名院校、原厂资深工程师为师资，具备强大的医学工程师维修培训能力。中国医学装备协会"医学装备维修工程技术与管理"培训基地、中国设备管理协会医疗行业分会"上海培训基地"、上海市人社局《医疗器械装配工》高级技能等级认定机构，业已正式授牌并运行。

　　积极履行企业社会责任：以多种形式积极帮扶有特殊需要的群体。为中国癌症基金会等多家公益机构捐助善款，采购滞销农产品，助农助学，积极吸纳残疾人就业，帮助他们建立自信、提高社会生存能力。

　　2023年，柯渡攻克原厂校准工具的核心技术，自主研制MR维修通用系列工具；自主研发大型医疗设备监测系统、全面精准的医疗设备购置论证系统、"貔貅百解"AI维修助手等医疗装备管理软件创新技术，均居行业领先水平，为医疗设备精智化管理提供更好的整体解决方案。

　　柯渡医学科技以"让优质医疗触手可及"为使命，致力于构建数字时代的自主创新核心竞争力，凭借领先的医学装备管理解决方案，加速助力国内智慧医院建设，致力于"成为医疗行业用户最值得信赖的价值管理整体解决方案服务商和合作伙伴"。

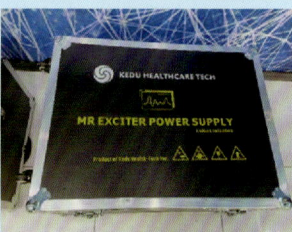

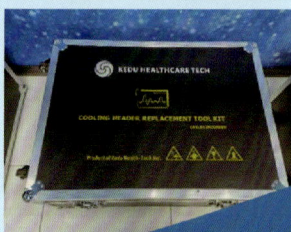

Forefront 众强药业

上海众强药业有限公司是以研发和创新为驱动的新型生物医药公司。公司产品管线涵盖高端仿制药、改良型新药和1.1类创新药物等十余款品种，分别建立抗丙肝药物、前列腺素和罕见病等三个平台。众强药业的目标是成为一个以创新为动力、以满足国内外患者的需求为导向、产品链齐全的国内领先新型生物医药企业。

曲前列尼尔注射液于2023年3月份上市，并进入国家医保。该产品是国内首款全自主生产肺动脉高压特效药，从而大大降低肺动脉高压患者的用药成本、极大提高该市场急需药品的可及性。

沙丙蝶呤口服片将于2025年上市，伊洛前列素将于2026年上市。其他高仿产品和改良型创新产品也将在2027年前后陆续上市。

众强药业1.1类创新药目前立项2个品种，集中在罕见病领域。目前临床前研发顺利推进，预计2025年后品种将陆续进入临床研发，2030年前后将陆续在国内外上市。

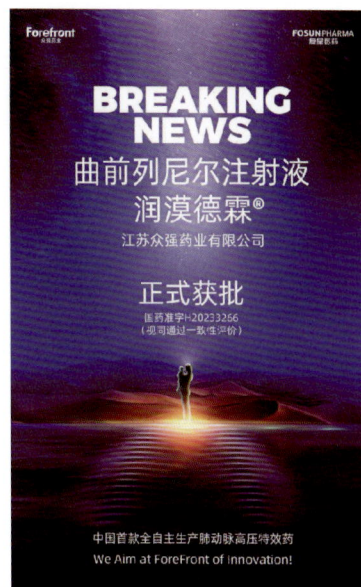

联系方式：

地址：中国（上海）自由贸易试验区法拉第路249号7幢底层西侧楼面

电话：+86-21-58331579

Email: contactus@forefrontpharma.com

Website: www.forefrontpharma.com

上海妙朗模具科技

上海妙朗模具科技有限公司成立于2010年11月，注册资金1000万元，是致力于RP样件及小批量试制，汽车模型，整车试制等先进制造技术的企业之一。拥有先进的设备,技术精湛的优秀团队,可高时效制造高质量、高精度、精细美观的产品。客户遍及汽车、高铁、飞机、智能家居等各大领域。并通过ISO9001质量认证。公司组建并培养了一支高素质的研发和生产团队，团队总人数125名。其中设计人员20名、项目管理8名，油泥模型师6名。公司员工将随着公司发展不断提升，伴随公司在RP样件及小批量试制，汽车设计及模型、展车、整车改制，自动化工装检具等领域的稳步发展取得更大的成功。妙朗公司位于上海市青浦区华新镇华蔡路688号，厂房面积约6000平米。

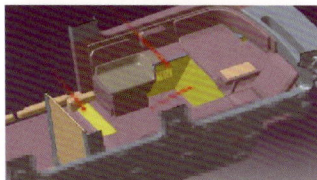

华领医药技术(上海)有限公司
Hua Medicine (shanghai) Ltd.

中西合璧 ｜ 联合创新
患者为先·良药为民·创新为本

公司概述

华领医药是一家立足中国，针对全球糖尿病患者尚未满足的临床需求，研发全球原创新药的生物技术公司。华领医药汇聚全球高端人才和科技资源，以国际顶级生物医药投资团队为依托，成功实现了全球首创糖尿病新药Dorzagliatin（HMS5552）在中国完成药品可开发性临床验证，率先进入注册性临床试验阶段。公司已在中国开展2个III期临床试验，分别针对新发未经治疗的和二甲双胍治疗失效的2型糖尿病患者人群。公司将启动药品生命周期管理相关临床试验，并拓展糖尿病个性化治疗和管理的先进理念，联合中国和美国糖尿病领域专家，实现对糖尿病和代谢性疾病及其并发症的有效控制。

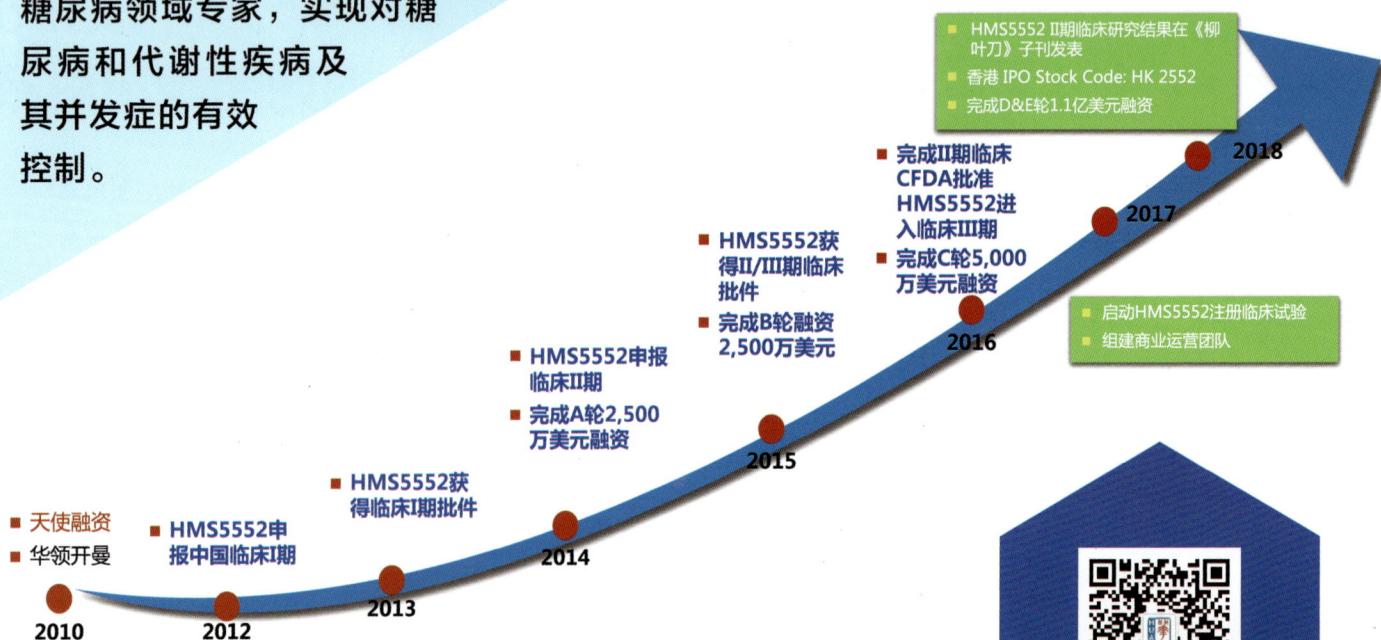

■ HMS5552 II期临床研究结果在《柳叶刀》子刊发表
■ 香港 IPO Stock Code: HK 2552
■ 完成D&E轮1.1亿美元融资

■ 完成II期临床
CFDA批准
HMS5552进
入临床III期
■ 完成C轮5,000
万美元融资
2017
2018

■ HMS5552获
得II/III期临床
批件
■ 完成B轮融资
2,500万美元
2016

■ 启动HMS5552注册临床试验
■ 组建商业运营团队

■ HMS5552申报
临床II期
■ 完成A轮2,500
万美元融资
2015

■ HMS5552获
得临床I期批件
2014

■ 天使融资
■ 华领开曼
2010

■ HMS5552申
报中国临床I期
2012

2013

上海市浦东张江高科技园区爱迪生路275号, 201203
275 Ai Di Sheng Road, Zhangjiang Hi-Tech Park,
Pudong, Shanghai 201203

电话: +86 21 5886 5299
+86 21 5886 6110
www.huamedicine.com

欢迎关注"华领医药"微信公众号

"紫杉醇药物涂层冠脉球囊扩
张导管"——讯鸟

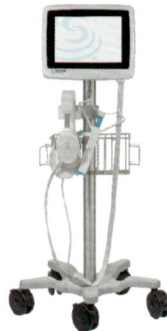

ReDS™ Pro无创肺水测量仪

聚合物瓣膜Polymer TAVR产品SIKELIATM荣获
科技部全国颠覆性技术创新大赛总决赛优胜奖

以心医疗

以心医疗成立于2017年,是一家全球领先的心血管领域创新型平台型医疗器械企业,产品涉及结构心、心衰、冠脉等多个重大赛道。全球拥有156项PCT专利,目前在中国、以色列和德国均设有研发中心,美国建立销售团队,拥有丰富的产品线,并在多国建立经销体系。

公司创始团队均是在医疗行业深耕多年的资深专业人才,拥有颠覆性的科技创新能力和卓越的国际化视野。以心医疗成立以来,始终秉承"以心医疗,以心为灯,以全球技,医天下心",以实现心血管医疗诊疗的普惠性为战略使命,不断创新、努力做到"人有我优,人无我有"。

2022年7月6日,以心医疗自主研发的全球首个聚合物瓣膜Polymer TAVR产品SIKELIA™在复旦大学附属中山医院成功经葛均波院士团队完成全球首例临床植入,标志着瓣膜病的介入治疗进入聚合物新时代,极大提高了瓣膜产品的植入寿命、产品的质量一致性与降低产品的成本,表明中国心血管医疗器械已经开始在部分领域引领全球创新。

目前该产品已完成FIM临床试验,术后30天所有患者反流降至无或者微量,证明其可行性、安全性及有效性,即将进入正式法规临床阶段。该项目获科技部2022年颠覆性技术创新大赛最高奖—"优胜奖"。

以心医疗自主研发的中国首款经心尖二尖瓣介入置换产品MitraFix®已进入国家药监创新医疗器械特别审查。该产品不仅安全可靠,同时易使用,方便推广,手术全程仅需全超声引导,目前该产品法规临床试验进展顺利,临床入组已过半。

自主研发的ReDS™Pro无创肺水测量仪于2023年4月中旬获得产品注册证书,作为一种创新的解决方案,满足心衰患者长期有效的管理需求,填补中国尚无理想无创心衰管理设备的空白。自主研发冠脉领域产品"紫杉醇药物涂层冠脉球囊扩张导管"——讯鸟®已于2023年11月国内获批上市,为国内同品种首个使用第4代紫杉醇药物涂层技术的获批产品。

COMPANY
PROFILE

企业简介

上药国际物流（上海）有限公司

上药国际物流（上海）有限公司是上药控股有限公司全资子公司，成立于 2021 年 7 月 14 日，注册资本为 5 亿元人民币。公司以国际供应链为载体，以专业的医药物流运营为特色，提供医药大健康产业全生命周期服务，打造国内外医药健康产业上下游企业集群平台。

上药控股临港新片区医药大健康国际产业园区

——打造全球生物医药一站式服务基地

地理位置：上海市临港新片区浦东机场南侧区域综合保税区内

总建筑面积：约 31 万平方米，六栋物流建筑及配套用房

园区定位：区域内独一无二的专业国际医药大健康国际产业园区

上药品牌   运营创新   专业经验

立足临港，走向全球，上药与您携手前行！

金弋医药科技发展有限公司

　　金戈医药科技有限公司，致力于药房自动化、信息化、智能化、数字化改造，是集产销研于一体的现代化高新技术企业，为政府及各医疗机构提供完善的数字医疗整体解决方案。金戈医疗紧跟国家政策、持续科技创新、扎根基层医疗，推进医疗事业向着现代化方向发展，为更好满足人民群众日益增长的就医康养需求砥砺前行。公司三大业务板块分别为数字化药房改造、智慧云平台搭建、基层医疗服务优化。数字化药房通过智能化机械操作降本增效提高药房整体服务水平，真正实现患者取药"零等待"，提升患者就医环节中最为重要的用药体验；智慧云平台，通过终端发药设备实现用药数据互联互通，打破医疗信息孤岛，是政府深化医疗改革的有力抓手；基层医疗服务优化在推进医联体、医共体、分级诊疗中发挥无可取代的作用。

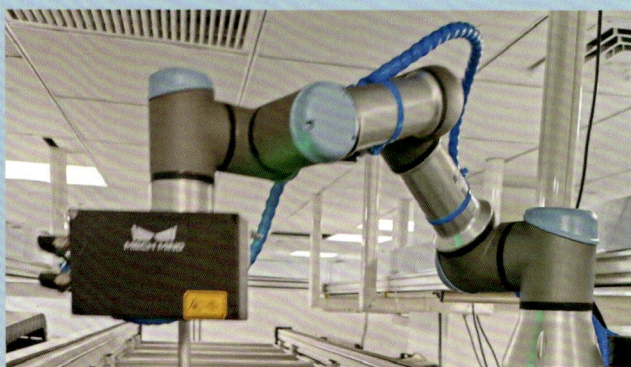

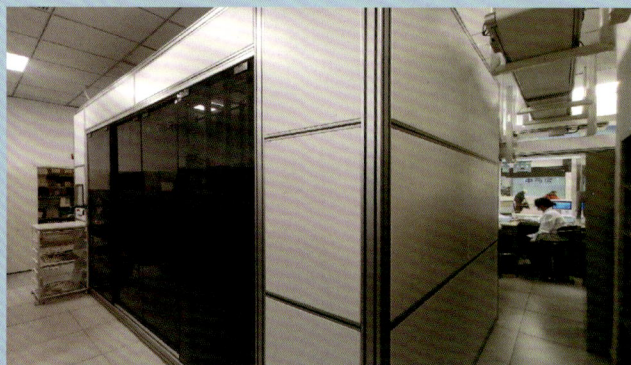

全景医学影像

UNIVERSAL MEDICAL IMAGING

全景 | 致力于疑难病诊断的专业医疗机构

精准影像的追寻着·深度健检的实践者·专属医疗的提供者

上海全景医学影像科技股份有限公司(简称全景)是国内第三方医学影像行业的龙头企业,是国家政策鼓励的连锁化、品牌化发展的医疗集团,是致力于疑难病诊断的专业医疗机构,主营业务包括重大疾病的影像诊断,以及基于疑难病诊断能力开展深度绿色健检、多学科联合会诊、专属医疗等创新医疗服务。

全景医学影像的愿景和追求:打造值得托付和信赖的知名医疗品牌

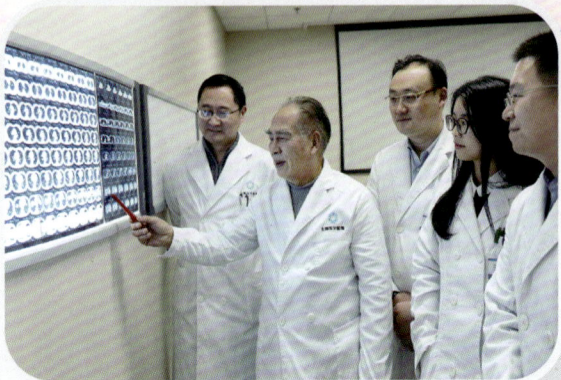

全景拥有各类全职专业人才600余名,其中博导、教授、主任医师、副主任医师等高级职称80余名,包括国家科技成果二等奖、省市级科技进步一等奖获得者。配备全球前沿的"多模态"影像筛查设备——PET/MR,以及西门子、GE、飞利浦的PET/CT、双源螺旋CT、MR(磁共振)等一系列影像诊断设备,可筛查全身多种良恶性肿瘤、心脑血管疾病和神经系统疾病。

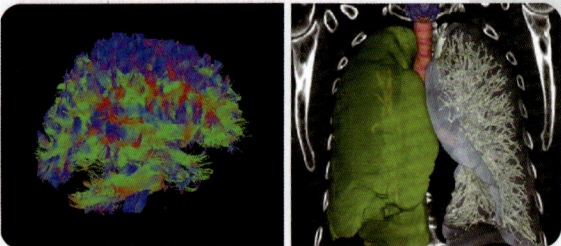

作为第三方独立医学影像诊断行业的领跑者,全景创新地提出"融合"概念,即将临床与影像融合,通过"问计于临床",开展基于临床需求的影像检查,至今已形成一套完善的影像检查体系,涵盖从影像扫描流程到专家诊断,质量监控的一整套方案,助力临床诊疗服务。

在"专业立身、学术引领"的发展理念牵引下,全景自成立伊始就极重视科研,协同临床开展烟雾病、癫痫病灶定位、脑PET/MR影像量化分析、肝脏脂肪定量分析、关节软骨病损等一系列科研合作;积极参与各地科委、卫健委的课题研究、专利申请等。全力投入"专精特新"影像技术的临床应用。2020年,"基于^{18}F-FDG的模拟脑血流灌注参数成像方法"取得全国发明专利。全景各中心多次参加国内外一流

学术会议,发表多篇SCI文章,并连续3年入选全球影响力最大的核医学和分子影像盛会(SNMMI),总共有16篇文章被录取。目前,全景与上海交大、腾讯医疗等高等院校、企业合作,参与国家科技部的人工智能重大项目,也获得2019年上海市产业转型升级发展专项资金支持,牵头进行体部恶性肿瘤的相关人工智能诊断系统研发项目。上海徐汇、杭州、广州中心已被评为国家高新技术企业,科研投入和产出稳步增加。

全景以集团化、连锁化为发展目标。目前,上海(徐汇、虹口)、北京、杭州、广州、重庆、天津、成都、徐州已运营,未来将形成覆盖15个以上重要城市的专业化、标准化连锁医疗服务网络。

上海朗脉洁净技术股份有限公司

上海朗脉洁净技术股份有限公司成立于 2009 年，注册资本 3.49 亿元，拥有员工 600 余人，公司总部设立在上海市闵行区，主营业务包括洁净室的设计与建设、洁净工艺系统和设备的设计与制造、车间自动化和智能化系统的设计与建设、GMP 咨询和验证服务等。

经过多年发展，公司已成为本行业技术领先、实力突出的优势品牌，取得建筑装修装饰工程专业承包一级、建筑机电安装工程专业承包一级等资质，并通过质量、环境、职业健康、安全信息技术服务、售后服务管理等体系认证。

同时，公司系国家高新技术企业、"专精特新"小巨人企业，拥有良好的社会信誉，多次获得上海民营服务业企业百强、上海市"专精特新"中小企业、上海市五一劳动奖状、上海市科技小巨人企业、上海市服务型制造示范平台企业、上海市企业技术中心等称号。

朗脉依托专业化的技术团队，"懂工程、懂制药"，先后为复星医药、中国生物医药集团、石药集团等百余家知名制药企业提供服务，协助多家客户通过 FDA、EMA、TGA、UK、WHO 等国外认证。朗脉走在行业的前沿，凭借 20 多年的工程项目管理和施工经验，已建立完备且成熟的工程项目管理体系和安全管理体系，具备提供洁净技术整体解决方案的能力(核心区 EPC)，能够保证工程项目的高质量交付。

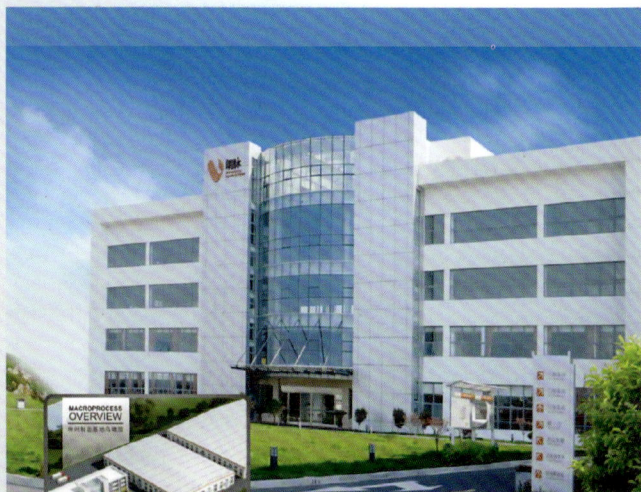

MACROPROCESS
EXPERTISE FOR FUTURE
朗脉·专业成就未来

MACROPROCESS
Expertise for future
朗脉·专业成就未来

以洁净技术保障药品质量
以专业精神服务大众健康

上海朗脉洁净技术股份有限公司
Shanghai Macroprocess Lustration Technology Co., Ltd.
公司地址：上海市闵行区集心路168号6号楼5层(201100)
Add：5F, Building 6, No.168 Jixin Rd, Minhang District, Shanghai, China (201100)
公司总机/Switchboard：021-54306717　传真/Fax：021-54306718
www.macroprocess.com

上海蓝迪数码科技有限公司

上海蓝迪数码科技有限公司（简称蓝迪）成立于1999年，公司通过ISO9001：2015质量体系认证，主营业务包括安全实名证照和数字身份实名认证、计算机软件、信息系统软件的开发、技术咨询以及网络安全技术服务，是一家专注于可信共享应用软硬件产品研发与服务的高新技术认证企业。

蓝迪拥有一支经验丰富的专业技术团队，以"蓝证"为注册服务品牌，在智慧城市运营、数字经济服务、政务数字化、企业数字化转型等应用技术领域精耕细作多年，在城市人口大数据应用、基于区块链的可信证照共享分布技术、安全数字身份认证技术、城市物联网与人工智能技术综合应用等方面提供整体数字化解决方案，具有丰富经验，创造很多经典案例，主导建设了全国多地的实名证照、可信身份等专业服务平台、城市服务综合平台。

可信身份验证

证件照不仅是居民个人身份的关键信息，也是社会化事务办理需提交的重要资料。蓝迪致力于证件照采集及制作等业务，通过线上拍、线下拍、自助拍等多种采集模式，并结合国家级数字身份底座算法能力及可信身份实名校验的集成与应用，显著提升了证照拍照与实名认证的效率和安全性，为数字化时代的证件照采集提供了有力支撑。

蓝证图像智能算法，能够实现照片自适应、照片质量智能检测，保证采集图片的高品质和图像应用的高效率。该算法支持数十项图片检测，能够与多种业务应用场景标准相匹配。可信身份验证采用微模组高度集成，实现信息快速识别和数据加密传输，结合可信身份验证算法，确保用户身份的真实性与唯一性。

"一拍共享，一照通用"

证件照拍摄标准繁多、使用频率颇高。为解决群众证件照片多次、多头采集的问题，蓝迪参与"一拍共享、一照通用"证件照试点工作，释放数据要素活力，推动数字政务提质增效。

蓝迪自主研发"一拍共享采集服务综合办理一体机"智能设备，全力打造居住证和社保卡拍照、制证业务一体化，达成了证件照片拍摄系统与政务服务业务系统的整合联通。该设备多年来为政府机构、事业单位以及广大市民提供证件照业务服务，累计服务客户超过千万人次。

社会化应用激发市场活力

蓝迪除了为数字政务服务提供助力、推动智慧城市发展之外，在社会化服务领域也积极探索并创新。公司研发的"实名证照"小程序，赋予了用户随时随地拍摄证件照的功能，支持对公对行业用户

业务直达的实名证件照业务办理，能够满足不同用户的需求，极大方便了群众拍摄证件照。公司的个性化产品，如趣味写真照、人物肖像照等自助式人像摄影服务，为用户营造了个性化的摄影空间，进一步丰富了用户的精神文化生活。

近年来，在城市数字化转型的大背景下，公司组建核心高级人才队伍，紧密围绕 5G、区块链底层技术、人工智能和物联网等高新技术，持续进行创新和拓展，全面达成智能硬科技研发、专业平台开发运营、城市数字内容服务一体化，参与完成了数十个智慧城市数字服务系统的建设和运营。

沪燊汇科技发展（上海）有限公司

沪燊汇科技发展（上海）有限公司由翰源医疗科技（上海）有限公司与上海市城市投资集团前卫实业有限公司于2021年合资设立。注册资本2.5亿元。法定代表人陈昌标。

公司投资新建的高端医疗器械及大型影像设备研发生产基地项目位于上海市长兴海洋装备产业基地，占地面积75556平方米，总建筑面积153047平方米，固定资产总投资8.5亿元。2026年初建成投产。

公司将始终坚持科技创新、产品创优、锐意创业的发展理念，通过10年努力，建成高端医疗器械及医学设备为主业，主营业务收入超20亿元的科创型企业。

沪燊汇科技发展（上海）有限公司

公司简介

　　上海宏英智能科技股份有限公司成立于2005年,总部位于中国上海,深主板上市企业。

　　公司致力于通过面向未来的电子电气智能控制和能源管理技术,让移动智能更高效,不断提升资源和能源的利用效率。作为一家融合研发、生产和销售的高新技术企业,近二十年专注技术创新,以电子电气智能控制技术为基石,全面打造智能化、电动化、互联化和无人化生态系统,致力于成为最值得信赖的数智生态伙伴。

| **3** 实验室/个 | **300+** 知识产权 | **16** 分公司&办事处/个 | **6** 管理体系认证/项 |

主营产品

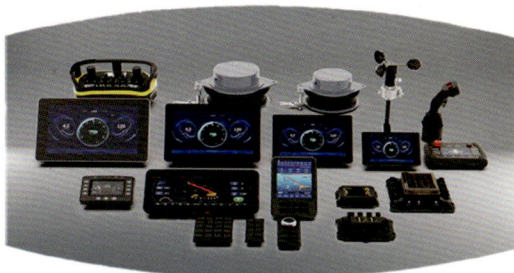

智能控制

新能源

三电系统

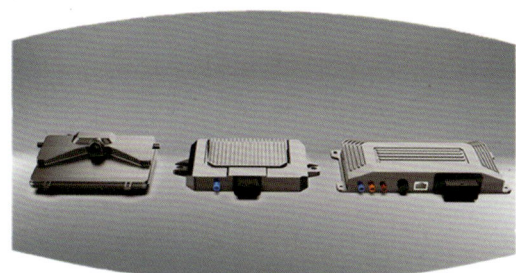

汽车电子

业务领域

新能源　　工程机械　　汽车电子　　环卫机械　　港口机械

消防车　　矿山机械　　农业机械　　专用车辆　　轨道交通

上海宏英智能科技股份有限公司

地址：上海市松江区高科技园区九泾路470号A座
电话：021-37829910　网址：www.smartsh.com

数智融合　驱动未来

上海帆声图像科技有限公司

上海帆声图像科技有限公司成立于 2012 年，是一家专注于制造产业升级，为客户提供一站式缺陷检测解决方案的智能装备企业。专攻用于离散制造智能化和确保品质的智能检测系统。

总部位于上海金桥自贸区，同时在苏州、惠州、武汉和四川等地建有多个研发与生产交付基地。

2011 年，基于光谱及视觉技术，推出中国首台鉴定设备。

2012 年，帆声图像成立，并首次将自学习能力概念应用于图像处理软件。

2013 年，业界首推高速液晶显示器电极微划伤检测设备。

2015 年，业界首家交付模组全制程 AOI 设备。

2018 年，武汉研发中心成立，完成液晶模组信号源及电测系统研发并量产交付，行业核心客户历史突破。

将以人工为基础的产品品质标准，快速转换成智能化标准的工艺品质缺陷检测系统及设备，实现人工检测及质量体系的完美替代。公司产品包含：

1、显示模组及画面缺陷，绑定缺陷及工艺过程的外观缺陷检测；

2、模组检测系统，CELL 检测系统，OLED 检测系统，老化检测系统；

3、涉及中大尺寸显示器的视觉检测及其他信号检测的整体解决方案。

提供高效、高适应性的深度定制服务，全面满足以控制品质、提高良率及减少人力成本为主的客户需求，堪称人工智能与工业应用结合的成功典范。

企业拥有完全自主知识产权的核心图像智能算法，光学研发能力并自主研发智能视觉识别软件，及给予独立操作系统的核心板平台的电测系列产品。

并在华南、华中等地拥有全资控股的组装测试工厂，是国内首家能够提供智能显示模组全制程缺陷检测解决方案的供应商。

企业拥有领先行业的工业人工智能研发团队，平均视觉领域经验 7 年以上。

至今，获得众多行业专利，其中包含发明专利，实用新型专利，软件著作权，外观专利等多项专利。

受益市场各行业对检测设备产品需求扩大，帆声迎来重大发展机遇。据全国已投产和建设中的检测设备需求估算，AOI 市场总规模已超 500 亿元。

"创新、合众、感恩"，帆声将继续坚持自主创新之路，深耕细作全球市场，通过人工智能技术实现对于跨行业的开发和应用，服务涵盖显示、汽车、医疗、食品、军工等众多领域。致力持续成为中国国产视觉检测行业的领跑者！

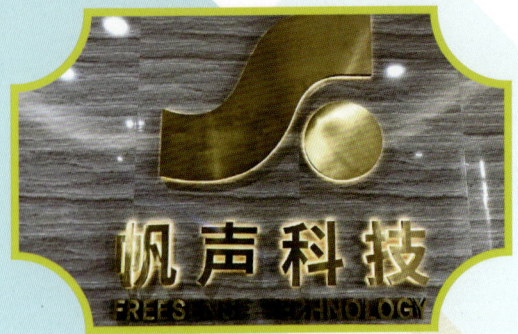

▶ 上海勃冉众创数字科技有限公司

上海勃冉众创数字科技有限公司（简称勃冉数科）主营业务为软件开发和信息技术服务，是国家级高新技术企业，通过双软认证，为《上海信息化》理事会理事单位和上海市软件行业协会团体会员单位。勃冉数科通过ISO9001质量管理体系、信息安全管理体系与信息技术服务管理体系三项认证。

勃冉数科面向市场提供拥有独立知识产权的一系列数字化软件产品，包括：云栈线SaaS版APP软件、企业内部管理软件、数据管理软件等，多维度满足客户需求。同时勃冉数科也面向中小企业提供专业信息技术服务，包括云招商、云智呼、云培训服务等。

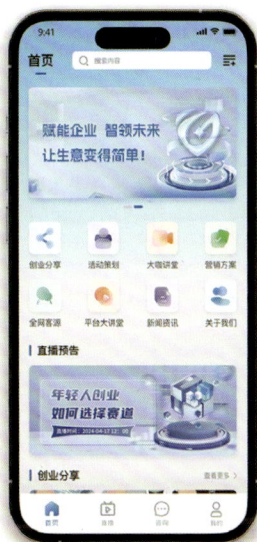

云栈线SaaS版APP软件为有招商需求的企业提供一站式服务，多维度覆盖招商流程的各个环节，尤其帮助企业实现招商工作的全程精细化管理。云栈线高效构建标准化招商体系，不仅有力拓宽企业的市场触角，更确保招商活动的精准定位与高效转化。企业入驻云栈线，有效实现招商工作省时省力又省钱。

此外，云栈线SaaS版APP软件可以为广大中小企业快速搭建对外展示自身实力、产品及服务的窗口，助力企业数字化转型与升级。

华模科技
China model technology

　　华模科技，作为上海均瑶集团的控股子公司，自2017年便深耕于模拟仿真领域的技术研发。凭借均瑶集团在航空产业的坚实基础，华模科技以自主可控的技术实力，推动着模拟仿真装备的产业化进程，从而为中国航空培训和教育事业提供坚实后盾。

　　在华模科技精心研制下，已成功开发出包括A320、B737、ARJ21等多种机型的全动模拟机。值得一提的是，A320NEO/CEO FFS不仅是中国首台拥有完整自主知识产权的全动飞行模拟机，更在2020年顺利通过中国民航局的D级鉴定。至今，该模拟机已稳定运行近16800小时，持续为航空培训客户提供着高效、稳定的服务，赢得广泛赞誉。

　　作为中国商飞的重要合作伙伴，华模科技一直致力于推动中国大飞机产业的发展。凭借卓越的底层技术研发能力，华模在ARJ21和C919等项目中，为国产大飞机的培训和教育进行深入研究和前瞻性布局。

　　华模科技始终坚守"模拟巅峰，仿真未来"的愿景，不断迈向前进。通过持续的创新功能开发和高科技研发，华模正全力满足新时代下中国民航飞行培训的新需求，用科技力量助力"智慧民航"的坚定前行。

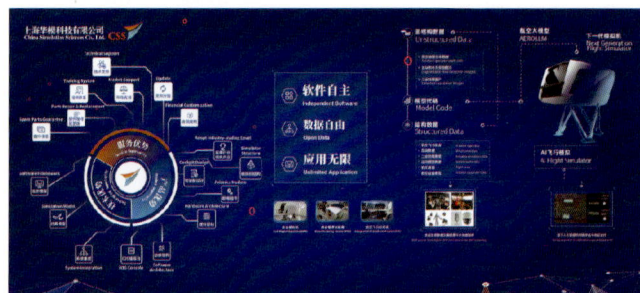

上海泾维化工科技有限公司

上海泾维化工科技有限公司（简称泾维科技）成立于1999年，位于龙吴路4600号吴泾科技园区内，是一家致力于航天军工新材料研发和生产的科技企业，同时也是国家武器装备科研生产二级保密单位。

泾维科技以高学历研发人员及资深工程师组成的研发团队为公司科技创新的人才保障基础，持续多年深耕于航空航天新材料领域的技术开发与运用。公司在相关技术领域取得丰硕成果。目前公司已取得39项专利授权，其中6项为发明专利。泾维科技是上海市膜材料产业发展联盟的创始理事成员，公司还获市高新技术企业、市"专精特新"中小企业、区科技小巨人企业、区创新型中小企业等称号。

泾维科技已通过ISO 9001:2015 及GJB 9001C-2017质量管理体系认证。泾维科技在安全生产管理方面严格遵循"以人为本，安全第一"的方针，自1999年成立以来，生产运营至今零事故发生。

泾维科技将持续投入资金到工艺技术研发与产品创新中，在提高公司产品竞争力的同时，从工艺技术的本质上杜绝生产安全隐患、减少污染排放。泾维科技将不断完善和提高安全管理水平，开发更多的优质产品来服务公司的重要用户。

上海泾维化工有限公司荣誉墙

东欣船舶数字化管理系统 DMS5.0 成功发布

上海东欣软件工程有限公司成立于2002年3月，注册于中国（上海）自由贸易试验区浦东软件园，是沪东中华造船（集团）有限公司全资投资的子公司，属于上海市高新技术企业和明星软件企业。

二十余年来，东欣公司致力于为中国船舶行业提供综合性、全方位的信息化解决方案，专业从事造船企业及相关行业的软件产品和软件项目的咨询、开发应用、服务、系统集成等业务，是国内唯一能为船舶行业完整提供自主产权的CAD、PDM、ERP、MES等产品的软件公司。公司拥有高新技术企业认证、软件能力成熟度模型集成三级认证（CMMI3）、ISO9001质量管理体系认证。2023年，被评为上海市"专精特新"中小企业、浦东新区企业研发机构、第六届中国经济大会年度行业创新企业；2022年，被评为上海市科技小巨人（培育）企业，成为《上海市信息化》理事会常务理事单位。

公司研发实力雄厚，拥有管理、开发、实施成员共150余人，其中集团学科带头人1名、集团建模专家3名、研高8名、高工26名、博士3名、硕士44名。同时依托母公司组建百余人的技术专家和千余人的应用团队，形成了研发-开发-应用的完整工业软件团队。公司还长期与清华大学、上海交通大学、同济大学、东华大学、江苏科技大学等国内著名高校长期进行深度合作与交流，拥有一大批船舶企业信息化和软件工程方面的资深专家，为客户提供优秀的信息化解决方案和产品服务。

XINLANHAI

上海鑫蓝海自动化科技有限公司

鑫蓝海

核心产品-真空精密铸造炉（VPIC）

鑫蓝海是一家集研发、设计、制造、生产、服务于一体的专业化智能特冶装备整体解决方案服务商，是国家级高新技术企业，具有国际质量管理体系认证等资质，获上海市服务型制造示范企业、上海市小巨人（培育）企业和"专精特新"企业等多项殊荣。鑫蓝海特冶装备产品齐全，主要包括真空精密铸造炉（VPIC）、真空感应熔炼炉（VIM）、真空自耗重熔炉（VAR/RVAR）、保护气氛电渣重熔炉（ESR）、真空感应凝壳炉（VISM）、真空感应熔炼脱气炉（VCAP）、反重力精密铸造炉（AG-VPIC）等。近年来，鑫蓝海积极响应智能制造产业领域国家重大战略需求，以国产

替代进口和前沿科技创新作为研发目标，致力于解决"卡脖子"问题。自主研发设计的智能特冶装备和高性能材料广泛应用于航空航天、5G通讯、海洋船舶、汽车高铁、能源电力、核能核电等领域。鑫蓝海与上海交通大学合作共建"高端智能熔炼装备联合研发中心"，与上海大学、东华大学、钢铁研究总院、中国科学院等积极开展产学研合作，深化核心技术优势，筑牢鑫蓝海强大的研发创新平台，为打造高端特冶装备民族品牌蓄力量。

核心产品-保护气氛电渣炉（ESR）

生产基地现场作业图

TRUTRUST 淳信®

上海股权交易中心科创板挂牌企业
（股票代码：300462）

淳信科技

TRUTRUST TECHNOLOGY
R&D + PRODUCTION + SOLUTION ONE-STOP SERVICE

阻尼缓冲减隔震产品研发+生产+解决
方案一站式服务

上海淳信机电科技有限公司

上海淳信机电科技有限公司是一家致力于新材料、新工艺在传统工业领域应用的高科技公司，入驻于上海交通大学国家科技园。公司汇集一批有丰富经验及良好

电梯领域典型产品

专业生产+严格质检+售后无忧

电梯液压缓冲器

电梯聚氨酯缓冲器

建筑物减隔震产品

专业生产+严格质检+售后无忧

粘滞阻尼器

粘滞阻尼器

弹性体隔振器

调谐质量阻尼器（TMD）

教育背景的高学历高技能科技开发人员，依托于上海交通大学产学研平台，转化高校研发成果，疏解企业困难。公司于2022年11月15日获批国家级高新技术企业（编号：GR202231001807）；2024年5月8日获批上海市"专精特新"中小企业；公司产品两次获批上海市高新技术成果转化项目，2023年3月获批项目：液压缓冲器及2024年5月获批项目：瞬时式安全钳；公司CXOB系列液压缓冲器获评中国电梯协会2023电梯部件年度创新产品。

专业提供

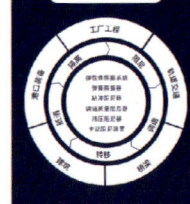

上海数讯信息技术有限公司

【关于数讯】

上海数讯信息技术有限公司成立于 1999 年，是知名的 IDC 及增值服务提供商。数讯旗下拥有多座高等级数据中心、覆盖张江园区的宽带驻地网络、全国首个金融交易接入极速平台，形成以数据中心为主、以云计算和网络服务为翼的"一主两翼"战略发展布局，致力于为更多客户提供高端定制和优质批发的数据中心及相关服务，实现高质量发展。

【行业生态】

数讯公司基于自身专业的技术实力及广泛的资源优势，结合金融、生物医药、科创、制造等行业的实际需求，构建高质高效、共创共赢的数云网生态圈，为客户提供各类综合性 IT 解决方案。目前，数讯公司携手各行业合作伙伴，构建 AI 生态圈、金融生态圈、医药生态圈、芯片制造生态圈，同时积极推进公司业务在其他行业的渗透。携手数讯，共建未来。

【服务保障】

数讯公司可以为客户提供高标准的服务保障：取得国家工业和信息化部颁发的 IDC、ISP、云计算、宽带驻地网等一系列经营许可资质，并获得上海市高新技术企业、上海市软件企业、浦东新区企业技术开发机构等认定，通过 ISO27001 信息安全管理体系、ISO20000 信息技术管理体系、ISO22301 业务连续性管理体系以及信息系统安全等级保护（三级）、国家基础设施增强级数据中心等一系列认证。

服务热线：400-000-9890
公司网站：www.shuxun.net

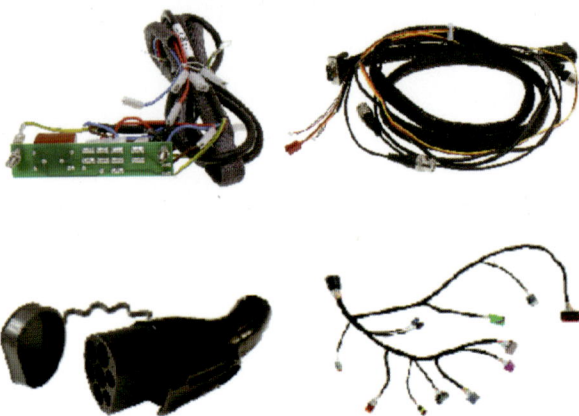

华院计算技术(上海)股份有限公司(简称华院计算)成立于2002年，是中国认知智能技术的开拓者。公司以算法研究、算法创新和算法应用为核心：基于数学应用与计算技术发展，聚焦认知智能技术、创新自研底层算法；基于认知智能引擎平台的场景应用，为智能制造、社会治理、数字文旅、零售金融等行业提供AI+行业解决方案、实现全面赋能，从而推动行业智能化的转型和升级，让世界更智慧。

华院计算智能制造结合钢铁冶金生产工艺，以配料、质量、能源、安全生产为主线，开发智能配煤、连铸质量判定、表面缺陷检测、飞钢智能安全监控、加热炉能耗优化等一系列深度应用及标准化解决方案，为企业节能降碳、安全生产、生产成本控制、数字化及智能化发展提供科技支撑。

产品价值
PRODUCT VALUE

提升板坯质量预判和评级精准度　{×}　提高板坯质量管控水平　{×}　提高板坯收得率

产品价值
PRODUCT VALUE

提升缺陷检出和分类精准度　{×}　提高产品质量管控水平　{×}　产品质量带动生产效益

Uni-StlCCasting连铸质量判定系统

Uni-StlCCasting连铸质量判定系统旨在对连铸生产过程进行完整监控、记录，并对板坯质量进行实时在线预判、评级及切割优化指导，离线分析板坯异常数据，便于分析反馈质量缺陷原因和优化工艺参数，实现对板坯质量的闭环管理，从而提高板坯收得率，提升生产效益。

Uni-StlDetection表面缺陷检测系统

Uni-StlDetection表面缺陷检测系统是针对连铸板坯、热轧板带材、棒线材、酸洗、冷轧及铜铝金属等产品表面缺陷进行实时在线检测，并对缺陷进行检出、分类以及产品质量判定，从而生成可视化报表和日志记录，以便精确追溯缺陷产生原因，并生成相应解决方案。旨在提高产品质量检测的精准化、智能化水平，满足生产工艺及质检的需求，从而保证产品质量，提高生产效益。

扫码关注「华院智能制造」

普冉半导体（上海）股份有限公司

公司简介
Company Introduction

普冉半导体（上海）股份有限公司成立于2016年，是业内领先的低功耗非易失性存储器芯片及基于存储芯片的衍生芯片供应商。2021年8月，公司在科创板上市，股票代码：688766。

目前公司产品线主要包括NOR Flash、EEPROM、MCU及VCM Driver等，产品广泛应用于物联网、手机电脑及周边、可穿戴、工控、通信、汽车电子等领域。

公司持续聚焦领先的非易失性存储器芯片，强化存储器产品的宽电压、超低功耗、高可靠性和高性价比特长，针对客户容量、功能和封装需求，提供综合存储器芯片解决方案，获得高度的市场认可。2023年，公司NOR Flash和EEPROM市场占有率均位列全球第六位。三星、OPPO、vivo、小米、联想、惠普、亚马逊、海内外汽车品牌厂商等均为公司品牌客户。

基于存储器技术优势，公司于2021年推出"存储+"战略，积极拓展MCU及模拟芯片领域，依托公司在存储领域的技术优势和平台资源，实现向更高附加值领域和更多元化的市场拓展。

与此同时，公司大力推进海外业务布局，坚定国际化战略路线，已经实现在日本、韩国等海外市场的多家知名大客户导入，产品应用领域覆盖消费、工控、光伏及车载等，增强了在全球市场的影响力。

业务经营方面，2023年，公司实现营收11.27亿元，创历史新高，年度产品出货量超过53亿颗，也达到历史最高出货水平。

公司高度重视技术创新和研发投入，研发人员占比超62%，申请专利及获得专利数持续增长。此外，公司拥有多项企业荣誉，是经上海市科学技术委员会、上海市财政局、国家税务总局上海市税务局等联合认证的"高新技术企业"，被上海市知识产权局认定为"上海市专利工作试点企业"，曾获上海高新成果转化项目认定办授予的"高新技术成果转化项目——自主创新十强"等荣誉称号。公司先后获评"国家重点集成电路设计企业"

"上海市科技小巨人企业""浦东新区企业研发机构",获"行业新芯奖""年度创新影响力企业"等奖项。2023年以来,公司先后获评"上海市企业技术中心""上海专精特新企业""张江之星(成长型企业)""2023年度最具创新精神IC设计企业""2023ToT年度产品奖——超低电压超低功耗Flash存储芯片P25Q32SN""上海市高新技术成果转化项目——百佳(超低功耗SPI NOR Flash P25D系列)""上海市重点服务已上市独角兽企业"等荣誉及奖项。

　　未来,公司将以"普冉之芯,造福世界"的愿景,专注于产品创新,不断推出更具竞争力的新产品,扩大市场份额。同时,公司也将进一步加大国际市场的开拓力度,提升品牌的全球影响力,不断满足客户对高性能芯片产品的需求,在持续经营中实现企业的技术积累,保障公司经营业务的可持续发展。公司也将以更加开放的姿态,与全球合作伙伴携手共进,共创美好未来。

上海超硅半导体股份有限公司

上海超硅半导体股份有限公司 成立于2008年，是中国最早从事集成电路大尺寸硅片的企业之一，主要从事200mm、300mm集成电路硅片、先进装备、先进材料的研发、生产和销售。公司通过十余年在先进设备技术、晶体生长技术、晶片制造技术、尖端材料研究等领域的积累，已经与全球客户建立了广泛的合作关系，到目前为止已经向全球最顶流集成电路制造商中的绝大多数供应大尺寸硅片产品，技术能力和产品质量得到全球客户的广泛认可。

公司以"为全球集成电路制造商提供高品质的大尺寸硅片，回馈客户、员工、股东和社会"为使命；以"建成世界一流集成电路用硅片制造商，成为伟大的国际性公司"为愿景；奉行3C、4R、6S等基本文化；恪守"诚信、敬业、协作、创新"的人文精神；秉持"引进、消化、吸收、改进、创新、超越"渐进路径；以空杯之心学习、谦卑之态接纳、批判之行应

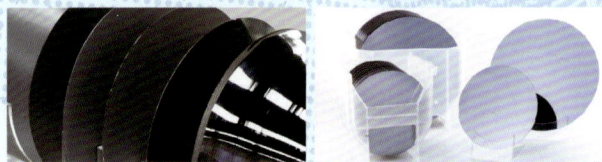

用、极致之念追求；满怀对质量、技术、客户的敬畏之心，追求完美，吹毛求疵。

在上海市和松江区的支持下，上海超硅建设的"12英寸集成电路硅片全自动智能化生产线项目"是近20年来全球建设的最先进的全自动化智能化300mm（12英寸）硅片生产线之一，是2019年－2023年上海市重大项目，并获得了"上海市智能工厂""松江区企业技术中心""松江区智能工厂""长三角G60科创走廊突出贡献奖""张江之星潜力型企业""上海市工人先锋号""上海市创新型企业总部""上海市科技小巨人企业""上海市重点企业服务包""国家级专精特新小巨人企业"等奖项和荣誉。

此外，上海超硅全资子公司重庆超硅半导体有限公司已建成国内一流、全球领先的以轻掺杂为主涵盖各种高等级制程工艺的200mm（8英寸）硅片生产线。

上海和辉光电股份有限公司
Everdisplay Optronics (Shanghai) Co.,Ltd.

上海和辉光电股份有限公司（股票代码：688538）成立于2012年10月，坐落于上海市金山区，是国内领先的专注于高解析AMOLED（有源矩阵有机发光二极体）半导体显示面板研发、生产及销售的企业，是中国平板、笔电、车载和航空等中尺寸高端AMOLED显示领域的开创者和领先者，目前注册资本138.6亿元。公司是科创50上市企业、高新技术企业、国家知识产权优势企业、国务院国资委"科改示范企业"，荣膺"上海知识产权创新奖"等荣誉和奖项。

AMOLED凭借着优异的显示性能和未来广阔的全新应用市场被视为当前最具发展潜力的新一代显示技术。和辉光电是最早实现AMOLED量产的境内厂商之一，拥有G4.5和G6两座现代化工厂。一期项目（第4.5代AMOLED生产线）于2012年11月开工建设，产能为每月1.5万片大板；二期项目（第6代AMOLED生产线）于2016年12月开工建设，规划产能为每月3万片大板，目前公司两条生产线均已进入量产。和辉光电第6代AMOLED生产线项目的成功建成投产极大的提升了企业能级，助推公司于2021年5月成功登陆科创板，所募集资金已投入第6代AMOLED生产线的产能扩充项目，即将月产能由3万片大板提升到4.5万片大板。

公司以市场和客户需求为导向，在持续深耕中小尺寸AMOLED半导体显示面板领域的同时，积极开发及拓展中大尺寸AMOLED半导体显示面板，自主研发生产的智能穿戴、手机、平板、笔电、车载及航空等百余款刚性和柔性高端AMOLED显示屏产品已实现向华为、联想、荣耀、小米、传音、OPPO、步步高以及上汽集团、吉利汽车等国内外一线品牌稳定供货。特别在中尺寸AMOLED显示领域，2021-2023年平板笔电AMOLED显示屏出货量全球第二、国内第一。

TSTCBTC® 3.0

TST自主列车控制（TACS）解决方案

扫码关注微信公众号

更可靠

- 资源管理控制器源自联锁列控一体化技术，架构成熟可靠
- 新一代车载硬件平台
- 多样化的双制式数据通信方案，LTE-M/5G/WiFi组合

更精简

- 全电子目标控制器DDOC，节省设备房面积20%
- 正线零计轴布置方案

更高效

- 细化线路资源管理能力，实现站区一体化移动闭塞，折返能力提升30%，每小时40对以上运行能力

更灵活

- 对向运行，任意点折返，灵活穿梭，分叉汇聚
- 丰富的系统配置方案

更安全

- CBTC作为CBTC的后备，故障-安全持续运行
- TST SIEM，智能化，全场景的信息安全集中管理平台

更绿色

- 在线连挂解编
- 牵引制动可再生能源的协同利用，实现运能最大化，能耗最小化

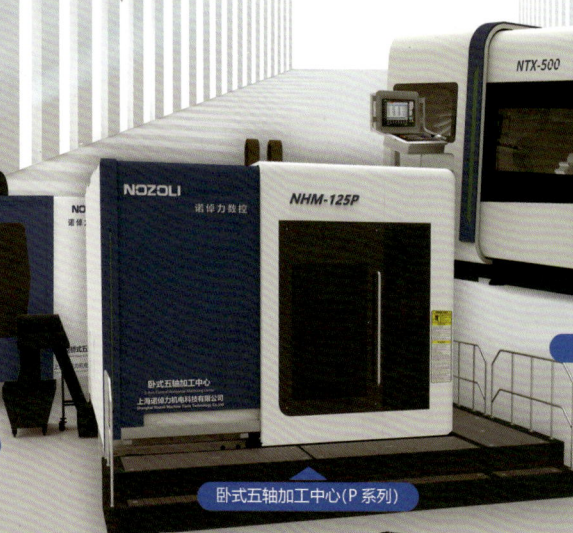

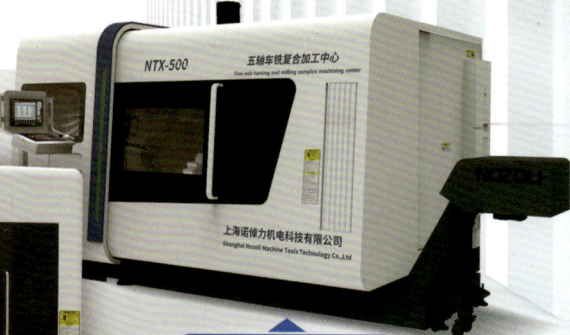

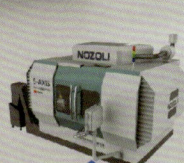

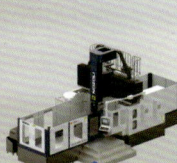

上海中镭新材料科技有限公司

工程塑料	特种塑料	环保塑料	特殊功能性塑料
PC [PC/ABS、PC/ASA、PC/PBT(PET)、PC]	PPS	生物PC	陶瓷塑料
PBT [PBT、ABS/PBT]	PEEK	生物PA	隐身塑料
PET [PET、PBT/PET]	PI	生物PBT	纳米塑料
PA [PA、PA/ASA、PA/ABS]	PPA	再生PC	碳纳米管塑料
PPO [PPO、PA/PPO]	PAR	再生PA	石墨烯塑料
	PSF	再生PPO	3D打印塑料
氟塑料	……	……	

上海中镭新材料科技有限公司(简称中镭科技)定位做世界先进的功能性复合材料,旨在通过科学研究为各行业客户创造最前沿的工程塑料、特种塑料、环保塑料及特殊功能性塑料材料解决方案。通过价值创新与客户共同开发解决人类材料难题,满足当今和未来社会发展的需求,并全面推动循环经济发展。

公司是国家级高新技术企业、工信部认定"专精特新"小巨人企业、国家知识产权优势企业、科技部火炬计划产业示范单位。

中镭科技掌握聚合物微观结构设计及流场控制的关键核心技术,产品涵盖工程塑料(PC类、PBT/PET类、PA类、PPO类等)和特种塑料(PPS、PEEK、PEI、PPA、POK等)及环保塑料(生物基和再生材料)系列功能性复合材料产品,推出通用、高强韧、电镀、高光、哑光、阻燃、无卤阻燃、抗静电、耐候、耐磨、矿物增强、玻纤增强、碳纤、碳纳米管、纳米等不同等级产品。产品性能优异且质量稳定,广泛应用于汽车、通讯、新能源、芯片、人工智能、医疗、轨道交通等领域,与奥迪、奔驰、宝马、特斯拉、沃尔沃、蔚来、小鹏、理想、华为终端、华为海思、特斯拉储能等客户建立长期紧密合作关系。产品在亚洲、欧洲、北美等多个国家和地区取得成功应用。

中镭科技注重知识产权保护,拥有核心自主知识产权73件,其中已授权的发明专利48件,申请国际PCT专利8项,已注册商标6项,软件著作权7项,11项高新技术成果转化,在复合材料改性理论和技术方面实现多项创新和突破,获国家知识产权优势企业、上海市专利示范单位。

中镭科技预计未来三年建立全自动化超级工厂,2026年申报上海科创板IPO;未来五年内完成上游聚合和助剂合成产业链布局,成为世界先进功能性复合材料的龙头企业;未来十年内成为世界上唯一覆盖工程塑料和特种塑料全品类产品世界领先的复合材料供应商。

中镭科技坚持科技创新驱动,在关键复合材料领域补短板;以"科技成就梦想"为愿景,秉承"企业成果持续回报社会"的使命,不断在工程塑料、特种塑料、环保塑料、特殊功能性材料的核心领域突破创新,致力于成为世界上唯一全面覆盖工程塑料和特种塑料全品类产品世界先进的功能性复合材料企业。

上海肇民新材料科技股份有限公司

上海肇民新材料科技股份有限公司（简称肇民科技）成立于2011年，册于上海市金山区金山卫镇秦弯路633号。公司专注于精密注塑领域12，是一家专业从事汽车发动机关键部件、家用电器关键部件等精密注塑品生产的"高新技术企业""专精特新企业""国家服务型制造示范企""国家绿色工厂"，是以特种工程塑料应用开发为核心，主营业务为密注塑件及配套精密注塑模具的研发、生产和销售。

产品聚焦于乘用车、商用车、新能源车、高端厨卫家电等领域，为客户供具有高安全性、重要功能性的核心零部件，产品系列包括汽车发动机边部件、汽车传动系统部件、汽车制动系统部件、新能源车部件、智能便器功能部件、家用热水器功能部件、家用净水器功能部件、精密工业件、医疗器械部件等。公司紧跟新能源汽车发展趋势，重点开拓新能源车零部件市场，正逐步拓宽新能源车领域的产品，热管理模块、电子水、电子油泵、电子水阀部件等产品相继量产，已被多个主流新能源车品应用。

在全球"以塑代钢"的大背景驱动下，公司以提供更具使用价值的产品目标，致力于高端精密注塑件的国产化，公司分别在汽车领域和家用电领域与国际知名企业建立合作关系。汽车领域包括：三花智控、安美、莱顿、日本特殊陶业、石通瑞吉、皮尔博格、华域皮尔博格、舍弗、奥托立夫、华域麦格纳、佛吉亚、东风富士汤姆森、吉利、马勒、采孚、盖茨、哈金森、慕贝尔、均胜电子、飞龙股份、银轮股份、日立安泰莫、赛力斯等；家用电器领域包括：A.O.史密斯、松下、科勒、能TOTO、日本电产、杜拉维特、林内等。

作为一家以特种工程塑料应用开发为核心的上市企业，近年来，肇民技每年都在不断刷新销售记录。企业将持续在"专精特新"上下功夫，在加大汽车和高端厨卫家电领域市场份额的同时，加快渗入用航空、医疗器械领域，并逐步从生产、销售提升为创新研发、互联网智造、销售与服务及产品问题的方案解决者。通过攻关核心术，提升创新成果产出率，不断塑造发展新优势、积蓄新动能。未来发展，坚持以生产高质量精密注塑件为导向，进一步贯彻产品略、市场战略、运营战略、投资战略，通过产品和技术创新，为客户提供高价值的精密注塑产品。

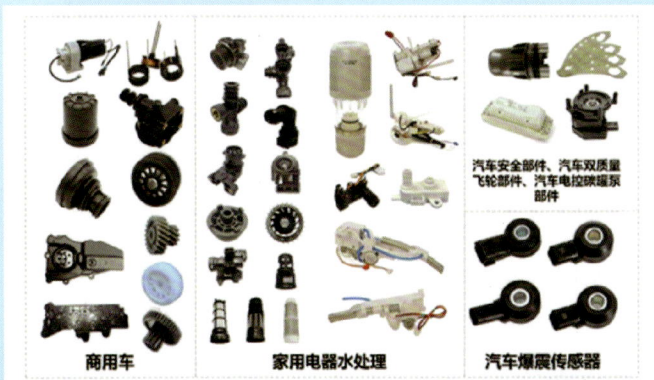

汽车安全部件、汽车双质量飞轮部件、汽车电控喷油泵部件

商用车　　家用电器水处理　　汽车爆震传感器

汽车消音器部件、汽车刹车真空泵、汽车EPS

汽车热管理模块、电子水阀、电子水泵　　汽车发动机张紧轮

上海加宁公司
Shanghai Jianing Company

▷ 企业简介 COMPANY PROFILE

上海加宁新材料科技有限公司成立于2017年2月，注册资本4000万元，公司总部位于上海市静安区沪太路1059号。上海加宁新材料科技有限公司是一家专业从事金属锻件研发、生产和销售的高新技术企业，创办于1997年初，由上海加宁新技术研究所重新组建而成，主要产品涵盖合金钢、高温合金锻件、专用特殊钢(定制)、铜合金锻件、钛合金锻件等，广泛应用于核电、核聚变、电力、石化以及其他各类机械等多个行业领域。2023年，上海加宁新材料科技有限公司被认定为"国家专精特新企业""国家专精特新小巨人企业""上海市科技小巨人培育企业"。

上海加宁下设余姚特种锻造分公司，配备有德国进口7000吨威普克油压机、80吨DDS操作机、6吨电液锤、热处理炉、数控铣床、车床、无芯磨机组等先进生产设备，检测设备及人员资质配备齐全。年锻造生产能力达10万吨以上，最大生产长度20米，单重120吨的锻件。

公司汇聚长三角地区航天材料专家、核电采材料专家，有美国归国学者、博士生导师、教授、研究员、高级工程师。多名研究员享受国务院津贴，掌握高端技术。"728核级不锈钢工艺"曾获航天部科技进步一等奖，核电站用核II级泵曾获上海市优秀新产品科技成果一等奖。

公司已有八个项目经上海科技情报研究所检索为"国内首创"。多个项目经上海市国防科工办、上海市核电办组织专家鉴定为"填补国内空白、为国内首创""居国内领先水平"拥有核级超纯奥氏体不锈钢、超级无磁不锈钢、超级双相不锈钢叶轮轴等30多个国家发明专利。

上海加宁一直努力践行"技术引领、质量第一"的企业宗旨，为核电、核聚变领域配套服务连续数年被多家企业评选为优质供应商、战略供应商。

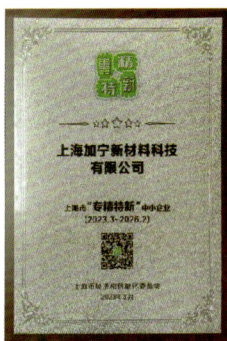

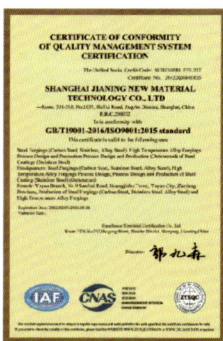

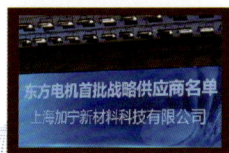

赛那德
SENAD

智无限·鉴未来

INFINITE WISDOM·REFLECT FUTURE

赛那德科技有限公司是一家APR流程式机器人及视觉算法平台提供商，公司以机器视觉技术为基础，通过自研底层智能框架及AI算法，深度耦合运动控制体系，打造全方位多场景覆盖产品体系，实现机器抓取、视觉定位、智能拣选、搬运装卸等功能，高效替代工业生产、仓储和物流分选中的传统人工作业，帮助客户完成"机器换人"从而实现降本增效。

赛那德立足上海，相继在深圳、武汉成立销售和研发中心，客户包括唯品会、三只松鼠等诸多电商企业，以及顺丰、京东、菜鸟、通达系等物流企业，并积极开拓国外市场，产品远销世界各地，包括美国、英国、韩国、加拿大、俄罗斯、西班牙、阿联首、新加坡等17个国家，并在新加坡、韩国、泰国、越南、马来西亚等国家设立代理机构。

| 100+ Professional technical team 专业技术团队 | 130+ Intellectual propertys 知识产权 | 50+ Top customers 顶级客户 | 2374亿 Annual algorithm processing times 年算法处理次数 |

上海兆维科技发展有限公司

上海兆维科技发展有限公司注册成立于 2001 年,是一家致力于核苷、核苷酸、修饰性核苷、亚磷酰胺、生物酶等产品研发、生产的上海市高新技术企业,曾先后获上海市科技小巨人培育企业、上海市专利工作试点企业、上海市科技小巨人企业等称号,主要创始人来自中科院生科所、国际医药研究所等国内外知名生物医药企业。公司现有厂房占地逾 46000 平方米,通过质量、环境、职业安全与健康、信息安全等国际体系标准认证,可年产各类核苷系列产品 50 吨以上,拥有全球最大的亚磷酰胺修饰性核苷产品生产线,产量居世界首位。经过多年的培育和努力,公司已成为全球核酸药物核心原材料的龙头,进入国际知名药企的供应商名录,产品遍布美国、欧洲及亚洲各国,几乎覆盖全球核酸药物所,有 600 多个研发项目包括近 200 个临床,同时也成为国内外 mRNA 新冠疫苗核心原材料的最大供应商。

公司在美国旧金山、日本东京、香港设有子公司,在上海闵行生产基地内、上海徐汇聚科生物园区内、美国加州湾区等地设有多个研发实验室,每年研制开发的新产品数百项。截至目前,公司仍然是国内少数几家能够生产高品质(纯度高于 99.9%)单磷酸脱氧核苷(dNMP)、三磷酸脱氧核苷(dNTP)、三磷酸核糖核苷(NTP)、多种修饰性核苷、多种亚磷酰胺等产品的专业生产商。

随着合成生物学的不断发展,核酸平台所引领的产业将逐步成熟,目前全球已有多个核酸类药物获批上市,拥有超百个核酸类药物正在进行临床试验,未来前景不可估量。

上海兆维科技发展有限公司将不断进取、勇于创新,为人类的健康事业竭尽所能!

上海凯波海洋科技股份有限公司

上海凯波海洋科技股份有限公司（SCOTEC）是2004年成立的专业从事海底电缆、海底光缆的敷设，埋深安装与维修施工的海洋工程公司，具有丰富的海底电、光缆敷埋安装施工经验。公司具有港口与海岸工程专业承包二三级资质、承装（修、试）电力设施许可证四级、安全生产许可证书、GB/T19001-2016/ISO9001:2015标准；GB/T50430-2017标准质量管理体系认证证书、GB/T24001-2016/ISO14001:2015标准环境管理体系认证证书、GB/T45001-2020/ISO45001:2018标准职业健康安全管理体系认证证书等国家规定的许可文件；拥有专业施工船舶、施工设备、办公场地、码头及堆场等固定资产捌仟余万过亿元，员工100余名，其中各类高级、中级专业管理和技术人员50余人，年产值过亿元。

公司是上海市高新技术企业、国家级"专精特新"小巨人企业、上海市"专精特新"中小企业、杨浦区科技小巨人企业；上海市重大工程立功竞赛优秀集体；国家电投金牌服务商。多次获得中国电力优质工程奖、国家优质工程金质奖、上海市高新技术成果转化项目百佳荣誉、江苏省电力科学技术进步二等奖、电力建设科学技术进步一等奖。

主要业务

公司专业从事海底电缆、海底光缆敷埋安装及维修工程，至今已经敷设、埋深总计超过355000余公里长度的海底电缆、光缆。采用边敷边埋、敷埋同步进行的施工工艺，海缆埋设最大深度可以达到海床面以下6米。在电力行业先后敷埋充油海底电缆，油浸纸绝缘海底电缆、XLPE绝缘海底电缆；在通信行业也先后敷设、埋设和安装同轴电缆、过江通信水线缆、SOFC海底光缆、岩铠海底光缆，具有大长度海缆敷埋安装能力和施工经验。

华鲲振宇
HUAKUN

华鲲振宇

国产化算力规模第一企业

·给世界多一种算力选择·

华鲲振宇，总部位于成都，是国有控股混合所有制高新技术企业。基于鲲鹏和昇腾的基础软硬件技术能力提供自主品牌系列计算产品的设计、生产、销售及服务，为各行各业数字化转型发展提供自主可控、安全可靠的超强算力支撑，覆盖运营商、金融、政企等行业，深度参与全国各地人工智能计算中心项目，已发展成为国产算力规模第一企业，华为计算最佳战略合作伙伴，鲲鹏+昇腾生态唯一双"战略级"认证整机伙伴，销售规模第一、能力评估第一，四川新经济百强，国内信创产业领军企业。

·市场能力·

华鲲振宇面向全国布局，全球总部位于世界级电子信息产业高地成都高新区。2022年初，在上海成立上海华鲲振宇智能科技有限责任公司，专门拓展华东区域市场。此外，国内设置30个代表处及办事处，聚焦金融、运营商、互联网等8大价值行业，覆盖全国客户拓展。

·研发能力·

研发方面持续大量投入，在北京、成都、上海三地研发基地和关键检测实验室能力的支撑下，已成功为超过100+ 战略客户提供快速、敏捷、高度定制化服务。目前，华鲲振宇基于鲲鹏+昇腾已经推出四大系列40多款计算产品，包括通用计算、AI计算、边缘计算、以及融合计算等，规模应用于金融、运营商、互联网、政府、电力、能源，交通、教育医疗等多个行业。

·制造与供应能力·

制造方面，华鲲振宇以绵阳双创产业园为核心，在深圳、成都多地布局，依托长虹60年制造能力，产品品质、交付周期、制造水平都在鲲鹏+昇腾生态合作伙伴中第一。供应方面，华鲲振宇已经建立起多元多路径的供应体系，保障优先供货，实现连续、敏捷、韧性供应，年供百万台。

·服务能力·

服务方面，以客户满意度为第一，华鲲振宇打造零距离、

全天候、高品质服务体系，在多个运营商、国有大型商业银行累计交付超百亿元，获得感谢信。尤其在某运营商、某政府采购等项目中是唯一获得表扬信鲲鹏伙伴；已参与百余场重大活动保障，在保障成都大运会国际性赛事期间0事故。

·成功故事·

在核心竞争力和繁荣生态的保障下，华鲲振宇已经是金融国产化服务器第一大供应商，金融信创首选，服务超过200家金融客户，覆盖银行、证券、保险等细分行业，服务6大国有银行中的5家，12家股份制银行中的10家，头部10大券商100%实现合作，20家系统性重要银行覆盖17家。

除了金融行业，华鲲振宇全面领航数字化转型，产品规模应用在泛政府、运营商、大企业等多个行业。此外教育、医疗、交通能源、制造等行业翘楚客户也是华鲲振宇的服务对象。

华鲲振宇产品发布会

华鲲振宇产品发布会

地址：上海虹口区东大名路1098号浦江国际金融广场30楼
联系方式：程总 15068835966（微信同号）

中国联合网络通信有限公司
上海市分公司

中国联合网络通信集团有限公司（简称中国联通）在国内31个省（自治区、直辖市）和境外多个国家和地区设有分支机构，拥有覆盖全国、通达世界的现代通信网络和全球客户服务体系，在2023年《财富》世界500强中位列第267位。作为支撑党政军系统、各行各业、广大人民群众的基础通信企业，中国联通在国民经济中具有基础性、支柱性、战略性、先导性的基本功能与地位作用。近年来，中国联通坚持扎根网信事业，践行央企使命，全面增强核心功能、提高核心竞争力，更好服务网络强国和数字中国建设、保障国家网络和信息安全，担当数字信息运营服务国家队和数字技术融合创新排头兵，充分发挥科技创新、产业控制、安全支撑作用。

为迈向具有全球竞争力世界一流科技服务企业，中国联通扎实推进联网通信、算网数智两类主营业务，全面建设广度、厚度、深度行业一流的智能化综合性数字信息基础设施，为经济社会发展畅通信息"大动脉"、构筑数字新底座，以技术领先、高度集成的"全覆盖、全在线、全云化、绿色化、一站式"数字化服务，助力千行百业"上云用数赋智"，促进数字经济发展和信息消费升级，让全社会进一步共享信息通信发展新成果。

中国联合网络通信有限公司上海市分公司（简称上海联通）与中国联通集团同步完成融合重组，是中国联通在上海的重要分支机构。按照上海主要行政区划分，上海联通下设13个区分公司，全面服务于对口区域的经济建设和社会发展；专门设立智慧城市、数字政府、工业互联网、企业客户、云网生态、金融科技、交通物流、医疗健康8个事业部和联通（上海）产业互联网有限公司，组建由联通集团直属的装备制造军团，服务上海城市数字化转型需求，满足各行各业数字化转型需要；先后设立自贸区临港新片区分公司、张江高新区分公司、长三角办公室/虹桥商务区推进办公室、临港数智科技（上海）有限公司等，承接国家、集团和上海地方政府有关决策部署。全面构建以客户为中心的扁平、协同、敏捷的组织。

在中共上海市委、市政府和集团公司的正确领导下，在集团公司战略指引下，上海联通坚定不移贯彻落实网络强国、数字中国、科技创新、国企改革等重大决策部署，坚持联网通信业务和算网数智业务协调发展，以数字化网络化智能化主动融入党和国家事业发展大局，建成完备的网络资源体系，加快以算力为代表的新一代新型数字信息基础设施建设，充分发挥"网、云、数、用、安"数字技术新优势，深度参与和服务上海"（2+2）+（3+6）+（4+5）"现代化产业体系，走出一条以创新为引领的差异化发展道路，在善政、兴业、惠民层面进行大量实践，努力成为千行百业首选的"数字伙伴"。公司着力发挥科创支撑引领作用，打造以"四院八室"为核心的科创体系，科创人才占比达47%，队伍年轻、有活力、创新能力强是社会各界和政府给予上海联通的评价。

在经济效益稳步增长的同时，上海联通始终坚持党建统领全局，成功探索打造"融入式"党建，先后获"全国文明单位""全国五一劳动奖状""全国和谐劳动关系创建示范企业"、上海市文明行业、上海市企业文化建设示范基地、国防邮电系统最美职工之家等荣誉，蝉联3届全国文明单位称号，蝉联9届上海市文明单位称号。

面向未来，上海联通将全面贯彻落实中共二十大精神，积极落实新一轮国企改革深化提升行动，更好发挥科技创新、产业控制、安全支撑作用，在服务国家战略、赋能上海"五个中心"建设、加快建成具有世界影响力的社会主义现代化国际大都市中找准新定位，厚植企业核心功能和核心竞争力，推动上海联通更可持续的高质量发展，以数字化网络化智能化助力中国式现代化新征程。

Tanovo天帷

国内领先的网络安全
合规治理解决方案服务商

    2014年成立以来，天帷以"安全网络，美好生活"为发展愿景，深耕在等保测评、安全咨询/规划、数据安全/个人信息保护评估、安全培训、安全运维、软件测试、应急响应、商用密码应用咨询等网络安全合规治理服务领域，已积累2000+核心客户，并通过持续的优质服务获得良好口碑，已跻身国内网络安全合规治理细分领域优秀品牌服务商前列。

    天帷通过持续高投入研发，已获发明专利、软著等自主知识产权120余项，同时通过国家高新技术企业、省级"专精特新"冠军企业、省级研发中心（安徽省首批）、省级大数据企业、省级创新型中小企业、皖美品牌、合肥市企业技术中心、合肥高新区瞪羚企业等认定，连续多年被国家等保办、公安部门评为全国测评机构先进单位。

    天帷秉承"真诚、专业、永续、创新"的企业文化，致力于政府、企事业单位网络安全与信息化建设治理体系和治理能力的全面提升，坚持把国家网络安全合法、合规要求与客户需求进行合理、有效整合，利用数字化管理手段，提升和保障国家机关、企事业单位网络系统运行的安全性和业务连续性。

    天帷立足长三角，先后在上海、合肥、北京等地设立研发中心和技术服务支撑中心，网络安全服务延伸至全国多个重要城市和地区。

天帷五大服务体系

一、合规治理：等保测评、商密评估、数据安全评估、安全监理、软件测试、个人信息保护评估、电子数据司法鉴定

二、人才培养：实训基地认证培训、定制培训

三、风险治理：威胁情报、漏洞管理、资产管理、数据挖掘、渗透测试

四、安全服务：安全运维、基线核查、安全加固、安全规划、重保支持、应急响应、攻防演练

五、咨询服务：网络与信息安全体系规划咨询、网络安全等级保护体系建设咨询、商用密码应用安全体系建设咨询、ISO/IEC27001信息安全管理体系建设咨询、ISO/IEC20000信息技术服务管理体系建设咨询

![中国电信 CHINA TELECOM]

上海市信息网络有限公司

SINET

一、公司介绍

上海市信息网络有限公司（简称信网公司）是中国电信股份有限公司的控股子公司，是从事高科技信息产业的国有企业，是国家高新技术企业，同时也是虹口区重点企业。

信网公司主营覆盖全市、面向全球的宽带网络，为社会、企业和个人提供优质高效的宽带信息承载业务。公司将把各类世界先进技术高度融合在宽带信息网络平台中，为社会提供全方位的高速、安全、丰富、可靠的数据、无线、视频等宽带信息网络服务。

信网公司负责上海信息港工程中宽带信息网络平台的建设、运营和经营，为城市信息化工程奠定基础。

二、技术实力

信网公司拥有一支高素质、专业化的技术团队，团队成员具备丰富的行业经验和深厚的技术背景，致力于新技术的研发。目前获得19项发明专利、24项实用新型专利和42项软件著作权。各项科创成果保持行业领先，为企业可持续发展提供有力保障。

三、服务能力

信网公司以"核心业务精品化、拓展产品专业化、转型应用多元化"为业务总体战略主线，相继推出专线上网、视网通、翼通无线、云专线等业务产品，为金融行业、机关学校、医疗卫生、互联网电子、商贸、仓储物流、制造等行业客户提供专业可靠的定制化服务；创建国家绿色数据中心机房，建设世界一流水平的互联网数据中心，为上海、中国、乃至全球发展提供强大而安全的通信保障。

四、未来发展

信网公司作为上海市高新技术企业，坚持聚焦专网建设、客户拓展、产品创新、管理提升四大重点任务，依托成熟的网络运维与服务能力，通过网络资源与算力、AI、大数据等战新业务结合，正在加速构建网+云+AI+应用的创新能力，逐步实现网络和业务全面云化，实现企业数字化转型，助力城市智慧建设。同时，公司积极拓展国际市场，推动全球化布局和业务发展；秉承"真诚、创新、专业、可靠"的企业精神，致力于打造客户专属网络综合服务能力提供商，为全球用户提供更优质的产品与服务。

联系电话：021-56966060
公司地址：
上海市虹口区四川北路1761号5楼
上海市虹口区四川北路1717号24-25楼

打造客户专属网络综合服务能力提供商

真诚 创新 专业 可靠

安般科技 ANBAN.TECH

上海安般信息科技有限公司

公司简介

上海安般信息科技有限公司（简称安般科技）成立于2018年12月，以当代智能模糊测试技术和程序分析技术为核心、以软件全流程负面测试为研发方向，是国际首批、国内首家从事商业化智能模糊测试技术的科技公司。作为软件负面测试行业的领跑者，曾承担科技部、工信部、中央军委多项重大课题研究。

安般科技以上海总部为中心，在北京、西安、成都、嘉兴等城市设有研发中心和分支机构，并拥有覆盖全国的近百家合作伙伴网络，累计服务过上百家军工、信创、工控、汽车、金融、电力、医疗器械等领域客户，帮助客户大幅缩短软件开发周期，显著降低开发成本，提高软件的开发效率，最终优化整体软件质量并提升用户体验。安般科技与四川大学信息安全研究所、中国工程物理研究院计算机应用研究所、浙江清华长三角研究院等单位已建立长期的产学研一体化合作。

安般科技于2022年完成亿元级别A轮融资，硅港资本和上海东方证券创新投资有限公司联合领投，名川资本和中南资本跟投。

安般全环节智能测试工具链

智能模糊测试是一种在程序动态运行时挖掘未知缺陷的技术，通过插桩反馈结合AI模型自动变异测试用例，实现对缺陷的快速发现和精准定位，从而加快开发效率，提升程序的安全性和稳定性。安般科技已推出以当代模糊测试技术为核心的DevQualOps全流程的智能测试工具链，有效保障软件可靠性、提升开发效率。

安般全环节智能测试工具链，有效保障软件可靠性和提升开发效率

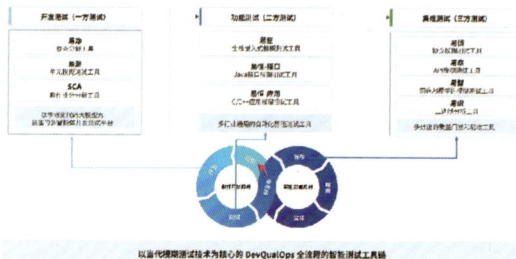

以当代模糊测试技术为核心的 DevQualOps 全流程的智能测试工具链

资质认可

上海市"专精特新"中小企业

上海市高新技术企业

软件测试工具能力评价证书

模糊测试技术能力检验证书

上海市高新技术成果转化认定（2项）

质量管理体系认证（ISO9001）

信息安全管理体系认证（ISO27001）

……

扫码关注「安般科技」公众号

官网：www.anban.tech　　邮箱：info@anban.tech
电话：400-888-6846　　地址：上海市浦东新区祥科路111号腾飞科技楼2号楼8楼

上海海达通信有限公司

上海海达通信有限公司，成立于1993年，隶属于中建港航局集团有限公司，是一家以科技创新为核心的科技型企业。作为国有控股有限责任公司，公司在建筑智能化、软件开发等领域具备丰富的施工经验和深厚的软硬件实力，在港口基础设施建设领域的市场影响力广泛。始终坚持以客户需求为导向，凭借卓越技术能力和专业服务水平，赢得客户广泛认可和高度评价。

公司业务范围涵盖建筑智能化设计施工、系统集成、软件开发、通信网络规划及自动控制系统、机电设备安装、供配电施工（包括变电所土建、电气设备安装、电气设备交接试验和预防性试验）、钢结构施工、混凝土预制构件和工程测量试验检测等，具有一支经验丰富、技术过硬的技术团队，有着长期从事各种类型机电安装、供配电、智能化系统集成、智能软件研发的丰富经验。能够为客户提供完整的全系列建筑智能化解决方案。

公司成立以来，业绩显著，顺利完成多项大规模建筑智能化建设项目，并成功参与世界第一的洋山深水港四期自动化码头的弱电项目建设以及上港集团各集装箱码头自动化堆场改造项目，自主研发智能港区管理系统软件，响应国家一带一路倡议，积极开拓海外市场，参与吉布提、越南、安哥拉等多个海外工程的建设。

公司是上海市高新技术企业、上海市"专精特新"企业，通过"安、质、环"三体系认证，持有建设部"电子与智能化工程专业承包一级""消防设施工程专业承包二级""建筑装修装饰工程专业承包二级""施工劳务企业资质劳务分包不分级（备案）""建筑智能化系统设计专项乙级""上海市公共安全防范工程设计施工（贰级）""有限空间作业服务企业资质证书""上海市安全生产许可证""承装（修、试）电力设施许可证四级"等一系列工程设计和施工资质证书。经多年技术创新和研发成果积累，公司已拥有软件著作权36项，实用新型专利27项，发明专利19项。

在科技创新方面，公司不仅注重自主研发，还与上海工程技术大学等多所高校建立紧密的合作关系，成立专家工作站和智慧港航校企联合实验室，通过产学研结合，推动技术革新和成果转化。在智能建筑、智慧工地、智慧物流园区管理、智慧船闸等方面均取得显著研发成果。为保持在智能化集成领域的技术领先优势，公司设立技术研发中心，大力投入研发经费和培养专业人才队伍。通过对市场需求的深入调研与分析，精准制定技术研发策略，促进科技成果快速转化，以适应不断变化的市场需求。

在科技变革和产业数字化转型的当下，上海海达通信有限公司将秉持"创新、卓越、合作、共赢"的企业精神，不断提升专业技术实力和服务能力，为行业可持续发展注入新的活力。引领行业向更高标准、更广泛领域、更深层次目标持续发展。

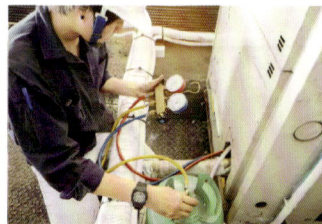

精鲲科技以超级自动化技术为依托，与人工智能和大模型技术有机结合，自主研发推出具备全栈自动化、数据编织与数据增强、AI智能体编排三大核心能力的AI全链路智能体软件平台，并专注于政府、金融、公共与大型本土企业客户打造垂直行业应用，并在多个头部客户与城市落地。

精鲲的核心产品JKSTACK，是一个结合iPaaS、RPA、流程编排、数据编织、低代码应用、人工智能技术的超级自动化软件平台，通过"流程编排、数据自动化、执行自动化"的产品能力，实现高效运营。

1.2021年-2023年，连续三年入选全球权威IT研究与咨询机构Gartner发布的《Hype Cycle for China ICT》API全生命周期管理和低代码应用平台代表厂商

2.2022年，入选Gartner《中国低代码应用平台竞争格局》业务流自动化和无代码的公民自动化开发平台(CADP)代表厂商

3. 入选36Kr"2022中国超自动化先锋企业TOP20"榜单

4.2021年，与中国信息通信研究院联合编写《企业数字化治理应用发展报告》

5.2022年，参与中国人工智能产业发展联盟流程挖掘标准制定

6. 入选《2022爱分析低代码厂商全景报告》业务自动化代表厂商

7. 入选《2023爱分析·iPaaS平台市场评估报告》iPaaS代表领域厂商

8. 入选崔牛会《2023中国企业服务云图》iPaaS领域代表厂商

9.2023年，入选Gartner《Hype Cycle for Data,Analytics and AI in China 2023》

助力企业实现
智能业务流程管理

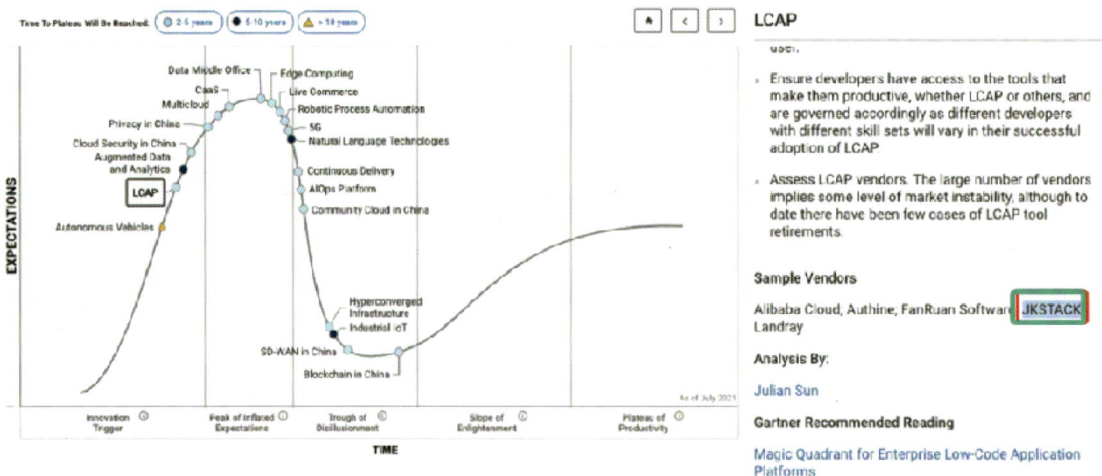

如果您有智能业务流程管理的需求，欢迎扫码下方二维码进入精鲲微信公众号了解更多内容或给我们留言，也可以拨打**400-823-8281**联系我们。

关注精鲲

公司简介

幂帆科技（上海）股份有限公司于 2012 年 9 月在"魔都"上海成立，坐落于美丽的金水湖畔，公司获得质量管理体系ISO9001、环境管理体系ISO14001 及 职业健康安全管理体系ISO45001 认证。2023年，再次获得国家高新技术企业认证。2021 年，获得上海市科技小巨人工程项目。

自成立以来，公司一直专注于半导体行业专用塑封模具、烘烤类设备、覆膜类设备及全流程生产辅助设备的研发、销售和技术服务，逐步发展为国内知名半导体封测专用设备制造及解决方案提供商。

公司通过不懈的市场开拓，建立了庞大的市场营销体系及完善的售后服务系统，得到行业内多家知名半导体企业的信赖并建立良好的长期合作关系，合作企业包括：长电集团、华天集团、日月光集团、甬矽电子、华进半导体、AOS、中科智芯、立讯精密、歌尔股份、三安集团、震坤科技、爱矽半导体、长晶科技、芯德半导体、先进半导体、嘉盛半导体等国内外知名半导体企业数十家。

幂帆科技秉承以"诚信铸就品质，创新引领未来"为经营理念，以卓越的产品和服务促进中国半导体产业的发展，市场知名度日渐提升 ，公司规模不断扩大。海纳百川，厚德载物，幂帆科技将用初心砥砺前行，以不断务实创新的精神书写品质的高度 ，开发出更多新品、精品，与您携手共创辉煌！

地址： 上海市金山区春丽路1239号3号楼
电话： 021-64307580
邮箱： shanghai@mfinetech.com

诚信铸就品质，创新引领未来
Integrity cultivates quality, innovation leads the future

中国东方航空设备集成有限公司

公司简介

　　中国东方航空设备集成有限公司前身为民航上海飞机修理厂，成立于1960年，同年11月更名为民航一〇二厂。中国东航设备于2021年列入中国东航一企一策混改企业，2022年列入发改委混改试点企业。2021年，在中国东航全面落实国企改革三年行动，打造世界一流航企集团的背景下，启动了中国东航设备混合所有制改革项目。2022年，列入发改委混改试点企业。2023年，列入国资委"双百企业"，同年成为上海市"专精特新"企业、国资委"党建联系点"单位。2024年2月，被列入国资委数字化转型试点企业。中国东航设备作为"机坪特种车辆唯一央企单位"，获上海市五一劳动奖状、中国东航集团先进集体、东航集团先进基层党组织、东航五四红旗团支部、2022年度航旅榜单年度创新制造奖等诸多奖项。

　　中国东方航空设备集成有限公司依托中国东航的强大品牌底蕴与卓越声誉，倾力传承并发扬"民航102"这一富含历史沉淀与行业影响力的品牌文化。历经64载春秋，中国东航设备始终坚守民航地面特种设备的专业领域，不断扩增产品服务阵列，打造航空地面设备产品集群优势，产品涵盖航空地面特种设备、候机楼行李传输设备、物流货站系统主流产品。围绕航空地面设备的设计、制造、运行、维修、租赁，形成产业闭环以及独特的产业链优势。深度的品牌融合与持续的品牌建设，使中国东航设备在激烈市场竞争中脱颖而出，成为值得信赖的合作伙伴。

　　中国东方航空设备集成有限公司为科创赋能，搭建科创平台，不断完善科技创新体系建设，着力提升科创人才队伍建设，特聘中国工程院院

士、C919大型客机总设计师吴光辉为技术顾问，以一个平台和多个科研实体为核心，成立中国东航设备工作者之家，统筹推进中国东航设备科创项目落地。中国东方航空设备集成有限公司累计研发新能源特种车辆共14个大类26款车型。在国家双碳战略下，全面启动特种车辆新能源化，布局"氢能源"技术，氢燃料行李牵引车、清水车接连问世。不断提升创新能力与研发水平，打造一流科技领军企业。

中国东方航空设备集成有限公司行输制造业务，辐射全国170家机场，并为多家世界著名物流公司开发制作快递流水线。维修服务业务紧贴市场需求，开设400维修电话，承接17大类120多种车型的大修、保养和改装工作，以及特殊天气、专机等重要保障任务，为客户提供全年无休全天候服务，全品类可维修、全时段可服务、全情形可保障。中国东方航空设备集成有限公司面向社会提供设备租赁服务，为客户提供"全方位解决方案"，不断扩大产业规模，形成可复制可推广的经营模式。通过建设专业的设备信息管控平台，积极拓展第三方市场业务，提供分时、共享、售后回租，让客户切实享受到远超一般航空设备生命周期的高附加值舒心服务。

中国东方航空设备集成有限公司作为"中国唯一造车的航空公司"，源自半个多世纪的深厚积淀，奉行融合、智造、创新、超越、团结、共享的企业理念，不断为打造民航地面特种设备全系列供应商而努力进取。低碳发展、绿色发展是央企的社会责任。中国东方航空设备集成有限公司严格贯彻落实党中央精神，认真践行'绿水青山就是金山银山'的发展理念，积极探索低碳绿色发展路径，获上海环境能源交易所为其颁发的2021年度碳中和企业证书。未来前行之路，公司将继续围绕"中国智造"与"智慧民航"战略发展方向，逐步发展成为国内领先、国际知名，法人治理结构完善、市场化程度高、创新民航保障新商业模式改革的世界一流航空设备全产业链集成企业。

上海长兴海洋装备产业基地开发有限公司

上海长兴海洋装备产业基地开发有限公司（简称长兴产业园区）成立于2007年，规划面积7.13平方公里，位于上海市长兴岛东部，与中船集团、中远集团、振华重工等一批重量级企业相邻。园区交通便利，地理位置优越。距离浦东机场约30分钟车程，距离人民广场约45分钟车程，周边交通设施完备，配备了多条高速公路、轨道交通线路和航道，可快速连接长三角地区和全国各地。

长兴产业园区拥有成熟工业用地约2000亩，发展备用地约3000亩，是上海商务成本的洼地，更是实体企业发展的最佳选择地。在营商环境方面，园区以"不出岛、即办事""来的都是客，落地即家人"的服务理念，为投资者提供办事高效、精准到位的优质服务，同时还具备临港、张江、崇明三方扶持政策。近年来，园区重点发展海洋科技研发引领、绿能智造集聚开发、协同创新融合发

展、中小企业创业孵化等四大产业板块，并筹建了三支产业引导基金，总规模近50亿元，可为企业发展提供资本助力。近期，长兴海洋科技港二期、梧桐园标准厂房、中科颐高海洋经济产业园等产业空间载体将投入使用，全方位满足企业生产研发、商务办公及创新创业等各类需求。

园区锚定"长兴奋起、富盛突破，全力打造千亿级海装产业集群"的目标，做大做强长兴海洋产业，推进实体产业项目落地，推动高质量发展。园区先后被评为"国家新型工业化产业示范基地（船舶与海洋工程）""国家船舶出口基地""上海市品牌园区""上海国家高技术服务产业重点培育园区""上海市产业协同创新特色园区""上海市特色产业园区"等荣誉。

CXMIP
上海长兴海洋装备产业园区

■ 世界海洋装备岛
■ 国家船舶出口基地
■ 国家新型工业化示范产业基地
■ 上海第二批特色产业园
■ 民营经济智造总部园

上海华培数能科技(集团)股份有限公司

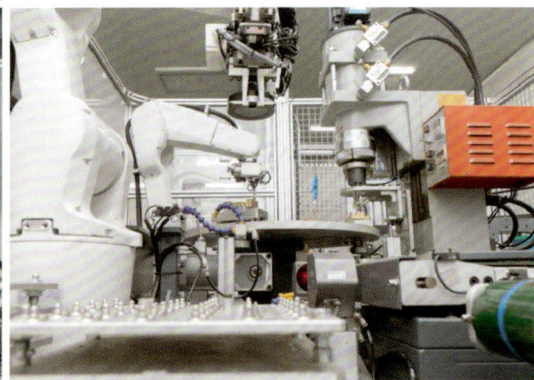

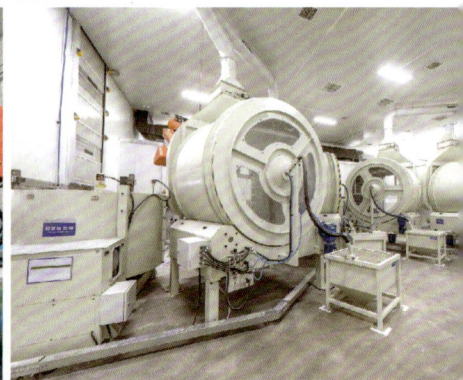

上海华培动力科技股份有限公司
SHANGHAI SINOTEC CO., LTD.

上海华培动力科技(集团)股份有限公司(股票代码:603121)于2006年在上海青浦成立,总部位于上海青浦出口加工区,是一家专注于汽车零部件行业的先进制造企业,主要从事汽车零部件的研发、生产及销售。依托于在材料研发和材料成型领域多年的技术积累,公司逐步发展成为细分市场领域金属合金材料铸造成型的龙头。目前公司产品主要围绕在汽车领域,包含以下三大类:1)发动机进气系统中涡轮增压器放气阀组件、涡轮壳及中间壳等零部件;2)排气系统中的端锥、弯管、法兰等零部件;3)商用车后处理系统中的排气节流阀阀体等产品。

在涡轮增压器关键零部件领域,公司与博格华纳、霍尼韦尔(盖瑞特)、博世马勒(博马科技)等全球知名涡轮增压器整机制造商形成了长期稳健的合作关系,在竞争中占据先发优势。近年来,不断调整产品结构,连续拓展包括排气系统端锥、弯管、法兰等和商用车后处理系统排气节流阀阀体等产品在内的新产品线,拓展全球排放系统最大供应商佛吉亚、全球商用车制动系统供应商克诺尔集团等优质客户。2020年,公司明确"积极拥抱汽车智能化、电动化"的战略发展方向,收购无锡盛迈克传感技术有限公司,战略布局汽车压力传感器、温度传感器等产品线,未来围绕盛迈克的核心技术积累,重点布局商用车尾气后处理系统、氢燃料电池系统、流量控制系统等战略项目,并将逐步延伸至制造过程中的自动化生产、标定、检测技术的软硬件技术开发,力争为客户提供一揽子解决方案。

SHANGHAI HUACE
NAVIGATION
TECHNOLOGY
CO., LTD

上海华测导航技术股份有限公司

上海华测导航技术股份有限公司（股票代码：300627）专注于高精度导航定位技术的研发、制造及产业化推广，是中国高精度时空信息产业的企业领军者。

公司秉承"用精准时空信息构建智能世界"的愿景，围绕"一个核心、两个平台、三大应用"实施布局，专注高精度导航定位核心技术，持续打造高精度定位芯片技术平台和全球星地一体增强网络服务平台，应用方向包括导航定位授时、地理空间信息、封闭和半封闭场景的自动驾驶。

公司走创新驱动发展道路，高度重视科研，迄今获国家技术发明奖1项，国家科技进步奖3项，拥有已授权自主知识产权700余项，是全国五一劳动奖状获得单位和国家企业技术中心。连续6年入选上海市青浦区百强优秀企业。2020年珠峰高程测量中，公司研制的北斗高精度定位设备成功登顶珠峰，丈量了世界之巅。

目前，华测导航拥有29个国内省级本地化服务机构，并在美国、东南亚等8个国家/地区设有分支机构，服务全球120多个国家和地区。公司的产品及解决方案已广泛应用于建筑与基建、地理空间信息、资源与公共事业、机器人与自动驾驶等板块，深入自然资源、建筑施工、交通、水利、电力、农业、教育、环保等行业，并进入智慧城市、自动驾驶、人工智能等新兴领域。未来，公司将不断加大研发投入，持续提升竞争优势，践行以客户为中心的价值观，向社会提供更多优质产品和解决方案。

上海隧道工程有限公司
构件分公司

上海隧道工程有限公司构件分公司（以下简称"构件分公司"）专业从事全系列预制构件产品制造、市政工程配套装备制造与销售、预制构件现场安装服务等领域的相关业务。

构件分公司主要生产市政基础设施类构件产品体系包括预制管片、隧道内部同步构件、桥梁、矩形管节、排水管道等，在上海轨道交通管片市场份额约60%，在上海大直径管片市场份额超80%，在上海大直径预制管节市场份额达90%。

近年来，构件分公司获"上海市五一劳动奖状""上海市工人先锋号""中国预制构件企业十强"、上海市重点工程实事立功竞赛"金杯团队"等多项荣誉。

构件分公司积极响应国家"双碳"战略，以"绿色化"为目标，利用信息化、智能化、数字化手段，实现制造过程"节能环保、提高效率、提升品质、保障安全"，推动预制构件行业优化升级，在轨道交通、公路桥梁、市政公用工程等领域，为客户提供装配式构件的产品研发、深化设计、生产制造、现场安装等全生命周期服务，以市场需求驱动创新，精心打造每一个装配式工程。同时积极参与国家新能源发展战略，拓展装配式临建、高端钢结构以及换电站、风塔等新能源配套构件。

地址：上海市浦东新区浦东南路2125号　电话：021-50816300　邮编：200127

苏锡常南部高速公路 CX-WX2 标项目　　　墨西哥维拉克鲁斯和黄码头项目

上海崇明花博会工程

建兴高速 JHX-TZ3 标项目

海上风电浮式分体安装技术

扬州空港影视城

港珠澳大桥东人工岛

上海国际航运中心洋山深水港四期工程

东海大桥工程

中交第三航务工程局有限公司

　　中交第三航务工程局有限公司成立于 1954 年，是世界 500 强企业中交集团的全资子公司，经过 60 多年发展，已经成为一家全土木、多元化的大型国有骨干建筑企业。

　　■　我们是世界级、国家级工程建设者。
　　承建或参建了世界技术水平最高、难度最大的桥梁工程港珠澳大桥，世界上最大的全自动化码头洋山深水港四期工程，亚洲最大的海上风电场华能如东 300 兆瓦海上风电工程，世界上一次建成线路最长、标准最高的高速铁路京沪高铁等一大批国家级、世界级工程，位居全国海上风电市场首位。

　　■　我们是双特级资质企业。
　　拥有港口与航道工程施工总承包特级资质、公路工程施工总承包特级资质。同时具有市政公用、建筑工程 2 个施工总承包一级资质。

　　■　我们正在形成完整产业链。
　　下设 30 余个全资子公司、1 个教育培训中心。10000 余名精干专业的人才，能在水工、路桥、铁路和轨交、市政、海上风电、工业化建筑、外海工程、投资等领域为客户提供建筑业一体化解决方案。

　　■　我们是全球市场开拓者。
　　业务覆盖全球 20 多个国家和地区，是"一带一路"建设的主力军。

　　我们正在打造高质量建筑业一体化服务商，努力建成具有全球竞争力的世界一流企业。

海上风电整体安装技术

上海渊虹超高压水射流技术有限公司

上海渊虹超高压水射流技术有限公司创立于2012年，是一家专业从事超高压水射流机器组装、零配件销售，同时开发了超高压清洗（除锈）、超高压灭菌等业务范围，集研发、生产、销售、售后于一体，提供超高压领域技术方案的民营公司。公司产品被广泛应用于工业制造、汽车制造、建材处理、食品、医药等行业。公司在上海市金山区、浙江省桐乡市等地拥有办公和工厂地址。

公司通过ISO:9001质量体系认证，取得欧盟CE认证、欧洲EU认证，被评为上海市高新技术企业。成立12年以来，公司一直保持良好的生态和发展势头，致力于打造行业领先的尖端技术型企业。

在发展壮大过程中，公司不断引进精尖数控设备、提高研发实力。公司目前拥有数控车床24套；3轴、4轴、5轴加工中心总计8套；普通车床、线切割、锯床、铣床等辅助设备19套；常备原材料库存15吨；热处理炉2套；同时配备整套清洗风干设施，如超声波清洗机。公司设立功能齐全的检验室，实验室配备三坐标测量仪、投影仪、轮廓仪、粗糙度仪、硬度仪、金相仪、光谱仪等设备，为生产质量保驾护航。

公司能够实现从原材料到热处理，最终进行检验检测全线流程，具备完整的机械生产加工能力。

上海渊虹创立至今，服务于全球800多家客户并建立长期合作。工厂常备常规零件种类1000余种，充足的库存缩减发货时间，为客户及时供应备件。渊虹为行业内多家欧美客户提供OEM代工服务，零件最高使用压力可达700MPA，处于业内领先水平。

公司以先进的设备、成熟的技术、精湛的工艺、科学的管理，为客户提供方案设计、研发加工、故障处理等一站式超高压技术解决方案，得到社会各界的好评与认可。

上海渊虹将秉承不断进取、持续创新的理念，以高度的社会责任感和民族使命感在超高压技术领域锐意进取，共创共赢。

地址：上海市金山区亭卫公路6375号
电话：021-37525271
网址：http://yuanhongwaterjet.com/

5轴龙门式水切割机

20XD超高压泵

水射流切割刀头

60K增压器配件

日立电梯（上海）有限公司 2007 年成立于上海市青浦区，投资总额 6000 万美元，占地面积 18.5 万平方米，是日立集团在华投资的第二大电梯研发制造基地。

公司集研发、制造、物流、接待、培训、配件、遥监、工程技术等八大功能为一体，多年来一直致力于各类电梯研发制造等服务，综合实力稳居行业首位。

公司先后获得"全国模范劳动关系和谐企业""国家绿色工厂""国家级绿色供应链""国家级工业产品绿色设计""上海市智能工厂""上海市文明单位""上海市外商投资企业先进技术企业""青浦区第三届区长质量奖组织奖""青浦区制造业十强企业"等荣誉称号。

日立电梯(上海)有限公司

三菱电机上海机电电梯有限公司

三菱电机上海机电电梯有限公司(简称MESE)成立于2002年8月，是中日合资日方控股的企业。成立初期主要生产永磁同步无齿轮曳引机，2007年开始生产日本三菱商标MAXIEZ系列电梯，公司充分利用三菱电机在高端电梯方面的技术优势和品牌优势，做大做强三菱电梯市场占有率。同时公司与上海三菱电梯有限公司(简称SMEC)强强联手，依托SMEC及全国各地90余家分公司销售维保网络，让中国广大客户使用到行业先进技术产品、感受到三菱优秀品质、享受到更人性化的服务。

Efficiency

舒适　Comfort
- 平稳的乘梯感觉
- 人性化的设计
- 创造舒适的楼宇环境

节能、高效
- 通过先进的驱动、控制技术促进节能
- 提高楼宇内运输和楼宇管理的效率
- 追求空间的节约

Quality in Motion

安全
- 乘降梯及紧急时的安全性能
- 高持久性和令人安心的服务体系
- 提供先进的楼宇安全系统

Ecology

环境
- 通过小型、轻量化实现资源的节约
- 使用环保材料
- 推进绿色化工厂

Safety

http://mese-cn.com/upload/201304/03/1612215vd7ny2y66o8y6h6.png

2024·上海工业年鉴

SHANGHAI INDUSTRIAL YEARBOOK

特载

综述

专题

区工业

企业简介

上市股份公司

行业协会简介

大事记

经济法规

统计资料

2023 年上海市经济和信息化大事记

1 月

6 日　盛美半导体设备研发与制造中心封顶仪式在上海临港新片区举行。盛美半导体是国内集成电路龙头企业，盛美半导体设备研发与制造中心项目，建筑面积 13.8 万平方米，规划产能超过年产 600 台，预计达产后产值超 100 亿元。市经信委一级巡视员傅新华、临港集团副总裁翁恺宁、上海科创投集团副总经理项亦男、盛美半导体董事长王晖等出席仪式并共同见证。

市经信委召开智能制造产融合作新机制模式座谈会。微小卫星工程中心等 6 家智能工厂建设企业、上海电气自动化集团等 5 家系统集成商参加会议，上海银行等相关金融服务机构现场对接与交流。市经信委副主任汤文侃出席座谈会。

9 日　市经信委副主任张英带队调研零幺宇宙（上海）科技有限公司，听取企业数字资产基础设施及解决方案的情况介绍，全面了解企业发展情况。零幺宇宙成立于 2020 年，以区块链与隐私计算为底层技术，提供基于区块链的数字资产管理平台、虚拟场景构建等数据可信治理和数字资产管理相关技术与产品服务。旗下开放联盟链"光笺链"，获得国家网信办境内区块链服务备案。

11 日　全国工业和信息化工作会议在北京召开。会议以习近平新时代中国特色社会主义思想为指导，全面贯彻中共二十大精神，认真贯彻落实中央经济工作会议精神和党中央、国务院决策部署，总结 2022 年工作，部署 2023 年重点任务。上海市经信委负责同志作交流发言。

市经信委召开 2022 年招商引资先进个人表彰会暨 2023 年招商引资工作座谈会。市经信委主任吴金城、副主任刘平出席并为先进个人颁奖。

18 日　市经信委、市交通委、市公安局联合制定的《上海市智能网联汽车高快速路测试与示范实施方案》正式印发。

上海精测半导体技术有限公司总部大楼及半导体设备研发与制造中心正式启用。市经信委副主任汤文侃出席仪式。

20 日　市经信委召开 2023 年度第 2 次主任办公会议，邀请复旦大学管理学院信息管理与商业智能系教授、博士生导师、上海数据交易所研究院院长黄丽华，同济大学上海国际知识产权学院教授、博士生导师倪受彬、上海市协力律师事务所高级合伙人、华东政法大学法学博士江翔宇等 3 位专家列席，参与审议《上海市数据交易场所管理实施办法（送审稿）》。

29 日　由中科院上海药物研究所、上海君实生物医药科技股份有限公司等单位联合研发的口服核苷类抗新型冠状病毒（SARS-CoV-2）药物民得维（氢溴酸氘瑞米德韦片，产品代号：VV116/JT001）获得国家药品监督管理局（NMPA）附条件批准，用于治疗轻中度新型冠状病毒感染（COVID-19）的成年患者。

上海市人民政府与中国五矿集团有限公司在沪签署战略合作协议。中共上海市委书记陈吉宁，市委副书记、市长龚正会见中国五矿董事长翁祖亮、总经理国文清一行。根据协议，双方将围绕深化"五个中心"建设，推动中国五矿深度融入上海发展，携手推进产业集聚、创新平台、新能源新材料、重点区域投资开发建设、产城融合与城市更新改造、金融业务等领域的合作，合力推动央地融合发展，更好服务长三角一体化发展等国家战略。

30 日　2023 年上海市投资促进工作领导小组会议召开。市委副书记、市长、市投资促进工作领导小组组长龚正指出，加强招商引资、扩大有效投资，是加快建设现代化产业体系、推动高质量发展的重要抓手。要深入贯彻落实中共二十大和中央经济工作会议精神，按照市委部署要求，以时不我待的紧迫感、分秒必争的行动力，高质量做好招商引资和投资促进工作。副市长华源主持会议，副市长李政作工作部署。市经信委、浦东新区、虹口区作交流发言。

31 日　市经信工作党委、市经信委召开 2023 年工作思路讨论会，围绕全面贯彻中共二十大、中央经济工作会议精神和习近平总书记考察上海重要讲话精神，落实全国工信工作会议、十二届市委二次全会精神和市委市政府有关部署要求，对做好 2023 年产业经济和信息化重点工作，进行交流讨论。市经信工作党委副书记、市经信委主任吴金城主持会议，党政领导班子成员结合分管领域就推进重点工作作交流。会上，5 位同志分别围绕谋划未来产业创新"核爆点"、推动电子信息产业高质量发展、构建生物医药产业发展新优势、打造人工智能世界级产业集群、协同推进产业人才工作等主题先后作发言。

2 月

1 日　浦东新区举行 2023 年重大科技产业及配套项目首轮集中签约暨开工仪式。市委常委、浦东新区区委书记朱芝松，市政府副秘书长、浦东新区区长杭迎伟出席。市经信委副主任刘平参加活动并见证项目签约。本次集中签约及开工项目共计 146 个，总投资约 867 亿元。其中，集中签约项目 88 个，总投资约 341 亿元，主要聚焦集成电路、生物医药、人工智能等"3+6"新型产业体系以及产业新赛道、新动能领域；集中开工项目 58 个，总投资约 526 亿元，主要涉及三大先导产业、智能制造及城市功能提升等领域。

市经信委和市生态环境局联合制定的《上海市推动四大工艺行业高质量提升发展实施意见（2023—2025）》正式印发。

6 日　金山区召开 2023 年优化营商环境暨投资促进工作大会，市经信委主任吴金城出席会议并讲话。总投资额 124 亿元的 23 个产业项目签约落地。

市经信委副主任戎之勤会见福建省三明市推进革命老区高质量发展示范区建设领导小组副组长、市政协副主席罗金水一行，双方就推动沪明产业合作进行座谈交流。

《上海市 100 家智能工厂名单》正式公布。

8 日　市经信工作党委举行中心组联组扩大学习会，围绕"学习贯彻二十大，坚定不移推动健全全面从严治党体系"开展专题学习。市经信工作党委副书记、市经信委主任吴金城主持学习会。会议邀请市委党校党的建设教研部副主任、教授周建勇和市委党校教授罗俊丽作辅导报告。

市经信委组织召开发展未来产业工作动员部署会。市经信委总工程师张宏韬出席并讲话。

9 日　市经信机关召开大会，隆重表彰 2022 年为推进上海产业和信息化高质量发展作出显著成绩的机关和直属单位先进集体和个人，回顾 2022 年取得的成绩，对 2023 年工作作出部署，激励动员党员干部开局开出新气象、起步跑出加速度。市经信工作党委副书记、市经信委主任吴金城在会上讲话。市经信工作党委副书记张义宣读表彰决定。

13 日　按照市委统一部署，市委副书记、市长龚正参加市经信工作党委、市经信委党员领导干部民主生活会。会上，市经信工作党委副书记、市经信委主任吴金城代表委领导班子作对照检查。各位班子成员逐一对照检查，开展批评和自我批评。

市经信委召开 2023 年 1—2 月工业稳增长稳投资平稳开局专题会。市经信委主任吴金城部署 1—2 月工业稳增长稳投资平稳开局相关工作，部分单位针对开年工业经济运行和工业稳投资情况进行汇报。

14 日　为贯彻落实工信部《长三角制造业协同发展规划》，扎实推进 2023 年度长三角产业更高水平联动发展相关工作，市经信委总工程师张宏韬带队赴松江调研长三角 G60 科创走廊，共同谋划推动长三角 G60 科创走廊产业合作重点事项。

16 日　第三届中国智能传感大会在上海智能传感器产业园举行。工信部电子信息司副司长杨旭东、上海市经信委一级巡视员傅新华出席并致辞。

2023 工业互联网重点企业座谈会暨全球工赋年会启动推进会顺利召开，市经信委副主任张英出席并讲话。

17 日　市经信工作党委、市经信委召开市经济信息化系统 2023 年工作会议。副市长李政出席并讲话，市政府副秘书长庄木弟主持会议，市经信工作党委副书记、市经信委主任吴金城作工作报告，市经信工作党委副书记张义作党委工作报告。徐汇区政府、松江区政府、中国石化上海石油化工股份有限公司分别作交流发言。

20 日　中国中建科创集团有限公司在沪揭牌。中共上海市委书记陈吉宁会见中国建筑集团有限公司董事长郑学选一行。市委副书记、市长龚正出席揭牌活动。

上海"算网融合，智领未来"算力网络论坛举行，上海市算力领域多项重大进展和举措发布。市经信委副主任汤文侃出席并为上海市人工智能公共算力服务平台揭牌。

21 日　"拥抱元宇宙　探索新视界"——临港新片区 XR 产业大会暨 2023 年"开门红"签约活动举行，一批高能级项目集中签约入驻。市委常委、临港新片区党工委书记、管委会主任陈金山出席活动，市经信委副主任张英出席并致辞。

上海市市级设计创新中心、设计引领示范企业授牌暨 2023 上海设计之都建设工作通气会在世博会博物馆举行。会上举行 2022 年度新认定的 57 家市级设计创新中心、13 家市级设计引领示范企业授牌仪式。市经信委副主任阮力出席并讲话。

22 日　市经信工作党委副书记张义会见安徽省六安市委副书记、市长潘东旭一行，双方就推动沪皖产业合作进行座谈交流。

上海市产业技术创新促进会召开第一届第二次会员大会暨一届三次理事会。市经信委总工程师张宏韬出席大会并为 2022 年度新认定上海市企业技术中心部分代表授牌。

21—22 日　第二届全国中小企业发展环境论坛在深圳召开。中国中小企业发展促进中心发布《2022 年度中小企业发展环境评估报告》，上海在 36 个参评城市中位列综合排名第二。市经信委副主任戎之勤出席。

23 日　2022 中国国际汽车电子高峰论坛在上海浦东新区召开。市经信委一级巡视员傅新华出席。

24 日　上海"百城千屏"超高清视频落地推广活动启动

仪式在沪举办，市经信委主任吴金城出席并致辞。

市经信委主任吴金城带队赴星猿哲（上海）有限公司和中电科机器人有限公司进行专题调研，实地察看两家企业的研发实验室、产品展示中心并召开座谈会，听取企业发展情况，了解行业热点动态，回应企业相关诉求。

市经信工作党委、市经信委组织举行"市经信系统 2023 年为民办实事项目启动仪式"，市经信工作党委副书记张义出席并讲话，市经信委副主任汤文侃主持仪式，市通信管理局副局长贺丰，部分区政府负责同志出席。"住宅小区地下车库移动通信网络覆盖工程"确保完成 800 个、力争完成 1000 个，让更多家庭享受到"双千兆宽带城市"的便捷。

上海·三明对口合作第一次联席会议在沪召开。上海市经信委与三明市工业和信息化局签署《产业领域对口合作框架协议》。市经信委副主任戎之勤出席会议。

2023 上海网络安全产业创新大会暨第三届上海数字创新大会数字安全论坛在中以（上海）创新园会议中心举行。市经信委副主任张英出席并致辞。

25 日 市经信工作党委主要领导调整宣布会议召开，市委常委、市委秘书长张为出席会议并讲话。市委组织部副部长白锦波主持会议并宣读市委决定：程鹏任中共上海市经信工作委员会书记。程鹏、吴金城分别作发言。

27 日 2023 年上海市重点服务独角兽（潜力）企业榜单发布会暨专场服务对接活动成功举办。

上海"智慧守沪"暨"数字伙伴计划·微站点"联合发布会召开。市经信委副主任张英出席并致辞。

28 日 由国家人力资源和社会保障部、中华全国总工会、中国轻工业联合会共同举办的第二届全国工业设计职业技能大赛决赛于在广州落下帷幕。本次大赛，上海派出 29 名选手参加全部 6 个项目的角逐，夺得"四金五银六铜"15 枚奖牌，包括 1 个赛项学生组冠军，上海市轻工业协会获"优秀组织奖"，上海工艺美术职业学院获冠军选手单位称号。

国家药品监督管理局（NMPA）向上海盛迪医药有限公司自主研发的 PD-L1 抑制剂阿得贝利单抗（商品名：艾瑞利）签发药品注册证书。该药品是中国首个获批小细胞肺癌适应症的自主研发 PD-L1 抑制剂，为患者带来全新治疗选择。

3 月

2 日 市经信委组织召开 2023 年优化电力营商环境工作动员会，市经信委主任刘平出席会议并讲话。

6 日 为贯彻落实《关于构建数据基础制度更好发挥数据要素作用的意见》，积极响应《数字中国建设整体布局规划》，上海数据交易所正式启动国内首个数据交易链的建设

工作，这也是国内数据流通交易领域的新一代基础设施建设项目。

8 日 市经信委召开外聘法律顾问聘任暨研讨工作会议。市经信委主任吴金城出席并为 8 名外聘法律顾问颁发聘书。

国家药品监督管理局附条件批准上海海和药物研究开发股份有限公司申报的 1 类创新药谷美替尼片上市，该药品为上海年内获批的第 3 款国产 1 类创新药。

10 日 智能制造信息基础新设施走进闵行现场会在莘庄工业园召开。市经信委副主任汤文侃出席。

13 日 市经信工作党委召开 2023 年度系统党风廉政建设工作会议。市经信工作党委书记程鹏出席并讲话。市经信工作党委副书记、市经信委主任吴金城主持会议，市经信工作党委副书记张义传达二十届中央纪委二次全会和十二届市纪委二次全会精神，并通报《中央巡视工作规划（2023—2027 年)》有关内容。市经信工作党委委员、市纪委监委驻市经信工作党委纪检监察组组长罗青分析党风廉政形势，从执纪监督的角度提出工作要求。

由市工业经济联合会、市经济团体联合会、市商业联合会、市企业联合会共同举办的第六届上海市工商业领军人物表彰交流大会在科学会堂举行。市经信委总工程师张宏韬出席并讲话。

15 日 "'质量筑基 产业升级'公益检测服务百日行"活动启动。本次活动结合"3·15"国际消费者权益日，由上海无线电检测行业联盟牵头，联合行业 8 家检验检测机构共同实施，以公益性测试惠及广大中小微企业，以高质量检验检测助力产业经济和信息化发展。市经信委副主任汤文侃出席会并讲话。

市无线电监测站与上海铁塔签署合作框架协议，共同推进信息基础设施与无线电监测技术设施的跨界融合和共建共享。市经信委副主任汤文侃出席并致辞。

17 日 民机机载系统工程中心揭牌活动在闵行紫竹科学园举行。工信部总工程师田玉龙，上海市副市长刘多出席并共同为民机机载系统工程中心揭牌。航空工业集团公司总经理郝照平，中国工程院院士张彦仲，市经信委主任刘平等参加。民机机载系统工程中心拟作为航空工业的二级单位，将全面服务国家战略，建设民机机载系统科技创新能力，推动构建安全高效的民机机载产业链供应链，成为具有国际竞争力和可持续发展能力的民机机载系统集成商。

《上海市时尚消费品产业高质量发展行动计划（2022—2025)》系列宣贯活动正式启动。

22 日 首届"华彩杯"算力应用创新大赛上海赛区正式启动，市经信委副主任汤文侃出席并致辞。

上海市未来产业新型储能专家委员会成立大会在汇博中心举行，会议通过《上海市未来产业新型储能专家委员会管

理办法》，推选第一届专委会主任委员和副主任委员。

23 日 市经信委主任吴金城带队调研上海凯赛生物技术股份有限公司、康码（上海）生物科技有限公司，听取企业发展情况及对合成生物学行业发展现状、未来趋势的判断与建议。

2023 国际电子电路（上海）展览会在国家会展中心（上海）启幕，本次会展以"创新＋智造，链接未来"为主题，相关论坛同期举行。

"双城合璧 共创未来"2023 上海·北京投资合作推介会在北京举办。市经信委副主任刘平出席并致辞。

25 日 以"打造创新主引擎 抢占未来新机遇"为主题的上海市产业技术创新大会召开。副市长李政、中国工程院副院长钟志华院士出席并致辞。市政府副秘书长庄木弟、中国工程院院士宁光、市经信工作党委书记程鹏、市经信委主任吴金城、总工程师张宏韬等出席。

市经信工作党委召开"海聚英才——启未来产业，育未来人才"座谈会，市经信工作党委书记程鹏出席会议并讲话。市人才办、宝山区委组织部相关同志出席，30 家来自重点产业领域的代表企业参加。

27 日 2023"工赋上海"创新大会在虹口区举行。大会以"数智生态 融合链接"为主题，邀请百余位工业互联网领域专家学者和企业代表，就产业发展趋势、共性关键问题等作深入探讨，旨在多维度推动工业互联网部市合作，全领域构建制造业数字化生态体系，打响"工赋上海"品牌。市政协副主席、中国工程院院士钱锋出席并做主旨演讲。市政府副秘书长庄木弟出席并致辞。市经信委副主任张英出席大会。

市经信委主任吴金城带队赴上海均瑶集团有限公司专题调研，听取企业发展情况，了解行业热点动态，推动解决企业发展诉求。

28 日 市经信委主任吴金城带队赴松江区调研上海海尔洗涤电器有限公司、上海超硅半导体股份有限公司、广达上海制造城，听取企业生产运行情况介绍，回应企业诉求。

29 日 上海市人民政府与中国旅游集团有限公司在沪签署战略合作协议。中共上海市委书记陈吉宁，市委副书记、市长龚正会见中国旅游集团董事长陈寅、总经理王海民一行。根据协议，双方将围绕深化"五个中心"建设，推动中国旅游集团深度融入上海发展，携手推进重大涉旅项目、酒店业务、旅行服务、邮轮产业等领域的合作，合力推动央地融合高质量发展。

4 月

6 日 2023 上海全球投资促进大会在世博中心举行，向全球发出上海邀约，共享发展机遇、共商合作大计、共创美好未来。中共上海市委书记陈吉宁出席并致辞。市委副书记、市长龚正宣读 2023 上海全球招商合作伙伴名单。市委常委、常务副市长吴清作"投资上海"主题推介。市领导朱芝松、陈金山、郭芳出席。副市长李政发布新一轮投资促进政策，副市长华源主持。

10 日 上海市城市数字化转型工作领导小组会议举行。中共上海市委书记、城市数字化转型工作领导小组组长陈吉宁主持会议并指出，要深入学习贯彻中共二十大和习近平总书记考察上海重要讲话精神，进一步增强推进城市数字化转型的敏锐性和紧迫感，坚持整体性构建的顶层设计，形成全方位赋能的工作格局，把握分领域推进的实践路径，保持持续性领先的目标追求，牢牢掌握数字化发展主动权，继续当好改革开放排头兵、创新发展先行者。市委副书记、市长、城市数字化转型工作领导小组组长龚正出席并讲话。会议听取 2023 年城市数字化转型重点工作安排汇报。

12 日 正大制药集团"正大天晴全球研发总部"开工仪式在上海虹桥商务区管理委员会举行，市经信委副主任刘平出席见证。项目占地 58.2 亩，总建筑面积 18.6 万平方米，引进国外先进科研技术，推动国外创新项目和具有重大临床价值的课题在上海孵化落地。

14 日 市经信工作党委召开学习贯彻习近平新时代中国特色社会主义思想主题教育动员部署会。市经信工作党委书记、党委学习贯彻习近平新时代中国特色社会主义思想主题教育领导小组组长程鹏作动员讲话，市委第十四巡回指导组组长曹卫东出席并讲话，副组长李佳玉及指导组成员到会指导。市经信工作党委副书记、市经信委主任、党委学习贯彻习近平新时代中国特色社会主义思想主题教育领导小组副组长吴金城主持会议。市经信工作党委副书记张义出席会议。

14—17 日 工信部党组书记、部长金壮龙赴上海市调研推动制造业高质量发展。金壮龙先后到航空、船舶、汽车、电子信息、能源装备、医疗装备等领域制造业龙头企业，走进企业展厅、装配车间、研发中心等，详细了解企业产品研发、技术突破、生产运营、市场开拓、国际合作等情况。

18 日 《关于新时期强化投资促进加快建设现代化产业体系的政策措施》正式发布。

市经信委主任吴金城带队调研上海天数智芯半导体有限公司、虎博网络技术（上海）有限公司、上海稀宇科技有限公司（MiniMax），与企业展开深入座谈，了解企业发展情况，听取企业对产业趋势的判断及发展建议。

19 日 市经信工作党委副书记张义带队赴浦东新区调研生物医药产业发展情况，实地察看上海透景生命科技股份有限公司、上海皓元医药股份有限公司、上海伯豪生物技术有限公司。

21 日　市经信工作党委以中心组学习会与读书班相结合形式，深入学习贯彻习近平总书记关于调查研究的重要论述，集中学习研读《习近平关于调查研究论述摘编》，并听取专题辅导报告。市经信工作党委书记程鹏主持学习会，市委第十四巡回指导组组长曹卫东及指导组成员到会指导，市经信工作党委副书记、市经信委主任吴金城等出席会议，会议邀请上海财经大学马克思主义学院教授委员会主任、博士生导师章忠民教授作辅导报告。

23 日　市经信工作党委书记程鹏赴市核电办调研，参观核电文化长廊，观看上海核电产业宣传片，听取上海核电工作情况汇报，并回应相关诉求。

24 日　上海市千兆光网建设应用"光耀申城"行动计划启动大会在沪召开，正式开启上海光联万物新时代。工信部信息通信发展司副司长赵策、中国信息通信研究院总工程师敖立、市通信管理局局长王天广、市经信委副主任张英、市住建委总工程师刘千伟、市市监局副局长陶永华等出席大会。

2023 上海合成生物产业高峰论坛在宝山区召开，市经济信息化委副主任刘平出席论坛并致辞。

26 日　2023 第四届中国（上海）工业品在线交易节在上海国际会议中心开幕。副市长李政宣布交易节开幕，市政府副秘书长庄木弟为开幕式致辞。市经信委副主任阮力出席开幕式。

市经信工作党委副书记张义带队赴浦东新区调研生物医药产业发展情况，走访澎立生物技术（上海）股份有限公司、上海仁度生物科技有限公司、上海奥普生物医药股份有限公司，详细了解企业总体发展、核心产品和服务、主营业务市场占有率和人才团队等有关情况以及发展中存在的困难，并听取企业对产业发展的相关建议。

27 日　市经信工作党委举行以"礼赞新时代　奋进新征程"为主题的庆祝"五一"国际劳动节活动。市总工会党组书记、副主席黄红，市经信工作党委书记程鹏，市经信工作党委委员、驻委纪检监察组组长罗青等领导出席活动，并为系统获全国、上海市五一奖项的集体和个人代表颁发荣誉证书和奖牌。

28 日　市经信系统组织生活基地"苏河湾党群服务中心"正式启用。市经信工作党委书记程鹏、市经信工作党委副书记张义出席。

5 月

5 日　市经信工作党委召开学习贯彻习近平新时代中国特色社会主义思想主题教育每周述学会。市经信工作党委书记程鹏主持述学会并领读领学。市经信工作党委副书记、市经信委主任吴金城等党政班子成员书面述学，驻委纪检监察组组长罗青、市经信委副主任刘平交流述学。

市经信工作党委书记程鹏赴市中小企业发展服务中心调研，察看市企业服务大厅，了解市企业服务云平台建设情况，与中层以上干部交流，听取中小企业服务、基层党组织建设、干部队伍建设等方面的工作情况及意见建议。

8 日　第一期上海市重点服务独角兽（潜力）企业高级经营管理者研修班在市委党校开班。市经信工作党委书记程鹏出席开班式并作开班动员，市经信委副主任戎之勤主持开班式。

9 日　2023 年市经信系统青年纪念五四运动 104 周年主题活动暨"菁锋"岗位建功行动签约仪式在国网上海电力党校举行。市经信工作党委副书记张义出席并讲话。

10 日　市经信工作党委书记程鹏赴市无线电监测站调研，察看无线电技术专业监测车、检测实验室及市无线电管理指挥中心，与班子成员交流，听取近期工作情况及意见建议。

11 日　上海市人大常委会副主任宗明带队调研上海城市数字化转型体验馆，并召开"城市数字化转型"专题市人大代表建议督办会。市经信委副主任张英作专项汇报。

按照市委主题教育工作安排和大兴调查研究部署要求，市经信工作党委书记程鹏，市委第十四巡回指导组副组长李佳玉赴市经济信息化发展研究中心（市企业技术创新服务中心）调研。市主题教育领导小组办公室调研组、市委第十四巡回指导组相关同志应邀参加调研。

市经信委主任吴金城赴上海铂钺制冷科技有限公司、上海蔚来汽车有限公司调研，与企业展开深入座谈，了解企业发展情况，回应企业诉求。

市经信委副主任戎之勤会见安徽省六安市委常委、副市长王红一行，双方就推进沪皋产业合作进行座谈交流。

12 日　市经信工作党委召开主题教育领导小组会议暨述学会。传达学习市委主题教育领导小组会议精神和全市主题教育推进会议要求。市经信工作党委书记、党委主题教育领导小组组长程鹏主持并讲话。市经信工作党委副书记、市经信委主任、党委主题教育领导小组副组长吴金城就"推动经济高质量发展"专题作领读领学，并结合市委市政府正在推进的重点工作和调研中发现的问题交流学习体会，市经信工作党委副书记、党委主题教育领导小组副组长张义和市经信工作党委委员、市经信委副主任汤文侃交流述学，其他党政班子成员进行书面述学。

14 日　作为国家"中国品牌日"活动之一，首届中国制造品牌发展论坛暨第九届中国品牌经济（上海）论坛在上海市普陀区开幕。市经信委副主任阮力出席并致辞。中国制造品牌发展指数评价标准在论坛上发布。

17 日 市政府新闻办举行"营造一流营商环境 服务构建新发展格局"系列市政府新闻发布会,市经信委主任吴金城介绍支持中小微企业高质量发展及近期出台的《上海市助力中小微企业稳增长调结构强能力若干措施》有关情况,市经信委副主任戎之勤、市发改委总经济师魏陆、市税务局副局长吴健、中国人民银行上海总部调查统计研究部主任吕进中、闵行区副区长李锐共同出席新闻发布会,并回答记者提问。

2023 上海信息消费节开幕式在黄浦区举行。市经信委副主任张英出席。本届信息消费节以"元数之邀"为主题,于 5 月 17 日—6 月 16 日举办,以"1+3+N"形式展开,围绕一场开幕式,打造新趋势、新市场、新产品三大活动版块,结合 N 场社会活动,围绕元宇宙、数字经济、AIGC 等亮点,开展数字人直播、新产品首发首秀、产业研讨会、信息消费大促销、元宇宙互动体验等活动。

19 日 市委组织部、市委党校与市数字化办共同举办的"领导干部持续推进城市数字化转型专题研讨班"在市委党校正式开班。市委常委、常务副市长吴清出席作动员。

"沪利共蓉·机遇无限"2023 上海·川渝投资合作推介会在成都举行,市经信委副主任刘平出席并致辞。会上,投资上海·宝山川渝服务点、投资上海·金山川渝服务点揭牌,投资上海·沪川渝商会战略合作启动,搭建上海川渝两地政府、商会、机构、企业近距离沟通、全方位交流的合作平台。

上海集成电路产业发展国际高峰论坛暨上海市集成电路行业协会六届三次会员大会在浦东张江举行。市经信委一级巡视员傅新华,浦东新区政协党组副书记、副主席王小君等出席活动。

20 日 市经信工作党委以学习贯彻习近平新时代中国特色社会主义思想主题教育读书班形式,开展理论学习和现场教学。市经信工作党委书记、党委主题教育领导小组组长程鹏主持读书班理论学习会并讲话。

23 日 第 16 届国际太阳能光伏和智慧能源(上海)大会举行。市经信委副主任汤文侃出席。国际太阳能光伏和智慧能源(上海)大会暨展览会是全球最大的光伏会展,本届展览面积 27 万平方米,专业观众 25 万人,参展企业 3100 家,近 30 个分论坛同期举办,是把握全球新兴能源产业未来趋势的全球性交流平台。

25 日 市经信工作党委书记程鹏、副书记张义,会同静安区委书记于勇深入推动联手调研和联动整改,就推动解决群众急难愁盼问题、促进数字产业加快发展等方面,深入天目西路街道、市北高新园区调研。

28 日 上午 10 时 32 分,中国东方航空使用中国商飞全球首架交付的 C919 大型客机,执行 MU9191 航班,从上海虹桥机场飞往北京首都机场,开启这一机型全球首次商业载客飞行。

31 日 市经信工作党委和市规划资源局党组理论学习中心组通过专题调研、集体学习研讨方式开展联组学习。市经信工作党委书记程鹏主持学习调研活动。市规划资源局党组书记、局长张玉鑫,市经信工作党委副书记、市经信委主任吴金城出席并作重点发言。市委第十四巡回指导组到会指导。

6 月

1 日 市经信工作党委书记程鹏赴上海首批重点服务独角兽企业上海千寻位置网络有限公司调研,察看千寻位置时空互联网中心展厅,与公司负责人会商交流,听取公司发展情况介绍,了解产业发展情况和企业诉求,回应企业关切。

市经信工作党委书记程鹏赴中国电信股份有限公司上海分公司,专题调研 2023 年上海市为民办实事项目"住宅小区地下车库移动通信网络覆盖项目"进展情况,慰问奋战在项目一线的党员攻坚队员,召开座谈会。

2 日 "AI 引领时代 算力驱动未来——临港新片区智算大会"在临港中心举行。市委常委、临港新片区党工委书记、管委会主任陈金山出席,市经信委副主任汤文侃致辞,并见证新片区智算产业生态圈暨智算产业上下游企业协同采购签约。

市经信委副主任戎之勤会见福建省三明市副市长郭海阳一行,双方就推进沪明产业合作进行座谈交流。

5 日 为深入学习贯彻习近平新时代中国特色社会主义思想,根据市委主题教育办部署安排,市经信委联合浦东新区、宝山区、金山区等召开合成生物学方向重点调研课题联动调研会商会。市经信委副主任、合成生物学方向课题联动调研工作小组负责人刘平主持会议。

6 日 市经信委与都江堰市人民政府签署战略合作协议。市经信委主任吴金城、都江堰市委书记蒋蔚炜出席签约仪式,市经信委副主任戎之勤、都江堰市副市长曾滢茜代表双方签约。

为扎实推进主题教育、深入贯彻党中央决策部署与习近平总书记重要讲话精神,市经信工作党委副书记、市经信委主任吴金城到主题教育基层联系点上海化工区管委会经济发展处党支部讲党课,并调研华谊新材料智能工厂。市委第十四巡回指导组组长曹卫东及指导组成员现场指导。

长三角三省一市产业主管部门在安徽合肥成功举办 2023 长三角集成电路产业合作对接会。会议期间,三省一市产业部门共同签署《长三角地区产业链合作备忘录》,将聚焦集成电路、汽车、新材料等重点产业领域,推动产业链协同配套和跨区域务实合作。

8 日　"应新于时、乘势而上"临港新片区智能网联汽车创新引领区启动发布会在临港中心举行。市委常委、临港新片区党工委书记、管委会主任陈金山，同济大学党委书记方守恩，中国工程院院士、国家智能网联汽车创新中心首席科学家李克强出席会议。市经信委副主任汤文侃与市交通委副主任叶兴、市公安局交警总队总队长张玉学、临港新片区管委会专职副主任唐浩共同为友道智途、图森未来、赛可智能、云骥智行 4 家企业发放全国首批无驾驶人智能网联汽车道路测试牌照。

2023 年"三品"全国行之"上海制造佳品汇"启动仪式在长宁区武夷路 305 城市会客厅举行。副市长李政出席并启动，市政府副秘书长庄木弟发布 D2W 设计沪航计划——2023 上海时尚消费佳品出海项目，市经信委主任吴金城致辞并与长宁区委书记张伟、东华大学校长俞建勇等共同发起"上海时尚消费品产业生态创新实验室"共建，工信部消费品工业司二级巡视员谢立安、市经信委副主任阮力、市商务委副主任刘敏和市市场监督管理局一级巡视员胡浩共同发布《活力制造：2023 上海时尚消费趋势》。

9 日　根据中央和市委关于学习贯彻习近平新时代中国特色社会主义思想主题教育的部署安排，市委副书记、市长龚正为市经信工作党委、市经信委党员干部上专题党课。龚正指出，要深刻把握习近平新时代中国特色社会主义思想的世界观、方法论和贯穿其中的立场观点方法，用攻坚克难、干事创业的实际成效检验主题教育成果，为上海加快建设具有世界影响力的社会主义现代化国际大都市作出新的更大贡献。

13 日　2023"投资上海·全球行"系列活动首站在意大利罗马顺利举办。本次活动以"魅力双城　共赢未来"为主题，旨在展示上海市近年来产业经济发展成果，挖掘上海与意大利在重点产业领域深化合作的增量，积极吸引更多意大利优质企业投资上海、布局中国，实现共赢发展。市经信委（市投促办）副主任刘平及来自生物医药、数字经济、绿色低碳、汽车等多个产业领域的近 100 家意大利重点企业嘉宾参会。

14 日　根据市委主题教育工作安排，在聚焦现代化产业体系建设课题开展深入调查研究基础上，市委副书记、市长龚正在闵行专题调研传统产业企业转型并召开主题教育调研课题联动会商会，进一步集聚多方力量，发挥各自优势，形成调研网络，摸清情况、找准症结、明确思路，更好形成整体合力、放大调研成效。中央第五指导组组长李锦斌、副组长任正晓，副市长李政参加。在调研课题联动会商会上，市经信委汇报课题联动进展情况。

15 日　市政府新闻办举行市政府新闻发布会，副市长李政介绍《上海市推动制造业高质量发展三年行动计划（2023—2025 年）》有关情况，市经信委主任吴金城、市规划资源局副局长韦冬、市地方金融监管局总经济师陶昌盛、市国资委总经济师陈东、临港新片区党工委副书记吴晓华共同出席新闻发布会，并回答记者提问。

华东区域跨省区大面积停电事件应急演练在上海成功举办。演练由国家能源局主办，上海市人民政府、国家电网有限公司会办，市经信委、华东能源监管局、国网华东分部承办。市经信委副主任刘平参加演练。

20 日　按照市委主题教育工作安排和大兴调查研究部署要求，市经信工作党委书记程鹏、副书记张义会同宝山区副区长翟磊、市房屋管理局相关处室负责同志深入推动联手调研和联动整改，组成调研组深入宝山区相关街镇调研"住宅小区地下车库移动通信网络覆盖工程"实事项目推进情况。市委第十四巡回指导组组长曹卫东现场指导。

市经信委主任吴金城、副主任戎之勤带队走访上海亿贝网络信息服务有限公司和上海寻梦信息技术有限公司，了解跨境电商平台发展情况，听取企业在全球跨境电商市场运营和助力中小企业产品升级出海情况，了解企业发展中的问题和诉求。

中法设计互联活动"上海设计周在巴黎"于巴黎市中心顺利举办。市经信委副主任阮力出席活动并致开场辞。

25 日　市经信工作党委举办机关离退休干部"光荣在党 50 年"纪念章颁发仪式暨庆祝中国共产党成立 102 周年座谈会。市经信工作党委书记程鹏颁发纪念章并讲话，市经信工作党委副书记、市经信委主任吴金城宣读"光荣在党 50 年"党员名单并颁发纪念章，市经信工作党委副书记张义主持。

28 日　亚太地区领先的通信互联盛会"2023 MWC 上海"（2023 上海世界移动通信大会）在上海新国际博览中心开幕。国家互联网信息办公室主任庄荣文、工业和信息化部总工程师赵志国、上海市副市长李政出席并致辞。市政府副秘书长庄木弟出席。

市经信系统召开庆祝中国共产党成立 102 周年座谈会。市经信工作党委书记程鹏出席会议并讲话，市经信工作党委副书记、市经信委主任吴金城主持会议，市经信工作党委副书记张义宣读《关于表彰上海市经济信息化系统优秀共产党员、优秀党务工作者和先进基层党组织的决定》。

按照市委主题教育工作安排和大兴调查研究部署要求，市经信工作党委书记程鹏一行到上海超级计算中心调研，实地参观计算机科技馆、测试实验室、主机房等，了解高性能计算应用发展情况和应用成果，听取中心工作汇报并回应意见建议。

先声药业（中国）研发中心在上海举行开工仪式。

29 日　"数字医疗　健康中国"第四届长三角医疗信息化论坛在上海召开。市经信委副主任张宏韬出席并致辞。

7月

4日 2023智能驾驶科技大会在浦东金桥开幕。市经信委副主任汤文侃出席并致辞。

5日 市经信委、闵行区政府与美国莫德纳公司在沪签署战略合作协议。中共上海市委书记陈吉宁会见莫德纳公司首席执行官斯特凡·班赛尔一行。市委副书记、市长龚正见证签约。

6日 2023世界人工智能大会在上海世博中心开幕。本届大会以"智联世界 生成未来"为主题，共话共商人工智能发展的趋势和规律、面临的机遇和挑战，携手共创更加美好的智能世界。中共上海市委书记陈吉宁出席开幕式并致辞，市委副书记、市长龚正主持。

中国汽车工业协会主办的第13届中国汽车论坛在嘉定举行。市经信委副主任汤文侃出席活动并致辞。

8日 2023世界人工智能大会国际AI城市论坛在上海世博中心举办，首届"Next City"数都上海应用创新大赛启动仪式在论坛举行。市政府副秘书长庄木弟启动创新大赛。

2023世界人工智能大会在世博中心闭幕。副市长刘多宣布大会闭幕，市政府副秘书长庄木弟等出席闭幕式。市经信委主任吴金城作大会成果总结。

10日 2023年上海市节能宣传周开幕式暨绿色低碳产业推进大会在艾慕嘉·谊园举办。10—16日，上海市以"节能降碳，你我同行"为主题举办2023年节能宣传周活动。

11日 由上海市能效中心联合中国节能协会等主办的"节能服务进企业"暨氢能产业链创新发展研讨会在上海节能环保产业园举行。工信部节能与资源综合利用司司长黄利斌、市经信委副主任阮力出席研讨会并致辞。

13日 市经信委主任吴金城带队赴中石化（上海）石油化工研究院有限公司，专题调研公司先进材料研发和产业化进展情况。

14日 市经信工作党委、市经信委联动市通信管理局、市房屋管理局、各区政府和各电信运营企业召开2023年上海市主题教育专项整治项目"住宅小区地下车库移动通信网络覆盖工程"工作推进会。市委第十四巡回指导组组长曹卫东出席会议并讲话，副组长李佳玉现场指导。市经信工作党委副书记、市经信委主任吴金城，市通信管理局局长王天广出席并讲话。市经信工作党委副书记张义主持会议，市经信委副主任张英通报专项整治项目上半年进展情况。

20日 中央广播电视总台与上海市人民政府就共建上海工业博物馆项目签署战略合作框架协议。中宣部副部长、中央广播电视总台台长慎海雄，上海市委副书记、市长龚正出席并见证签约。上海市副市长刘多与总台副台长邢博代表双方签约。

21日 市经信委召开2023年度第8次主任办公会议，邀请中国科学院分子植物学卓越创新中心研究员王勇、弈柯莱生物科技（上海）股份有限公司副总经理田振华和上海智峪生物科技有限公司董事长兼CEO王晟3位专家列席，参与审议《上海市加快合成生物创新策源 打造高端生物制造产业集群行动方案（2023—2025年）（送审稿）》。

24日 市经信委主任吴金城带队赴纬景储能科技有限公司专题调研，详细听取企业发展情况，了解行业前沿动态。

27日 市经信工作党委召开学习贯彻习近平新时代中国特色社会主义思想主题教育调研成果交流会。市经信工作党委书记、党委主题教育领导小组组长程鹏主持会议并作总结讲话。市经信工作党委副书记、市经信委主任吴金城等党政班子成员出席会议，市委第十四巡回指导组到会指导。

31日 市经信委主任吴金城带队赴华东师范大学、节卡机器人股份有限公司调研，了解本市高端装备产业智能制造发展情况。

8月

4日 市经信工作党委书记程鹏带队赴上海石油化工股份有限公司检查防汛防台情况，察看张泾河通海工程等排水泄洪设施。

9日 市经信委主任吴金城一行赴华为青浦研发中心项目及青浦区物流企业总部调研。

10日 市经信委主任吴金城一行赴上海泓明供应链有限公司，了解公司发展情况。

14日 首届沪港合作开放数据竞赛颁奖典礼暨2023 SODA开放数据创新应用大赛启动仪式在市北高新商务中心举办。市经信委副主任张英出席并为获奖团队代表颁奖。静安区委常委、副区长傅俊，香港特区政府资讯科技总监黄志光、上海数据集团副总裁李小山等出席。

上海人工智能实验室宣布，联合语料数据联盟成员单位共同开源发布"书生·万卷"1.0多模态预训练语料。"书生·万卷"1.0包含文本数据集、图文数据集、视频数据集三部分，本次开源的数据总量超过2TB。该语料数据包含超过5亿个文本，2200万个图文交错文档，1000个节目影像视频，具备多元融合、精细处理、价值对齐、易用高效等四大特征。

15日 临港新片区举行四周年重点产业项目集中开工仪式。市委常委、临港新片区党工委书记、管委会主任陈金山出席并宣布开工，市经信委副主任刘平出席并致辞。

2023全球"未来产业之星"大赛复赛开幕式在上海（临港）未来产业先导区正式启动。市经信委副主任张宏韬出席并致辞。

16 日　第 7 届中国—南亚博览会暨第 27 届中国昆明进出口商品交易会在昆明滇池国际会展中心正式开幕，国家级专精特新"小巨人"企业上海芯龙光电等 23 家企业参展，展现上海优质中小企业培育发展成果。

22 日　第 23 届中国国际工业博览会宣介路演活动在上海世博展览馆举行。中国国际工业博览会组委会办公室副主任、市经信委副主任、一级巡视员戎之勤，东浩兰生集团副总裁周瑾出席活动并致辞。

市经信委举行第 19 届亚运会上海无线电安全保障组出发仪式。市经信工作党委副书记张义为临时党支部揭牌，市经信委副主任汤文侃向保障组授旗。

27 日　按照中央和市委的统一部署，市经信工作党委召开学习贯彻习近平新时代中国特色社会主义思想主题教育专题民主生活会。市委第十四巡回指导组组长曹卫东出席并作点评，指导组副组长李佳玉及相关同志到会指导。市经信工作党委书记程鹏主持会议，市经信工作党委副书记、市经信委主任吴金城等党员领导干部参加会议，党外领导干部列席会议。

28 日　根据学习贯彻习近平新时代中国特色社会主义思想主题教育有关要求，市经信工作党委和市生态环境局党组理论学习中心组通过专题调研、集体学习研讨方式开展联组学习。市经信工作党委书记程鹏主持学习调研活动。市生态环境局党组书记唐家富，市经信工作党委副书记、市经信委主任吴金城，市生态环境局局长晏波出席并作重点发言。

第三届滴水湖中国 RISC-V 产业论坛及全球首个 RISC-V 专利联盟启动仪式在上海临港新片区举办，市经信委副主任汤文侃出席论坛并致辞。

30 日　以"新趋势　新发展"为主题的"2023 上海台北城市论坛"在沪举办。上海市市长龚正、台北市市长蒋万安出席论坛并作开幕致辞。上海市经信委主任吴金城、台北市政府资讯局局长赵式隆作主题演讲。

"相粤湾区　沪你同行"2023 上海·粤港澳大湾区投资合作推介会在广州举办，共邀请近 300 家新一代信息技术、高端装备、新能源汽车等战略性新兴产业企业参会，市经信委副主任刘平出席并致辞。长宁区副区长翁华建，嘉定区副区长李峰，青浦区委常委、副区长金俊峰作区域主题推介。

31 日　市经信委主任吴金城一行先后赴上海福赛特机器人股份有限公司、上海羚数智能科技有限公司调研，听取企业情况介绍并召开座谈会，了解公司创新研发进展，回应相关诉求。

"相粤湾区　沪你同行"2023 上海·粤港澳大湾区投资合作推介会在深圳顺利举办，这也是"投资上海"连续第三年来到深圳。市经信委副主任刘平出席并致辞，杨浦区委副书记、区长周海鹰，普陀区副区长肖立，奉贤区副区长厉蕾作区域主题推介。

9 月

1 日　上海市智造空间·生物医药标准厂房及重点项目开工仪式在张江创新药基地 B03C-02 地块举行，副市长陈杰，市政府副秘书长庄木弟出席。市经信委主任吴金城出席并介绍全市生物医药智造空间建设行动计划，市经信委副主任刘平出席。

由五矿资本主办的"产融新势　碳寻未来"第二届五矿产业金融论坛在上海举办。市经信委副主任、一级巡视员戎之勤出席并致辞。

6 日　上海市制造业数字化转型现场交流会暨数字化诊断启动会在上海化工区召开。副市长陈杰出席会议并讲话，市经信委副主任张英主持会议，并通报制造业数字化转型工作情况。

7 日　第十届国际核电运维大会在上海召开。大会以"运维新动能　安全新高度　核电新发展"为主题。市经信委副主任刘平出席并致辞。

8 日　2023 年储能产业创新发展论坛在上海召开。市经信委副主任阮力出席并致辞。论坛紧扣"零碳赋能，储链未来"主题，与会单位聚焦上海节能政策、储能产业、技术与应用，共同探索在绿色低碳新赛道上未来能源"上海范式"。

12 日　市经信委召开招商引资和重大产业项目季度工作例会，市经信委主任吴金城出席并讲话，市经信委副主任张英、刘平、张宏韬、汤文侃，总工程师葛东波出席会议。会议听取近期招商引资、重大产业项目推进情况，研究部署下一步工作。

14 日　由上海数据交易所打造的领先数据要素市场综合服务平台——"浦江数据交易之声"正式上线，平台立足全国、面向全行业，汇总全面的数据要素市场信息，提炼权威的数据交易专家观点，构建完善的数商生态服务体系。

19 日　以"碳循新工业、数聚新经济"为主题的第 23 届中国国际工业博览会开幕式暨颁奖仪式在国家会展中心（上海）举行。中共上海市委书记陈吉宁出席并宣布第 23 届中国国际工业博览会开幕。中国工程院院长李晓红，上海市委副书记、市长龚正致辞，并共同颁发中国国际工业博览会大奖（含特别大奖）。联合国前秘书长潘基文作视频致辞。本届工博会为期 5 天，共设九大专业展区，参展企业超过 2800 家，来自全球 30 个国家和地区，展览面积 30 万平方米，展商数量和展览面积均创历史新高。展会期间将发布近千项新产品、新技术，并推出特邀买家计划，打造"数字工博"平台，还将举办国际工业可持续发展论坛暨中德绿色制造大会、先进制造业集群国际合作高峰论坛、2023 投资上海·相约工博主题推介会等活动。

20 日　第三届"海聚英才"全球创新创业峰会创投之

道：The Next Unicorn 主题活动成功举办。市委常委、市委组织部部长张为出席并致辞，副市长陈杰、上海交通大学上海高级金融学院执行理事屠光绍、市经信工作党委书记程鹏、市经信委主任吴金城、市金融工作党委副书记赵永健、市发改委副主任陈石燕、市科委副主任陆敏出席。市经信工作党委副书记张义主持活动。

以"智造空间，产业向上"为主题的2023"投资上海·相约工博"招商合作推介会在国家会展中心成功举办。副市长陈杰出席并致辞，市经信委主任吴金城介绍《关于推动"工业上楼"打造"智造空间"的若干措施》政策情况。

在第23届中国国际工业博览会上，由上海市中小企业发展服务中心等主办的"2023中欧中小企业创新合作发展论坛"在国家会展中心举办。工信部中小企业发展促进中心主任单立坡、市经信委副主任、一级巡视员戎之勤出席并致辞。

"服务型制造万里行——走进绿色新能源行业"会议在上海松江召开。工信部产业政策与法规司副司长崔淑田出席并讲话，市经信委总工程师葛东波、松江区副区长陈容出席并致辞，中国服务型制造联盟常务副秘书长、服务型制造研究院院长刘尚文出席会议。

市无线电监测一体化平台启用暨新建固定站并网仪式在市无线电监测站举行，市经信委副主任汤文侃出席并正式启用上海市无线电监测一体化平台，民航华东空管局副局长赵诚琪出席活动。

21日 市经信工作党委召开学习贯彻习近平新时代中国特色社会主义思想主题教育总结会。市经信工作党委书记程鹏作总结讲话，市经信工作党委副书记、市经信委主任吴金城通报市经信两委主题教育专题民主生活会召开情况，会议由市经信工作党委副书记张义主持。

由市经信委主办的以"无线促发展、管理保有序"为主题的2023年上海无线电管理宣传月启动仪式在宝山区举行。中国工程院院士庄松林作视频致辞。市经信委副主任汤文侃，宝山区委常委、区政府党组成员王鼐出席并致辞。

23日 第23届中国国际工业博览会在国家会展中心（上海）圆满落幕。截至23日下午2点，到场专业观众20.5万人次，较上届增长6.89%，数字工博在线访问数711万次，全网曝光量达12.3亿。展商数量、展览面积、观展人次、传播影响力等均创历史新高。

25日 中国电气装备集团总部园区建设项目举行开工仪式，副市长陈杰、市政府副秘书长庄木弟出席开工仪式，市经信委主任吴金城、静安区委书记于勇、区长王华、市规划资源局、市住房城乡建设管理委、市国资委、在沪央企等相关负责同志参加活动。

26日 以"设计无界，造化万象"为主题的2023世界设计之都大会在黄浦世博园区开幕。中共上海上海市委书记陈吉宁出席开幕式并启动2023世界设计之都大会。市委副书记、市长龚正在开幕式上致辞。教育部副部长翁铁慧、工信部副部长徐晓兰出席开幕式并致辞。联合国教科文组织助理总干事埃内斯托·拉米雷斯作视频致辞。上海市领导李政、陈杰，同济大学校长郑庆华出席开幕式。开幕式上颁发第二届"前沿设计创新奖"，举行联合国教科文组织、中国联合国教科文组织全国委员会支持上海建设世界一流"设计之都"发布活动。上海智慧出行设计谷、NICE2035赤峰路国际设计街、东华大学可持续时尚战略、上大美院主校区、艾为芯片设计测试中心、张园城市更新项目二期、"创链中银"设计产业金融服务平台等一批创意设计产业和平台项目作现场发布。本届世界设计之都大会旨在打造世界级设计前沿风向标、创新策源地、新品首秀场，将举办"国际设计百人"峰会、全球"创意城市"设计峰会、未来设计峰会，以及十大设计领域高峰论坛、发布盛典、时尚秀演等近百场活动，超千名设计领域嘉宾参与演讲。同期还与伦敦设计节、米兰时装周等联动，在伦敦举办"设计沪航计划"系列活动，在米兰举办"上海时尚日"秀演和展览。

26日 由上海交通大学、华建集团联合主办，上海交通大学设计学院、华建集团华东建筑设计研究院有限公司承办的"设计赋能 跨界创新——未来设计峰会"在2023世界设计之都大会现场开幕。市政协副主席肖贵玉出席并致辞，中国工程院院士、民进中央副主席黄震，市经信委副主任刘平等相关政府部门代表、高校专家学者、行业代表、媒体代表出席活动。

以"设计我们未来之城"为主题的联合国教科文组织"创意城市"设计峰会在上海举办。市政府副秘书长庄木弟出席开幕式并致辞，市经信委主任吴金城出席峰会。西班牙毕尔巴鄂市、泰国曼谷市、日本旭川市、葡萄牙布拉加市、奥地利格拉茨市、意大利都灵市等国际创意城市市长发来贺词，向本次峰会致以诚挚的祝福。

在中秋、国庆佳节即将来临之际，市经信工作党委书记程鹏，市经信工作党委副书记、市经信委主任吴金城出席"迎中秋、庆国庆、爱经信"慰问活动，了解机关青年选调生的工作生活情况，向所有干部送去节日的祝福和组织的关怀。

"智慧工程·领创'锂'想——设计赋能新能源行业高质量发展论坛"在黄浦世博园成功举办。市经信委副主任汤文侃出席并致辞，保利中轻副总经理、中国海诚董事长赵国昂作论坛主旨发言。

27日 西安三角防务大飞机大部段项目成功签约入驻临港新片区大飞机产业园。上海市政府副市长陈杰，西安三角防务董事长严建亚，中国商飞党委常委、副总经理魏应彪，临港集团董事长袁国华出席仪式并见证。市经信委主任吴金城主持仪式。市经信委副主任刘平,临港新片区管委会专职副主任赵义怀,中国商飞发展规划部部长郭盛杰和副总会计师、上飞公司总会计师尹建海,西安三角防务总经理虢迎光,临港集团副总经济师、临港航空董事长张青代表签约。

市经信机关离退休老领导赴 SMG 开展"三看"活动。市经信工作党委书记程鹏,上海广播电视台(文广集团)党委书记、董事长沈军,上海广播电视台(文广集团)党委委员、纪委书记成蔚出席活动。

2023 世界设计之都大会科技时尚论坛上,市经信工作党委书记程鹏,中国工程院院士、东华大学校长俞建勇共同发布首批上海时尚引领示范企业。上海老凤祥有限公司等 22 家企业分别代表"时尚八品"(服饰尚品、化妆美品、精致食品、运动优品、智能用品、生活佳品、工艺精品、数字潮品)入选名单。

为加快推进重点企业服务包制度落地落实,重点企业服务包总联络人第一次工作例会召开。市服务企业联席会议办公室主任、市经信委副主任、一级巡视员戎之勤出席并讲话。

28 日　上海"模速空间"创新生态社区暨人工智能大模型产业生态集聚区揭牌仪式在徐汇西岸举行。副市长陈杰,市政府副秘书长庄木弟,市经信委主任吴金城,徐汇区委书记曹立强,区委副书记、区长钟晓咏出席仪式,并为"模速空间"和"生态集聚区"揭牌。市经信委副主任张英主持活动。"模速空间"旨在推动大模型赋能各行各业,共同营造开放活跃生态,加速行业交流与开源共创,全力建设具有国际影响力的大模型生态高地。

上海氢能与燃料电池检测基地建成启动仪式在嘉定氢能港举行。市经信委副主任汤文侃出席并致辞,市科委、市交通委、市市场监管局、市生态环境局、临港集团、上汽集团等相关领导出席活动。氢能与燃料电池检测基地是上海市新基建第二批重大项目。该基地的启动补充氢能产业链上检测认证这一重要环节,将成为上海首个覆盖燃料电池整车、发动机、电堆及关键零部件等技术的氢能第三方检测研发公共服务平台,为长三角氢能产业化提供有力支撑,为打造国内氢能与燃料电池汽车产业发展高地助力赋能。

10 月

2 日　2023 世界设计之都大会(WDCC2023)在黄浦江畔落下帷幕。截至下午 17 时,大会各类活动参与人数达 13.8 万人,其中主场展览参观人数超 8 万人;全网相关话题阅读(观看)量突破 20.3 亿人次,较上年提升 182%;海内外媒体报道数超 8000 篇,其中央媒占比 11%,外媒占比约

20%。

9 日　波士顿科学医疗技术产业基地项目落户临港新片区生命蓝湾,临港集团、临港新片区管委会和波士顿科学三方代表正式签约,市委常委、临港新片区党工委书记、管委会主任陈金山,市经信委主任吴金城,波士顿科学全球董事长兼首席执行官马鸿明等出席并共同见证项目签约仪式。

2023 全球"未来产业之星"大赛决赛在上海(大零号湾)未来产业先导区开赛。市经信委副主任张宏韬出席并致辞,评审组组长、中国工程院院士庄松林,闵行区副区长杨辛等出席。

11 日　首台国产达芬奇 Xi 手术系统揭幕仪式在直观复星总部及产业化基地举行,标志着全球领先的达芬奇手术机器人正式实现国产化。

12 日　2023 年上海国际消费电子技术展在上海新国际博览中心开幕,市经信委副主任汤文侃、中国电子商会会长王宁、上海市贸促委会长周敏浩出席并致辞。

由工信部、财政部指导,市经信委、市妇联、上海推进科技创新中心建设办公室主办,上海市促进中小企业发展协调办公室、市经信妇女工作委员会、上海市中小企业发展服务中心、上海市中小企业上市促进中心等承办的 2023 年"创客中国"上海市中小企业创新创业大赛决赛在张江科学会堂举行。

13 日　第二届中国高端医疗产业集群创新合作论坛暨上海械谷开园、嘉定瑞金创新中心落成仪式在嘉定举行。市政府副秘书长庄木弟,中国工程院院士、上海交通大学医学院附属瑞金医院院长宁光,市经信委主任吴金城,嘉定区委书记陆方舟,副书记、区长高香等出席活动。

上海市投资促进服务中心、上海市嘉定区投资促进服务中心、上海市闵行区投资促进中心主办的 2023"投资上海·全球行"瑞士站活动在苏黎世成功举办。本次活动以"魅力双城　合作共赢"为主题,旨在展示本市经济发展成果和优越营商环境,吸引更多瑞士优质企业投资上海,助推双方产业经济高质量发展。中国驻苏黎世兼驻列支敦士登公国副总领事余雄、瑞中协会副会长选戈·萨尔美隆出席活动并致辞,近 80 家生物医药、生命科学、智能制造、金融科技等多个产业领域的瑞士重点企业嘉宾参会。

16 日　以"共济未来,生机盎然"为主题的 2023 上海国际生物医药产业周开幕。市委副书记、市长龚正点亮启动装置。开幕式上,工信部副部长王江平、上海市副市长陈杰、国家药监局副局长黄果致辞,国际药学联合会(FIP)主席保罗·辛克莱通过视频致辞。市委常委、浦东新区区委书记朱芝松,诺贝尔化学奖得主卡尔·巴里·夏普莱斯出席。本届产业周于 10 月 16—20 日在沪举办,包括开幕活动以及近 40 场活动,并将形成"5+360"全年常态举办活动的格局。

16—17日 第六届"绽放杯"5G应用征集大赛总决赛在上海浦东金桥举办。上海入围总决赛项目总计5个，共获得一等奖3个、二等奖2个。

数智赋能 生态互联——2023长三角生物医药产业信息化论坛在上海召开。市经信委副主任张宏韬出席论坛并致辞。

20日 上海市人民政府与中国商用飞机有限责任公司签署深化战略合作协议。中共上海市委书记陈吉宁、市委副书记、市长龚正会见中国商飞董事长贺东风、总经理周新民一行。副市长陈杰与周新民代表双方签约，并共同为新成立的商飞时代（上海）航空有限公司、商飞智能技术有限公司揭牌。

市经信两委举行"欢度重阳，情暖经信"重阳茶话活动。市经信工作党委书记程鹏，市经信委副主任张英与2023年度机关和事业单位退休干部一起共庆佳节，共叙佳话。

2023"投资上海·全球行"美国旧金山企业交流会在旧金山举行。上海代表团一行与10余家美资企业共聚一堂，探讨跨国合作新机遇。

20—21日 2023年中国5G发展大会在上海召开。工信部党组成员、副部长张云明，副市长陈杰出席大会并致辞。市经信工作党委书记程鹏、市经信委副主任张英出席。

30日 "水上无线电监测船首航暨上海区域水上无线电监测保障框架协议签约活动"在外滩水文站和世博海巡执法大队顺利举行。市经信工作党委书记程鹏，上海海事局党组书记、局长谢群威出席。

31日 2023国际储能技术和装备及应用（上海）大会暨展览会在上海开幕。市经信委副主任汤文侃、临港集团董事长袁国华出席并致辞，中国科学院院士赵天寿作主题分享。华为、协鑫、比亚迪等行业头部企业参加。

11月

1日 市经信委举行第六届进博会央企服务保障指挥部启动仪式，市经信委副主任、一级巡视员戎之勤为央企服务保障组授旗并作动员讲话。

在国家电网有限公司华东分部的组织协调下，1日零时起，峡古光伏、向阳风电等多家安徽光伏、风电发电企业的绿色电力直送上海国家会展中心，为第六届进博会注入绿色动能。这是进博会首次实现"全程绿电、零碳办会"，相比传统能源供电，本届进博会减排二氧化碳3360吨。

市经信委召开上海市工业企业升规提质宣贯会，以落实《上海市工业企业升规提质三年行动方案（2023—2025）》为主线，重点宣贯鼓励规下工业企业积极升规纳统政策、先进制造业企业税收优惠政策和工业统计制度要求，助力企业知享政策。全市近1000家升规潜力企业线上线下参会。

4日 副市长陈杰分别会见来沪参加第六届中国国际进口博览会的中国通用技术（集团）控股有限责任公司总经理陆益民、中国旅游集团有限公司董事长陈寅、中国中车集团有限公司董事长孙永才等中央企业负责同志。市经信工作党委书记程鹏，市经信委副主任戎之勤陪同会见。

6日 上海市投资促进服务中心联合闵行、黄浦、长宁、宝山四区投资促进部门，聚焦区域特色分别作主题推介，分享投资机遇。市经信委总工程师葛东波出席闵行区、黄浦区招商推介会。

7日 市经信委副主任张英赴第六届中国国际进口博览会现场调研，了解智能制造、电子信息、先进技术装备、新材料等领域的最新科技成果和发展趋势。

市经信委副主任张英参加嘉定区、静安区进博会专场招商推介活动，静安区区长王华、嘉定区常务副区长陆祖芳出席相关活动。

上海发那科智能工厂（三期）开业庆典暨新产品新技术展示会于宝山举行。上海发那科三期项目位于上海机器人产业园，于2020年开工兴建，总投资15.8亿元，建筑面积30万平方米，是发那科集团继日本之外全球最大的机器人基地，引入包括协作机器人、移动机器人、数字孪生等大量先进智能制造技术。

6—8日 市经信工作党委在市社会主义学院举办"上海市经济信息化系统2023年党外代表人士理论研修班"（总第12期）。市经信工作党委副书记张义出席并做动员讲话，市社会主义学院党组成员、副院长冉小毅主持开班式。

9日 "东方美谷 美丽世界"2023东方美谷国际化妆品大会在奉贤开幕。副市长陈杰出席并为"东方美谷中国特色化妆品原材料基地联盟"揭牌。市政府副秘书长庄木弟，奉贤区委副书记、区长王益群，市经信委副主任阮力开启东方美谷"品牌出海"新航程。

由和黄医药（中国）有限公司自主研发的抗肿瘤新药呋奎替尼经美国食品药品监督管理局（FDA）批准，进入当地医药市场，成为美国首个且唯一获批针对全部三种抗血管内皮生长因子（VEGF）受体的，用于治疗经治转移性结直肠癌的高选择性抑制剂。

11日 由市经信工作党委、市经信委、市总工会共同主办，上海智慧城市发展研究院承办的2023上海城市数字化转型"领军先锋"评选决赛在世博江岸举行。市经信委副主任张英出席颁奖仪式，现场专家评审团与企业、媒体，共同见证决赛结果。

12日 上海市合成生物产业协会成立仪式在上海浦东举行，并召开协会第一届第一次会员大会。中国科学院院士赵国屏、市经信委副主任刘平、市科委一级巡视员兼副主任朱启高、市科创办专职副主任陈尧水等出席大会并共同为上海市合成生物产业协会揭牌。

15 日 第 41 次上海－横滨经济技术交流会议在日本横滨成功召开。市经信工作党委书记、上海代表团团长程鹏出席会议并讲话。上海、横滨两市代表团就上一阶段经济技术领域的合作情况进行总结，并明确下一阶段合作计划。

市经信委副主任张英带队赴中国电信股份有限公司上海分公司调研，与企业负责人员座谈交流。

16 日 市经信委会同市数据集团，举行"浦江数链"区块链基础设施体系上线仪式，标志着上海在全方位构建区块链创新发展体系，推动技术、产业、应用和生态协同发展迈出坚实的一步。副市长陈杰出席活动并为"浦江数链"区块链基础设施启动上线，市政府副秘书长庄木弟为"浦江数链"建设运营主体上海浦江数链数字科技有限公司揭牌。市经信委副主任张英，市大数据中心主任邵军，市数据集团董事长吴建雄、总裁朱宗尧，国家区块链创新中心主任董进等出席活动。

16 日 上海市"AI+（联合）创新工作室"命名暨工作推进会召开，市总工会副主席桂晓燕，市经信工作党委副书记、市经信系统工会主任张义出席会议。

首届"Next City"数都上海应用创新大赛决赛在上海举办。

21 日 市委副书记、市长龚正专题调研推进"工业上楼"、打造"智造空间"工作。龚正指出，要深入学习贯彻中共二十大和习近平总书记考察上海重要讲话精神，在市委坚强领导下，以"工业上楼"拓展上海工业发展新载体，以"智造空间"开创工业转型升级新局面，让产业发展突破"寸土寸金"的土地瓶颈，实现"寸土产寸金"的经济效益，加快走出一条超大城市顺应产业升级趋势、突破产业用地瓶颈、拓展产业发展空间的新路子。

市经信工作党委、金山区委、奉贤区委主题教育专题联组学习暨金山区委理论学习中心组学习会在金山区会议中心举行，围绕"学思想"的首位任务，用好主题教育"四联"工作机制，聚焦合成生物产业发展，以学增智、以学促干，推动高端生物产业高质量发展。市经信工作党委书记程鹏、金山区委书记刘健、奉贤区委书记袁泉出席会议并讲话。市委第七巡回督导组组长张义、副组长桂余才到会指导。

24 日 市经信委主要领导调整宣布会议召开，副市长陈杰出席会议并讲话，市委组织部副部长白锦波出席会议。市经信工作党委书记程鹏主持会议。会上，白锦波宣读市人大有关人事任命决定：张英任上海市经济和信息化委员会主任。程鹏、张英分别发言。

结合重点企业"服务包"制度实施，市经信委副主任、一级巡视员戎之勤带队赴中国东方航空设备集成有限公司调研，送上重点企业专属"服务包"，并倾听企业期盼、对接企业诉求，推动企业在沪实现高质量发展。

25 日 以"数联全球、商通未来"为主题的 2023 全球数商大会在张江科学会堂举办。上海市市长龚正宣布大会开幕。国家数据局局长刘烈宏、副市长陈杰致辞。中国工业经济学会会长江小涓，中国工程院院士邬江兴、杨善林、柴洪峰出席。本届大会采用"1+1+1+20"形式办会，包括 1 场开幕式、1 场主论坛、1 场数据交易节、20 场主题论坛，邀请 20 余位院士及全球知名专家、20 余家国际组织及国家智库机构，组织超过 300 场主题演讲、圆桌讨论和企业路演，1000 余家国际国内数商企业、1 万余名专业观众线下参会。

28 日 为进一步推动全面从严治党向纵深推进，按照市委关于常态化制度化开展警示教育的部署要求，市经信工作党委理论学习中心组在市全面从严治党警示教育基地开展扩大学习。

27—29 日 市经信直属机关党组织书记培训班在市委党校举办。市经信工作党委书记程鹏出席并作动员讲话，市经信工作党委副书记张义、市市级机关工作党委副书记王冶勇、市经信委副主任张宏韬为学员作辅导报告。

30 日 "数链沪杭 智绘未来"2023 投资上海·全国行（杭州站）暨数字经济产业生态合作大会在杭州成功举办。市经信委副主任刘平出席并致辞，浦东新区区委常委、副区长吴强，松江区副区长陈容，徐汇区投促办主任魏兰作区域主题推介。

第六届中国国际工业设计博览会在武汉开幕，会上对第六批新认定的 118 家国家级工业设计中心（企业）进行授牌。上海飞机设计研究院、中船邮轮、蔚来汽车、飞科电器、商米科技、百雀羚、广为焊接、上海造币、非夕机器人等 9 家上海单位入选，创上海历年入选（获评）数量新高。

2023 国际汽车电子与软件大会·滴水湖峰会在临港中心开幕，中国科学院院士倪光南、中国工程院院士李克强出席活动并作主题分享，市经信委副主任汤文侃出席活动并致辞。中国机械工业联合会执行副会长罗俊杰、中国汽车工程学会理事长张进华、临港新片区党工委副书记吴晓华等出席会议。

12 月

1 日 2023 首届长三角"5G+ 工业互联网"大会在浙江省绍兴市拉开帷幕。本次大会由长三角区域合作办公室、三省一市经（工）信厅（委）联合指导，长三角区域一体化发展信息化专题组、绍兴市人民政府、上海新兴信息通信技术应用研究院、江苏省企业信息化协会、安徽省首席信息官协会、浙江省企业信息化促进会、浙江省工业互联网产业联盟

2023 年部分法律法规、政策目录

国家部委法律、法规、规章、文件

工业节能监察办法..368

地面无线电台（站）管理规定..................370

生成式人工智能服务管理暂行办法...........372

工业和信息化行政处罚程序规定...............374

上海市法规、规章及文件

上海市信息基础设施管理办法..................................379

上海市无线电领域信用分级分类监督管理办法（试行）.....382

上海市工业通信业节能减排和合同能源管理专项扶持办法...384

工业节能监察办法

（2022 年 12 月 22 日工业和信息化部令第 58 号公布，自 2023 年 2 月 1 日起施行。）

第一条　为了规范工业节能监察，促进企业节约能源和提高能源利用效率，加快绿色低碳发展，推动工业领域碳达峰碳中和，根据《中华人民共和国节约能源法》等有关法律、行政法规，制定本办法。

第二条　本办法所称工业节能监察，是指工业节能监察部门依法对工业和信息化领域能源生产、使用、服务等相关企业、机构执行节能管理有关法律、法规、规章以及强制性国家标准情况进行监督检查，查处违法用能，提出依法用能、合理用能建议的行为。

第三条　工业和信息化部负责全国工业节能监察工作，组织制定和实施全国工业节能监察年度工作计划，加强全国工业节能监察的指导和统筹协调。

县级以上地方人民政府工业和信息化主管部门或者县级以上地方人民政府确定的其他管理工业节能监察的部门负责本行政区域内工业节能监察，制定和实施本行政区域内工业节能监察年度工作计划。

工业和信息化部、县级以上地方人民政府工业和信息化主管部门、县级以上地方人民政府确定的其他管理工业节能监察的部门，统称工业节能监察部门。

第四条　工业节能监察遵循依法、公开、公平、公正和效能原则。

工业节能监察不得向被监察单位收取费用。

第五条　被监察单位应当配合工业节能监察，如实说明情况，提供有关资料，不得隐瞒、虚构事实，不得伪造、隐匿、销毁、篡改有关资料，不得拒绝和阻碍工业节能监察。

第六条　工业节能监察部门可以依据法律、法规、规章的规定，在其法定权限范围内书面委托符合法律规定条件的组织实施工业节能监察。

受委托组织应当在委托范围内以委托部门的名义实施工业节能监察，及时向委托部门报告工业节能监察情况；不得再委托其他组织或者个人实施工业节能监察。

委托部门应当加强对受委托组织实施工业节能监察的监督。

第七条　工业节能监察应当由 2 名以上取得行政执法资格的工业节能监察人员实施。

第八条　工业节能监察人员与被监察单位有直接利害关系或者有其他关系可能影响公正监察的，应当回避。

被监察单位认为工业节能监察人员与被监察单位有直接利害关系或者有其他关系可能影响公正监察的，有权申请回避。

第九条　工业节能监察部门、受委托实施工业节能监察的组织，因工业节能监察需要，可以聘请第三方机构或者有关专家开展工业节能监察辅助工作。

从事工业节能监察辅助工作的机构、人员，不得独立开展工业节能监察。

第十条　工业节能监察包括下列内容：

（一）执行单位产品能耗限额，用能产品、设备能源效率等强制性国家标准情况；

（二）执行落后的耗能过高的用能产品、设备和生产工艺淘汰制度情况；

（三）加强能源计量管理情况；

（四）建立能源消费统计和能源利用状况分析制度情况；

（五）建立节能目标责任制情况，加强节能管理，制定并实施节能计划和节能技术措施情况；

（六）开展节能宣传教育和岗位节能培训情况；

（七）工业节能监察意见落实情况；

（八）法律、法规、规章规定的其他需要开展工业节能监察的事项。

第十一条　对重点用能企业的工业节能监察还包括下列内容：

（一）完成年度工业节能目标情况；

（二）执行能源管理岗位设立和能源管理负责人聘任、培训制度情况；

（三）执行能源利用状况报告制度情况；

（四）建立和实施能源管理体系情况、测量管理体系情况；

（五）开展能源计量审查情况；

（六）法律、法规、规章规定的对重点用能企业其他需要开展工业节能监察的事项。

第十二条　工业节能监察采取现场监察或者书面监察方式。鼓励采用信息化手段开展工业节能监察。

第十三条　实施下列工业节能监察，应当采取现场监察方式：

（一）单位产品能耗限额，用能产品、设备能源效率等强制性国家标准执行情况；

（二）落后的耗能过高的用能产品、设备和生产工艺淘汰制度执行情况；

（三）加强能源计量管理情况；

（四）建立能源消费统计制度情况；

（五）节能监察意见落实情况；

（六）重点用能企业年度工业节能目标完成情况；

（七）法律、法规、规章规定应当采取现场监察的其他事项。

实施前款规定以外事项的工业节能监察，可以采取书面监察方式。

第十四条　实施现场监察的，应当提前5个工作日以书面形式告知被监察单位实施工业节能监察的依据、内容、时间和要求。因查处违法案件、以抽查方式实施的监察，以及依据本办法第十九条规定实施的监察除外。

第十五条　实施现场监察的，工业节能监察人员应当主动向被监察单位出示行政执法证件。未出示行政执法证件或者行政执法证件无效的，被监察单位有权拒绝接受工业节能监察。

第十六条　实施现场监察，可以采取以下措施：

（一）进入有关场所进行勘察、采样、拍照、录音、录像；

（二）查阅、复制或者摘录有关资料；

（三）询问有关人员，要求说明相关事项、提供相关材料；

（四）对用能产品、设备和生产工艺的能源利用状况等进行监测和分析评价；

（五）法律、法规、规章规定可以采取的其他措施。

第十七条　实施现场监察，应当制作现场监察笔录，如实记录监察时间、地点、内容、参加人员、过程等事项，经被监察单位核对无误后签字或者盖章确认。被监察单位拒绝确认的，由2名以上工业节能监察人员在现场监察笔录中注明。

第十八条　实施书面监察，应当以书面形式告知被监察单位监察的依据、内容，列明被监察单位需报送资料的名称、内容、时间和其他要求等。

第十九条　实施书面监察，发现被监察单位所报材料不完整或者存在疑问的，应当要求被监察单位补充或者书面说明；发现所报材料存在隐瞒事实、弄虚作假等行为的，应当实施现场监察。

第二十条　实施工业节能监察，发现被监察单位有违反节能管理有关法律、法规、规章以及强制性国家标准的行为，依法应当给予行政处罚的，按照《中华人民共和国节约能源法》《中华人民共和国行政处罚法》以及其他相关法律、法规、规章的规定处理。

依据前款规定给予被监察单位行政处罚的，应当责令被监察单位改正或者限期改正违法行为。

第二十一条　实施工业节能监察，发现被监察单位有违反节能管理有关法律、法规、规章以及强制性国家标准的行为，但依法可以不予行政处罚的，应当对被监察单位进行教育，责令被监察单位改正或者限期改正违法行为。

第二十二条　限期改正违法行为的期限一般不超过6个月。确需延长改正期限的，经被监察单位申请和工业节能监察部门或者受委托实施工业节能监察的组织批准，可以延长3个月。法律、法规、规章另有规定的，从其规定。

第二十三条　实施工业节能监察，发现被监察单位有不合理用能行为，但未违反节能管理有关法律、法规、规章以及强制性国家标准的，应当依法向被监察单位提出合理用能的监察意见。

第二十四条　工业节能监察部门应当加强工业节能监察能力建设，健全工业节能监察体系。

第二十五条　工业节能监察部门应当加强部门联动，统筹制定工业节能监察年度工作计划。

在同一年度内对同一被监察单位的同一监察事项，不得重复实施工业节能监察，但确认被监察单位落实监察意见、改正违法行为，以及查处违法案件等原因实施的工业节能监察除外。法律、法规、规章另有规定的，从其规定。

第二十六条　工业节能监察部门、受委托实施工业节能监察的组织应当以文字、录像等形式，对工业节能监察进行全过程记录，并按照国家有关规定归档保存。

第二十七条　工业节能监察部门、受委托实施工业节能监察的组织及其工作人员，以及其他参加工业节能监察的机构、人员，对在工业节能监察中知悉的国家秘密、商业秘密或者个人隐私信息，应当依法予以保密。

第二十八条　工业节能监察人员在工业节能监察中滥用职权、玩忽职守、徇私舞弊构成犯罪的，依法追究刑事责任；不构成犯罪的，依法给予处分。

第二十九条　本办法自2023年2月1日起施行。

地面无线电台（站）管理规定

（2022 年 12 月 30 日工业和信息化部令第 60 号公布，自 2023 年 2 月 1 日起施行。）

第一条　为了加强地面无线电台（站）管理，维护空中电波秩序，保证无线电业务的正常进行，保障电磁空间安全，根据《中华人民共和国无线电管理条例》和相关法律、行政法规，制定本规定。

第二条　在中华人民共和国境内设置、使用地面无线电台（站），适用本规定。

本规定所称地面无线电台（站），是指为开展地面无线电业务在某一地点或者地域设置、使用的一个或者多个发信机、收信机，或者发信机与收信机的组合。

本规定所称地面无线电业务，是指除空间无线电业务、射电天文以外的无线电业务，主要包括固定业务、移动业务、广播业务、无线电测定业务、气象辅助业务、标准频率和时间信号业务、业余业务、安全业务、特别业务等。

第三条　国家无线电管理机构负责全国地面无线电台（站）设置、使用的监督管理。

省、自治区、直辖市无线电管理机构依照本规定负责本行政区域内地面无线电台（站）设置、使用的监督管理。

国家无线电管理机构和省、自治区、直辖市无线电管理机构统称无线电管理机构。

第四条　设置、使用除地面公众移动通信终端、单收无线电台（站）以及国家无线电管理机构规定的微功率短距离无线电发射设备以外的地面无线电台（站），应当申请取得无线电台执照。法律、行政法规另有规定的，从其规定。

第五条　申请取得无线电台执照，应当符合《中华人民共和国无线电管理条例》规定的条件，按照下列途径提出申请：

（一）设置、使用有固定台址的地面无线电台（站）的，向无线电台（站）所在地的省、自治区、直辖市无线电管理机构提出申请；

（二）设置、使用没有固定台址的地面无线电台（站）的，向申请人住所地的省、自治区、直辖市无线电管理机构提出申请；

（三）设置、使用15瓦以上短波地面无线电台（站）以及涉及国家主权、安全的重要地面无线电台（站）的，向国家无线电管理机构提出申请。

第六条　申请取得无线电台执照，应当提交下列申请材料，并对申请材料的真实性、完整性负责：

（一）申请书以及申请人的营业执照、身份证等证件材料（复印件），申请人为单位的，还应当提交经办人的证件材料以及单位的授权委托书；

（二）无线电频率使用许可证或者其他批准文件；

（三）所使用的无线电发射设备依法取得无线电发射设备型号核准且符合国家规定的产品质量要求的证明材料；

（四）熟悉无线电管理规定、具备相关业务技能人员的情况说明材料；

（五）设置、使用地面无线电台（站）的具体用途和技术方案；

（六）无线电台（站）电磁环境测试报告。

需要使用无线电台识别码的，应当同时提交识别码使用申请。

第七条　申请取得无线电台执照，依法不需要取得无线电频率使用许可的，无需提交本规定第六条第二项规定的材料。

申请取得下列无线电台执照，可以不提交本规定第六条第六项规定的材料：

（一）广播电视地面无线电台（站）等只具有发射功能的无线电台（站），但地面航空无线电导航台（站）除外；

（二）地面移动通信基站；

（三）无固定台址的地面无线电台（站）；

（四）承诺不提出免受有害干扰保护要求的地面无线电台（站）。

第八条　无线电管理机构应当依法对申请材料进行审查。申请材料不齐全或者不符合法定形式的，应当当场或者在5个工作日内一次性告知申请人需要补正的全部内容，逾期不告知的，自收到申请材料之日起即为受理；申请材料齐全、符合法定形式，或者申请人按照要求补正全部申请材料的，应当予以受理，并向申请人出具受理通知书。

第九条　无线电管理机构应当自受理申请之日起30个

工作日内审查完毕，作出许可或者不予许可的决定。予以许可的，颁发无线电台执照，需要使用无线电台识别码的，同时核发无线电台识别码；不予许可的，书面通知申请人并说明理由。

无线电管理机构审查设置、使用没有固定台址的地面无线电台（站）无线电台执照申请，发现无线电台（站）使用区域超出本行政区域的，应当征求相关省、自治区、直辖市无线电管理机构的意见，并在无线电台执照中载明使用要求。

无线电管理机构审查无线电台执照申请依法组织听证、检测、专家评审，以及开展有关国内、国际协调或者履行国际规则规定程序所需时间，不计算在本条第一款规定的审查期限内，但应当将所需时间告知申请人。

第十条　无线电台执照应当载明无线电台（站）的设置、使用人，台址或者使用区域，使用频率，发射功率，占用带宽，无线电发射设备型号核准代码，有效期，使用要求，执照编号，发证机关及签发时间等事项。同时核发无线电台识别码的，还应当在无线电台执照上载明无线电台识别码。

无线电台执照的样式由国家无线电管理机构统一规定。

第十一条　无线电台执照的有效期不得超过无线电频率使用许可规定的期限；设置、使用依法不需要取得无线电频率使用许可的地面无线电台（站）的，无线电台执照的有效期不得超过5年。

第十二条　无线电台执照有效期届满后需要继续使用地面无线电台（站）的，应当在期限届满30个工作日前向作出许可决定的无线电管理机构申请延续。无线电管理机构应当依本规定进行审查，作出是否延续的决定。准予延续的，更换无线电台执照；不予延续的，书面通知申请人并说明理由。

变更无线电台执照载明的事项的，应当向作出许可决定的无线电管理机构办理变更手续。

第十三条　无线电台执照被依法撤销、吊销的，应当立即停止使用地面无线电台（站），拆除无线电台（站）及天线等附属设备，交回无线电台执照。

无线电台执照有效期届满或者因其他原因终止使用地面无线电台（站）的，应当立即停止使用地面无线电台（站），及时向作出许可决定的无线电管理机构办理注销手续，交回无线电台执照，并自无线电台执照注销之日起60个工作日内拆除地面无线电台（站）及天线等附属设备。

第十四条　遇有危及国家安全、公共安全、生命财产安全的紧急情况或者为了保障重大社会活动的特殊需要，可以不经批准临时设置、使用应当申请取得无线电台执照的地面无线电台（站），但是应当在设置、使用地面无线电台（站）

之日起5日内向无线电台（站）所在地的省、自治区、直辖市无线电管理机构报告，并在紧急情况消除或者重大社会活动结束后拆除无线电台（站）及天线等附属设备。

第十五条　外国领导人访华、各国驻华使领馆和享有外交特权与豁免的国际组织驻华代表机构设置、使用应当申请取得无线电台执照的地面无线电台（站）的，应当通过外交途径经国家无线电管理机构批准。

其他境外组织、个人在我国境内设置、使用应当申请取得无线电台执照的地面无线电台（站）的，应当经相关业务主管部门按照本规定第五条的规定报请无线电管理机构批准。

第十六条　使用地面无线电台（站）的单位、个人应当遵守下列行为规范：

（一）按照无线电台执照载明的事项和条件使用地面无线电台（站）；

（二）不得故意收发无线电台执照许可事项之外的无线电信号，不得传播、公布或者利用无意接收的信息；

（三）定期维护无线电台（站），保证其性能指标符合国家标准和国家无线电管理的有关规定，避免对其他依法设置、使用的无线电台（站）产生有害干扰；书面记录维护情况，并在无线电管理机构检查时根据要求提供；

（四）遵守国家环境保护的有关规定，采取必要措施防止无线电波发射产生的电磁辐射污染环境；

（五）保障无线电台（站）安全运行，提高干扰的防护能力，必要时积极配合开展与其他依法设置、使用的无线电台（站）之间的干扰协调；

（六）不得利用无线电台（站）进行违法犯罪活动；

（七）法律、行政法规以及国家无线电管理的其他行为规范。

第十七条　依法设置、使用的地面无线电台（站）受到有害干扰的，可以向无线电管理机构投诉；受理投诉的无线电管理机构应当依照《中华人民共和国无线电管理条例》的有关规定及时处理，并将处理情况告知投诉人。

第十八条　无线电管理机构应当定期对在用的地面无线电台（站）进行检查和检测。属于广播电视地面无线电台（站）、雷达站、微波站等大型无线电台（站）的，无线电管理机构应当在无线电台执照载明的有效期起始之日起1年内完成首次检查和检测。

第十九条　无线电管理机构及其工作人员应当对在履行职责中知悉的通信秘密、商业秘密和个人隐私信息严格保密，不得泄露或者非法向他人提供。

第二十条　违反本规定的，由无线电管理机构责令改正，依照《中华人民共和国行政许可法》《中华人民共和国无线电管理条例》等法律、行政法规予以处罚。构成违反治安管理行为的,移交公安机关处理;构成犯罪的,移交司法机关处理。

第二十一条 无线电管理机构及其工作人员不依照《中华人民共和国无线电管理条例》和本规定履行职责的,对负有责任的领导人员和其他直接责任人员依法给予处分。

第二十二条 在边境地区设置、使用地面无线电台(站)的,还应当遵守《边境地区地面无线电业务频率国际协调规定》的相关要求。

第二十三条 军事系统地面无线电台(站),在船舶、航空器、铁路机车(含动车组列车)上设置、使用的无线电台、业余无线电台,按照相关规定执行。

第二十四条 本规定自 2023 年 2 月 1 日起施行。

生成式人工智能服务管理暂行办法

(《生成式人工智能服务管理暂行办法》已经 2023 年 5 月 23 日国家互联网信息办公室 2023 年第 12 次室务会会议审议通过,并经国家发展和改革委员会、教育部、科学技术部、工业和信息化部、公安部、国家广播电视总局同意,自 2023 年 8 月 15 日起施行。)

第一章 总则

第一条 为了促进生成式人工智能健康发展和规范应用,维护国家安全和社会公共利益,保护公民、法人和其他组织的合法权益,根据《中华人民共和国网络安全法》、《中华人民共和国数据安全法》、《中华人民共和国个人信息保护法》、《中华人民共和国科学技术进步法》等法律、行政法规,制定本办法。

第二条 利用生成式人工智能技术向中华人民共和国境内公众提供生成文本、图片、音频、视频等内容的服务(以下称生成式人工智能服务),适用本办法。

国家对利用生成式人工智能服务从事新闻出版、影视制作、文艺创作等活动另有规定的,从其规定。

行业组织、企业、教育和科研机构、公共文化机构、有关专业机构等研发、应用生成式人工智能技术,未向境内公众提供生成式人工智能服务的,不适用本办法的规定。

第三条 国家坚持发展和安全并重、促进创新和依法治理相结合的原则,采取有效措施鼓励生成式人工智能创新发展,对生成式人工智能服务实行包容审慎和分类分级监管。

第四条 提供和使用生成式人工智能服务,应当遵守法律、行政法规,尊重社会公德和伦理道德,遵守以下规定:

(一)坚持社会主义核心价值观,不得生成煽动颠覆国家政权、推翻社会主义制度,危害国家安全和利益、损害国家形象,煽动分裂国家、破坏国家统一和社会稳定,宣扬恐怖主义、极端主义,宣扬民族仇恨、民族歧视,暴力、淫秽色情,以及虚假有害信息等法律、行政法规禁止的内容;

(二)在算法设计、训练数据选择、模型生成和优化、提供服务等过程中,采取有效措施防止产生民族、信仰、国别、地域、性别、年龄、职业、健康等歧视;

(三)尊重知识产权、商业道德,保守商业秘密,不得利用算法、数据、平台等优势,实施垄断和不正当竞争行为;

(四)尊重他人合法权益,不得危害他人身心健康,不得侵害他人肖像权、名誉权、荣誉权、隐私权和个人信息权益;

(五)基于服务类型特点,采取有效措施,提升生成式人工智能服务的透明度,提高生成内容的准确性和可靠性。

第二章 技术发展与治理

第五条 鼓励生成式人工智能技术在各行业、各领域的创新应用,生成积极健康、向上向善的优质内容,探索优化应用场景,构建应用生态体系。

支持行业组织、企业、教育和科研机构、公共文化机构、有关专业机构等在生成式人工智能技术创新、数据资源建设、转化应用、风险防范等方面开展协作。

第六条 鼓励生成式人工智能算法、框架、芯片及配套软件平台等基础技术的自主创新,平等互利开展国际交流与合作,参与生成式人工智能相关国际规则制定。

推动生成式人工智能基础设施和公共训练数据资源平台建设。促进算力资源协同共享,提升算力资源利用效能。推动公共数据分类分级有序开放,扩展高质量的公共训练数据资源。鼓励采用安全可信的芯片、软件、工具、算力和数据资源。

第七条　生成式人工智能服务提供者（以下称提供者）应当依法开展预训练、优化训练等训练数据处理活动，遵守以下规定：

（一）使用具有合法来源的数据和基础模型；

（二）涉及知识产权的，不得侵害他人依法享有的知识产权；

（三）涉及个人信息的，应当取得个人同意或者符合法律、行政法规规定的其他情形；

（四）采取有效措施提高训练数据质量，增强训练数据的真实性、准确性、客观性、多样性；

（五）《中华人民共和国网络安全法》、《中华人民共和国数据安全法》、《中华人民共和国个人信息保护法》等法律、行政法规的其他有关规定和有关主管部门的相关监管要求。

第八条　在生成式人工智能技术研发过程中进行数据标注的，提供者应当制定符合本办法要求的清晰、具体、可操作的标注规则；开展数据标注质量评估，抽样核验标注内容的准确性；对标注人员进行必要培训，提升尊法守法意识，监督指导标注人员规范开展标注工作。

第三章　服务规范

第九条　提供者应当依法承担网络信息内容生产者责任，履行网络信息安全义务。涉及个人信息的，依法承担个人信息处理者责任，履行个人信息保护义务。

提供者应当与注册其服务的生成式人工智能服务使用者（以下称使用者）签订服务协议，明确双方权利义务。

第十条　提供者应当明确并公开其服务的适用人群、场合、用途，指导使用者科学理性认识和依法使用生成式人工智能技术，采取有效措施防范未成年人用户过度依赖或者沉迷生成式人工智能服务。

第十一条　提供者对使用者的输入信息和使用记录应当依法履行保护义务，不得收集非必要个人信息，不得非法留存能够识别使用者身份的输入信息和使用记录，不得非法向他人提供使用者的输入信息和使用记录。

提供者应当依法及时受理和处理个人关于查阅、复制、更正、补充、删除其个人信息等的请求。

第十二条　提供者应当按照《互联网信息服务深度合成管理规定》对图片、视频等生成内容进行标识。

第十三条　提供者应当在其服务过程中，提供安全、稳定、持续的服务，保障用户正常使用。

第十四条　提供者发现违法内容的，应当及时采取停止生成、停止传输、消除等处置措施，采取模型优化训练等措施进行整改，并向有关主管部门报告。

提供者发现使用者利用生成式人工智能服务从事违法活动的，应当依法依约采取警示、限制功能、暂停或者终止向其提供服务等处置措施，保存有关记录，并向有关主管部门报告。

第十五条　提供者应当建立健全投诉、举报机制，设置便捷的投诉、举报入口，公布处理流程和反馈时限，及时受理、处理公众投诉举报并反馈处理结果。

第四章　监督检查和法律责任

第十六条　网信、发展改革、教育、科技、工业和信息化、公安、广播电视、新闻出版等部门，依据各自职责依法加强对生成式人工智能服务的管理。

国家有关主管部门针对生成式人工智能技术特点及其在有关行业和领域的服务应用，完善与创新发展相适应的科学监管方式，制定相应的分类分级监管规则或者指引。

第十七条　提供具有舆论属性或者社会动员能力的生成式人工智能服务的，应当按照国家有关规定开展安全评估，并按照《互联网信息服务算法推荐管理规定》履行算法备案和变更、注销备案手续。

第十八条　使用者发现生成式人工智能服务不符合法律、行政法规和本办法规定的，有权向有关主管部门投诉、举报。

第十九条　有关主管部门依据职责对生成式人工智能服务开展监督检查，提供者应当依法予以配合，按要求对训练数据来源、规模、类型、标注规则、算法机制机理等予以说明，并提供必要的技术、数据等支持和协助。

参与生成式人工智能服务安全评估和监督检查的相关机构和人员对在履行职责中知悉的国家秘密、商业秘密、个人隐私和个人信息应当依法予以保密，不得泄露或者非法向他人提供。

第二十条　对来源于中华人民共和国境外向境内提供生成式人工智能服务不符合法律、行政法规和本办法规定的，国家网信部门应当通知有关机构采取技术措施和其他必要措施予以处置。

第二十一条　提供者违反本办法规定的，由有关主管部门依照《中华人民共和国网络安全法》、《中华人民共和国数据安全法》、《中华人民共和国个人信息保护法》、《中华人民共和国科学技术进步法》等法律、行政法规的规定予以处罚；法律、行政法规没有规定的，由有关主管部门依据职责予以警告、通报批评，责令限期改正；拒不改正或者情节严重的，责令暂停提供相关服务。

构成违反治安管理行为的，依法给予治安管理处罚；构成犯罪的，依法追究刑事责任。

第五章　附则

第二十二条　本办法下列用语的含义是：

（一）生成式人工智能技术，是指具有文本、图片、音频、视频等内容生成能力的模型及相关技术。

（二）生成式人工智能服务提供者，是指利用生成式人工智能技术提供生成式人工智能服务（包括通过提供可编程接口等方式提供生成式人工智能服务）的组织、个人。

（三）生成式人工智能服务使用者，是指使用生成式人工智能服务生成内容的组织、个人。

第二十三条　法律、行政法规规定提供生成式人工智能服务应当取得相关行政许可的，提供者应当依法取得许可。

外商投资生成式人工智能服务，应当符合外商投资相关法律、行政法规的规定。

第二十四条　本办法自 2023 年 8 月 15 日起施行。

工业和信息化行政处罚程序规定

（2023 年 5 月 30 日工业和信息化部令第 63 号公布，自 2023 年 9 月 1 日起施行。）

第一章　总则

第一条　为了规范工业和信息化行政处罚程序，保障和监督工业和信息化管理部门依法实施行政管理，保护公民、法人或者其他组织的合法权益，根据《中华人民共和国行政处罚法》等法律、行政法规，制定本规定。

第二条　公民、法人或者其他组织违反工业和信息化行政管理秩序，依法应当给予行政处罚的，由工业和信息化管理部门依照《中华人民共和国行政处罚法》和本规定规定的程序实施。

本规定所称工业和信息化管理部门，包括工业和信息化部，省、自治区、直辖市电信管理机构、无线电管理机构，县级以上地方人民政府工业和信息化主管部门，以及法律、法规授权的具有工业和信息化行政管理职能的组织。

第三条　工业和信息化管理部门实施行政处罚，应当遵循公正、公开的原则，坚持处罚与教育相结合，做到事实清楚、证据确凿、适用依据正确、程序合法、过罚相当。

第四条　工业和信息化管理部门实施行政处罚，应当在法定权限范围内实施。

工业和信息化管理部门依照法律、法规、规章的规定，可以在法定权限范围内书面委托符合法律规定条件的组织实施行政处罚。

受委托的组织应当在委托范围内，以委托机关的名义实施行政处罚；不得再委托其他组织或者个人实施行政处罚。

第五条　工业和信息化管理部门及其工作人员对在实施行政处罚过程中知悉的国家秘密、商业秘密或者个人隐私，应当依法予以保密。

第六条　公民、法人或者其他组织对工业和信息化管理部门给予的行政处罚，享有陈述权、申辩权；对行政处罚不服的，有权依法申请行政复议或者提起行政诉讼。因违法行政处罚受到损害的，有权依法提出赔偿要求。

第二章　行政处罚的管辖

第七条　行政处罚由违法行为发生地的工业和信息化管理部门管辖。法律、行政法规、部门规章另有规定的，从其规定。

通过电信网络实施的违法行为发生地，包括违法行为人住所地、实际经营地、网络接入地、取得电信和互联网信息服务相关许可（备案）所在地。

第八条　两个以上工业和信息化管理部门都有管辖权的，由最先立案的工业和信息化管理部门管辖。

两个以上工业和信息化管理部门对管辖发生争议的，应当在发生争议之日起 7 日内协商解决，协商不成的，应当 7 日内报请共同的上一级工业和信息化管理部门指定管辖；也可以直接由共同的上一级工业和信息化管理部门指定管辖。

第九条　工业和信息化管理部门发现立案的案件应当由工业和信息化管理部门以外的其他行政机关管辖的，应当及时将案件移送其他行政机关。

工业和信息化管理部门发现违法行为涉嫌犯罪的，应当依法及时将案件移送司法机关，不得以行政处罚代替刑事处罚。

第三章　行政处罚的决定

第一节　一般规定

第十条　工业和信息化管理部门实施行政处罚，应当查明事实；违法事实不清、证据不足的，不得给予行政处罚。

第十一条　行政处罚的实施机关、立案依据、实施程序和救济渠道等信息应当公示。

第十二条　行政处罚应当由具有行政执法资格的执法人员实施。执法人员不得少于 2 人，法律另有规定的除外。

执法人员应当文明执法，尊重和保护当事人合法权益。

第十三条　执法人员与案件有直接利害关系或者有其他关系可能影响公正执法的，应当主动回避。

当事人认为执法人员与案件有直接利害关系或者有其他关系可能影响公正执法的，有权申请回避。

当事人提出回避申请的，工业和信息化管理部门应当依法审查，并于 5 日内作出决定。决定作出之前，不停止对案件的调查。

第十四条　工业和信息化管理部门在作出行政处罚决定前，应当告知当事人拟作出的行政处罚内容及事实、理由、依据，并告知当事人依法享有的陈述、申辩、要求听证等权利。

当事人有权进行陈述、申辩。工业和信息化管理部门应当充分听取当事人的意见，对当事人提出的事实、理由和证据进行复核；当事人提出的事实、理由或者证据成立的，工业和信息化管理部门应当采纳。

工业和信息化管理部门不得因当事人陈述、申辩而给予更重的处罚。

第十五条　证据必须经查证属实，方可作为认定案件事实的根据。以非法手段取得的证据，不得作为认定案件事实的根据。

第十六条　工业和信息化管理部门应当依法以文字、音像等形式，对行政处罚的启动、调查取证、审核、决定、送达、执行等进行全过程记录，并按照档案管理规定归档保存。

第十七条　具有一定社会影响的行政处罚决定，工业和信息化管理部门应当自作出决定之日起 7 日内予以公开，法律、行政法规另有规定的，从其规定。

公开行政处罚决定信息，不得泄露国家秘密，不得危害国家安全、公共安全、经济安全和社会稳定，对涉及商业秘密和个人隐私的，应当作必要的处理。

公开的行政处罚决定被依法变更、撤销、确认违法或者确认无效的，工业和信息化管理部门应当在 3 日内撤回行政处罚决定信息并公开说明理由。

第二节　简易程序

第十八条　发现公民、法人或者其他组织有违反工业和信息化行政管理秩序的行为，事实确凿并有法定依据，对公民处以 200 元以下、对法人或者其他组织处以 3000 元以下罚款或者警告的行政处罚的，可以当场作出行政处罚决定。法律另有规定的，从其规定。

第十九条　执法人员当场作出行政处罚决定的，应当向当事人出示执法证件，填写预定格式、编有号码的行政处罚决定书，并当场交付当事人。当事人拒绝签收的，执法人员应当在行政处罚决定书上注明。

前款规定的行政处罚决定书应当载明当事人的违法行为，行政处罚的种类和依据、罚款数额、时间、地点，申请行政复议、提起行政诉讼的途径和期限以及工业和信息化管理部门的名称，并由执法人员签名或者盖章。

第二十条　执法人员当场作出行政处罚决定的，应当在 3 日内报所属的工业和信息化管理部门备案。

第三节　普通程序

第二十一条　除本规定第十八条规定的可以当场作出的行政处罚外，工业和信息化管理部门发现公民、法人或者其他组织有违反工业和信息化行政管理秩序的行为，依法应当给予行政处罚的，应当全面、客观、公正地调查，收集有关证据；必要时，依照法律、法规的规定，可以进行检查。

第二十二条　符合以下条件的，工业和信息化管理部门应当在 15 日内立案：

（一）有证据初步证明公民、法人或者其他组织存在违反工业和信息化行政管理秩序的行为；

（二）依据法律、法规、规章的规定应当受到行政处罚；

（三）在给予行政处罚的法定期限内；

（四）属于本部门管辖。

因特殊情况不能在前款规定的期限内立案的，经工业和信息化管理部门负责人批准，可以延长 15 日。

法律、法规、规章对于立案的期限另有规定的，从其规定。

第二十三条　执法人员开展案件调查的，应当向当事人送达案件调查通知书，告知案件调查的依据、内容、时间、要求等事项。

执法人员在调查或者进行检查时，应当主动向当事人或者有关人员出示执法证件。执法人员不出示执法证件的，当事人或者有关人员有权拒绝接受调查或者检查。

当事人或者有关人员应当如实回答询问，协助调查或者检查，不得拒绝或者阻挠。

第二十四条 执法人员询问当事人或者有关人员，应当分别进行，并制作询问笔录。

询问笔录应当交被询问人核对；被询问人阅读有困难的，应当向其宣读。经核对无误后，由被询问人在笔录上逐页签名或者以其他方式确认。笔录有差错、遗漏的，应当允许被询问人更正或者补充，更正或者补充部分应当由被询问人签名或者以其他方式确认；被询问人拒绝确认的，执法人员应当在笔录上注明并签名。

第二十五条 执法人员收集、调取的书证、物证应当是原件、原物。收集、调取原件、原物确有困难的，可以收集、调取经证据持有人或者执法人员核对无误的复制件、节录本或者能够证明该书证、物证的照片、录像等其他证据。

第二十六条 执法人员收集的电子数据或者录音、录像等视听资料应是原始载体。收集原始载体有困难的，可以收集复制件，并注明制作方法、制作时间、制作人和证明对象等情况，声音资料应当附有文字记录。

第二十七条 为了查明案情，需要对专门性问题进行检测、检验或者鉴定的，工业和信息化管理部门应当委托具备法定资质的机构进行；没有具备法定资质的机构的，可以委托其他具备相应条件的机构进行。检测、检验、鉴定结果应当告知当事人。

第二十八条 执法人员对与案件有关的物品或者场所进行勘验或者检查时，应当通知当事人到场，制作勘验笔录或者检查笔录，交当事人签名或者以其他方式确认。当事人拒不到场、无法找到当事人或者当事人拒绝签名或者以其他方式确认的，执法人员应当在笔录或者其他材料上注明并签名。有其他人在现场的，可以由其他人签名。

第二十九条 执法人员抽样取证的，应当通知当事人到场，制作抽样取证凭证，对样品加贴封条，并由执法人员、当事人在抽样取证凭证上签名或者以其他方式确认。当事人拒不到场、无法找到当事人或者当事人拒绝签名或者以其他方式确认的，执法人员应当在抽样取证凭证上注明并签名。有其他人在现场的，可以由其他人签名。

第三十条 在证据可能灭失或者以后难以取得的情况下，经工业和信息化管理部门负责人批准，执法人员可以先行登记保存。情况紧急、需要当场采取先行登记保存措施的，执法人员应当在24小时内向工业和信息化管理部门负责人报告，并补办批准手续。工业和信息化管理部门负责人认为不应当采取先行登记保存措施的，应当立即解除。

执法人员先行登记保存证据的，应当当场清点并制作先行登记保存通知书，由执法人员、当事人签名或者以其他方式确认后，各执1份。

先行登记保存期间，当事人或者有关人员不得销毁或者转移证据。

第三十一条 对先行登记保存的证据，工业和信息化管理部门应当在7日内作出下列处理决定：

（一）及时采取记录、复制、拍照、录像等证据保全措施，不再需要采取登记保存措施的，决定解除先行登记保存措施；

（二）需要检测、检验、鉴定的，送交检测、检验、鉴定；

（三）依法可以采取查封、扣押等行政强制措施的，决定采取相应的行政强制措施；

（四）违法事实成立，依法应当予以没收的，作出行政处罚决定，没收违法所得或者非法财物；

（五）违法事实不成立，或者违法事实成立但依法不应当予以查封、扣押或者没收的，决定解除先行登记保存措施；

（六）依法应当移交有关部门处理的，移交有关部门并书面告知当事人。

逾期未作出处理决定的，先行登记保存措施自动解除。

第三十二条 有下列情形之一的，经工业和信息化管理部门负责人批准，应当中止案件调查：

（一）行政处罚决定必须以相关案件的裁判结果或者其他行政决定为依据，而相关案件尚未审结或者其他行政决定尚未作出的；

（二）涉及法律适用等问题，需要有权机关作出解释或者确认的；

（三）因不可抗力致使案件暂时无法调查的；

（四）因当事人下落不明或者无法取得联系致使案件暂时无法调查的；

（五）其他依法应当中止调查的情形。

中止案件调查的原因消除后，应当立即恢复案件调查。

第三十三条 存在涉嫌违法的公民死亡、法人或者其他组织终止且无权利义务承受人等应当终止调查的情形，致使案件调查无法继续进行的，终止案件调查。

第三十四条 案件调查终结，工业和信息化管理部门负责人应当对调查结果进行审查，根据不同情况，依法分别作出行政处罚、不予行政处罚或者移送司法机关的决定。

对于情节复杂或者重大违法行为给予行政处罚的，工业和信息化管理部门负责人应当集体讨论决定。

第三十五条 工业和信息化管理部门拟作出行政处罚决定的，应当制作行政处罚意见告知书，告知当事人拟给予的行政处罚的内容、事实、理由、依据和依法享有陈述、申辩的权利。

当事人陈述和申辩的，应当自收到行政处罚意见告知书之日起 5 日内提出。工业和信息化管理部门未告知当事人，或者拒绝听取当事人的陈述、申辩的，不得作出行政处罚决定；当事人明确放弃陈述或者申辩权利的除外。

第三十六条 工业和信息化管理部门拟作出下列行政处罚决定的，应当告知当事人有要求听证的权利，当事人要求听证的，工业和信息化管理部门应当组织听证：

（一）对公民处以 1 万元以上、对法人或者其他组织处以 10 万元以上的罚款。法律、法规、规章对罚款数额另有规定的，从其规定；

（二）没收与前项所列数额同等的违法所得或者同等价值的非法财物；

（三）降低资质等级、吊销许可证件；

（四）责令停产停业、责令关闭、限制从业；

（五）其他较重的行政处罚；

（六）法律、法规、规章规定应当听证的其他情形。

当事人不承担工业和信息化管理部门组织听证的费用。

第三十七条 当事人要求听证的，应当自收到行政处罚意见告知书之日起 5 日内以书面或者口头形式提出。口头提出的，工业和信息化管理部门应当当场记录申请人的基本情况、申请听证的主要理由以及申请时间等内容，并由当事人签名或者以其他方式确认。

第三十八条 工业和信息化管理部门组织听证的，应当在举行听证 7 日前，将听证时间、地点书面通知当事人及有关人员。

除涉及国家秘密、商业秘密或者个人隐私依法予以保密外，听证应当公开举行。

第三十九条 听证设听证主持人 1 名，负责组织听证；听证记录员 1 名，负责听证准备和记录工作；必要时，可以设 1 至 2 名听证员，协助开展听证。

听证主持人、听证员、听证记录员由工业和信息化管理部门指定的非案件调查人员担任。

第四十条 当事人可以亲自参加听证，也可以委托 1 至 2 人代理。

当事人认为听证主持人、听证员或者听证记录员与案件有直接利害关系的，有权申请回避。

第四十一条 听证按照下列程序进行：

（一）听证记录员核对听证参加人身份；

（二）听证主持人宣布听证纪律、听证参加人名单和听证参加人权利义务，询问当事人是否申请回避；

（三）听证主持人宣布听证开始并介绍案由；

（四）案件调查人员提出当事人违法的事实、证据，说明拟作出的行政处罚的内容及法律依据；

（五）当事人或者其代理人进行陈述、申辩，并可以出示相应证据材料；涉及第三人的，由第三人或者其代理人进行陈述；

（六）听证主持人就案件的有关问题向案件调查人员、当事人、第三人或者其代理人等询问；

（七）案件调查人员、当事人、第三人或者其代理人经听证主持人允许相互质证、辩论；

（八）案件调查人员、当事人、第三人或者其代理人作最后陈述；

（九）听证主持人宣布听证结束。

第四十二条 当事人及其代理人无正当理由拒不出席听证或者未经许可中途退出听证的，视为放弃听证权利，工业和信息化管理部门终止听证。

第四十三条 听证应当制作听证笔录，经当事人或者其代理人核对无误后签字或者盖章。当事人或者其代理人拒绝签字或者盖章的，由听证主持人在笔录中注明。

第四十四条 听证结束后，工业和信息化管理部门应当根据听证笔录，依照本规定第三十四条的规定，作出决定。

第四十五条 有下列情形之一的，在工业和信息化管理部门负责人作出行政处罚的决定前，应当由从事行政处罚决定法制审核的人员进行法制审核；未经法制审核或者审核未通过的，不得作出决定：

（一）涉及重大公共利益的；

（二）直接关系当事人或者第三人重大权益，经过听证程序的；

（三）案件情况疑难复杂、涉及多个法律关系的；

（四）法律、法规规定应当进行法制审核的其他情形。

工业和信息化管理部门初次从事行政处罚决定法制审核的人员，应当通过国家统一法律职业资格考试取得法律职业资格。

第四十六条 法制审核的主要内容包括：

（一）执法主体是合法，执法人员是否具备执法资格；

（二）执法程序是否合法；

（三）案件事实是否清楚，证据是否合法充分；

（四）适用法律、法规、规章是否准确，裁量基准运用是否适当；

（五）执法是否超越法定权限；

（六）执法文书是否完备、规范；

（七）违法行为是否涉嫌犯罪、需要移送司法机关；

（八）依法需要审核的其他内容。

第四十七条 工业和信息化管理部门作出行政处罚的决定的，应当制作行政处罚决定书。行政处罚决定书应当载明下列事项：

（一）当事人的姓名或者名称、地址；

（二）违反法律、法规、规章的事实和证据；

（三）行政处罚的种类和依据；

（四）行政处罚的履行方式和期限；

（五）申请行政复议、提起行政诉讼的途径和期限；

（六）作出行政处罚决定的工业和信息化管理部门的名称和日期。

行政处罚决定书应当盖有作出行政处罚决定的工业和信息化管理部门的印章。

第四十八条 工业和信息化管理部门应当自案件立案之日起 90 日内作出行政处罚决定；因案情复杂或者其他原因，不能在期限内作出决定的，经工业和信息化管理部门负责人批准，可以延长 90 日。法律、法规、规章另有规定的，从其规定。

案件处理过程中，检验、检测、鉴定、中止、听证、公告等时间不计入前款规定的期限。

第四十九条 行政处罚决定书应当在宣告后当场交付当事人；当事人不在场的，工业和信息化管理部门应当在 7 日内依照《中华人民共和国民事诉讼法》的有关规定，将行政处罚决定书送达当事人。

当事人同意并签订送达确认书的，工业和信息化管理部门可以采用传真、电子邮件、移动通信等电子方式将行政处罚决定书等送达当事人。

第五十条 因当事人提供的送达地址不准确、送达地址变更未书面告知工业和信息化管理部门，导致行政处罚决定书等未能被当事人实际接收，直接送达的，行政处罚决定书等留在该地址之日为送达之日；邮寄送达的，行政处罚决定书等被退回之日为送达之日。

第四章 行政处罚的执行和结案

第五十一条 行政处罚决定依法作出后，当事人应当在行政处罚决定书载明的期限内，履行行政处罚决定。

当事人确有经济困难，需要延期或者分期缴纳罚款的，应当向工业和信息化管理部门提出申请。工业和信息化管理部门应当在 15 日内作出是否批准的决定，并书面告知当事人。予以批准的，应当告知当事人暂缓或者分期缴纳的期限及金额。

第五十二条 当事人逾期不履行行政处罚决定的，工业和信息化管理部门可以依法采取下列措施：

（一）到期不缴纳罚款的，每日按照罚款数额的 3% 加处罚款，加处罚款的数额不得超出罚款的数额；

（二）根据法律规定，将查封、扣押的财物拍卖、依法处理或者将冻结的存款、汇款划拨抵缴罚款；

（三）根据法律规定，采取其他行政强制执行方式；

（四）依照《中华人民共和国行政强制法》的规定申请人民法院强制执行。

第五十三条 当事人对行政处罚决定不服，申请行政复议或者提起行政诉讼的，行政处罚不停止执行，法律另有规定的除外。

当事人申请行政复议或者提起行政诉讼的，加处罚款的数额在行政复议或者行政诉讼期间不予计算。

第五十四条 有下列情形之一的，工业和信息化管理部门可以办理案件结案：

（一）案件终止调查的；

（二）不予行政处罚的；

（三）案件移送司法机关追究刑事责任的；

（四）行政处罚决定执行完毕的；

（五）行政处罚决定被依法撤销的；

（六）其他可以结案的情形。

申请人民法院强制执行，人民法院受理的，可以按照结案处理。

第五十五条 行政处罚案件结案后，工业和信息化管理部门应当及时将案件材料立卷归档。案卷归档应当一案一卷、文书齐全、手续完备。

第五章 附则

第五十六条 外国人、无国籍人、外国组织在中华人民共和国领域内有违反工业和信息化行政管理秩序的违法行为，应当给予行政处罚的，适用本规定。

第五十七条 本规定中"3 日""5 日""7 日"的规定是指工作日，不含法定节假日。

本规定中的期间开始之日不计算在内。期间届满的最后一日为法定节假日的，以法定节假日后的第一日为期间届满的日期。期间不包括在途时间，行政执法文书在期满前交邮的，不视为过期。

本规定中的"以上""以下""内""前"均包括本数或者本级。

第五十八条 国防科技工业、烟草专卖领域行政处罚程序规定，另行制定。

第五十九条 本规定自 2023 年 9 月 1 日起施行。2001 年 5 月 10 日公布的《通信行政处罚程序规定》（原信息产业部令第 10 号）同时废止。

上海市信息基础设施管理办法

(2023 年 1 月 19 日上海市人民政府令第 75 号公布，自 2023 年 3 月 1 日起施行。)

第一条 （目的和依据）

为了规范和推进本市信息基础设施建设和管理，保障信息基础设施安全，推动经济、生活、治理全面数字化转型，根据有关法律法规，结合本市实际，制定本办法。

第二条 （适用范围）

本市行政区域内信息基础设施的规划、建设、维护、保护和监督等活动，适用本办法。法律、法规、规章对于相关信息基础设施管理有特别规定的，从其规定。

本办法所称信息基础设施，包括为社会公众提供通信服务、广播电视服务以及数据感知、传输、存储和运算等信息服务（以下统称通信和信息服务）的设备、线路和其他配套设施。市经济信息化部门应当会同市通信管理、广播电视等部门编制信息基础设施名录，并适时更新。

第三条 （基本原则和要求）

信息基础设施建设与管理工作应当坚持统一规划、集约建设、资源共享、规范管理的原则。

本市依法保护信息基础设施。任何单位和个人不得阻碍依法进行的信息基础设施建设和维护管理，不得实施非法侵入、干扰、破坏信息基础设施的活动，不得危害信息基础设施安全。

第四条 （政府职责）

市、区人民政府应当将信息基础设施的发展纳入国民经济和社会发展规划，统筹协调解决涉及信息基础设施的重大问题。

乡镇人民政府、街道办事处配合协调信息基础设施建设、保护等相关工作。

第五条 （部门职责）

经济信息化部门负责本行政区域内信息基础设施的协调推进以及相关监督管理工作。

通信管理、广播电视部门分别负责通信、广播电视领域信息基础设施的监督管理工作。

发展改革、规划资源、住房城乡建设管理、交通、水务（海洋）、生态环境、公安等部门按照各自职责，做好信息基础设施相关管理工作。

第六条 （主体责任）

信息基础设施运营者应当按照国家和本市规定的要求和标准，承担信息基础设施的建设、维护、保护主体责任，提供符合要求的通信和信息服务。

信息基础设施运营者应当根据经济建设和群众生活需要，逐步建设完善信息基础设施，改善网络条件，提升公共通信和信息服务质量。

第七条 （宣传教育）

经济信息化部门应当会同通信管理、广播电视、科技、教育等部门组织开展信息基础设施科普活动，宣传相关法律、法规、规章，提高社会公众保护信息基础设施的自觉性。

广播电台、电视台、报刊、新闻网站等应当按照有关规定，开展信息基础设施保护的公益宣传。

第八条 （长三角合作）

本市推进长江三角洲区域信息基础设施一体化建设，共同构建新一代信息基础设施，推动设施互联互通，加强设施保护的会商和信息共享，完善应急联动、执法协助等工作机制，为长三角一体化高质量发展提供支撑。

第九条 （发展规划）

市经济信息化部门应当会同市通信管理、广播电视等部门根据国家信息化发展相关规划、本市国民经济和社会发展规划等，组织编制本市信息基础设施发展规划，并按照相关要求发布实施。

信息基础设施发展规划应当体现信息技术和产业发展趋势，统筹各类信息基础设施合理布局与协调发展。

第十条 （专项规划）

本市信息基础设施相关领域的专项规划，由市经济信息化、通信管理、广播电视等部门会同市规划资源等部门组织编制。专项规划应当符合本市信息基础设施发展规划的要求，统筹信息基础设施的建设和空间利用需求，经批准后纳入相应的国土空间规划。

以出让方式提供国有土地使用权的，规划资源部门应当根据控制性详细规划，将信息基础设施有关内容纳入规划条件，作为国有土地使用权出让合同的组成部分。

第十一条 （建设和设置的总体要求）

信息基础设施的建设和设置应当符合信息基础设施专项规划，并按照有关规定办理审批等手续。

在同等条件下，信息基础设施应当优先利用公共建筑物或者道路综合杆、路灯杆、高架道路、龙门架、道路指示牌、公交候车亭、公用电话亭等公共设施设置。

第十二条 （共建共享）

本市推进信息基础设施共建共享。市经济信息化、通信管理、广播电视等部门应当按照各自职责，组织协调信息基础设施共建共享。

信息基础设施运营者需要新建信息基础设施的，在技术可行、安全可控的情况下，应当优先共享利用已经建成的信息基础设施；不具备共享条件的，应当按照有关规定进行共建。

第十三条 （配套建设）

新建、改建、扩建建设工程，建设单位应当根据规划条件和相关标准，配套设置机房、基站等信息基础设施，并保障用电等的需求。施工图审查机构在审查建设工程施工图设计文件时，应当按照法律、法规和强制性标准进行审查，并根据住房城乡建设管理等部门的指导，落实信息基础设施建设的有关要求。

配套信息基础设施应当与建设工程同步设计、同步施工。建设工程竣工后，应当按照国家和本市有关标准和要求开展验收。

配套信息基础设施的相关费用纳入工程概算、预算。

第十四条 （数据中心规范发展）

市经济信息化部门应当会同市发展改革、通信管理等部门统筹推动数据中心建设和改造升级，引导边缘计算资源池节点与变电站等设施协同建设，提高能源利用效率，推动形成布局合理、技术先进、绿色低碳、算力规模与数字经济增长相适应的新型数据中心发展格局。

鼓励数据中心参与算力调度，提高闲置算力使用效率，提升数据中心整体利用率。市经济信息化部门应当对数据中心进行节能监察。

第十五条 （物联感知设施发展）

本市推进公共领域物联感知设施建设，构建感知网络，提升工业、农业、商贸流通、交通能源、公共安全、城市管理、安全生产等领域的数字化水平。

市经济信息化、通信管理、交通等部门按照各自职责统筹推进道路基础设施的信息化、智能化和标准化建设，引导企业合理布局物联感知设施，支持智能网联汽车等产业发展。

第十六条 （公共场所资源开放）

需要在下列场所设置信息基础设施的，信息基础设施运营者应当事先书面告知相关单位，相关单位应当开放其建筑物以及附属设施等资源，并提供必要的便利，但法律、法规另有规定的除外：

（一）国家机关、事业单位等公共机构的办公场所；

（二）车站、机场、港口、公路、道路、铁路、桥梁、隧道、城市轨道交通等交通基础设施；

（三）利用国有资产举办的医院、展馆、旅游景区和公共绿地等公共场所。

第十七条 （信号覆盖与平等接入）

基础电信业务经营者应当按照国家和本市的要求设置信息基础设施，实现住宅小区、商务楼宇等建筑室内、室外公共区域、电梯、楼梯、地下空间等的信号覆盖。

住宅小区、商务楼宇等的建设单位、所有权人或者管理人，应当为基础电信业务经营者提供平等接入和使用条件，不得收取除房屋租金、电费等规定费用以外的其他不合理费用。

电信业务经营者不得以签订排他性协议等方式限制其他电信业务经营者平等接入，不得阻碍其他电信业务经营者为用户提供服务或者使用项目配套的通信设施。

第十八条 （设施维护）

信息基础设施运营者应当按照要求制定维护管理制度，针对设施属性，明确维护的频次、方法、责任人员，并做好维护记录。相关单位和个人应当提供便利。

共建共享的信息基础设施应当共同维护或者共同委托第三方统一维护，确保各设施正常运行。

市经济信息化、通信管理、广播电视等部门应当按照各自职责制定相关信息基础设施的维护管理要求，并予以公布。

第十九条 （事先告知）

实施下列可能影响信息基础设施安全的行为，施工单位或者相关企业应当事先书面告知信息基础设施运营者，并协商采取相应的技术防范措施：

（一）建造或者拆除建筑物、构筑物；

（二）铺设或者拆除电力线路、电气管道、煤气管道、自来水管道、下水道、广播电视传输线路、通信管线以及设置干扰性设备；

（三）生产易燃、易爆物品或者排放腐蚀性物质；

（四）其他可能影响信息基础设施安全的行为。

第二十条 （协议拆除和迁建）

任何单位和个人不得擅自拆除依法建成的信息基础设施。

因征地拆迁等原因确需拆除信息基础设施的，相关责任单位应当与设施的所有人或者运营者签订拆除或者迁建协议，并根据实际需求设置替代设施，确保通信和信息服务不受影响。

第二十一条（设施终止使用后的拆除）

信息基础设施终止使用的，设施的所有人应当及时拆除；未及时拆除的，市经济信息化、通信管理、广播电视、住房城乡建设管理等部门应当按照职责责令其限期拆除。

第二十二条（安全保护）

市经济信息化部门应当会同市通信管理、广播电视等部门建立信息基础设施安全联防工作机制，保证信息基础设施安全和网络畅通。

信息基础设施运营者应当建立健全设施安全管理制度，落实安全保护措施，对设施进行经常性巡查、维护和管理。市经济信息化、通信管理、广播电视等部门应当对信息基础设施运营者的安全保护工作提供指导。

第二十三条（警示标识）

本市信息基础设施采用统一制式的警示标识。信息基础设施警示标识由市经济信息化部门统一设计。

信息基础设施运营者应当按照要求在信息基础设施上设置警示标识，并确保警示标识完好。

任何单位和个人不得损坏、涂改或者擅自挪动警示标识。

第二十四条（禁止行为）

禁止实施下列危害信息基础设施安全的行为：

（一）侵占、盗窃、破坏、损毁信息基础设施；

（二）在国家和本市规定的管线保护范围内堆土、钻探、挖沟；

（三）在设有水底光缆、海底光缆标识的禁区内从事抛锚、拖网、挖沙、爆破以及其他危及信息通信线路安全的作业；

（四）在信息基础设施或者其附近设置可能严重影响信息基础设施及其有关信号传输的强电磁装置、信号干扰装置等干扰设备；

（五）法律、法规、规章禁止的其他危害信息基础设施安全的行为。

第二十五条（应急处置）

市经济信息化、通信管理、广播电视等部门应当根据各自职责，分别制定相关信息基础设施事故应急处置预案，定期开展应急演练，参与事故的调查与评估。

信息基础设施运营者应当按照本市处置信息基础设施事故应急预案，制定具体实施方案，并每年至少组织一次应急演练。因自然灾害或者事故引起通信和信息服务中断的，相关运营者应当尽快抢修。

市经济信息化、通信管理、广播电视等部门应当建立健全应急保障工作体系，确保应急处置所需的通信和信息服务畅通。

第二十六条（监督检查）

经济信息化、通信管理、广播电视等部门应当建立健全信息基础设施监督检查制度，通过现场检查、专项检查等方式，对信息基础设施的建设、维护、保护等情况实施监督检查，并实现监督检查信息共享。

经济信息化、通信管理、广播电视等部门发现信息基础设施运营者违反本办法的规定，可以对其法定代表人（负责人）或者相关人员进行约谈。

第二十七条（指引条款）

违反本办法规定的行为，有关法律、法规已有处罚规定的，从其规定。

第二十八条（对违反平等接入要求行为的处理）

违反本办法第十七条第二款规定，拒绝为基础电信业务经营者提供平等接入和使用条件的，由通信管理、房屋管理、市场监管等部门对相关单位、责任人进行告诫谈话，并依法处理。

第二十九条（对违反警示标识管理规定行为的处罚）

违反本办法第二十三条第三款规定，损坏、涂改或者擅自挪动信息基础设施警示标识的，由经济信息化、通信管理、广播电视等部门按照各自职责，责令改正，可以处1000元以上5000元以下的罚款。

第三十条（施行日期）

本办法自2023年3月1日起施行。2001年7月5日上海市人民政府令第104号发布，根据2010年12月20日上海市人民政府令第52号修正并重新公布的《上海市公用移动通信基站设置管理办法》同时废止。

上海市无线电领域信用分级分类监督管理办法（试行）

（上海市经济和信息化委员会，2023年2月16日）

第一章　总则

第一条（目的依据）

为推动实施无线电领域信用分级分类监管，依据《中华人民共和国无线电管理条例》《上海市社会信用条例》《上海市无线电管理办法》《上海市人民政府办公厅关于本市加快推进社会信用体系建设构建以信用为基础的新型监管机制的实施意见》等，结合本市实际，制定本办法。

第二条（适用范围）

对在本市行政区域内使用无线电频率，设置、使用无线电台（站）等的单位和个人（以下简称"监管对象"），以信用评价结果为依据开展分级分类监督管理，适用本办法。法律、法规、规章另有规定的，从其规定。

第三条（部门职责）

市经济信息化委按照职责范围负责本市无线电领域信用分级分类监督管理工作，统筹信用评价标准制订、信用评价组织等工作，综合监管对象相关信用信息，根据信用评价结果等级高低等因素，对监管对象进行分级分类，实施差异化监管措施。

第二章　信息归集

第四条（信息范围）

开展无线电领域信用评价和分级分类监管综合考虑监管对象的基本信息、失信信息和其他信息。

第五条（基本信息）

监管对象的基本信息包括：

（一）名称、统一社会信用代码、姓名、身份证号码等；

（二）无线电相关行政许可等政务服务信息；

（三）法律、法规、规章等规定应当作为基础信息予以归集的其他基础信息。

第六条（失信信息）

监管对象的失信信息包括：

（一）违反无线电管理法律、法规和规章，被适用一般程序处以行政处罚的；

（二）在申请无线电相关行政许可时，提供虚假材料、隐瞒真实情况的；

（三）欠缴无线电频率占用费，经催缴后，仍拒绝缴纳的；

（四）因监管对象自身原因两次被撤销无线电相关许可的；

（五）对涉及人身安全的无线电频率产生有害干扰，且拒不消除的；

（六）利用无线电开展犯罪活动的；

（七）在检查人员开展检查中，故意隐瞒有关情况、提供虚假材料、拒绝提供反映其活动情况的真实材料或者阻挠、阻碍检查人员依法履行职责，被予以行政、刑事处罚的；

（八）其他根据法律、法规、规章等应当列入失信信息的。

第七条（其他信息）

其他信息包括：

（一）监管对象报送相关年度报告情况、办理注销手续情况等其他行业管理信息；

（二）公共信用综合评价结果；

（三）失信行为信用修复信息；

（四）监管对象自主提供或授权归集的信息。

第三章　信用评价

第八条（评价方式）

市经济信息化委综合考虑监管对象的基本信息、失信信息和其他信息，形成符合无线电领域特点的信用评价指标体系，对监管对象的信用等级进行动态评价；并根据实际评价运行情况，对信用评价指标进行调整和优化。

第九条（信用等级）

无线电领域信用评价结果分为A、B、C三个等级：

（一）A级代表监管对象信用较好，风险较低。遵守无线电管理法律、法规、规章以及无线电领域日常管理要求，且不存在 B、C 级所列情形的，评为 A 级。

（二）B 级代表监管对象有一定信用风险。监管对象有下列情形之一、且不存在 C 级所列情形的，评为 B 级：

1. 未按要求报送上一年度无线电频率使用报告，或者报告真实性存在问题的；

2. 终止使用无线电台（站）后，未按要求办理注销手续，或者未按要求拆除无线电台（站）及天线等附属设备的；

3. 其他违反无线电领域日常管理要求的情形。

（三）C 级代表监管对象违法失信风险较高。监管对象存在下列情形之一的，评为 C 级：

1. 违反无线电管理法律、法规和规章，被适用一般程序处以行政处罚的；

2. 在申请无线电相关行政许可时，提供虚假材料、隐瞒真实情况的；

3. 欠缴无线电频率占用费，经催缴后，仍拒绝缴纳的；

4. 因监管对象自身原因两次被撤销无线电相关许可的；

5. 对涉及人身安全的无线电频率产生有害干扰，且拒不消除的；

6. 利用无线电开展犯罪活动的；

7. 在检查人员开展检查中，故意隐瞒有关情况、提供虚假材料、拒绝提供反映其活动情况的真实材料或者阻挠、阻碍检查人员依法履行职责，被予以行政、刑事处罚的。

第十条（评价周期）

无线电领域信用评价以定期评价为基础，不定期评价为补充。

定期评价，每年第二季度开展一次评价。市经济信息化委根据查询归集的监管对象上一年度的相关信息进行评价。

不定期评价，涉及以下情况的，市经济信息化委应对监管对象重新开展信用评价，调整信用评价等级：

（一）监管对象出现影响信用等级情形的；

（二）按照规定完成信用修复的；

（三）评价所依据的相关规定发生调整的；

（四）其他可能明显影响评价结果的情况。

第四章　分级分类监管

第十一条（差异化监督检查）

市经济信息化委根据对监督对象的信用评价结果，结合工作实际开展无线电领域年度监督检查，确定差异化的检查比例、检查频次、检查方式等。

对评价结果为 A 级的监管对象，合理降低检查比例和频次，可以适用非现场检查方式等。

对评价结果为 B 级的监管对象，按照一定比例检查、适当增加检查频次、开展约谈、督促整改等。

对评价结果为 C 级的监管对象，列为重点检查对象，提高检查比例和频次，适用现场检查，加强风险监测，依法依规实行严管和惩戒。

第十二条（激励措施）

对评价结果为 A 级的监管对象，市经济信息化委可以采取以下激励措施：

（一）在实施无线电相关行政许可中，根据实际情况给予优先办理等便利服务措施；

（二）许可延续时，可在法定许可期限内，适当延长许可有效期；

（三）对临时使用无线电频率等申请优先支持；

（四）在频率招标、拍卖时，给予信用加分、提升信用等次；

（五）国家和本市规定可以采取的其他激励措施。

第十三条（评价结果共享）

市经济信息化委探索建立无线电领域信用监管数据库，按照有关要求将无线电领域信用评价结果、应用情况等相关信息与市公共信用信息服务平台实现对接共享。

第五章　权益保护

第十四条（评价结果告知和异议处理）

监管对象对信用评价结果提出书面申请的，市经济信息化委书面告知其信用分级分类评价结果。

监管对象对信用评价结果提出书面异议的，市经济信息化委应在收到异议材料后及时予以核实，听取意见、作出处理并书面反馈结果。

第十五条（信用修复）

市经济信息化委根据国家和本市的相关要求建立信用修复机制。监管对象在按规定纠正失信行为、消除不良影响等完成信用修复后，市经济信息化委应对监管对象重新开展信用评价，调整信用评价等级。

第十六条（信用信息安全）

开展无线电领域信用评价和分级分类监管应严格遵守信息安全相关法律法规，建立完善信用信息查询登记和审查制度，明确相关程序，加强信用信息安全和监管对象的相关权益保护。

对违法违规泄露、篡改信用信息或利用信用信息谋私等行为，依法依规予以查处。

第十七条（责任追究）

在无线电领域信用评价和分级分类监管中，不得违法向监管对象收取费用、索取或收受监管对象的财物、谋取其他利益。

对违法违规收取费用、索取或收受财物等行为，依法依规追究相关责任。

第六章　附则

第十八条（施行时间）

本办法自 2023 年 2 月 16 日起施行，有效期至 2025 年 2 月 15 日。

上海市工业通信业节能减排和合同能源管理专项扶持办法

（上海市经济和信息化委员会，2023 年 4 月 21 日）

第一条（目的依据）

为深入贯彻绿色低碳发展理念，落实国家和本市推进生态文明建设的决策部署，实现碳达峰碳中和目标，建立和完善绿色制造体系，促进节能环保清洁产业发展，推进合同能源管理模式，引导和鼓励企业加大节能减排力度，根据《中华人民共和国节约能源法》《中华人民共和国清洁生产促进法》《上海市节约能源条例》和《上海市节能减排（应对气候变化）专项资金管理办法》等，制定本办法。

第二条（资金来源）

本办法所称的上海市工业通信业节能减排和合同能源管理专项资金（以下简称专项资金），从市节能减排（应对气候变化）专项资金中列支。

第三条（支持原则）

专项资金的使用与管理应当公开公平、规范有序，有利于促进产业绿色低碳高质量发展，有利于提升产业绿色低碳技术水平，有利于促进企业、园区节约用能和能耗强度下降。

第四条（支持范围）

专项资金主要支持产业绿色低碳工艺升级、绿色低碳新技术应用、绿色制造体系建设、节能减排改造和管理水平提升，促进清洁生产和合同能源管理等节能环保服务，以及市政府确定的其他用途。

第五条（支持对象）

本办法支持的对象应当符合以下要求：

（一）在本市依法设立，正常生产经营的单位；

（二）符合国家和本市产业政策导向；

（三）单位资金和纳税信用良好、财务管理制度健全，在本市公共信用信息服务平台未记载 3 年内环保等领域严重失信信息；

（四）具有完善的能源计量、统计和管理体系；

（五）申报项目具有较好的经济、社会和环境效益。

第六条（支持条件和标准）

（一）节能降碳改造和管理能力提升

1. 绿色低碳工艺升级和新技术应用

对实现工艺突破或流程再造，以及企业首次应用绿色低碳新技术、新材料、新装备等具有示范推广意义的项目，按照 2000 元／吨标煤给予奖励。单个项目奖励最高不超过 1000 万元，且不超过投资额的 30%。

2. 节能技术改造项目

对符合国家和本市产业政策，对现有工艺、设备进行技术改造，年节能量 50 吨标煤以上的项目，按照 1000 元／吨标煤给予奖励。单个项目奖励最高不超过 1000 万元，且不超过投资额的 30%。

3. 能源管理中心项目

综合运用数字化技术，建立能源管理中心的用能单位和园区，取得节能降碳效果，按照项目投资额的 20% 给予奖励，单个项目奖励最高不超过 1000 万元。能源管理中心建设技术要求在申报通知中明确。

4. 能源管理体系认证

对年综合能耗 2000 吨标煤以上，首次通过 GB/T 23331 或 ISO50001《能源管理体系要求》能源管理体系认证的工业和通信业企业，给予一次性奖励 5 万元。

（二）绿色制造体系示范

对获评国家级绿色园区、绿色工厂、绿色供应链管理、工业产品绿色设计示范企业、绿色数据中心，给予一次性奖励 20 万元。

（三）清洁生产

按照《清洁生产审核办法》规定本市清洁生产审核管理要求，通过验收且符合节能、降耗、减污等 2 项及以上评价指标的企业，且项目投资额达到 50 万元以上，按照投资额 20% 给予奖励，奖励额最高不超过 1000 万元。清洁生产评价指标在申报通知中明确。

（四）节能环保服务

1.合同能源管理

（1）节能服务机构在工业、建筑、交通以及公共服务等领域，采取合同能源管理模式，包括采用互联网、云计算、AI 智能控制等技术实施合同能源节能运维管理，对年节能量在 50 吨标煤以上的项目，按照 1500 元／吨标煤的标准给予奖励。单个项目奖励最高不超过 1000 万元，且不超过投资额的 30%。

（2）支持新建工程项目采用合同能源管理模式。对节能设备设施投资额 500 万元以上的新建合同能源管理项目，节能量达到 500 吨标煤以上的项目，给予一次性奖励 50 万元。

2.能源审计、节能诊断服务

支持节能服务机构为用能单位开展能源审计、节能诊断等测试评价服务，制定节能改造方案，项目实施完成、节能降碳改造和管理能力提升的，给予奖励 5 万元。

3.清洁生产服务

支持节能服务机构为企业实施清洁生产审核测试评价服务工作，达到相关验收要求的，给予奖励 5 万元。

第七条（部门职责）

市经济信息化委负责对工业通信业节能减排和合同能源管理专项支持项目进行监督和管理。

上海市应对气候变化及节能减排工作领导小组办公室负责对工业通信业节能减排和合同能源管理专项支持项目的节能减排情况进行抽查。

市财政局负责对专项资金的使用情况进行监督。

第八条（申报程序和项目评审）

市经济信息化委发布年度申报通知，确定支持方向、申报要求等，由项目单位在市经济信息化委专项资金项目管理与服务平台提出资金申请。

经项目初审、专家评审、综合评定等流程后，由市经济信息化委会同市发展改革委、市财政局确定拟支持项目计划，并在市经济信息化委网站上公示，公示期限为 5 个工作日。

第九条（资金拨付）

经评估验收后，市经济信息化委将拟支持项目计划报市节能减排办，并根据市节能减排办审核后下达的资金使用计划，向市财政局提出拨款申请；市财政局按照财政资金支付管理的有关规定进行审核后，将支持资金拨付给项目单位。

第十条（监督管理）

专项资金必须专款专用，任何单位不得截留、挪用。对弄虚作假、重复申报等方式骗取专项资金的单位，除依法追缴资金外，将取消其三年内专项资金申报资格，按照规定将相关失信信息归集至市公共信用信息服务平台并依法依规实施失信惩戒措施，情节严重的将依法追究法律责任。

第十一条（参照执行）

各区可结合实际情况，制定各区工业通信业节能减排和合同能源管理相应支持政策。

第十二条（有效期）

本办法自 2023 年 5 月 22 日起施行，有效期至 2026 年 12 月 31 日。

2024 · 上海工业年鉴

SHANGHAI INDUSTRIAL YEARBOOK

特载

综述

专题

区工业

企业简介

上市股份公司

行业协会简介

大事记

经济法规

统计资料

规模以上工业总产值（2000—2023 年）

年份	工业总产值（亿元）
2000	7022.98
2001	7806.18
2002	8730.00
2003	11708.49
2004	14595.29
2005	16876.78
2006	19631.23
2007	23108.63
2008	25968.38
2009	24888.08
2010	31038.57
2011	33834.44
2012	33186.41
2013	33899.38
2014	34071.19
2015	33211.57
2016	33079.72
2017	36094.36
2018	36451.84
2019	35487.05
2020	37052.59
2021	42013.99
2022	42505.68
2023	39399.57

资料来源：上海市统计局。

2023 年规模以上工业企业主要指标（一）

（单位：万元）

类　别	平均用工人数（人）	工业总产值	营业收入	营业成本	销售费用
总计	1720698	393995743	458590014	379950810	15554341
按登记注册类型分					
内资	926428	190757570	229405652	189110804	6870521
国有	8542	846539	978229	843213	27277
集体	2324	164028	219589	181212	7248
股份合作	1455	337085	355711	340306	2456
国有与集体联营	259	25419	22703	18388	188
国有独资公司	72408	24713840	28655380	26521115	348936
其他有限责任公司	233143	72555451	83169627	64673784	1964231
股份有限公司	99212	27864039	40197537	35572503	1405360
私营独资	6727	662326	690016	574522	20461
私营合伙	2009	161212	154377	116253	5411
私营有限责任公司	427219	50987660	58879175	47248414	2298331
私营股份有限公司	72880	12427301	16070315	13008265	789112
其他内资	250	12669	12995	12830	1511
港澳台商投资	236980	69955433	74204199	64097037	2134053
与港澳台商合资经营	63314	16882037	18358319	14978776	485357
与港澳台商合作经营	2955	238369	258039	180585	30227
港澳台商独资	156500	48957270	51566700	45862136	1445173
港澳台商投资股份有限公司	11837	3739382	3879078	2995654	150750
其他港澳台商投资	2374	138374	142062	79886	22547
外商投资	557290	133282740	154980164	126742969	6549767
中外合资经营	166758	58182436	67699453	57471685	1861805
中外合作经营	17202	2059576	2560483	2015536	244131
外商独资企业	359329	70373134	81826394	65125056	4317119
外商投资股份有限公司	10884	2344525	2498550	1815665	111490
其他外商投资	3117	323069	395284	315027	15223
按控股情况分					
国有控股	354249	140426025	169601587	144409670	2559180
集体控股	14033	2122378	2365149	2089927	65274
私人控股	668338	91697912	108444764	86607914	5259256
港澳台控股	196786	56656247	60034936	52650481	1792821
外商控股	482822	100544373	115506399	91712507	5831495
其他控股	4470	2548809	2637180	2480311	46314
按企业规模分					
大型企业	574304	189889827	221502748	187414973	5379984
中型企业	445291	90325465	106207728	85564010	5441652
小型企业	701103	113780451	130879538	106971827	4732705

资料来源：上海市统计局。

2023 年规模以上工业企业主要指标（二）

（单位：万元）

类　别	营业税金及附加	利润总额	税金总额	亏损企业亏损额	流动资产合计
总计	11180220	25194929	18765520	6221526	345186678
按登记注册类型分					
内资	8550697	12057438	13284981	3855993	203334285
国有	3688	−35560	−49531	85974	1872661
集体	1768	12429	7543	5422	287919
股份合作	538	2448	4276	3212	139861
国有与集体联营	160	3710	1211		9084
国有独资公司	93601	630791	411006	290484	20089289
其他有限责任公司	7848735	4619932	10221947	1439081	67280901
股份有限公司	297425	2476156	824591	877049	42726360
私营独资	2557	28593	21817	11990	685091
私营合伙	603	11839	5190	582	112479
私营有限责任公司	245679	3326286	1534071	974672	52646303
私营股份有限公司	55945	982825	302860	165515	17481102
其他内资		−2013		2013	3236
港澳台商投资	1503248	3822560	2262006	800138	39484361
与港澳台商合资经营	1332045	720628	1666240	301671	10248899
与港澳台商合作经营	1502	16682	9113	3954	248898
港澳台商独资	157275	2684313	530089	435787	24610138
港澳台商投资股份有限公司	11629	407989	51087	29906	4086034
其他港澳台商投资	797	−7051	5477	28821	290393
外商投资	1126275	9314931	3218533	1565395	102368032
中外合资经营	775430	3466467	1660660	868685	46296161
中外合作经营	11601	135682	58467	53836	1916246
外商独资企业	325359	5349999	1428697	618921	50846686
外商投资股份有限公司	11587	335550	59046	20621	3053369
其他外商投资	2298	27235	11663	3332	255570
按控股情况分					
国有控股	10072239	6566457	13397422	2942006	123417637
集体控股	7451	108048	60225	24584	3988914
私人控股	435193	6510575	2565751	1700709	102483801
港澳台控股	192222	3434672	687736	521413	32329633
外商控股	465897	8556734	2014507	783414	81669606
其他控股	7218	18442	39879	249401	1297087
按企业规模分					
大型企业	10169031	9669885	13545235	2887879	150394281
中型企业	460277	7649194	2147234	1366154	84852285
小型企业	550912	7875849	3073051	1967493	109940112

资料来源：上海市统计局。

2023 年规模以上工业企业主要指标（三）

（单位：万元）

类　别	存货	其中： 产成品存货	资产 总计	负债 合计
总计	66776004	20162229	585589694	285524066
按登记注册类型分				
内资	37964799	10824798	364222392	171061093
国有	527317	101473	4204788	2554202
集体	71741	28605	402707	181164
股份合作	31051	19683	179221	81732
国有与集体联营	7737	2297	12843	7508
国有独资公司	4614657	374651	54891278	29717497
其他有限责任公司	14450175	3029994	104720063	53224135
股份有限公司	4336789	1237529	100406256	37349278
私营独资	113736	54413	818697	496456
私营合伙	32099	24826	141805	64244
私营有限责任公司	10520685	4676294	71674486	36764767
私营股份有限公司	3258488	1274706	26766558	10616855
其他内资	326	326	3689	3256
港澳台商投资	7338521	2571916	64080938	31005474
与港澳台商合资经营	2207700	597048	19581511	7758283
与港澳台商合作经营	43131	15822	333657	158843
港澳台商独资	4022912	1680442	36614805	20624820
港澳台商投资股份有限公司	1020570	258915	7056015	2360383
其他港澳台商投资	44208	19690	494950	103145
外商投资	21472683	6765516	157286365	83457500
中外合资经营	10073423	2962281	77074346	46339627
中外合作经营	326766	113697	2500686	1025698
外商独资企业	10292754	3359425	71784263	34374449
外商投资股份有限公司	718786	307633	5597332	1565533
其他外商投资	60954	22480	329739	152193
按控股情况分				
国有控股	23469396	4662665	260103964	131416415
集体控股	616208	282780	5183283	1527360
私人控股	19234221	8014137	147722623	69306124
港澳台控股	5601682	2162665	49214269	25508052
外商控股	17487027	4950236	118867280	56394930
其他控股	367471	89747	4498275	1371186
按企业规模分				
大型企业	28743444	6040726	290980673	144479400
中型企业	16342655	5863978	139823670	66604776
小型企业	21689905	8257526	154785351	74439891

资料来源：上海市统计局。

2023 年规模以上工业企业主要指标（四）

（单位：万元）

类　别	成本费用总额	管理费用	财务费用
总计	429064242	20467476	92119
按登记注册类型分			
内资	214000056	10206948	241667
国有	1093507	82180	6861
集体	213054	23212	−847
股份合作	357892	12173	1962
国有与集体联营	18982	408	−2
国有独资公司	28619565	844253	36128
其他有限责任公司	71739215	3031345	−215943
股份有限公司	39801272	1163354	89281
私营独资	664482	53651	3469
私营合伙	142798	16365	1221
私营有限责任公司	55949524	4178460	257589
私营股份有限公司	15384768	800896	61945
其他内资	14998	653	4
港澳台商投资	69457182	2028160	−220230
与港澳台商合资经营	16496844	655446	−22857
与港澳台商合作经营	240832	24668	679
港澳台商独资	48973827	1190056	−211805
港澳台商投资股份有限公司	3587745	133905	17485
其他港澳台商投资	157934	24086	−3732
外商投资	145607004	8232368	70682
中外合资经营	64149232	2351510	69259
中外合作经营	2434986	141011	−319
外商独资企业	76472530	5579895	8578
外商投资股份有限公司	2184624	129091	−6321
其他外商投资	365632	30861	−515
按控股情况分			
国有控股	157037870	5079483	−145499
集体控股	2333563	153582	−23131
私人控股	102979324	6419910	376105
港澳台控股	56934537	1566775	−192239
外商控股	107135621	7165295	68944
其他控股	2643328	82431	7938
按企业规模分			
大型企业	205330826	6759500	−652375
中型企业	99891773	5351712	269829
小型企业	123841644	8356265	474665

资料来源：上海市统计局。

2023 年国有控股工业企业主要指标

（单位：万元）

指　标	国有 控股企业	其　中	
		#大型企业	#中型企业
工业总产值	140426025	96116356	21856400
平均用工人数（人）	354249	223210	73401
年末资产总计	260103964	190938593	40421743
流动资产合计	123417637	85341700	21120414
#存货	23469396	16318692	4333811
#产成品存货	4662665	2469161	1239702
年末负债合计	131416415	93482890	22011479
营业收入	169601587	117535660	27129577
营业成本	144409670	98376151	23883490
销售费用	2559180	1614002	592558
税金及附加	10072239	9837238	135752
管理费用	5079483	3337464	931970
财务费用	−145499	−412329	149195
营业利润	6571849	3841052	1491128
利润总额	6566457	3826743	1465741
税金总额	13397422	12385361	488178
亏损企业亏损额	2942006	2348508	363160
本年应交增值税	3325183	2548123	352427

资料来源：上海市统计局。

2023 年工业企业经济效益指数

类别	营业收入利润率（%）	每百元营业收入中的成本（元）	每百元营业收入中的费用（元）	每百元资产实现的营业收入（元）	人均营业收入（万元／人）	资产负债率（%）	产成品存货周转天数（天）	应收账款平均回收期（天）
总计	5.49	82.85	10.71	78.31	266.51	48.76	19.10	77.13
按控股情况分								
＃国有控股	3.87	85.15	7.45	65.21	478.76	50.52	11.62	52.92
集体控股	4.57	88.36	10.30	45.63	168.54	29.47	48.71	86.91
私人控股	6.00	79.86	15.10	73.41	162.26	46.92	33.31	116.33
港澳台控股	5.72	87.70	7.14	121.99	305.08	51.83	14.79	70.17
外商控股	7.41	79.40	13.35	97.17	239.23	47.44	19.43	80.63
按企业规模分								
大型	4.37	84.61	8.09	76.12	385.69	49.65	11.60	58.92
中型	7.20	80.56	13.49	75.96	238.51	47.63	24.67	85.61
小型	6.02	81.73	12.89	84.56	186.68	48.09	27.79	101.06

资料来源：上海市统计局。

上海市高技术产业（制造业）主要情况（2022—2023年）

（单位：万元）

类　别	平均用工人数（人）	工业总产值	年末资产总计	营业收入	营业成本	利润总额	税金总额
2023年总计	**413899**	**78662316**	**136989410**	**85101203**	**68453028**	**4295600**	**1168016**
占全市比重（%）	**24.1**	**20.0**	**23.4**	**18.6**	**18.0**	**17.0**	**6.2**
按控股情况分							
国有控股	78749	11577157	35778981	12148358	10015383	−452882	194592
集体控股	2556	167484	668653	187555	143533	9690	5360
私人控股	128896	21003639	40081722	23548449	17379385	1339917	543911
港澳台商控股	72198	18419609	20597010	18929187	16292934	1102653	137138
外商控股	130285	27198040	37027804	30005574	24529840	2118649	274161
其他控股	1215	296387	2835240	282080	91954	177573	12854
按技术领域分							
医药制造业	65016	10747756	26803113	11001973	5623550	1531164	462711
航空、航天器及设备制造业	35437	4015208	7372236	3831545	3250427	−21229	37721
电子及通信设备制造业	197512	42626436	79789408	46907742	40068823	1347975	332008
计算机及办公设备制造业	42582	12277566	6526510	12978293	12576730	147714	26914
医疗仪器设备及仪器仪表制造业	73255	8926078	16462888	10315136	6869581	1291926	307884
信息化学品制造业	97	69272	35255	66514	63917	−1950	779
2022年总计	**461150**	**88054257**	**127695581**	**91763522**	**74510420**	**6091534**	**1349404**
占全市比重（%）	**25.3**	**22.2**	**22.7**	**20.3**	**19.8**	**23.9**	**7.6**
按控股情况分							
国有控股	75986	11129898	30280855	11178899	8643900	367166	326683
集体控股	2654	191275	685601	233575	169510	144346	6707
私人控股	131308	20722417	37872222	22908172	16688364	2271709	590782
港澳台商控股	98146	25353461	18164246	25357023	22461077	1111795	123573
外商控股	151938	30406035	37933362	31823043	26454605	2050095	289346
其他控股	1118	251171	2759295	262811	92965	146423	12313
按技术领域分							
医药制造业	66960	11513750	26761595	11836116	6212993	2057140	548672
航空、航天器及设备制造业	33872	3039698	6675025	3269814	2833033	−143253	43817
电子及通信设备制造业	217069	44819622	71098766	46771909	39510164	2692764	434310
计算机及办公设备制造业	71565	19886584	7758612	20023760	19422896	69753	32327
医疗仪器设备及仪器仪表制造业	71623	8751184	15359883	9814824	6486292	1418394	288900
信息化学品制造业	61	43420	41701	47100	45043	−3265	1377

资料来源：上海市统计局。

2023 年各区工业企业主要指标

（单位：万元）

地　　区	平均用工人数（万人）	工业总产值	年末资产总计	营业收入	营业成本	利润总额	税金总额
总计	172.07	393995743	585589694	458590014	379950810	25194929	18765520
＃浦东新区	42.8	136608137	209398129	154931180	134362529	7306350	3414240
黄浦区	0.14	388639	997747	670859	546484	94230	22946
徐汇区	2.01	9236990	9224761	11705966	10131564	486888	157347
长宁区	2.15	1926545	3303071	2038085	1300905	259730	112027
静安区	0.64	593465	1722158	957496	741195	86812	26598
普陀区	1.06	1546982	3130103	1977245	1606125	145161	65704
虹口区	0.17	502125	1706369	737853	644772	52820	15149
杨浦区	1.37	8248617	19791530	15755733	5962288	2653670	7939249
闵行区	17.17	34338383	53559581	39481754	30897612	2891567	959087
宝山区	8.63	25402323	43712402	30479483	27434859	1663253	544342
嘉定区	25.53	45156219	61977472	54093711	44708066	2458222	1275367
金山区	11.97	25370244	28640961	28715895	24259757	595277	1902126
奉贤区	16.04	28079717	35354547	30556078	24200310	1934157	703721
松江区	24.06	37904160	46711044	43036145	35691887	2418114	722465
青浦区	12.02	17294314	26242643	20043967	15940880	1426740	505029
崇明区	4.37	5116794	11409994	5158871	4750723	48747	178406

资料来源：上海市统计局。

上海申能临港燃机发电有限公司

数字化转型 低碳高效发电

上海申能临港燃机发电有限公司（简称临港燃机）位于临港新片区重装备园区，一期工程建设四台9F400MW级燃气−蒸汽轮机联合循环发电机组。

近年来，临港燃机不断采用数字化技术为燃气电厂赋能，构建以数字化集成管理系统与智能装备为核心的燃机发电智能工厂整体架构，包含运行管理、设备管理、采购销售管理，实现对销售、工艺、质量、财务的横向集成、与设备联通的纵向集成、跨业务间的数据共享及少人化智能运行，实现低碳高效发电，并成功入选上海市2023年度市级智能工厂。特别是研发采用的一键启停（APS）分散控制系统，一键操作即可完成不同工况下发电机组共79个步骤、107个设备、800多个子系统运行，实现燃机启动30分钟内并网发电，为当时国内首个实现"一键启停"功能的燃机电厂。

未来，临港燃机将继续以科技创新为动力，不断推动企业数字化转型，充分发挥燃机发电绿色、低碳、安全、环保、节能的特点，努力建成燃机发电智能工厂标杆企业。同时，继续加快数字化能源管理系统和人员智慧管控系统建设，积极参与申能集团统一数据平台整合，实现申能数字化转型的总体战略布局。

国网上海市电力公司浦东供电公司

国网上海浦东供电公司隶属于国网上海市电力公司，属国家大型企业，2010年1月挂牌成立，并于2012年12月升格为国家电网公司大型重点供电企业，主要承担上海市浦东新区的电网规划、建设和供电服务任务。网内拥有4座500千伏变电站、32座220千伏变电站、56座110千伏变电站和213座35千伏变电站，35千伏及以上变电总容量30621.5兆伏安；1352座10千伏开关站，2万余座各类变配电站；架空线10583公里，电缆32996公里。截至2023年年底，公司供电服务客户达到271.23万户，历史最高负荷930.1万千瓦，2023年售电量433.60亿千瓦时，平均电价797.1元/千千瓦时，线损率1.82%，综合电压合格率99.999%，城网供电可靠率99.999%，劳动生产率达850万元/人·年。

国网上海市电力公司
STATE GRID SHANGHAI MUNICIPAL ELECTRIC POWER COMPANY

　　国网上海市电力公司是从事上海电力输、配、售的特大型企业，统一调度上海电网，参与制订、实施上海电力、电网发展规划和农村电气化等工作，并对全市的安全用电、节约用电进行监督和指导。

　　国网上海市电力公司管辖的上海市电网位于长江三角洲的东南前缘，北靠长江，东临东海，与江苏、浙江两省接壤。供电营业区覆盖整个上海市行政区。至2023年底，国网上海市电力公司下属各类电网企业、发电企业、施工企业、科研机构、能源服务、培训中心等单位28家，共有职工12805人。2023年，全市发电装机容量为2953.73万千瓦，年发电量1015.04亿千瓦时，年售电量1621.89亿千瓦时。

上海申能新能源投资有限公司
Shanghai Shenneng New Energy Investment Co., Ltd

随着《中国可再生能源法》颁布实施，申能集团于2005年7月注册成立上海申能新能源投资有限公司（简称公司），主营风电、光伏发电等新能源项目的投资、建设与运营，是国内领先的新能源产业投资商与运营商。2014年12月，申能集团将公司整建制划归申能股份，成为其全资子公司。2022年12月，公司与申能新能源（青海）有限公司及申能新能源（内蒙古)有限公司完成"三合一"管理体制整合优化，以精简高效的区域化管理模式，持续提升管理能效，施行"双区管理"，目前已投资建成百余个发电效益优良的新能源电站。

近年来，申能新能源始终坚持科学发展与合理布局，全力推进海上风电及深远海风电开发，积极推动大型新能源基地项目开发，深入探索风光储一体、新能源制氢、虚拟电厂等多形式清洁能源一体化项目发展路径。同时，作为最早参与上海城市综合能源建设的践行者，还充分利用区位优势，在工商业分布式、户用以及低碳综合智慧用能等方面发力，努力将公司打造成为行业内优秀的"一站式"绿色低碳能源综合服务供应商。截至2023年末，公司控股装机容量近500万千瓦，当年发电量76亿千瓦时，当年归母净利润12亿元，累计总资产383亿元。

陆上风电

持续优化风电开发布局，不断打造差异化、规模化项目开发新模式，拥有平原、山地、沙漠、戈壁、高海拔等复杂地质地貌项目开发建设和运营经验，实现规模、质量、效益的同步增长。

海上风电

　　紧跟国家海上风电发展步伐，积极参与海上风电开发，成功投资建设多个经济效益优良的海上风电项目，正在积极推进奉贤海上风电四期项目前期工作。申能海南新能源海南CZ2 1200兆瓦海上风电项目已开工建设。

光伏发电

　　坚持集中式与分布式并举，紧抓农光互补、渔光互补、光储一体化等业务发展机遇，积极探索创新"光伏+"应用场景开发，尝试集中开发一批户用型光伏，实现经济效益与社会效益、环境效益共提升。

上海上电漕泾发电有限公司

公司简介

　　上海上电漕泾发电有限公司（简称漕泾电厂）坐落于上海化学工业区西端，毗邻金山区漕泾镇，紧靠杭州湾北岸，作为国内首个以"上大压小"核准建成的百万千瓦超超临界燃煤电厂，是国家电力投资集团公司首座建成投产的百万等级燃煤电厂，由上海电力股份有限公司和申能股份有限公司按照总股本的65％与35％比例合资成立。漕泾电厂被列为上海市"十一五"重大工程项目，也是2010年上海世博会配套工程之一，工程于2007年12月18日正式开工，1号、2号机组分别于2010年1月、4月建成投产。

　　漕泾电厂建有国内首座210米高度异形烟囱，配套建设一座3.5万吨级卸煤码头，可停靠5万吨级煤船。采用主汽压26.25MPa、主汽温600℃的超超临界发电技术。锅炉是滑压运行燃煤直流塔式炉，一次再热、露天布置、全悬吊钢结构锅炉。汽轮机是单轴、四缸四排、凝汽式汽轮机。发电机是水氢氢冷却方式，无刷励磁。锅炉、汽机、发电机三大主设备和绝大部分辅机均采用国产设备，国产化率达到95％以上。2011年，获工程建设行业规格最高的国家级荣誉"国家优质工程金质奖"，并入选"国优三十周年经典工程"，也是国家电投第一个获此殊荣的燃煤电厂。

　　漕泾电厂以集团公司"三商"战略为指引，积极打造"一主两翼"发展格局。2014年，首创在国内百万等级燃煤电厂实施供热改造。目前单机高、中压同时供热可达200t/h，降低供电煤耗3.7g/kwh，在进一步提升化工区整体供热可靠性的同时拓展企业盈利空间。2018年，开始在行业内首次检验1000MW机组处置含水量高达60％的污水厂污泥的适应性，该项目于2019年10月21日获得上海市生态环境局批复，成为上海地区首个批准通过、建成投产的火电厂污泥处置项目。2021年，污泥处置项目进行升级改造，目前年可处置含水率60％污泥22万吨，为上海市污泥减量化、无害化、资源化处置提供了新思路。

　　漕泾电厂坚持创新驱动发展战略，紧盯发展方向，深入开展全领域、全环节创新工作。先后完成两台机组"引增合一、汽电双驱"改造，开展状态检修管理、设备状态三维可视化管理、火电机组在线性能寻优、圆形煤场堆取料机无人值守、百万机组深度调峰等项目的系统建设。2019年，首次通过国家高新技术企业资质认定，并于2022年再次获评成为上海地区现阶段唯一一家高新技术发电企业。

　　2023年，"火电+"的质量管理模式，获得金山区区长质量奖。漕泾电厂正在全力打造"本质型安全企业、智慧型管理企业、学习型创造企业、绿色型和谐企业"的"四型"企业。展望未来，漕泾电厂将本着"创新创造，持续奋斗，和谐共生"的企业精神，围绕"安全、创新、卓越"的价值观，不忘初心，持续奋斗，敢于担当，主动作为，优化机组运行，推进节能降耗，减少环保排放，促进绿色发展、创新发展、和谐发展。

2×2.X MW空液冷集中式储能变流器

◆**型号：** SEAGREE-EPCS690/2000-D
SEAGREE-EPCS690/2600-D

◆**功率：** 1500V/2×2.X MW

◆**场景：** 面向源网侧、大型工商业应用

◆**功能：** 实现储能电池与电网之间的能量交换，对储能电池进行充放电的控制。在并网系统中，实现对电网的削峰填谷、调频调峰以及无功支撑。

◆**特点：**

高效转换

· 最高效率≥99%

先进技术

· 先进电压源并联技术，支持多机交直流侧直接并联

· 具备PQ、VF、VSG、SVG等功能，支持离网运行和"黑启动"

· 空液冷散热，内置液冷系统

友好实用

· 支持三相100%不平衡负载离网运行

· 支持多种类型负载，有功、无功、非线性负载适应性强

· 可以与光伏发电、柴油发电等混合组网运行

· PCS集成部分EMS系统功能，节约用户侧储能投资成本

· 功率单元采用模块化设计，安装维护便捷

· 整柜4.0-5.X MW，双支路设计，DC1500V，AC690V

安全可靠

· 1.1倍长期运行（40℃），海拔4000米不降容

· 密封性好，易于达到IP65，适应近海等高盐高湿环境

· 具有故障支撑和自恢复功能，支持高/低电压穿越

· 完备的故障记录和操作记录

上海电气电力电子有限公司

地址：上海市宝山区富桥路66号　电话：021-33713200　传真：021-33713262
网址：www.shanghai-electric.com

500 千伏虹杨输变电工程竣工投运

久隆电力集团设计的上海市北展祥110千伏输变电工程展祥变电站效果图

架空线入地拆除施工

新江湾110千伏主变吊装

上海久隆电力（集团）有限公司成立于1995年，是国网上海市电力公司直属企业。公司以国内外电力工程综合服务为主，业务涉及输配电设计、电力设施安装、电力配套服务、管理咨询等领域。

公司拥有电力工程总承包壹级、输变电工程专业承包壹级、设计（送电、变电）乙级、工程咨询丙级、消防设施工程专业承包二级、城市及道路照明工程三级、中国电力建设行业协会"调试"乙级和国家进出口企业等资质以及承装（修、试）电力设施一级许可证。公司多次获全国用户满意企业、全国守合同重信用企业、全国精神文明建设工作先进单位、中国工程建设信用 AAA 级企业、中国诚信企业和全国电力行业质量特别奖等称号，16 次获评上海市重点工程实事立功竞赛优秀公司，1 次上海市重点工程实事立功竞赛金杯公司，2017 年、2018 年，连续两年获得上海市五一劳动奖状，是国家电网系统省管产业单位优秀施工示范企业。

近年来，公司围绕用户需求深化 EPC+S 服务，努力为客户提供从前期咨询、设计、施工、物资采购和运维为一体的全过程服务，优质完成 500 千伏世博（静安）输变电、虹杨 500 千伏输变电等一批重点工程，实施中国联通浦江数据中心 110 千伏变电站工程、吴淞港国际邮轮码头岸电、中移动临港数据中心供电配套、新江湾 220 千伏输变电、黄浦区董家渡金融城配电、星港国际变电站和山东济南东城 220 千伏架空线落地、苏州居配接入工程设计、西安东北部 330 千伏架空输电线路迁改落地工程等重大用户项目任务。

公司紧紧跟踪国际、国内电力前沿技术，着力发展提高企业核心竞争优势的电力施工技术，全电压等级电缆敷设、接头具有国际顶尖水平，近年来，优质完成电缆敷设单线长度逾 4000 公里，接头数约 10000 相；变压器检测中心获得国家级 CNAS 实验室授权，具备变压器电试及油化两大类检测能力；在国内六氟化硫电气设备的安装、调试、检修、电气试验等业务拥有先进的技术优势。

在新的起点上，公司提出"建设集咨询、设计、施工、运维为一体的现代能源综合服务公司"的战略目标，努力为企业、为客户、为社会创造更大价值。"服务于心、力能永续"，久隆始终为您提供无可替代的精诚服务！

上海久隆电力（集团）有限公司

上海外高桥
发电有限责任公司

上海外高桥发电有限责任公司坐落于东海之滨,长江口南岸,浦东新区的北端,与上海市中心直线距离18公里,所在地有深水岸线1.8公里,煤码头可直驳7万吨煤轮。自2003年以来获得八届上海市文明单位荣誉称号；2018年,获得"上海市五一劳动奖状"；2019年,获得全国电力行业卓越绩效标杆 AAA 企业,标准化建设达到中电联"标准化良好行为企业"AAAAA级的要求,荣获上海市"最佳工业企业形象单位",连续六年获得"全国安康杯优胜单位"。

公司原设计4x300MW亚临界燃煤发电机组,是20世纪90年代浦东开发开放初期为缓解上海电力供需矛盾而兴建的国家级"八五重点工程",工程总投资54.7亿元人民币,由上海电力股份有限公司、申能股份有限公司分别持股51%、49%。项目于1992年10月开工,1997年9月全面投产。2012年四台机组经过通流改造,单机容量扩大至320兆瓦,现总装机容量1280兆瓦。

为积极响应国家节能减排、低碳发展政策，公

司拟在外高桥电厂4×320兆瓦老机组西侧场地上建设扩容量替代2×1000兆瓦绿色高效超超临界二次再热燃煤发电机组。扩容量替代项目已纳入2024年上海市重大工程,项目以"最高标准、最严要求、最好水平"为目标,建成后将有效弥补上海区域电力供应缺口,进一步提升供电能力,实现"能耗指标更优、调峰能力更强、环保指标更佳",对上海市能源、经济、社会与环境的协调发展具有积极的促进作用。将对上海市能源、经济、社会与环境的协调发展具有积极的促进作用。

上海明华电力科技有限公司
SHANGHAI MINGHUA ELECTRIC POWER SCIENCE & TECHNOLOGY CO., LTD.

一站式 全方位 精准化

公司遵循"超前性思维、产业性发展、实用性成果"的科技型企业发展思路，积极拓展能源领域的市场需求，致力于能源领域的技术研发、技术服务、技术咨询、技术监督、产品研发与应用推广、工程调试，为能源企业提供强有力的技术支撑和保障，专业面覆盖火力发电、燃机－联合循环、核电（常规岛）、水电、风电、光伏、储能、综合智慧能源、氢能等重点技术领域。

资信荣誉

- ¤ 上海市市级企业技术中心
- ¤ 上海市高新技术企业
- ¤ 电力工程调试资质
- ¤ 特种设备检验检测机构资质
- ¤ 承试电力设施许可证
- ¤ 实验室计量认证（CMA）
- ¤ "三标体系"认证（DNV·GL）
- ¤ "综合升级改造"性能试验认定单位（国家能源局颁）
- ¤ 国家守合同重信用企业
- ¤ 上海市科技小巨人企业
- ¤ 上海市"专精特新"中小企业
- ¤ 企业信用评价 AAA 级信用企业
- ¤ 上海市文明单位
- ¤ 上海市五一劳动奖状
- ¤ 上海市工人先锋号
- ¤ 上海市经济信息化系统党支部建设示范点
- ¤ 上海市"五一巾帼创新工作室"
- ……

发展历程

1954
华东电力试验研究所成立，是华东电网下属重要的区域型电力科研机构

1996
明华电力作为华东电试院下属负控项目公司成立。

2007
华东院电源侧业务整体注入明华电力，以职工持股会民营机制实体化运作。

2012
明华电力整建制被国家电投旗下的上海电力全资收购

2020
公司深化机制改革，激发企业内生动力，促进企业创新发展

技术机构

国家电投集团仿真技术研究中心
国家电投集团火电产业创新中心热工控制技术分中心
国家电投集团综合智慧能源产业创新分中心
国家电投集团水电产业创新中心试验研究分中心
上海市综合能源系统人工智能工程技术研究中心（共建单位）
上海市大数据联合创新实验室（共建单位）
……

文 明 单 位
Model Unit
上海市人民政府颁发
Issued by
Shanghai Municipality

上海市企业技术中心
Shanghai Center for Enterprise Technology
上海市经济和信息化委员会 上海市财政局
国家税务总局上海市税务局 上海 海关

高新技术企业
证书

业务领域

高效清洁煤电
燃机联合循环
综合智慧能源
新能源（风光储）
环境保护低碳化
常规水电及抽蓄

技术体系

USC\CC\CFB\PSU\CHP、设计计算、仿真研究、运行优化、技术监督、智能控制、安全防护、态势感知、工控安全、通讯技术、遥感遥测、交直流微电网技术、失效分析、寿命管理、故障诊断、状态评估、污染物治理、废弃物处理、碳核查、信息技术、数字平台、预测技术、网源协调、泛能互补、泛在物联、火储联合、风光储协调、储能系统集成

地址：上海市杨浦区长阳路 1687 号长阳创谷 E 楼 200090
电话：021- 25102222
传真：021- 65557000

上海电力能源科技有限公司

上海电力能源科技有限公司(简称能源科技公司)系国家电投上海电力(股票代码：600021)下属的国有企业,是一家主要以清洁能源投资、运营、服务为一体的多业务能源科技公司。

能源科技公司由原上海上电电力运营有限公司与上海上电电力工程有限公司重组合并成立,2021年2月20日,获得上海电力股份有限公司批复。2021年4月15日,完成工商注册,注册资金人民币8.66亿元。2021年12月,能源科技公司设立100%全资子公司——上海能科融创新能源发展有限责任公司,并将华西集团新能源项目公司100%股权纳入其中。

能源科技公司始终聚焦"3060"碳达峰、碳中和目标,坚持以绿色发展为主线,致力于可再生能源、综合智慧能源、清洁高效火电及海外业务等领域,开展投资运营、运行维护、检修技改、工程服务等业务。公司具体经营范围主要包括：能源领域内的技术开发、技术服务、技术咨询、技术转让、技术推广,投资运营;电力成套设备及其附件的设计、安装、调试、运行、维护、检修,电力设施承装、承修、承试;各类工程建设活动,工程管理服务,建设工程监理;合同能源管理,企业管理咨询,人力资源服务;环境污染防治及咨询服务,检验检测服务等。

POWERKEEPER
电管家集团

集团介绍
Group Introduction

电管家集团股份有限公司是国内领先的用电侧综合性能源服务公司，致力于为用电客户建设和运营智能微网，是虚拟电厂负荷聚合商；在"碳达峰、碳中和"的双碳背景下，帮助客户实现低碳节能的电力能源使用，集团通过"1+N"的商业模式，即基于用户侧电力托管运维服务，向客户提供系列能源衍生与增值业务。通过"互联网+电力服务"的运营驱动模式，以专业、智能的管家式服务，为客户提供电力能源托管服务、智能微网建设运营（设备全生命周期管理、新能源及储能技术应用）、供电配套、售电（代理购电）、碳交易等全方位综合能源服务。集团公司客户类型不断丰富，并在行业中拥有较高市场占有率。截至目前，集团获国网英大、南网资本、上汽恒旭、兴富资本、弘毅资本、朱雀资本等旗下基金公司进行投资，为公司业务及管理能力提升拓展赋能。

电管家集团
7000多家客户的共同选择

电力服务

节能服务

电力工程

智慧能源工具

新能源业务

24小时热线 400-613-9090

✉ www.epkeeper.com　　✉ admin@epkeeper.com

上海市浦东新区环桥路555弄38号(张江科学城)

电管家集团

电管家发布

中铁十五局集团上海新能源发展有限公司
CHINA RAILWAY 15TH BUREAU GROUP SHANGHAI ECO-POWER DEVELOPMENT CO., LTD.

中铁十五局集团上海新能源发展有限公司前身为中铁十五局集团电气化工程有限公司，是中国铁建旗下中铁十五局集团有限公司控股子公司，是一个自主经营、独立核算的三级法人企业，注册资本为1亿元，获国家高新技术企业认定，拥有各类经济、技术管理人才，拥有大量先进的检验、测试和施工设备，年均承揽量达百亿以上。

公司前身是铁道兵通信信号工程第二营。1984年1月1日，受国务院、中央军委命令集体转工并入铁道部，整编为"铁道部第十五局集团电务工程有限公司"。1999年，更名为"中铁第十五工程局电务工程处"。2001年12月12日，改制为"中铁十五局集团电务工程有限公司"。为适应全国铁路电气化建设发展需要，促进资源优化配置，提高中国铁建整体竞争力，股份公司将系统内部具有电气化资质的电务工程有限公司进行整合重组。中铁十五局集团有限公司坚决执行股份公司决定，将电务工程有限公司划转至新组建的中国铁建电气化局集团公司。2013年12月，在上海松江区注册成立中铁十五局集团电气化工程有限公司。2023年8月，更名为中铁十五局集团上海新能源发展有限公司。

公司拥有建筑工程、电力工程施工总承包二级，铁路电务、建筑机电、公路交安、装饰装修工程专业承包一级，公路机电工程专业承包二级，输变电、铁路电气化工程专业承包三级等资质。公司紧跟国家发展战略，将传统基建与新兴产业相融合，确立了"新能源工程、电力工程、安装装饰工程、城市更新、铁路四电及运维、公路机电交安"六大业务板块，市场范围拓展至新疆、陕西、山西、吉林、上海、浙江、湖南、湖北、江西、四川、重庆、广州、香港等多个区域、多个铁路局。

公司先后获得"上海市文明单位""上海市诚信创建企业""上海市技术中心"等称号，是国家高新技术企业、上海市"专精特新"企业、中国职业安全健康协会理事单位，在疫情期间肩负国资委企业"六种力量"，彰显央企担当。人才是第一资源，创新是第一动力，公司现有员工500余人，本科生占比85%，拥有各系列专业技术人才300余人。公司以"满足别人，成就自己"为经营理念，秉承"诚信创新永恒，精品人品同在"的企业价值观，扎实推进企业高质量发展，锚定两新业务，逐步走出一条专业化、差异化发展道路。

云南光伏

新余光伏

齐齐哈尔风电

上海上氢
能源科技有限公司
Shanghai Hydrogen
Energy Technology Co., Ltd.

FUTURE TECHNOLOGY
ENERGY PLANT
zero emission

上海上氢能源科技有限公司创立于2020年，总部位于浦东新区（上海）自由贸易试验区临港新片区。

公司是以海归技术专家和高端科技人才为核心创建的高科技企业，公司90千瓦260千瓦燃料电池发动机已具备批量化生产能力，产品已通过国家权威检测机构产品检验及认证。

公司技术核心骨干积累丰富的产业化经验，硕士博士人员比例超过60%。公司产品广泛应用于公交、重卡和储能发电等市场，致力于成为燃料电池发动机、关键零部件、氢能燃料电池工程应用开发服务头部企业。公司规划在风光资源富集区根据适合当地氢能车、氢化工、氢冶炼应用场景，布局 风光发电→绿电制氢→储氢→加氢→用氢，先期打造分布式自闭环氢能全产业链经营模式，随着氢能产业的发展，以数字化技术为基座，链接所有分布式氢能产业布局，形成公司数字化氢能源供应体系。公司专注于可再生能源制氢及燃料电池系统技术的研究，致力于成为全球绿电制储运加用氢一体化解决方案服务商！践行 "氢能让世界更美好" 的发展理念。

◆

风光–制氢–绿色应用

上海上氢能源科技有限公司是以当前成熟的风力发电、光伏发电、输配电、储能、燃料电池技术等为基础，辅以先进的适应风电、光伏发电出力随机性、波动性的系统多稳态柔性控制技术，以风电、光伏产生的绿电为主要能源，通过电解水产生氢气作为终端产品或以氢气二次合成的多种大宗化工产品面向市场的 "源-网-储-产品-市场" 一体化创新商业模式。

氢气可作为终端产品销售，直接用于动力燃料（氢燃料电池车），含氢能公交、氢能旅游车、氢能重卡、氢能矿卡等市场。以此解决风电、光伏并网消纳难的问题，并为传统合成化工、石油化工、冶金化工以及交通运输降碳减排提供新的解决方案。

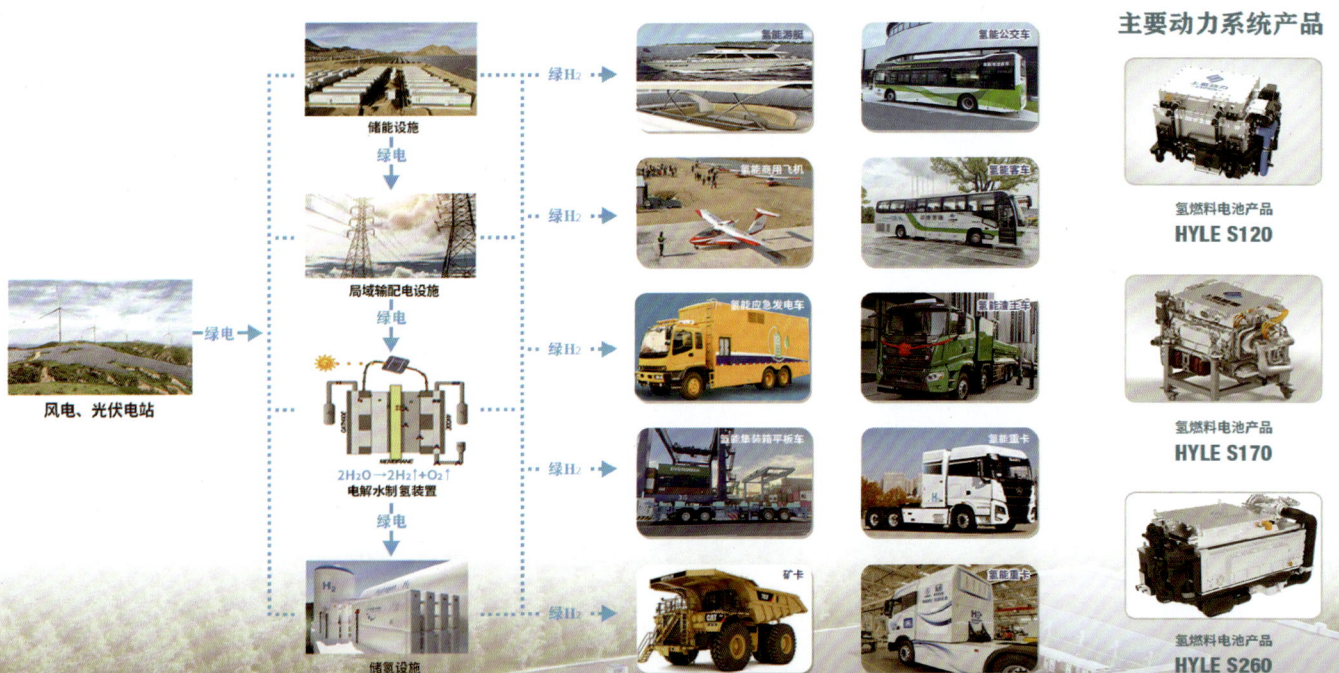

主要动力系统产品

氢燃料电池产品
HYLE S120

氢燃料电池产品
HYLE S170

氢燃料电池产品
HYLE S260

储能设施
绿电

局域输配电设施
绿电

电解水制氢装置
$2H_2O \rightarrow 2H_2\uparrow + O_2\uparrow$
绿电

储氢设施

风电、光伏电站
绿电

绿氢H_2

绿色智慧能源岛

上海凯盛节能工程技术有限公司是成立于2009年1月的高新技术企业，依托中国建材集团世界一流的技术平台，引进日本三菱先进管理以及全球关系网络，致力于为建材、钢铁、化工等行业提供能源管理与节能环保综合解决方案。公司承建的总承包工程遍布国内外，截至目前，共承建100多个项目，先后涉足日本、韩国、比利时、土耳其、印度尼西亚、乌兹别克斯坦、巴基斯坦、哥伦比亚、坦桑尼亚、莫桑比克等多个海外市场。

公司围绕能源管理的核心业务，根据负荷侧的能源需求定制能源解决方案，开展工业余热发电、生物质发电、垃圾发电、燃煤发电、分布式新能源、多能互补联供以及能源管控数字化平台等业务，在为负荷侧提供对应可靠能源，实现零外购电的同时，通过能源的综合管理和数字化手段，提高能源利用效率，大幅度节约能源开支，帮助企业降低运行成本，提升经济效益。公司在多年自主科技研发基础上，享有多项能源管理的核心技术和专利。作为国际化公司，大力贯彻"一带一路"倡议目标，在海外打造"凯盛"的工程品牌。

同时，公司立足节能环保领域，为多个行业提供节能环保综合解决方案，开展二氧化碳捕集、二氧化碳综

合利用、脱硫脱硝除尘一体化协同处理以及碳足迹、碳资产管理等业务，为企业实现绿色化发展，真正实现零排放提供一体化解决方案。公司分别承建世界玻璃行业第一个烟气回收利用二氧化碳项目和全球水泥行业最大的全氧燃烧耦合碳捕集利用项目，作为建材行业碳补集及利用的领军企业，为践行国家"双碳"战略目标做出贡献。

上海泽鑫电力科技股份有限公司

上海泽鑫电力科技股份有限公司成立于 2013 年,是一家专业从事智能电网领域产品研发与应用推广的高新技术企业,于 2016 年在新三板挂牌。

泽鑫科技先后获得 2021 年第三批国家"专精特新"小巨人企业、上海软件和信息服务业百强企业、上海市"专精特新"中小企业、上海软件核心竞争力企业、杨浦区科技小巨人、上海市科技小巨人(培育)企业等荣誉称号,为企业未来发展壮大奠定品牌和技术基础。

泽鑫科技专注于智能电网故障分析、智能运维等细分领域,主要产品包括继电保护故障信息系统、二次设备在线监视与分析系统、继电保护在线监视与智能诊断系统、压板智能管控系统、变压器冷却器智能控制系统、电动刀闸二次回路智能控制系统。部分产品填补电网细分领域短板和空白,为电网安全运行提供有力的技术支撑。

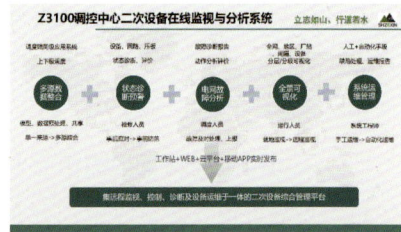

目前,公司业绩覆盖全国各地,拥有包括南方电网备调、国网华东分部、国网西南分部、上海、黑龙江、辽宁、吉林、河北南网、湖南、四川、新疆、青海、甘肃等 13 套网省级调控中心主站,雄安新区、佛山等 140 多套地调分站,超过 2000 座高压及特高压变电站业绩,成为智能电网领域的中流砥柱。

可靠的产品和优质的服务才能保障企业得更远,为保障电网稳定运行,公司为客户提供 365 天不间断电网运维技术支撑服务。在全国各地设立若干工程服务大区,不断为客户提供高效、快速的解决方案和专业的技术服务,持续提升客户体验,力求为客户创造最大价值。

泽鑫科技将不断创新,持续研发,打造更多优质产品,助力电网更智能,为国家和社会创造更大价值。

上海天然气管网
有限公司

上海天然气管网有限公司在上海市燃气改革大潮中应运而生，由申能股份和上海燃气集团共同投资组建，主要负责统一投资、建设和管理上海天然气主干输气管网系统，负责落实各种气源的统一接收工作，供应上海地区各直供大用户和区域性燃气销售公司。

公司自2000年成立以来，按照打造上游气源多元化、统一规划建设"一张网"的模式，在上级集团的支持下，建管并举，主要围绕主干管网规划和建设、天然气供需平衡、管网安全运行、企业自身发展等方面开展工作。

历经二十余年的建设和发展，目前在全市范围内形成南北贯通、东西互补、两环多射的主干网布局，管网规模发展到880多公里管道，16座有人站，59座无人站，以及液化天然气分公司（5个LNG储罐，总容量32万立方米），并建立数字化中央管理控制系统，实现各种气源接收。除向城市燃气销售企业输送天然气外，还直接向电厂、化工等企业供气，年输气规模近100亿立方米。

公司将在做好安全供气基础上，进一步完善管网布局，提升应急储备能力，为加快上海市能源结构调整以及天然气综合利用，满足现代化城市可持续发展要求不断努力。

富艺幕墙

COMPANY PROFILE

上海富艺幕墙工程有限公司
Shanghai Full Arts Curtain Wall Engineering Co., Ltd

1.企业简介和行业优势

上海富艺幕墙工程有限公司前身是香港富艺工程有限公司，于1988年进驻大陆开展幕墙业务，也是最早一批进入大陆开展业务的外资公司，在80年代末及90年代初期承建过多项上海、北京等各大城市早期的地标建筑，如上海海伦宾馆（国内第一个全隐框玻璃幕墙）、汤臣国贸大厦、北京中国人民银行总行、恒基中心、天津国际大厦、广东国际大厦等。把国际先进的幕墙技术引入国内，为国内幕墙行业的发展开创道路、披荆斩棘。

1993年9月，上海富艺幕墙工程有限公司正式成立于上海，属于大陆最早一批的港资企业，同时也是国家建设部首批批准的建筑幕墙工程施工一级资质、建筑幕墙设计甲级资质和金属门窗工程专业承包一级资质企业，并通过了ISO9001质量管理、环境管理、职业健康安全管理三大体系认证。公司一直专注于各类建筑幕墙的总承包，包括玻璃幕墙、金属幕墙、石材幕墙、光电门窗幕墙系统、智能门窗幕墙系统以及与外墙工程相关的采光天篷、雨蓬、金属门窗系统及外墙维护系统等，在幕墙行业深耕精钻，稳健发展。

公司一直坚持"品质第一、服务至上"的核心价值观，秉承"诚信、卓越、创新、共赢"的经营理念，奉行"公心、自律、团结、务实"的行为准则，践行"改善从我做起，态度决定一切"的企业口号，沿袭港式精细化管理。三十多年来，不停摸索不断创新，在行业内持续获得众多客户的认可与好评，并与众多客户保持长期战略合作。公司承建过众多大型地标性建筑，如被评为中国最成功商业综合体之一的上海恒隆广场、最早应用BIM技术的深圳中航广场、双层呼吸式幕墙太原煤炭交易中心、造型复杂内柔外刚项目上海大宁久光百货等，承接过的项目也获得多项行业奖项，如"鲁班奖"项目武汉建银大厦、山西太原煤炭交易中心等，"白玉兰奖"项目上海恒隆广场、闵行航天城幕墙工程等。同时公司持续开拓国际市场，常年将产品与技术输出，承接过众多项目，如香港海逸君卓酒店、香港机场SKY CITY酒店、澳门新濠锋皇冠酒店、澳洲悉尼法院等。"富于创新，佳艺筑成"，公司将不忘初心、牢记使命，致力于幕墙高端市场，为幕墙行业的发展不断添砖加瓦。

2.技术与施工优势

1988年，公司将先进的国际幕墙技术及港式精细化管理理念由香港引入大陆，开启大陆幕墙建设时代新纪元。从那时起，公司一直在国内幕墙技术中处于领先地位，并引领整个幕墙技术的发展，影响国内幕墙行业技术规范的编制。2011年初，公司率先在深圳中航广场幕墙建设中使用BIM技术，开启BIM技术应用于幕墙工程的先河。

上海富艺幕墙工程有限公司融合香港及大陆公司管理平台，秉着以工匠精神并时刻关注科技进步，及时将科学成果应用于设计、施工、新材料与新工艺的开发，精雕细琢打造精品工程。公司集合大量富有多年施工经验的精英技术团队和项目管理团队，形成老中青搭配的沪港合作的扁平化管理体系，高层管理团队成员和技术骨干均具有超过20年的在大陆和香港地区幕墙施工的丰富经验，且拥有重点本科及以上学历，这也是公司最大的核心财富。

无设计，不成艺。在幕墙建造中，设计具有先导作用。公司幕墙设计院拥有专业设计人员百人，专注于前沿幕墙技术研发、前期技术方案咨询、项目投标的方案设计、BIM技术应用与开发、施工过程中的配套图纸设计、结构设计、计算及优化下料等工作；同时公司拥有专业施工管理人员100余人，确保每个项目都配备符合要求的人员体系，专项负责项目现场的施工、安全、进度等管理工作。此外，公司所建立的以项目建设为主导的经营管理模式，能够快速响应及解决现场反馈的问题，围绕项目建造开展管理活动，能做到具体问题具体分析，复杂问题专项公关。公司经过三十多年的发展运营，有充分的能力确保每个项目运作的人员充足、资金充沛、材料及时，保证项目安全开展、高效实施。

3.加工资源优势

公司在上海拥有超过50000平方米的生产基地，位于上海市松江区松蒸公路2188号，周边环绕多条高速公路，如G60沪杭高速、S32申嘉湖高速、G1503上海绕城高速，交通便利，能够辐射整个华东地区。生产基地建设25000平方米新一代幕墙制作装配线的生产厂房、3000平方米的办公楼以及10000平方米的仓库（其中：材料储存6000平方米，板块储存4000平方米），并全套引进先进的微机化设计软件和数字控制的生产、制作流水线及生产设备，工厂具备1200000平方米生产加工能力（单元加工能力60万方、框架幕墙加工能力50万方、门窗加工能力10万方）。

工厂实行港式标准化管理，生产过程完全符合ISO9001质量体系的要求。加工基地拥有5条单元幕墙生产线和4条门窗生产线，全线采购十余台三轴和四轴数控加工中心CNC，多台数显任意角双头锯、数显端切机、数控铝复合板雕刻机、门窗隔热型材撞角机、钻铣机床、冲床等先进加工设备齐全。尺寸偏差可控制在±0.1毫米范围以内，角度偏差可控制在±0.01度。依托于港式精细化管理，生产加工区域划分完善，机位布置合理以及有经验的生产人员充沛，为单元式幕墙、框架式幕墙、系统门窗等生产加工精确度和高效性提供了强有力的保证，亦是公司能顺利完成众多地标性建筑幕墙工程的坚强后盾。

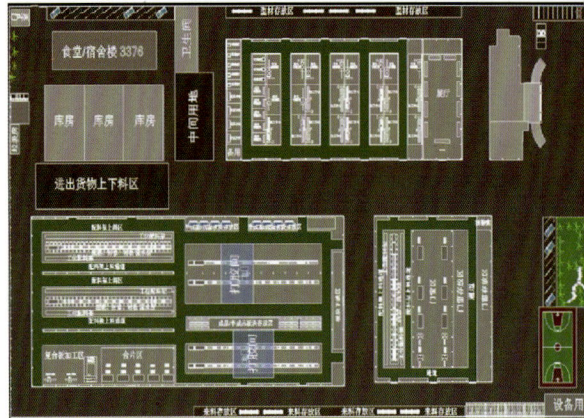

量化发展　洞察变迁　预判未来

价值分配
动态模拟仿真
实时动态演练
VR/AR/MR

优经营,智管理,自运行
商业智能分析展示与决策

智能战略决策
PDCA流程绩效分析
经营数字仪表盘

业务流程建模组态
Big Data处理
区块链数据处理

让流程数据自动管理企业
大数据聚合->清洗->治理

实时数据库
关系数据库
内存数据库
音视频文件

重大危险源记录仪
智慧安防记录仪
供应链绩效记录仪
物流与行驶记录仪
生产过程记录仪

采集一切数据->让流程自动闭环管理
AIoT人工智能物联网
边缘计算实时数据采集分析记录传输处理

研发过程记录仪
质量检测记录仪
市场数据记录仪
环境&健康记录仪
人员执行记录仪

创新研发
市场洞察

环境健康安全
能源监控分析

碳足迹
供应链绩效

执行过程监控

组织绩效

生产追溯
全面质量管理

流程优化

工装设备
综合效率

实时边缘计算多模态数据记录仪系统
助推AIoT时代企业新质生产力与高质量发展

Cloud Service　IoT Hub　RPA　Azure　Machine Learning　and more

Protocol　HTTPS (Web API)　OPC UA　MQTT

Wired / Wireless Communication　WiFi　LPWAN　LoRa　LoRaWAN　NB-IoT　4G/5G　Etherent

IoT Edge Device and Platform

上海仪电显示材料有限公司

　　上海仪电显示材料有限公司，是中国大陆首家五代线液晶显示面板用彩色滤光片（也称彩膜）独立制造商，公司产品在龙腾光电、京东方、天马、信利等面板厂组成液晶面板后，供应给三星、华为、小米、OPPO、联想、迈腾医疗等知名终端厂商。公司先后获得"工信部智能制造试点示范""工信部制造业单项冠军示范企业""上海市企业技术中心"等荣誉，是五代彩色滤光片行业领军企业。

　　近年来，公司确立产业链纵向发展战略，成立昆山仪电显示材料有限公司，扩大生产规模，国内市场占有率提升至80%以上；同时坚持以核心技术驱动知识产权成果转化，推出高光学性能彩色滤光片、车载一体黑彩色滤光片、高PPI彩色滤光片等系列新产品，在产业市场上从国内领军迈向国际领先。

　　展望未来，仪电显示材料将在以"专注、专业、创新、突破"企业精神引领下，充分发挥企业技术创新能力，不断提升多品种、小批量、柔性化生产能力，为生产出使客户满意的彩色滤光片产品而努力。

真兰仪表

上海真兰仪表科技股份有限公司成立于2011年，于2023年2月20日在深圳证券交易所创业板上市，股票名称"真兰仪表"，股票代码301303，注册资本2.92亿元，是国家级专精特新"小巨人"企业、高新技术企业和企业技术中心。公司及控股子公司拥有国家专利、计算机软件著作权、集成电路布图设计专有权及高新技术成果转化项目等知识产权合计超过530项，其中国家发明专利24项。公司通过了国际知名的权威认证机构NMi（荷兰国家计量院）的EU质量体系认证、ISO9001/ISO14001/ISO45001/ISO10012/ISO27001/SA8000等管理体系认证以及国家CNAS实验室认可。

公司主营业务为燃气计量仪表及配套产品的研发、制造和销售。主要产品有宽量程系列民用和工商业膜式燃气表、NB-IoT物联网智能燃气表、无线远传燃气表、IC卡智能燃气表、超声波智能燃气表、超声波流量计、智能气体腰轮流量计&涡轮流量计、物联网智能控制器、波纹管、ATM自助缴费系统以及基于云服务的iGasLink智慧燃气信息云平台等。

公司现已形成模具开发与生产、零部件制造、软件开发、智能模块研发与生产、燃气计量仪表整机自动化装配的全产业链业务模式。公司旗下拥有燃气表、流量计、软件、电子、精密模具、精密注塑、精密五金以及波纹管等十余家控参股公司，拥有员工超1800人，其中上海总部约1000人。公司利用上海、北京、西安三地的人才优势，均建立有研发中心，组建"三位一体"的研发体系，拥有一支业务能力过硬的技术研发、市场营销和客户服务的团队。

证书

厂区图

SMT产线	恒温车间	流量计车间	实验室	注塑车间	自动化生产线

产品图

UG2.5超声波燃气表	UG10超声波燃气表	模块化物联网表	智能物联网燃气表	超声波流量	阀控型气体双显涡轮流量计	阀控型气体双显腰轮流量计	燃气用不锈钢波纹管-定尺管	燃气用不锈钢波纹管-输送管

中核（上海）供应链管理有限公司

为深化核工业先进供应链体系建设，切实提高采购集中度和规范化、信息化水平，中核（上海）供应链管理有限公司（简称中核供应链）于 2018 年 2 月在上海市徐汇区注册成立。公司现有北京、嘉峪关两个分公司，西南和华南两个业务分中心，中核集团总部、连云港和海南三个服务处，员工 170 余人，采购、信息化等领域专业人才占比 71.4%。公司作为"中核集团统一招标和标准化、大宗、通用物项集中采购平台"，秉承"让采购更简单、让员工更幸福"的发展理念，承担统一招标采购服务、信息系统平台建设与管理、供应商管理等工作。

中核供应链形成四大核心业务 +N 项增值服务的经营模式。主营业务涵盖数字供应链平台建设运营、集中采购服务、采购代理服务、供应链金融服务四大模块。

1. 平台建设及运营：以一体化为统领，打造采购全流程在线管理、集中采购电商化实施、全电子招标／非招标数智化、供应商管理四大功能，以数据报表、看板、报告为展现形式，将数据资源运用到采购业务的管理、监督、分析服务中。

2. 集中采购服务：持续完善集采体制机制，健全集采管理体系，优化集采业务流程，提升一级集采专业化实施能力和二级集采定制化服务能力，以电子商城为依托，统筹推进集中采购服务阳光化、线上化。分阶段逐步拓展集中采购范围，分领域持续扩大集采服务规模，提升服务集团主业的能力。

3. 采购代理服务：推进招标代理、委托采购等采购代理业务体系化、标准化、数字化，提升服务专业性、敏捷性，实现从流程型服务向专业型和顾问型服务的转变。招标代理业务为客户提供工程建设（建安、货物、服务）、机电设备国际采购、政府采购、涉军涉密等各类优质的(全电子)服务，委托采购业务为集团内外客户提供全生命周期和项目制一站式采购管理等定制化服务。

4. 供应链金融业务：运用信息科技手段整合供应链物流、资金流、信息流等信息，在真实交易背景下，提供系统性的金融解决方案，以快速响应产业链上企业结算、融资、财务管理等综合需求，实现"数字供应链 + 数字金融"的战略融合，降低企业成本，精准补齐供应链短板，赋能整个供应链生态圈。目前已初步建立包含核财信、核财票、核财函等核产业供应链金融产品体系。

5. "N"——拓展 N 项供应链增值服务业务：基于中核集团数字供应链平台，兼顾功能与市场、面向集团内外、统筹供给与需求，积极开拓科技成果转化、品牌代理、数字化碳管理、冗余物资处置、产业对接等多项供应链增值服务，完善供应链服务体系，补齐建强供应链服务保障能力。

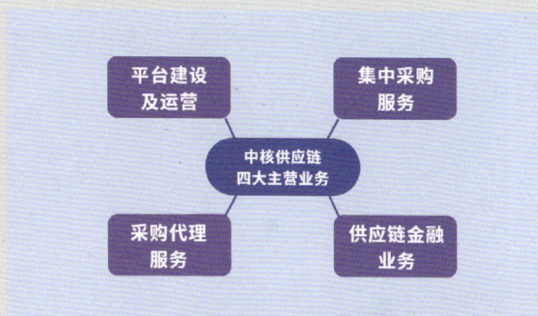

地址：上海市徐汇区桂林路 396 号 3 号楼 3，4 楼
电话：021-61592000
网址：www.cnsc-sh.com

　　费尼亚德尔福汽车系统(上海)有限公司坐落于上海外高桥自由贸易试验区希雅路150号,总占地面积约47000平方米。公司主要设计,生产汽车,摩托车发动机零部件,电子控制燃油喷射系统,后续处理系统及有关零部件,油泵的委托加工,销售自产产品以及费尼亚集团内公司生产的产品。提供技术工程服务和售后服务,从事汽车科技专业领域内的技术开发,技术转让,技术咨询技术服务,从事汽车发动机领域内的产品研发。2023年,销售额达到20亿元人民币。

　　费尼亚德尔福汽车系统(上海)有限公司于1997年建成,原属于德尔福集团。2020年,博格华纳收购德尔福科技,德尔福科技上海工厂正式纳入博格华纳集团。2023年7月,根据业务发展需求,燃油系统和售后市场从博格华纳剥离并成立独立的上市公司PHINIA,中文名费尼亚。

　　费尼亚德尔福汽车系统(上海)有限公司自1997年建厂以来,已走过26个年头。与这座城市以及汽车行业同心同德,齐头并进。在26年间精进研发,以优质的产品和服务助力国内外主机厂客户,获得客户的信任与支持。在提升产品竞争力的同时,工厂精益求精,紧跟时代步伐,积极拥抱工业4.0,倚靠自身先进的工艺体系和PHINIA的全球整体实力支持,配置了集生产管理于一体的信息化智能管理系统,包括实施运营体系的OMS&LTM系统、设备保养维护的TPM系统、质量控制体系的QMS系统、生产制造自动化、物料流动机械化等达到生产过程的智能化,打造开放、智能的工业系统。拥有智能机械手臂、自动化测试系统等最先进的自动化设备,能柔性并线生产多种不同的产品。工厂不仅为行业提供优质产品与服务,也为中国汽车行业培养了很多优秀人才。

　　从1997年建厂生产底盘类产品服务第一个客户开始,历经26年健康发展,到如今已服务接近20个客户,并可生产超过28种各类燃油系统的产品。26年历史中,上海工厂诞生很多个第一:2015年,在集团公司内第一个生产高压油泵;2016年,在全球行业内第一个量产350bar汽油高压直喷产品;2022年,行业第一个生产氢气发动机用喷嘴样件;2024年,量产全球首款汽油高压直喷500bar产品。

费尼亚德尔福汽车系统（上海）有限公司

　　作为行业领先的车行解决方案供应商，2016年，PHINIA在全球首先成功量产第一款350bar产品，经过多年发展，其产品制造，质量控制更加成熟稳定，如今亦能帮助整车厂更为轻松应对严苛的国六排放法规。更重要的是，350bar产品整条产线均在国内，从2014年开始，PHINIA开始布置GDi产品制造深度国产化，至今已有数十个项目在国内量产。尤其是产品线智能化自动化程度高，获得众多客户的青睐。

　　350bar的推出大获好评，但是要满足日益严苛的排放标准，满足燃油经济性，PHINIA在2020年开发出业界首套500bar的GDi系统。与之前先进的350bar系统相比，500bar可以将颗粒物排放大幅减少50%，同时无需高昂的代价调整发动机设计，适用于绝大多数应用。减少废气颗粒物数量（包括小于23nm的颗粒物）将有助于汽车制造商满足全球日益严格的排放标准。

　　PHINIA强调对现有产品继承、创新与有机销售额增长。500bar产品的开发升级是对350bar的继承与升级，也是对新增长机遇的把握。据悉，新的500bar系统已在2024年第二季度于国内OEM厂商发动机项目投产。

　　立足当下，展望未来，费尼亚德尔福汽车系统(上海)有限公司将继续在内燃机零部件领域一如既往地坚守品质，不断创新，朝着成为行业领先的目标迈进，致力于为客户提供超越期待的产品和服务，以实际行动回报社会信任和期待，以稳健的步伐，昂首迈向更加辉煌的未来！

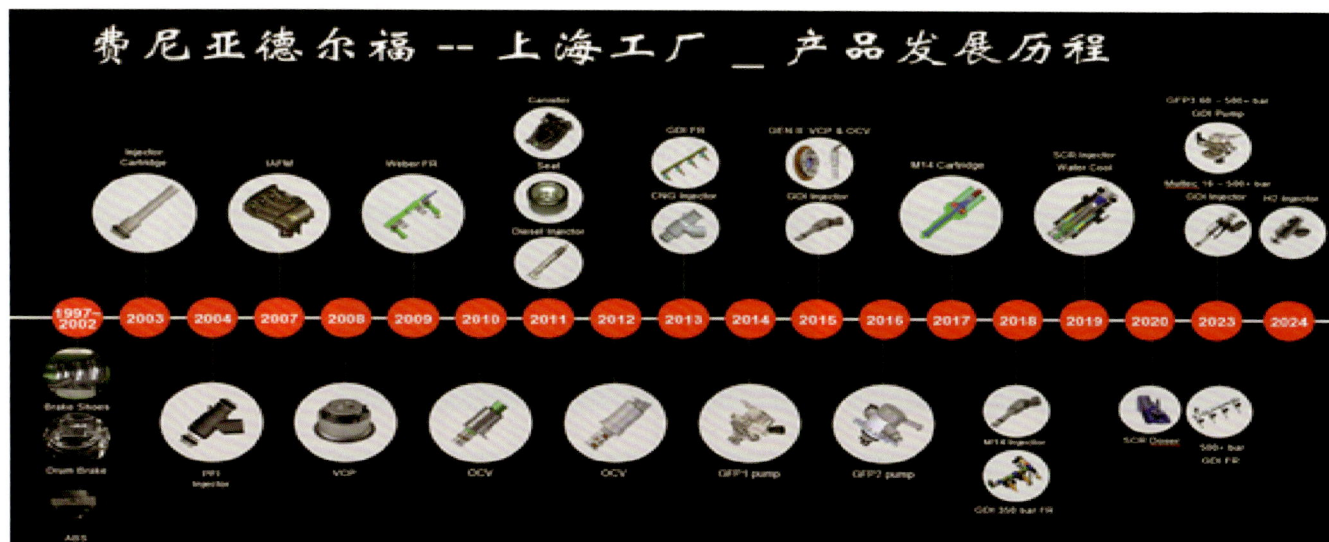

爱孚迪（上海）制造系统工程有限公司

爱孚迪（上海）制造系统工程有限公司是国际领先的柔性自动化生产线和智能制造整体解决方案提供商，控股股东为上海复星高科技（集团）有限公司。2019年，复星集团投资后在上海嘉定加大投资力度和研发投入，旨在打造智能装备"展示培训、研发设计、生产制造、系统集成、方案支持和综合服务"多位一体的闭环生态系统，目前集团公司正在筹备上市事宜。

作为国家级高新技术企业，公司拥有多项自主研发的自动化、数字化、智能化等核心技术，并在项目实施过程中推广应用。2013年起，持续获"高新技术企业"认证，ISO9001质量管理体系认证，先后被评为上海市"专精特新"中小企业、上海市嘉定区专利工作示范企业、上海市"质量标杆"、嘉定区企业技术中心、嘉定区质量创新奖、嘉定区工业互联网专业服务商推荐单位、上海市企业技术中心、工信部第五批专精特新"小巨人"企业、工信部第五批服务型制造示范企业、2023年度智能制造系统解决方案揭榜挂帅项目等。

爱孚迪核心客户为宝马、奔驰等一线整车企业，同时逐步扩展到新能源电池等新兴行业和领域头部客户，近三年公司稳步经营，年订单额超人民币10亿元。除了交钥匙工程，强大的科研及项目服务团队可以为客户研发创新产品和解决方案，进行工厂规划，对客户进行针对性的教育培训和优质的售后服务。

爱孚迪在技术高度复杂和市场空间广阔的汽车白车身焊装自动化生产线集成领域深耕20年，是国内外该领域领先企业。近年来，爱孚迪顺应深化制造业与互联网融合趋势，全面推进企业自身及产品与服务的数字化转型，通过公司专有软件RF:Suite开发并推广虚拟试生产和数字化模拟技术，全球首次完成具有全流程虚拟焊接和装配功能的汽车生产线交付，并现实化了人机协作的总装线设计，创新多项系统和智能（数字）解决方案，数字化业务合作伙伴遍布全球。在上海除助力上汽通用金桥凯迪拉克智无人工厂建设，上汽大众MEB电池舱智能生产线建设等整车厂的同时，还为其他行业提出智能制造系统解决方案。

爱孚迪抢抓智能化发展新机遇，打造数字经济新优势，加速"5G+数字孪生"先导应用，着力提升数据分析算法与工业知识、机理、经验的集成创新水平，有力推动制造业尤其是汽车智能制造领域智能化、数字化转型。

通过几年的技术吸收，在稳定传统德系客户的基础上，成功开拓汽车行业自主品牌市场，另外在自动化领域也成功拓展总装、工程机械、酒业自动化、新能源电池等新兴行业，并实现数字孪生业务在中国的进一步发展。

上海益民食品一厂有限公司是光明乳业旗下的核心企业，1951年创建中国冷饮品牌"光明牌"，是上海市著名商标，也是商务部认定的中华老字号。作为国内最大的冷饮生产企业之一，有200多个品种的冷饮，产品业务覆盖全国及北美、澳洲等10多个国家。

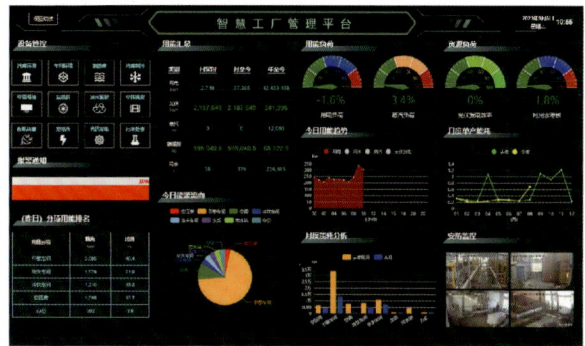

益民一厂在2018年加入光明乳业后，研发、生产、管理全面接轨百亿级企业标准。2020年，经过大规模改造，初步实现生产自动化覆盖和智能工厂平台搭建，打下数字化转型与智能工厂建设的扎实基础。2023年，益民一厂利用工业互联网技术、云数据和无线传输技术对现有的OA系统、智慧工厂平台、LIMS、MES、WMS、ERP等信息系统进行整合优化，提升数据和信息的获取便捷性、准确定、安全性，并利用云数据技术进行远程及监控、调用以及预警、报警信息手机终端报送，达到精准管理。

通过智慧工厂的建立，益民一厂实现绿色、低碳、节能的生产模式，实现节能效果数据的实时追溯、记录和效果呈现，实现智能化生产模型化分析决策，将全过程管理的质量、成本、设备等报表式跟踪转化为数字化、智能化管理系统动态追踪，大幅度提高生产效率和产品合格率，收获2023年度上海市级"智能工厂""水校领跑者""专精特新"等殊荣。

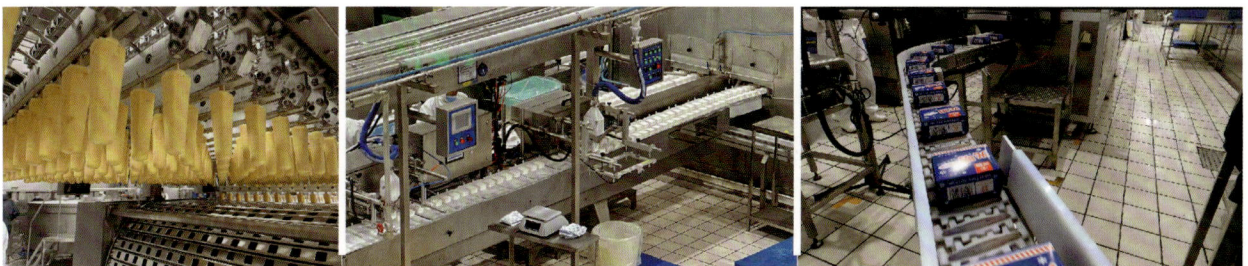

统一企业于1967年在台湾台南成立，由最初的食品制造本业开始，生产及销售面粉、油脂及方便面等产品，一路发展至今，包括食品、连锁便利、贸易、食用油、马口铁、物流、生物科技等产业领域，涵盖如贸易、证券、休闲、零售百货等包括多项民生相关的消费品及服务产业，已成为一个多元化、国际化经营的综合生活产业集团。事业版图已扩充至祖国大陆、越南、印度尼西亚、菲律宾以及泰国等地。

1992年，统一企业集团开始在祖国大陆投资设厂。1998年，统一企业（中国）投资有限公司在上海成立，统筹管理所属各子公司生产和销售的方便面、饮料、包装水、乳品等产品。统一企业一直秉持"三好一公道"的经营理念，致力于提供品质安全的产品，让消费者吃得放心、吃得健康，在全国创立众多饮料和方便面知名品牌，如统一冰红茶、统一绿茶、统一鲜橙多、阿萨姆奶茶、统一冰糖雪梨、海之言、小茗同学、如饮、雅哈、水趣多、爱夸、统一老坛酸菜牛肉面、统一卤肉面、满汉宴、满汉大餐、汤达人、都会小馆、香拌一城、小浣熊、来一桶、开小灶、煮时光等，深受广大消费者的喜爱。

保障食品安全是企业的生存之本，更是企业肩负的社会责任。不论是原物料还是产品，大陆统一企业持续推动食品安全的有效管理，并成立通过中国合格评定国家认可委员会（CNAS）认可的食品安全检测中心。公司内部一直坚持对所有原材料进行严格质检，并不断加强对产业链上下游的控制，确保产品质量安全。

统一企业在经营事业的同时，也善尽社会公民的责任，参与祖国大陆的社会公益活动。2008年，第二十九届奥林匹克运动会在北京隆重举行，统一企业积极参与奥运，成为奥运有史以来唯一的方便面赞助商。统一企业捐助奥运希望工程、希望小学等，同时也积极捐赠救助汶川地震、青海玉树地震、甘肃舟曲泥石流、雅安地震、定西地震、昭通地震、广河县洪灾、宜宾地震、以及抗击新冠肺炎疫情等。

统一企业一直秉持公司"三好一公道"的经营理念，致力于提供品质安全，以及深受消费者喜爱的产品。统一企业以成为全球最大的食品公司之一作为21世纪的战略目标，掌握时代脉搏，全心尽力演奏出一首永为大家喜爱的食品交响乐，传播健康与快乐，与消费者携手共创美好的生活。

开创健康快乐的明天

统一企业（中国）投资有限公司
UNI-PRESIDENT ENTERPRISES (CHINA) INVESTMENT CO.,LTD.

上海太太乐食品有限公司

上海太太乐食品有限公司（简称太太乐）创立于 1988 年,中国鸡精、鸡粉行业标准制定单位之一,并于 1999 年加入世界知名的食品饮料公司瑞士雀巢,充分利用国际资源加速产品和技术研发。秉承"太太乐,让生活更美好"的企业愿景,太太乐一直致力于鲜味科学的研究和推广,带动鲜味产业的技术创新,不断为消费者带来健康又美味的新一代调味品。

太太乐产品覆盖固态复合风味调味料和液态增鲜调味料两大类的不同系列,多个子品牌,产品规格近 300 个品项。太太乐凭借雀巢体系的国际化管理体制、全球化质量监管体系、强大的研发实力和卓越的员工团队,为消费者全方位、深层次的提供优质服务。同时,依托以餐饮、零售、电商、出口为主的四大销售渠道,销售网络覆盖全国各地,并出口至美国、加拿大、日本、中东等国家和地区,将"高品质、好滋味"的产品理念传播到世界各地。

作为鲜味科学倡导者,35 年来一直不断探索鲜味科学。2007 年,太太乐全面开放工业旅游项目,很快成为上海工业旅游景点的鲜味之旅,亲和之旅,在各层面建立了良好的口碑。2009 年,"鲜味之旅"工业旅游项目获"全国工业旅游示范点"称号,并于 2012 年建成"鲜味博物馆",太太乐以"让十三亿人尝到更鲜美的滋味"为企业使命,持续鲜味行业革新升级。

中国铁塔股份有限公司上海市分公司

深化共享，激活创新：
上海铁塔加速形成新质生产力

从2023年9月，习近平总书记在黑龙江考察期间首次提出"新质生产力"一词，到2024年写入政府工作报告。新质生产力的内涵不断丰富，正成为推动经济社会高质量发展的关键引擎。

新质生产力是创新起主导作用，摆脱传统经济增长方式、生产力发展路径，具有高科技、高效能、高质量特征，符合新发展理念的先进生产力形态。它由技术革命性突破、生产要素创新性配置、产业深度转型升级而催生，特点是创新，关键在质优，本质是先进生产力。

信息通信行业是形成新质生产力的重要领域，也为形成新质生产力提供重要支撑。作为通信基础设施建设的"国家队""主力军"，上海铁塔正通过高举共享旗帜，着力推动网络建设高质量发展，助力上海建设质量、规模双领先的5G网络，促进电信体制改革创新，深化跨行业共建共享，扎实发展新质生产力。

优化资源配置，践行新质生产力理念

新质生产力要符合创新、协调、绿色、开放、共享等发展理念，中国铁塔"因共享而生"，通过资源的开放共享，高效实现中国4G、5G网络覆盖，顺应新质生产力所提及的生产要素创新性配置，也体现高科技、高效能、高质量的特征。

作为中国铁塔省级分公司，上海铁塔积极统筹上海的基础电信企业建设需求，统一接洽、统一设计、统一进场，以高标准、严要求规划覆盖方案。上海铁塔超过95%的5G基站通过共享已有站址资源建设，塔均租户数从1.14户提升到1.72户，铁塔共享比例从原有的13%大幅提升至72%。

与此同时，积极获取社会资源，将"社会塔"转化为"通信塔"，获取共享市政综合杆路灯、龙门架等通信建设资源3.8万个，完成5G综合杆（交通设施杆）超2100个，新建地面宏站、地面微站的社会资源利用率分别提升至11.5%和84.2%。

截至目前，上海铁塔完成基站建设项目超9.5万个，其中5G基站5.4万个，承建地铁、桥隧信号覆盖总里程340公里，高铁信号覆盖总里程261公里，完成商务楼宇和大型场馆室内覆盖项目2500余个，覆盖面积1.64亿平方米，助力上海5G基站密度排名全国第一，率先建成"双千兆城市"，助力上海建设质量、规模双领先的5G网络，筑牢城市数字底座。

值得一提的是，上海铁塔积极争取政策支持，促进政府出台《上海市信息基础设施管理办法》《上海市工程建设项目"水电气网联合报装"一件事办事指南》《上海市通信管理局关于进一步完善本市新建住宅通信配套建设管理的通知》等文件，将通信配套建设嵌入新建住宅开发项目全流程，做到同步施工、同步验收，保障新建楼宇、住宅小区通信畅通，逐步形成"政府主导、铁塔统筹、行业协同、社会支持、共建共享"的网络建设新模式。

激发创新活力，加快形成新质生产力

科技创新能够催生新产业、新模式、新动能，是发展新质生产力的核心要素。上海铁塔在国企改革的背景下应运而生，将创新发展落到实处，积极谋划建设区域科创中心为目标，着力提高科创能力，加快形成新质生产力，助力推进国际科技创新中心建设。

上海铁塔用数字化、信息化手段服务数字城市建设，集合高科技人才力量，成立边缘算力专班，目前已完成算力中台、算力板卡等硬件部署，完成"核心+边缘"算力网络构建，获得国家（上海）新型互联网交换中心"上海算力交易平台接入节点"授牌。

运用数字化运维管理手段助力网络使用感进一步提升，通过全市统一运行管理的监控平台，将全市3万座站址纳入监管，一旦有故障发生，能够在2小时内接单，8小时内完成上站，确保网络服务实时在线。

基于对基站电力的成熟保障能力，上海铁塔建立快速响应城市电力调度机制，成立虚拟电厂专班，自业务实施以来响应需求27次，累计响应电量33.26万kWh，响应总量占所有负荷集成商总量的40.63%，位居第一。在《上海市加快虚拟电厂发展机制建设工作方案》任务清单中，上海铁塔是入选的唯一一家非电力专业企业，在城市电力保障机制中创新补位。

聚焦业务发展的关键领域，上海铁塔积极开展"抱杆型阻尼器""压密注浆技术""地铁室分设计""智慧村居""边缘算力网络服务""业务平台可视化模型"等技术创新。2023年，应用阻尼器抱杆139个，压密注浆加固6个，满足运营商新增及扩容需求148个，通过创新技术减少新建铁塔145个，节约投资超2100万元，"多快好省"助力网络建设。

积极践行"双碳"战略，上海铁塔开展新型空调、智能新风等新型节能技术产品改造，完成1788个机房站点改造，空调能耗降低10%，全年累计可节约用电186.67万度;完成6764个机柜站点改造，单站能耗同比预计下降31.01%，全年累计可节约用电8312.34万度。同时，试点基站光储一体化方案，2023年完成60个项目，后续针对该批站点运行情况进行节能评估，为行业的降本增效提供方案数据基础。

'伯曼
BERMAN GROUP
集团,

■ 伯曼集团的主要产品领域有 》》》

| 输送和装载技术 | 码垛和包装技术 | 机场和物流系统 | 客户支持服务 |

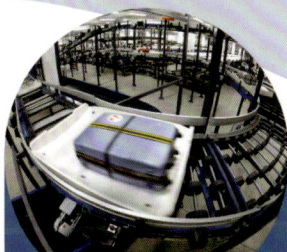

伯曼集团始建于1935年，是独立的第三代家族企业。自成立80多年来，始终坚持技术自主创新。凭借覆盖全球的销售服务体系，多年来集团发展稳健。"不在于一时的盈利，而在于永久的成功"，是伯曼集团长期坚持并将继续实践的座右铭，亦是伯曼在未来发展中的航向。

我们的目标行业主要有：水泥、石灰石、石膏、化工、化肥、矿业、机场、快递和包裹服务行业、电子商务、多媒体和分销商等。

2009 年 8 月 24 日，伯曼集团收购了丹麦 克瑞斯普兰的所有股份和业务。本次收购符合伯曼集团持续发展的长期战略，巩固了其业界领袖地位，使我们在机场和物流领域更具竞争力优势。

如今，伯曼集团在全球拥有约5,400名员工，年销售额达12亿欧元。伯曼集团在2005 年初成立伯曼机械制造（上海）有限公司，并设立生产制造基地，同时配备最先进的高精度机械设备。

伯曼上海目前的产品与系统集成业务领域应用于民航机场、物流快递、电子商务、家用电器、橡胶轮胎、水泥、矿山、发电厂、石油化工等多个行业。公司拥有集团在欧洲之外所唯一设立的研发机构，拥有完善的生产制造及质量保证体系。2005年3月取得了产品进出口自营权，作为集团全球的生产基地以及负责中国市场的实体公司，产品遍布中国和海外各地。

秉承"诚实守信、客户至上、品质创新、团队合作、持久发展"的核心价值理念，追求与客户的共赢。伯曼上海自成立以来，销售收入持续增长，在行业中树立了集产品研发制造与系统集成于一身的成功典范。公司自主创新能力强，目前伯曼上海实用新型专利累计达100多项，发明专利5项，是上海市高新技术企业，上海市创新型企业总部，青浦区百强纳税企业，青浦区优秀人才团队。

上海远中实业有限公司产业园

上海远中产业园位于徐汇区漕河泾新兴技术开发区内，地铁九号线漕河泾开发区站3、4、5号出口50米即达。园区以写字楼出租为主，可租总面积约10万平方米。园区内超市、白领公寓、餐厅、银行等配套一应俱全。园区已通过ISO9001:2015质量管理体系认证及安全生产标准化 三级认证，系徐汇区商委认证的"四星级产业园区"。上海远中产业园热忱欢迎更多企业和个人来园区创业。

上海远中产业园 欢 迎 您

远中四期
虹梅路2071号

地址：上海市徐汇区虹梅路2007号
招商热线：021-64853330 64855118
传真：021-64959342
微信公众号：远中产业园
网站地址：www.yzcyy.com

远中一期
宜山路1398号

宜山路

远中三期
虹梅路2007号

虹梅路

虹许路中环线

4号口　5号口

上海嘉朗实业有限公司

上海嘉朗实业有限公司位于上海国际汽车城嘉定区，公司成立于2010年。主要工艺模块有：铝合金铸造、模具设计制造、自动化智能制造、CNC精密加工、理化试验室。公司经过多年不断创新发展，成立了以上海公司为商务研发总部，江苏南通作为生产基地的构成，同时获得上海市市级技术中心，嘉定区"专精特新"企业等荣誉。

公司业务范围涵盖电力、通讯、五金工具、军工等领域，主要业务是以汽车零部件设计研发，生产制造和销售为一体的企业。

装备展示

装备展示

技术支持

产品展示

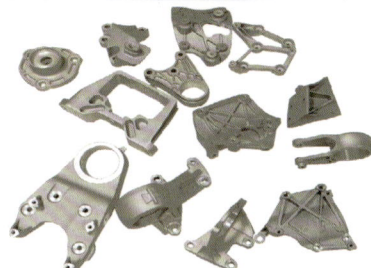

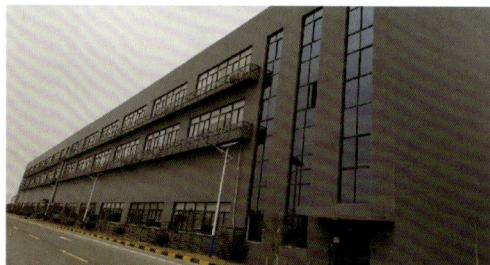

上海总部
地址：上海市嘉定区澄浏公路798号
电话：021-39191166
传真：021-69952133
网址：http://www.sh-karlang.com/

南通工厂
地址：江苏省南通市高新区杏园路1188号
电话：0513-86212999
传真：0513-86212999
网址：http://www.sh-karlang.com/

KiC

上海实业振泰化工有限公司

上海实业振泰化工有限公司始建于 1970 年，始名奉贤盐化厂，是当年奉贤县与华东师范大学联合在奉贤柘林镇筹建并作为华东师范大学化学系的教学实习基地的地方全民国有企业，经过几十年的发展，已成为中国特种氧化镁系列产品的现代化企业。公司现有资产 3.53 亿元，员工 176 名，研究生、本科生等科研人员占职工总数的 30 % 以上，研发经费投入占销售总额的 4 % 以上，年产值近 2.5 亿元。

公司长期坚持以市场需求为导向，以科技创新为手段，以华东师范大学为技术后盾，严格贯彻质量、环境、职业健康安全及知识产权管理体系，建立科研—生产—销售为一体的完整的技术创新体系，现拥有发明专利 15 项及实用新型专利 13 项，完成重大原材料从熔炼到高端产品生产产业链的整合，强有力的生产工艺技术改革和新产品开发能力，使公司具有个性化的、强于他人的、能保持企业长期稳定发展的竞争优势。

公司产品凭借技术领先、品质稳定和服务优质始终占据国内业界前列，并在国际上占有一席之地。特种硅钢级氧化镁产品曾获国家教育委员会颁发的科技进步一等奖、上海市优秀产学研联合工程项目一等奖。公司连续被认定为上海市高新技术企业、上海市外商投资先进技术企业，并获得工信部"专精特新"企业、上海市"专精特新"小巨人企业、上海市专利试点企业、上海市化工协会出口基地、全国重合同守信用单位、上海市文明单位、全国轻工业百强企业专项能力榜等多项殊荣，产品曾获中国化工行业卓越品牌、上海市新材料优秀产品、上海市名牌产品、上海市著名商标等荣誉。

上海斯可络压缩机有限公司

办公大楼

综合大楼

一期主厂房

二、三期厂房

上海斯可络压缩机有限公司成立于 2000 年，是一家拥有自主知识产权的中日合资高新技术型企业，专注压缩空气、真空技术前沿创新。

斯可络拥有 10 万平方米制造基地，商标在全球 50 多个国家注册，在全球拥有 500+ 服务网点，产品远销欧洲、美洲、大洋洲、东南亚、中东等 83 个国家，服务全球客户超过 8 万余家。

斯可络获得 91 项国家专利，参与制订 23 项行业标准，多款产品获得国家能效之星称号，179 款机型达到国家一级能效标准，通过 ISO9001、欧盟 CE & RoHS、美国 UL、德国 TUV CLASS 0 等 30 多项全球认证。

斯可络秉持"节能、环保、智能"的产品定位，为市场提供磁悬浮离心式空压机、空气悬浮鼓风机、永磁变频、无油、微油、低压、新能源车载等系列空压机和螺杆真空泵，致力于为客户提供节能高效空气系统解决方案和快捷稳定的技术服务。

公司先后获高新技术企业、"专精特新"中小企业、上海市高新技术成果转化项目、上海市品牌引领示范企业、上海名牌、上海市著名商标、上海市科学技术奖等荣誉。

企业的成长历程

上海弘智金属制品有限公司成立于1996年，公司占地面积8700平方米。以生产电机壳、散热器为主。为发展生产、扩大规模，于2019年在嘉兴平湖建立第二个生产基地：平湖弘智金属制品有限公司，占地面积35000平方米，以生产汽车零部件为主。

企业目标

企业精神：客户的满意是我们永恒不变的追求

企业格言：质量和信誉

质量方针：以质求精、稳步发展、持续改进、满足客户

环境方针：创造舒适和谐环境，为可持续发展做贡献

发展目标：零缺陷、零距离、依照科技进步、定位国际一流企业

经营理念：系统化、国际化、规模化、规范化、专业化

产品理念：追求卓越、缔造完美

员工理念：乐业、敬业、专业

管理理念：成功来自创新、发展来自合作

企业口号：节约能源、降低成本

企业名言：事无大小、追求完美

企业规模

目前两家公司拥有职工约500人，各类技术及管理人员约80余人。

企业拥有固定资产7000多万元，目前拥有各类设备超过100台次。

企业年销售额约2.5亿元，产品主要销往日本、德国、英国、捷克等国家，目前主要客户有椿本、EBM、西门子、三菱、安川、日立、ABB等等。

企业发展

公司投入大吨位压铸机及数控加工等自动化、半自动化设备，以提高企业加工能力和质量控制水平。

公司目前全面推进5S现场管理，过程质量控制等管理手段，目的打造一支有战斗力、坚强、有凝聚力的团队。

公司本着"以人为本"的管理理念，通过制度化管理，公正、公平、公开的开展工作，给员工营造一个和谐团结的工作环境。

上海弘智金属制品有限公司

上海弘智金属制品有限公司
SHANGHAI HONGZHI METALS PRODUCTS CO.,LTD.

GRÄNGES

格朗吉斯铝业（上海）有限公司

格朗吉斯铝业（上海）有限公司于 1996 年在上海正式落户。经过二十多年的发展，如今已成长为中国乃至亚洲最大的热交换器轧制铝材研发制造基地。

格朗吉斯铝业（上海）有限公司年产 12 万吨热交换器轧制铝材，在 Gränges 全球战略中占据着举足轻重的地位。公司投资额超过 10 亿元人民币，拥有先进设备 30 多台套，各项指标都堪为行业之最。这里，每天有超过 500 名优秀员工为客户创造价值。

格朗吉斯铝业（上海）有限公司的愿景是以创新的铝材工程设计来改变世界。公司拥有世界领先的研发创新中心，业务遍布欧亚美三大洲。通过研发、产品开发以及产品全寿命周期内的技术支持来为客户提供帮助。因此 Gränges 能够开发出更轻、更智能、更可持续的材料，帮助客户提高经济效率并减少对环境的影响。

上海实达精密不锈钢有限公司

上海实达精密不锈钢有限公司成立于1995年12月，是中国第一个中外合资生产超薄不锈钢的企业。公司注册资本13156万美元，合资双方是中国宝武特种冶金有限公司与美国Allegheny Ludlun LLC。

公司引进具有世界先进水平的森吉米尔廿辊轧机、拉伸矫直机、光亮退火炉和精密裁剪机组、及精轧技术人才，专注于生产和销售厚度0.03～1.50毫米、宽度3～1250毫米，AISI200、300、400系列，各种调质硬度、表面状态或有特殊要求的超薄、超平和超硬不锈钢冷轧精密板带。

设计产能8.7万吨/年，为国内高质量不锈钢精密钢带的重要生产基地。产品广泛应用于电子、汽车、新能源、信息技术、医疗、化工、纺织等行业的零部件制造，销往中国大陆和香港、台湾地区，以及亚、欧、美、非、大洋洲等诸多国家。

公司是高新技术企业、黑色冶金行业标准YB/T5310-2010《弹簧用不锈钢冷轧钢带》修订起草单位。

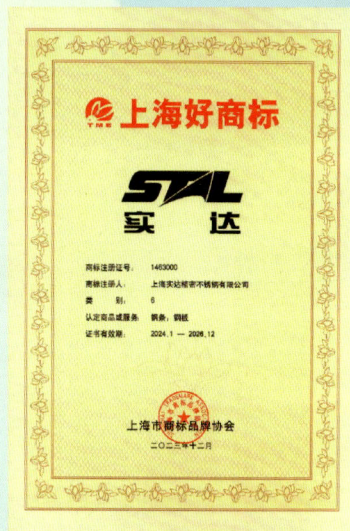

通过ISO9001、IATF16949质量、ISO14001环境、ISO45001职业健康安全和ISO50001能源管理体系，AEO高级认证企业等认证；获评上海市守合同重信用企业、上海市好商标、上海市"专精特新"中小企业，闵行区重点企业、经济突出贡献企业。曾获评上海市外商投资先进技术企业、上海市著名商标、中国外贸出口先导指数（ELI）样本企业等。

公司始终坚持"共创卓越、同享辉煌"的核心价值观，恪守诚信、合规的经营原则，依靠不断创新和技术进步持续发展，努力实现股东、客户、供应商、员工与社会的最大利益，铸造"世界一流的精密不锈钢带材制造公司"。

科思创聚合物(中国)有限公司
(科思创上海一体化基地)

科思创是全球领先的高品质聚合物及其组分的生产商之一。依托创新的产品、工艺和方法，公司在众多领域帮助促进可持续发展和提高生活品质。科思创在全球范围为交通出行、建筑和生活起居以及电子电气等重要行业的客户提供服务。此外，科思创聚合物还应用于运动休闲、电信和医疗健康等领域，以及化工行业本身。

2001年起科思创在上海开始建设一体化基地，截至2023年底投资总额已达约38亿欧元。目前，上海一体化基地已成为科思创全球最大的综合性生产基地，拥有12座配备先进生产技术的工厂，覆盖科思创主要产品线。上海一体化基地也是科思创欧洲以外首个工艺技术中心的所在地，基于"本地为本地"及"本地为全球"的概念开发定制化工艺技术解决方案。 2021年，科思创上海一体化基地获得ISCC PLUS质量平衡认证，意味着其已具备大批量供应含废弃物或生物质原料份额的材料的能力。科思创上海一体化基地于2018年入选中国工业和信息化部发布的国家级绿色工厂名单，成为上海化工区内首家绿色工厂。 2023年12月，科思创上海一体化基地获由上海市经济和信息化委员会颁发的"智能工厂"称号，成功跻身上海市示范性智能工厂行列。

丰罗绝缘材料（上海）有限公司

丰罗绝缘材料作为瑞士一家历史悠久的上市公司，成立于1803年。公司产品着重于发电机，旋转电机，复合材料和加工，是全球市场的技术领导者和唯一一家能为电机提供全套绝缘材料，加工设备和服务的公司。

公司为该市场的发展作出杰出贡献，开发众多该新技术产品，确保稳步提高输出功率，缩小电机体积。

公司有以下优势可以令客户满意：

所有绝缘材料的一站式资源；

已获得认可的系统组分相容性；

丰罗拥有材料和系统的测试中心；

制造技术和设备；

应用工程咨询服务；

绝缘材料和系统培训。

为满足全球市场的需求，丰罗集团分别在瑞士、法国、意大利、德国、中国、印度、美国等国家和地区建立工厂。

丰罗绝缘材料（上海）有限公司成立于2006年，位于上海市松江区民强路1235号，总建筑面积为4454平方米。主要产品应用于低压电气绝缘的柔性复合材料以及耐高压云母带和防火云母带的生产和销售，以及用于高铁的电磁线及绝缘漆。

丰罗绝缘材料（上海）有限公司作为电气行业的绝缘材料供应商之一，也是汽车行业多个著名品牌汽车的一级／二级供应商。

公司年产绝缘纸复合材料500吨、云母带产品600吨、绝缘树酯产品1200吨。公司配备完善的复合分切等生产设备，以及环保和安全设备设施。

上海衡拓液压控制技术有限公司

上海衡拓液压控制技术有限公司是由中国船舶集团有限公司第七〇四研究所全资子公司上海衡拓实业发展有限公司、中船科技投资有限公司和重庆清平机械有限公司共同投资成立的企业法人类有限责任公司；成立于2013年1月。公司总部位于七〇四研究所上海新桥产业化园区（上海市松江区新蟠路160号），现有上海、重庆两个厂区总占地面积近10000平方米，员工约210人。公司依托七〇四研究所雄厚的技术积累，专业研发和制造高端液压元器件——射流管式电液伺服阀及伺服液压控制系统。产品广泛应用于航空、航天、船舶、冶金、机器人等各类领域，总体研究水平处于国内领先、国际先进。经过多年高质量持续发展，公司已形成以上海总公司为研发和装试中心，重庆分公司为批产零部件生产中心，西北办事处为售后服务中心的战略布局。公司先后获上海市高新技术企业、上海市"科技小巨人"企业、"专精特新"中小企业及专利试点单位资质，取得质量、安全、知识产权等体系认证证书。

公司始终秉承"向善、向上"的企业文化，致力于"一次做好，零缺陷管理"的核心价值理念，充分发挥整体技术优势，通过严格生产管理，不断提高产品质量和服务水平，确保顾客满意，促进公司与客户的共同发展，努力打造一个具有国内伺服阀研发和制造一流水平的专业化企业。

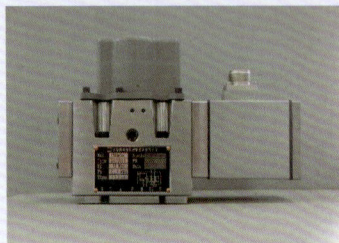
CSDM661

CSDY1

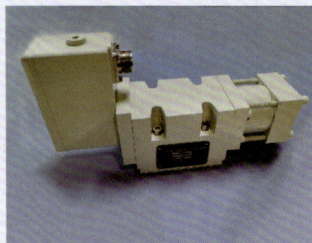
HTDDV-D634

旋转直驱阀

上海衡拓液压控制技术有限公司
地　址：上海市松江区新蟠路160号　邮　编：201612
网　址：www.htservo.com.cn　电　话：021-57683157

上海澄域环保工程有限公司

　　上海澄域环保工程有限公司成立于2015年，是一家民营高新技术企业，落户于上海市奉贤区东方美谷产业园区。公司以岩土为基础，建全岩土生产服务链：1)场地环境调查、污染修复；2)岩土工程勘察；3)工程测量；4)岩土工程勘察；5)基坑围护设计、施工、监测；6)规划竣工测量。

　　公司于2021年和广西柳州欧维姆机械股份有限公司签订战略合作，共同研发"装配式预应力双弦梁组合钢支撑"，通过植入预应力技术提升装备工艺大幅降低基坑围护造价产生良好的经济效应，通过重复利用响应绿色节能政策创造良好的社会效应。

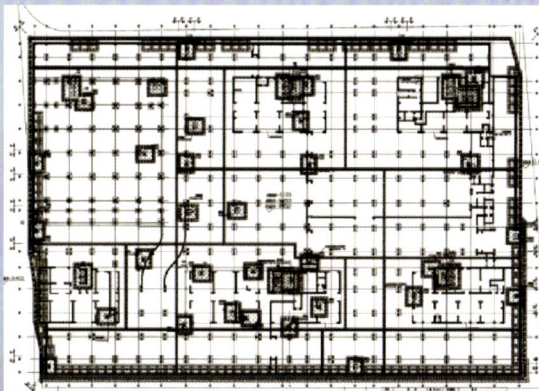

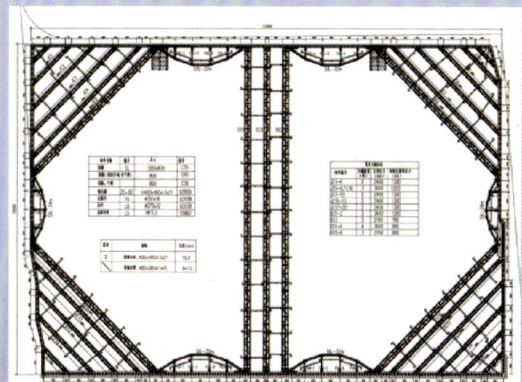

奉贤中学生活区扩建项目深基坑围护设计方案

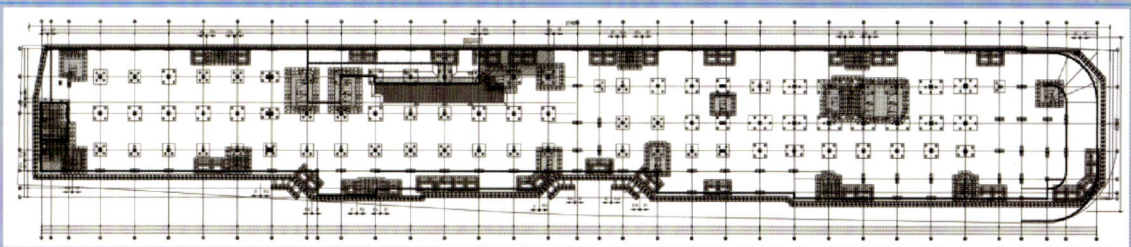

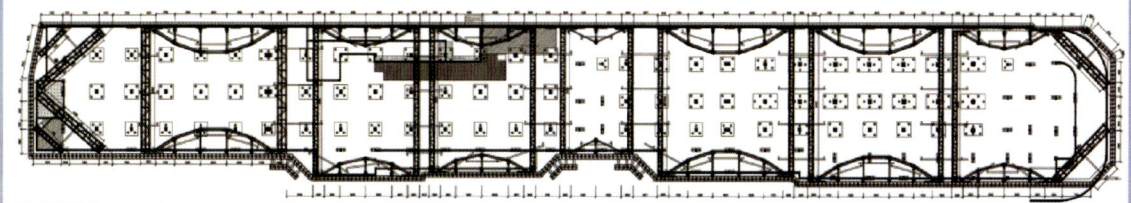

某厂区新建厂房项目深基坑围护设计方案

电话：021-33618758　　邮箱：cyhb@prestige-soil.com　　地址：上海市奉贤区高丰路899弄6号

上海熙华检测技术服务股份有限公司

上海熙华检测技术服务股份有限公司成立于2015年，位于张江药谷核心区和周浦国际医学园区，是一家专注于生物样本分析、仿制药一致性评价的生物医药企业，国内领先的符合国际规范的药物临床试验生物样本分析第三方实验室，上海市仿制药一致性评价专业技术服务平台，国家药品监督管理局高级研修学院"临床试验生物样本分析质量管理培训班"承办单位，中国药科大学生物样本分析联合实验室，上海市高新技术企业，上海市科技小巨人企业，浦东新区企业研发机构。

公司拥有一支由海归博士领衔的优秀研发和服务团队，管理团队曾先后任职于国际知名药企和CRO公司，精通国内外生物分析的法规和质量体系，在药物临床试验生物样本分析领域积累丰富的经验。现有营业场地6000多平方米，服务设备齐全，配套500多台1.1亿元的仪器设备，包括三重四极杆串联质谱仪55台，超敏因子电化学发光分析仪6台，可提供生物等效性（BE）评价、临床药代动力学（PK）研究、生物样本分析、临床试验稽查与咨询、仿制药开发等技术服务项目。

公司自成立以来，注重技术积累，已累计完成100余项生物创新药及生物类似药、160余项化学创新药、800余项仿制药临床样本分析，建立近1000种药物生物分析方法。

公司坚持"质量至上，严守时限"的服务理念，与300多家国内外知名药企、临床CRO和高校研究所建立广泛的合作关系。

上海紫泉标签有限公司

上海紫泉标签有限公司成立于 2002 年，投资总额 4500 万美元，公司于 2010 年在广东清远投资成立广东紫泉标签有限公司。公司主要生产热收缩膜标签、绕贴标签、不干胶标签、模内标签、LDPE 弹性标签等各类标签、高透明 PE 热收缩彩膜以及卫生用品包装等产品。年产销各类标签 300 亿张、高透明 PE 热收缩彩膜 1.5 万吨、卫生用品包装袋 8 亿只。

公司拥有从日本、意大利、丹麦、德国引进的生产设备和质量检测设备数十台。这些国际一流水准的设备为确保产品的质量奠定物质基础。

公司注重管理和技术创新，通过 DNV 的 ISO900:2008 质量体系认证，又先后实施 ERP、6S、SOP、TPM 等管理。公司设有技术研发中心，具有雄厚的技术实力，现有国家发明专利授权 8 项，实用新型专利授权 14 项，是上海市高新技术企业和上海市科技小巨人企业。

多年来，公司与可口可乐、百事可乐、宝洁、联合利华、雀巢等国际品牌建立良好的合作关系，也是农夫山泉、统一、伊利、光明等众多国内知名企业的主要供应商。

紫泉作风：脚踏实地地干、只争朝夕地赶

紫泉精神：胸怀大志、脚踏实地、励精图治、争创一流

地址：上海市闵行区颛兴路 1288 号

电话：021–51598200

东方美谷企业集团股份有限公司

东方美谷企业集团股份有限公司成立于2016年。集团坚持大力发展美丽健康产业、生产性服务业以及跨界产业"1+1+X"产业定位。先后被国家发改委、科技部、上海市政府授予中国化妆品产业之都、国家生物产业基地、国家科技兴贸创新基地、上海市新药创制四新基地，以及获评上海品牌示范园区、上海市知名品牌创建示范区、上海市知识产权示范园区、上海市企业服务优秀园区、生物医药特色产业园区、时尚消费品特色产业园区、智能制造特色产业园区等。

按照产城融合发展理念，东方美谷以美丽健康特色布局，增强高端生物制品、创新中药等方面的综合实力，提升生命健康产业吸引力和竞争力，全力推动以"化妆品生产和生物科技产业"为核心的美丽健康产业，支持药明生物、莱士血液、上生所、伽蓝集团等重点企业，着力推动中化学"一总部两集团"、上海城投检测评估中心、盛虹材料研究院等"大院大所"落地，打造生命健康全产业链创新生态。围绕着"东方美谷"的发展核心，不断整合资源，打造产业功能平台，全资投入建设检验检测、人力资源、培训教育、政策申报、商标服务、知识产权保护、技术成果交易等服务于美丽健康产业的功能平台，还在B2B、B2C销售终端、广告传媒、商品溯源等领域积极介入，并协助推进彩妆药妆研发中心、东方美谷产业研究院、研发创新中心建设，全力构建完善的产业服务功能体系。

围绕服务企业发展，形成以技术支持和推动产学研一体化服务为特色的产业发展平台；涵盖物业、技术、资金等全方位要素的产业资源平台；以国家级孵化器为依托的产业孵化平台；提供政务、商务、人资、协会等全方位服务的产业服务平台；集合市、区、大张江、大临港、东方美谷多级优势叠加的产业政策平台。

围绕服务人才发展，交通通勤方面，建立功能区至主要公共交通站点接驳渠道；人才安居方面，建设能够满足过渡性、临时性居住需要的公寓用房；公共配套方面，花大力气引进高品质教育、医疗、文化资源，方便人们打造工作生活圈的设施和软件，构筑起引进人才的温馨凤巢。下一阶段，集团将围绕美丽健康产业定位，坚持产业链招商思路，创新实施"基金+基地"招商路径，精准对接优质项目，全力促进产业链向高质量、集聚式发展，促进美丽健康产业继续集聚壮大，奋力谱写东方美谷发展的新篇章。

中国化妆品领军企业自然堂集团是一家中国领先的数字化驱动的科技美妆多品牌企业，将世界顶尖科技与东方美学艺术完美结合，从东方人的文化、饮食和肌肤特点出发，为消费者提供五感六觉完美超卓的世界一流品质的产品与服务，向世界传递东方美学价值。

自2001年在中国上海发展以来，自然堂集团先后创立了中国科技美妆高端抗老品牌——美素、源自喜马拉雅的自然科技品牌——自然堂、多效敏感肌护肤专家——植物智慧、科技活性植萃美妆品牌——春夏、专业功效性护肤品牌——珀芙研、倡导女性悦己主义的小众沙龙香水品牌——ASSASSI-NA莎辛那、婴童皮肤科学功效品牌——己出等多个品牌。

至今，自然堂集团在全国建立4万多个零售网点，拥有员工近5000人，产业链从业人员6万余人，是中国市场份额、消费者口碑与社会影响力俱佳的行业领跑者。

自然堂集团以产品科技、数字科技驱动企业发展，截至2023年底，自然堂集团已申请各类专利共计438件，授权发明专利90件，申请发明专利239件；获批高新技术企业、上海市质量金奖、上海品牌、上海市院士专家工作站、上海市专利示范企业。自然堂集团研发中心立足自主研发、开展全球合作，已建立"外太空护肤科研、3D皮肤模型、表观遗传学应用"三大关键创新技术及60种科学验证手段，开发上市了多款高科技、高功效、高颜值新产品。

23年积累，自然堂集团凭借家喻户晓的国货品牌、积年累月潜心研发投入，树立了诚信负责、品质可靠、实力强劲、科技领先四大行业口碑，成功塑造了喜马拉雅、东方美学、科技领先三大特色，拥有全产业链、全渠道冠军、全域数字化三大优势，打造中国人自己的世界级品牌。

自然堂集团一直致力于从环境、社会和公司治理的角度考虑，在发展业务同时，矢志造福人类的公益事业，致力传统文化的保护与传承、发展教育、保护环境，确保事业可持续发展。环境方面，通过自然堂种草喜马拉雅公益项目等保护生态环境和生物多样性；社会方面，通过自然堂春蕾助学行动、美素野生小玫瑰种植园等履行社会责任；公司治理方面，已完成全域数字化转型，通过负责任地供应链推动行业可持续发展。

2024年，自然堂集团将启动战略3.0，新愿景是成为中国第一、世界领先的科技美妆企业，新战略将从双聚焦、多品牌、全业态、国际化四个方面聚焦美，向美而生。

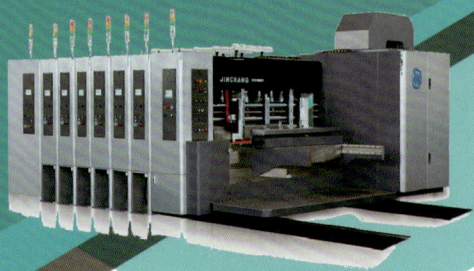

上海慧雄包装有限公司

SHANGHAI HUIXIONG PACKING CO., LTD.

上海慧雄包装有限公司成立于2013年。通过多年耕耘，2021年，成立智能新工厂，位于上海市青浦区漕盈路3777号2幢，是一家新兴的创新型包装企业，主要生产和提供一体化瓦楞纸箱、纸盒包装（水印纸箱、预印纸箱、彩印纸箱、礼品礼盒纸箱、高清印刷纸箱）服务。

公司配备国内高端2200毫米门幅高速瓦楞流水线1条、智慧物流系统、宽幅1800毫米高端8色水性油墨预印流水线1条、多台高速水性油墨印刷开槽模切一体机、全自动高速印刷成型联动线（1台）、高速平压平（4台）和圆压圆模切机（1台）及配套的后道加工设备（粘箱机5台、贴胶机3台、喷码机1台等），日产能超100万只纸箱，可以满足食品饮料、啤酒、电子、果蔬、家电、轻工、汽配、快递电商、服装、医药、化工等行业不同客户不同需求。

公司被评为上海市"高新技术企业"、上海市"专精特新企业"。

公司设备不断更新升级,逐步推进工业4.0，公司硬件、软件设施/投入行业一流，包装差异化战略清晰，优势明显【预印、喷码（一箱一码）等、不断投入新技术】，数智化程度高，国内外同行到公司参观交流络绎不绝——————2023年2月，公司获上海市"青浦区智能工厂"称号。2023年6月，被青浦区认定为"企业技术中心"。

公司更是一家注重环境保护绿色企业，积极为环境保护做出应有贡献。公司不仅通过ISO9001质量体系认证，还通过ISO14001环境体系认证、ISO45001职业健康、FSC森林认证、绿色认证、能源等体系认证。

为更好服务各地区客户，公司已经在华中地区筹建分公司，同时在中国各片区通过行业资源整合，满足国内外、各片区各类客户的不同订单需求。

一、回力 1927品牌介绍

回力1927：作为回力品牌的子品牌，以"时代"为主题，将"经典""潮流""先锋"作为品牌内核，秉持"始于此，不止于此。HIT THE ROAD"的品牌精神，传递年轻新态度，打造经典、潮流、轻运动系列的鞋服产品。

二、回力 1927 的 WARRIOR-PARK系列介绍+ 七巧板产品条线介绍

回力1927 WARRIOR-PARK系列的设计愿景是构建属于回力1927的年轻运动主题公园，包含滑板、街舞、街头篮球等潮流运动，维系起运动爱好和情绪价值的社交纽带，打造形而上的个性公园文化。

回力1927　WARRIOR-PARK系列中的"七巧板"产品条线以线条简洁明朗的板鞋作为主要基础鞋型，其LOGO设计灵感来自于中国家喻户晓的益智类玩具——七巧板，可以通过七种几何图形的组合形成各种各样的形态，其变化之式多至千余。将WARRIOR的七个字母巧妙融入了七巧板图形，同时与中文"回力"二字蕴含的几何之美相揉和，巧妙应和了中国传统文化的美学概念，也预示着回力 1927将以万变姿态与新时代年轻人同行。

三、回力 1927 WARRIOR-PARK七巧板 龙年特别款

WARRIOR-PARK七巧板在龙年伊始之际运用中国经典神话传说《山海经》主故事线中的"应龙"正式开篇，应龙是云雨雷霆、沟渎河川之神，可以操纵天气，调节雨水，平息洪涝，代表着力量、智慧、慈悲和治愈。

龙年特别款分为丹宁应龙款与应龙款，整体配色以经典丹宁色、简洁的白色辅以中国红，鞋舌处七巧板LOGO上金龙盘踞，鞋款帮面局部使用形似龙鳞形状的纹路材料加超纤马毛，头层后跟双层皮，鞋底布满蓝白、红白的街头涂鸦文化图案，整体呈现出非凡的细节质感，充分展现回力　1927的年轻化美学视角和时尚锐意的设计语言。

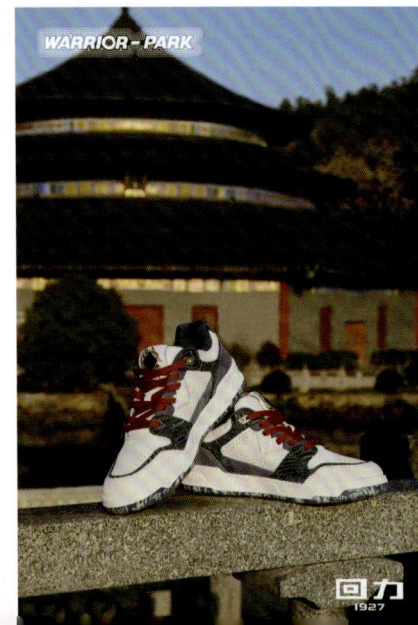

东隆集团
DONGLONG GROUP

》》》 公司简介

上海东隆纺织科技（集团）有限公司成立于1997年，位于上海市青浦区，是一家集研发设计、生产销售为一体，功能齐全、设备先进的现代化纺织服装企业。公司通过实施"集团化、国际化、高端转型"的多元化发展战略，成为拥有境内外21家分支机构的中大型企业集团。2023年，东隆集团旗下公司实现销售收入超过35亿元，上缴税金超过8000万元。

有一种温暖叫羽绒，有一种羽绒叫东隆，羽绒是东隆的灵魂。上海东隆依托近30年的生产管理经验，不断完善优化自身的产业链结构，建成一条从鸭鹅养殖到羽绒原料到服装、家纺制品设计生产的完整产业链条，现有14个生产基地，分布在江苏、安徽、图们、山东、河南等地区，以及东南亚的缅甸和印度尼西亚等国家。2023年4月，在印度尼西亚投资新建一家服装生产工厂。作为生产型企业，东隆始终坚持用心做好制造业，始终将产品的品质放在第一位，连续通过ISO9001质量管理体系、ISO14001环境管理、OEKOTEX100安全信心纺织品、RDS羽绒追溯以及 IDFL 国际羽绒实验室 DOWNPASS 认证，安全生产标准的认证，确保每一件东隆生产的产品符合客户的需求。

上海东隆先后获得中国羽绒行业杰出贡献奖、中国羽绒行业功勋企业、中国羽绒行业优秀企业、上海市品牌培育示范企业，连续多年入围上海市工业销售收入100强、上海民营企业100强。

上海东隆不断努力创新，围绕产品研发，发扬工匠精神，使"东隆"产品在国际国内并进，不断提升东隆的品牌价值，创建羽绒第一品牌，争做行业的领头羊。

石台东隆汇泉矿泉水有限公司成立于2022年，位于安徽省石台县,是上海东隆集团旗下的全资子公司。东隆汇泉是一家旨在从事高品质富硒泉水生产和销售为一体的企业,是安徽省生产规模较大、自动化水平较高的天然富硒泉水生产龙头企业。

澳帕曼织带（上海）有限公司

澳帕曼织带（上海）有限公司成立于2013年10月，是德国E.澳帕曼公司在中国境内设立的第三家全资控股子公司。公司注册资本250万美元，厂房面积16000平方米，现有职工137人。主要生产汽车用安全带，机动车儿童乘员约束系统用安全带，高空作业安全带，航空安全带，运输、吊装用扣带等各类高强度特种纺织品，以及一次性防护口罩。

公司作为汽车关键零部件供应商，所属行业为纺织业，与传统的纺织业相比，公司采用国际先进的设备以及德国工艺，秉承德国高标准的环保理念。

公司先后通过ISO9001，IATF16949，ISO14001，ISO50001能源管理体系,ISO45001职业健康安全管理体系，CCAP中汽认证，取得SGS碳核查报告、产品碳足迹认证、产品通过RSB认证，并取得德国可持续发展协会认证证书，进入中国医药保健品进出口商会白名单。2021年10月，与上海交大合作成立联合实验室，联合研发人工AI智能视觉检测设备，目前首台已研发成功并投入使用，该设备在织带行业的应用属于国际领先水平。

2019年，取得"国家级高新技术企业证书""上海市'专精特新'中小企业"称号。2021年度，获"第八届金山区质量金奖"称号。2022年，经上海市商务委员会批准成立跨国公司研发中心。2023年10月，获"上海市四星级绿色工厂"称号。

2023年，公司主营业务销售额达1.74亿元，近三年销售复合增长率为9.96%；净利润1099.86万元，近三年净利润复合增长率为31.95%。

上海西门子线路保护系统有限公司

上海西门子线路保护系统有限公司（简称 SCPS）主要生产小型断路器（MCB）、剩余电流动作断路器（RCBO）、剩余电流装置（RCD）、电弧故障保护断路器（AFDD）、隔离开关（Switch-disconnector）、附件（Accessory）、自动转换开关电器（ATSE）等，以及其他电气线路保护类产品，广泛用于电力设备终端线路保护，为城市基础设施提供保障。

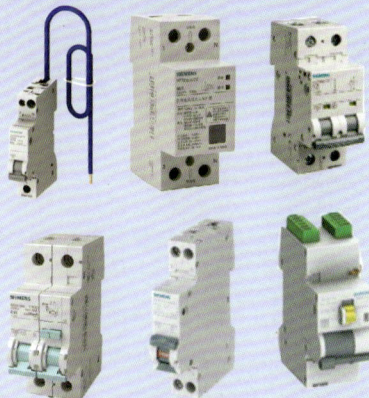

SCPS 成立于 1995 年，是西门子（中国）有限公司与上海电气集团股份有限公司共同投资组建的中外合资企业。公司于 2015 年 10 月迁至位于金山区时代大道全新的现代化厂房。新厂房地理位置更优越，交通更便利。新工厂设计产能是之前的一倍多，为公司提供了持续业务投资和增长的空间，SCPS 得以不断推动产品国产化、产线自动化和工厂数字化进程的全速前进。

公司拥有实力强大的研发中心，SCPS 研发部成立至今，授权专利达 198 个，被总部授予"电子类全球研发中心"称号，成为西门子在中国电气研发领域的重要引擎。自 2022 年至今由公司独立研发和生产的带通信功能的紧凑型智能断路器、紧凑型智能电弧故障保护断路器、新一代智能远程控制装置和紧凑型智能漏电监控断路器，通过无线通讯技术，将电流、电压、温升、功率等数据实时的传送到中继器或者云端，实现产品的遥测、遥信、遥控和遥调四遥功能，是西门子小型断路器最新一代产品。其中紧凑型智能漏电监控断路器产品能在 1 个模数 18 毫米宽的产品里实现漏电监测、电能测量、短路分断三大功能，实现机械、电气、短路分断监测及预警，同时具有无线通信功能，代表了全球先进技术。2024 年公司研发并生产的电流分断能力达到 10kA 紧凑型电弧故障保护断路器即将上市，引领行业紧凑型断路器产品的高分断技术。SCPS 凭借自身实力，连续多年获国家工信部绿色工厂称号、上海市高新技术企业，通过上海外资研发中心认证，以及被授予上海市"专精特新"中小企业称号。

SCPS 稳步推进自动化与精益数字化。近年来，SCPS 对半成品加工、总装、测试、印字、包装等制程进行深入研究，先后实施自动焊接、自动装配、自动测试、自动激光和包装等，大幅提升工厂自动化；

移动式 TPM 设备管体系统　　亮灯式物料配送系统　　激光影印自动生产线

运用视觉检测技术和冷调热测工艺，提升生产良率。同时，以精益为基础，加快数字化工厂建设，逐步实现在线采集生产数据，实时监控生产状况，并利用 BI 工具对数据分析优化。搭建工厂数字化平台，集成整合数字化应用系统；实现智能柔性生产，满足客户交付。

SCPS 积极响应国家"双碳"战略，西门子（中国）宣布实施的"零碳先锋计划"，利用数字化技术在低碳化方面不断努力，用实际行动践行绿色和可持续发展理念。从分布式屋顶光伏到使用数字化智慧能源管理平台进行能耗管理分析，实施各项节能增效减排解决方案，开展碳核查工作，导入卓越绩效管理模式，开展绿色产品研发，引入产品全生命周期评价，将生态设计理念导入产品的开发、生产、运输、服务和处置全过程中。先后获得"国家级绿色工厂""国家级绿色设计产品""上海市绿色工厂""上海市零碳标杆工厂""低压电器行业绿色低碳制造先锋企业"荣誉称号。

作为西门子电气产品事业部全球生产网络中的一个关键运营公司，上海西门子线路保护系统有限公司秉承以客户为导向的管理，通过提供高质量的产品和一流的服务，很好地适应变化的市场条件，以向客户提供充足，可靠的产品和更快的响应，获得客户和市场的一致认可！

展望未来，上海西门子线路保护系统有限公司明确定义更高的发展目标，并积极倡导主人翁精神的企业文化，不断奋斗，力争卓越。上海西门子线路保护系统有限公司正沿着达成目标的轨道不断前进！开启发展的新篇章！

太古地产

SWIRE PROPERTIES

太古地产是香港及中国内地领先的综合项目发展商、业主和营运商。公司尤其专注发展商业项目，在通过活化市区环境以创造长远价值方面，拥有卓越的成绩。太古地产于 1972 年在香港成立，并于香港联合交易所主板上市，包括旗下附属公司在内聘任员工总数逾 5800 人。

公司业务涵盖三大主要范畴：（i）物业投资，即发展、租赁及管理商业、零售及住宅物业作长远投资；（ii）物业买卖，即发展及兴建物业项目，主要为供出售的优质住宅项目；（iii）酒店投资。

太古地产的优势集中于构思、设计、发展和管理具规模及影响力的商业项目，累积近 50 年的实力和经验。(https://www.swireproperties.com/zh-cn/)

投资物业组合

香港

太古地产的投资物业组合主要包括办公楼和零售物业、服务式住宅、酒店及高尚住宅项目。公司香港应占投资物业组合总楼面面积约 1650 万平方呎（约 154 万平方米），主要物业包括太古坊、太古城中心及太古广场，尽显太古地产建设社区的优势。

中国内地

公司在中国内地于北京、上海、广州及成都拥有六个已落成项目 -- 主要为零售主导的综合发展项目。其中包括北京的三里屯太古里及颐堤港、上海的兴业太古汇及前滩太古里、广州太古汇及成都太古里。北京的颐堤港二期、西安太古里、两个位于上海的综合发展项目，以及一个位于三亚的全新零售项目现正发展中。太古地产在中国内地已落成投资项目占地约 131 万平方米（约 1410 万平方呎）。

◆上海兴业太古汇

兴业太古汇是一个以零售为主导的大型综合发展项目，位于上海南京西路中央商圈。项目位置优越，交通便捷，包括一个购物商场、两座办公楼、三间酒店及服务式住宅，总楼面面积约 354 万平方呎（逾 32.8 万平方米）。兴业太古汇于 2017 年正式开业，而项目内由太古酒店管理的镛舍于 2018 年开业。公司持有此项目 50% 权益。

◆上海前滩太古里

前滩太古里位于上海前滩国际商务区中心地带，是太古地产与陆家嘴集团联合发展的零售项目，也是太古地产在中国内地的第三个太古里项目。项目总楼面面积逾 124 万平方呎（约 12 万平方米）。前滩太古里承袭太古里独特的品牌基因，采用开放式、里巷交错的建筑布局，同时推广「Wellness」和可持续发展理念。公司持有此项目 50% 权益，于 2021 年 9 月开业。

◆上海张园

太古地产与上海静安置业集团合资成立管理公司，共同保育及活化上海张园石库门历史建筑群成为上海文化及商业新地标。预计该项目地上楼面面积约 6 万平方米，并将重塑成国际级创新文化场所、高端办公空间、特色住宅公寓、一家精品酒店及一系列特色零售餐饮选择。项目的地下空间将实现南京西路地铁站（2 号线、12 号线和 13 号线）的交通换乘及与周边社区互联互通。公司持有此合资项目 60% 权益。

物业买卖组合

多年来，太古地产在香港港岛及九龙区多个地段发展及出售优质住宅物业，包括甘道三号、5 Star Street、殷然、珒然、瀚然、蔚然、DUNBAR PLACE、MOUNT PARKER RESIDENCES、海峰园、港运城、港涛轩、鲤景湾、逸涛湾、傲璇、维景湾畔、柏蕙苑、雍景台、蕙逸居、太古城、雅宾利、逸意居、逸桦园、东堤湾畔及海堤湾畔、星域轩、WHITESANDS 及又一村花园（以项目英文名称排序）。

海外市场

除了中国内地及香港，太古地产于美国、印尼、越南及泰国也有投资。

酒店物业组合

太古酒店拥有及管理旗下位于香港、中国内地及美国的酒店，包括两大品牌居舍系列和东隅酒店。太古酒店致力打造别树一格的酒店品牌，每间酒店都由才华横溢的建筑师和设计师操刀，尽显独特意象。居舍系列包括奕居、瑜舍、博舍及镛舍，为遍布亚洲的精致高尚酒店，为宾客提供高度个人化体验。

可持续发展

◆太古地产 2030 可持续发展策略

可持续发展是太古地产经营理念和企业文化的核心。为进一步巩固公司对可持续发展的承诺，太古地产制定了 2030 可持续发展愿景，目标到 2030 年前成为可持续发展表现领先全球同业的发展商。为达成这个愿景，公司围绕五大支柱制定了 2030 可持续发展策略，以社区营造为核心，通过创新衍变的过程，打造充满活力的高质量可持续社区。这需要采取以人为本的方针，持续投放资源培育人才，同时加强伙伴协作，建立互惠互利的长远伙伴关系。与此同时，公司致力提升环境效益，积极贡献社区，并凭借良好的企业管治和高尚的职业操守，创造可持续经济效益。

太古地产的可持续发展工作获全球可持续发展标准及指数认可，包括于 2020 年连续四年成为唯一一家获纳入道琼斯可持续发展世界指数的香港企业，并位列全球地产业界表现最佳的首 5%。公司亦获以投资者为本、评估企业环境、社会及管治表现的全球组织全球房地产可持续标准（GRESB）被评为「全球业界领导者」。

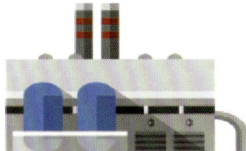

主营业务

ABOUT US >

光大银行上海分行成立于1994年7月。自建行以来，分行在中国光大集团和中国光大银行总行的坚强领导下，积极进取、开拓创新，以2004年发行中国第一只外币理财产品、第一只人民币理财产品为代表，创下了系统内外多个第一。上海分行拥有1家二级分行（上海自贸试验区分行），55家同城支行，26家社区支行，9个公司业务经营部门，26个管理部门，员工1800余名。

上海分行坚决贯彻执行党的路线方针政策、国家重大战略部署以及集团和总行党委的各项要求，围绕区域发展重点，把企业经营发展与履行社会责任紧密结合，把握发展方向，调整业务结构，改进金融服务，有效满足客户的金融服务需求。

在服务实体经济上，重点关注符合国家战略导向和转型升级方向的行业，发挥自身产品优势、服务优势，提供更为高效、优质的金融服务。同时，大力发展普惠金融，丰富客户融资选择，提供较传统银行业务更多选择、更高效率、更灵活组合的，实质风险可控且符合政策导向的产品和服务，着力提升服务民营经济的能力。加强民企金融服务，积极开发特色产品，依托光大集团金融全牌照优势，通过光大银证、光控、实业、光银国际、跨境分行等集团、跨境联动，综合使用信贷、并购、租赁、信托、债券、资管等综合金融工具，为不同发展阶段的民营企业提供适当、充分的综合金融服务。

在提升客户服务上，上海分行坚持以客户为中心，从提供更好金融产品和服务的角度出发，围绕客户金融需求，结合客户特点，不断提升服务水平，增强客户体验度和满意度。在风险可控的前提下，结合客户需求和市场特点，稳步推进流汇盈、财汇盈、阳光自贸通等系列金融服务和产品创新，有效满足客户需求。加强科技赋能金融，通过"场景+金融""线上+线下"等方式，搭建云租房、云物业平台，上线APPLE PAY虚拟公交卡项目，全面提升云缴费行业应用，让市民群众生活更加便捷。注重履行社会责任，向社会传播正能量，持续把提升服务品质，保护消费者合法权益作为重要任务，做好全流程服务优化，加强首访首诉处理，对投诉发现的问题及时整改问责。

在防范金融风险上，贯彻落实中央关于"三大攻坚战"的战略部署，认真抓好市场乱象排查整治工作，坚持全面风险管理理念，严格控制前中后三道防线，加强资产质量管控，守住资产质量底线。持续强化合规管理和其他各类风险管控，实现"无大案要案、无大额罚单、无大额赔付"的目标，不发生重大风险事件。

人才贷

额度高 期限长 担保活 利率优 办理快 用途全

江苏银行为上海各类人才
创办企业用于其技术升级、市场拓展、
生产经营等用途的贷款业务

江苏银行上海分行
服务各类优秀人才

扫码体验
人才服务百宝箱

产品特点

额度高 企业贷授信额度最高**3000**万元，个人贷授信额度最高**1000**万元

期限长 企业贷贷款期限最长可达**5**年;个人贷贷款期限最长可达**10**年

担保活 结合人才及企业资信情况，提供**信用、知识产权质押**等多种担保方式

利率优 人才专属优惠利率

办理快 支持**线上申请**，开通绿色审批通道，**快速审批、随借随还**

用途全 可用于产品生产、市场推广、技术升级等日常经营周转，以及研发、检测、生产等固定资产购置或建设

浦银金融租赁股份有限公司

　　浦银金融租赁股份有限公司是从事融资租赁业务的全国性非银行金融机构。公司于2012年5月11日在上海正式开业，注册资本50亿元。公司控股股东为上海浦东发展银行，股东还包括中国商用飞机有限责任公司、上海国有资产经营有限公司、上海西岸智慧谷发展有限公司。浦银金租依托股东方金融资本和产业资本结合的强大平台和优势资源，充分发挥融资租赁"产融结合""融资融物"的功能特点，专注于航空航天、航运、先进制造、绿色低碳等重点业务领域的发展，竭诚为客户提供专业化、特色化、创新型的金融租赁产品和服务。截至2024年5月末，公司总资产突破1500亿元。开业以来，浦银金租先后获得上海金融创新奖、上海市文明单位、人民银行上海总部综合评价A类机构等表彰奖励，并屡获相关行业协会、社会媒体评选活动大奖。未来，浦银金租将全面把握新发展阶段、认真贯彻新发展理念、积极融入新发展格局，坚守租赁本源，全力服务实体经济发展，推动公司高质量、可持续发展，践行金融为美好生活创造价值的使命。

文明单位
Model Unit
上海市人民政府颁发
**Issued by
Shanghai Municipality**

公司简介
Company Introduction

　　平安养老保险股份有限公司上海分公司（简称平安养老险上海分公司、分公司）主要经营以年金为主的养老资产管理，以企业员工福利保障和城乡居民大病保障为主的保险业务，具备企业年金、职业年金、基本养老金、第三方资管等资质。公司拥有优秀的专业团队，截至2024年3月，公司员工总数475人。

　　自2007年成立以来，分公司紧紧抓住养老保险快速发展、做大做强的历史机遇，公司业务规模不断扩大，经营绩效持续提升。截至2024年3月31日，短险保费规模10.91亿元，市场份额占30.0%。

　　作为市场上首批同时拥有受托、投资、账管三项资格的专业养老险公司，平安养老险上海分公司凭借集团完善的后台IT系统和养老险强大的专业能力，为上海地区广大客户提供"三位一体"的年金服务。

　　同时，作为企业保险福利的供应商，平安养老险上海分公司全面关注员工健康，协助企业完善员工福利体系，十几年间为众多行业的知名企业提供优质保险服务，受到广大客户的普遍认可。

　　在社会责任方面，分公司与上海市崇明区陈家镇展宏村签署结对帮扶协议，从帮困慰问、组织共建及硬件升级三个方面落实结对帮扶各项措施，开展金融知识讲座，党组织间活动，帮助改造村文化活动中心等工作。截至目前，分公司已提供50万元帮扶资金，为展宏村振兴助力。此外，分公司还积极响应政府号召，推动消费扶贫参与脱贫攻坚，几年来共采购扶贫产品累计近200万元。

　　在防疫期间，分公司积极参与驻地社区的各项疫情防控活动，被静安寺街道评为"静安寺商圈优秀贡献单位"。同时，还为全市公安民警以及辅警赠送专属风险保障——"保驾护航公安民警特定新冠肺炎人身保险"计划，总计保额约300亿元。

平安养老险上海分公司

平安养老险上海分公司高度重视市精神文明单位创建工作，积极开展各项创建活动，加强基层建设，提高员工素质，培育文明风尚，传承优秀文化，塑造城市精神。分公司已连续8届获得"上海市文明单位"称号。

平安养老险上海分公司始终坚持和加强党的领导，重视党建工作的高质量发展，在思想建设、组织建设、纪律建设和阵地建设等方面都取得了良好成效。尤其是上海惠民保险产品"沪惠保"推广以来，为更好服务行动不便的老龄客户，分公司专门成立党员志愿者小分队，提供上门理赔服务，得到客户的信任和赞扬，分公司党委连续两年被平安集团上海统管党委和平安养老险党委评为"先进基层党组织"。

放眼未来，平安养老险上海分公司将以满足人们对美好生活的向往为使命，以"专业的养老资产管理机构"和"领先的健康管理保障服务供应商"为目标，积极践行金融为民的服务理念，继续肩负服务民生保障的重任，聚焦民生服务事业，助力养老健康产业发展，切实解决好老百姓"老有所养、病有所医、贫有所助"的民生问题。

党委书记、总经理：于洋

平安一家亲活动

图书在版编目（CIP）数据

上海工业年鉴 . 2024 / 上海市经济和信息化委员会
编 . -- 上海 ：上海社会科学院出版社，2024． -- ISBN
978-7-5520-4521-5

I．F427.51-54

中国国家版本馆 CIP 数据核字第 2024V7K598 号

上海工业年鉴（2024）

编　　者	上海市经济和信息化委员会
责任编辑	董汉玲
封面设计	上海壹蕃华会展服务有限公司
出版发行	上海社会科学院出版社
	上海顺昌路 622 号　邮编 200025
	电话总机 021-63315947　销售热线 021-53063735
	https://cbs.sass.org.cn　E-mail: sassp@sassp.cn
照　　排	上海壹蕃华会展服务有限公司
印　　刷	上海新艺印刷有限公司
开　　本	889 毫米 × 1194 毫米　1/16
印　　张	39.00
插　　页	12
字　　数	950 千
版　　次	2024 年 9 月第 1 版　2024 年 9 月第 1 次印刷

ISBN 978-7-5520-4521-5 / F · 786　　　　　　定价：468.00 元